李传强 摄

威海年鉴

WEIHAI YEARBOOK

2016

威海市人民政府主办

威海市地方史志办公室编

方志出版社
Publishing House of Local Records

图书在版编目（CIP）数据

威海年鉴．2016/威海市地方史志办公室编．--北京：方志出版社，2016.9

ISBN 978-7-5144-2073-9

Ⅰ．①威… Ⅱ．①威… Ⅲ．①威海－2016－年鉴 Ⅳ．①Z525.23

中国版本图书馆CIP数据核字（2016）第222300号

威海年鉴（2016）

编　　者：威海市地方史志办公室
责任编辑：宁芳
出 版 人：冀祥德
出 版 者：方志出版社
地址　北京市朝阳区潘家园东里9号（国家方志馆4层）
邮编　100021
网址　http://www.fzph.org
发　　行：方志出版社发行中心
电话（010）67110500
经　　销：各地新华书店
印　　刷：威海红太阳彩印有限公司
开　　本：889×1194　1/16
印　　张：25
字　　数：1035千
版　　次：2016年9月第1版　2016年9月第1次印刷
印　　数：0001～5000册
ISBN 978-7-5144-2073-9　定价：158.00元

威海市地方史志编纂委员会
（兼威海年鉴编纂委员会）

名 誉 主 任：孙述涛

主　　任：张　惠

第一副主任：张　波

副 主 任：林　强　刘增威　张宗波　隋建波　刘建忠　于东海　许祖强　徐东明　李文基　王子明　耿祥星

委　　员：刘勤显　张展开　于胜涛　王厚全　于荣范　周永迪　刘树伟　邓　勇　杨万友　王树芳　周　宁　李　峰　孙盛川　耿　涛　王浩见　毕晟磊　刘　震　冷文波

《威海年鉴(2016)》编审人员

主　　审：张　波

副 主 审：林　强　张宗波

主　　编：耿祥星

执 行 主 编：冷文波

副 主 编：赵　刚　张军勇　李美志　宋明岩

执行副主编：李洪格

编　　辑：(按姓氏笔画排列)

于鹏飞　王　瑛　任天庆　闫拥军　李传强　李洪格　沙　鋆　侯志杰　陶晓红

数 据 审 核：王国兴

英 文 翻 译：于鹏飞　侯志杰

编　　务：郑　凯

威海市地图

威海市地图审图号：鲁 SG(2013)247 号

市委
市政府
孙家疃街道
鲸园街道
环翠楼街道
竹岛街道
环翠区
刘公岛
刘公岛景区(5A)
威海至青岛200海里
黄
海
鸡鸣岛
海驴岛
经济技术开发区
管委会
皇冠
街道
西苑街道
威海站
嵩山
街道
凤林街道
嵩山镇
嵩山水库
沙龙王家
海埠
皂埠
泊于镇
港西镇
王家
成山镇
西霞口
马家疃
卧龙
好运角
西霞口
景区(4A)
龙王庙
荣成湾
天鹅湖景区(3A)
温泉镇
汤河西
翠
临港经济技术
开发区管委会
区
孟家庄
白马西
大林格
埠柳镇
岳家庄
西豆山
毛泽东像章珍藏馆(3A)
西于家疃
桥头镇
洛西
圣水观
景区(3A)
纸坊水库
葛家
马家山蔡家
金角口
烟墩角
花斑彩石风景区(2A)
苘山镇
草庙子镇
碑鲁
所前泊水库
所前泊
朱埠
伟
德
荣
山
伟德山
553
草岛寨
汤泊温泉
度假村(4A)
方格窑
北柳
崖西镇
西利查埠
俚岛镇
天福山起义纪念馆
前长湾
后寨
夏庄镇
大疃李家
东高家
林家泊
西杜梨
文登东站
荫子镇
后龙河水库
青安屯
南我岛
黄
文登营镇
驾山窑
何家店
时埠
梁子埠
寻山
街道
天福街道
威海机场
大水泊镇
城西街道
荣成市
龙山街道
G309
崖头街道
寻山所
嘉鱼汪
环山
街道
屯宋家
孤石杜家
河西
荣成站
威海至青岛200海里
羊马箭
坤龙水库
大岳家
成
王家
岚村
山后孙家
大珠矶
大疃镇
桑沟湾
崂山
街道
崂山大疃
张家产镇
区
天沐温泉
度假区(4A)
礼格庄
高村镇
湾头水库
桑梓
马草夼
双石董家
小泺疃
柳家庄
大泽沟
荣乌高速
G18
草埠屯
滕家镇
楮岛
望海倪家
小落
北沙岛
林家流
马栏
东鹿
侯家镇
埠口
二里周家
甲子山
海
西泊
南学
长会口
五龙咀
上庄镇
常家庄
王连
街道
东山街道
宁津街道
得胜寨
伊格庄
济立庄
桃园街道
虎山镇
北隋家
市
斥山
街道
万米
海水浴场
泽库镇
岭西村
五柳
高家齐山
志门
镆
铘
岛
五垒岛
靖海湾
涨蒙村
赤山景区(4A)
石岛湾
人和镇
张家埠新港
(建设中)
韩家疃
大庄
港湾街道
至韩国仁川210海里
玄镇
大鱼岛
槎山风景区(3A)
王家岛
靖海卫
扁口
院夼
至张家埠120海里
海
苏山岛
青岛至石岛128海里
图例
设区市驻地
区、市驻地
镇、街道办事处驻地
设区市界
区、市界
威海站
铁路及车站
城际铁路
建设中
高速公路
G309
国道及编号
省道

威海市城区图审图号：鲁 SG(2013)248 号

威海中心城区
市委
市政府
环翠区委
区政府
环翠楼公园
刘公岛
威
海
湾
杨家湾
黄
海
经济技术开发区

图片专辑

于 洋 摄

政务活动

2015 年 10 月 23 日，中共威海市委书记、市人大常委会主任孙述涛（右）在东山宾馆会见韩国三星电子副社长、打印机事业部部长金基镐　*高伟希　摄*

2015 年 6 月 24 日，中共威海市委副书记、市长张惠（右）在东山宾馆会见新西兰蒂马鲁市市长戴蒙·欧迪　*杨　正　摄*

2015年4月15日，威海市人大常委会常务副主任董进友（左二）带领人大代表视察全市公路建设管理情况

市人大常委会办公室提供

2015年6月30日，威海市政协主席董天祥（中）带领政协委员视察南海新区突破发展情况

市政协办公室提供

2015年8月18日，中共威海市委副书记赵熙殿（右）带队考察全市养老服务体系建设情况

林伟强　摄

威海市第十六届人民代表大会第四次会议

2015年2月5日，威海市第十六届人民代表大会第四次会议在威海国际会议中心开幕　　高伟希　摄

中国人民政治协商会议第十二届威海市委员会第四次会议

2015 年 2 月 4 日，中国人民政治协商会议第十二届威海市委员会第四次会议在威海国际会议中心开幕　*威海日报社提供*

“三严三实”专题教育

威海市自2015年5月开展“三严三实”(严以修身、严以用权、严以律己；谋事要实、创业要实、做人要实)专题教育以来，按照中央和省委部署要求，突出问题导向，从严从实推进，专题教育进展顺利、发展健康、态势良好。全市各级领导干部共讲党课790多场次；市委组织开展了36个专题的集中培训，培训各级各类干部2万多人次。

威海日报社提供

威海市纪念抗战胜利 70 周年大会暨威海马石山红色教育基地揭牌

2015 年 8 月 15 日，威海市在马石山红色教育基地举行威海市纪念抗战胜利 70 周年大会暨威海马石山红色教育基地揭牌仪式，深切缅怀为民族解放、抗战胜利英勇牺牲的革命先烈，弘扬伟大的抗战精神。

中共威海市委书记、市人大常委会主任孙述涛（左）和中共威海市委副书记、市长张惠（右）为威海马石山红色教育基地揭牌

市领导孙述涛（左一）、张惠（左二）、董进友（中）、董天祥（右二）、赵熙殿（右一）等参观威海马石山红色教育基地

社会各界深切缅怀革命先烈

高伟希 摄

文明城市创建活动

2015 年 2 月 28 日，全国精神文明建设工作表彰暨学雷锋志愿服务大会在北京人民大会堂举行，威海市获得第四届“全国文明城市”称号，综合测评成绩在全国 60 余个新参评地级市中名列第一。

3 月 1 日，市委副书记、市长张惠（右）与环卫工人唐海龙一起，代表全市人民迎接“全国文明城市”奖牌

夏志忠 摄

4 月 18 日，威海市创建全国文明城市总结表彰大会隆重召开

4月29日，威海市政府新闻办和威海市文明办举行新闻发布会，正式启动“爱文明家园 做文明市民”行动

6月2日，山东省创建文明城市工作现场观摩会在威海市召开

11月10日，“爱文明家园 做文明市民”演讲比赛决赛颁奖仪式

市文明办提供

文明城市创建活动——乡村文明行动

2015 年，威海市以城乡环卫一体化建设为重点，全市投入 2 亿多元，增设垃圾桶 2.8 万个，新增保洁员 2000 余名，出动清运设备 50 万台次，清理“三大堆”52 万余处，清理存量垃圾 62 万立方米，向广大农村群众发放“一封信”“明白纸”180 万余份。在全省城乡环卫一体化农村群众满意度调查中，威海市总成绩名列全省第一。

文登区小观镇东浪暖村实施城乡环卫一体化前后对比

荣成市城西街道坦埠庄村实施城乡环卫一体化前后对比

乳山市徐家镇杨家屯村实施城乡环卫一体化前后对比

市文明办提供

2015 年威海市 12 人入选“中国好人榜”

2015 年 10 月 23 日，威海市第四届市级道德模范表彰暨座谈会议召开

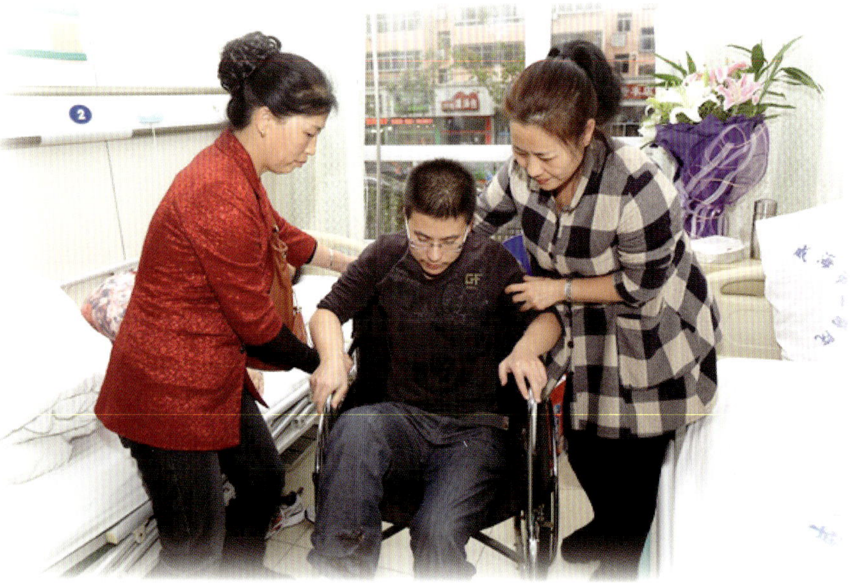

宋慧峰（中） 威海火炬高技术产业开发区田和街道古寨社区居民。路遇抢劫后持刀逃跑的劫匪，宋慧峰临危不惧，勇敢拦截，奋不顾身飞脚踢落劫匪手中长刀而光荣负伤。2015 年 1 月入选“见义勇为好人”。

宋爱玲　文登区宋村镇周格村村民。从 22 岁到 65 岁，在伺候公婆去世后的 30 多年间，身为长嫂的她毅然担起照料夫家 5 个重病弟妹的重担。2015 年 2 月入选“孝老爱亲好人”。

徐　辉　乳山市下初镇派出所联防队员。2014 年 9 月 1 日，徐辉路遇一起车祸，他沉着冷静地救助伤者，及时妥善地处置泄露的少量硫酸，使车祸双方避免了二次伤害，也避免了车载硫酸的大面积泄漏。2015 年 5 月入选“见义勇为好人”。

侯红军　威海市文登中心医院影像科副主任。好医生侯红军无私忘我，从事医学影像综合诊断及全身各系统介入放射诊疗工作 18 年，甘当 X 射线下的生命守护者。2015 年 5 月入选“敬业奉献好人”。

市文明办提供

2015 年威海市 12 人入选“中国好人榜”

张晓东　荣成市港湾街道玄镇村个体工商户。张晓东一诺千金，从 1998 年起，负重 15 年，替兄还债 18 万元。2015 年 8 月入选“诚实守信好人”。

王　克（前中）　生前系哈尔滨工业大学二级教授、博士生导师、哈尔滨工业大学（威海）教授委员会委员。他把自己一生的追求奉献给了学术，把一生的耕耘奉献给了学校，把一生的关爱奉献给了学生。2015 年 8 月入选“敬业奉献好人”。

邓爱敏　文登经济技术开发区于家产社区居民。十几年如一日照顾患病的公公、婆婆和丈夫。2015 年 9 月入选“孝老爱亲好人”。

张凤芝（左）　威海青春美容美发职业学校校长。办校 15 年为 3000 名学员免去学费近 120 万元。2015 年 10 月入选“助人为乐好人”。

隋玉群　乳山市海阳所镇小青岛村小学教师。1984 年起，在远离陆地的海岛上任教 30 年，落下一身的病痛，但仍不离不弃坚守着三尺讲台。2015 年 11 月入选“敬业奉献好人”。

宁　青　贝卡尔特（山东）钢帘线有限公司湿拉工艺员。2014 年 10 月，宁青的妻子查出患有白血病；2015 年元旦，他的父亲又被诊断为肺癌。但他仍履行诺言，于 2015 年 3 月成功捐献造血干细胞。2015 年 11 月入选“诚实守信好人”。

宋忠法　荣成市虎山镇庵里村党支部书记、村委会主任。心系群众，为民谋福，件件实事温暖村民的心。2015 年 12 月入选“敬业奉献好人”。

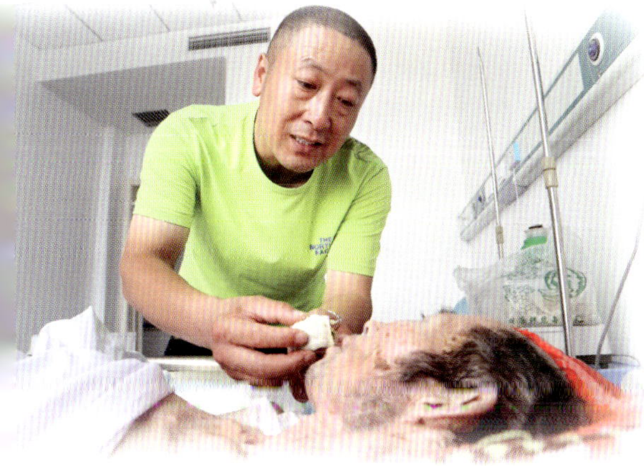

刘厚江　威海临港经济技术开发区草庙子镇泉东村村民。好侄子刘厚江待叔如父，花光积蓄也要为植物人叔叔治病。2015 年 12 月入选“孝老爱亲好人”。

市文明办提供

蓝色经济区建设

2015年，威海市紧紧围绕蓝色经济区建设，按照“一产抓特色促跨越、二三产抓结构上规模”的思路，积极开展海洋经济创新发展区域示范，推动海洋优势产业转型升级，延伸产业链条，促进海洋三次产业在更高水平上协同发展。全年实现海洋产业增加值1010亿元，比上年增长9.2%，占GDP比重达到33.6%。威海市成功入选全国海洋高技术产业基地试点城市。

9月18日，山东半岛蓝色经济区海洋食品产业联盟成立大会暨揭牌仪式在荣成举行

12 月 9 日，位于威海火炬高技术产业开发区科技新城创新路的国家海产品质量监督检验中心正式揭牌

国家海产品质量监督检验中心被列为山东半岛蓝色经济区总体规划的重点项目，2012 年 12 月 28 日，由国家质检总局批准筹建，是全国第三个、北方唯一一个国家级海产品质检中心；于 2015 年 5 月通过中国合格评定国家认可委员会组织的实验室认可、计量认证和审查验收“三合一”评审；9 月，通过国家质检总局筹建验收；12 月，获得国家质检总局和认监委正式成立的批文。

工作人员检测二氧化硫含量

市蓝色经济区管理办公室提供

威海中韩自贸区地方经济合作示范区建设

2015年6月1日，《中华人民共和国政府和大韩民国政府自由贸易协定》正式签署，中国威海和韩国仁川自由经济区正式被两国选定为中韩自贸区地方经济合作示范区，在贸易、服务、投资、产业合作等领域但又不限于以上领域先行先试。2015年，威海口岸实现对韩贸易额225.7亿美元，比上年增长10.5%。全市新批韩国投资项目87个，增长47.5%；实际到账韩资3.59亿美元，增长18.2%。

7月23日，市委副书记、市长张惠在中国威海—韩国仁川中韩自贸区地方经济合作示范区说明会上致辞并作主题推介

7月22日，中国驻韩国大使邱国洪（中左）和韩国仁川市市长刘正福（中右）共同为韩国仁川·威海馆揭牌

8月6日，市委副书记、市长张惠（右）与山东检验检疫局局长周建安（左）代表双方签署《山东出入境检验检疫局 威海市人民政府推动威海开放型经济跨越发展合作备忘录》

威海新港一角

市商务局提供

第六届威海国际食品博览会暨中韩（威海）品尚生活博览会、中韩商品博览会

2015 年 6 月 26 日—29 日，第六届威海国际食品博览会暨中韩（威海）品尚生活博览会、中韩商品博览会在威海国际展览中心举办。博览会展出面积 3 万平方米，设国际标准展位 680 个，国内外重要代表团 30 多个，专业采购商 1500 名，逛展市民超过 15 万人次，接待实地考察团组约 200 批次，达成贸易意向额 13.1 亿元。

6 月 26 日，市委副书记、市长张惠（中）陪同新西兰蒂马鲁市代表团参观第六届威海国际食品博览会

第八届中国威海国际渔具博览会

2015 年 10 月 16 日一18 日，第八届中国威海国际渔具博览会在威海国际展览中心举办，境内外 776 家渔具企业参展，为历届参展企业最多的一届。展览总面积 3.3 万平方米，参观人数超过 8 万人次。国际贸易成交额达 1.1 亿美元，比上届增长 12.2%；国内贸易成交额达 3.8 亿元人民币，比上届增长 1.3%。

李传强 摄

李传强 摄

第八届中国威海国际人居节

2015 年 9 月 11 日，第八届中国威海国际人居节在威海国际会议中心开幕，城建集团杯 · 第八届中国威海国际建筑设计大奖赛、威海杯 · 2015 全国大学生建筑设计方案竞赛颁奖仪式同时举行。该届人居节以“幸福 · 宜居 · 文明”为主题，持续至 9 月 13 日，其间，举办 2015 威海住宅产业博览会、中国建筑学会第十二届理事会八次常务理事会、城建集团杯 · 第八届中国威海国际建筑设计大奖赛暨威海杯 · 2015 全国大学生建筑设计方案竞赛获奖作品展、城建集团杯 · 当代中国建筑设计研讨会、中国威海物业管理高层论坛等活动。

威海日报社提供

市住房城乡建设局提供

2015 年威海国际帆船赛

2015 年 8 月 15 日—16 日，2015 威海国际帆船赛在威海成功举办，这是威海连续第 7 年举办帆船赛事。比赛分 OP 级、激光雷迪尔级、HOBIE 级和飞虎级 4 种帆船级别，船型数量为历届帆船比赛之最。

张书卿 摄

“华发股份杯”
2015 年威海长距离铁人三项世界系列赛

2015 年 9 月 12 日—13 日，“华发股份杯”2015 年威海长距离铁人三项世界系列赛在半月湾铁人三项专用赛场举行。来自 36 个国家和地区的 1500 多名运动员参加各个组别的角逐，决出 38 个组别的冠军。

李传强 摄

2010—2015 年 威海市国民经济和社会发展主要指标

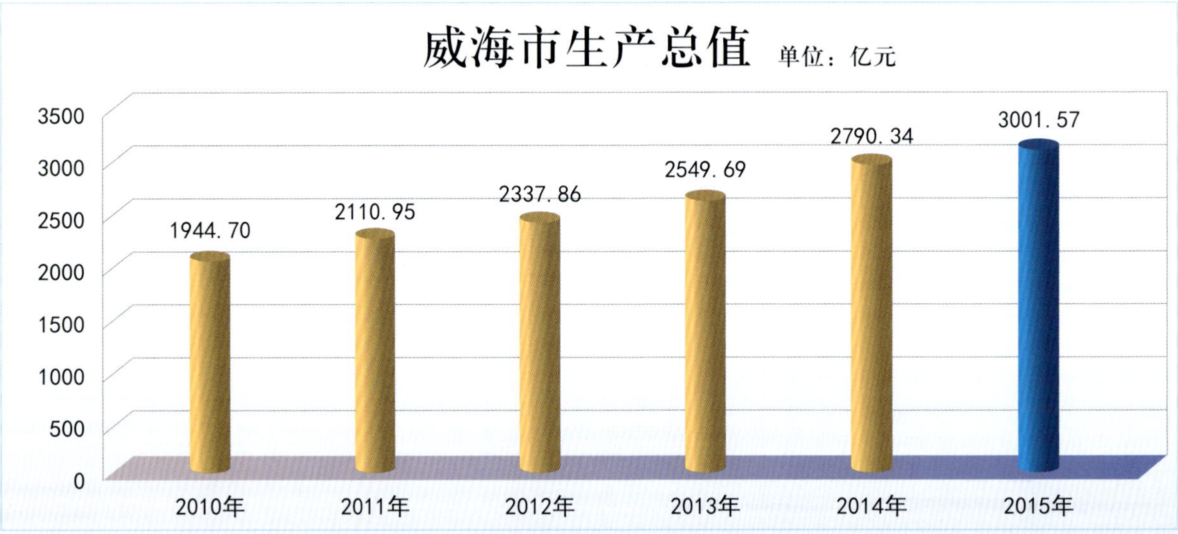

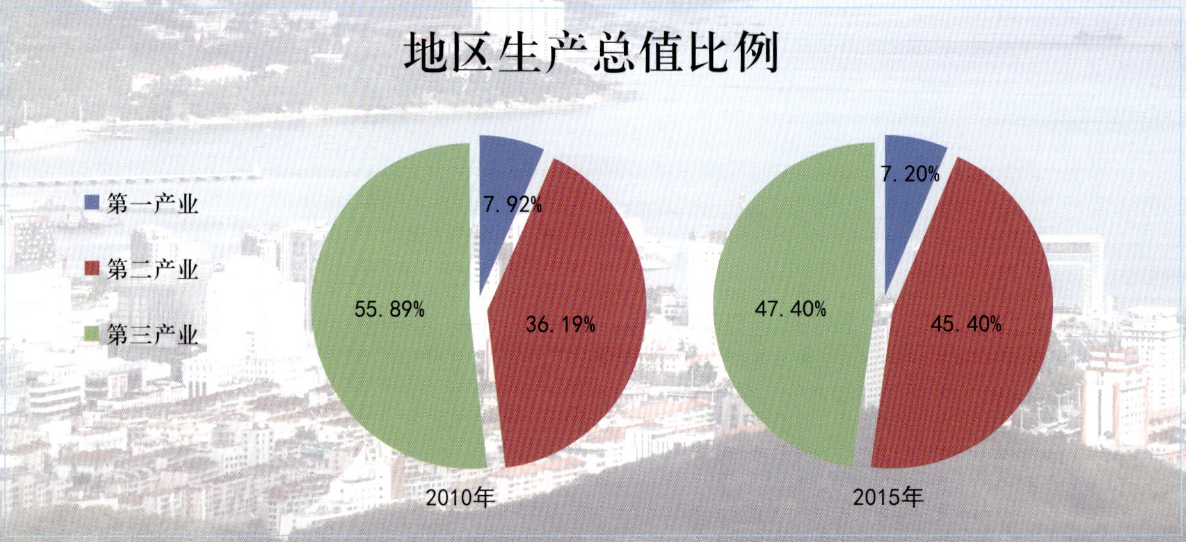

固定资产投资 单位：亿元

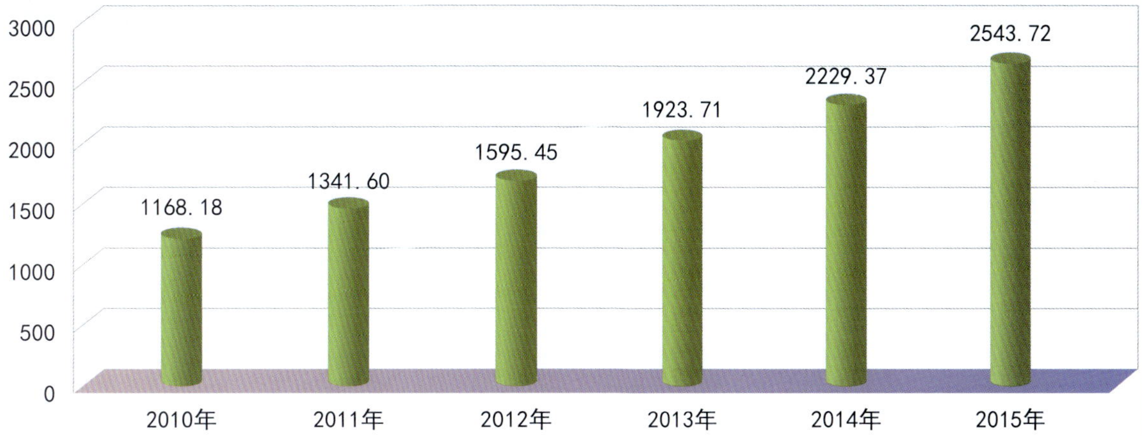

一般公共预算收支 单位：亿元

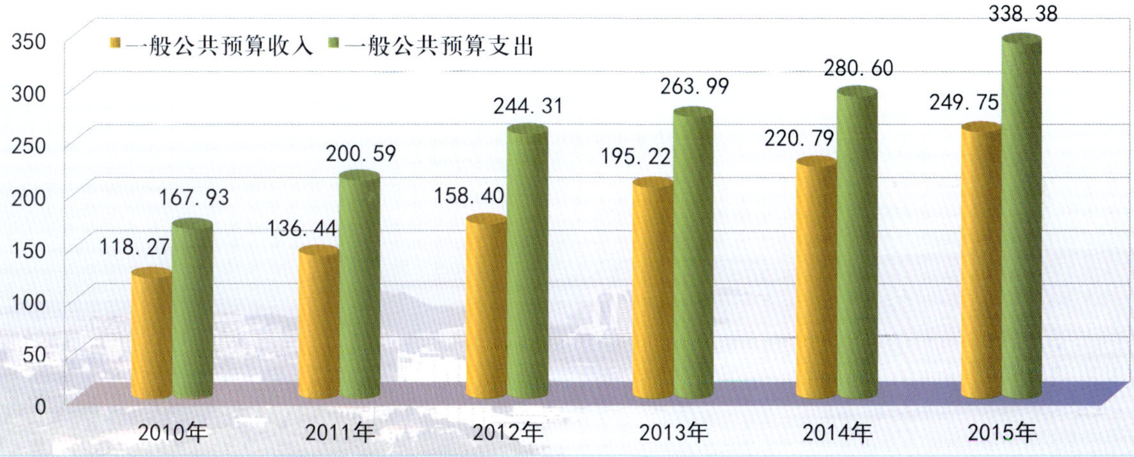

社会消费品零售总额 单位：亿元

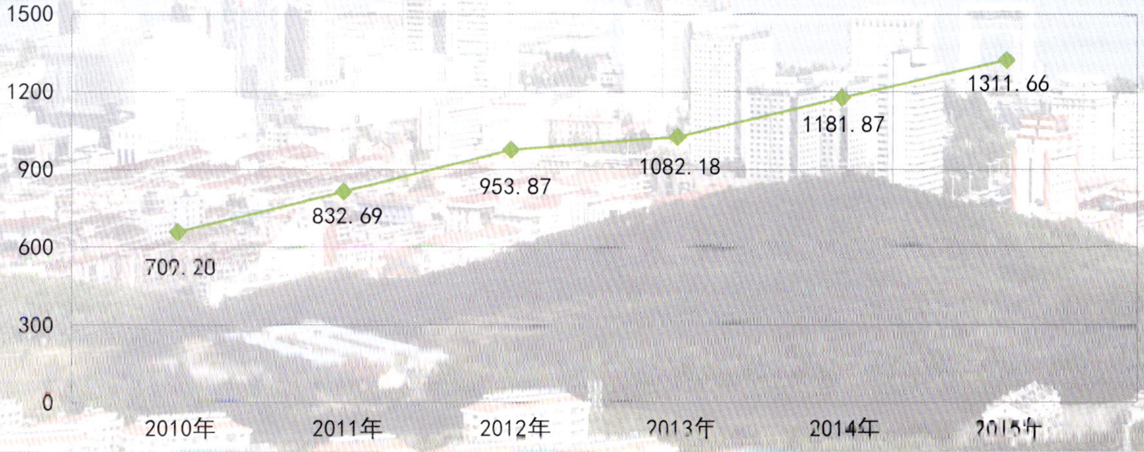

利用外资及港澳台资 单位：亿美元

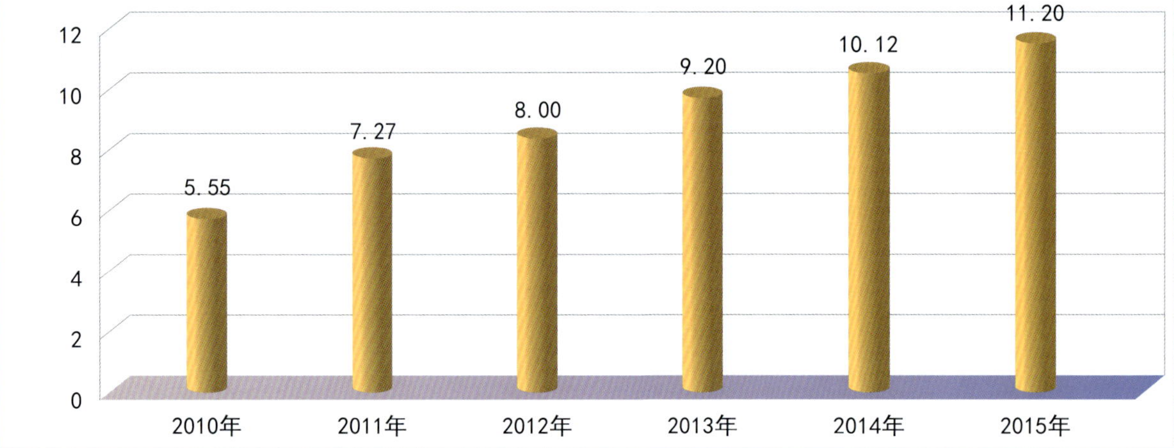

对外及港澳台贸易进出口额 单位：亿美元

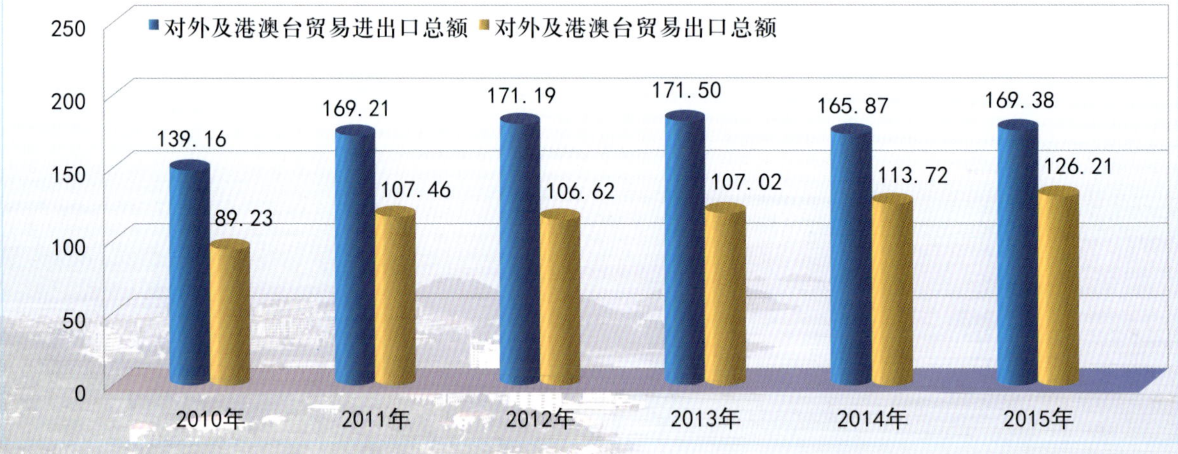

年末金融机构人民币存贷款余额 单位：亿元

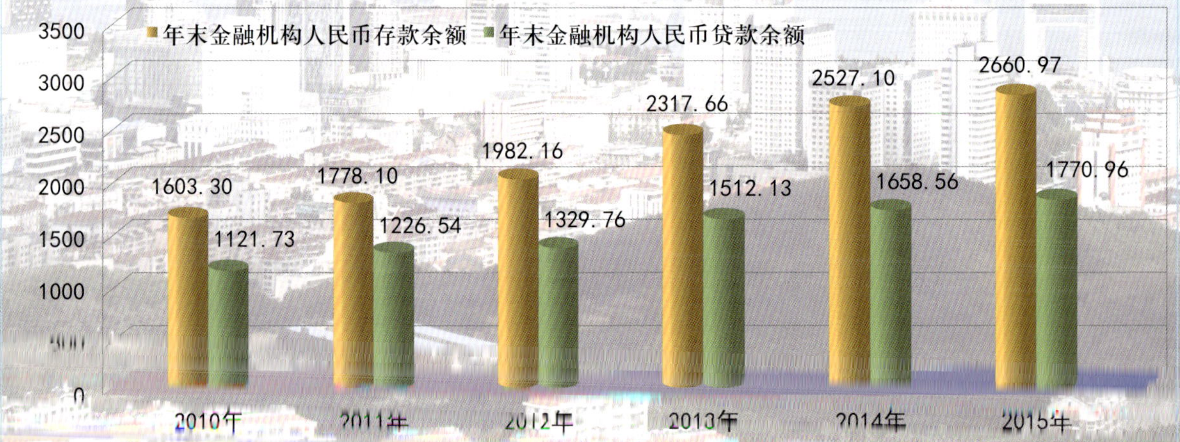

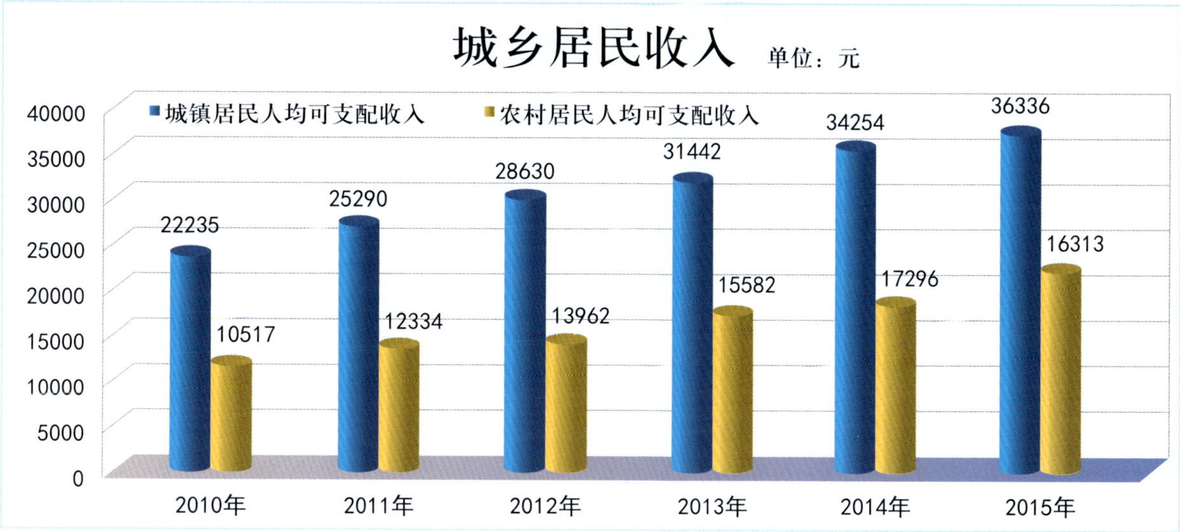
城乡居民收入 单位：元
城镇居民人均可支配收入
农村居民人均可支配收入
40000
35000
30000
25000
20000
15000
10000
5000
0
22235
10517
25290
12334
28630
13962
31442
15582
34254
17296
36336
16313
2010年
2011年
2012年
2013年
2014年
2015年

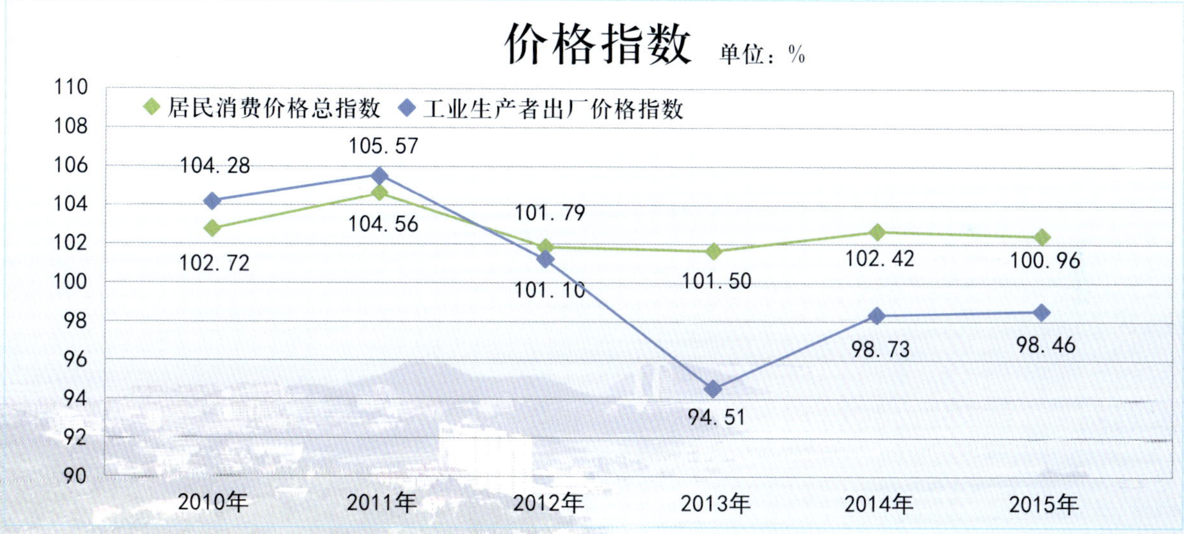
价格指数 单位：%
居民消费价格总指数
工业生产者出厂价格指数
110
108
106
104
102
100
98
96
94
92
90
104. 28
102. 72
105. 57
104. 56
101. 79
101. 10
101. 50
94. 51
102. 42
98. 73
100. 96
98. 46
2010年
2011年
2012年
2013年
2014年
2015年

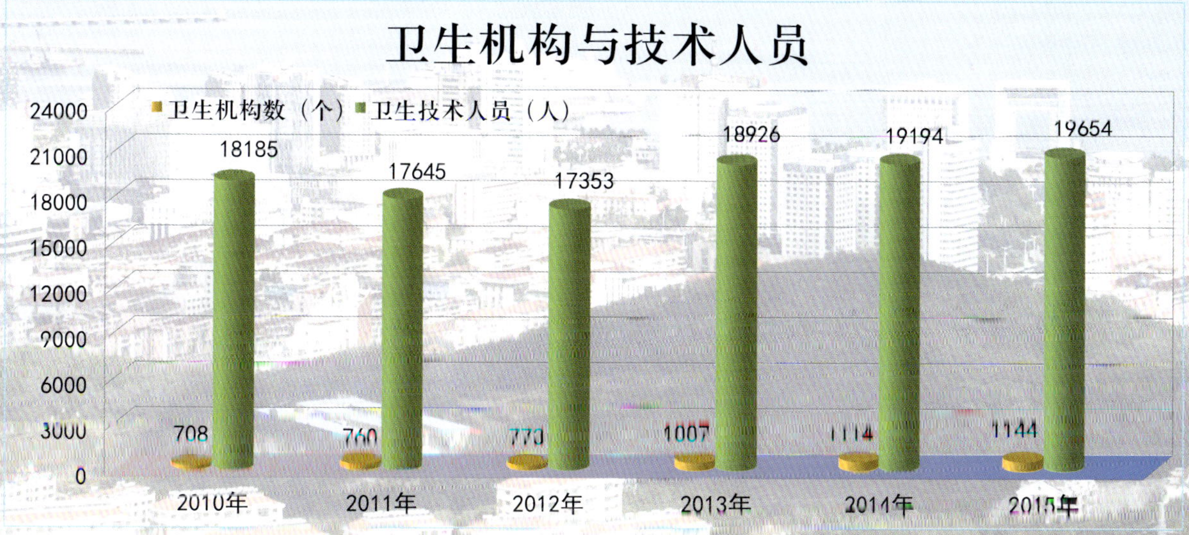
卫生机构与技术人员
卫生机构数（个）
卫生技术人员（人）
24000
21000
18000
15000
12000
9000
6000
3000
0
708
18185
760
17645
770
17353
1007
18926
1114
19194
1144
19654
2010年
2011年
2012年
2013年
2014年
2015年

数字威海

面积：5797 平方公里

常住人口：280.53 万人

海岸线：985.9 公里

地区生产总值：3001.57 亿元

固定资产投资：2543.72 亿元

外贸进出口总值：169.38 亿美元

接待旅游总人数：3587.92 万人次

旅游总收入：455.35 亿元

社会消费品零售总额：1311.66 亿元

公共财政预算收入：249.75 亿元

城乡居民储蓄存款余额：1325.39 亿元

城镇居民人均可支配收入：36336 元

农村居民人均可支配收入：16313 元

城市居民恩格尔系数：31.50%

农村居民恩格尔系数：32.82%

全市供水总量：1.51 亿立方米

全社会用电量：104.96 亿千瓦小时

固定电话用户数：50.32 万户

移动电话用户数：324.64 万户

宽带网用户：89.03 万户

城镇化率：63.16%

建成区绿化覆盖率：48.72%

编辑说明

一、《威海年鉴》是威海市人民政府主办的综合性资料年刊，1998年创刊。自创刊以来，《威海年鉴》全面、系统、准确地记载了威海市自然、政治、经济、文化、社会等方面发展变化的基本情况，旨在为各级领导科学决策提供市情依据，为各行各业提供信息服务，为国内外各界人士了解威海、研究威海提供窗口和媒介，同时为续修地方志储备资料。

二、《威海年鉴（2016）》是创刊以来的第19册，承载2015年度全市各项事业发展的基本情况，重点反映社会主义现代化建设进程中的新成就、新经验、新举措和遇到的新问题。为增强信息的时效性，保证资料的连续性和完整性，部分资料适当上溯下延。封底设二维码，可链接威海市情网。

三、本着与时俱进和科学性的原则，对《威海年鉴（2016）》框架作了适当调整。全书设28个类目：特载、大事记、威海概况、政党·政务、人民团体、法治、武装、经济监督与管理、农业、海洋与渔业、工业、信息产业、交通·邮政、城乡建设与环境保护、商务、口岸、旅游·会展、财政·税务、金融、科学技术、教育、文化、卫生·计划生育、体育、社会生活、区市概况、开发区建设、人物。

四、《威海年鉴（2016）》主要分类目、分目、条目三个层次，部分分目下设子目。条目为主要信息载体和基本撰写形式，条目标题用黑体，外加【】。各类目、分目间交叉重复的资料，或区别视角、各有侧重分别记述，或设置参见，引导查找。

五、《威海年鉴（2016）》检索方法有目录和索引，分设在卷首和卷尾。目录有中、英文两种，中文目录编排到条目，英文目录编排到分目；索引主要采取主题分析法制作，并按主题词首字汉语拼音字母顺序排列。

六、年鉴资料由市直各部门（单位）、各区市、中央和省驻威单位负责提供，且均经撰稿单位负责人审签。反映全市国民经济和社会发展总体情况的数据，以威海市统计局公布的为准，已经市统计局审核；各项事业中具体数字由各部门（单位）提供，使用时请注意出处。2014年2月27日，文登市撤市设区，书中有关市区资料如无特别说明，均不含文登区。

七、年鉴在编纂过程中，得到各级各部门及有关专家的大力支持，在此谨表诚挚的谢意。因水平所限，错误与纰漏在所难免，恳请广大读者批评指正。

《威海年鉴》编辑部

2016年7月

供稿单位审稿人名单

（按供稿单位顺序排列）

吴永刚	张宗波	蔡　琳	鞠宏宇	于东海	许祖强
侯世超	张　璟	赵熙强	曲　赓	肖　怡	李支润
苑圣慧	张思玉	刘增威	吴顺中	从培祥	杨志伟
于连波	王云鹏	谷衍宁	任怀平	黄晓光	毕礼伟
陈伟胜	李光华	于富波	贾国哲	姚海岩	赵　冰
张春晓	王麦壮	张　德	刘昌毅	安　立	李元敬
刘昌清	刘竹林	马英川	李向阳	吴志刚	王书国
邹积军	从晓林	刘召海	毕可德	徐东明	李家强
王子明	刘健民	张兴民	高建斋	彭　霞	李耀华
王文强	刘树伟	戴海波	陈学凯	李延茂	王　清
张广强	马端兴	王　强	姜伟国	张　健	于　泽
刘玉华	李亚平	牛海滨	连承鹏	徐海洋	李树刚
刘　鹏	崔卫兵	于　洋	周　军	周永迪	徐东晖
杨万友	宋修德	李　刚	徐承峰	滕夕章	邓　勇
宋修骞	隋秀敏	邓基刚	吕呈兴	王　滨	戚黎明
高　飞	徐　善	孙启航	陈俊新	黄　强	张　亮
王曙明	李英春	王京伟	张建岭	于　军	宋修广
连伟光	葛志强	侯庆华	张展开	曲天军	刘光海
耿曙明	高　智	梅　宁	王　洁	李　忠	刘韶伟
丁新强	谭先国	肖洪冰	李令武	马常清	曲　斌
齐　卫	王琛松	霍　明	王　刚	许文波	李世新
王厚全	王孝卿	连学敬	于胜涛	韩圣浩	徐晓飞
周春杰	李爱玲	任　威	孙承武	徐向晨	张宗军
徐宇工	徐援政	张　蓉	梁　晰	张宗勇	耿祥星
耿　涛	王大虎	张凌翔	刘勤显	栾　波	孙世都
车长驰	徐志勤	唐会启	王维强	褚昭晓	隋良杰
许修刚	王继静	张　平	邹文政	卢树刚	于文江
王年刚					

目　　录

特　载

大事记

威海概况

政党·政务

人民团体

法　治

武　装

经济监督与管理

农　业

海洋与渔业

城乡建设与环境保护

商 务

口　岸

旅游·会展

科学技术

教　育

文　化

卫生·计划生育

体 育

社会生活

区市概况

开发区建设

人 物

附 录

CONTENTS

Special Issue

Chronicle of Events

General Situation of Weihai

Political Party・Government Affairs

Mass Organizations

Rule of Law

Armed Forces

Economic Supervision and Management

Agriculture

Ocean and Aquatic Products Industry

Industry

Informatization Industry

Transportation ·Posts

Urban and Rural Construction& Environmental Protection

Commercial Affairs

Port

Tourism · Exhibition

Public Finance · Tax

Finance

Science and Technology

Education

Culture

Health·Family planning

Sports

Social Life

General Situation of the District and County-level Cities

Development Zones Construction

Figures

Appendices

Index

特　　载

在中共威海市委十四届七次全体会议上的讲话（摘要）

（2015 年 12 月 22 日）

中共威海市委书记　孙述涛

一、深刻领会党的十八届五中全会精神，以新的发展理念谋划“十三五”时期的工作

党的十八届五中全会是中国进入全面建成小康社会决胜阶段召开的一次重要会议，对于坚持和发展中国特色社会主义、实现“两个一百年”奋斗目标、实现中华民族伟大复兴的中国梦，具有重大的现实意义和深远的历史意义。省委十届十三次全会以五中全会精神为指导，研究部署了山东省“十三五”时期的战略目标和重点任务。我们一定要深入学习中央和省委全会精神，不折不扣地落实好中央和省委各项决策部署，科学谋划、全力推动“十三五”时期的各项工作。

“十三五”时期，是发展历史上重大机遇最为集中、各种优势和潜力最能得到有效释放的时期，是破解难题补齐短板最为紧要、转型升级提质增效最为关键的时期。全市上下一定要统一思想、铆足干劲，抓住机遇、奋发作为，不断开创各项工作的新局面。

一要坚定目标定位。“十二五”时期，面对不断涌现的各种困难和挑战，全市上下紧紧围绕建设现代化幸福威海的总目标，坚持把发展作为第一要务，聚精会神搞建设，一心一意谋发展，经济结构持续优化、综合实力大幅攀升。预计生产总值年均增长 9.8%，公共财政预算收入增长 14.5%，连续多年在全省科学发展综合考核中名列前茅。“产业强市、工业带动”“全域城市化、市域一体化”和蓝色经济区建设、四个“三年突破”等重大战略加快实施，初步形成了以先进制造业为基础支撑、具有威海特色的现代产业体系，拉开了全域城市化发展的大框架，改革开放不断深化，争取了一大批国家级先行先试试点，被确定为中韩自贸区地方经济合作示范区，发展动力更加强劲、发展活力更加充足；民生投入力度不断加大，就业创业、社会保障和公共服务城乡优质均衡发展，人民群众生活水平显著提高；以地级市第一名的成绩成功创建全国文明城市，城市文明程度、市民文明素质和人民群众对城市的归属感、自豪感显著提升。特别是经过党的群众路线教育实践活动和“三严三实”专题教育的洗礼，经过持续开展的机关作风建设年活动，广大党员干部的思想境界有了新提升，工作作风有了新转变，服务发展、服务企业、服务群众的意识和水平有了新提高。立足这些基础，市委、市政府确定全市“十三五”期间总的目标定位是，提前全面建成小康社会，实现现代化幸福威海建设新跨越。这个目标定位，落实了中央和省委对东部沿海地区率先发展的重托，体现了威海争当全省“走在前列”排头兵的要求，顺应了广大人民群众过上更加美好生活的期待。尽管未来五年仍然面临诸多矛盾叠加、风险隐患增多的严峻挑战，但中国发展仍处于可以大有作为的重要战略机遇期没有改变，经济长期向好基本面没有改变。只要我们全面贯彻落实中央和省委的各项决策部署，认清形势、坚定信心，迎难而上，主动作为，坚定不移地走科学发展的道路，就一定能够圆满完成这个目标，在建设现代化幸福威海的征程中迈出更加坚实的步伐。

二要坚定发展理念。理念决定方向，方向决定战略，战略决定发展。五中全会提出的创新、协调、绿色、开放、共享五大发展理念，反映了党对中国经济社会发展规律认识的不断深化，是中国特色社会主义发展理论的又一次重大创新，是关系中国发展全局的一场深刻变革。我们一定要牢固树立五大发展理念，切实增强贯彻落实的思想自觉和行动自觉。必须充分认识新一轮科技革命和产业变革带来的新机遇、新挑战，更加自觉地把创新摆在发展全局的核心位置，贯穿于整个工作的全过程；必须充分认识发展中不平衡、不协调的问题仍然存在，更加自觉地在统筹协调中拓展发展空间，在加强薄弱领域、补齐短板中增强发展动力；必须充分认识资源环境制约越来越突出，更加自觉地走绿色可持续发展道路，进一步擦亮宜居城市品牌；必须充分认识世界深度融合的大趋势和国际投资贸易规则的新变化，更加自觉地抢抓机遇，以更加开放的心态、胸怀和方式，发展更高层次的开放型经济；必须充分认识人民群众对幸福生活的新期待，更加自觉地把群众利益作为各项工作的出发点和落脚点，努力使全体人民在共建共享中有更多获得感。对威海来说，在坚定五大发展理念的同时，还要强化蓝色发展的理念，充分认识海洋对威海的极端重要性，更加自觉地坚持陆海统筹，提升海洋经济发展水平，拓展蓝色经济空间，最大限度地把海洋优势发挥好、利用好。各级各部门要将这些新的发展理念统一贯彻于“四个全面”战略和“五位一体”总体布局中，统一贯彻于经济社会发展全过程、各领域、各环节，努力实现更高质量、更有效率、更加公平、更可持续的发展。

三要坚定发展信心。习近平总书记指出，发展是基础，经济不发展一切都无从谈起，发展是硬道理的战略思想必须坚定不移地坚持。同时强调，发展必须保持一定速度，不然很多问题难以解决；在速度问题上不能用同一把尺子衡量、用同一个标准要求，各地自然条件、主体功能、阶段性任务不同，增长速度也应该有所不同。中央“十三五”规划《建议》强调，支持东部地区率先发展，更好辐射带动其他地区。作为东部沿海城市，有条件也有义务在科学发展中快人一步，为全省、全国经济保持中高速增长作出更大贡献。未来五年，我们必须坚定信心，开拓视野，站在全省、全国的高度谋划发展、推动发展，确保站稳全省第一方阵，当好“走在前列”的排头兵；必须坚持以符合五大发展理念的GDP论英雄，用超前思维和战略眼光推动转型发展，抢抓新机遇，找准新动力，拓展新空间，努力实现符合科学发展的速度，能搞多快搞多快；必须发挥投资对增长的关键作用，不断强化经济工作以项目为中心的导向，创新投融资方式，持续扩大有效投资特别是产业投资，进一步夯实发展基础；必须坚持统筹协调，搞好经济社会、城乡区域、国际国内、生态环保、文明法治等领域的平衡发展，不断提升城市的综合竞争力和可持续发展能力；必须大力破解制约发展的重点难点问题，勇于担当，敢于突破，在转方式、补短板、防风险上下功夫，在抢抓机遇、厚植优势、激发动力上见实效。各级各部门在谋划未来工作时，既要科学务实，更要积极作为，既要履职尽责，更要创新突破，努力推动有质量、有效益、没水分、可持续的快速发展，走在全省乃至全国的前列。

二、狠抓关键环节创新突破，实现现代化幸福威海建设新跨越

关于“十三五”时期的指导思想、基本原则、目标任务，全会讨论的规划纲要已作出全面部署，待市人代会审议通过后，认真组织实施。在工作推进中，既要统筹兼顾、整体推进，又要突出重点、带动全局，坚持既定战略不动摇，抓住关键环节快突破，在提前全面建成小康社会的基础上，实现现代化幸福威海建设新跨越。

一要坚定不移地推进创新驱动，让城市的竞争力更加强劲。创新是引领发展的第一动力。特别是在增速换挡、动力转换的新形势下，必须把发展基点放在创新上，不断推进理论创新、制度创新、科技创新、文化创新等各方面创新，塑造更多依靠创新驱动、更多发挥先发优势的引领型发展。要持续推进科技创新，加大全社会特别是企业研发投入力度，深化以企业为主体的产学研合作，打造一批科技创新平台，推动一批新技术的研发应用，建设创新型城市，争创区域创新中心。要大力推进制度创新，更加注重市场在资源配置中的决定性作用，更好发挥政府作用，坚决破除一切制约发展的制度藩篱，加快形成有利于创新发展的市场环境、产权制度、投融资体制、分配制度、人才培育引进使用机制。要加快推进管理服务创新，及时调整管理服务理念和方式，强化规划的调控和预期作用，用好政策的引导和扶持作用，发挥考核的激励和约束作用，充分释放管理效能、服务效能。要全面推进工作创新突破，按照“常规性工作求实求细、创新性工作大胆突破”的要求，开阔视野，拓宽思路，找准工作转型提升的突破口，以每项工作的新突破，推动全市整体工作水平和竞争力的大提升。

二要坚定不移地推进产业强市、工业带动，让发展的基础更加牢固。产业是经济社会发展的支撑，工业是产业发展的基石。没有工业的发展，就没有产业的繁荣、城市的扩张，就缺少未来发展的动力。中央“十三五”规划《建议》提出的“加快建设制造业强国”“实施工业强基工程”，为我们未来发展指明了方向。要按照这些部署要求，深入推进“产业强市、工业带动”，加快建设具有可持续创新能力和较强竞争力的现代产业体系。当前，制造业发展面临着综合成本上升、市场竞争加剧、自主创新能力不足、智能化转型较慢等多重压力，要爬坡过坎，关键就是要积极适应形势变化，深入研究供给侧改革的新方向，找准自身定位，明确发力点和突破点。要积极适应先进制造业发展的新趋势，紧跟“中国制造2025”步伐，加快推进传统制造业脱胎换骨、转型升级，大力支持战略性新兴产业快速膨胀、集群发展，推动制造业不断向产业链、价值链中高端迈进。要积极适应实施网络强国战略和“互联网+”加快普及的新态势，强化互联网产业意识，推进工业化与信息化融合、制造业与服务业融合，衍生出更多新业态、新模式。要积极适应未来产业发展的新导向，引导扶持一批骨干企业加速膨胀扩张，打造一批具有核心竞争力、拥有行业话语权的大型企业、跨国公司，为推动区域发展提供强有力的支撑。要积极适应众创、众包、众扶、众筹等新理念，千方百计做好扶持扶助工作，通过大企业产业链条延伸扩张一批、科技公共平台孵化一批、引进人才带来一批、优化环境促成一批等途径，努力形成高新技术中小企业遍地开花的生动局面。在此基础上，突破发展现代服务业，推动生产性服务业向专业化和价值链高端延伸、生活性服务业向精细和高品质转变；加快构建现代农业产业体系、生产体系、经营体系，促进农业向都市农业、休闲农业、特色农业和一二三产业融合方向发展。

*三要坚定不移地推进蓝区建设，让海洋优势发挥得更加充分。*党的十八大以来，中央、省对发展海洋经济高度重视，从战略层面作出了一系列要求部署，进一步凸显了海洋经济的重要地位。作为山东半岛蓝色经济区核心区的重要城市，海洋是最大的优势。各级各有关部门要增强经略海洋意识，科学、深度、绿色开发海洋资源，加快建设海洋强市。要坚持把壮大海洋经济作为蓝区建设的首要任务，以打造海洋高端产业聚集区为抓手，推动海水养殖、海洋产品加工等传统产业加速转型升级，海洋生物医药、高端装备制造等新兴产业迅速崛起，滨海旅游、港口物流等涉海服务业加快发展，全力构筑现代海洋经济体系。要坚持把创新引领放在核心位置，既要强化科技人才支撑，加快建设海洋科技成果转化示范基地，又要强化工作创新，抓紧规划建设一批具有较大影响力的商品、产权、碳汇等交易平台，争创区域性集散中心。要坚持把市场化运作作为重要手段，在政府主导的前提下，鼓励和引导民间资本参与海洋资源的深度开发，汇聚更多资源、更多力量支持蓝色经济区建设。威海作为海洋经济大市，有条件也有义务在国家制定海洋经济发展政策上，发出我们的声音。各级各有关部门要结合本地实际，强化实践创新，加强对上沟通衔接，尽可能地把威海经验上升到国家层面，以自身的探索实践实现引领式发展。

*四要坚定不移地推进全域城市化，让市域一体化的城市形态更加清晰。*威海市正处于城市化快速发展的重要阶段。全域城市化、市域一体化的美好蓝图能否最终实现，关键在于“十三五”的城市化进程。要准确把握城市群发展的大趋势，抢抓国家加快推进城际基础设施互联互通的重大机遇，在与周边城市联动发展中提升比较优势，在加快培育城市特色中凸显地位，切实增强资金、企业、人才等资源的吸纳聚集能力。要准确把握全域城市化内涵，提升中心城区首位度，推动重点区域及城镇片区成为特色鲜明的中小城市，推进小城镇及新型社区建设，形成错落有致、协同发展、功能互补、相辅相成的组团式城市发展新形态。要准确把握城市基础设施现代化建设重点，发挥政府、社会等各方面力量，提高城市基础设施和公共服务设施的建设质量和运营水平，将信息化融入到城市规划建设管理全过程，努力使城市运行更加绿色低碳、智能高效、安全稳定。要准确把握城市发展的核心要义，始终坚持以人的城市化为核心，以本地农村居民市民化为重点，切实解决好城市化过程中的就业、社会保障、福利待遇等问题，确保所有市域内的居民，无论是居住在城市还是农村，都能够充分享受到现代文明。要准确把握绿色发展的新要求，建立空间治理体系，构建科学合理的城市化格局、产业发展格局、生态安全格局、自然岸线格局，开展蓝色海湾整治行动，推动资源节约高效利用、环境治理和生态修复，加快建设天蓝、地绿、水净、景美的美好家园。

*五要坚定不移地深化改革扩大开放，让发展活力更加旺盛。*一座现代化的城市必定是充满活力的城市。改革开放既是活力之源，也是建设现代化幸福威海的必由之路。当前，全面深化改革已经进入攻坚期、深水区，我们一定要坚定全面深化改革的总目标，进一步明确改革攻坚的方向和着力点，“战略上坚持持久战，战术上打好歼灭战”，凡是中央、省提出明确要求的，一定要抓紧研究、加快推进，确保落实落地；凡属威海层面的问题，不回避不推脱，积极作为，加强顶层设计，加快探索创新步伐；凡是承接上级改革试点的，要抓住机遇、先试先行，努力创造更多可复制、可推广的“威海经验”。中央和省对中韩自贸区地方经济合作示范区建设寄予厚望。我们要牢记重托，充分发挥想象力、创造力，加快在重点领域、关键环节的试验探索，争取、释放更多政策红利，打造更多先发优势。同时，要坚持引进来与走出去并重、巩固传统市场和开拓新兴市场并举，发展更高层次的开放型经济。当前，“大众创业、万众创新”的热潮正在形成。要继续把创新创业作为稳定经济增长的关键之举，加快构建普惠性创新支持政策体系，在全社会营造鼓励创业、宽容失败的良好氛围，尽快把威海打造成为最佳创业城市。

*六要坚定不移地推进内涵提升，让城市特色更加鲜明。*生态是城市的容貌，文化是城市的灵魂，只有内外兼修才能使我们的城市更富韵味、更有内涵。要在继续推行最严格的生态保护制度的同时，苦练“内功”，不断丰富城市文化内涵，赋予城市更深刻、更厚重、更鲜明的文化基因，打造极具价值的城市品牌。要坚持“两手抓、两手都要硬”，加强社会主义精神文明建设，进一步巩固文明城市创建成果，不断提升城市整体文明水平，真正实现“城市因文明而美丽，人民为城市而骄傲”的美好愿景。文化是城市对外宣传推介的金名片，要大力弘扬和阐发优秀传统文化，坚持继承传统文化与彰显时代精神相统一，铸造更有韵味、更有积淀、历史文化气息更加浓厚的城市品格。要顺应数字技术和互联网技术催生的第二次文化产业浪潮，大力发展骨干文化企业，积极培育新型文化业态，推动创意文化产业快速突破，不断开发衍生产品，延伸产业链条，全面提升文化产业的竞争力和带动力。要大力发展现代旅游产业，赋予旅游业更多的文化内涵，进一步叫响“走遍四海、还是威海”的城市品牌，让更多的人走进威海、了解威海、喜爱威海，在威海创业，在威海成功。

*七要坚定不移地推进共建共享，让广大人民群众生活更加幸福。*民生是最大的政治，让群众共享发展成果是我们共产党人的重大责任和使命。我们要始终坚持人民主体地位，坚持以人民为中心的发展思想，把人民幸福作为发展的目的和归宿。要坚决打赢精准脱贫攻坚战，加大扶贫开发力度，实施低收入家庭和群体生活水平提高工程，因人、因地、因群体分类施策，引导各方资源参与帮扶，确保180个省级贫困村全部摘帽，确保每一名困难群众的生活水平能够得到大幅提升，确保实现提前全面建成小康社会的目标。要继续坚持普惠性、保基本、均等化、可持续方向，从解决人民群众最关心最直接最现实的利益问题入手，切实履

行好政府职责，提高公共服务共建能力和共享水平。要积极应对城市化、人口老龄化、二孩政策实施等新形势对公共服务提出的新要求，在就业保障、教育医疗、养老服务等方面，及早谋划，及时调整，合理配置公共服务资源，使各类公共服务能够更好地满足群众生产生活需求。要深入开展健康城市创建，强化社会治理创新，大力加强安全生产工作，切实保障人民群众舌尖上的安全，进一步增强人民群众的安全感、幸福感，促进社会和谐稳定。

三、切实加强和改进党的建设，不断提高党领导经济社会发展的能力和水平

完成“十三五”时期各项目标任务，关键在党，关键在人。要适应新形势、新任务，切实加强和改善党的领导，创新领导经济社会发展的观念、体制、方式方法，团结带领广大人民群众向着提前全面建成小康社会、实现现代化幸福威海建设新跨越的目标奋勇前进。

*一要切实发挥好党的领导核心作用。*党的领导是中国特色社会主义制度的最大优势，是实现经济社会持续健康发展的根本政治保证。要按照五中全会的要求，加强党委领导经济社会发展工作的制度化建设，完善党委研究经济社会发展战略、定期分析经济形势、研究重大方针政策的工作机制，严格落实下级组织向上级组织请示报告重大事项制度，切实履行把握方向、谋划全局、提出战略、制定政策、推进改革的职责。特别是要强化重大事项的决策权、监督权，为发展航船定好向、掌好舵，确保各项决策部署落到实处。要坚持总揽全局、协调各方，充分发扬民主，强化舆论引导，尊重群众首创精神，巩固和发展最广泛的爱国统一战线，把群众的力量和智慧进一步凝聚起来，把各方面的积极性进一步发挥出来，努力形成全体市民各尽所能、各得其所而又和谐相处的生动局面。

*二要加快提升领导发展的能力和水平。*市委十四届六次全会向全市发出大兴学习之风的号召后，各级各部门迅速行动，通过请进来、走出去等多种方式，加强干部队伍的学习培训，研究提出了一批创新性、突破性工作举措。习近平总书记在五中全会上强调：“无论是分析形势还是作出决策，无论是破解发展难题还是解决涉及群众利益的问题，都需要专业思维、专业素养、专业方法。”要把大兴学习之风作为一项长期任务，坚持不懈地抓下去。广大党员干部特别是各级领导干部都要有时不我待的紧迫感，全面、系统地恶补知识、快充技能，真正成为分管领域的行家里手、内行领导。中央和省“十三五”规划《建议》中有大量新政策、新办法，各级各部门要把学习这两份文件作为提升能力的捷径，反复学习、深入研读，真正将这些政策转化为现实生产力。要继续坚持拿来主义，变“走马观花式”的参观学习，为“解剖麻雀式”的蹲点考察，真正沉下去，把外地的好经验好做法挖深挖透、为我所用。在全面推进依法治国大背景下干工作、作决策，是对我们领导能力和水平的现实检验。要更加自觉地运用法治思维和法治方式深化改革、推动发展、破解难题、化解矛盾、维护稳定，依法治理经济，依法协调和处理各种利益问题，提高依法执政、依法行政能力，避免埋钉子、留尾巴。

*三要扎实推进党的各级组织和干部队伍建设。*提高领导发展水平、凝聚发展合力，必须切实落实管党治党的政治责任，把党自身建设好，把各级党组织的战斗堡垒作用和党员干部的先锋模范作用发挥出来。要把抓基层打基础作为固本之举，推动党组织和党的工作有效覆盖，努力使每个基层组织既能履行好党的政治责任、发挥政治引领作用，又能落实服务功能，在服务中体现党的政治优势。要深化干部人事制度改革，从选拔、任用、考核、培训等多方面入手，进一步优化领导班子知识结构和专业结构，提高专业化水平。要健全改进作风长效机制，深化廉政准则和纪律处分条例的学习，严明党的纪律和规矩，落实党风廉政建设主体责任和监督责任，强化权力运行制约和监督，努力实现干部清正、政府清廉、政治清明。

*四要以“三严三实”精神推动“十三五”目标任务落实落地。*习近平总书记指出，如果不沉下心来抓落实，再好的目标、再好的蓝图，也只是镜中花、水中月；没有广大党员、干部的积极性和执行力，再好的政策措施也会落空。把“十三五”规划描绘的美好蓝图变为现实，关键是要把“三严三实”要求贯穿规划落实的全过程，把“强化执行力、全面抓落实”精神贯彻到各项工作中去。广大党员干部要强化责任担当，树立强烈的事业心，勇挑重担，敢于碰硬，责任面前不推诿，矛盾面前不回避，心无旁骛、只争朝夕地做工作、抓发展。要树立正确的政绩观，既要立足当前，以时不我待的精神在重点领域率先突破，又要着眼长远，以钉钉子精神锲而不舍地抓好打基础利长远的工作。要强化一盘棋思想，着眼全局、立足本职，强化顶层设计、系统推进，加强工作衔接、通力合作，齐心协力地抓好工作落实。要严格督查考核，按照推进干部“能上能下”的要求，严督实考，敢于较真、敢于碰硬，让“为官不为、为官慢为、为官乱为”的没有市场，让那些政治强、懂专业、善治理、敢担当、作风正的干部脱颖而出。

（市委办公室提供）

政府工作报告（摘要）

——在威海市第十六届人民代表大会第五次会议上

(2016 年 1 月 19 日)

威海市市长 张 惠

一、“十二五”时期政府工作回顾

过去五年，在市委的坚强领导下，市政府紧紧依靠全市人民，全面贯彻落实党中央、国务院和省委、省政府的决策部署，坚持生态立市、科教兴市、产业强市，主动适应经济发展新常态，妥善应对各种风险挑战，以改革创新的精神扎实做好各项工作，现代化幸福威海建设迈出坚实步伐。

——2015 年，全市生产总值 3001.6 亿元，“十二五”期间年均增长 9.8%，人均超过 1.6 万美元；地方一般公共预算收入 249.7 亿元，年均增长 14.3%；三次产业比重由 7.9∶55.9∶36.2 调整为 7.2∶47.4∶45.4；高新技术产业产值比重预计达到 38.5%，提高 5.9 个百分点。在经济下行压力加大的情况下，实现经济稳健增长、结构持续优化、发展质量与效益同步提高。

——万元生产总值能耗下降 17% 以上，主要污染物减排任务全面完成，城市环境综合整治定量考核稳居全省前列，环境空气质量各项指标保持全省首位，妥善处理经济发展与环境保护的关系，全面提升生态文明建设水平。

——常住人口城镇化率由 58.2% 提高到 62.3%；城镇和农村居民人均可支配收入分别超过 3.6 万元和 1.6 万元，年均增长 10.8% 和 12.3%；城镇登记失业率保持在 1.53% 以下；民生支出占财政支出比重由 79.5% 提高到 83.1%，基本公共服务的供给水平更高、覆盖面更广，社会保障水平不断提升。

——科学发展综合考核位居全省前列，群众满意度调查评价保持全省第一，城市精细化、智能化管理水平不断提升，群众性精神文明创建取得新突破，以地级市第一名的成绩成功创建全国文明城市。

五年来，我们积极应对复杂严峻经济形势，统筹处理稳增长、促改革、调结构、惠民生、防风险的关系，主要做了以下工作。

*（一）坚持以提高发展质量和效益为中心，打好稳增长调结构主动仗。*强化产业强市、工业带动，按照“一产抓特色促跨越、二三产抓结构上规模”的思路，推动产业转型升级。

实施产业集群“3+4”发展战略。规划建设医疗器械产业园，获批首个国家碳纤维及复合材料产业基地，新信息、新医药、新材料三大战略性新兴产业集群加速膨胀。支持企业技术改造和品牌建设，机械制造、食品加工、运输设备、纺织服装四大传统优势产业集群加速转型。造船、轮胎、玻璃等行业产能利用率不断提高。“两化”融合、军民结合产业实现突破发展。

鼓励新型业态培植和商业模式创新。新建电子商务园区 21 个，电子商务交易额年均增长 39.4%，环翠区成功创建国家电子商务示范基地。新增 A 级旅游景区 30 个，成功创建全国旅游标准化示范城市。互联网经济、现代物流、文化创意、休闲产业蓬勃发展，现代服务业占服务业增加值比重提高到 41.8%。

加快推进蓝色经济区建设。实施渔船更新改造，新增专业远洋渔船 230 艘，远洋渔业产值年均增长 58%，被确定为中国远洋水产品加工与物流基地，建成国家海产品质量监督检验中心、海洋商品国际交易中心，获批中国海参交易中心，被评为中国海洋食品名城。新增国家级休闲渔业基地 10 个，被评为中国休闲渔业之都、中国钓具之都。入选全国海洋高技术产业基地试点城市。

大力发展高效生态农业。推动一产向二产三产跨越延伸，建成国家现代农业示范区。新建现代果园 20 万亩，特种毛皮产量去年达到 1320 万张，粮食和主要农产品产量保持稳定，“三品一标”产品产地认定面积比重由 35% 提高到 56%。

实施创新驱动发展战略。财政科技投入增长 2.2 倍，全社会研发经费年均增长 15.2%。科技企业孵化器达到 42 家，孵化面积 106 万平方米，分别增长 9.5 倍和 13.6 倍。支持企业创建省级以上研发平台 106 家，新建山东船舶技术研究院等 15 个重大产业创新平台。建成科技创新综合服务平台，促成技术交易 3485 项。

实施英才计划。引进各类人才 12 万人。新建职业教育示范实训基地 49 处，培养高技能人才 4.4 万人，入选首批全国技能振兴百家城市。引进北京交通大学，建成威海海洋职业学院，与 110 家高校科研院所建立合作关系，促成产学研合作项目 405 项。发明专利申请量、授权量年均增长 17.1% 和 38.3%。

助推大众创业、万众创新。率先创办创业大学，建成 32 处创业孵化基地；发放创业担保贷款 0.4 亿元，扶持 8649 人自主创业，成为首批全国创业先进城市。组织实施“千帆计划”，科技型企业达到 1031 家，增长 5.9 倍。实施工商注册制度便利化改革，市场主体总量增长81.5%，其中企业增长78%。

（二）抢抓先行先试机遇，全面深化改革开放。主动承担国家、省级改革试点36项，引领带动各领域工作实现新突破。

深化投融资体制改革。组建国有资本运营公司，设立天使投资引导基金、产业共赢基金等6支基金，基金总规模221亿元。发行14支城投债和小微企业增信集合债，募集资金138.8亿元。引进各类金融机构30家，扩大科技支行覆盖范围，社会融资总量年均增长38.9%。组建政府性担保公司，设立小微企业贷款风险补偿金，完善续贷过桥周转机制，有效防范企业资金链、担保链风险。实行全口径预算管理。改革重组国有企业27家。新增上市企业、新三板和其他场外市场挂牌企业75家。

加强社会领域改革。出台户籍管理、住房保障等改革措施，加快推动农业转移人口市民化，入选国家新型城镇化综合改革试点城市。全面深化农村改革，新增农业新型经营主体3822家。推进基础教育综合改革，义务教育优质均衡发展、校车运营管理、学校管理标准化等国家改革试点实现突破。全面实施县级公立医院改革，被确定为公立医院改革国家联系试点城市。

全方位扩大开放。外贸进出口总额去年达到169.4亿美元，一般贸易出口比重由33.9%提高到58.7%，36家企业入选省重点培育国际知名品牌。累计利用外资45.8亿美元，年均增长15.1%。企业境外投资14.5亿美元，增长5.3倍。与比利时根特市等4个城市缔结友好城市关系，入选中欧城镇化合作示范城市。

全面深化对韩合作。威海与仁川自由经济区被确定为中韩自贸区地方经济合作示范区，获得先行先试重大机遇。实施关检合作“三个一”口岸通关模式，开展电子口岸试点，新增国家一类开放作业港区7个，获批开放肉类、冰鲜水产品等8个特色进口口岸，中韩海运跨境电子商务、中韩海运邮路等政策落地实施。

（三）统筹重点区域开发建设，促进区域一体化发展。坚持全域城市化、市域一体化，实施四个“三年突破”战略。

协调推进区域发展。文登撤市设区，进入同城化发展新阶段。南海新区成为山东半岛蓝色经济区重点海洋经济新区。东部滨海新城开发建设扎实推进。乳山产业结构调整步伐加快。双岛湾科技城、好运角旅游度假区、乳山滨海新区等重点区域开发建设取得阶段性成果。临港区升级为国家级经济技术开发区，高区、经区加快推进自主创新示范区和产城融合示范区建设。荣成海洋生物产业园成为省级高新区，北海旅游度假区获批省级旅游度假区。荣成被列为全省城乡统筹工作试点市。

着力突破交通瓶颈。青荣城际铁路正式通车，去年完成客运量456万人次，地方铁路去年完成客运量244.2万人次。威海机场完成升级改造，旅客吞吐量由82.5万人次提高到132.1万人次。威海港国际客运中心、刘公岛客运中心投入使用，港口货物吞吐量由4866万吨提高到7324万吨。石烟线外移工程、荣文高速公路全线开通。市区两大综合交通枢纽工程投入使用。

加快完善城乡基础设施。完成宝泉广场、环翠楼、江家寨立交桥等城建重点工程，新建改造城市道路251条。胶东调水工程建成并正式通水，形成本地水与客水“双保障”的供水格局。新建污水处理厂8座，新铺设污水管网850公里。66.7%的镇实现集中供热，87.5%的镇铺设天然气管道，“户保洁、村收集、镇运输、市处理”的生活垃圾一体化处理体系实现全覆盖。

（四）牢固树立绿色发展理念，强化资源环境保护。率先通过省级生态市验收，文登、荣成、乳山被评为国家生态市。

实施大气污染防治行动计划。推进散流物体运输、建筑工地扬尘规范化管理，拆除燃煤锅炉141台，燃煤机组全部配建脱硫脱硝除尘设施，加油站全部安装油气回收装置，全面完成黄标车淘汰任务。省测“蓝天白云”天数年均328天，保持全省最多。

实施最严格的水资源管理制度。推进市区河道、重点流域、饮用水水源地和地下水污染综合整治。健全海岸带综合管理，构建保护与管理制度，实施海域海岛海岸带生态修复工程，完成威海湾海域养殖设施清理，被评为国家海洋生态文明建设示范区。

加强生态红线管控。开展闲置低效利用土地清理专项行动，盘活土地2.7万亩。加强山体、林地资源保护，森林覆盖率提高到42.2%。推进里口山城市山地公园建设，新增湿地公园4处。

（五）着力提高公共服务能力和水平，持续推进民生改善。扎实办好民生实事，集中力量解决了一批群众关心的实际问题。

推动社会保险制度并轨整合。率先实施城乡统一的居民基本养老保险制度、居民基本医疗保险制度，大病保险和大额救助制度并行实施，居民医保最高支付限额提高到50万元。率先实现生育保险城乡全覆盖和生育费用“零负担”。社会保险率先全部实现市级统筹，各项社保待遇保持全省领先水平。

完善扶贫济困工作机制。实施精准扶贫项目，减少农村贫困人口3.5万人。建立临时救助制度，救助困难家庭3.5万户次。城乡低保标准分别提高39%和112%。新建公共租赁房、经济适用房1.8万套。建立计划生育特殊困难家庭救助制度。加强残疾人社会保障和服务体系建设，各类助残项目惠及12.1万人次。

全面提升教育发展质量。新建改扩建125所公办幼儿园，补助扶持48所普惠性民办幼儿园。加强学校体卫艺教育，培育特色学校85所。实施办学条件标准化提升工程，为147所中小学校配建塑胶跑道和草坪运动场，城乡中小学校全部配齐远程录播教室和交互式多媒体教室，农村中小学新模式校车实现全覆盖。市中小学生综合实践教育中心建成投入使用，被评为全国示范性综合实践基地。实现全国义务教育发展基本均衡县“满堂红”。

大力发展公共交通。推动公交回归公益，投资6.7亿元淘汰老旧公交车、建设公交停保场、发展智能公交系统，购置节能环保型公交车880辆。开通大站快线和城际公交快线，各区市全部实施公交客运集约化改造，率先实现城乡公交一体化全覆盖。

优化医疗卫生服务。6家医院晋升二级甲等医院，339个村卫生室完成标准化改造。全面推行药品、医用耗材、检验试剂集中配送改革，基层医疗机构全部实施基本药物制度。实施农村妇女和新生儿特定病种免费筛查等一批基本公共卫生服务项目。

改善城乡居住环境。开展城乡环境综合整治行动，完成2121个村、107个老旧生活小区整治改造，城乡环卫一体化实现高质量全覆盖。改造棚户区8.2万户，新建农房13.3万户，改造农村危房3.7万户。实施既有建筑供热计量与节能改造4149万平方米。新建城市社区日间照料中心373个、农村幸福院376所，各类养老机构床位达到2.5万张，增长92%。

推进智慧城市建设。建成云计算中心和电子政务、工业设计、公共服务三个云平台，实施智能交通、智慧旅游、智慧社保等一批示范项目，成为首批国家智慧城市试点、信息惠民国家试点城市、宽带中国示范城市。开通市民网，启动市民卡工程。推动数字化城管、安全生产网格化监管信息平台、肉菜流通追溯体系建设，运用信息化手段保障公共安全和城市管理服务。

加强精神文明建设。大力弘扬社会主义核心价值观，推进美德威海建设，被评为全省"四德"工程建设示范市。实施文化惠民工程，被评为全省首批公共文化服务体系示范区和首批标准化试点城市。承办十艺节"群星奖"戏剧类比赛。被评为全国文化体制改革先进地区和文化强省建设先进市。

深入开展全民健身活动。建成市乒羽健身中心，新建城市健身慢行道93.3公里，各区市建设7处全民健身中心，推动学校体育设施向社会开放，城乡社区全部配备体育健身设施，形成15分钟公共健身圈。成功举办长距离铁人三项世界锦标赛和世界杯系列赛，组织仁川亚运会火炬传递活动。

深化海陆一体平安建设。健全网格化社会治理体系，加强公共安全视频监控系统建设，社会治安群众满意度位居全省第一。完善道路交通、森林防火、消防管理、应急避难等安全基础设施，加大应急救援装备配备力度，安全事故防范和应急处置能力进一步提高。积极创建国家食品安全城市和农产品质量安全市，"双城联创"模式被国家推广。

国防动员、人民防空、民兵预备役工作进一步加强。民族、宗教、妇女儿童、外事、侨务、对台、档案、史志、地震、气象、仲裁、慈善等事业取得新进步。

（六）坚持依法行政，大力建设法治政府、服务型政府、廉洁政府。扎实开展党的群众路线教育实践活动、"三严三实"专题教育，持续开展机关作风建设年活动，切实加强政府自身建设。

大力推进简政放权、放管结合。实施新一轮政府机构改革和事业单位改革，全面公布行政审批事项目录清单、行政权力清单、政府责任清单，在建设工程审批、市场主体设立等领域推行模块化审批、联审联批模式，取消、下放行政审批事项391项，市级审批事项能精简下放的全部精简下放。

依法规范政务运行。组建政府法律顾问团，重大行政决策和规范性文件制订都公开征求意见。加强政府信息公开，扩大预决算公开范围。推进政府信息资源共享和数据公开。开展行政违法预防工作。健全行政复议工作机制。建立行政约谈制度。加强普法依法治理，被评为全国法治城市创建先进单位。

主动接受人大的法律监督、政协的民主监督。办理人大代表建议214件、政协提案970件。整合公共服务热线，建立政务服务、应急联动、便民服务三个热线平台。组建群众监督员、网络监督员队伍。各级政府和部门开通政务微博。健全岗位廉政风险防控和防止利益冲突机制，政府系统廉政建设进一步加强。

各位代表！刚刚过去的一年，我们坚持稳中求进工作总基调，统筹做好各项工作，全市经济运行总体平稳。全市生产总值增长8.5%，地方一般公共预算收入增长13.1%，城镇和农村居民人均可支配收入分别增长8.6%和8.8%，固定资产投资增长14.1%，社会消费品零售总额增长11%，外贸进出口增长2.2%，其中出口增长11.1%，各项社会事业都取得新进步，实现"十二五"胜利收官。"十二五"规划28项主要指标中，12项约束性指标全部完成，13项预期性指标超额完成，3项预期性指标接近目标值。

二、"十三五"时期的总体要求和目标任务

"十三五"时期是全面建成小康社会决胜阶段，政府工作的总体要求是：高举中国特色社会主义伟大旗帜，全面贯彻党的十八大和十八届三中、四中、五中全会精神，以邓小平理论、"三个代表"重要思想、科学发展观为指导，深入贯彻习近平总书记系列重要讲话和视察山东重要讲话、重要批示精神，坚持"四个全面"战略布局要求，坚持发展是第一要务，坚持争当全省走在前列排头兵的目标，以创新、协调、绿色、开放、共享发展理念为引领，以提高发展质量和效益为中心，加快形成引领经济发展新常态的体制机制和发展方式，深入实施生态立市、科教兴市、产业强市和全域城市化、市域一体化战略，统筹推进经济建设、政治建设、文化建设、社会建设、生态文明建设，提前全面建成小康社会，实现现代化幸福威海建设新跨越。

（一）坚持创新发展，创建国家创新型城市。深入实施创新驱动发展战略，推动经济保持中高速增长、产业迈向中高端水平。在提高发展平衡性、包容性、可持续性的基础上，生产总值年均增长8.5%左右，提前实现比2010年翻一番的目标。正确处理政府和市场的关系，加大结构性改革力度，加快构建有利于创新发展的体制机制，使市场在资源配置中起决定性作用和更好发挥政府作用。实施产业集群"3+4+3"发展战略，培育壮大三大战略性新兴产业集群，改造提升四大传统优势产业集群，加快培育智能装备、海洋生物、物联网三大未来产业。推动生产性服务业向专业化和价值链高端延伸，生活性服务业向精细和高品质转变。构建现代农业产业体系、生产体系、经营体系，促进一二三产业融合发展。推进蓝色经济区建设，深度拓展蓝色经济空间。大力发展军民融合产业，创建国家军民融合创新示范区。以智慧城市建设带动智慧产业发展，促进以互联网为基础的创新创业。坚持走以企业为主体的产学研合作道路，不断提高技术转移转化能力，大力发展科技企业孵化器、众创空间等新型创新创业服务平台，全面

提升高端创新要素聚集和承载能力。高区深度融入山东半岛自主创新示范区建设，海洋高新技术产业园实现特色发展。

（二）*坚持协调发展，打造城市化发展新模式*。深入开展国家新型城镇化综合试点，提升中心城区首位度，促进全域城市化、市域一体化发展。坚持以人的城市化为核心，加快推进“三个市民化”，户籍人口城镇化率达到68%左右。坚持生态、生产、生活三生共融，统筹空间、规模、产业三大结构，以主体功能区规划为基础推进“多规合一”，促进产城融合发展。按照适度超前、优化布局、完善网络的原则，有序推动高速铁路、高速公路、城市轨道交通、枢纽场站等重大工程项目，统筹布局地下综合管廊、停车场等市政公用设施，加快建设海绵城市，规划建设一批商贸服务、文化休闲、体育健身等社区便民服务设施，全面提升基础设施现代化水平，让人民群众生活得更方便、更舒心、更美好。

（三）*坚持绿色发展，打响宜居城市品牌*。实施最严格的环境保护制度，全面提升生态宜居水平。实行能源和水资源消耗、建设用地等总量和强度双控行动，严格将各类开发活动限定在资源环境承载能力之内。实施全民节能、节水行动计划，提升发展方式和生活方式绿色、低碳水平。开展海湾、沙滩、海岸线修复整治行动，筑牢生态安全屏障。深入实施大气、水、土壤污染防治行动计划，燃煤热电企业全部实行超低排放，环境空气质量在全省率先全面达到国家二级标准，饮用水水源地水质达标率100%，主要河流水环境全部达到功能区标准，森林覆盖率达到45%左右，共建共享天蓝、地绿、水净、景美的美丽家园。

（四）*坚持开放发展，打造开放型经济新优势*。主动融入“一带一路”等国家开放战略，积极开拓新兴市场，实施精准招商，支持企业“走出去”，推进高水平双向开放。中韩自贸区地方经济合作示范区形成聚集效应，通关便利化、贸易便利化水平全面提高，中韩最便捷贸易通道加快形成，中韩商品交易集散地、中韩合作产业园建设取得突破，在贸易、投资、服务、产业合作等领域形成更多可复制、可推广经验。经区、临港区等开发区加快转型升级，打造联动发展的产城融合示范区、体制机制创新区。

（五）*坚持共享发展，全面建成小康社会*。坚持人人参与、人人尽力、人人享有，不断提高公共服务共建能力和共享水平。市域一体的社会保障体系更加健全，优质均衡的现代化教育发展格局加速形成，覆盖城乡的公共文化服务体系不断完善，率先建成具有示范效应的健康城市。社会治理法治化水平不断提高，公共安全保障体系更加完善。社会主义核心价值观更加深入人心，社会文明程度全面提升。人民生活水平和质量普遍提高，现行标准下农村贫困人口全部脱贫，居民人均可支配收入年均增长8.5%以上，提前实现比2010年翻一番的目标。

三、2016年政府工作安排

2016年是实施“十三五”规划的开局之年，是推进结构性改革的攻坚之年，主要预期目标为：全市生产总值增长8%—8.5%，地方一般公共预算收入增长10%左右，居民消费价格涨幅控制在2%左右，城镇登记失业率控制在2%以内，进出口保持稳定，城镇和农村居民人均可支配收入分别增长8.5%左右和9.5%左右，完成省下达的节能减排约束性指标。主要工作任务是：

（一）*加大结构性改革力度*。以产业转型升级为方向，攻克结构性改革难题，切实增强持续增长动力。

全面落实五大任务。抓住供给侧结构性改革的关键点，加快去产能、去库存、去杠杆、降成本、补短板。运用市场机制、经济手段、法治办法，引导企业并购重组，加快“僵尸企业”退出。加快淘汰落后产能，化解造船等行业过剩产能。推动化工企业进区入园。引导企业改善房地产供给结构，积极消化房地产库存。组建房源统筹平台，采取租补分离、货币化安置等方式，打通商品房与保障房转换通道。发展住房租赁市场，培育专业化住房租赁企业。积极争取和落实政策措施，加大减费清费力度，降低实体经济企业成本。完善政银企风险处置合作机制，打击非法集资，防范区域性、系统性金融风险。

加快制造业改造升级。发挥龙头企业示范带动作用，加快推进医疗器械产业园、碳纤维及复合材料产业基地建设，壮大一批行业“配套专家”企业，大力培育战略性新兴产业。实施工业强基工程，扩大工业技改贴息政策适用范围，推动传统优势产业集群改造升级。对接“中国制造2025”规划，大力发展智能装备产业，推进“机器换人”示范工程。实施103项重点工业投资项目，引导企业持续增加产业领域投资。全社会固定资产投资增长13%左右，先进制造业投资比重进一步提高。

突破发展现代服务业。坚持“敲开核桃、一业一策”，推进服务业发展提速、比重提高、水平提升。做优做强生产性服务业，加快发展研发设计、金融保险、文化创意、商务服务、信息技术服务等重点行业。做精做活生活性服务业，积极培育特色商圈，提升体育健身、教育培训、家政服务等产业发展水平，引导形成新的消费需求。社会消费品零售总额增长11%左右。

大力发展休闲产业。培育海洋休闲经济，规划建设帆船、游艇基地，打造20处综合性休闲渔业基地和20处海上田园观光体验园区。发展山地休闲旅游，规划建设房车营地。壮大都市休闲农业，新建10处精品观光采摘园。推动文化体验与商业、休闲相融合，打造城市特色文化街区。提升好运角旅游度假区、里口山城市山地公园、昆嵛山国家级自然保护区的保护和开发水平。

调整优化农业结构。推广应用农业新技术、新模式，提高水利化、机械化、科技化水平。因地制宜调整种植业结构，增加农产品有效供给。大力发展生态养殖和远洋渔业，建设“海上粮仓”。培育深加工企业和交易市场，促进特色农畜产品种养业稳定发展。开展化肥农药使用量零增长行动。鼓励多种形式适度规模经营，培育新型农业经营主体和服务主体，新增家庭农场120个。

大力实施质量和品牌战略。开展质量管理提升行动，引导企业建立首席质量官制度，完善质量管理体系。健全标准创新激励机制，支持企业主导或参与制定行业国家和国际标准。开展知名品牌培育创建工作，支持企业提升研发设计、品牌创建、营销网络拓展能力。发挥名牌企业聚集示范效应，创建优质产品生产基地，提升渔具、地毯等一批特色产品的品牌影响力。

实施“互联网+”行动计划。发挥“互联网+”对经济提质增效的促进作用，大力发展“互联网+”协同制造、涉农服务、电子商务、高效物流等产业，培育信息消费、互联网金融、物联网、云计算等新业态。支持企业开展个性化定制、网络化协同制造和服务型制造。搭建胶东半岛城市物流配送云服务平台，构建智能仓储及物流配送体系。争创全省互联网私募股权融资试点。加强信息基础设施建设，推动公共数据资源开放开发。

（二）激发创新创业活力。大力营造有利于大众创业、万众创新的发展环境，进一步活跃市场主体，培育新的增长点。

大力培植创新型企业。强化企业创新主体地位，实施高新技术企业培育成长计划，新增科技型中小企业500家。扩大科技“创新券”使用范围，对大型仪器共享、科技成果交易、创新咨询等实施补贴。推动发展科技保险，开展科技小额贷款、科技融资担保、专利权融资等创新业务，为创新型企业发展提供融资支持。实施知识产权强基行动，支持企业提高有效发明专利拥有量。

支持科技企业孵化器建设。实施科技企业孵化器聚集提升工程，与国内专业孵化机构建立紧密合作关系，吸引高层次孵化人才、创新资金、创新机构，引进专业管理团队加强孵化器专业化运营，提升在孵企业素质与孵化产出。加快推进海洋生物、电子信息等专业孵化器建设。

强化创新服务平台建设。加强公共创新平台建设，推动共性技术研发与企业实际需求对接。加快工信部电子信息技术综合研究中心、医疗器械和药品检验检测中心等公共检测平台建设。推动建设碳纤维国家检测中心、医学工程实验中心。支持企业创建省级以上研发平台13个。创建军民科技融合产业协同创新中心。试行科技成果挂牌交易，技术交易额超过27亿元。

加强大众创业服务。引导企业和社会机构兴办众创空间，建立威海众创联盟，推动众创、众包、众扶、众筹，聚集各类创业孵化资源。优化创业培训实训机制，实施新一轮大学生创业引领计划，开展创业大赛、创客秀等创业展示活动，创建省级示范创业大学，完成创业实训5000人以上。落实创业补贴和创业担保贷款政策，建设创业服务云平台，满足创业者个性化需求。

加快集聚创新型人才。坚持以企业为主体，以重点人才工程为引领，深入实施英才计划，集聚一批对产业转型升级具有带动作用的产业领军人才、科技创业人才、市场营销人才和高技能人才队伍。推进留学人员创业园建设，吸引高端人才来威海创业发展。实施企业家培育计划，培养优秀企业家群体。提高职业教育人才培养质量，培养区域产业发展急需的高技能人才，新建3处示范实训基地。加强与驻威高校共建，深入推进人才引进交流和产学研合作。引进各类人才2万人，培养高技能人才5000人。

（三）增创开放型经济新优势。发挥中韩自贸区地方经济合作示范区的聚集效应，推动全方位多元化对外开放。

促进对外贸易优进优出。加快自主品牌出口和境外自主营销网络建设，提升出口商品质量、档次和创新要素比重。支持外贸综合服务平台建设，为中小微进出口企业提供便捷服务。实施市场多元化战略，积极拓展非洲、南亚、中东欧等新兴市场。加快发展服务外包，扩大服务贸易进出口。

大力实施精准招商。在招商方向上精准定位，推进主导产业补链式招商、新兴产业龙头式招商、传统产业提升型招商，重点引进新型业态和高端项目，引进龙头型、基地型、技术创新型企业，推动本土企业引进战略合作伙伴，提高利用内外资质量效益。在招商方式上精准发力，发挥专业招商队伍作用，制定重点产业招商路线图，开展“量身定做”式合作。实际到账外资增长10%左右，实际利用内资增长15%左右。

突破对韩经贸合作。建设电子口岸国际贸易“单一窗口”，扩大中韩优秀进出口企业互认范围。做好离境退税政策实施准备工作。推进海关特殊监管区整合优化改革。加快跨境电商综合服务平台建设。加强与韩国在服务业方面的深度合作。

加强全球经济合作。积极参与“一带一路”建设，支持企业安全高效“走出去”。支持企业巩固海外工程承包市场。充分利用外事、侨务、对台资源，扩大经贸文化交流。加强国内区域合作，做好对口支援工作。

（四）深化重点领域改革。推动已出台改革方案落实落地，积极谋划新的改革举措，排除影响结构性改革的体制机制障碍。

创新投融资机制。推广政府和社会资本合作模式，引导社会资本参与公共基础设施建设和运营。整合市级公共资源交易平台。提高产业投资基金、风险投资基金运营效率，以产业引导、股权投资方式支持产业发展。加强政府债务管理，推进城投债、小微企业增信集合债和专项债券发行，有序做好债券融资工作。

引导推动企业改革改制。以管资本为主加强国有资产监管，分类推进国有企业改革，完善现代企业制度。推进供销社综合改革。推动企业规范化公司制改制，对接多层次资本市场，新增上市及新三板挂牌企业10家以上，实现直接融资120亿元。

健全财政资金管理机制。完善预算管理体系，建立跨年度预算平衡机制。健全透明预算制度，依法依规公开预决算。全面推进税式支出管理改革。继续清理压减财政专项资金，大力压减三公经费等一般性支出，腾出更多资金用于基本公共服务。

强化金融改革创新。完成农村信用社银行化改革。扩大新型农村合作金融试点范围。扩大科技支行覆盖范围、小额贷款保证保险规模，放大小微企业贷款风险资金池效应。提升融资性担保机构的担保和增信能力。拓展保险业服务领域和资金运用渠道。推进大宗商品交易试点，加快国际海洋商品交易中心建设运营。

加快推进社会领域改革。深化基础教育综合改革，完善中考招生制度，推进普通高中课程改革，开展非营利性民办学校教师养老保险与公办学校教师同等待遇试点工作。深化城市公立医院综合改革，理顺公立医院管理体制，全面破除以药补医机制。加大政府购买公共服务力度，稳步推动事业单位去行政化。

（五）加快推进城市化进程。坚持以人为核心，遵循城市发展规律，着力提高城市发展持续性、宜居性。

积极稳妥推进“三个市民化”。实施居住证制度，推动基本公共服务常住人口全覆盖。加快城中村、城边村改造，完成棚户区改造1.9万户，改造旧生活小区28个，新建新型社区21个，推动就地城镇化。推进农村产权交易市场建设，加快农村集体产权制度改革，完善农民土地承包权、宅基地使用权、集体收益分配权有偿转让机制，促进有序流转。

大力推动产城融合。深入实施四个“三年突破”战略，推进文登同城化发展和乳山产业结构调整，推动东部滨海新城、临港区、南海新区等重点区域加大产业招商力度，布局一批重点产业项目，强化城市产业发展、吸纳就业和创新能力支撑。

推进智慧城市建设。发展公共服务智慧应用，完善城市综合管理信息系统功能，实施智能交通、智慧教育、智慧环保、智慧医疗、智慧文化等示范项目，提高城市管理和服务智能化水平。加快实施市民卡工程，免费发放市民卡50万张。

加强基础设施建设。推进文莱高速公路、环山路拓宽改造、蒲石线北段新建等交通项目。实施117项城建重点工程，推动东部滨海新城主干路网及地下综合管廊项目建设。加强公交便民化、绿色化、智能化建设。完成经区污水处理厂扩建、临港区污泥处理二期工程建设。

改善农村居住环境。开展美丽乡村行动，完成农村无害化卫生厕所改造9.8万户；改造农村危房1200户；新增规模化供水村326个；改造农村公路150公里。开展农村温暖工程试点，推动燃气、供暖、污水等市政管线向建制镇、新型社区延伸。

（六）着力优化生态环境。严格执行生态红线制度，促进资源节约高效利用，进一步提高环境质量。

加强水资源保护利用。强化水生态环境治理，推进雨污分流设施建设，加强水功能区和排污企业监管。严格饮用水水源地保护，推进泊于水库新建、八河水库增容等工程建设。完成3个小流域和4条城郊河道综合整治。实施农村河塘综合整治工程，加固病险塘坝242座。加强地下水资源管理。严格水资源消耗总量和强度控制，推广高效节水技术，建设节水型社会。

实施空气质量全面优化行动计划。推动工业绿动力计划，加快分散燃煤锅炉治理，完成22台热电企业燃煤锅炉超低排放改造任务，引导企业提高煤炭清洁高效利用水平。抓好企业挥发性有机物治理。强化成品油监管，严格机动车尾气排放检测。加强餐饮业油烟污染整治。推动秸秆综合利用。深入开展工地扬尘、散流物体运输、裸露地面专项治理。

强化生态功能区保护。加强森林公园、湿地公园、自然保护区、风景名胜区、海洋保护区等生态功能区建设。加强海洋环境保护国际合作，探索减少垃圾流入海洋的示范机制。提高土地和海域节约集约利用水平。加强农业面源污染防治。深入开展绿化工程，成片造林8万亩。

（七）着力优化公共服务。贯彻共享发展理念，强化政府职责，切实增加公共服务供给。集中力量办理26项民生实事，解决群众关心、社会关注的实际问题。

实施脱贫攻坚工程。按照精准扶贫、精准脱贫的要求，统筹推进专项扶贫、行业扶贫和社会扶贫，推动扶贫项目进村到户，促进转移就业脱贫。建立特困人员供养制度、重特大疾病医疗救助制度，加强因病致贫、因残致贫家庭救助。

开展精准就业促进活动。落实援企稳岗政策，建立失业预防调控机制，加强就业援助，帮助高校毕业生、就业困难人员、农村劳动力等群体稳定就业，新增城镇就业3.3万人，转移农村劳动力1.5万人。构建和谐劳动关系，维护职工和企业合法权益。

完善社会保障体系。实施全民参保计划，提高社会保险待遇水平。新建城市社区养老服务中心70处。大力推广医养融合发展模式，发展康复护理型养老机构，新增机构养老床位3000张。实施残疾人奔小康工程，推进十大助残项目，为2.5万名残疾人提供保障和服务。新增公共租赁住房514套。

支持教育优先发展。新建、改扩建学校31所，进一步缩小中小学班额。新建、改扩建公办幼儿园12所，支持普惠性民办幼儿园发展。大力发展体卫艺教育，开工建设市青少年活动中心，支持中小学生社团开展活动，推进足球、游泳、帆船运动进校园。

推进健康城市建设。支持镇卫生院、社区卫生服务中心建设国医堂。完善康复医疗体系，建立慢性病早期干预服务机制。实施全面二孩政策。开工建设市游泳馆，建设完善各区市全民健身中心。推行医保个人账户支付健康消费办法。举办铁人三项、帆船帆板、山地自行车等赛事，广泛开展全民健身活动。

大力加强文化建设。深入开展精神文明创建活动，实施文明市民培育工程，推进美德威海建设，积极践行社会主义核心价值观。实施优秀传统文化教育普及工程。完善基层综合性文化服务中心建设，推进公共文化服务体系标准化建设。加快建设市图书馆、群众艺术馆、档案馆、方志馆。实施广播电视节目无线数字化覆盖工程。支持文化、体育类协会和社团开展群众性文化体育活动。加快影视文化产业园、油画艺术原创基地建设。

（八）加强和创新社会治理。深化海陆一体平安建设，推进社会治理精细化，保持社会和谐稳定。

提高社会治理法治化水平。扎实开展“七五”普法工作。实施法律服务惠民、法律援助利民、矛盾调处安民“三大工程”，推动法律服务向基层延伸。发挥信访、仲裁作用，健全社会矛盾排查预警和调处化解综合机制。加强城乡社区建设，实现政府治理和社会调节、居民自治良性互动。

加快社会信用体系建设。建设公共信用信息平台，整合信用信息资源，统筹推进信用威海建设。建立以守信激励和失信惩戒为重点的社会信用体系运行机制，推动在行政管理事项中率先使用信用信息报告。实施重点领域信用示范工程，争创全省社会信用体系建设试点市。

强化公共安全保障。加强公共安全视频监控系统建设，健全立体化社会治安防控体系。推进安全生产网格化监管，健全隐患排查治理和安全预防控制体系，落实企业安全生产主体责任。实施生命安全防护工程，减少道路和车辆事故。扎实推进“双城联创”，开展“守护舌尖安全”整治和药品、中药材专项治理，保障人民群众饮食用药安全。加强防灾减灾能力建设，强化应急教育培训、装备配备和预案演练，提高突发事件应对处置能力。加强民族、宗教、妇女儿童、地震、气象、慈善工作。做好双拥共建和优抚安置工作，加强国防动员、民兵预备役、打击走私和人民防空建设。

四、加强政府自身建设

“十三五”期间，继续大力建设法治政府、服务型政府、廉洁政府，坚持依法行政、高效施政、廉洁从政，更好地承担起改革发展责任。

（一）更加严格按照法定权限和程序行使权力，依法履行政府职责。各级政府及工作人员带头遵守宪法和法律，不断提高法治意识和依法行政能力。坚持法定职责必须为、法无授权不可为，继续大力推进简政放权、放管结合，健全政府依法决策机制，依法制定政府规章和规范性文件，在法治轨道上推动政府各项工作。健全政府信息公开制度，依法公开重点领域政府信息，让行政权力在阳光下运行。加强行政违法预防和行政执法监督，强化行政复议规范化建设，做到严格规范公正文明执法。强化勇于负责、敢于担当的责任意识，坚决纠正不作为、乱作为，坚决治理懒政、怠政和失职、渎职问题，切实做到公正用权、公平处事。

（二）更加主动优化行政服务，为群众创造便捷高效的服务环境。坚持把群众满意作为一切工作的出发点和落脚点，出台加强服务型政府建设意见，进一步创新行政服务方式，让政府服务更加高效、更加规范、更加贴心。推行行政机关首问负责制，实施服务质量公开承诺制，把联动服务、规范服务、亲情服务推广到所有公共服务领域，让群众切实感受到政府部门优化行政服务的努力和变化。持续推进作风问题专项整治，切实解决“门难进、脸难看、话难听、事难办”等问题，严肃整治行政审批和行政服务中的不正之风，让群众不托人也能好办事、快办事、办成事。

（三）更加坚决打好反腐倡廉攻坚战，切实加强政府系统廉政建设。全面落实党风廉政建设责任制，强化“一岗双责”，严格执行廉洁自律准则和纪律处分条例，践行“三严三实”要求，推进作风建设常态化、长效化。持续开展廉政警示教育活动，强化防止利益冲突工作，对公共资金、国有资产、国有资源和领导干部履行经济责任情况实行审计全覆盖，严控岗位廉政风险，把权力制约的制度围栏扎得更紧更牢。持之以恒正风肃纪，严肃查处发生在群众身边的“四风”和腐败问题，严肃查办各类违纪违法案件，保持惩治腐败高压态势。

（市政府办公室提供）

编辑　闫拥军

2015 年威海办结 26 项民生实事　提升市民幸福感

2015 年的《政府工作报告》提出，集中力量办理 12 类 26 项民生实事，涵盖公共交通、教育基础保障、医疗卫生、食品安全等领域。如今，这些民生实事落实情况如何？记者探访获悉，2015 年提出的 12 类 26 项民生实事已全部办结。

2015 年，市委、市政府把购置节能环保公交车、开通新线路以及建设智慧公交列为 26 项民生实事之首。“去年以来，我们购置了 280 辆新能源公交车，包含 58 辆空调车，分别投入中心城区 1、10、K2、K3 和文登区 4 路等公交线路运营，淘汰老旧公交车 175 辆。威海公交集团新能源公交车达到 880 辆，占公交车辆总数的 90% 以上。”威海公交集团相关负责人表示。

结合市民需求和城铁威海站启用的实际，公交集团开通了由实验中学至城铁站的 11 路公交线和由小庄至江家寨社区的 3 号线，优化调整了 K2、K3 等 8 条公交线路。文登区方面，开通了 10 路、11 路两条新线路，调整延伸了 3 条线路。此外，在城区新建 100 套电子公交站牌，改造 8 条智能化公交线路，全部公交线路实现智能化调度和到站信息手机实时查询，圆满完成计划任务。

这仅仅是 2015 年 26 项民生实事办理情况的一个缩影。2015 年《政府工作报告》确定了 12 类 26 项民生实事，涵盖了公共交通、教育基础保障、医疗卫生、食品安全、社会保障、养老服务、公益体育设施、群众文化活动、居民生活环境、住房保障、供电保障、精准扶贫等领域，提出了细化目标。

2015 年的《政府工作报告》提出：教育基础保障方面，改善 133 所中小学校的办学条件，实现中小学远程录播教室、交互式多媒体教室全覆盖；新建、改扩建幼儿园 10 所；为 38 所学校建设塑胶跑道和运动场地。

一年以来，威海新建改建 125 所公办幼儿园，补助扶持 48 所普惠性民办幼儿园，实施办学条件标准化提升工程，为 147 所中小学校配建塑胶跑道和草坪运动场，城乡中小学校全部配齐远程录播教室和交互式多媒体教室，中小学新模式校车实现全覆盖。实现全国义务教育发展基本均衡县“满堂红”。

医疗卫生方面同样全面达标。截至 2015 年底，威海累计为 16218 名新出生儿童发放了预防接种信息卡，2 ～ 3 周岁儿童的八苗全程接种率达 94% 以上，目前处于全省第二位。对 18 处农村急救站全部进行升级改造，至 2015 年 10 月底，18 处农村急救站的改造全部按期完成。

实施精准扶贫项目，减少农村贫困人口 3.5 万人；建立临时救助制度，救助困难家庭 3.5 万户次，城乡低保标准分别提高39%和112%；新建城市社区日间照料中心373个、农村幸福院376所，各类养老机构床位达2.5万张，增长92%；建成市乒羽健身中心，新建城市慢行道93.3公里，各区市建设7处全民健身中心，推动学校体育设施向社会开放。

一年时间，12类26项民生实事已全部办结，较好地解决了老百姓关注的热点、难点问题，提升了百姓的幸福感、获得感。

（威海文明网　2016年2月5日　聂宗玉）

2016年，威海市政府再给咱办26项实事

1月19日上午，威海市第十六届人民代表大会第五次会议上的政府工作报告透露，2016年，威海将为百姓办理九大类26项实事。一大波“接地气”优惠，快瞧瞧你能享受哪些！

一、围绕推进大众创业、万众创新，加大创业就业服务力度，促进劳动适龄人口充分就业。

1．优化创业培训实训机制，实施新一轮大学生创业引领计划，完成创业实训5000人。

2．加快发展职业教育，新建3处市级示范实训基地；健全职业培训体系，培养高技能人才5000人以上。

3．实施更加积极的就业政策，城镇新增就业3.3万人，新增农村劳动力转移就业1.5万人；免费培训有就业创业需求的农村居民3万人次。

二、围绕保障和改善民生，进一步完善社会保障体系，提高社会保障水平，让人民群众得到更多实惠。

4．提高居民医疗保险财政补助标准，由每人每年390元提高到420元。

5．以中医药为重点，扩大基本医疗保险定额结算病种范围，新增定额结算病种50个。

6．实施医保个人账户支付健身消费。

7．实施临时救助和重特大疾病医疗救助制度。

8．健全完善养老服务机构，新增机构养老床位3000张；建设城市社会养老服务中心20处，为老年人提供日间照料、失智失能托养等服务。

9．实施残疾人奔小康工程，为2.5万名残疾人提供社会保障和服务。

10．开工改造棚户区1.9万户；新建公共租赁住房514套，新增廉租住房租赁补贴80户。

三、加大精准扶贫工作力度，让贫困群众共享改革发展成果。

11．扶持130个省定扶贫工作重点村建设产业开发项目，减少农村贫困人口2.1万人。

12．加大对家庭贫困学生的助学力度，资助2.1万人次。

四、持续开展环境综合整治，加强农村配套服务设施建设，为人民群众打造更加舒适的生活环境。

13．完成市区28个旧生活区环境综合整治。

14．完成157个村环境综合整治，实施农村无害化卫生厕所改造9.8万户。

15．对326个村实施饮水安全工程，改善16万群众饮水条件。

五、加快推进智慧城市建设，让人民群众享受智能化、便利化的公共服务。

16．加快推进市民卡工程建设，免费发放市民卡50万张。

17．建设全市人口健康信息综合管理平台，基本实现医疗机构电子病历、居民电子健康档案数据互联互通。

六、积极倡导绿色出行，实施公交优先发展战略，让人民群众出行更便捷。

18．继续推进智能公交建设，实现中心城区电子站牌全覆盖和到站信息手机实时查询。购置140辆节能环保型公交车，新建公交候车亭200个。

19．中心城区新开通3条公交线路，优化调整2条公交线路；整合环翠区、文登区、高区、经区、临港区公交线网。

七、加强教育基础设施建设，努力办好人民满意教育。

20．优化中小学校布局，新建学校9所，改扩建学校22所，新增学位2.2万个。

21．新建、改扩建公办幼儿园12所，新增学位3500个。

八、优化医疗卫生服务，提高人民群众健康水平。

22．加强基层医疗卫生服务机构国医堂建设，新建25处中医药综合服务区。

23．实施农村妇女宫颈癌和乳腺癌免费筛查7万人以上，实现目标人群全覆盖。

24．免费开展孕产妇产前血清学筛查和产前诊断项目，开展新生儿遗传代谢性疾病免费筛查，并将筛查病种扩大到50种以上，综合防治新生儿出生缺陷，全面提升我市出生人口素质。

九、进一步完善文化体育设施，丰富人民群众文化体育生活。

25．完善提升400个基层综合文化服务中心（文化大院）；免费送戏下乡500场。

26．建设镇级全民健身中心30处，开工建设健身步道13条、47.0公里，为市民提供休闲健身场所。

——摘自2016年1月20日《齐鲁晚报》

大　事　记

1　月

9 日

△ 国家科学技术奖励大会在北京人民大会堂举行，哈尔滨工业大学（威海）教授冯吉才带领的焊接团队承担的异种材料先进连接技术及其应用项目获得 2014 年度国家技术发明二等奖。

10 日

△ 中国首届十大城市旅游素养大 PK 暨中国旅行者大会在丽江雪山艺术小镇举办，威海市获得携程旅行口碑榜“最佳自驾游目的地”大奖。

20 日

△ 中韩自由贸易区说明会在威海市举行，韩国经济·人文社会研究会理事长安世英等出席会议。

20 日—21 日

△ 副省长季缃绮率检查组到威海市检查指导安全生产工作。市委书记、市人大常委会主任孙述涛，市委副书记、市长张惠等分别陪同活动。

22 日

△ 全市海洋与渔业工作会议召开。

24 日

△ 全国首部《中国智慧城市惠民发展评价指数报告（2014 版）》在北京发布，威海市位列地市级城市智慧城市惠民发展排名第四名。

2　月

3 日—4 日

△ 国家卫生计生委副主任、国家中医药管理局局长王国强一行到威海市调研健康城市建设和中医药工作开展情况，副省长王随莲，省卫生和计生委主任刘奇，市委书记、市人大常委会主任孙述涛，市委副书记、市长张惠等陪同活动。

4 日

△ 中国人民政治协商会议第十二届威海市委员会第四次会议在威海国际会议中心开幕。大会应出席委员 343 名，实到委员 320 名。会议完成各项议程，于 2 月 6 日在威海国际会议中心闭幕。

5 日

△ 威海市第十六届人民代表大会第四次会议在威海国际会议中心开幕。大会应到代表 329 名，实到代表 303 名。会议完成各项议程，于 2 月 7 日在威海国际会议中心闭幕。

9 日

△ 市委书记、市人大常委会主任孙述涛走访慰问威海市直、环翠区部分劳动模范、老党员和困难群众。

10 日

△ 全市党风廉政建设和反腐败工作会召开。

11 日

△ 市委副书记、市长张惠走访慰问威海市直、威海经济技术开发区部分困难群众、劳动模范、老党员和老年公寓的老人。

25 日

△ 全市机关作风建设年活动暨 2014 年度工作总结表彰大会召开。

△ 中韩双方完成中韩自贸协定全部文本的草签。协定创新引入地方经济合作条款，明确将威海和韩国仁川自由经济区作为地方经济合作示范区，并将充分利用中韩自贸区的成果，在贸易、投资等领域探索和实施合作。同日，青岛海关同意批准威海海关开通中韩海运跨境贸易电子商务一般出口业务，这标志着威海已打通中韩间跨境电子商务通路，中韩跨境电子商务正式开启。

28 日

△ 全国精神文明建设工作表彰暨学雷锋志愿服务大会在北京人民大会堂举行，威海市获得第四届“全国文明

城市”称号，综合测评成绩在全国60余个新参评地级市中名列第一。市委书记、市人大常委会主任孙述涛赴京出席大会领奖，受到中共中央总书记、国家主席习近平的接见，作为全国文明城市的唯一代表在大会上发言。

3　月

1日

△ 即日起，威海市月最低工资标准由1500元提至1600元；小时最低工资标准则由15元提至16元。

6日

△ 位于文登区文昌路上的威海市首座LNG加气站正式投入运行。

11日

△ 电影《海岛之恋》开始在全国各大影院陆续上映，这是威海市第一部饱含本土人文元素、全景式展现威海市美丽风光的时尚、爱情、励志大片。影片由李升执导，奥运跳水冠军田亮担纲男主角。

16日

△ 国际小行星命名委员会批准将中科院紫金山天文台盱眙天文观测站发现的、国际编号为210210号的小行星正式命名为“宋健星”，这是首个以威海籍人名字命名的小行星。

28日

△ 全市科技与创新大会召开。

4　月

8日

△ 市委副书记、市长张惠会见到威海考察的韩国富川市市长金晚洙一行。金晚洙表示，威海与富川地理相近，交往密切，希望双方发挥各自优势，在动漫、文化等产业领域加强交流与合作，进一步巩固友好城市关系，实现共同发展。

11日

△ 全市“产业强市、工业带动”战略推进大会召开。

15日

△ 即日起，威海正式启动“台湾自由行”（赴台湾个人游业务）。游客只需事先通过旅行社办理完相关赴台湾手续，便可自由出入台湾进行为期15天的台湾之旅，食宿、景点游览等方面完全由游客自己选定。

16日

△ 安徽淮北市委副书记、市长黄晓武带领考察团到威海市参观考察创城经验，并召开座谈会。威海市委副书记、市长张惠出席并主持座谈会。

18日

△ 全市创建全国文明城市总结表彰大会召开。

20日

△ 荣成造船工业有限公司建造的66米长电推灯光围网渔船成功下水，是国内首艘通过渔船图纸设计审查、推进装置采用电力传动方式的现代化远洋作业渔船。

24日

△ 威海市电子商务行业协会正式成立，首批会员约50家，涵盖制造业、服务业等多个领域。

27日

△“中国休闲渔业之都”评审会在蓝天宾馆举办，威海市申报“中国休闲渔业之都”命名通过专家审评，是全国首个通过专家评审的城市。

5　月

5日

△ 市委副书记、市长张惠会见到访的韩国仁川自由经济区厅副厅长赵东岩一行。威海和仁川自由经济区被两国政府选定为中韩自贸区地方经济合作示范区，是自贸区建设史上的创新性举措，为两地扩大交往与合作提供新的机遇。

6日

△ 市委副书记、市长张惠会见到访的韩国驻青岛总领事馆总领事李寿尊一行。希望借助中韩自贸区建设机遇，推动双方在更广领域、更高层次开展更多的交流与合作，实现互利共赢。

△ 由山东大学（威海）中韩关系研究中心、韩国青岛贸易馆共同主办的中韩FTA投资贸易论坛在威海市举行。韩国驻青岛总领事馆总领事李寿尊、山东省商务厅总会计师孙敢敏、仁川自由经济区厅副厅长赵东岩、大韩贸易投资振兴公社副社长尹元锡出席会议并致辞。市委副书记、市长张惠出席会议致欢迎辞。来自中韩两国的政府官员、研究机构、协会组织和企业代表310余人参加了论坛。

7日

△ 2015中韩（威海）电子商务大会在威海举行。大会由威海市电子商务行业协会、青岛韩国贸易馆主办。大会以“中韩自贸区框架下的跨境电商合作”为主题，对中韩跨境电子商务政策进行解读。市商务局负责人介绍中韩自贸区框架下威海电商发展环境，中韩双方专家、企业家围绕“发展中韩跨境贸易，打造和谐电商生态圈”举行圆桌论坛。大会期间还举行了电商合作项目签约仪式。

13日

△“中国海参交易中心”专家评

审会在威海市举办，专家组经审议，同意授予威海“中国海参交易中心”称号。

17日

△ 市委举行“三严三实”专题党课，正式启动威海市“三严三实”专题教育。

21日

△ 2015全国碳纤维产业发展大会暨威海市碳纤维产业创新发展论坛举行，威海获正式批准建设首个国家碳纤维及其复合材料产业基地。

22日

△ 凌晨0时05分，在威海市文登区、乳山市近海发生4.6级地震。震区有5间房屋发生倒塌，未发生人员伤亡。威海、烟台、青岛等多地有震感。

28日

△ 第四届中国海洋可再生能源发展年会暨论坛在威海举行。国家海洋局副局长陈连增，省海洋与渔业厅厅长王守信等出席会议，市委副书记、市长张惠致辞。

6　月

1日

△ 中韩自贸协定正式签署，威海被定为中韩自贸区地方经济合作示范区。

△ 威海市消费者协会与韩国仁川消费者联盟举行《威海市与仁川市消费者权益保护合作协议》签约仪式，标志着威海市与仁川市消费者维权联盟正式建立。

4日

△ 市委副书记、市长张惠会见到访的韩国群山市市长文东信，希望双方继续加强交流合作，共谋发展，互利共赢。

18日

△ 以“小康社会·幸福中国”为主题的2015“中国最具幸福感城市”调查推选活动在北京启动，威海入选2015“中国最具幸福感城市”候选城市。

24日

△ 市委副书记、市长张惠会见率团参加第六届威海国际食品博览会的新西兰蒂马鲁市市长戴蒙·欧迪一行，推动两市企业项目合作。

26日—29日

△ 第六届威海国际食品博览会暨中韩（威海）品尚生活博览会、中韩商品博览会在威海国际展览中心举办。博览会展出面积3万平方米，设国际标准展位680个，国内外重要代表团30多个，专业采购商1500名，逛展市民超过15万人次，接待实地考察团组约200批次，达成贸易意向额13.1亿元。

7　月

7日

△ 副省长王书坚到威海市调研道路交通建设和科技创新工作，市委副书记、市长张惠等陪同调研。

△ 威海往返菏泽的5042/5040次朝发夕至列车正式通车。

8日—9日

△ 国务院食品安全委员会办公室副主任、国家食品药品监督管理总局副局长滕佳材一行，到威海市调研国家食品安全城市创建工作。省食品安全委员会办公室主任、食品药品监督管理局局长马越男，市委副书记、市长张惠等陪同调研。

20日

△ 市委副书记、市长张惠访问韩国仁川经济自由区，与仁川市市长刘正福举行会谈。

22日

△“威海市政府与仁川广域市厅加强地方经济合作议定书签署仪式暨韩国仁川·威海馆开馆仪式”在仁川松岛东北亚贸易大厦8楼正式开幕，中韩两国政商各界嘉宾约200人出席。仁川·威海馆是中国在韩国设立的第一个城市展示馆，位于韩国仁川松岛新城东北亚贸易中心第8层，建筑面积3766.31平方米，实际展出面积1855平方米，是威海市在境外设置的规模最大、展出时间最长的城市主题展馆。

△ 首批威海—仁川海运进口邮件业务在威海口岸顺利通关，标志着国内首条中韩海运EMS速递邮路威海—仁川海运邮路正式恢复通航（中韩间威海—仁川海运邮路启动于2005年，受当时各方条件限制，双方邮件交换量日渐萎缩，2008年自行停用）。

23日

△ 威海·仁川中韩自贸区地方经济合作示范区说明会在韩国首尔举行。中国驻韩国特命全权大使邱国洪，仁川自由经济区厅副厅长金镇容，大韩贸易投资振兴公社副社长尹元锡，韩国国会议员元惠荣，市委副书记、市长张惠等出席说明会。

24日—25日

△ 纪念中日甲午战争120周年全国书法大赛获奖作品展暨作品集发行仪式和颁奖典礼，分别在市美术馆和刘公岛举行。活动由中国硬笔书法协会担任艺术指导，市文联、文广新局、教育局和刘公岛管委主办。现场展出获奖作品400余幅，全国各地的300名获奖者出席。

29日

△ 省委常委、政法委书记张江汀到威海调研政法综治工作，并到基层海防一线，与边防官兵共迎八一建军节。市委书记、市人大常委会主任孙述涛，市委副书记、市长张惠等分别陪同调研。

8　月

4 日—5 日

△ 省委常委、省纪委书记李法泉到荣成市，就贯彻落实中央纪委全会和省纪委全会精神，深入推进党风廉政建设和反腐败工作进行调研。威海市委书记、市人大常委会主任孙述涛，市委副书记、市长张惠等分别陪同活动。

11 日

△ 市委书记、市人大常委会主任孙述涛会见全国双拥办副主任、总政群工办副主任巴谋国率领的调研督导组一行。

15 日

△ 威海在马石山红色教育基地举行纪念抗日战争胜利 70 周年大会，深切缅怀为民族解放、抗日战争胜利英勇牺牲的革命先烈，弘扬伟大的抗日战争精神。全市各界以多种方式纪念抗日战争胜利暨世界反法西斯战争胜利 70 周年。

15 日—16 日

△ 2015 威海国际帆船赛在威海成功举办，这是威海连续第 7 年举办帆船赛事。比赛分 OP 级、激光雷迪尔级、HOBIE 级和飞虎级 4 种帆船级别，船型数量为历届帆船比赛之最。

16 日

△“中国休闲渔业之都”授牌仪式在威海高技术产业开发区小石岛休闲渔业基地举行。2015 年 5 月，威海市成功通过中国休闲垂钓协会专家现场考察评审，成为国内首个获得“中国休闲渔业之都”称号的城市。

18 日

△ 全国乡村旅游提升与旅游扶贫推进会议在安徽省黄山市召开。国家旅游局公布首批中国乡村旅游“千千万万”品牌名单，荣成市俚岛镇烟墩角村、荣成市成山镇西霞口村、荣成市成山镇河口村、威海临港经济技术开发区汪疃镇汪疃村、乳山市海阳所镇小青岛村获得“中国乡村旅游模范村”称号。

19 日—20 日

△ 安徽省委常委、合肥市委书记吴存荣率领合肥市党政考察团到威海市考察。威海市委书记、市人大常委会主任孙述涛，市委副书记、市长张惠分别会见考察团一行。

23 日—27 日

△ 市委副书记、市长张惠率团赴韩国开展经贸促进活动，与韩国各界人士广泛接触，深入推进中韩自贸区地方经济合作示范区建设重点合作项目。

24 日

△ 省委副书记、省长郭树清访问韩国仁川自由经济区，视察威海在韩设立的仁川·威海馆，并与仁川市市长刘正福会谈。市委副书记、市长张惠陪同活动。

31 日

△ 山东省公开水域游泳锦标赛暨第十届横渡刘公岛海湾全国游泳邀请赛举行，中韩两国 661 名选手畅游威海湾。

9　月

7 日

△ 钓鱼岛主权馆在刘公岛开馆，这是中国第一个全面展示钓鱼岛历史与主权的专业场馆。

△ 北京交通大学威海校区揭牌仪式暨 2015 级学生开学典礼在南海新区举行。市委副书记、市长张惠，北京交通大学校长宁滨揭牌并致辞。

10 日—11 日

△ 省委常委、统战部部长吴翠云到威海市就学习贯彻落实中央和省委统战工作会议精神、加强新常态下民营企业家队伍建设等工作进行调研。市委书记、市人大常委会主任孙述涛，市委副书记、市长张惠等分别陪同。

11 日

△ 第八届中国威海国际人居节在威海国际会议中心开幕，城建集团杯·第八届中国威海国际建筑设计大奖赛、威海杯·2015 全国大学生建筑设计方案竞赛颁奖仪式同时举行。此届人居节以“幸福·宜居·文明”为主题，持续至 9 月 13 日，其间举办 2015 威海住宅产业博览会、中国建筑学会第十二届理事会八次常务理事会、城建集团杯·第八届中国威海国际建筑设计大奖赛暨威海杯·2015 全国大学生建筑设计方案竞赛获奖作品展、城建集团杯·当代中国建筑设计研讨会、中国威海物业管理高层论坛等活动。

12 日

△ 在宁波市召开的由《智慧城市》杂志社、智慧城市头条网联合宁波市经济和信息化委员会举办的第三届中国智慧城市建设创新交流大会上，威海市成功入选“2015 中国十大智慧城市”。

△ 甘肃省酒泉市委书记马光明率党政考察团到威海市考察城市规划建设和文化产业发展情况。威海市委副书记、市长张惠等陪同考察。

12 日—13 日

△“华发股份杯”2015 年威海长距离铁人三项世界系列赛在半月湾铁人三项专用赛场正式举办。来自 36 个国家和地区的 1500 多名运动员参加各个组别的角逐，决出 38 个组别的冠军。

17 日

△ 中国共产党威海市第十四届委员会第六次全体会议召开。

20 日—21 日

△ 辽宁省葫芦岛市委副书记、市长戴炜带领市政府考察团到威海市考察经济社会发展情况。威海市委副书记、市长张惠参加座谈会。

23 日

△ 农业部副部长于康震一行到威海考察现代渔业建设工作，农业部渔业渔政管理局局长赵兴武，省海洋与渔业厅厅长王守信、副厅长宋继宝参加考察。市委副书记、市长张惠会见了考察团一行。

28 日

△ 在北京顺义奥林匹克水上公园举行的第十六届亚洲赛艇锦标赛男子八人单桨有舵手决赛上，市体校输送的运动员张迪和其他 8 名队友夺得金牌。

30 日

△ 威海市举行首次烈士公祭仪式，市委书记、市人大常委会主任孙述涛，市委副书记、市长张惠等市领导，驻威部队首长等到环翠区烈士陵园纪念广场，与全市各界代表一起向烈士敬献花篮。

10 月

1 日—7 日

△ “十一”黄金周期间，威海市纳入统计监测的 21 个有门票收入的 A 级景区点接待游客 73.06 万人次，实现旅游收入 7724.02 万元，比上年分别增长 14.3% 和 15.1%。

8 日

△ 市委书记、市人大常委会主任孙述涛会见到威海调研的法制日报社党委书记、社长邵炳芳一行。

11 日—18 日

△ 市委副书记、市长张惠率团赴南非、肯尼亚开展经贸促进活动，抢抓“一带一路”国家战略机遇，促进威海市企业“走出去”，构建营销网络，扩大工程承包业务，推动优势产能向境外发展。

16 日—18 日

△ 第八届中国威海国际渔具博览会在威海国际展览中心举办，境内外 776 家渔具企业参展，为历届参展企业最多的一届。展览总面积 3.3 万平方米，参观人数超过 8 万人次。国际贸易成交额达 1.1 亿美元，比上届增长 12.2%；国内贸易成交额达 3.8 亿元人民币，比上届增长 1.3%。

20 日

△ 2015 年中国－欧盟膜技术研究与应用研讨会在威海市召开，中欧膜技术研究院正式启动。

21 日

△ 是农历九月初九日重阳节，市委书记、市人大常委会主任孙述涛，市委副书记、市长张惠等市领导分别走访全市部分养老机构，亲切看望老年人，向他们致以节日的祝福。

24 日

△ 国家卫生计生委副主任王培安到威海调研医改工作。市委副书记、市长张惠等参加调研并出席座谈会。

26 日

△ 副省长夏耕率领省督查组到威海，督导威海贯彻落实全国全省外贸工作座谈会精神，强化措施推动外贸稳增长工作情况。市委书记、市人大常委会主任孙述涛，市委副书记、市长张惠等参加活动。

26 日—27 日

△ 省委常委、政法委书记张江汀到威海市调研政法综治维稳工作。市委书记、市人大常委会主任孙述涛，市委副书记、市长张惠等分别陪同调研。

28 日

△ 全市城市社区党建工作会议召开。

△ 由市委宣传部和山东大学（威海）共同主办的国内首届海洋油画艺术研讨会在威海市举行。来自国内美术界的近 20 位知名专家学者齐聚一堂，就海洋油画研究创作、威海油画艺术原创基地建设等进行交流研讨。

29 日

△ 由山东省政府和东北亚地方政府联合会海洋与渔业专门委员会主办的“东北亚渔业经贸合作峰会暨中国海参产业高峰论坛”在威海举行，中国海参交易中心正式落户威海。副省长赵润田，东北亚地区地方政府联合会秘书长全哉垣，国家海洋局总工程师孙书贤，省政府应急管理办公室主任张积军，省海洋与渔业厅厅长王守信，日本驻青岛总领事馆总领事远山茂，韩国驻青岛总领事馆领事李康源，市委副书记、市长张惠等出席开幕式。中国海参交易中心是全国首个被中国水产流通与加工协会命名的海参交易中心。

△ 坐落于威高民俗文化邨的威海孔庙落成。

31 日

△ 由新华社《瞭望东方周刊》联合中国市长协会《中国城市发展报告》共同主办的“中国最具幸福感城市”调查推选活动发布报告，威海市名列“中国最具幸福感城市”第十一位。

11 月

3 日

△ 北京化工大学威海技术转移中心揭牌仪式在威海高技术产业开发区创新创业基地举行。北京化工大学党委书记王芳，威海市委副书记、市长张惠等出席揭牌仪式。北京化工大学威海技术转移中心是北京化工大学与威海市全面深化合作的重要成果，由北京化工大学、威海市科技局、威海高技术产业开发区管委会三方共建，采取“政府支持、学校主导、企业参与”的合作模式，重点在碳纤维复合材料、医用高分子材料等领域开展校企地技术开发和成果转化服务。

4 日—5 日

△ 青岛海关党组书记、关长臧玉健带领青岛海关调研组到威海调研，与

威海市签署战略合作框架协议，共同推进中韩自贸区地方经济合作示范区建设。威海市委副书记、市长张惠等陪同调研。

10 日

△ 市委副书记、市长张惠会见到访的韩国丽水市市长朱哲铉一行，希望在海洋经济、旅游、文化等领域寻找更多的契合点，努力实现合作共赢。

11 日

△“中国威海市 · 韩国丽水市结好 20 周年友好合作推介会”在威海市海悦建国饭店举行。威海市外事侨务办公室、商务局、旅游局等部门以及相关企业、旅行社负责人，韩国丽水市主要部门负责人参加。

15 日—16 日

△ 韩国仁川市市长刘正福率代表团到威海市访问，举办旅游推介会，推进中韩自贸区地方经济合作示范区建设。威海市委副书记、市长张惠会见代表团一行，参加推介会并致辞。

16 日

△ 省委副书记、省长郭树清在威海会见韩国仁川市市长刘正福一行。威海市委书记、市人大常委会主任孙述涛，市委副书记、市长张惠等会见时在座。

17 日

△ 省委副书记、省长郭树清在威海调研，强调要深入学习贯彻中共十八届五中全会精神，按照创新、协调、绿色、开放、共享的新理念谋划工作思路、推动工作落实，促进经济社会持续健康发展。省政府秘书长蒿峰，市委书记、市人大常委会主任孙述涛，市委副书记、市长张惠等参加调研。

20 日—21 日

△ 全国政协副主席陈元率全国政协考察团，到威海市调研军民融合深度发展情况。全国政协港澳台侨委员会副主任侯树森等考察团成员，山东省政协副主席许立全，市委书记、市人大常委会主任孙述涛，市委副书记、市长张惠等参加相关活动。

22 日

△ 威海 · 汤泊温泉垂钓基地正式揭牌，这是全市首家也是唯一一家获得“国家级休闲渔业示范基地”称号的淡水鱼垂钓基地。

△ 威海市“12349”居家服务呼叫中心通过国家级服务业标准化试点评审，全市通过验收的国家级服务业标准化试点项目达到 3 个。

12　月

6 日

△《福布斯》杂志中文版发布了 2015 中国最佳商业城市 100 强，威海市位列第 45 位。

△ 由市委宣传部、威海经济技术开发区管委会、市文化广电新闻出版局等单位主办的海纳百川——威海 · 中国油画双年展暨威海 · 海洋油画研究院成立仪式在威海经济技术开发区市民文化中心举行。

8 日

△ 标准排名研究院搜集数据推出“2015 年中国大陆城市‘氧吧’50 强”榜单，威海市居第二名。

9 日

△ 中国城市竞争力研究会在官方网站上发布了“2015 中国最安全城市”排行榜，威海市以 86.94 分位列第七；威海市还成功入围“2015 中国城市成长竞争力排行榜”前 30 强。

△ 中韩自贸区标准化与认证认可研讨会在威海举行。国家标准化管理委员会副主任郭辉，韩国技术标准局研究士姜荣植，省质监局局长张宁波，市委副书记、市长张惠出席研讨会并致辞。

△ 市委副书记、市长张惠会见到威海考察的韩国医疗器械工业协同组合理事长李栽和一行。

16 日

△ 市委副书记、市长张惠会见到威海考察的美国 K2 体育有限公司首席执行官罗伯特 · 马科维奇一行。

19 日

△ 2015 威海“互联网 + 外贸”电商生态峰会在威海国际会议中心成功举办，市委副书记、市长张惠等出席峰会。威海市与阿里巴巴（中国）网络技术有限公司签署跨境电子商务 B2B 建设合作意向书，通过阿里巴巴跨境电商平台，推动威海外贸企业发展。

21 日

△ 由威海九日进出口有限公司从韩国进口的产品在威海海关申报进口，这是中韩自贸协定生效后威海市的首批进口受惠货物。

22 日

△ 中国共产党威海市第十四届委员会第七次全体会议召开。

△“引黄入威”首次调水成功，黄河水通过胶东地区引黄调水工程经过 8 个昼夜的奔流抵达米山水库。市委副书记、市长张惠等实地调研相关情况。

22 日—23 日

△ 中国轻工业联合会、中国文教体育用品协会专家组在威海进行“中国钓具之都”复评。23 日，在专家组召开的复评工作会议上，威海市“中国钓具之都”通过复评。

29 日

△ 经过两年半的紧张施工，荣文高速（荣成至文登高速公路）全线通车，结束了荣成境内不通高速公路的历史。

31 日

△ 省环保厅公布山东省大气环境质量 2015 年度 17 个城市排名情况，威海“蓝天白云、繁星闪烁”天数为 342 天，环境空气质量综合指数等 7 项指标均居全省第一。

编辑　闫拥军

威海概况

建置沿革

【地理位置】 威海市位于山东半岛东端，地处北纬 36° 41′— 37° 35′、东经 121° 11′— 122° 42′。北、东、南三面濒临黄海，北与辽东半岛相对，东与朝鲜半岛隔海相望，西与烟台市接壤。东西最大横距 135 公里，南北最大纵距 81 公里，总面积 5797 平方公里，其中市区面积 2606 平方公里（含文登区）。海岸线长 985.9 公里。辖环翠区、文登区、荣成市和乳山市。

【建置隶属】 威海历史悠久，新石器时代中期，境内就有人类聚居。夏、商、周三代，今市境为东方嵎夷之地，有莱夷聚居。北齐天统四年（568 年），境内设文登县，今市境尽属之。此后，朝代更替，但隶属文登县未变。

明洪武三十一年（1398 年），为防倭寇侵扰，设威海卫，威海之名即由此而来。清光绪二十四年（1898 年），英国强租威海卫。光绪二十六年（1900 年），设威海卫行政长官署，属英国殖民部。1930 年 10 月，中国收回威海卫，置威海卫行政区，直属国民政府行政院。

1950 年 5 月，成立文登专区，辖威海、荣成、文登、昆嵛、乳山、海阳、牟平、福山 8 个县。1956 年 2 月，文登专区撤销，今威海地域改属莱阳专区。1958 年 10 月，莱阳专区改为烟台专区。1967 年 2 月，烟台专区更名为烟台地区，今威海地域属之。1983 年 8 月，撤销烟台地区，设烟台市（地级），威海市改为省辖县级市，由烟台市代管，文登、荣成、乳山 3 个县归烟台市管辖。

1987 年 6 月 15 日，威海市升为地级市，原县级威海市设为环翠区；烟台市的荣成、文登、乳山 3 个县划归威海市管辖。1988 年 10 月，文登县改为省辖县级市，由威海市代管；11 月，荣成县改为省辖县级市，由威海市代管。1993 年 7 月，乳山县改为省辖县级市，由威海市代管。2014 年 2 月 27 日，撤销文登市，设立威海市文登区。

（市史志办）

【行政区划】 至 2015 年底，威海市辖环翠区、文登区、荣成市和乳山市 2 个区 2 个市（威海火炬高技术产业开发区、威海经济技术开发区、威海临港经济技术开发区属于国家级开发区，开发区管理委员会是市政府派出机构），共 48 个镇、24 个街道，2496 个村、428 个社区。

威海市行政区划表（2015年末）

表1

区市名称	镇、街道名称			
环翠区	张村镇	羊亭镇	温泉镇	初村镇
	崮山镇	泊于镇	桥头镇	草庙子镇
	汪疃镇	苘山镇	环翠楼街道	竹岛街道
	鲸园街道	嵩山街道	孙家疃街道	田和街道
	怡园街道	凤林街道	西苑街道	皇冠街道
文登区	文登营镇	大水泊镇	张家产镇	高村镇
	泽库镇	侯家镇	宋村镇	泽头镇
	小观镇	葛家镇	米山镇	界石镇
	龙山街道	环山街道	天福街道	

续表1

区市名称	镇、街道名称			
荣成市	人和镇 俚岛镇 夏庄镇 港湾街道 王连街道 崂山街道	成山镇 大疃镇 虎山镇 桃园街道 宁津街道 寻山街道	滕家镇 崖西镇 上庄镇 东山街道 崖头街道	埠柳镇 港西镇 荫子镇 斥山街道 城西街道
乳山市	夏村镇 徐家镇 午极镇 乳山寨镇	海阳所镇 南黄镇 育黎镇 乳山口镇	白沙滩镇 冯家镇 诸往镇 城区街道	大孤山镇 下初镇 崖子镇

说明：本表中环翠区包括环翠区、威海火炬高技术产业开发区、威海经济技术开发区、威海临港经济技术开发区，来自市民政局行政区划表

（王书清）

自然环境

【地质】 威海市位于山东省胶北断块隆起的东端，其南侧与胶莱凹陷的东部边缘接壤。境内出露地层自老至新有晚太古界的胶东群、中生界上侏罗系莱阳组和白垩系下统青山组及新生界第四系。褶皱构造有乳山－威海复背斜，其轴在乳山台依，向北东经昆嵛山主峰、汪疃、羊亭，在田村倾没，轴向北东。断裂构造有近南北向的双岛断裂，北北东向的金牛山断裂和老母猪河断裂，北东向的牟平－即墨断裂（迹经乳山西部），北西向的望岛断裂、海埠－神道口断裂、俚岛－海西头断裂。岩浆岩主要有元古代的昆嵛山岩体和文登岩体，中生代燕山晚期艾山阶段的伟德山岩体和石岛岩体、崂山阶段的槎山岩体和龙须岛岩体。

（苗丰麟）

【地貌】 威海市属于起伏缓和、谷宽坡缓的波状丘陵区。区内除昆嵛山主峰泰礴顶海拔高度923米以外，其他山地丘陵都在700米以下，大部分为200～300米的波状丘陵，坡度在25度以下。山体主要由花岗闪长岩构成，山基表面多为风化残积物形成的棕壤性土，土层覆盖较薄，但土壤通透性好。山丘中谷地多开阔，多平谷；平原多为滨海平原和山前倾斜平原。其中，低山占土地总面积的15.77%，丘陵占52.38%，平原占27.56%，岛屿占0.28%，滩涂占4.01%。河网密布，河流畅通，地表排水良好。地势中部高，山脉呈东西走向，水系由脊背向南北流入大海。北、东、南三面环海，海岸类型属于港湾海岸，海岸线曲折，岬湾交错，多港湾、岛屿。

（王文刚）

【气候】 威海市地处中纬度，属于北温带季风型大陆性气候，四季变化和季风进退都较明显。与同纬度的内陆地区相比，具有雨水丰富、年温适中、气候温和的特点。另外，受海洋的调节作用，又具有春冷、夏凉、秋暖、冬温、昼夜温差小、无霜期长、大风多和湿度大等海洋性气候特点。全市历年平均气温12.2摄氏度，历年平均降水量737.7毫米，历年平均日照时数2480.0小时。2015年，全市气温较常年偏高，降水偏少，日照时数偏少。

（周浩亮）

【水文】 威海市河流属半岛边沿水系，为季风区雨源型河流。河床比降大，源短流急，暴涨暴落。径流量受季节影响差异较大，枯水季节多断流。全市有大小河流1000多条，流域面积50平方公里及以上河流35条，其中母猪河、乳山河、黄垒河三条较大河流贯穿于文登、乳山境内，总流域面积2766平方公里，占全市土地总面积的48%。母猪河流域面积1092平方公里，河长64公里；乳山河流域面积1039平方公里，河长78公里；黄垒河流域面积635平方公里，河长71公里。2015年，全市径流系数为0.11。

2015年威海市大中型水库蓄水量统计表

表2　　单位：万立方米

日期（月．日）	1.1	2.1	3.1	4.1	5.1	6.1	7.1	8.1	9.1	10.1	11.1	12.1
大型	9220	8490	7720	7620	6460	5610	4640	4810	5680	5400	4019	4102
中型	9467	9325	9135	8751	8470	7841	7017	8918	9095	8629	7970	7597
大中型合计	18687	17815	16855	16371	14930	13451	11657	13728	14775	14029	11989	11699

说明：大型水库包括米山水库、龙角山水库、八河水库

（张明芳）

【土壤】 全市土壤类型有棕壤、潮土、盐土、风沙土、褐土、水稻土、山地草甸土，共7个土类。依其各自的发育程度、附加成土过程和土壤属性，又分为棕壤性土、棕壤、潮棕壤、白浆化棕壤、潮土、盐化潮土、褐土、滨海盐土、流动风沙土、半固定风沙土、固定风沙土、潜育水稻土、山地草甸土13个亚类、18个土属、153个土种。

棕壤土类是全市分布最广、面积最大的土类，遍及全市的山丘地区，占土壤总面积的83.5%。潮土类为威海市第二位的分布土类，占土壤总面积的13.2%。

从土壤（耕地）质地可归为三大类，分别为砂性土、轻壤土、中壤土。从土体构型可分为15种类型，按其对作物的影响主要归纳为五大类型：均壤质型，均沙、夹沙、夹砾石型，夹黏、均黏型，夹白浆型，硬（酥）石底型。从化学性状看，威海市成土母质大部分为酸性岩风化物，土壤pH值为6.5～7，一般呈微酸性，有明显的淋溶作用、黏化作用和生物积累作用。但由于多年来化肥施用量居高不下，有机肥施用量严重不足，导致耕地土壤pH值呈下降趋势，全市耕地土壤pH值众数为5.39。

（陈洪江）

【海域】 威海北、东、南三面为黄海环绕，海岸线总长985.9公里，约占山东省的1/3、全国的1/18。海岸类型属于港湾海岸，海岸线曲折，沿海有大小港湾30多处、岬角20多个，并有众多优质海滩分布。全市大小海岛114个，其中，面积500平方米以上的84个，有居民岛屿6个。

（市史志办）

自然资源

【土地资源】 2015年底，全市土地总面积57.97万公顷（5796.98平方公里）。其中，农用地44.42万公顷，占总面积的76.63%；建设用地8.70万公顷，占15.00%；未利用土地4.85万公顷，占8.37%。其中，耕地面积19.51万公顷，占总面积的33.66%；园地面积3.59万公顷，占总面积的6.20%；林地面积10.84万公顷，占总面积的18.70%；草地面积1.63万公顷，占总面积的2.80%；城镇及工矿用地面积7.67万公顷，占总面积的13.23%；交通运输用地面积2.56万公顷，占总面积的4.42%；水域及水利设施用地面积6.02万公顷，占总面积的10.39%；其他土地面积6.15万公顷，占总面积的10.60%。

（毕宇亮）

【水资源】 威海市地处山东半岛最东端，无大江大河，水资源主要来源于境内的大气降水。全市多年平均年降水量770.6毫米，降水总量44.67亿立方米，多年平均径流深256.0毫米，地表水资源量14.84亿立方米，地下水资源量为5.14亿立方米，扣除地表水与地下水相互补给的重复计算量后，全市多年平均水资源总量16.86亿立方米。

（于贵泉）

【矿产资源】 至2015年底，威海市共发现矿产（含亚矿种，下同）49种，其中金属矿产11种，主要有铁、铜、铅、金、锆、锌等；非金属矿产35种，主要有玻璃用砂、花岗岩、钾、钠长石、石墨、高岭土等；其他矿种包括地热、矿泉水等。全市保有矿石资源储量为金（岩金）719.92万吨、铁535.46万吨、长石139.53万吨、饰面用花岗岩1185.90万立方米、建筑用花岗岩3076.00万立方米、玻璃用砂144.86万吨。

（毕宇亮）

【生物资源】 威海海域广阔，浅海和潮间带有丰富的生物资源。全市海域平均生物量为353克/平方米，平均生物密度586个/平方米，有生物资源779种，其中，动物647种、植物132种。动物中，鱼类主要有大黄鱼、小黄鱼、梭鱼、鲻鱼、鲈鱼、鲅鱼、鲳鱼、黄姑、比目鱼等100余种；虾蟹类主要有鹰爪虾、对虾、毛虾、脊尾白虾、三疣梭子蟹等；贝类主要有栉孔扇贝、鲍鱼、泥蚶、文蛤、毛蚶、魁蚶、牡蛎、中国蛤蜊、贻贝、青蛤等；棘皮类中有刺参、海蜇、马粪海胆、海星等。藻类主要有海带、裙带菜、石花菜、条斑紫菜、大叶藻等。

陆生野生哺乳动物有梅花鹿、狐狸、豹猫、獾、黄鼬、刺猬、野兔、蝙蝠等。鸟类已查到250种，其中，候鸟、旅鸟占70%以上，留鸟种类较少。列入国家一级保护动物的有梅花鹿、中华秋沙鸭、金雕、黑鹳4种，国家二级保护动物有大天鹅、鸳鸯、灰鹤、苍鹰等12种；其余鸟类及狐狸、豹猫、獾、黄鼬、刺猬等列入山东省重点保护野生动物。野生经济植物70科248种，如车前、地黄、天麻、黄芩等。野生牧草12科92种，如马唐、黄背草、白茅草等。木本植物70科457种，其中，乔木315种，如黑松、刺槐、法桐、苹果、梨、桃、银杏、板栗等；灌木112种，如紫穗槐、胡枝子等；藤本30种，如葛藤、紫藤、爬墙虎等。粮食作物主要有小麦、玉米等，经济作物主要有花生、大豆等。

（王吉明）

【旅游资源】 威海市旅游资源丰富，自然资源与人文资源兼备。2015年，全市有旅游景区（点）80多处，其中，刘公岛风景区为国家AAAAA级旅游景区，成山头风景区、银滩旅游度假区、赤山法华院、大乳山滨海旅游度假区、华夏城景区、天沐温泉度假村、仙姑顶景区、汤泊温泉度假区、环翠楼公园、威海海滨生态公园风景带·侨乡号游轮、林海湾旅游区、中韩边贸城12处为国家AAAA级旅游景区。自然资源以“海、岛、滩、湾、泉、山”为特色，全市有近1000公里海岸线，沿线沙滩细腻绵延，海水碧蓝纯净，有国际海水浴场、文登金海滩、乳山银滩等十多处天然海水浴场，有威海湾、伴月湾、九龙湾等海湾16个，有刘公岛、海驴岛等大小海岛114个，有9处优质地下温泉，有昆嵛山、圣经山、里口山、铁槎山、大乳山等山地风景区。人文资源以秦汉文化、民俗文化、道教文化、甲午文化、英租文化为代表，全市登录的不可移动文物点490处、各级文物保护单位85处，其中，全国重点文物保护单位2处、省级文物保护单位29处。其中，刘公岛甲午战争纪念地、圣经山摩崖石刻、威海英式建筑、天福山革命遗址等在全国都有重要影响。中国甲午战争博物院被评为首批国家一级博物馆，天福山起义纪念馆被评为全国爱国主义教育基地，全市初步形成以东夷文化遗存、成山头秦汉遗迹、圣经山摩崖石刻、明清海防遗迹、刘公岛甲午战争纪念地、威海英式建筑、天福山革命遗址等板块为主的人文旅游景观体系。

（蒙春丽）

自然灾害

【地震灾害】 5月22日0时05分，威海市文登区、乳山市近海（北纬36.9度，东经121.9度）发生4.6级地震，震源深度10千米，有明显震感。地震造成乳山市白沙滩镇、城区街道等6个镇（街道）受灾，受灾人口83人，其中受伤人员23人，紧急转移安置60人；倒塌房屋5间，一般受损房屋97间；直接经济损失121.5万元，其中公益设施损失5万元，家庭财产损失116.5万元。

【台风灾害】 受2015年第9号台风“灿鸿”影响，7月11日18时至7月13日6时，威海市发生强降雨过程，全市平均降雨量132.8毫米，平均风力6～7级，阵风9级。台风造成荣成市、文登区、威海临港经济技术开发区的11个镇（街道）4.17万人受灾，紧急转移安置59人；农作物受灾面积6055.3公顷，一般损坏房屋216间；直接经济损失1167万元。其中农业损失920万元，道路及其他基础设施损失247万元。

（吴　刚）

人口·民族

【人口】 2015年末，威海市常住人口280.53万人，其中，城镇人口177.18万人，比上年末增加4.95万人。

（臧钧菁）

【民族】 威海市有46个少数民族，分别是朝鲜族、满族、佤族、蒙古族、回族、彝族、苗族、拉祜族、土家族、傣族、维吾尔族、白族、壮族、达斡尔族、布朗族、布依族、傈僳族、锡伯族、侗族、哈尼族、藏族、瑶族、土族、纳西族、哈萨克族、黎族、撒拉族、赫哲族、鄂温克族、畲族、仫佬族、仡佬族、羌族、鄂伦春族、东乡族、俄罗斯族、水族、景颇族、柯尔克孜族、裕固族、高山族、塔吉克族、独龙族、毛南族、乌孜别克族、京族。据2010年第六次人口普查统计，威海市少数民族常住人口24433人。对公安户政部门的人口数据进行分析比对，实有少数民族暂住人口约2万人，共计有少数民族人口约4.5万人，占全市总人口的1.6%。

（刘炳刚）

方　言

【概况】 分布在威海市辖区内的汉语方言，称威海方言。威海方言属于汉语官话方言中的胶东方言。威海方言在李荣主编的《中国语言地图集》中属于胶辽官话区。威海方言具有胶辽官话的一些基本特点，例如：

1．声母分尖团，如：精≠经，积≠基，尖≠坚；趣≠去，妻≠期，千≠牵；相≠香，西≠希，线≠现。

2．普通话读ts、ts‘、s声母的字，方言中分为两组声母，例如：知≠枝，耻≠齿，超≠抄，处相处≠楚，书≠梳。

3．中古日母字方言里基本读为零声母，例如：乳＝雨，荣＝永，人＝阴，日＝椅，染＝眼，软＝远，等等；少部分读为l声母，例如：仍、扔、锐等字。

4．中古端组合口呼韵母，方言里大多丢失韵头u而变读为开口呼，例如：段tan、对tei、推t‘ei、团t‘an、村ts‘en、蹲ten、孙sen等字。

5．普通话中，韵母为e而声母为零声母或舌根音的部分字，方言读为uo韵母，例如：饿、蛾、河等字。

6．中古咸深摄韵母和山臻摄韵母合并读为n韵尾，没有主要元音鼻化现象，这一点跟其他山东方言有所不同，例如：胆、蓝、三、暂、寻、林、餐、滩、难、但、赞、线、天、前、端、真、春、顺、纯、村等字。

7．中古平声次浊字，无规则地分化为两类读音，一部分为阳平，另一部分为阴平，即：蓝≠兰，南≠男，鱼≠余。

8．清声母入声字基本归入上声，例如：急、笔、曲、出、黑、福、桌、窄、切、质、拍、歇、说、发等字。

威海方言内部存在着一定的差异。青少年与中老年之间，有新派、老派的差异，表现在新派词汇上有比较明显向普通话靠拢的趋势，而老派则更多地保留着地方特色。但这并不是威海方言的主要内部差异，威海方言的主要内部差异表现在地域上。根据其内部差异，威海方言大致可以分为三个片儿，即环翠片儿、文荣片儿、乳山片儿。

（市史志办）

民　俗

【概况】 新石器时期东夷先民就在威海耕山牧海、繁衍生息，民俗文化源远流长。传统习俗“大约朴鲁为多”，“淳直”“仁厚”“尚质少文”。唐宋以降，相传秦始皇曾于境内召文士登山颂德而

"文教大兴"。由是，"人知教子""世重耕读"，风俗丕变、"质有其文"。淳朴仁厚之古俗与"俗尚礼仪"之新风蔼然交融，成为境内民俗传统最突出的特色，传承千年，至今亦然。因所处自然地理环境和其他条件各不相同，在风尚习俗的某些方面，亦显示出多样性特点。以种植业为主的农村、以渔业为主的沿海渔村，其生产、生活、禁忌和信仰习俗多有不同；而同为农村或山村，因生产行业、生产技艺之不同，风俗亦各有别。

历史上，威海地区民俗也因移民、航运、外出谋生等原因，不断与区域外相互交流。此为境内风尚习俗多样性的又一重要原因。如有些节日习俗，邻村之间往往明显不同，正是明清以来大量移民带来的各地不同民俗文化与境内习俗兼容并存的结果。宋代产生于江南的"妈祖"信仰，随元代海运的兴起传播到境内沿海；而清初以来延续300余年的闯关东，不但将威海习俗带到东北，也将东北风俗携回家乡。如秃尾巴老李的传说和人参的故事，在威海和东北同样广泛流传；正月十五到祖茔送灯、看灯碗水汽和灯花大小预卜当年旱涝丰歉等产生于东北长白山区的满族古俗，在当地早已失传，但在威海各地却得以保存，流传至今。

近代，随着封建社会的没落和西方文化的传入，威海民俗也随之不断演进。辛亥革命后，男人剪辫子，女人禁缠足，各种封建礼教逐渐废除，出现新的社会风尚。英租威海卫，把西方一些风俗传入境内。抗日战争时期，民主政府成立后，不断破除封建陋习，树立新的社会风气。新中国成立后，在打击封建陋习的同时，乡间一些正常的传统民俗活动也遭到禁止。20世纪80年代后，随着改革开放的不断深入，经济和社会生活的发展变化，中外交流的日益畅达，具有时代气息、兼容中西文化特色的民俗事象更是层出不穷。但同时，一些旧的丑俗陋习也呈复燃之势，虽屡禁而不止。移风易俗，革除陋习，建设文明和谐社会，仍任重道远。

【婚嫁习俗】 择偶 旧时青年男女婚配多由家长包办，通媒结亲，即所谓"父母之命，媒妁之言"。择偶考虑的基本条件是门户相当，品貌、年龄般配，同时也很重视家风优劣等。20世纪40年代，境内在抗日根据地民主政府废除了封建包办婚姻，青年男女始有婚姻自主权。1950年5月1日，《中华人民共和国婚姻法》颁布施行，婚姻自由得到法律保护。50—60年代，自由恋爱者较少，多数青年仍由介绍人牵线搭桥。70—80年代，多数青年自由恋爱，择偶仍要认真考虑父母的意见，得到父母的认可。90年代后，出现婚姻中介结构，许多人找对象更注重个性，涉外婚姻开始出现并逐渐增多。进入21世纪，随着社会经济的不断发展，不少女青年将"房子""票子""车子"作为择偶的主要条件。

订婚 正式确定婚姻关系为订婚，俗称"定亲""掰亲"。富裕人家定亲时，双方要交换定亲文书，俗称"送柬""下柬"。正式定亲比较隆重，双方家庭都要设宴会亲族。男女所用柬帖分别印有龙、凤图案，称"龙凤帖"。一般人家往往简易行事，双方互换庚帖既视为"下柬"，亲事就可定下。有的甚至不用柬帖，只凭口头一诺，即可定亲。中华人民共和国成立后，这些习俗随《中华人民共和国婚姻法》的颁布而消亡。青年男女经过接触和了解，感觉满意，互赠礼品即视为定亲，然后登记领取结婚证。

送日子与下彩礼 结婚日子由男方选定，称"择好日"。婚嫁"好日"选好后通知女方家以征求同意，俗称"送日子"。"送日子"时，男方向女方送聘礼，俗称"下彩礼""送彩礼"。旧时富裕之家彩礼一般有金银首饰、钱币、布料、小麦、全猪、全羊等。贫寒人家的彩礼不过一两块做衣服的布料。中华人民共和国成立后，结婚为求吉利，多数人仍要找人"择好日"。

结婚 境内俗称男子娶亲为"将媳妇"，女子出嫁叫"出门子"。"好日"前一天，荣成、乳山等地女方家要向男方家送嫁妆。文登、威海卫等地则是迎娶之日嫁妆随花轿一起到男方家。新中国成立后，婚礼习俗日趋文明、简便，但仍有沿袭旧俗之例。20世纪50年代，迎亲由坐花轿改为坐马车，盖头、抱轿、跨鞍、坐三日、婚后告庙、拜族中长辈等习俗逐渐消失，女方嫁妆多为被褥、箱柜、椅子、凳子及梳洗用具。60年代，迎亲一般用自行车。"文化大革命"期间，按"革命化"要求，不举行婚礼行仪式、不宴请亲朋。登记后，选一"好日"，男方把女方领进门，全家人吃碗喜面，婚礼即告成。在农村有结婚当日，新郎、新娘即下地参加生产队集体劳动的。70年代，结婚迎亲除乘自行车外，农村也有坐拖拉机的。嫁妆有自行车、缝纫机等"大件"。20世纪70代末至80年代初，结婚铺张之风渐兴。虽然政府和群团组织大力倡导喜事新办，并组织集体婚礼，但铺张之风没有得到有效遏制。在一些贫困农村，结婚索要彩礼之风日甚。80年代后，迎亲的交通工具逐步改用汽车。嫁妆多为电视机、录音机等家用电器，并在结婚前送到新房中。90年代起，结婚仪式日趋隆重，并呈中西结合之势。新娘传统的红妆，多改为白色婚纱。家家用鲜花装饰的轿车迎娶新娘、接送女方宾客，并租用录像车全程拍摄婚礼过程。城乡许多家庭陪嫁物品从彩电、冰箱、洗衣机、空调等全套家电到沙发、家具、摩托车等。进入21世纪，陪送轿车、房子的亦不在少数。结婚典礼一般在饭店、宾馆举行，并请婚庆公司和专职司仪主持。婚宴一般都摆几桌、几十桌，有的甚至上百桌。参加婚礼者除亲戚外，同学、战友、同事人数大增。宴后，喜主要向宾朋回赠"喜包"（内装"喜饼"或"抓果"，喜糖、喜烟等）。结婚后，新郎、新娘外出旅游度蜜月也渐成时尚。

看出息与站九 新婚二日后，新娘家人要择日到新郎家看望新娘，俗称"看出息""望出息"，乳山称"开箱"。乾隆《威海卫志》载：婚后第九天，新郎陪伴新娘回娘家省亲，俗称"站九"。近现代，多改在新婚后第二日或第三日回娘家省亲，但习俗仍称之为"站九"。"站九"时，女家要烙"喜饼"，文登、荣成、乳山称"媳妇饼"，环翠区要烙"抓果"，由女儿带回婆家分赠亲友、邻里。自婚宴设于宾馆、饭店起，女方家要在结婚前日将"喜饼""媳妇饼"或"抓果"送到男方家，待婚宴结束时分赠宾朋。至此，婚嫁程序结束。

【谷雨节】 为农事节气，时值境内谷、黍、玉米、高粱等春作物播种季节，农谚有“清明耕一半，谷雨种一半”。因地理位置及鱼虾洄游规律所致，谷雨前后，鱼虾便洄游到境内近海，故有“谷雨百鱼上岸”之谚。沿海渔民视此节为仅次于春节的重要节日。届时，渔民备全猪（带皮脱毛并用腔血抹红）、大枣饽饽、白酒、香烛、鞭炮等，聚集于海边举行隆重的祭船、祭海、祭海神娘娘的活动，以祈出海平安，回来鱼虾满舱。祭毕会饮，共食祭余。之后，渔民一年一度的海上生产正式开始。“文化大革命”初期，祭海、祭海神娘娘的习俗被禁止，但祭船、聚餐活动一直沿袭。改革开放后，沿海渔民谷雨祭海活动复兴，并不断将新文化、新观念、新思想渗透到谷雨节中，逐年增加具有现代海文化内容的娱乐活动，吸引了大批中外游客。1991年，荣成市开始在谷雨节期间举办渔民节，1992年更名为荣成国际渔民节。后因沿海气温较低，不便游客海上游乐，1993年（第三届）将荣成国际渔民节改在7月下旬举办（连续举办四届后，改为每三年举办一次）。但沿海渔民祭海（祭船、祭海神娘娘）、聚餐活动仍在谷雨节举行，并沿袭至今。

境内多温泉，民间俗称“汤”。俗传谷雨洗温泉澡可去百病，故汤泉周边地区的妇女多于此日结伴同浴，各汤谷雨三日只向妇女开放亦约定成俗。清章炳兰曾作《文登竹枝词》记此俗：“如意泉温赛五香，却他百病胜仙方。大家女伴闲相约，谷雨同来七里汤。”至今，妇女谷雨洗温泉澡习俗犹存。

（市史志办）

国民经济与社会发展

【国民经济平稳较快发展】 2015年，全市实现生产总值3001.57亿元，按可比价格计算，比上年增长8.5%，其中，第一产业增加值217.14亿元，增长4.3%；第二产业增加值1422.22亿元，增长8.2%；第三产业增加值1362.21亿元，增长9.5%。三次产业结构由上年的7.4 ∶ 48.6 ∶ 44.0调整为7.2 ∶ 47.4 ∶ 45.4。

【三次产业协调并进】 *农业生产稳步发展* 全年实现农业增加值56.76亿元，比上年增长4.3%；林业增加值0.53亿元，增长7.4%；畜牧业增加值33.58亿元，增长4.5%；渔业增加值126.27亿元，增长4.4%；农林牧渔服务业增加值7.55亿元，增长8.4%。受土地干旱严重、播种面积减少等因素影响，全市粮食总产量81.26万吨，比上年下降6.5%。水果总产量100.99万吨，增长1.9%。肉类总产量18.60万吨，增长2.1%；禽蛋类总产量14.36万吨，增长1.4%；奶类总产量15.81万吨，下降10.5%。水产品总产量248.45万吨，增长3.3%。水产养殖面积8.08万公顷，增长3.9%；养殖产量162.96万吨，增长1.9%。全年投产专业远洋渔船288艘，远洋渔业产量28.05万吨，增长40%。年末，农业机械总动力555.50万千瓦，增长0.7%；有效灌溉面积12.06万公顷，其中，节水灌溉面积8.15万公顷。全市规模以上农业龙头企业发展到350家，其中，国家级10家、省级44家、市级162家。新注册农民专业合作社488家，总数2922家，社员15.96万户，辐射带动农户21.56万户。

工业生产较快增长 全市规模以上工业企业1658家，实现增加值1225亿元，比上年增长8.6%；主营业务收入7072.98亿元，增长6.3%；利税606.67亿元，增长5.1%；利润380.77亿元，增长3.9%。产销衔接良好，产品销售率98.2%。高新技术产业产值2754.21亿元，占规模以上工业总产值比重38.8%，比年初提高1.1个百分点；新认定高新技术企业28家，总数191家；新认定科技型中小企业595家，总数923家。节能减排工作取得新进展，全年完成污染减排项目150个，投资额4.02亿元。

服务业繁荣发展 成功举办国际食品博览会、国际渔具博览会等活动，大力推进中心商圈建设，社会消费品零售总额1311.66亿元，比上年增长11.0%。全年接待旅游总人数3587.92万人次，旅游总收入455.35亿元，分别增长9.1%和14.2%。年末，公路通车里程7146.8公里（含农村公路、国省道）。全年各种运输方式完成客运量3904.9万人次，下降3.1%；货运量8424.0万吨，增长6.2%；港口货物吞吐量7323.9万吨，增长3.0%；集装箱吞吐量106万标准箱，增长3.2%。

名牌创建迈上新台阶 全市拥有中国驰名商标33件，地理标志商标12件；山东省著名商标123件，其中新增13件；威海市知名商标177件。拥有中国名牌产品19个，山东名牌产品227个，山东省服务名牌65个，山东省省长质量奖获奖企业4家，获奖个人1人。

【内需拉动作用增强】 全面贯彻落实国家宏观调控政策，坚持投资消费协调拉动，国内需求保持平稳增长。注重调整优化投资结构，固定资产投资较快增长，全年完成固定资产投资2543.72亿元，比上年增长14.1%。第一产业投资42.37亿元，增长484.1%；第二产业投资1357.29亿元，下降1.9%，其中，工业投资1277.13亿元，增长0.5%；第三产业投资1144.06亿元，增长36.4%。第一、第二、第三产业投资结构为1.7 ∶ 53.3 ∶ 45。房地产开发有所放缓，全年完成投资313.19亿元，下降12.3%；房屋施工面积3815.92万平方米，下降4.3%；竣工面积673.73万平方米，下降7.6%；商品房销售面积866.49万平方米，增长2.3%。

消费需求持续繁荣 全年社会消费品零售总额达到1311.66亿元，比上年增长11%，其中批发和零售业零售额1179.77亿元，增长10.5%；住宿和餐饮业零售额131.89亿元，增长15.6%。城镇市场实现消费品零售额1087.63亿元，增长11.1%；农村市场实现消费品零售额224.03亿元，增长10.5%。全年居民消费价格累计上涨1%，与人们日常生活密切相关的商品以及消费升级类商品全面增长，其中日用品类增长17.5%，化妆品类增长14.2%，中西药品类增长11.7%，电子出版物及音像制品类增长27.0%，通信器材类增长18.1%。全年工业生产

者出厂价格下降1.5%，工业生产者购进价格下降5.2%。

【对外经济缓慢回升】 全年完成进出口总额169.38亿美元，比上年增长2.2%，其中出口126.21亿美元，增长11.1%；进口43.17亿美元，下降17.2%。从贸易方式看，一般贸易进出口89.85亿美元，增长16.3%；加工贸易进出口75.02亿美元，下降9.8%;其他贸易进出口4.51亿美元,下降13.8%。从出口商品看，机电产品出口49.29亿美元，增长7.6%；纺织服装出口30.54亿美元，增长20.2%；农产品出口14.80亿美元，下降3.0%。

招商引资工作扎实推进 全市新批准外资项目163个，合同外资9.76亿美元，比上年增长4.6%；实际到账外资11.2亿美元，增长10.7%。其中第一、第二、第三产业到账外资分别占全市到账外资的2.9%、58.1%和39%，外资投资结构进一步优化。利用国内资金733.86亿元，增长15%，投资总额均较上年有所增长。对外经济合作迈出新步伐，全市新核准设立境外企业（机构）36家，完成中方投资额5亿美元，增长20.1%；对外承包工程完成营业额8.3亿美元，增长10.8%；外派各类劳务人员1.1万人，下降10.6%。

【财税金融稳健运行】 全市实现公共预算收入249.75亿元，比上年增长13.1%，其中，税收211.17亿元，增长11%。公共财政预算支出338.38亿元，增长20.6%，其中，节能环保支出增长53.5%，城乡社区支出增长35.0%，农林水支出增长31.4%，科学技术支出增长26.1%，公共安全支出增长24.5%，医疗卫生与计划生育支出增长20.9%，教育支出增长17.2%。

金融业平稳运行 年末金融机构本外币存款余额2790.42亿元，比年初增加174.05亿元，其中城乡居民储蓄存款余额1325.39亿元，比年初减少26.99亿元。本外币贷款余额1842.25亿元，比年初增加106.97亿元，其中中长期贷款870.32亿元，比年初增加80.13亿元。保险机构实现保费收入73.1亿元，增长16%；支付各项赔款和给付25.80亿元，增长18.5%。

【城市建设加快推进】 全市城镇化率达到63.16%，比上年提高1.85个百分点。年末，城市建成区面积277.06平方公里，建成区绿化覆盖率48.72%，人均公园绿地面积25.05平方米。城市载体功能加快提升，全年发电165.34亿千瓦小时，增长0.8%；全社会用电量104.96亿千瓦小时，增长2.5%，其中工业用电量65.34亿千瓦小时，下降0.9%。全市供水总量1.51亿立方米，增长1.3%；天然气用气人口134.87万人，天然气供气量1.26亿立方米，增长6.98%，燃气普及率100%；集中供热面积6201.56万平方米，增长13%。全市环境监测站4个，地表水集中式饮用水源保护区12个，面积1406平方公里。全年完成污染减排项目150个，投资额4.02亿元。市区空气质量指数类别为优和良的天数321天，优良率为87.9%（AQI6项指标），其中空气质量指数类别为优的天数111天。城市基础设施不断完善，青荣城际铁路威海站投入使用，完成荣文高速、文莱高速、香水河大桥等重点基础设施项目建设，积极推进休闲植物园、里口山城市山地公园、城市绿道等生态工程建设，加强城市规划与管理，加快智慧城市建设。

【社会事业协调发展】 城乡居民收入稳步提高 全年全体居民人均可支配收入28491元，增长9.0%。其中，城镇居民人均可支配收入36336元，增长8.6%；农村居民人均可支配收入16313元，增长8.8%。2015年，全日制就业劳动者月最低工资标准为1600元，非全日制就业劳动者小时最低工资标准为16元。

劳动就业形势良好 实施更加积极的就业创业政策，落实《关于进一步加强创业就业工作推进全域城市化市域一体化发展的意见》，印发《威海市农民工职业技能提升3年行动等3项行动实施方案》，积极开展“春风行动”，促进农村劳动力转移就业。组织开展就业援助工作，促进就业困难群体就业。2015年，全市城镇新增就业4.3万人，其中失业人员实现再就业1.1万人；新增农村劳动力转移就业1.7万人。高校毕业生登记就业率99.3%。城镇登记失业率1.53%。

社会保障体系进一步完善 全市86.2万人参加城镇职工基本养老保险，28.7万名离退休职工享受养老保险，91.6万人参加城镇职工基本医疗保险，159.6万人参加居民医疗保险，2.5万人领取失业保险金，8326名职工享受工伤保险待遇，1.66万名女职工享受生育津贴待遇。城镇职工基本养老、医疗、失业、工伤和生育保险参保人数分别比上年末增长7.5%、0.7%、2.5%、2.0%和4.2%。城乡居民养老保险参保人数88.8万人，41.1万名城乡居民每月领取养老金。城市居民低保标准每人每月500元，农村居民低保标准提高至每人每年3500元，“五保”对象集中供养标准提高至每人每年6000元，分散供养标准提高至每人每年4000元。年末，全市各类收养性社会福利单位145家，床位2.84万张，收养1.38万人。全市投入资金7197.1万元，将3.44万名低保对象纳入保障范围；投入资金5396.9万元，保障全市“五保”老人1.03万人，敬老院86所。

科技事业成果丰硕 全年取得重要科技成果225项，其中获得国家奖励1项，省级奖励3项。促成技术合同1573项，成交金额22.65亿元。全市专利申请量9341件，比上年增长49.7%。专利授权量3792件，增长33.9%。创新体系建设取得新进展，新建科技企业孵化器25家，总数42家；新增孵化面积55万平方米，总孵化面积106万平方米；新增在孵企业476家，总数899家。大型科学仪器平台入网仪器新增539台，总数1026台。全市产业技术创新战略联盟累计达17家，其中国家级2家、省级5家。

其他社会事业协调发展 年末，全市常住人口280.53万人，其中，城镇人口177.18万人，比上年末增加4.95万人。教育、文化、卫生、体育、广播电视、新闻出版、外事、侨务、史志、档案、气象、妇女儿童、老龄、残疾人等事业都取得新成绩。

（孙燕娇）

蓝色经济区建设

【概况】 2015年，威海市紧紧围绕蓝色经济区（简称蓝区）建设，按照“一产抓特色促跨越、二三产抓结构上规模”的思路，积极开展海洋经济创新发展区域示范，推动海洋优势产业转型升级，延伸产业链条，促进海洋三次产业在更高水平上协同发展。全年实现海洋产业增加值1010亿元，增长9.2%，占GDP比重达到33.6%。威海市成功入选全国海洋高技术产业基地试点城市。

现代海洋渔业提升发展 大力促进水产养殖上档升级，加强优良种质资源引进、良种培育和良种扩繁，着力推进国家级综合性海洋生物遗传育种中心建设。积极推广健康生态养殖，海水养殖业加快向生态集约化转型，以海参等主导品种为重点，在全省率先推行水产品质量管理追溯体系试点。2015年，全市完成水产品产量248万吨、产值305亿元，分别比上年增长3.5%和3.4%。省级以上水产原良种场18处，海洋牧场发展到7.33万公顷，养殖产量达到160万吨。不断推动远洋渔业提质增效，大力发展专业远洋运输船队，加快建设国内外综合远洋渔业基地。重点开展了西南大西洋鱿鱼钓、中西太平洋金枪鱼延绳钓、斯里兰卡围网等13个专业远洋渔业项目。积极推进加纳阿克拉等5个远洋渔业基地建设。依托荣成沙窝岛国家中心渔港，建设远洋渔船母港，加快打造中国北方最大的远洋渔业生产及综合服务基地。全市专业远洋渔船达到352艘，完成远洋捕捞产量28.05万吨、产值31.67亿元，分别增长39.6%和26.5%。

现代海洋制造业优化发展 大力实施传统产业改造提升工程，培育壮大新兴产业，打造海洋二产发展双动力。加速船舶工业转型升级步伐，压缩淘汰落后产能，加快开发海洋工程船、大型远洋渔船等高技术高附加值船舶及配套产品。中航威海造船厂在特种船和海洋工程船领域取得重大突破，225英尺自动升降式海工平台项目顺利完工。黄海造船被确定为省级远洋渔船研发与制造基地。全省公布的首批9个远洋渔船船型标准全部为威海市船厂首制船型，占全国一半。全市造船完工量33.66万载重吨，下降21%。推动海产品加工精细化发展，打造了以海藻、海参、金枪鱼、鱿鱼制品等为主的海洋食品加工业，建成全国最大的冷冻调理海洋食品、海带食品、海产品罐头生产基地。全市水产品加工企业发展到1100家，年加工能力550万吨，实现产值620亿元。大力发展海洋生物制品产业，以养殖藻类、低值鱼类、海洋微生物等为对象，重点开发海洋药物、海洋生物医用材料、绿色农用制品等海洋生物制品，涌现出迪沙药业、泰祥、海之宝、世代海洋等一批骨干企业。全市海洋生物制品实现产值36.3亿元，增长34.4%。加强海洋高端装备研发及产业化，围绕海洋油气装备开发、探测检测设备研制、“涉海新材料”等领域，重点实施了海洋激光光谱遥感监测仪器、北洋电气光纤水听系统、海洋工程用碳纤维复合材料研发产业化等一批项目。

现代海洋服务业突破发展 全面提升传统服务业，大力培育新兴服务业，海洋第三产业发展体系日趋完善。提升发展海洋休闲旅游，推动旅游产品向观光、休闲、度假并重转变，培育海洋旅游、乡村旅游、文化旅游、体育旅游、养生养老旅游、购物美食旅游等多元专项旅游产品。全市旅游消费总额455.35亿元，增长14.2%；全年接待入境游客46.17万人次，增长3.1%；接待国内游客3541.75万人次，增长9.2%。全市10处基地获得国家级休闲渔业示范基地认定，被农业部授予全国唯一的“中国休闲渔业之都”称号。高效发展港口物流业，重点建设了威海港新港区航道扩建工程、威海港威海湾港区客滚区防波堤工程等8个港口项目。威海港三期、四期工程及客滚码头10个泊位通过省政府验收，正式对外开放启用。全市积极推进中韩集装箱过境运输，加快韩国商品分拨中心和跨境电商监管中心建设，中韩跨境电商青岛港口业务平台成功运作，海关驻邮办业务落户国际物流园。2015年，全市港口货物吞吐量达到7323.9万吨，增长3%；集装箱吞吐量106万标准箱，增长3.2%。大力发展“涉海金融”服务，推动“涉海企业”积极对接资本市场，设立了青岛蓝海股权交易中心威海业务拓展中心和齐鲁股权交易威海运营中心。鼓励“涉海非上市企业”开展场外市场融资，鸿通管材、广大空港等12家在新三板挂牌，好运通网具、鸣惠生物等25家企业在区域市场挂牌。借助“互联网+”战略的实施，加快推进海洋商品国际交易中心、中国海参交易中心、荣成中国渔都等综合性交易平台建设，打造金枪鱼、鱿鱼、海带、海参、牡蛎等专业性海产品集散、定价、交易中心。

海洋高端产业集聚发展 积极引导传统产业高端化、高端产业聚集化发展，推动重大海洋产业项目向特色园区集中建设，重点海洋企业向特色园区集中布局，各类要素向特色园区集中配置，培植壮大特色鲜明、优势突出的高端海洋产业集群。加强对已获批省级海洋特色园区的调研和评估，加快推动荣成经济开发区海洋食品药品经济园、乳山开发区海洋食品产业园、威海经济技术开发区海洋船舶及装备特色产业园、荣成石岛湾省级旅游度假区冷链物流产业园4个省级海洋特色产业园区建设。至2015年底，4个园区共集聚企业357家，其中海洋主导产业企业247家，占企业总数的69%。2015年，实现主营业务收入939.2亿元，其中海洋业务收入752.19亿元，占80%。园区拥有省级以上科技创新平台51家。突出抓好荣成高新技术产业园、环翠区先进海洋装备制造等7个特色园区培育，完善园区规划，加速形成优势产业建设规模和聚集效应。

【蓝区重大事项建设】 2015年，新增昆嵛山旅游度假区开发建设为蓝区重大事项，全市17个重大事项建设取得积极进展。其中东部滨海新城、双岛湾科技城、威海南海新区、好运角旅游度假区、乳山滨海新区、里口山风景名胜区六大重点区域共实施59个基础设施项目，累计完成投资57.75亿元，完成年度投资计划101.1%，开工建设65个产业项目，累计完成投资108.93亿元，完成年度投资计划的101.7%。国家海产品质检中心一期工程通过国家质检总局验收，正式挂牌成立，成为全国第三个、北方首个国家级海产品质检中心。海洋商品国际交易中心加快推进电子商务平台建设，完成电子商务区装修以及网站建设。山东船舶技术研究院成立船舶壳体先进制造技术与装备研究所，研究院内设研发机构达到13个。威海综合保税区筹建审批文件上报国务院，区内基础设施建设加快推进。对韩合作稳步开展，中韩自贸协定正式签署，威海成为唯一一个被选定为地方经济合作示范区的中国城市，与仁川自由经济区一起被中韩两国选定为地方经济合作示范区。山东交通学院威海校区迁建工程9个建筑主体完工。

【蓝色产业领军人才团队支撑计划】 2015年，威海市继续推进泰山学者蓝色产业领军人才团队支撑计划，召开全市蓝色产业领军人才团队支撑计划项目申报培训会议。经过申报、答辩、复评等环节，怡和装备制造、威海印刷机械、海之宝3家企业项目入选省级蓝色产业计划。实施市级蓝色产业领军人才支撑计划，按照《威海市蓝色产业领军人才团队支撑计划实施办法》，扎实开展项目审查、专家评审、考察复评工作，好当家、恒顺海洋生物科技、蓝润生物科技、威力工具4个企业项目入选市级蓝色产业计划。

【山东半岛蓝色经济区海洋食品产业联盟】 为促进威海市海洋食品产业健康发展，威海市组织成立了山东半岛蓝色经济区海洋食品产业联盟。9月18日，联盟成立大会暨揭牌仪式在荣成举行。联盟由省发改委区域发展战略推进办公室、好当家集团有限公司、靖海集团有限公司等单位共同发起成立，由83个成员组成，包括60多家威海企业和20多家烟台、青岛、潍坊等地的企业。联盟旨在整合各方优势资源，凝聚产业发展共识，构建行业合作平台，推进海洋食品行业管理创新、技术创新、市场创新，带动和增强企业自主创新能力，提升全省海洋食品产业整体竞争力。

（威　真）

民营经济

【概况】 2015年，全市民营经济工作紧紧围绕“产业强市、工业带动”战略部署，以提高发展质量和效益为中心，加快服务措施创新提升，努力推动大众创业、万众创新，全力保企业、稳增长，全市民营经济总体保持平稳健康的发展态势。

市场主体大幅增长　2015年，随着深化行政审批制度改革、放宽市场主体准入机制、加大服务业发展扶持力度等系列举措的出台及落地生根，威海市民营经济发展活力进一步迸发，全市实有民营经济市场主体18.90万家，注册资本2132.13亿元，实缴税金97.59亿元，比上年分别增长18.7%、41.47%和11.17%。其中私营企业4.94万家，注册资本1978.73亿元，实缴税金87.94亿元，分别增长25.05%、41.59%和12.42%。全年新登记私营企业1.23万家，增长23.35%。

工业生产稳中有进　2015年，全市有规模以上民营工业企业1177家，实现主营业务收入4963.66亿元、利润274.87亿元、利税437.64亿元、出口交货值332.35亿元，比上年分别增长6.45%、4.12%、5.06%和3.56%，各项指标占全市规模以上工业企业的比重分别为70.63%、72.75%、72.55%和38.65%；全市有1588家规模以上中小工业企业，实现增加值比上年增长10.01%，高于全市规模以上工业1.4个百分点，高于全省规模以上中小工业企业1个百分点，位列全省第5位，排名比上年提升了5个位次。

贷款余额大幅增长　各级各相关部门认真落实国家相关政策规定，加大股权融资力度，拓宽企业融资渠道，创新投融资方式，积极开展银企对接活动，较好地缓解了中小微企业的融资贷款难题。2015年，全市中小微企业贷款余额为806.28亿元，占全市贷款余额的比重为43.77%，比上年增长10.5%。

科技创新不断增强　至2015年底，全市科技型中小企业达到923家，建有省级以上工程技术（企业）研发中心280多家。以传统优势产业、高新技术产业、战略性新兴产业和生产性服务业为重点，培育认定市级“专精特新”（具有行业或产品战略专一化、研发精深化、产品或服务特色化、业态或经营模式新型化）中小企业100家、“一企一技术”研发中心和创新企业35家，新增省级“专精特新”中小企业55家、“一企一技术”研发中心和创新企业34家，市级、省级“专精特新”企业分别达到200家、95家，“一企一技术”企业分别达到150家、103家，其中80%以上产品拥有自主知识产权，70%以上企业拥有自主品牌，70%以上企业开展产学研合作。

服务创新成效显著　创新财政资金对小微企业的扶持方式，出台《威海市小微企业创业服务补贴券管理暂行办法》，以政府购买服务方式，对创办3年以内的小微工业企业提供资金补助。2015年，为249家企业发放补贴券，补贴总金额近120万元，帮助初创期小微企业规避风险、改进管理、降低成本，收到良好效果。提升市级窗口平台服务能力，威海市小微企业创业服务中心入驻签约服务机构32家，累计开展服务活动4640次，服务小微企业6782家，服务业绩在省级考核中名列前茅。

【打造一流营商环境】 加强组织领导，调整威海市民营经济发展推进委员会成员单位，统筹协调，研究解决民营经济发展中的重要问题。加大对民营经济的宣传力度，在全市营造关注、支持、服务民营经济发展的氛围，努力营造大众创业、万众创新的局面，以民营经济的大发展，增创区域竞争的新优势。强化政策支撑体系建设，围绕支持全民创业、科技创新、政务服务、产业发展、市场开拓、金融支持、人才支持等多个方面出台系列扶持民营经济发展的政策措施，为民营经济发展提供有力的政策保障。深化行政审批制度改革，全面清理和修订各种不利于民营经济发展的规范性文件，放宽民营资本进入条件和准入限制。深化行政审批制度改革，公布《威海市市级涉行政审批及相关行政权力中介服务事项清单》，涵盖市发展改革委等19个部门、单位，涉及“56项”行政审批及相关行政权力的中介服务事项71项，其中涉及“44项”行政审批的中介服务事项55项，涉及行政确认、登记、年检、备案的中介服务事项16项。

【推动民营经济创新发展】 引导企业自主创新，坚持实施创新驱动战略，推动创新要素向民营企业集聚，引导民营经济依靠科技创新提质增效，以企业为主体的科技创新体系加快形成，高层次创新创业人才加快聚集，科技进步对经济社会发展的带动作用明显增强。至2015年底，全市高新技术企业总数191家，相继涌现出三角、威高、威达、好当家等一批科技自主创新典范。加强技术研发平台建设，全市建有国家级工程实验室3家、国家地方联合工程实验室2家、国家级企业技术中心11家、国家级工业设计中心1家、国家级工程技术研究中心2家、省级工程实验室15家、省级工程研究中心3家、省级行业技术中心4家、省级企业技术中心94家、省级工业设计中心6家、省级重点实验室12家、省级工程技术研究中心78家。以建设“智慧城市”为契机，大力加强工业设计云平台建设，威海市云计算中心工业设计云平台获得中国智慧城市创新奖。加强创新载体建设，全市建成科技型企业孵化器25家，其中新认定市级孵化器8家，新增孵化面积20万平方米，总孵化面积70.5万平方米。建成创新服务平台37个，其中国家级3个、省级7个、市级13个。

【支持大众创业、万众创新】 抓好公共服务平台建设工作，将威海市小微企业创业服务中心建成集提供创业辅导、法律服务、管理咨询、素质培训、技术支持等服务于一体的“威海市中小企业公共服务平台”。全力打造威海创业大学新模式，完善“一点多校”办学模式，在各区市孵化基地、社区和高校设立12处分校，为城乡劳动者提供“创业知识、模拟实践、实际操作、跟踪扶持”四级创业实训服务，全年完成实训3058人。在市政务服务中心设立“创业服务大厅”，整合各类创业资源，为创业者提供行政审批、政策咨询、创业指导、中介机构、资金对接等“一站式”创业综合服务。抓好创业载体建设工作，2015年底，威海市拥有国家级小企业创业辅导基地1处、省级小企业创业辅导基地17处、市级小企业创业辅导基地35处；建成覆盖各区市、各类园区和驻威海高校的创业孵化基地32处，总面积达40万平方米，总投资16亿多元，其中省级创业示范平台7处，市级创业孵化示范基地17处。强化创业资金支持，认真落实全市创业大会精神和一系列创业扶持政策，安排8000万元促进创业带动就业专项资金和1亿元市级小额担保贷款担保基金，个体工商户、小微企业一次性创业补贴提高到5000元、2万元，一次性创业实训补贴提高到2000元，一次性经营场地租赁补贴提高到5000元、1万元，小微企业担保贷款提高到30万元，发挥政策资金促进创业的倍增效应。

【引导民营经济集聚发展】 发展重点产业集群，因地制宜实施中小企业特色产业集群示范工程和特色产业提升计划，引导各区市立足区域特色优势，发展具有区域特色优势的产业，全市形成海洋食品产业、医疗器械产业、钓具产业、工艺家纺产业等一批以民营企业为主体的中小企业特色产业集群。一批民营企业迅速崛起，成为特色经济发展的主导力量，至2015年底，威海市拥有省级中小企业产业集群7个、省级特色产业镇11个。建设重点产业园区，不断整合提升各类功能园区，鼓励和引导民营企业入园发展，逐步建立以龙头企业为核心、中小企业为主体的分工协作网络体系，推动有产业关联的民营企业“抱团”发展，实现更高层次的集群化。引导民营企业走“专精特新”的发展道路、坚持“专精特新”的发展方向，依托企业，研制、开发一批技术含量高、附加值高的配套产品和项目，提高产业集聚度和配套本地化率，培育壮大一批“小而优”“小而强”和行业“隐形冠军”企业。建立市级“专精特新”中小企业培育库，2014年、2015年培育认定市级“专精特新”中小企业200家，其中95家获得省级认定。

【加大财税金融支持】 加大财政支持，引导民营企业加快结构调整和转型升级，先后设立威海市科技成果转化先导基金，市财政专项拨款2000万元，重点扶持处于种子期、初创期的科技型中小企业；设立威海市产业发展引导基金，首批基金额度6500万元，优先用于支持成长型、创新型民营中小微企业发展；设立科技孵化器扶持发展资金，市财政专项拨款1000万元，主要用于孵化器创办资助、孵化器公共

12月11日—12日，山东省中小企业“一带一路”建设项目对接会暨“走出去”培训班在威海市举行　　市中小企业局提供

研发平台设备购置补助、科技人才到孵化器创业补助等；设立小微企业贷款风险补偿基金，由市、区两级财政共同出资4500万元，建立小微企业贷款风险保障机制，累计发放贷款9197万元。落实税费减免优惠，落实涉及威海市取消、免征、暂停、降低行政事业性收费的各类减负政策，对市级8个部门的33项行政事业性收费项目进行了取消、暂停、免征，减轻企业和社会负担3916万元。全面贯彻执行国家宏观调控和结构性减税政策，累计减免各项税收超25亿元。强化融资服务，不断完善融资担保服务体系，发起设立国有独资、注册资本达10亿元的齐东融资担保有限公司，2015年底，科技支行授信总额度达15.98亿元，贷款余额10.36亿元，实现知识产权、股权、订单等质押融资2.38亿元；推动有条件的民营企业上市融资，新增新三板和其他场外市场挂牌企业38家，直接融资65亿元；设立政府性担保公司，完善续贷过桥周转机制，为73家企业提供过桥资金48.1亿元。

【拓展民营企业市场】 组织企业积极参加各类展会，企业参加中博会、广交会等合作洽谈活动100余次，自主举办了国际家纺服装博览会、国际食品博览会、中韩中小企业博览会、中国渔具博览会等专业展会，提高威海市民营企业的产品知名度和市场占有率。引导企业积极开拓新兴市场，抓好支持企业“走出去”相关政策的落实，鼓励优势民营企业到境外建设生产基地、全球营销网络、境外研发中心及农业、渔业等各类产业园和产业基地。2015年，全市民营企业对新兴市场出口16.6亿美元，比上年增长36%。加快电子商务平台建设，引导小微企业加入“好品山东”、阿里巴巴“威海产业带”、淘宝网“中国质造·威海渔具”等第三方电商服务平台，邀请山东工业品电商平台“好品山东”网和阿里巴巴、京东等知名电商企业网销专家组织多场分类培训，对全市海洋食品、农副产品加工、渔具、皮具、纺织服装和机电等行业重点企业进行网上营销电子商务培训。已有1000多家企业通过“好品山东”网开展了网上营销推广活动，440多家企业在“阿里巴巴·威海产业带”电商平台开设网上店铺营销。“中国质造·威海渔具”正式上线淘宝网，是全国第17个、山东省第2个行业产业带，上线威海渔具企业37家。

（周永平）

【个体私营企业协会工作】 搭建平台服务个体私营经济健康发展 开展“联手促企助发展”活动。与邮储银行等金融机构合作，帮助会员企业融资3700万元。组织26位私营企业负责人赴四川、重庆等地开展经贸考察，6家威海企业与川渝企业达成合作意向。组织58家会员企业负责人赴韩国开展项目对接及产品推介活动，8家威海企业与韩国企业达成合作意向。联合市人力资源和社会保障部门，组织200多家会员企业参加“联手民企走进校园”“民营企业人才专场招聘会”活动，帮助企业招聘人才2000多名。

推进非公有制组织党团建设 扩大非公有制组织党建覆盖面，建立非公有制组织党委1个、党总支2个、党支部13个。非公有制组织共青团建设取得突破性进展，全市发展专业市场团组织13个、私营企业团组织36个、团员2379人。

（于 源）

精神文明建设

【文明市民培育工程】 2015年，印发《关于深入推进“爱文明家园 做文明市民”三项行动的实施方案》，在全社会开展以“排队上下车”“礼让斑马线”“不乱扔杂物”为主要内容的文明市民培育工程，总称“三项行动”。组织开展“三项行动”新闻发布、座谈交流、考察调研、督导推进、演讲比赛、公益广告大赛、优秀博文征集等系列活动，制作发放“爱文明家园 做文明市民”宣传购物袋10万余个、《爱文明家园 做文明市民——全市中小学生致家长的一封信》20万余份。组织协调各区市、国家级开发区和交通、交警、城管、教育等部门分头推进“三项行动”，市级新闻媒体刊发“三项行动”宣传稿件600余篇。

【乡村文明行动】 争取省级资金120万元支持乡村文明家园建设。以环卫一体化建设为重点，会同市农村工作办公室、城乡建设局等单位，不断加大督导检查力度，狠抓工作推进。2015年，全市投入2亿多元，增设垃圾桶2.8万个，新增保洁员2000余名，出动清运设备50万台次，清理“三大堆”52万余处，清理存量垃圾62万立方米，向广大农村群众发放一封信、明白纸180万余份。年内，在全省城乡环卫一体化农村群众满意度调查中，威海市总成绩名列全省第一。

【文明城市创建】 2月28日，威海市以地级第一名的成绩入选第四届全国文明城市。4月18日，召开全市创建全国文明城市总结表彰大会，表彰创城工作先进集体和个人，回顾总结威海市创城历程和经验，动员全市上下以成功创建全国文明城市为新的起点，在更高层次、更高水平上再谱文明创建新篇章。6月，省文明办在威海市召开全省创建全国文明城市工作现场观摩会，总结推广威海市创城经验。年内，编印了全国文明城市特刊《文明印记》，接待来自16个省（自治区、直辖市）、35个地级市、27个县（市、区）的65批、1127人到威海市考察文明城市创建工作。对2015年版《全国文明城市测评体系》《全国未成年人思想道德建设工作测评体系》进行责任分解，通过市委办公室、市政府办公室下发，指导荣成市、乳山市争创县级全国文明城市。深入开展文明村镇、文明单位、文明社区、文明行业创建，新增市级文明村镇184个、文明单位36个、文明社区16个，新增省级文明村镇5个、文明单位19个、文明社区9个。

【志愿服务】 建立健全志愿者招募注册、培训管理、服务记录等制度，威海市志愿服务信息综合管理平台投入使用，全市467个志愿服务组织、25万余名志愿者实现实名注册登记。开展优秀志愿者、优秀志愿组织推荐评选工作，评选出28个市级最美志愿者、28个市级最佳志愿服务项目、27个市级最佳志愿服务组织、11个市级最美志愿服务社区。其中，4名志愿者、5个志愿服务项目、4个志愿服务组织、4个志愿服务社区获得省级最美（最佳）称号。威海市《立足社区 强化常态 推动志愿服务不断融入群众生活》的做法在全省志愿服务工作座谈会作典型经验交流。

【道德模范、身边好人学习宣传】 每月评选公布威海好人，年内，评出“威海好人”64人，其中38人入选“山东好人”榜、12人入选“中国好人”榜，创历史最好水平。评选出第四届市级道德模范25人。推荐1人获得第五届全国道德模范提名奖，4人获得第五届省级道德模范奖，6人获得省级道德模范提名奖。认真组织开展礼遇帮扶道德模范活动，为142名市级道德模范进行健康查体，对18名生活困难的道德模范进行走访慰问。

【未成年人思想道德建设】 抓住清明节、儿童节等重要时间节点，开展清明祭英烈、学习和争做美德少年、童心向党歌咏、向国旗敬礼等主题教育实践活动，不断深化“我的中国梦”学习教育主题。年内，争取中央和省级专项彩票公益金540万元支持乡村学校少年宫建设项目，有44所学校获得专项彩票公益金支持。在全省乡村学校少年宫成果展示、“国学小名士”经典诵读电视比赛中，威海市成绩名列前茅。

【诚信“红黑榜”建设】 依托诚信“红黑榜”网上发布平台，持续加大诚信“红黑榜”发布力度。年内，公布“红榜”企业和个人1500余个，“黑榜”企业和个人300余个。持续开展“诚敬做产品”“质量第一”“人民满意”等诚信教育实践活动，评出诚信经营示范单位34家、“质量第一”诚信企业50家。4月，中央文明办在威海市举办诚信工作座谈会。

【网络文明传播】 不断完善机制，紧跟宣传提示，突出威海特色，丰富网站内容，努力打造本地精神文明建设的宣传平台和展示窗口。2015年，在全国156个市（区）联盟网站测评中，威海文明网的考核成绩名列前茅。威海市《注重融合 增强配合 传播文明好声音》的做法在中国文明网联盟网站建设管理工作培训班上和全省网络精神文明建设工作座谈会上作典型经验交流。

（冷　冰）

10月23日，威海市第四届市级道德模范表彰暨座谈会召开

市文明办提供

生态文明建设

【概况】 威海市按照绿色发展要求，树立生态、生产、生活“三生”共融理念，坚持“生态立市、环境优先”战略，健全党委领导、政府主导、部门联动、企业施治、公众参与的“大环保格局”，以最坚决的态度、最严格的制度、最有力的措施，促进生产空间集约高效、生活空间宜居适度、生态空间山清水秀，努力打造“美丽中国”示范区。

【生态环境质量】 2015年，威海市空气质量居全省首位，“蓝天白云”天数342天，比上年增加16天；优良天数321天，增加10.3%，优良率达到87.9%；重污染天数全省最少，四项主要污染物（SO_2、NO_2、PM10、PM2.5）浓度、环境空气质量综合指数均为全省最好。全市主要河流、饮用水水源地、近岸海域水环境功能区达标率100%；城市功能区声环境质量达到相应标准；土壤环境质量达到二级标准。建成区绿化覆盖率达到48.6%，森林覆盖率42.2%。

【生态文明体制改革】 按照《关于调整市委全面深化改革领导小组有关专项小组及成员的通知》要求，威海市成立了生态文明体制改革专项小组，专项小组办公室设在市环境保护局。制定《威海市生态文明体制改革2014—2020年规划》，确定2015年生态文明体制改革目标任务。围绕贯彻“全域城市化、市域一体化”战略部署，在全国率先编制完成《威海市环境总体规划》。编制完成《威海市“十三五”环境保护规划》，为未来环保工作指明方向。出台实施《威海市环境空气质量生态补偿办法》，通过经济手段调节区域利益，引导各区市、国家级开发区加大大气污染治理力度。出台《威海市环境空气质量全面优化行动计划》，提出提前两年稳定达到国家二级标准的目标。建立企业环境信用等级评价及“红黑榜”制度。组织全市重点风险源企业开展环境污染责任保险试点。加快推进“智慧环保”建设，制定“智慧环保”建设方案。联合烟台市建立行政边界地区环境执法联动工作机制。建立饮用水水源地水量水质预警机制，市水利局与市环保局联合建立饮用水水源地联合执法机制。出台《威海市网格化环境监管体系建设实施方案》，网格化环境监管体系正式建立。完成地震前兆台网项目建设，构建网格化地震监测格局。加快推进全国首批国家级海洋生态文明示范区项目建设。

【生态红线管控】 在全省率先编制《威海市域生态控制线规划》，形成生态控制线“一张图”系统，实现市域生态空间统一管理。实施生态红线管理，建立生态补偿机制和生态环境损害责任追究制度。强化山体、湿地、水系、沙滩、海域保护，实施 29 个生态修复项目，加强刘公岛、小石岛、海西头等 7 处国家级海洋特别保护区建设。开展闲置低效利用土地清理专项行动，加强山体、林地资源保护，推进里口山城市山地公园建设，实施《森林防火能力建设三年行动计划》，加快完善森林防火基础设施，成片造林 5867 公顷。

【清洁生产和循环经济】 落实重点行业清洁生产审核计划。全市列入省 2015 年清洁生产审核计划的 11 家重点企业，已完成清洁生产改造任务。至 2015 年底，全市累计完成 160 家企业清洁生产审核，节能量约 13.25 万吨标准煤。大力发展循环经济，培育 14 家省级循环经济示范单位，好当家集团循环经济教育示范基地建设实施方案经省经济和信息化委员会批准，成为全省首批循环经济教育示范基地。

【生态环境治理】 实施大气污染防治行动计划。推进散流物体运输、建筑工地扬尘规范化管理。全市所有燃煤电厂、钢铁厂的烟气旁路进行了拆除，所有燃煤电厂、钢铁厂、平板玻璃等企业的燃煤脱硫脱硝设施全部建成。拆除建成区及集中供热范围内全部 141 台燃煤锅炉。推动全市机动车汽油和柴油油品升级，扩大“黄标车”限行区域，在全省率先完成“黄标车”治理任务。实施全省最严格的水资源管理制度，加强水功能区和排污企业监管，推进市区河道、重点流域、饮用水水源地和地下水污染综合整治。加快城镇污水处理设施建设和升级改造力度，全市城市集中污水处理达到 55.5 万吨 / 日以上，12 座日处理规模万吨以上的污水处理厂投入运行。

【海洋生态文明建设】 组织编制《威海市海洋功能区划》《海域使用规划》《无居民海岛保护与利用规划》。小石岛国家级海洋生态特别保护区总体规划通过国家海洋局组织的专家评审；全市 7 个保护区（海洋公园）均完成总体规划编制。将 7 处保护区全部列入监测计划，在保护区周边布设 39 个监测站位，对保护对象及水质、沉积物、生物质量等指标进行全面监测。九龙湾、刘公岛等 9 个项目经省财政厅、省海洋与渔业厅验收批复。11 个海域海岛海岸带整治修复项目获批支持，补助资金 1.86 亿元。全年通过招标、拍卖等市场化方式出让海域使用权 1.93 万公顷。健全海岸带综合管理、沙滩保护等管理制度，实施海域海岛海岸带生态修复工程，完成威海湾海域养殖设施清理，被评为国家海洋生态文明建设示范区。

【农村环境保护】 开展农村环境整治，实现了市、镇、村三级饮用水水源地保护、农村生活垃圾处理、镇建成区污水集中处理设施建设、农村河道管理、规模化畜禽养殖场污染治理、农业面源污染控制“六个全覆盖”；建成镇级、村级污水处理设施 108 套、垃圾转运站 73 处，全市建制镇生活污水处理设施达到 100%，城镇污水处理厂污泥无害化处理处置率可达 80% 以上。2015 年底，国家级生态镇（街道）达到 49 个，占全市建制镇（街道）总数的 98%，国家级生态村 2 个，省级生态村 51 个，市级生态村 [illegible] 个。威海市成为环保部确定的山东省唯一农村环境连片整治地级示范市，是山东省唯一“省级生态市”和所辖县级市全部建成“国家生态市”的城市。

【生态农业发展】 加快转变农业发展方式，大力发展高效生态安全农业，推广现代农业技术，稳定粮食和主要农产品产量。支持发展新型农业经营主体，推动本地农产品品牌化建设，加快建设供销社为农服务中心，畅通农产品流通渠道。提升苹果、西洋参、无花果、茶叶、苗木花卉等特色农业发展层次，促进一产向二产、三产跨越延伸。2015 年底，全市大中型沼气工程达到 27 处，发展生态循环农业示范基地 100 多个，生态循环基地达 2000 多公顷，新发展“三品一标”（无公害农产品、绿色食品、有机农产品和农产品地理标志）企业 44 家，认证产品 63 个，新增农业标准化基地面积 1.48 万公顷。

【生态文明宣传】 加强生态文明媒体宣传，通过广播、电视、报纸等各种媒体，以及微博、微信等新媒体，对生态文明建设的重大意义进行全方位、多角度的宣传，在各区市、各镇驻地设立大型公益广告牌。引导公众参与，建立环保问题市民听证会、重大项目公开征求市民意见、生态绿化包山头、园林绿化认养等制度，成立由市控重点企业环保管理员和社会各界人士组成的环保监督员队伍。开展绿色教育，组织绿色社区、绿色学校、绿色企业、绿色家庭、绿色宾馆、环境教育基地等系列绿色创建活动。推进志愿服务，全市环保志愿者达到 2000 多人；成立威海市青少年绿色联盟，环保社团达到 42 个。积极参加环保领域最高社会型奖励“中华环境奖”的评选，获得第九届“中华环境奖”。

（李　润）

体制改革

【行政体制改革】 2015 年，威海市政府健全完善行政审批事项目录清单制度，公布保留市级行政审批事项 287 项，按照“能放则放、宜放尽放”的原则，将28项市级行政审批权下放县级实施。全面实施政府部门权责清单制度，梳理公布了市、县两级行政权力清单，确认保留十大类市级行政权力3682项。编制了市级政府部门责任清单，公布市级部门主要职责311项，具体责任事项1175项，部门职责边界46项，事中事后监管制度470项，公共服务事项121项，追责情形5309项。创新实施涉行政审批及相关行政权力中介服务事项清单制度，公布市级涉行政审批及相关行政权力中介服务事项71项。将清理整顿范围扩大到与行政审批相关的行政确认、登记、备案、年检等行政权力领域，进一步清理规范房产登记、机动车年检、建设工程勘察设计合同备案等涉及的中介服务事项16项；取消没有法定依据的中介服务事项12项，整合同一领域、不同环节重复设立的2项；在市级领域内，同一服务事项所对应中介机构数量少于3家的，由行业主管部门负责引进并加以扶持，无条件进驻“网上中介超市”，破除信息不对称和机构垄断经营；强化监管，将“网上中介超市”与电子审批系统相衔接，制定管理办法强化对入驻中介机构的考评，进一步规范中介服务市场秩序。强化行政审批监管，制定《威海市加强行政审批事中事后监管实施方案》，健全完善承接审批事项落实情况专项报告制度、保留审批事项日常监督检查制度、取消转移和下放委托审批事项事后评估制度。督导40个市直部门、单位逐项或分类制定出台具体的行政审批事项事中事后监管制度。全面推进市场主体设立联审联批工作，推行市、县、镇三级联审联批工作，各区市和市区驻地个体工商户设立无前置审批事项联审联批相关部门单位全部进驻政务服务中心，全市统一规范市场主体设立联审联批办事指南，市、县、镇三级整体推进。1月至9月，全市新设立市场主体联审联批办件7191件，全部在1个工作日内办结。10月1日起，根据国家商事登记改革要求，全面开展“三证合一”登记工作，联审联批效率进一步提高，累计发放“三证合一”营业执照3338件。

【财税体制改革】 扎实推进预决算公开，实现了政府预算、部门预算、“三公”经费预算全公开，涵盖两个管理级次、7个区市、500多个主管部门。完善政府预算体系，坚持“四本预算”统筹安排，将一般公共预算、政府性基金预算、国有资本经营预算、社会保险基金预算“四本预算”全部纳入编报、汇报范围，预算统一编制，支出统一把握，避免资金交叉重复，提高财政综合保障能力。规范预算编制工作，规范基本支出、资产配置、重点支出，做到预算编制与部门结余结转资金管理相结合，预算编制与政府采购、资产管理相结合，预算编制与绩效管理相结合，提高财政资金分配使用效率。用好引导基金，积极探索支持创新创业和产业发展的新途径，逐步变“无偿投入”为“有偿使用”，变“直接补助”为“间接引导”。设立4只基金，大大增加威海市产业资本的供给量，促进实体经济健康发展。着力推进政府与社会资本合作(PPP)工作开展，选择一批有代表性、有影响力的PPP项目，积极申报财政部和省财政厅的试点。积极推动原定由政府投资的老项目改造为PPP项目，充分运用社会资本支持地方加快发展。政府购买服务工作扎实开展，将政府购买服务所需资金纳入部门预算，市级预算共安排政府购买服务事项46件，安排预算资金3000多万元。稳步推进国库管理制度改革，将所有财政资金全部纳入国库集中支付系统管理，对账户进行彻底清理，将国库集中支付覆盖到所有预算单位级次。积极推进集中支付电子化管理，280个市级国库集中支付单位全部安装了统一的网络版会计核算软件进行会计核算。市级财政工资统发系统与人事信息管理系统实现正式贯通，率先在全省实现了财政、人社部门工资系统联网。积极盘活财政存量资金，对结存在一般公共预算、政府性基金预算、财政专户、部门账户的各类资金进行全面清理，将结余结转资金情况与预算编制有机结合，对于符合上级相关要求的纳入预算统筹使用。建立财政存量资金定期报告制度，及时掌握、分析结余结转资金情况，加快预算执行进度。研究并出台《威海市财政结转结余资金管理办法》。

【市场经济体制改革】 制定国有企业改革计划，在对市属国有企业的数量、布局、经营范围、资产状况、人员情况、体制机制等进行全面调研的基础上，印发《关于进一步推进市属国有企业改革改制的通知》，制定市属国有企业改革计划，明确改革的目标、任务及拟采取改革的方式、措施等，为全面推进市属国有企业改革奠定基础。努力推进企业改制，转换企业体制，印发《威海报业集团深化内部改革实施方案》，完成新公司的登记注册工作。对鲁东驾校、汇通检测2户企业和市交通学校所属相隆驾校、汽车检测、航海学院、华海印刷厂、出租公司5户企业实施整合重组。推动市二热电集团对文登热电、国有资本运营公司对威海港集团、水务集团对文登自来水公司分别进行整合重组工作并基本完成。完成了对市城乡建设委、市规划局、市房管局下属5户企业脱钩重组工作。按照威海市委、市政府关于加快东部滨海新城建设的重大部署，将市城乡建设委、市规划局、市房管局下属5户企业脱钩整合作为国有出资，引入民营企业和管理团队个人资本，组建了威海东部滨海新城建设投资股份有限公司。积极深化企业内部改革，规范企业内部管理，根据改革情况和国资监管实际情况制订公司章程，明确国有出资人及企业的权利、义务和责任，为理顺和规范管理提供了依据。对水务集团、公交集团、国资运营公司、交通场站等多户企业的章程进行补充、修改和完善，进一步规范对企业运营的管控。修改完善董事会、监事会、经理层议事规则、工作制度，深化对董事会、监事会、经理层的规范管理。组织市管企业董事会向出资人报告工作。对各企业董事会、监事会向出资人报告工作事宜进行规范，建立工作情况报备制度，深化对企业董事会、监事会工作的依法规范管控。进一步放宽市场准入条件，推行“先照后证”制度改革，将134项原前置审批改为后置，对保留的34项前置审批项目严格把关。委托环翠区、威海临港经济技术开发区市场监管局办理辖区内外商投资企业注册登记，并直接颁发营业执照。在全市登记机关全部建立外资企业注册“绿色通道”，现当日办结当日发照。全面实现“三证合一”改革，全市已发放“三证合一”营业执照9407份。制定《威海市企业和经营场所登记管理办法》，明确规定实行住所（经营场所）申报制，允许“一照多址”和“一址多照”，有效释放有限的场地资源，进一步降低企业设立成本。

【科技创新体制改革】 加强政策鼓励引导，出台《关于加快创新型城市建设的意见》《威海市科技成果转化先导资金管理办法》《威海市科技成果评价暂行办法》《威海市科技成果评价实施方案》等一系列政策文件。设立市级科技成果转化先导资金2000万元，将直接拨款改为投向市国有资本运营公司，由该公司投资重点科技型企业，进一步放大科技财政资金使用效率和引导作用，首批推荐扶持企业18家。争取省级先导资金3000万元，扩大了大有正颐、蓝海创投等投资基金规模，进一步拓宽了“种子期”“初创期”等科技型企业融资渠道。搭建科技平台，市科技创新综合服务平台于2014年底开通运营，为各区市开办9场平台推介会；举办专利检索专题培训会，培训人才80余人。全市科技创新综合服务平台数据库新增信息6935条，入库仪器设备541台（套）。建成威海市检验检测服务产业联盟，汇集全市环境、渔具、食品、医药、医疗器械等50多家检验检测认证机构，实现检验检测信息资源共享和结果互认，统一对外开展服务。建成山东机器人与智能装备产业研究院，引进孙立宁机器人研究团队，与威海市远航科技、未来水下机器人、新北洋、腾森轮胎等企业联合开展了食品、水下开采、包装等工业机器人研发工作。引进威海大地华飞知识产权有限公司，加快推进市知识产权导航研究院建设。威海知识产权导航研究院创新服务平台纳入2015年省创新公共服务平台计划，获得省重大专项支持资金300万元。

【农村经营体制改革】 进一步深化产权制度改革，稳定完善农村土地承包经营制度，完成2291个村农村土地承包经营权确权登记颁证工作，完成195个村的产权制度改革工作。引导农村土地规范流转，全市土地流转总面积4.9万公顷，占家庭承包地面积的35.6%，其中规模流转面积3万公顷，占流转面积的61.1%。启动荣成市农村产权流转交易市场试点。出台《威海市农村土地承包经营权抵押贷款管理办法》，积极扩大海域使用权、林权、农村土地承包经营权等农村产权类抵质押贷款规模。开展农业扶贫工作，印发《威海市关于扎实开展农村扶贫开发工作的实施意见》，对4.2万低保户和无劳动力户（含省定贫困村内的1.8万人），重点实行社会保障兜底；1000名残疾人重点由残联进行帮扶；180个省定贫困村内有劳动能力的1.4万人由农业部门牵头进行产业开发式扶贫，通过土地流转、入股分红等模式，带动省定贫困村内1.8万名无劳动能力人口和残疾人口脱贫。为180个省定贫困村安排了结对帮扶单位，分别组建驻村工作队。以50个省定贫困村为重点，实施扶贫产业开发项目。与50个省定贫困村内的贫困户分别签订帮扶协议，将项目收益量化分配，做到精准扶持到户到人。印发《关于加快推进扶贫产业开发项目建设和财政专项资金拨付工作的通知》和《关于加强农村扶贫开发项目资金管理工作的意见》，落实各级财政扶贫专项资金2247万元（省级以上997万元、市级330万元、县级920万元），全市重点扶贫项目全部按计划实施，项目资金全部拨付到位。

【对外开放体制改革】 加快中韩自贸区地方经济合作示范区建设，与仁川市正式签署加强地方经济合作议定书，韩方合作层面由仁川自由经济区提升为仁川广域市。以威海经济技术开发区、环翠区为重点，打造一批韩国商品展示交易平台，初步形成立足威海、辐射全国的韩国进口商品集散销售网络。加强口岸互联互通设施建设，加快推进AEO（经认证的经营者）认证及检验检疫结果互认，切实提高通关便利化水平，使威海市成为中韩自由贸易的首选通道。在全国率先开通中韩海运跨境电商出口业务，率先开通国内第一条中韩海运EMS速递邮路，率先同时启动海运、邮运、空运三种方式对韩跨境电商直购进口。启动建设中韩自贸区跨境贸易与电子商务综合试验区，列入《山东省跨境电商发展行动计划》，全市跨境电商试验区初步形成全链条的跨境电商服务格局。南海新区引进13个韩国高新科技孵化项目。韩国延世医科大学整形外科威海合作医院正式揭牌，中韩共同建设的欣娃产后修复及美容项目运营顺利，博雅秀岩生物技术项目到账外资约300万美元，开始商业化运作。先后举办中韩自贸区投资贸易论坛、中韩电商大会、东北亚城市文化旅游交往与中韩自贸区发展研讨会、中韩自贸区标准化与认证认可研讨会等经贸促进活动，与一批韩国企业和机构达成合作意向，对韩经贸合作呈现良好势头。2015年，全市新批韩资项目87个，增长47.5%；到账韩资3.59亿美元，增长18.2%；对韩进出口（通过威海口岸）225.7亿美元，增长10.5%。威海市是全国第一个同时获批筹建两个进口肉类指定口岸（威海港、石岛新港）的城市；是全国第一个拥有3个进口冰鲜水产品指定口岸的城市，新增19个进口韩国冰鲜水产品品种；是韩国鲜奶第一进口口岸；山东省第一家海关监管的鲜活水产品交易中心落户荣成好运渔乡国际商业中心；被确定为全省第一批先行试点电子口岸。推动出口加工区转型升级为综合保税区，基础设施建设已累计投入近1亿元，签约项目8个，总投资1.5亿美元，有3个项目开工建设。1月，海关总署正式启动威海综合保税区的审核程序。加快推动口岸开放步伐，积极争取威海各开放口岸先行先试“三个一”口岸通关模式，修改完善《关于开展关检“一次查验”的工作方案》，“一次查验”“一次申报”“一次放行”的“三个一”通关模式在威海港、石岛港、龙眼港、威海机场、威海出口加工区等9个监管区12个固定查验区域全面实施，口岸货物整体运转效率提高40%以上。推行区域通关一体化改革，按照青岛海关部署完成了通关系统维护切换，提前与口岸重点报关企业签署“电子放行”协议，提供物流通关跟踪服务，确保物流高效通关，可降低企业20%～30%的通关成本。启动区域原产地签证一体化，在全省率先实施“通报、通签”原产地签证新模式，通过一体化运作，全市检验检疫机构间实现了信息互换、监管互认、执法互助，缩短了签证时间，3000多家出口企业获益。获得首批山东电子口岸资格，威海港口岸开始使用山东电子口岸平台试点。试用一般货物进出口、船舶抵离境和跨境电商综合服务平台3个运用系统，电子口岸和国际贸易单一窗口进入试运行阶段。威海港、石岛港、龙眼港均已获批为进口冰鲜水产品指定口岸。

（孙海峰）

机　构

【中国共产党威海市委员会】

书　记　孙述涛
副书记　张　惠(女)　赵熙殿
常　委　孙述涛　张　惠(女)
赵熙殿　董天祥*　徐东升*
汤光运　王学文　刘茂德
霍高原　王　亮　曹元怀
田治颖*　傅　逊　侯世超
秘书长　王学文
市委办公室
主　任　吴永刚
△市委、市政府信访局
局　长　苑圣慧
市委组织部
部　长　田治颖*　霍高原
常务副部长　于东海
市委两新工委
书　记　王厚全*
△市委老干部局
局　长　于所航
市委离退休干部工委
书　记　张思玉(女)
市委宣传部
部　长　王　亮
常务副部长　许祖强
市委统战部
部　长　侯世超
常务副部长　董文秋
市委政法委（社会管理综合治理委员会办公室与其合署）
书　记　刘茂德
常务副书记　李元敬
社会管理综合治理委员会办公室
主　任　李忠楠
市委政策研究室
主　任　张　璟
编　办
主　任　赵熙强
市委台湾工作办公室（挂市政府台湾事务办公室牌子）
主　任　于连波
市委市直机关工委
书　记　刘　鹏*　李支润
市委市属国企工委
书　记　于东海
副书记　李家强
市委火炬高技术产业开发区工作委员会
书　记　刘　伟
副书记　王政玉　王　刚
市委经济技术开发区（出口加工区）工作委员会
书　记　吕晓东
副书记　王炳刚(挂职)　马端兴
市委威海临港经济技术开发区工作委员会
书　记　于文江
副书记　董晓阳　王　文

【威海市人民代表大会常务委员会】

主　　任　孙述涛
第一副主任　董进友
副 主 任　张建军　毕礼伟
李恩远　丛培卿(女)
秘 书 长　于开禄
办公室
主　任　刘增威
研究室
主　任　苗　雨
人事代表工作室
主　任　张栩翊
财政经济工作委员会
主　任　张立成
内务司法工作委员会
主　任　焦　杨(女)
教育科学文化卫生工作委员会（挂民族侨务外事工作委员会牌子）
主　任　李大超
农业与农村工作委员会
主　任　穆荣庆
城乡建设和环境资源保护工作委员会
主　任　曲静娟
法制工作委员会
主　任　张吉军

【威海市人民政府】

市　　长　张　惠(女)
副 市 长　徐东升*　汤光运
房德阳　张　波(女)
傅广照　徐连新　刘广华
秘 书 长　夏景华
市政府办公室
党组书记　夏景华
主　　任　张宗波
人防办(2014年10月24日调整为政府办挂牌机构)
主　任　毕可德
法制办(2014年10月24日调整为政府办挂牌机构)
主　任　刘昌清
发展和改革委员会
主　任　刘　伟*　徐东明
物价局(2014年10月24日调整为发改委直属机构)
局　长　刘健民
粮食局(2014年10月24日调整为发改委直属机构)
局　长　宋修骞
经信委
主　任　王　强
市委工业工委
书　记　王　强
高校工委
书　记　傅广照
专职副书记　刘德柏
教 育 局
局　长　于胜涛
科技局
局　长　张宗军*　王厚全
公安局
局　长　叶立耘
常务副局长　车　斌
监察局（与纪委机关合署）
局　长　陈　舰
民政局
局　长　袁学恩*　李　波

司法局
局　长　刘志东
财政局
局　长　李文基
人社局
局　长　刘勤显
国土资源局
局　长　高建斋
住房和城乡建设局
局　长　周永迪
规划局
局　长　徐东晖
城市管理执法局
局　长　杨万友
交通运输局
局　长　连承鹏
水利局
局　长　王　清
农业局
局　长　戴海波
林业局
局　长　李延茂
海洋与渔业局
局　长　王焕孟
商务局
局　长　徐东明*　邓　勇
文化广电新闻出版局
局　长　林　强
体育局
局　长　张凌翔
卫生和计划生育委员会(中医药管理局)
主　任　王大虎
审计局
局　长　王子明
环保局
局　长　刘德柏*　隋建波
统计局
局　长　李耀华
旅游局
局　长　李英春
工商局
局　长　张兴民
质监局
局　长　彭　霞
安监局
局　长　王文强
食品药品监督管理局
局　长　刘树伟

外事侨务办公室
主　任　李文高*　杨志伟
民族宗教事务局
局　长　褚昭晓
市政务服务中心管理办公室
主　任　丛培祥
威海火炬高技术产业开发区管委
主　任　刘　伟
副主任　王　刚　许　日　傅华涛
　　　　吴惠民　孙旭勃　岳初建
　　　　于海容*　谭远国
威海经济技术开发区管委（挂出口加工区管委牌子）
主　任　吕晓东
副主任　王炳刚*　宋克军
　　　　王祖友　姚桂礼　乔　军
　　　　梁永波　汤华海　张　刚
　　　　许宏妮（女）
威海临港经济技术开发区管委
主　任　于文江
副主任　董晓阳　王　文　吴加友*
　　　　梅延良　邵明光　王海民
　　　　丛　涛
山东省威海监狱
第一政委　刘志东
监 狱 长　车　良
公安局交警支队（分局）
支队长（局长）　王道珊
政　委　刘　勇
国资办
主　任　李家强

【中国人民政治协商会议威海市委员会】

主　席　刘玉党*　董天祥
副主席　张　剑　任怀平
　　　　李淑芳(女)　戚建波
　　　　刘亚东(女)　李　丹
　　　　王汝壮　任慧春
秘书长　林治刚
办公室
主　任　王云鹏
研究室
主　任　王云鹏
委员活动工作室
主　任　丁加林
提案法制委员会
主　任　袁文龙
经济委员会
主　任　王金昌
科教文史委员会
主　任　徐志勤*　胡禄太
台港澳侨和民族宗教外事委
主　任　王　晓*　丛卫东

【中国共产党威海市纪律检查委员会】

书　　记　董天祥*　傅　逊
常务副书记　陈　舰
副 书 记　姜子敏　邱洪京
第一纪检组(监察室)
组长(主任)　单锦国
第二纪检组(监察室)
组长(主任)　张培旭
第三纪检组(监察室)
组长(主任)　李建军
第四纪检组(监察室)
组长(主任)　曲建龙
第五纪检组(监察室)
组长(主任)　徐　科
第六纪检组(监察室)
组长(主任)　曲爱民（女）
第七纪检组(监察室)
组长(主任)　谷　军

【法院、检察院】

威海市中级人民法院
院　长　李向阳
副院长　时述森　杨文昌　王树远
　　　　邱会军　于荣勋
威海高技术产业开发区法院
院　长　李少波
威海经济技术开发区法院
院　长　黄宗殿
威海市人民检察院
检 察 长　马英川
副检察长　王锡友　孟　连(女)
　　　　　任建波　马绪福
　　　　　姜　勇
威海高技术产业开发区检察院
检察长　姜志芳(女)
威海经济技术开发区检察院
检察长　耿建忠

【民主党派】

民革威海市委
主　委　任怀平
民盟威海市委
主　委　曲晓光
民建威海市委
主　任　毕礼伟

民进威海市筹委会
主　任　陈伟胜
农工党威海市筹委会
主　委　李光华
致公党威海市委
主　委　于富波
九三学社威海市委
主　委　贾国哲

【人民团体】

总　工　会
主　　席　任慧春
常务副主席　岳连宏
共青团威海市委
书　记　赵　冰
妇女联合会
主　席　张春晓(女)
科学技术协会
主　席　王麦壮
社会科学界联合会（与宣传部合署）
主　席　刘昌毅
文学艺术界联合会
主　席　安　立
归国华侨联合会（与市政府侨务办公室合署）
主　席　王　钢
工商业联合会
主　　席　夏春亭
党组书记　张　德
红十字会
会　　长　梁　良
常务副会长　丛卫东*　徐志勤
东部滨海新城指挥部办公室
主　任　王炳刚

【市属事业单位、经济组织】

中共威海市委党校
校　　长　孙述涛
常务副校长　曲　赓
副　校　长　单杰锋　连殿武
　　　　　　史凤鸣　王绍臣
市行政学院
院　长　曲　赓
副院长　赵熙波
市社会主义学院
院　长　侯世超
副院长　陈　文
威海日报社
社　长　孙盛川
报业集团
党委书记　孙盛川
市老年大学
校　长　谷立波
市接待处
处　长　周德纯
市档案馆（挂市档案局牌子）
局长（馆长）　耿　涛
市委党史研究室
主　任　肖　怡
市政府驻北京办事处
主　任　丛华清
市政府驻济南办事处
主　任　刘　震
市政府驻韩国办事处
主　任　刘永胜
威海仲裁委员会秘书处
秘书长　王书国
市住房保障和房产管理局
局　长　宋修德
市地方铁路管理局
局　长　吴宏飞*　刘　鹏
市城管调度指挥中心
主　任　（缺）
市公路管理局
局　长　李树刚
市港航管理局
局　长　徐海洋
市民用航空管理局（市民用航空站）
局（站）长　周　兵*　崔卫兵
市广播电视台
台　长　胡禄太*　毕晟磊
市畜牧兽医局
局　长　孙少伟*　陈学凯
市农业机械管理局
局　长　张广强
中国国际贸易促进委员会威海市委员会（中国国际商会威海商会）
会　长　戚黎明
市中小企业局、民营经济办公室
局　长（主任）　蔡　琳
刘公岛管理委员会（市景区管理行政执法局）（挂市旅游发展中心牌子）
主　任　王京伟
局　长　王京伟*　周德刚
市文化市场综合执法局
局　长　于文胜
市市级机关事务管理局
局　长　吕鹏中
市政府调查研究室
主　任　王树芳
市地方史志办公室
主　任　耿祥星
蓝色经管办（高端产业聚集区管理办）
主　任　王　涛
威海职业学院（市技术学院）
党委书记　张言报
院　　长　周春杰
副 书 记　周春杰
　　　　　高亮亭　王　波
副 院 长　孙忠峰
　　　　　吕　伟　李建刚
　　　　　孙思炯　曲桂东
　　　　　张秀玲(女)
山东省文登师范学校
党委书记　张华燕
校　　长　丛阳滋*　韩文斐
山东省乳山幼儿师范学校
党委书记　车学辉
校　　长　陈福超*
市体育运动学校
校　　长　李小谦
威海技师学院
党委书记　隋永华
院　　长　石日众
副 书 记　石日众　吕劭伟
副 院 长　姜德志　程学兵
纪委书记　张瑞英
威海海洋职业学院
院　　长　张宗军
副 书 记　张宗军　王秉伟
副 院 长　常建忠　王星淘
纪委书记　王洪晓
市立医院
院　　长　侯文金
威海市中心医院
院　　长　丛海波
党委书记　崔卫兵*
市中医院
院　长　兰胜才
市妇幼保健院（市妇女儿童医院）
院　长　林治军
市疾病控制中心
主　任　邹东明
市残疾人联合会
理事长　李支润*　王维强
市供销合作社联合社
主　任　隋秀敏

监事会主任　邹德强
市住房公积金管理中心
主　任　　孙世都
市会展办公室
主　任　　张建岭
市口岸办
主　任　　高　飞
市金融办
主　任　　张展开
市胶东地区引黄调水工程建设
　管理局
局　长　　矫　健
市政府投融资中心
主　任　　于荣范*　于海容(女)
省会校威海分校（市财政干部教育
　中心）
党委书记　邓炳奎
校　　长　杨荣华
农业综合开发办
主　　任　于晓绵
社会保险服务中心
主　　任　王吉会
人力资源公共服务中心
主　　任　李志杰

【区、市】

中国共产党威海市环翠区委员会
书　记　林红玉*
副书记　常红军　傅世涛
常　委　林红玉*　常红军　傅世涛
　　　　陈学凯*　邹智敏　王永池
　　　　孙青松(女)　王　桥
　　　　王志波*　梁　明　张志强
　　　　张利春　张宗浩
威海市环翠区人民代表大会常务
　委员会
主　　任　林红玉*
第一副主任　刘光辉
副　主　任　柳富胜　韩　静(女)
　　　　　　刘恒军　张才波
　　　　　　吕剑峰
威海市环翠区人民政府
区　　长　常红军
副　区　长　陈学凯*　邹智敏
　　　　　　王　桥*　隋良杰(女)
　　　　　　张利春*　张宗浩
　　　　　　荣传伟　黄式璞
　　　　　　石　磊
政协威海市环翠区委员会
主　席　连业礼

副主席　谢洪禄　许德勤　周　宁
　　　　黄福涛　张华龙
　　　　邓　洁(女)
中国共产党威海市环翠区纪律检查
　委员会
书　记　邹智敏*　张利春

中国共产党威海市文登区委员会
书　记　张　竞(女)
副书记　栾　波*　吴宏飞
　　　　张海军*　张宏璞
常　委　张　竞(女)　栾　波*
　　　　吴宏飞　张海军*　张宏璞
　　　　崔卫兵*　张建亭　黄峻峰
　　　　林　恒　姜进军　刘昌松*
　　　　刘　杰　宋跃进　隋同朋
　　　　宫本杲
威海市文登区人民代表大会常务
　委员会
主　　任　张　竞(女)
第一副主任　吕洪波
副　主　任　李健夫　曲衍安
　　　　　　王丽珍(女)　江先才
威海市文登区人民政府
区　长　栾　波*　吴宏飞
副区长　崔卫兵*　林　恒　昌　松*
　　　　孟艳玲(女)　宫本杲
　　　　张　炜　刘黎宁　王肇刚
政协威海市文登区委员会
主　席　毕庶杰
副主席　王江炜　邓树科　杨学文
　　　　黄梅花（女）　张世模
　　　　刘建舫*
中国共产党威海市文登区纪律检查
　委员会
书　记　张建亭

中国共产党荣成市委员会
书　记　侯世超*　江　山
副书记　江　山*　战大海*　吕劭伟
常　委　侯世超*　江　山　战大海*
　　　　吕劭伟　张瑞英(女)
　　　　刘昌松　韩宗元*　王洪晓
　　　　张宏璞*　于松涛*　姜全文
　　　　周承凯　谭　刚　郑跃文
　　　　曲卫伟
荣成市人民代表大会常务委员会
主　任　于秉伟
副主任　于志平　刘书国　王凤阳
　　　　綦林辉　田永霞(女)

荣成市人民政府
市　长　江　山
副市长　吕劭伟*　刘昌松　王洪晓
　　　　周承凯*　王继静(女)
　　　　郑跃文*　王　刚　徐志兵
　　　　张宗涛
政协荣成市委员会
主　席　宋厚永*　战大海
副主席　张积聚　刘建忠　郭光远
　　　　孙建明　毕天夫
　　　　张新颖(女)
中国共产党荣成市纪律检查委员会
书　记　姜全文

中国共产党乳山市委员会
书　记　高书良
副书记　隋建波*　周　兵　毕兴全
常　委　高书良　隋建波*　周　兵
　　　　毕兴全　徐　明　从龙海
　　　　谭　磊*　李国徽　王星淘*
　　　　邢海波　王建华(女)
　　　　隋同朋*　鲁向阳　丁甫春
乳山市人民代表大会常务委员会
主　　任　高书良
第一副主任　马　泽
副　主　任　赵钧波　于新建
　　　　　　高翠玲(女)　矫伟宏
乳山市人民政府
市　长　隋建波*　周　兵
副市长　徐　明　隋同朋*
　　　　陈卫萍(女)　战国生
　　　　孙　军　丁甫春*
　　　　卫　玮　郭　祝
政协乳山市委员会
主　席　兰胜强*　王祥芹
副主席　李新权　从宝云　王月珍
　　　　宫洪霞(女)　于海波*
　　　　高　波
中国共产党乳山市纪律检查委员会
书　记　从龙海*　丁甫春

威海市援青干部　宋华东　姜文一
（市委组织部提供）

【中央、省驻威单位】

威海市国家安全局
局　长　刘华明
威海市气象局
局　长　王孝卿

威海市盐务局
局　长　张　健
山东省威海市国家税务局
局　长　宋修广
威海市地方税务局
局　长　张洪起
中华人民共和国威海海关
关　长　魏晓光*　徐崟善
中华人民共和国荣成海关
关　长　董　军*　孙启航
中华人民共和国威海出入境检验检疫局
局　长　陈俊新
中华人民共和国荣成出入境检验检疫局
局　长　黄　强
中华人民共和国威海海事局
局　长　彭合同*　张　亮
山东省威海船舶检验局
局　长　王曙明
威海市邮政管理局
局　长　于　洋
中国邮政集团公司威海市分公司
总经理　周　军
中国联合网络通信有限公司威海分公司
总经理　司书国*　刘玉华（女）
中国移动通信集团山东有限公司威海分公司
总经理　李亚平
中国电信股份有限公司威海分公司
总经理　牛海滨
国网威海供电公司
总经理　李　刚
党委书记　马德俭
中国银行业监督管理委员会威海监管分局
局　长　侯庆华
中国人民银行威海市中心支行
行　长　葛志强
中国农业发展银行威海市分行
行　长　曲天军
中国工商银行股份有限公司威海分行
行　长　姜　宁*　刘光海
中国农业银行威海市分行
行　长　耿曙明
中国银行股份有限公司威海分行
行　长　王　骏*　高　智
中国建设银行股份有限公司威海市分行
行　长　梅　宁
中国邮政储蓄银行威海市分行
行　长　李　忠
交通银行股份有限公司威海分行
行　长　王　洁
山东省农村信用社联合社威海办事处
主　任　刘韶伟
威海市商业银行
董事长　谭先国
行　长　赛志毅
监事长　孙宝镇
山东威海农村商业银行股份有限公司（威海农商银行）
董事长　丁新强
中国人民财产保险股份有限公司威海市分公司
总经理　李令武
中国人寿保险股份有限公司威海分公司
总经理　马常青
威海市烟草专卖局（公司）
局　长（总经理）　邓基刚
中国石化销售有限公司山东威海石油分公司
经　理　吕呈兴
党委书记　李　义
中国石油天然气股份有限公司山东威海销售分公司
经　理　王　滨
党委书记　徐　辉
华能威海发电有限责任公司
厂　长　姜伟国
党委书记　陈玉国
山东省威海体育训练基地
主　任　孙经国
山东大学（威海）
党委书记　仝兴华
校　长　韩圣浩
党委副书记　刘玉殿　柴月禄　周慧如
副校长　韩建新　赵玉璞　陈冠军　刘　海　郭培良
哈尔滨工业大学（威海）
党委书记　姜　波
校　长　徐晓飞
副书记　冯吉才　王建文
副校长　钟诗胜　温广武　曲世友　赵国亮
山东药品食品职业学院
党委书记　张立敏
院　长　李爱玲(女)
副书记　李爱玲(女)
副院长　张维洲　李淑霞(女)　贾　强
山东交通学院海运学院
党总支书记　季相林
院　长　任　威(女)
山东外事翻译学院（威海）
党委书记　魏世江
院　长　孙承武
哈尔滨理工大学荣成校区
党委书记　端木永东
院　长　徐向晨

说明：＊表示年内离任
△表示部门管理的机构
（各相关单位提供）
编辑　闫拥军

政党·政务

中国共产党威海市委员会

【概况】 中国共产党威海市第十四届委员会于2012年4月产生,任期5年。至2015年底，实有委员37人，常务委员会委员11人，候补委员9人。市委下设办公室、组织部（市委非公有制经济组织和社会组织工委）、宣传部（社科联）、统战部（民族宗教事务局）、政法委（综治办）、政研室（全面深化改革领导小组办公室）、编办、台办、市直机关工委9个工作部门和市纪委机关，另设信访局、老干部局（市委离退休干部工委）2个部门管理机构。

【全市海洋与渔业工作会议】 1月22日，全市海洋与渔业工作会议召开。会议总结近年来海洋与渔业工作，研究部署促进现代海洋渔业发展和加强海洋综合管理的各项措施，动员全市上下进一步解放思想、统一认识，推动全市海洋经济在新常态下实现新突破。

会议认为，近年来，市委、市政府高度重视发展海洋经济，着力将海洋资源优势转化为产业优势，远洋捕捞、海水养殖、海产品加工、海洋经济特色园区等产业呈现良好发展态势。中国经济发展进入新常态，海洋经济发展也面临着内涵提升、转型突破的新挑战。做好全市海洋与渔业工作，要坚持以建设蓝色经济示范区为目标，以改革创新和科技进步为动力，着力转变海洋管理方法与渔业发展方式，加快渔业转型升级、跨越提升，重点打造现代海洋渔业引领区、海洋经济转型先行区、海洋生态文明示范区。要准确把握海洋经济的新变化、新特征，强化规划用海理念，科学利用海洋；强化科技兴海理念，引领海洋经济转型升级；强化生态护海理念，增强可持续发展能力；强化依法治海理念，促进海域管理法治化。

会议指出，随着山东半岛蓝色经济区等战略的持续推进，威海市海洋渔业发展成绩斐然，但还存在固守传统发展模式、改革创新主动性不强等问题，在很大程度上制约了海洋渔业的快速发展。海洋作为威海的最大特色，蕴含着巨大的发展潜力。面对新形势、新变化，各级党委、政府必须把海洋渔业作为重要突破口，进一步解放思想，抢抓机遇，以更高的目标定位来谋划海洋渔业发展，以更广的视角来挖掘潜力、发挥优势，引领和带动全市经济在新常态下实现新突破。要在全市着力营造更加重视海洋与渔业发展的氛围，调动方方面面的力量，推动海洋渔业转型升级。各级各部门要履职尽责，敢于担当，把企业的需求作为第一选择，把企业的利益作为第一考虑，把企业满意作为第一标准，全力为企业发展保驾护航，通过服务企业来推动海洋渔业发展。要静下心来研究产业，按照"一个行业一个策略，一个企业一个对策，一个环节一个方法"的要求，细化任务、分解责任、狠抓落实，努力使每项工作都有新的突破。广大企业家要始终保持干事创业的昂扬激情，既要善于把握机遇、捕捉商机，又要团结协作、抱团发展，带动更多的生产要素向海洋渔业聚集。全社会都要重视和保护企业家，努力创造有利于干事创业的优良营商环境。

会议要求，各级各部门要创新思路和举措，切实抓好海洋与渔业各项重点工作。要以公共平台为支撑，积极整合资源，建好科技创新平台、市场交易平台、质量安全监管平台和融资服务平台，加快转变海洋渔业发展方式。要以转型升级为主线，抓空间拓展、抓链条延伸、抓效益提升、抓结构优化，推动海洋渔业由浅海向深海远洋拓展、由养殖捕捞环节向前端后端延伸、由低端加工向高附加值产品提升、由一产向二产、三产跨越，增创海洋渔业发展新优势。要以规范管理为重点，坚持开发与保护并重，强化海洋开发利用的统筹协调和综合管控，规范海洋资源管理、海洋环境管理和海洋渔船管理，推动海洋经济可持续发展。要建立健全海陆统筹、协作联动的海洋工作机制，健全海洋经济统计调查制度，健全海洋人才引进和培养机制，形成海洋开发与管理的强大合力，加快推动海洋渔业大市向海洋强市跨越。

【全市党风廉政建设和反腐败工作会议】 2月10日，全市党风廉政建设和反腐败工作会议召开。会议传达十八届中央纪委第五次全体会议、省纪委十届六次全体会议精神，总结2014年全市党风廉政建设和反腐败工作，部署2015年工作任务。

会议指出，十八届中央纪委第五次全体会议是党中央在新形势下召开的一次十分重要的会议。习近平总书记的重要讲话是新形势下坚决反对腐败、全面加强党的建设的又一篇纲领性文件，是深入推进党风廉政建设和反腐败工作的锐利思想武器和科学行动指南。在省纪委十届六次全会上，省委书记姜异康要求全省各级认真履行管党治党的重大政治责任，坚定不移地推进反腐倡廉工作。全市各级党组织和广大党员干部，要把学习贯彻习近平总书记重要讲话和中央纪委五次全会、省纪委十届六次全会精神作为一项重要政治任务，把握精神实质，坚决贯彻落实，切实把思想和行动统一到中央、省委的决策部署上来，切实增强推进党风廉政建设和反腐败斗争的使命意识和责任担当，推动党风廉政建设和反腐败工作不断取得新成效。

会议强调，党委主体责任是做好党风廉政建设和反腐败工作的“牛鼻子”。要把抓好党建作为最大政绩，把抓好党风廉政建设作为最大责任。要坚定政治担当，把主体责任内化于心，切实把党风廉政建设作为分内之事、应尽之责，真正让主体责任落地生根，形成实实在在的工作支撑。要驰而不息纠正“四风”，紧盯“四风”形态的新变化，以制度建设巩固纠“四风”成果，坚持纠“四风”和树新风并举，以优良的党风带动民风社风。要坚持零容忍的态度不变、猛药去疴的决心不减、刮骨疗毒的勇气不泄、严厉惩处的尺度不松，坚决遏制腐败现象，务必取得让群众满意的成效。要加强廉政教育，引导党员干部坚定理想信念，牢记党的宗旨，带头践行社会主义核心价值观，树立正确的事业观、价值观，筑牢拒腐防变堤坝。要扎紧制度笼子，加强对权力运行的制约和监督，进一步完善党内监督制度，着力健全选人用人管人制度，深化体制机制改革，坚决维护制度的严肃性和权威性。

会议强调，政治纪律是政党的灵魂所在，是政党先进性的深层次体现。全市各级党组织和党员干部，特别是领导干部要严格遵守党的纪律，自觉遵循党的规矩，把守纪律讲规矩全面落实到实际行动中。要牢固树立守纪律讲规矩意识，时刻紧绷纪律和规矩这根弦，明确思想红线，厘清行为界限，不仅要带头守纪律，更要带头讲规矩，自觉按规矩办事、按规矩用权。要严明党的政治纪律和政治规矩，始终坚持政治信仰不变、政治立场不移、政治方向不偏，自觉维护中央权威和党的团结统一，始终与党中央保持高度一致。要强化守纪律讲规矩的制度建设，健全组织程序和组织制度，完善党内组织生活制度，严肃执纪问责，真正使纪律成为“带电的高压线”。

会议要求，全市各级党组织要切实强化政治意识、大局意识和责任意识，大力支持纪检监察机关履职尽责。要深化纪律检查体制改革，强化上级纪委对下级党委和纪委的监督，赋予市纪委派驻机构巡查职能，推进向市一级党和国家机关全面派驻纪检机构，实现派驻监督的全覆盖。要支持纪检监察机关深入推进以转职能、转方式和转作风为主要内容的“三转”，确保纪检监察机关聚焦中心任务。要加强纪检监察队伍建设，切实把党风廉政建设和反腐败工作任务落到实处，不断开创党风廉政建设和反腐败工作新局面，为加快建设现代化幸福威海提供有力保证。

【全市机关作风建设年活动暨2014年度工作总结表彰大会】 2月25日，全市机关作风建设年活动暨2014年度工作总结表彰大会召开。会议对机关作风建设年活动暨2014年全市工作进行了全面总结和回顾，并隆重表彰了2014年度优秀单位和优秀机关工作人员，机关作风建设年活动十佳示范单位、十佳示范岗位、十佳行业标兵，2014年度纳税明星企业和纳税新星企业，2014年度外经贸工作和国内经济合作工作先进单位。会议动员全市各级各部门深入开展机关作风建设年活动，进一步优化行政服务，扎实推动工作落实，确保完成2015年经济社会发展各项目标任务。

会议指出，2015年是全面深化改革的关键之年，是全面推进依法治国的开局之年，也是“十二五”规划的收官之年，各项工作任务艰巨繁重。作风建设永远在路上。全市上下要把“强化执行力、全面抓落实”作为2015年机关作风建设年活动的主题，突出站位要高、谋事要深、工作要实、环境要优、规矩要严的总要求，不断强化抓落实的责任、加大抓落实的力度、提高抓落实的水平，切实把市委、市政府决策部署落到实处。

会议强调，站位要高，就是要把争当“走在前列”排头兵作为2015年工作的总体目标定位，发展思路要着眼争当排头兵来谋划，发展布局要围绕争当排头兵来展开，发展举措要针对争当排头兵来制定，发展成果要用争当排头兵来衡量。面对挑战，气可鼓而不可泄，要准确把握稳中求进的工作总基调，以更加务实的工作作风来确保“稳”，以更加积极的精神状态来推动“进”，努力实现稳中求进、好中求快、又好又快。面对压力，弦可紧而不可松，要把压力当成前进的动力，始终绷紧责任这根弦，以良好的精神状态履职尽责、干事创业。面对机遇，要抓好用好而不可贻误战机，切实将机遇转化为发展的优势和潜力，最大限度地发挥机遇效应。面对竞争，要见贤思齐而不可夜郎自大，必须紧紧围绕争当“走在前列”排头兵的总目标，进一步提升发展标杆，提升工作标准，提升精神境界，放眼全国全省，跟强的学，向高的攀，与快的赛。谋事要深，就是要更多地站在市委、市政府的角度，站在威海长远发展的高度，深入谋划工作，科学推动发展。要紧紧围绕全市重大战略想事干事，用战略的思维、全局的视野，谋划和推进各自的工作，用“一盘棋”思想凝聚发展合力。要紧盯上级政策的新调整，主动应对，向政策要思路、向政策要方法、向政策要生产力，切实增强工作针对性和主动性，使国家政策的调整发挥更大效益。要紧密结合各自实际创造性开展工作，进一步解放思想，大胆地试、大胆地闯，让更多的“威海探索”上升为国家和省级层面的典型。

会议强调，工作要实，就是要坚持常规工作求实求细，创新性工作大胆突破，以踏石留印、抓铁有痕的劲头把各项决策、部署、思路、举措落到实处。要强化结果导向，坚持以符合科学发展的GDP论英雄，围绕“把事干成”多想可行的办法，不找不行的理由。要强化领导责任，各级领导干部特别是“一把手”，既要善于凝聚共识、汇聚力量，又要站到抓落实的一线，以坚定的领导力带动形成强劲的执行力。要强化督促检查，特别要围绕重点工作、重点部门、重点领域、重大任务完善督查机制与考核办法，以实干论英雄、凭实绩用干部。要强化问责追究，对不作为、慢作为、乱作为的干部坚决淘汰。

会议要求，各级各部门和广大机关工作人员，要始终把群众和企业的需要作为第一选择，把群众和企业的利益作为第一考虑，把群众和企业满意作为第一标准，千方百计为群众、为企业、为发展打造良好的环境。要做实政策环境，及时跟上中央的调整步伐，结合实际设计好威海市支持企业发展的新方法、新途径，充分发挥扶持政策“四两拨千斤”的引导作用。要做严法治环境，严格按上级要求，制定落实好“三张清单”，切实做到法定职责必须为、法无授权不可为。要做优服务环境，抓好“接、放、管”工作，坚决克服懒政行为，努力为企业发展打造平台、排忧解难。要充分认识企业家在经济社会发展中的重要作用，注重发挥企业家才能，尊重企业家、理解企业家、培育企业家、服务企业家，努力营造有利于企业家成长“春天般的气候”。

会议强调，各级各部门和广大党员干部要把守纪律、讲规矩摆在更加重要的位置，在干净中干事，在干事中干净，共同营造良好的政治生态。要严肃纪律，服从组织决定，遵循组织程序，保证政令畅通。要严格管理，严把干部选拔、教育、监管各个环节，持续深化教育实践活动，用制度巩固作风建设成果。要严守底线，严格落实反腐倡廉党委的主体责任和纪委的监督责任，以铁的纪律维护好干部队伍的清正廉洁。

会议强调，作风建设永远在路上，优化行政服务也永远没有止境。各级各部门要把推进简政放权、优化营商环境作为机关作风建设的重点来抓，以更大的决心和力度，拆除不必要的审批门槛，清除行政审批的“灰色地带”，清理中介机构的垄断问题，打碎行政服务中的“玻璃门”“弹簧门”，为各类市场主体创新创业营造良好环境。要坚持不懈推进改革创新，打破传统思维惯性束缚，进一步强化担当意识，打破条块分割和部门界限，杜绝各自为政和推诿扯皮，主动加强配合，搞好无缝衔接，以强有力的工作合力推动各项重点工作尽快取得实质性突破。要坚定不移地走群众路线，进一步强化宗旨意识，设身处地为群众着想，带着感情做好民生工作，全面落实26项民生实事，切实兑现对人民群众的各项承诺，让人民群众感受到机关作风转变的实际成效。要以更加严谨细致的作风强化社会治理，创新治理方式，提升治理效能，强化企业主体责任、属地管理责任和部门监管责任抓好安全生产，不折不扣地把公共安全保障的各项工作落到实处。各级各部门要迅速进入工作状态，抓紧做好各项开局工作，努力实现首季开门好，为完成全年各项目标任务打下坚实基础。

【全市科技与创新大会】 3月28日，全市科技与创新大会召开。会议表彰获得2014年度国家和市科学技术奖励的单位，以及获得市级以上重点人才工程荣誉称号的专家，研究部署科技、人才、创新型城市建设等创新性工作，动员全市上下深入实施科教兴市、人才强市与创新驱动发展战略，推进创新型城市建设，努力营造大众创业、万众创新的生动局面。

会议指出，创新是时代的主题，科技创新是创新的主战场，人才是创新驱动的第一资源。近年来，全市上下坚持不懈地实施科教兴市、人才强市与创新驱动发展战略，持续开展自主创新年活动，以企业为主体的科技创新体系加快形成，高层次创新创业人才加快聚集，科技进步对经济社会发展的带动作用明显增强。面对经济发展进入新常态的新形势，面对争当全省“走在前列”排头兵的新任务，要牢牢扭住创新这个火车头，抓住人才这个根本，把创新精神融入各项工作中，大力推进思想观念、体制机制、领导方式和各项工作的创新，坚决破除一切制约创新的思想障碍和制度藩篱，以创新型城市建设的新成效，推动经济社会的新发展，增创科学发展的新优势。

会议强调，科技创新是把知识和技术变成现实生产力、转化为社会财富的过程。企业既是市场竞争的主体，也是科技创新的主体，在创新型城市建设中具有不可替代的重要地位。广大企业要主动转变观念、开阔眼界、增长见识、放眼长远，深度开展产学研协同创新，切实当好研究开发投入的主体、创新活动的主体和创新成果应用的主体。要充分尊重与把握科技创新的基本规律，发挥各类创新人才的支撑作用，走模仿创新到自主创新再到引领主导创新的路子，不断提升企业的核心竞争力。要在大力推进科技创新的同时，统筹推进管理、品牌、组织、商业模式创新，让创新成为企业转型升级、膨胀发展的强力引擎和基业长青的基础。

会议强调，为企业创新发展创造良好的环境，是各级党委、政府义不容辞的责任。要强化政策引导，在宣传解释好政策的同时，与企业一道深入研究政策，敏锐把握政策，用好用活政策，努力使政策的含金量得到最大程度的体现。要强化投入保障，确保科技投入与同级财政支出同步增加，推动建立以政府为引导、企业为主体、金融为支撑、民间为补充的科技创新投融资机制，使各类创新要素更多地向企业聚集。要强化专业服务，发挥科技等职能部门的服务功能，善于运用市场的手段帮助企业解决创新中遇到的现实问题，用法治化的思维保护与推动企业在创新中做大做强，共同营造大众创业、万众创新的春天。

会议强调，各级各部门要坚持生态立市、科教兴市、产业强市，把创新驱动战略放在发展全局的核心位置，把建设创新型城市作为面向未来的关键选择，作为转方式、调结构的重要手段，作为构筑发展新优势的有效途径，努力使经济增长动力转换到依靠人力资本质量和技术进步上来，让创新成为驱动发展的新引擎。要通过建设国家创新型城市，增强创新资源聚集能力，打造创新政策高地，让威海成为创新人才、创新资本的汇聚区；增强科技创新支撑能力，打造科技成果转化基地，让威海成为科技交易、产学研合作的活跃区；增强创新驱动发展能力，打造创新型企业摇篮，让威海成为科技企业、新兴产业的密集区。

会议要求，各级各部门要加大政策宣传和落实力度，引导企业用足用活国家、省、市各级出台的扶持科技创新政策，扎实推进科技改革与创新工作，力争国家创新型城市建设取得实效。要加快推进技术交易机制创新，把深化产学研合作作为重要突破口，推动区域科技资源与生产要素的紧密结合，打通科技成果向现实生产力转化的通道。要创新财政科技资金使用方式，引导全社会加大科技投入力度，推进科技创新与金融资本有机结合，撬动更多社会资本投向科技创新。要强化企业创新主体地位，组织实施“千帆计划”，大力培育科技型中小企业，加快发展“众创”空间，使“草根”创新蔚然成风、遍地开花。要扎实推进“一产业一特色”科技创新行动计划，把科技创新的立足点放在推进产业转型升级上，大力发展高新技术产业，培育新的产业增长点。要加强科技基础设施建设，健全科技创新公共服务体系，加快培育科技服务业，构建以科技孵化器为核心、各类服务机构协同发展的创新创业孵化生态系统。要开展知识产权战略行动，实施最严格的知识产权保护制度，引导企业运用知识产权战略开辟和占领市场，提升企业知识产权创造、管理、运用和保护水平。要深入实施英才计划，落实人才激励政策，优化人才服务环境，营造尊重知识、尊重人才、尊重创新的良好社会风尚，动员和引导全社会的力量共同建设国家创新型城市。

【全市“产业强市　工业带动”战略推进大会】 4月11日，全市“产业强市、工业带动”战略推进大会召开。会议分析产业发展面临的新形势，安排部署下一段时期的工作任务，动员全市上下进一步统一思想，坚定信心，迎难而上，合力攻坚，坚定不移地推进“产业强市、工业带动”战略，进一步营造尊重企业家、支持企业家、服务企业家的浓厚氛围，加快推动产业转型升级和经济持续健康发展。

会议指出，发展是第一要务，是解决一切问题的根本。世界经济整体复苏乏力，国内经济下行压力进一步加大，企业生产成本在不断增加，发展遇到了这样那样的困难。千困难万困难，不发展最困难。各级各部门要始终坚持以经济建设为中心，牢牢抓住发展不放松，既要清醒认识发展中的问题和挑战，更要分析其中的机遇和优势，进一步坚定发展的信心，鼓足发展的勇气，在困境中打牢基础、蓄足后劲，在顺境中乘势而上、发力突破，坚定不移地推动经济社会持续健康发展。广大企业家要继续保持饱满的创业激情，用更宽的视野谋划发展战略，用更敏锐的意识捕捉商机，以做大为方向，以做强为目标，不满足，不停步，努力推进企业实现更大的发展。

会议强调，实施“产业强市、工业带动”战略是建设现代化幸福威海的必由之路。市第十四次党代会作出的实施“产业强市、工业带动”战略，目的就是以工业化带动现代化，以工业化、现代化带动城市化，最终实现全域城市化、市域一体化。三年多的实践充分证明，这一发展思路完全符合威海实际，符合上级要求，符合群众意愿。各级各部门要把支持产业特别是工业发展、支持企业做大做强、培育壮大实体经济作为坚定不移的战略举措，坚持不懈地抓下去。广大企业要把持续投入作为企业发展的关键，抓住投资成本较低的有利时机，认真论证实施一批产业发展项目，加快技术改造和膨胀升级，谋求企业实现更大的发展。要把创新当成企业发展的生命线，舍得花钱，舍得下功夫，真正成为创新投入的主体、产学研合作的主体、创新活动的主体，切实增强企业的竞争力。

会议指出，企业是社会财富的创造者，更是推动“产业强市、工业带动”战略的主力军，必须把尊重企业家、保护企业家、支持企业家作为一以贯之的重要方针。各级各部门和广大机关干部都要把服务企业发展作为义不容辞的责任，把企业的事情当成自己的事情，全力以赴为企业发展提供最优质的服务，进一步营造尊重企业、崇尚创业的浓厚氛围，打造良好的政商关系。要积极主动为企业减负，能下放的权力下放到位，能减免的费用减免到位，在转变职能、搞好服务、提高效率上下功夫，做到份内事情立即办，份外事情协助办，重大事情上门办，变被动服务为主动服务，变一般性服务为高效率服务。要加大政策落地力度，下功夫认真研究政策、吃透政策，送政策上门，全程指导做好项目的包装、申报等各个环节工作，使企业真正享受到政策红利。要充分认识企业家的重要作用，真心实意、全力以赴为企业家打造良好的外部环境，让企业家能够专心带领企业发展，在全社会进一步营造关心企业家、支持企业家、争当企业家的浓厚氛围。

会议指出，坚持生态立市、科教兴市、产业强市，是威海市的发展战略。工业化、城镇化进入新阶段，需要坚持产业强市、工业带动，促进三次产业协调发展。各级各部门要认真研究产业发展的趋势和动态，结合编制“十三五”规划，运用“敲开核桃”的方式，找好角度，用好力度，一个领域、一个领域地分析，一个产业、一个产业地研究，有的放矢地做好推进和保障工作，努力推动产业结构迈向中高端，实现经济增长保持中高速。要把握新常态下经济发展的新趋势，进一步明确产业发展的方向和重点，推动产业发展实现新突破。要坚持集群化方向，推动产业链条向两端延伸，促进先进制造业与现代服务业良性互动，在三次产业融合发展上谋求新突破。要提高产业集中度，把产品优势、产业优势发挥出来，把骨干企业的龙头地位突出出来，打造行业“航空母舰”，切实提高产业整体竞争力。要推进产业跨界融合发展，跳出固有的发展思维，积极培育新型业态、新型经营方式、新型商业模式，努力打造产业发展新的增长点。要坚持高质化方向，依靠技术进步、品牌建设、标准化建设提升产业的竞争力、影响力和话语权，促进科技创新与产业培育紧密结合，在传统产业升级和战略性新兴产业发展上谋求新突破。要坚持智能化方向，实施“互联网＋”、智能制造行动计划，推动信息技术向产业领域全面渗透，促进工业化与信息化深度融合，在智能型产业培育上谋求新突破。要坚持国际化方向，抢抓中韩自贸区地方经济合作示范区建设重大机遇，促进对外开放与产业升级一体推进，在国际产业合作上谋求新突破。要坚持绿色化方向，把环境保护置于优先位置，推广先进制造技术和清洁生产方式，促进环境保护与产业转型有机统一，在绿色产业发展上谋求新突破，决不以牺牲环境为代价谋求一时的发展，努力把绿色发展转化为竞争新优势。

会议强调，企业是产业发展的主体。要注重发挥企业家才能，实施企业家培育计划，充分尊重企业家、依靠企业家，激发企业家创业热情，提振企业家发展信心，增强产业发展的根本推动力。要实施创新驱动发展战略，突出企业的创新主体地位，支持和引导创新要素向企业集聚，增强产业发展的内生驱动力。要加强招商引资和项目建设，切实增加产业有效投入，增强产业发展的增量拉动力。要全方位开拓市场，坚持国际国内统筹、线上线下并举、军用民用结合，增强产业发展的市场带动力。要树立为企业服务就是为企业节省成本的理念，扎实推进简政放权，狠抓涉企政策宣传落实，加强资金保障和人力资源支撑，切实优化行政服务环境、市场融资环境、企业用工环境和安全发展环境，为产业发展提供有力保障，合力推进经济转型升级、提质增效。

【创建全国文明城市总结表彰大会】 4月18日，全市创建全国文明城市总结表彰大会隆重召开。会议表彰创城工作先进集体和个人，回顾总结威海市创城历程和经验，动员全市上下以成功创建全国文明城市为新的起点，在更高层次、更高水平上再谱文明创建新篇章。

会议指出，十年创城的成功实践，不仅凝结着全市上下的不懈追求和艰辛汗水，更在追求城市文明的进程中探索形成了一系列有效的经验做法。这就是：始终坚持价值引领，把社会主义核心价值观作为文明创建的精神之魂，融入贯穿创建全过程，不断强化宣传普及、教育引导、实践养成和典型带动，让核心价值观内化于心、外化于行；突出为民情怀，始终坚持创建为民、创建惠民、创建成果由人民群众共享，以人民幸福为追求，以人民满意为标准，努力通过创城让群众切实感受到实实在在的好处；确立一流标杆，积极向省内周边城市、向国内先进城市、向国家测评标准寻标对标，坚定信心、高点定位、敢想敢为、锲而不舍；敢于攻坚克难，把文明创建作为突破工作难点的机遇和提升工作水平的动力，广泛听取群众意见建议，认真查找解决问题不足，切实做到踏石留印、抓铁有痕；狠抓常态长效，始终坚持工作长期抓、机制常态化，做到网格化推进、精细化管理、制度化规范；引导全民参与，把创城工作融入全市各行各业和广大群众日常工作和生活，万众一心推进创城；坚持整体联动，各级各部门各司其职、各负其责，密切协作、齐抓共管，凝聚起了创建文明城市的强大合力。

会议要求，文明城市建设无止境，要清醒对待荣誉、理性看待成绩，继续坚持工作不松、标准不降、力度不减，推动文明城市建设不断向更深层次、更广范围、更高水平迈进。要大力实施文明市民培育工程，大力弘扬社会主义核心价值观，深入挖掘和阐发优秀传统文化，扎实推进“四德”工程建设，营造“君子之风·美德威海”的文化氛围。要不断健全常态长效机制，把全国文明城市的各项测评指标转化为常态工作目标，把测评方法转变为常态管理办法，做到常态长效力度不减，管理服务标准水平不降，推动城市文明水平稳步提升。要全面强化基层基础工作，着眼细节，真心为群众办实事、做好事、解难事，让广大市民不断从文明创建中受益，打牢文明城市建设根基。要狠抓全域一体文明建设，统筹提升城乡文明水平，推动文明创建从中心城区向城乡接合部、广大农村地区拓展，从重点部位向一般地带拓展，不断扩大文明创建工作的覆盖面。要把成功创建全国文明城市激发出的全市人民共建美丽家园、共享幸福生活的热情，及时引导到推动经济社会发展上来，形成建设现代化幸福威海的强大合力，推动各项工作再上新水平。

会议指出，各级各部门要认真抓好贯彻落实，把创城过程中凝聚起来的精神和干劲保持下去，奋力开创各项工作的新局面。创建全国文明城市不是终极目标，只是阶段性任务，文明创建的步伐永远不能停止。在新的更高的起点上，要坚持市域一体、常态长效，巩固文明城市建设成果；要坚持文明共建、文明共享，使文明创建成为永不停工的一项工程；要坚持问题导向，强基固本，大力提升城市管理水平。

【“三严三实”专题党课】 5月17日，市委举行“三严三实”专题党课，正式启动威海市“三严三实”专题教育。

会议指出，开展“三严三实”专题教育，是党的群众路线教育实践活动的延展深化，是持续深入推进党的思想政治建设和作风建设的重要举措，是严肃党内政治生活、严明党的政治纪律和政治规矩的重要抓手。随着党的群众路线教育实践活动的深入推进，广大党员干部在“照镜子、正衣冠、洗洗澡、治治病”中得到了党性锻炼，“四风”问题得到有效解决。但是，对照“三严三实”的要求，还存在着一些值得重视的问题，个别党员干部在理想信念、政治纪律、思想境界、精神状态、责任担当等方面还存在许多差距和不足。各级各部门要以高度的政治责任感和历史使命感，采取有力措施扎实做好“三严三实”专题教育的各项工作，坚决克服“等、靠、观望”心理，坚决杜绝厌战懈怠情绪，紧密联系思想和工作实际，对照正反两方面典型，着力解决“不严不实”的突出问题，以实际成效凝聚起推动威海改革发展的强大动力。

会议强调，要坚持“严”字当头、“实”字托底，自觉在践行“三严三实”中走在前、作表率。要牢牢抓住领导干部这个“关键少数”，坚持领导带头、以上率下，通过领导干部自身的高标准、严要求，为广大党员干部作出榜样、树好标杆。要恪守“德”字，筑牢修身之本。坚持忠诚如一的政治品质，坚持不懈地加强党性修养，坚定理想信念，严守政治纪律，增强党内政治生活的政治性、原则性、战斗性，营造良好政治生态，形成风清气正的从政环境；要带头践行社会主义核心价值观，带头弘扬“君子之风·美德威海”新风尚，带头恪守社会公德、职业道德、家庭美德和个人品德，始终保持健康生活情趣和高尚道德情操，在弘扬社会正气上作好表率。要秉持“公”字，常修为政之道。进一步强化宗旨意识，牢牢把握好“权为民所用、利为民所谋”，时刻牢记为党尽忠、为民服务的义务，决不能辜负党和人民的信任和重托；进一步强化法治意识，不断强化尊法学法用法守法意识，提升自身法治素养，把对法治的信仰转化成依法用权的实践，切实把权力关进法律和制度的笼子里；进一步强化阳光意识，切实增强接受监督的主动性，时时刻刻注重行为规范，切实增强自身免疫力，更好地依法依规行使职权。

会议强调，要践行“实”字，牢记成事之要。按照“强化执行力、全面抓落实”机关作风建设年活动的要求，坚持“实”字当头，出实招、办实事、求实效，不图虚名，不务虚功，努力做到“为官一任，造福一方”；要保持争先进位的进取精神，强化敢于担当的时代责任，进一步提升发展标杆、提升工作标准、提升思想境界，旗帜鲜明地支持担当者、保护担当者、褒奖担当者。要牢记“戒”字，常存律己之心。要处理好人情与原则的关系，既要真诚待人，有情有义，更要讲党性、讲原则，凡事都要按制度来办，坚决不能“走后门、打招呼”。要实实在在做人做事，无论何时何处，都要诚实守信、言行一致、表里如一，都要任劳任怨、甘于吃亏，自觉克服个人主义和名利思想，襟怀坦白，公道正派。要坚决做到慎独慎微，重小事、重细节，严格遵守好中央八项规定精神等各项廉政制度，清白做人，干净做事，以自身的严格要求维护好党员干部队伍的清正廉洁。

会议强调，开展“三严三实”专题教育，是中央作出的一项重大决策部署，是一个重要政治任务。各级党委（党组）要切实增强责任感使命感，把开展专题教育摆上重要位置，按照中央、省委和市委的统一部署，精心组织，周密安排，确保取得实实在在的成效。要坚持把深化学习教育放在首位，深入学习习近平总书记系列重要讲话精神，学习党章和党的纪律规定，认真开展集体学习研讨，在思想碰撞中相互交流、形成共识，在深化认识中明确方向、拿出措施。要坚持从严从实，突出问题导向，从严上入手，严查问题、严肃剖析、严格整改，力戒形式主义，做到“不虚”；从实处着力，立说立行立改，知行合一，做到“不空”；突出主题，聚焦对党忠诚、个人干净、敢于担当，做到“不偏”。要以“三严三实”为标准，建制度、立规矩，抓好刚性执行，强化制度约束，推动践行“三严三实”制度化、常态化、长效化。

【中共威海市第十四届委员会第六次全体会议】 9月17日，中国共产党威海市第十四届委员会第六次全体会议召开。会议深入学习贯彻省委十届十二次全会精神，总结工作，分析形势，研究部署阶段任务，动员全市各级党组织和广大党员干部大兴学习之风，提高能力水平，解放思想、坚定信心、攻坚克难、改革创新，坚定不移地完成全年各项目标任务，实现“十二五”的圆满收官，为“十三五”良好开局打下坚实基础。

会议认为，2015年，面对持续加大的经济下行压力和艰巨繁重的改革发展稳定任务，市委常委会团结带领全市广大干部群众，全面贯彻落实中共十八大和十八届三中、四中全会精神，深入贯彻习近平总书记系列重要讲话特别是视察山东重要讲话、重要批示精神，牢牢把握争当全省“走在前列”排头兵的目标定位，把转方式调结构作为主攻方向，大力推进全域城市化、市域一体化和产业强市、工业带动战略，全面推进改革开放创新，全市经济、政治、文化、社会和生态文明建设以及党的建设都取得了新的成绩。

会议指出，中国经济社会进入了一个新的大变革、大发展时期。面对深度结构性调整的新形势，推动经济爬坡过坎、转型升级迫在眉睫；面对发展动力迅速转换的新趋势，加快培育创新经济成为当务之急；面对国际贸易和投资规则的重大变革，开放型经济新优势迫切需要重新架构、培育和积聚；面对新型城镇化的快速推进和城市格局的深刻变化，中心城市的聚集和拉动作用亟需凸显；面对科学发展、可持续发展和包容性发展的新要求，统筹兼顾、合力推进的意识需要进一步增强。所有这些，都迫切需要高举解放思想大旗，通过解放思想振奋精神、激发斗志，始终保持高昂的创业激情；通过解放思想开阔视野、拓宽思路，找准工作转型提升的突破口；通过解放思想变中求进、变中求新，把各项创新举措落到实处，以每项工作的新突破，推动威海整体工作水平和竞争力的大提升。

会议强调，解放思想必须善于学习、勇于实践，既要大力发扬脚踏实地、埋头苦干的“老黄牛”精神，更要进一步强化思想解放、思路超前的“领航者”意识，善于把握形势发展的最新变化，尽快实现关键环节的率先突破。要强化学习意识，坚持学以致用，急用先学、边学边用，不仅要学知识、学观点，而且要学思维方式、学工作方法。通过学习，促进能力水平提升，促进转型升级，促进改革创新，促进各项工作水平的提高。同时，坚持拿来主义，对兄弟地区行之有效的经验做法，要学深学透，引进消化再创新。要强化问题导向，坚持高标准，对照高目标，主动查找工作中的差距不足，深刻剖析制约改革创新的症结所在，有针对性地提出率先突破的具体措施。要强化责任担当，在其位、尽其职、负其责，遇到问题不回避，遇到困难不躲避，遇到风险不逃避，以“功成不必在我”的胸怀、“建功必须有我”的担当，敢于担责、敢于创新、敢于突破。要大力营造鼓励改革、推动创新、包容失败的干事创业氛围，让更多的人能够卸下包袱、甩开膀子，心无旁骛地谋改革、搞创新。

会议强调，解放思想重在联系实际、推动工作。各级各部门和广大党员干部必须紧紧围绕稳增长调结构的紧迫任务，围绕改革发展的生动实践，解放思想、开阔视野、创新举措，以新的理念、新的思路、新的办法，更好地谋划与推动工作。要结合正在开展的“三严三实”专题教育，从自己做起，从自身存在的问题改起，把教育成效落实到解放思想、真抓实干上，把解放思想的成效落实到推动经济社会发展上。要深入贯彻落实党要管党、从严治党方针，全面推进党的建设，进一步完善选人用人导向，坚决杜绝“不作为、慢作为、乱作为”现象。要营造良好政治生态，深入推进党风廉政建设和反腐败斗争，持之以恒落实中央八项规定精神和省委、市委实施办法，严肃查处发生在群众身边的“四风”和腐败问题，把广大党员干部的积极性、主动性都引导到解放思想、干事创业上来。

会议研究部署实际工作，强调必须更加积极、更加主动把稳增长调结构摆在突出位置，认识再深化，思路再拓展，重点再聚焦，举措再加力，坚决打好稳增长调结构这场主动仗，当好全省“走在前列”的排头兵。一是强化重点战略实施和重点项目建设，持续扩大有效投资。二是抢抓机遇推进先行先试，加快形成新一轮开放聚集效应。三是推进大众创业、万众创新，培植壮大新产业、新业态。四是发挥财政金融杠杆作用，撬动集聚要素资源。五是强化红线意识和底线思维，促进绿色发展、安全发展。六是扎实办好各项民生实事，提升群众的幸福感和满意度。七是大力推进简政放权，切实优化营商环境。

会议号召，全市各级党组织和全体党员干部要紧密团结在以习近平同志为总书记的党中央周围，深入开展解放思想活动，以良好的精神状态和务实的工作作风，坚决打好稳增长调结构主动仗，在建设现代化幸福威海的征程中迈出更加坚实的步伐。

【全市城市社区党建工作会议】 10月28日，全市城市社区党建工作会议召开。会议贯彻落实全省基层党建工作会议精神，研究分析城市社区党建工作面临的形势任务，对城市社区党建工作进行安排部署。

会议要求，各级党组织要树立抓党建是第一政绩的理念，把社区党建工作作为管党治党重点任务摆上重要位置，认真研究谋划推进；各级党组织负责人要履行好“第一责任人”职责，既要带头抓、主动抓，又要一级抓一级、一级带一级。要把联系群众、服务群众作为抓好社区党建工作的第一要义，把群众满意作为工作的出发点和落脚点，紧紧围绕社区群众最现实、最关心、最直接的利益，多办实事，多解难事，多做好事，努力营造理解人、关心人、尊重人的良好环境。要避免“就党建抓党建”，坚持把党建与社区建设、民生需求结合起来，与完善社会治理体系建设结合起来，以党建统领全局，以党建凝聚人心。要铺下身子狠抓落实，以钉钉子的精神抓好各项工作，一步一个脚印、稳扎稳打地向前走，务求实效、务求功成。

会议强调，城市社区党建是一项长期工程，不可能毕其功于一役，务必常抓不懈、持续推动。要建立健全党建工作考评体系，把城市社区党建工作纳入基层党建考核，并强化考核结果运用。要用好述职评议考核这个抓手，将社区党建工作作为区市、街道、社区以及驻区单位党组织书记述职的重要内容，建立责任清单，真正述出责任、评出压力、考出动力。要加强督查落实，每项工作都做到事先有安排部署、事中有督导检查、事后有考核评价。

会议要求，各区市、开发区、各街道党（工）委主要负责人要结合本地实际，专题研究贯彻落实本次会议精神的具体意见；要对社区党建工作加大力度、增加投入，打造一支能打硬仗、能打胜仗的社区党建工作队伍，使街道社区区域化党建工作提升到新的水平，为加快市域一体化进程、推动全市经济社会发展提供坚强的组织保证。

【中共威海市第十四届委员会第七次全体会议】 12月22日，中国共产党威海市第十四届委员会第七次全体会议召开。全委会深入学习贯彻中共十八届五中全会和省委十届十三次全会精神，听取了市委常委会工作报告，审议并原则通过了《威海市国民经济和社会发展第十三个五年规划纲要（草案）》。

会议认为，面对发展进入新常态的新要求和经济下行压力加大的新形势，市委常委会在中央和省委的坚强领导下，团结带领全市广大干部群众，全面贯彻落实中共十八大和十八届三中、四中、五中全会精神，深入贯彻习近平总书记系列重要讲话特别是视察山东重要讲话、重要批示精神，确立了争当全省“走在前列”排头兵的目标定位，坚持既定战略不动摇，狠抓市第十四次党代会目标任务和市委常委会2015年工作要点的落实，进一步解放思想、改革创新，经济、政治、文化、社会、生态文明建设和党的建设都取得了新成绩。全委会高度评价了“十二五”时期威海市发展取得的重大成就，认为在中央和省委的坚强领导下，全市上下坚持发展第一要务不动摇，聚精会神搞建设，一心一意谋发展，胜利完成了“十二五”规划确定的主要目标任务，为“十三五”时期的发展奠定了坚实基础。

会议深入分析了“十三五”时期威海市发展的形势环境，确定“十三五”时期威海市发展的指导思想是：高举中国特色社会主义伟大旗帜，全面贯彻中共十八大和十八届三中、四中、五中全会精神，以马克思列宁主义、毛泽东思想、邓小平理论、“三个代表”重要思想、科学发展观为指导，深入贯彻习近平总书记系列重要讲话和视察山东重要讲话、重要批示精神，坚持“四个全面”战略布局要求，坚持发展是第一要务，坚持争当全省“走在前列”排头兵的目标，以创新、协调、绿色、开放、共享发展理念为引领，以提高发展质量和效益为中心，加快形成引领经济发展新常态的体制机制和发展方式，深入实施生态立市、科教兴市、产业强市和全域城市化、市域一体化战略，统筹推进经济建设、政治建设、文化建设、社会建设、生态文明建设和党的建设，提前全面建成小康社会，实现现代化幸福威海建设新跨越。

会议综合考虑未来发展趋势和优势条件，围绕提前全面建成小康社会、实现现代化幸福威海建设新跨越，提出今后五年经济社会发展的主要目标是，综合实力迈上新台阶，人民群众生活更加幸福，社会文明程度显著提高，发展协调性全面增强，生态环境质量进一步改善，文化软实力持续提升，发展活力更加充足。实现这些奋斗目标，必须始终坚持人民主体地位，坚持科学发展，坚持深化改革，坚持依法治国，坚持统筹国内国际两个大局，坚持党的领导；必须深入贯彻创新、协调、绿色、开放、共享发展理念，实现更高质量、更有效率、更加公平、更可持续的发展，必须立足威海实际，深入实施生态立市、科教兴市、产业强市和全域城市化、市域一体化以及蓝色经济区建设等重大战略，在转方式、补短板、防风险上下功夫，在抢抓机遇、厚植优势、激发动力上见实效。

会议研究部署了下一个五年的重点工作任务：一是实施创新驱动战略，增强发展动力活力；二是坚持产业强市工业带动，构建现代产业新体系；三是加快推进全域城市化，提升市域一体化水平；四是拓展蓝色经济空间，建设海洋经济强市；五是坚持生态立市，促进人与自然和谐共生；六是培育开放新优势，发展更高层次开放型经济；七是发挥文化引领作用，提升城市发展软实力；八是树立城市安全观，提高维护公共安全能力；九是践行共享发展理念，全面增进民生福祉。

会议强调，要深刻领会中共十八届五中全会精神，以新的发展理念谋划“十三五”时期的工作。要坚定目标定位，确保提前全面建成小康社会，在建设现代化幸福威海的道路上迈出更加坚实的步伐。要坚定发展理念，更加自觉地把创新摆在发展全局的核心位置，更加自觉地在协调发展中拓展发展空间，更加自觉地走绿色可持续发展道路，更加自觉地抢抓开放机遇，更加自觉地把群众利益作为各项工作的出发点和落脚点。要坚定发展信心，站在全省、全国的高度谋划发展、推动发展，确保站稳全省第一方阵，当好“走在前列”的排头兵。

会议指出，推动“十三五”发展，既要统筹兼顾、整体推进，又要突出重点、带动全局，坚持既定战略不动摇，抓住关键环节快突破。要坚定不移地推进创新驱动，塑造更多依靠创新驱动、更多发挥先发优势的引领型发展，让城市的竞争力更加强劲；坚定不移地推进产业强市、工业带动，加快建设具有可持续创新能力和较强竞争力的现代产业体系，让发展的基础更加牢固；坚定不移地推进蓝区建设，加快建设海洋强市，让海洋优势发挥得更加充分；坚定不移地推进全域城市化，推动中心城区、重点区域及新型社区等协同发展、功能互补，让市域一体化的城市形态更加清晰；坚定不移地深化改革扩大开放，创新完善各方面体制机制，让发展活力更加旺盛；坚定不移地推进内涵提升，铸造城市文化品牌，让城市特色更加鲜明；坚定不移地推进共建共享，坚决打赢精准脱贫攻坚战，切实解决群众最关心最直接最现实的利益问题，让广大人民群众生活更加幸福。

会议强调，完成“十三五”时期各项目标任务，关键在党、关键在人。要适应新形势、新任务，切实加强和改善党的领导，创新领导经济社会发展的观念、体制、方式方法，团结带领广大人民群众向着提前全面建成小康社会、实现现代化幸福威海建设新跨越的目标奋勇前进。要切实发挥好党的领导核心作用，加强党委领导经济社会发展的制度化建设，坚持总揽全局、协调各方，把群众的力量和智慧进一步凝聚起来。要把大兴学习之风作为一项长期任务，全面、系统地学习新知识、新技能，更加自觉地运用法治思维和法治方式开展工作，加快提升领导发展的能力和水平。要扎实推进党的各级组织和干部队伍建设，推动党组织和党的工作有效覆盖，优化领导班子知识结构和专业结构。要健全改进作风长效机制，严明党的纪律和规矩，落实党风廉政建设主体责任和监督责任，强化权力运行制约和监督，构建不敢腐、不能腐、不想腐的有效机制，努力实现干部清正、政府清廉、政治清明。要把“三严三实”要求贯穿于规划落实的全过程，把“强化执行力、全面抓落实”精神贯彻到各项工作中，确保“十三五”规划描绘的美好蓝图变为现实。

【重要决策和部署】 1月23日　市委、市政府印发《关于贯彻落实中发、鲁发〔2015〕1号文件精神加大改革创新力度加快农业现代化建设的实施意见》，就创造性地抓好中央、省“三农”决策部署的落实，围绕增添农村发展活力、发展现代精致农业、强农富农惠农、市域一体化发展、推进农村依法治理等方面进行部署。

3月27日　市委、市政府印发《关于加快创新型城市建设的意见》，就威海市深入实施创新驱动战略，加快创新型城市建设，增创发展新优势作出安排部署。

5月25日　市委印发《关于落实和完善党代表任期制充分发挥代表作用工作的实施意见》，就落实和完善党代表任期制，充分发挥代表作用，推进党内民主建设，提高执政能力等方面作出安排部署。

6月17日　市委、市政府印发《关于进一步促进大众创业的意见》，就加快推进大众创业、培育壮大市场主体、打造经济发展新引擎作出安排部署。

10月29日　市委印发《威海市推进〈中国共产党统一战线工作条例（试行）〉实施工作方案》的通知，就做好全市统战工作作出安排部署。

11月9日　市委印发《关于认真学习贯彻党的十八届五中全会精神的通知》，就学习贯彻中共十八届五中全会精神，谋划威海市“十三五”时期经济社会发展等工作进行部署。

（崔　博）

【“三严三实”专题教育】 威海市自5月开展“三严三实”（严以修身、严以用权、严以律己；谋事要实、创业要实、做人要实）专题教育以来，按照中央和省委部署要求，突出问题导向，从严从实推进，专题教育进展顺利、发展健康、态势良好。各区市、市直各部门单位召开专题民主生活会。具体工作中，主要做到“四个坚持”：

坚持以上带下，持续深化学习　充分发挥领导干部带头作用，层层作出示范、当好标杆。一是带头讲好党课。5月17日，市委书记孙述涛为全市党员干部上党课，并通过现场直播的形式传输到区市，科级以上干部和市级党代表参加收听收看。之后的一个周内，其他常委、党员副市长和人大、政协党组书记全部为分管领域和所在单位党员干部讲了专题党课。各区市、市直各部门单位和镇（街道）党委（党组）书记都紧密联系实际，为领导干部、党代表、企业党组织书记、村（社区）书记主任和党员讲了党课，全市各级领导干部共讲党课790多场次。通过大范围、高质量的专题党课，各级党员干部深刻认识到“三严三实”专题教育的重大意义，理解了“三严三实”的丰富内涵，提升了践行“三严三实”的思想自觉和行动自觉。二是带头集中学习。根据学习研讨计划，市委常委以逐人领读领学的方式，认真学习习近平总书记系列重要讲话精神，学习党章和党的纪律规定，学习《中国共产党廉洁自律准则》和《中国共产党纪律处分条例》，研讨了《习近平谈治国理政》《习近平关于党风廉政建设和反腐败斗争论述摘编》有关篇目，同时，认真自学《优秀领导干部先进事迹选编》《领导干部违纪违法典型案例警示录》《做焦裕禄式的县委书记》等书目。市委先后进行10次集体学习，组织开展36个专题的集中培训，培训各级各类干部2万多人次。中共十八届五中全会闭幕后，市委立即召开常委扩大会议集中学习，并印发《关于认真学习贯彻党的十八届五中全会精神的通知》，成立宣讲团，全面开展宣传宣讲，在全市迅速兴起学习宣传贯彻的热潮。各级各单位也都严格按照专题学习研讨方案计划，做到学习时间、学习内容、学习方式、集中研讨、解决问题“五清楚”。同时，发挥党校主阵地作用，举办15期思想教育主体班次培训，组织领导干部读原著、学原文、悟原理；打造威海马石山十勇士纪念馆、文登天福山起义纪念馆、荣成成山林场沈秀芹烈士纪念馆等干部教育基地群，带领各级党员干部接受现场教育，对照革命先辈找差距。三是带头交流研讨。市委理论学习中心组从第二个专题开始，将每个专题的学习研讨细化为2个具体题目，先后组织5次集中交流研讨。集中研讨采取一人主旨发言、多人补充发言的方式，深入交流讨论，大家敞开思想，紧扣研讨主题，联系自身实际，找差距、谈不足，讲收获、谈体会。在第二专题学习研讨中，还专门以“严守党的政治纪律和政治规矩”为题，增加了一次研讨交流，市委理论学习中心组成员认真对照反面教材，进行深刻反思，逐人谈认识、谈体会，做到把自己摆进去、把职责摆进去、把思想摆进去、把行为摆进去。各级各部门单位党员领导干部，也都严格落实学习计划配档，按照“言由心生、言之有物、言以载道”的要求，开展集中研讨。通过深入交流，进一步深化认识，认清危害，汲取教训，得到警醒和提升。

坚持问题导向，动真碰硬整改

注重强化问题意识，始终聚焦问题、对准问题，把发现和解决问题作为专题教育的出发点和落脚点。一是深入查，广泛征集意见建议。市委结合落实和完善党代表任期制，动员党代表提出意见建议，组织361名市级党代表对市委、市纪委班子工作情况和市委委员、候补委员、市纪委委员履职情况进行评议，并提出加强改进工作意见建议175条；组织市级党代表开展提议，帮助查找剖析问题，193名市级党代表提出提议137件，均逐一进行了反馈，落实了责任主体，明确了整改目标时限。在开展专题民主生活会会前准备工作中，市委常委会选派专门力量组成调研组，采取召开座谈会、个别访谈、书面征求意见、梳理网络意见等方式，广泛征求正市级老干部和各级党组织、党员干部群众对市委常委班子和市委常委践行“三严三实”以及其他工作方面的意见建议，收集建议306条，为查找问题、改进工作把准方向，提供参照。各区市、市直各部门单位结合专题学习研讨、一线调研、工作推进等，广开渠道听意见，深入基层查问题。市发改委、经信委、科技局、商务局、中小企业局等25个单位，结合服务企业专项行动，分头走访企业，征求意见建议，查摆自身问题，了解生产经营情况，帮助解决存在的困难。走访企业1716次，收集意见建议310件，全部落实部门责任。二是主动“摆”，以上率下深刻对照。市委常委会带头制定不担当、不作为问题清单，从“畏难发愁，缺乏担当作为的气魄胆略；思想保守，缺乏担当作为的进取精神；本领恐慌，缺乏担当作为的能力水平”三个方面，深入查摆具体问题9条，作为改进突破的方向。各级各部门单位也都对照正反典型，深入剖析查摆“推、拖、躲、捂、怕、守”六方面突出问题，列出清单逐条对照认领。在此基础上，按照“三必谈”要求，市委常委带头进行谈心谈话，提出拟在专题民主生活会上对其他常委提出批评意见，帮助深入查摆自身存在问题；各级党员干部也都深入开展谈心谈话，谈透了个人的问题，谈透了对方的问题，做到了把问题谈开谈实；同时，市委书记孙述涛主持起草市委常委班子对照检查材料，并征求市委常委意见。三是立即改，动真碰硬解决问题。对排查出的问题全部建立问题台账，明确责任主体、整改措施、完成时限等；对于发生在基层、根子在上面的问题，统一收集汇总，再分解到部门，做到以下促上、联动整改。市委开展清理公职人员违规经商办企业、打击项目审批工作中搞暗箱操作权力寻租、服务企业专项行动等专项整治；各区市、市直各部门单位结合实际，开展74项专项整治。在此基础上，在全市范围内扎实开展基层干部不作为乱作为等损害群众利益问题专项整治，经过深入查摆、认真梳理，共列出基层干部不作为、乱作为、贪腐谋私、执法不公四类问题2573个，已整改完成2177个，查实处置违规违纪基层干部181人，切实起到警示作用。

坚持从严从实，抓好督促指导

这次专题教育不设办公室和督导组，不分批次、不划阶段、不设环节，但是推进过程中丝毫没有放松要求、降格以求，市委多次召开会议部署工作、压实责任，抽调专门力量，多种方式做好督促指导，确保高标准、高质量地做好每一个“关键动作”。一是专题会议压责任。市委认真落实管党治党责任，先后召开11次专题会议，传达中央、省委指示精神，原原本本学习中央和省委领导关于推进“三严三实”专题教育的重要讲话，研究谋划推进工作。在部署推进深化县级“三严三实”专题教育、着力解决基层干部不作为乱作为专项整治时，市委先后召开2次专题会议部署调度，督促区市迅速部署、全面自查、集中整治，确保查得清、剖得深、改得好；对其间区市、部门发生的典型问题，市委书记专门作出批示，要求严肃处理、认真查处，给各级扎实推进专项整治传递了强烈信号，传导了超强压力。二是全程列席保质量。安排市纪委机关和市委办、组织部、宣传部61名干部，全程列席8个区市、105个市直单位集中研讨交流，对研讨交流情况作出评价，结果报由市委反馈。集中学习研讨期间，共派员列席339人次，反馈查摆问题不深不实、交流发言联系实际不紧等问题36个，督促逐一整改，确保真学实研。三是严格把关促落实。加强调度指导，采取听取情况介绍、查阅资料记录、随机明察暗访等方式，先后3次抽调工作督查、调研组，对各区市、市直各部门单位专题教育开展情况进行实地督查。重点围绕思想认识和责任落实、工作方案制定、专题学习研讨开展、边学边查边改、专项整治推进、民主生活会筹备等方面情况，深入查找问题，督促对标补缺，确保工作落实落地。

坚持务求实效，做好结合文章　坚持把专题教育融入大局、融入日常工作，主要做好“三个结合”：一是与持续深化作风建设相结合。按照“站位要高、谋事要深、工作要实、环境要优、规矩要严”的要求，深化开展了以“强化执行力、全面抓落实”为主题的机关作风建设年活动，着力优化政务服务环境，再造工作流程，大力推进简政放权，公布政府部门权力清单和责任清单，分批取消、下放行政审批事项200余项，政府权力事项精简49%。着力优化法治环境，完善了重大事项社会公示和听证、专家咨询制度，全面推行了政府法律顾问制度，积极探索跨部门、跨行业综合执法试点工作。着力优化诚信环境，探索建立了公共联合征信系统，统筹推进政务诚信、商务诚信、社会诚信、司法公信建设，完善了企业诚信“红黑榜”等信用激励和惩戒机制。着力优化创业环境，严格落实国家、省系列创业创新促进政策，出台了《关于进一步促进大众创业的意见》，积极推进万名大学生聚威创业计划，大众创业、万众创新的氛围进一步浓厚。持续加强党风廉政建设，驰而不息纠正“四风”，成立暗访组606个，暗访机关、学校、企业等单位3643处（次），暗访旅游景点、酒店、农家乐等场所5893处（次），查处违反中央八项规定精神问题62起，处理74人，其中给予党政纪处分49人。对18起违反中央八项规定精神、32起群众身边的“四风”和腐败问题典型案例进行实名通报曝光。二是与扎实推进固本强基相结合。注重巩固基础。强化基层党组织带头人队伍建设，分别组织对镇（街道）党（工）委书记、农村和城市社区党组织书记、“两新”组织（新经济组织和新社会组织）示范点党组织书记、市直机关党组织书记、“第一书记”等进行教育培训，以专家授课、观摩学习等形式，培训基层党组织书记1000余人次。强化后进班子整治，由65名区市党政班子成员领包后进村267个，镇（街道）班子成员、“第一书记”具体负责整治工作。至年底，已有201个完成整治，453个信访问题得到有效化解。强化基层组织覆盖，出台《关于加强农民专业合作社党建工作的意见》，通过在镇（街道）党（工）委下设农民专业合作社联合社党总支，对属地内合作社党组织实行区域化管理，不断提升新型农业经营主体党建工作质量和水平。注重规范提升。落实全省基层党建工作会议精神，分行业研究、分领域谋划、全方位推进。在农村，推行“小微权力”清单制度，规范干部用权；在城市社区，召开了市、县、街道、社区四级党组织书记参加的工作专题会议，观摩现场、交流经验，部署推进区域化党建工作；在社会组织，持续抓好市直十四大行业协会和孵化园党建工作，并将出台加强党建工作意见，召开社会组织党建工作座谈会；在非公企业，深入推进产业联盟、工业园区党建工作，并将召开非公企业党建工作现场会；在机关，市委即将出台《关于落实全面从严治党要求加强和规范市直机关党建工作的意见》，使机关党建工作开展有规范、有依据、有遵循，确保始终走在前、做表率。注重改革创新。制定印发《威海市深化党的建设制度改革实施方案》，共涉及5个方面21项改革任务，明确任务分工，细化进度安排，并将其纳入全市目标绩效管理考核。抓好落实和完善党代表任期制工作，制定了《中共威海市委关于落实和完善党代表任期制充分发挥代表作用工作的实施意见》，配套制定了加强党代表工作室建设、做好代表提议工作等19项制度。围绕参与民主监督，先后组织代表对市委、市纪委领导班子和委员履职情况进行民主评议，对市直部门述廉述责情况进行问询、质询并开展评议以及参加市直机关建设社会测评、区市领导班子民主测评、区市党（工）委书记党建述职评议等；围绕参与决策，列席十四届六次、七次全体会，就全部议题听取意见；围绕参与联系服务群众，加强党代表工作室建设，组织代表提议137件次，收到了良好效果。三是与全力推动转型跨越相结合。围绕稳增长调结构，出台了《关于当前促投资稳增长若干政策措施的通知》《关于促进外贸稳定增长加快培育竞争新优势若干政策措施的通知》等文件，积极扩大有效投资，2015年，全市固定资产投资增长14.1%。组建政府性融资担保公司，引导企业融资52亿元；出台了《创新重点领域投融资机制鼓励社会投资的实施意见》，市级设立了总规模172亿元的4只基金，有效激发社会资本投资热情。进一步完善相关政策，加大对新型产业培育的扶持力度，前三季度高新技术产业产值比重达38.7%。围绕推进改革开放创新，加快重点领域改革，先后召开6次全面深化改革领导小组会议，审议通过各类改革方案19项，年内重点推进了247项改革事项，62项已经完成，166项取得明显进展。加快27项省级以上改革试点建设，海洋高技术产业发展、海洋生态文明、智慧城市建设等多个领域取得突破。全面提升对外开放水平，把对韩开放作为主攻方向，威海与仁川自由经济区作为地方经济合作示范区，写入中韩自贸协定，威海口岸对韩贸易额增长14.8%。实施创新驱动发展战略，实施“威海英才计划”、蓝色产业领军人才团队支撑计划，集中出台《威海市企业博士聚集计划实施办法》《威海市重点产业紧缺人才引进计划实施办法》等14个配套实施细则，29名专家入选泰山产业领军人才工程，数量居全省前列。围绕激发干部队伍活力，解决新常态下干部队伍出现的“本领恐慌”与“能力危机”，召开市委十四届六次全体会议，向全市各级各部门和广大党员干部发出“大兴学习之风，提高能力水平，坚持问题导向，推动创新突破”的号召。各级各部门积极行动，通过请进来教、走出去学等多种方式，加强新知识、新政策的学习，虚心学习外地先进经验，在财政扶持政策、投融资机制、科技服务平台建设、海洋经济发展等方面进行大胆创新，取得了明显阶段性成效。通过全面落实中央、省委决策部署，有效激发干部队伍活力，扎实谋划推进稳增长调结构，巩固发展了经济企稳向好的势头，全年实现公共财政预算收入增长13.1%，税收占公共财政收入比重达84%，居全省第一位。

专题教育有期限，但作风建设永远在路上。威海市要认真贯彻落实习近平总书记的要求，按照中央和省委的部署，坚持抓常、抓细、抓长，久久为功、善作善成，巩固和扩大“三严三实”

专题教育成果，进一步激励党员干部提振精气神、树立好作风、增强执行力，以“严”的精神改进工作作风，以“实”的干劲落实发展任务，为建设现代化幸福威海作出新的更大贡献。

·组织工作·

【概况】 2015年，威海市有基层党组织1.9万个，党员22.58万人。按照省委组织部和市委的安排部署，市委组织部紧扣“三严三实”要求，围绕中心，突出重点，改革创新，扎实推进各项工作开展，为全市经济社会发展提供坚强组织保证。

【加强领导班子和干部队伍建设】 *改进选拔任用工作流程* 完善干部选任机制，出台《市管干部选拔任用工作流程》和纪实细则，进一步完善动议、推荐、考察等环节，细化程序步骤，全程记录选任情况和结果，严格落实选人用人主体责任，使每名干部的选任过程可追溯、可倒查。强化立体考察研判，注重把班子和干部情况掌握在平时，探索经常性调研和无任用考察机制，通过双向约谈、座谈交流等方式，了解日常工作情况，并综合运用分类考评、重点工作跟踪考核、年度和任职考察、经济责任审计、纪检信访负面信息、个人事项报告抽查核实结果等，加强综合分析研判。树立正确用人导向，认真贯彻落实中央《推进领导干部能上能下若干规定》，对优秀干部打破隐性台阶，同等条件下优先考虑提拔使用；对符合“下”的情形的干部，合理提出岗位安排意见。结合干部调整，对近2年被市委评为优秀机关工作者和在机关作风建设年活动中受表彰的十佳行业标兵、十佳示范岗团队的主要负责人予以优先提拔使用。优化干部队伍结构，加大年轻干部培养选拔力度，从市县直机关选拔8名35岁以下、学历层次高、综合素质好、发展潜力大，并适合在基层工作的干部担任镇长或街道主任。对部分市属国有企业领导班子进行调整，通过加大与机关事业单位人员交流、聘任外部董事等方式为企业选配部分急需人才。对国家级开发区机构编制进行调整理顺，做好区市、开发区县级干部的充实调整。

抓实教育培训工作 强化思想建设，把党的最新理论成果列入所有主体班次，举办主体班次培训17期。打造威海马石山红色教育基地、文登天福山起义纪念馆、荣成成山林场沈秀芹烈士纪念馆等一批干部教育基地群。强化能力建设，采取“领导点题、组织统筹、部门承办”的方式，协调各市级领导确定36个培训专题，组织开展专题培训。坚持分级分类、按需施教，通过“进名校、请名师、上名课”的方式，举办重点骨干企业产业拓展、全面深化改革、新型城镇化建设等重点专题培训班10期，举办各类专题讲座、报告会128期，培训各级各类干部2.1万人次；举办中青年干部培训班和第三期年轻干部周六学校，培训年轻干部129人。强化学风建设，制定下发《关于贯彻落实市委十四届六次全会精神深入开展干部专题集中培训的通知》，充分发挥各级党组织在干部教育培训中的重要作用，进一步强化干部集中学习日制度，每周至少拿出半天时间集中进行业务学习，并通过督导考核提高培训针对性和实效性。

从严监督管理 健全完善干部“报告、审查、追责”制度，组织市管干部认真填报个人有关事项，并将市属国有企业领导人员、镇（街道）党委书记纳入填报人员范围。坚持“逢提必查”，对233名市管干部、901名科级干部进行任前档案审核。结合年度考察，对2014年度有科级干部调整事项的70个县级党委（党组）开展干部选拔任用工作“一报告两评议”。安排领导干部离任审计项目55个，对存在经济责任问题的5名领导干部进行谈话。强化与纪委、公检法、信访等相关部门的定期沟通，先后了解干部问题信息30多条，办理信访举报97件。统筹推进干部档案数字化建设，对103个单位2082卷干部档案开展专项审核。强化干部出国（境）审批管理，整改消化超职数配备干部。

坚持科学考核 印发2015年单位目标绩效管理考核工作《意见》和《实施细则》，按照走在前列目标要求，对市级重点项目建设、骨干企业膨胀扩张等40余项考核指标进行优化。组织开展目标绩效季度考核工作，强化对项目进展情况的跟踪考评，并坚持考核结果定期通报和部门会商制度。狠抓省科学发展综合考核事项的推进落实，对所有省考指标实行季度调度分析，督促责任部门对存在问题的指标重点跟踪，采取措施改进提高。坚持“考事”与“考人”相结合，对具备实地查验条件的工作进行现场检查。探索打造目标绩效管理考核系统平台，推动考核工作实现从人工评估向自动评估、从事后监督向全程监督转变。

【推动基层党建全面进步】 *注重巩固基础* 强化基层党组织带头人队伍建设，分别组织对镇（街道）、农村、城市社区、“两新”组织示范点、市直机关党组织书记和“第一书记”等进行教育培训，以专家授课、分组讨论、观摩学习等形式，培训基层党组织书记1000余人次。强化后进班子整治，按照不低于总村数10%的比例，组织各区市、镇（街道）排查确定后进村267个，逐个制定整治方案，由65名区市党政班子成员领包，290名镇（街道）班子成员、52名“第一书记”具体负责整治工作。强化基层组织覆盖，在镇党委和村党支部之间建立片区党总支，推动管理下移、服务下沉。出台《关于加强农民专业合作社党建工作的意见》，通过在镇（街道）党（工）委下设农民专业合作社联合社党总支，对属地内合作社党组织实行区域化管理。强化各类经费保障，按照村级组织运转保障经费每村至少6万元以上，城市社区运转经费每个社区不低于6万元，党组织为民服务专项经费每个社区不少于20万元的标准，列入目标考核，定期调度检查。强化为民服务。选派578名干部到薄弱村担任“第一书记”，共走访党员群众11万余户，争取资金1370万元，为基层办实事好事3397件；帮助引进特色产业项目96个，安置闲置劳动力745人。启动第十轮市直单位联系村工作，安排230个单位对口帮扶帮带薄弱村，并组织4226名市直机关干部参与结对帮扶。市直各单位共投入帮扶款物价值1874.9万元，帮助办好事实事1098件。

注重规范提升 规范村务运行

机制，探索推行“小微权力”清单制度，对村级权力根据工作性质列入清单目录，为每项权力设计运行规范、行使流程、责任追究等，固化权力运行流程、强化权力运行监管。试点建立基层党建信息化平台，开通全程记实功能，由各镇、村每月对党务、村务、财务及民主决策等重大事项及工作推进情况即时全程写实录入，市、县两级通过信息化平台进行查看、指导。严格党员队伍管理。强化组织员队伍建设，出台《关于加强全市组织员队伍建设的意见》，在全市配备758名专兼职组织员。做好发展党员工作，编制党员发展具体流程，坚持全程公示、全程审核、全程问责，严把党员“入口关”。探索建立“党员信息管理平台＋电子党员证＋党员积分量化考核”三位一体党员管理工作体系，提升党员管理精细化水平。打造党员教育“互联网＋”平台，通过远程教育网络和“威海党建”微信公众号、《党建新视线》电视栏目、远教文化广场等多种形式，将党员教育变为开放教育、全民教育。拍摄制作的专题片《红色的爱之革命摇篮》获得中组部课件观摩交流一等奖。提升“两新”组织、城市社区和市直机关党建工作水平。在“两新”组织，开展“党建工作提升年”活动，组织市直14大行业协会党委分别开展党建主题活动。开展“党员诚信示范商户”“两新”组织党建工作示范点创建活动，持续推进区域化党群服务中心建设，在现有20处的基础上又新增10处，实现镇级以上园区全覆盖。在城市社区，组织召开全市城市社区党建工作会议，交流经验，明确要求，进一步推进社区服务型党组织建设。开展城市社区党建工作示范点创建活动，选取6个社区进行区域化党建工作试点、14个社区进行党建项目化试点，着力打造“精品”社区。在市直机关，制定《关于落实全面从严治党建强和规范机关党建工作意见》，推动机关党建走在前、作表率，对40个先进基层党组织、153名优秀共产党员和45名优秀党务工作者进行隆重表彰。

注重改革创新　制定印发《威海市深化党的建设制度改革实施方案》，涉及5个方面21项改革任务，并将其纳入全市目标绩效管理考核。突出抓好落实和完善党代表任期制工作，制定《关于落实和完善党代表任期制充分发挥代表作用工作的实施意见》，配套出台19项制度，并将党代表工作经费列入各级财政预算和党费支出。组织党代表开展集中调研、“进市纪委机关”“进审判机关”等活动，组织列席市委全委会议、行风热线，参与述廉述责评议和农村环境整治考核，并利用报纸电视等媒体集中宣传了50多名优秀基层党代表。2015年，各级党代表提出“金点子”20多条，有97名市级党代表提出议案57件，全市建立党代表工作室116处，接待党员群众2100多人次，解决问题450余件，受到党员群众广泛好评。

【构筑威海人才聚集高地】　*强化牵头抓总职能*　以人才工作目标绩效管理考核为抓手，采取定期调度、部长约谈等方式对重点人才工作进行经常性督导。设立3000万元的专项资金，有效保障人才工作需要。

突出人才政策创新　围绕贯彻“威海英才计划”，集中出台了《威海市企业博士聚集计划实施办法》《威海市重点产业紧缺人才引进计划实施办法》等14个配套实施细则，明确人才选拔标准条件、扶持政策等事项，形成具有明显区域特色的人才政策体系。

实施重大人才工程　实施国家“千人计划”专家、省“泰山学者”等高端人才培养引进计划，鼓励企业和专家积极申报省级以上重点人才工程。2015年，有2人入选国家“千人计划”专家，全市自主申报入选省泰山系列人才工程的专家29名，入选数量位居全省前列。实施助推产业转型“双十计划”（重点围绕战略性新兴产业和传统优势产业分别选择10个关键共性技术和重大技术攻关项目），开展市级蓝色产业领军人才团队支撑计划和特聘专家申报工作。加强海外人才引进，出台了《威海市海外引才工作站建设实施办法》，与北美中国学人国际交流中心、英国英创基金等6个海外社团组织签署合作协议。

优化人才发展环境　出台《威海市高层次人才服务暂行办法》和《威海市高层次人才服务窗口运行暂行办法》，设立高层次人才服务窗口，提供一站式服务。成立威海人才协会产业博士联谊会，将40多名产业领域的博士人才吸纳为会员。在新闻媒体开辟《创新驱动、人才领航》栏目，对14名高层次人才的创新创业事迹进行集中宣传。

（吴　珂）

·宣传工作·

【加强理论宣传普及】　2015年，市委宣传部重点抓好习近平总书记系列重要讲话和中共十八届五中全会精神学习宣讲，组建五中全会精神宣讲团，开展集中宣讲110余场次，举办各种座谈会、交流会10余场次。着力加强中心组理论学习工作，研究下发《全市县级以上党委（党组）中心组学习意见》，通报2014年度学习情况。深化“学理论、懂政策，做明白人”理论大众化普及，开展社科普及周活动，举办“威海讲坛”5期，组织33个单位负责人通过微博、微信等政民互动平台回答群众提问1200多个。加强理论学习联系点建设，推出8个先进典型并予以广泛宣传。

【持续开展中国特色社会主义和中国梦宣传教育】　组织举办“中国梦·参与改革见证改革”百姓宣讲20多场次，举办“幸福威海·我的梦”主题文艺演出30多场次，开展“我们的价值观”宣讲比赛及巡回宣讲活动，推荐参加全省“我们的价值观”宣讲比赛的选手中，1人获二等奖、2人获三等奖。围绕全市重大战略部署，组织社科骨干开展深入研究，撰写完成21篇课题著述，编印《新常态下威海发展研究》，为市委和领导决策提供参考依据。组织开展全市第十八次社会科学优秀成果评选，评出优秀成果100项。组织参与“调研山东”大型社会调查活动，5项课题进入2015年山东省社科人文课题。择优向“山东省‘四个全面’战略研讨会”推荐的7篇文章中，1篇获一等奖、3篇获三等奖。

【着力提升舆论引导水平】　深入开展习近平总书记系列重要讲话和中共十八大，十八届三中、四中、五中全会精神的宣传阐释，持续深化“全域城市化与市域一体化”“产业强市与工业带动”等全市重大发展战略宣传，扎实做好“三严三实”专题教育、解放思想、科技创新、全民创业等重大工作宣传，着力凸显并展示威海市优越条件、先进经验和发展成就，各类媒体共策划推出重点专题专版300多个，在中央及省主流媒体刊播稿件3000多篇。加大文化市场整治，组织做好各类论坛讲座、报告会、研讨会等管理，深入开展“扫黄打非”行动，有效净化了社会文化环境。

【加强热点舆情处置引导】 认真执行新闻例会制度和新闻阅评制度，加强住房、教育、医疗等社会关注问题正面引导。强化舆情收集、分析、研判，被评为全省舆情信息工作先进单位。加强政务微博、微信等新媒体平台运行管理，围绕全市重点工作、公众关注热点问题组织开展“微访谈”“微直播”30多场次，即时回复网民问题400多个，话题浏览量累计达2652万余次，有效回应了社会关切问题。“威海发布”在全省政务新媒体综合影响力排行榜中名列第二，获得“山东城市政务新媒体综合影响力奖”。

【深入推进“君子之风·美德威海”建设】 坚持把弘扬君子之风作为推动社会主义核心价值观与优秀传统文化对接融通的探索创新，在大众化、具体化上下功夫，在贯穿融入结合上下功夫，努力打造“君子之风·美德威海”。创新开展君子之风主题实践活动，推动君子之风融入日常、内化于心，推出的原创歌曲《君子之风》传唱大街小巷，编排的“君子之风”广场舞成为城乡群众主要健身广场舞，编辑发行并免费发放书籍《君子之道格言》2万多册，组织举办“君子之道·幸福人生”公益讲座百余场次，全社会崇尚君子品格、大兴君子之道的风尚更加浓郁。与光明日报社等联合举办“君子之风·美德威海”与社会主义核心价值观研讨会，吸引了国内20多个知名院所100多名专家学者齐聚威海座谈研讨，引起广泛关注和强烈反响。传承弘扬优秀传统文化，积极实施“社区儒学”和“乡村儒学”推进计划，推动威海市图书馆以及环翠、文登、荣成、乳山图书馆高标准建成“尼山书院”并正式对外开放。组织并扶持开展传统文化进社区、进校园、进机关、进企业系列活动，涌现出以儒莲、福道等为代表的一批优秀民间文化传播组织。品牌化开展“书香威海”全民阅读活动，策划推出各类读书活动210余项，吸引50余万人次参与。拓展深化“四德”（爱德、诚德、孝德、仁德）工程建设，着眼让不同领域、不同追求的人都能找到学习的目标、赶超的对象，持续不断在各个层面选树推介、总结宣传文明市民、平凡好人、道德模范和时代君子四个方面的先进模范榜样，有1人入选第五届全国道德模范提名奖，12人入选中国好人榜，48人获评山东好人、全省道德模范及提名奖，125人被新评为威海好人、市级道德模范及提名奖。推动全市30%以上的城市社区、机关、企业和学校建立善行义举“四德”榜，组织定期发布诚信“红黑”名单，深入开展“厚道鲁商”“诚敬做产品”等系列主题道德实践活动。深化“四德”工程建设示范县（区、市）创建，威海市在全省率先实现创建“四德”工程建设示范县（区、市）“一片红”。以纪念中国人民抗日战争胜利暨世界反法西斯战争胜利70周年为契机，加强爱国主义教育，新增全国、全省爱国主义教育示范基地各1处。围绕清明节、国庆节等重要时间节点，广泛组织开展清明祭英烈、“学习和争做美德少年”“童心向党”“做一个有道德的人”等主题教育实践，大力推树并宣传20名“威海美德少年”，不断提升未成年人爱党爱国爱社会的思想意识。

【实施文明市民培育工程】 坚持以“人的文明”升级“城的文明”，大力推进文明市民培育，不断提升城市文明水平。全国文明城市创建取得历史性新突破，持续优化升级公共环境、公共秩序，不断深化文明交通、文明餐桌、文明旅游等文明建设活动，城市文明程度进一步提升，以第一名的成绩入选第四届全国文明城市。并召开全市创建全国文明城市总结表彰大会，总结文明城市建设经验，表彰创城工作先进典型，部署下步工作方向及重点。组织报纸、广播、电视、网络等各类媒体持续开展公益广告宣传、典型宣传、“拍一拍·议一议”不文明现象等工作，推进文明城市创建常态化系列宣传，收到春雨润物滋养、潜移默化提升的良好效果。2015年以来，先后有16个省（自治区、直辖市）、35个市、27个县区市、65批、1127人到威海考察，对威海市文明城市建设给予高度评价。“爱文明家园　做文明市民”三项行动持续发力、成效显著，坚持把文明市民培育工程作为文明城市建设的升级版，在全市精心部署开展“爱文明家园　做文明市民”主题实践活动，重点通过实施“排队上下车、礼让斑马线、不乱扔杂物”三项行动，进一步提升市民文明素质。组织协调各区市、开发区及交通、交警、城管等部门广泛动员各种力量，坚持每天采取上下班高峰时间全员执勤、重点路口及站点派驻志愿者开展文明引导、早晚一个半小时巡查等各种形式，劝导机动车礼让行人、人人自觉排队上下车、不乱扔杂物，帮助人们从日常做起，养成文明习惯。广泛搭建市民易于接受、乐于参与的载体平台，精心设计并组织实施“互联网+”主题微公益、“每周奉献1小时”、排队日、让座日等文明实践活动，开展“三项行动”演讲比赛、公益广告大赛、优秀博文征集等宣传教育活动，深化“三关爱”“我是你的眼睛”等志愿服务活动，吸引人们在积极参与中逐步养成文明意识和文明习惯。群众性精神文明建设不断深化，在机关、企事业、农村、社区、窗口行业等各层面，深入开展文明村镇、文明社区、文明行业、文明单位创建活动，推荐新增省级文明村镇5个、文明单位19个、文明社区9个，新增市级文明村镇184个、文明单位36个、文明社区16个。组织指导荣成市、乳山市争创全国文明县（市、区）。

【推进城乡环卫一体化高质量全覆盖】 坚持把乡村文明作为深化全域文明建设的着力点，围绕改善农村环境和农民生活方式，持续推进城乡环卫一体化工作，在半年及年终全省城乡环卫一体化群众满意度电话调查中，威海市成绩连续两次名列全省第一。将存量垃圾全面清理，投入3亿多元，集中3个月的时间，对农村房前屋后、街巷内“三大堆”（草堆、粪堆、垃圾堆），特别是村边沟渠、村庄沿途道路两侧、河道内等部位长期积存的垃圾进行集中整治，出动清运设备56万台次，清理“三大堆”80万余处，清理存量垃圾75万立方米，修复破损道路、花墙、水沟等419万平方米，农村人居环境在短时间内得到显著改善，许多村庄积存多年的垃圾得到彻底清理。二是环卫设施全面配齐。投入5.67亿元用于镇村环卫设施建设配套，实现了各区市、开发区全部配齐密闭式专用垃圾运输车，新建生活垃圾无害化填埋场、焚烧发电厂、压缩站等垃圾处理设施8个，镇级标准化垃圾转运站53个，农村按照每10～15户配备1个生活垃圾箱或每户配备一个小垃圾桶，确保镇村垃圾日产日清。三是管护队伍全面健全。各区市、开发区配备垃圾清运人员660余人，充分满足垃圾清运需求。各村按照每百户配备1名的标准配备保洁员，主要负责村庄日常保洁和垃圾收集，2015年，全市新增农村保洁员2300名，实现村村配有保洁员、配足保洁员，农村环卫保洁进入日常化、长效化的轨道。四是乡风文明建设全面深化。推动农村普遍建立村民议事会、道德评议会、“红白”理事会等群众自治组织，年内评出“星级文明户”500户、“文明信用户”350户。推进“新农村新生活”培训，举办培训班300多期，培训农村干部、妇女骨干3.5万人次。深入实施“百镇千村”示范工程，建成10个市级文化特色示范镇、100个市级“乡村文明家园”示范村建设，全市85%的村达到了县级以上文明村标准。

【深化对外宣传交流】 围绕市委市政府中心工作，精心策划主题，完善推介手段，全方位多层次开展对上对外宣传。深化城市品牌宣传，抓住中韩自贸协定签署的重大契机，借助中韩FTA投资贸易论坛、中韩（威海）电商大会等重大活动平台，以威海与仁川自由经济区作为中韩自贸区地方经济合作示范区的唯一行为着力点，组织邀请韩国韩联社、韩国《中央日报》和新华网等50余家国内外媒体推出800余篇重点稿件。利用“2015年意大利米兰世博会中国馆山东活动周”“铁三世界杯系列赛”“双城联创试点工作现场会”等重大活动，大力宣传推介“蓝色休闲之都 世界宜居城市”“走遍四海 还是威海”等城市品牌，在新华社、《人民日报》等主流媒体发稿200多篇。举办“新常态·新定位·新提升”等3次大型网络媒体威海行活动，在新华网、人民网、新浪网、搜狐网等网站刊发稿件200余篇。认真做好新闻发布工作，修订完善《威海市突发事件新闻发布应急预案》，编制《威海市突发事件新闻发布应急处置指南》。推动各区市、开发区和市直部门设立新闻发言人，组织举办各类新闻发布会80多场次。加强外宣品制作生产，深入实施“威海外宣工程”，制作更新韩语版招商宣传片、旅游推介片、宣传画册，为规范开展对外宣传提供支持。强化精品外宣理念，组织拍摄制作展现威海人尊重自然、爱护生态、保护环境的生活方式的电影《承诺》，联合韩国YTN电视台录制的《最近的中国卫生城市——威海》《美丽的港口城市——威海》以及《中国大天鹅之乡——荣成》被评为山东省优秀外宣作品奖。

【实施文化惠民工程】 （详见《文化·综述》 第266页）

【加快发展文化产业】 （详见《文化·文化产业》 第271页）

（林一龙）

·统战工作·

【贯彻落实中央、省委统战工作会议精神】 2015年，市委统战部召开全市统战部部长座谈会和统战调研宣传信息工作推进会，组织各民主党派和统战团体举办了学习中央和省委统战工作会议精神座谈会。邀请中央统战部有关领导就学习贯彻中央统战工作会议精神和《中国共产党统一战线工作条例（试行）》进行解读和辅导。在《威海日报》开设《围绕中心 服务大局》宣传专栏，对威海统一战线网站进行改版，创建威海统一战线微信公众号，在爱威海社区网中推出“肝胆相照 梦圆[illegible]”网站，建立“威海海联”QQ群，广泛宣传中央、省委统战工作会议精神及贯彻落实的经验做法。组织召开市委统战工作会议，印发《威海市推进〈中国共产党统一战线工作条例（试行）〉实施工作方案》，对工作任务进行了分解落实。各区市、国家级开发区党（工）委分别召开统战工作会议，出台《实施工作方案》。市及区市两级党委统战部部长均由同级党委常委担任，市民族宗教工作部门主要负责人、市及区市工商联党组书记均由同级统战部副部长担任。坚持问题导向，深入民主党派、工商联及直属商会、民宗部门及宗教团体调研，对发现的问题短板，启动工作倒逼机制，建立重点工作事项督查制度，取得阶段性成效。

【落实中国共产党领导的多党合作和政治协商制度】 充分发挥统一战线在协商民主中的重要作用，健全政治协商机制，市委印发《中共威海市委关于加强社会主义协商民主建设的实施意见》；根据年度工作重点制定协商计划，市政府印发《威海市人民政府关于在政府工作中进一步加强同民主党派、工商联和无党派人士联系的通知》。围绕全市中心工作召开民主党派负责人情况通报会、协商会、座谈会9次，开展考察调研4次，畅通党外人士参政议政渠道，提高政治协商的质量和实效，为各项事业发展献计出力。聚焦改革重点积极建言献策，完善了调研报告工作机制，开展民主党派优秀调研报告评选活动，组织民主党派围绕市委决策部署深入调查研究，积极建言献策。编印《参阅件》22期、《协商建言》4期，得到市委、市政府主要领导批示，进一步增强党外人士参政议政工作的针对性和实效性。加大特约人员工作力度，印发《关于加强特约人员工作的通知》，加强统战部门与14个执法部门的联系，规范人员选聘和归口管理，支持特约人员更好地发挥民主监督作用。

【党外代表人士队伍建设】 着力提升党外代表人士队伍建设水平，加强政治引导，组织各民主党派负责人赴省内地市学习加强自身建设的经验做法，先后举办“威海统一战线讲坛”4期，编印

《威海同心苑》4000余册，组织党外文化艺术工作者举行“同心·中国梦”优秀书画作品展，展出作品115幅，引导党外人士进一步增强中国特色社会主义道路自信、理论自信和制度自信，巩固和增进政治共识。积极支持民主党派加强自身建设，协助民主党派按要求按程序做好领导班子述职和评议工作，对党派后备干部进行了推荐考察，把好党派新成员政治关，有计划地发展新成员48名，举办了民主党派新成员培训班，协调有关区做好致公党、民建等党派基层支部调整换届等工作，推进民主党派基层组织规范化建设。统筹做好党外代表人士安排工作，协调推进党外人士政治安排，增补7名党外人士进入市政协，推荐1名党外人士进入省政协，向省委统战部举荐7名社会组织代表人士、7名山东省优秀中国特色社会主义事业建设者。协调推进党外人士实职安排，市委提拔、重用、交流党外干部11名，其中，正处级党外干部1名，政府序列部门副处级党外干部4名，法检两院副处级党外干部2名，其他人民团体、事业单位副处级党外干部4名。

【统战为经济建设服务】 着力促进非公有制经济人士健康成长，指导工商联深入开展非公有制经济人士理想信念教育实践活动，引导非公有制经济人士践行社会主义核心价值观。组织开展“争当转型升级先锋、争做创新创业模范”活动，发挥商会党组织作用，示范和带动非公有制经济人士自觉参与创新创业实践。积极引导商会及会员企业投身民企帮村助学、精准扶贫和感恩行动等公益活动，新增41家会员企业帮扶款物合计152万元。着力促进非公有制经济健康发展，指导工商联以“中韩自贸协定下民营企业的机遇与挑战”为主题，举办创新创业论坛，探求企业转型升级谋求发展的方式方法。走访民营企业家100多位，了解掌握民营企业在经济新常态下遇到的困难问题，整理形成了专题调研报告，得到市政府主要领导批示。与市发展改革委、商务局建立了联席会议制度、综合政策信息服务平台等服务异地商会发展合作机制，更好地为商会及会员企业发展提供服务。着力助推区域经济发展，指导市工商联深入贯彻落实市委、市政府《关于进一步促进大众创业的意见》，充分发挥市创促会作用，扎实推进创业扶持工作。继续开展对接市工商联执行委员会委员企业和知名民企招商活动，积极搭建沟通交流平台，助力招商引资工作开展；组织引导异地商会以会招商、以商招商，引进项目50余个，投资总额7亿元。

【统战为社会建设服务】 创建统一战线服务社会品牌，在农村开展“统一战线服务和谐社会直通车”活动，组织党外农技专家为2100余名农村群众义务咨询服务，免费提供瓜苗1万余株；在社区开展“同心－牵手”服务社区活动，慰问弱势群众，为社区居民义务提供医疗、法律等服务。深入贯彻落实党的民族政策，扎实做好民族团结进步创建工作，举办宣传月广场日活动，印发民族知识试卷2000份，编印《穆斯林必读》2000册，有3个集体和3名个人被评为全省民族团结进步模范典型。扎实推动少数民族经济加快发展，印发《威海市少数民族发展专项资金绩效评价办法（暂行）》和《威海市少数民族发展专项资金管理办法》。举办实用技术培训班，向少数民族农民专业合作社发放专项帮扶资金30万元，为少数民族特需商品定点生产企业申请贴息贷款5.1亿元。全面贯彻党的宗教工作方针政策，着力解决宗教工作中的重点难点问题，对非宗教活动场所违法违规设立功德箱借教敛财情况进行排查，对私设聚会点进行清理整治，年内查处非法宗教活动10余起。支持爱国宗教团体加强自身建设，开展宗教团体领导班子述职评议活动，组织全市宗教代表人士培训班，举办“宗教政策法规学习月”活动，指导各宗教团体制订大型宗教活动工作预案。举办宗教界纪念抗日战争胜利70周年演唱会，引导宗教与社会主义社会相适应，开展“宗教慈善周”活动，捐款捐物近16万元，为促进社会和谐发挥了积极作用。

【统战工作科学化建设】 纵深推动统战工作向基层延伸、向社会拓展、向网络推进。加强统战基层基础工作，引导各区市、国家级开发区深化统战工作品牌建设，促进统战工作重心下移，服务基层统战成员，服务基层发展。580家企业健全完善了统战工作运行机制，建立健全社区统战工作协调小组460个，实现了对统战成员的动态管理。加强社会领域统战工作，顺利完成市社会新阶层党外知识分子联谊会换届工作，在中华海外联谊会会员中开展“我为现代化幸福威海建设做贡献”活动。建立由统战部门主导、以活动促发展的社会组织统战工作模式，将8150名社会组织成员纳入统战工作范围，开展“我为创新社会治理献良策”“争当优秀中国特色社会主义事业建设者”“培育和践行社会主义核心价值观”等活动，社会组织统战工作步入正轨。加强网络统战工作，督导基层统战部门健全完善网上统战工作平台，指导九三学社市委开通门户网站，在爱威海社区网中推出“肝胆相照 梦圆威海—威海市爱国统一战线社会版”网站，开展“同心中国梦 网上正能量”征文活动，进一步扩大统战工作覆盖面。积极探索新媒体行业从业人员统战工作，将新媒体行业代表人士纳入统战重点团结对象范畴。坚持抓好党员经常性学习教育，举办“创意党课”讲座，赴沈秀芹纪念馆进行革命传统教育，大力开展《中国共产党统一战线工作条例（试行）》和统战政策理论知识学习活动，全年举办集体学习26次。

【市委统战工作会议】 10月30日，市委统战工作会议召开，学习贯彻中央、省委统战工作会议精神，研究部署全市统战工作，推动全市统一战线事业创新发展。市委书记、市人大常委会主任孙述涛作出批示，市委副书记赵熙殿出席会议并讲话，市委常委、统战部部长侯世超主持会议，市人大常委会副主任丛培卿、市政府副市长张波、市政协副主席李丹出席会议，各区市、国家级开发区党（工）委副书记、统战部部长、常务副部长、办公室主任，南海新区工委副书记、党群工作部部长，市直和中央、省属驻威海各部门、单位负责人，市纪委各派驻纪检组组长，驻威海高校党委副书记、统战部部长200余人参加会议。会议印发《中共威海市委关于印发〈威海市推进《中国共产党统一战线工作条例（试行）》实施工作方案〉的通知》，邀请全国政协委员、中央统战部原副秘书长、干部局原局长张献生作学习贯彻中央统战工作会议精神专题辅导。

【省委常委、统战部部长吴翠云到威调研统战工作】 9月10日—11日，省委常委、统战部部长吴翠云到威海就学习贯彻落实中央和省委统战工作会议精神、加强新常态下民营企业家队伍建设等工作进行调研。市委书记、市人大常委会主任孙述涛，市委副书记、市长张惠，市委副书记赵熙殿，市委常委、秘书长王学文分别陪同调研。

【协商民主活动】 1月12日，市政府召开《市政府工作报告》征求意见座谈会。2月3日，市委召开各界人士民主协商会。3月26日，召开党风廉政建设情况通报会。7月30日，召开党外人士座谈会，学习中央统战工作会议精神。9月21日，召开情况通报会，传达市委十四届六次全会精神。11月2日，召开情况通报会，传达十八届五中全会和市委统战工作会议精神。12月23日，召开情况通报会，传达市委十四届七次全会精神。12月18日，市委召开党外人士座谈会，征求对“十三五”规划的意见建议。12月25日，市政府召开党外人士座谈会，征求对中韩自贸区规划的意见建议。

【党外代表人士调研】 5月29日，组织各民主党派及统战团体负责人考察调研全市深化医改工作情况。7月3日，组织各民主党派及统战团体负责人考察调研全市食品安全工作情况。10月20日，组织各民主党派及统战团体负责人考察调研全市林业工作情况。12月1日至4日，组织各民主党派及统战团体负责人赴潍坊、日照、青岛考察调研统一战线服务经济社会发展工作情况。

【全市统战部长会议暨民主党派工作会议】 3月26日，全市统战部长会议暨民主党派工作会议在东山宾馆召开。会议总结回顾了上年全市统战工作情况，研究部署2015年的工作任务。市委副书记赵熙殿出席会议并讲话。各区市、国家级开发区党（工）委统战部（党务部）部长、有关副部长、办公室主任（统战科长），驻威高校党委统战部有关负责人，各民主党派主委、副主委、秘书长，有关统战团体会长、副会长，民主党派机关工作人员60余人参加会议。

【全市宗教界代表人士培训班】 6月17日，市委统战部、市民族宗教局联合在市委党校举办全市宗教界代表人士培训班，邀请党校专家和部门负责人，就中共十八届四中全会精神、邪教的防范和处理以及宗教政策等方面内容进行授课和辅导，全市五大宗教团体和宗教活动场所负责人70人参加培训。

【党外人士学习中央统战工作会议精神座谈会】 7月30日，市委统战部召开党外人士学习中央统战工作会议精神座谈会。市委常委、统战部部长侯世超出席会议并讲话。各民主党派、工商联、统战团体负责人及无党派代表人士30余人参加会议，就学习贯彻会议精神谈了认识、体会和建议。

【威海市社会新阶层党外知识分子联谊会二届一次理事大会】 8月31日，威海市社会新阶层党外知识分子联谊会二届一次理事大会召开。市委常委、统战部部长侯世超出席会议并讲话。联谊会理事、各区市及国家级开发区党（工）委统战部分管副部长及科室负责人90余人参加会议。会议选举产生了新一届理事会领导机构，韩强当选为会长，唐艳丽等7人当选为副会长，任命崔建涛为秘书长。

（孙冬青）

·政策研究·

【调查研究】 *抓好重点调研* 2015年，市委政研室围绕党代表任期制、威海中韩自贸区地方经济合作示范区、加强和创新社会治理等课题开展调研，形成调研报告5篇、参阅件9期，市委领导批示4期。其中，《关于我市医药卫生体制改革工作的调研报告》以及“打造健康山东行动升级版”的建议被省委政研室《参阅件》采用，被省领导批示“各地市参阅”。围绕市委十四届六次和七次全会、全市经济工作会议、产业强市工业带动战略推进大会、科技与创新大会、海洋与渔业大会等重要会议，深入开展调查研究，分析把握宏观政策，强化确立问题导向，做好调查研究与推动发展的结合文章，推动相关工作开展。

开展社会调研 组织开展“百题调研”活动，年初，确定了全面深化改革、依法治市等10个方面课题，积极组织协调，抓好指导调度，形成“大调研”工作格局。全年收到调研报告125篇，组织开展了全市优秀调研成果评选。充分发挥《威海通讯》平台作用，每期都确定重点栏目，及时刊载全市经济社会发展中的新经验、新探索、新亮点，全年刊载250多篇。强化民生调研，在打造东部滨海新城国际化教育板块、向国家申请设立自由贸易园区、新型职业农民培育等方面，采取与部门、院校或市区联合调研的方法，既充分调动各部门的积极性，又提高了调研成果质量。

【信息服务】 全力提供信息服务，发挥《学习借鉴》《每日参考》两个刊物的平台作用。以《学习借鉴》为平台，紧盯中央出台的新政策和社会关注热点，及时为领导搜集相关资料，围绕十八届五中全会精神、供给侧改革、“海绵城市”、农产品拍卖等编发《学习借鉴》，得到领导充分肯定。以《每日参考》为平台，搜集国家新出台的政策和各地的先进经验，整理呈报领导参阅，全年编写245期，市委主要领导批示20期。

【深化改革】 严把改革方案质量关口，筹备召开领导小组会议6次，审议通过改革方案（意见）19项。市级领导围绕分管领域重大改革事项，牵头组织开展专题调研，形成调研报告14篇。印发《提请市委全面深化改革领导小组会议审议的改革方案报审办法（试行）》，提高了改革方案质量。全面贯彻落实省改革方案，加强跟踪调度，推动重要改革举措落地，全年印发贯彻落实文件64个。将近两年来各级、各有关部门形成的140多篇改革调研报告，择优选取83篇汇编为《改革文集》，为全市改革工作提供指导和借鉴。

建立健全督察考核机制 研究制定《全面深化改革重要举措实施规划(2014–2020年)》《全面深化改革领导小组2015年工作要点》，对全市深化改革作出整体安排。出台《全面深化改革督察工作实施办法（试行）》，建立分级督察制度，对17个国家级改革试点开展督察，对各区市和市直部门落实省改革方案、推进改革情况进行督察。建立完善改革考核评价制度，将深化改革作为扣分项，纳入全市目标绩效管理考核。

挖掘推介基层改革亮点 先后就海陆一体平安建设、建设工程项目模块化审批流程再造等10多项改革创新经验进行实地调研、总结提炼，形成一批体现威海特色、可复制可推广的改革经验。编发《改革工作动态》10期，推广威海市创新经验及外地先行先试做法。积极对接省委改革办，主动提供改革典型案例线索，威海市“12349”公共服务平台、农村校车运营新模式等7个方面的改革创新经验被省委推广，数量位居全省前列。威海市改革工作被省级以上重要媒体报道30多次。

（张　锐）

·机构编制工作·

【行政审批制度改革】 2015年，机构编制围绕深化改革，在下放审批事项、加强事中事后监管、优化服务等方面出台具体举措，制定《关于贯彻落实鲁政发〔2015〕6号文件进一步深化行政审批制度改革的意见》。推动目录清单管理规范化，对照省编制的市县行政许可事项通用目录，修订完善市县两级行政审批事项目录，公布保留40个部门、单位实施的市级行政审批事项287项，按照“能放则放、宜放尽放”的原则，将28项市级行政审批权下放县级实施，其中涉及跨区域审批事项，由原市级审批部门负责建立协调管理机制，全部实行“一口对外、并联审批”。修订后的审批事项与进驻政务服务中心事项实行联动管理、同步调整、同时公开。推动审批服务便捷化，对市直部门单位内设行政审批机构优化调整，助推进驻市级政务服务中心和部门办事大厅的行政审批事项比例由年初的84.3%提高到100%。会同政务服务中心管理部门开展建设项目前置审批区域化评估评审专题研讨。推动事中事后监管严格化，推动行政审批制度改革由事前审批向事中事后监管转移，制定《威海市加强行政审批事中事后监管实施方案》，完善承接审批事项落实情况专项报告制度、保留审批事项日常监督检查制度、取消转移和下放委托审批事项事后评估制度，督导40个市直部门、单位逐项或分类制定事中事后监管制度247项。

【权责清单制度建设】 市县联动建立权力清单制度，遵循权力法定、权界清晰、权责一致原则，按照清权、减权、制权、晒权思路。3月，市县行政权力清单全部对外公开，其中55个市直部门单位3682项权力纳入清单管理。统筹推进建立责任清单制度。7月，按省要求顺利完成市县政府部门责任清单编制公开工作，其中，市级清单确定主要职责311项，具体责任事项1175项，追责情形5309项，部门职责边界46项。荣成市成山镇编制威海市首张镇级行政权力和政务服务事项清单，梳理确认镇级行政权力和政务服务事项133项，其中行政权力100项，政务服务事项33项，所有事项通过镇政府网站对外公布。

【行政体制改革】 健全推进政府职能转变体制机制，市政府办公室印发《关于成立威海市推进政府职能转变领导小组的通知》，将市转变政府职能简政放权工作领导小组更名为市推进政府职能转变领导小组，下设6个专题组、4个功能组，形成“6+4”的工作推进格局。政府机构改革全面完成，结合本轮政府机构改革，将“会同有关部门制定并下达退役士兵安置计划”“指导全市文化市场综合执法管理职责”等多项职责调整理顺，明确牵头部门，分清主办、协办关系。开展三级联动改革检查，顺利通过省编办评估验收。深化省级经济发达镇行政管理体制改革试点，围绕提升行政活力实行机构设置综合、人员编制精干、上升渠道灵活的行政管理体制，有关经验在全省经济发达镇行政管理体制改革试点工作会议上发言交流。

【事业单位改革】 完善政策，明确改革路径。贯彻落实省事业单位改革领导小组会议精神，制定《分类推进事业单位改革重点任务分工》，明确14项重点任务和责任部门。创新体制机制，落实事业法人自主权。出台《威海市事业单位法人治理结构建设试点工作实施方案》，选择市县两级27家教育、卫生、文化类事业单位启动法人治理结构试点，重点在建立以理事会、管理层为主要内容的治理架构、出台事业单位章程、健全监督机制等方面取得突破，在收入分配制度、内部用人机制、理顺与主管部门关系上落实事业单位法人自主权。全面考核，强化事业单位公益属性，2014年事业单位绩效考核圆满结束，市直确定A级单位39个、B级单位182个、C级单位3个，为A级单位颁发奖牌、兑现经费补助资金69万元，对C级单位通报批评。顺利启动2015年度考核，将261家市直单位纳入考核范围，实现考核工作全覆盖。

【重点领域体制机制创新】 围绕中心工作大局切实保障发展，按照全市关于中韩自贸区地方经济合作示范区的重大工作部署，从加强工作推进体制和争取行政审批工作支持上双管齐下，争取省编办批复同意成立威海中韩自贸区地方经济合作促进机构；组织市直部门、单位梳理与中韩自贸区地方经济合作示范区建设相关的行政审批及其他权力事项，提报省级业务主管部门加大下放力度，方便威海市先行先试。围绕保障国家级经济功能区健康有序发展，组织开展国家级开发区管理体制专项调研，统一规范开发区机构设置、职数核定以及有关机构编制管理权限，打造形成机构精简、职能综合、结构合理、运行高效的行政管理体制。围绕便民利民惠民切实保障民生，配合推动中小学校长职级制改革试点，按照“撤一建一”原则成立市教育人才服务机构，负责组织协调全市教育人才交流服务工作。联合制定《威海市中小学校长选拔聘任管理暂行办法》《关于进一步优化配置全市中小学教师资源的指导意见》等配套文件，推进中小学教师“县管校聘”管理改革。围绕夯实基础根本切实保障基层，加强镇级安全生产监管、法制、民政保障能力等建设，明确人员编制配备数量，切实服务保障民生。

【机构编制管理】 严控机构编制总量，引导各级各部门向深化改革要编制、向现代技术要编制、向提高工作效率要编制，倡导各级各部门以系统调剂、内部挖潜实现自力更生。县级领导职数实行编制单列管理保障干部任用。与组织部门配合，将市直机关事业单位副处级以上领导干部职数从单位编制总额中分离出来，单独列为领导职数编制，只作单位配备实职县处级干部使用，其他人员不得占用。探索编制资源配置新办法，实行“人编同调”模式，在不突破编制总量前提下，推动职能弱化单位连编带人整体“打包”向职能增加、人员编制亟需加强的重点单位调整充实，省编办在有关会议、文件中多次肯定推广。推行政府购买服务和以事定费方式发挥行政功能，通过市场化方式实现公共服务效能，会同财政部门对服务性、保障性和事务性岗位认真审核确认，确保政府购买服务严肃性、规范性。优先保障基层用编需求，按照“充实基层、加强一线”原则，在确保财政供养人员只减不增前提下，严格控制市、县新增人员总量不得超出年度自然减员数额，大幅压缩市直、县直用编计划，放宽镇（街道）用编限制，把自然减员空出的编制优先用于镇级，基本做到镇（街道）有空编就可以申请使用，基层公务员空编率实现4年连降。

（许　昌）

·党校工作·

【概况】 至2015年底，市委党校有教职员工90人，内设13个职能处室，有专职教师49名，其中教授8名、副教授28名。

【党校教学工作】 全年举办教学班次29个，培训学员3276人。举办名家讲堂19期，发展讲堂11期，[illegible]12期，红色讲堂9期，英才讲堂[illegible]期，警示教育讲解62场次，受众2837人。社会宣讲100多场次，受众1.2万人次，为企业培训2000多人。首次引进山东行政学院“泰山大家讲堂”省级高层次讲座。编写了青少年爱党教育读本——《为什么说没有共产党就没有新中国》。

培训内容创新 突出理论教育，加大学习研读马克思主义经典著作及习近平总书记系列讲话精神的教学比重；突出党性教育，落实好干部“五条标准”和“四有”要求，“三严三实”作风建设要求；突出能力培训，增强干部干事创业的本领。

培训形式创新 以讲授式为主要形式，全面铺开现场式、研讨式、答疑式、导讲式、学员论坛等培训形式。会同组织部门和有关区市，开发建设马石山十勇士纪念馆、天福山起义纪念馆、沈秀芹纪念馆等3处党性教育基地，威海监狱等两处警示教育基地，开发“做一天工人”等体验式教学模式。

教学组织创新 在主体班次学员中开展“三个一”活动，即每人带一个成功的案例、一个困惑的问题到党校研讨，结合学习对实际工作提一条建议或意见；对收集的800多个问题、案例、建议进行分析整理，充实教学案例库。

【党校科研工作】 *明确新定位新目标* 围绕贯彻落实中央《关于加强中国特色新型智库建设的意见》精神，召开全市党校校长会议和全市党校系统科研工作会，将科研工作的定位向智库建设聚焦。确定了8个校级重点课题，开展调查研究。

发挥决策咨询功能 年内，有4篇研究报告入选市委理论中心组读书会参考资料，一篇报告获市长批示，部分科研成果直接提供给有关部门。创办《咨政参阅》并上报3期。召开“新形势下全面从严治党”理论研讨会，开展对“十三五”规划方面的研究课题征集，完成省委组织部重大课题1项。

推进高层次立项结题 省级课题立项结题10项，市社科重点课题立项结题4项。在省以上报刊发表论文6篇，省级优秀成果评选获奖论文4篇，省级理论研讨会获奖论文17项；市社会科学优秀成果奖论文5篇，在《威海日报》发表12篇，《威海通讯》刊发1篇；接受市广播电视台专访33人次。

【新校区建设】 市委党校原校区占地2.87公顷，建筑面积3.9万平方米。新校区位于威海经济技术开发区泊于镇威石辅路东、旅游景观路北，总占地面积7.2公顷，其中建设用地5.33公顷。规划总建筑面积6万平方米，预计总投资3.16亿元。一期工程建设4.8万平方米，主要建设教学楼、学术报告厅、图书馆、学员公寓、餐厅以及其他附属设施。新校于3月21日举行奠基仪式，至年底，8个单体建筑主体基本完工，完成了内装修施工图设计、园林绿化工程设计、光亮工程设计、弱电工程设计等。

【党校队伍建设】 加强教师队伍建设，举办了师资培训周，组织新课试讲，开展“合格的党校教员的标准”研讨交流。举办全市党校系统精品课评选活动。选派教师19人次到中央党校、省委党校、省行政学院参加培训、跟班学习。

（梁　斌）

·党史资料征集研究·

【概况】 2015年，市党史室以工作基础化、规范化、网络化、创新化为目标，着力打造“围绕中心、服务大局、以史鉴今、资政育人”服务品牌，致力建设学研型、奉献型、清廉型机关，取得明显进步。筹备并协助市委办召开2次全市性党史工作会议。召开全市党史工作会议暨纪念抗日战争胜利70周年研讨会。征集纪念抗日战争胜利研讨会作品近百篇，刊印《纪念抗战胜利70周年研讨会优秀作品集》并分送市领导、市直机关等。召开全市《改革开放实录》征编工作会议，启动《改革开放实录》山东卷、威海卷和各区市卷的征编工作。

【全市党史工作会议暨纪念抗日战争胜利70周年研讨会】 7月31日，全市党史工作会议暨纪念抗日战争胜利70周年研讨会召开，会议传达贯彻全国、全省党史研究室主任会议精神，研究部署威海市党史工作，[illegible]

党史部门和党史工作者要把党史工作放到经济、政治、文化、社会建设和党的建设大局中去审视谋划，要挖掘好革命史料，记录好市委、市政府作出的重大决定、重要部署，威海的重大事件、重要人物以及经济社会发展中的重要情况，切实发挥党史资政辅政的作用。要积极探索新形势下党史工作的新特点，党史研究的新方法和新途径，提高党史工作的社会化水平。要周密部署组织中国人民抗日战争胜利70周年系列纪念活动，弘扬抗战精神，激励全市人民为建设现代化幸福威海而奋斗。会上，各区市相关负责人就党史工作开展情况进行了经验交流，对纪念抗日战争胜利70周年征文活动部分优秀作品进行了交流、研讨。

【《纪念抗战胜利70周年研讨会优秀作品集》刊印】 为缅怀抗战先烈，宣传抗战事迹，研究抗战理论，弘扬抗战精神，凝聚实现中华民族伟大复兴中国梦的信心和力量，市委党史研究室于7月31日举办全市党史系统纪念抗战胜利70周年作品研讨会。征集作品近100篇，8月下旬，刊印《纪念抗战胜利70周年研讨会优秀作品集》并分送市领导、市直机关等500多本，反响良好。作品包括研究抗日战争历史的学术论文，抗战时期的英烈事迹、感人故事和重大历史事件，八路军老战士后代的缅怀文章，社会各界人士和青少年学习铁军精神的心得体会等，史料真实翔实，感情真挚健康，揭露了日本右翼势力否认侵华历史的谬行。

【《改革开放实录》征编工作会议召开】 《改革开放实录》是中央党史研究室按照中央的要求，组织中央和国家机关各部门、各省（自治区、直辖市）启动的全国性重大课题。市委党史研究室做好牵头协调和服务，组成专家小组。11月10日，全市《改革开放实录》征编工作会议召开，正式启动《改革开放实录》山东卷、威海卷和各区市卷的征编工作。暂定3年完成、全书为6卷的《威海改革开放实录》将全面系统地收集改革开放以来全市各方面的重要资料，客观记述各区市、市直有关部门改革开放的重大事件、重要探索和重大成就，形成系列性专题研究成果，存留改革开放的辉煌历史。

【地方正史编写等基础研究工作】 《中共威海历史》是威海市党史党建的基础教育读本，是威海市党史著述的权威之作，是相关历史研究的基本依据。经过两年努力，《中共威海历史》（二卷）编研稳步推进，12月，市委党史研究室组织召开二卷审稿会，党史系统内外的近30位专家学者参加座谈，为二卷的进一步修改完善打下坚实的基础。在课题研究方面，由威海党史室牵头申报的“改革开放以来山东信访工作历程与经验研究”课题获准省级党史专项立项，填补了威海党史室以往省级课题的空白。

【地方党史宣教工作】 *打造“威海党史网”学研宣教平台* “威海党史网”网站优化13个栏目板块，完善细化各类文档数量5000多条，内容丰富、更新及时，全市党史网上史料库的规模已见雏形。网站建设全部符合上级相关规范要求，建设和管理水平明显提高。

撰写“红色教材” 针对党员干部队伍理想信念教育的紧迫性，将“红色教材”的撰写作为重要工作，努力打造威海党史宣教品牌课程，完成2期并在“威海党史网”相关栏目展示。

参加山东省“齐鲁红色文化讲坛”演讲 组织撰写《威海抗战之初四大交响乐章》演讲稿，选派党史室1名负责人赴临沂大学音像制作中心参加演讲录制，已制作5期，威海市有2人参加第三期的录制。“齐鲁红色文化讲坛”成为全省范围发放并作为全省公职人员“齐鲁先锋”自主选学的基本教材，影响较大，发行面广。

参加编制《威海人的抗战故事》 参加由威海电视台编制的纪念抗日战争大型系列报道《威海人的抗战故事》，并于8月开始播放，已播出50多集。

全省党史教育基地申报 马石山红色教育基地、天福山起义纪念馆、谷牧旧居纪念馆被山东省委党史研究室批准为山东省党史教育基地。

（邵 品）

·机关党务工作·

【概况】 2015年，市直机关工委紧紧围绕市委决策部署，以“走在前、作表率”为目标，以服务中心、建设队伍为根本，解放思想，开拓创新，真抓实干，着力推进机关党的思想、组织、作风和制度建设，完成了各项工作任务。

【机关党员干部教育】 按照市委统一部署，把“三严三实”专题教育作为重大政治任务，高度重视，精心组织，紧紧围绕深入学习教育、突出问题导向、贯彻从严标准、坚持以上率下、确保取得实效的要求，高标准、高质量抓好集中学习、党课报告、专题研讨、查摆整改等关键动作，机关形成了愿意干事、主动想事、积极做事的正风正气，专题教育达到了预期效果。3月下旬，组织机关90名入党积极分子进行为期2天的集中培训，进一步端正入党动机，加深对党的认识。“七一”前夕，表彰40个先进基层党组织、153名优秀共产党员和45名优秀党务工作者，使机关党组织和党员干部学有标杆、干有榜样。9月，市直机关工委在省直机关工委党校举办机关党组织书记培训班，全市60名优秀党组织书记参加，市直机关工委兼职组织员和区市机关工委书记参加了培训。

【机关党的基层组织建设】 制定工作规范，会同组织部研究起草《关于落实全面从严治党要求加强和规范市直机关党建工作的意见》，就机关党建总体要求和目标任务、强化思想政治建设，严格党建责任，严格组织生活，严格党员教育管理，严格考核监督等9个方面，提出了32条具体措施意见，为市直机关强化党的规范化建设提供基本遵循依据。配齐配强基层班子，对6个基层党组织班子进行换届调整，对17个基层党组织的领导班子进行审批。抓好党员发展工作，狠抓基层组织工作规范，建立了发展党员程序及谈话规范、党费收缴使用管理规范、党组织书记审批程序规范等制度。2015年，严格按规范确定预备党员发展对象60名，预备党员按期转正80名。

【机关精神文明建设】 升级改版“威海机关党建网”和《威海机关党建》刊物，将威海机关党建网站分成12个模块，图文并茂展示市直部门党建亮点工作、典型人物风采，网站和刊物成为党员学习知识、接受党性教育的重要园地。2015年，《威海机关党建》刊发4期，近15万字。组织开展“文明出行，机关先行”主题实践活动，发出倡议书1000余份。开展“君子之风美德威海”博文征集活动、“善行义举四德榜”活动，收到较好效果。大力推进学习型机关建设，组织开展“阅读经典、传承文化”系列读书活动，向基层赠书200套、1600册。努力营造文明工作的氛围，积极引导各单位，充分利用现有的办公条件，建设“文化长廊”“宣传橱窗”“学习园地”，使机关处处体现文化气息，注重通过“道德讲堂”“微型党课”、博客网站、内部刊物发表自己的生活感悟、工作心得，努力营造浓厚的文明氛围。

【机关创新工作】 构建党建综合评价体系 坚持以党组织书记专项述职，检验党建责任担当、以日常动态考核、检验党建抓常抓细抓长的落实等情况，以党建专项检查，检验重点党建效果质量。调整了2015年市直机关党组织书记履行抓党建工作责任专项述职工作内容，分为成绩、问题与整改措施，提出具体标准要求，集中组织112个部门（单位）党组织书记进行述职评议，分别评出优秀、良好、一般三个等次，并向各单位进行反馈通报。编印了《机关党建动态考核实用手册》第二版，将原来的50小项考核内容减少为30小项，使机关党建动态考核目标体系更加准确公平，科学合理。

加强市级机关社会测评工作 进一步规范完善测评的形式、内容和方法，将社会测评和“两代表一委员”分别分三个层面，从两市五区、企业、社区群众、党代表、人大代表、政协委员六个层面中抽取1500名代表参加测评，把评判权和监督权交给人民群众，促使机关各单位更加自觉主动地服务群众、服务企业、服务发展，切[illegible]关作风的转变。

建立工委班子成员“党建联系片制度” 按照就近就便、共建共享、共融共赢的原则，将市直部门（单位）分成4个片，由4名书记作为联系人分头联系、开展工作，确定了7项基本职责，要求各联系人每年至少列席1次联系片所属部门（单位）党委（党组）负责人参加的组织生活会、党课及重大党务活动。每年召集会议或组织活动不少于3次，每年到所属部门（单位）检查指导工作不少于2次。

【机关群团组织建设】 工会组织把维护职工的合法权益、解决职工实际困难、丰富职工业余文化生活作为工作重点。先后与市体育局联合组织举办2015年度环城健康跑活动。组织第三期市直机关全民健身培训，培训设乒乓球、羽毛球、网球、易筋经4个项目，400名干部职工参加培训。举办市直机关第四届羽毛球比赛，有62支代表队188名选手参赛。积极做好市直机关第六期职工大病医疗互助补充保险工作，184个单位1.04万名干部职工参加。团工委组织志愿者广泛开展“讲文明树新风”“弘扬雷锋精神投身志愿服务构建和谐社会”志愿便民服务、“青联同行相约南海”等系列活动。

（丛建国）

·信访工作·

【概况】 2015年，威海市的市、县两级党政信访部门受理群众信访事项4861件，其中来信2363件，来访2498起。全市发生的上访事件基本化解在当地，没有发生影响社会稳定的恶性信访案件。

【推进网上信访建设】 围绕信访工作制度改革，推进网上信访信息系统和网上信访平台建设，进一步畅通信访渠道，方便群众信访，实现工作规范、快捷。市及各区市网上信访受理平台全部开通，全市横向89个市直部门，纵向7个区市信访局（办）、325个县直部门和全部的镇（街道）、开发区实现了与山东省信访信息系统的互联互通，实现“让数据多跑腿，让群众少跑路”，促进群众合理合法诉求得到依法及时就地解决。

【健全信访基础业务规范】 开展“规范基础业务百日专项整治”和“信访工作规范化建设百日会战”活动，围绕信访事项受理、办理、答复、送达、信息录入、督查督办等6个关键环节，查找、整治基础业务工作不规范问题，以此为切入点，修订完善办信接访、督查督办、复查复核工作流程，建立起覆盖信访事项办理各个环节的工作规范，促进信访事项办理质量提升。强化示范引领，开展办信工作规范化镇（街道）、“三无”（无越级访、无重复访、无集体访）镇（街道）创建、优秀案例评选活动，实施办信工作人员星级化管理制度，评定22个办信工作规范化镇（街道）、49个“三无”镇（街道）和27个优秀案例，调动基层做好信访工作的积极性。

【推进依法信访机制】 坚持法定途径优先，组织30个市直部门制定通过法定途径处理投诉请求清单，积极引导群众通过法定途径反映问题。充分发挥复查复核对信访工作的规范引导、监督推动作用，严把依法受理、规范办理、公正处理三个关口，复查复核信访事项42件，实现信访事项法定终结、有序退出。坚持建立队伍，试点推动，建立健全信访事项听证会、专家会审、律师参与等制度机制，组织听证会、专家会审会等28次，促进了一批重大疑难信访事项的化解，提高信访工作透明度和公信力。

【《山东省信访条例》宣传】 组织印制发放《山东省信访条例》单行本、“明白纸”100余万份，通过召开新闻发布会，在《威海日报》和《威海晚报》发表署名文章、开辟专栏等形式进行宣传。市、县两级举办8场电视知识竞赛，通过集中宣传日等形式，广泛宣传《山东省信访条例》主要精神、基本内容，引导群众依法表达诉求。采取集中培训、以会代训和实地轮训的方法，提高广大基层干部依法规范做好信访工作的能力和水平，市、县两级举办《山东省信访条例》集中宣讲等培训班12期，培训信访干部2000余人次。在省信访局举办的《山东省信访条例》电视[illegible]

知识竞赛中，威海市获得团体一等奖。

（蔡云松）

·老干部工作·

【离退休干部“两项建设”】 离退休干部思想政治建设　2015年，在全市离退休干部中开展“看变化、谈发展、献良策”主题实践活动，让老干部感受威海发展变化，把老干部思想统一到建设现代化幸福威海上来。同时，通过举办理论培训、座谈会、参观观摩等形式，深入学习习近平总书记系列讲话及全国“双先”表彰大会精神，使老干部始终保证政治坚定、思想常新、理想永存。

离退休干部党组织建设　将离退休干部党支部建设纳入全市目标绩效管理考核，列入市直部门党建工作扣分项目和各区市党（工）委书记抓党建工作专项述职内容。制定出台《关于全面做好新形势下离退休干部党组织建设工作的意见》等9项实施意见和制度，整理编印《离退休干部党建工作文件制度汇编》，指导各级开展工作。将退休干部活动经费标准由每人每年80元提高至200元，夯实离退休干部党建工作基础。

【老干部政策待遇落实】 提高离休干部“两项经费”标准　指导各区市将离休干部“两项经费”标准由每人每年900元调整为1500元，累计增加支出116万元。

实施离休干部居家养老服务　与“12349”居家服务呼叫中心沟通合作，每年为每名市直离休干部购买12小时的社会化居家养老服务，提供助餐、助医、助浴等居家服务项目，方便老干部日常生活。

建立困难离休干部遗属救助机制　协调市财政、人社等部门，为无工作离休干部遗属发放取暖补贴，为全市1800多名遗属发放补贴200余万元。对129名生活困难的市直离休干部遗属实行救助，每人给予1000元至3000元的生活救助金。

【老干部“文化养老”】 新建老年大学配套工程　总投资3556万元，总建筑面积5819平方米的市老年大学配套工程正式建成，10月全面投入使用，主要用于各类球类教学、大型书画摄影展及综合演出活动。指导文登区、乳山市新成立5所老年大学镇级分校，健全市、县、镇三级“文化养老阵地”体系。市老年大学获得2015年度“省级文明单位”称号。

评选明星文体社团　5月，下发《关于做好全市离退休干部明星社团和明星志愿服务组织评选活动的通知》，12月，经过严格筛选、认真评审，授予环翠区海梦艺术团等10个社团组织“全市离退休干部明星社团”称号，授予环翠区“海未老”离退休干部志愿者联盟等10个志愿服务组织“全市离退休干部明星志愿服务组织”称号。

举办文化活动　依托市老年大学和老干部活动中心，组织优秀文艺节目参与第六届山东省老干部艺术节，获得“团体一等奖”“优秀组织奖”“优秀节目奖”。市老干部活动中心戏曲学会获得“全国优秀票社奖”称号，6月，中央电视台《戏曲采风》栏目对其进行专访报道。组织举办第二十二届全市老干部门球赛、喜迎老年节老干部书画摄影展、市级老干部大项目参观观摩、老干部趣味运动会等丰富多彩的活动，使老干部在活动中畅享“文化养老”新成果。

【离退休干部纪念抗日战争胜利70周年】 5月，下发《关于开展“烽火岁月”离退休干部纪念抗日战争胜利70周年系列活动的通知》，通过多种形式弘扬抗战精神，牢记老干部历史功勋。组织开展红色主题征文活动，讲述抗日战争时期发生的的难忘事件和感人故事，收到老干部上报征文165篇，评选获奖作品69篇，推荐其中的54篇优秀作品参与省委老干部局举办的“我的抗战”主题征文活动。组织开展口述历史访谈活动，与威海电视台联合开展老干部口述历史访谈活动，从全市520多名抗战时期参加工作的老干部中遴选出10名参加节目录制，9月份，威海电视台《今日访谈》栏目连续播出10期节目，《直播威海》《威海新闻》《身边故事》三个栏目从不同视角进行报道，山东老干部之家网站给予展示。组织开展书画摄影展活动，收到各级老干部上报书画、摄影作品402幅，评选出获奖作品129幅，其中各区市组织展览活动20余场，展出老干部作品2000余幅，展示了广大老干部积极、乐观、向上的精神风貌。

【关心下一代工作】 以中国关心下一代工作委员会成立25周年为契机，召开全市优秀“五老”（离退休老干部、老战士、老教授、老专家、老模范）志愿者表彰大会、党史国史教育活动现场会，通过表彰先进、典型带动激发“五老”志愿者奉献社会的热情，编印第二册《五老风采录》。开展红色关爱进校园活动，全市邀请“五老”人员作报告200多场，受教育学生3万多人。在威海经济技术开发区凤林学校举办“关爱下一代”爱心捐助活动，为60名成绩优秀的困难学生发放助学款3万元。

【老干部志愿服务活动】 以“夕阳红”老干部志愿服务活动为载体，3月，组织老干部开展“栽植青松林”志愿服务活动；5—10月，组织市老年大学书画班师生开展绘制诚信文化墙志愿服务活动，弘扬社会主义核心价值观，传递正能量；9月，组织市老年大学、活动中心艺术团到荣成市荫子镇顶子后村开展慰问演出，丰富村民精神文化生活。2015年，全市各级累计组织老干部开展志愿服务活动210场次，参与老干部5000多人次。

（林理杰）

威海市人民代表大会

【概况】 威海市第十六届人民代表大会代表总额为338名，市十六届人大四次会议时，实有代表329名。市人大常委会下设办公室、研究室、人事代表工作室、法制工作委员会（2015年10月成立）、财政经济工作委员会、预算工作委员会（2015年10月成立）、内务司法工作委员会、教育科学文化卫生工作委员会（挂民族侨务外事工作委员会的牌子）、城乡建设和环境资源保护工作委员会、农业与农村工作委员会。

【威海市第十六届人民代表大会第四次会议】 2月5日—7日威海市第十六届人民代表大会第四次会议举行。会议听取、审议了市长张惠所作的《政府工作报告》，书面印发并审议了《关于威海市2014年国民经济和社会发展计划执行情况与2015年国民经济和社会发展计划（草案）的报告》《关于2014年威海市和市级财政预算执行情况与2015年威海市和市级财政预算（草案）的报告》，听取、审议了市人大常委会常务副主任董进友所作的《威海市人大常委会工作报告》，市中级人民法院院长李向阳所作的《威海市中级人民法院工作报告》，市人民检察院检察长马英川所作的《威海市人民检察院工作报告》，分别作出了相应的决议。会议决定设立市十六届人民代表大会法制委员会、财政经济委员会、内务司法委员会、教育科学文化卫生委员会、城乡建设与环境资源保护委员会、农业与农村委员会、民族侨务外事委员会。会议接受3名委员辞去市人大常委会委员职务，补选市人大常委会委员5名。会议表决通过了市十六届人民代表大会专门委员会组成人员人选名单。

【常委会会议】 第18次会议 2月4日举行。会议决定市十六届人大四次会议有关事项，确认补选的市人大代表的代表资格。决定了人事任免事项。

第19次会议 3月16日举行。决定了人事任免事项。

第20次会议 4月29日举行。会议听取、审议了市政府关于新信息产业和智能工业培育发展情况的报告，关于“六五”普法规划实施情况的报告，关于旅游法贯彻实施情况的报告。决定了人事任免事项。

第21次会议 7月1日举行。会议听取、审议了市政府关于2014年财政预算执行审计和财政决算情况的报告，关于食品安全工作情况的报告，关于现代畜牧业发展情况的报告。

第22次会议 8月27日举行。会议听取、审议了市政府关于2015年国民经济计划和财政预算上半年执行情况的报告，关于水资源利用和保护工作情况的报告。决定了人事任免事项。

第23次会议 10月29日举行。会议听取、审议了市政府关于生产性与科技服务业发展情况的报告，关于现代农业发展情况的报告，关于环保工作情况的报告。同意编修后的《威海市城市总体规划》，由市政府按程序上报市十六届人大五次会议审议决定。讨论并原则通过《威海市制定地方性法规条例（草案）》，决定按程序提交市十六届人大五次会议审议决定。同意调整市人大常委会代表资格审查委员会组成人员。决定了人事任免事项。

第24次会议 12月25日举行。会议听取、审议市政府关于办理代表建议情况的报告，关于国民经济和社会发展“十二五”规划实施和“十三五”规划纲要（草案）编制情况的报告，关于2015年威海市地方政府债务限额及地方政府债券安排使用意见和市级预算调整方案情况的报告。作出关于批准2015年威海地方政府债务限额及市级预算调整方案的决议。作出召开市十六届人大五次会议的决定，讨论通过市人大常委会向市十六届人大五次会议所作的工作报告。决定人事任免事项。

【常委会主要工作】 着力促进法治威海建设 加强立法准备，成立立法筹备工作领导小组，加强立法工作组织协调。开展多轮次各层面全员性学习培训，掌握立法原则程序方法。起草立法条例草案，加强法规案立项、起草、审议、修改、表决、公布等环节制度建设。在人民代表大会设立专委会，负责研究、审议和拟定法规案等议案基础上，加强常委会立法机构和能力建设。建立专家咨询委员会，搭建立法协商、民主立法重要渠道。广泛征集立法项目建议，并就城市风貌保护、海岸带管理、大气污染防治、饮用水水源地保护、养老服务业发展、节约用水等建议项目进行立法需求调研，形成立法项目库和2015年立法计划。经过认真准备和积极争取，威海市获得《中华人民共和国立法法》修改通过后全省首批地方立法权。开展执法检查，开展《中华人民共和国人民警察法》执法检查，同步视察公安工作情况，督促公安机关加强基础信息化、警务实战化、执法规范化、队伍正规化建设，严格规范公正文明执法，提高群众安全感和满意度。对《中华人民共和国旅游法》实施情况进行监督，要求整合旅游资源、突出海洋特色，完善公共服务、提升接待能力，突破交通制约、深化旅游合作，打造“走遍四海、还是威海”和“蓝色休闲之都、世界宜居城市”形象，建设国际知名滨海休闲度假旅游目的地。强力推动《中华人民共和国消防法》实施，督促落实消防责任，健全消防设施，整治火灾隐患，切实保障人民生命财产安全。推进司法改革，强化对司法改革工作的监督，分别视察市法院立案、诉讼、审判、执行和市检察院控申举报、侦查办案、案件管理等工作情况。围绕加强以审判为中心的诉讼制度建设，切实做好人员管理、案件受理、办案责任、职业保障等改革工作，提高司法能力，增进司法公信，更好地促进改革发展、维护社会稳定、保障群众权益。法院和检察院积极稳妥推进司法改革，突出司法为民、公正司法主线和法律效果、社会效果统一原则，司法工作取得显著成效。推动法治宣传，致力增强公民法治意识、推进社会依法治理，审议“六五”普法规划实施情况报告，检查公证、监狱、法律援助中心和部分镇（街道）、社区、企业法治宣传工作情况，把普法工作与执法司法工作和核心价值体系、社会诚信体系、文明城市、“美德威海”建设结合起来，健全守法诚信褒奖和违法失信惩戒机制，推动形成守法光荣、违法可耻氛围。加强备案审查，为促进政府规范性文件对社会现实和改革进程进行主动谋划、前瞻规范、依法保障，根据《华人民共和国立法法》要求，完善报备范围、职责分工、审查程序，注重吸纳常委会成员和代表意见，对市政府制定报送的14件规范性文件逐条审查论证，坚持权由法授、权责法定，严控新设行政处罚和行政收费，严控限制公民、法人和其他组织合法权利或增加其义务，严防部门利益法制化。对审查中发现的问题及与法律相抵触的其他问题，及时向制定机关反馈。有关部门认真修改或废止不适当规定，保证现行规范性文件于法周延、符合时宜、务实管用。

着力促进经济提质增效升级 推动产业强市，着眼促进工业经济发展，以科技助力转型、发展智能制造为突破点，开展调研检查审议等监督工作，督促有关部门结合智慧城市建设，深入实施“中国制造2025”和“互联网+”行动计划，加快信息化与工业化深度融合，推动制造业向个性化定制、柔性化生产、网络化销售方向发展。着眼促进现代服务业发展，对工业设计和服务外包等生产性服务业发展情况进行调研，视察高技术服务业中研究开发和技术转移等工作进展情况，要求认真落实相关政策，支持和促进服务业优质高效发展，进一步提高服务业增加值占国民经济比重。着眼促进农业应对成本、价格挤压和资源环境约束，提高发展水平，对农业产业规划和示范区建设、农村土地流转和集体产权改革、特色农业发展和新农村建设等工作，进行再检查再审议。同时，就财政农业投入、新型农业主体和职业农民培育、农业社会化服务体系建设和品牌引领战略实施、农村劳动力转移和精准扶贫等工作，开展深入调研，要求强化投入保障和政策扶持，加强规模化、标准化、产业化建设，提高资源利用率、土地产出率、劳动生产率，走出一条产出高效、产品安全、资源节约、环境友好的现代农业发展道路。着眼促进现代渔业发展，检查海洋功能区划和执法管理等工作情况，调研海洋科技、远洋捕捞、海水养殖、海产品加工、休闲渔业发展情况，着力推动现代渔业体系建设、海洋资源利用和海洋治理创新。着眼促进开放型经济发展，配合驻鲁全国人大代表调研中韩自贸区地方经济合作示范区建设情况，视察便利通关、跨境电商、陆海联运、商品集散、贸易服务等工作情况，督促有关部门抢抓机遇，先行先试，加快构建自由贸易通道、产业融合平台和商品交易集散地，培育经济增长新动能。着眼促进重点产业项目建设，向219户企业发放问卷，了解增项意愿和项目投资中批建设储备情况，高度关注新立项目工效地效能效、在建项目实物投入和实体进展、建成项目功能性基础设施配套，强调项目建设要注重投入产出效益，增强持续发展后劲，强化对产业强市的支撑。关注有效投入，按照法律和经济发展要求，加强支出预算和政策审查，推动实施积极财政政策，增加政府投资规模。针对存量资金问题，开展专项督查，要求依法回收结余结转两年以上资金，清理财政专户，合理设定预算周转金和稳定调节基金，把盘活的资金统筹用于急需领域。综合实地检查发现的问题和常委会成员意见，对专项资金使用情况进行调研，建议在用好已有专项资金，对企业引进重大装备、关键部件和园区建设、招商招展等活动给予支持基础上，增设城镇化建设、蓝色经济建设、新兴产业发展、天使投资引导等基金，恢复企业续贷过桥资金，扩大科技支行试点，努力为产业发展提供更多资金支持。根据企业界人大代表对改善营商环境要求，加强简政放权、优化服务工作监督，督促减少前置审批，落实结构性减税和普遍性降费政策，清理规范中介服务，减轻企业负担，激活社会投资。站在既满足当前资金需求、又防范长远债务风险角度，对存量债务规模和结构开展调研，对偿债计划和能力进行审查，批准了政府债务限额和债券安排使用意见，支持政府加强融资工作。把债务纳入预算管理，明确举债主体和方式，加强规模和用途控制，健全风险预警、应急处置、责任追究机制，找准举借资金支持重点，确保债务规模适度、风险可控，切实提高举借资金使用绩效。促进科技创新，为促进创新驱动和科教兴市发展战略实施，调研企业自主创新和产学研协同创新情况，视察国家实验室、创新服务平台和科技企业孵化器建设情况，并首次专项审查财政科技资金分配使用情况，督促优化科技资源配置，完善科技成果收益分享机制，加强创新体系和能力建设，塑造更多依靠创新驱动、发挥先发优势的引领型发展。有关部门落实创新型城市建设要求，提高研发经费支出占国内生产总值比重，增强科技创新对经济增长的贡献度。监督计划和预算工作，坚持依法行使对计划和预算草案的修正权和调整权、对预算执行和决算的审查权和审批权，促使计划和预算很好发挥了对引导保障推动经济社会发展的核心作用。调研“十三五”规划，听取“十二五”规划实施和“十三五”规划编制情况报告，初步审查“十三五”规划纲要草案，并结合长期开展监督工作掌握的信息和人大代表建议提出的要求，确定改革开放、转调创新、基础承载、区域协调、教育文化、人口人才、养老服务、健康保障、社会治理、生态保护、扶贫开发、道德建设等22个重大课题，开展专项调研，提出有价值的建议意见。

着力促进社会事业繁荣发展 加强食品安全工作监督，以畜产品质量安全为重点开展畜牧业发展工作监督，结合监督现代农业发展检查农产品质量，结合监督海洋渔业工作检查海产品质量，结合监督卫生城市复审和文明城市创建工作检查流动摊贩、食品作坊和学校周边、农村地区食品安全管理，并对食品检验检测能力建设情况进行专题调研，就农民合作社发展和农副产品市场监管工作开展视察，力求通过全方位全覆盖全链条监督，推动形成从田间和海洋到餐桌的全民共治食品安全体系。有关部门根据监督意见，切实加强网格化管理和肉菜流通追溯，努力提高食品安全保障水平。加强水资源利用保护工作监督，把水资源利用保护工作确定为监督重点，突出关键环节，实施有效监督。首次就财政水利资金投入使用情况开展专项审查，促使水利资金更多投向雨洪资源利用、骨干工程建设、河道生态化整治，提高水资源拦蓄调配能力。把再生水利用作为需要高度关注并推动解决的重要问题，组织人员专程赴外地考察，对威海市再生水处理工艺和成本进行专题调研，要求提升再生水水质，加快相关管网建设，建立阶梯水价和单位产品用水定额制度，提高水资源循环利用率。对饮用水水源地特别是米山和崮山水库流域污染整治和农村饮水安全项目建设情况进行专项检查，推动水源地保护区内污染治理和农村规模化供水。加强环境保护工作监督，为更好发挥“环保世纪行”活动对环保工作的督促作用，对监督方式进行创新。首次开展专题问卷调查，了解广大群众对环保工作的关注和要求，据此确定检查监督的着重点和推动解决的污染点源，增强了监督工作针对性。采用私访暗查抽

检形式，不发通知，不打招呼，不听汇报，不用陪同，对城乡环卫一体化建设、污水处理厂改造、建筑扬尘治理、散流物体运输、车用油品质量和尾气检测等方面67处污染点位，开展现场检查、随机抽查、巡回督查379次。运用人大监督、舆论监督、群众监督合力，通过43篇稿件宣传和有力跟踪督办，推动解决黄标车和老旧车辆淘汰、部分污水泵站溢流、近海养殖污染和公共绿地开荒等问题，增强监督工作实效性。加强交通运输工作监督，加大监督力度，推动青荣城际铁路、江家寨立交桥、新港客运中心等重大交通基础设施建设。把监督视野和重点拓展到公路领域，视察了荣文高速、文莱高速建设和环山路拓宽、北海收费站改造情况，就路网规划、高速公路和市域快速交通网络建设、农村公路养护管理等工作提出意见。持续监督促进综合交通运输体系建设，推动提升交通服务发展能力。

着力促进民主政治建设　增进人大工作群众基础，为密切联系人大代表，实行主任会议成员固定联系和接待代表、常委会成员参加代表小组活动、专题委员会和工作委员会到基层调研与驻地代表座谈等制度。坚持向人大代表征求立法和监督项目建议，通报常委会、专题委员会和工作委员会重要工作情况等制度。组建人大代表联络服务网络平台。以各种方式走访联系人大代表640多人次，寄送资料1990多份。为促进人大代表联系群众，制定代表小组活动意见，指导43个代表小组开展活动110多次，联系群众1200多人次，推动解决国旗悬挂、道路限速、公园管理、市民亲海、停车管理等问题。建立人大代表履职档案，记录提出建议、引进项目、参与公益等工作情况，调动人大代表联系服务群众积极性。加强以企业和社区为依托的人大代表工作站建设，拓展人大代表联系群众渠道。支持和保证人大代表依法履职，组织人大代表参与常委会和专委会工作，80多人次人大代表列席常委会和专委会会议，210多人次人大代表参加各类检查调查座谈，19位人大代表参与计划和预算草案初审，270多人次人大代表对立法和监督计划、"十二五"规划提出建议。组织人大代表开展专题调研，围绕全域城市化和市域一体化发展、产业强市和工业带动战略实施、重点区域建设和中韩自贸区发展、社会治理创新等方面重要课题，开展调研40多次，形成报告24份。组织人大代表参与民主监督，230多人次人大代表担任政府咨询员、人民陪审员、人民监督员、司法调解员、行风评议员，在促进决策民主、司法公开、社会和谐等工作中发挥了重要作用。组织人大代表开展视察考察，780多人次人大代表参加，为人大代表了解社情、审议报告、提出议案创造条件。为促进人大代表提出高质量建议，鼓励支持各选举单位组织人大代表学习调研，酝酿提出建议。注重发挥常委会和专委会成员优势，带队调研后领衔提出建议。对走访座谈电话网络等渠道获得的建议信息加强指导，扩充提升为建议。帮助人大代表把好法律关、政策关、文字关，提高所提建议准确性和可行性。人大代表提出书面建议56件，全都落脚在发展紧要处和群众关注点，体现了调研思考成果和对威海发展负责精神。把人大代表建议梳理分类，连同日常履职获得的其他建议，交47个部门单位研究办理，并选择14件与中心工作关联紧密、对发展具有较大推动作用的建议，及往年需要追踪办理的建议，加强重点督办。主任会议成员参与办理，组织调研座谈，加强与市委、市政府领导沟通会商，协调解决重大问题。常委会专题审议建议办理情况报告，专题委员会和工作委员会把相关建议融入日常监督，加强对口督办。市政府常务会议专题研究建议办理工作，承办部门加强与人大代表联系协商，共同研究解决办法。经过各方努力，制定出台20多项政策措施，推动解决国有资产监管、社保体系完善、研发平台建设、建筑模块化技术推广等建议反映的突出问题。

（盖悦强）

威海市人民政府

【概况】　威海市第16届人民政府设市长1人，副市长7人。市政府有工作机构43个，其中，工作部门32个、派出机构6个、其他行政机构5个。

【第16届人民政府常务会议纪要目录】

第57次　1月6日　市长张惠主持

1. 政府工作报告（讨论稿）

2. 2015年市政府为民办实事安排建议

3. 2014年全市安全生产工作情况及2015年工作打算

第58次　1月7日　市长张惠主持

1. 市本级2015年公共财政预算收支安排意见

2. 高区、经区、临港区、南海新区2015年公共财政收支安排意见

第59次　2月9日　市长张惠主持

1. 全省科技奖励大会、全省科技工作会议精神及威海市贯彻落实意见

2. 关于2014年度市级科学技术奖励的意见

3. 关于加快推动中韩地方经济合作第一批实施方案

4. 关于2014年度全市外经贸和国内经济合作工作先进单位表彰的意见

5. 威海市城乡规划管理技术规定（土地使用、建筑管理）（草案）

6. 关于规范土地市场管理的意见（草案）

7. 威海市区2015年经营性国有建设用地出让计划

8. 关于威海市普通省道网调整的意见

9. 关于2014年度企业纳税表彰的意见

第60次　2月26日　市长张惠主持

1. 关于贯彻落实《计量发展规划（2013—2020年）》的实施意见（草案）

2. 关于表扬2014年度全市安全生产工作先进单位和先进个人的意见

第61次　3月17日　市长张惠主持

1. 传达学习十二届全国人大三次会议和十二届全国政协三次会议精神

2. 关于促进旅游业改革发展的实施意见（草案）

3. 关于深入推进行政权力清单制度有关情况

4. 全市残疾人工作情况和威海市残疾人"整体赶平均、共同奔小康"行动方案（2015—2017年）

5. 关于扎实推进农村扶贫开发工作的实施意见（草案）

6. 关于加快创新型城市建设的意见（草案）

第 62 次　4 月 16 日　市长张惠主持

1. 威海港威海湾港区总体规划（草案）、威海港南海港区总体规划（草案）

2. 关于加快发展文化产业的实施意见（草案）

3. 关于进一步促进大众创业的意见（草案）

4. 威海市市级直管公房管理办法（草案）、关于调整市区住房保障低收入家庭认定标准的意见

5. 关于推进威海市建筑产业现代化工作的意见（草案）

6.2014 年市政府规范性文件制定情况及 2015 年拟定计划

第 63 次　5 月 18 日　市长张惠主持

关于建立土地监管共同责任机制的意见（草案）

第 64 次　6 月 4 日　市长张惠主持

1. 关于推荐唐纳瑞等 5 位外国友人申报 2015 年度“山东省荣誉公民”称号的意见

2. 威海市国家新型城镇化综合试点行动计划（2015—2017 年）、威海市国家新型城镇化综合试点行动计划分工细则

3. 威海市区停车场管理办法（草案）

4. 全国全省加强耕地保护规范农村土地流转工作视频会议精神及威海市贯彻意见

5. 关于调整完善社会保险市级统筹制度的意见（草案）

第 65 次　6 月 24 日　市长张惠主持

1.2014 年度市级财政预算执行和其他财政收支审计结果报告

2. 威海市企业住所和经营场所登记管理办法（草案）

3. 威海市行政约谈暂行办法（草案）

4. 关于进一步加强行政机关负责人出庭应诉工作的通知

5. 关于加强新型职业农民培育工作的意见（草案）

6. 关于加强农村改厕工作的意见（草案）

7. 关于调整黄标车区域限行的通告

第 66 次　7 月 14 日　市长张惠主持

1. 关于贯彻落实鲁政发〔2015〕6 号文件进一步深化行政审批制度改革的意见（草案）

2. 关于编制公开政府部门责任清单有关情况

3. 关于制定公开涉市级行政审批及相关行政权力中介服务事项清单有关情况

4. 威海市公立医院综合改革试点实施方案

5. 关于调整完善市区范围内土地出让及补偿金返还工作程序的意见（草案）

6. 威海市电梯安全监督管理办法（草案）

7. 威海市区部分街道命名更名方案

第 67 次　8 月 12 日　市长张惠主持

1. 威海市环境空气质量生态补偿暂行办法（草案）

2. 威海市区养殖用海整治规范实施方案

3. 关于全市“十三五”规划编制工作进展情况

4. 关于规范性文件清理工作有关情况

5. 关于推进基础教育综合改革的实施意见（草案）

6. 威海市食品安全举报奖励办法（草案）

7. 关于开展肉菜流通追溯体系建设的实施意见（草案）

8. 威海市市域公交一体化发展规划（2015—2017）（草案）

9. 关于推荐全市自强模范暨助残先进表彰对象的意见

第 68 次　8 月 19 日　市长张惠主持

1. 研究部署安全生产工作

2. 关于机关事业单位工作人员养老保险制度改革的有关情况

3. 关于调整工伤保险基准费率和生育保险费率的意见

4. 关于加快推进社会信用体系建设的实施意见（草案）

5. 威海市当前促投资稳增长若干政策措施（草案）

6. 关于创新重点领域投融资机制鼓励社会投资的实施意见（草案）

7. 威海市实施刘公岛景区管理相对集中行政处罚权规定（草案）

第 69 次　9 月 29 日　市长张惠主持

1. 威海市市级行政审批事项目录（草案）

2. 关于加快云计算产业发展的实施意见（草案）

3. 关于建设健康城市的意见（草案）

4. 威海市居民户口迁移管理暂行办法（草案）

第 70 次　11 月 13 日　市长张惠主持

1.《省委办公厅省政府办公厅关于支持威海中韩自贸区地方经济合作示范区建设的若干意见》责任分解方案

2. 关于进一步加强市区餐厨废弃物管理工作的意见（草案）

3. 关于市区不动产登记职责和机构整合的实施意见（草案）

4. 威海市环境空气质量全面优化行动计划（草案）

第 71 次　11 月 30 日　市长张惠主持

1. 关于加快发展体育产业促进体育消费的实施意见（草案）

2. 威海市市民卡工程实施方案

3. 关于加强城市地下综合管廊建设管理的实施意见（草案）

4. 关于加快构建现代公共文化服务体系的实施意见（草案）

5. 全省实施中央广播电视节目无线数字化覆盖工程工作会议精神及威海市贯彻落实意见

6. 关于市管企业负责人薪酬制度改革的实施意见（草案）

7. 威海市退役士兵安置实施办法（草案）

8. 关于建立健全临时救助制度的意见（草案）

9. 关于调整农村低保和农村五保保障标准的意见

第 72 次　12 月 11 日　市长张惠主持

1. 威海市国民经济和社会发展第十三个五年规划纲要（草案）

2. 威海市“互联网＋”行动实施方案

3. 威海市党政机关公务用车制度改革实施方案

4. 威海市本级政府和社会资本合作（PPP）模式项目基本操作流程（草案）

5. 威海市复制推广自贸试验区改革试点经验加快推动中韩自贸区地方经济合作示范区建设实施方案

6. 关于加强精准招商的意见（草案）

第 73 次　12 月 24 日　市长张惠主持

1. 威海市本级 2016 年财政预算收支安排意见

2. 高技术产业开发区、经济技术开发区、临港经济技术开发区、南海新区 2016 年财政预算收支安排意见

3. 威海市违法建设处置办法(草案)

4. 威海市口岸查验配套服务费改革试点实施方案

5. 威海市企事业单位内部治安保卫工作管理办法（草案）

6. 威海市新型城市化规划（草案）

7. 关于市政府规范性文件修改的情况

第 74 次　12 月 29 日　市长张惠主持

1. 政府工作报告（讨论稿）

2.2016 年市政府为民办实事项目安排建议

3. 威海市行政机关首问负责制规定（草案）

4.2016 年威海市市级重点项目、重点工业投资项目、城建重点工程安排建议

5.2016 年威海市市级政府类投资项目计划（草案）

【重要决策和部署】 1 月 6 日　威政发〔2015〕1 号文《威海市人民政府关于促进现代海洋渔业持续健康发展的实施意见》，要求强化海洋渔业产业体系、体制机制、公共平台建设，着力构筑以高端产业为基础、龙头企业为引领、科技进步为驱动的现代海洋渔业格局，全面提高海洋渔业的产业层次、效益水平和可持续发展能力，全力打造生态良好、布局合理、科技先进、海陆统筹、管理高效的“海上粮仓”，为蓝色经济区建设提供产业支撑和强大动力。

1 月 29 日　威政发〔2015〕2 号文《威海市人民政府关于发布政府核准的投资项目目录（威海市 2014 年本）的通知》，要求进一步深化投资体制改革和行政审批制度改革，持续推进简政放权，切实转变政府投资管理职能，确立企业投资主体地位。

2 月 10 日　威政发〔2015〕3 号文《威海市人民政府关于贯彻鲁政发〔2015〕1 号文件全面清理规范税收等优惠政策的通知》，要求进一步严肃财经纪律，规范市场秩序，推进依法行政。

2 月 28 日　威政发〔2015〕6 号文《威海市人民政府关于规范土地市场管理有关问题的意见》，要求规范土地市场秩序，推进土地节约集约利用，保障全市经济社会持续健康发展。

3 月 19 日　威政发〔2015〕7 号文《威海市人民政府关于印发威海市城乡规划管理技术规定（土地使用、建筑管理）的通知》，要求加强城乡规划管理，保证城乡规划科学有效实施。

3 月 24 日　威政发〔2015〕8 号文《威海市人民政府关于贯彻落实〈计量发展规划（2013—2020 年）〉的实施意见》，要求进一步提升威海市计量整体能力和水平。

5 月 5 日　威政发〔2015〕9 号文《威海市人民政府关于贯彻落实鲁政发〔2014〕21 号文件促进旅游业改革发展的实施意见》，要求深入推进旅游业改革发展，提升威海市旅游业综合竞争力。

5 月 18 日　威政发〔2015〕10 号文《威海市人民政府关于建立土地监管共同责任机制的意见》，要求严格执行土地管理法律法规，建立土地监管共同责任机制，有效遏制土地违法违规行为。

6 月 5 日　威政发〔2015〕11 号文《威海市人民政府关于加快发展文化产业的实施意见》，要求加快发展文化产业，提升文化产业总体实力和竞争力，促进经济转型升级。

6 月 29 日　威政发〔2015〕13 号文《威海市人民政府关于完善社会保险市级统筹制度的意见》，要求进一步完善社会保险制度，增强社会保险保障能力，促进社会保障体系可持续发展，完善社会保险市级统筹制度。

7 月 15 日　威政发〔2015〕14 号文《威海市人民政府关于贯彻落实鲁政发〔2015〕6 号文件进一步深化行政审批制度改革的意见》，要求推进政府职能转变，进一步简政放权，深化威海市行政审批制度改革。

7 月 29 日　威政发〔2015〕15 号文《威海市人民政府关于印发威海市企业住所和经营场所登记管理办法的通知》，要求规范企业住所和经营场所登记管理，推动工商注册制度便利化，优化营商环境，促进大众创业、万众创新。

9 月 11 日　威政发〔2015〕16 号文《威海市人民政府关于机关事业单位工作人员养老保险制度改革的实施意见》，要求认真贯彻落实《山东省人民政府关于机关事业单位工作人员养老保险制度改革的实施意见》（鲁政发〔2015〕4 号）。

9 月 18 日　威政发〔2015〕17 号文《威海市人民政府关于加快推进社会信用体系建设的实施意见》，要求加快推进社会信用体系建设，营造诚实、自律、守信、互信的社会信用环境，推动经济转型发展，促进社会和谐。

9 月 24 日　威政发〔2015〕18 号文《威海市人民政府印发关于当前促投资稳增长若干政策措施的通知》，要求认真贯彻落实国家和省促投资稳增长政策措施，积极应对经济下行压力，充分发挥投资对经济增长的关键作用，增强经济社会发展后劲。

9 月 29 日　威政发〔2015〕19 号文《威海市人民政府关于修改〈威海市区停车场管理办法〉的决定》，要求加强威海市区停车场的规划、建设和管理，合理开发利用停车资源，规范车辆停放秩序，满足市民停车需求，保障市区交通安全畅通。

9 月 29 日　威政发〔2015〕20 号文《威海市人民政府关于印发威海市居民户口迁移管理办法的通知》，要求加强威海市居民户口管理，促进人口合理流动，加快推进城市化进程，推动经济社会持续健康发展。

9 月 29 日　威政发〔2015〕21 号文《威海市人民政府关于创新重点领域投融资机制鼓励社会投资的实施意见》，要求深化投融资体制改革，进一步放开市场准入，鼓励社会资本特别是民间资本投资重点领域，加强薄弱环节建设，强化创新发展优势。

10 月 29 日　威政发〔2015〕22 号文《威海市人民政府关于印发威海市电梯安全监督管理办法的通知》，要求加强电梯安全监督管理，预防和减少电梯事故，保障人身和财产安全。

10 月 29 日　威政发〔2015〕23 号文《威海市人民政府关于印发威海市实施刘公岛景区管理相对集中行政处罚权规定的通知》，要求规范刘公岛景区管理相对集中行政处罚权工作，加强景区保护管理，提高管理水平。

11 月 11 日　威政发〔2015〕24 号文《威海市人民政府关于公布市政

府规范性文件清理结果的决定》，要求加强对规范性文件的监督管理，维护法制统一和政令畅通。

11月30日 威政发〔2015〕25号文《威海市人民政府关于印发威海市休闲渔业船舶管理办法的通知》，要求加强休闲渔业船舶管理，保障休闲渔业船舶和人员安全，促进休闲渔业持续健康发展。

12月31日 威政发〔2015〕26号文《威海市人民政府关于印发威海市违法建设处置办法的通知》，要求加强违法建设的防控和治理工作，保障城乡规划有效实施，提高人居环境质量。

12月18日 威政发〔2015〕27号文《威海市人民政府关于印发威海市环境空气质量全面优化行动计划的通知》，要求进一步加强大气污染防治，全面优化环境空气质量。

12月17日 威政发〔2015〕28号文《威海市人民政府关于印发威海市退役士兵安置实施办法的通知》，要求规范退役士兵安置工作，保障退役士兵合法权益。

12月11日 威政发〔2015〕29号文《威海市人民政府关于加快发展体育产业促进体育消费的实施意见》，要求进一步加快发展体育产业，促进体育消费。

12月31日 威政发〔2015〕30号文《威海市人民政府关于印发威海市企事业单位内部治安保卫管理办法的通知》，要求规范企事业单位内部治安保卫工作，加强单位内部安全防范，保护公民人身、财产安全和公共安全，维护单位正常工作秩序。

12月31日 威政发〔2015〕31号文《威海市人民政府关于修改部分规范性文件的决定》，对《威海市福利彩票公益金管理使用办法》《威海市农村村民住宅用地管理办法》《威海市农村公共供水管理办法》《威海市水资源费征收使用管理办法》《威海市档案管理办法》《威海市声像档案管理办法》《威海市市区廉租住房保障实施办法》《威海市科学技术奖励办法》《威海市多家使用建筑消防安全管理办法》《威海市市区烟花爆竹燃放管理规定》《威海市全民义务植树若干规定》《威海大水泊机场保护办法》《威海市有线广播电视网络保护管理办法》《威海市城市责任单位三包管理规定》《威海市户外广告标志设置张挂管理办法》等15个规范性文件进行了修改并重新公布，要求维护全市法制统一，推动依法行政，更好适应经济社会发展需要。

12月31日 威政发〔2015〕32号文《威海市人民政府关于印发威海市居民基本医疗保险规定等规范性文件的通知》，印发《威海市居民基本医疗保险规定》《威海市区城市住房保障低收入家庭认定办法》《威海市人民政府聘请经济顾问办法》《威海市慈善总会慈善资金管理办法》《威海市设立威海友谊奖规定》《威海市市级行政事业单位国有资产管理办法》《威海市会展活动管理办法》《威海市门楼牌管理办法》等8个规范性文件。

12月31日 威政发〔2015〕33号文《威海市人民政府关于修改〈威海市实施文化市场管理相对集中行政处罚权规定〉的决定》，要求提高威海市文化市场管理水平，规范文化市场管理相对集中行政处罚权工作。

【市人大代表建议、市政协委员提案办理】 年内，市政府系统共承办人大代表建议48件、政协提案201件，涉及稳定经济增长、加快结构调整、深化改革开放、推动科技创新、加强城乡建设、发展公共交通、抓好环境保护等方面工作。经过各承办单位的共同努力，办复率达到100%，代表、委员满意率和基本满意率达到100%。

【电子政务工作】 *政务信息资源整合共享取得历史性突破* 拟定《威海市政务信息资源共享管理办法（征求意见稿）》，完成信息资源共享交换平台建设，在多部门间顺利实现数据对接，建设完成了人口信息基础数据库。

门户网站服务功能进一步完善 不断整合各类信息资源，优化政府网站功能，在全国政府门户网站测评中位列地市级第17名，省内第2名。新版网站改版基本完成，增加与百姓关系密切的服务专题和智能问答功能模块，建立“有问有答”互动平台，力争打造一站式服务、问政的总门户网站。

电子政务技术支撑能力进一步加强 继续完善电子政务网络平台，市级电子政务外网共计接入单位240家，且已连通各区市。电子政务外网云平台共搭建虚拟服务器320台，新增146台，承载部门业务系统72个、政务网站90个。建成政务专网虚拟化管理平台，共计接入部门、单位225家，新增8家。积极推广新版协同办公OA系统，开设用户900多个，实现文件交换近12万条。加强电子政务网络安全管理，全年无安全事故发生。

组织开展全国政府网站普查 年内，普查网站227个，累计检查页面10万余个，清理错误链接、文件缺失3000余个，发现长期未更新栏目近150个，错别字100余个。

【政务信息】 年内，市政府办公室信息科采用各区（市）、国家级开发区、南海新区和市直各部门、单位信息1272篇。刊发《参阅件》8期、《威海政务信息》122期、《信息参考》30期。上报信息567篇，被省级以上政务信息刊物采用205篇。其中，《国办专报》采用14篇，《国办综合》采用10篇，《山东政务信息·报国办》采用105篇，《山东政务信息·专报》采用16篇，《山东政务信息·要情》采用3篇，《山东政务信息·普刊》采用57篇。国务院办公厅领导批示13篇，省领导批示7篇，市领导批示12篇。

【政务调研】 年内，市政府调研室撰写调研报告30多篇，编发《呈阅件》23篇，被市委、市政府主要领导批示、进入决策15篇；编发《威海发展研究》12期，刊发文章160余篇；在省级以上刊物刊发5篇，获得全省政府系统优秀调研成果等奖项9篇。

以文辅政水平显著提高 主要开展了“工业4.0”、服务外包产业发展、科技金融服务、家庭农场、高铁时代话旅游系列、渔具产业发展、养老地产、米山水库饮用水水源地生态保护补偿机制等调研。提出的建议具有较强的针对性和可操作性。

参谋服务能力不断增强 主要围绕渔业安全生产监管、市区马路市场、社区矫正等热点、难点问题开展对策研究；围绕“海绵城市”建设、新常态下招商引资工作进行前瞻性研究；为

筹备全市城镇化工作会议，开展前期调研；积极参与威海市“十三五”规划纲要编修工作。

调研层次明显提升　围绕中韩自贸区地方经济合作示范区总体思路和布局以及重点发展领域分别开展调研，并将中韩自贸区威海仁川地方经济合作示范区研究纳入《2015年省政府领导重大调研课题和全省政府系统调研课题》，形成一批重要研究成果。确定2015年全市政府系统重点调研课题68个，加强对全市政府系统调研工作的组织指导。

【市长公开电话与网上信箱】 年内，市长公开电话接听处理群众来电、来信15.8万余个（件）。其中，办理来电15万余个，办结率99%以上；处理信箱邮件8000余件（其中含人民网网民留言、威海市民网网民留言和省长信箱），办结率99%以上；完成回访9000余次。全年编发《12345市长公开电话简报》75期，《12345市长公开电话呈批件》8期，网上信息公开348条。群众关注的热点问题主要集中在城市建设、城市供暖、城郊公交、劳动保障、房屋管理、物业管理、环境保护、社会治安等方面。对群众反映的问题，按照“事事有落实、件件有回音”的工作要求，认真负责、实事求是、快速高效地办理，做到了及时接办、认真落实、快速反馈，解决了许多热点、难点问题，市长公开电话的作用得到切实有效的发挥，成为密切干群关系的重要桥梁，领导掌握社情民意的重要渠道。

（丁文升）

【市级机关事务管理】 机关房产管理　对市直机关96个单位的办公用房进行逐一实地测量核查，充分利用空置、腾退的办公用房，整修了武警支队原办公楼、原经合局办公楼，市统计局、国家调查队、市外侨办等7个单位的办公场所问题得到解决，市直机关办公用房资源配置进一步优化。起草《威海市市直机关办公用房管理暂行办法（征求意见稿）》，对市直机关房改后存留的公有存量住房进行清理整治，通过自查上报，区分住房不同情况，明晰住房产权，严格租住管理。

公共机构节能管理　积极开展创建第二批国家级、省级和市级节约型公共机构示范单位创建工作。市级机关事务管理局、市立医院获国家级示范单位称号。承办国家机关事务管理局严寒和寒冷地区节约型公共机构示范单位节能管理培训班。组织全市公共机构开展“节能宣传周”活动，发出“节粮爱粮”“节水爱水”倡议，推动养成良好的用能行为和习惯。

公务用车管理　联合市财政局、审计局对市直机关公务用车日常运行情况组织开展专项督导检查2次，对发现的问题进行集中整治。坚持新购数量少于处置数量的原则，持续压缩公务用车的总量，全年审核同意购置公车46辆，处置公车116辆，全市机关单位372辆黄标车于6月25日前全部治理淘汰完毕。落实好全市车改工作，对威海市参加车改范围内的单位发放情况调查表，完成车改前公务用车情况摸底登记工作，起草了《威海市党政机关公务用车制度改革涉及的车辆处置办法（送审稿）》。

清理规范驻省会城市办事机构　对全市驻省会城市办事机构进行专项清理规范，完成了4家撤销单位的资产、人员、编制的处置工作，处置车辆7辆，资产价值240.57万元；处置房屋资产2处，资产价值367.7万元，退还租借房屋3处；安置人员14人。

生活保障与物业服务　机关一号、二号食堂改造为开放式自选餐厅，缩短了就餐高峰期排队等待时间。年内完成机关办公区、生活区供暖管道、办公室、中央空调、地面屋面、室外绿化等维修维护工作任务37项，定期对机关安保队伍进行军事化轮训，做好“人防、技防、物防”三结合，切实维护好机关安全。

机关幼儿园　机关幼儿园改扩建工程于12月底完成主体工程建设。将原机关事务局办公楼改造为机关幼儿园躲迁园区，保障了新学期幼儿的顺利入学，为园区安装了监控设施设备，确保在园幼儿身心安全。

所属企业改制　年内，机关汽修所完成了企业整体改制，更名为奥宝汽车修理有限公司。

（十立年）

·政务服务中心工作·

【概况】 2015年，市政务服务中心（以下简称服务中心）进驻服务窗口单位62个，其中40个部门单设窗口，1个综合代理窗口（由14 个部门组成），8个公共服务单位窗口，进驻服务窗口工作人员近200人，进驻行政审批及服务事项272项。全年办理各类行政审批及服务事项7.47万件，收费9440万元，按期办结率100%，收到锦旗43面，表扬信14封。

【审批事项调整规范】 根据市政府公布保留的市级行政审批事项目录，组织对进驻服务中心部门及事项进行了调整，协调督促市城市管理执法局等7个部门单位将48个行政审批事项纳入服务中心窗口办理。市港航局、公路局等单位对行政审批科整建制进驻服务中心。组织对服务中心综合代理窗口的设置进行调整，实行综合代理窗口代办和部门季节性自办两种办理方式，制定出台运行管理制度，14个部门入驻48个行政审批事项。市政府公布保留的287项行政审批事项，除15项在市公安局车管所大厅、出入境大厅办理外，其余全部进驻服务中心窗口办理，实现行政审批事项100%进驻政务服务中心和部门办事大厅的工作目标。

【行政审批事项规范管理】 加强对行政审批事项办理过程监督，印发《关于进一步规范书面凭证告知制度的通知》，进一步抓好首问负责、一次告知、书面凭证等工作机制的落实，并按照省政府统一要求，组织对现行保留所有行政审批事项办理流程环节信息进行重新梳理规范，重新编印业务手册和服务指南，在服务中心大厅公开向社会公众服务，在服务中心窗口和网上办事大厅进行全面公示，公开接受服务对象的监督。

【建设工程项目模块化审批】 根据市政府办公室专题会议要求，会同市监察、建设等部门对建设工程项目模块化审批机制落实情况进行专题调研和跟踪回访，召开市供电、供水、供热等6

家公共服务企业分管负责人座谈会，反馈建设企业意见建议，提出进一步优化服务流程目标要求。落实联席会议、联合踏勘等配套工作机制，组织召开联席会议32次，联合踏勘28次。主动为市级重点项目搞好模块化审批服务，指导各区市将重点项目全部纳入建设工程项目模块化审批流程办理，印发《关于继续做好市级重点项目模块化审批工作的通知》，推行联系人制度，搭建项目服务联络平台，为市级重点项目提供高效的审批服务。2015年，市、区两级办理模块化审批项目277件，全部在承诺时限内办结，比改革前压缩94.3%以上。

【市场主体设立联审联批】 根据《威海市市场主体设立联审联批试行方案》要求，在全市范围内全面推行市场主体设立联审联批机制，组织协调市工商、质监、国税、地税、公安等部门和刻章公司进驻各区市、国家级开发区、南海新区政务服务中心，城区个体工商户设立事项进驻政务服务中心，有关镇个体工商户设立事项进驻便民服务中心，按照“一次告知、一口受理、同步审批、信息共享、统一发证”的原则，统一规范企业、农民专业合作社和个体工商户3类市场主体设立联审联批办事指南，规范设置联办窗口，统一开发建设市场主体设立联审联批软件，并与国家质量监督总局、省工商局、国税局实现系统对接和数据交换，同步部署到市、县、镇三级。无前置审批事项市场主体设立联审联批工作在全市全面实施，1—9月，办理联审联批事项7191件，全部在1个工作日内办结。10月以后，按照“三证合一、一证一码”的改革要求，进一步简化审批手续，把前置、后置审批事项纳入联审联批流程，推动联审联批工作深入开展。

【创业服务大厅建设】 根据市委、市政府《关于进一步促进大众创业的意见》要求，深入调研论证，协调市人力资源和社会保障局、金融办、科技局、中小企业局以及与创业服务有关的银行、保险、担保、投资、律师事务所等11个机构的14个管理服务事项进驻服务中心，在服务中心三楼设立由创业综合服务窗口、有关部门办事窗口和中介机构窗口三部分组成的创业服务大厅，搭建创业服务平台，为创业者提供政策咨询、创业指导、项目推进、科技扶持、融资服务、补贴发放等“一站式”服务，基本满足创业服务需要。年内，创业服务大厅办理创业服务事项209件，发放创业补贴7.2万元、审核贷款5300万元，提供咨询服务2100余人次。

【网上“中介超市”建设】 根据市政府办公室《关于印发涉行政审批及相关行政权力中介机构清理整顿工作方案的通知》精神，组织对开发建设网上“中介超市”进行专题调研论证，依托电子审批系统平台建设，开发建设网上中介超市，首批入驻网上“中介超市”中介服务事项71项、中介机构118家，全面公开中介服务事项所对应行政权力事项及设立依据、收费依据、收费标准、办理时限、行政主管部门和在线中介机构以及中介机构的基本信息、办事指南信息，与电子审批系统互联互通、信息共享，全部网上公开，企业和群众在申请办理行政审批事项时可自行查阅中介机构信息，自行选择中介机构。

【电子审批系统建设】 完成电子审批系统事项管理平台、事项办理平台、联审联批平台、综合管理平台、个人工作平台功能和网上办事大厅以及权力公开、自助登记、一单收费等配套软件开发任务，形成了以“五个平台、一个大厅”的网上审批格局，实现了所有行政审批事项的网上公开、网上申报、网上办理、网上查询、网上监督和网上投诉评价，并同步接受电子监察系统的实时监督。组织完成文登区和荣成、乳山两市的新电子审批系统、建设工程项目模块化审批、市场主体设立联审联批系统配套软件开发建设与部署应用工作。根据省政府政务服务平台建设开发方案要求和市政府指示，组织完成《威海市政务服务平台建设实施方案》《威海市推行网上审批深度办理工作实施方案》《威海市政务服务平台建设技术方案》等方案起草工作。

【服务窗口监督管理考核】 加强日常巡查和人员管理，及时纠正违规违纪行为，坚持一日4次大厅巡查和不定期抽查，发现问题及时纠正处理，培训服务窗口工作人员350余人次，电话回访服务对象2000多人次，发放行风评议票500多张。组织对市直部门办事大厅进行专项检查，及时发现和整改各类问题26条，促进服务水平进一步提升。严格组织考核评比，评选表彰先进服务窗口26个，部门先进办事大厅10个、先进个人128人次。组织制定《市场主体设立联审联批考核办法》并报市考核办列入2015年全市目标绩效考核。认真抓好服务窗口文明礼仪培训，组织举办服务中心窗口文明服务竞赛活动和全市政务服务系统文明礼仪电视大赛，通过电视台专题宣传，展示政务服务系统的良好风貌，促进文明服务水平的整体提升。

【市县镇三级、两级联审联批】 利用覆盖全市的市县镇三级电子审批平台互联互通优势，深入推进网上审批，探索推行市县、县镇、市县镇三级、两级联审联批工作。印发《关于在全市范围内正式启动市县两级联审联批工作的通知》，经反复论证，市级将发改委、经信委等7个部门的22个行政审批事项纳入首批市县两级联审联批，同时，指导荣成市将6个部门的20个行政审批事项纳入县镇两级联审联批，进一步方便基层企业和群众办事。

（曹术友）

·机关事业单位人事管理工作·

【公务员队伍建设】 公务员考录　2015年，严格落实公务员考录工作规定，面试坚持考区与外界、考场与其他区域、考场内人员与考生“三隔离”和面试考场内人员、考生面试考场、考生面试顺序“三抽签”制度，主动邀请纪检机关、人大代表和政协委员等全程参与面试过程，推进公务员“阳光考录”。全市计划考录176个职位311名公务员，报考考生1.05万人，经过笔试、面试、体检考察和公示等环节，录用291人。

公务员管理　扎实抓好平时考核工作，全面推行经常性和竞争性考核办法。高标准完成2014年度公务员统计工作，提高了公务员管理工作信息化水平。组织市直部门开展了科级以下干部档案专项审核工作，审核档案500余本，补充档案材料9000余份。2015年转入公务员档案215本，转出96本，提供查借阅档案600余人次，接收存档材料约3000份。

考核与奖励表彰 认真执行上级规定，严格控制和规范评比达标表彰活动，全年推荐省委、省政府以上表彰先进集体2个，先进个人4名；省直部门与省人社厅联合表彰先进集体26个，先进个人36名。

【事业单位人事管理】 *公开招聘* 贯彻落实《山东省事业单位公开招聘工作规程》，完成2015年度事业单位公开招聘工作，事业单位笔试首次与省同步进行，招聘工作人员1399人。

岗位设置管理 在全省率先完成事业单位岗位设置工作，为全市900多个事业单位调整核准了岗位，审核市属90多个事业单位岗位竞聘工作方案，为6000多人办理竞聘备案核准工作。

事业单位改革 起草威海市《关于进一步深化事业单位人事制度改革的意见》，会同有关部门提出威海市县级公立医院综合改革、城市公立医院改革、基础教育综合改革、区市域内义务教育学校校长教师交流轮岗制度以及推进中小学教师县管校聘管理改革意见，推荐文登区申报国家事业单位职员制试点，并指导做好试点准备工作。

人员选配 落实《关于进一步规范市级机关事业单位科级以下人员选配工作的意见》，对人员选配资格条件、工作程序、选配权限等全面审核把关，规范市属事业单位进人制度，为市级事业单位选配工作人员40人。

【工资福利】 2015年，在全市县以下机关建立公务员职务与职级并行制度，全市2400多名公务员晋升了职级，约占县以下机关公务员的32%，有力地调动了基层公务员工作积极性。顺利完成个人养老保险缴费基数计算、乡镇机关事业单位工作人员乡镇补贴、机关事业单位基本工资调整等工作，调整后机关事业单位人员基本工资在工资构成中的比重由24%提高到40%左右。市政府办公室印发《关于深入推进机关事业单位"吃空饷"问题集中治理工作的通知》，制定"吃空饷"治理工作实施方案，建立长效工作机制，有效杜绝"吃空饷"现象的发生。

【军队转业干部安置】 顺利完成军转干部考试、计划安置军转干部选岗和报到工作，全市接收安置军转干部153人，其中选择计划安置62人，选择自主择业安置91人。开展军队转业干部教育培训，对2015年安置的108名军转干部进行集中培训。认真做好军转干部档案审查工作，首次将军转干部档案"三龄两历一身份"（年龄、工龄、党龄，学历、工作经历，干部身份）内容前移到档案交接环节。做好自主择业军转干部服务工作，为860人按时兑现各种待遇。

（朱复刚 刘元娇）

·外 事·

【概况】 *外事接待* 2015年，全市邀请接待外宾访问团组23批，200多人次。其中较重要的团组包括澳大利亚前驻华大使芮捷锐、俄罗斯驻华使馆公使陶米恒、卢旺达爱国阵线党干部考察团、新西兰蒂玛鲁市市长戴蒙·欧迪、韩国富川市市长金晚洙、韩国群山市市长文东信、韩国群山市议长陈熙浣、韩国首尔衿川区区长车圣秀、韩国丽水市市长朱哲铉等8批、80多人次。

友好交往 为配合国家整体外交，服务地方经济发展，与重点友好城市开展互访交流，并有针对性地在南非物色结好城市，与南非豪登省密德瓦尔市签署缔结友好城市关系意向书，与南非凌波波省签署友好合作备忘录。推动环翠区和文登区分别与韩国首尔龙山区签署缔结友好城市和友好合作城市关系意向书。报批山东省人民对外友好协会授予白南红为"山东省人民友好使者"称号。

因公出国管理 年内，审核审批出国（境）团组271批，711人次，办理因公签证148批，430人次，颁发护照[illegible]本，办理[illegible]，[illegible]注183人次。取消各类不合理出国团组6批，7人次。申办APEC商务旅行卡253张，证照收缴率达到100%，获得全国"因公护照工作协作奖"。

涉外管理 年内，办理对外邀请确认函435份，575人次，办理领事认证4375份。妥善处理或参与处理涉外案件6起，处理威海渔民被外国查扣、威海市民因持假证件被外国判刑等领事保护案件17起，处置应对迅速、稳妥。

【日本山口县修学旅行促进团到威海考察】 3月16日—17日，以日本山口县商工劳动部观光振兴课篠原透浩为团长的山口县修学旅行促进团一行8人到威海考察。其间，外方代表团与威海市教育局及环翠国际中学、实验中学、高区一中及恒山实验中学负责人进行座谈。

【俄罗斯驻华使馆公使衔参赞到威海考察】 4月20日，俄罗斯联邦驻华大使馆公使衔参赞叶甫盖尼·陶米恒到威海考察。威海市副市长刘广华与陶米恒公使进行了座谈，双方就加强友好城市交流、拓展旅游合作，开展青少年交流和人才交流等方面交换了意见。

【威海市政府代表团应邀访问韩国丽水、釜山】 5月3日—7日，应韩国全罗南道丽水市政府的邀请，威海市政府秘书长夏景华率威海市友好访问团一行4人赴丽水市参加第49届龟船节，并顺访釜山，开展经贸投资促进活动。

【韩国群山市政府、议会代表团及文艺演出团到威海考察】 6月3日—4日，韩国群山市市长文东信一行10人及议长陈熙浣一行6人同时到威海考察。同行的还有韩国艺术总会群山分会及演出团组38人。威海市委副书记、市长张惠，市人大常委会常务副主任、党组书记董进友分别会见韩国群山市政府及议会代表团一行。期间，双方举行了"威海乳山市与韩国群山市产业合作交流会"。威海市文联与韩国艺术总会群山分会签署了缔结友好关系协议书。

【新西兰蒂马鲁市市长代表团到威海考察】 应市政府邀请，新西兰蒂马鲁市[illegible]一行7人于[illegible]27日到威海考察，参加了第六届国际食品博览会主要活动，考察了威海市相关企业和高校。威海市委副书记、市长张惠在海悦建国饭店会见戴蒙·欧迪市长一行。双方围绕加强贸易往来和双向投资、深化海洋食品加工产业合作、推进校企对接合作等领域深入交谈，希望进一步加深经贸、人力资源、文化等方面的沟通交流，实现共赢发展。

【澳大利亚驻华大使馆商务参赞到威海考察】 7月23日—24日，澳大利亚驻华大使馆商务参赞刘初阳博士一行到威海考察。主要考察威海市养老产业发展情况，推动双方在贸易、双向投资、教育及旅游产业等领域的交流与合作。

【韩国华城市代表团到威海考察】 8月3日—4日，威海市友好合作城市韩国华城市副市长李花顺率代表团一行13人到威海考察。威海市副市长刘广华在东山宾馆会见李花顺一行。

【韩国平泽市副市长一行到威海考察】 9月1日—3日，韩国平泽市副市长郑相均一行12人到威海考察。期间，召开平泽港宣传说明会，借助中韩自贸区建设契机，加强两市间港口、贸易等各领域合作交流。

【英国驻华使馆高级官员到威海考察】 8月31日，英国大使馆北方地区合作处区域事务高级官员Jenghiz von Strong(詹格之)到威海考察，了解威海市最新发展规划，重点考察养老产业情况，推动威海市与英国的合作。

【韩国井邑市政府代表团到威海考察】 10月18日—19日，韩国全罗北道井邑市副市长杨深默、井邑市议会副议长朴一一行11人到威海考察。副市长刘广华在蓝天宾馆会见了客人。代表团在威海期间，重点考察了华夏城、刘公岛等景区，并与刘公岛管委会就旅游、历史学术交流等问题进行了洽谈。

【韩国首尔衿川区区长车圣秀一行到威海考察】 10月24日—27日，应威海市邀请，韩国首尔市衿川区区长车圣秀一行12人到威海考察，期间，参观考察了威海韩国商品展览会衿川馆，分别与威海市环翠区和文登区签署友好城市和友好合作关系备忘录，推动与两区的经贸、文化合作。

【卢旺达爱国阵线干部考察团到威海考察】 11月1日—3日，卢旺达全国执委、议员贾斯丁·姆科布瓦为团长的爱国阵线干部考察团一行15人在中联部和省委党校相关领导陪同下到威海考察，分别考察了威海市妇女工作和青年工作，双方相互交流经验、拓展友谊。

【韩国丽水市市长朱哲铉一行到威海考察】 11月10日—12日，应威海市邀请，韩国丽水市市长朱哲铉一行7人到威海考察，威海市委副书记、市长张惠会见朱哲铉一行。考察团在威海期间，举办了两市结好20周年友好合作推介会，进一步深化友谊，共谋合作。

【郭树清会见韩国仁川市市长刘正福】 11月16日，山东省委副书记、省长郭树清在威海会见了韩国仁川市市长刘正福一行。会见后，山东省政府外事办公室与仁川市招商团签署了双方建立友好合作联席会议机制备忘录，威海港集团与韩进株式会社签署了加强物流产业合作的协议书，山东大韩家进出口有限公司与奥和销售运营公司签署加强电子商务合作的战略协议。

【韩国华城市副市长李花顺一行到威海考察】 12月23日—24日，韩国华城市副市长李花顺率代表团一行8人到威海考察。此行旨在推动两市在人员、文化、体育等领域的交流与合作。

（于　强）

·港澳事务与华侨事务·

【概况】 联络联谊　2015年，全市接待侨商团队9个以及来自美国、英国等10多个国家和地区的海外侨胞230多人次。市海外交流协会与英国齐鲁文商会、加拿大中国专业人士协会、美国海外留学人员专业联合会、日中友好协会福冈分会4个社团签订了友好合作协议。承办了2015海外华商博士投资创业合作交流会、2015回家过节——完美胶东文化体验营。

为侨服务工作　认真落实侨务政策，切实改善侨界民生。办理归侨侨眷身份认定16人、华侨回国定居2人、“三侨”考生10人、华侨子女入学2人。受理接待归侨侨眷、华侨华人来信来访52件次，均给予了满意答复。有步骤地做好贫困归侨侨眷帮扶工作，为全市887名符合规定的归侨侨眷每月发放150元困难补贴。继续开展重大节日“访侨户、送温暖”活动，走访慰问归侨侨眷和在威海侨胞60余户。

引资引智工作　市海外交流协会与英国齐鲁文商会、加拿大中国专业人士协会、美国海外留学人员专业联合会、日中友好协会福冈分会4个社团签订了友好合作协议，拓展了侨务资源及联谊渠道。承办了2015海外华商博士投资创业合作交流会，共有来自美国、加拿大、澳大利亚等国家和地区的40余位海外华商博士携带涉及电子信息、生物医药、新材料等46个高新技术项目参会，与威海市企业、科研机构对接洽谈，达成合作意向5个。

【任启亮到威海市调研】 3月31日至4月1日，国侨办副主任任启亮一行7人在省侨办主任刘方会等陪同下到威海市就做好《国家侨务工作发展纲要(2016—2020)》编制工作开展专题调研。市委副书记、市长张惠，副市长刘广华会见并出席座谈会，副市长刘广华参加座谈调研。调研期间，任启亮一行先后到豪雅光电（威海）科技有限公司、韩乐坊及孙家疃街道里窑社区进行调研，对威海市侨资企业及社区侨务工作的开展情况给予高度评价和充分肯定。

【“侨心小学”揭牌】 威海市文登区侯家镇强生第二爱心小学是在山东省侨联、威海市侨联的积极联络和推动下，由美籍华人王家凤捐资30万元人民币协助建成。6月1日，省侨联副主席李兴钰一行到威海考察，出席强生第二爱心小学揭牌仪式。市委副书记赵晓晖会见了李兴钰一行并进行了座谈。

【包有增到威海考察】 7月12日—15日，阿联酋华侨华人联合会副主席、阿联酋中正集团董事长包有增一行到威海考察保税区、出口加工区及国际物流项目。

【王瑞美一行到威海考察】 8月7日—11日，中国侨联海外联谊部原部长王瑞美携同印尼华侨、深圳华侨城集团华夏艺术中心翁志康一行5人到威海考察。客人一行实地考察了韩国商品交易中心等韩国商品交易集散基地，参观了市容市貌，对威海市作为第一批中韩自贸区地方经济合作示范区享有的优惠政策及保税仓储、国际物流等建设情况进行了详细了解。

【德国、南非侨领到威海考察】 9月15日—19日，德国山东商会会长曲永刚，德国莱茵－内卡地区中国文化中心协会主席、德国曼海姆中文学校校长刘元华及其女儿德国Schwetzingen市议员王伟华，南部非洲齐鲁同乡总会常务副会长王金红等海外侨领相继到威海参观考察。在威海期间，先后参观考察了威海市联桥集团、北洋集团以及威海云计算中心。通过考察，侨领们加深了对威海的认识和了解，认为德国、南非与威海在许多方面存在着优势互补，彼此间的合作交流有很光明的前景及市场，希望通过此次交流，积极拓展合作渠道，促进共同发展。

【熊志远到威海考察】 10月21日，中国华文教育基金会项目部主任熊志远一行2人考察了海外华裔青少年华文教育基地北竹岛小学，市外侨办及学校有关负责人陪同考察。北竹岛小学是2008年由山东省侨办授牌命名的“海外华裔青少年山东省华文教育基地”。

【刘扬林一行到威海考察】 经中国侨联海外联谊部引荐，11月16日—17日，中国侨联海外委员、美国华人联合总会副会长、洛杉矶经贸联合会会长刘扬林一行5人到威海考察。客人一行考察了韩国商品交易中心，参观了市容市貌。受美国比华利市委托，刘扬林此次到威海，拟为两市建立友好城市关系做好前期考察和联络沟通工作。

【威海市组团参加第八届华商企业科技创新合作交流会】 12月10日—12日，由市外侨办、商务局及部分重点企业共10人组成的威海市代表团参加了由山东省人民政府侨务办公室、中国侨商投资企业协会、济南市政府、烟台市政府共同主办的第八届华商企业科技创新合作交流会。威海市代表团先后参加了开幕式、引资引智项目合作洽谈会、企业海外发展洽谈会等专题活动。参会期间，代表团主动与海外侨界高层次人才和实业家建立联系，宣传推介威海市良好投资创业环境，并就新能源、新材料、新医药、新信息、海洋经济等领域项目与重点华商企业进行现场对接洽谈，达成威海南海新区与台湾塞舌尔新视讯有限公司建设生产手机屏幕显示设备项目。

【海外侨领侨商到威海市考察】 12月13日—14日，澳大利亚山东商会会长、澳华传媒集团董事长刘秀华，新西兰中国文化艺术交流协会主席姜宏光，坦桑尼亚山东商会会长黄子禅，香港山东商会常务副会长、香港正大集团有限公司总经理尹国桥，山东省侨商会副会长、威海正大建筑装饰材料有限公司总经理高启，加拿大齐鲁华人总商会副会长韩长福，南非齐鲁同乡会副会长杜巍巍，华盛顿博德集团股份有限公司董事长薄力泉，美国精准医学学会常务副主席陈军博士等海外侨领和高层次人才应邀到威海考察。此次海外侨领侨商考察团考察、项目对接，对提高威海市基因检测、海洋生物技术等向更高水平发展、提升威海海外影响力将产生积极影响。

【海外华商博士到威海参加2015“威高杯”全球医疗器械创新创业大赛】 美国华人医药科学家协会会长陈邦华等30余位华商博士，应邀到威海参加由威海高技术产业开发区管委会主办，威高集团承办的“威高杯”全球医疗器械创新创业大赛决赛。12月16日，市外侨办在威海卫大厦与参赛的部分海外华商博士进行座谈交流。

（于　强）

·台湾事务·

【概况】 台胞接待　2015年，到威海台胞2.48万余人次，比上年增长4%。

台胞服务　年内，全面走访了台资企业，看望、慰问了全市常驻台胞和重点台属。新受理台胞投诉案件和求助事项7件，全部处结，结案率100%。为台资企业举办法律知识讲座。

利用台资　全市新增台资项目10项，总投资3760.49万美元，合同台资1672.96万美元，实际利用台资325.82万美元。2月3日，组织召开市台商恳谈会，副市长刘广华出席会议并讲话，并为入选“山东省百强台资企业”的5家驻威海台资企业授牌。8月9日—14日，在台北市举办的“两岸科技交流论坛”上，“鲁台产研合作交流中心台北分中心”成立并揭牌。

交流交往　全市应邀赴台交流项目71项、287人次。全市累计有535项、2091人次赴台考察交流。4项两岸交流活动被评为全省优秀交流项目。1月18日，举办两岸关系形势报告会。3月18日，威海获批为赴台个人游第五批试点城市，并于4月15日正式开始受理赴台个人游业务。

涉台宣传教育　向台胞发送各种宣传资料3800多册（份）；在中国台湾网、华夏经纬网等各类网站、媒体发稿700多篇次；在《台湾真晨报》发稿23篇；为多家旅行社赴台负责人及领队做涉台教育讲座。

【第九届、第十届台湾大学生研习营在威海举办】 1月17日—24日，来自台湾17所高校的80余位师生到威海参加第九届人居环境之旅——台湾大学生中华文化研习营。海协会副秘书长王小兵、省台办副主任张民忠、海协会联络部主任张娟专程到威海看望台湾大学生，出席开营仪式，为台湾学生授旗，王小兵作专场报告。9月1日—8日，第十届台湾大学生中华文化研习营在威海等地举办。营员们听取了甲午战争历史讲座、威海青年企业家“激情赢未来”创业讲座，观摩了威海大学生创新创业成果展，与创业大学生进行交流。

【参加“喜洋洋·迎新年——山东非物质文化遗产展”】 1月27日至2月9日，“喜洋洋·迎新年——山东非物质文化遗产展”在台北市101大楼中华艺术馆举行，威海市组织了锡镶、大饽饽等3项非物质文化遗产项目和文化民俗项目200余件作品参展。

【“两岸情深”台湾李沃源先生彩瓷水墨画暨艺坛精英书画邀请展】 4月6日—25日，“两岸情深”台湾李沃源先生彩瓷水墨画暨艺坛精英书画邀请展分别在威海经济技术开发区、荣成市和威海东方艺术学校举行，展出了两岸和平文化艺术联盟主席李奇茂、两岸和平文化艺术联盟创会理事长李沃源等十几位海峡两岸艺坛精英书画作品100余幅。展览由市台办、台湾两岸和平文化艺术联盟主办，荣成市台办、市文化产品展览中心协办，威海市东方艺术学校承办。

【《台湾光复》在海峡两岸交流基地拍摄】 4月26日，由国台办九洲文化传播中心与中央电视台中文国际频道联合制作的四集历史文献纪录片《台湾光复》剧组，到刘公岛海峡两岸交流基地取景拍摄东泓炮台、中国甲午战争博物院、丁汝昌故居、陈列馆等历史遗迹。该片于10月25日在央视中文国际频道播出。

【参加第二十一届鲁台经贸洽谈会】 5月21日—26日，副市长刘广华率威海市经贸旅游文化交流团赴台开展经贸活动。考察台湾旅游产业，探索威海市温泉旅游开发新模式，促成市企业联合会与彰化县工业会签署“交流合作备忘录”，市刘公岛管委会与台湾林本堂股份有限公司签署“两岸青少年近代史教育联盟”协议，市旅游行业协会与花莲县旅行商业同业公会签署合作协议等。赴台开展“威台园区对接洽谈会”系列招商活动，市服务业办赴台举办服务业对接洽谈活动，盛泉集团有限公司举办健康产业对接专场洽谈会。

【市政协走访视察台资台属企业】 6月19日，市政协主席董天祥带队走访调研腾森橡胶轮胎、日月光半导体、市台联合馆有限公司等威海市部分台资台属企业，实地考察企业发展情况，就进一步改善威海市营商环境进行座谈。

【台湾基隆市青工总会一行到威海考察】 8月7日—8日，台湾基隆市青工总会总会长江荣庆一行20人到威海市参观考察，组织召开了海峡两岸（威海）青年企业家座谈会，市委副书记赵熙殿出席座谈会并致辞，签订了《威海市青年联合会与中国国民党基隆市青年工作委员会交流合作意向书》。

【台湾退役将官参访团到威海考察】 8月11日，台湾退役将官参访团团长、退役中将高安国一行50余人到威海考察。参访团参观了威海海峡两岸交流基地，详细了解了甲午战争及《马关条约》签订历史和台湾人民英勇抗日的史料，为刘公岛甲午战争博物院题词留念。

【“两岸媒体山东沿海行”活动在威海采访】 9月22日—23日，“两岸媒体山东沿海行”活动的6名记者到威海，详细考察采访威海东方艺术学校、威海城市规划馆、刘公岛海峡两岸交流基地。两岸记者进行了交流座谈，就进一步加强“威台两地”新闻交流提出了意见。

【第六届海峡两岸（威海）道教文化研讨会举办】 10月27日—31日，第六届海峡两岸（威海）道教文化研讨会在威海、烟台举行。台湾省道教会理事长陈录星带领台湾道教文化交流团与威海市道教协会会长孙诚修等大陆道教界人士进行座谈交流。

【全市对台工作座谈会召开】 11月19日—20日，市台办召开全市对台工作座谈会。对全市台办干部进行现代经贸知识培训，邀请威海中韩自贸区地方经济协调办公室讲授中韩自贸区相关知识。根据对台工作面临的新形势，就中韩自贸区对台商的机会、中韩自贸区项下的海峡两岸青年创业示范基地建设等7个研究课题进行探讨。

【台湾道教人士参访团山东行活动在威海举办】 11月21日—25日，台湾道教总庙无极三清总道院执行主席郑铭辉一行33人到威海等地考察。参访团先后考察了威海圣水观、圣经山等道观及威海海峡两岸交流基地，与圣经山东华宫道教界人士就圣经山全真派发祥地的渊源交流了体会。市政协副主席任怀平会见台湾客人。

（郎松波）

中国人民政治协商会议威海市委员会

【组织概况】 中国人民政治协商会议第十二届威海市委员会于2012年4月换届产生。至2015年底，有委员343名，常委73名。其中，中共委员137名，占委员总数的39.9%；非中共委员206名，占委员总数的60.1%。市政协十二届委员会下设办公室、研究室、委员活动工作室3个办事机构以及提案和社会法制委、人口资源环境和经济委、科教文卫体和文史资料委、台港澳侨和民族宗教外事委4个专门委员会。

【政协第十二届威海市委员会第四次会议】 2月4日—6日举行，应出席委员343名，实到委员320名。会议听取并审议了政协第十二届威海市委员会常务委员会工作报告和提案工作报告；与会委员列席了威海市第十六届人民代表大会第四次会议，听取并讨论了政府工作报告及其他有关报告；大会收到提案226件，收到大会发言材料17份，8位委员作大会口头发言。委员们围绕优化创业生态环境、抢抓城铁开通新机遇、发展农业规模化经营、加强城市应急管理、实施食用农产品市场准入制、威海地名规划、扩大基本医疗保险定额结算病种范围、扶持民营创业孵化器建设等问题进行议政建言；会议补选董天祥为市政协主席，增选4名市政协委员为常务委员；会议审议通过了政协第十二届威海市委员会第四次会议决议。大会闭幕时，董天祥作重要讲话。

【政协常委会会议】 第十六次会议 1月23日举行，应到常委70人，实到61人。会议传达学习了中共威海市委十四届五次全体会议和全市经济工作会议精神；审议通过了召开市政协十二届四次会议的有关事项及人事事项，决定市政协十二届四次会议于2015年2月4日至6日在威海召开。

第十七次会议 2月5日举行，应到常委70人，实到66人。会议听取了市委常委、组织部部长田治颖代表市委所作的关于推荐增补十二届市政协主席、常务委员候选人协商名单的说明；审议了市政协十二届四次会议选举办法（草案），总监票人、监票人名单（草案），大会决议（草案）和有关人事事项，决定将上述事项提交各委员组审议协商。

第十八次会议 2月6日举行，应到常委70人，实到65人。会议听取大会秘书处关于委员分组审议和讨论情况的汇报；审议通过了增补十二届市政协主席、常务委员候选人协商名单，决定将候选人协商名单正式确定为候选人名单，提交全体会议进行选举；审议通过市政协十二届四次会议选举办法（草案）、总监票人监票人名单（草案）和大会决议（草案），决定将上述事项提交全体会议表决通过。

第十九次会议 3月31日举行，应到常委73人，实到63人。会议传达学习了全国政协十二届三次会议和省政协十一届三次会议精神；审议通过了市政协2015年重点协商活动计划、市政协2015年工作要点和十二届市政协委员界别组召集人调整名单。

第二十次会议 7月23日举行，应到常委73人，实到67人。会议听取了市政府关于上半年全市经济社会发展情况的通报和市政府办公室关于市政协十二届四次会议以来提案办理情况的通报；听取了市民政局、卫生计生委、食品药品监管局关于服务民生工作情况的汇报；审议通过了《政协威海市委员会关于发挥各民主党派、工商联和无党派代表人士在政协工作中作用的意见》；审议通过了有关人事事项；围绕威海市经济社会和民生事业发展进行了议政建言。

第二十一次会议 11月26日举行，应到常委73人，实到65人。会议传达学习了中共十八届五中全会精神；听取了市发改委关于威海市"十三五"规划编制情况的说明；审议通过了《政协威海市委员会常务委员会工作规则》《政协威海市委员会专门委员会通则》等3项工作制度和市政协有关人事事项；围绕科学制定威海市《国民经济和社会发展第十三个五年规划纲要》议政建言，就总体规划、创新创业、产业强市、城市建设、社会治理、生态保护等方面提出了意见和建议。

【专门委员会工作】 提案和社会法制委员会 市政协十二届四次会议期间，收到提案226件，立案220件、并案4件。至12月底，立案提案全部办付完毕。制定出台《政协威海市委员会提案委员会提案办理协商工作规程（试行）》，对重点提案办理协商的选题确定、计划制定、活动组织、成果运用以及工作评价进行具体细化，规范健全了提案办理协商活动的程序和制度。围绕加强公共法律服务体系建设、推进依法治市战略实施，发展农业规模化经营，推进"人的城市化"建设，加强公交线路和站点建设，优化企业创业环境等主题分别召开提案办理协商会。举办政协委员提案撰写培训班，邀请省政协提案委员会专职副主任孙青松等作辅导讲座，260多位市政协委员参加培训班。

人口资源环境和经济委员会 围绕全市水源地保护情况进行调研，组织市水利局、环保局等有关部门参加座谈会，赴文登米山水库等多地进行实地调研，赴外省学习先进经验，形成《关于我市水源地保护情况的调研报告》报送市委，就探索建立水源地生态环境保护补偿机制、引导部分库区居民进行生态移民、有效控制农业面源污染和畜禽养殖污染、解决农村规模化供水和污水处理问题、推进生态修复工程和水库联网工程、保证水资源可持续利用"等方面提出意见和建议。开展现代特色农业适度规模经营情况的视察，在实地考察高技术产业开发区和临港经济技术开发区的6家生态农业园和专业合作社的基础上，提出[illegible]政府推动作用、加大科技支撑力度、提高宣传推介水平、推进现代特色农业做大做强"的意见和建议。

科教文卫体和文史资料委员会 围绕威海市历史文化遗产现状进行专题调研，并组织政协委员实地考察历史遗迹的保护、修缮和利用情况，形成《关于我市历史文化遗产的保护与传承、开发与利用情况的调研报告》报送市委。协助省政协调研组分别开展"弘扬优秀传统文化、建设山东道德高地"和"推动民营经济科技创新"的专题调研。组织市政协文史研究会对威海抗战文史资料进行深入挖掘，编辑出版《威海抗战文史资料——纪念抗日战争胜利七十周年专辑》。配合省政协完成《山东抗战编年纪事》、"记忆山东"系列丛书和《天南地北山东人·台湾卷》等书的征集工作。组成由市政协副主席任怀平为团长的政协文化经济考察团，赴台湾进行文化产业交流洽谈。以市政协书画联谊会和摄影联谊会为依托，举办市政协纪念抗日战争胜利70周年书画摄影作品展，汇集作品展优秀作品，出版《威海市政协纪念中国人民抗日战争暨世界反法西斯战争胜利70周年书画摄影作品集》。征集部分书画联谊会成员作品，参加省政协举办的"纪念抗战胜利70周年暨世界反法西斯战争胜利70周年书画展"。围绕经济社会发展的热点难点问题，组织召开"加强学校传统文化教育"对口协商会议和"扩大基本医疗保险定额结算病种范围""扶持普惠性幼儿园""加强海草房保护"界别协商会议。

台港澳侨和民族宗教外事委员会 围绕全市台资台属企业发展情况开展调研并形成专题调研报告报送市委。组织对威海市幼儿教育设施建设情况进行视察并召开座谈会。对威海市少数民族和宗教基本情况、华人华侨及侨眷侨属情况和对台工作情况、侨胞和台港澳商在威海投资企业情况进行深入调查。参加了省政协民族和宗教委员会学习交流会，就如何发挥政协民宗委优势、协助党委、政府做好新形势下的民族宗教工作进行研讨交流。制定起草了《政协威海市委员会关于聘任港澳台侨政协工作顾问的办法（草案）》。组织召开全市政协台港澳侨和[illegible]年度工作情况和工作打算，就如何做好新形势下的台港澳侨和民族宗教外事工作听取区市政协的意见和建议。

【专题协商会】 5月5日，召开“办好中韩自贸区地方经济合作示范区，推动我市经济社会发展”专题协商会，7位市政协委员围绕办好中韩自贸区地方经济合作示范区提出意见和建议，市商务局、发改委、科技局、教育局等部门负责人结合部门职能，对委员提出的意见建议作出回应。5月29日，召开“加强我市公共法律服务体系建设，推进依法治市战略实施”专题协商会，6位市政协委员围绕加强威海市公共法律服务体系建设提出意见和建议，市司法局、发改委、中级法院、公安局、财政局、法制办等部门负责人针对委员的意见建议提出工作的对策措施。

【对口协商会】 6月12日，召开“推动我市海洋经济转型升级”对口协商会，4位市政协委员围绕推动威海市海洋经济转型升级提出了各自的意见和建议，市海洋与渔业局、发改委、科技局、经信委、旅游局等部门负责人针对委员提出的意见建议作出回应。7月9日，召开“贯彻习近平总书记指示，加强学校传统文化教育”对口协商会，3位市政协委员围绕加强学校传统文化教育提出意见和建议，市教育局、文广新局、广播电视台等部门负责人针对委员提出的意见建议进行沟通协商，提出工作措施。

【界别协商会】 5月28日，召开“扩大全市基本医疗保险定额结算病种范围”界别协商会，医疗卫生界别组市政协委员提出“逐步将发病率较高、对患者危害性较大的疾病纳入定额结算病种范围，科学测算付费标准、完善定额调整机制，加强监督、确保医保基金合理有效使用”等意见和建议，市人力资源和社会保障局、卫生计生委、财政局等部门负责人针对委员的意见建议提出工作对策措施。8月14日，召开“扶持普惠性幼儿园发展”界别协商会，教育界别组市政协委员围绕“进一步加大财政投入、加强师资力量、优化资源配置”等方面提出意见和建议，市财政局、教育局、住建局等部门负责人针对委员的意见建议进行解答，提出解决措施。10月20日，召开“加强海草房保护”界别协商会，文化艺术界别组市政协委员就“充分发掘海草房的人文价值、美学价值、建筑价值和旅游价值，进一步加大海草房保护”等方面提出意见和建议，市文广新局、住建局、财政局等部门负责人针对委员的意见建议提出解决措施。11月24日，召开“适应全域城市化要求、做好地名规划工作”界别协商会，致公党界别组市政协委员围绕“规范门牌号设置，保护有历史文化内涵、习惯称谓的传统地名”等方面提出意见和建议，市民政局、公安局、住建局、规划局、国土资源局、文广新局等部门负责人针对委员的意见建议提出解决措施。

【重点提案办理协商会】 4月9日，召开“发展农业规模化经营”重点提案办理协商会，7位市政协委员围绕发展农业规模化经营，提出意见和建议，与市直相关部门负责人进行面对面的交流协商，市农业局、林业局、科技局、发改委等部门负责人结合部门职能，分别提出符合实际的办理措施。6月24日，召开“推进‘人的城市化’建设”重点提案办理协商会，7名市政协委员围绕“人的城市化”建设提出意见和建议，市住建局、规划局、国土资源局、农业局、财政局等部门负责人针对委员的意见建议提出工作的对策措施。8月21日，召开“加强公交线路和站点建设”重点提案办理协商会，6名市政协委员围绕公交线路和站点建设分别提出意见和建议，市交通运输局、公安局、城管执法局、住建局、财政局等部门负责人针对委员的意见建议提出具体的办理措施。10月23日，召开“优化企业创业环境”重点提案办理协商会，4位市政协委员提出意见和建议，市财政局、住建局、科技局等部门负责人针对委员的意见建议提出解决的措施。

【基层协商会】 9月18日，在环翠区鲸园街道古岭社区委员工作室召开“实施食用农产品市场准入制度”基层协商会，6位市、区政协委员和2位市民代表提出意见和建议，市、区食品药品监管局等11个相关部门负责人进行解答，提出解决的办法和措施。市直和环翠区政府有关部门负责人，部分市、区政协委员，民主党派代表和社区市民代表参加会议，会后形成了情况报告报送市委并得到市委书记孙述涛批示。12月16日，在环翠区鲸园街道古岭社区委员工作室召开“做好社会救助工作”基层协商会，4位市、区政协委员和3位市民代表围绕“养老和医疗保险、困难学生救助、‘失独’和精神残疾家庭救助、社会公益活动引导监管”等方面提出了意见和建议，市直和环翠区民政局、教育局等10个相关部门负责人进行解答，提出解决的办法和措施。市政协主席董天祥出席会议并讲话，市直和环翠区政府有关部门负责人，部分市、区政协委员，民主党派代表和社区市民代表参加会议，会后形成情况报告报送市委。

【其他重要活动】 5月26日，举办全市政协界别工作会议暨反映社情民意信息培训班，传达学习全省政协界别工作座谈会精神，并邀请省政协研究室理论处处长梁永军作辅导讲座。6月29日—30日，组织部分市政协委员，视察了乳山市产业结构转型升级和南海新区突破发展、文登区同城化发展情况，并分别召开座谈会听取情况汇报和委员建议。7月底至8月底，市政协举行委员“亲民为民界别月”和“三进”（进社区、进企业、进学校）活动，市政协各界委员参加公益慈善活动300多人次，为基层和群众办实事好事210多件，资助困难学生、职工150多人。9月1日，市政协召开全市政协工作经验交流会，传达全省政协工作经验交流会和市委书记、市人大常委会主任孙述涛的重要批示精神，总结交流全市政协工作，各区市政协和部分镇（街道）政协工作室负责人作交流发言。9月30日，组织部分市政协委员视察了韩国食品日用品交易集散地建设情况，并召开座谈会听取情况汇报和委员建议；实地考察了中韩跨境贸易电子商务产业园、韩乐坊、家家悦进口商品直购体验中心，详细了解集散地建设和投资运营情况。10月19日，市政协举办“社会主义协商民主”专题讲座，邀请中国人民政治协商会议理论研究会常务理事、中国政协

《理论研究》杂志执行主编原冬平作辅导讲座。12月10日，市政协理论研究会第二届会员代表大会暨理事会会议召开，会议听取了理论研究会第一届理事会工作报告，修改并通过了理论研究会章程，选举产生了第二届理事会。12月24日，市政协组织部分市政协委员对全市幼儿教育设施建设情况进行视察，并召开座谈会听取市教育局有关情况汇报和部分教育界市政协委员的意见和建议。

（孙宏强）

中国共产党威海市纪律检查委员会

【概况】 市纪委机关与市监察局合署办公，实行一套工作机构、两个机关名称的体制，履行党的纪律检查和政府行政监察两种职能。中共威海市第十四届纪律检查委员会有常委7名，委员36名。市纪委设12个职能室（部）、7个派驻纪检组，有干部职工91人。

【纪检体制改革】 强化上级纪委对下级纪委的领导，制定了区市纪委书记、副书记，市纪委派驻纪检组组长、副组长，市管企业纪委书记、副书记等三个提名考察办法。对派驻机构监督检查和联系的部门单位进行了调整，监督检查部门由62个增至72个，联系单位由20个变更为17个。进一步完善由市纪检监察、组织、司法、公安、审计等机关为成员的办案协调机制，在线索移交、案件协查、联合办案等方面强化工作合力。开展国际追逃追赃工作，成立了防逃追逃办公室，明确了职责分工。

【落实中央八项规定精神、纠正“四风”】 认真落实中央八项规定精神、纠正“四风”（形式主义、官僚主义、享乐主义和奢靡之风），紧盯元旦、春节、端午节、中秋节等节点，加大查处力度，先后成立各级暗访组606个，暗访机关、学校、企业等单位3643处（次），暗访旅游景点、酒店、农家乐等场所5893处（次），重点监督公车私用、公款吃喝、公款旅游、公款送节礼、大操大办婚宴等五类问题，查处违反中央八项规定精神问题62起，处理74人，给予党政纪处分49人，通报曝光典型问题18起。坚持把严查发生在群众身边的“四风”和腐败问题作为“民心工程”，查处相关问题59起，给予党政纪处分61人，通报曝光典型问题34起。严肃查处党员干部不作为、乱作为、慢作为等问题，处理89人，通报典型问题4起。

【执纪审查】 切实转变工作理念，坚持纪法分开、纪在法前，严格用纪律的尺子衡量。进一步畅通信访举报渠道，注重问题线索分析研判，完善问题线索管理办法，不断加大执纪审查力度，坚决遏制腐败蔓延势头。全年受理信访举报2366件，立案264件，给予党政纪处分293人，其中县处级干部20人、科级干部77人，挽回经济损失6724.07万元。坚持“一案双查”（既要追究当事人责任，又要倒查追究相关领导责任），对落实党风廉政建设主体责任不力的8个部门党委（党组）、4名领导干部进行责任追究。

【巡查工作】 借鉴中央、省委巡视工作经验办法，在全市创新开展巡查工作。成立巡查工作领导小组，制定巡查工作暂行办法，推动工作开展。全年分两轮对14个市直部门进行了巡查，收集意见建议440条，发现各类问题160多个，督促完善制度规范116项。加强对巡查发现问题的梳理研判，确定相关问题线索56个，及时进行调查处理。年内，约谈20人，诫勉谈话39人，批评教育4人，调离岗位1人，给予党政纪处分2人。

【权力制约监督】 监督执纪注重抓早抓小，加强日常监督。组织学习新修订的廉洁自律准则和党纪处分条例，教育引导党员干部坚持高线、坚守底线。在全市1200多名县处级党员领导干部中开展了“学党章，学摘编”专题测试，以考促学，以学促廉。深入推进廉政文化建设，在全市范围内新指导培育示范点11个，组织创编廉政曲艺节目，在镇（街道）、社区巡演100场。对市委新提拔重用的县处级领导干部集中进行了任前廉政谈话。组织新提拔任职的178名县处级干部签订了廉政承诺书。制定了市纪委委员发挥作用意见，充分发挥市纪委委员作用，形成监督合力。开展了市直部门和区市述廉述责工作，14名市直部门主要负责人向市纪委常委会述廉述责，两区两市52名党政领导班子成员向同级纪委全委会述廉述责。

【纪检队伍建设】 2015年，市纪委机关、派驻机构干部提拔重用、轮岗交流25人，选调9名年轻干部充实到监督执纪一线岗位。组织市纪委65名、区市纪委34名纪检监察干部参加中纪委、省纪委相关业务培训。举办了全市纪检监察系统监督执纪业务培训班，对市、区市、镇（街道）三级300多名纪检监察干部进行专题培训。开办“学思讲堂”，安排外出培训人员主讲，交流培训学习收获。开展“三严三实”专题教育，领导班子带头践行“三严三实”要求，管好班子、带好队伍、管好自己。建立健全22项规章制度，制定了《威海市纪检监察干部“十条禁令”》、纪检监察干部问题线索处理办法等内部监督制度规范，召开了作风纪律整顿大会、纪检监察干部监督工作会议，开展了机关作风纪律检查，及时调查核实反映纪检监察干部的问题线索，推动作风纪律不断向从严从紧转变。

【李法泉到荣成调研】 8月4日—5日，省委常委、省纪委书记李法泉到荣成市，就贯彻落实中央纪委全会和省纪委全会精神，深入推进党风廉政建设和反腐败工作进行调研。在荣成期间，李法泉主持召开座谈会，听取荣成市委、市纪委落实“两个责任”（落实党风廉政建设责任制，党委负主体责任，纪委负监督责任）以及纪律审查、信访、纠正“四风”等情况汇报和镇（街道）党委、纪委有关工作意见建议，并作重要讲话。市委书记、市人大常委会主任孙述涛，市委副书记、市长张惠，市委常委、市纪委书记傅逊等分别陪同活动。

【重要会议】 2月10日 全市党风廉

政建设和反腐败工作会议召开。会议传达十八届中央纪委第五次全会、省纪委十届六次全会精神，研究贯彻落实意见。市委书记、市人大常委会主任孙述涛作重要讲话，市委副书记、市长张惠主持会议。

2月10日　中共威海市纪委十四届六次全体会议召开。会议深入学习贯彻十八届中央纪委第五次全会、省纪委十届六次全会精神，回顾总结2014年全市党风廉政建设和反腐败工作，部署2015年工作任务。市委常委、市纪委书记董天祥代表市纪委常委会作工作报告。

5月14日　市纪委召开纪检监察干部会议，进行新老书记交接，市领导孙述涛、董天祥、田治颖、傅逊出席会议，市纪委常委、副局长，委机关和派驻组全体人员参加会议。市委书记、市人大常委会主任孙述涛主持会议并作重要讲话，市委常委、市委组织部部长田治颖宣读了省委任免决定，市政协主席董天祥，市委常委、市纪委书记傅逊分别发言。

7月24日　市委反腐败协调小组工作座谈会召开，各成员单位主要负责人参加会议。市委常委、市纪委书记傅逊出席会议并讲话。会议传达了《关于在查办党员和国家工作人员涉嫌违纪违法犯罪案件中加强协作配合的实施意见》。各成员单位汇报了有关工作情况，总结交流了反腐败协作配合情况，针对存在问题提出改进意见建议，明确了工作要求。

8月20日　市直部门单位主要负责人向市纪委全委会述廉述责会议召开，市纪委委员参加会议，市委机关各室（部）负责人、派驻纪检组组长和12名市级党代表列席会议。市委常委、市纪委书记傅逊出席会议并讲话。会上，14个市直部门的主要负责人进行述廉述责，并接受质询询问和民主评议。

9月10日　中央和省属驻威海单位党风廉政建设工作座谈会召开，对落实党委主体责任自觉接受监督、树立党章意识严守纪律规矩、推进解决发生在群众身边的“四风”和腐败问题等进行交流，研究部署新形势下中央、省属驻威海单位党风廉政建设工作。市委常委、市纪委书记傅逊出席会议并讲话。部分中央、省属驻威海单位负责人作交流发言。

（徐祥钊）

民主党派

·中国国民党革命委员会威海市委员会·

【概况】　2015年，民革威海市委新发展党员5人，党员总数98人。积极履行参政党职能，继续开展坚持和发展中国特色社会主义的学习实践活动。

【党务活动】　举办学习实践活动动员会和报告会，开展“观故居，走多党合作之路”活动，接受多党合作教育。开展“同心中国梦，网上正能量”征文活动。结合民革特色，开展纪念孙中山诞辰150周年的系列活动，开展辛亥革命研究、孙中山思想研究和抗战研究。开展纪念抗日战争胜利70周年活动，组织民革党员到威海马石山红色教育基地进行爱国主义教育。参加民革省委举办的“民族魂——纪念中国人民抗日战争暨世界反法西斯战争胜利70周年美术作品展览”活动，参加“同心中国梦”威海党外文化艺术工作者联谊会优秀书画作品展。年内，向民革中央网站、民革山东省委网站、《民革地方情况反映》《联合日报》《山东民革》和《威海发展研究》等网站及报刊投稿58篇，《民革党员建言“建设威海市足球运动发展的强市”》《民革威海市委关于中韩自贸区有关情况的调研报告》《民革威海市委为威海市泡菜产业发展“号脉会诊”》《民革党员经营的企业成功登陆E版》和《关于威海五中开展“校园足球”活动有关情况的调研报告》等26篇稿件被采用，其中国家级6篇，省级18篇，市级2篇。参与民革中央“民革E家”信息交流平台建设，组织党员通过该平台参加有关活动。参与中共威海市委统战部“威海统一战线”微信公众平台建设，组织党员关注微信公众平台。

【参政议政】　民革市委会领导参加各种议政会、座谈会和征求意见会16次，向省委有关部门、中共威海市委、市政府和市政协提出意见建议23条。提交政协提案15件。其中，《关于加快我市葡萄酒产业发展的建议》和《关于改革初中会考制度的建议》等4件提案被评为优秀提案。《关于文登西洋参产业发展的调研报告》被评为威海市社会科学优秀成果三等奖。围绕威海市足球运动、泡菜产业和威海市口岸对外开放有关情况等开展了系列调研活动，向市政协报送了《关于促进我市足球运动发展的建议》的大会发言材料。撰写提交《关于我市泡菜产业发展情况的调研报告》《关于威海五中开展“校园足球”活动有关情况的调研报告》和《关于我市口岸对外开放有关情况的调研报告》三篇调研报告，其中，前两篇调研报告得到市政府领导批示并转有关单位落实。组织开展了中韩自贸区集散地建设、湿地保护和海岸线保护、山东半岛经济一体化等有关方面的调研以及威海民俗文化的专题调研。

【社会服务工作】　召开互联网+时代的机遇与挑战座谈会，协助党员企业实现转型发展。召开中韩自贸区发展与机遇座谈会，协助企业抓住机遇。召开企业上市工作会议，协助企业参与资本运作。组织考察物流企业，共谋企业发展大计。举办微电商应用讲座，协助党员开展微营销。开展送对联、送医药下乡活动，到养老院慰问孤寡老人，并捐献生活物品。与威海市第五中学建立对口联系，介绍北京控股足球俱乐部同威海市有关方面建立友好合作关系，为威海市培训足球教练和队员。积极参加“慈心一日捐”活动，开展“博爱·牵手”活动，组织民革党员向新党员患病家属捐助。

（赵　江）

·中国民主同盟威海市委员会·

【概况】　2015年，民盟威海市委新发

展盟员14人，调出1人，盟员总数283人。其中，中高级职称212人，占盟员总数的75%。民盟成员获得市级以上荣誉称号和奖励的20 多人次。

【参政议政】 在威海市政协十二届四次会议上，提交了《关于加速打造威海市海洋经济升级版的建议》等17件提案，其中7件被评为优秀提案，《关于扩大威海市基本医疗保险定额结算病种范围建议》等3件入选大会发言交流材料，多件提案被市政协列为重点提案。向市委市政府提交《加强威海市企业信用评价制度建设》《中韩自贸背景下威海游轮旅游产业优化发展》《加强和改善我市粪污处理工作》等3篇调研报告，均得到市政府主要领导批示并由相关部门落实。在统战部年终调研报告评比中，1个获一等奖，2个获二等奖。在省政协十一届三次会议上提交的《关于正确区分在校与在校学习时间概念，实现我省小学生真正课业减负》和以民盟省委名义提交的《关于加强我省企业环境行为评价体系建设并纳入社会诚信体系》的2件提案入选省政协大会发言汇编。民盟领导参加市委组织召开的“十三五”规划草案征求意见会、市政府组织召开的中韩自贸地方经济合作开放实验区产业发展规划征求意见会，提出的建议受到市领导重视。参加在枣庄市举行的民盟苏鲁豫皖部分城市“城市文化建设暨参议政工作”的主题调研会议，介绍了威海市城市文化建设的做法和经验。组织参加民盟省委在烟台举办的高等教育论坛，提交论文3篇。组织10多名议政调研骨干盟员和文化界盟员到淄博维坊等地市进行文化产业发展情况调研，并与当地民盟组织进行了书画交流。

【组织建设】 深入开展“坚持和完善中国特色社会主义学习实践活动”和“基层组织建设年”活动，努力搞好自身建设。根据形势发展需要，将原文登直属小组升格为文登区支部，并召开第一次盟员大会，选举产生了第一届支部委员会。举办一期新盟员学习班，对新盟员进行盟史盟章教育。邀请民盟省委领导到威海进行[illegible]盟性修养教育讲座，提高盟员遵守民盟纪律、维护民盟荣誉的自觉性。多次组织盟员到外地考察调研、交流学习、参观取经。

【社会服务工作】 盟员立足本职工作岗位争先创优，多位盟员的事迹被市级媒体宣传报道。文艺界的盟员积极参与威海市文化建设，创作推出大量接地气、纳正气、有人气的文艺作品，许多作品在省市获奖。多位盟员积极参加市委统战部《同心苑》刊物的组编、《同心·中国梦》书画展的组展和大型文艺演出的组演工作。机关工作人员和许多盟员积极参与“慈心一日捐”活动和其他扶贫助困活动。

（姜茂林）

·中国民主建国会威海市委员会·

【概况】 2015年，民建威海市委发展新会员10人，全市有会员89人。其中，省人大代表1人，市人大常委会副主任1人，市人大代表1人，区人大常委会副主任1人，区人大代表1人；市政协常委1人，市政协委员8人，区政协常委2人，区政协委员3人。有5人被评为全省优秀民建会员，1个支部被评为省级先进集体。1人获“威海市先进妇女工作者”称号，1人被评为“威海市十大政法人物”。

【党务活动】 以中国特色社会主义学习实践活动为主线，对广大会员进行政治形势、政党制度和民建优良传统学习教育。及时组织学习《中国共产党统一战线工作条例》以及中央统战工作会议习近平总书记讲话精神，准确把握政治和经济发展形势，为开展各项工作提供理论和政策指导。2015年是民建成立70周年，市委会专门组织骨干会员赴民建发源地重庆学习会史，了解民建成立的相关历史知识。全年组织会员参加民建中央、省委和市委组织的各类学习培训班累计45人次，并举办主题征文活动。在抗日战争胜利70周年之际，组织会员到峰山革命烈士陵园祭扫，进行革命传统教育。

【参政议政】 民建市委会成立参政议政专门工作委员会，充分发挥民主党派参政议政作用，围绕中心，积极调研。全年，市委会领导班子成员参加中共威海市委统战部及市政协组织的考察调研座谈会20人次，向市政协提交提案23份，立案22份，向统战部提交《关于我市户外活动发展情况的调研报告》《关于文登水貂养殖业发展情况的报告》和《关于威海市农民专业合作社发展情况的调研报告》3篇调研报告，向民建山东省委提交社情民意信息4篇，其中2篇被采用。协助荣成市政府起草《智慧荣成调研报告》并参与实施调研。民建威海市委积极参加中共威海市委、市人大、市政府、市政协召开的协商会、通报会、座谈会，在市纪委组织的民主评议政风行风活动中，认真督查，履行职责。

【公益活动】 *招商引资，助推发展* 民建市委会领导班子成员积极参加省民建组织到滨州的“助力滨州招商引资会”，促成北洋集团与家和股份合作，成立荣成智慧城市信息技术有限公司，注册资本1000万元，服务于荣成市智慧城市建设。

捐资助学 年内，民建威海市委向泽库中学捐赠价值1.6万元的图书950册，向毕家疃小学捐赠了价值2.5万元的体育器材和图书1000余册，向贵州省黔东南州从江县加榜乡加榜中心小学捐献了价值2.5万元的图书1100余册。会员捐助云南中学生2名，在山东大学和山东工商学院设立奖学金。

帮扶弱势群体 积极帮扶弱势群体，民建经区支部为残疾人申请办理低保重度残疾人生活补贴，争取轮椅，协调爱心企业捐赠多功能护理床；组织志愿者为残疾人免费义务理发；联系市虫业养殖协会，为10个村（社区）的残疾人及家属宣传黄粉虫的养殖技术和方法；联系爱心企业为残疾人提供技能培训和就业岗位；为7起法律援助案件的老、弱、病、残和家庭经济困难的当事人提供全程免费法律服务。

参与社区共建 5月，民建环翠支部与环翠楼街道鸿武社区开展共建活动。在社区统一安排下，举行了植树[illegible]步增进民主党派与社区居民之间的交

流与合作。

（曲志华）

·中国民主促进会威海市委员会筹备委员会·

【概况】 2015年，民进威海市委筹委会新发展会员6人，会员总数62人。其中，中高级专业技术职称46人，占会员总数的74%。会员中有市政协委员8人，其中市政协常委2人。山大（威海）支部被民进中央评为“民进全国先进基层组织”；哈工大（威海）支部被民进省委评为“民进山东省先进基层组织”；3名会员被民进省委授予“民进全省先进个人”称号。

【参政议政】 市政协十二届四次会议上，提交集体提案件18件，政协委员提案5件，全部立案，6件提案被市政协评为优秀提案。《加大食品安全监管投入，让百姓吃得上放心食品的建议》被市政协列为重点提案，在市政协召开的食品安全督办会议上专题答复。向中共威海市委、市政府呈送3篇调研报告。《关于我市中韩自贸区语言环境情况的调研报告》得到市委主要领导批示；《关于提升威海设计业水平的调研报告》《关于中韩自贸区建设情况的调研报告》得到市政府主要领导批示。在市委统战部优秀调研报告评比中，《关于我市中韩自贸区语言环境情况的调研报告》获得一等奖，《关于提升威海设计业水平的调研报告》《关于中韩自贸区建设情况的调研报告》获得二等奖。

【社会服务】 积极参与民进中央“同心·书香彩虹行动”，会员为贵州省金沙县“同心学校”捐赠图书1000册，价值1.8万元。开展“春联万家”活动，免费给市民发放春联200余幅。

（刘　辉）

·中国农工党威海市委员会筹备委员会·

【概况】 2015年，新发展党员4人，党员总数58人。其中，中高级专业技术职称45人，占党员总数的77%。有市政协委员5人，其中市政协常委2人；环翠区政协委员3人。年内，农工党威海筹委会和环翠区小组被农工党山东省委评选为先进基层组织，7人被农工党山东省委评选为先进个人和优秀党员。

【参政议政】 年初，农工党威海市委筹委会向政协大会提交了《关爱生命、普及公众急救知识技能》《关于加强我市藻类产品研发的建议》等提案，涉及医疗卫生、信息、交通等人民群众广为关注的方面，全部得到了相关部门的面复。发挥农工党联系广泛的优势，组织专题调研，形成了《关于我市养老服务业发展情况的调研报告》《关于我市绿色建筑与建筑节能的调查报告》《关于我市发展异地养老产业的调研报告》3份调研报告，分别获得2015年度全市民主党派优秀调研报告评选一等奖、二等奖、三等奖，其中前2篇调查报告得到市委、市政府主要领导批示。

【社会服务】 为向广大中老年朋友普及骨科健康知识，11月3日，农工党环翠小组组织威海卫人民医院业务骨干、麻醉科主任、骨创外科医生等专家走进环翠区嵩山街道向阳社区，为社区居民免费查体，举办健康讲座。针对居民肛肠健康状况，11月13日，组织威海卫人民医院肛肠外科副主任和麻醉科主任等专家走进向阳社区，普及疾病预防知识，举办健康讲座，并发放健康宣传材料200余份。

（杜　平）

·中国致公党威海市委员会·

【概况】 2015年，致公党威海市委新发展党员5人，党员总数83人。其中，省政协委员1人；市级人大代表2名（常委1人），市政协委员14人（常委3人）；区级人大代表1名，区政协委员5人（常委1人）。年内，主委于富波被致公党中央委员会授予“致公党扶贫开发先进个人”称号。在致公党省委“创先争优”活动中，4个单位获得集体奖，12人获得个人奖。

【党务活动】 2015年，继续开展坚持和发展中国特色社会主义的学习实践活动，紧扣“优良传统教育”主题，结合纪念中国人民抗日战争暨纪念世界反法西斯战争胜利70周年，组织举办了《两岸情深——台湾艺坛精英书画展》。结合中国致公党成立90周年、市委会成立10周年，编辑《致力为公·侨海情——中国致公党威海市委员会成立十周年纪念文集》。全年上报宣传、论文等文章8篇，其中省级、市级刊物录用6篇。编辑《开展坚持和发展中国特色社会主义学习实践活动》简报4期，上报宣传信息70余篇，其中省级录用16篇、市级录用15篇。

【组织建设】 健全基层组织班子建设，年内，致公党市委对4个支部班子进行了届中调整，为加强党内后备干部培养及换届工作做好人才储备。强化基层组织自身建设，组织支部主委赴潍坊市交流学习支部自身建设、活动开展及党员活动室推进落实的经验和做法。

【参政议政】 围绕致公党省委、中共威海市委统战部提出的参政议政工作目标，及时开会研究部署、贯彻落实，采取多种措施发动、引导广大成员深入开展调研活动。致公党市委联合致公党山东省委、致公党广东中山市委、致公党北京西城区支部开展了“山东省农村社区养老服务设施定位及运营现状”“依法治市 推行诚信体系建设”“中韩自贸区建设”三次大型调研活动。全年完成《关于威海市工业机器人发展现状的调查》《推进出口加工区转型升级的对策建议》调研报告6篇，其中1篇获全市民主党派调研报告优秀成果评选一等奖，1篇获二等奖，1篇获三等奖。全年征集上报调研报告、提案、社情民意信息50篇。其中被省政协录用5篇、致公党省委录用6篇，市委统战部录用11篇、市政协录用21篇。“两会”期间所提4篇集体提案、16篇个人提案全部得到相关部门的采纳，其中2篇集体提案和4篇个人提案被市政协评为优秀提案。

【社会服务】 开展基层组织与社区结对共建活动，市委会利用支部与社区结对共建这一平台，充分发挥党内人才汇聚、反映社情民意渠道畅通、服务和谐社会等优势，定期到社区开展讲座、调研、服务等工作。2015 年度，市委会先后组织了律师界、医疗界、企业界的党员走进社区，开展了“邻里合协 · 民事纠纷 · 依法治村”的法律讲座和“企业商事改革有关事项”“汽车的维修与保养现场技术操作指导”等讲座活动。

【联谊活动】 积极做好对外联络工作，充分发挥党派“侨”“海”特色优势，组织党员参加致公党山东省委赴台湾进行经济合作、文化教育发展交流活动，加强文化教育交流，积极做好海外联谊工作。开展《山东省归侨侨眷权益保护条例》实施一周年调研活动，形成报告提交致公党山东省委。联合致公党山东省委开展了“归国留学人员来威创业、如何融入‘一带一路’战略”的调研活动，为优化全省、全市归国留学人员创新创业环境建言献策。

（刘京璞）

· 九三学社威海市委员会 ·

【概况】 2015 年，九三学社威海市委发展新社员 7 名，总人数 128 人，均为中高级专业技术职称。其中，省政协委员 1 人；市政协委员 15 人（1 人被聘任为十二届市政协特邀信息员），市人大代表 2 人；区政协委员 4 人。年内，3 人获得九三学社中央委员会表彰，4 人获得九三学社山东省委员会表彰。

【参政议政】 九三学社威海市委通过倡导“科学参政、民主参政、依法参政”，不断提高参政议政、民主监督的能力和质量。“两会”期间，发动全体社员积极建言献策，九三学社市委提交市政协提案 32 件，省政协提案 4 件，市人大建议 9 件。在省政协十一届三次会议上提交的《关于解决农民焚烧秸秆污染环境的建议》被省政府采用，省政府[illegible]秸秆禁烧工作。威海市《政府工作报告》采纳了贾国哲的 7 条修改建议。《关于我市对韩跨境电子商务的调研报告》获得市长张惠批示，被评为 2015 年度全市民主党派优秀调研报告一等奖。《建议加快推进失独家庭扶助政策国家设计》等 4 篇信息被省政协采用并报全国政协信息中心。

【理论研究成果】 2015 年，九三学社威海市委在参政党理论研究方面不断推陈出新，成果丰硕，受到九三学社中央、九三学社省委等领导和媒体高度赞扬和关注。《发展充满活力的政党关系》《提高人大代表建议质量和水平之我见》《全面依法治国与参政党法治化建设》《参政党政治美德研究》《崇德向善 凝聚时代价值公约数》《强化参政党法治思维与法治方式》《提高政治把握能力 巩固共同思想政治基础》《参政党应在全面深化改革中“五做五不做”》和《不忘九三历史 弘扬九三精神》9 篇理论研究文章在省级以上媒体发表。完成省政协立项课题《运用法治思维与法治方式推进人民政协民主监督》。出席九三学社中央“坚持和发展中国特色社会主义学习实践活动经验交流会暨第二届专题论坛”，并作《强化参政党建设科学化》的专题发言。出席九三学社山东省委首届“九三齐鲁科学论坛”，并作《强化参政党法治思维与法治方式》专题发言。“关于培育和践行参政党政治美德的理论与实践”作为中标课题，在九三学社中央理论研究中标课题中期推进会上发言。《全面依法治国与参政党法治化建设》入选《山东社科论坛——统一战线与依法治国理论研讨会论文集》。《关于培育和践行参政党政治美德的思考》获省委统战部“四新工程”理论调研二等奖。主委贾国哲获得九三学社省委 2015 年度全省思想宣传工作理论论文类优秀作品特别贡献奖，入选九三学社中央委员会第二批“九三楷模”候选人，并被九三学社中央委员会授予“九三学社创建 70 周年全国优秀社员”称号。

【宣传工作】 经过半年多的筹备，建设，九三学社威海市委网站 www.wh93.gov.cn 于 3 月 28 日正式开通运行，成为宣传工作的重要平台。年内，举办“纪念九三学社成立 70 周年暨社威海市委成立 10 周年大会”和征文、画展等系列活动。《统一战线之歌》在九三学社中央网站、山东省委统战部网站等 3 家媒体发表，并在“同心 · 中国梦——威海统一战线迎春文艺晚会”上演唱。多名社员的先进事迹在中共威海市委统战部网站刊登宣传，《站在时代风尚的高岗上》获全省统战理论调研宣传“四新工程”优秀宣传成果三等奖，九三学社威海市委获得九三学社山东省委 2015 年度网站供稿工作先进单位三等奖。

【社会服务工作】 组织开展一年一度的植树活动，栽种火炬树 120 余棵。九三学社山东省委 2015 年社务工作会议在威海召开，九三学社威海市委作的各项协调服务工作得到省委领导的高度评价。组织骨干社员分别到荣成市大疃镇、海洋食品博览中心考察调研，为当地经济社会发展建言献策。环翠区支社在鲸园办事处北山社区作“学习法律知识 提升维权意识”为主题的消费者维权宣传讲座等。年内，有 2 人被评为九三学社山东省委 2015 年度社会服务工作先进个人。单志勇被九三学社中央委员会授予“2011—2015 年全国社会服务工作先进个人”称号，杨静被授予“九三学社创建 70 周年全国优秀社员”称号。

【丛斌率调研组到威海调研农村养老工作】 6 月 5 日—6 日，全国人大常委会常委、法律委员会副主任委员、九三学社中央委员会副主席丛斌率调研组对威海市农村养老等工作进行调研，对威海市的农村养老等工作给予充分肯定。丛斌一行深入文登经济开发区、文登区张家产镇、环翠区孙家疃街道、环翠区张村镇的部分养老机构实地调查研究，听取了养老设施运行情况汇报，并召开座谈会，副市长傅广照参加座谈会。

（曲　兴）

编辑　[illegible]

人民团体

威海市总工会

【概况】 2015年，威海市总工会辖5区（环翠区、文登区、威海高技术产业开发区、威海经济技术开发区、威海临港经济技术开发区）、2市（荣成市、乳山市）总工会。市总工会机关设办公室、组织宣教部、生产保障部、财务部、女职工工作部；下设职工服务中心、法律顾问处、经费审查委员会办公室3个事业单位。全市有基层工会组织4655个，会员56.8万人。年内，举办涵盖30多个工种（专业）的技能大赛，组织技能培训班3600多期，培训职工35万人次，结成师徒对子5059对，建成劳模（高技能人才）创新工作室429家，完成技改项目2965项，创造经济效益近8亿元。组织全市3600多家建会企业、49万多名职工参与深化安全生产“查保促”活动，排查整改安全隐患2.9万多项，工作经验多次在全省会议上交流，被市政府表彰为“全市安全生产工作先进单位”。全市事业、国有、集体及其控股企业，规模以上非公企业的职代会和厂务公开建制率均达到100%；各类工资集体合同覆盖企业4083家，占建会企业的[illegible]，女职工专项合同签订率继续保持100%。筹集帮扶资金531万元，救助困难职工3223人；会员互助保险参保职工27.6万人，比上年增长4.4%。完善市、县、镇（街道）、企业四级工会服务网络，新建网上服务中心，打造微博、微信、短信、QQ群四大数字服务平台，数十万职工参与在线互动。“打造职工连心网、开创服务微时代”项目连续第二次获得全省工会工作创新奖。

【“服务企业关爱职工”春运职工平安返乡活动】 1月23日、27日，市总工会先后联合威海地方铁路局、威海交运集团举办了2场“来威务工人员平安返乡推介会”。环翠区、威海高技术产业开发区、威海经济技术开发区、威海临港经济技术开发区和市直外来务工人员较为集中的企业工会主席参加推介会。部分企业工会主席和火车站、汽车站工作人员进行交流咨询，了解各企业职工需求，尽早优先为职工办理返乡车票，确保到威海务工人员顺利回家过年。

【市总工会十六届三次全委会议】 1月30日，市总工会十六届三次全委会议召开，市总工会第十六届委员会委员，第十六届经费审查委员会委员，拟替补的两委委员；市直部分单位（非两委委员单位）工会主席；部分受表彰单位工会主席等220余人参加。会议传达并学习全国总工会十六届三次执委会议和省总工会十四届四次委员会议精神，研究部署2015年工作。市政协副主席、市总工会主席任慧春出席会议并作了题为“为职工群众服务，为改革发展聚力，团结动员广大职工为加快建设现代化幸福威海而努力奋斗”的工作报告。会上表彰了211家威海市劳动关系和谐企业和10个和谐镇（街道）。

【市总工会女职委举行五届五次全委（扩大）会议】 3月4日，市总工会女职工委员会五届五次全委（扩大）会议召开。市总工会作了题为“凝心聚力，开拓创新，为加快建设现代化幸福威海而努力奋斗”的工作报告。市总工会女职委委员，各区市总工会分管女职工工作的副主席、女职工工作部部长，市直部分企事业单位工会女职工委员会主任、副主任等170余人参加会议。

【威海首期二级社会体育指导员培训班】 3月24日—27日，由威海市总工会、体育局联合主办的2015年威海市第一期二级社会体育指导员培训班在市体育局正式开班，全市100余名工会干部、职工参加培训。培训内容为社会体育指导员基本理论知识，包括全民健身法律法规、基层体育比赛组织、运动损伤预治以及基本技能等，旨在落实职工群众体育工作要求，提升工会干部参与社会体育的水平，调动广大职工参与全民健身的积极性，让体育锻炼经常化，个人健身生活化，使广大职工群众充分享受体育发展的成果，为考核合格者颁发二级社会体育指导员证书。

【欢迎全国劳模载誉归来座谈会】 4月30日，威海市召开欢迎全国劳模载誉归来座谈会，市委副书记、市长张惠出席座谈会并讲话，市委副书记赵熙殿主持会议，市人大常委会副主任季恩远，市政协副主席、市总工会主席任慧春出席座谈会。张惠代表市委、市政府向受表彰的劳动模范和先进工作者表示祝贺，向全市各行各业的劳动群众致以节日的祝福。张惠指出，各位劳动模范是劳动人民的杰出代表，是全市各行各业广大干部职工学习的榜样，更是城市的骄傲。各级各部门要大力弘扬劳模精神，在全社会广泛宣传劳动模范的先进事迹，引导群众学习劳模、争当劳模，使劳模精神不断发扬光大，凝聚起干事创业的强大正能量。要自觉运用改革精神谋划推进工会工作，努力把各级劳模和先进工作者的示范带动作用发挥出来，把广大劳动者的积极性都调动起来，加快建设现代化幸福威海。

【全市工会干部（上海）培训班】 5月11日—15日，市总工会与上海工会管理职业学院联合在上海举办全市工会干部（上海）培训班，邀请上海自贸试验区工会、上海柴油机股份有限公司、上海市社科院和上海工会管理职业学院等专家学者授课。参加培训的有市总工会机关干部；各区市总工会分管法律工作的副主席、法律部部长；市直及各区市工资集体协商、工会法律工作骨干企业的工会主席等63人。

【“说说心里话”女职工座谈会】 5月22日，市总工会女职工委员会举办“说说心里话”女职工座谈会。市直部分企事业单位女职工委员会主任、困难女职工代表66人参加。参会的困难女职工代表踊跃发言，大胆说出自己的困境和表达自己的愿望。部分企事业单位女职工委员会主任介绍本单位对困难女职工帮扶的措施及效果。会议传达省总工会关于女职工“关爱行动”帮扶对象、活动内容等方面的意见，对市直40名困难女职工给予每人1000元的生活救助。

【全市民主管理干部培训班】 6月18日，市总工会举办全市民主管理干部培训班。各区市总工会分管副主席和民管部长、各镇（街道）工会干部、新招聘的社会化工会工作者、市直部分机关企事业单位工会主席等200多人参加。通过培训，进一步增强了各级工会干部参与民主管理工作的理论素质和业务能力，提升全市企事业单位厂务公开民主管理工作法治化、规范化水平。

【2015年度母婴护理员培训班】 6月23日，市总工会举办2015年度母婴护理员培训班，组织50名下岗失业女职工系统学习了新生儿保健、新生儿疾病与意外伤害的预防及护理、产妇日常生活护理等常规项目和小儿推拿、产后催乳等课程。2009年至2015年，市总工会连续6年为750名失业女职工举办免费母婴护理员培训班，受到广大女职工的欢迎和社会各界的好评。

【刘赞杰到威海督查调研】 8月5日—7日，省总工会党组书记、常务副主席刘赞杰到威海督查工会重点工作，调研贯彻落实中央群团工作会议精神。市委副书记赵熙殿，市政协副主席、市总工会主席任慧春分别陪同调研。刘赞杰一行实地走访了市职工服务中心、威海供电公司、贝卡尔特公司、威高集团、联桥集团，深入了解基层组织建设、企业工会工资集体协商、厂开民管、职工技术创新、企业文化和“查保促”活动开展情况，以及工会组织在维护职工合法权益、就业帮扶、法律援助、化解社会矛盾、促进社会稳定等方面发挥的作用。

【2015年度“金秋助学”活动】 8月19日，市总工会举行2015年度“金秋助学”活动启动仪式，市总工会领导班子全体成员，各区市、国家级开发区总工会分管主席，市直受助单位工会主席，受助学生家长代表和全体受助学生等300余人参加。市政协副主席、市总工会主席任慧春出席会议并讲话，为市直182名困难职工子女发放助学金54.4万元。2015年度的“金秋助学”活动筹集资金412万元、资助学生1177名，比上年分别增长28.9%和32.2%。实施“金秋助学”12年累计筹措资金2500多万元，帮助9000多名困难职工子女圆了上学梦，基本实现了应助尽助。

【全市职工拔河、跳绳、工间操总决赛】 9月30日，由市总工会、体育局主办，威海职业学院协办的全市职工拔河、跳绳、工间操总决赛，在职业学院文体活动中心举办，来自全市80多家企事业单位的1500多名职工参加了总决赛。经过激烈角逐，威海经济技术开发区祥光机械有限公司代表队包揽了男子、女子、混合拔河3个项目的冠军；威海热电集团代表队获得了工间操、男子集体跳绳、双人跳绳项目的冠军；乳山供电公司代表队获得男子单人跳绳冠军、石岛集团代表队获得女子集体跳绳冠军、市立医院代表队获得女子单人跳绳冠军。全市职工拔河、跳绳、工间操比赛从3月的体育指导员培训班开始，历时半年多，全市385个单位约1万名职工参赛，累计举办初赛、复赛、决赛700多场次，是威海市工会史上参赛范围最广、参加职工最多、持续时间最长的一次体育盛事。

【组织职工参加全国、省职业技能大赛】 年内，市总工会组织职工多次参加全国、省职业技能大赛。在全国首届皮具设计制作职业技能竞赛上，金猴集团选派的7名选手全部跻身前20强，其中1名职工获得亚军。在全省第二届热力行业供热管道工（供热抢修）职业技能竞赛上，市热电集团4名职工组队参加，在全省17个代表队中获得团体金奖，其中1人获得个人一等奖。在全省第五届职工职业技能大赛决赛上，威海市派出4个代表队11名选手，其中焊工、计算机程序设计员两个工种代表队分获全省单项团体总分第五名（地市第二）和第六名（地市第五）。2015年度，威海市总工会授予参加全国、省、市技能大赛的37名选手“威海市金牌职工”称号，发放奖金6万多元。

【“十大金牌职工”“十大创新能手”“十佳最贴心基层工会主席”表彰】 12月8日，市总工会召开表彰大会，对评选的全市“十大金牌职工”“十大创新能手”“十佳最贴心基层工会主席”进行表彰。市委副书记赵熙殿，市政协副主席、市总工会主席任慧春，市经信委、科技局、人社局、工商联、企业联合会的相关领导和市总工会党组领导班子全体成员出席会议，赵熙殿作重要讲话。会议现场播放了每位受表彰人员先进事迹的专题片，并对受表彰人员代表进行现场采访。

【“互联网 +”职工服务体系建设】 在抓好以市总工会职工服务中心为主导、以县级职工服务中心为骨干、以镇（街道）职工服务站为支撑、以社区企业服务点为延伸的四级工会服务网络的基础上，采取“互联网 +”模式，运用信息化、数字化手段，着力打造“网上职工服务中心”，与实体服务网络互为补充，健全工会服务体系，解决联系服务职工“最后一公里”问题。专门组建信息化工作团队，规范管理考核制度，每日更新工会工作动态，在线回应职工诉求，形成“线上线下无缝对接”的服务新模式。加入QQ群的基层工会达到385家，关注微信公众号的职工达2万多人，微博单日访问量突破9000人次。

（郎济民）

中国共产主义青年团威海市委员会

【概况】 2015年，全市有市直团委69个、基层团委891个、团工委416个、团总支657个、团支部6120个，有共青团员14.9万人、专职团干部537人、兼职团干部3934人。年内，刘公岛管委团委获得“全国五四红旗团委”称号，南海新区被命名为“团中央青年就业创业见习基地”；张军当选全国第十二届青联委员，乳山青年马勇获得“全省五四青年奖章”。团中央志工部副部长王明学、团省委领导等先后到威海市考察调研，对威海市共青团和青年工作给予了充分肯定。威海团市委连续三年被团省委评为“山东省红旗团委”。

【“中国梦”学习宣传教育活动】 广泛开展“青春汇聚中国梦”主题教育活动，举办山东省暨威海市青少年18岁“红色传统成人礼”活动，并作为全省示范性样板活动由山东电视台进行了现场录制；举办“幸福威海·我的梦”主题演讲比赛，以各类形式开展“讲中国由我来讲”“我看中国新变化”等专场讲座7场、“奋斗的青春最美丽”故事分享交流会13次。

【“我为核心价值观代言”活动】 开展“我为核心价值观代言”活动，评选“最美代言人”22名，广泛开展国学经典文化主题教育活动，承接“第十届台湾大学生中华文化研习营”活动，以“国学达人”挑战赛为载体，联合市教育局举办威海“童学秀”“经典诵读”等活动，2万多名青少年参加了活动。在全市中小学广泛开展“读好书、写好字、做好事”为主题的“三好”实践和校园仪式教育活动。以“时尚、节约、隆重、喜庆”为宗旨，举办全市第十三届公益青年集体婚礼。

【“青年之声”平台建设工作】 扎实开展“青年之声”平台建设工作，依托“微邦”“微信”等新媒体手段，创建组织架构53个，先后举办各层面“青年之声”平台建设工作培训会10场，联系社会各行业领域专家学者，组建包括法律援助、心理咨询、志愿服务、就业创业、国学教育5方面的威海市“青年之声”线上专家服务团队及线下服务联盟各5支，专家成员545人。威海市被团省委推荐参加团中央组织的全国“青年之声”建设工作专项测评。

【共青团全媒体平台建设】 稳步推进共青团全媒体平台建设，与市社科联共同出版《共青团和青少年工作研究文集》，收录发表威海市优秀青少年理论研究成果40篇；创刊《青春365》杂志，为各级团组织、团干部搭建学习交流展示平台；组建1.7万余名的青年网络文明志愿者队伍，开展“争做向上向善好青年·争做文明守法好网民”“清朗网络·我来护苗”等主题宣传活动，集中开展“清明祭英烈”“纪念世界反法西斯战争胜利70周年”等话题微博讨论活动，累计发表评论1.32万余条，转发3.5万余次；威海共青团新浪微博在2015山东政务微博年终评选列全省第三名。

【引领青年岗位建功】 开展青工技能大比武活动，先后举办威海市快递行业青年文明号首届技能比武大赛、威海市继电保护青年职业技能比赛和威海市首届“银商杯”商业服务业收银员技能竞赛，评选优秀青年岗位能手15名；联合市科技局、财政局评选“青年自主创新行动标兵”28名，优秀项目15个，新命名“青年自主创新行动示范基地”19个。

【“助力县域科学发展工程”】 山东省第十三次团代会提出了以助推提升县域经济发展水平为主要内容的系统工程，是“青春建功行动”的重要组成部分，也是威海市共青团组织服务大局的重要抓手。2015年，团市委先后承办“全省团银合作助农工作现场会”、团中央2015年第二期电子信息技能培训，培训农村青年560人。开展“农村青年致富带头人培育工程”，帮助620名农村青年实现创业就业，培养全国农村青年致富带头人2名，全国“乡村好青年”1名，省市“乡村好青年”18名。环翠区团委获评2015年度全省“助力县域科学发展工程示范区团委”。

【青联组织交流合作】 加强青联组织交流合作力度，先后承接台湾基隆市青工总会、韩国富川青年会议所、卢旺达爱国阵线干部考察团到威海参观考察活动，组织青年联合会、青年企业家协会会员分别赴韩国的富川、统营市，台湾的台北、基隆市开展经贸考察和项目对接活动，并与台湾基隆市青工总会签订友好交流合作意向书。

【“青年文明号”创建工作】 开展“青年文明号”创建工作，设计开发威海市青年文明号综合服务平台，在全市青年文明号综合服务平台集体中深入开展“青春建功中国梦”公益主题活动，联合大众网等媒体开展全市“青年文明号”视频展播活动，新获评国家级“青年文明号”4个，省级“青年文明号”24个。

【青年创新创业孵化平台建设】 搭建青年创新创业孵化平台，联合共建“巨蟹云”青年电商孵化基地、北洋电子信息孵化器2个，成功推荐威海经济技术开发区科技创业服务中心获批全省第二批青年创业孵化基地，全市已命名建设各类青年创业园区10个，其中国家级1个、省级2个。创建“青快创”青年创业一站式综合服务平台，依托北洋集团、山大DT、汉秀斯创业咖啡建设“青年创业驿站”3个，定期开展创业沙龙、创业辅导等主题活动。

【青年创新创业资金扶持】 强化青年创新创业资金扶持，与银行、担保公司合作融资1.31亿元，辐射小微企业260多家。扎实推进“鲁青基准贷”项目，以基准利率发放贷款2700余万元。开展“农村青年信用示范户”评选活动，发放小额贷款1800余万元。与威海市商业银行、阿甘担保投资公司建立全市青年创业基金，发放贷款1500余万元；为威海市8名创业青年争取创业贷款贴息23.7万元。

【创新创业实践活动】 开展各类创新创业实践活动，与市经信委联合举办“威海市互联网+数据开放创业创新大赛”，团中央城市部应邀作为大赛指导单位。联合相关部门共同举办“威高杯”全球医疗器械创新创业项目大赛和“北洋杯”电子信息及机器人创新创业大赛，共收集来自北美、西欧、日韩等全球各地参赛项目300多个，最终评出优秀项目34个，有效推动国际高端项目落实威海。承办山东高校共青团互观互学活动，全省高校代表实地参观考察威海市在校大学生创新创业工作。组建创业导师队伍210余人，与300余名创业青年结成帮扶对子。承办第三届山东省大学生创意文化艺术节，举办各类青年创业集结号、新三板实务交流等青年创业论坛11次。

【青少年合法权益工作体系建设】 加强维护青少年合法权益工作体系建设，召开2015年全市综治委预防青少年违法犯罪专项组联席会议，重新理顺各成员单位的职责分工。借助全市城乡社区网格化平台开展重点青少年群体排查摸底，将1798名重点青少年信息录入山东省数据平台。承办全省共青团权益工作会议，对重点青少年网格化管理、预防青少年违法犯罪等工作进行实地观摩。联合市教育局、司法局组建“12355”公益专家心理团队28人、法律团队34人。

【青少年事务社工队伍建设】 强化青少年事务社工队伍建设，联合综治、民政、人社等部门制定出台《关于加强青少年事务社会工作专业人才队伍建设的实施意见》，开展青少年社工专题培训5期，培训600余人次。重点联系青年社会组织87家，引导青年社会组织向青少年社工组织转化，年内新注册机构4家，建立青少年事务社工人才数据库，录入信息81人。联合市民政局开展全市优秀社工项目评选活动，广泛征集各类优秀社工项目，争取省财政50万元扶持资金，重点培育5个青少年事务社工示范项目。

【“青春同行·益暖齐鲁”志愿服务活动】 开展“青春同行·益暖齐鲁”志愿服务活动，承接团中央2015三星“梦想课堂”公益活动，来自山东、江苏省7所三星希望小学的130名小学生参加了为期12天的“梦想夏令营”。承接全省青年志愿者助残“阳光行动”集中观摩活动，推广威海市青年社会公益组织孵化、社区志愿者扶老助残等工作经验。承办山东省青少年宫协会2015年年会，推动威海市青少年校外阵地建设工作，文登青少年宫获山东省“红旗青少年宫”称号。

【希望工程捐资助学】 不断加大希望工程捐资助学力度，与中央电视台少儿频道共同举办“君子之风 慈善威海”大型公益慈善晚会，现场筹集善款物资30余万元；新建社区“希望乐园”10个，助残阵地22个，重点培育“今天我是你的眼睛”等公益助残项目12个，开展殷树山老人专项志愿帮扶活动，常态化开展“红色关爱”“励青公益”等关爱活动，发放公益金36.2万元，资助关爱对象627人。

【提升志愿服务管理水平】 召开威海市志愿服务信息综合管理平台暨2015年度志愿服务活动项目新闻发布会，面向社会公布了100个志愿服务活动项目。2015年，全市已发展注册志愿者25.6万人，发放志愿者电子信息卡5000余张。组建应急志愿者队伍参加全市“海防管控演练”和应急救援演练活动，组织1000余名志愿者参与威海“国际铁人三项”“国际渔博会”等大型赛会志愿服务活动，累计提供志愿服务1.6万余小时，争取省财政120万元专项资金在全市建设13个社区青年志愿服务站，在2015年山东省青年志愿服务交流会暨首届青年志愿服务项目大赛中，“带你走进浩瀚的书海”项目获大赛金奖，“心语无声，和聋人一起听世界”项目获得铜奖，团市委获优秀组织奖。

【青少年绿色联盟建设】 不断扩大青少年绿色联盟队伍，新吸纳长城爱心大本营、哈尔滨理工大学荣成校区青年志愿者协会为市青少年绿色联盟团体会员，联盟会员队伍达41支。承接全省共青团农村工作现场会，实地观摩威海市青少年绿化基地建设和青少年生态环保校外实践教育工作情况。

【绿色宣传引导】 以“青春绿色行动·共建美丽威海”为主题，开展青年碳汇林公益微捐活动，联合市环保局启动威海市青少年生态环保实践活动。开展生态文明宣传进家庭、进学校、进社区、进乡村、进企业、进机关“六进”活动，组织仁德公益等环保宣传志愿者进入社区宣传40余次。通过社会化运作、媒体参与的方式，开展“少放烟花爆竹·携手呵护蓝天”绿色环保主题宣传、“青春建功美丽威海”等活动，举办“青春暴走·文明启程”健步走活动8次。组织生态文明志愿者走进大乳山景区进行采风，通过“小手拉大手”等形式进一步宣传环保理念。

【绿色活动创建】 广泛开展绿色活动创建，借助青联、青企协资源，开展绿色家园创建，先后捐建青年林3处，创建全省首批绿色示范基地1处，争取省专项扶持资金35万元。联合环保、教育等部门开展“绿色学校”创建工作，全市共建设市级“绿色学校”153所，省级“绿色学校”41所，国家级“绿色学校”1所，威海市普陀路小学被评为“全国环境教育示范学校”。

【区域化团建工作】 扎实推进区域化团建工作，举办了全市区域化团建工作培训班，对全市团建工作进行实地参观学习，组织部分区市团委到先进省市进行交流学习。新建直属团组织547个，全市24个街道全部建立区域青年工作共建委员会，社区建团率达到100%。稳步推进农民专业合作组织团建工作，采取灵活多样的形式，依托产业链成立水貂养殖、无花果等专业合作社团委38家，覆盖35岁以下青年620人，其中团员230人。

【青年社会组织建设】 按照“先行试点，逐步推广”的建设原则，建立青少年综合服务工作阵地26个、新媒体平台27个，配备青少年社工及专职志愿者471名，其中，文登区青少年活动中心和乳山市西馨园青少年服务中心被认定为省级示范性青少年综合服务平台。

【承担全省团员综合管理系统和电子团员证的试点工作】 积极研发团员综合信息管理线上系统和手机APP项目，经3个月的研讨、论证、调试，完成了线上系统和手机APP开发并在全市进行试用。

【少先队工作】 召开威海市第六次少代会，选举产生了新一届少先队工作委员会班子。在省团校举办威海市少先队辅导员、学校团委书记专题培训班，在市团校举办2期基层团干部专题培训班，全面提升威海市团干部的业务能力。

（丛日奎）

威海市妇女联合会

【概况】 2015年，全市有镇（街道）妇联组织75个，专职妇联干部130人。党政机关、事业单位妇委会212个，村（社区）妇代会2774个。市妇联被评为山东省城乡妇女岗位建功先进集体，威海市2015年度工作优秀单位。

【“三八”节庆祝活动】 3月6日，召开“传递榜样力量 唱响巾帼之歌”威海市纪念“三八”妇女节座谈会，市领导及各界妇女代表100多人参加。座谈会表彰了第四届威海巾帼十杰和获得经济市献奖、创新发展奖、社会公益奖的第二届优秀女企业家，以及在各类女性创业者中脱颖而出的十位巾帼创业新星，部分获奖人员分享了自己的经历和心得体会。节日期间，全市各级妇联组织立足实际，开展形式多样的庆祝活动，展开大规模的宣传报道，在全社会营造关心妇女工作、支持妇女发展的良好氛围。

【大众创业万众创新巾帼行动】 由市妇联、市人社局联合开展，以营造良好创业环境、搭建创业服务平台、激发妇女创业活力为目标，引领广大妇女在经济发展新常态下积极投身创业创新实践。实施“互联网＋服务妇女”巾帼增收工程，采取“互联网＋妇女组织＋基地＋农户”模式，组织农村妇女发展电子商务。年内，发展淘宝、京东乡村电商服务站160多个，培育“巾帼示范基地”50多个，通过巾帼创富网等网络平台，对农村妇女生产的绿色农副产品、手工艺品实现线上订单、线下销售，精心打造“妇字号”“农家园子”“巧姐手工”绿色品牌，带动农村妇女发挥资源优势，创业增收。深化“巾帼示范乡村车间”创建活动，推动乡村车间扩规模、重规范、增效益，带动全市创办乡村车间500多处，吸纳2万多名农村妇女就近就地就业。开展“百家小微企业带动千名妇女就业行动”，重点扶持适合妇女发展的家庭服务业、家庭养殖业等项目，帮扶创业妇女扩大规模、带动就业。深化女大学生创业服务计划，建立培训机构、导师团队和示范基地服务体系，从政策、资金、项目、岗位、导师扶持等方面为女大学生创业就业提供服务。组织法律专家、创业新星走进职业学院，与女大学生互动，引领青年女性投身大众创业、万众创新。联合市人社局举办“春风送岗位”女工、女大学生就业专场招聘会，组织60多家女企业家协会企业入场招聘，提供就业岗位2200多个，现场达成初步就业意向700多个。鼓励农村妇女群众发展庭院经济，引导妇女发展畜牧业、农业项目35个。

【女企业家协会工作】 年内，市女企业家协会有会员101名，组织会员赴浙江大学举办“创新管理与领导力提升”培训班，邀请著名专家学者授课，采取课堂学习、现场教学、观摩交流相结合的方法，进一步提升会员企业创新发展能力。创新举办“成长与发展”会长月论坛活动，依托协会会员企业、本土知名企业及社会相关资源，先后走进家家悦、金蚂蚁、克莱特菲尔风机、人合机电和东方福珠宝等会员企业，学习企业先进的管理理念，增进会员间的沟通交流。组团赴台湾举办“携手合作 创新发展 威台两地女企业家经贸交流联谊活动”，就两地女企业家协会定期互访达成共识。编辑出刊第二期《威海女企业家》杂志，建立女企业家学习交流、展示风采、互动发展的平台。

【幸福姐妹家庭服务中心工作】 联合市妇幼保健院共同创办幸福姐妹家庭服务中心、幸福姐妹职业培训学校。以“服务一个人，温暖幸福千家万户”为服务宗旨，发挥妇幼保健院的专业师资力量及实践基地优势，面向全市下岗失业妇女、农村富余劳动力、女大学生等群体，开展以月嫂、育婴师、家庭护理为主要内容的职业技能培训、就业创业扶持和巾帼志愿服务、妇女权益维护等服务项目。加强诚信建设，规范服务标准，实行立体化服务，打造职业化、标准化、产业化巾帼家政服务品牌。年内，举办各类职业培训、公益讲座28期，2200多名妇女参加培训。

【“巾帼文明岗”创评活动】 在全市女职工集中的机关、企事业单位中开展“巾帼文明岗”创评活动，旨在激励广大女职工创先争优、岗位建功。年内，建立“巾帼文明岗”动态管理机制，推行“亮身份、亮标准、亮承诺，比技能、比作风、比业绩，创一流、创先进、创品牌”的“三亮三比三创”标准化管理，推动活动进一步向规范化、品牌化发展，创建省级、市级“巾帼文明岗”71处。

【幸福美丽家园巾帼创建行动】 指导全市广大农村妇女以村庄绿化、净化、美化为重点，打造优美宜居的幸福家园；以新农村新生活培训为重点，培育讲文明、守礼节、有文化的农村新女性；以寻找“威海最美家庭”为重点，建设文明和谐的美德乡村。全市开展新农村新生活培训375场次，培训人员5万余人，组织发动农村妇女参与完成全市231个环境综合整治村的绿化任务。

【寻找“最美家庭”活动】 以“寻找最美家庭 共建美德威海”为主题，与市文明办联合开展“威海市商业银行杯·寻找‘威海最美家庭’”活动，抓住重要时间节点，全年分阶段、有重点地寻找到和睦恩爱、科学教子、热心公益、特色文化、心系国防、守护平安等六类“威海最美家庭”293户，并以网站专页、电视专栏、报纸专版等为载体，采取播放公益宣传片、公布活动动态进展，讲述最美家庭故事、展播最美家庭事迹等形式开展宣传活动。组织广大妇女立足基层妇女之家、妇女儿童家园，说家事、议家风、谈家规，讲家庭和谐故事、晒家庭幸福生活、展家庭文明风采、推心目中的“最美家庭”，全面促进家庭文明建设。

【“爱家讲堂”】 创办“爱家讲堂”空中课堂，提供分类别、菜单式培训，推动“爱家讲堂”向纵深拓展。以妇女儿童活动中心为主阵地，继续举办“爱家讲堂”公益讲座。举办“幸福的生活美学”纪念“三八”节“爱家讲堂”公益讲座，邀请台湾资深心理学家、家庭教育专家金韵蓉围绕女性成长、社会和家庭角色的定位及转换等内容进行了讲座，市领导及各界妇女代表500多人参加讲堂。

【巾帼志愿服务活动】 创建巾帼志愿服务驿站，丰富巾帼志愿服务活动。年内，立足妇女儿童家园及各类妇女儿童活动场所，建成巾帼志愿服务驿站18处，组织巾帼志愿者开展各类巾帼志愿服务活动500多场次，将巾帼志愿服务驿站打造成拓展妇女儿童活动家园功能、社区居民参与志愿服务便捷化、接受志愿服务便捷化的基础平台。

【推动妇女儿童规划实施】 全面实施《威海市妇女发展“十二五”规划》《威海市儿童发展“十二五”规划》。12月，召开威海市妇女儿童工作委员会全体成员扩大会议，就进一步贯彻落实男女平等基本国策、做好全国《妇女发展纲要》和《儿童发展纲要》中期评估督查、省“妇女儿童规划”终期监测评估工作和科学编制“十三五”妇女儿童发展规划的有关工作作了部署。各级妇女儿童工作委员会成员单位各司其职，通力协作，为妇女儿童事业发展提供强有力的保障。

【儿童工作】 举办了以“弘扬中华传统文化 培育时代美德少年”为主题的“六一”儿童节庆祝活动。市领导分别带领妇女儿童工委成员单位负责人到各区市的5所学校、幼儿园走访慰问，为孩子们送去图书等节日礼物，与孩子们一起过节。开展“我与孩子共成长”亲子实践活动，以培养和谐亲子关系为主题，组织约300名儿童和家长植树900余棵。组织近百个家庭的家长与孩子开展亲子读书交流活动，在参与“孩子们推荐喜欢的一本书”中，共同分享亲子阅读的快乐与心得。

【爱心工程】 深入开展“社会妈妈”活动，通过举办结对仪式、组织公益拍卖会、开展征文等活动，吸引和带动更多的社会爱心人士结对帮助孤贫儿童完成学业。年内，为951名孤贫儿童募集资助款84.5万元。实施“关爱母亲·共筑幸福”女性安康工程，通过举办女性安康工程讲座，开展女性健康知识宣讲，办理女性安康保险等活动，强化女性保健意识，为100名贫困母亲每人免费办理5份女性安康保险，提供健康保障。全市1.69万名妇女参加女性安康保险。

【“爱心接力 绿色传递”公益互助活动】 按照“规范化建设、常态化运营、创新性发展”的要求，对巾帼爱心超市在硬件配备、物品捐赠、物资发放方面进行规范。全市累计建成巾帼爱心超市19处，发动捐赠物资3批次2.20万件。创新开展“流动巾帼爱心超市进学校、进乡村车间、进企业活动”，有重点地向困难学生、农民工等群体发放物资，扩大服务辐射范围，在全市范围内倡树爱心传递、绿色互助的理念。

【“父母学堂”】 开展“家教服务进基层，科学理念进家庭”主题活动，先后邀请国家、省、市家庭教育专家走进威海“父母学堂”举办7场家庭教育讲座，2400多名家长在“父母学堂”学习了科学家教理念。邀请家庭教育专家骨干深入学校、农村、社区举办威海“父母学堂”家庭教育公益讲座28场，平均每场讲座受益家长在200人以上。

【维护妇女儿童权益】 开展“建设法治中国·巾帼在行动”活动，组织发动600多名巾帼维权志愿者在全市妇女之家举办普法讲座2084场次，开展面对面咨询活动648场次，模拟法庭活动4场，21万名妇女参与活动，宣传普及法律知识。开展“平安家庭”示范创建活动，市妇联、市综治办开展“平安家庭”示范镇（街道）、示范社区（村）创建工作，评选表彰“平安家庭”创建示范镇（街道）10个，示范社区（村）50个。重视妇女信访案件，接待处理妇女来信来电来访195起，帮助妇女化解问题与矛盾。参与土地确权登记颁证工作，全市颁发的土地承包经营权证和登记簿上全部有妇女的名字。

【“妇女儿童家园”项目】 立足社区，通过建立政府引导、部门参与、社会支持、妇联管理运营的工作机制，推行“妇联干部＋社会工作者＋志愿者＋专家”工作模式，引用社会工作理念、方法，构建妇联系统有形实在、功能多元的综合性社区妇女儿童服务平台。重点推进“妇女儿童家园”项目品牌化，新建省级“妇女儿童家园”5处，市级“妇女儿童家园”14处，全市省级“妇女儿童家园”总数达21处。

【妇女儿童活动中心工作】 开设“玫瑰芳”活动中心，定期组织广大妇女开展合唱、舞蹈、摄影、书法、太极拳等文体活动。开设书画、歌舞、器乐、科技、体育五大门类近20项儿童特长培训班，1100余名少年儿童参加，3000余名儿童参加1个月免费特长培训体验活动。每周3天免费对未成年人开放场地，对二级重度以上残疾人家庭子女、低保家庭子女、残疾儿童、孤儿免收培训费。与戚家庄幼儿园、皇冠小学等多所学校建立共建关系，年度受益儿童达6000多人次。在开展植树活动、图书漂流活动、庆“六一”活动、培训展演等品牌活动的基础上，开展以“传奇丝路 魅力神州”为主题的全国少年儿童图文创作大赛活动，获优秀组织奖；开展“悦音飞扬”琵琶专场音乐会、儿童教育知识讲座等，承办威海市华润杯“希望之星”英语风采大赛、2015年威海市少儿围棋定段赛、朝鲜国家ITF跆拳道示范团中国巡演威海站技术讲习活动；与省妇女儿童活动中心联合承办山东省第七届少儿书画摄影大赛，并获得优秀组织奖；与市科技馆联合承办“嘉盛杯”第二届青少年机器人竞赛山东邀请赛等，为全市儿童提供多种提升自我、展示才艺的公益平台。

（耿瑞铎）

威海市科学技术协会

【概况】 2015年，全市有市级学会13个，会员5482人；县级学会28个，会员1021人；企业科协61个，会员1.64万人。建立老科技工作者协会3个，其中市级1个，县（区、市）级2个。农村专业技术协会227个，会员7.9万人。

【威海市科协第七次代表大会召开】 11月19日，威海市科学技术协会第七次代表大会召开。省科协党组书记、副主席王春秋代表省科协向大会召开表示祝贺，并对威海市科协的工作给予了充分肯定和高度评价。市委副书记赵熙殿出席会议并讲话，要求全市广大科技工作者要着眼“四新”，争当“四个表率”，即着眼新任务，引领转型发展当表率；着眼新机遇，引领创新创业当表率；着眼新情况，引领科学普及当表率；着眼新时代，引领社会风尚当表率。市人大常委会副主任季恩远、副市长张波、市政协副主席李丹等出席会议。市科协第六届委员会作了题为“发挥科协优势 服务科学发展 为建设现代化幸福威海而努力奋斗”的工作报告。大会选举产生了威海市科协第七届委员会，召开七届一次全委会，选举产生了威海市科协第七届委员会常务委员、主席、副主席。

【全面落实《全民科学素质行动计划纲要》】 市科协发挥市全民科学素质工作领导小组办公室作用，对提升全民科学素质考核指标情况进行量化分析，做到各项工作目标明确、各负其责。编印《公民科学素质手册》5万册，分发给全市机关事业单位及各镇、村、居委会，全民提素公益广告宣传片在威海全民科学素质行动专题网站上进行宣传，推动科学素质工作深入实施。围绕“节约能源资源、保护生态环境、保障安全健康、促进创新创造”主题，广泛深入开展全国科普日、科技下乡、科技活动周、防灾减灾日、食品安全宣传周等主题宣传教育活动，发放《家庭养花39问》等各种科普资料2万余册，“明白纸”4.5万份，举办各类科普讲座85场次。

【第五届威海市青年科技奖评选】 市科协与市委组织部、市人社局联合开展了第五届威海市青年科技奖评选工作，表彰优秀青年科技人才20人，每人奖励1万元，这是全省科协系统奖励首次纳入党委、政府表彰奖励，得到广大科技工作者特别是青年科技工作者的广泛好评和积极响应。

【开展科技思想库建设】 作为山东省科技思想库建设试点单位之一，市科协高度重视并积极开展科技思想库建设。围绕经济社会发展和党委、政府关注的重点、难点、热点问题，组织专家开展5项课题调研，向市委、市政府提交“关于加强近岸海藻床资源修复与保护的建议”“关于加快我市专业孵化器建设的建议”“关于加快我市地毯产业发展的建议”《专家建议》3期，得到市领导和有关部门肯定，其中，“关于加快我市地毯产业发展的建议”得到市长张惠批示。

【服务企业自主创新】 进一步加大工作力度，全年新建5处院士专家工作站，奖补院士专家工作站建站资金10万元。乳山市列入省科协助力地方创新驱动发展工程示范区，为乳山市水产养殖业健康持续发展争取到了更多智力、技术和资金支持。着力推动“双创”发展，积极培育新型创客服务平台，威海北洋电子信息科技发展有限公司的“北洋众创空间”作为电子信息专业创业服务平台获省科协首批“山东省创客之家”认定。

【开展科普示范社区创建活动】 积极培育优秀科普示范社区，创建市级优秀科普示范社区11个，环翠区孙家疃街道海祥社区等2个社区被中国科协、财政部评为全国科普示范社区，威海经济技术开发区西苑街道府安社区等2个社区被省科协、省财政厅评为全省科普示范社区，为基层争取奖补资金60万元。

【社区科普大学建设】 全市建设社区科普大学教学点22处，固定学员1115人。组织威海市医学、食品药品、林业、地震、气象、计算机等方面的29名专家，编印《科学生活》《养生保健》《药品食品安全》社区科普大学教学丛书4万册，分发给各区市。依托威海市科普志愿者协会成立了由威海市医疗、气象、地震、食品药品、环保等领域的51名科技专家组成的威海市社区科普大学讲师团，按照社区和居民需求，每月为社区科普大学教学点举办一场科普讲座。3月27日，在环翠区温泉镇江家寨社区举办威海市社区科普大学开讲仪式，全年举办科普讲座135场次。

【社区科普网络书屋建设】 围绕新型社区建设，市、区市两级科协共投资120万元，在全市建设社区科普网络书屋15处。每处书屋由科普电子阅览室和科普图书室组成，科普电子阅览室，至少配备8台电脑，通过中国知网登录网络书屋，方便居民学习掌握最新科普资料和书刊，同时，还安装了小学、初中、高中三个版本的数字科技馆软件，内容包括物理化学实验、成语故事、科学课等动画包，使青少年在寓教于乐的过程中“玩科普、长知识、增本领”。科普图书室，配备各类科普书籍2000册以上，领域涉及健康养生、科教人物、食品安全、科普知识、传统文化等十几个类别，满足社区居民多样化精神文化需求。

【实施科普惠农示范工程】 重点培育和扶持农村专业技术协会10个、农村科普示范基地10个、农村科普带头人10名，创建省级以上先进单位5个、科普带头人1名。其中，乳山市蓝莓协会等3个协会、文登区秀德猕猴桃科普示范基地被中国科协、财政部评为2015年基层科普行动计划奖补单位。威海枫北茶业有限公司总经理丁乐赴被中国科协、国家财政部授予“全国科普带头人”

称号。威海恩特耐寒杜鹃培育基地被省科协、财政厅评为2015年山东省基层科普行动计划奖补单位，为基层争取奖补资金91万元。发挥协会、基地的示范带动作用，加速农业科技成果转化应用，先后在荣成、乳山、文登、威海经济技术开发区推广种植红心美、黄金果、徐香等猕猴桃新种苗1500棵，面积1.33公顷，引进新品种、新技术37项。

【农村实用技术培训】 以农技协会、示范基地、科普学校为载体，组织农业专家进村入户，开展养殖、种植等内容的新技术、新技能培训，全市共举办苹果、花生、蔬菜、畜牧、养殖等生产管理技术培训班112场次，培训农民1.49万人次。

【推进数字科普通工程】 借助社会力量，依托逸云传媒数字有限公司，在市区公共开放场所新安装数字科普终端30台。对威海市472台数字科普终端加强管护，对原有300台数字科普终端的网络及个别安装点进行重新调整，发放数字科普终端维护说明书450份，并对管理员进行管护培训，确保数字科普终端正常运行。

【科普教育基地创建活动】 整合利用社会科普资源，建设市级科普教育基地9处。获评星级山东省科普教育基地4处，其中，山东威海天文台获五星级、乳山消防安全科普教育基地获四星级、威海市人民防空教育馆获三星级、山东药品食品职业学院中药文化体验区获二星级，共为基层争取奖补资金20万元。同时，乳山市消防科普教育基地、荣成市中小学生综合实践教育中心被命名为“2015—2019年度全国科普教育基地”。

【优化科技馆展教环境】 加强市科技展馆管理，利用中央补助专项资金200万，购置人体拼图和虚拟穿衣镜，对飞机模拟驾驶等部分设备进行升级改造。积极与市财政局沟通，拨付维修经费37万元用于展项及科普报告厅设备的维护，保障展项完好率在92%以上。优化展教环境，粉刷破损墙面，增加监控设备，为观众安全有序参观提供可靠保障。

【“威海市中小学生科技节”举办】 与市教育局联合举办“威海市中小学生科技节”，成为威海市一项科技教育特色品牌活动。在7个大项14个小项比赛项目中共评出获奖作品1097件，253名教师获得优秀指导教师奖，452名学生参加了航模、机器人、科幻画等现场项目比赛，进行网页制作、电脑动画、发明创造、生物标本等获奖作品的展示，1300多名师生参加活动。

【青少年科普报告百校行、希望行活动】 邀请中国科学院老科学家科普演讲团王宁寰教授和山东省科普专家团黄大翔、姜伟光等6位专家到威海，围绕新材料、科技创新、天文奥秘等学术领域，在环翠区、威海经济技术开发区及威海临港经济技术开发区39所学校举办科普报告，1.5万名师生参与活动。

【“太空种子”种植科技实践活动】 积极与省青少中心联系，申请了10包“航天优质黄瓜烟航优三号”太空种子分发到5所中小学校开展“太空种子”种植科技实践活动。通过让学生开展野外科学考察、科技种植等活动，开阔学生的知识视野，增长了科学探究与动手能力，增强了学科学、用科学的兴趣。

【“流动科技馆进校园”活动】 在乳山市、环翠区开展“流动科技馆进校园”活动，辖区内小学三年级以上学生全员参观，设立“电磁探秘”“运动规律”“数学魅力”“声光体验”“益智动手”“机器人表演”“数学科技馆”7个主题展区，50余件科普展品，参观人数达3万多人次，受到广大中小学生和市民的普遍好评。将流动科技馆与中小学综合实践教育中心相结合，开设“科普教育课程”，每节课时160分钟，平均每周接待学生400人左右。威海市区20余所学校、3000名学生参加了科普教育课程。

【青少年科技创新大赛】 与市教育局、科技局、团市委联合开展威海市青少年科技创新大赛。邀请专家对征集的656件参赛作品进行评审，626项作品获奖，其中一等奖99项，二等奖223项，三等奖304项。组织70多名师生、97项作品参加第30届山东省青少年科技创新大赛，威海市有96项作品获奖，其中一等奖33项，二等奖38项，三等奖22项，优秀组织奖3个。威海市有3项作品获得参加全国大赛资格，科幻画2项作品分别获全国一等奖和三等奖。

【参加第15届山东省青少年机器人竞赛】 5月23日—24日，组织16支代表队、46名参赛选手参加第15届山东省青少年机器人竞赛，获得FLL工程挑战赛小学组一等奖1项、二等奖4项、三等奖6项；创意比赛小学组一等奖4项，二等奖1项。威海市科技馆、威海市高区一小、威海市实验二小获优秀组织奖，5位教师获优秀教练员奖。

【参加山东省青少年“七巧科技”竞赛】 5月30日—31日，首次组织青少年参加省青少年“七巧科技”竞赛，填补了威海市此项青少年科技工作的空白。威海市46名选手参加竞赛，获得“智力七巧板”组合与分解项目一等奖2项、二等奖4项、三等奖19项；五人组团体项目二等奖1项；多副组合项目一等奖1项、二等奖2项。3人被评为优秀工作组织者；威海市科技馆、威海市文登区七里汤小学获优秀组织单位奖。

【参加山东省青少年模型、无线电竞赛】 10月24日—25日，组织威海经济技术开发区新都小学与文登三里河中学两个代表队参加第四届山东省青少年无线电科技竞赛之无线电测向、定向分赛，获得一等奖7项，二等奖14项，三等奖33项。组织环翠区、文登区、威海经济技术开发区99名中小学生参加航模、车模分赛，获得单项一等奖29项，二等奖33项，三等奖60项；团体一等奖3项，二等奖3项，三等奖4项。

（王燕霞）

威海市工商业联合会

【概况】 2015年，威海市工商业联合会

（威海市总商会）有会员5116个，其中企业会员4987个，团体会员24个，个人会员105个。有区市级基层工商联组织6个，异地商会 14个，同（行）业商会6个，民企公会1个，镇商会48个，街道商会24个。

【招商对接及交流合作】 贯彻落实全国工商联执委会暨全国知名民营企业家入鲁助推转调创洽谈会精神，会同市商务局，联合组成招商小组，先后赴北京、安徽、重庆、黑龙江、新疆、陕西等地开展招商交流活动，推介威海市产业政策、投资环境和优势以及东部滨海新城、荣成、文登等重点区域开发情况，吸引外地企业到威海考察投资。3月31日至4月3日，市工商联会同市商务局分别赴北京、安徽开展招商交流活动，推进对接全国工商联执委企业成果落实。5月7日—9日，市工商联带领部分商会企业赴北京考察，对接养老产业项目。5月20日—31日，市工商联会同市发展改革委、商务局等单位，赴西安、重庆参加“第十九届中国东西部合作与投资贸易洽谈会暨丝绸之路国际博览会”和“第十八届中国（重庆）国际投资暨全球采购会”。6月15日—22日，市工商联会同市商务局赴哈尔滨、沈阳开展招商活动，拜访黑龙江省工商联、辽宁省工商联及商会组织。10月20日—25日，市工商联带领山大校友商会、河北商会的部分企业分别赴北京、新疆，走访考察相关企业，洽谈合作项目。

【创新创业论坛】 为贯彻落实全市创业大会精神，培育创新创业文化，服务会员企业转型升级、创新发展，市工商联创立了“创新创业论坛”。论坛采取“主讲＋互动交流”、大型论坛和小型沙龙相结合的形式，邀请专家学者和有关部门负责人进行讲解，提高会员企业家的政策知晓率和利用率，提升会员企业家在新常态下解决新矛盾、新问题的能力和水平，探求在经济下行压力依然较大的情况下企业如何不断转型升级谋求发展的方式方法。9月23日，首期“威海市工商联创新创业论坛”在国际商务酒店正式开讲。论坛以“中韩自贸协定下民营企业的机遇与挑战”为主题，邀请山东大学东北亚研究中心专家，威海市商务局工作人员就理论及实务进行了专题解读，市工商联执常委，各商会会长、副会长200余人参加学习。12月2日，第二期“威海市工商联创新创业论坛”暨中小企业股权整体策划辅导会举行。邀请中国首家股权众筹并购上市咨询投资平台发起人为与会人员进行了深入辅导，各直属商会会长及会员企业负责人200余人参加学习。

【中产者时代网商论坛举办】 1月8日—9日，市工商联主办2015中产者时代网商论坛。邀请深圳、北京、青岛等地的互联网营销专家现场分享互联网思维的转变、数据分析、商战案例等内容，各直属商会、各商业联盟200余人参加论坛活动。

【异地商会工作】 6月11日，召开全市工商联异地商会工作会议。总结回顾异地商会建设10年来的工作，就贯彻落实《中共中央关于全面深化改革若干重大问题的决定》中激发社会组织活力相关精神，部署下一步异地商会工作。6月12日，召开全市异地商会登记注册专题会议。传达省工商联及省异地商会登记注册部门加强和规范异地商会管理，促进异地商会发展的相关文件，邀请市民政局工作人员就注册登记的程序规范进行讲解说明。

【服务会员企业融资】 市工商联与市金融办、银监局等建立全方位沟通合作机制，积极应对资金全面收紧的严峻局面，努力破解会员企业融资难题。2015年，与建设银行、交通银行续签战略合作协议，与民生银行等股份制银行、威海商业银行等地方银行创新开展“商会贷”“金鼎计划”“创易贷”以及设立科技支行等信贷模式，与富民村镇银行、汇丰村镇银行等新业态银行合作，为会员企业开展定制式金融服务。鼓励引导会员企业及商会成立小额贷款公司、民间资本管理公司、民间资本登记公司，为会员企业服务。依托融资性担保公司成立融资商会，为会员提供资金服务。全年各金融单位为会员企业融资额超10亿元。

【畅通服务会员企业机制】 加强与市政府主要经济管理部门的工作联系，共同促进会员企业发展，更好地为商会及会员企业提供服务，市工商联与市发展改革委、市商务局等部门分别建立了服务会员企业发展合作机制。具体包括：建立联席会议制度、建立综合政策信息服务平台、建立沟通交流长效机制等内容，30多家会员企业参加了市商务局组织的境内外推介交流活动。

【商会党建工作】 6月23日，市委“两新工委”、市工商联党组联合印发《关于在全市商会党组织和党员中开展“争当转型升级先锋、争做创新创业模范”活动的实施方案》。通过开展“强党性、学政策、讲诚信”活动（思想政治教育、法规政策培训、诚信经营教育）、“‘三个一’助力发展”活动（搭建一个平台、进行一次会诊、组织一次观摩）、“‘四服务’激发动力”活动（政策服务、融资服务、人才服务、法律服务），示范和带动会员企业和其他从业人员积极适应经济发展新常态，自觉主动参与转型升级和创新创业实践，为全市推进“产业强市、工业带动”发展战略贡献力量，2000多家会员企业积极参与，100多家小微企业成功转型升级。

【调查研究】 为充分了解掌握在经济下行压力依然较大的新常态下，民营企业发展到底面临哪些困难和问题，市工商联成立专题调研小组，历时2个月，走访所属全部商会，深入会员企业，与226名企业家进行沟通座谈，形成了《新常态下威海市民营企业面临的困难与问题》专题调研报告。市领导对报告高度重视并作出批示，市政府办公室将领导批示及调研报告转发各区市、开发区、市直经济和服务部门及相关公共服务企业，由市政府督查室将报告中涉及的问题分解到26个相关部门、单位进行专项督查，8个企业反映的重大困难得到解决，其他共性问题，相关部门研究制定了改进措施。《关于加强和改进威海市经济类协会商会工作的建议》被评为全省工商联系统优秀理论调研成果二等奖，《关于加强新形势下商会工作的调查与研究》被评为全省工商联系统优秀理论调研成果优秀奖。

【评先选优】 积极组织会员企业参加省

工商联2015“山东民营企业百强”“山东民营企业公益之星”“山东创新型民营企业”三项评选表彰活动。威高集团有限公司、金猴集团有限公司获评2015“山东民营企业百强”；乳山市海天集团有限公司、威高集团有限公司、金猴集团有限公司、荣成泰祥食品股份有限公司、西楼集团有限公司获评2015“山东民营企业公益之星”；威海鸿通管材股份有限公司、迪沙药业集团有限公司、威高集团有限公司、文登奥文电机有限公司获评2015“山东创新型民营企业”。在山东省工商联系统2015年度评选表彰中，市工商联被评为“经济服务专项奖”；文登区工商联、火炬高技术产业开发区工商联被评为“五好”县级工商联；威海市工商联龙口商会、川渝商会、河北商会、山东大学校友商会、威海经济技术开发区崮山镇商会被评为五好商会；6人被评为先进工作者。

【民营企业家乒乓球比赛】 11月14日，由市工商联和市体育局主办、市乒乓球协会承办的“鲁滨逊杯”首届威海市民营企业家乒乓球比赛在市乒羽中心举行。比赛设男子组、女子组、团体组三个组别，来自各区市工商联和直属商会的16支代表队71名选手参加。文登区工商联、环翠区工商联、威海经济技术开发区工商联夺得团体比赛前三名，环翠区、文登区工商联代表队队员分获男子单打和女子单打冠军，乳山市工商联等12支代表队获得精神文明奖。

（毕耀文）

威海市社会科学界联合会

【概况】 威海市社会科学界联合会成立于1988年3月，编制5人，为事业单位。1990年6月8日，市委常委会决定，将市社科联与市委宣传部合署，为行政编制，纳入市委宣传部，定为机构合署，编制混用。到2015年末，威海市共有市级社会科学学会、协会、研究会40个。

【重要理论学习宣讲】 11月15日，省委十八届五中全会精神学习宣讲团到威海市宣讲，市委、市人大、市政府、市政协领导班子成员，各区市、开发区和市直及中央直属驻威海各部门、单位主要负责人等460多人参加。印发《中共威海市委关于认真组织全会精神学习宣传的通知》《关于开展十八届五中全会精神宣讲的通知》，成立了市委宣讲团，扎实开展全市宣讲工作。省“中国梦、参与改革见证改革”百姓宣讲团到文登区、环翠区进行宣讲，印发《关于在全市广泛开展“我们的价值观”百姓宣讲比赛通知》，指导各区市进行宣传发动、稿件修改、宣讲比赛。组织全市宣讲比赛，并推荐优秀选手参加全省比赛，取得二等奖1名、三等奖2名，2名获奖选手参加了全省巡回宣讲。

【“学理论，懂政策，做明白人”理论大众化普及活动】 总结以往开展“学理论，懂政策，做明白人——威海政民互动平台”工作经验，继续做好“学理论、懂政策，做明白人”微博、微信发布工作，印发《关于继续搞好“学理论，懂政策，做明白人——威海政民互动平台”微访谈的通知》，进一步明确上线内容、上线人员、上线地点、上线要求，同时根据网民要求和现实需要增加供热公司、燃气公司、供电公司、水务集团4个单位，上线单位由29个增加到33个。年内，列表单位全部上线，回答问题1200多个。开展基层理论大众化普及活动，编写了《君子之道格言》，首次印刷发行2万册。在全省宣教基地的评选中，威海市获得3项“优秀宣教先进单位”称号和1项“优秀宣教个人”称号。

【社科重点课题研究】 围绕全面建成小康社会、全面深化改革、全面推进依法治国、全面从严治党“四个全面”，积极动员和组织全市社科界对威海市经济运行情况、产业结构调整、中韩FTA示范区建设、市场主体活力、生态环境、民生保障等面临的新情况、新课题、新挑战进行研究，认识新常态，适应新常态，引领新常态，全市共开展重大问题研究45项，高标准结题21项，并以市[illegible]，为实现现代化幸福威海建设新跨越提供了必要的理论支撑，为科学决策提供了依据和参考。

【学术调研研讨活动】 组织山东大学（威海）和哈尔滨工业大学（威海）申报山东社科联“调研山东（2015）大型社会调查活动项目”；组织2015年山东省社科人文课题的申报，其中年度经费资助类获得3项，年度经费自筹和社科联专项各1项。围绕中韩FTA背景下跨境电子商务等新型贸易方式培育，与山东社科院国际经济研究所开展联合调研，实地考察威海港保税物流园区、韩国汉城玛特连锁超市等部分企业电子商务，召开由市发改委、商务局、出入境检验检疫局等市直部门和威海九日集团、家家悦集团等部分电商企业参加的座谈会。9月10日，组织召开“君子之风·美德威海”与社会主义核心价值观研讨会。研讨会由光明日报社、山东社科院、山东社科联、威海市人民政府共同主办，中宣部、北京大学、北京师范大学、中央民族大学、南京大学、安徽社科院、新华社、《经济日报》《光明日报》等60多名专家学者参加。《光明日报》整版发表了专家发言摘编，在社会上产生良好反响。10月，与山东省海洋经济文化研究院开展联合调研，就促进海洋经济与文化协调发展征求发展思路和对策建议，得到省领导的批示。

【社会科学普及工作】 深入贯彻落实《山东省社会科学普及条例》，以“全面建成小康社会、建设美德威海”为主线，采取全市联动的方式，组织开展“社科理论政策进万家”“社科专家百姓面对面”等系列活动。5月6日，邀请国内著名军事专家、海军信息化专家委员会主任尹卓少将在哈尔滨工业大学（威海）作了《我国周边安全形势及对策》的专题报告。科普活动周期间，全市举办各类社科宣讲90多场次，印发《社会科学普及条例》宣传册5000多份。乳山的“月月大讲堂”、文登的“昆嵛大讲坛”和“市民大讲堂”、荣成的“人人大讲坛”、环翠区的“环翠讲堂”等品牌性科普宣讲阵地都开展得各具特色。组织山东社科普及教育基地审核、评优和第八次社科普及教育基地的申报，其中天福山革命遗址管理所、文登区博物馆、马石山烈士陵园、冯德英文学馆、荣成博物馆等获得第八批“山东省级社会科学普及教育基地”称号，中国甲午战争博物院获得“2014 度山东省优秀社会科学普及教育基地”称号。组织山东省社科普及示范县（市、区）、乡（镇）、村（社区）的申报，其中荣成市获得“山东省社会科学普及示范县（市、区）”，荣成市成山镇、俚岛镇，文登区张家产镇、乳山市乳山口镇获得“山东省社会科学普及示范镇”称号。荣成市宁津街道办事处东楮岛社区和东墩村、斥山街道办事处西火塘寨社区、俚岛镇大庄许家社区、俚岛镇中我岛村、好运角旅游度假区成山镇骏龙社区，文登区张家产镇车卧岛村、小观镇东浪暖村、泽库镇尹家村、环山办事处五里顶后村、葛家镇葛家村，乳山市海阳所村、城区街道办事处西馨苑社区和府苑社区、夏村镇南庄村、冯家镇北刘伶庄村获得“山东省社会科学普及示范村（社区）”称号。

【社科优秀成果奖评选】 认真总结经验，不断改进和完善社科优秀成果奖评选工作，进一步推动评奖工作科学化、规范化、制度化，确保社科评奖更加公开、公平、公正，激励社科工作者进行学术研究和理论普及。12 月 9 日—11 日，组织威海市第十八次社会科学优秀成果奖评选，对参加终评的 153 项社科成果进行认真审阅，评选出一等奖 10 项、二等奖 30 项、三等奖 60 项。

威海市第十八次社会科学优秀成果奖获奖名单

一等奖（10项）

题目	申报渠道	作者
关于中韩陆海联运面临的主要困难问题	威海市委办公室	王浩见 钟 臣 徐 鑫
市域一体化背景下威海市率先实现人的现代化路径与机制研究	山东交通海运学院	季相林 蔡中霞 吕 静
韩流在中国的传播及其对中韩关系的影响	山东大学（威海）	刘宝全
逻辑与修辞：一对法学研究范式的中西考察	山东大学	焦宝乾
海洋盛宴——巡礼中国海洋食品名城荣成	荣成市委宣传部	张瑞英
企业集团营销协同点识别研究	山东大学（威海）	魏文忠 陈志军
隐性课程视角下的大学英语课程设计研究	哈尔滨工业大学（威海）	史光孝
《废铎呓》点校译释	文登区委宣传部	于文华
《汉语对联研究》	乳山市委宣传部	徐本湖 徐晶凝
《现代汉语本体与应用探索》	山东大学（威海）	尹海良 丁建川

二等奖（30 项）

题目	申报渠道	作者
山东省现代航海人才培养与发展研究	山东交通海运学院	邓术章 张安西 于 华 王兵玲 隋修平
我市药械产业发展比较优势研究	威海市经济和信息化委	逄忠全 郑 磊 邱新彬
威海市房地产业发展现状及对策研究 ——关于建设房地产大数据信息平台的思考	威海市住房和城乡建设局	周永迪 吕仁静 臧 华 郑洪勇
关于市区旧村集中改造遗留问题的调查报告	威海市委办公室	钟 臣 李 锐
加强内部审计 增加农村集体组织价值探讨 ——基于威海市农村内部审计的实践与考察	威海市审计局	秦之泰
青烟威荣城际铁路开通对威海旅游业带来的机遇与挑战	哈尔滨工业大学（威海）	王 权 孟令宏 王一平 李水富
创新金融模式 破解涉农产品仓储融资难题的调查	文登区委宣传部	文登区委政研室
对威海城市文化形象建设的思考	山东大学（威海）	王宝霞 徐丽卿 刘宝全 赵林林
城际铁路开通对威海旅游业发展的影响研究	威海市委党校	唐修娟 林战平 毕 明
“邻避”冲突管理中的决策困境及其解决思路	山东大学（威海）	张 乐 童 星
该当与危险：新型刑罚目的对量刑的影响	山东大学（威海）	刘 军
乔治·弗雷德里克森的公共行政思想：以社会公平思想为主线	山东大学（威海）	孙卓华
韩国国会政治中的肢体冲突及其政治功能	山东大学（威海）	洪 静
《东方杂志》与社会主义思潮在中国的传播	山东大学（威海）	鲁法芹

题目	申报渠道	作者
关于房地产税立法的思考	威海经济技术开发区工委宣传部	时　晓
集群企业有效时空战略研究	哈尔滨工业大学（威海）	何中兵　谭力文
即兴研究主题的动态可视化分析	哈尔滨工业大学（威海）	高鹏斌　吴伟伟　于　渤
中国工业产业集群辨识、评估及其产业链演变研究	山东大学（威海）	吕岩威
农户投资结构研究：以山东省为例	山东大学（威海）	闫惠惠
日本为甲午一战精心准备 26 年	中国甲午战争博物院	戚俊杰
基本概念理解的教学过程分析与重建	威海市教育学会	张　涛
环翠地域文化丛书	环翠区委宣传部	刘光辉　姜文秋
清初贰臣词人研究	哈尔滨工业大学（威海）	刘　萱
教作为实践的科学 ——美国科学教育实践转向的内涵、依据及启示	文登区委宣传部	林　静
大众完小　一一〇年纪实	文登区委宣传部	王月玲
孙光祀集	乳山市委宣传部	魏伯河
清华简《保训》“中”字解	山东大学（威海）	朱新林
《纯粹直观与异质美学——列维纳斯论直觉、感知与审美》	山东大学（威海）	张　中
论中国生态美学的原生性及其美学形态	山东大学（威海）	李自雄
韩国语、朝鲜语、中国朝鲜语汉字词使用现状研究	山东大学（威海）	张晓曼　尚安新

三等奖（60 项）

题目	申报渠道	作者
关于我市大学毕业生留威就业情况的调研	威海高区工委宣传部	袁　怡
把握风险度　拓宽信息源　构筑管控网 ——加强房地产业税收征管制质效的管理探讨	威海高区工委宣传部	王京臣　侯向伟
关于 2014 年第一季度全市各类市场主体登记注册情况的报告	威海市工商局	威海市工商局
中韩自贸区建设对我市工业发展的影响及对策研究	威海市经济和信息化委	逄忠全　郑　磊　邱新彬
山东省水产食品安全现状及对策分析	山东药品食品职业学院	孙丽萍　杨　萌　杨树奇
计划生育特殊家庭面临的突出问题及建议	威海市委办公室	王洪洲　范平海　苏允东
税制改革对地方经济影响的研究	威海市地方税务局	张洪起
关于中医单病种收费试点工作的调研报告	威海市物价局	刘春雨　张洪平　王晓华
关于威海市贷存比偏低现象的分析报告	威海市金融学会	梁　霞
威海市企业家问卷调查分析报告	威海市金融学会	张　瑶
城中村改造的涉税误区及对策	威海市审计局	王子明　张云善
开拓创新　积极进取——山东省威海市内部审计工作取得显著成效	威海市审计局	田建华　张丽萍
突出三个重点　全面推进社会诚信建设	文登区委宣传部	文登区委办公室
文登区全力加快培育和发展健康产业	文登区委宣传部	文登区委办公室
抓创新提内涵强保障　推进义务教育高位优质均衡发展	文登区委宣传部	姜浩宁
阳光路上洒满爱	环翠区委宣传部	王黎明
关于“能人治村”情况的调研思考	文登区委宣传部	王进华
创新方式　提升效能　全力打造良好政务服环境	文登区委宣传部	栾　波
依法治理的基础工程——荣成市建设社会信用体系的探索与启示	荣成市委宣传部	荣成市委办公室
中韩自贸区机遇下威海创新金融服务研究	荣成市委宣传部	尹选芹　王　蕾　刘玲玲 江鹏伟
FTA 框架下的威海跨境电商发展对策研究	荣成市委宣传部	姚金鑫　孙明琦　吴明磊 赵世喜　陈士林
[illegible]	荣成市委宣传部	[illegible]均海　王均新
实施五化驱动方略　全面突破现代农业	乳山市委宣传部	孙　平

题目	申报渠道	作者
运动员跨国流动的梦想与现实 ——以亚洲与欧洲足球中的非洲移民球员为中心的考察	山东大学（威海）	战文腾
新常态下威海经济发展法治环境调查研究	威海市委党校	林吉爽　孙　洁　张远娜
威海作为中韩自由贸易区合作示范区的应对策略	威海市委党校	郑　强
论制度（选自《中国领导干部论坛汇编》）	环翠区委宣传部	许三润
儒、释、道的人生价值观比较	威海职业学院	赵喜婧
如何规范地识别量刑情节 ——以实务中量刑情节的泛化和功利化为背景	山东大学（威海）	王瑞君
族群冲突对缅甸民主转型的影响	山东大学（威海）	焦　佩
现代政治价值体系建构：西方国家的探索之路	山东大学（威海）	刘　洋
规范推理的基本形式及其逻辑表达	山东大学（威海）	张传新
高职大学生公益创业教育研究	威海职业学院	张爱娜　刘志刚　孙洪霞 窦永刚　孙念超
政行校企协同联动 深化校企合作水乳交融 共育技能型人才 ——高职教育校企合作长效机制研究	威海职业学院	许春燕　苗成栋　连志强 张倩倩　宋艳红
近代威海慈善事业发展研究	威海市委党校	李永玲
创新思路 深化改革 全力推进渔业经济转型跨越发展	荣成市委宣传部	荣成市委
后危机时代山东对外贸易转型可持续发展研究	乳山市委宣传部	金万甲　武海峰　段青英 廖玉静　安爱红
以金融创新助推县域经济转型发展	乳山市委宣传部	徐　明
企业社会责任传播：理论与实践	山东大学（威海）	张文祥 李新颖
不当督导对员工组织承诺、职场偏差行为的作用机制研究	山东大学（威海）	于静静　赵曙明　蒋守芬
我国网上购物商城顾客感知形象的评价研究 ——基于网购论坛顾客点评的分析	山东大学（威海）	付宜强
Tourism development and the disempowerment of host residents:types and formative mechanisms （旅游发展与社区居民的去权）	山东大学（威海）	韩国圣　吴佩林　黄跃雯 杨　钊
饭店业员工过度劳动的实证分析与管理	山东大学（威海）	王素娟　孔海燕
放在父母枕边的书	高技区工委宣传部	战元川
山东革命根据地北海银行历史年表	威海市金融学会	葛志强　刁云涛　宋文胜
中小学主题班会课的实践与探索	威海市教育学会	温　勇
初中语文教材中鲁迅作品的教学策略分析	威海经济技术开发区工委宣传部	迟向君
提升高职院校教师职业能力方法研究 ——职业能力结构要素与标准构建	威海职业学院	王亚盛
基于高级职业资格的高职人才培养的改革与实践	威海职业学院	李传伟
阿尔都塞意识形态观视角下的《黑客帝国》	哈尔滨工业大学（威海）	黄宁洁
翻译错误的界定、评估以及对翻译教学的启示	哈尔滨工业大学（威海）	王军平
白描语文	文登区委宣传部	管红丽
幼儿园工作案例举要与解析	文登区委宣传部	崔玉松　韩贤志
三项举措助推青年教师专业成长	文登区委宣传部	初朝霞
荣成地税 1994—2014　20 年	荣成市委宣传部	[illegible]
[illegible] 同步作文	乳山市委宣传部	王晓亭
社会文化视角下的西方翻译传统	山东大学（威海）	赵　巍
批评转喻分析与修辞情境研究	山东大学（威海）	李淑康　李　克
慌乱的野心——评苏童的长篇新作《黄雀记》	山东大学（威海）	于京一

题目	申报渠道	作者
薛瑄著作在中韩两国的传播及影响	山东大学（威海）	陈　媛　刘　畅

（刘昌毅）

威海市文学艺术界联合会

【概况】 2015 年，威海市文学艺术界联合会制定《市文联 2015 年党建工作的年度计划》《关于抓党建工作责任制的实施意见》，修订了《市文联党建工作的长期规划》。围绕全市中心工作，开展文艺下基层等一系列文艺活动，组织文艺精品创作活动，培养文艺人才，打造文艺品牌，宣传党的文艺政策，全市文艺工作者获得山东省泰山文艺奖等国际、国内、省内外文艺奖 100 多项，市文联获得“全省文联系统先进集体”称号。

【抗日战争胜利 70 周年系列活动】 以“纪念抗日战争胜利及世界反法西斯战争胜利 70 周年”为主题，相继与市委宣传部联合举办了威海市美术作品大展、威海市书法作品大展、威海市征文比赛和胜利的歌声——专场音乐会等活动。

【“君子之风·美德威海”系列活动】 参与山东省委宣传部、山东省文联主办的“山东省第八届国际大众艺术节”活动，承办的“君子之风·翰墨齐鲁——山东省优秀书法作品展”在威海美术馆开展，所有作品均由山东省书法家协会理事以上的书法家创作，书写内容取材于市委宣传部编辑出版的《君子之道格言》一书。与市委宣传部先后联合主办威海市第四届优秀原创歌曲、歌词评选活动，共收到参评歌曲 80 首、歌词 40 首，其中 30 首歌曲和 25 首歌词分别获得一等奖、二等奖、三等奖，威海市剪纸艺术作品大展收到剪纸作品 200 余幅，其中 30 幅作品分别获得一等奖、二等奖、三等奖。剪纸作品展是建市以来首次举办的主题剪纸作品展。组织市舞蹈家协会、民间文艺家协会创编了舞蹈《君子之风》和《文明家园》《美丽威海　爱的家园》广场舞。

【文艺队伍建设】 召开全市文艺精品创作座谈会和市文联文艺创作会议，坚持“以人民为中心”的创作导向，坚持社会效益第一的原则，深入生活、扎根人民，用心创作，讲好威海故事。抓好文艺创作队伍建设，加强对中青年创作骨干的培养。史怀宝被评为国家一级作家；王水、于仁祝等 18 人成为国家级艺术协会会员，2 人成为省作协第四批签约作家，35 人加入省级协会。邀请著名书画家到威海市举行文艺讲座、举办各类作品展览等 30 余次。邀请旅美著名油画艺术家刘影钊举办了绘画艺术讲座。邀请《中国作家》杂志社副主编高伟、天津作家协会副主席肖克凡、山东作家协会副主席谭好哲、《时代文学》和《清明》杂志社副主编等，在威海市举办了“当代文学创作研讨会”。

【文艺创作】 组织市作家协会、音乐家协会、美术家协会和摄影家协会等，到南海新区、乳山市冯家镇、荣成市烟墩角村和环翠区里口山等地开展采风创作活动 30 余次。创作完成了以廉政反腐为题材的大型现代吕剧剧本《镶金玉雕》、大型古装吕剧《分家记》、首部以消防题材的戏剧电影剧本《咱们村的女消防员》、相声剧《哈喽！威海》等，创作拍摄防诈骗题材威海方言说唱 MV《擦亮你的眼》。出版长篇小说《忠诚》等 20 多部文学艺术作品，威海市本土书画家举办展览和研讨会 20 多次，举办“威海风光”摄影大赛作品展。

【威海市艺术创作写生基地】 为整合威海市创作写生资源，吸引更多艺术家到威海市采风创作，市文联在层层推荐上报的基础上，经过实地考察，评审，12 月正式公布了首批 33 个“威海市艺术创作写生基地”。年内，接待到威海写生创作的艺术家和各艺术院校的学生 8000 多人次。

【“到人民中去”文艺志愿服务活动】 成立“威海市文艺志愿者服务团”，把各文艺家协会理事以上的会员和协会的党员，都纳入文艺志愿者队伍，文艺志愿者达 320 人。年内，组织文艺志愿者近千人次，到社区、农村、企业、学校、军营等开展慰问演出、文艺支教、辅导培训、采风创作、展览展示和民间艺术进校园等活动 50 余次，培养基层文艺骨干 900 余人次。

【“京剧广场”演出活动】 “京剧广场”演出活动自 5 月中旬启动，10 月底结束。在全市范围内组织各区市京剧分会送戏下乡，与文登、荣成、乳山等区市相互交流演出，总演出 800 余场，参演 3800 余人次，观众 60 多万人次。

【对外文艺交流】 6 月 2 日，威海市与韩国群山市文化艺术总联合会正式签订“友好城市文化艺术交流合作协议”，确定两个友好城市之间隔年互访，在文化艺术等多方面进行交流合作；6 月 3 日，与韩国群山市进行了摄影美术作品交流展和文艺交流演出活动；11 月 24 日，在威海美术馆举行“2015 中韩（威海—大邱）美术作品交流展”。

【国内文艺交流】 配合打造威海原创油画基地建设，市文联以“寻源问道·威海油画原创基地建设印象”为主题，承办 2015 中国美术家协会油画艺委会威海写生创作活动和写生作品展；与中国美术家协会共同举办“画境——2015 综合材料绘画作品邀请展”；先后邀请国内、省内著名书画家到威海市举办文艺讲座、各类作品展览等 30 余次。

（史怀宝）

（编辑　闫拥军）

法　　治

政法委及综治工作

【概况】 2015年，全市政法系统坚持以服务保障现代化幸福威海建设为主线，积极顺应人民群众对公共安全、司法公正、权益保障的新期待，扎实推进平安建设、法治建设和过硬队伍建设，为维护社会大局稳定、促进社会公平正义、保障人民安居乐业作出突出贡献，为威海转型跨越、科学发展营造安定有序的社会环境。全市立查刑事案件、受理治安案件数量以及杀人、伤害、抢劫、盗窃、入室盗窃等重要指标持续下降，绑架、投危险物等重大犯罪“零发案”，人民群众的安全感显著提升。

【维护国家安全和社会稳定】 牢固树立总体国家安全观，坚持底线思维，严密防范、坚决打击各类敌对势力的渗透破坏活动。针对反恐怖工作，坚持情报侦控、专项打击、联勤联动多环节并重齐抓，组织公安机关、国家安全机关深入开展一系列严打专项行动，及时消除安全隐患。针对反邪教工作，深入推进“百县千乡万村无邪教创建示范工程”建设，组织开展一系列活动，取得良好效果，有关经验做法得到中央、省有关部门肯定。针对敏感时期的安保维稳工作，建立健全政法各单位沟通配合长效机制，始终保持打防管结合、巡堵控联动的良好态势，有效防范、消除各类风险隐患，在重要节点均实现暴力恐怖活动、重大突发事件、重大刑事案件、重大安全事故、重点人员进京滋事五个“零发生”。

【服务保障经济社会发展】 各级政法机关主动适应经济发展新常态，紧紧围绕市委、市政府重大战略决策，深入研究谋划，积极创新举措，不断优化服务，推动经济社会持续健康发展。着眼于服务保障产业强市、工业带动，全域城市化、市域一体化和中韩自贸区地方经济合作示范区建设等重大战略实施，市委政法委出台《关于服务保障产业强市工业带动战略实施的意见》《关于全市政法系统学习贯彻市委十四届六次全会精神》等一系列指导性意见，引导全市政法系统充分发挥自身职能优势，为推动全市转方式、调结构作出应有贡献。围绕非法集资吸收存款、合同诈骗、证券期货、走私售假等重点领域，各级政法机关开展一系列专项打击行动，有效维护市场经济秩序。2015年，政法机关推出助企便民举措80多项，破获经济犯罪案件342件，挽回经济损失2400多万元，审结民商事案件2万件，涉案标的额30多亿元。

【海陆一体平安建设】 建设全面设防、高度协同的立体化社会治安防控体系，落实打防管控各项措施，全力防范多发性案件，维护公共安全。持续深化以“五个一体”（海陆平安一体谋划、海陆治安一体维护、海陆纠纷一体化解、海陆治理一体推进、海陆民生一体保障）为主的海陆一体平安建设，进一步整合陆海平安建设资源、健全体制机制，凝聚平安共建的强大合力，推动平安建设上档升级、纵深发展。市委政法委“海陆一体平安威海建设探索”课题被省法学会评为省级重大课题优秀等级，入选《改革开放实录（山东卷）》，在全省推广。推进矛盾纠纷排查化解工作，组织市县两级政法委及相关部门，采取月度分析研判、敏感时期重点分析研判和个案即时专题分析研判相结合的方式，对重大社情民意、矛盾纠纷和其他可能影响稳定的突出问题进行研究，提出建议，做到提早预警、超前防范。夯实平安建设的基层基础，推进无命案镇（街道）、无刑事案件村居（社区）和平安镇、平安社区、平安景区、平安港区、平安码头等综治主题创建活动，以基层小平安构筑整体大平安。全市无命案镇（街道）、无刑事案件村居（社区）比例处于全省较高水平。健全完善立体化社会治安防控体系，全面推进县域基层、行业单位、重点人员、信息网络、科技应用“五张防控网”建设，组织开展打击黑拐抢、盗抢骗、黄赌毒等专项整治行动，起到强有力的震慑作用。重视监狱、看守所、拘留所安全管理和社区矫正的规范化管理工作，开展隐患集中排查整治、执法督查等，确保监管场所安全稳定、刑罚执行工作规范有序推进。威海市海陆一体平安建设方面的工作成效引起《法制日报》等中央媒体和有关部门的高度关注，中国社会科学院专门以《要报》形式将有关经验呈报中央领导。

【打造过硬政法队伍】 充分发挥广大政法干警、武警和公安现役部队、律师、法律工作者等力量在平安建设、法治建设中的重要作用，为经济社会发展保驾护航。加强政法干警业务培训。把专业化作为提升政法队伍的核心战斗力来抓，深化任职资格、岗位技能和专项业务培训，构建起全方位、多层次的教育体系。为提升法官、检察官的司法实践能力，连续四年从全市政法系统筛选年轻法官、检察官赴基层进行为期半年的挂职锻炼。邀请中央党校吴忠民教授为全市政法系统作题为“中国现阶段社会矛盾研究”的专题报告，进一步提升政法综治干部运用法治思维和法治方式预防、排查和化解社会矛盾的能力和水平。加强武警和公安现役部队实战训练。注重引导武警和公安现役部队立足职能、服务大局，开展一线官兵的实战化训练，不断提升特勤、应急队员的战斗技能，部队遂行多样化任务能力得到提升。加强律师队伍权利保障和规范管理。建立律师与政法机关双向沟通机制，由市委政法委牵头，定期召开政法机关与律师联席会议；围绕教育培训、职业道德建设和诚信建设等方面建立40多项管理制度，律师队伍教育管理的科学化水平不断提升。全市60家律师事务所、500多名律师与其他政法机关工作人员共同构成法治建设的重要力量，在促进社会公平正义、维护和谐稳定方面发挥重要作用。律师队伍管理工作相关经验被省委政法委以简报形式推广。从广大政法干警和律师队伍中评选5名先进个人，和先进集体代表组成事迹报告团，在全市开展巡回报告活动；加强与威海报业集团的沟通合作，开展《海陆一体平安威海》专刊报道，集中宣传推广全市政法系统的先进工作经验；启动《年度政法人物》系列报道，先后宣传报道30名优秀干警事迹，在政法系统营造对标先进、学习先进，争当先进的浓厚氛围。

法治政府建设

【法治威海建设】 立足全市改革发展大局，坚持法制教育与法治实践相结合，推动社会治理的法治化水平提升，为全市经济持续健康发展提供法治保障。大力加强普法宣传教育。围绕在全社会培育法治信仰、倡导契约精神、树立规则意识的目标，加强和改进普法宣传教育，不断增强针对性和实效性。推动落实“谁执法谁普法”的普法责任制，建立健全政法干警、律师等以案释法制度，重点加强对政法综治干部和青少年等群体的法制教育，进一步推动形成办事依法、遇事找法、解决问题用法、化解矛盾靠法的良好法治氛围。扎实推进司法体制改革。始终坚持司法体制改革的正确方向，坚持符合地方实际和遵循司法规律相结合，深入推进司法体制改革各项工作，司法公信力进一步提高。其中，立案登记制、人民陪审员等多项改革工作走在全省乃至全国前列。积极构建公共法律服务体系。坚持以点带面、整体实施，大力推进覆盖城乡的公共法律服务体系建设，通过整合普法宣传、政策和法律咨询、公益律师、法律援助、司法鉴定、社区矫正、公证和特殊人群管理等各类资源，大力推进县、镇、村三级法律服务平台建设，为城乡居民提供方便、快捷的“一站式”法律服务和公共服务。全市镇级公共法律服务中心基本实现全覆盖。

（元瑞泉）

【规范性文件制定与审查】 拓宽公众参与渠道，进一步提高规范性文件的科学化和民主化水平，通过新闻媒体、政府网站等形式广泛征集社会各界和各级各部门意见，确定2015年度政府规范性文件制定项目。对审查的每一件规范性文件都通过向社会公开征求意见和召开听证会、协调会、座谈会等多种形式，广泛征求意见和建议，审查各类规范性文件83件，召开或参与听证会、协调会32次，提出审查意见500余条，发放征求意见函230份。强化规范性文件政府内部层级监督，加大规范性文件备案、登记审查工作力度，对审查过程中发现个别文件擅自设定行政许可、行政处罚等事项，以及没有法律法规依据减损管理相对人合法权益或擅自增设义务等情形的，坚决予以纠正。审查各区市报送规范性文件16件，审查市政府有关部门报送登记的规范性文件71件。坚持“立改废”并举，集中开展规范性文件清理工作，将2014年12月31日前市政府及市政府部门、单位出台的规范性文件全部纳入清理范围，并对2012年1月1日以前出台的规范性文件进行重点清理，召开协调会、论证会30余次，反馈清理意见1200多条，清理规范性文件1143件，成为全省最早完成规范性文件清理的地市之一。

【地方立法】 威海市获批地方立法权后，市法制办及时抓好立法前期调研，召集住建、环保、规划等重点部门专题研究地方立法项目。大力推进公开立法，通过政府网站、新闻媒体等向社会公开征集政府规章制定项目建议。强化立法能力建设，成立专门立法科室，强化立法人员培训，组织人员参加省法制办举办的地方立法培训。积极参与省地方性法规和省政府规章的立法调研，组织有关部门对《山东省防治大气污染条例》等20件地方性法规和省政府规章草案进行研究，提出修改意见35条。

【行政执法监督协调】 全面贯彻落实《山东省执法监督条例》，开展“《条例》宣传周”活动，组织专题培训1次，240多名政府法制和行政执法业务骨干参加培训。组织市直各部门、国家级开发区管委法制机构进行新行政执法监督管理平台应用专题培训，全年组织行政执法证件管理培训4次，年审考试4次610人次，完成行政执法证件年审换发1278张，新申领核发1960张，行政执法督查证件审核转报132件。加强执法主体资格和执法人员执法资格的审核力度，完成行政执法主体信息变更1700余项，清理不合格执法主体17个、不合格执法人员46人。与市委组织部联合举办法治政府建设专题研讨班，各区市和市政府各部门分管领导以及法制骨干400余人参加培训。开展《中华人民共和国宪法》和公共法律知识学习活动，组织7次3500余人次观看视频辅导，组织各区市和市政府各部门开展法律知识测试。组织开展行政执法案卷评查工作，对市直38家部门180本案卷进行集中评查，首次实现评查领域全覆盖，整体工作成为全省的示范模板。在教育、公安、建设等15个部门开展警示教育活动，培训执法人员1300多人次。制定《威海市行政约谈暂行办法》，建立行政约谈制度，督导各部门制定约谈细则，汇编成册。积极与省法制办对接，解决开发区行政执法主体、执法证申领等体制机制上的问题。合理配置城管执法力量，市和市辖区只保留一个执法层级，理顺城管执法体制。探索开展乡镇综合执法工作，确定荣成市成山镇为试点镇，集中推进乡镇综合执法平台建设。

【行政复议应诉】 围绕市委、市政府中心工作，把涉及东部新城开发、不动产征收、人身权益保障等领域的案件作为工作的重点，通过案件的审理，着力化解上述领域的行政纠纷50余件，全年办理行政复议案件130件。在全省较早建立一级政府只有一个复议机构、只管辖所属部门案件的复议体制。印发《关于建立行政复议案件受理登记制的通知》，推动相关区市建立案件受理登记制，立案改革工作走在全省前列。加大复议听证和调解工作力度，举行听证会80多次、复议委员会案审会12次，涉及案件61件，听证审案率达到86%。发挥案件调解作用，通过调解，18件案件的申请人自愿撤回申请，13件案件通过案件快速调处机制得到解决。强化行政复议指导，从已办结的案件中选取部分典型案例进行梳理和评析，汇编成册，发到全市各级行政机关。对有关区市的行政复议工作进行检查和指导，现场督促有关区市对复议场所进行规范和改造，有针对性地制发行政复议建议书、意见书15份。印发《关于进一步加强行政机关负责人出庭应诉工作的通知》，完善联席会议制度，建立行政诉讼情况通报和司法建议落实情况跟踪反馈制度，建立复议机关与作出具体行政行为的行政机关相互协作的应诉机制，召开联席会议2次，办理市政府行政应诉案件45件。加大复议应诉培训，组织重点执法部门工作人员20余人参加全国法院系统组织的行政诉讼法培训；赴各区市和市直机关开展行政复议法培训5次。

【机关事业单位合同管理】 出台《关于加强合同管理工作的通知》，促进合同管理工作水平的整体提高。2015年，送审合同单位157个，比上年增长143%；审查合同1700个，增长66%。突出对合同签订程序合法性、合同价款合理性、权利义务对等性三个方面的审查，重视对涉及市政府重点项目和标的额较大的重大合同审查，审查市政府战略合作协议12个、东部滨海新城建设有关合同28个、国有建设用地使用权收回协议37个，涉及金额52亿元。提高合同审查效率，平均审查时限比规定时限压缩5个工作日。强化合同履行情况监督，建立合同履行情况定期报告制度，39个部门汇总报送1057份合同履行情况。对97个单位合同管理情况进行检查，下达通报19份。及时化解合同纠纷，梳理风险点2000多个，提出防控意见2400多条，指导相关单位通过调解、仲裁、诉讼等途径，化解合同纠纷10余件，挽回经济损失500多万元。加强合同管理工作指导，为40多个单位提供合同知识培训，开展合同管理工作指导73次。

【法律服务】 年内，先后办理“滴滴”专车服务等重大涉法案件30多件、乳山欣业联破产涉台案等历史遗留案件20多件，推动刘公岛空中快车等案件有效进展。市政府办公室印发《关于进一步加强政府法律顾问工作的意见》，建立法律意见书电子报备制度，组建中韩自贸区威海地方经济合作示范区法律专家咨询小组，规范诉讼（仲裁）案件代理合同签订行为，完成对法律顾问的考核工作。2015年，市政府法律顾问审查民商事合同522件，涉及标的额25亿元；审查规范性文件和涉法性文件380件，参与重大决策论证33件，参与处置重大信访案件28件，提出各类法律意见2125条。

（牛建军）

公 安

【概况】 2015年，全市公安机关围绕深化平安建设这条主线，全力打好维护稳定的主动战、打防管控的整体战、“四项建设”的持久战，努力实现打击侵财犯罪、社会面巡防、视频监控建设应用、信息采集应用、平安建设社会动员、交通智能管控“六大突破”，维护社会大局持续稳定，取得“三升三降”的成效（“三升”就是刑事案件破案数、抓获犯罪嫌疑人数、群众满意度分别比上年提升11.0%、12.0%和1.2%；“三降”就是刑事警情、治安警情、群众投诉举报分别下降6.6%、5.0%和14.8%）。威海市公安局被评为全省市级优秀公安局、创建全国文明城市工作突出贡献单位和全市行风评议优秀单位；在省公安厅的社情民意调查中，群众安全感以93.34分的总成绩位居全省第一；党建、维权等经验多次在公安部、省公安厅召开的会议上交流推广；省、市和公安部、省公安厅有关领导30多次作出批示，对威海公安工作予以褒奖；成功举行全省地级市规模最大、科目最多、联动最全、装备最强的应急救援综合演练，提升快速反应和联动处置能力。

【打防管控效能提升】 坚持“以打开路”，深入开展系列安民、“猎狐2015”、网络扫毒、“守护舌尖安全”等专项行动，破获刑事案件9766起，逮捕犯罪嫌疑人1349人，抓获逃犯673人。其中，35起现行命案破获34起，移送起诉黑社会性质组织犯罪案件1起，打掉恶势力团伙41个，以曹某为首的特大黑社会性质组织犯罪案件被一审判决；破获经济犯罪案件196起，涉案金额32.6亿元；破获毒品犯罪案件

422起，缴获毒品30公斤；破获食药环犯罪案件76起，涉案金额6940多万元。查处治安案件2.17万起，行政拘留4629人，其中查处涉黄涉赌案件284起。坚持全面设防，注重以指挥中心为龙头、以大数据警务云为支撑、以专业警种和派出所为骨干、以专群结合为基础，强化传统做法与科技手段、专项整治与基础工作、严厉打击与严密防范、网上治理与网下管理相结合，创新完善立体化社会治安防控体系，在外来流动人口增长18.2%的情况下，刑事发案比上年下降1.7%。坚持依法监管，深化枪支弹药、烟花爆竹、散装汽油等危爆物品整治，收缴枪支44支、子弹3148发、炸药286公斤、烟花爆竹820箱，散装汽油销售实名登记系统实现全覆盖；深化劳动密集企业等消防整治，清剿火患9284处，整改重大火灾隐患单位30家，连续10年杜绝较大以上火灾事故发生；深入开展“对生命安全负责·向交通事故宣战”等专项行动，在机动车和驾驶人保有量分别增长2.2%和7.8%的情况下，查纠交通违法98万起，整改隐患点位589处，在全省率先完成2.13万辆黄标车年度淘汰任务，无重特大道路交通事故发生；严格监所管理，圆满完成市级“两所”（看守所、拘留所）搬迁，看守所女性、未成年人实行集中关押，8778名羁押人员实现问题“零发生”；严格出入境管理，办理业务审批12.2万笔，查处“三非”（未经合法手续在中国非法就业、非法入境和非法居留）外国人309名，维护口岸安全；严格边防管理，深化港船治理整顿和“平安惠民”战略，涉海案件下降17%，海上乘船偷渡“零发案”。

【“四项建设”整体推进】 基础信息化建设，坚持夯实基础与科技支撑并举，新增警务室35个、专兼职社区民警21人、流动人口管理系统社会用户9362个，采集流动人口信息132.5万条、租赁房屋信息22.6万条；完成数据中心、部门共享平台等信息化建设项目19个，上“云”运行社区警务等系统中台[illegible]个，虚拟化运行网上车管所等业务系统6个。警务实战化建设，健全八大功能集成、部门联动响应的指挥处置机制，现场抓获与紧急救助数量分别比上年增长8.6%和101%；健全治安监测通报机制，开展集中研判会商9次，发布打防建议63期、研判指令1200多条，“制导”警务实战560次；健全多警种联动联勤、多手段同步上案的合成作战机制，在27起大要案侦破中发挥关键作用，市公安局合成作战中心发起的追逃会战在1个月内抓获逃犯108名；健全“预案＋素质＋装备”于一体的实战保障机制，修订完善预案22个，组织实战培训2471人次，26人通过司法考试，配发警务装备1.4万件。执法规范化建设，从严治理立案突出问题，整改隐患3749起；全面推行“两统一”（刑事案件由法制部门统一审核、统一出口），法制部门移送审查起诉刑事案件4000起，占比达到42.1%；规范权力运行，厘清50项行政许可事项的实施边界；加强执法监督，通过执法办案合议组、公检法联席会等途径，解决疑难案件48起，整改执法问题396个；严格执法管理，强化执法办案风险评估、分级管理，化解敏感案事件苗头120起。队伍正规化建设，加强党建工作，开展“三严三实”专题教育等活动，强化动态考核、专题培训等措施，提升党建科学化水平；加强表彰奖励，通过“好警察、好警嫂、好辅警”评选等载体，面向基层一线表彰先进集体59个、先进个人281人次；加强作风建设，消除违法违纪苗头隐患103起，来信来访、投诉举报下降14.8%；加强对外宣传，在各级媒体刊发稿件1.06万篇，原创歌曲《守护》参加“CCTV2015年度中国法治人物颁奖礼”现场演出；加强从优待警和优质服务，建立工会组织12个，出台服务发展和民生办法，网上公开警务信息845条，办理业务9.8万笔，处结民生诉求4万件。

【“六大突破”成果凸显】 通过推行“一长四必”（县、市、区公安局长对刑事案件现场勘查工作负总责，现场勘验工作要做到“必勘、必采、必录、必比”）新机制、开展“春雷”和夏季攻势等行动，提升打击侵财犯罪质态取得新突破，破获各类侵财案件8136起，打掉犯罪团伙95个，挽回经济损失4779.6万元，分别比上年提升11%、1.1%、150%。通过壮大三级巡防队伍、划分巡防网格、规范守卡勤务，完善社会面巡防机制取得新突破，新增三级巡防力量2110人，增长8.7%，抓获犯罪嫌疑人407名，其中8个公安检查站抓获犯罪嫌疑人344名，增长19.8%。通过强化标准执行、补点扩面、联网运行、图像侦查，视频监控建设应用取得新突破，新建监控探头6.4万台，总量增至15.3万台；城区探头密度达到每平方公里87台，增长77.6%；利用监控直接破案2753起，增长63.9%。通过深化源头采集共享、内部整合共享、外部引进共享，强化信息采集应用取得新突破，当地数据库净增信息9600万条，总量8.7亿条，其中通过社区警务平台采录信息894万条，引进社会信息9130万条，分别增长160%、14.4%；利用信息化手段破案占比达到75.2%，提高4.2个百分点。通过深化警的、警环、警银等警社联动，创新“直通110”、防骗MV《擦亮你的眼》、“跟随新节拍·擦亮你的眼”首届原创广场舞大赛等防范宣传载体，平安建设社会动员取得新突破，常态参与联动的社会力量增至6500多人，协助抓获违法犯罪嫌疑人员286名，破获各类案件322起，阻止诈骗发案189起，避免直接经济损失800多万元。通过推进道路交通安全管理科技信息系统建设，提升交通智能管控水平取得新突破，智能交通管理服务系统一期覆盖路网早晚高峰平均车速提高17.6%和14%，二期外场施工完成70%，高速公路智能交通系统二期验收使用，智能交通管理服务系统综合评价位居全省第一，获山东公安科学技术进步奖应用技术类一等奖。

（张长春）

检　察

【概况】 2015年，全市检察机关坚持围绕中心、服务大局，积极顺应人民群众新期待，忠实履行法律监督职责，各项工作取得新成效。大力推进人才库、“讲师团”建设，组织选拔市级优秀人才37名，评选检察“季度之星”15人，开展“检察讲坛”、检察官教检察官活动30多次。2名干警在省检察院举办的竞赛中分获“全省十佳”“优秀业务能手”称号，2名干警到青海省海北州检察机关挂职交流，有15件案件、11篇报告和论文在最高人民检察院、省人民检察院评比中获奖。在全省检察工作群众满意度测评中，威海市连续多年名列前茅。有11个集体、44名个人受到市级以上表彰。

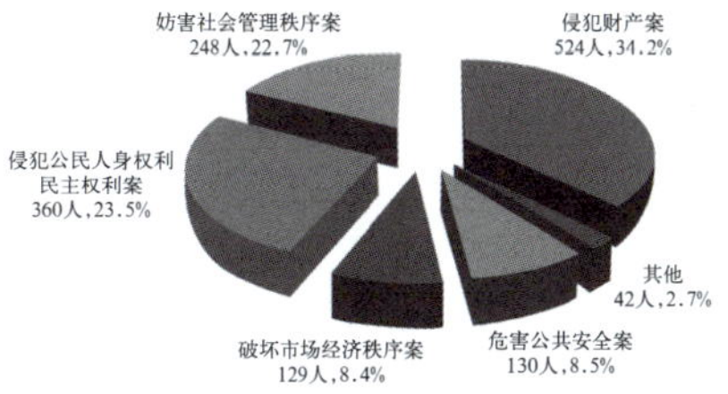

图1 批准逮捕刑事犯罪人分类情况

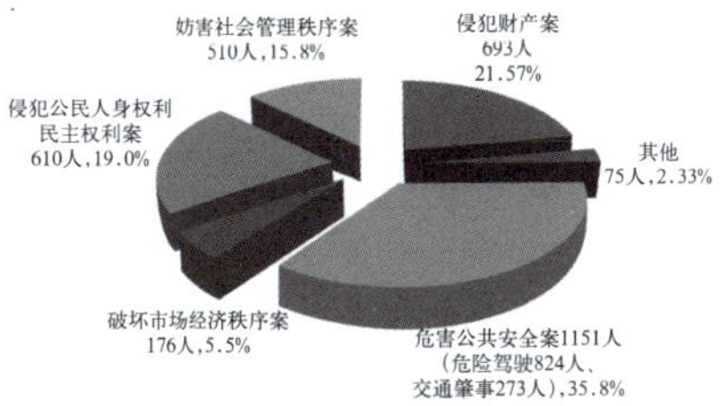

图2 提起公诉刑事犯罪嫌疑人分类情况

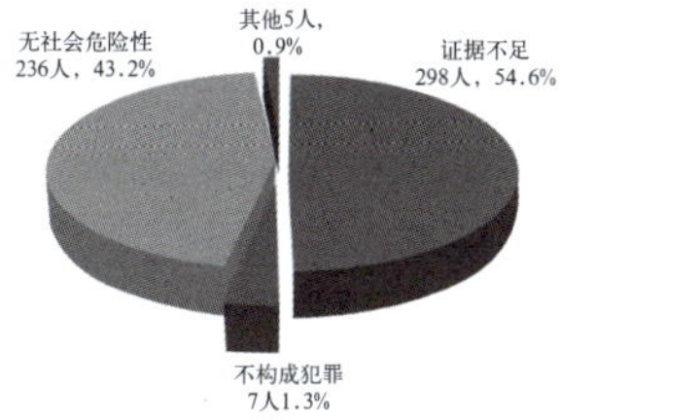

图3 不批捕刑事犯罪嫌疑人分类情况

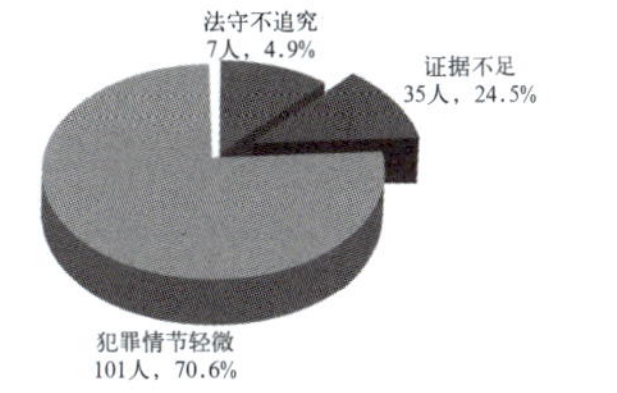

图4 不起诉刑事犯罪嫌疑人分类情况

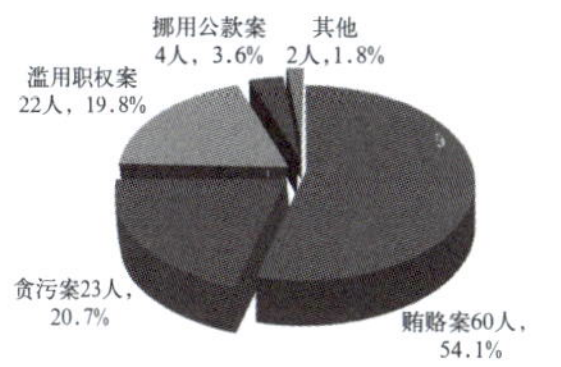

图5 立案侦查职务犯罪嫌疑人分类情况

【适应新常态履职尽责】 营造法治化发展环境。制定落实市委十四届六次全会精神、保护知识产权等4个工作意见，及时更新理念、统一思想。开展“百名检察官联系百家中小微企业”、整顿和规范市场经济秩序等专项活动，走访中小微企业400多家，帮助解决用工、用地等涉法涉诉问题32个；与威高集团、华能威海电厂等大中型企业合作举办反对商业贿赂专题讲座50场次；对石岛湾核电站等60个重大项目进行同步预防，监督招投标活动183次；为企业提供法律服务、行贿犯罪档案查询3000余次；办理破坏市场经济秩序犯罪案件299件，到40多家企业开展普法宣传，提出整治意见，促进企业依法治企、诚信经营。用心回应群众重大关切问题。开展查办和预防发生在群众身边、损害群众利益职务犯罪专项工作。在教育系统开展专项行动，重点查办教辅资料订购、校服采购、教学设施采购与建设等环节行贿、受贿、贪污的职务犯罪，集中立查52人。深入推进破坏生态环境和危害食品药品安全专项整治，开展环境保护行政执法检察监督和道路交通安全法律监督专项活动，监督促进相关部门依法有效履职，维护群众合法权益。用心保障社会和谐稳定。深入推进海陆一体平安威海建设，全市批捕1533人，起诉3215人；当宽则宽，依法不捕、不诉689人。深化涉法涉诉信访机制改革，建成远程视频接访系统，实现省、市、县三级检察院联合“会诊”，共同释法说理。接待群众来信来访1830件次，全市继续保持涉检赴省进京“零上访”。依法将一起长达15年的缠访案件导入司法程序，促使双方达成和解，为被害人争取赔偿款50万元；加强人文关怀，为18名刑事被害人或亲属发放司法救助金31.3万元。对39所学校4.9万名师生开展法制教育，对30名涉罪未成年人跟踪帮教，对8名未成年被害人进行帮扶。对3854名社区矫正人员监督矫正。依托20个派驻基层检察室，走访群众1.1万人次，开展法律咨询、化解矛盾纠纷、受理来信来访，办理各类案件400多件，对镇（街道）、农村“两委”干部进行警示教育52场次，促进提升基层社会治理水平。

【惩治和预防职务犯罪】 提升办案质量和效果。立查各类职务犯罪嫌疑人111人，其中大要案84人、县处级以上11人。查处科级干部34人、国家机关工作人员47人。办理中纪委、省检察院分别交办的2件副厅级案件。总结类案规律，针对贿赂犯罪“一对多”“多对一”特点，深挖窝案串案，查办贿赂犯罪56人，其中行贿犯罪16人，比上年增长45%。针对渎职侵权往往与贪贿行为交织特点，从渎职问题及其背后原因同时入手，查处双罪名案件12人。坚持办案“三个效果”（法律效果、政治效果、社会效果）相统一，起诉75人，判决57人（含往年积存），判处10年以上有期徒刑6人；追回赃款1100余万元；对认罪态度好、初犯、偶犯、涉案数额小的，依法从轻处理，作出相对不起诉决定20人（含往年积存）。提升侦查信息化水平。充分运用信息化手段，发挥“大数据”整合功能。构建来信、来访、电话、网络四位一体举报体系，规范线索处理流程；建成侦查情报信息中心、指挥中心、电子证据室，通过远程指挥、密码破译、数据恢复、信息关联分析等现代技术获取证据，突破案件。组织远程指挥侦查讯问80次，定位抓捕20人，开展电子取证27件。运行统一业务系统、廉政风险防控系统，实现办案侦捕诉各环节全网管控、全程留痕。提升预防社会化水平。发挥专业优势，组织撰写年度报告、专题报告15篇；向发案单位和相关部门提出检察建议23件。与市法制办联合制定宣讲计划，汇编《警示教育读本》，深入党政机关、企事业单位举办“廉政巡回讲堂”79场次，到行政执法部门和银行系统分别开展依法行政、金融领域职务犯罪风险专题教育，先后有6000余人接受教育。对全市56名预防志愿者进行培训，指导16人组团宣讲。与电视台、网站合作开辟专栏，播出预防职务犯罪微电影及纪录片《检察风云》，在车站码头、社区广场播放廉政公益广告，整合各方资源力量，在全社会弘扬清风正气。

【强化法律监督】 加强刑事诉讼监督。围绕立案、侦查、羁押、审判、执行等刑事诉讼各环节，开展公安派出所刑事执法专项监督、审前未羁押判实刑未交付执行案件专项检察等一系列专项活动。立案监督7件，书面纠正侦查活动违法24件，纠正漏捕漏诉85人，提出刑事抗诉14件；监督变更强制措施21人，纠正减刑、假释、暂予监外执行不当6人；纠正监管活动和社区矫正违法38件，监督收监6人。与相关部门配合做好特赦工作，对52名服刑罪犯出具特赦检察意见书。加强民事行政诉讼监督。举办“民事行政检察集中宣传日”活动，扩大民行工作社会影响。受理申请监督案件157件，依法提出抗诉5件，提请省检察院抗诉5件，提出再审检察建议11件。办理民事行政执行监督案件13件。对审判程序违法提出检察建议15件。开展虚假诉讼专项监督活动，与公安局、法院、司法局会签文件，共同维护司法权威，监督纠正虚假诉讼案件14件。结合办案，对虚假诉讼进行调研，提出整治意见，相关建议被纳入全市诚信体系规划。加强行政执法检察监督。对造成河道、土壤污染以及销售伪劣农药等问题进行调查，办理行政执法检察监督案件27件，2件案件分别被评为全国、全省检察机关优秀案件和典型案件。关注基层行政执法活动，完善派驻基层检察室“信息超市”，录入基层管理、行政执法信息10万余条。健全行政执法和刑事司法衔接机制，与公安、环保等11个部门召开联席会议4次，走访、研讨案件7次，督促移交涉嫌犯罪案件10件。

【推进检察改革】 推动案件管理机制改革。以提升案件质量为目标，以规范司法为主线，以信息化手段为支撑，进一步改进案件管理模式。依托统一业务应用系统，办理的6032件案件全部实现网上录入、网上运行、网上监督。推进规范司法行为专项整治工作，组织动员部署、督导检查11次，开展走访、座谈、问卷调查等活动，汇总各方意见、建议100多条。确定2015年为“案件质量提升年”，4月、7月、10月分三批次抽取957件案件进行质量评查，对发现的问题实行办案人和评查人捆绑责任，跟踪整改落实。最高人民检察院、省人民检察院领导到威海调研督导，给予充分肯定。推动检务公开机制改革。强化“阳光司法”理念，运行案件信息公开系统，落实案件公开审查、公开听证、阳光鉴定、检察宣告、人民监督员制度等改革任务，保障人民群众知情权、参与权和监督权。建立法律援助律师异地阅卷“绿色通道”，部署应用电子卷宗系统，听取律师意见800多人次；发布案件信息8804件；公开审查、听证、宣告案件200多件。加强对外联系宣传，邀请各级领导、各界代表、人民监督员、特约检察员参观座谈、监督案件50多次，寄送征求意见函、工作通报等资料4000余份；在市级以上媒体发布宣传稿件1000多篇，开通检察微博、微信19个，编发微文600多期。在人民网发布的全国政法系统“双微”排行榜中，“威海检察”多次进入地级市人民检察院前20名。推动“四项试点改革”配套工作先行先试。对全市检察队伍、基础设施等进行调研，借助招录公务员、人员轮岗等手段，调整检察官比例结构。探索办案组工作模式，突出检察官办案主体地位，构建权责明晰、制约有力、运行高效的检察权运行机制。

（胡培东）

法　院

【概况】 2015年，全市人民法院依法履行职责，全面加强审判、执行和自身建设，取得新的成绩和发展。全年受理各类案件4.05万件，审执结3.67万件，结案标的额102.9亿元。其中，威海市中级人民法院受理案件3863件，办结3821件（含旧存），涉案标的额20.9亿元。立案登记、涉外商事、减刑假释、诉讼服务中心建设等工作经验被最高人民法院、省高级人民法院推广，全市人民法院先后有9个集体、17名个人受到省级以上表彰。省高级人民法院和市领导批示表扬29件次，群众来信表扬41件次。

【服务大局】 紧紧围绕市委、市政府“全域城市化、市域一体化”“产业强市、工业带动”等战略部署，全面加强审判执行工作。制定《关于依法保障和服务威海中韩自贸区地方经济合作

市中级人民法院法官定期到涉韩企业走访调研，就公司遇到法律问题进行答疑解惑　　市中级人民法院提供

示范区建设的意见》，创新工作机制，积极服务示范区的各项改革与创新，保障示范区国际化、市场化、法治化营商环境。对2014年全市法院行政诉讼案件进行统计和调研，形成《2014年全市法院行政案件司法审查报告》。将司法建议工作纳入法院的整体工作中，不断提升司法建议工作的必要性、针对性、规范性和实效性，为全市经济社会发展提供司法保障。全市两级法院依据调研成果、审判数据向党政机关、企事业单位、社会团体及其他社会组织适时提出司法建议21个，促进有关单位科学决策、完善管理、消除隐患，有效预防和化解社会矛盾。

【刑事审判】 依法打击刑事犯罪，推进海陆一体平安建设。坚持宽严相济的刑事政策，审结一审刑事案件2634件，判处3255人，分别比上年下降2.3%和4.7%，其中判处5年以上有期徒刑、无期徒刑、死刑249人，占生效判决人数的7.9%。尊重和保障人权，恪守罪刑法定、疑罪从无、证据裁判等原则，发挥庭审的决定性作用，对1件自诉案件、3件公诉案件裁定准予撤回起诉，对1名被告人依法宣告无罪。依法严厉打击危害国家安全、公共安全和严重影响人民群众生命财产安全的犯罪，审理故意杀人、强奸、抢劫等暴力犯罪案件536件668人，审理盗窃、诈骗等侵财犯罪案件542件739人。深入推进打黑除恶斗争，一审判处曹某等黑社会性质组织犯罪25人有期徒刑25年、19年不等。依法严厉打击毒品犯罪，审理涉毒犯罪案件156件187人，一审判处贩卖运输毒品2公斤的罪犯廖某锋、徐某君死刑。积极服务食品和农产品质量安全城市创建，依法严厉打击危害食品药品安全、制售假冒伪劣产品犯罪，审理14件22人，一审判处生产销售伪劣产品罪犯王某军无期徒刑，并处罚金3000万元。依法严厉打击贪污贿赂和渎职犯罪，对36件49人予以严惩，其中原为县处级干部的1人，有7名县处级以上干部贪污贿赂案件开审。

【民事审判】 依法化解矛盾纠纷，弘扬社会主义核心价值观。充分发挥民事审判明确社会行为规则、衡量社会价值判断、解决社会矛盾纷争的引领作用，积极倡导文明、和谐、诚信、友善的价值理念，审结一审民事案件1.40万件，标的额27.6亿元，分别比上年增长12.4%和172.6%。注重促进情感融合、维护家庭和睦，妥善处理婚姻家庭、赡养抚养、继承案件5533件；注重统一赔偿标准、保障人民群众的生命健康权和财产权，妥善处理交通事故、医疗纠纷、财产损害赔偿等案件2959件；注重维护劳动者权益与保护企业生存发展、促进劳动关系和谐稳定，妥善处理劳动争议案件1275件。注重调判结合、疏导化解不稳定因素，妥善处理一批影响较大的案件，案件调撤率66.9%，促成140户业主与房地产公司、物业公司达成调解协议，消除积怨，避免更大规模的群体性事件。

【商事审判】 依法服务经济建设，助推平稳较快发展。妥善审结与经济发展密切相关的一审商事案件1.18万件，标的额73.9亿元，分别比上年增长30.4%和28.5%。全力服务中韩自贸区地方经济合作示范区建设，提出强化法治思维、拓展国际视野、尊重市场规律等24条意见，为示范区各项改革创新与贸易发展方式转变提供司法保障。全力服务企业转方式、调结构，坚持“少破产清算、多兼并重组”，积极运用破产重整等司法手段，帮助陷于困境的企业恢复生产，渡过难关。涉资23亿元、职工近3000人的威海三进船业，涉资9000万元的威海人生药业等3家企业重整成功。全力防范化解金融风险，审结信贷、保险等金融案件4127件，标的额27.7亿元，其中民间借贷案件1982件，标的额6.3亿元，针对金融借款、小额贷款公司借款以及民间借贷三类案件高发的情况开展专项调研，提出防范化解金融运行隐患、优化全市金融环境的对策建议。全力服务创新驱动发展战略，审结著作权、商标权等知识产权案件49件，规范市场竞争秩序，保障企业自主创新发展。

【行政审判】 依法化解行政争议，促进法治威海建设。充分发挥司法审查职能，审结一审行政案件283件，比上年下降5.7%。其中，判决驳回原告诉讼请求82件，占29%；判决行政机关败诉35件，占12.4%；经法院协调原告自愿撤诉73件，占25.8%。联合相关部门召开行政审判与行政复议座谈会，定期分析行政诉讼案件情况并针对存在问题提出意见、建议，对3000余名行政执法人员进行新《中华人民共和国行政诉讼法》知识培训；发挥行政审判在推动法治政府建设中的作用，推动落实行政机关负责人出庭应诉制度，5月1日后，行政机关负责人出庭应诉48人次。发挥国家赔偿的权利救济功能，审结赔偿案件5件，决定赔偿2件，赔偿金额36.6万元。

【执行工作】 大力营造法律必须遵守、义务必须履行的氛围，破解执行难题。执结各类案件1.23万件，标的额46亿元，分别比上年增长43.6%和92.4%。强化财产查控，建设执行指挥中心，对接全国法院执行网络查控平台，实现对被执行人在全国20家主要商业银行3000多个网点财产的网上查控。强化失信曝光，在最高人民法院网站公布失信被执行人信息2861例，通过微信、微博等新媒体曝光131名“老赖”的个人照片、法定代表人姓名及企业住所地等信息，引起社会关注。强化失信联动惩戒，凡列入失信被执行人名单者，一律限制出境，一律不能乘坐飞机、高铁和列车软卧，不能办理贷款、进行高消费等。强化对拒不执行生效裁判行为的打击力度，决定限制出境48人次、拘留230人、罚款50人、移送追究刑事责任32人，慑于法律的强制力，其中100人主动履行了义务。

【公正司法】 发挥审级监督职能，审结各类二审、再审案件3039件，依法改判、发回重审336件。依法制裁妨害民事诉讼行为，联合公安、检察等部门出台依法打击虚假诉讼和伪证行为的专门意见，对8名妨害诉讼的当事人制裁罚款15.6万元。以信息化思维重构审判管理，对审判工作进行全程跟踪、动态监控。开展清理未结案件专项活动，对长期未结案件落实到人，限期结案，定期梳理通报督办，解决一批积压案件。着力解决立案登记制带来的案件增长问题，合理配置审判资源，推行类案专审、要案精审、简案快审等，简易程序适用率达75.5%，位居全省前列；建立案件质效月通报、季点评制度，督导提高办案质效，案件结收比达97%，未结案件数量压缩至合理可控范围。

【诉讼便民】 按照“标准统一、名称统一、标识统一、流程统一”要求，推进全市法院和法庭的诉讼服务中心建设，为当事人提供一站式、综合性、低成本的诉讼服务。推行双轨制立案，当事人可就近到法庭或院机关立案。推广二维码诉讼服务，当事人可通过扫描印制在法律文书上的二维码查询案件的立案、开庭、法官、裁判文书等信息。建立社会矛盾纠纷第三方调解室，与庭前调解、司法确认、专业巡回法庭等相衔接，拓宽群众解决纠纷的渠道。开通律师诉讼服务平台，增设检察官工作室与律师工作室，为律师、检察官提供诉讼便利。加大司法救助力度，为277件案件当事人缓减免诉讼费241.5万元，为116名特困当事人提供司法救助150.7万元。

【推进司法改革】 全市法院认真贯彻各级关于深化司法改革的部署要求，着力抓好各项改革工作。推进立案登记制改革，完善与立案登记制相适应的配套措施，实现从审查立案到登记立案的平稳过渡，当场立案率99.3%。推进审判权运行机制改革，推行院庭长办案和综合部门法官参与办案，在威海市中级人民法院试点组建“3+2+1”审判团队，在基层法院推行“1+1+N”模式，逐步将办理案件的权力与责任全部交由评审法官与合议庭。深化审判流程信息公开、裁判文书公开、执行信息公开三大平台建设，完善裁判文书上网工作机制，威海市中级人民法院开通官方微信，进一步丰富司法公开的形式。深化人民陪审员制度改革，制定《人民陪审员参加市法院审判活动的实施办法》，明确陪审员参与案件审理的流程。推动纠纷多元化解决，设立“社会矛盾纠纷第三方调解室”，形成以法院为主导、多元主体共同参与的“涉诉纠纷诉前调解+非诉调解协议司法确认+立案后庭前调解”的分层递进多元解纷模式，减轻审判压力。

【提升司法能力】 坚持“请进来、走出去”，先后邀请6名上级法院审判专家到威海授课，选派349名法官到省和国家法官培训学院学习。继续推行“法官教法官”，着重提高法官庭审驾驭、法律适用和裁判说理等能力。选派10名法官到基层挂职锻炼，提高做好新形势下群众工作、解决实际问题的本领。强化廉政建设，坚持用身边事警示身边人，重点加强对领导干部的监督、规范法官与律师的关系、强化干警的业外监督，加大司法巡查和审务督察力度，对存在的问题发现一起，通报一起，整改一起。

（唐玉沙）

司法行政

【概况】 2015年，全市司法行政系统发挥职能，开拓创新，推动各项工作全面发展。全力抓好普法依法治理工作，法治威海建设创出品牌，顺利通过“六五”普法检查验收。维护稳定水平不断提升，交通、医疗、人事等领域的专业性、行业性调解工作进一步规范，调解成功率99%以上。全力推进社区矫正工作，再犯罪率始终低于全省平均水平。落实保障律师执业权利的有关规定，组织律师参与代理申诉工作。深化狱务公开，推进阳光执法，威海监狱连续14年实现安全运行无事故。全市公共法律服务体系建设稳步推进，律师、公证、司法鉴定以及基层法律服务机构办理各类法律服务事项6万件，为当事人避免和挽回经济损失7亿元。全市公证机构年办证量3.5万件，人均办证数全省居首。法律援助为困难群众节省代理费700多万元。开展“司法鉴定‘三化’建设提升年”活动，威海市司法局获“全省司法行政工作先进集体”称号，5个先进集体和22名先进个人受到司法部和省司法厅的表彰奖励。

【普法依法治理】 制定《关于深化法治威海建设意见的实施方案》《关于落实国家机关“谁执法谁普法”普法责任制的意见》，完善法治建设工作机制。开展“学习宪法、遵法守法”主题宣传教育活动、“增强宪法意识、依宪履职尽责”大讨论等活动。持续深化“法律六进”活动。在机关，持续开展“每周一题”学法活动；在农村和社区，组织法律专业人士和普法志愿者开展送法下乡和进社区主题活动；组织开展专题讲座进校园、进企业，深入开展“关爱明天，普法先行”“青春与法同行”等宣传教育活动。深化基层依法治理工作，评选表彰20个全市民主法治示范村（社区）。全市普法依法治理工作通过省检查组验收，人民网就“六五”普法工作进行专访，《法制日报》进行专题报道。

【法律服务】 在全市律师行业中开展“法润威海·党员律师行”活动和全面依法治国教育，增强广大律师政治意识、法治意识和责任意识。全年律师办理诉讼非诉讼法律事务1.6万件，办理企业破产重组、农民工讨薪案件等500余件，为群众免费解答法律咨询2.1万人次，直接参与化解重大群体性上访事件20件。大力拓展国内公证业务，将公证服务领域进一步向基层领域延伸，实现公证服务全覆盖，国内公证业务比上年增长17.6%，人均办证数继续保持全省领先。新建法律援助工作站8处，新增法律援助联系点40多个。加快法律援助信息化建设，建立困难群众信息资料库和军人法律援助工作站。深入开展“司法鉴定‘三化’建设提升年”活动，全市司法鉴定行业进一步健康发展，各鉴定机构检案总量5622件。出台《关于加快推进全方位公共法律服务体系建设的意见》，全市建立20余处镇公共法律服务中心。接待法律咨询5000余人次，免费代写法律文书1000余份，化解各类矛盾纠纷200多件，为基层群众提供一站式法律服务平台。

【基层工作】 规范运行市道路交通事故纠纷人民调解委员会，成立以来调解案件9000多件。规范运行市医疗纠纷人民调解委员会，成立以来接待登记355件，调解176件，当事人索赔金额4550万元，实际赔付490万元。成立劳动人事争议人民调解组织，为劳动人事争议提供法律支撑，调解案件100多件。探索在建设领域和海洋渔业领域建立纠纷人民调解组织，由律师担任人民调解员，发挥律师的专业作用。健全落实调委会各项规章制度和预警、调处、应急处置、考核奖惩等各项工作机制，在重要节点开展集中排查调处专项活动，全年调解案件1.6万件，调解成功率99%以上。

【社区矫正】 出台《威海市社区矫正工作重大事项报告制度》，普遍建立完善突发事件应急处置机制，建立覆盖全市的心理咨询师队伍。配备使用手机定位系统、执法记录仪、人脸指纹识别仪，各区市、镇均建成矫正中心，建设社区矫正和安置帮教基地14处。规范有序实施矫正，全年撤销缓刑15人，撤销假释4人，收监执行5人，警告33人次，接收社区服刑人员1635人，解除1843人，在矫2011人，再犯罪率始终低于全省平均水平。8月，全省社区矫正工作会议在威海召开，威海市社区矫正工作受到司法部和省司法厅领导的高度评价，文登区社区矫正工作做法被《法制日报》刊发推广。根据统一部署，加强与其他部门配合，依法有序完成特赦工作。

【监狱工作】 威海监狱以改革发展稳定为主题，坚持问题导向和法治思维，不断规范完善各项工作机制，提高监狱管理效能；坚持宽严相济的刑罚执行政策，推进公正文明执法建设，统一执法标准，依法严格办理罪犯减刑、假释、保外就医工作。职务犯罪、金融犯罪、涉黑犯罪等“三类罪犯”全部由法院现场开庭审理。开展刑事政策宣传教育，深化狱务公开，推进阳光执法，保障服刑人员的知情权、监督权。严格执行法律程序，按照责任倒查的要求，所有案件坚持集体决定、全程留痕，强化执法责任，推进执法公正。

【司法体制改革】 市司法局转发由山东省高级人民法院、人民检察院、公安厅、司法厅等13个部门联合制定的《关于进一步保障律师执业权利的若干规定》，落实律师执业权利保障机制。落实《山东省律师代理申诉工作实施办法（试行）》，自律师在法院值班以来，解答当事人法律咨询300多人次。与市维稳办联合出台意见，选派律师以独立第三方的身份对有关涉稳问题进行深入调查，提出化解建议。扎实开展人民监督员选任管理方式改革试点工作，对原来聘任的人民监督员重新审查确认，新聘17名人民监督员，举行全市人民监督员聘任仪式，在全省率先完成市级人民监督员选任工作。加强对人民监督员的管理和培训，组织参加业务实务培训2次、座谈会2次，组织监督员参加案件监督14件。

（李春晖）

仲 裁

【概况】 2015年，威海仲裁委员会受理各类民商事纠纷案件623件，涉案标的额10.27亿元。案件性质涉及买卖、房屋买卖（包括商品房预售）、保险、借款、民间借贷、建设工程、租赁、服务、保证、居间、委托、追偿权、合同、装饰装修、承揽、合同开发、合伙、债权、供用电气热力合同纠纷。其中，适用简易程序审理464件，占案件总数74%。年内结案534件（含上年结转），按期结案率95%，快速结案率30%，和解调解结案率52%，司法纠正率为0。年内，文登、荣成、乳山仲裁工作站受理案件140件。

【仲裁案件办理】 审限管理 除当事人申请财产保全的案件外，威海仲裁委员会均当日立案，当日发送仲裁文书。不断修改完善立案制度、仲裁审限管理办法，实行层级管理制，做到谁主管、谁负责，谁分管、谁担当。

质量管理 按照“依法仲裁、以德仲裁、规范仲裁、能力仲裁”的办案工作总要求，严把立案关、组庭关、裁决关，坚持疑难案件集体研究制，完善案件审查监督制，实行案件全程监督、案件评查、当事人回访制。推行案件首次开庭仲裁员签订承诺书制度，每次开庭前，仲裁员都要对公平公正办理案件、依法办事、清正廉洁等内容作出承诺。邀请著名合同法实务专家、最高人民法院二级法官王林清为仲裁员主讲民间借贷纠纷与房地产纠纷审理实务，邀请青岛仲裁委员会副主任田有赫为仲裁员讲解仲裁实务，开阔仲裁员的视野。继续扩大外聘仲裁员适用范围，充分调动仲裁员的积极性、主动性，全年使用外聘仲裁员的比例达94%。

调解工作 受理当事人的仲裁申请后，仲裁庭将调解贯穿办案始终。坚持调解优先，能调则调，当裁则裁，案结事了。年内和解调解率达52%，努力实现法律效果与政治效果、经济效果、社会效果相统一。

【仲裁制度推广】 以纪念《中华人民共和国仲裁法》实施20周年为契机，开展系列宣传活动，向全社会推广仲裁制度、介绍仲裁机构；召开座谈会，举办“《仲裁法》知识竞赛”，在《威海晚报》、威海仲裁网上刊登竞赛试题，有2万人参与。及时更新威海仲裁网，通过网络媒体宣传仲裁。创新推介方式，在《特别关注》上登载仲裁知识，在《今参考》刊物上集中介绍优秀仲裁员，以赠阅的形式发放至市场主体手中，全年发放2万册。年内，重点开展“仲裁进企业、仲裁伴你行”主题活动。对仲裁制度的推行工作进行任务分工，定时、定人、定联系企业，对重点企业进行点对点联系，通过走访、座谈等方式，研究适合选择仲裁服务的范围，提供差异化仲裁法律服务。走访企业40余家，帮助分析经营中易发生纠纷的环节，协助企业规范合同；走访律师事务所，通过座谈交流，听取意见、建议，促进仲裁发展；举办仲裁制度、合同风险防范等知识讲座，增强社会各界的仲裁意识；在银行、保险业和部分重点企业中开展公益性、订单式法律讲座活动。

（张瑞花）

重大案例

【“12·17”特大生产销售伪劣农药案】 2014年12月，威海市公安局文登分局获悉辖内102户西洋参种植户使用张家产镇某三农服务站销售的劣质赤霉酸农药，导致8000公斤西洋参种子报废，经济损失近900万元。分局组织力量展开调查，历时半年，将史某华、虞某平、袁某德、牛某明、吴某学等9名犯罪嫌疑人抓获，捣毁“黑窝点”2个，缴获伪劣农药1.2万瓶、制作设备2台，涉案金额1000多万元，彻底摧毁一个以江苏金坛为生产基地，辐射湖北、河南、山东等22个省、自治区、直辖市的制售伪劣农药犯罪团伙。经查，自2009年起，该团伙在未取得任何生产销售农药资质的情况下，冒用上海同瑞生物科技有限公司等正规农药公司的产品包装，生产各类伪劣农药，从中牟取暴利。

（蒋　洁）

【“2·18”特大盗窃案】 2015年2月25日，威海市公安局临港经济技术开发区分局接到报警：韩资企业永柏微电机公司被盗手机振动器微型马达72万个，价值158万元。分局遂成立专案组展开破案攻坚，抓获犯罪嫌疑人高某涛等5名犯罪嫌疑人。经查，2月18日凌晨，犯罪嫌疑人高某涛借其在永柏微电机公司工作的便利，伙同孟某龙、肖某雨撬窗进入公司仓库，盗窃手机振动器微型马达，并在陈某伦的帮助下将赃物藏匿于哈尔滨市通河县刘某家中。

（李恩涛）

【“4·9”特大制售“黑心棉”案】 2015年3月，威海市公安局临港区分局发现汪疃镇一加工点有制售伪劣床上用品的嫌疑，遂抽调力量展开调查。在掌握大量的犯罪证据后，于4月9日成功抓获林某宁、胡某峰、刘某金、钱某梅、丛某日、李某光、胡某文等17名犯罪嫌疑人，一举捣毁“黑窝点”17处，查缴伪劣床上用品6000多件套、伪劣原料40多吨。经查，自2008年以来，该团伙利用服装边料、废旧丝绵等“黑心棉”加工销售被褥、枕头等床上用品，非法牟利390多万元。

【“5·8”系列聋哑人盗窃案】 自2015年5月8日以来，市区多路公交车连续发生扒窃案件，市公安局遂组织专门力量展开调查。在掌握证据后，于5月9日—11日，先后将刘某、吴某霞、杨某明、束某君、张某等7名犯罪嫌疑人抓获，一举捣毁聋哑人流窜扒窃团伙2个，破获公交车扒窃案件9件。

【“5·12”特大职务侵占案】 2015年5月12日，威海市公安局临港区分局接到普源供热有限公司报案：该公司财务科科长徐某军失踪，29张承兑汇票失踪。市、区两级公安机关立即联合成立专案组展开调查，将刘某军、杨某超、徐某军抓获。经查，自2012年起，3名犯罪嫌疑人利用职务便利，采取承兑汇票贴现手段，先后侵占公司资金2800多万元。

（蒋　洁）

【“8·12”特大制贩毒案】 2015年7月，荣成市公安局发现犯罪嫌疑人姜某明有制贩毒品的重大嫌疑。威海市、荣成市两级公安机关高度重视，立即联合成立专案组，公安部将此案确立为2015-1007目标案件督办。在掌握大量证据后，于8月12日在荣成市区将犯罪嫌疑人姜某明、陈某平、商某虎抓获，缴获冰毒3.47公斤、冰毒半成品20多公斤及制毒工具1宗。经查，自3月起，3名犯罪嫌疑人以荣成市十里香河小区的2处租赁房屋为掩护制造毒品，通过社会闲散人员卖给威海及周边地区的吸毒人员，从中牟取暴利。

（李恩涛）

【“11·20”系列汽车盗窃案】 2015年11月20日，市民邢某报警：其停放在威海高技术产业开发区[illegible]92号楼下的白色现代瑞纳轿车被盗。市、区两级公安机关立即展开调查，于当日16时将犯罪嫌疑人王某抓获。经查，自2014年起，王某伙同他人先后在河北沧州及山东青岛、威海等地盗窃现代瑞纳轿车7辆。根据其交代的线索，追回被盗现代瑞纳轿车3辆。

（蒋　洁）

【威海三进船业有限公司破产重整案】 2014年8月20日，威海市中级人民法裁定将威海三进船业有限公司破产重整案件交由威海经济技术开发区法院（以下简称经区法院）审理，此案系该院成立后受理的首家外资企业破产重整案件。经查，威海三进船业有限公司于2000年11月注册成立，属韩国独资企业，主要从事船舶制造、船舶检修和船舶配件、驳船及其他金属配件的生产、销售等。受多种因素影响，公司生产经营陷入困境，多家船东先后弃船索赔，诉讼案件不断增加，银行账户被冻结，船坞上的多艘在建船舶被查封、扣押，拖欠职工工资、社保严重，职工大规模上访。在启动破产重整程序前，经区法院积极配合有关部门，通过协调相关职能部门提供资金，将100余家外协单位的欠款进行部分清偿，足额发放拖欠职工的工资和社保等费用。至2015年10月27日，向公司申报并确定的债权人335家、债务23.18亿元，公司资产10.28亿元，资不抵债12.9亿元。经区法院与劳动部门衔接，全面掌握企业职工的资料，引导有异议的职工通过司法程序处理异议，协调劳动部门提供用工信息，为离职职工办理失业保险、档案转移等手续；督导完成H4001号船舶建造，售价4000余万美元，为企业重整提供资金支持。同时，将两家关联企业纳入破产重整中，提高资产价值和债权清偿率。随后，经区法院引进重整投资方，确定小可投资公司作为重整投资方接手三进船业，将普通债权以20万元为节点，分为小额部分和大额部分，分别作全额分批清偿和按比例分批清偿的安排，并获得通过。12月15日，经区法院裁定批准重整计划，三进船业破产重整成功，恢复生产经营。

（[illegible]）

编辑　李洪格

武　　　装

威海军分区

【概况】 2015年，威海军分区坚决贯彻上级决策部署，按照中央军委“能打仗、打胜仗”的要求，以强军目标为统领，强基固本铸军魂、聚焦中心谋打赢、改进作风抓落实，团结带领广大官兵完成军事斗争准备的各项任务，推动部队、民兵预备役全面建设健康发展、整体提高。

【思想政治建设】 威海军分区着眼打牢“四有”（有灵魂、有本事、有血性、有品德）革命军人政治本色，扎实开展主题教育、党史军史和优良传统学习教育，开展“新一代革命军人样子”大讨论，培育官兵社会主义核心价值观和当代革命军人核心价值观，做好经常性思想工作，部队思想政治基础更加牢固。结合开展各项纪念活动，深度挖掘驻地历史文化资源，用好宣传橱窗、文化长廊、军营电视台、政工网络等阵地，全面升级改造基层设施，文化建设富有成效。积极打好意识形态领域主动仗，严肃清理违规违纪行为。开展“讲政治、顾大局、守纪律”“加强党性修养、锤炼思想作风”“学习贯彻条令、弘扬优良作风”和“守党规、严纲纪、正品行”专题教育，思想作风建设进一步加强。

【军事斗争准备】 抓好大规模作战准备，抓好经常性战备演练，及时修订完善战备方案，规范整治制度落实。紧贴实战化要求，抓好实战应用技能训练、海上适应性训练、冬季野营训练和指挥所演习等，坚持按纲施训，抓好基层各级主官和预提士官集训，各层次各专业训练得到较好落实，干部骨干组训能力不断提高。广泛开展争当“强军精武标兵”和“当能手、树标兵”活动，持续兴起军事训练热潮。深化作战理论和使命课题研究演练，保质保量完成上级赋予的各项任务。

【国防后备力量建设】 加强党管武装工作，广泛开展国防教育活动和“基层党管武装工作好书记”“关心国防建设先进单位和个人”评选活动，全民国防观念和各级强军兴武意识不断增强，历任人武部党委第一书记均被省委、省政府和省军区表彰为“党管武装好书记”或“关心国防建设新闻人物”。召开全市民兵工作会议，出台《关于加强新形势下民兵工作的意见》，经验做法被省军区转发。加强应急分队、专业技术分队和民兵信息员等队伍建设，定期组织专武干部和民兵骨干集训，常态化抓好民兵整组和应急处突演练，遂行任务能力持续提升。多次参与执行各类抢险救灾任务，各区市民兵高炮分队在上级组织的实弹战术演习中均被评为“优胜单位”。投入120余万元完善民兵训练基地配套设施并全部达标。定期召开军地联席会议，积极协调地方党委、政府为部队办实事、解难题，组织发动官兵和民兵预备役人员积极参与“双城联创”、扶贫帮困等，“双拥”工作走在全省前列。积极适应征兵工作新形势，完成年度征兵任务，兵员质量逐年提高。

【基层全面建设】 贯彻落实《军队基层建设纲要》、军区建设机制，严格落实党委机关挂靠帮抓、当兵蹲连制度，开展帮抓基层“过一遍”，基层质效不断提高。全力做好帮带支部、帮带干部、帮带骨干工作，每年组织党委（支部）书记、新任职排长集训，加强基层干部骨干多岗位交叉培养，开展各类练兵比武，基层自身建设能力持续增强。广泛开展“双争”（争当优秀基层官兵、争当先进基层单位）、“双创”（开展创建抓基层先进一线指挥部、开展创建先进前沿指挥所）和“向身边典型学习”活动，通过宣扬各个层面、不同类型身边典型，形成很好的辐射带动效应，比、学、赶、超氛围日益浓厚。深入开展“尊重官兵主体地位，发挥官兵主人翁作用”和“尊干爱兵、兵兵友爱”活动，下力纠治基层不良风气，营造团结和谐的内部环境。坚持开展“住基层、解难题、办实事、送温暖”活动，积极救助生活困难官兵和遗属，帮助解决随军家属就业安置、子女入托入学、官兵家庭涉法等问题，为官兵解除后顾之忧。

【综合保障能力】 严格落实预算管理、联审会签和军政主官理财目标责任制，实行“阳光理财”，推进公务卡支付改革，开展财经管理专项整治，抓好工程招投标、物资采购、大项开支和领导干部经济责任审计监督，压减各类福利补贴和行政消耗性开支，提高经费使用效益。升级改造训练和阵地设施，新建交通战备道路，推进船运中队码头和经济适用房建设，解决基层住用、吃水、照明、取暖等问题，结束了苏山岛无淡水的历史，部队训练生活条件不断改善。推进伙食标准化体系建设，推广科学种养，启用军人保障卡系统，做好卫生防病工作，服务保障质量进一步提升。加强装备管理，新建全市民兵武器装备仓库，大型装备入库率达到100%，被上级表彰为“管理先进单位”。

【人武部党委第一书记述职会议】 2月10日，威海市各区市人武部党委第一书记述职会在军分区召开。市委书记、市人大常委会主任、军分区党委第一书记孙述涛参加会议并发表重要讲话，充分肯定了各级在党管武装工作方面所取得的成绩，尤其是全面深化改革、创建全国文明城市等重点工作实现新的突破，党的群众路线教育实践活动成效明显，干部作风明显好转，机关效能明显提升。会上，4位人武部党委第一书记作大会述职，11名镇（街道）党（工）委书记被表彰为“基层党管武装工作好书记”，13个单位被评为第七届“关心国防建设先进单位”。

【全市边海防工作会议】 9月1日，召开全市边海防工作会议，传达贯彻济南军区威海集训精神。市委副书记、市长、市海防委第一主任张惠就做好全市边海防工作作出批示，市委副书记、市海防委主任赵熙殿，威海军分区司令员、市海防委副主任王建政，市委常委、威海军分区政委、市海防委副主任曹元怀，副市长、市海防委副主任傅广照出席会议，赵熙殿讲话，曹元怀主持会议。会议总结讲评了承办济南军区威海集训情况，通报表彰了37个先进单位和131名先进个人，安排部署了下一步边海防工作。

【纪念抗日战争胜利70周年文艺晚会】 9月1日，威海军分区成功举办纪念中国人民抗日战争暨世界反法西斯战争胜利70周年文艺晚会。军分区司令员王建政、政治委员曹元怀、市委副书记赵熙殿、副市长傅广照等军地领导与现场200余名官兵一同观看了演出。晚会宣扬了中国军人在抗战中形成的优良传统，增强了官兵积极投身强军实践的意志力量，进一步激发全区官兵以及民兵预备役人员的责任使命和爱国情怀。

（马晓荣）

武警威海市支队

【概况】 2015年，武警威海市支队按照建设一支听党指挥、能打胜仗、作风优良的现代化武装警察部队目标，坚持抓教育铸军魂、抓素质强能力、抓机关带部队、抓责任激活力、抓作风树形象，部队全面建设稳步发展。

【思想政治建设】 持续抓好中央军委系列讲话精神学习贯彻，在肃清“郭伯雄、徐才厚案件”影响中，组织开展大讨论，深入剖析思想、认清危害教训、澄清模糊认识、站稳政治立场。精心组织“学习践行强军目标，做新一代革命军人”主题教育和“尊干爱兵、兵兵友爱”教育活动，深入开展法律心理文化服务下基层活动，官兵关系进一步融洽。精心打造“一队一品”特色文化，指导基层组建乐器演奏、音舞快板、电声水鼓、武术太极等特色文化队伍。编发《警营娱乐小游戏35法》，引导官兵利用周末假日自主策划，训练间隙、课外活动见缝插针组织活动，被总部、总队推广。积极与驻地图书馆、文化馆建立联系点，定期开展“共沐书香”、文艺联欢及“美德威海”品牌建设等活动。建好用好警营政治环境，升级改版支队政工网，开设警营微博、视频课堂等栏目，满足官兵娱乐、求知、成才等需求。

【专项训练工作】 牢固树立“暴恐就在身边、战斗随时打响”的观念，精心组织临时勤务，完成了等级警卫、市“两会”安保、全国食品安全城市和农产品质量安全县创建试点工作现场会安保、扑救山火任务和威海看守所在押犯转监押解及临时押解勤务。严格落实军事训练标准，组织战训法集训和“战术训练月”活动，先后完成“卫士－15”青岛方向实兵演习、省军区海上管控实兵演练、海军“联合行动—2015E”演习和威海市应急救援演练任务，完成各类训练场地建设，保障部队实战化训练。采取不打招呼、不设预案、不分天候的方式，组织紧急出动演练和执勤中队应急班要点处置、卡点封控进行检验性拉动，有效提升遂行任务能力。

【落实安全制度】 全年开展“学法规、用法规、守法规”活动，营造安全文化氛围，使安全理念深入人心。贯彻落实《八个方面安全基本工作规范》，严密组织枪支弹药清查整治、百日安全竞赛和车辆管理秩序整顿、安全大检查和重点问题隐患治理等活动，有效治理各类安全隐患。严格车辆派遣、增强防范意识、确保行车安全。严格落实枪弹管理24小时监控、出入库规定、定时检查等制度。狠抓涉密文件资料管理，严格手机使用审批，定期对所有电脑和移动介质进行安全保密检查，严防失泄密问题发生。研究制定《常态化巡查检查实施办法》，每周由党委成员带队随机对基层单位进行巡查督查，有效促进安全管理工作落实。

【基层建设工作】 严格落实党委机关每月蹲点帮建、每季下队当兵，建立“支队主官重点帮、党委成员包片帮、股队挂钩结对帮、大队干部轮流帮”工作机制，因地因人而异对基层党支部实施帮建指导，有效提升基层党支部能力。召开“学成武、明差距、强素质、促内涵”专题教育活动部署会，使“成武中队”先进经验成为官兵的广泛共识，营造起自觉学习、努力践行的浓厚氛围。建立“周学习、月辅导、季考评”制度，在干部队伍中广泛开展“大练基本功”等活动，结合开展向先进典型学习，各级干部开展工作研究、学习交流、难题会诊的氛围日益浓厚。把改进工作指导作为抓建基层的重要途径，各项问题得到有效解决。

【保障能力建设】 建立健全处理突发性事件、反恐、抢险救灾、机动保障等应急预案，规范战备物资管理，充实完善装备器材，加强应急保障训练，与军粮供应中心、交运集团公司签订应急保障协议；强化后勤骨干力量建设，采取依托地方培训、聘请专家指导等方法，分批次对后勤专职人员进行培训。制定完善《机关、基层经费管理规定》《公务接待管理规定》等规章，严格预决算、公务卡开支、集中采购、审计监督制度，压减行政消耗和公务接待等经费支出，杜绝违规开支。全年公杂费、特支费和车辆维修管理费等易超难管经费比上年压减6%。开展“伙食管理规范年”活动，修订《伙食管理细则》，提高官兵伙食满意度。落实《基层正规化管理规定》，凡基层新建项目、新增设施，都按照规定要求、规范建设。

（杨 挺）

武警山东省边防总队海警第一支队

【概况】 2015年，山东海警第一支队突出“基础信息化、警务实战化、执法规范化、队伍正规化”四项建设，提升“维稳管控、执勤执法、服务创新、综合保障”四个能力，实现了辖区与队伍双稳定，为服务海洋强国战略和驻地经济建设作贡献。

【思想政治工作】 锻造战力抓党建 支队党委牢固树立战斗力标准，大力加强班子自身建设，规范落实民主集中制和党委各项制度，全面提升议事决策和驾驭全局的能力；落实《军队基层建设纲要》，加强基层基础建设，推行会议报备和指导帮扶机制，支队各级党组织内部更加团结、运转更加规范、作用更加明显。

铸魂定向抓教育 围绕全军政治工作会议精神，扎实开展“学习践行强警目标、做忠诚海警卫士”主题教育和“为谁扛枪、为谁打仗”大讨论，强化海警意识；围绕纪念抗日战争胜利70周年，广泛开展升旗宣誓、瞻仰祭奠等仪式教育，砥砺战斗精神；落实党委议教和政工例会制度，创建“海警夜校”教育品牌，推动官兵轮流当教员、视频联动上大课。

丰厚底蕴抓文化 树立文化育警强警理念，建强骨干队伍，鼓励文艺创作，组织拍摄微电影、制作《海警之歌》MV、举办歌咏比赛和图书下基层，活跃文化氛围，愉悦官兵身心。坚持文化搭桥牵线，邀请驻地艺术团体演出，参加警地文艺汇演和军警民篮球联赛，增进警民共建交流。

从严从实抓作风 组织开展“干部工作大检查”“财务工作大清查”等活动，全面清查整顿作风建设突出问题；深化廉政文化建设，增设廉政橱窗、展板和灯箱，开设网上廉政专栏和“碧海清风”微信群，扎实推进“三严三实”专题教育，树立部队正风正气。

【部队建设发展】 推行“精细化”管理 突出重点抓管理，深入开展“百日安全无事故”活动和保密普查，定期开展应急处突拉动和消防救生演练，规范落实预警信息发布和隐患排查制度，建立安全工作长效机制；严格督导抓管理，建立“信息预警、动态分析、通报讲评、复查跟踪”四项机制，强化现场督察、网络巡查、专项检查，提高正规化管理水平。

推行“常态化”练兵 创新“48小时连续航行”训练模式，扎实开展基础科目训练和海上集训月活动，深化舰艇业务练兵；推进“警务实战化”建设，积极开展以军事体能、擒敌技术、警务实战技能等为重点的全员岗位练兵；邀请法制专家授课，外派公安机关跟班学习，与涉海单位开展业务交流，执法岗位练兵成效明显。

积极遂行重大勤务 坚持重大勤务树形象，支队全年先后参与执行西沙海域巡逻监管、省边海防“联合管控—2015实兵行动”海上封控演练等勤务7场次，派遣特勤队员完成南海巡航执勤任务，展现了良好形象和优良作风。

【服务保障民生工作】 推进拥政爱民工作 坚持常态化沟通，定期走访党委政府、公安机关和涉海单位，主动将海上执法工作纳入威海市委、市政府“海陆一体化”平安建设，先后得到了威海市委书记孙述涛等领导的批示肯定。

坚持常态化服务 完成了横渡刘公岛海上安全警卫任务，为7所学校3000余名师生开展军训，积极开展法律宣讲，结对帮扶困难群众，相关事迹被威海电视台、《威海日报》政法专刊等新闻媒体专题报道30余次。

提升巡逻管控效能 坚持情报主导警务理念，完善海上常态巡逻机制，部署开展“基础信息大会战”，累计走访渔港码头76个、渔船320余艘，掌握敏感重点海域4个，为海上治安防控提供了有力支撑。

强化涉外警情处置能力 立足海上治安实际，强化涉外警情处置能力。3月，支队启动应急预案，成功稳妥处置2艘丹东籍渔船因涉外渔事纠纷被韩国海警暂扣事件，维护了中国渔民的合法权益。

突出海上专项整治 落实重点海域预警机制，部署开展“卫海—2015”海上治安集中整治，集中查处打击违法违规渔船；完善海上“大防控”机制，与海关、渔政等涉海单位联合开展打击成品油走私“春雷”行动、集中清理取缔“三无”船舶（无船名船号、无船舶证书、无船籍港的船舶）、威海北部海域整治等专项行动十余次，有效震慑、打击了海上违法犯罪。

（刘 洋）

人民防空

【概况】 2015年，市人防办坚持“长

期准备、重点建设、平战结合”原则，主动适应经济发展新常态，妥善应对各种风险挑战，稳步推进“两防一体”“两建同步”和机关“准军事化”建设，各项工作取得显著成绩。

【工程建设与管理】 全市人民防空工程建设稳步推进，威海市人防指挥中心建成并投入使用。完成山东省青少年人民防空实践教育基地（威海）示范工程立项、可行性研究编制及专家评审。完成威海临港经济技术开发区、双岛湾科技城、威海东部滨海新城的人防工程规划及地下空间开发利用规划和昆明路地下空间开发详细规划前期准备工作。全面开展“人防工程建设管理安全质量年”活动，加强人防工人程质量监督管理，认真做好安全生产工作。

【组织指挥工作】 全市人民防空组织指挥工作富有成效。5月24日，举行了威海市第十七次防空防灾警报试鸣活动，并组织大型广场宣传和应急疏散演练，结合警报试鸣在市中心的威高广场开展大型人防知识宣传活动。做好威海市人民防空方案的修订，完成了基本方案、各项保障方案及图表的修订、绘制与印刷。对全市重要经济目标及其防护情况进行普查，重新梳理目标所在单位基本情况、防护方案、指挥机构、专业队伍、各种保障、行动演练情况。

【通信与信息建设】 人防通信和信息化建设呈现新气象。完善人防警报系统建设，对全市城市警报系统进行改频升级改造，确保整个警报发放系统随时拉得准，发得出，传得开。做好信息化系统维护和管理，认真落实各项设备检查维护管理制度。参加了边海防综合演练NM救灾安置演习、山东陆军预备役某师野战设施规范化建设现场观摩会和威海市应急救援综合演练。加强3G单兵应用培训和训练、演练，严格落实人防战备值班制度。

【宣传教育】 人防宣传教育不断拓展。与教育、司法等部门联合转发《省人防办省教育厅等7部门〈关于加强人民防空教育工作的通知〉的通知》，对初级中学人防教育进行了规范，新建人防宣传教育示范点4处。完成了应急救援包发放与培训工作，11月1日进行公开摇号，确定了2万套应急救援包领取户。结合救援包的发放，将人防宣传教育深入到社区和家庭。结合威海市中小学生综合实践基地建设，规划建设威海市人防体验馆，并通过了公开招投标。利用媒体广泛宣传，更新人防网站栏目信息100余篇次，各类媒体采用稿件178篇。拍摄制作《联建联训联演，谱写军民融合发展新篇章》和《创新驱动融合发展，谱写人民防空事业新华章》专题片，利用威海市人防教育馆广泛宣传，全年参观人数达60余万人，接待全国人防系统参观50余批次。

5月24日，威海市开展大型人防知识宣传活动　　　　市人防办提供

【政务审批与法制】 人防法制建设日趋完善，重新规范完善了市人防办《立案呈批表》等15项执法文书。加大行政执法力度，严格查处违法行为，对未办结审批手续和未办理人防手续的项目进行跟踪追缴。规范中介机构管理，重点对在人防工程审批环节中从事监理和审图的中介机构进行调查摸底、整顿规范。扎实开展行政权力清单和责任清单工作，对人防行政执法主体、行政执法依据、行政处罚权力进行清理和规范，编制了市人防办行政处罚权力清单和责任清单，制定了事中事后监管制度，并在办公网站上公示，主动接受社会的监督。完成规范性文件清理工作。

【机关“准军事化”建设】 机关“准军事化”建设深入发展，不断提升人防机关“准军事化”水平，利用新建成的市人防指挥中心启用之机，硬件、软件一起抓，设置并完善了人防战备器材库、人防应急器材库、人防战备图库和人防综合训练中心。11月，组织机关干部进行封闭式军事训练。12月，进行了冬季野营拉练，进一步培养广大干部吃苦耐劳，敢打敢拼，团结协作能力。做好机关事业单位借调人员清退工作，采取政府购买服务的方式，理顺聘用人员工作关系，签订劳务合同。

（张美妮）

编辑　闫拥军

经济监督与管理

发展规划与综合调控

【加强宏观经济形势分析】 2015年，威海市发展和改革委员会发挥部门宏观管理和综合协调职能，针对复杂严峻的经济形势，准确把握，超前谋划，促进经济社会平稳健康发展。科学谋划拟定发展思路，编制下达2015年国民经济和社会发展计划，引导全市经济及重点行业平稳运行。研究制定一批事关长远发展的政策措施，市政府出台《关于创新重点领域投融资机制鼓励社会投资的实施意见》《当前促投资稳增长若干政策措施》《关于印发〈落实鲁发〔2015〕13号和威发〔2015〕3号文件加快创新型城市建设重点任务责任分工〉的通知》等，构建起更加科学完善的政策支撑体系。切实强化经济形势监测分析，充分发挥经济形势分析联席会议制度作用，先后组织召开7次联席会议，召集相关部门、单位和各区市，逐项分解主要经济指标，确定预期目标、责任单位及保障措施，形成工作方案，及时调度分析经济运行情况，研究解决困难问题，进一步提高对经济形势的把握能力和调控能力。每月调度全市经济运行情况，编发《宏观经济监测内参》13期，撰写经济形势分析材料20多篇，为各级领导提供决策参考，进一步调动各区市加快发展的积极性，形成了比学赶超的良好氛围。不断完善服务业调度考核机制，将涉及服务业增加值核算的七大行业和11项指标，分解落实到10个市直部门，将一般公共服务支出等6项指标增幅分解到各区市，纳入考核通报机制，确保全面完成服务业发展各项年度任务目标。制定出台《威海市服务业发展绩效考核办法》，进一步强化了对服务业转型发展的激励、约束和引导，形成全市加快服务业转型及发展的强大合力。每季度召开服务业经济形势分析会议，总结服务业经济运行情况，查找服务业发展中存在的突出矛盾和问题，提出相应的对策建议，促进重点行业平稳健康发展。

【科学谋划“十三五”规划】 积极推动全市“十三五”规划编制工作，按照市委、市政府的要求，对“十二五”期间主要经济指标、重大任务、重要政策等实施情况进行系统评估，总结经验教训，在“十三五”规划编制过程中加以改善。全力争取威海市重大事项列入上级规划，筛选汇总192项重大事项报省发改委，确保应报尽报。科学编制“十三五”规划纲要，加强与各部门、单位的沟通对接，严格按照时间节点，加快推进有关工作。“十三五”规划37个研究课题已全部定稿，47个专项规划均已完成初稿。“规划纲要”9月底形成初稿，多次征求各部门意见，经市委常委会、市政府常务会、政协常委会研究，提交市委全委会审议并原则通过。开通“十三五”规划专栏网站，开展“我为‘十三五’规划编制建言献策”活动，邀请社会各界建言献策，多次召开专家研讨会、座谈会，征求人大代表、政协委员、各民主党派、工商联和无党派代表人士意见建议，切实提高规划编制的透明度。加强规划的宣传，主动联系威海电视台、报社宣传报道威海市“十二五”成就，与媒体对接“十三五”宣传报道事宜。

【强化固定资产投资调控】 坚持从严控制项目准入条件，严格执行项目审批核准备案制度，规范建设项目审批核准及登记备案程序，推进政府投资项目规范化管理。扎实做好固定资产投资管理工作，统筹编制2015年市级政府类项目投资计划，分两批下达市级财政投资项目23个，总投资154.5亿元，其中市级财政投资5.31亿元。组织做好政府投资项目储备编制和三年滚动投资计划编制工作，积极开展四批国家专项建设基金项目申报和争取工作，落实国家批复威海市24个项目获批专项建设基金17.94亿元。市政府印发实施《关于加快推进重点项目建设稳定投资增长的通知》，定期调度全市41个列入国家重大工程包项目、41个列入省“十二五”规划重点项目、9个列入省重大储备项目、6个城镇供水设施储备和完成情况，分析项目实施中存在的困难和问题，提出有针对性的意见建议上报省发改委。进一步深化投资体制改革和行政审批制度改革，市政府印发《关于创新重点领域投融资机制鼓励社会投资的实施意见》《威海市本级政府和社会资本合作（PPP）模式项目基本操作流程》，为社会资本参与全市重点领域建设提供指引。精简下放审批事项，市政府印发《政府核准的投资项目目录（2014年本）》，组织市、县两级对投资项目审批事项目录和审批事项要素清单及办事指南进行梳理，抓好投资项目在线审批监管平台建设。监测监控投资运行，市政府印发实施《当前促投资稳增长若干政策措施》，按月调度上报全市立项项目信息，全面掌握投资项目审批、核准、备案情况，调度全市固定资产投资进展情况。2015年，全市完成固定资产投资2543.7亿元，比上年增长14.1%。

【推进产业结构优化升级】 大力实施创新驱动战略，持续推进科技创新，深化以企业为主体的产学研合作，争取1个国家级、3个省级创新平台和3个省级创新能力建设项目获批，新增数量居全省前列。着力抓好高端人才引进，配合市委组织部引进省泰山学者蓝色产业领军人才团队3个（全省9个），数量居全省第一，预计每个项目可获得扶持资金2000多万元；引进现代服务业和社会民生领域泰山产业领军人才5个（全省共17个），数量居全省第一。提高工业核心竞争力，加快推进传统制造业转型升级，大力支持战略性新兴产业快速膨胀、集群发展，成立山东半岛蓝色经济区海洋食品产业联盟，筛选上报增强制造业核心竞争力重大工程包项目17个，落实6个项目累计获得国家基金4.14亿元。积极为康派斯、德瑞博2家新能源车辆生产企业争取生产资质准入。坚持“淘汰落后和等量置换”原则，全力化解过剩产能，轮胎、玻璃生产企业年度产能利用率均达到80%以上，率先完成2017年目标值，船舶行业完成59.2%的产能利用率考核指标。促进现代服务业增量扩容。研究制定促进生产性服务业发展的意见，分离和新增服务业企业307家，其中限额以上企业200家；推进环翠区省级服务业综合改革试点，“12349”居家服务呼叫中心通过国家级服务业标准化试点评审；举办第二届山东半岛地区服务业发展研讨会。

【完善城镇基础设施布局】 围绕全面提高城市综合承载力，进一步完善城镇基础设施布局。构建综合交通运输体系，青荣城际铁路威海站于6月底投入使用，推进荣成至青岛沿海城际铁路规划调整为莱西—海阳—荣成高铁，推进桃威铁路移交国家铁路、威海机场停机坪扩建、S709绕城线改建、S203蒲湾至所前泊段建设、靖海湾港区5万吨级泊位工程等工作。提高城乡供水安全保障能力，积极推动大中型水库扩建增容，形成覆盖全域的水资源供应网。争取新建泊于水库、八河水库增容工程可研报告、初步设计获省发改委批复，建成后可增加年平均供水量2229万立方米。强化城市能源利用保障，做好威海临港经济技术开发区汪疃至乳山滨海新区天然气长输管线、汪疃至南海新区天然气输气管道2个项目前期论证，推进金猴集团与中国石油华北天然气销售公司合作液化天然气项目，配合做好山东省“十三五”油气发展规划编制。提升城镇污水垃圾处理能力，落实中央资金2190万元，支持威海经济技术开发区污水处理厂扩建搬迁、威海临港经济技术开发区污水管网、文登经济开发区西片区污水管网改扩建3个污水垃圾处理设施项目建设。大力推进节能减排，落实中央资金1053万元，支持热电集团智慧热网集成技术及应用项目、多晶钨钼高性能钨棒材节能化生产项目建设，建成后年可节约标煤5.2万吨。

【加快推进重点项目建设】 突出重点项目对投资的拉动作用，着力创新项目管理机制，加快推进市级重点项目建设。继续推行“数量不再封顶、不搞市区平衡、实行动态管理、强化实物量考核”项目管理机制，提出“四个更加突出”（突出对项目开工率的考核、突出对新上项目和投产项目的考核、突出对实物工作量考核、突出对动态调整的科学运用）的新机制，严格以质定量，年初，安排确定市级重点项目155个；年中，按照“动态调整、只增不减”原则，增补19项符合条件的新项目，调整后，全市市级重点项目174项，全年计划投资452.9亿元。进一步优化项目服务，引导牵头部门既抓新项目开工、又抓项目投产，既调度项目建设进度、更是重视后续项目储备，把项目洽谈、落地、开工、进度、投产、膨胀、储备各环节有机串联起来，形成全年动态的良性循环。注重发挥重点项目的引导和示范作用，精选出一批开工启动快、形象进度好、示范效果强的项目，作为典型供全市观摩学习十余场次，达到“以重点带全面、以观摩促进展”的目的。加强项目考核调度，为重点项目建立影像档案，进行项目进度影像追踪，采用每月调度分析通报、每季度实地核查督导、重大问题会商督办、半年动态调整、年终综合考评等项目推进方式，有效确保了项目建设实效、加快了项目建设进度。2015年，全市174项市级重点项目完成投资552亿元，占年度计划的121.9%；5项省重点建设项目完成投资18.6亿元，占年度计划的120.1%。稳步推进新能源项目建设，编制威海市小型煤电机组结构调整实施方案，启动威海市“十三五”期间电动汽车充电设施发展规划编制工作，做好威海市“十三五”风电、光伏、生物质等可再生能源发展规划研究工作。石岛湾核电厂项目有序推进。做好省级分布式光伏发电应用专项资金申报工作，组织各区市做好2015年光伏发电规模指标申报，分2批获得3万千瓦新增光伏发电规模指标，威海市备案分布式光伏发电规模超过75兆瓦。

【多渠道争取资金支持】 准确把握国家政策取向和资金投向，提前做好项目储备、准备等工作，积极与相关部门配合、与上级部门对接，不断拓展项目融资渠道，全年累计争取国家、省无偿资金13.44亿元，支持威海市183个项目建设，有力地推动了城镇化建设、农林水利、高新技术、社会事业、基础设施、产业升级、节能环保、现代服务业等关键领域发展。其中，新建泊于水库、八河水库增容工程2个项目获省发改委批复雨洪资源专项资金4.41亿元，占全省资金总额的38.7%；累计落实涉农资金6.2亿元，远洋渔船、雨洪资源利用、海堤、渔港等多个专项资金落实位居全省第一。围绕深入推进蓝色经济区建设，统筹安排省区域发展战略专项资金1.5亿元，重点扶持园区基础设施、港口机场等47个项目；落实省级申报类资金2800万元，扶持S301石烟线江家寨至双岛段改建工程建设；安排市级蓝区专项资金800万元，扶持15个项目建设。保障性安居工程获省发改委批准项目42个，落实中央投资2.7亿元。积极做好债券发行工作，争取4只债券获得国家发改委批复，累计募集资金31.8亿元，重点支持棚户区改造、小微企业发展、新型社区等项目建设，融资规模和债券数量均名列全省前茅，其中文登金滩小微集合债成为全省唯一一只破基准利率发行的债券，被全省列为典型案例重点推广。积极争取国家专项建设基金，组织开展四批项目申报和争取工作，争取国家批复威海市24个项目获专项建设基金支持，获批专项建设基金17.94亿元。做好进口设备免税工作，三角集团南海新区800万条高性能乘用车胎转型升级项目第一批7664万美元进口设备获得国家发改委免税确认，为企业节省资金7000万元。做好农产品关税配额争取工作，落实全年配额2975吨；凌航食品通过使用进口原料，成功签订5000万套出口大单，成为国际救援组织及联合国难民署MRE食品指定生产厂商。

【扎实推进和谐社会建设】 坚持以人为本、民生优先，落实各项惠民、利民、富民政策，切实解决群众最关心、最直接、最现实的利益问题，推动城乡社会事业全面进步。围绕农业生产和新农村建设，抓好农业生产能力提升和农村生活环境改善，加强千亿斤粮食产能建设，将文登区、乳山市列入“千亿斤粮食产能规划年度承建县”，获批中央补助资金5400万元，建设高产稳产粮田3000公顷。加快“海上粮仓”建设，促进远洋渔业发展，落实两批渔船更新改造中央资金1.09亿元，占全省中央资金总量的86.7%，新建远洋渔船24艘。争取荣成市沙窝岛国家级中心渔港获批中央、省补助资金1.02亿元，落实省补助资金360万元支持荣成宇通公司海洋牧场立体多层次生态养殖示范项目建设。积极利用农村清洁能源，文登老鞠养猪专业合作社满山前育猪场大型沼气工程获批中央资金120万元，是全省六个大型沼气项目之一。落实中央资金160万元，支持文登区聚盛源牧场、环兴养牛场等2个奶牛标准化规模养殖场改造项目。服务威海市农产品质量安全市建设，市农副产品质检中心建设争取中央资金200万元。加快推进五渚河河口、石岛湾北岸、乳山市白沙口（九期）3个防潮堤工程及南海新区香水河挡潮闸工程建设，落实中央资金8681万元，占全省海堤项目中央资金的96.5%。积极争取省发改委增加威海市沿海防护林建设规模333.3公顷，总面积达到2000公顷，获批中央资金900万元。围绕改善居民居住条件，会同市住房和城乡建设局、财政局联合确定威海市2015年棚户区改造任务，计划对77个片区进行改造，改造棚户区2.96万户。42个保障性安居工程（配套基础设施）项目获得省发改委批准，将有效改善全市11.09万户旧村安置居民生活条件。围绕加强农村饮水安全，荣成、乳山市饮水安全水质检测能力建设项目分别获中央资金72万元，落实荣成市农村饮水安全工程获中央、省资金1299万元，改造108个村的自来水，解决4.96万农村居民饮水安全问题。围绕推进各项社会事业，会同市体育部门做好加快威海市体育产业发展，促进体育消费相关政策的制定工作，市政府印发实施《关于加快发展体育产业促进体育消费的实施意见》。紧盯国家、省卫生、教育、养老等方面的政策动向，落实中央预算内投资项目10个、资金1348万元。积极推进军民融合深度发展，支持威海市列入第一批国家抗战纪念设施——马石山烈士纪念地建设改造项目报送省发改委。争取环翠区成为全省首批4个健康服务业创新发展试验区，市立医院全科医生临床培养基地项目选址变更获得省发改委批准。

【抢抓顶层设计政策机遇】 针对国家优惠政策向试点（示范）城市倾斜的变化，创新性地开展公立医院改革国家联系点城市、国家产城融合示范区等国家级试点创建，取得突破性进展。国家产城融合示范区，依托威海经济技术开发区（东部滨海新城）作为申报主体，市政府召开争创产城融合示范区建设专题会议，并成立市争创产城融合示范区工作领导小组，市发改委会同威海经济技术开发区管委、新城办等相关部门，编制起草《威海市产城融合示范区总体方案》等材料，并邀请中国社科院城市和发展研究所专家指导威海市方案编制。争取成为第三批公立医院改革国家联系点城市，获得2100万元国家政策补助资金，市政府印发实施《威海市公立医院综合改革试点实施方案》，重点围绕优化医疗资源配置、深化管理体制改革、创新人事分配制度、改革药品保障机制、加快智慧医疗建设等5个方面提出19项具体改革任务，全面启动城市公立医院综合改革。加快推进信息惠民试点城市建设，主动参加全国首次信息惠民国家试点评价，在2015年全国60多个城市参加的考评中，威海市综合评价成绩居全国第8，获批专项资金3000万元，是山东省唯一入围城市。

【推进机关定位转型】 创新建立重大事项会商机制，推动省发改委与威海市建立重大事项会商机制，筛选提报支持威海中韩地方经济合作示范区建设等19个重大事项，省发改委全部给予支持，已有9个事项顺利完成，其余事项取得阶段性成果。与环翠区、威海高技术产业开发区、威海经济技术开发区、威海东部滨海新城等区市、重点区域创新建立重大事项会商机制，确定57项年度会商重大事项，帮助区市破解发展难题。牵头实施联系服务企业行动，研究建立联系服务企业工作制度，联合25个市直部门及各区市，对口联系服务六大行业、1080家企业，为每家企业各配备一名部门联系人，全年累计走访调研4900余次，解决困难问题700余条，企业生产经营压力有所缓解、发展信心明显增强。

【开展调查研究】 坚持为领导科学决策服务、为经济社会发展服务的原则，加大跟踪调研力度，及时准确把握经济走势，充分发挥参谋助手作用，认真做好信息和调研工作，连续多年在市委办、市府办信息考核中名列前茅。结合领导关注的重点和形势发展变化，着力围绕产业强市、全域城市化、市域一体化等重大战略实施，加强政策研究和调查研究，先后撰写《新常态下经济新业态发展研究》《抓住“一带一路”国家战略机遇，打好四张牌推动“海外威海”建设的建议》《关于加快培育发展威海市“互联网+”新模式、新业态的思考与建议》《新常态下威海市经济发展动力转换问题研究》等调研报告30多篇；加强全市经济运行情况分析，形成各类经济分析材料20余篇，提出具有较强针对性的对策建议，为领导决策提供科学依据。有25篇次调研报告在《山东宏观经济研究》《威海通讯》《威海发展研究》等省市级期刊发表，6篇次分别获得市优秀调研成果一等级、二等奖，市政府系统特等奖及一等级、二等奖。

（孙茂堃）

固定资产投资管理

【固定资产投资运行特点】 2015年，全市认真贯彻落实国家、省各项工作措施，不断调整和优化投资结构，提升投资质量和效益，确保全市固定资产投资总量和增速始终保持平稳增长。

投资增速持续放缓，但对全市经济平稳增长的拉动作用有所提升 年内，全市累计完成固定资产投资2543.72亿元，首次突破2500亿元大关，比上年增长14.1%，增速比上年下降1.8个百分点，比全省增幅高0.2个百分点。全市固定资产投资占地区生产总值的比重为84.75%，比上年提高4.84个百分点，在经济下行压力加大的情况下，固定资产投资的稳步增长对稳定全市经济发展发挥了重要作用。

第三产业投资保持较快增长势头，成为全市投资的重要力量 全市第一产业完成投资42.38亿元，比上年增长484.1%；第二产业完成投资1357.29亿元，下降1.9%，其中工业完成投资1277.13亿元，增长0.5%；第三产业完成投资1144.06亿元，增长36.4%。三次产业投资所占比重调整为1.7∶53.3∶45.0。

新立项项目数量比上年有所下降，企业投资仍占主体地位 年内，全市审批、核准、备案固定资产投资项目641个，比上年的839个下降23.6%；总投资1005.1亿元，略有下降；单位新立项项目平均投资1.57亿元。其中，审批政府投资项目141个，总投资386.5亿元，项目个数和总投资分别占全市总数的22.0%和38.5%；核准企业投资项目138个，总投资218.8亿元；备案企业投资项目362个，总投资399.8亿元。企业投资项目总数500个，占全部项目总数的78%，企业投资在固定资产投资中占据主体地位。

在建项目数量增幅较大，重点项目对投资的拉动作用明显 年内，全市在建固定资产投资项目2408个，比上年增加423个。174项市级重点项目完成投资552亿元，增长1.02%，超出年度计划21.9个百分点，重点项目完成投资占全市固定资产投资总量的21.7%，对投资增长起到重要的拉动作用。

房地产开发投资下滑较大，房地产市场步入平缓发展态势 年内，受整体经济形势影响，全市房地产市场持续走低，全年完成房地产开发投资313.19亿元，比上年下降14.1%。全年房屋施工面积3815.9万平方米，比上年略有下降。商品房销售面积886.5万平方米，增长2.3%。房地产投资占固定资产投资的比重为12.3%，下降1.7个百分点。

资金到位情况总体良好，建设资金保障率较高 年内，全市固定资产投资累计到位资金3092.42亿元，比上年增长12.7%，增幅下降14.3个百分点，对项目建设的资金保障度为121.6%。资金构成中，自筹资金到位2680.25亿元，增长29.5%，占到位资金的86.7%，自筹资金稳居主导地位；国内银行贷款到位91.01亿元，下降60.7%，占到位资金的比重为2.9%，下降5.5个百分点；国家预算内资金到位33.15亿元，下降80.6%，占到位资金的1.1%；外资到位5.2亿元，占到位资金的0.17%。

【实施促投资稳增长政策】 为认真贯彻落实国家和省促投资稳增长政策措施，积极应对经济下行压力，充分发挥投资对经济增长的关键作用，增强经济社会发展后劲，市政府印发《关于当前促投资稳增长的若干政策措施》，重点围绕加快推进重点项目建设、深化投资体制改革简化审批程序、创新投融资机制鼓励社会投资、扩大消费需求、提升对外开放水平、激发社会创新活力、推进产业转型升级等七个方面，落实了30条政策措施。

【实施创新重点领域投融资机制】 为深化投融资体制改革，进一步放开市场准入，鼓励社会资本特别是民间资本投资重点领域，加强薄弱环节建设，强化创新发展优势，市政府印发《关于创新重点领域投融资机制鼓励社会投资的实施意见》。围绕发挥市场在资源配置中的决定性作用和更好发挥政府作用，实行统一市场准入，破除市场壁垒，创造平等投资机会；创新投资运营机制，合理确定社会资本进入方式、运营模式和保障措施，扩大社会资本投资途径；创新融资方式，加强融资服务体系建设，丰富社会资本的融资方式和渠道；强化政府投资引导，充分激发市场活力，推动投资主体多元化。加快推进生态环保、农业和水利、市政基础设施、交通设施、能源设施、信息基础设施和社会事业等七大重点领域的投资运营市场化。发挥政府投资引导带动作用，优化政府投资使用方向，对社会资本参与的生态环保、农林水利、市政基础设施、社会事业等重点领域，政府可根据实际给予支持；改进政府资金使用方式，同等条件下，政府投资可通过投资补助、贷款贴息、担保补贴、股权投资、资本金注入等多种方式优先支持引入社会资本项目。

（于远洋）

国有资产监督管理

【概况】 2015年，威海市国资监管工作以科学发展观为指导，按照国家、省、市的决策部署，围绕实现国有资产保值增值的目标，积极转变监管方式，深化国企改革，各项工作取得新进展，为威海市国有经济平稳较快发展作出积极贡献。至12月底，19家市管企业资产总额达到544.7亿元，比上年增长33%；所有者权益达到249.9亿元，增长77.3%，其中，归属母公司所有者权益225.4亿元，增长92.5%；实现营业收入99.6亿元，增长24.6%；实现利润总额3.1亿元，增长2.1%。

【国资监管基础工作】 *积极推进公司法人治理结构建设* 完成对出资企业委派董事、监事工作，建立监事会对重大决策出具监督意见制度。督导市管企业依照有关规定对章程进行修订，推动国有独资公司、控股公司进一步健全完善议事规则。大力推进法治企业建设，推进企业依法依规经营。

改进企业重大事项管理 采取资产抵押、国企之间相互担保、融资租赁等方式，大力筹措资金，增加合理投资。累计批准企业抵押、担保融资项目68项，融资总额132.17亿元；批准投资项目29项，投资金额14.67亿元。

加快国有资产管理体制改革 搞好国资监管的规范性文件立改废释（新立、修改、废止、解释），修改文件9个，废止文件26个，出台文件5个，拟定文件7个。加大对国有资产监管制度执行情况监督力度，定期开展对执行国有资产监管制度情况检查，并针对大额资金使用、重大采购合同、应收款等开展了专项检查，对发现的问题督促企业进行整改。

【国有企业改革重组】 2015年，市国资委按照产业相同、业务相关、管理协同的原则，在深化企业改革重组上取得重大进展，各种形式的改革重组达27家。

整合重组 对7家市管企业和下属企业进行整合重组。其中，市国有资本运营公司投资27亿元，对威海港集团进行重组，实现投资主体多元化，资本金由3亿元提高到30亿元，负债率下降到59%，减少财务成本2亿元，促进企业减亏和发展。水务集团、公交集团等对文登区供水、公交等企业进行兼并重组，基本实现市区水、暖、公交等公共资源统一调配、设施同城布局和一体化管理。对威海港集团所属的威海昌佳贸易、威海大信旅行社等4家下属企业进行改制重组。

脱钩改革 对19家机关事业单位所办企业进行脱钩改革。按照政企分开、政资分开的原则，紧密结合各行业和各企业实际，对19家机关事业单位所办企业进行脱钩重组。其中，将与房地产开发建设业务相关的5家企业重组到市国有资本运营公司并充实增加其资本金5917万元，为投资东部滨海新城建设奠定坚实的基础。将涉及机动车培训、安全检测服务的4家企业国有产权划转整合到市公交集团，既解决了同业竞争，降低了内耗，又增强了市场竞争力，实现优势互补、共赢发展，推动公交集团做大做强，提高服务民生的水平。将交通学校客运出租中心等2家企业划转整合到市交通场站管理公司，增强了社会服务能力。将市交通学校所属的海大航海专修学院50%国有产权划转整合到威海职业学院，拓展了办学范围，提高了办学能力。推动市机关事务管理局所属机关汽修所、机关印刷所和市住房保障房产管理局所属房地产置业担保有限公司等3家企业国有资产退出改制工作，完成了机关汽修所改制和其余2家企业改制的审计评估工作。对市旅游局所属导游服务中心、威海职业学院所属天信电子有限公司、市招生办所属的会元服务公司、节能执法监察支队所属工业技术研究所等4家企业进行清算注销。

混合所有制改革 对威海报业集团进行混合所有制改革。通过承继债权债务和吸纳职工入股的方式，将威海报业集团改制为混合所有制企业，在公司股权结构中，国有股权出资占10%，职工出资占90%，并将国有出资设置为特殊管理股，在新闻导向方面享有否决权，不仅巩固和发展了主流舆论阵地，而且推进了威海报业市场化发展，在事业单位改企改制和国有文化企业改革上实现创新突破。

【国有资本经营工作】 *加强经营业绩考核管理* 进一步完善市属企业分类考核指标评价体系，对企业实行分类管理、分类考核。对竞争性企业加大利润和成本费用指标的考核权重，着重提高经济效益；对公益性企业既考核利润指标和费用指标，更是侧重对社会满意度的考核权重，以及政府重点工程、重要工作的完成情况；对功能性企业着重考核完成政府重点工程情况，对利润指标和费用指标也加以约束。

强化年终财务决算审计 按照全覆盖的要求，对市属76家企业2014年的经营情况全部进行决算审计，确保企业资产质量、财务状况及经营成本等信息真实、准确。与18家市管企业分别签订2015年经营业绩责任书和资产管理责任书，对30家企业下达2015年度考核利润指标。

规范国有资本运营公司运营 出台《关于加强威海市国有资本运营有限公司管理的意见（试行）》，改进和加强国有资本运营公司运营管理，推动企业快速健康发展。

【财务监督管理】 *深化企业全面预算管理* 印发《市管企业全面预算管理指引》，组织企业研究编制2015年度预算。建立季度调度制度，加强预算执行管理，严控成本费用增长，严控超出财务承受能力的投资项目，严控不良资产占用。加大国有资本收益收缴力度，合计实现国有资本收益4268.85万元，完成年度目标的

164.19%。

强化企业财务管理　坚持问题导向，针对企业财务管理中存在的问题，制发《进一步加强和规范市管国有企业财务管理有关问题的通知》《加强市管国有企业资金管理工作的通知》，推动企业细化财务制度，加强财务管理。充分发挥外派监事会监督作用，开展并完成合同管理专项检查以及应收款、大额资金运作、印章和应收票据管理等重点事项监督，对发现的29个问题提出整改建议，限期进行整改，清收各类资金3.78亿元。

（冯明宪）

审　计

【概况】　2015年，全市审计机关积极推进审计监督全覆盖，通过审计财政预算执行情况、地方税收征管情况、国家稳增长调结构促发展惠民生防风险政策执行情况、重点专项资金管理情况、领导干部履行经济责任情况等，依法纠正发现的各种违法违规问题，切实保障财政资金管理使用的安全、完整、高效。年内，完成审计项目295个，查出违规和管理不规范金额345亿元，促进增收节支11.2亿元，促进被审计单位制定整改措施70项，建立健全规章制度33项。

【本级预算执行审计】　全市审计机关对2014年度同级财政预算管理及执行情况进行审计，以促进增收节支、规范管理为主攻方向，在审计财政管理和地税征管情况的基础上，审计部门及所属二级单位124个，查处违规和管理不规范金额233亿元，促进增收节支8.9亿元。审计了市财政局预算管理情况，开展对市发改委等5个部门单位预算执行情况的审计，开展对农村人口饮水安全等7个项目的审计，结合对市地税局税收征管情况的审计，重点抽查11家纳税企业。6月24日，市政府常务会议听取了市审计局对2014年市级财政预算执行审计结果汇报，7月1日，市审计局受市政府委托，向市人大常委会作工作报告。各相关部门单位全部在规定时间内整改完毕，9月下旬，市审计局向市政府书面报告整改结果。12月上旬，经市政府批准，市审计局对社会公告审计结果和整改结果。

【固定资产投资审计】　全市审计机关对87个政府重点投资项目进行结算审计，对277个项目进行跟踪审计或招标控制评审，审减结算及招标控制价3.6亿元。市审计局组织对威海客运中心南北两站、东部滨海新城等政府投资项目建设情况进行跟踪审计，完成全市7条河道治理工程、市人防指挥中心工程、环翠楼公园改造工程等项目的结算或决算审计。通过审计，促进规范工程建设管理和资金使用管理，严肃查处项目建设中的高估冒算、挤占挪用和损失浪费行为，促进规范政府投资管理，审减工程投资及招标控制价1.7亿元。

【领导干部经济责任审计】　全市审计机关完成经济责任审计项目161个。在审计过程中，着力检查有无领导干部经商办企业问题，客观评价领导干部守法守纪守规尽责情况，促进各级领导干部奉公守法、主动作为、有效作为。对掌握资金量大、事权集中的部门系统，投入优势力量，确保审深、审透、审细、审全，查处并纠正了部分单位存在的预算编制执行、内部财务管理、专项资金使用等方面问题，客观真实地反映干部履职情况，促进健全责任追究和问责机制。以服务市委市政府对各区市发展目标考核、市委对区市领导干部管理为核心，充分借鉴市委考核办对各市区年度目标绩效管理综合考核的有关指标和考核结果，拟定区市党政领导干部经济责任审计模板，以威海市经济责任审计工作领导小组名义印发全市，通过模板式指导，分类细化经济发展指标或与经济有关项目，确保被审计领导干部的评价更客观，依据更充分。

【专项审计】　全市审计机关按照审计署和省审计厅统一要求，开展稳增长调结构促发展惠民生防风险政策跟踪审计项目22个。结合全国、全省统一计划，开展保障性安居工程跟踪审计、国外贷援款审计、森林资源利用情况绩效审计调查、小额贷款公司经营管理情况专项审计调查、县级公立医院改革推进专项审计、养老服务业政策措施落实专项审计和农村人口饮水安全政策措施落实等七个方面的专项审计，通过审计，推动了资金落实、项目实施和政策落地，为党委、政府科学决策提供了可靠依据。

【内部审计管理与指导】　全市审计机关认真贯彻落实《市政府关于进一步加强行政事业单位内部审计工作的意见》，督促和指导内部审计机构提高业务能力，更好地发挥预防性、建设性作用。全市内部审计机构完成各类审计项目1.06万个，促进增收节支5.15亿元，提出建议意见被采纳5354条。威海市内部审计协会、文登区内部审计协会、荣成市内部审计协会被评为全省优秀内部审计协会。全市有8个内部审计机构被评为全省内部审计工作先进单位，有8名内部审计人员被评为先进个人。

（宋宝军）

物价管理

【概况】　2015年，市物价局全面落实改革、法治新要求，突出“深化价格改革、依法治价”两条主线，积极适应经济发展新常态，着力推进价格改革，着力加强市场价格监管，着力保持价格总水平基本稳定，着力优化价格公共服务，为促进威海市经济社会持续健康发展作出积极贡献。年内，全市居民消费价格总水平低位平稳运行，实施了资源性产品价格改革、医药价格改革和深化电价改革，改进行政事业性收费管理，简政放权，依法治价，规范涉企收费秩序，开展涉企收费专项检查，促进企业发展，开展市场价格监管和价格监测，优化价格公共服务，维护群众价格权益。

【居民消费价格指数】 2015年，威海市居民消费价格总水平低位平稳运行，同比累计上涨1.0%，涨幅比上年回落1.4个百分点，比全省、全国分别低0.2、0.4个百分点。从各月情况来看，1月至12月居民消费价格指数同比分别上涨1.0%、1.2%、1.0%、0.9%、0.3%、-0.1%、0.8%、1.7%、1.6%、1.1%、1.2%、1.0%。从居民消费价格上涨的构成因素来看，食品价格同比上涨1.8%，同比涨幅比2014年回落2.6个百分点，其中粮、肉、菜价格与上年相比有所上涨，油、蛋价格下降；七大类非食品价格同比“五升二降”，其中，衣着类、医疗保健和个人用品类涨幅较大，同比分别上涨2.9%、2.5%，家庭设备用品及维修服务类、娱乐教育文化用品及服务类、居住类价格同比分别上涨0.8%、0.4%、0.3%；烟酒类、交通和通信类价格同比分别下降0.1%、2.7%。

【资源性产品价格改革】 适时启动非居民用天然气、油运价格和煤炭热汽价格三个价格联动机制。结合上游价格调整情况，先后两次启动非居民用天然气上下游联动机制，下调市区非居民用管道天然气和车用天然气销售价格。价格调整后，非居民用管道天然气累计降价幅度为19.3%，市区工商业用户年可减少支出4900多万元。根据油运价格联动机制，结合成品油价格变动情况，适时下调道路班车燃油附加费标准，并相应调整上限票价。及时调度煤炭价格变动情况，启动煤炭热气价格联动机制，将市区生产经营用蒸汽价格每吨下调9元，0.7Mpa（汽轮机出口表压）生产经营用热气价格相应调整为132元/吨。

【医药价格改革】 严格贯彻落实国家药品价格改革政策，自6月1日起，取消政府制定的除麻醉药品和一类精神药品外的药品价格。在总结完善县级公立医院价格改革经验做法的基础上，按照“总量控制、标准统一、财政统筹”的原则，开展城市公立医院医药价格改革试点，对全市27所县级以上医疗机构医疗服务价格实行统一测算，同步调整，医院药品实行零差率销售，同时适当提高体现医务人员技术劳务价值的门诊诊查费、住院诊查费、护理费、注射费、手术费及收费标准较低的住院床位费，价格补偿总量整体占医院药品价差总量的80%，其余20%分别由财政和医院自身承担。调整方案自10月9日实施，药品零差率政策执行到位。

【深化电价改革】 按照全省统一部署，自4月20日起，下调威海市非居民用电价格和燃煤机组上网电价。此次电价调整，全省由4个价区合并为3个价区，继续保留青岛、菏泽2个单独价区，将威海等5个市所在价区与济南等10个市所在价区合并为同一价区，实现了15个地市同价，从根本上解决了长期以来困扰威海发展的电价高于周边城市的问题，为威海市经济发展及招商引资营造有利的电价环境。此次电价调整，威海市工商业用电平均每千瓦小时降低4.5分，比全省平均水平多降1.43分，年可减轻工商企业电费负担3.16亿元。农业用电平均每千瓦小时降低5.84分，比全省平均水平多降0.97分，年可减轻农业电费负担1497万元。威海市发电企业平均上网电价每千瓦小时降低2分，比全省平均水平少降0.02分，年可减少威海市发电企业售电收入2.5亿元。为了减少交叉补贴，中小化肥用电价格每千瓦小时上调0.1元。

【改进行政事业性收费管理】 全面取消行政事业性收费年审和收费许可证制度，严格执行收费单位收支状况年度报告制度，要求相关收费单位建立健全收费台账制度。建立收费单位名单报送制度，要求相关部门和单位将本系统具体实施收费单位名单和变动情况及时报告，并在其网站向社会公告。

【价格简政放权】 贯彻执行国家、省放开部分商品和服务价格的政策规定，放开非基本食盐价格、部分建设项目专业服务和铁路、民航部分收费项目，进一步缩小政府定价范围，激发市场活力。结合威海市实际，放开海大医院、光华医院等非公立医疗机构医疗服务价格，鼓励社会办医，促进健康服务业发展。放开环翠国际中学、威海大光华、威海第二实验小学、威海东方艺术学校等民办教育、职业技能培训价格，鼓励社会办学，优化教育资源配置。全市民办教育、民办医疗机构服务价格全部放开，充分发挥市场在资源配置中的决定性作用。

【依法治价】 市物价局对2014年12月31日以前公布的价格规范性文件进行全面清理，保留93件、修改14件、废止115件、宣布失效148件，完成“立

7月7日，全市涉企行政事业性和中介服务收费检查工作会议召开

市物价局提供

改废”任务。制定并公布市物价局行政权力清单和责任清单、行政审批事项目录清单，认真落实规范性文件备案审查制度，不断提高价格依法行政水平。

【规范涉企收费秩序】 市物价局会同财政部门印发《关于发布行政事业性收费和政府性基金项目目录清单的公告》，编制《威海市行政事业性收费目录清单》《威海市涉企行政事业性收费目录清单》。会同监察、编办等部门对行政审批及相关行政权力领域涉及中介服务事项进行全面梳理，并编制完成中介服务收费目录清单。制定发布《威海市进出口环节政府定价和政府指导价收费目录清单》，提高收费政策透明度。

【开展涉企收费专项检查】 开展涉进出口环节收费紧急检查，对海关、出入境检验检疫等行政机关以及港口、码头等涉及进出口环节进行专项检查，减轻进出口企业负担。开展行政审批及相关事项涉及中介机构收费集中清理整顿活动，切实规范全市中介机构收费秩序。开展行政审批及相关事项涉企收费专项检查，检查国土、海事、技术监督等单位，规范涉企收费秩序。

【促进企业发展】 重点跟进热电联产机组脱硝、除尘改造进展情况，积极与省物价局沟通协调，争取脱硝除尘改造合格的机组尽早执行相应的环保加价，年可为企业增加环保加价收入410多万元。贯彻落实峰谷分时电价新政策，缩短尖峰电价政策执行时间，减轻服务业电价负担。及时制定威海市电动汽车充电服务价格，促进威海市新能源汽车发展。明确市区所有幼儿园执行统一的集中供热价格，推动民办教育发展。

【市场价格监管】 重点对涉旅景点、餐饮饭店、宾馆酒店、连锁超市以及规模以上综合性购物商场等重点企业进行督导检查，有效维护市场价格秩序。加强节假日市场价格监管，开展石油液化气价格专项巡查，有效制止串通涨价行为。加强道路客运价格监管，通过召开价格政策提醒告诫会、组织企业签订承诺书等形式，维护正常客运秩序。开展教育、驾校收费等民生专项检查，切实减轻群众不合理负担。围绕群众关心的热点，开展药品、汽车4S店价格专项检查，对价格欺诈等不正当价格行为以及价格公示情况集中检查。

【价格监测】 在全市建立150余个监测点，对340多种商品和服务价格实行动态监控，对重要民生商品价格坚持周、月价格形势分析制度。密切跟踪国内外经济和价格形势变化，每季度定期分析物价形势，及时为上级领导决策提供依据。通过物价网站每日公布22种居民生活必需品商品价格。完善“价比三家”活动，将3家商场、超市的32种民生商品价格通过物价网站、数字电视等媒介向社会发布，合理引导社会心理预期。

【优化价格公共服务】 依法开展价格认定工作，完成各类案件275件，标的额1195万元，为司法机关公正办案提供了有力依据。先后对管道天然气、城镇居民用水等项目实施成本监审，核减各种不合理费用4300多万元，提高政府定价的科学化水平。先后完成2014年农产品常规调查品种成本及收益情况、2015年存售粮情况、2015年农户购买农资情况等专项调查和主要农产品成本预测等调查，为上级决策提供第一手资料。对物价网站进行改版，抓好政府信息公开工作，方便群众办事。

【维护群众价格权益】 年内，威海市“12358”价格举报管理信息系统顺利完成国家、省、市、县四级联网，制定《威海市物价局涉旅价格投诉应急处理工作制度》，进一步理顺价格举报处理程序，建立每月统计、分析、通报、预警制度，有效提升和发挥“12358”价格举报系统综合功能，做到“事事有结果，件件有回音”。

（林晓飞　李青）

工商行政管理

【概况】 2015年，威海市工商局围绕全市中心工作，牢固树立大局观念和担当意识，创建“学习型、服务型、创新型、法治型”四型机关，以营造“五个环境”（营造更加高效便捷营商环境、营造更加宽松良好的服务环境、营造更加公平有序的市场环境、营造更加安全放心的消费环境、营造更加和谐顺畅的工作环境）为目标，抓好注册登记管理、公平交易管理、市场合同管理和商标广告管理工作，做好消费者权益保护，较好完成各项工作任务。

【注册登记管理】 推进“三证合一”改革　“三证合一”是指企业登记时依次申请，分别由工商行政管理部门核发工商营业执照、组织机构代码管理部门核发组织机构代码证、税务部门核发税务登记证，改为一次申请、合并核发加载统一的企业社会信用代码的营业执照，企业登记时再无须办理组织机构代码证和税务登记证。全市各级登记窗口统一核发加载统一社会信用代码的营业执照，实现“一窗受理、互联互通、信息共享”，提高了登记便利化水平。全年核发“三证合一”执照9000余份。

深化“先照后证”改革　在全省率先推行“双告知”（告知申请人需要申请审批的经营项目和相应的审批部门）制度，以市政府名义下发通知，建立“市场主体信息推送平台”，向各许可部门推送企业信息1.5万条次，为加强事中事后监管、实现登记审批监管无缝对接打下了基础。

实施住所登记改革　以市政府名义出台《威海市企业和经营场所登记管理办法》，放宽住所登记条件，允许“一照多址”和“一址多照”，有效降低企业设立成本，推动了电子商务、众创空间等新兴经济业态发展。

大力培育市场主体　积极推行企

业登记注册“一审核准制”，简化注册流程、降低准入门槛，手续齐全的当日办结率达到100%。加大简政放权力度，将外资企业登记管理权下放给环翠区、威海临港经济技术开发区，实现外资企业登记各区市全覆盖。全市市场主体数量继续保持高速增长态势，新登记各类市场主体4.67万户、比上年增长17.5%，市场主体总量达到19.67万户。

加紧推进“个转企”工作　加强对各区市的督促检查，定期下发考核通报，不断提高基层工作的积极性。2015年，有728户个体工商户转型升级为企业，比上年增长38%。

【公平交易管理】　加强企业经营行为监管。组织开展“强执法、惠民生、促公平”专项整治活动，依法查处商业贿赂、限制竞争等违法案件。加强社会综合治理。配合有关部门开展“双城联创”（创建国家食品安全城市和创建国家农产品质量安全市）、打击非法集资、涉行政审批中介机构治理、文化娱乐场所整治等活动，扎实推进“无传销城市”创建工作，切实维护社会稳定。

【市场合同管理】　组织开展“打击侵权假冒”和“3·15”晚会曝光产品排查、“2015红盾网剑”等专项整治活动，强化成品油、农资、网络商品等市场监管。创新监管思路，采用大数据手段，分析研判全局投诉、举报等数据信息，及时进行市场预警，实现市场监管从“事后应对”向“事前预防”转变。推进诚信体系建设。组织开展“守信用重合同企业”公示、“诚信经营示范企业（个体工商户）”“文明诚信市场”等评选活动，有效增强了企业诚信自律意识。同时充分发挥参谋助手作用，围绕市场主体发展、韩资企业发展、P2P经营风险分析、成品油监管等工作，主动开展调研，为领导决策提供科学依据，先后4次得到市政府主要领导的批示肯定。

【商标广告管理】　积极实施“商标战略”。强化品牌梯次创建，全年新增驰名商标2件、山东省著名商标13件，评选认定威海市知名商标57件。5件地理标志商标申报成功，实现了地理标志商标注册量的新突破。健全整治虚假违法广告联席会议制度，全市媒体广告违法率降至近年来最低水平。

【消费者权益保护】　加大消费纠纷调处力度。充分发挥“12315”投诉举报中心的作用，做好群众投诉举报的分流、处理、督办工作。试点推行消费维权“直通车”，在全市大型商场超市设立消费维权服务站，实现“小额投诉调处不出商场”。年内，全市受理调处消费投诉、举报4300余件，为消费者挽回经济损失580余万元。

【消费者协会工作】　建立跨境消费维权机制，以示范区建设为契机，市消协与韩国仁川消费者联盟发起建立了“威海市与仁川市消费者维权联盟”，实现“异地投诉、跨国维权”，首次开展中国与其他国家城市间消费维权合作，在国内外产生了较大反响，中央电视台、新华社、《大众日报》等国家、省主流媒体都进行了报道，并在全国消协系统座谈会上作经验交流。创新消费维权宣传教育方式，举办纪念“3·15”活动电视知识竞赛，对群众投诉较为集中的企业开展行政约谈、行政指导，从源头上化解消费纠纷。

（于　源）

6月1日，威海市与仁川市消费者权益保护合作协议签约仪式

市工商局提供

国土资源管理

【概况】　至2015年底，威海市耕地保有量和基本农田保护面积分别为19.51万公顷和17.17万公顷，超出省政府下达保护任务0.80万公顷和0.24万公顷。完成土地整治项目46个，新增耕地583.0公顷。农村集体土地所有权、宅基地发证率分别为99.84%、96.47%。深化源头治理，威海市区周边范围内的采石场全部关停完毕，全市范围内关停采石场28家；收取矿山地质环境治理保证金2029万元。基础测绘成果得到广泛应用，为社会各界提供各种比例尺地形图1.16万幅。召开全市国土资源系统精神文明建设工作会议，文明群体不断上档升级，市国土资源执法监察支队获得创建全国文明城市工作“先进单位”称号，市国土资源局志愿服务队被评为2015年度威海市最佳志愿服务组织，国土资源科普宣传被评为2015年度威海市最佳志愿服务项目。

【耕地保护】　履行耕地保护责任目标，将省政府下达的耕地保有量、基本农田保护面积、补充耕地和高标准基本农田建设任务指标分解到各区市、开发区，协调市政府同各区市政府（管委）主要负责人签订了《耕地保护目标责任书》，将耕地保护责任目标履行情况纳入政府年度绩效管理考核。年初耕地面积19.57万公顷，年末耕地面积19.51万公顷；年度增加耕地315.46公顷，减少耕地862.19公顷。基本农田划定17.16万公顷，占耕地总面积的87.74%。耕地占用补充386.4公顷。连续15年实现耕地占补平衡。

【土地利用总体规划】 全市2015年度调整修改土地利用总体规划596公顷，其中报省政府审批规划修改面积315.6公顷；报国土资源部审批威海市中心城区建设用地规模边界局部调整，涉及规划调整的总面积63.3公顷；报省国土资源厅审批乳山市中心城区建设用地规模边界和规划用途区调整，涉及规划调整的总面积58.5公顷；市批规划调整修改总面积158.7公顷。

【土地征收】 2015年，全市报批建设用地56批次，面积797.02公顷，其中耕地365.31公顷，补充耕地365.31公顷。报批单独选址建设项目用地2个，面积0.9公顷，其中耕地0.63公顷，补充耕地0.63公顷。推行征地信息公开，年内发布拟征地公告24件、征地公告28件、补偿安置方案公示63件，保障被征地农民的知情权、参与权和监督权。推行征地预存款制度，全市共预存征地补偿款4.8亿元。按时完成征地区片综合地价调整工作，地价平均上调幅度20.46%。

【建设用地与土地市场管理】 年内，供应建设用土地573宗，面积1758.38公顷（含出让506宗，面积1317.32公顷）。成交价款137.31亿元，其中"招拍挂"出让466宗，面积1302.79公顷，成交价款136.8亿元。2007—2014年平均供地率87.24%，盘活存量建设用地1304.16公顷，储备土地83.87公顷。

【地籍管理】 农村集体土地所有权确权登记发证完成1.49万宗，发证率[illegible]。农村集体土地使用权发证完成83.34万宗，发证率96.46%。农村宅基地确权发证2840个行政村，发证率96.47%。建立市县两级集体土地所有权数据库和县级集体土地使用权数据库，为日常农村集体土地确权登记发证提供必要的图形和权属档案支持。建立地籍管理档案4.87万宗，调处权属纠纷47件，矛盾化解率89.36%。加强土地登记制度化建设，全面梳理地籍管理工作流程，规范和整理数据库4个，升级完善信息平台，提高系统运行的稳定性和安全性；健全城镇地籍数据库管理维护机制，规范推行宗地统一编码。优化土地登记服务，威海市国土资源局驻市政务服务中心窗口被省人力资源和社会保障厅、省公务员局评为"人民满意公务员示范岗"，授予集体二等功。

【不动产登记】 威海市政府办公室于11月18日印发《关于推进威海市区不动产登记职责和机构整合的实施意见》，决定将市直有关部门和环翠区、国家级开发区承担的土地登记、房屋登记、林地登记、海域登记等不动产登记职责整合到市国土资源局，在市国土资源局设立不动产登记管理科，组建市不动产登记中心。市编制委员会于11月30日印发《关于明确市级不动产登记机构有关机构编制事项的通知》，市不动产登记中心内设综合科、登记科、权籍调查科、档案管理科、统计信息科5个科室和环翠区分中心、威海高技术产业开发区分中心、威海经济技术开发区分中心、威海临港经济技术开发区分中心4个分中心。

【矿产资源管理】 年内，开展为期4个月的矿产资源开发秩序治理整顿工作，组织专门力量，对辖区内所有矿山进行拉网式排查，排查发现的问题和隐患，逐一建立台账，严格落实整改责任、整改时限和整改措施，消除安全隐患。多次组织开展安全隐患排查整治活动，将隐患整改、年检结果与采矿权延续申请直接挂钩，实行"一票否决"；加大违法违规及安全隐患问题"黑名单"警示宣传，增强矿山责任主体意识；落实安全生产"网格化管理体制"及"一岗双责"制度，实现安全生产"零"责任事故目标。开展露天采石场关停工作，关停采石场28家。深化矿业市场管理，年内，出让采矿权91宗，征收采矿权价款1462.27万元，矿产资源补偿费1229.32万元。开展采矿权人年检工作，年检合格率95.57%。全市有矿产企业165个，从业人员6010人，年产矿石量1563.68万吨，工业总产值6.08亿元。

【地质勘查管理】 加强地质勘查专项资金管理，申报使用专项资金928.5万元，立项实施地质勘查项目5个。受理申请注销探矿权4个，对15个持无效许可证、7个年检不合格项目下达整改通知。做好建设项目压覆重要矿产资源评估，受理项目4个，全部经省国土资源厅审查备案。

【地质环境保护】 严格履行矿山地质环境治理保证金制度，收取保证金2029万元；对120多个矿山及水电工地开展地质灾害隐患排查，杜绝安全隐患；严格落实地质灾害防治制度，做到了"三查"（即汛前排查、汛中巡查、汛后核查）、速报、预警预报及时到位，做到雨前排查、雨中巡查、雨后检查，24小时应急值守不缺位，对发现的险情及时组织专家进行调查，确保安全度汛。

【测绘管理】 基础测绘项目稳步推进，威海城区大比例尺基础地理信息数据库更新建设和2000国家大地坐标系转换实施项目通过验收；全面完成青荣城际铁路市区沿线更新测量；市级大比例地形图更新超过1200平方千米，环翠区、威海高技术产业开发区、威海经济技术开发区和威海临港经济技术开发区1∶500、1∶2000地形图实现全覆盖。基础测绘成果得到广泛应用，全年为社会各界提供各种比例尺地形图1.16万幅。推动测绘地理信息企业转型升级，3家企业增加了海洋测绘、地理信息等新兴测绘领域资质，2家企业实现了升级，其中1家企业升级为甲级测绘资质。

【执法监察】 强化重点防控，对性质恶劣、顶风而上的违法行为，从严督导查处，全年发现和制止违法违规行为571起，拆除违法建筑物77宗、面积12.7万平方米，暂扣非法采矿设备14台（套），封闭违法矿井3处。扎实开展土地矿产卫片执法检查工作，配合完成土地例行督察任务，立案查处违法用地306宗，总面积275公顷，罚款1.01亿元，拆除建筑物175.6万平方米，没收建筑物84.4万平方米，恢复耕种面积933.33公顷，移送司法机关追究刑事责任5人，给予党纪政纪处分106人，顺利通过国家土地督察济南局核查验收。

【法治国土建设】 制定出台《威海市人民政府关于规范土地市场管理有关问题的意见》，有效防止企业利用优惠减免政策将土地二次交易谋取利益，确保土地使用权流转过程中国有资产不流失。编制部门责任清单，梳理各类责任事项89项，公布市级行政权力清单110项，确保各项行政行为有法可依。加强政府委托事项的合法性审查，全年审查审批事项241件，提出修改意见41件，退卷处理5件。组织对威海市国土资源系统行政执法案卷进行全面自查，并及时抽调部分案卷参加市法制办组织的案卷评查，被评为威海市行政执法案卷评查先进单位。全年办理行政复议、行政诉讼案件39件，办结31件。补充完善信息公开制度，全面推进信息网上公开，主动回应社会关切，接受群众监督。

【《威海市国土资源志》编修】 年内，先后8次对《威海市国土资源志评议稿》进行全面修改，删减原稿文字20余万字，补充资料30余万字，增加文中插图200余幅。至2015年底，总字数85万字的《威海市国土资源志》已正式成书，历时3年的修志工作全面完成。

【宣传教育】 4月22日，开展“纪念第46个世界地球日”主题宣传活动，设置宣传点4处，宣传国土资源法律法规，普及资源环境保护和地质灾害防治等知识，现场为群众解答疑难问题，提供法律咨询。6月25日，围绕“节约集约利用土地 推动土地利用方式根本转变”的活动主题，开展“第25个全国土地日”宣传活动，利用短信、交通电子屏幕等多种媒介进行宣传；设置8处集中宣传点，现场为群众解答疑难问题、提供法律咨询；发放土地日宣传特刊，宣传国土资源政策法规，普及土地管理法律知识。8月29日，开展“第13个全国测绘法宣传日”宣传活动，重点宣传测绘地理信息事业成就和测绘地理信息政策法规，设立集中宣传点，发放宣传材料，普及测绘知识。12月4日，围绕“弘扬宪法精神，推动创新、协调、绿色、开放、共享发展”主题，开展“我国第二个宪法日暨第15个全国法制宣传日”宣传活动。通过设置展板、发放法制宣传资料、提供国土资源法律法规咨询服务等形式，普及宪法知识，解答国土资源相关法律问题。

（毕宇亮）

质量技术监督

【概况】 2015年，市质监局紧紧围绕市委、市政府和省质监局的重要战略部署，抢抓全面深化改革的历史机遇，坚持“抓质量、保安全、促发展、强质检”工作方针不动摇，保障质量安全，提升质量水平，优化质量服务，继续保持了安全监管保障有力，队伍业务稳定发展的良好局面，完成了年初确定的工作目标。获得“市级文明行业”“全市安全生产工作先进单位”等荣誉称号，市质监局窗口连续7年被评为“群众最满意窗口”。

【质量强市战略】 加强质量工作组织领导，质量强市工作领导小组成员单位由28个增加到40个，提升了机构的覆盖面和执行力。市政府召开全市质量工作会议，授予山东威达机械股份有限公司、威海市山花地毯集团有限公司、山东华鹏玻璃股份有限公司等3家企业和山东力久特种电机股份有限公司董事长张成、威海市祥云实业有限公司董事长冯鲁威等2名个人2014年度威海市市长质量奖，营造了人人参与质量、企业关注质量、社会崇尚质量的良好氛围。天润曲轴股份有限公司孙海涛和威海市商业银行分别获得省长质量奖和提名奖，省长质量奖获奖企业总数位居全省第四位。2015年，新创20个山东名牌产品、15个山东省服务名牌，名牌数分别列全省第四位和第三位。至2015年底，威海市累计获得省长质量奖企业奖4个，个人奖1名；山东名牌产品227个，山东省服务名牌65个，创建山东省优质产品生产基地8个，龙头骨干企业18个。

【标准化战略】 大力推进标准化战略有效实施，标准化激励机制落实到位，市政府对全市22家企事业单位的60项标准化项目发放奖励资金482.8万元，有效调动了社会各界参与标准化工作的积极性。全市新增主持或参与制定修订国际标准5项、国家标准14项、行业标准34项、地方标准9项，2种产品通过了采标认可，2家企业通过AAAA级标准化良好行为确认；3个国家级服务标准化项目通过现场评估，3项团体标准发布实施，2个项目被列为国家级社会管理和公共服务标准化试点，立项数位列全省第一，标准化在服务经济发展中的基础支撑和引领提升作用得到有效发挥。至2015年底，全市主持或参与了7项国际标准、240项国家标准、392项行业标准、70项山东省地方标准的制定修订工作；44家企业通过“企业标准化良好行为”确认，承担了23个服务标准化试点项目、14个国家级农业标准化示范区的建设工作。

【计量保障】 重视发挥计量对经济发展的基础作用，市政府印发《〈计量发展规划（2013—2020）〉实施意见》，首次将计量工作纳入全市经济社会发展规划。扎实推进计量诚信体系建设，加强能源计量服务，开展能源计量服务280余人次，指导全市47家重点用能单位全部按要求完成能源消耗数据网上直报工作，促进节能降耗工作顺利开展，提高企业能源计量管理水平。开展能源计量审查及监督检查，审查重点用能单位15家，监督检查22家，促进和规范了重点用能单位能源计量工作。深入开展“计量惠民生、诚信促和谐”活动，全市135家企事业单位开展了诚信计量自我承诺，有效落实了主体责任。

【质量监督】 建立市级产品质量监督抽查制度，落实抽查专项资金250万元，制定《工业产品质量监督抽查工作规范》，依法规范抽查工作。制定2015年度产品质量监督抽查计划，将涉及人身财产安全、生产安全的59种产品纳入抽查计划，组织抽查了799家企业生产的1056批次产品，对抽查不合格的61家企业依法进行处理。召开现场质量分析会31次，约谈企业负责人38人次，指导企业整改质量问题78个，通过监督抽查发现质量问题，促使企业实施有效整改，建立健全质量检测能力和质量管理体系，不断提高产品质量水平。

【特种设备安全监管】 至2015年底，全市共有特种设备4.75万台，各类特种设备生产单位136家，使用单位6657家，作业人员2.62万人。市政府印发《威海市电梯安全监督管理办法》，健全电梯安全监管长效机制。集中开展电梯安全监管大会战、气瓶充装站专项整治、压力管道和压力容器综合整治等重点活动，取得明显成效。

【行政执法】 推行行政权力清单和责任清单制度，逐项清理质监部门涉及的行政权力和责任，将行政许可等7个方面168项权力事项列入“权力清单”，将质量管理等6个方面的16项责任事项列入“责任清单”，所有权力、责任事项都明确了法律依据、内容和行使程序，并在威海金质网上进行公开和公示。组织开展了质检利剑、打击侵权假冒等12次专项执法行动，全市质监系统出动执法人员6077人次，检查企业2387家，立案122起，打击了各类违法行为，有效维护正常的生产经营秩序。充分发挥“12365”服务热线的作用，全年受理有效业务1133个，处结率达到98%，提高了风险识别和矛盾化解的有效性。

【认证认可】 引导企业推广先进的质量管理方法，建立健全从产品设计、生产制造、储运销售到售后服务全过程的质量管理体系，全市新增质量管理体系认证81个，环境管理体系认证45个，职业健康管理体系认证31个，比上年分别增长9%、15%和16%。全市65%的规模以上企业通过质量管理体系认证，比上年提高2个百分点，整体质量管理水平明显提升。

【行政审批】 2015年，威海市被确定为全省质监系统5个审批改革试点之一。省质监局下放5项行政许可审批权限，对所有的国发证、11类省发证工业产品和9类重点管理计量器具及检验检测机构许可实施免审换证，大幅缩短许可时间，节约企业费用。推行“网上办理”和“联审联批”，为200余家企业进行预先指导。年内，市政务服务中心质监窗口办理行政审批及服务事项1.8万项，停止征收4项行政许可收费和小微企业组织机构代码证书费，减免收费150万元。

【技术服务能力建设】 国家海产品质量监督检验中心顺利通过国家质检总局验收挂牌成立，综合检测能力达到国内一流水平。威海市标准服务平台上线运行，及时为韩资及出口韩国企业提供标准查询等服务。在全国首次举办“中韩自贸区标准化与认证认可研讨会”，推动中韩双方互信互认，赢得各方好评。建立了全国唯一一个设在地级市的中国WTO/TBT-SPS国家通报咨询中心中韩自贸区研究基地威海中心，通过向企业提供公益性技术标准服务，提高企业贸易效率，减少贸易损失。国家海产品质检中心与韩国最大的检测认证机构韩国化学融合试验研究院签署了检验检测结果互认协议，有效化解相关技术贸易壁垒，这是全国质监系统首例。

【国家海产品质量监督检验中心挂牌】 12月9日，省质监局副局长谷源强主持国家海产品质量监督检验中心揭牌仪式，国家质检总局科技司副司长丁吉柱宣读了质检总局、认监委《关于成立国家海产品质量监督检验中心（山东）的通知》，国家标准化管理委员会副主任郭辉，国家质检总局科技司副司长丁吉柱，省质监局局长张宁波，威海市委副书记、市长张惠共同为国家海产品质量监督检验中心揭牌；国家质检总局标法中心副主任王力舟、副市长徐连新以及质监中心工作人员共同见证了揭牌仪式。国家海产品质量监督检验中心被列为山东半岛蓝色经济区总体规划的重点项目，2012年12月28日，由国家质检总局批准筹建，是全国第三个、北方唯一一个国家级海产品质检中心。于2015年5月通过中国合格评定国家认可委员会组织的实验室认可、计量认证和审查验收“三合一”评审；9月，通过国家质检总局筹建验收；12月，获得国家质检总局和认监委同意正式成立的批文。实验室面积3918平方米，在职职工26人（研究生学历10名），其中工程技术研究员1名，高级工程师4名，工程师7名，能够满足日常检验工作和科研开发的需要，成为服务中国北方乃至全国海洋经济发展的高端技术平台，为威海市由渔业产业大市向海洋经济强市转变提供有力的技术支撑。

2015年威海市新增山东省服务名牌一览表

表3

序号	单位名称	服务项目	服务名牌
1	荣成石岛宾馆有限公司	会议服务	石島賓館 SHIDAO HOTEL
2	赤山集团有限公司赤山大酒店	客房餐饮服务	赤山大酒店 CHISHAN HOTEL
3	山东广电网络威海有限公司荣成分公司	有线广播电视网络设计、管理、维护、运营	RC
4	中国联合网络通信有限公司威海市文登区分公司	电信	China unicom中国联通 让一切自由连通
5	山东农友软件有限公司	农业农村信息化	农友
6	中国农业银行股份有限公司威海文登支行	三农业务	中国农业银行 AGRICULTURAL BANK OF CHINA
7	文登市农村信用合作联社	货币金融服务	
8	中国人民财产保险股份有限公司威海市文登支公司	个人、团体保险服务	PICC 中国人保寿险 PICC LIFE
9	山东威海卫律师事务所	提供法律服务、担任法律顾问、代理诉讼	
10	威海山泰食品有限公司	绿色食品种植技术推广服务	山泰
11	山东文峰集团有限公司	技术推广服务	文峰
12	山东省威海市环翠区环境卫生管理局（威海市环境卫生管理处）	环境卫生服务	山东省威海市环翠区环境卫生管理局
13	威海市居家服务呼叫中心	社区服务中心服务	威海市居家服务呼叫中心

续表3

序号	单位名称	服务项目	服务名牌
14	荣成盛泉养老服务股份有限公司	老年人养护服务	盛泉
15	荣成市广播电视台	广播、电视、电影和影视录音制作	

2015年威海市新增山东名牌产品一览表

表4

序号	认定产品范围	单位名称	产品名称	品牌
1	工业自动控制系统装置（工业机器人）	威海信诺威电子设备有限公司	搬运机器人	SINOWILL
2	切削工具	威海威硬工具股份有限公司	高精度金刚石复合刀具	
3	海带制品、海参制品	山东好当家海洋发展股份有限公司	干海参	HOMEY 好当家 HOMEY
4	海带制品、海参制品	山东好当家海洋发展股份有限公司	冷冻即食刺参	
5	海带制品、海参制品	山东海之宝海洋科技有限公司	纯鲜海藻面	海芝寶®
6	海带制品、海参制品	山东鸿洋神水产科技有限公司	熟干海带	鸿洋神®
7	海带制品、海参制品	山东俚岛海洋科技股份有限公司	即食海带	
8	海带制品、海参制品	威海市宇王集团有限公司	即食海参	宇王
9	海带制品、海参制品	荣成宏伟食品有限公司	即食海参	海宝三昧®
10	海带制品、海参制品	威海市宇王集团有限公司	盐渍海带	宇王
11	电光源	威海东兴电子有限公司	无极荧光灯	东兴

续表4

序号	认定产品范围	单位名称	产品名称	品牌
12	涂料	威海新元化工有限公司	氟硅改性低表面能功能涂料	新元
13	桑蚕丝制品	山东芸祥绣品有限公司	蚕丝被	芸祥绣品
14	金属丝绳及其制品	贝卡尔特（山东）钢帘线有限公司	子午线轮胎用钢帘线	贝卡尔特
15	机构治疗及病房护理设备，医疗、外科及兽医用器械，分子筛制氧系统	威海威高齐全医疗设备有限公司	手术无影灯	WEGO 威高
16	数据处理和存储系统	山东渔翁信息技术股份有限公司	云计算加密刀片	渔翁
17	通信系统设备	山东卡尔电气股份有限公司	固定无线电话机	卡尔
18	水产饲料	赤山集团有限公司鱼粉厂	鱼粉	赤山
19	水产饲料	荣成海达鱼粉有限公司	鱼粉	海达
20	金属船舶	黄海造船有限公司	钢质海洋渔船	

（刘　晓）

统计管理

【概况】 2015 年，全市统计系统认真贯彻市委、市政府及上级统计部门部署，大力弘扬“诚信威统”精神，积极适应引领新常态，以“提高数据质量、提高统计能力、提高政府统计公信力”为中心，以开展“基层基础建设年”活动为载体，依法统计、深化改革，全力推进现代化服务型统计建设，充分发挥统计部门“参谋部、晴雨表、信息窗”的作用，各项统计事业取得新进展。稳步推进重点领域改革，GDP 统一核算改革全面推进，固定资产投资统计改革稳步进行，能源统计改革步伐加快，服务业统计改革成果显现。着力提高源头数据质量，扎实开展基层基础建设，不断提升统计服务水平，机关建设成效显著。

【“三项普查”】 年内，有序开展“三项普查”。完成第三次经济普查课题研究项目 9 个，发布了《威海市第三次经济普查主要数据公报》，编印普查数据摘要、业务论文汇编和普查年鉴等系列产品。组织开展 1% 人口抽样调查试点工作，先后分两批次，统一对普查员和指导员进行培训，高质量做好“两员”选调、培训及试点工作。积极筹备第三次农业普查，成立威海市第三次农业普查领导小组，组建领导小组办公室，加强与省统计局、市财政局的沟通协调，做好农业普查经费的预算编制和申请工作，普查经费按时拨付、足额到位。

【统计数据质量】 加强执法检查，重点针对全市“四上企业”（统计工作中对达到一定规模、资质、限额及以上企业的统称）、各镇（街道）基层单位的统计台账、原始记录以及统计人员是否持证上岗，迟报、漏报、拒报不报等加大核查力度，严格执行报送制度，实行专业人员初审、科室负责人复审、分管领导再审、主要领导终审的四级审核制度，各专业在主要数据上报前，必须先审核评估，再由分管领导把关确认。

【统计普法宣传】 在《威海日报》《威海晚报》发表《企业编造统计数据将入“黑名单”》等文章，在“威海网”、微信“掌上威海”公众号上刊登《统计上严重失信企业信息公示暂行办法》，携手时中律师事务所建立健全法律顾问制度，积极参与宪法和公共法律知识学习，连续3年在《“每周一题”学法手册》上刊登“统计法知识试题”，宣传依法统计的重要性。

【基层统计培训】 打造高素质统计队伍，开设道德讲堂、统计讲坛，组织业务骨干外出学习，与地方高校在统计科研、实习培训等方面强势互补。在基层统计人员培训方面，5—8月，抽调全市统计系统14位业务骨干组成宣讲团，到各区市巡回授课74场次，全市有近2000名学员参加培训，发放教材2760册，收回有效调查问卷1650份。在基层统计规范化建设方面，树立“样板乡镇”“样板企业”，实现以点带面、示范带动、整体推进。

【统计服务水平】 服务科学决策，主动跟踪全市重大活动、重大会议，提供高质量的统计数据支撑、分析信息支撑和发展理论支撑；围绕党委、政府中心工作积极履职，在思路研究、形势分析、科学发展考核、文明城市创建等工作中发挥了重要作用。服务社会公众，树立“统计服务民生”的工作理念，做精新闻发布会、统计月报等系列产品，及时发布经济运行情况；依托第六届“中国统计开放日”、统计信息外网、统计微博微信等平台，集中宣传统计知识，为社会各界提供咨询服务，打造“12340”“当好顺风耳、架起连心桥”社情民意调查品牌。服务调查对象，着力减轻基层负担，精简单位行政记录及调查项目，深化服务企业大走访、联系服务调查对象活动。推进信息化建设，高质量完成全市高清视频会议系统、高标准做好全国统计系统重要信息系统、重点网站安全检查，实现了国家、省、市、县四级联通，全市统计系统信息化水平大幅提高。通过统计服务特色品牌创建，进一步提高统计能力、提高政府统计公信力，提高统计服务水平。

（王国兴）

安全生产监督管理

【概况】 2015年，市安全生产监督管理局牢固树立大局意识、责任意识，突出重点、强化监管、狠抓落实，为全市安全生产形势持续稳定好转发挥了重要职能作用。全市全年发生各类生产安全事故29起，比上年下降19.4%；死亡29人，下降37%；受伤8人，下降27.3%；直接经济损失203.27万元，下降82%。

【安全生产制度体系建设】 贯彻落实“党政同责、一岗双责、失职追责”和“管行业必须管安全、管业务必须管安全、管生产经营必须管安全”的总要求，对健全完善安全生产责任体系、隐患排查治理体系、预防控制体系、基层基础保障体系、组织领导和考核评价体系进行全面规范，提出了具体措施。修订《安全生产工作目标绩效管理考核评分细则》，加大“网格化”监管、基层监管人员配备、重点领域专项整治等方面的赋分权重，以结果为导向，以考核促落实。

【安全生产隐患排查体系建设】 开展“打非治违”“大快严集中行动”等专项整治活动，持续强化各行业领域隐患排查治理。至年底，全市组织检查小组1523个，检查单位1.07万家次，发现问题9148条，已经整改8790个。加大重点隐患整改督导力度，对省政府挂牌督办的1项企业重大火灾隐患、2处路段隐患，以及省政府督查组和市政府督查组4次督查所反馈的96项问题和隐患，均挂牌督办，落实专人负责，实施跟踪调度，完成了整改治理。市、区市两级采取政府购买服务方式，引入专家、专业机构力量参与检查和督查，投入专项资金200余万元，提高检查的实效。强化隐患排查治理工作督导，市、区市、镇（街道）三级全部建立领导包下级单位督导检查方案和工作台账，7个包区市督查组每月对所包区市工作进行一次专项督查。配套制定《威海市安全生产行政约谈制度》等制度，对重大事故隐患久拖不改或整改不到位、打非治违行工作开展不力等进行约谈。

【分管行业安全生产监管】 非煤矿山监管方面，对达不到规定的地下矿山和23家露天矿山明确整顿关闭任务，提出了关闭标准和时限要求。开展小型露天采石场和汛期非煤矿山安全生产大检查活动，检查各类矿山企业132家次，查出各类问题和隐患

2月2日，执法人员检查烟花爆竹仓库内产品　　市安监局提供

268个。推进“三项监管”（全面加强非煤矿山安全生产专家会诊监管、风险分级监管、微信助力监管统称“三项监管”）工作，首批对7家地下矿山完成了专家“会诊”检查，部署16座尾矿库“会诊”检查工作。危化品监管方面，严把标准，核发生产许可证、经营许可证240余份，实施建设项目安全设施“三同时”（安全设施必须与主体工程同时设计、同时施工、同时投入生产和使用）审查30余项，注销生产许可证6家。持续开展化工和危险化学品企业检查整治，检查企业674家次，督促企业查改隐患1077项。聘请省危化知名专家，对全市所有危化品生产企业进行“拉网式”执法检查。烟花爆竹监管方面，聘请安全技术专家对全市8家烟花爆竹批发企业进行“拉网式、诊断式”安全检查，查改问题和隐患33项。开展烟花爆竹百日安全专项整治行动，对市区零售网点进行专项督查，确保全市春节期间安全稳定。对全市烟花爆竹行业进行结构调整，督促2家生产企业整体退出生产领域。工商贸领域监管方面，开展涉氨制冷企业专项治理，全市企业由1025家减少到836家，氨制冷机房消防改造基本完成，重大危险源备案37家，近200家企业实现安全生产标准化达标，治理工作经验在山东电视台《问安齐鲁》栏目进行了专题播出。全面开展防范粉尘爆炸、有限空间作业检查和整治。职业卫生方面，扎实推进职业病危害项目申报和基础建设工作，全市完成职业病危害项目申报的用人单位574家、网上填报325家，完成职业卫生基础建设439家。建立安全生产与职业卫生一体化执法模式，对384家用人单位开展职业卫生执法检查，查处问题和隐患549项。执法监察方面，组织开展岗位练兵活动，执法案卷文书点评活动，开展烟花爆竹、外包工程、职业卫生3项专项执法行动，检查企业1832家次，立案查处违法企业37起，实施行政处罚109.3万元。受理各类安全举报24起，复查率、反馈率均为100%。

【安全生产基础保障体系建设】 推进网格化监管，建立市、县、镇、村四级安全生产网格化监管体系，搭建起网格化监管平台，对4000余家生产经营单位进行了全面的安全生产普查。开展镇（街道）安全生产执法监察中队标准化建设工作，通过考评，有48个镇（街道）安监中队达标。加强业务培训，聘请中介机构分两期对全市225名执法人员进行了执法资格培训；结合取证培训、业务培训，对重点企业的主要负责人、安全生产管理人员、特种作业人员等关键人员，进行了一轮业务培训，全年培训1.8万人。持续开展企业标准化创建工作，年内，全市新增规模以上标准化达标企业154家、达434家，新增小微标准化企业300余家、达360家。组织开展了“安全生产月”“《职业病防治法》宣传周”等活动，送法进基层，大力宣传安全生产法律法规和安全常识。持续加强安全文化建设，获批省级安全社区9个、安全文化示范企业2家、优秀班组4个。参加全市规模最大的应急救援综合演练活动，并承办了其中的液氯泄露演练科目。督促591家高危企业全部完成预案专家评审工作，并进行了备案。

（孙　阳）

食品药品监督管理

【概况】 2015年，市食品药品监督管理局主动适应经济发展新常态和食品药品监管体制改革新要求，围绕创建国家食品安全城市工作，坚持改革创新，推进依法行政，强化风险管控，实施全程监管，实现了未发生重大源头性食品药品安全事故和系统性、区域性风险，为保障人民群众生命健康和经济社会发展提供有力支撑。

【创建国家食品安全城市】 实行党政同责，将“创建国家食品安全城市”列入全市年度重点工作和科学发展综合考核。市、县、镇、村四级层层签订责任状，一级抓一级、层层抓落实。通过建立“常态创城365”推进机制，实行“标准精细化、问题清单化、督导经常化”，对28个重点项目挂牌督办、销号管理。在全省率先召开动员大会、率先组织群众满意度调查、率先制定创城检查手册、率先制定测评体系、率先开展模拟测评。先后开展单项考核26次、综合模拟测评3次。6月25日，山东省创建省级食品安全城市现场观摩会在威海召开。7月7日，国务院食安办在青岛组织召开国家食品安全城市创建试点工作座谈会，威海市作典型发言。7月9日，国家食品药品监督管理总局副局长滕佳材专题到威海调研创城工作。10月19日—20日，全国“两个创建”工作现场会在威海召开。国务院副总理汪洋对威海市提出的“全域覆盖、全程管理、全民共建”管理模式给予充分肯定，认为“有亮点可看、有经验可学”。

【食品药品监管创新】 基层标准化建设　在全省首创“5+1”的人员配备模式，全市74个基层监管所配齐至少5名基层执法人员、1名通过政府购买服务聘用的检验检测人员；全部基层监管所按照统一标准，配齐“执法+快检”车辆、食品安全快速检测箱、执法记录仪等设备，装备配备100%达标。

“三安”联动　推动“农安、食安、公安”三大系统成立联动协作办公室，实行“联席、联勤、联动”机制。年内，全市开展联合执法行动134次，移交犯罪线索6起，抓获犯罪嫌疑人8名。

网格化管理　年内，市食品药品监管局建立领导班子联系区市制度，建成以行政区划为基础的7个区市大网格、74个镇（街道）中网格、2917个村（社区）小网格，实行全域覆盖的监管网格，全市600多名执法人员、5375名协管员全部纳入网格管理，对协管员每人每月补贴200元。

“四小”升级　小食品店，实施经营有资质、安全有承诺、管理有制度、单据有留存、制售有公示的“五有标准”，年内，公示规范率达到75%，小摊贩，推行定点摆卖、入市经营、归集管理，全市共设置早夜市及疏导点38个，设立规范摊位2000多个；小餐饮，实施清洁厨房建设和明厨亮灶工程，带动全市85%以上的小餐饮店升级改造，持证率达到99%以上；小作坊，加快生产向园区集中，实现统一“规划布局、原料采购、检验检测、制度要求、生产场所、供气供水、污水处理”的“七统一”模式。

【日常监管】 分级分类管理 对食品生产、流通、餐饮等领域，分类制定监管手册，提高日常监管的针对性。完成全市576家食品生产企业、5家食品添加剂生产企业、340家小作坊和1.15万家食品流通单位的等级评定，确定了监管等次，全部建立食品安全信用档案。

信息化监管 建设婴幼儿乳品电子信息系统，实现对辖区经营企业的动态监管，确保消费者可实时查询相关信息。年内，全市164家企业、96种产品可供查询。

药品电子监管 全市19家药品批发企业、37家零售连锁总部、1548家零售连锁门店和单体零售药店全部加入中国药品电子监管网，入网率100%；开展保健食品化妆品生产经营企业产品追溯体系试点工作，实现在产的保健食品化妆品企业全部产品可追溯。

“一票通”管理 统一设计“一票通”样本，将“一票通”使用情况列入日常监督检查内容，至2015年底，已推行到全市从事食品、食用农产品批发供货者。推进食品批发经营者实行“一票通”电子信息化管理，年内，将150多家供货商纳入电子软件系统。贯彻落实《山东省食用农产品批发市场质量安全监督管理暂行办法》，全市5个批发市场和9个农贸市场全部纳入实施范围，全面实行食用农产品经营单位市场准入制度。

风险排查和预警体系 建立风险会商制度，对全市25家药品生产企业进行风险等级评定，确定了86个风险点、13个风险品种，开展专项整治，逐个消除安全隐患；加强医疗器械生产企业质量体系核查，对21家二类、三类医疗器械生产企业进行全项目核查，关闭缺陷项目40项。加大监督抽检力度，食品抽检批次从每1000人2批次提高到4.5批次，抽检合格率97.2%；完成药品检验1027批次，抽检合格率97%。发布抽检信息19期，食品药品安全风险交流和预警信息32条。

食品药品专项整治 年内，组织开展了婴幼儿配方乳粉、海米、保健食品、进口化妆品、隐形眼镜、中药饮片、含可待因口服溶液等30多项专项整治，公示黑名单企业6家，立案428件，罚款549.2万元。

示范创建 开展“食安威海”品牌引领行动，2015年新增“食安山东”品牌示范单位339个，创建示范批发市场2个、示范供货商31个、示范大中型商超52个、示范食品经营店248个，全市餐饮示范街达到25条，示范餐饮单位达到500家，示范学校食堂100家。

“绿色通道” 对辖区药品生产、经营单位以及医疗机构委托检验药品提供优先服务。2015年，19个药品生产经营企业和医疗机构的77批次药品通过“绿色通道”完成检验。协助威高、世创医疗科技、纽普生物等企业的21个新产品完成注册前质量体系核查。

【依法行政】 行政审批改革 整理权力清单、责任清单、问题清单、制度清单，建立涵盖综合协调、诚信管理等八大体系93项管理制度，梳理食品药品安全方面法律、法规和规章70多项，分类统计行政审批、行政处罚等法定行政权力7类、263项，制作行政权力运行流程图64张，细化行政处罚自由裁量权995项。行政许可事项100%进入行政审批窗口办理，许可事项全部制作标准化示范文本，行政审批时限提速50%以上。受理并办结许可事项2089件，按时办结率和满意率均达100%。

业务培训学习 采取以干代训、专家授课、专题讲座、网络教学等方式，培训基层监管人员、监管相对人6000余人次。邀请国务院法制办和国家行政学院专家，对系统430多名执法人员进行了新《中华人民共和国食品安全法》培训。邀请省食品药品监督管理局10名专家对全市87名基层业务骨干进行了为期5天的业务培训。

【宣传活动】 开展“食品安全问计千万家”“我心中的威海食品故事”“你举报我奖励”“食品安全法有奖问答”等主题活动63次，发放食品安全知识手册20万份，发放倡议信、宣传画、移车卡等30万份；开展优秀传统文化进企业活动，组织全市450多家食品企业负责人参加培训；在《威海日报》等媒体，开设“12331在行动”“食安威海”“创建国家食品安全城市”等专栏、专题，刊发专题报道675篇，通过网站发布食品药品监管信息3700多条。

（汤华飞）

编辑 闫拥军

10月20日，全国食品安全城市创建和农产品质量安全县创建试点工作现场会在威海召开 市食品药品监督管理局提供

农　　业

综　　述

【概况】　2015年，全市各级农业部门积极应对异常天气、农产品市场价格波动等不利因素影响，加强农业产业体系、生产体系和经营体系建设，走产出高效、产品安全、资源节约、环境友好的现代农业发展路子，全市农业和农村经济继续保持良好的发展态势。全年实现农业增加值56.76亿元，比上年增长4.3%；林业增加值0.53亿元，增长7.4%；畜牧业增加值33.58亿元，增长4.5%；渔业增加值126.27亿元，增长4.4%；农林牧渔服务业增加值7.55亿元，增长8.4%；农村居民人均可支配收入1.63万元，增长8.8%。威海市被农业部认定为国家农产品质量市创建试点单位。威海市农业局再次被市委、市政府授予“年度工作优秀单位”称号。

（石绍华）

【农产品质量安全监管】　严格落实《威海市农产品质量安全监督管理规定》，加强队伍建设，坚持全程监管，确保农产品质量安全。8月4日，威海市被农业部认定为国家农产品质量市创建试点单位。10月19日—20日，全国食品安全城市和农产品质量安全县创建试点工作现场会在威海市召开，中共中央政治局委员、国务院副总理汪洋出席会议并作重要讲话，国务院食品安全委员会成员单位负责人和全国各省、自治区、直辖市及新疆生产建设兵团、国家食品安全城市和农产品质量安全县创建试点单位相关负责人近300人参加现场会，各级领导对威海市创建工作给予充分肯定。

【农业投入品监管】　进一步落实农药经营告知制度，规范经营告知程序，全市公开告知通过审核的产品3942个，备案公示率100%。加大农药抽检力度，对农产品生产基地、各类采摘园等主要农药使用环节进行监管，抽检农药样品40个。先后组织开展春季农资打假、“放心农资下乡进村”、农资打假“夏季百日行动”、农药质量及农药使用专项整治行动、农资打假秋冬季行动等活动，打击制售假劣农资违法行为。全市出动执法人员2228人次，检查企业3702家次，纠正不规范行为328处，查获涉嫌不合格农资9.53万公斤，货值22.82万元，立案查办各类案件48件，结案48件。受理和处置人民来信和举报案件32件，查处率和处理满意率均为100%。对一般程序查办的打击侵权假冒行政处罚案件，录入山东省打击侵权假冒领域行政执法与刑事司法衔接信息共享平台，实现行政处罚和刑事处罚的无缝对接。及时公开办结案件信息，全年录入“两法衔接”平台案件11件，统一在“中国·威海”和威海市农业信息网公开。

【农产品抽检】　全年配合农业部完成农产品风险监测4次，抽检样品210个；配合省级完成例行监测4次、监督抽查4次、韭菜专项监测1次，抽检样品860个，合格率99.6%；市级先后组织开展蔬菜水果例行监测8次，抽检样品228个，合格率99.1%。

（于世涛　于妮）

【农业产业化龙头企业】　至年底，全市市级以上农业产业化龙头企业216家，其中国家级10家、省级44家、市级162家。先后组织农业产业化龙头企业参加第十九届英国国际食品及饮料展览会、第十六届香港国际食品餐饮展览会和第十三届中国国际农产品交易会（福州）、全国农产品加工科技创新与推广活动暨农产品加工技术成果（济南）交易会，全年农展会贸易协议额近5亿元。按照《威海市扶持农业产业化龙头企业发展资金奖励办法》《威海市扶持农业产业化龙头企业发展资金奖励验收办法》，采用“以奖代扶”的方式，对市级龙头企业按照每家企业8万～10万元标准择优奖励，文登市汇润果品有限公司等15家市级农业产业化龙头企业共获140万元扶持奖励。

（王大伟）

【农民专业合作社】　年内，全市新增农民专业合作社488家，总数2922家。8月，27家农民专业合作社获评省级示范社。10月，市农业局、财政局联合组织开展市级农民专业合作社示范社创建活动，评选农民专业合作社市级示范社28家。11月，市农业局、财政局联合对有较强辐射带动能力且达到一定规模、促进成员增收作用大的农民专业合作社给予财政奖励，奖励合作社17家，发放奖金140万元。

【家庭农场】 年内，全市新增家庭农场710家，总数903家。1月，组织开展家庭农场省级示范场申报工作，威海神山家庭农场、文登峰泽家庭农场等5家家庭农场获评省级示范场。

（戚其军　邹涛）

【农业标准化建设】 年内，全市新增"三品"（无公害农产品、绿色食品、有机农产品）标准化基地面积1.48万公顷，创建市级农业标准化生产示范基地23个，44个标准化基地通过省财政厅、农业厅组织的验收与认定，获得"山东省农业标准化生产示范基地"称号。根据《威海市农业标准化生产示范基地项目资金奖励办法》《威海市农业标准化生产示范基地项目验收及资金使用管理办法》，对24个农业标准化生产示范基地进行资金奖励扶持，发放奖金175万元。全市"三品"标准化基地总面积9.04万公顷，"三品"产品产地认定面积占当地食用农产品总面积的比率达56%以上。

【农产品质量认证】 年内，全年新认证"三品一标"（无公害农产品、绿色食品、有机农产品和农产品地理标志）企业61家，认证产品115个。无公害农产品复查换证3家企业4个产品，复查换证率100%；绿色食品续展19家企业23个产品，续展率69.6%；有机食品再认证20家企业46个产品，再认证率79.6%。综合持续用标率77.2%。年检绿色食品企业72家108个产品。至年底，全市"三品一标"有效用标单位206家，认证产品321个。其中，无公害农产品企业39家61个产品，绿色食品企业121家172个产品，有机食品企业22家64个产品，登记种植业农业部地理标志保护产品24个。

（于海宁　苗延平）

【生态农业与休闲农业】 年内，全市新建大中型沼气工程4个，新建生态循环农业示范基地25个，基地面积320公顷；新建示范推广秸秆生物反应堆技术20公顷；全市各类休闲农业经营主体发展到422个，打造市级精品观光采摘园10个。荣成市健康集团休闲农业示范园区被评为全国休闲农业与乡村旅游示范点，威海市新宇生态农业旅游发展基地、威海市（山东）百岁谷生态农业园和荣成市海波生态农场被评为山东省首批生态休闲农业示范园区。

（王全　梁钧）

【新型职业农民培育】 组织实施新型职业农民培育工作，文登区、荣成市和乳山市承担国家级新型职业农民培育示范项目，项目补贴资金234万元。全市认定6个新型职业农民培育培训基地、3个省级实训基地，建设14处农民培训"田间课堂"，全年培育新型职业农民1550人，其中生产经营型500人、专业技能型和社会服务型1050人。市政府出台《关于加强新型职业农民培育工作的意见》，进一步明确对新型职业农民培育的有关扶持政策。

【农业科技推广与示范】 文登区、荣成市、乳山市承担基层农技推广体系改革与建设补助项目，补贴资金240万元。全市围绕果树、蔬菜、小麦、玉米和花生五大产业，筛选确定一批主导品种和主推技术，通过组织农技人员开展"科技入户"指导，全年培育科技示范户1920户，建设农业科技示范试验基地9个，辐射带动周边农户4万户，项目县主导品种覆盖率和主推技术到位率均为98%。加强基层农技人员能力建设，组织192名基层农技人员参加各类培训班，提升农技人员推广服务能力。

（冯忠梅）

农村经济管理

【农民负担管理】 4月，在全市组织开展减轻农民负担检查考核工作，抽查12个镇、36个村、12所学校，走访180户农户。9月中旬，在全市范围内开展涉农乱收费专项治理工作，全市检查村（社区）2729个、合作社2000多个。

【农村土地承包管理与土地流转】 2015年，全市有2270个村完成农村土地承包经营权确权登记工作，占应确权村数的99%。全市新增流转9000公顷，新增规模流转5733.3公顷，占新增流转面积的63.7%。继续对实行规模经营的流转主体进行奖励扶持，市级发放土地流转奖补资金200万元。

【农村集体经济组织产权制度改革】 组织开展农村集体经济组织产权制度改革工作，全市完成212个村，其中城中村41个，完成产权制度改革的村均注册成立经济股份合作社。

【农村财务与集体资产管理】 依托三资监管平台，对农村集体三资实行常态监管。督导各镇（街道）、村（社区）准确、真实、及时地将农村集体三资监管各类信息录入网络监管系统，经常性地对信息公开情况进行检查督促，对存在的问题早发现、早制止、早整改。1月下旬，在全市范围内采取随机抽查的方式，对9个镇（街道）、18个村（社区）的农村会计服务中心资金管理和村务公开工作进行检查，检查资金9.5亿元。

【农村信访工作】 2015年，完成国家信访局网上督办案件1件、省农业厅信访办督办案件1件、省阳光政务热线督办案件3件、齐鲁民声网督办案件1件、省减负办督办案件1件，回复人民网群众反映问题1起，网上行风热线、市长信箱群众反映问题7起，接待上访案件30件。本着分级负责、属地管理的原则，所有上访案件均按程序予以处理。

（戚其军　邹涛）

种植业

【概况】 2015年，威海市粮食播种总面积13.29万公顷，比上年下降6.3%；单产6116公斤／公顷，下降0.1%；总产81.25万吨，下降6.6%。其中，夏粮播种面积5.51万公顷，下降8.8%；单产5683.5公斤／公顷，增长1.7%；总产31.3万吨，下降7.3%。秋粮播种面积7.78万公顷，下降4.5%；单产6421.5公斤／公顷，下降1.6%；总产49.96万吨，下降6%。秋粮中，玉米播种面积6.71万公顷，下降4.8%；单产6595.5公斤／公顷，下降1.8%；总产44.27万吨，下降6.5%。花生播种面积5.89万公顷，下降2.7%；单产4320公斤／公顷，增长1%；总产25.4万吨，下降2.3%。蔬菜种植总面积2.64万公顷，总产124万吨，均比上年略增。

（黄先彦）

【生产技术指导与推广】 根据省农技推广总站确定的年度主推技术，结合威海市的生产实际，通过强化技术培训与指导，主要推广冬小麦精播、半精播高产栽培技术，小麦氮肥后移高产栽培技术，冬小麦宽幅精播高产栽培技术，小麦深松免耕镇压节水栽培技术，玉米适期晚收增产技术，花生单粒精播高产配套技术，花生高产稳产综合配套技术，花生化控防早衰技术，日光温室蔬菜安全高效生产关键技术，设施蔬菜连作障碍防控关键技术，食用菌夏季高效安全生产关键技术，西洋参标准化生产栽培技术等14项新技术，推广普及率80%以上，为全市农业增产和农民增收发挥积极作用。

【粮油高产创建示范项目】 组织实施农业部下达的粮油高产创建示范项目，示范面积1万公顷，分设15个万亩示范片，全部按标准完成项目建设任务，通过省级组织的检查和验收。万亩示范区平均增产幅度20%以上，示范带动区平均增产10%以上。高产攻关水平均有明显提升。其中，乳山市乳山寨镇玉米高产攻关田实收单产1.35万公斤／公顷，创全市历史最高水平；荣成市人和镇花生高产攻关田实收单产9765公斤／公顷，创全国花生大田生产最高纪录。

（黄顺之　姜勇）

【花生良种推广补贴项目】 在文登区、荣成市、乳山市实施花生良种补贴政策。补贴对象为项目区内参与良种繁育和使用良种进行生产的农民。补贴方式为差价供应原种，即“全省统一政府采购确定供种企业和价格，农民支付差价款购买原种，中标企业供种到户、良种繁育技术培训到户，农民种植原种并将生产出来的良种用于第二年花生大田种植”。分配的补贴总面积4866.7公顷，补贴标准为2100元／公顷，财政补贴资金总额1022万元。通过全省统一招标，采购花育22号、花育33号、山花9号、山花15号4个花生品种146万公斤。

【政策性农业保险】 继续实施小麦、玉米、花生政策性农业保险。小麦、玉米保险的保费标准均为225元／公顷，其中财政补贴180元／公顷，农户承担45元／公顷。花生保险的保费标准为240元／公顷，其中财政补贴192元／公顷，农户承担48元／公顷。小麦的保险金额5625元／公顷，保险责任为火灾、雹灾、风灾、冻灾、涝灾、旱灾和重大流行性病虫害（小麦条锈病和小麦吸浆虫，以镇为单位出现对小麦造成50%以上减产时，由省级核损定损专家进行鉴定）。玉米的保险金额5250元／公顷，保险责任为雹灾、涝灾、风灾和重大流行性病虫害（玉米粗缩病和玉米螟，以镇为单位出现对玉米造成50%以上减产时，由省级核损定损专家进行鉴定）。花生的保险金额6000元／公顷，保险责任为旱灾、涝灾、雹灾、重大流行性病虫害等无法抗拒的自然灾害〔涝灾、雹灾造成保险花生损失，损失率在20%（含）以上；旱灾造成的损失率在40%（含）以上；以镇为单位，发生枯萎病和蛴螬对花生造成50%（含）以上减产时，由省级核损定损专家进行鉴定〕。全市小麦、玉米、花生三个保险品种实现区域全覆盖。文登区、威海经济技术开发区除上述三种作物外还实施苹果保险。全市承保小麦4.24万公顷、玉米4.15万公顷、花生1.42万公顷、苹果373公顷，保费总额2273.51万元，其中财政补贴1818.81万元，农户自交434.7万元。

（黄先彦）

【良种繁育与推广】 年内，引进苹果、甘薯、蔬菜、油菜、油葵新品种108个。引进玉米自交系82份、早代育种材料46份；播种选系材料498份、杂交组合571份；种植改良S0代材料、S1～S5代材料226份；扩繁上报材料27份，为山东省农科院鉴定杂交组合36份；玉米新组合“威玉157”参加山东省玉米区域预备试验。开展“马铃薯优良品种引进应用”“现代苹果优质高效配套栽培技术研究应用”等13个国家及省、市级课题项目研究。其中，“北方地区菜用甘薯周年生产技术研究”“鲜食甘薯地方品种蜂蜜罐优系选育与开发”“秋马铃薯高产栽培技术应用示范”“威海市现代苹果栽培技术推广”4个项目通过专家结题验收，“秋马铃薯高产栽培技术应用示范”“优质油菜轻简化高产栽培技术研究与示范”“优质高抗大果型番茄选育与开发”“红将军苹果优系选育及开发”“无花果延迟设施栽培技术研究”5个项目通过阶段验收；“高产多抗玉米杂交种威玉308的选育与应用”获山东省农科院科技进步一等奖，“济薯22配套丰产栽培技术示范推广”获山东省农科院科技成果推广二等奖。

（刘　波）

【病虫草鼠害防治】 对小麦、玉米、花生等作物20多种主要病虫进行大田普查和系统调查。着重加大对小麦条锈病、小麦赤霉病、麦蚜、灰飞虱、玉米粗缩病、花生疮痂病等重大病虫的普查力度，掌握病虫分布区域和发生动态，及时发布病虫信息。全市发布病虫情报76期，综合预报准确率95%，进行电视现场技术讲座12期次，发布重大病虫模式电报48期次，完成重大病虫旬报21期次、小麦周报14期次、玉米螟周报15期次。全年病虫害中等程度发生，病虫草鼠发生总面积80.21万公顷，防治面积83.37万公顷，挽回粮食作物损失11.43万吨、油料作物损失4.06万吨、果品损失20.06万吨、蔬菜损失9.17万吨。推广梨小食心虫迷向素、暗黑鳃金龟性诱剂以及生物农药制剂等绿色防控技术6666.7公顷。实施“减药控害、增产提质”示范推广和农药残留治理项目，开展小麦重大病虫害防控和绿色防控技术融合活动，优先使用高效、低毒、低残留化学农药和生物农药。引进花生暗黑鳃金龟子生物引诱剂技术，建立花生暗黑鳃金龟子缓释型引诱剂绿色防控示范区 180 公顷，安排 30 处试验点放置诱捕器 180 套，平均每套诱虫 237 头，有效减轻花生蛴螬的危害。桃树挂迷向丝防效达 98.3%，梨树挂迷向丝防效达 98.8%。在小麦重大病虫害防控和绿色防控技术融合项目中建立统防统治与绿色防控相融合示范区 500 公顷，首次引进 26.9% 石英水和 49% 软皂水剂防治小麦白粉病和小麦红蜘蛛，49% 软皂水剂防治小麦红蜘蛛防效达 96.4%。主推园艺作物病虫害绿色防控技术，建立标准化苹果病虫害绿色防控示范基地 66.67 公顷，辐射带动全市推广 1333.33 公顷。在全市果园、蔬菜基地安装各种杀虫灯 4000 余盏、诱捕器 700 多套，悬挂桃小食心虫、梨小食心虫等性诱剂 12.2 万个，发放黄板 10 万张，全市物理防治面积 2.21 万公顷、生物防治面积 2.56 万公顷。

【植物检疫】 年内，对 866.67 公顷小麦种子田、342 公顷花生繁种田、4 公顷苹果和 1 公顷蓝莓苗木基地等实施产地检疫，发放产地检疫合格证 23 份。受理调运检疫申请 94 批次，签发调运检疫证书 92 份，检疫果品 170.9 万公斤，检疫苗木 16.55 万株，省内调运花生 1 批次 25 吨，省间调运玉米杂交种 200 公斤。新增植物疫情阻截带监测点 15 个，全市疫情监测点 63 处，其中疫情阻截带监测点 35 处，新安装诱捕器 200 个。4 月中旬开始，组织各区市全体植物检疫员开展为期 1 个月的玉米种子检疫执法大检查及联合执法检查。省棉花、玉米种子检疫专项联合执法检查组对威海市开展玉米种子繁育与经营环节、植物检疫机构检疫执法情况进行检查，抽查文登市佳禾种业有限公司。加大检疫宣传力度，举办“检疫宣传月”活动，在全市种子种苗繁育基地、果蔬市场和农产品集散地等重点地段设立宣传点、宣传栏，张贴、发放资料 3800 份。举办检疫培训班 4 期次，培训人员 250 余人。

【植保专业化防治】 落实省农作物病虫害专业化统防统治能力建设示范县 1 个，省级支持资金 100 万元购置拖挂式喷杆喷雾机、果林风送机等新型植保机械和防护设备，装备 3 个农业病虫害专业化防治服务组织。落实玉米“一防双减”（在玉米生长的大喇叭口期至雌穗花丝萎蔫期一次施药兼治多种病虫，以减少玉米中后期穗虫的发生基数、减轻病害的流行程度）项目省级补助资金 100 万元，采购农药 8.4 吨，由 3 个统防统治服务组织在大喇叭口期为 4 个镇 666.67 公顷玉米开展统防统治作业。实现项目示范区玉米农药用量减少 5% 以上，防治效果达 90%，防治成本降低 10%，产量增长 10%。落实中央财政资金 30 万元，补助 8 个专业化统防统治服务组织，免费为项目区内 2000 公顷小麦实施统防统治田间作业。全市规范化专业防治组织发展到 37 个（以农民专业合作社形式组建的为主），注册或备案 31 个，从业人员 1823 人，其中 31 人持证上岗，植保机械总装备数 1706 台，拥有烟雾机、机动喷雾器等大中型施药机械 954 台，日作业能力 6466.7 公顷。2015 年，统防统治面积 13.52 万公顷，其中全程承包面积 4.01 万公顷。

（迟金强　董向丽）

【测土配方施肥】 测土配方施肥项目是由财政部和农业部于 2005 年立项并组织实施的全国性惠民工程。自 2005 年起，威海市测土配方施肥项目的投资规模和实施面积逐年扩大。2015 年，环翠区、文登区、荣成市和乳山市分别承担测土配方施肥项目建设，项目实施面积分别为 1.87 万公顷、6.4 万公顷、5.87 万公顷、6.08 万公顷。项目实施过程中，各区市举办测土配方施肥各类培训班 135 期，培训农业技术人员 640 人次、农民 2.15 万人次。当年完成采样量 1790 个、化验量 1.08 万项次；安排试验示范 42 个，建立万亩示范区 10 处、千亩示范片 21 处、村级示范方 116 处，整镇推进测土配方施肥 4 个，整村推进测土配方施肥 128 个，免费服务农户 50.9 万户；发放技术资料 37.3 万份、施肥建议卡 40.1 万份；安置测土配方施肥触摸屏用户终端查询系统 59 台，建立规范化测土配方智能配肥服务中心 3 处。全年完成投资 140 万元，配方肥推广量 9.19 万吨，推广测土配方施肥技术面积 20.2 万公顷。

（叶全　陈洪江）

果茶业

【概况】 2015 年，威海市果园面积 3.4 万公顷，比上年下降 1.2%；水果总产量 102.6 万吨，增长 3.6%。在主要树种中，苹果面积 2.8 万公顷，下降 0.6%，产量 92.5 万吨，增长 4.0%；梨面积 1900 公顷，产量 4.44 万吨，分别下降 8.0% 和 0.02%；桃面积 913.3 公顷，产量 1.90 万吨，分别增长 4.4% 和 6.3%；葡萄面积 1446.7 公顷，产量 2.30 万吨，分别增长 1.7% 和 1.3%。全市茶园面积 667.2 公顷，其中采摘园面积 348.8 公顷，分别增长 4.5% 和 4.2%；茶叶产量 356.8 吨，下降 0.03%。

【外贸进出口】 2015 年，威海市进出口鲜果及其加工制品（不含边贸、易贸，下同）3.99 万吨、5210.6 万美元，分别比上年下降 4.1% 和 9.4%。全市出口鲜果及其制成品 3.76 万吨、4601.72 万美元，分别下降 6.9% 和 12.2%。全市出口鲜果 2.68 万吨、3212.94 万美元，其中出口鲜苹果 2.24 万吨、2692.97 万美元，分别下降 16.4% 和 21.1%，主要出口国家为印度尼西亚、菲律宾和泰国。全市进口水果和坚果及其加工制品（不含饮料和酒）1700 吨、1292.38 万美元，分别增长 41.7% 和 156.2%。其中，主要进口水果为香蕉，主要来源国为菲律宾；主要进口水果加工制品为杏仁及葡萄干，主要来源国为美国。

【果品销售】 2015 年，威海市干旱严重，但果实发育关键期有及时降雨，且结果园面积增加，苹果产量比上年增长 4%。受全国苹果总产量增加及 2014—2015 年度苹果收购价格高，销售价格低，苹果贮藏企业和商贩亏损严重等因素影响，2015年苹果贮藏企业和商贩收购趋向谨慎，收购等级标准要求更严，收购价格明显降低。前期套袋红富士苹果80毫米以上混级收购价格4.8～5.2元/公斤，后期价格进一步回落，降至3.4～4.0元/公斤。与上年同期相比，价格下降2～3元/公斤。全市果品贮藏库容37.48万吨，实际储藏果品35.62万吨，增长9.9%。其中果农入库贮藏量占总贮藏量70%，增长20%。

【国家和省果树项目建设】 年内，威海市苹果良种苗木繁育基地建设项目——威海市苹果无病毒原良种苗培育基地获农业部批准立项，获中央预算资金495万元扶持。文登区和丰果蔬专业合作社、荣成市鲍村三优果品专业合作社和乳山市志合果蔬食品有限公司分获国家标准园扶持资金50万元。荣成市国家农业示范区以奖代补（现代苹果产业）项目（2015—2017年）获国家批准，该项目计划连续实施3年，年内获中央财政以奖代补资金1000万元扶持。文登区、荣成市、乳山市全部承担山东省果菜产业项目建设，共获省级果菜产业项目资金1500万元。

【市级现代苹果业发展奖励】 年内，根据《威海市现代苹果产业发展资金奖励办法》《威海市现代苹果产业发展奖励项目验收办法》，市农业局联合市财政局进行考核验收，对全市果树苗木繁育基地、无毒资源保存中心和新建苹果矮砧集约栽培园等19个园区择优给予资金扶持，总扶持资金160万元。

【苹果矮砧轻减栽培】 在国家、省、市等资金扶持和项目带动下，2015年全市新建苹果矮砧轻减栽培高标准示范园986.67公顷，其中3.33～6.67公顷的示范园25处106.67公顷，6.67公顷以上的示范园39处833.33公顷，全市新建现代苹果栽培园加快发展。制定《威海市苹果矮砧轻减集约化栽培技术意见》《威海市无套袋苹果周年病虫害防治方案》《威海苹果套袋栽培园全年防治方案》《威海市苹果幼树园病虫防治历》等技术意见和方案，发给果树栽培者，为全市矮砧苹果栽培提供先进、完整的配套技术体系。

【现代果业专家大院】 11月26日，威海市现代果业专家大院第五次全体会议召开，会议通过新的《威海现代果业专家大院管理办法》，确定新一届入驻专家和顾问人员名单，新增国家苹果产业技术体系首席科学家、西北农林科技大学教授韩明玉为技术顾问，入驻专家增至11人。专家大院相关专家多次到威海指导矮砧苹果苗木繁育、矮砧苹果栽培与苹果无袋栽培试验，为现代苹果产业发展提供技术支持。

【技术交流与合作】 邀请国外专家11人次、国内知名专家15人次到威海开展技术交流、培训与指导，举办各类技术培训班6次，组织各类实地观摩学习11次、外出学习3次，培训技术人员1500多人次。邀请美国康奈尔大学LaiLiang Cheng、Watkins等专家教授和意大利果树专家Kurt Werth及法国果树专家Emmanue到威海开展技术交流活动，提升威海及周边地区的矮砧苹果管理技术水平。6月，农业部门组织部分人员赴意大利引进现代苹果园配套机械；9月，组织部分果树技术人员到美国康奈尔大学，实地学习矮化自根砧砧苗繁育与矮化自根砧带分枝大苗繁育技术。

【无毒苹果资源引进】 从中国农科院果树研究所引进20个苹果品种资源，从荷兰引进M9T337脱毒矮化苹果砧木26万株。

【果园机械】 市农业局召开果园机械座谈会、现场会，研究推进现代果业机械化进程事宜。6月，赴意大利学习引进果园机械，成套引进欧洲果园机械，与国外果园机械制造公司就在威海生产果园机械达成合作意向。7月，组织技术人员赴高密实地考察果园机械，联合研讨开发生产果园机械。市农业局与威海市3家机械生产企业初步达成联合研发生产现代果园机械意向，为其提供设计思路与技术指导，推进果园机械研发和生产。

【市级果树苗木繁育基地认定】 年内，根据《威海市市级果树苗木繁育基地认定管理办法》，新认定威海市文登区大水泊镇沐阳岭家庭农场为市级果树苗木繁育基地。

【第六届苹果擂台赛】 11月24日—27日，威海市第六届苹果擂台赛在威海国际会展中心举办，评出优秀品牌奖8名、优秀样品奖75名、优秀组织奖3名。威海华峰果品有限公司的“翠虹”苹果和乳山鲁威果蔬苗木合作社的胶东红苹果样品分别获得最高奖项——优秀品牌奖特等奖和优秀样品奖特等奖，各获奖金1万元。

11月24日—27日，威海市第六届苹果擂台赛在威海国际会展中心举办
市农业局提供

【茶叶展销活动】 5月22日，市农业局与市旅游局、威海报业集团在威海国际会展中心联合举办“2015年全民饮茶日——威海”公益活动，这是威海市连续举办的第三届全民饮茶日。年内，市农业局和市旅游局、会展中心联合举办春季茶博会、秋季茶博会等活动，全市30余家茶叶生产、加工企业及多家外地茶商参加活动。

（王林军　王兆顺）

畜牧业

【概况】 2015年，全市肉类总产量18.6万吨，比上年增长2.1%；蛋类总产量14.4万吨，增长1.4%；奶类总产量15.8万吨，下降10.5%。生猪存栏95.4万头，下降5.6%；生猪出栏146.6万头，增长0.9%。鸡存栏2052.8万羽，增长1.4%。其中，蛋鸡存栏1122.5万羽，增长1%；肉鸡存栏927.6万羽，增长2.6%。鸡出栏5290.4万羽，增长4.3%。奶牛存栏4.3万头，下降22.5%。羊存栏10.5万只，下降15.3%。

【无规定动物疫病区建设】 按照《威海市无规定动物疫病区评估工作实施方案》和无规定动物疫病区现场评审内容，完善无规定动物疫病区档案。威海泓禧动物无害化处理有限公司建立的市级病死畜禽无害化处理厂取得省级动物防疫条件合格证，7月正式投产，当年处理鸡125.1万只、猪624头、牛3头、羊14只。全市养殖环节有4万多头病死猪获得无害化处理补助，屠宰环节病害动物、动物产品无害化处理率100%。完成胶东半岛无规定动物疫病区兽医实验室提升项目建设，全市5个兽医实验室投入项目专项资金130万元，购置仪器设备63台（套），将市级实验室检测能力提升到分子领域，市级实验室和荣成市国家疫情测报站在全省兽医实验室动物疫病监测比对试验中，比对结果符合率100%。12月26日—27日，农业部无规定动物疫病区评估认证专家组对威海市无规定动物疫病区建设情况进行现场考核。

【重大动物疫病防控】 开展重大动物集中免疫。组织各区市对防疫技术骨干、村级动物防疫员、档案管理员3516人进行培训。全年免疫生猪211万头、牛11.2万头、羊14.5万只、禽2531万羽，应免畜禽强制免疫率100%。抓好产地检疫和屠宰检疫，全年产地检疫畜禽1.6亿头（羽），屠宰检疫畜禽6306.5万头（羽），申报检疫率100%。对全市34家动物诊疗机构集中清理整顿，下达整改通知书15家，注销资质1家。全市投入48.5万元，进一步充实和更换消毒药、防护服、应急箱等物资。开展防控突发口蹄疫疫情实战演练，50余名动物防疫人员参加，出动车辆8辆。全市5个兽医实验室对牲畜口蹄疫、高致病性禽流感等重大动物疫病进行监测，监测场点2399个，检测免疫抗体样品12.1万份，病原学样品9000份，免疫抗体合格率均达到国家规定标准，病原学检测全部阴性。开展动物流行病学调查工作。在全市范围内进行2次主要动物疫病流行病学调查，抽查53个畜禽养殖场（户）。开展牛、羊布鲁氏菌病专项流行病学调查，抽查26个养牛场（户）、28个养羊场（户），对阳性畜按规定进行无害化处理。

【特种毛皮动物】 年内，全市繁育优良水貂31万只，特种毛皮产量1320万张，引进恒美皮业有限公司等20家皮草企业。举办2015中国（文登）皮草品牌节暨品牌皮草展，为养殖场（户）、加工企业、消费者、购货商搭建全方位营销平台。

【肉鸡养殖】 全市新增2个年出栏240万羽的肉鸡双层养殖场、6个年出栏100万羽的肉鸡场，肉鸡出栏4623万羽，其中乳山市出栏4160万羽。

【畜禽养殖污染整治】 开展市区饮用水源地养殖情况调查，涉及养殖户410户、畜禽178万头（羽），摸清12处水源保护区域的养殖情况。指导水源地周边规模养殖场进行集中收集，达到畜禽养殖污染物减量化、无害化、生态化和资源化要求。全市完成对132家较大规模畜禽养殖场污染治理，建污水处理设施86个、固体废物贮存设施110个、无害化处理设施2个，规模化畜禽养殖场（小区）废弃物集中处理率达96%以上。

【畜牧业标准化建设】 制定《关于加强畜牧业标准化发展的意见》，召开全市标准化建设现场会，选择6家企业观摩学习。开展规模养殖场标准化示范场和现代畜牧业示范区（产业园）创建等活动，创建市级以上标准化示范场25个，其中国家级1个、省级10个、市级14个。申报省级现代畜牧业示范区3家、省级现代示范产业园6家。打造畜牧旅游示范点2个、畜超对接基地32个。全市畜禽标准化示范场比率为31%，标准化养殖比重达70%。全年新增市级以上畜牧产业化龙头企业3家，总数38家；新增省级合作社示范社4家，总数344家。5家蛋鸡养殖场被评为全省优秀蛋鸡场。引导养殖企业开办网络直销和电子交易平台，荣成宝竹肉食品公司和文登金森牧业正式运作。

【畜产品质量安全】 推进国家食品安全城市和农产品质量安全市创建工作，通过省级专家组对创建农产品质量安全市工作的初审。完善畜产品质量安全各项监管制度。制定《畜产品产地准出和质量追溯管理办法（试行）》《问题畜产品召回处置办法（试行）》等，印发《禁止在饲料和动物饮用水中使用的药物品种目录》等4个公告1.2万份，制定畜禽养殖场、兽药生产企业、饲料生产企业等生产经营主体管理制度48项。开展畜产品质量安全专项整治和执法检查。细化“瘦肉精”、生鲜乳违禁物质等5个专项整治的工作措施，开展2次综合执法检查、3次节日专项检查和蛋鸡养殖兽药使用专项检查。开展“守护舌尖安全”专项治理。全市检查各类生产经营企业4122家次，查处各类违法案件128起。开展畜产品安全监测，完成农业部和省级监测抽样666批次、市级监测1258批次、县级监测 3345 批次，食用畜产品检测合格率 99.8%；快速监测猪尿样本 3.9 万份，结果均为阴性。将省级无公害畜产品检测不合格的 1 家企业纳入“黑名单”列管。强化畜产品质量安全宣传培训。编写《畜产品质量安全法律法规实用文件汇编》，组织宣传活动 11 场次，举办畜产品质量安全监管、饲料管理执法等培训班 30 期，外出参加培训考察 35 次，培训人员 4200 人次。开展食安品牌创建活动，全市新增无公害畜产品认证企业 24 家，符合认证条件的规模养殖场认证率达 82%；6 家企业申报“食安山东”畜牧业示范品牌，环山集团等 4 家企业分获全国性、全省性和社区性“畜牧示范品牌引领企业”称号。

【畜牧科技推广】　文登奶山羊存栏 2.6 万头，文登黑鸭存栏 9 万只，烟台黑猪存栏母猪 326 头，基本达到地方品种保种需要。继续与山东农业大学、青岛农业大学合作，建立 15 个实习基地，组织培训 200 多人次。举办各类技术培训班 17 期，培训 2000 多人次，发放材料 2500 多份。在“科技三下乡”活动中，成立奶牛等 4 个畜种的便民服务技术专家组，筛选 9 个有推广价值的技术在网站和微博上发布。全市赶“科技大集”20 多次，发放“明白纸”4000 多份，现场解决实际性问题 30 多个。推广生猪人工授精技术和种猪性能测定，全市生猪人工授精率 90% 以上，经过种猪性能测定的种公猪 3800 余头，其中威海大北农种猪科技有限公司选送的种猪获全省种猪性能测定三等奖。

【饲料行业管理】　2015 年，全市饲料总产量 97.7 万吨。在全市开展 15 次拉网式巡查，检查饲料生产经营单位 147 家，下达整改通知 23 份，处罚违规企业 8 家，涉案金额 4.9 万元。在全市遴选荣成市瑞祥奶牛专业合作社、威海市文登区和力奶业专业合作社等 5 家养殖主体发展食草动物与“粮改饲”试点。全市组织完成饲料监测抽样 295 批次。

【兽药监管】　严格落实兽药质量安全责任制度，分别与兽药生产、经营、使用单位签订兽药质量安全责任告知书 3646 份、承诺书 2394 份。全面推行兽药经营告知制度，全市审核品种 1942 个、生产企业 223 家。健全完善兽药生产企业信用档案管理，实行“一企一档、动态更新、专人管理”的诚信档案制度，有效规范企业按照 GMP 标准运行。开展兽用生物制品经营清理整顿、兽药 GSP 再建设规范年等专项行动 6 次，完成抽检 97 批次，出动执法人员 600 多人次，检查企业 650 余家，查办案件 17 件。

【生鲜乳质量安全监管】　年内，全市开展 24 次拉网式巡查，下达限期整改通知书 5 份。对奶站生鲜乳质量安全进行抽样监测，抽取样品 16 批次，全部合格。开展奶业生产情况调查，建立奶畜生产者与加工者奶价协商机制，解决奶牛养殖场户“卖奶难”、奶农倒奶杀牛问题。举办世界牛奶日宣传活动，发放牛奶知识小册子 400 多份。

【生猪屠宰行业管理】　年内，召开全市畜禽屠宰管理工作会议，对全市生猪屠宰企业的 40 名兽医检验人员进行培训。严厉打击私屠滥宰违法行为，组织各区市对辖内畜禽屠宰经营业户及私屠滥宰业户进行排查，登记造册。严格监督屠宰企业执行生猪进厂查验登记、肉品出厂登记、“瘦肉精”自检等肉品质量安全管理制度，出动执法人员 1600 人次，检查企业 260 家次，查处各类违法案件 39 件，移交公安和食品药品监管部门 9 件。

（赵国清）

林　业

【概况】　2015 年，全市林业工作以生态文明建设为中心，坚持稳中求进、改革创新，突出抓好重点工程和重点区域造林绿化，狠抓森林资源保护，加快推进“生态美、产业兴、百姓富”的林业建设，努力开创林业工作新局面。全市完成成片造林 7133 公顷，完成森林抚育 1.08 万公顷，完成林业有害生物防治作业面积 11 万公顷次。

【造林绿化】　围绕荒山绿化、村庄绿化、水系绿化、绿色通道建设等重点项目，大力推进林业生态建设。科学调整树种结构，统筹考虑山体景观、森林防火和林业有害生物防治的需要，在改善林业生态环境的同时提高森林自身防护能力，完成荒山造林 2853 公顷。结合农村环境综合整治和机关企事业单位联系村绿化工作，抓好镇驻地、进村路、村头巷尾、农田林网的绿化，进一步改善镇村生态环境，完成村庄绿化 230 个，新增林网化面积 933 公顷。在全市的河流两岸和水库周围等营造水土保持林和水源涵养林，完成水系造林 445 公顷。重点对青荣城际铁路、荣乌高速等道路沿线两侧进行绿化升级，提高绿化档次，新建、提升绿色通道 157.5 公里。进一步改进林分质量，提高林地生产力，完成森林抚育 1.08 万公顷，其中中央财政补贴森林抚育 7400 公顷。

【森林防火】　按照《全市森林防火三年行动计划》和《关于 2015 年森林防火工作重点任务安排意见》，全面加强森林防火能力建设。加大森林防火宣传教育力度。制作森林防火宣传片《警钟长鸣》和电视公益广告片，通过电视播放，并结合“电影下乡”活动在社区与中小学校播放；发送森林防火提示短信 200 余万条；增设防火警示标牌，悬挂防火横幅 5000 条，张贴防火标语、《禁火令》2 万份，发放“明白纸”16 万份。继续在清明节期间开展“鲜花树苗换烧”活动，发放鲜花 12 万束、花圈 2 万个、松柏苗木 2 万棵。完善森林防火装备设施。全市投入防火资金 1.13 亿元，新建防火通道 478 公里，新建、改建检查站 396 座，新增设防火监控及无人值守智能卡点 413 处，采购大型水输送车辆 8 部，新配备运输车 23 辆。加大森林防火检查督导力度。开展“百日攻坚严厉打击野外违规用火行为专项行动”，打击野外违规用火行为，全市开展各类检查活动 135 次，印发森林火灾隐患责令限期整改通知书 11 份，整改问题 40 余个。加强森林防火队伍建设。全市森林扑火专业队人员增加800余人，其中市林业局依托海滨林场成立48人的直属扑火专业队，各区市按照“年轻化、职业化、常备化”的要求增加森林扑火专业队伍人员数量，至年底，全市有专业队伍137支2308人。不断提高森林防火队伍业务能力和素质，有9支森林防火队伍参加全市应急救援综合演练。全市组织开展应急演练30余次。

【林业有害生物防控】 对全市林业有害生物越冬基数进行调查，预测林业有害生物发生趋势；每月按时上报林业有害生物防控信息，印发《森保情报》6期。落实林业有害生物防控责任，召开全市林业有害生物防控工作培训会议、全市林业有害生物防控工作会议等，对全市林业有害生物防控和普查工作进行专题部署。适时开展喷药防治工作，全市林业有害生物防治作业面积11万公顷次，完成省林业厅下达的林业有害生物防控“四率”（年平均成灾率、无公害防治率、测报准确率、种苗产地检疫率）指标任务。

【林业执法和审批】 在全市林业系统开展林业“执法提升年”活动。加强林业执法人员培训，组织森林公安民警到南京森林警察学院及省森林公安局举办的培训班学习，到市公安局、环翠分局学习刑事执法等方面的经验。加大林业执法力度，重点开展严厉打击非法占用林地、非法采挖移植运输树木和破坏野生动物资源违法犯罪等专项行动，查处各类林业案件92件，其中行政案件85件，处理行政违法行为人93人，罚款41.9万元。规范林业行政审批工作，全年审核建设项目使用林地7件，使用林地面积177.7公顷，征收森林植被恢复费2017.7万元。加强林木采伐审批管理，全市办结林木采伐许可503件，采伐林木16万株，蓄积8613立方米，占全年林木采伐限额的7.1%。

【林业产业】 市林业局联合市财政局制定第二轮《威海市鼓励林业产业发展奖励办法》，发放2015年奖励资金，对符合条件的13家单位奖励扶持70万元。参加2015年度农民林业专业合作社省级示范社评选工作，威海经济技术开发区红苹果果品专业合作社、威海市看牛山林木专业合作社被评为2015年度林业专业合作社省级示范社。在全省林业产业龙头企业评选工作中，威海双丰神农科技有限公司和威海艺苑园林绿化工程有限公司被评为2015年度省级林业龙头企业。积极发展特色经济林和种苗花卉产业，全市新增经济林面积2653公顷，新育苗面积1000公顷，荣成市被命名为“中国无花果之乡”。开展食用林产品专项整治行动，举办全市经济林管理工作培训班。对经济林的农药使用情况进行监督检查，检查生产单位136家。联合质检部门对食用林产品进行质量安全监督抽检和风险监测，抽检样品41批次，全部合格。

【林权配套改革】 推进林权抵押贷款政策落实，2015年，全市新增林权抵押贷款业务3笔，抵押面积111公顷，抵押贷款金额3500万元，有效拓宽林企的融资渠道。加快生态公益林保险投保进度，召开全市森林保险工作座谈会，除乳山市外，全市生态公益林均签订保险合同，完成保险面积8.44万公顷，缴纳保费506.42万元，保额10.13亿元。

【生态文化建设】 开展“植树节”“湿地日”“爱鸟周”“野生动物保护宣传月”等林业宣传活动，提高全民生态文明意识。“植树节”期间，全市组织150多万人次参加义务植树活动，栽植各类苗木777万株。加强湿地公园、国有林场等生态文化设施建设。威海市文登区五垒岛湾湿地公园被国家林业局批建试点国家湿地公园，为威海市首个；荣成市大天鹅国家级自然保护区通过由国家林业局、环保部等部委联合组成的专家评估组对其管理工作的评估；荣成市东楮岛村被省林业厅授予“山东省生态文化村”称号；市直海滨林场经费形式调整为财政拨款。

（王光华）

水 利

【概况】 2015年，威海市投入水利建设投资35.36亿元，比上年增长227%，其中落实省以上无偿资金7.69亿元，增长101.3%，完成重要水利工程建设55项，修建各类水源工程143处，改善灌溉面积167公顷，新增高效节水灌溉面积2800公顷。至年末，全市有大中型水库15座、小型水库400座，蓄水量1.82亿立方米。威海市水利局继续保持“全国水利文明单位”“省级文明机关”和“市级文明行业”称号。

【骨干水网工程】 泊于水库工程获批，列入全省雨洪资源利用重点实施项目，省级奖补资金2.63亿元全部到位，主体工程全面开工，完成投资8亿元，库区土地征收449公顷，抬田区土地补偿、清表209公顷，土石方开挖1.67万立方米。米山水库增容工程完成投入使用验收并顺利移交。完成米山泵站至荷山水厂输水工程，输水能力大幅提升。胶东地区引黄调水工程全线通水，外调水首次进入威海。

【防洪减灾体系建设】 投资9500万元，实施母猪河、沽河、小落河、黄垒河4条中小河流治理工程，治理河道25公里。投资2.82亿元，实施中小河流治理重点县项目，治理河道67.9公里。投资520.09万元，完成列入国家规划的5座小（二）型水库除险加固工程。投资2427万元，完成21座新出险小型水库除险加固工程。投资9360万元，完成279座病险塘坝除险加固工程。投资2190万元，完成2个山洪灾害防治县级非工程措施项目、2个山洪灾害调查评价项目、1个山洪沟防治项目和349处监测站点建设。累计投资2.6亿元，完成威海市五渚河河口、荣成市石岛湾北岸、乳山市白沙口（九期）3项海堤工程，威海南海新区香水河挡潮闸工程完成年度建设任务，加固海堤9.8公里。

【民生水利工程】 市水利局联合市财政局制定《威海市农村规模化供水工程市级财政资金奖励办法》，年内建设规模化供水工程10处，新增受益村庄173个，完成单村供水改造102处，总受益人口23万人；投资2445万元，完成荣成市农村饮水安全项目年度建设任务，解决18个镇、108个村、4.96万名农村群众饮水安全问题，全面完成“十二五”国家农村饮水安全项目；投资192.5万元，在荣成市、乳山市各新建1处农村水质检测中心；投资8322万元，完成文登区、荣成市、乳山市3个国家小农水重点县年度建设任务，发展节水灌溉面积4000公顷，修建各类水源工程326处；投资1015万元，开工建设文登区、荣成市、乳山市3个农田水利维修养护项目；投资3620万元，完成159个大中小型水库移民后期扶持项目，文登区列入全省第二批大中型水库移民避险解困10个试点县（区），试点方案获批，前期工作全面展开。

【实施最严格的水资源管理制度】 全面分解下达用水总量、用水效率和水功能区限制纳污“三条红线”控制指标，实现威海市全覆盖。在全省2014年度最严格水资源管理制度考核中威海市位居第二，农田用水利用效率（0.69）位居第一。建立健全饮用水水源地执法巡查制度，制定违法行为处理流程图，更新规范水源地警示标志。乳山市龙角山水库列入国家重要饮用水水源地名录。对全市11条重点河流监测断面进行调整，公布《威海市水功能区划》，划分一级水功能区11个、二级水功能区29个，规划河长435.2公里。水质监测规范化，数据发布模式化、常态化。全市水政执法、水资源管理规范化创建工作实现全域覆盖。

【防汛抗旱】 认真履行防汛指挥职责，组织和动员各级各部门层层落实防汛责任制，修订完善各项防汛、防台风应急预案。组建防汛抢险机动队5支、专业队15支，首次从全市各行业聘请59名专家组建防汛抢险专家队伍，按照网格化管理模式开展防汛督导检查18次。建设完善雨情自动监测、水库水位自动监测、河道水情监测、城区防洪预警四张网络，防汛工作科学化、智能化、数字化水平进一步提高。2015年，全市持续干旱少雨，水库蓄水严重不足，威海市及时提出胶东调水请示。12月22日，黄河水顺利入境，结束威海市无客水入境的历史。

【水生态文明建设】 实施城郊河道生态化治理。年内，投入资金5.1亿元，治理城郊河道13条35.4公里。完成环翠区五渚河、荣成市凉水泉、乳山市小史家3条小流域综合治理项目，治理水土流失面积12.06平方公里。完成28处国控、省控重点取水项目计量设施安装调试工作。在全市范围内开展“‘全民参与，节约用水’节水宣传月”活动，在市区人员密集场所安装各类节水标识牌2.5万份，发放宣传材料40万份，在市区设置大型节水宣传广告牌、电子显示屏等，向用水户发送节水宣传短信2000万条，在报纸、电视台、电台开办节水专题报道10余期。

【水利重点领域改革】 编制完成水利依法行政权力清单、责任清单、中介服务清单并向社会公布，市级保留水行政权力事项57项，其余全部下放县级或向市场放开。荣成市小型水库管理体制改革试点工作获省水利厅考核优秀等级，文登区、乳山市入围2016年度全省小型水库管理体制改革试点。在全市开展省级规范化乡镇水利站创建工作，文登区、荣成市5处镇水利站获“省级规范化乡镇水利站”称号。推进农田水利产权制度改革和创新运行管护机制试点工作，文登区在整合涉农部门农村管理事项、荣成市在灌区管护人员工资纳入财政预算管理、乳山市在结合项目建设开展工程维修养护服务等方面进行探索，取得一批可复制、可推广的成功经验。

【调引黄河水】 2015年，威海市持续干旱少雨，水库蓄水严重不足，城市供水十分紧张。为保证市区正常供水，市水利局分别向省水利厅、省胶东调水局、山东黄河河务局提报外调水计划。胶东地区引黄调水工程是国家南水北调东线工程的重要组成部分，2000年9月申请国家立项，2002年4月获国务院批准。工程分西、中、东三段，其中东段自引黄济青昌邑宋庄分水闸至文登米山水库。威海市境内输水线路全长11公里，从文登界石镇与牟平龙泉镇交界的卧龙隧洞出口起至米山水库，主要包括卧龙隧洞工程、暗涵工程和大型输水管道工程，均在界石镇境内。2013年12月，烟台门楼水库到米山水库输水管道试通水成功。2015年，新建4座调流调压设施，对米山水库上游的输水管道出口消力池进行

12月22日，胶东地区引黄调水工程全线通水，外调水首次入威海

市水利局提供

扩建。12月22日，黄河水正式调入威海市，结束了威海市外无客水入境的历史，标志着威海市在构建外调水、当地水联合调度、优化配置、丰枯调节的现代化水网建设上取得突破性进展。

（于泉贵）

农业机械

【概况】 2015年末，全市农机总动力555万千瓦，农用拖拉机28.47万台，各种配套机具50.49万台（套），平均每公顷耕地占有农机动力28.36千瓦、拖拉机1.46台、配套机具2.58台（套）。全市综合农机化作业水平提高到92.0%。其中，小麦机收率99.97%，花生机收率99.2%，玉米机收率85.0%，经济作物综合机械化水平达75.0%，植保、农业运输、农副产品加工等环节基本实现了机械化。

【农业机械化作业】 组织各类农业机械投入春耕、夏收、秋种、冬整作业，最大限度地发挥农业机械在农业生产中的作用。协调石油部门开设三夏、三秋农机用油绿色通道，组建技术服务小分队，送服务到田间，实行督导区市制，设立24小时服务热线，大幅提高农机化生产水平。三夏期间，全市投入各类作业机械20多万台（套），其中小麦联合收获机5400多台，组成60个跨区作业队，1800余台小麦联合收获机参加跨区作业，完成跨区作业面积3.33万公顷，实现作业收入4500多万元。三秋期间，全市投入各类机械22.5万台（套），其中大中型拖拉机1.70万台、玉米联合收获机1600台、小麦播种机1.20万台（免耕播种机1365台）。

【农机专业合作社】 通过政策倾斜、资金扶持、典型观摩等方式，推动农机专业合作社扩规模、上档次。2015年，全市农机专业合作社数量156家，其中农机原值30万～50万元的51家，50万元以上的41家；分别在文登区、荣成市和乳山市建立农机专业合作社示范社，示范引导农机合作社以作业合同的方式开展耕、播、收、植保一条龙作业服务，有17家农机合作社与村委、77家农机专业合作社与周边村签订一条龙作业服务协议。落实省农机化作业规模化推进项目资金30万元，扶持3家农机合作社；45家农机合作社获得省级深松作业项目400万元作业补助，完成深松作业项目面积6666.67公顷，其中文登区4000公顷、荣成市2666.67公顷，安装深松监测设备299台。全市农机专业合作社完成作业面积11.67万公顷，作业收入1.3亿元，完成土地流转2000公顷。

【农机新技术推广】 年内，全市新建经济作物机械化创新示范基地10个，落实项目资金45万元。通过创新示范基地的辐射带动，大力推广经济作物机械化作业。引入西洋参、丹参收获机械，破解制约威海市中药材生产的瓶颈问题，10月19日，全省中药材机械化收获现场会在威海市文登区召开。全市新增各类经济作物机械263台（套）。推广“小麦联合收获—秸秆粉碎还田—玉米硬茬播种”保护性耕作技术，全市所有适宜安装小麦秸秆切碎器的小麦联合收获机全部免费安装，小麦秸秆切碎还田率92.0%。玉米联合收获机保有量1627台，深松机保有量668台，有效满足“玉米机收—秸秆还田—土壤深松—小麦免耕播种”保护性耕作技术推广的需求。全市新增保护性耕作面积4666.67公顷，总实施面积5.63万公顷。

【农机购置补贴】 年内，全市落实上级农机购置补贴资金4000万元，补贴机具1.93万台（套），受益农户1.76万户，其中报废更新资金1975.54万元，报废更新机具1.08万台（套），受益农户1.07万户，报废试点区市由2家增加到3家。加大对大型复式农机具、经济作物以及水产和畜牧养殖生产所需农机具的补贴倾斜力度，建立健全“谁办理、谁负责、谁核实、谁负责”的责任机制和“谁核查、谁签字、谁负责”的责任追究制度，同时加大补贴政策的宣传和信息公开力度，使农民享有充分的知情权。成立检查督导组，开展电话抽查和定时驻点各区市督导检查，发现问题及时整改。

【农机培训】 坚持教育培训与农机化重点工作相结合的原则，强化教育培训工作的针对性，特别是针对玉米机收、花生联合机收、中药材生产等技术问题，在全市开展“大培训、大推广、大普及”活动，加快农机化新技术的推广普及步伐。2015年，全市举办各类农机培训班261班次，培训各类农机技术人员1.76万人次。利用报纸、电视、网络和科技下乡等形式，送技术到村镇院落、田间地头，提高新技术的推广普及率。将关键技术制成电教片，发到合作社和机手手中，聘请厂家技术人员跟踪培训和指导。全市农机部门发放宣传资料2.60万份，科技下乡16次。创建星级维修点，全市农机部门加大对农机维修人员的培训力度，严格职业技能鉴定标准，促进农机维修服务质量整体提高，全年培训农机维修人员950人次，维修技术人员持证上岗率100%。

【农机监理】 年内，全市纠正农机违章4986起，完成拖拉机年检3.99万台，办理驾驶证业务4267本，拖拉机挂牌上户1.51万台，全市挂牌总数24.21万台，发证总数15.95万本。全市21个执法中队在镇村田间地头穿插巡回执法，纠正违法行为，保障农机作业安全。开展为民服务争先创优示范创建活动和监理人员定时定点进社区服务活动，全市开设便民检审点79处，将审验、挂牌、办证手续由7个工作日压缩为“群众只要提供的手续齐全，即来即办”。落实惠农政策，实行对联合收获机的牌证、工本费、检验费等一切费用全免制度，加大农机安全反光贴的免费推广力度，落实反光贴专项资金32万元，粘贴反光贴27.5万贴。

（赵建波）

编辑　李洪格

海洋与渔业

综　述

【概况】　2015年，全市海洋与渔业系统紧紧围绕半岛蓝色经济区、“海上粮仓”建设等战略部署，抓住“一带一路”、中韩自贸区建设等契机，全面贯彻落实全市海洋与渔业工作会议精神，突出改革、创新、规范，积极适应新常态，推进转型升级、跨越突破，多项工作“走在前列”，打造生态良好、布局合理、管理高效的海洋与渔业发展格局，为现代化幸福威海建设作出积极贡献。全市水产品总产量248.45万吨，比上年增长3.3%；实现渔业经济总产值1200亿元，增长9.4%。“十二五”各项任务目标顺利完成。

【全市海洋与渔业工作会议】　1月22日，全市海洋与渔业工作会议召开。会议总结全市海洋与渔业工作，研究部署促进现代海洋渔业发展和加强海洋综合管理的各项措施，动员全市上下进一步解放思想、统一认识，推动全市海洋经济在新常态下实现新突破。省海洋与渔业厅厅长王守信，市领导孙述涛、张惠、刘玉党、董进友、汤光运出席会议。会上，张惠与王守信分别代表威海市政府和省海洋与渔业厅签署《关于共同推进威海市海洋与渔业创新发展的合作协议》。（参见《政治·中国共产党威海市委员会》第39页）

【《关于促进现代海洋渔业持续健康发展的实施意见》出台】　1月6日，威海市政府印发《关于促进现代海洋渔业持续健康发展的实施意见》，对全市下一个时期加快海洋渔业发展方式转变，提高海洋渔业产业层次，全力打造生态良好、布局合理、科技先进、海陆统筹、管理高效的“海上粮仓”作出具体部署。意见围绕培育面向全球的远洋渔业产业、健康高效的养殖增殖产业、优质高端的加工增值产业、充满活力的海产品流通产业、配套完善的海洋渔业装备制造业、特色鲜明的休闲渔业产业六大产业，进行详细规划部署；着眼于解决现代海洋渔业发展的关键环节，从强化园区的集聚功能、龙头的支撑功能、品牌的引领功能、科技的带动功能、市场的辐射功能、人才的基础作用等方面，提出具体要求和目标；从规范渔船管理、海洋渔业资源管理、渔业安全生产管理、水产品质量安全管理、海洋渔业生态环境管理方面提出具体措施和要求，为现代渔业发展创造良好环境和氛围。到2020年，形成海洋渔业经济持续发展、生态环境优美、渔业文化繁荣的良好格局，全面建成全国现代海洋渔业引领区、海洋生态文明示范区、海产品质量安全放心区。

【《关于共同推进威海市海洋与渔业创新发展的合作协议》签订】　1月22日，市政府和省海洋与渔业厅签订《关于共同推进威海市海洋与渔业创新发展的合作协议》。按照协议，省海洋与渔业厅将在重点区域开发建设、海洋与渔业园区布局、打造“海上粮仓”等8个方面，采取政策引导、资金倾斜等措施，推进威海市海洋与渔业创新发展。围绕加快重点区域开发建设，在资金、项目上支持东部滨海新城等重点区域海岸带整治修复项目的实施，打造美丽海岸；支持双岛湾科技城打造全国海洋生态文明示范区的亮点区域；保障重点区域开发建设的用海需求，在用海指标上给予优先考虑。省海洋与渔业厅将威海市作为“海上粮仓”建设的核心区域，整合资金、项目等各类政策资源给予保障和支持。围绕全市重点打造的10处一园多主体、全产业链、立体生态循环型的现代渔业园区，在资金和项目安排上给予倾斜，加快威海市渔业园区按照省级现代渔业示范园区标准整合、提升、建设进程。在建设国家浅海海上综合试验场、海洋生物遗传育种中心等科研平台方面，省海洋与渔业厅在海洋经济创新发展区域示范、省现代渔业产业技术体系创新团队建设、省海洋工程技术协同创新中心创建等方面给予重点支持。把威海作为“以港管船”和“百千万”海洋渔船更新改造工程示范市，赋予相关的政策和权限。在海岸带综合管理、海域资源市场化配置、水产品质量安全监管等3个方面，进行技术支持和指导，在资金项目上给予一定倾斜，力促威海市现代渔业持续健康发展。

【《威海市海洋功能区划（2013—2020

5月22日，海洋功能区划新闻发布会召开　　　　市海洋与渔业局提供

年）》发布】 5月11日，威海市政府印发《关于公布实施威海市海洋功能区划（2013—2020年）的通知》。《威海市海洋功能区划（2013—2020年）》区划总面积6293.79平方公里，海岸线总长977.8公里，实施期限为2013—2020年，划分135个海洋基本功能区，主要包括农渔业区、港口航运区、矿产与能源区、旅游休闲娱乐区、海洋保护区、工业与城镇用海区、特殊利用区、保留区8个一级类划分区。其中，成山头以北的北部海域主要发展滨海旅游与现代服务业，协调海洋开发秩序，维护成山头航道、威海港等港口航运功能；成山头至五垒岛湾海域主要发展海洋渔业，荣成近岸至文登前岛海域兼顾区域性港口建设和滨海旅游开发，适度发展临海工业；五垒岛湾至乳山海域主要发展滨海旅游业，建设生态宜居型海滨城镇。

【东北亚渔业经贸合作峰会暨中国海参产业高峰论坛在威海举办】 10月29日，由山东省政府和东北亚地方政府联合会海洋与渔业专门委员会主办，威海市政府、山东省海洋与渔业厅、山东省外事办公室承办的东北亚渔业经贸合作峰会暨中国海参产业高峰论坛在威海举办。山东省副省长赵润田，东北亚地区地方政府联合会秘书长全哉垣，国家海洋局总工程师孙书贤，山东省政府应急办公室主任张积军，山东省海洋与渔业厅厅长王守信，威海市委副书记、市长张惠，日本驻青岛总领事馆总领事远山茂，韩国驻青岛总领事馆领事李康源等出席开幕式。赵润田、张惠、远山茂、李康源致辞。来自东北亚地方政府联合会秘书处及韩国、蒙古等国的会员省代表，国家及省有关部门、海洋科研机构、渔业企业代表260余人参会。活动围绕“东北亚渔业经贸合作”主题，深入探讨东北亚地区渔业，特别是海参产业发展趋势，推动各地方政府在渔业经贸领域的相互交流与合作发展。会上，威海市海洋与渔业局与中国科学院青岛生物能源与过程研究所签署《威海海洋生物与碳汇研发基地共建协议》，威海国有资产经营（集团）有限公司和国家海洋局第一海洋研究所签署《威海海洋科技产业项目孵化基地合作共建协议》，威海市渔业协会与韩国首尔市钓鱼联合协会签署《威海市渔业协会与韩国首尔市钓鱼联合协会合作备忘录》，宇王集团与韩国玉泉堂制药公社签署《鱼鳞胶原蛋白及海藻技术合作项目协议》，威海市蓝色经济研究院和韩国NEWCALION集团签署《海洋废弃物（贝类）综合利用项目合作协议》，威海鲜活海产品外贸协会与韩国鲜活海产品贸易协会签署《鲜活海产品贸易合作框架协议》，中孚水产养殖有限公司与韩国济州岛渔业合作社签署《大菱鲆育苗与养殖合作框架协议》，威海蓝色产业孵化器有限公司与韩国海洋水产科学院加沙中心签署《海肠人工养殖技术、绿藻赤藻消除技术合作协议》，协议总额6亿美元。

【威海市获“中国休闲渔业之都”称号】 8月16日，中国休闲垂钓协会授予威海市“中国休闲渔业之都”称号，威海市成为全国首个、唯一一个获得“中国休闲渔业之都”称号的城市。威海市区位条件优越，生态良好，渔业、旅游资源丰富，发展休闲渔业产业具有得天独厚的条件和巨大潜力。2005年起，逐步形成综合性基地、海上游钓、池塘垂钓、海上风光体验、渔家乐5大类休闲渔业特色项目，全市有休闲渔业省级示范点21处、国家级示范基地10处、省级休闲海钓场11处，专职和兼职从业人员近3万人，休闲渔业产业走在全省、全国的前列。

【威海市获“中国海参交易中心”称号】 10月29日，中国水产流通与加工协会授予威海市“中国海参交易中心”称号，威海成为全国唯一的国家级海参交易中心。中国海参交易中心落户威海，可加快威海海参产业由粗放式增长向集约式发展转变，提升海参产业的标准化、规范化、品牌化发展水平，将海参产业打造成为全市现代渔业和蓝色经济的特色优势产业，进一步增强威海市海参市场交易和辐射带动能力。

【《休闲渔业船舶管理办法》出台】 为进一步规范休闲渔业发展秩序，促进产业持续健康发展，威海市正式出台《休闲渔业船舶管理办法》，明确休闲渔业船舶的概念、范围及申报条件。办法自2015年12月1日起施行，有效期至2020年11月30日。办法明确休闲渔业活动是指利用渔业船舶从事水产品捕捞演示、养殖演示、垂钓等娱乐性渔业活动，规定休闲渔业船舶应当具备有效的渔业船舶检验证书、登记证书，捕捞渔业船舶应当持有捕捞许可证书等，每位游客应有1个固定座位，配备1件救生衣等。休闲渔业船舶从事休闲渔业活动的时间为每年5月1日至10月31日，其他时间不得从事休闲渔业活动。

【中国首个钓鱼岛主权馆在威海刘公岛开馆】 9月7日，钓鱼岛主权馆在公国爱国主义教育基地威海刘公岛开馆。该馆由国家海洋局宣教中心、威海市海洋与渔业局和刘公岛管委共同建设。中国钓鱼岛主权馆是全国第一个全面展示钓鱼岛历史与主权的专业场馆，通过近百幅真实的历史图片、翔实的历史资料和珍贵的文物实物，从享有主权、宣誓主权、捍卫主权三个角度深入阐述钓鱼岛的沧桑命运，用历史事实和法理道义阐明钓鱼岛是中国固有领土，中国对其拥有无可争辩的主权。

海洋综合管理

【概况】 2015年，全市海洋综合管理工作以海域使用管理创新、重点项目用海保障、海洋环境保护等工作为重点，着力强化依法管海用海，大力推进海洋生态文明建设，形成海洋资源利用高效集约、开发保护空间格局逐步优化、海洋生态环境质量持续改善的海洋综合管理事业新格局。

·海域管理·

【规划修编】 编制完成《威海市海洋功能区划》《威海市无居民海岛保护与利用规划》《县级海域使用规划》等区划规划，构建起完备、系统的海域海岛区划规划制度体系。

【海域使用】 9月20日，市政府召开市海域使用审批领导小组第3次会议，研究审议45个用海项目、1个无居民海岛项目的报批、转报工作。年内，全市完成审批海域使用259宗，总面积4.16万公顷。

【海域资源市场化配置】 全面强化落实《威海市海域使用权招标拍卖挂牌出让办法》，原则上取消经营性用海申请审批模式，只要符合条件，全部采用拍卖、招标、挂牌方式出让海域使用权。提高市场准入门槛，鼓励发展规模经营，增强养殖企业抗风险能力，全年市场化出让海域36宗，面积6800公顷，实现历史性突破。抵押贷款规模逐年上升，2015年，全市办理海域使用权抵押贷款143宗，面积6.28万公顷，抵押金额39.49亿元。

【海域使用金征收】 积极联系走访用海业主，强化有偿用海的法制观念，优化海域使用金征缴催缴程序，全年收缴市级审批项目海域使用金1200多万元，圆满完成全年征收任务。

【海域动态监管】 全面开展县级海域动态监管能力建设，各区市成立海域动态监管机构并配备专业技术人员，制定海与动态监管能力建设方案，形成国家、省、市、县（区市）四级完备的动态监管体系，海洋综合管控能力进一步提升。

【市区养殖用海整治规范】 在威海湾养殖设施清理的基础上，根据城市建设和滨海旅游、港口航运发展需求，8月，市政府办公室出台《威海市区养殖用海整治规范实施方案》，市区养殖用海整治规范工作正式启动，全面清理非法养殖，引导深海养殖，着力规范养殖行为。计划至2017年9月30日，完成市区近6000公顷筏架养殖的清理工作。

【海洋空间资源信息调查】 在全省率先开展海洋空间资源信息调查，编写完成《威海市区海洋空间资源调查报告》。对市区调查区域水深、地质、生物、水质、沉积物、水动力条件、初级生产力等自然条件进行系统分析与论述，进一步挖掘海洋资源开发利用潜力，为市区海域使用权市场化配置和养殖生产提供科学依据和指导。

【海域使用动态监视监测】 开展海域资源基础信息、海岸地质灾害风险、海域使用动态、海域海岛监管服务等5类23项监视监测任务。

海域资源基础信息监测 以遥感监测为主，辅以现场监视监测，完成9段海岸线、9处滨海湿地、8个海湾资源和3个海岛的监测工作，监测岸线长度288.9公里、滨海湿地面积118.5平方公里、海湾面积445平方公里、海岛面积4.5平方公里。

海岸地质灾害风险监测 对8个海湾海工设施、16处沙滩侵蚀进行监测。海工设施监测码头4.4平方公里、护岸208.2公里。沙滩侵蚀监测方面，在九龙湾、小石岛等重点沙滩监测的基础上增加14处沙滩作为常规监测区，对区域内冲淤状况和演变趋势进行跟踪调查监测，编制《威海市重点砂质岸滩（沙滩）监测与评价报告》。

海域使用动态跟踪监测 完成6个海湾区域布局监测、41个用海项目动态监测、2宗排污用海监测和2个疑点疑区监测工作。海湾区域布局监测方面，采用遥感影像监视监测、实地测量等方式获取各海湾围填海工程、整治修复项目和人工鱼礁用海等用海数据，监测海湾面积320平方公里。建设填海造地用海项目跟踪监测方面，对全市41个用海项目开展动态监测工作，形成报告126个。

海洋空间资源调查 根据2010年至2012年间开展的“关注母亲海湾 呵护黄金海岸”行动成果，结合多年遥感影像资料，对全市海岸带海域空间资源进行分析和整理，编制完成《威海海岸带图集》。图集分4册，内容涵盖海岸带资源、海岸带利用与开发和海岸带风险状况。全年重新制作或修改完成449幅海岸带图件，完成海岸带14个调查项目统计数据，基本摸清全市海岸带空间资源情况。

海域海岛监管服务 收到23个用海项目统一配号申请并完成统一配号。全年审核用海项目373宗，完成429宗权属数据统计，编制用海项目审核情况报告、统一配号月报统计报告24份。至年末，全市全年确权用海面积7.41万公顷，其中渔业用海7.38万公顷、工业用海8.49公顷、交通运输用海65.86公顷、造地工程用海11.21公顷、旅游娱乐用海75.20公顷、特殊用海28.75公顷、其他用海136.86公顷。

·海洋监察·

【概况】 2015年，组织参加海洋监察员上岗资格培训班等执法培训11次，培训执法人员37人次；定期对船舶进行保养及上坞维修，确保船只处于良好适航状态；对船舶安全隐患进行不定期排查，邀请专家进行船舶消防安全培训讲座，组织船员进行模拟火灾扑灭演练，确保执法船零事故、零风险。中国海监威海市支队获得“全国海洋系统先进集体”“创建全国文明城市工作先进单位”和“承办济南军区贯彻落实习总书记重要讲话和全国第五次边海防工作会议精神集训先进单位”等荣誉，顺利通过“全省海洋与渔业文明执法窗口单位”和“市级文明单位”复核检查。

【市区沙滩管护】 创新沙滩管护市场化运作新机制，制定《双岛湾北海沙滩管护示范区创建方案》，引入社会力量开展沙滩管护和开发，投入100余万元，出动大型机械车330余台次，清理外运建筑垃圾、生产垃圾、生活垃圾3000余吨，清理沙滩面积10万平方米，成功创建北海沙滩管护示范区。强化宣传引导，重新布设安装“沙滩管护牌”，会同威海电视台海洋频道录制沙滩管护专题片，引导公众自觉爱护沙滩。加强日常执法巡查，严格落实责任，增强巡查频率，督促沙滩管护人员到岗值守，对沙滩进行动态平整修复，及时清理麦秸秆、藻类和海上浮油等垃圾；严厉打击盗挖海砂、破坏沙滩环境资源违法行为，全年查处沙滩违法违规行为8起。

【市区近岸非法养殖设施清理整治】 重点开展威海湾海域清理整治和市区近岸海域养殖设施规范规划治理工作。在威海湾海域，加大威海湾海上巡查管控力度，通过宣传与强制拆除相结合的方式，拔钉子，清死角，坚决清理威海湾内部分残留非法养殖设施，有效防止养殖反弹。全年督促拆除筏架20多公顷、浮标20余个、看护房3个、养殖平台6个。在市区其他海域，按照《威海市区养殖用海整治规范实施方案》要求，超前运作，提前防范，重点加强对东部滨海新城、初村北海、中心渔港航道附近海域养殖用海的巡查与管控，严厉打击抢上抢养等新增违法养殖行为，清理违法养殖水面14公顷。

【海岸带执法巡查】 按照“强责任、抓督导、促稳定”的工作思路，落实《威海市海岸带执法巡查办法》，实行划片分段包干、逐级签订责任书，开展定期督导检查和交叉执法检查，全年在市区范围内组织开展海陆巡查353次，发现并查处海洋违法违规行为20起，妥善处理6起群众上访案件，有效维护海岸带管理秩序。

【专项执法行动】 开展“海盾”“碧海”“海岛保护”专项执法行动，会同省海洋与渔业监督监察总队石岛支队、烟台支队联合开展“护航蓝区建设”、省海洋与渔业监督监察总队石岛支队辖区海监交叉执法专项行动、省海洋与渔业监督监察总队烟威地区海监交叉执法专项行动，对2011年以来取得海域使用权证书及未批先建的用海项目进行拉网式执法检查，检查用海项目65个。以此为依据，对2014年以来审批的27宗围填海项目开展全面执法检查，现场打点测量、核实数据、更新监管档案41个。年内，全市派出海监执法车辆871车次、执法船219航次、执法人员6064人次，检查海洋工程项目1284宗次，依法立案查处海洋违法案件3起，办结“世纪之光”号溢油污染损害海洋环境案件，索赔3300多万元。

【保障市民游客亲海活动】 通过设立亲海提示牌、公开举报电话、约谈座谈、亲海保证金制度、签订承诺书、重点时段和集中岸段现场巡查等方式，切实保障群众的正常亲海需求，构建和谐的亲海环境。年内处置亲海纠纷20余起。

【重点工作海上服务保障】 重点参与完成济南军区与威海市海防委员会共同组织的海上联合管控实兵演练和汇报展示，展现海监队伍的良好精神面貌，受到军地领导的充分肯定。按照市政府刘公岛客运中心搬迁部署要求，安排船艇24小时值班待命，对航行设施和机械设备进行全面检查，添置应急物资，组织2次应急救援实地演练，完成刘公岛客运中心初期运行及国庆期间客运航线安全救助应急准备服务保障。

· 海洋环保 ·

【概况】 2015年，全市以国家海洋生态文明示范区建设为主线，以海洋环境监测监管、海洋环境保护、整治修复等为重点，强化组织领导，创新体制机制，不断推进海洋与渔业环境保护工作，较好地完成了年度任务。

【海域海岛海岸带整治修复】 全市新增东部滨海新城、双岛湾、远遥中心渔港等11个海岛海岸带整治修复项目，共获得无偿资金1.86亿元。九龙湾、刘公岛、小石岛、爱莲湾、东楮岛、大鱼岛、文登12公里沙滩、烟墩角等9个项目通过省海洋与渔业厅组织的竣工验收。至2015年末，全市投入资金30多亿元，其中社会资金20多亿元，

“威海蓝”海洋环保志愿者清理海滩垃圾　　市海洋与渔业局提供

整治修复岸线60.12公里、沙滩28万平方米、植被8.9万平方米，清除淤泥27.58万立方米、垃圾59.45万立方米，整治危岩体25处，投放藻礁2万立方米，移植海藻8万株。全市自然岸线保有率达65.1%，远超全国40%的平均水平。

【小石岛湾岸滩整治与修复】 年内，由市海洋与渔业局承担的小石岛湾岸滩整治保护及海域资源修复项目完工，通过省海洋与渔业厅和省财政厅验收。项目由省级生态损失补偿费支出项目和中央分成海域使用金支出项目组成，于2012年底分别经省海洋与渔业厅和国家海洋局立项，总投资4100余万元。项目自2014年3月正式开工建设，2015年6月完成全部工程内容。其中，省级资金补助项目新建溢流坝71米、蓄排水口景观平台1870平方米，修复沙滩200米、海域资源5公顷；中央资金补助项目清除800米岸线范围内的建筑及生活垃圾5万立方米，岸线清淤10.22万立方米，修复沙滩800米，修建防堤路950米、防护挡墙838米。项目的实施提高了区域生态系统服务功能和价值，营造适宜民众亲水的海岸风貌，形成以海岸保护、景观和休闲为主要功能的生态景观示范区，为市民开辟新的休闲运动空间。

【海洋保护区建设】 全市建有国家级海洋特别保护区7处（其中海洋生态特别保护区4处、海洋公园3处），总面积1.58万公顷，数量和面积居全省前列。组织开展国家级海洋生态特别保护区、海洋公园总体发展规划编制工作，年内，小石岛海洋特别保护区总体规划获得国家海洋局批复，其余6处保护区的总体规划通过省级专家评审。将7处保护区列入监测计划，在保护区周边布设39个监测站位，对保护对象及水质、沉积物、生物质量等指标进行全面监测，为有效开展海洋保护工作提供依据。

【海洋生态文明示范区建设】 制定《国家级海洋生态文明示范区监测实施方案》，对国家级海洋生态文明建设示范区开展监测，形成《2015年威海市海洋生态文明示范区监测与评价报告》，用于指导威海市国家级海洋生态文明示范区及荣成市、乳山市两个省级海洋生态文明示范区建设工作。

【水产养殖场、育苗场、渔港码头环境整治】 继续开展水产养殖场、育苗场、渔港码头环境整治工作，先后开展两轮集中检查和环境评级工作，对2014年公布的一类环境单位进行复查，新增水产养殖场、育苗场、渔港码头环境一类单位153处（其中养殖场80处、育苗场61处、渔港码头12处），复查取消1处环境一类单位资格。至2015年末，全市有水产养殖场、育苗场、渔港码头环境一类单位307处，占总数的46%。其中，养殖场146处，占养殖场总数的40.6%；育苗场125处，占育苗场总数的67.9%；渔港码头36处，占三级以上渔港码头总数的73.5%。

·海洋环境监测·

【概况】 2015年，开展所辖海域海洋生态环境、海洋生态环境风险、海洋生态环境监管、公益服务4大类18项监测。全市近岸海域布设站位415个，监视监测面积1.15万平方公里。全年出动各类监测车船100余次，获取监测数据4.60万个，发布各类监测通报275期、《威海海洋监测》季刊5期，通过网站发布信息2000余篇次。

【海洋生态环境监测】 开展近岸海域趋势性、海洋生物多样性、海洋沉积物质量监测。全年取得生物样品132份、趋势性数据2.11万个、沉积物质量数据374个，形成《2015年威海市近岸海域趋势性监测评价报告》等3个报告。

【海洋生态环境风险监测】 开展溢油、赤潮、绿潮、海冰等应急监视监测30余航（车）次，采集样品100余份，编报专题通报16期。

【海水入侵和土壤盐渍化监测】 在双岛湾东侧和西南侧的张村、初村分别布设2个断面9个站位，于4月和8月开展两次海水入侵和土壤盐渍化监测，取得水质样品26份、监测数据126个，完成《2015年威海市海水入侵监测与评价报告》《2015年威海市土壤盐渍化监测与评价报告》。

【沙滩油渣监测】 开展国际海水浴场、小石岛滩、第一海水浴场、葡萄滩海水浴场、威海北部沿岸5处重点区域沙滩油渣监测，每周一测，编制上报监测通报5期，完成《2015年沙滩油污监测评价报告》。

【海洋生态环境监管监测】 陆源污染物排海监测　全市实施监测的陆源入海排污（河）口21个，于3月、5月、7月、8月、10月和11月对pH值、盐度等18项监测指标进行监测。全年取得水质监测样品126份、监测数据2268个，完成月评价报告126份、监测通报12期和《2015年威海市陆源入海排污口监测与评价报告》。

海洋垃圾监测　在小石岛沙滩开展沙滩垃圾监测，编制上报海洋通报1期。

海洋工程建设项目监测　开展威海湾、临洛湾至俚岛湾、石岛湾等7个热点海洋工程区海洋环境影响跟踪监测，布设海水质量监测站位98个、沉积物监测站位54个、生物监测站位54个，分别开展海水质量、沉积物和生物监测。全年取得监测数据1.29万个，完成《2015年工程区海洋环境影响跟踪监测报告》。

【公益服务监测】 海水浴场监测　6月24日至10月7日，对威海国际海水浴场、威海半月湾国际铁人三项游泳赛场、银滩海水浴场、小石岛沙滩和荣成海水浴场开展4大类24项指标海洋环境监测，通过媒体发布海水浴场环境状况信息。

国际铁人三项游泳赛场监测　自3月起，在半月湾海域布设5个断面16个站位，开展水文气象、海水质量、沉积物3大类31个指标的定期监测，为2015年威海长距离铁人三项世界系列赛提供技术保障。

华能威海电厂温排水环境影响监测　针对华能威海电厂温排水对海域环境的影响，在该厂温排水排放海域布设28个站位，于2月、5月、8月、11

月开展涨潮与落潮期监测，完成《2015年华能电厂温排水海洋环境影响评价报告》。

海岸带修复区与生态修复区监测　以九龙湾修复区和乳山潮汐湖为监测区域，开展岸带修复区与生态修复区监测，于5月、8月和10月开展水温、盐度、透明度等17项指标的监测工作，完成《海岸带修复项目跟踪监测调查评估报告》《生态修复项目调查评估报告》。

·渔业生态监测·

【概况】　2015年，在全市近岸海域布设渔业监测站位188个，获取监测数据1万余个。

【重点海水增养殖区监测】　将全市海水增养殖区监测区域分为北海—小石岛、崮山—泊于、荣成湾、桑沟湾、五垒岛湾、乳山湾和乳山浅海贝类7个增养殖区，全年取得样品376份、监测数据1.03万个，完成《2015年威海市养殖环境监测与评价报告》。

【养殖区加密监测】　根据省海洋与渔业厅海洋环境监测任务部署，对所有养殖区均实行站位加密，站位总数达90个，比上年增长53.3%。首次增加鱼卵与仔稚鱼和多环芳烃监测指标，以此掌握区域鱼类资源和渔业生态状况，以及受持续性有机污染物的影响状况，于3月、5月、8月、10月开展监测。7月至10月，针对泊于、桑沟湾、五垒岛湾和乳山湾4个养殖区开展每月两次的加密监测。

【名优水产品产地监测】　对北海—小石岛刺参产地、荣成市爱莲湾海域刺参产地、荣成市荣成湾海带产地、荣成市桑沟湾海带产地、乳山市牡蛎产地5处名优养殖品种产地进行海洋环境监测，全年取得样品159份、监测数据4306个。

【人工鱼礁区监测】　对北海区、刘公岛区和桑沟湾区3处人工鱼礁区进行海洋海洋环境监测，布设海水质量监测站位13个、沉积物监测站位3个、生物生态监测站位3个，于3月、5月、8月和10月开展4次监测，取得样品90份、监测数据666个。

【养殖风险预防监测】　在威海市区西部、北部、中部和东部布设10个监测站位，对区域进行海洋环境监测。在威海湾、小石岛、初村北海海域布设生态浮标，进行实时动态监测，根据浮标在线监测数据，开展泊于—港西海水增养殖区精细化环境预报，全年发布养殖环境测报80期。

·海洋防灾减灾·

【概况】　制定《威海市风暴潮、海浪、海啸、海冰应急处置指南》《威海市绿潮（浒苔）应急处置指南》，为提高海洋灾害预警预报和提高防灾减灾能力奠定基础。5月、6月，开展风暴潮海浪海啸海冰应急演练和浒苔处置应急演练，提高应急指挥、应急处置、协调配合和快速反应能力。

【绿潮（浒苔）应急处置】　2015年，浒苔连续第8年侵袭威海市南部海域。威海市及相关区市海洋与渔业部门本着“早准备、早发现、早部署、快处置”的原则，加大监测监控力度，协调落实治理措施，扎实开展浒苔应急处置工作，有效减轻灾害损失。全市出动人员1.28万人次、各类大型机械1.74万台次，处置浒苔36.12万吨。安排专人对接国家海洋局北海分局、山东省海洋预报台等机构，及时获取遥感图片、数值模拟等相关资料。开展浒苔处置模拟实战演练，提高应急指挥、应急处置、协调配合和快速反应能力。组织各区市在浒苔可能发生的海域周边村镇成立打捞队伍和预备队伍，提前做好海上围拖、拦截和陆地清理、运输等物资设备的准备工作。以30多个志愿者服务点、执法船、海洋环境监测为支撑，建立陆域、海域监视监测网络，对受灾海域进行全方位、立体化监视监测，及时掌握浒苔发生发展趋势。编发《绿潮（浒苔）情况专报》35期。组织30多支专业队伍，在主要河口、海水浴场设置外海拦截网1.9万米，调集挖掘机、铲车、大型工程车、大功率渔船等，分梯次参与打捞、清理作业。注重浒苔的无害化处置和资源化利用。乳山市继续开展浒苔无害化处置，采取政府补贴的方式鼓励企业对浒苔进行压榨脱水烘干处理，用于生产有机生物肥，全年无害化处理浒苔18.34万吨，占乳山市处置总量的61.6%，占全市处置总量的50.8%，乳山市支付补贴790.18万元。

渔业管理

【概况】　2015年，威海市渔业管理以渔船、渔业资源、渔业安全生产、水产品质量安全和涉外渔业管理等为重点，开展一系列执法和专项整治活动，保护渔业生态资源，维护渔民渔业管理秩序，保证水产品质量安全。参与海防管理，市渔政渔港监察支队被表彰为济南军区海防工作先进单位。

【渔业油价补贴】　围绕国家燃油补贴政策调整后对威海市渔业发展的影响、渔业企业和渔民群众的反应、政策扶持方向等问题，深入调查研究，拟定贯彻实施意见。完成2014年度渔业燃油补贴的申报、测算、发放工作，为全市1万多艘渔船发放燃油补贴18.66亿元。

·渔政管理·

【概况】　威海市渔政管理围绕捕捞渔具管理、外籍渔船管理、伏季休渔管理、涉渔“三无”（无船名船号、无渔船证书、无船籍港）船舶整治等重点内容，开展系列专项行动，有效地保护渔业资源，维护捕捞生产秩序。

【捕捞渔具管理】　以严重破坏渔业资源、群众反映强烈的违禁渔具为整治重点，组织开展违规渔具集中清理整治月、秋汛专项执法行动，对违禁渔具开展拉网式排查，市级渔政船每周原则上至少开展1次海上巡查，坚决清理以“地笼”为代表的禁用渔具。全市清理取缔违禁渔具8713套。

休渔期间，渔船停港休渔　　　　　　　　　　　　　　　　　　李传强　摄

【外籍渔船管理】 根据暗访调查和群众举报信息，自4月起，联合山东海警第一支队、威海市公安边防支队、山东省海洋与渔业监督监察总队第二支队，制定出台专项执法行动方案，以成山头为界，对外籍非法跨界作业渔船实行南北分区治理。全市查处外籍违规渔船118艘，打击震慑效果明显，渔事纠纷明显减少。

【伏季休渔管理】 统一调配全市渔业执法力量，联合公安边防、海警等部门成立专门工作组，进驻全市28处渔港，协调山东省海洋与渔业厅增派执法力量，全面加强重点区域、重点对象、重点时段的监管。伏季休渔期间，开展大规模船位清点行动4次，查获休渔违规渔船384艘，一律采取扣港处理，按全省统一标准实施行政处罚。

【渔港码头综合治理】 推荐威海市远遥中心渔港和荣成赤山渔港分别作为公有、私营渔港的典型代表，入选山东省首批“以港管船”试点单位，引导渔港打造生产经营、公共服务、安全监管三位一体综合服务平台，形成初步示范导向效应。落实渔港经营者主体责任，定期开展督导检查，整顿管理隐患，渔港码头接受渔业部门监管的积极性和主动性普遍提高。

【两渔港获“全国文明渔港”称号】 1月22日，农业部、国家安全监管总局印发《关于公布“全国文明渔港”名单的通知》，公布第三批“全国文明渔港”名单，威海市远遥中心渔港、荣成市院夼渔港获“全国文明渔港”称号。至此，全市有4个渔港获此称号。

【涉渔“三无”船舶整治】 市委、市政府成立加强海上涉外渔业综合管理工作领导小组，完善责任分工，形成涉外渔业综合管理的有效机制。集中开展清理取缔海洋涉外渔业“三无”船舶专项整治行动，实施“海上查、港口堵、坞上审”，全年清查出涉渔“三无”船舶467艘，拆解363艘。省政府在荣成市石岛管理区举办涉渔“三无”船舶拆解工作现场会，推广威海市“三无”渔船整治做法。

【涉外入渔管理】 严把入渔审核关。全年完成276艘涉韩入渔渔船、807艘涉日入渔渔船、59艘涉朝入渔渔船的审核转报和三级联检。严把船位监控关口。建立实施24小时船位管控制度，及时通报船位异常渔船，整顿渔船信息终端，终端开机率达90%以上。严把交涉处置关。对涉外违规行为，及时采取行政约谈等果断措施，敦促有关方面通过便捷途径妥善、高效处置，将不良影响降至最低。严把失信惩处关。通过“重点监管名单”、刑事移交等手段，加大对涉外违规渔船惩处力度，确保惩处到位、警示到位。全年涉外违规行为大幅减少。

【水生野生动物保护】 创新工作机制，整合救护资源，与华夏集团神游海洋文化馆共同筹建全省首家政企合作的地级水生野生动物救护中心，获省海洋与渔业监督监察总队批复成立。5月10日至6月30日，开展全市水生野生动物专项执法行动，联合林业部门发放宣传材料1000余份，出动执法人员249人次，检查宾馆饭店、水产品市场、药店、旅游摊点142家，提出整改意见1家。全年审核转报水生野生动物驯养繁殖、经营利用、进出口、运输、进口免税申请23项、17个品种、4693尾（头）。

【“数字船检”监察信息系统】 “数字船检”是指通过电脑桌面平台、手持终端平台、网页服务平台建设，建立起

“三无”渔船拆解现场　　　　　　　　　　　　　市海洋与渔业局提供

数字化、电子化、智能化的现场检验监察执法系统，实现渔船检验数字化、电子化、网络化、规范化、动态化开展，是提高渔船管理工作效率和服务水平和促进平安渔业建设的重要举措。自3月起，在全市范围内开展“数字船检”监察信息系统推广工作，内容涵盖检验发证、现场数据采集和监察，以及安装渔业船舶身份标签、柴油机身份标签和发放渔业船舶卡等方面。至年底，全市“数字船检”监察信息系统应安装渔船1.31万艘，安装1.24万艘。

【渔政执法与刑事司法衔接】 按照上级部署，组织相关区市对休渔严重违规、暴力抗拒执法、涉外严重违规、非法盗采红珊瑚等相关行为责任人，移交司法机关、检察机关立案处理，依法追究刑事责任，渔业违法成本和惩处震慑力明显提高。全市刑事拘留涉嫌犯罪的船东、船长等责任人员38名，行政执法和刑事追责衔接工作走在全省前列。

·渔业安全生产·

【概况】 威海市海洋与渔业系统以“渔业安全生产攻坚年”为载体，开展“打非治违”、渔船防碰撞专项整治等集中行动，扎实做好渔业安全预警预报和抢险救援工作，全年挽回直接经济损失5800万元，没有发生较大以上安全生产责任事故。环翠区再次获得“全国平安渔业示范县”称号。

【安全隐患治理】 制定“渔业安全生产攻坚年”实施方案，开展“打非治违”“渔业安全生产大排查、大整治”“渔船防碰撞专项整治”“渔船信息终端和渔船标识专项整治”等集中行动，以渔船航行作业、渔船信息终端、渔港消防管理和渔船“三救设备”（救生衣、救生圈、救生筏）等为重点，全面加大渔业安全隐患治理力度。自8月起，组成7个督查组，每月对各区市开展渔业安全工作督查。年内，全市检查安全隐患1127处，全部整改完毕。

【从业人员培训】 紧贴渔业船员培训职责下放工作，联合专业培训机构，以安全技能、安全常识、法律法规等为授课重点，利用伏季休渔等“渔闲”时段，组织开展船员培训班。与市广播电台签订合作协议，坚持全年利用“黄金时段”开展针对性的渔业安全警示宣传。编印《渔业安全生产宣传手册》1万册，上船入户进行“面对面”宣传。与海事部门联合开展商船渔船安全警示教育活动。年内，全市培训渔业船员82期7850人。

【船员中介服务】 按照政府搭台、中介入驻的建设思路，联合市人力资源和社会保障局、荣成市政府在荣成市石岛管理区建成海上用工服务中心，公安、边防、边检、海洋与渔业、渔业互保协会、中介服务机构等多部门入驻，实行现场办公，开展职业介绍、交流洽谈、职业指导、信息发布、证件办理，在全市形成良好的导向和示范效应。

【应急处置工作】 建立实施执法公务船参与救援新机制。严格执行24小时应急值班和领导带班制度，加强与安监、气象、海事、边防等部门协作，及时准确发布海上预警预报信息，协调组织做好遇险渔船救援工作。全年发布预警、禁航信息116期，参与救援行动62次，救助渔民69人、渔船4艘，挽回直接经济损失5800万元，没有发生较大以上安全生产责任事故。

【渔业互助保险】 2015年，全市渔业互助保费收入9124万元，其中，船险保费收入5135万元，人险保费收入3989万元。审核人身理赔案件656起，赔付3711.2万元；审核船险案件1934起，赔付4696.3万元。

·水产品质量监管·

【概况】 2015年，从苗种繁育到成品养殖、从监督管理到执法查处、从水产品精深加工到冷链物流、从实体销售到电商平台、从企业品牌培育到区域品牌宣传、从国内销售到国外贸易，开展全方位、立体式水产品质量安全监管工作，水产品质量安全水平进一步提高，水产品监督抽检合格率达99.8%。

【参与“双城联创”工作】 按照全市农产品质量安全市和全国食品安全城市创建（以下简称“双城联创”）工作部署，指定专人专职负责，定期组织召开创城专题会议，对全市海洋与渔业系统“双城联创”工作实施全方位督导检查、测评打分，确保各项工作和措施落实到位。积极参与“双城联创”现场会筹备工作，进一步提升威海市渔业品牌和水产品质量安全管理工作在全国的影响力和知名度。

【水产品质量监管整治】 修订《威海市食用水产品质量管理暂行办法》《威海市水产苗种管理办法》，做到水产品质量监管工作有章可循、有据可依，有效地提高监管质量。推动涉渔乡镇成立监管机构、充实人员、配齐设备，确保质量安全工作不断层、不缺位、无盲点。开展渔用投入品风险监测工作，对重点环节、重点区域、重点企业、重点品种实施执法检查。其间，全市出动执法人员1155人次，检查企业695家次，对记录不完整的2家企业责令其限期整改。

【水产品质量安全监测】 2015年，威海市承担国家、省、市三级水产品质量安全监测任务988批次，总体抽检合格率99.8%。农业部选定威海市作为国家水产品质量安全例行监测点，按照工作要求，各级海洋与渔业部门积极与食品药品监督部门协调配合，对农业部检测中心反馈的结果，第一时间通报食品药品监督部门，确保对问题产品进行溯源处理。

【水产品追溯系统试点建设】 制定《威海市水产品质量安全可追溯管理与应用系统试点建设方案》，按照有关标准和规范建设威海市水产品质量安全可追溯管理系统，完成10家试点企业平台建设。开展“水产品可追溯优秀单位”评选活动，在威海市创建一批质量安全可追溯示范企业，发挥其示范带动作用，全面提升全市水产品质量安全追溯体系建设水平。

·渔业资源修复·

【概况】 2015年，威海市把渔业资源修复作为渔业供给侧结构性改革的重要措施和推动“海上粮仓”建设的重要环节，不断加大资源修复力度，有效改善全市海域渔业资源种群结构和质量，为渔民增收、渔业增效发挥积极作用。

【增殖放流】 在双岛湾、威海湾、五垒岛湾、乳山湾、靖海湾等海域，放流中国对虾、日本对虾、海蜇、三疣梭子蟹、黑鲷、大泷六线鱼、圆斑星鲽、牙鲆等水产经济类苗种14.3亿单位，创历史新高。其中，金乌贼、圆斑星鲽和大泷六线鱼为威海市首次增殖放流品种。

【人工鱼礁和海洋牧场建设】 年内，佳兴水产、西霞口集团、威海长青、成山鸿源4处海洋牧场项目列入全省“海上粮仓”重点建设项目，占全省总数的40%。荣成北部海域和爱莲湾海域两处海洋牧场列入首批国家级海洋牧场示范区，占全省的1/3，全国的1/10。

【水产种质资源保护区建设】 全市省级及以上水产种质资源保护区15处，保护区总面积1.87万公顷，主要保护品种18个。其中，国家级水产种质资源保护区8处，面积8000公顷，形成布局合理、类型丰富的渔业种质资源保护区建设体系，有效涵养渔业生态资源，促进渔民增收、渔业增效。

海洋与渔业科技

【概况】 威海市海洋与渔业系统把海洋与渔业科技创新作为推动现代渔业经济转型的重要手段，强化平台建设，深入推进产学研合作，海洋与渔业科技在平台建设、项目引进等方面实现重大突破。国家浅海海上综合试验场、威海海洋生物与碳汇研发基地、山东省海洋食品工程技术研究中心威海分中心、海洋产业科研及科技成果孵化、海洋生物遗传育种中心项目进展顺利。4月23日—24日，农业部渔业局局长赵兴武到威海开展现代渔业发展调研，5月29日，国家海洋局党组成员、副局长陈连增到威海调研浅海海上综合试验场建设情况；9月23日，农业部副部长于康震一行到威海考察现代渔业建设工作。

【基层渔技推广体系改革与建设】 年内，省海洋与渔业厅加大对威海市基层渔技推广体系改革与建设的支持力度，环翠区、文登区、荣成市、乳山市连续第四年全部获得项目支持，资金补助总额由上年的110万元增加到195万元，其中荣成市由二档县提升为一档县，成为全省两个一档县之一，获补助资金100万元。筛选确定6个主推品种（刺参、海带、日本对虾、太平洋牡蛎、褐牙鲆、大菱鲆）、6个主推技术（池塘微孔增氧技术、池塘微生态制剂水质底质调控技术、刺参池塘健康养殖技术、抗逆刺参规模化繁育与健康养殖技术、鱼类工厂化循环水养殖技术、牡蛎筏式育肥技术），确定指导专家20人，选定技术指导员77人，创建示范基地3处，遴选示范户900个，采取“专家＋技术指导员＋科技示范户＋辐射带动户”的服务模式，推广实用技术。全年技术指导员人均下乡指导50余次，直接服务和服务辐射养殖面积3.6万公顷；举办渔技培训、现场观摩50多场次，培训渔民2400多人次。通过深入开展渔业科技入户活动，除海带养殖受特殊海况影响，部分海区减产外，其他主推品种养殖都实现增产。

【新型渔民培训】 年内，威海市获新型渔民培训名额1000个，比上年增长66.7%，获支持资金30万元。主要围绕渔业主导品种和主推技术，以促进渔业增效、渔民增收、渔业生态发展为目标，以提高渔民科学素质、职业技能和经营能力为核心，重点安排信息化技术应用、生产关键技术、养殖病害综合防治与规范用药、生态养殖、节能减排等方面的培训内容。创新培训组织形式，在荣成市开展创新试点，采取逐片区集中培训方式，由镇（街道）政府（办事处）组织实施，做到每期培训覆盖一类生产项目的全员生产骨干和关键生产管理技术，提高培训组织效率和培训效果。

【渔业病害测报和水产动物防疫检疫】 在渔业病害测报方面，调整测报安排，加大测报强度，全市布设测报点58个，其中省直报点4个、常规测报点45个、苗种场监测点9个；测报品种10个，为刺参、海带、栉孔扇贝、中国对虾、日本对虾、南美白对虾、大菱鲆、褐牙鲆、河豚、牡蛎；监测面积4200公顷。在乳山市试点开展渔业病害精准测报工作。在水生动物防疫检疫方面，监测品种为对虾，监测疫情种类为白斑综合征和传染性皮下、造血器官坏死病，布设监测点9个，完成抽样送检工作。

【渔技培训基地建设】 威海海洋职业学院被省渔业技术推广站公布为省级现代渔业技术培训基地，成为全省首批6个基地之一。以该学院为依托，组织举办2015年度全省基层渔技人员培训班海水养殖一期班。11月，省海洋与渔业厅、省总工会以该学院为依托，举办全国水产技术推广职业技能大赛山东选拔赛和首届山东省大学生水产职业技能大赛。

【刺参配合饲料应用试验】 建设山东省刺参产业创新团队威海综合试验站，以渔技站与威海海洋牧场科技发展有限公司共建小石岛工厂化海水育苗养殖科研基地为依托，实施工厂化刺参育苗新型饵料配方应用对比试验、分规格投喂配合饲料生长对比试验、自制配合饲料使用效果试验，比对差异明显，体现出试验价值。

【海洋经济创新发展区域示范】 全市13个成果转化类项目进入国家海洋局滚动支持备选项目库，省财政切块分配威海市国家财政补助资金7650万元；4个海洋产业公共服务平台类项目获省级财政资金支持，补助3160万元。至此，自国家海洋经济创新发展区域示范政策实施以来，全市落实海洋生物高效健康养殖、海洋生物医药与制品研发生产、海洋高端装备研发制造、海洋产业公共服务平台建设等项目立项60个，获国家和省财政补助资金3.50亿元。通过海洋经济创新发展区域示范，全市兴起海洋生物医药与制品、海洋高端装备等海洋战略性新兴产业发展热潮，强化自主创新，拓展产学研合作，实施一批优质项目，形成一批高科技含量产品，为海洋科技产业发展蓄积能量。5月，在国家海洋局、财政部对威海市海洋经济创新发展区域示范工作考核中获得优秀等次。

【海洋高新技术产业科技研发平台建设】 筹建威海市海洋生物遗传育种中心，威海市海洋与渔业局、中国海洋大学、威海海洋牧场科技发展有限公司签订共建威海市海洋生物遗传育种中心合作协议。围绕促进发展海洋生物医药与制品业、海洋高端装备业，7月，威海市海洋与渔业局、中国海洋大学、威海国有资产经营（集团）有限公司签订依托威海海洋科技产业项目孵化基地合作建设山东省海洋食品工程技术研究中心威海分中心三方协议；10月，威海市海洋与渔业局、国家海洋局第一海洋研究所、威海国有资产经营（集团）有限公司签订依托威海海洋科技产业项目孵化基地合作开展海洋产业科研及科技成果孵化三方协议。推进威海海洋生物与碳汇研发基地建设。7月，威海市海洋与渔业局、中科院青岛生物能源与过程研究所签订共建威海海洋生物与碳汇研究基地合作协议，将其打造为重要的海洋碳汇观测与研究平台，服务全市海洋生态文明和经济建设。

【海洋科技创新平台认定】 年内，提报15个省级海洋工程技术协同创新中心申请认定项目，其中，威海正洋海洋生物技术研究院海洋贝藻、威海长青海洋科技股份有限公司海藻工业清洁生产、荣成泰祥食品股份有限公司海洋生物资源综合利用、好当家集团有限公司海珍品精深加工、山东海之宝海洋科技有限公司海藻食品加工、威海正明海洋科技开发有限公司海水养殖装备、威海双丰物探设备股份有限公司海洋物探装备、威海蓝色经济研究院有限公司海洋油气装备检测8个平台通过评审和公示，由省海洋与渔业厅、省发改委公布认定，占全省的一半。

【产学研合作推进】 威海智恩药业有限公司与中国海洋大学医药学院签订战略性合作协议，合作开展基于岩藻聚糖硫酸酯治疗二型糖尿病创新药物研发和基于褐藻酸钠促进伤口快速愈合医用新材料研发两个科研项目。助力乳山牡蛎产业发展，为相关技术力量投入做好衔接服务工作，省海洋生物研究院三倍体牡蛎养殖试验推广项目和省海洋资源与环境研究院养殖海区监测划型项目进入实施阶段。

【海洋与渔业科研成果】 由威海市海洋环境监测中心承担的“威海市海岸带空间资源格局及其用海风险评估——以市区和文登为例”“海水养殖生态系统特征与风险区划研究——以桑沟湾和乳山湾为例”分获市科技进步一等奖和三等奖；起草的《近岸海域海洋资源承载力评估规程》《沙滩监测技术规程》《沙滩地形三维激光扫描技术规范》3个标准在省质量技术监督局立项。寻山集团有限公司多功能组合式海带养殖采收装备研究制造、威海虹润海洋科技有限公司优质刺参品系和海胆绿色高效生产技术集成与示范两个项目获得山东省重大农业应用技术创新课题立项支持，分别获省财政补助20万元、30万元。征集上报省水产学会渔业科学技术奖推荐项目、渔业技术推广奖推荐项目，获二等奖1项、三等奖3项。

水产捕捞

【概况】 2015年，全市实现水产捕捞产量85.4万吨，实现产值85亿元，均与上年基本持平。其中，近海捕捞产量57.1万吨，远洋捕捞产量28.3万吨，

【山东（威海）远洋渔业促进中心】 年内，山东（威海）远洋渔业促进中心项目正式落户威海。该项目计划总投资800万元，建设资金全部为省级财政资金，主要包括远洋渔业信息化管理监管平台、卫星遥感数据接收系统、远洋渔业信息集成及发布平台三方面建设内容。中心建成后，将围绕实现远洋渔业产前、产中、产后全过程服务的目标，重点开展组织对外谈判、新渔场开发、落实渔业配额，承接、转化远洋渔业技术项目，帮助企业降低生产运营成本，及发布渔情和行业动态、实施渔船动态管理4个方面的工作，全力提升全市乃至全省远洋渔业管理能力，促进远洋渔业持续健康发展。

【远洋渔业基地建设】 至2015年末，全市在亚洲、南美洲、非洲和大洋洲等远洋作业渔船相对集中的区域规划布局建设5处海外综合性远洋渔业基地，建成后将为全市乃至全国的海外作业渔船、商船、科考船等提供全方位后勤保障，对于提高威海市远洋渔业综合实力和国际竞争力具有重要意义。年内，荣成市海洋渔业有限公司加纳基地开工建设，获省级补助资金1000万元，至此，全市开工建设的海外综合性远洋渔业基地达到3处。

【远洋船队建设】 全市具有农业部远洋渔业资格企业24家，专业远洋渔船规模352艘，总功率超过33万千瓦，总吨位超过17万吨。年内，落实1.09亿元更新改造远洋渔船24艘。已建成和获得农业部批复在建的大型远洋渔业运输船11艘，其中威海市环海水产有限公司建成的“鲁威远渔运777”远洋渔业运输船，船舶总长106米，船宽16.2米，排水量7876吨，载重量4776吨，是山东省最大的冷藏运输渔船。

【作业区域】 通过开展国际渔业合作交流，全市大洋性渔业作业海域已涉及太平洋、大西洋、印度洋三大洋公海，涵盖围网、拖网、钓具、秋刀鱼舷提网等国际主要捕捞作业类型。同时，在稳定保持原有公海基础上，积极开展过洋性远洋渔业合作项目，至2015年末，全市远洋渔船作业海域拓展到所罗门、印尼等8个国家的管辖海域。8艘尼日利亚项目渔船和5艘伊朗项目渔船获得农业部网具指标批复并开工建造，为进一步开发新渔场奠定基础。

【配套服务体系】 远洋渔业运输能力显著提升，年内建成远洋渔业运输船4艘，开工建设7艘，远洋渔业自捕水产品22.7万吨，占自捕远洋水产品总量

的80%以上，创历史最新水平。远洋渔业人才培训实现新发展，依托相关院校、培训机构，扩大培训规模，增强培训力量，威海海洋职业学院成为山东省首批海洋与渔业实用人才培训基地。外籍船员引进取得实质性突破，申请在威海市开展远洋捕捞行业外籍职务船员引进工作得到重视，农业部、外交部、公安部、人力资源和社会保障部到威海开展专题调研。

【远洋渔船研制】 新增荣成市远通船舶公司1处山东省远洋渔船研发和制造基地，总数达2处，占全省的一半。威海市推荐的9个远洋渔业船型全部纳入农业部远洋渔船标准船型，在全国推广。

海带收获　　市海洋与渔业局提供

水产养殖

【概况】 2015年，全市海水养殖总面积8.1万公顷，海水养殖实现产量160万吨、产值220亿元，分别比上年增长2.0%和2.9%。其中，海带产量45.2万吨、牡蛎产量53.4万吨、扇贝产量17.4万吨、裙带菜产量3.58万吨、海参产量4.4万吨、鲍鱼产量7000吨、江蓠产量5万吨。

【立体生态养殖】 全年组织改造立体生态养殖4000公顷，改造标准化池塘666.7公顷，改造工厂化循环水车间3万平方米，全市立体生态养殖面积达2666.7公顷，标准化池塘面积达5133.3公顷，工厂化循环水车间面积达15万平方米。

【健康养殖示范】 全市新增12处省级以上水产健康养殖示范场，部、省级水产健康养殖示范场总数达62个，其中部级48个、省级14个。健康养殖示范面积4.7万公顷，约占全市养殖面积的70%，年出产各类优质水产品110余万吨。文登二王家和乳山市久大牡蛎养殖专业合作社等5个渔业标准化健康养殖项目（“菜篮子”项目）获得省级以上补助375万元。

2015年威海市新增水产健康养殖示范场一览表

表5

序号	养殖示范场名称	级别
1	荣成市龙都水产科技有限公司（所属水产养殖场）	部级
2	乳山市瑞力水产品养殖场	部级
3	威海海宽海洋生物科技有限公司（所属水产养殖场）	部级
4	威海三泉生态农业发展有限公司（所属水产养殖场）	部级
5	威海市文登区海和水产育苗有限公司	部级
6	威海昌源水产有限公司（所属水产养殖场）	部级
7	乳山岳海水产有限公司	省级
8	山东半岛蓝色经济区五玉神海洋生物养殖有限公司	省级
9	威海庆源水产养殖有限公司	省级
10	威海市洋成海参养殖专业合作社	省级
11	山东双岛湾海洋开发有限公司	省级
12	威海海洋牧场科技发展有限公司	省级

【标准化养殖】 通过宣传培训、资金奖励、政策倾斜等手段，进一步推动全市水产品“三品一标”认证工作。全市无公害、绿色和有机水产品总数达323个，通过“三品一标”认证的养殖产品产量占水产养殖总产量的70%。年内，威海市及各区市海洋与渔业部门派出9人次参加农业部无公害检查员和农产品地理标志核查员培训，组织50家企业59人次参加无公害水产品认证培训，扶持海参苗种产业企业8家，扶持农业标准化生产示范基地2家，共发放奖

工厂化育苗车间　　　　市海洋与渔业局提供

励资金 75 万元。全市新增无公害水产品 7 个，新增无公害认证面积 1175.7 公顷。“西霞口刺参”获农业部地理标志产品认证，认证面积 2000 公顷，年产量 600 吨。

【苗种生产】 2015 年，全市从事水产育苗生产的单位有 174 家，育苗水体 114 万立方米，育苗产量（包括保苗）560 亿单位。海参育苗水体 52 万立方米，育苗量 290 亿头，与上年基本持平，海参苗种生产规模化、集约化进一步提升。

【养殖风险防范】 组织渔业企业和养殖大户与保险公司对接，推进风力指数保险和天气指数保险在全市海水养殖业的推广应用。好当家集团有限公司与中华联合财产保险公司签订海参养殖天气指数型保险合同，中国人保财险威海市分公司与荣成成山鸿源水产有限公司、荣成海之宝水产养殖有限公司签订风力指数型保险合同。

水产品加工与流通贸易

【概况】 2015 年，水产品加工紧紧围绕产业转型升级，按照产学研用一体化要求，推进水产品加工集群及冷链物流业提质增效转型升级，逐步形成以海洋捕捞和海水养殖为主的第一产业，以海洋食品加工、渔船修造等为主的第二产业，以渔业物流、休闲渔业等为主的第三产业三业并举的现代产业结构，水产品精深加工能力得到显著提升。至 2015 年末，全市拥有规模以上水产品加工企业 1100 余家，年加工能力 550 万吨，水产品进出口总量 50 万吨。

·水产品加工·

【概况】 2015 年，全市水产品加工业经济持续平稳增长，实现产值 421.1 亿元，比上年增长 13.5%。按照产学研用一体化要求，建设一批海洋生物产业重点项目，突破一批核心技术，培育特色明显、优势突出的以海洋生物为主的战略性新兴产业集群。依托威海百合生物技术股份有限公司、威海博宇食品有限公司等企业，打造 EPA、DHA 系列保健品产业集群；依托好当家集团有限公司、山东圣洲海洋生物科技股份有限公司等企业，打造海参系列保健品产业集群；依托威海长青海洋科技股份有限公司、海之宝海洋科技有限公司等企业，打造海藻功能保健品产业集群；依托威海宇王集团有限公司、紫光生物科技开发有限公司等企业，打造胶原蛋白产业集群；依托山东院夼实业集团有限公司、威海市世代海洋生物科技有限公司等企业，打造海洋生物肥料产业集群。

【产业规划】 *海洋食品加工业* 2015 年，海洋食品加工实现产值 382.8 亿元，比上年增长 11.9%。依托海产品加工园区，建立主要养殖对象及大宗、优势海产品的精深加工技术体系，开展藻类、贝类、低值鱼类深加工，通过改型、换装、变异、仿生，开发调味品、佐餐品、模拟食品、鱼糜制品、方便食品等多种产品，成为国内一流的海洋功能性食品基地。

海洋保健品业 2015 年，海洋生物制品实现产值 36.3 亿元，增长 34.4%。加强抗衰老、增强免疫力的保健品的开发，开发新一代 EPA 和 DHA 系列保健品、新型可溶性钙系列保健品，海藻活性碘、硒保健品、海洋活性多糖及活性多肽系列保健品、海洋生物活性物质与中药配伍制成的保健品等系列保健品。

海洋药品业 加强海洋生物活性物质提取筛选技术开发，在发现海洋天然产物、生物活性物质、特殊功效基因组等方面实现新的突破，研究开发一批具有自主知识产权的海洋创新药物和基因产品，为医治肿瘤、肝炎、心脑血管疾病、糖尿病、艾滋病等重大疑难疾病提供新型药物支持。鼓励迪沙药业集团有限公司等大型药品生产企业开展海洋药物与功能性食品的集成创新、消化吸收再创新和特定技术领域的原始创新，建设面向全省和全国的公共研发平台，培植具有自主知识产权的产业链和产品集群，助推海洋药物与功能性食品技术成果的产业化，将其发展成为全国最大的海洋药物与功能性食品创新平台。2015 年，海洋生物医药实现产值 2 亿元。

海洋新材料制造业 以海洋生物提取的壳聚糖、海藻多糖、胶原蛋白为主，重点开发无毒、可生物降解的医用生物材料、药物载体、表面活性材料、高分子材料等。

【重点项目推进】 全市投资 2.8 亿元，开工建设 32 个重点项目，涉及水产品加工、仓储、冷链物流、海洋生物医药等多个领域，其中续建项目 17 个，新建项目 15 个，4 个项目完工并投入使用，其他项目在建。

·流通贸易·

【概况】 2015年，市海洋与渔业局立足海洋三品加工产业集群发展，突出贸易和流通在蓝色经济发展中的支撑地位，不断强化经贸领域开放合作，实现宽领域、全方位、多层次的经贸发展格局。

【水产品交易平台建设】 积极打造水产品经贸新平台，重点建设威海海洋商品国际交易中心等综合性交易平台和中国海参交易中心等专业性交易平台，探索建立介于现货和期货之间的大宗海洋商品交易市场，吸引国内外海产品集散交易。年内建成蓝色海洋商城、威海海洋商品国际交易中心、中国海参交易中心3个综合性交易平台，有效贯穿海洋三产，由“卖资源”变成“卖产品”，拓宽渔业企业产品的销售渠道。蓝色海洋商城运营良好；威海海洋商品国际交易中心项目招商率达70%，针对中韩自贸协议的签订，全面开展对韩招商工作；全国唯一的中国海参交易中心已投入1.2亿元，集文化展示、旅游休闲、商贸服务、网络运营为一体的大型综合性商贸平台初具形态。

【发展模式创新】 实施“互联网+”战略，以互联网改造渔业，推动渔业企业全面“触网联网”，重点建设蓝色海洋商城、中国海参交易中心等平台，开展线上线下协同运行，完善“互联网+海产品营销”组织方式。依托赤山集团有限公司、石岛集团有限公司、山东鑫发渔业集团有限公司、靖海集团有限公司等企业，加强冷冻仓储设施建设，大力培育第三方物流、第四方物流、虚拟物流等新业态，建成以海洋食品为特色、具有国际竞争力的国家级冷链物流基地。

【市场开拓】 积极参与中韩自贸区地方经济合作示范区建设，进一步深化与日本、韩国等国在功能性海洋食品、海洋生物制品、海洋药品、海洋化妆品等领域的合作，扩大鲜活水产品出口，打造好运鱼乡中韩鲜活海产品交易市场。依托宇王集团有限公司建设海产品保税物流展示交易中心。

【冷链物流体系建设】 积极融入“一路一带”和中韩自贸区建设等国家战略，围绕冷链物流产业，以园区、平台及项目建设为依托，以现代渔业产业链为支撑，构建社会化、网络化、专业化的水产品冷链物流服务体系。年内，农业部授予威海市“中国远洋水产品加工与物流基地”称号，好当家集团有限公司、靖海集团有限公司、赤山集团有限公司、山东蓝润水产有限公司、荣成鑫润水产有限公司、荣成市连海渔业有限公司6家企业被省海洋与渔业厅授予“远洋水产品精深加工及冷链物流基地”称号，占全省获奖企业的60%。以石岛总规模100万吨的冷链物流园区为依托，以省级远洋水产品精深加工及冷链物流基地为主体，形成国家级远洋水产品加工与物流园区规模。

休闲渔业

【概况】 2015年，威海市将休闲渔业作为海洋与渔业创新突破率先发展的着力点，不断创新思路、加大力度，取得显著成效。全年休闲渔业游客超过320万人次，休闲渔业产值50亿元，比上年增长38%，休闲渔业实现跨越式发展。8月16日，中国休闲垂钓协会正式命名威海市为“中国休闲渔业之都”，威海市成为国内唯一获得“中国休闲渔业之都”称号的城市。

【项目推动与示范引导】 年内，新增威海华夏城、北海旅游度假区、钓鱼台山庄、河口“胶东渔村”、东楮岛、长青、靖海湾7处国家级休闲渔业示范基地，总数达17处；新增好当家、天鹅湖、桑沟湾、小石岛4处省级休闲海钓示范基地，总数达5处，占全省的83%；新增1处省级休闲海钓船研发与制造基地（金运游艇），总数达3处。小石岛省级休闲海钓示范基地——“新升海上世界”正式运营，威海德明休闲渔业基地集餐饮、垂钓、观光于一体的大型海上移动平台投入运营，荣成市泓泰渔业有限公司的“海天台”“海中洲”项目运营良好，东楮岛渔文化民俗馆顺利建成。12月，在海南举办的“中国海钓盛典颁奖典礼”上，好当家集团有限公司、荣成马山远洋渔业有限公司、西霞口集团有限公司、威海西港游艇有限公司4家休闲渔业企业获评中国十大（最佳）海钓·路亚休闲基地，威海西港游艇有限公司获中国最佳游钓艇促进发展奖，市海洋与渔业局获重大贡献奖。

【财政扶持】 2015年，全市6处省级

12月初，中国休闲渔业协会将“中国休闲渔业之都”奖牌授予威海
市海洋与渔业局提供

休闲海钓示范基地开展8个海洋生态修复项目，落实资金1600万元；落实市级财政扶持资金140万元，扶持奖励13个休闲渔业项目。荣成市和环翠区先后出台《荣成市休闲渔业旅游奖励验收办法》和《环翠区关于鼓励扶持休闲渔业发展的意见》，财政扶持的县域面实现突破。

【宣传推介】 举办小石岛增殖放流、“泓泰杯”中韩海钓友谊交流赛、“西霞口杯”全国休闲海钓赛、“汤泊杯·中韩垂钓友谊赛”等系列活动。借力2015威海国际渔具博览会，成功举办2016年“鱼游四海杯”中国威海国际路亚大师赛启动仪式。借助海洋频道播放休闲渔业相关节目200余期。与澳大利亚海洋传媒集团（MMG）、韩国钓鱼台频道等国外媒体对接，提升国际化宣传水平。与韩国首尔钓鱼协会签订长期交流合作备忘录。

渔业品牌与项目建设

【概况】 2015年，着力打造以“威海刺参”“荣成海带”“乳山牡蛎”等为核心的区域品牌，形成全方位、立体式的品牌宣传格局。至年底，全市拥有名牌水产品40个、著名商标60个，通过农业部申报的地理标志保护产品数量12个，“威海刺参”区域品牌价值达49.8亿元。中国海洋食品名城·威海、中国远洋水产品加工与物流基地、中国海洋交易中心三个国家级基地落户威海，使全市渔业品牌整体形象得到极大提升。把海洋与渔业项目建设作为促进海洋与渔业发展的重点，不断健全管理制度，完善工作机制，落实目标责任，强化工作协调，促进海洋与渔业经济健康发展。

【“互联网＋渔业”】 积极“触网”。组织700多家渔业企业参加山东海洋与渔业“互联网＋”峰会暨海带电商周活动，引导企业主动“触网”，海产品网上销售额比上年增长60%以上。借助中国水产商务网服务平台，推动“互联网＋电商＋海洋与渔业”融合发展。该平台有2000多家渔业企业入驻、6000多个产品展示。加快“建网”。依托具有当地优势及特点的蓝色海洋商城电商平台，整合全市的海洋渔业优势资源，实现通过网络进行展示、交易、仓储、物流配送、呼叫服务等功能，已入驻威海当地海产企业128家，合作产品600多种，实现全国100多个城市24小时配送覆盖。全年达成直接销售额1100多万元，促成交易额2300多万元。乳山市打造“‘蛎’尚往来”电商平台，单位水产品增值4～5倍。主动“联网”。组织企业积极参加齐鲁电商节等活动，不断提升品牌影响力，其中，“威海刺参”和“乳山牡蛎”分居齐鲁电商节“十大山东礼物”第二、第三位。

【品牌宣传】 坚持开展形式多样、丰富多彩的品牌宣传活动。与中央电视台沟通和协调，在央视财经频道《消费主张》栏目播出《区分牡蛎与生蚝》和《互联网＋海产品电子商务平台》两档节目。在济南市7884辆出租车开展“好人 好海 威海刺参”“好海参 威海刺参”等“威海刺参”品牌宣传。在城际铁路威海站投放“威海刺参”及“中国远洋水产品加工与物流基地”广告，对广大受众进行目标产品或品牌的正面引导，推介威海海洋与渔业整体形象，凸显区域品牌价值。

【市场推介】 组织全市24家中小型企业参加中国（上海）高峰食品与饮料展览会、青岛国际渔业博览会、厦门亚太水产养殖展览会，接洽国内外新老客户1500余家，达成贸易意向近1亿元。与山西报业集团合作，开展“海参养生文化大讲堂”“三晋参友团”“威海刺参三晋行”等活动。其中，好当家集团有限公司等5家海参企业赴山西省参加“威海刺参三晋行”活动，叫响了“威海刺参”品牌。确定山西报业集团牵头作为山西省“威海刺参”总经销，在山西省建立多家以威海刺参为主要食材的养生餐厅——刺参百味养生馆，拓展“威海刺参”品牌在国内发展的深度和广度。

【项目落实与资金监管】 2015年，全市落实省级以上海洋与渔业项目134个，补助资金6.26亿元。其中，山东省渔业资源修复行动计划项目3827万元、山东省现代渔业园区项目440万元、山东省现代种业提升工程项目（大菱鲆省级良种场项目）补助资金100万元、山东省平安渔业工程项目562.6万元、渔政船建设项目200万元、海洋经济创新发展区域示范项目1.08亿元、渔港建设项目1.02亿元、靖海集团沙窝岛中心渔港建设项目1.02亿元。加强海洋与渔业项目资金监管，开展专项督导检查。针对发现的问题，及时组织项目单位整改落实，确保资金使用安全高效。积极推进项目建设，组织做好项目竣工验收工作。年内有10多个项目通过省级竣工验收。配合省海洋与渔业厅、财政厅开展海域使用金项目绩效考评工作，按照省考评组提出的问题进行督导整改。

【海洋生物及海洋装备制造业调查】 为掌握全市海洋生物与海洋装备制造业发展状况，适应海洋经济统计分析、监测预警和评估决策等的信息需求，合理分析产业发展水平、结构和分布，3—10月，组织开展海洋生物及海洋装备制造业调查。调查对象为全市从事海洋生物与海洋装备制造业且2014年产值500万元以上或投资500万元以上的法人单位，主要调查企业基本信息、产业发展信息、重大建设项目情况等，全面系统掌握全市海洋生物与海洋装备制造业基本情况，为项目申报等提供依据，为提升海洋产业发展规划能力打下基础。

（王树科）

编辑 李洪格

工　业

综　述

【概况】 2015年末，全市工业企业总数1.1万家，其中，规模以上1658家，从业人员55万人，总资产4382亿元。全市拥有37个工业行业大类、141个中类、263个小类，产品种类3000多种，初步形成以新信息、新医药与医疗器械、新材料及制品三大战略性新兴产业为先导，以机械制造、食品加工、运输设备、纺织服装四大传统优势产业为支柱，以海洋生物、物联网、智能装备三大未来产业为引领，竞争优势明显、区域特色鲜明的产业体系。年内，全市规模以上工业完成增加值1225亿元，比上年增长8.6%，位列全省第3位；实现主营业务收入7072.98亿元、利税606.67亿元、利润380.77亿元，分别增长6.3%、5.1%和3.9%，分别位列全省第四、第七和第七位。

2015年威海市主要工业产品产量表

表6

产品名称	计量单位	产　量	比上年增长(%)
乳制品	万吨	1.67	0
饮料酒	亿升	1.68	3.5
纱	万吨	6.59	−0.2
布	亿米	1.82	6.1
蚕丝及交织机织物（含蚕丝≥50%）	万米	164.48	−8.5
服装	万件	2.21	13.6
皮革服装	万件	43.54	19.1
鞋	万双	647	−6.9
纸制品	万吨	18.88	−9.5
农用氮、磷、钾化学肥料总计（折纯）	万吨	12.26	109.6
橡胶轮胎外胎	万条	3170.75	−8.2
塑料制品	万吨	7.02	−2.2
水泥	万吨	254.36	−3.3
商品混凝土	万立方米	68.67	−9.3
平板玻璃	万重量箱	1072.83	10.3
生铁	万吨	14.82	−30.0
金属成形机床	台	2500	0.2
起重机	吨	7308.36	−4.3
泵	万台	11.32	3.5
模具	万套	11.16	27.6

续表6

产品名称	单　位	产　量	比上年增长(%)
低速载货汽车	万辆	2.05	-24.5
汽车	辆	1249	-89.3
民用钢质船舶	万载重吨	90.11	13.1
电动机	万千瓦	1646.71	3.7
电力电缆	千米	4672	-62.9
显示器	万台	124.04	16.9
打印机	万台	410.04	-26.4
集成电路	万块	1058	-9.0
钟	万只	3.05	14.0

【骨干培育】 2015年，全市实现主营业务收入过1亿元的工业企业982家，新增50家；过10亿元的158家，新增5家；过50亿元的6家；过100亿元的3家，其中，威高集团有限公司285亿元、三角集团有限公司148亿元、金猴集团有限公司134亿元。

【结构调整】 2015年，全市在建工业项目1286项，总投资2871.6亿元，当年完成投资1277.1亿元，占全市固定资产投资的比重为50.2%。其中，完成工业技改投资887.8亿元，比上年增长15.3%，占全市固定资产投资的比重为37.2%。110项重点工业投资项目完成投资248.2亿元，占计划投资的105.1%。高新技术产业完成投资459.9亿元，增长2.4%。

【技术创新】 全年完成新产品开发项目1874项，其中400个项目列入山东省2015年技术创新项目计划。认定国家工业设计中心1家、市级6家，国家工程实验室1家、省级3家、市级9家，省级企业技术中心16家、市级18家，省级重点实验室1家，省级工程技术研究中心3家、市级20家，市级行业技术中心2家，市级工程研究中心1家。至2015年底，全市拥有市级以上企业技术中心201家，其中国家级11家、省级94家、市级96家；省级行业技术中心4家、市级4家；国家工业设计中心2家、省级6家、市级6家；国家工程实验室5家、省级15家、市级54家；省级工程研究中心3家、市级10家；省级重点实验室12家；市级以上工程技术研究中心195家，其中国家级2家、省级78家、市级115家。2015年，全市专利申请9341件，其中发明专利3279件；专利授权3792件，其中发明专利573件。

【“两化”融合】 威高集团有限公司、三角集团有限公司、华能威海发电有限责任公司3家企业入选第二批国家“两化”融合管理体系贯标试点（“两化”融合是信息化和工业化的高层次的深度结合，是指以信息化带动工业化、以工业化促进信息化，走新型工业化道路，其核心就是信息化支撑，追求可持续发展模式），总数达5家，其中天润曲轴股份有限公司已通过国家首批认定。先后建设4个省级数字化装备制造中心、15个省级信息技术推广中心、2个省级智能化供应链管理中心和2个省级能源监测自动化控制中心，认定8家企业为全市“两化”融合技术支撑单位。2015年，全市区域“两化”融合发展水平位居全省第六位。全市有电子商务园区21个，各类电子商务平台70个，家家悦集团有限公司、三角集团有限公司、金猴集团有限公司等企业供应链电子商务年交易额分别为96亿元、25亿元和14.3亿元。全市电子商务交易额约1050亿元，比上年增长40%，网络零售额约183亿元，占社会消费品零售总额的13.9%。

【品牌和标准化建设】 2015年，新认定中国驰名商标2件、山东省著名商标13件、威海市知名商标57件、山东名牌产品15个、山东省服务名牌10个、国家地理标志证明商标5件。至年底，全市拥有中国驰名商标33件、山东省著名商标123件、威海市知名商标177件、国家地理标志证明商标12件、中国名牌产品19个、山东名牌产品227个、山东省服务名牌65个、国家地理标志保护产品3个。全市企事业单位主持或参与制修订国际标准7项、国家标准240项、行业标准392项、山东省地方标准70项、团体标准3项。

【节能降耗】 全年万元GDP能耗下降7.7%，2011—2015年累计下降23%，圆满完成省政府下达的“十二五”期间下降17%的节能目标任务。建成国家级工业企业能源管理中心2家、省级循环经济教育示范基地1个，6家企业入选山东省节能环保企业100强，2个基地被评为省级节能环保产业化基地，11家企业被评为省级节能环保示范企业，14家企业被评为省级循环经济示范企业；在工业企业、公共医疗卫生机构、敬老养老机构推广太阳能集热系统2.16万平方米；拥有市级以上资源综合利用企业63家，综合利用工业固体废弃物265万吨，利用率达92%以上。

【重点产业集群】 新信息　全市有规模以上信息技术制造企业164家，从业人员近8万人，资产总额427亿元，通过“双软认定”（软件企业和软件产品认定）的软件企业37家。2015年，实现主营业务收入1070亿元，比上年增长8.3%，占全市工业的比重为15.1%，占全省行业比重为10.9%，位居全省第三位；实现利润52亿元、利税77亿元。主要产品有计算机外设产品、电子元器件、电子信息机电产品、由子测量仪器、通信设备等。重点软件企业实现主营业务收入17亿元、利润3.9亿元、利税5.8亿元，分别比上年增长18.2%、15.8%、17.5%。

新医药　全市有药品生产许可证的生产企业23家，有医疗器械生产许可证的生产企业81家，其中规模以上31家，资产总额397.3亿元，从业人员3.2万人。主要产品有医疗器械、化学原料药及制剂、新型中成药及植物药、生物药物及基因工程药物等10大系列2000多个品种规格。2015年，实现主营业务收入459亿元、利税70亿元、利润48.6亿元，分别比上年增长19.1%、12.5%和11.8%。

新材料及制品　全市有规模以上新材料及制品企业56家，资产总额195亿元，从业人员2.2万人。全市基本形成以碳纤维及复合材料、医用新材料、镁铝合金材料和新型节能环保建筑材料为主要支撑，以新型化工材料、光电光热材料、耐磨材料、稀土功能材料、高性能复合材料、高性能钨钼材料、纳米材料等为补充的新材料及制品产业体系。2015年，实现主营业务收入366亿元、利税18.6亿元、利润11.6亿元，分别比上年增长16.5%、21.4%和22.6%。

机械制造　全市有规模以上机械制造企业291家，资产总额749亿元，从业人员9.8万人。主要产品有数控大型机床、泵类、压力容器、成套印刷设备、电机、风机、航空地面设备、手动工具、工业机器人等。2015年，实现主营业务收入1344亿元、利润63亿元、利税107.6亿元，分别比上年增长5.8%、3.2%和5.5%。

食品加工　全市有规模以上食品加工企业393家，资产总额771.8亿元，从业人员12万人。主要产品有冷冻水产品、冷冻调理食品、藻类食品、即食休闲食品、保健品、粮油果蔬产品、畜禽产品、酒类产品、乳制品、调味品等。2015年，实现主营业务收入1534亿元、利税132亿元、利润79.5亿元，分别比上年增长6.2%、4.5%和6.1%。

运输设备　全市有规模以上运输设备生产企业93家，资产总额657亿元，从业人员5.1万人。主要产品有多用途集装箱船、汽车运输船、大型客滚船、散货轮、油轮、多功能越野车、乘用车、轻卡、微卡载货车、改装车、各类子午胎、曲轴、轮毂、刹车片等。2015年，实现主营业务收入708亿元、利润32.6亿元、利税51.4亿元。

纺织服装　全市有规模以上纺织服装企业228家，资产总额367亿元，从业人员7.1万人。主要产品有棉纺织品、服装、机织及手工地毯、家纺产品、鞋及箱包等，产品远销欧洲、美国、日本、东南亚及中国香港、台湾、澳门等20多个国家和地区。2015年，实现主营业务收入688亿元、利税41.6亿元、利润24.3亿元，分别比上年增长5.3%、3.6%和2.0%。

海洋生物　全市有规模以上海洋生物企业28家，从业人员2.4万人。主要产品有海洋生物医药、海洋保健品、海洋生物肥、海洋生物材料、海洋生物调味品和海洋生物化妆品等。2015年，实现主营业务收入102亿元、利税12.5亿元、利润6.6亿元。

物联网　全市有规模以上物联网企业25家，资产总额127亿元，从业人员1.1万人。主要产品有高精度图像传感器、光纤传感器、地震检波和石油勘探传感器等传感器产品，射频识别产品，数据传输与信息安全产品，智能打印终端，智慧安防、智慧供热、智慧供电、智慧供水等物联网智能应用产品及系统解决方案，云计算及大数据服务等。2015年，实现主营业务收入98亿元。

智能装备　全市有规模以上智能装备生产企业106家，主要产品有机器人及零部件、大型数控装备、航空地面设备、自动化选矿设备、智能医疗设备、智能打印设备、船用压载水处理和检测设备、船用柴油机脱硫设备等，设计研发、关键技术、系统集成等产业服务支撑能力有较好的基础，智能工厂、数字化车间建设取得初步成效。2015年，实现主营业务收入202亿元，约占全市装备工业的11.9%。

【优势产品】　医疗器械　以威高集团有限公司等企业为龙头，重点发展输注耗材、心脏支架及心内耗材、留置针及各种异型针、血液净化设备及耗材、骨科材料、手术设备及附件、ICU产品及附件、大容量注射液及其他药品、肾科产品、生物诊断试剂、人造血浆、手术缝合线、生物种植体等产品，威海高技术产业开发区医疗器械产业园被认定为山东省新型工业化产业示范基地。一次性医用注射器、输液器的国内市场份额达25%以上，心脏支架国内市场占有率达25%。

数控机床　以威海华东数控股份有限公司、荣成华东锻压机床有限公司等企业为重点，年生产能力7000台，拥有多项国际先进或国内领先水平专利和专有技术，设备的生产能力和规模位居国内同行业前列，培植了数控加工中心、数控龙门机床、数控锻压机床、数控剪板机、数控折弯机、快速双动薄板拉伸液压机等高新技术产品，主要产品均达到国内外同类产品水平。

智能终端及打印设备　以山东新北洋信息技术股份有限公司等为龙头，发展激光／喷墨打印机、专用打印机／扫描产品、多功能一体机、自助服务设备、访客一体机等一批高科技产品，部分产品居于国际和国内领先水平。其中，激光打印机系列产品占据18%的国内市场份额，专用打印机及相关产品国内市场占有率达8%。

碳纤维及制品　以威海拓展纤维有限公司、威海光威复合材料有限公司、山东环球渔具股份有限公司、威海宝飞龙钓具有限公司等企业为重点，发展聚丙烯腈基碳纤维、中高档碳素钓具和户外用品等产品，是首个国家级碳纤维及复合材料产业基地。其中，威海拓展纤维有限公司拥有国家发展改革委审批的唯一碳纤维制备及工程化国家工程实验室，碳纤维产能2300吨；威海光威复合材料股份有限公司是国内最早生产碳纤维复合材料的龙头企业，预浸料产能2400万平方米。

特种船舶　以中航威海船厂有限公司、黄海造船有限公司等6家企业为龙头，已形成较强的特种船舶制造能力，黄海造船有限公司能够批量建造多用途重吊船和大型豪华客滚船。

汽车及零配件　以荣成华泰汽车有限公司、中航黑豹股份有限公司为重点，实现整车制造能力25万辆。天润曲轴股份有限公司是中国规模最大的专业曲轴生产企业，汽车发动机曲轴生产能力100万支，主导产品市场占有率达30%以上。

海洋食品 以好当家集团有限公司、泰祥食品有限公司等企业为龙头，大力发展以“海洋三品”（海洋食品、药品、保健品）为主的蓝色海洋食品，已形成年产300万吨的能力，主要产品有生鲜海产品、干品、即食食品，其中海洋食品加工产量位居全国首位。荣成市被评为国家级食品产业新型工业化产业示范基地。

轮胎 以三角集团有限公司和浦林成山（山东）轮胎有限公司为龙头，主要产品有高性能乘用车轮胎、巨型工程机械轮胎、特种轮胎等，全市轮胎子午化率达85%以上，是国内重要的轮胎生产基地。

地毯 以威海市山花地毯集团有限公司、海马集团公司为龙头，拥有国际一流的地毯生产线，年生产能力4000万平方米，产量约占全国的三分之一左右，产品覆盖五星级酒店、机场等全国高端市场，是国内重要的机织及手工地毯生产基地。

家纺 以艺达家纺公司、山东芸祥绣品有限公司、威海银洁绣品有限公司等企业为龙头，主要产品包含床上用品、抽纱、服饰三大门类，台布、窗帘、餐厅和墙上用品4大系列50多个类别6000余种花色，年生产能力4.8亿件，是国内外重要的工艺家纺产品生产基地。

（赵明君　王力召）

采矿业

【概况】 2015年末，全市采矿业有规模以上企业65家，比上年增加1家。其中，金属矿采选业8家（金矿7家），非金属矿采选业8家，其他采矿业1家，金属冶炼及压延加工业48家；发生亏损4家。拥有总资产139.85亿元，全部从业人员年平均人数1.77万人。年内，完成主营业务收入216.17亿元，比上年增长7.8%；完成出口交货值5213.7万元，下降17.2%；实现利税20.11亿元，下降5.7%；实现利润14.09亿元，下降5.3%。

（于洪兰）

【山东金洲矿业集团有限公司】 始建于1970年4月，是以黄金勘探、采选为主业的矿山企业，2003年9月加入山东黄金集团有限公司。拥有山东金洲矿业集团有限公司、山东金洲集团千岭矿业有限公司和山东金洲集团富岭矿业有限公司3家矿山企业，总资产10亿元，职工1300余人。2015年，生产黄金1056公斤，实现利润总额6610万元，获“威海市纳税新星企业”“山东省设备管理优秀单位”称号和山东黄金集团“管理创新奖”“安全环保奖”，通过国土资源部组织的国家级绿色矿山试点单位评估验收。

黄金生产 在原矿品位下滑、供矿吃紧、接续滞后等不利因素影响下，科学调节生产与基建关系，优化劳动组织方式，采矿40万吨，出矿43万吨，生产黄金1056公斤。将残矿探采作为保供矿、保产量的重要举措，残采矿石6.81万吨，生产黄金400公斤。突出抓好金青顶矿区深部开拓工程施工，完成井巷掘进工程量1762米/1.92万立方米，完成投资2382万元，为深部接续创造条件。继续推进以探边摸底、攻深找盲为重点的探矿工作，新增矿石量30.3万吨，金金属量969.67公斤。

安全环保 牢固树立“安全是最大的效益”理念，强化安全“红线”意识，推进安全综合治理，公司所属5个生产矿区及3个尾矿库项目通过安全生产二级标准化验收。狠抓隐患排查治理，推行“违章记分考核”“薄弱环节建档重点管控”等安全监管新模式，对安全隐患及“三违”（违章指挥、违章操作、违反劳动纪律）行为进行排查整治，严肃安全生产纪律。严格安全教育培训，实现全员安全教育培训率和特种作业人员持证上岗率两个100%；完成77个岗位作业标准的编修及培训工作，提升职工岗位安全技能；举行井下顶板塌方、一氧化碳中毒、井下应急撤人演练等活动，提升矿山的应急保障能力和水平。加快安技改造，重点实施井下微震监测、安全监控数字化改造、尾矿库在线运行监测等项目，其中金青顶矿区井下微震监测系统实现与东北大学井巷和地压控制中心联网，对加强深部地压活动研究、科学指导深部采矿工作具有重要意义。推进合规生产，金青顶矿区深部开拓工程安全设施设计通过国家安监总局专家审查，西泊、三甲及胡八庄矿区扩能扩界手续办理有序推进，为公司安全发展提供可靠保障。

管理挖潜 大胆突破管理定式，着力创新挖潜、提质增效。创新制度体系。完成新一轮管理制度修订，编辑《第六版企业管理制度汇编》，制定《内部市场化运营实施方案》，加紧内部市场价格、预算、核算、验收等制度体系编制工作，内部市场化改革取得阶段性成果。创新管控模式。通过严格采购审批、强化定额考核、推行库存物资内部调配等措施，实现材料消耗比上年下降13.8%；在加快设备节能改造的同时，深挖调荷节电潜力，实现调荷节电107万元；开展工程监察及跟踪验收350余场次，审计预决算项目30多个，参与完成招标项目5个，实现管理效益37万元；加强金价走势研判，黄金销售均价比上海黄金交易所均价高出3.09元/克，增加效益230万元。开展2015年度员工创新成果奖评活动，有58个项目获得奖励，发放奖金10.97万元。投入教育培训经费70.95万元，培训职工1270余人次。

（张岩峰）

石化工业

【概况】 2015年末，全市石化工业有规模以上企业168家，比上年增加15家。其中，石油加工业1家，化学原料及化学制品制造业81家（肥料制造业12家、农药制造业2家），化学纤维制造业5家，橡胶和塑料制品业81家（轮胎制造业12家）；发生亏损15家。拥有总资产430.27亿元，全部从业人员年平均人数5.19万人。年内，完成主营业务收入689.60亿元，比上年下降3.9%；完成出口交货值105.24亿元，下降10.0%；实现利税61.68亿元，增长9.5%；实现利润42.59亿元，增长11.1%。

（于洪兰）

【三角集团有限公司】 建始于1976年，已发展成为中国轮胎产业的领军企业，业务范围覆盖商用车轮胎、乘用车轮胎、工程子午胎和巨胎、特种轮胎等。公司建有国家级技术开发中心、博士后科研工作站、美洲研发中心，承建轮胎行业唯一的国家工程实验室，是中国轮胎产业技术创新战略联盟主体。公司是国家高新技术企业，是中国子午胎技术的先行者和领导者，拥有的国内外专利技术数量居国内同行业之首，同时成为国家标准和行业标准的主要制订者。“三角”商标是中国轮胎行业首个“中国驰名商标”，“三角”轮胎为首批“中国名牌产品”，获得全球60个国家或经济体官方产品认证，包括CCC、ECE、DOT、E-SOUND、INMETRO、LATU、GSO、SNI等，通过了固特异、沃尔沃等公司的技术性能测试，成为其全球战略合作伙伴，销售网络辐射170多个国家和地区，在欧洲、俄罗斯、印度等地设立了分支机构。自主知识产权领域成果丰硕。2008年，公司获得国家科技进步一等奖。至2015年底，公司共获得专利授权354项，其中发明专利52个，国际专利24个，主持和参与国家标准制修订38项，8次代表国家参加联合国车辆法规论坛，主持制订工程子午胎TKPH国际标准。

2015年，公司坚定全球化发展的“市场人”理念，坚持以品牌建设为核心，以转型升级为主线，切实加强科技创新、生产制造、市场营销三大支柱体系建设，保持了稳定向好的发展局面。3月5日，第十二届全国人民代表大会三次会议在北京人民大会堂开幕。全国人大代表、三角集团有限公司董事长丁玉华出席会议。会议期间，丁玉华关于“两化融合”与助推传统产业转型升级的建言引起媒体关注。4月28日，庆祝“五一”国际劳动节暨全国劳动模范和先进工作者表彰大会在人民大会堂举行，三角集团有限公司装备工程部的电气总工程师孙建恩获“全国劳动模范”称号。11月17日，省委副书记、省长郭树清到三角轮胎南海产业园考察，对公司绿色低碳、高端定位、信息化发展战略给予充分肯定，鼓励公司要加大对外开放力度，不断提高核心竞争力。

雅安新场乡第一中心小学竣工投用 9月15日，三角集团有限公司捐建的雅安市天全县新场乡第一中心小学举行竣工仪式。雅安市副市长徐旭、威海市副市长张波等出席仪式，新场乡第一中心小学全体师生参加。

智能化工厂投入生产 年内，公司通过信息化、自动化“两化深度融合”推动威海南海新区、威海临港经济技术开发区转型升级项目建设。其中，威海南海新区华阳公司一期400万条高性能乘用车胎项目实现了轮胎工业4.0工厂的目标，应用先进的数码识别、智能控制、自动化技术、机器人技术、大数据技术，主要为全球高端市场提供替换和配套服务。9月，威海临港经济技术开发区华茂公司第二生产区200万条高性能商用车胎项目正式投产，实现系统的全部自动化与智能化。

全球化市场持续拓展 9月28日－29日，三角轮胎品牌走向全球高峰论坛在威海市举行，100多个国家和地区的400余人参加，围绕全球化品牌建设、品牌认知度、品牌的科技含量等话题展开交流，并就经济新常态下中国轮胎产业面临的机遇和挑战等问题进行探讨。11月2日，三角轮胎股份有限公司美国公司（TTUSA）举行开业剪彩仪式，该公司负责三角轮胎在美国市场的运营、发展及服务，并建立三角品牌分销网络，提供更适合北美市场的轮胎产品和服务，进一步提升三角品牌的国际市场地位。

国家级工业设计中心落户三角 12月，三角轮胎股份有限公司工业设计中心被工信部认定为国家级工业设计中心，这是国内轮胎行业唯一的国家级工业设计中心，与国家级企业技术中心、国家工程实验室共同构成三角轮胎国家级设计研发与科技创新平台。国家级工业设计中心是国内级别最高的工业设计创新平台，是国家推进“中国制造2025”战略规划、建设制造强国的重要环节，每个行业只认定一家。

（张凌娟）

建材工业

【概况】 2015年末，全市建材工业有规模以上企业106家，比上年增加12家。其中，水泥、石灰和石膏制造业10家，水泥及石膏制品及类似制品制造业27家，砖瓦、石材及其他建筑材料制造业47家，玻璃制造业2家，玻璃制品制造业6家，玻璃纤维增强塑料制品制造业5家，日用陶瓷制品制造业1家，耐火材料制品制造业2家，石墨及碳素制品制造业6家；发生亏损19家。拥有总资产179.28亿元，全部从业人员年平均人数2.06万人。年内，完成主营业务收入216.17亿元，比上年增长5.1%；完成出口交货值9.83亿元，增长2.6%；实现利税17.13亿元，下降10.5%；实现利润11.87亿元，下降10.9%。

（于洪兰）

【威海中玻镀膜玻璃股份有限公司】 中国玻璃控股有限公司的成员企业，始建于1965年，是以镀膜玻璃制造为主，具有多种产业结构的大型工业企业，是中国建材百强企业、中国十大玻璃制造商、中国玻璃行业最具影响力企业之一，获中国名牌、中国驰名商标、山东名牌等称号。经过50年的建设发展，基本完成在全国的产业布局，具备多种大规模化生产和可持续发展的能力，在资本结构、产品结构、生产规模、市场开发、经济实力等方面实现跨越式发展。2015年，玻璃行业整体呈现持续萎缩趋势，公司实施创新驱动发展战略，加大技术改造和新产品开发力度，以提高效率、提高质量、降低消耗实现技术创新，以推动电商网购、工程直销实现模式创新等，形成新的增长点。公司被评为威海市安全生产先进单位、消防工作先进单位，1人被授予“威海市劳动模范”称号，1人被授予“山东省优秀共青团员”称号。

环保治理　公司积极响应国家号召，自2010年始投资对三条在线镀膜玻璃生产线窑炉烟气进行脱硫除尘改造，使其达到《大气污染物综合排放标准》（GB 16297—1996）中二级标准要求。随着《平板玻璃工业大气污染物排放标准》（GB 26453—2011）以及《山东省建材工业大气污染物排放标准》（DB 37/2373—2013）的颁布实施，公司先后与山东环保产业集团有限公司、中国建筑材料集团有限公司、北京元通公司等多家环保企业进行合作，从2014年始，投资5000多万元对三条生产线进行废气脱硝建设。至2015年底，三条生产线的脱硝设施全部建成，其中3、4号生产线采用相同技术，2条生产线采用单独技术。

科技创新　随着产品结构的不断调整，公司拥有自主研发的20余种Low—E膜系、10余种阳光膜系的成熟技术，并根据市场需求扩容增产，提高镀膜反应速度，加大双银Low—E膜产品推广应用力度。为满足高端市场的需求，公司进行SETB—52可异地钢化的低辐射镀膜玻璃研发，该产品独特的膜层结构设计、坚硬耐磨的抗氧化保护层及优异的热加工性能，能满足异地切割、磨边、钢化、中空等要求，具有更低的辐射率、传热系数U值和适中的可见光透过率、较高的红外反射率，在性能和可加工性方面皆处于行业领先水平。公司利用产学研组合体研发先进的镀膜工艺技术，通过设备升级改造提高易洁膜玻璃、阳光控制镀膜玻璃、TCO导电膜玻璃、SETB—52可异地钢化的低辐射镀膜玻璃的技术优势，市场占有率达50%以上。

50周年厂庆　公司归整1965年建厂至2015年取得的科研成果、股权变更及历年经营情况等，整理成《50年大事记汇总表》，按人物篇、发展沿革篇等章节整理撰写20余篇文案。5月15日，公司召开50周年庆典大会，举办歌咏比赛、演讲赛、篮球赛等一系列文体庆祝活动。

（马　骁）

机械设备工业

【概况】　2015年末，全市机械设备工业有规模以上企业469家，比上年增加31家。其中，通用设备制造业100家，专用设备制造业72家，汽车制造业44家，铁路、船舶和其他运输设备制造业51家，电气设备及器材制造业107家，仪器仪表制造业26家，金属制品业69家；发生亏损49家。拥有总资产1321.82亿元，全部从业人员年平均人数15.04万人。年内，完成主营业务收入1891.23亿元，比上年增长15.8%；完成出口交货值158.77亿元，增长12.3%；实现利税129.47亿元，下降12.1%；实现利润83.05亿元，下降4.7%。

（于洪兰）

【中航威海船厂有限公司】　始建于1951年4月，2010年完成整体搬迁扩建工程，迁至威海经济技术开发区皂北湾，占有陆域面积140万平方米、海域面积165万平方米、码头岸线1850米；拥有5万吨级船台1座、10万吨级船坞2座，配以400吨、800吨龙门吊等大型吊装设备设施，可承造18万吨级以下各类船舶，为省级重点工业企业。2011年1月，中航国际与威海市国资委签订协议，合资经营山东省威海船厂，更名为中航威海船厂有限公司。2014年，入选工信部符合《船舶行业规范条件》企业白名单。公司通过ISO 9001:2008、GB/T 19001—2008质量管理体系认证，及质量、环境、职业健康安全和能源管理体系认证，拥有国际认证联盟IQNET证书、自营进出口权，为山东省认定企业技术中心、行业技术中心。

2015年，造船产业依然延续深度调整、低位运行的状态。公司对内持续深化改革、转换造船模式、提升核心竞争能力，对外开拓市场、抢抓订单、调整产品结构、加强全面风险管理，确保生产经营工作的稳定性和连续性。公司以建立现代造船模式为主线，加强计划和技术管理，完善计划管理体系，强化一、二级生产节点管控，提高计划管理水平及技术供图计划完成率，与德他马林公司开展详细设计及生产设计合作，初步实现产品技术转型，年内完成为埃及船东建造的225FT自升式海工平台建造工程，开始承接6000吨抛石船、Ro/Ro船等高附加值船项目。加强安全和质量管理，通过生产流程再造，优化场地规划，对舾装件、舱口盖、舱口围等产品采取委外加工、成品化进厂方式，缓解产能快速扩张与生产场地不足之间的矛盾；统筹兼顾基础建设，确保涂装房、分段堆场建设及400

2月7日，中航威海船厂建造的8.10万载重吨散货船1号船（AVIC391）在做完40多个报验项目后，圆满完成试航　　宫本旭　摄

吨、300吨龙门吊建造等重点工程项目有序展开，推进企业健康、稳定发展。公司全年完成工业总产值10.22亿元，比上年增长59.4%；新接造船订单9艘，合同金额2.45亿美元。手持订单26艘、110万载重吨，合同总金额38.88亿美元。

（宫本旭）

轻纺工业

【概况】 2015年末，全市轻纺工业有规模以上企业810家，比上年增加71家。其中，农副食品加工业374家（水产品加工业290家），食品制造业42家，酒、饮料及精制茶制造业18家，纺织业83家，纺织服装、服饰业86家，皮革、毛皮、羽绒及其制品和制鞋业49家，木材加工及木制品制造业6家，家具制造业13家，造纸及纸制品业32家，印刷业14家，文教、工美、体育和娱乐用品制造业93家；发生亏损74家。拥有总资产1361.73亿元，全部从业人员年平均人数22.78万人。年内，完成主营业务收入2513.97亿元，比上年增长8.7%；完成出口交货值322.00亿元，增长1.3%；实现利税186.66亿元，增长0.1%；实现利润120.24亿元，增长9.2%。

（于洪兰）

【金猴集团有限公司】 始建于1951年，1998年改制为有限责任公司，占地面积39.5万平方米，建筑面积20万平方米。2015年末，拥有固定资产原值6.37亿元，净值4.78亿元；下辖18个全资子公司，涉及房地产、商贸服务、金融、鞋业、服装、汽车尾气检测等。主要产品有金猴牌皮鞋、皮具、服装等，其中金猴牌皮鞋1982年被评为省优和部优产品，1996年登上“中国质量万里行光荣榜”，1998年—2004年被中国皮革工业协会连续四届授予“中国真皮鞋王”称号，2006年起连续4届获了“中国真皮领先鞋王”称号，1999年被国家工商总局认定为“中国驰名商标”，2002年被国家质检总局认定为“中国名牌产品”，2004年起连年被世界品牌实验室（WBL）及世界经济论坛（WEF）共同评审并列入《中国500最具价值品牌》。2006年“金猴鞋王”被推选为“首届威海城市名片”。“金猴”皮具于2007年被国家质检总局认定为“中国名牌产品”，2009年被国家工商局认定为中国驰名商标。金猴集团技术中心2010年晋升为国家级企业技术中心，2013年被认定为首批国家级工业设计中心。金猴集团于2009年获首届山东省“慈善奖”，2011年获“山东省省长质量奖”，2014年获“富民兴鲁”劳动奖状。

2015年，公司完成工业总产值17.99亿元，比上年增长1%；完成工业增加值3.38亿元、出口交货值2.67亿元，均与上年持平；实现主营业务收入133.94亿元，增长3%；完成利税3.91亿元，其中利润3.12亿元，分别下降17%、15%。公司综合实力居“中国皮革行业十强企业”第1位和“中国轻工业百强企业”第53位，继续跻身“中国民营企业500强”和“中国民营企业制造业500强”行列，被中央军委阅兵联合指挥部授予“阅兵保障突出贡献奖”。在2015年中国技能竞赛——首届全国皮具设计制作技能大赛上，公司有7名选手跻身前20强，其中金焕梅夺得亚军，获“全国技术能手”称号。

（邹晓伍）

【威海市山花地毯集团有限公司】 成立于1982年，是中国最早进入地毯行业的厂家之一，各项主要经济指标连续24年居国内同行业之首，是世界衡量中国地毯业发展水平的标志性品牌。2015年末，公司总资产20亿余元，拥有员工近2000人，其中工程技术人员265人。下辖威海山花华宝地毯有限公司、威海山花博美地毯有限公司、威海山花惠美地毯有限公司、威海山花帝苑毯业有限公司、山花地毯销售有限公司、威海山花君芳家饰有限公司、威海市山花雨阳地产有限公司7家控股子公司和温泉、桥头两大工业园，占地总面积100余万平方米。主要生产阿克斯明斯特地毯、威尔顿地毯、单面威尔顿地毯、彩印地毯、方块地毯、簇绒地毯、手工地毯等高端地毯及汽车地毯等产品，拥有地毯毛纱、尼龙及丙纶长丝、染整、PP纬纱等原材料配套产品，年综合生产能力1800万平方米。通过3个国际贸易部门、19个驻外分公司、数百家经销商及合作伙伴，建立覆盖国内和全球主要地毯消费地区的销售网络。公司坚持创新发展战略，先后投资10亿多元用于设备改造和技术升级，从美国、英国、日本、比利时等国家引进世界上先进的地毯生产线和技术30多项，实现产业链条完整、装备设施齐全。与哈尔滨工业大学、山东大学、中央美术学院等高等院校建立合作研发关系，依托企业资源优势建立山东省行业技术中心、山东省企业技术中心、山东省企业工业设计中心、威海市机织地毯工程技术研究中心、威海市机织地毯工程实验室等多个省级和市级技术创新平台，连续多年科研经费投入保持在5000万元以上。公司拥有专利50多项，先后承担省级技术创新项目20多项，获得山东省轻工业科学技术进步奖、第20届全国发明展览会银奖、中国商标战略创新奖、山东省产学研（工业设计）展洽会创新奖等。公司始终关注环保、科技和创新，引领行业健康可持续发展，引入新型仿生纤维——泰伦TM，被评为INNOVACTION地材新风尚2015年度地材十大新品之一。2015年3月，公司凭借可持续环保的绿色生产技术夺得GSAA 2015绿色生产奖。6月16日，世界品牌实验室在北京东方君悦大酒店发布第12届“中国500最具价值品牌”排行榜。公司品牌“山花地毯”以41.68亿元的品牌价值连续7届入围该排行榜，排名上升6位，为中国地毯行业唯一入围品牌。“山花”品牌的成功有效推动市场开拓，2015年，公司坚持强优势、攻短板，全线发展，中标大批重点工程和地标工程，方块地毯、手工地毯、航空地毯均实现持续增长。公司积极走出去，向欧美机织地毯强国进军，出口额逐年递增，2015年国际贸易销售额比上年增长13%。

（元慧慧）

医药工业

【概况】 2015年末，全市医药工业有规模以上企业35家，比上年增加3家。其中，化学药品原料药制造业1家，化学药品制剂制造业5家，中药饮片加工业8家，中成药生产5家，生物药品制造业6家，卫生材料及医药用品制造业10家；发生亏损企业5家。拥有总资产402.04亿元，全部从业人员年平均人数3.27万人。年内，完成主营业务收入456.21亿元，比上年增长18.1%；完成出口交货值14.07亿元，增长119.8%；实现利税68.64亿元，增长10.2%；实现利润48.73亿元，增长12.0%。

（于洪兰）

【威高集团有限公司】 始建于1988年，以一次性医疗器械和药业为主业，积极拓展医疗商业，发展房地产业，壮大旅游餐饮服务业，稳健发展金融业，实现多业并举，联动发展。下辖医用制品、血液净化、骨科、生物科技、药业、心内耗材、医疗商业、房地产等8大产业集团、40多个子公司，拥有总资产400多亿元，占地面积400多万平方米，净化车间260多万平方米。医疗器械和药品主要有输注耗材、输血器材、心内耗材、留置针及各种异型针、血液净化设备及耗材、骨科材料、手术设备及附件、创伤护理、手术机器人、微创器械及设备、ICU产品及附件、大容量注射液及其他药品、肾科产品、生物诊断试剂、手术缝合线、生物种植体、PVC及非PVC原料等40多个系列、500多种、8万多个规格，为中国最大的医疗系统解决方案制造商之一。集团公司进入医疗健康和服务领域，开展肾透析服务，在全国建有数十家肾透析中心。控股子公司山东威高集团医用高分子制品股份有限公司为在香港上市公司。2015年，集团公司实现主营业务收入285亿元，上缴税金14.2亿元。

集团公司系国家“863”产业化基地、国家火炬计划重点高新技术企业，先后获行业排头兵企业、全国守合同重信用企业、全国自主创新示范单位、全国助残先进集体、全国五一劳动奖状、全国实施卓越绩效模式先进企业、国家技术创新示范企业、全国医药工业百强、中国民营企业500强、山东省百强企业、山东省最佳企业公民等荣誉。2015年8月，入选中国企业500强第487位、中国制造业500强第257位、中国民营企业500强第179位、中国民营制造业500强第108位，9月，入选山东企业100强第63位。集团公司坚持以技术创新调整产品结构，大力提高自主创新能力。建有国家认定企业技术中心、植入器械国家工程实验室、院士工作站、博士后工作站、省级工程技术研究中心、泰山学者实验室等研究实体，与中国科学院、中国工程院、中国工程物理研究院、浙江大学、四川大学、301医院、第三军医大学等单位开展产学研合作，建立20多家研发中心或联合实验室，在北京、天津、长春、深圳设立研发机构，拥有研发人员约2000人；拥有发明专利150多项，自主知识产权产品580多项，高科技含量和高附加值产品达80%以上，其中120多种产品达到国际先进、国内领先水平，100多种产品打破国外垄断，30种产品列入国家火炬计划、国家“863”计划等国家项目，获国家科技进步二等奖和技术进步二等奖5项。2月，与天津大学签署战略合作框架协议。全年研发新产品40多项，上市销售10项。坚持科学管理，实施卓越绩效评价准则，提升竞争力。实施ERP、SRM、BPM等信息系统，打造完善的信息化管理平台。年内，公司加强体制改革，推进股份制改造，将骨科集团、血液净化集团、药业集团、生物科技集团等改制为股份公司，下放经营权。同时，加快利益分配改革，为管理层配置股权或期权。在行业首家通过ISO 9000质量管理体系认证，通过CCC、CMD、ISO 13485、欧盟CE认证、GMP认证等，30多种产品获得美国FDA认可。大力实施名牌战略，坚持诚信经营，产品销往30多个省、自治区、直辖市，三级医院全国覆盖率81.3%，血站覆盖率77.2%，销往世界70多个国家和地区。10月，威高东非公司在肯尼亚揭牌。年内，集团公司获评全国立信示范单位、山东省医药行业诚信示范单位。坚持实施“走出去”战略，先后与世界银行、美国美敦力公司、日本日机装株式会社、韩国IT公司等国外知名企业建立战略合作关系，在美国、日本、英国、德国、法国建有研发中心，吸收全球医疗先进技术，提高自主创新能力。坚持承担社会责任，大力支持社会公益和慈善事业，先后开展威高光明行动、威高爱心工程、威高助学活动等活动，大力支持学校、帮扶村、困难职工等，累计捐款捐物（折款）3亿多元。威高光明行动从2004年9月开始启动，到2015年底，累计为1.5万名白内障患者实施免费复明手术。6月，在全市慈心一日捐活动中，捐款650万元。

（王保明）

【迪沙药业集团有限公司】 始建于1993年，至2015年末，拥有员工3000多人，占地面积160多万平方米，建成西药制剂、原料药、中药、兽药、海洋生物新材料、高科技精细化工及保健食品7大生产基地。公司拥有10万平方米通过新版GMP认证的现代化制剂和原料药生产车间及综合配套设施，具备年产100亿片片剂、10亿袋颗粒剂、1亿支针剂、100种中药饮片、10亿粒胶囊剂及年处理1000吨原料药和化工品、1000吨中药材的能力，主导产品迪沙片、迪之雅、威太、迪素、洛那、赖氨葡锌颗粒、牛磺酸颗粒获中国化学制药行业优秀展品品牌、优秀专利产品。公司为国家火炬计划重点高新技术企业，建有国家企业技术中心、博士后科研工作站，先后与中国科学院上海药物研究所、吉林省中医药科学院等签署战略合作协议。2015年，实现主营业务收入35亿元，缴纳税金1.71亿元；位列中国医药工业百强第55位，连续5年蝉联中国医药工业最具投资价值企业。

2015年，公司启动科研管理模式和机制改革，完成含4个国家级项目在内35个项目的申报工作，创新体系获山东省科技进步二等奖，知识产权管理体系通过国家知识产权贯标体系认证。公司拥有专职研发人员300多人，其中博士15人，硕士200多人，外聘院士2人、行业专家20人，配备1000余台（套）国内外领先的科研仪器设备，同时在线研发包括8个世界首创的国家一类新药在内的300多种产品。全年完成6次制剂认证现场核查。崮山新建固体制剂车间，文登中药提取车间、口服固体制剂车间与口服饮片车间正式通过国内新版GMP认证；制剂欧盟认证车间通过欧盟官方认证，成为国内首家通过新版欧盟GMP认证的企业。完成4次原料药认证现场核查。完成1个品种的欧盟GMP符合性检查，有5个品种分别通过印度、美国等国家的认证、认定、审计及注册工作。公司参加日本、印度、西班牙等国的原料药国际展会，开拓产品国际市场。威海迪沙平台电子商务有限公司正式投入运作，获得互联网药品交易服务B2B和B2C资格证书，正式踏入医药电商领域，迪沙平台微信公众号关注人数8万人。

（任举德）

电子工业

【概况】 2015年末，全市电子工业有规模以上企业117家，比上年增加7家。其中，计算机制造业13家，通信设备制造业5家，广播电视设备制造业1家，视听设备制造业2家，电子器件制造业12家，电子元件制造业82家，其他电子设备制造业2家；发生亏损28家。拥有总资产249.32亿元，全部从业人员年平均人数5.12万人。年内，完成主营业务收入702.38亿元，比上年增长8.4%；完成出口交货值278.52亿元，下降9.9%；实现利税45.98亿元，下降8.4%；实现利润34.28亿元，下降5.8%。

（于洪兰）

【威海北洋电气集团股份有限公司】 2015年，威海北洋电气集团股份有限公司围绕科技创新和信息服务型业务，纵深推进转型升级战略，大力发展拥有自主知识产权的新兴技术和产品，优化产业结构，取得良好的成效。2015年，集团公司实现主营业务收入26.7亿元，比上年增长6%；实现利润2.97亿元，增长17%（按可比口径）；完成工业增加值4.4亿元，完成出口交货值10.2亿元。

深入推进转型升级战略，业务布局基本调整到位。聘请专业机构为公司战略规划编订提供咨询服务，编订战略规划方案，最终形成集团内部资源能力分析、射频和光纤外部市场环境分析、集团自主业务发展路线图等多项报告。围绕科技创新与信息服务，完善业务布局，2015年底，设立北洋控股公司，全面整合光纤传感业务、射频识别业务和智慧城市信息项目实施业务，为下一步的资产证券化工作创造条件。

集团业务转型获广泛认可。梳理总结智慧城市建设的“威海模式”，创造性地提出和推进“市域一体化”建设。推动在威海举行两次国家级专题活动。9月，住建部、科技部联合在威海召开国家智慧城市案例调研座谈会，12月，在威海举办全国智慧城市规划建设管理培训班，“智慧威海”案例材料被推荐为中央党校、国家行政学院教材。集团实施转型升级战略，新业务符合国家产业政策导向，获得各级政府的大力扶持。2015年，集团申报各级部门项目17项，获批13项，获得以国开发展基金渠道发放的政策性投资7000 万元，为集团发展云计算平台和电子信息创新平台提供了相对充裕的资金。

聚焦智慧城市业务发展。集团参与威海智慧城市及信息化“十三五”发展规划初稿的编写工作。参与各区市智慧城市项目的对接、协调和建设。继乳山市之后，在文登区、荣成市分别设立智慧城市子公司，协助乳山市获得国家智慧城市试点资格。在文登区、荣成市、乳山市举办“智慧城市大讲堂”活动。云中心全年投资2000多万元购置设备，累计投资超过1亿元，至2015年底，具备3万核CPU计算、3P数据及30P视频存储、384T数据交换等能力，同时支持四大运营商同时接入。建立全面的信息安全管理体系及风险评估流程，获得国家信息安全ISO27001管理体系和IDC机房认证。持续推进云计算中心服务市域一体化工作，分别与威海高技术产业开发区、荣成市、乳山市签署协议，其中威海高技术产业开发区机房完成搬迁，荣成网络汇聚接入分中心开工建设。智慧城市建设稳步推进。市民网上线服务总数达14大类1710项，其中68%的服务覆盖全市。组织“互联网＋数据开放创业创新大赛”。智能交通管理服务系统项目通过验收，中标二期工程，项目总金额7000多万元。智慧公交完成全部544辆线路运营车辆智能化改造，在市区建

威海云计算中心　　威海北洋电气集团有限公司提供

设138个公交电子站牌。中标威海市智慧教育项目和婴幼儿乳品电子信息系统项目。配合环翠区食品药品监督管理局建设“行刑衔接联动指挥中心”。

科技创新业务再获突破。2015年，射频事业部各项经营指标增长明显，在保持图书、档案、餐饮等行业产品型收入增长的同时，逐渐确立以安全为核心的系统研发和市场开拓方向，构建公安行业大数据治安防控平台，拓展6项行业解决方案，由单纯产品型销售向产品和系统混合型销售转型。光纤传感业务实现首次将分布式光纤测温系统应用于油井、洗煤厂、管带机的温度监测，将全光纤周界安防系统应用于中石化和净水厂安全防范。技术开发取得丰硕成果，分布式光纤振动传感系统性能显著提高，分布式光纤应力监测系统实现首次应用，设备点检系统获得港口协会技术进步二等奖。申请知识产权10余项，参与制定行业标准2项。

搭建电子信息创新平台。发起设立天使创投基金，一期总规模1亿元，2015年底，完成两个项目投资，这是省级引导基金参股成立的首批基金，也是第一个实施项目投资的基金。加大孵化企业和项目的引进力度，孵化器功能逐步完善，通过“威海市青年创业孵化基地”认定，作为创始成员单位参与山东省众创空间联盟。举办首届“北洋杯”电子信息及机器人创新创业项目大赛，吸引全国100多个项目参赛，筛选优质项目入驻孵化器，作为天使投资基金的备选项目。发起设立威海市信息产业协会和威海市移动互联研究院，充分发挥其在政府部门、企业、院校、服务机构之间的桥梁和纽带作用，发挥集团在行业内的影响力。

人才队伍建设成效显著。加强博士后工作站建设，通过全国的工作站评估程序，“威海市企业博士聚集计划”项目和“威海市重点产业紧缺人才引进计划”均获批通过。集团公司副总经理孙忠周获“第六届全国优秀科技工作者”和“威海市有突出贡献的中青年专家”称号，研发人员获威海市“十大创新能手”和威海市职工百项合理化建议“金点子”奖等多项荣誉，集团公司被评为“最具爱心慈善企业”，工会获“全国模范之家”“山东省创新示范企业”等称号。

（王　靖）

电力、热力、燃气及水生产和供应业

【概况】 2015年末，全市电力、热力、燃气及水生产和供应业有规模以上企业40家，比上年增加5家。其中，电力、热力生产和供应业29家（其中火力发电6家，风力发电11家，太阳能发电1家），燃气生产和供应业3家，水的生产和供应业8家；发生亏损9家。拥有总资产290.38亿元，全部从业人员年平均人数1.36万人。年内，完成主营业务收入152.44亿元，比上年增长3.7%；实现利税25.35亿元，增长2.9%；实现利润17.21亿元，增长6.6%。全市完成发电量165.34亿千瓦小时，增长0.8%；城市供水总量1.51亿立方米，增长1.3%；天然气供气量1.26亿立方米，增长7.0%；蒸汽供热能力1620吨/小时，热水供热能力2878兆瓦。

（于洪兰）

【华能威海发电有限责任公司】 2015年，华能威海发电有限责任公司坚持不懈抓安全，持之以恒抓管理，坚定不移谋发展，全心全意带队伍，主要生产经营指标均创出历史最好水平，在华能山东公司内保持领先地位。公司全年上缴地方税金8亿元，先后获评全国电力行业“AAA级信用企业”、全国“安康杯”竞赛优胜单位、华能集团先进企业、华能山东公司先进企业、华能燃料管理标杆电厂、电力安全生产标准化一级企业、省内部审计先进单位、省电力调度工作和技术监督工作先进单位等；厂团委获评省电力行业“五四红旗团委”；保护班被省总工会授予“工人先锋号”称号。

安全生产态势良好　全面落实安全生产责任制，开展“抓基础，固根源，回头看”系列安全活动，突出抓好隐患排查治理，深化设备可靠性管理和外包施工队伍管理，推进标准化检修，圆满完成迎峰度夏、度冬任务。3台机组实现连续安全运行100天，其中五号机组连续安全运行超过200天，三号机组获评全国可靠性评价对标最优机组。全厂安全绩效位居华能山东公司前列。

经营业绩再创新高　火电方面，实施“差异化”竞争策略，全年落实直购电量市场计划107.2亿千瓦小时，实际完成发电量108.94亿千瓦小时，计划完成率101.6%，位居华能山东公司第一；完成发电利用小时数5447小时，超

六号机组检修期间，检修工人冒雪作业　华能威海发电有限责任公司提供

出华能山东公司平均水平553小时；4台机组加权平均电价得到批复，增收1475万元；申请免考核电量2.4亿千瓦小时，折合电费1.05亿元；全年盈利13.65亿元，比上年增长1.8%，年内单月、单季及年度利润总额均创历史新高。风电方面，全年完成发电量9100万千瓦小时，利润230.35万元，超绩效目标127.35万元；风机利用率98.9%，提高1.34个百分点；弃风71.42万千瓦小时，下降51.3%。

节能减排成效显著　加强节能减排管理，强化技术监督和数据监控，深入推进节能环保技术改造，六号机组节能环保一体化改造示范项目顺利开工。脱硫、电除尘、在线监测设备投运率均达到100%，脱硝投运率达到99.58%，SO_2、氮氧化物、烟尘排放浓度均实现同比降低，远低于国家规定排放浓度限值；五号机组获全国火电能效对标二等奖；三号机组获全国火电能效对标三等奖。投资2亿多元，对六号机组进行节能环保一体化改造，实施13项先进节能技术和四大减排改造项目，达到国家最新环保政策要求——燃气机组超净排放标准。

企业发展开辟新领域　光伏发电项目取得进展。300万千瓦光伏项目申请报告于8月31日威海市市长办公会通过，威海市发展改革委和华能山东公司批复，获准开展前期工作，并取得项目用地许可，进入项目可行性研究、电网接入系统批文、环评批文等环节。供热面积大幅增长。坚持“以服务赢市场，以管理促发展”的经营理念，加大供热运行管理力度，严格执行值长负责制，加强对供热指标监控，切实增强供热安全责任感和使命感，不断提升供热服务质量，确保设备运行安全可靠，供暖参数稳定。供热面积由220万平方米增至300万平方米，供热量94.7万吉焦，供热天数155天，全省最长。

（祖金川）

【威海热电集团有限公司】 2015年，威海热电集团有限公司以“全面建成绿色智慧热电”为目标，深化内部调控，合理配置资源，“再造新流程”，全面抓好安全管理、生产管控、环保节能、民生服务和智慧热电建设等，生产效益稳步增长。全年完成有效投资7.53亿元，完成发电量21.3亿千瓦小时，比上年增长19%；供汽111万吨，增长11%；供暖在网面积3000万平方米，增长7%；取暖用户30多万户，实现销售收入18亿元，增长13%。公司获“山东省重大节能成果奖”“山东省青年安全生产示范岗”“山东省职工职业道德建设标兵单位”“威海市创建全国文明城市工作先进单位”等32项荣誉，47名个人获“全国优秀工会工作者”“山东省富民兴鲁劳动奖章”“威海市金牌职工”等荣誉。

安全生产　坚持党政同责、一岗双责、失职追责，建立健全三级安全网，层层签订安全生产责任书，筑牢网格化检查管理安全体系。开展安全教育培训，增强员工安全意识，不断完善应急组织、应急保障和监督体系，实现无伤亡事故、无重特大火灾事故、无恶性误操作事故的安全生产“零”事故。

生产管控　严格执行企业设备主人制度、巡回检查制度、设备缺陷处理制度，公司自行研发的生产管控一体化系统处于全省领先水平，实现对六大生产车间经济、安全指标的统计、考核、分析、总结等，生产管控一体化初显成效。

智慧供热　从公司产业结构和供热模式出发，加大热源点建设力度，加快产能结构调整步伐。调整热源产能规模，不断完善热源配套工程，为老厂区与科技新城厂区安全、稳定集中供热奠定基础。完成张村、羊亭10台总容量206吨／小时锅炉配套管网和汪疃、黄岚2台总容量14吨／小时锅炉配套热网，张村、羊亭供热达到与主城区同步。热网改建卓有成效。完成竹岛等24个小区398幢楼的管网改造任务；新建初汪线高温水工程（DN400）26公里，建成张村循环水管网工程（DN700～1000）10.6公里，实现两厂区管网的连达和热源共享；新建张村羊亭蒸汽管网6.1公里，更换一级网阀门498套、二级网阀门2213套，完成测点检查51个，消除重大缺陷22处，确保供暖管网安全运行。智慧热网实现供热计量数字化、节能控制智能化、住户用热自主化和政府监督网络化，取得良好的经济、社会效益和环保效益，被列为国家发展改革委重要节能项目，获得奖励资金890万元，同时获“山东省重大节能成果奖”，达到国内领先水平，创建智慧供热的新型“热电模式”。

环保节能　突破瓶颈制约，环保与节能改造同步实施，有效促进绿色低碳发展。在上年大规模投入环保节能改造的基础上，2015年实施以超低排放为重点的深度治理，该项目被列为山东省环保项目，已完成项目招标、设计、订货，进入实施阶段，共11台锅炉，已改造完成7台。

民生服务　全年完成墙体保温热计量改造1120幢楼、面积401万平方米，整治屋顶漏水647幢，解决遗留问题100余个，通过住房城乡建设部、财政部节能专项检查。全面提升行风和优质服务水平。由精干人员组成供暖“疑难杂症”攻坚突击队，对暖气不热的用户逐一检查整改，全年改造2000多户。组建专业供暖“保姆”团队，实行一岗双责，推行“分片包户、一员多能”和谁承包、谁负责的服务模式，每个供暖“保姆”包联4500个用户，基本实现全覆盖。加强服务硬件建设，热计量中心、中继泵站和张村、羊亭、科技新城、汪疃、黄岚供热服务中心陆续开建，居民就近享受供热服务；提供智慧供暖服务，开设供热网站、微信平台和提升客服平台，设立应急抢修、咨询电话，实现信息互通，资源共享，整体联动，将公司热线、供热站房电话、网上客服与市长热线、城建“12319”热线、电台行风热线、“110”报警电话联动，及时归集信息和接入处理热线，全年受理用户咨询电话8300个，市长热线、城建热线、城管平台、网上客服、行风热线等问题处结率、回访率、满意率均为100%。完善供热服务管理办法，开展“进社区、解民忧”“服务百姓零距离、服务态度零投诉、处理问题零失误”等系列便民活动，推进供热服务优质化、常态化和规范化。

（张华才　宫淑玉）

【国家电网威海供电公司】 （详见《城乡建设与环境保护·公用事业》第187页）

【威海市水务集团有限公司】 （详见《城乡建设与环境保护·公用事业》第107页）

盐　业

【概况】　2015年，威海盐业以开展“三严三实”专题教育为契机，以加快推进转型发展与认真履行职能相结合为主线，以健全完善现代企业制度为基础，以转变经济发展方式、调整优化经济结构、增创发展新优势为重点，以规范管理和优质服务为保障，着力完善管控体系、转换经营机制、提升管理水平，整体工作继续保持健康协调可持续发展的良好态势，市盐务局被评为2015年度全省盐业系统先进单位。

【盐政管理】　2015年，全市查处涉盐违法案件51起，查没私盐159.4吨，盐业市场总体保持稳定。加强盐政执法基础工作，提高执法人员的整体素质和办案水平。结合市法制办案卷评查与省盐务局《宪法和公共法律知识学习培训方案》的要求，强化与盐政执法密切相关的法律法规和业务的学习培训。市盐务局获全市“2015年度行政执法案卷评查优秀单位”称号。结合国务院在威海市召开的全国创建国家食品安全城市、农产品质量安全城市工作现场会，在全市范围内开展两次食盐市场清查整治行动，对食盐定点生产企业的各类食盐进行抽样检测，严防不合格食盐出厂；严格食盐销售许可证制度，依法取缔不具有经营资质的食盐经营单位，从重查处经营假冒伪劣食盐经营者，消除食盐安全隐患；对食品加工业户、各类餐厅、饭店、人员密集区域的食堂用盐情况进行重点监督检查，严厉打击购进、使用假冒伪劣食盐、工业盐的违法行为。加强部门协作，形成工作合力。以市、县两级食品安全委员会联席会议为平台，以“堵源头、端窝点、查大案要案、查在途私盐”为重点，加强与成员单位的信息沟通、协调配合、联动执法，维护盐业市场良好秩序。加强食盐安全知识和盐业法规政策宣传工作。充分利用重大节假日、宣传日开展主题宣传活动，提高经营者守法经营意识和消费者安全用盐意识。会同市卫生计生委、疾控中心等部门开展减盐防控高血压行动，引导居民合理控制食盐摄入，减少心脑血管发病率，全年供应低钠盐500余吨。

【食盐专营】　2015年，全市具有食盐批发和其他盐产品经营许可资质的威海盐业公司、荣成盐业公司、文登盐业公司和乳山盐业公司，共销售各类盐产品28.8万吨。其中，销售食盐2.33万吨，完成计划的107.7%；销售小包装食盐1万吨，完成计划的102%。严格落实食盐计划，强化食盐“五统一”管理，以计划执行为重点，不断完善食盐购销统计、分析、调度等基础性工作，全面超额完成省盐务局下达的食盐和小包装食盐计划，维护食盐专营政策和计划的严肃性。适应市场变化，转变经营方式。健全完善渔盐经营管理机制，强化采购监管、质量管控和供应管理，加强标准化工作建设，制定“槎山”牌渔盐企业标准，通过省标准委员会专家组审核并正式发布施行，填补国内渔盐质量标准空白。结合盐业市场价格走势和海带市场低迷行情，与省海藻协会沟通协商，给予优惠的供应价格，促进海带加工业健康发展。密切关注饲料添加剂氯化钠市场，与省内生产企业联系沟通座谈，了解掌握饲料添加剂价格走势，反馈当地市场需求，坚持让利不让市场，全年向市场供应饲料添加剂1000余吨，最大程度地巩固畜牧用盐市场。结合“健康山东行动”和减盐防控高血压工作，持续优化食盐市场结构。按照省盐业集团优化调整食盐经营品种结构工作部署，坚持“稳妥推进、合理引导”“统筹兼顾经济利益和社会责任”的原则，在突出海盐特色的基础上，先后引进海花盐、深井弱碱性盐等中高档食盐，进一步优化食盐市场结构。全市食盐市场供应盐种9个，满足市民的多元化消费需求。树立品牌意识，强化品牌建设。强化服务品牌意识，积极培育、优化“盐业公司”品牌形象，通过强化“以用户为本”的经营理念，巩固完善“电话预约、送货到点、巡回走访、微笑经营”的服务机制，健全完善客户经理制度和客户座谈会制度，在产供需之间架起沟通桥梁，以优质服务提升“盐业公司”品牌的知名度、美誉度和影响力。强化食盐品牌意识，突出食盐特色，在行业率先通过电台等媒体宣传推介食盐品种，引导市民树立食盐品牌意识和健康用盐、科学用盐的消费理念，取得良好成效。

【行业管理】　加强安全生产管理，确保安全生产无事故。加强基础工作，市盐务局对行业安全生产相关制度进行修订完善，提高安全生产规范化、制度化建设水平。牢固树立安全发展理念，强化红线意识，严格履行部门监管责任、企业主体责任和职工岗位责任，开展安全生产宣传教育，形成人人关心安全生产、重视安全生产、遵守安全生产制度的浓厚氛围；扎实开展行业安全生产检查活动，狠抓安全生产制度和应急保障措施落实，从源头上规范安全生产工作，年内未发生安全生产责任事故。认真履行社会责任，树立良好社会形象。开展“第一书记”包村、结对帮扶、慈善捐助等活动，年内全系统为帮扶村提供帮扶资金、物资近40万元。

【制盐工业】　2015年，全市有两家企业获得制盐生产许可资格，分别是威海市高岛制盐有限公司和荣成市海晶制盐有限公司。全市原盐生产能力9.2万吨，实际生产原盐6.4万吨；食盐生产能力6万吨，实际生产2.8万吨。

（孙卫华）

编辑　李洪格

信息产业

综　述

【概况】 威海市电子信息制造业抓住国家经济社会发展和国际产业转移的重大机遇，克服国际金融危机的不利影响，积极推进结构调整，着力加强自主创新，实现了产业的稳步增长，对经济社会发展的支撑引领作用愈益凸显。至2015年末，全市电子信息企业1120家，从业人员近8万人。其中，规模以上信息技术制造企业164家，通过“双软认证”的软件企业37家。全市规模以上信息技术制造企业主营业务收入1070亿元,比上年增长8.3%,占全市工业比重15.1%；占七大产业集群比重17.3%，位居第三位；占三大战略性新兴产业比重56.5%,位居第一位;占全省行业比重10.9%，位居全省第三位;实现利润52亿元、利税77亿元，分别增长−3.6%和1.1%。

【信息技术产品结构】 威海市信息技术产品结构不断完善，信息技术产品有12个大类100多个品种，已形成计算机外设产品、电子元器件、电子信息机电产品、电子测量仪器、通信设备等较为完善的产品结构。以传真机、打印机为代表的计算机外设类产品市场占有率不断提高，在国内外形成了技术优势。激光打印机、专用打印机国内市场占有率分别达到18%和10.9%，热敏打印头国际市场占有率12.2%，接触式图像传感器国际市场占有率达到6.7%。

【信息技术创新能力】 威海市信息技术创新能力不断增强，以企业为主体的创新体系逐步形成。2015年，全市拥有国家级企业技术中心1家，省级企业技术中心8家，市级企业技术中心6家，省级工程技术研究中心14家，省级信息技术工程技术中心6家。第十个五年规划以来，全市信息技术方面申请专利2100余项，获得授权发明专利248项，参与国家、行业标准制定39项，热打印相关产品、高端光纤激光器等十余项产品达到国际先进水平并填补国内空白。

【公共服务平台建设】 威海市加快推进公共服务平台建设，2013年由威海电子疗养院与部属电子第五研究所共同出资成立威海赛宝工业信息技术研究院，先后举办了“品牌培育与建设”等专题讲座十余场，免费培训1000余人次；为三星电子等20余家企业提供了计量校准、认证审核、电子产品检测分析和软件测评等服务。2015年，由中央机构编制委员会办公室批准设立的“工业和信息化部电子信息技术综合研究中心”在威海市正式落户，研究中心展厅、办公室已完成装修，人员招聘工作有序推进。

【信息化建设】 至2015年末，威海市是全国信息化试点城市、数字城市建设示范市、首批全国农村党员干部现代远程教育试点市、首批基于云计算的电子政务公共平台建设和应用试点示范地区、山东省数字城市试点市、国家和山东省智慧城市试点市、国家信息消费试点市、“宽带中国”示范城市，连续4届获得“中国城市信息化50强”称号。智慧城市建设有序推进，威海市成功入选“2015中国十大智慧城市”和“国家智慧城市典型案例”。

【信息基础设施建设】 至2015年底,威海电信业务总量39.26亿元。固定电话交换机总容量75.18万门，用户总数50.32万户，户均普及率49.24%；移动电话交换机总容量613万门，用户总数324.64万户，人均普及率115.71%，其中3G以上移动电话用户211万户;宽带用户总数89.03万户，户均普及率73.6%;光缆总长度85.53万芯公里；建有移动基站8339座，其中3G基站3947座；4G基站4409座；城市出口带宽574G。信息基础设施主要人均指标位居全省前列。深入实施“宽带中国·光网城市”计划，加快宽带网络升级改造，加快实施城市光纤到楼入户、农村光缆进村工程，统筹提高城乡宽带网络普及水平和接入能力。全市骨干通信网和接入网全部实现光纤化改造。统筹无线局域网、3G、4G等无线移动宽带网络协调发展，城市家庭20Mbps及以上宽带接入能力达到98%；农村家庭10Mbps及以上宽带接入能力达到98%，无线局域网全面实现公共区域热点覆盖，3G网络全覆盖城乡，4G网络连续覆盖主城区、乡镇农村。

【“两化”融合】 威高集团、三角集团、华能威海电厂3家企业入选第二批国家“两化”融合（信息化和工业化融合）管理体系贯标试点，2015年总数达到5家，其中天润曲轴已通过国家首批认定。先后建设4个省级数字化装备制造中心、15个省级信息技术推广中心、2个省级智能化供应链管理中心和2个省级能源监测自动化控制中心，认定8家企业成为全市“两化”融合技术支撑单位，全市区域“两化”融合发展水平位居全省第六位。全市有电子商务园区21个，各类电子商务平台70个，家家悦、三角集团、金猴集团等企业供应链电子商务年交易额分别为96亿元、25亿元和14.3亿元。2015年，全市电子商务交易额约1050亿元，比上年增长40%，网络零售额约183亿元，占社会消费品零售总额的13.9%。

（王力召）

智慧城市建设

【概况】 按照国家、省智慧城市试点建设要求和智慧威海建设工作领导小组会议部署，市经信委坚持问题导向思维，全面深化资源整合，统筹智慧威海市域一体化建设，扎实推进项目建设，智慧城市各项工作迈上新台阶。威海成功入选“2015中国十大智慧城市”，获得“智慧城市建设进步奖”，多次在全国性会议上介绍经验。7月，国家发改委邀请威海、广州等8个城市召开智慧城市政策创新研讨会；8月，新华网头版刊登“威海模式智慧城市建设初见成效”文章，肯定威海经验；9月，国家住建部、科技部在威海市召开“国家智慧城市典型案例座谈会”，12月在威海市举办“13省市智慧城市规划建设管理培训班”，推广“威海模式”建设经验。

【城市治理能力提升工程】 电子政务资源整合工程　制定了《威海市政务信息资源共享管理办法》，整合市直230个部门、单位电子政务资源，部署320个虚拟服务器和72个部门业务系统，较传统方式节省150多台服务器，节约财政资金1500多万元。

城市精细化管理升级工程　完善文登区、威海临港经济技术区数字城管平台，新增覆盖环翠区、威海高技术产业开发区、威海经济技术开发区、文登区、威海临港经济技术开发区113.8平方公里区域，市辖5个区213平方公里实现系统全覆盖。智慧城建档案平台归集供水、排水、燃气、热力、电力、电信6个大类、1.48万公里管线数据和1336卷、134G城建工程档案数据，25个城建单位联网运行，提供网上服务6万余次。

智慧供热建设工程　建成集热计量、远程抄表、用户温控、远程温控、防盗水、管网终端平衡调节等功能于一体的智慧供热节能调控体系。改造安装楼道智能电动调节阀1.29万个、室内温控阀33万个，服务30万用户，供热智能控制面积2604万平方米，智能控制率达40%，机组效率提高35%，节能27.6%，减排二氧化硫1992吨、氮氧化物581吨、烟尘1660吨，市区供热实现计量智能化、控制自动化、用热自主化和监控网络化。

智能供电试点工程　威海列入山东省光纤到户智能用电小区、电水气热“四表合一”双试点市。投资2000万元建设电力光纤到户公共网络平台，覆盖祥云花园等4个小区、5300户，开展清洁能源、智能互动用电、社区公共服务应用。

【惠民服务水平提高工程】 市民网系统与政府网站、政务审批、信息公开、市长电话、行风热线等对接融合，新增服务项目470项，提供10个网上账单服务，推出住房通、计划生育、黄标车等8个场景式专题服务，服务事项超过1710项，68%的服务覆盖全市域。部署开发婴幼儿乳品追溯、市民卡、气象等服务，开辟数字电视服务渠道。市民网累计访问量170万人次，注册用户3万多人，办理各类咨询投诉1500余次，与市民网上互动5300余条次。

智慧交通二期工程　建成交通应急指挥调度中心、大数据分析研判、自适应信号控制等4个平台、8个系统，中心城区工作日早、晚高峰路网平均车速提高17.6%和14%，平均拥堵时间下降17.8%，交通运行由“中度拥堵”变为“基本畅通”。市区100%公交线路和车辆、文登区80%公交车辆实现智能调度，建成116个电子站牌；公交手机客户端注册用户9.7万人，日均点击量5.2万人次；公交准点率提高10%以上，投诉量下降8%。

智慧教育　建成智慧教育基础平台和网络空间、教育资源、教科研、网络互动课堂、网上教学、学生综合素质评价等6个系统。年内，为2万名师生免费提供网络空间学习服务，为5万名师生提供教育资源服务，在19所智慧校园试点学校开展电子书包、“翻转课堂”等特色应用，实现城乡教师“同研一节课”、城乡学生“同上一堂课”，促进了全域优质教育资源均衡发展。

市民卡　完成市民卡技术平台、标准体系建设和健康密钥体系、城市通密钥体系申领、认证、检测和密钥灌装工作，完成金融电子现金和市民卡电子钱包支付功能上线测试，与市财政、卫计委、民政等部门和水、电、暖、气等公用事业单位达成合作意向。年底前已启动市民卡发放和应用推广工作。

智慧食品安全　建成市级追溯管理平台，在规模种植养殖基地、屠宰厂、农产品批发市场、超市等7类、346个流通节点部署应用，在家家悦294个超市、西城路等3个农贸市场、市机关食堂等20个单位提供肉菜安全溯源服务。建成婴幼儿乳品电子监管系统，入网163家企业、94种产品，实现婴幼儿乳品全流程电子监管和安全溯源，市民网上累计查询4946人次。

【信息基础设施完善工作】 推进通信网络改造升级　编制移动通信基础设施规划并与全市经济社会发展总体规划、城乡规划、土地利用规划有效衔接。推进居民小区信息基础设施规范化建设、整合资源、公平服务。加快推进“宽带中国”光网城市、无线城市建设，全市100%的骨干通信网和接入网完成光纤化改造，城市出口带宽超过574G，3G/4G普及率达55%，全市数字电视平台覆盖率达到80%。

提升云计算中心服务能力 投资2000万元升级改造威海云计算中心电力、空调、监控、综合布线及安全系统，机房容积率提高7%，PUE（数据中心总设备能耗/IT设备能耗）值降到1.7以内，年节省运维费用70万元。引入国家信息安全ISO27001标准体系，通过IDC/ISP资质认证。三大云平台已支撑政府政务、平安城市、智慧交通等几十个应用服务。

建设智慧城市展厅 北洋集团建成智慧威海展厅，面积500平方米，以实物展示、场景模拟、视频演示、互动体验等手段，宣传智慧城市理念，展示建设成果，推介技术产品，全年接待190批、5100人次参观。

【智慧经济发展培育工作】 制定《关于加快云计算产业发展的实施意见》规划打造一批行业云计算服务平台、发展一批云计算产品制造基地、完善产业链，努力打造国内知名的云安全设施和云终端设备制造基地。

建成电子信息创新平台 设立北创投资基金，形成“一杯咖啡＋两个空间＋多级孵化＋天使投资”电子信息全产业链孵化模式，吸引20多个互联网、物联网项目入驻，发展自主知识产权产品超过20个，年产值超过900万元，解决社会就业200人。

举办“2015威海互联网＋数据开放创业创新大赛” 协调19个委办局初步开放88项、10G政务数据，有79个团队、个人报名参赛，提交作品32组，初步营造了良好的大数据产业发展氛围。全年信息产业销售收入达到1070亿元，软件信息服务业达到15亿元。

【市域一体化建设】 推进智慧威海市域一体化建设工作，威海高技术产业开发区、乳山市、荣成市、文登区分别与威海云计算中心签署协议，其中威海高技术产业开发区机房完成搬迁。乳山市、荣成市、文登区分别与北洋集团签订战略合作协议，建立智慧城市建设载体。各区市按照全市统一部署，积极推进智慧城市规划和项目建设。乳山市规划了民生、政务和经济三大智慧体系，建成智慧城市运营管理中心和城市运营态势监测等六大系统；荣成市建成信息指挥中心综合楼，推进平安荣成、智慧公交、智慧医疗等项目建设；环翠区搭建了平安环翠、“12349”居家服务、社会管理等公共平台；文登区推进平安文登、智慧城建等项目建设，初步形成市域一体化协同发展的良好态势。

（王力召）

无线电管理

【概况】 2015年，全市无线电管理工作坚持不断优化服务质量、强化行政效能、加大监听力度、推进技术创新，各项工作稳步扎实、又好又快发展，频台管理更加规范，依法行政更加严格，监测保障更加有力，较好地维护了全市良好的空中电波秩序，保证了各类无线电业务的正常运行。在全省系统年度综合考评中，8年第7次获得第一名。

【频率台站管理】 扎实开展频率使用情况核查专项活动，围绕频率梳理、数据填报、监测比对、台站核查等工作重点，精心组织，认真细致抓好各个环节工作落实，及时完善频率台站数据库，确保数据资料翔实、准确、完整。至2015年底，全市有设台单位2704个，各类无线电台（站）1.05万部（个）。其中：广播电视台18部，高频电台6部，甚高频、特高频电台2247部，数据电台25部，船舶电台4445部，雷达站4个，公众移动通信基站3475个，微波接力站26个，业余电台238部，其他电台7部。加强窗口服务规范化建设，持续提升服务效率和服务质量。全年完成行政许可68项，发放电台执照6162个，指配单频点10个、双频点10组，指配船舶呼号34个，为3379艘渔船办理电台执照年检验证手续，完成收费124万元，连续10年获得“部门行政审批服务先进办事窗口”称号。查处非法设台92部，其中：卫星干扰器1台，“黑广播”7起，11家单位非法设置使用对讲机84部，其中有5家用户依法补办了设台手续，6家用户予以停用。查处各类干扰8起，均依法予以处置。

【监测保障工作】 严格落实监测值班责任制，全年累计监测监听5.4万多个小时，重点加大对航空导航、广播电视、水上通信等重要频段的监测力度，及时发现并快速查处干扰信号，确保通信安全；协助某部队开展相关无线电信号监测工作；妥善有效处置民航威海机场导航频率受干扰事件，保证专用频率安全使用。严格按要求实行24小时值班，完善应急处置预案，出动79人次、26车次、设备130台次，完成春节、“两会”“抗战胜利70周年纪念活动”“铁人三项赛”等重要节庆和重大活动无线电安全保障工作。在全国高考等17类重要考试中成功协助防范无线电作弊行为，其间发现并成功压制3起作弊信号。举办岗位练兵和监测技术演练，提升监测保障和应急处置能力，在全省2015年度监测技术演练中获得第3名。按规定对专业通信设备及移动、联通、电信三大通信运营公司基站进行检测，为全市无线电通信畅通提供技术支撑。

【技术设施建设】 承担的国家无线电管理局“边海防无线电监测网建设研究”软课题项目，经过一年多的调研、论证、修改，2015年12月顺利通过国家无线电管理局组织的专家评审。与北洋集团公司合作研发的“无线电台站移动监管系统”被山东省无线电管理办公室在全省系统内推广应用。投入240余万元购置5套监测站机房，争取省办配备信号侦测系统、4G基站检测系统等价值100余万元新设备和200余万元监管维护专项资金，自购监测天线、信号源等设备，技术设施建设不断加强，技术管理能力持续提升。改进升级“无线电技术设备动态管理系统”，提升技术设备管理先进化、智能化、规范化水平，对监测站进行防雷检测，确保设备安全。

（蔡媛媛）

电　信

【概况】 至2015年底，威海电信业务总量39.26亿元。固定电话交换机总容量75.18万门，用户总数50.32万户，户均普及率49.24%；移动电话交换机总容量613万门，用户总数324.64万户，人均普及率115.71%，其中3G以上移动电话用户211万户；宽带用户总数89.03万户，户均普及率73.6%；光缆总长度85.53万芯公里；建有移动基站8339座，其中3G基站3947座、4G基站4409座；城市出口带宽574G。3G网络全覆盖城乡，4G网络连续覆盖主城区、乡镇农村。

【中国联合网络通信有限公司威海市分公司】 2015年，中国联合网络通信有限公司威海市分公司（以下简称威海联通公司），紧紧围绕支撑服务“互联网+”行动计划、“宽带中国”、提速降费等国家战略，深入贯彻落实市委、市政府和上级公司决策部署，以“做威海服务最好的企业”为目标，以不断满足广大市民通信和信息消费需求为己任，认真履行央企政治、经济与社会责任，坚持党建和业务两手抓、两促进，在创新发展、转型升级和服务民生方面迈出了新步伐。

通信能力实现跨越式发展　2015年，威海联通公司不断加大投资力度，加快推进通信基础设施建设，网络能力持续提升。全制式4G网络日益完善，新建4G基站1300余个，4G信号实现对全市乡镇驻地以上区域、城铁沿线区域的连续覆盖，基本实现对农村区域的广覆盖；积极开展“沃4G+”网络载波聚合试验，下行速率达到300M。新建3G基站600余个，3G信号实现对农村区域的全覆盖，3G网全网升级HSDPA+，城区升级DC-HSPA+，下行速率达到42M。移动网升级高清语音，通话效果更加逼真。宽带网新建FTTH端口12.5万个，完成了全市城乡的全光网改造，成为中国联通系统第一批建成“全光市”的本地网分公司，全市100%的村庄实现联通光缆到村，96%的村庄实现联通光纤到户。完成城区所有传统LAN小区的光纤化改造，基本实现光缆到楼入户。全市城市家庭20Mbps及以上宽带接入能力达到99%；农村家庭4Mbps及以上宽带接入能力达到100%。建成IPTV融合CDN内容分发网络，部署组播服务，进一步提升了IPTV收视质量。年内，联通宽带4M以上用户占比提升至92%，8M以上用户占比提升至81%，联通手机上网用户占比提升至57%。“三网融合”（指电信网、广播电视网、互联网）加快落实，IPTV电视免费直播频道增加到140余个，并具备时移、回看功能，为用户提供了上万小时丰富的高清点播内容。强化网络保障，全年移动网接通率在99%以上，宽带用户异常掉线率在3%以下，网络质量在全省联通系统名列前茅。完善应急通信保障预案，先后完成2次地震、“灿鸿”台风、防汛等自然灾害和“两会”“铁人三项赛”等多次重大活动的应急通信保障任务。网络QC管理和创新再创佳绩，1项课题获得全国优秀QC成果奖，2项课题获得通信行业优秀成果奖，被中国通信企业协会评为“2015年通信行业开展质量管理小组活动先进单位”。

信息化建设快速推进　根据威海市建设“智慧城市”“国家信息消费试点城市”“宽带中国示范城市”等有关要求，加快信息化应用的开发普及，业务创新取得了新进展。综治网格信息化系统在文登区、荣成市等多个区市和部门广泛应用，为政府增强社会管理效能、提升社区服务水平，提供了有力支撑。以政信通系统为基础的“工会在线”系统在全市工会系统应用，实现信息简单高效的交换传递，节约办公开支，提高管理效率。数字新农村项目系统云平台完成搭建，“三资系统”、阳光农廉网模块在全市投入应用，综合事务、土地系统和一事一议等模块在6个乡镇完成试点，具备全面启用条件。移动执法、移动办公、外勤通、销售管家等移动工作系统被多个机关和企事业单位采用，进一步延长单位内部管理触手，提升工作效能。启动大数据、云计算等新业务领域的应用研发，基于4G网络的“物联网”应用在制造商贸行业试点推广，为大规模商用积累经验。

服务水平不断改善　坚持以服务促发展，不断优化服务内容，提升服务质量，用户满意度持续提升。继续扩大营业网点规模，全年新建营业网点50家，门店分布布局进一步优化，基本实现对居民区的有效覆盖，方便群众就近办理业务。加大资金投入，提升营业自助服务能力，各乡镇主营业网点自助服务设备全部布设到位，缩短用户等待时长。提升营业信息化水平，进一步完善了网上营业厅功能，加大手机营业厅、电话营业厅、短信营业厅、微博客服、微信公众号等线上网点推广力度。不断扩大银行卡代扣话费业务范围，方便用户交费。广泛听取社会各界的意见和建议，参加“行风热线”5期，人民群众反映的137件问题均在24小时内妥善解决。开展服务过程管控专项提升活动，重点改善窗口部门的服务主动性和规范性，“营业满意度”始终在全省名列前茅。打造和推广“10010”微信公众号、宽带专家微信公众号两个互联网化客服平台，拓宽客户服务渠道。提升投诉响应效率和质量，投诉首次处理及时率达到97.37%，投诉首次处理合格率达到99.93%。全年申诉率控制在上级年度管控指标以内。全省联通系统服务综合评价排名第3。

央企责任有效践行　在抓好经营服务的同时，积极践行央企社会责任，落实国家“提速降费”工作部署，不断优化套餐构成，开展惠民活动。启动手机流量单月不清零政策，推出10元1.5G的省内流量半年包，使手机流量资费水平显著下降。进一步实施宽带免费提速政策，所有接入网具备条件的速率10M以下的公众宽带老用户，全部免费提速至10M。强化信息网络安全管理，开展“扫黄打非·净网2015”专项行动，净化网络环境。逐一核对全市互联网网站用户备案资料，网站备案率达到100%，网站备案准确率达到省通信管理局五星级标准。强化电话用户实名制管理，营业系统二代身份证阅读器全部配备到位，并与公安系统联网，新入网用户100%实名验证，新用户信息准确率达到100%。加强垃圾短信治理,全年拦截垃圾短信5万余次。深入开展节能降耗，落实绿色发展，通过网络“瘦身”、引入节电新技术等实现年节省电量23.5万度。积极参与社会公益事业，先后为45个政府部门发送各类公益短信82次，共1.6亿条。

（刘霄飞）

【中国移动通信集团山东有限公司威海分公司】 2015年，中国移动通信集团山东有限公司威海分公司（以下简称威海移动公司）加快战略转型，巩固竞争优势，努力在4G发展和宽带建设上再上新台阶，为威海智慧城市建设和信息化发展作出应有的贡献。被市委、市政府授予“2015年度全市纳税明星企业”称号；公司团委被授予2015年度“威海市红旗团委”称号 ；连续多年被市委、市政府评为“年度经济发展突出贡献单位”。

网络建设　威海移动公司立足于宽带战略和智慧城市的总目标，坚持打造4G精品网络的建设理念，全年总投资4.6亿元,主要用于4G网络建设,配合智慧城市建设，加快骨干传输网络建设，加大家庭有线宽带网络建设，完善网络覆盖优化建设方面。完成4G三期工程建设,建设规模为992个基站,建成涵盖各区市主城区、乡镇农村、高速国道、海面航线、重点景区等场景的广域覆盖；完成交通枢纽、商业酒店、银行医院、党政机关等重要区域的深度覆盖，完成学校、商场流量高热点的设备扩容，提升网络承载能力。完成青荣城际铁路威海段约69公里2G、4G覆盖，建设73处宏基站、17段隧道基站、4个车站基站，经实地测试，全程下载速率均在30Mbps上下，上传速率在3.5Mbps以上。完成了40万户家庭有线宽带客户接入预覆盖工程，家庭覆盖用户数达到85万户。2015年农村宽带接入662处，到达1380处；社区宽带接入612处，到达1139处；建设楼宇宽带8200栋，超额完成2015年的预覆盖计划。建成综合业务区28个，完成新建机房28个，骨干网建设光缆1800皮长公里，管道140孔公里，增强网络承载能力，满足日益增长的业务需求。

服务水平提升　威海移动公司牢固树立“客户为根、服务为本”的理念，始终将客户利益放在第一位，以客户需求为导向，坚持贴近客户设计产品。拓宽自有渠道，完善互联网等在线服务体系，全方位、一体化为客户提供贴心服务。持续优化网络覆盖，不断提升客户良好通话感知，实施提速降费、流量不清零等举措让利给客户。执行客户实名制，综合治理网络不良信息，为客户提供安全的通信环境。积极致力于客户反映的热点、焦点问题的改善，对客户反映的问题做到“事事有回音，件件有着落”，客户满意度和忠诚度持续保持业内领先优势。

智慧公交建设　威海移动公司借助智能化网络平台为威海公交集团建设智能化电子站牌管理系统平台，“威海公交智能电子站牌管理系统平台”一期在威海全市100多个公交站点全面铺建，智能化电子站牌显示公交车辆预计、准确到站时间及行车情况，显示公益信息及广告信息，广大市民可以通过手机查询电子站牌信息，选择合适的路线，及时调整出行时间，数据传送均由威海移动公司提供的100多条专线进行传送。荣成公交的30个点位完成施工。

社保自助查询　威海人力资源和社会保障局计划在全市社区、医院、农村等场合新增自助查询终端5000台,加强为居民服务，方便市民使用、节约出行成本，有助于智慧城市和信息化城市建设，市政府对此高度重视并要求打造成为政府为民服务的典型项目。威海移动公司积极配合，一期拟建设1200个社区点位，已完成100处接入。

供热精确温控　为加强民生服务建设，根据威海热电集团需求，为威海热电集团100多个社区进行无线信息化抄表项目，通过该项目建设，使威海热电集团供热温控更精确，并能实现节能减排，大幅提升市民满意度。

城管移动执法　协助威海市城市综合管理委员会办公室建设城市执法管理平台，由执法人员手持执法终端对城区内的所有所管辖区域内的城市设施进行管理，平台执法人员从市级到区市级共400多人参与平台的管理。

积极履行社会责任　威海移动继续履行企业社会责任，配合政府大力推广“12349”居家服务信息平台在全市发展和对“12349”公共服务热线平台整合，各区市全面推广，共计发展社区通用户5.5万户，投入成本1700万元，成功救助了271位老人。做好“联合管控”2015山东省海防军演相关保障，受到军方领导的高度认可。

（何世明）

【中国电信股份有限公司威海分公司】 2015年，中国电信股份有限公司威海分公司（以下简称威海电信公司）突出价值导向，以全面深化改革和文化氛围塑造双轮驱动，努力实现有效益的规模新突破。充分发挥4G移动网络和全光网宽带“双百兆”技术优势，全力助推“智慧城市”建设，为社会信息化和国民经济的发展作出积极的贡献。

天翼4G和全光网“双百兆”网络初步建成　2月27日，中国电信获颁LTE FDD第二张国际主流制式4G牌照。4月，威海电信公司发布“中国电信双百兆领跑计划”，这是威海市信息通信基础设施提档升级的一个重要标志，对加快智慧威海建设进程、提升全市信息化水平具有重要意义。10月，威海电信公司宽带和固话全部实现光纤接入，标志着威海市正式迈入“全光网时代”。年内累计投资1亿多元，新开通天翼4G室外站宏基站800多个,室内分布系统274套。电信天翼4G信号已基本覆盖全市城区和主要乡镇以及城铁、高速、旅游景区等重点区域。在宽带网络建设方面，威海电信公司继续大力推进“宽带中国·光网城市”战略，全年新增光纤入户20多万户，顺利完成ESTN退网和“光进铜退”工作，全市网络能力基本实现“百兆进户、千兆进楼、T级出口”，家庭光纤用户网速提升到“20兆起步、50兆普及、100兆领航”。

助推“智慧城市”建设　威海电信公司依托150M极速4G移动网络和100M高速光宽带网络，为全市用户提供优质的“双百兆”接入、优惠的“双百兆”融合套餐、优良的“双百兆”服务举措，为互联网+、大数据、云计算、物联网等新技术应用搭建高效的承载基础，为各行各业的信息化应用铺设了宽广的高速通道。威海电信公司移动办公、天翼对讲、全球眼、销售管家、外勤助手、旺铺助手、翼机通、视频会议、天翼看店、位置定位等新业务、新产品，在全市党政、渔业、林业、物流、司法、交通、公交、医疗、制造、贸易、金融保险和军队等行业系统得到广泛应用，为众多党政机关、事业单位、大中小型企业和个体商户等提高运营效率、降低运营成本提供了有力的信息化支撑。在农村信息化建设上，大力开展"信息惠农"专项行动，以光网宽带、天翼4G双百兆新融合为切入点，主推适合农村用户信息化需求的宽带产品及增值服务，努力提升农村地区智慧家庭渗透率，推动农村信息化应用向纵深发展。积极贯彻落实"信息消费试点"和"信息惠民试点"城市建设，大力拓展信息化在民生服务上的应用。通过威海电信公司提供的100M光纤宽带、4G高速网络和家庭智能网关等构建的无缝宽带智能组网，享受通信、信息和娱乐一体化的智能家居体验，对家庭进行安全视频监控，实现高清iTV、PAD、智能手机等多终端的家庭信息共享和互动。大力推广手机支付民生应用一翼支付，实现了话费、电费、加油、交通违章罚款、网购等在手机客户端上代缴费服务。

开展行风建设和客户服务工作 威海电信公司遵循"用户至上，用心服务"的服务理念，切实维护电信用户合法权益，突出抓好服务能力建设，突出解决好服务热点问题，努力实现企业与用户之间和谐互信、企业与企业之间协作共赢的局面。大力拓展多元化多渠道新型服务体系，建立和完善服务互联网化新型服务体系，提升自动化服务、专业化服务、集约化服务等服务能力。利用易信客服等新型服务手段提升互联网服务能力，大力推进网掌厅和手机"欢go营业厅"，为用户提供更加高效、便捷的全方位服务。强化服务文化建设，秉承"用户至上，用心服务"的服务理念，弘扬诚实守信服务的企业文化，建立渠道常态培训，强化营业员岗位培训，完善日常业务办理稽核机制，查缺补漏、规范渠道后台支撑人员的业务受理流程，并通过窗口服务明星评比等活动，切实提升窗口服务水平。进一步完善装维调度体系和装维服务支撑体系，提高装维人员整体技术能力、施工及服务规范，提升装维服务质量和客户满意度。畅通用户渠道，维护合法权益。通过对短板分析，重点解决用户反映的问题。以"服务问责制度"为基础，不断细化服务审核管理办法。重点解决社会关注的热点问题，严格执行二次确认机制，对不明扣费重点整治，加强对垃圾短信的日常监控，形成快速有效的联动处理体系，发现问题及时处理、及时解决。认真落实实名制，专项治理电话"黑卡"。积极推进"提速降费"要求，通过实施宽带用户免费提速、普遍下调宽带接入产品资费、通过融合套餐优惠降低宽带资费等措施，让用户切实享受到提速降费的实惠。在年初对光网区域宽带用户实施第一轮提速的基础上，11月底，实施了第二轮新老用户提速降费，单位带宽资费下降幅度达到50%以上。同时，对于"融合"业务用户，免费赠送家庭宽带、电信iTV机顶盒和iTV业务使用费等。

（孙连钊）

编辑　闫拥军

美丽威海　人居福地　　李传强　摄

交通・邮政

综　述

【概况】 2015年，全市交通运输系统紧紧围绕“全域城市化、市域一体化”发展大局，牢固树立“交通引领城市发展”理念，坚持以构建综合交通运输体系为核心，以改革创新为动力，以转型升级、一体化发展为重点，集中精力抓建设、调结构、保运输、强管理、惠民生，全市交通运输事业发展迈出新步伐。至年底，全市公路通车总里程7146.8公里，其中，干线公路1389.4公里，农村公路5757.4公里，公路密度123.3公里／百平方公里；拥有国家一类开放口岸5个、二类开放口岸1个、1万吨级以上泊位45个，开通国际、国内海上班轮航线18条。全年铁路（不含城际铁路，下同）、公路、海运完成客运量3904.9万人次，比上年下降3.1%；客运周转量36.7亿人公里，下降0.4%。完成货运量8424.0万吨，增长6.2%；货运周转量354.6亿吨公里，增长5.2%。全年港口货物吞吐量7323.9万吨，增长3.0%；集装箱吞吐量106.0万标准箱，增长3.2%；港口旅客发送人数188.0万人，下降5.4%。威海机场实现安全保障飞行1.2万架次，货邮吞吐量5250.0吨，旅客吞吐量132.1万人次。全年新增机动车7.4万辆，保有量77.4万辆，其中，新增小型汽车6.3万辆，保有量53.4万辆。威海市邮政管理局把改革创新、转型升级贯穿全市邮政业发展的各方面、各环节，积极优化环境，加强监管，提升服务水平，全市邮政业保持持续快速发展的良好态势，邮政企业和快递服务企业（不包括邮政储蓄银行直接营业收入）完成主营业务收入7.1亿元，比上年增长19.1%；完成业务总量8.4亿元，增长35.6%。

（刘胜　董恩琦）

【基础设施建设】 以《威海市综合交通运输体系总体规划》为指导，编制完成“十三五”全市交通运输业发展规划，搞好重点项目储备和立项，38个公路重点项目、5个港航重点项目、2个综合客运枢纽项目列入省“十三五”规划。编制《威海市公共交通专项规划》，通过专家评审。年内，22项交通基础设施建设项目列入年度全省建设计划，落实省部级补助资金19.1亿元。破解难点要素制约，统筹加快工程项目建设，完成建设投资31.4亿元。公路建设，荣文高速公路建成通车，文莱高速公路实施临建工程（其中一合同段已完成），香水河大桥完成年度施工任务，国道G309荣成崖头至文登青石河段及米山镇段中修、初张路环翠区初村镇至文登新区界段大修等8个项目全部完工；农村公路建设，完成投资1.9亿元，改造农村公路151.7公里、危桥8座，实施农村公路隐患治理432.4公里；场站建设，新威海站投入使用，东部滨海新城崮山公交中心站完成回填土方8万立方米；港航建设，在建的7个项目按年度计划有序建设。

【公共交通发展】 市政府研究通过《威海市市域公交一体化发展规划（2015—2017）》，规划构建城乡一体、服务均等、高效便捷、便民惠民的市域公交一体化网络体系。文登区在完成原有9条线路93辆公交车国有化改造的基础上，由威海公交集团文登公司开通3条通达部分乡镇的城乡公交线路，实现文登区和中心市区城市公交卡互通互用；荣成市完成主城区以北乡镇的城乡公交一体化改造工作。中心城区新购置节能环保公交车280辆，淘汰老旧公交车175辆；开通2条公交新线路，优化调整6条公交线路；市区公交线路全部实现智能化调度和到站信息手机实时查询；完成116个公交电子站牌建设。

【运输产业结构调整】 深入推进道路客运集约化，加快调整道路客运经营体制结构，完成各区市563辆班线客车的集约化改造，威海至文登、威海至乳山班线客车的集约化改造完成。加快推动道路客运转型发展，在完成相关班线客车集约化改造的基础上，开通威海至乳山、威海至南海、威海至文登城际快线；引导道路客运企业创新经营模式，发展旅游专线客运、公交客运、校车服务等延伸服务项目，取得较好的社会效益和经济效益。加快运力结构调整，中高级客车总量1205辆，占车辆总数的99.5%，大专特货车总量1.62万辆，占货运车辆总数的55.0%，清理营运黄标车1.3万辆，开展新一轮出租汽车选型更新工作；各类运输船舶发展到143艘，省际运输船舶平均船龄降至6～8年，各项运力结构指标位居全省前列。加快现代物流业发展，抢抓中韩自贸区地方经济合作示范区建设机遇，引导运输企业大力发展现代运输方式，提升中韩陆海联运层次，拓展港口物流、运输仓储、甩挂运输等业务，发展中韩跨境电商业务。加强运输保障，扎实做好威海北站综合枢纽运营管理和威海站综合枢纽筹备开通等工作，构建多种运输方式快捷高效衔接的综合运输体系。年内，全市公路运输完成货运周转量142.3亿吨公里，比上年增长0.5%，增幅位居全省第一；水路运输完成货运周转量211.7亿吨公里，增长8.8%。

【行业管理】 加强安全生产管理，落实部门监管责任和企业主体责任。开展“道路运输平安年”“平安行·你我他”“安全生产月”“打非治违”等安全生产专项活动，深化安全生产标准化建设，在全行业营造“抓安全，保安全”的氛围。落实营运驾驶员“黑名单”制度，规范汽车综合性能检查站联网联控管理和车辆检测流程，强化营运车辆动态监管，夯实安全生产基层基础和源头管理。深化安全生产检查，加强“两客一危”车辆（从事旅游的包车、三类以上班线客车和运输危险化学品、烟花爆竹、民用爆炸物品的道路专用车辆）、“四客一危”船舶（客渡船、客滚船、高速客船、旅游船和危险品运输船）、场站码头、建设工地等重点部位安全监管，狠抓安全隐患整改落实，全行业安全生产形势稳定。加强行政执法管理，推进依法管理、规范执法，开展交通运输行政执法评议考核和行政执法案卷评查工作；推行行政审批目录修订和行政权力清单制度，梳理公开行政审批事项3项（含18个子项）、公开行政权力147项；加强执法队伍教育培训和岗位练兵，全面提升行政执法水平。加强运输市场执法监管，开展超限超载运输、节假日客运市场、“专车服务”、“黑车”非法营运等专项治理，以车站、港口码头等为重点加强源头综合治理，全市运输市场秩序不断改善，公路超限超载率控制在3%以内。

（刘　胜）

【行业文明建设】 开展以“强化执行力、全面抓落实”为主题的机关作风建设年活动，加强廉政风险防控建设，党风政风行风全面提升。实施典型带动和品牌创建，威海市出租汽车有限公司出租车驾驶员陈楠获评山东省第五届和威海市第四届道德模范，深化出租客运“阳光蓝的”“威海快修直通车”“幸福e驾”和公交“流动的道德讲堂”等行业特色服务品牌创建，品牌凝聚和典型带动作用日益显现。开展“排队礼让——文明乘车行动”“阳光蓝的——爱心助残行动”“警的巡防联动”“爱文明家园、做文明市民”等系列文明创建活动，积极参与全国文明城市、全国双拥模范城、国家卫生城市、国家食品质量安全城市创建工作，市交通运输局被评为创建全国文明城市工作突出贡献单位。在全市快递行业开展“青年文明号”创建活动，创建市级“青年文明号”企业7家、省级1家。连续三年在全市邮政和快递企业中开展“最美快递员”和“邮政服务之星”评选活动，发挥先进典型示范带动作用。顺丰快递公司威海市文登分公司被评为感动山东邮政业十大人物（集体）之一。

（刘胜　董恩琦）

【威海交通场站管理有限公司】 2015年，威海交通场站管理有限公司秉承“服务、形象、安全、畅通”的服务理念，不断强管理、保安全、优服务、树形象，为旅客提供便捷、舒适、安全、文明的“零换乘”服务，使威海客运中心成为展现威海文明城市形象的良好平台、体现市政府“便民、惠民、利民”宗旨的有效载体。公司不断跟踪旅客需要，丰富服务内涵。增加旅游集散、酒店预订、小件寄存、物品快递、汽车租赁等多种服务形式；打造快餐、便民超市、旅客休息区、威海特产与韩国食品展销店等服务平台，完善应急医药箱、爱心轮椅、便民雨伞、快捷充电桩、免费WIFI等服务设施。开展“微笑服务”“志愿服务”“爱心服务”活动，在恶劣天气为旅客借伞，帮助旅客运送行李，专人陪护老、弱、病、残、孕等特殊旅客换乘，旅客满意度不断提升。12月，威海交通场站管理有限公司运营部获威海市“青年文明号”称号，客服部获威海市“巾帼文明岗”称号。建立“网格化”管理机制，将威海站、威海北站划分为20多个网格，安排人员全天候执勤，并建立实时巡查机制。公司协调威海市道路运输管理处、威海交通运输集团有限公司、威海公共交通集团有限公司等运营单位，合理调整车辆频次及运力，确保旅客“零滞留”，为各运营单位驻站办公、运营、管理提供便利条件。协助相关执法部门，加大对“黑车”“黄牛”等违法经营活动的打击力度，营造文明、整洁的周边综合环境。公司成立安全工作委员会，制定《消防应急预案》《停电应急预案》《恶劣天气应急预案》等各类突发事件应急保障措施，定期开展应急预案演练及安全生产大检查，对集散通道、换乘大厅等安保重点区域，电梯、消防器材等设施设备，电井、管道井等特殊部位进行排查，确保无故障运行。制定首发负责制，规定事件的第一发现者即为事件处理责任人，减少层层报告所造成的时间浪费。2015年，威海客运中心（威海站、威海北站）到发旅客395.8万人次。铁路方面，到发旅客372.9万人次，其中威海客运中心（威海北站）到发旅客186.3万人次，威海客运中心（威海站）到发旅客186.6万人次（自6月28日起）。长途客运方面，汽车北站发送旅客22.9万人次（自1月26日起）。

威海客运中心（威海北站）　5月1日，站前广场锥体部分启用，集城铁站、长途汽车站、公交车站、出租车停靠站及社会车辆停车场“五站合一”的威海客运中心（威海北站）全部投入运营。威海客运中心（威海北站）由威海建筑设计院设计，威海城市投资开发有限公司建设。建筑总面积6万平方米，其中东侧为站前广场区，面积为4万平方米，供公交车、出租车、私家车停靠；西侧为长途客运楼，建筑面积2万平方米，为长途客车换乘区和办公区。城际铁路威海北站站房位于广场正中心南侧。站前广场区一层为公交车场，站内设有3条站台，1号站台为进市区方向，2号站台为出市区方向，3号站台为大站快线K2、K4的发车站台；二层为出租车场、私家车停车场和长途客运区，出租车场设有3条出租车待客通道，长途客运区面积5000平方米，设有售票窗口11个、检票口18个；三层为旅客换乘大厅，可进行城铁、长途客运、公交车、出租车、私家车等多种交通方式“零换乘”。层间交通主要以运送能力强的自动扶梯为主，换乘大厅与各功能部位之间设置20部自动扶梯和9部无障碍电梯。

威海客运中心（威海站） 威海客运中心（威海站）为集城铁、普通列车、长途客车、公交车、出租车、私家车等多种换乘方式于一体的大型综合交通枢纽，由威海建筑设计院设计，威海城市投资开发有限公司建设，设计总建筑面积16.75万平方米。一期工程建筑面积7.6万平方米。其中，北侧为站前广场区，共两层，建筑面积3万平方米，供出租车、私家车停靠；南侧为长途客运楼，共5层，建筑面积4.6万平方米，为长途客车、公交车换乘区及办公区。铁路威海站站房位于广场正中心西侧。6月28日，威海客运中心（威海站）站前广场区正式启用。站前广场区地下一层为私家车停车场和出租车场，面积2.5万平方米，出租车场设有4条出租车待客通道；一层为旅客换乘大厅，面积5600平方米，设有咨询服务台，为旅客提供小件寄存、物品快递、汽车租赁、旅游咨询、酒店预订等多样化服务，南边为城铁、普通列车出站口；二层为铁路威海站站房所在楼层，乘坐城铁或普通列车的旅客由该层进站候车。站前广场区安装有自动扶梯9部、直梯4部，站内停车场管理系统接入市民卡系统，为威海市首个实现市民卡支付的停车场。二期工程主要是长途客运楼的配套停车楼，已开工建设，建成后公交车、长途客车进站运营，实现多种交通方式“零换乘”。

（于国宾）

【刘公岛客运中心正式运营】 9月25日，刘公岛客运中心正式运营。刘公岛客运中心工程是威海市城建重点工程项目之一，主要包括客运中心主楼及周边配套设施。刘公岛客运中心工程总投资2.2亿元，占地面积13.9公顷，2013年4月开工建设，2015年8月主楼竣工验收。客运中心主楼建筑面积2.28万平方米，地下1层、地上3层，建筑总高度23.95米，内部设有候船大厅、售票大厅等旅游服务设施。客运中心室外景观绿化总面积12万平方米，北接幸福公园，南临规划中的金线顶公园，将沿海公园连接起来，形成面向大海展开的绿色风景线。同时，景观内部各处设置散步道、小广场、平台、绿地等，配套建设停车位1200余个。

（孟德发　肖俊涛）

港口建设与管理

【概况】 全市港口统称为威海港，由威海湾港区、石岛港区、龙眼湾港区、蚓江港区、靖海湾港区和乳山口港区6个港区组成。其中，前5个港区为国家一类开放口岸，包含威海新港、威海老港、蚓江港（停产）、石岛港、荣喜港、龙眼港、朱口港、张家埠新港、好当家港（凤凰尾港）和威洋石油码头、三进船业码头（停产）、三星重工码头、伽耶船厂码头、远通船业码头、和兴船业码头15个国家一类开放作业区，乳山口港区为国家二类开放口岸。由于特殊的地理位置，且在装卸过程中污染比较严重，与区域整体规划发展不协调，2015年1月1日，蚓江港港口经营业务停止。全市具备港口经营资质的企业64家，其中综合性港口11家、专业性港口13家、从事危货作业的渔业码头18家和船舶港口服务类企业（从事为靠泊船舶提供油料、物料及生活品供应业务）22家。拥有码头泊位113个，其中1万吨级以上泊位45个、5000吨级泊位17个。2015年，全市港口完成货物吞吐量7323.9万吨，比上年增长3.0%；运送旅客188.0万人次，下降5.4%；完成集装箱吞吐量106.0万标准箱，增长3.2%。

【威海湾港区】 威海湾港区主要由威海港集团老港作业区、威海港集团新港作业区、华能威海发电有限责任公司煤码头作业区和威洋石油公司码头作业区组成。

威海港集团新、老港作业区 威海港集团是专业从事港口生产经营和建设的港口企业，下辖新、老两个港区，均为国家一类开放作业区，主要从事集装箱、散杂货、油品、国际快件、旅客、车辆等装卸、仓储业务，以及货运代理、航运、仓储物流、保税服务、贸易、旅游等。老港区东邻威海湾，西邻中心城区，与海滨北路相接，南邻旅游码头，北邻四八〇九厂，陆域面积13万平方米，拥有泊位7个，其中1万吨级泊位1个、5000吨级泊位3个，主要停靠工作船和“侨乡号”旅游客船。新港区东邻华能威海发电有限责任公司，西邻杨家湾，南邻海埠村、沟北村，北邻威海湾，码头岸线总长3925米，陆域面积210万平方米，水域面积471万平方米主要从事集装箱、散杂货、成品油运输及客运业务，拥有码头泊位17个，其中，3万总吨客滚泊位4个，2万总吨

威海客运中心（威海站）　　于国宾　摄

客运泊位1个，2万吨级泊位3个，5万吨级、7万吨级、10万吨级泊位各2个。拥有各类港区仓库7座，总面积6.9万平方米，其中保税仓库面积4.4万平方米；散杂货和集装箱堆场面积80万平方米。配备港口装卸作业设备391台（套）、运输车辆126辆。已开通每月200多个班次的至韩国、日本、青岛、大连、黄埔等港口的国际、国内集装箱班轮航线和至韩国仁川、平泽及至大连等港口的国际、国内客滚班轮航线，被列为中韩陆海联运试点口岸；开通多条至潍坊、东营、莱州、京唐等环渤海港口的散杂货和集装箱中转航线。2015年，威海港集团完成货物吞吐量4213万吨，其中外贸2205万吨，集装箱69.6万标准箱；运送国际、国内旅客144.9万人次，滚装车辆12.6万辆。

华能威海发电有限责任公司煤码头作业区　位于威海湾港区东南端，是华能威海发电有限责任公司投资建设的企业自用煤炭专用码头，主要用于装卸煤炭和粉煤灰。码头全长430米，拥有2个2万吨级泊位、1个2000吨级港作船码头泊位，防波堤长180米，堆场面积4.6万平方米，设计年吞吐能力500万吨。码头配备5台卸船机及输煤系统、2个3000立方米干灰储罐输送系统。2015年，完成货物吞吐量441万吨。

威洋石油有限公司码头作业区　位于威海湾港区东南端，西邻华能威海发电有限责任公司煤码头，是威洋石油有限公司投资建设的企业自用石油专用码头，为国家一类开放作业区，主要接卸成品油、液化石油气、燃料油、液体化工品。码头有5万吨级、2000吨级和工作船专用泊位各1个，设计年吞吐能力180万吨。码头成品油库储存量16.8万立方米，液化气罐储存量5200立方米，是中石化销售企业八大中转仓储基地之一。码头配备先进的输油、输气设备，辐射能力强，输转效率高，安全性能好。2015年，完成成品油吞吐量77.8万吨。

【石岛港区】　石岛港区主要由石岛港作业区、朱口港作业区和荣喜港作业区组成。

石岛港作业区　位于荣成市石岛管理区东南端的石岛湾西侧，是集客货、集装箱、散杂货冻品、成品油和船舶修理等功能于一体的现代化港口，为国家一类开放口岸。港区面积100万平方米，货场面积20万平方米，水域面积150万平方米，码头泊位总长1756米，有生产性泊位14个，其中1万吨级以上泊位9个、5000吨级泊位5个。1万吨级以上泊位中，有新建西作业区2个2万吨级和1个5万吨级泊位处于试运行状态。配备集装箱装卸桥、集装箱正面吊运、门座式起重机等。开通国际客滚班轮航线2条（石岛—韩国仁川、石岛—韩国群山）、国际集装箱班轮航线2条（石岛—日本关东、关西）、国内集装箱航线2条（石岛—泉州、石岛—青岛外贸内支线），被列为中韩陆海联运试点口岸。2015年，完成货物吞吐量1813万吨、集装箱吞吐量30万标准箱、客运量28万人次。

朱口港作业区　位于荣成市人和镇朱口村，为国家一类开放作业区。港区面积7900平方米（含3339平方米的渔港），水域面积500万平方米。有1个1万吨级泊位。码头泊位总长350米，主营内贸轻柴油的承卸业务。有3600立方米成品油罐4个、1000立方米成品油罐2个，被指定为保税油库。2015年，完成吞吐量2.5万吨。

荣喜港作业区　位于荣成市人和镇山西头村靖海湾畔，为国家一类开放作业区。港区面积8万平方米，货场面积4000平方米，有4个6000立方米成品油罐，水域面积10万平方米，码头泊位总长780米。有5000吨级泊位1个、3000吨级泊位2个、40吨汽车吊2台。建成水坞2座，可承修最大吨位30万吨的船舶。2008年获批为国家临时一类开放作业区，主要从事鱼、货、石油类产品的装卸、储存和船舶维修。2015年，完成货物吞吐量5000吨。

【龙眼湾港区】　龙眼湾港区主要由龙眼港作业区、马山港作业区组成。

龙眼港作业区　位于荣成市成山镇西霞口龙眼湾港区内，是全国第一家村办国家一类开放口岸，以石油、煤炭、矿建、木材、水产品等散杂货运输和船舶修理为主。港区面积106万平方米，水域面积150万平方米，码头泊位总长1280米。有泊位8个，其中5万吨级泊位1个、1万吨级泊位3个、5000吨级泊位2个、3000吨级泊位2个。配备汽车吊、门吊、集装箱正面吊等。2013年9月，将马栏湾纳入龙眼湾港区总体规划。开通龙眼港至韩国平泽客滚班轮航线、西霞口至海驴岛海上旅游航线，被列为中韩陆海联运试点口岸。2015年，完成货物吞吐量410万吨、集装箱6.5万标准箱、客运量15万人次。

马山港作业区　位于荣成市成山镇养鱼池湾，港区面积500万平方米，货场面积1万平方米，水域面积20万平方米。有2个3000吨级泊位，码头泊位总长168米，可满足5000吨级散装船运行。配备起重机、轮式装载机等，主营装卸煤炭、盐、矿砂等散装货物。2015年，完成货物吞吐量73万吨。

【靖海湾港区】　靖海湾港区主要由张家埠港作业区、张家埠新港（南海新港）作业区、好当家港（凤凰尾港）作业区组成。

张家埠港作业区　位于文登区靖海湾港区北岸，码头岸线总长220米，拥有1000吨级泊位3个，进港航道13公里。港口装卸设备最大起重能力16吨。主要经营柴油、汽油、煤炭、盐等。2015年，完成货物吞吐量25万吨。

张家埠新港（南海新港）作业区　位于文登区靖海湾港区西岸，是新建港口作业区、国家一类开放作业区。一期工程拥有2个5000吨级杂货泊位，码头岸线长305米，年设计吞吐量107万吨，2015年竣工投产。一期工程由卓达集团投资兴建，2015年10月，资产转移到威海南海新区下属企业，码头租给威海港集团经营管理。二期工程主要建设2个5万吨级通用泊位、3677米防波堤和5万吨级航道，码头岸线长521米，设计年通过能力333万吨。至年底，建设防波堤工程1300米，编制完成5万吨级航道工程可行性报告，通过省初步审查。

好当家港（凤凰尾港）作业区　位于荣成市西南端、靖海湾畔，为国家一类开放作业区。港区在好当家工业园区内，面积3.5万平方米，堆场面积2.5万平方米，仓库面积1万平方米，水域面积12万平方米，码头泊位总长

502 米。有 3000 吨级泊位 1 个、1000 吨级泊位 1 个，配备汽车吊、电动吊、大型装载机等。主营散杂货、成品油。2015 年，完成货物吞吐量 2.4 万吨。

【乳山口港区】 乳山口港区主要由乳山口港作业区组成。乳山口港老港区有 500 吨级泊位 1 个、1000 吨级泊位 1 个，港口装卸设备最大起重能力 16 吨；新港区有 2 万吨级散杂货泊位 2 个，码头全长 390 米，设计年吞吐能力 180 万吨，配备门座式起重机、装载机、叉车等，最大起重能力 25 吨。主要以装卸煤炭、矿石等散杂货为主。2015 年，完成货物吞吐量 140 万吨。2008 年，成立乳山兴港海上游乐有限公司，拥有客船 4 艘、快艇 5 艘，2015 年，完成客运量 1.5 万人次。

（宫本胜）

海　运

【概况】 2015 年，全市海上运输新增船舶 9 艘 4.8 万载重吨，淘汰老旧船舶 4 艘 2.1 万载重吨，运力结构进一步优化。至年底，全市省际运输船舶 90 艘 60.1 万载重吨，平均船龄 8 年，平均吨位 6511 载重吨，主要从事国内沿海及长江中下游干散货物、油品运输业务；中韩班轮运输企业 5 家，客箱班轮 5 艘 4001 客位 1202 箱位，从事威海至韩国客货（箱）运输；国际船舶管理公司 16 家，代管船舶（挂中资方便旗）37 艘 28.4 万载重吨，主要从事近、远洋国际货物运输；市内水运企业（海上旅游公司）10 家，年内建造新旅游船 5 艘 455 客位，拥有旅游客船、游艇 43 艘 4073 客位，主要从事辖内陆岛旅客运输和海上游览观光业务。全市港口开通国际、国内班轮航线 18 条，每周 52 个航班。其中，客货班轮航线 6 条，每周 29 个航班（通往韩国 5 条，每周 15 个航班；通往大连 1 条，每周 14 个航班）；集装箱班轮航线 12 条，每周 23 个航班（通往日本 6 条，每周 6 个航班；通往韩国 3 条，每周 6 个航班；通往国内沿海港口 3 条，每周 11 个航班）。全市开辟威海至刘公岛、刘公岛至鸡鸣岛、小石岛至褚岛、环威海湾、荣成西霞口至海驴岛、荣成荣喜码头至苏山岛、乳山港至小青岛、乳山挂子场至南黄岛 8 条海上旅游观光航线，开发威海国际海水浴场、威海九龙湾、荣成桑沟湾、乳山银滩和文登南海金滩 5 处海上游览观光项目。2015 年，全市海上运输完成货运量 1667.8 万吨、货运周转量 211.7 亿吨公里，分别比上年增长 8.9% 和 8.8%；完成客运量 484.7 万人，增长 0.6%；完成客运周转量 4.2 亿人公里，下降 7.8%。

【威东航运有限公司】 威东航运有限公司所属“新金桥Ⅱ号”“新金桥Ⅴ号”分别从事威海、青岛至韩国客货运输业务，2015 年，安全运行 581 航次，运送旅客 20.2 万人次、集装箱 13.9 万标准箱。在威海纳税百强企业中排名第 26 位。继续为职工办理大病医疗互助补充保险工程，提高职工生活保障。向威海市慈善总会捐款 14 万元。公司凭借优质、高效的服务，科学及人性化的管理，2015 年被授予“威海市基层工会工作先进单位”“威海市港航系统安全生产先进企业”“威海市文明单位”“山东省口岸共建文明窗口”“最具爱心慈善企业”等称号。

【威海市海大客运有限责任公司】 威海市海大客运有限责任公司是山东省唯一一家经营威连航线客滚运输业务的水运企业，拥有“生生 1”轮和“生生 2”轮 2 艘客滚船，船舶总吨位 3.12 万吨，总客位 3186 个，车道线 1815 米。其中，“生生 2”轮作为国内首艘满足安全返港要求的客滚船，其推进、电力、操舵、导航、通讯、消防六大系统全部为独立的双套系统，被省交通运输厅评为安全返港示范船。2015 年，公司投入安全生产资金 500 余万元，升级改造船舶视频安全监控系统，为船舶足量配备保温救生服，为安全营运提供保障。公司是威海市交通运输系统首家安全标准化管理达标一级企业，连续 8 年被中国海事局授予“安全诚信公司”称号，连续 7 年以“零不符合”通过中国海事局的安全管理体系审核。全年组织实施各项应急演练 200 余次，安全运送旅客 70 余万人次、车辆 5 万余台。

【威海胶东国际集装箱海运有限公司】 威海胶东国际集装箱海运有限公司是由威海宏桥贸易有限公司和韩国正仁海运株式会社出资成立的中韩合资国际海运企业，2009 年开始从事威海至韩国平泽的客货班轮运输业务。2011 年，公司资产重组，威海港集团有限公司持有 84.0% 的股份，兼营集装箱场站、运输车队和货运代理，拥有“中达永安”轮（总吨位 2.4 万吨、载客 750 人、载集装箱 214 标准箱）。2015 年，安全航行 150 航次，运送旅客 12.8 万人次、集装箱 3.6 万标准箱。

【荣成华东海运有限公司】 荣成华东海运有限公司是由石岛集团有限公司、韩国斗宇海运株式会社及金裕锡三方共同出资成立的中韩合资国际海运企业，主要从事荣成石岛港至韩国仁川港的客货运输业务。拥有客滚船“华东明珠 VI”轮，每周 3 个航班，航程 12 小时。2015 年，运送旅客 12.3 万人次、集装箱 3.9 万标准箱。

【荣成大龙海运有限公司】 荣成大龙海运有限公司是由西霞口集团公司与韩国大亚高速海运（株）共同成立的中韩合资国际海上运输企业，主要从事荣成龙眼港至韩国平泽港的客货运输业务，是韩国平泽港的第一条客货班轮航线。拥有客滚船“永霞”轮（载客 720 人、集装箱 267 标准箱），每周 3 个航班。2015 年，安全航行 148 航次，运送旅客 14.2 万人次、集装箱 4.6 万标准箱。

【石岛国际航运有限公司】 石岛国际航运有限公司是由荣成石岛新港港务股份有限公司与韩国沧溟海运株式会社合资成立的国际海上运输企业，主要从事荣成石岛港至韩国群山港的客货运输业务，是中国唯一至群山港的客货班轮航线。拥有客滚船“SHIDAO”轮（载客 750 人，集装箱 203 标准箱），每周 3 个航班。2015 年，安全航行 147

航次，运送旅客13万人次、集装箱2万标准箱。

【威海市旅游码头有限责任公司】 威海市旅游码头有限责任公司是威海市国有资本运营有限公司和威海刘公岛实业发展有限公司控股的有限责任公司，从事威海至刘公岛、环刘公岛观光游以及海上观光、垂钓、婚纱摄影等旅游客运业务，是交通运输系统安全生产标准化达标二级企业。拥有旅游船艇26艘，其中威刘航线营运船舶20艘2600客位、环岛航线营运船舶4艘490客位、游艇和登陆艇各1艘。岛内码头可同时停靠客渡船5艘，岛内候船大厅面积6500平方米。2015年9月25日，刘公岛客运中心投入运行，老旅游码头停运。客运中心码头（岛外码头）拥有固定泊位6个、浮码头泊位4个。2015年，运送游客314.5万人次。

【山东侨乡国际旅游有限公司】 山东侨乡国际旅游有限公司成立于2013年11月，其前身为威海顺航海上旅游有限公司，隶属于山东侨乡集团，新建“侨乡号”沿海二类客船替代“嘉德威”旅游船从事威海沿海短途游览观光业务。该客船功能设施趋于邮轮模式，可载客499人，船内设33套贵宾间和标准间客房、11个餐饮包间、可容纳376人的演艺与餐饮大厅、可容纳36人的独立贵宾厅，配备娱乐室、儿童乐园、模拟高尔夫球场等，为乘客提供观光、餐饮、娱乐等全方位服务，靠岸停泊期间，为婚庆、联欢会、旅客暂住等提供特色服务。2015年，公司创新管理理念，运用“互联网+”思维模式，推行网络餐饮、微营销，提高整体效益，全年接待游客7.4万人次。

（宫本胜）

道路运输与管理

【概况】 2015年，全市有客运班线554条、客运车辆1211辆（含客运包车363辆），二级以上汽车客运站6个，公交线路224条、公交车辆2062辆，出租汽车2457辆，经营性货车2.91万辆，运输服务业户756家，搬运装卸业户95家，维修业户2241家（一类25家、二类282家、三类1667家，摩托车维修业户267家），A级检测站6家，驾校18家、教练车1103辆、教练员1108人。年内，完成客运量3176万人、客运周转量30.0亿人公里，货运量6700万吨、货运周转量142.3亿吨公里。

【运力结构】 调整经营客车92辆，其中新增天然气环保客车12辆，天然气客车总数106部，中高级客车总数1205辆，占营运客车总数的99.5%；新增大专特货运车辆1695部，大专特货运车辆总数1.62万辆，占营运货车总数的55.0%；完成购置节能环保型公交车280辆，淘汰老旧公交车175辆，新能源营运车辆总数1791部，中心城区新能源公交车占比71.3%。

【威海市交通物流公共信息平台】 威海市交通物流公共信息平台物流服务板块于10月初完成开发，完成数据物流信息平台域名www.whjt56.com注册，实现与省物流信息平台数据互联。平台门户网站具备向全市运输经营业户、货运中介组织以及货主单位提供车、货等多项物流信息服务功能，可实现区域相关物流信息即时共享。

【营运黄标车退市拆解】 2015年，全市营运黄标车全部退出营运市场。其中，退市1.28万辆，占95.3%；“黄改绿”627辆，占4.4%。退市的营运黄标车于11月底完成报废拆解，全市营运黄标车退市拆解工作全面完成。

【“阳光蓝的”品牌培育】 继续培育打造“阳光蓝的”品牌，全面深化出租客运行业“五四三”创建工程（推进“五个一”文化品牌创建，凝聚行业的向心力和感召力，弘扬行业新风和社会正气；强化“四员”教育，提升行业的整体服务质量和水平；围绕“三大”文明创建活动，增强行业的社会化服务功能，打造出租客运精品行业）。继续开展“警的巡防联动”行动，会同公安部门联合举办“警的巡防联动”表彰大会，通报表彰在行动中成绩突出的21名优秀出租车驾驶员；深入开展“阳光蓝的——爱心助残”活动，募集社会捐款1.7万元；深入推进争创“城市文明示范窗口”活动，开展高考服务直通车、敬老助残、志愿服务等社会公益活动，其中参与2015年高考服务出租车190辆，免费运送考生425人次。

【“幸福e驾”品牌培育】 围绕“幸福e驾”品牌创建，全市驾校申请合格的训练场地均使用“电子围栏”圈定，确保IC卡计时的准确性和有效性；威海驾培网在功能设计上不断完善，涵盖驾校查询、驾校教练员查询、学车网上预约报名、网上模拟考试、投诉监督平台等，提供驾培市场、行业政策法规等实时新闻速递功能，通过提供多样性的服务，提高网站的可用性，给学员更好的网上体验。至2015年底，网站点击量9万人次，访问量持续上升。

【“威海维修直通车”品牌培育】 围绕“威海维修直通车”品牌，开展“维修服务进社区”活动，组织机动车维修企业向广大车主普及维修常识，宣传如何识别真假配件以及安全节油驾驶技巧；不断完善汽车应急维修救援网络，全市汽车维修应急救援企业达37家，救援车辆67部，2015年，实施应急救援服务2580辆次。

【行业模范典型不断涌现】 年内，行业内涌现拾金不昧、见义勇为、救死扶伤等典型事迹2400余人次，树立一批省、国家级先进典型。其中，10月14日，在第五届山东省道德模范表彰会上，“全国见义勇为英雄司机”陈楠获“山东省道德模范”称号；12月7日，威海市出租汽车有限公司袁志迁、威海公共交通集团有限公司孙军华获全省道路运输行业首批“最美驾驶员”称号；2月11日，交通运输部、中华全国总工会联合发布《关于通报表扬爱岗敬业驾驶员、汽修工楷模的通知》，威海公共交通集团有限公司汽车维修工于洪军被评为“爱岗敬业汽修工楷模”。

（孙俊生）

【交通运输监察】 2015 年，市交通运输监察支队继续深入推进省交通运输厅“三基三化”建设（基层执法队伍的职业化建设、基层执法站所的标准化建设、基础管理制度的规范化建设）及执法形象“四统一”（统一执法标识标志、统一执法证件、统一执法服装、统一执法场所外观）要求，积极履行行政执法职能，查处违章车 1500 辆次，各项工作平稳推进。严厉打击非法营运行为，在全市开展打击“黑车”非法营运专项整治活动，根据“市长热线”“行风热线”“交通热线”和市民举报等渠道信息，及时掌握非法营运信息，准确、迅速打击无合法手续运营的车辆，重点在影视城和江家寨等城乡接合部严查“黑车”，有效遏制“黑车”拉客现象的蔓延。加强对旅游客运市场监管，实行动态监管与定点检查相结合、现场检查和网上核查相结合、上班时间与下班时间相结合等灵活多样的方法，坚持与群众联动打“黑车”，查处非法营运车 181 辆次。严厉查处超限超载违法运输行为，完善“源头管、路面查、事后追踪处理”的治超长效机制，依托乳山一类治超检测站和初村治超站，严查超限超载违法运输行为，查处的超限超载车辆坚决卸载，杜绝罚款收费后放行的错误做法，巩固治超成果。2015 年，全市交通监察机构检查各类大型货车 8000 余辆次，查扣超限超载运输车辆 196 辆次。

（张　君）

【威海交通运输集团有限公司】 威海交通运输集团有限公司成立于 1988 年，有员工 1700 余人，主要从事道路客货运输、汽车修理配件、燃料销售等业务。辖设 8 个客货运分公司、5 个二级以上汽车站及驾驶员培训中心、石油分公司、万发装饰材料市场、金鸽大酒店、金鸽旅行社等单位。公司拥有营运客车 459 部，其中高级客车 330 部；经营客运线路 262 条，其中省市际客运线路 167 条，日始发客运班次 1100 余个。市区和省内主要城市建立流水发车机制，省外连通北京、上海、天津、黑龙江、江苏、安徽、浙江、福建、河南、河北、山西、吉林、广东、陕西 14 省市。公司在传统经营的基础上，拓宽思路，大力发展旅游业务，不断开拓旅游市场，发展特色旅游及一日游业务；积极发展公交车业务，实现威海临港经济技术开发区公交线路全覆盖；全力做好通勤班车及校车业务。至 2015 年底，拥有通勤班车 36 部、公交车 87 部、校车 30 部。公司始终奉行“真诚相伴”的企业发展理念，不断推进转型升级，先后获得“中国道路运输百强诚信企业”“交通运输部重点联系道路运输企业”“全省交通系统文明建设先进单位”等称号。

（陈　莹）

【威海市联运有限公司】 2015 年，威海市联运有限公司进一步完善法人治理结构，推进标准化、规范化、民主化建设，业务经营和员工收入稳步增长。公司连续多年被评为 AAA 级信用企业。年内，公司投资 1000 万元，在威海临港经济技术开发区台湾路新建近 1 万平方米厂房，工程进入招租使用阶段。公司将所有尾气排放不达标的“黄标车”加装尾气净化装置，使其达到“绿标车”尾气排放标准。在保持货物联运主业海陆空全程代理和公路快运专线服务特色及持续稳定强势发展的同时，公司副业效益不断提升。联运客运出租率先开展企业升级达标工作，向经营管理标准化、规范化、制度化、安全化迈进，被市交通运输局和市文明委授予“十佳文明城市公共交通示范窗口”称号，被市交通运输局评为安全生产管理先进单位。公司旅游、汽修、货运有形市场、票务联售及参股的海联箱站、国际货代等业务均保持稳定。

（王军勇）

城市公共交通

【概况】 2015 年，威海市有公交运营线路 224 条、公交车辆 2062 辆，出租汽车 2457 辆。其中，市区有公交运营线路 85 条，线路网长度 467.3 公里，运营线路总长度 1769.6 公里；公交车辆 1080 辆，全年公交车辆客运总量 1.6 亿人次，平均日客运量 44.8 万人次；出租汽车 1551 辆。

【城市公交优先发展】 制定《市域公交一体化发展规划（2015—2017）》，推动市域公交一体化发展。2015 年，开通市区公交 11 路、210 路、211 路、社区 3 号线，优化调整公交线路 8 条；市域内各区市城乡公交一体化网络基本形成，威海主城区和乳山市率先实现城乡公交一体化，文登区在完成原有 9 条线路改造的基础上，开通 3 条通达乡镇的城乡公交，荣成市完成主城区以北乡镇的城乡公交一体化改造，威海中心城区、各区市城区实行一票制票价体系，各区市城区至镇村实行阶梯票价。

【威海至文登区、南海新区城际快线开通】 为加快文登区、南海新区同城化发展步伐，满足群众出行需求，年内开通 4 条城际快线。7 月 25 日，威海主城区至南海新区的直达快客正式开通，投入 39 座高级空调客车 4 部，由威海汽车站发往南海新区汽车站，全程 75 公里，运行时间 1 小时 10 分钟。12 月 11 日，中心城区直达文登汽车站的威文城际快线 1 号线正式开通，由威海高技术产业开发区交运驾校发往文登汽车站，运营初期，投入 52 座高级客车 16 部，每天 48 个班次，班次间隔 15 分钟。12 月 26 日，威海至南海新区的威文城际快线 2 号线（小观方向）、3 号线（泽库方向）开通，投入 52 座高级客车 8 部，班次间隔 45 分钟。

【市域公交智能化】 2015 年，市区 58 条公交线路全部实现智能化调度，手机查询系统用户 11 万人，日均点击量 7 万人次；智能公交基础设施建设方面，完成市区 138 个公交电子站牌点位、取电方案，完成 118 个点位的土建施工。

【出租汽车更新】 开展新一轮出租汽车更新工作。通过招标确定 6 款更新车型，同时，出租汽车车载定位终端、计价器等配套设备全面更新，增加视频监控、电召服务、市民卡刷卡付费、乘客服务评价等新功能。至年底，302 辆出租汽车完成选型更新。

（孙俊生）

【威海公共交通集团有限公司】 2015年，威海公共交通集团有限公司围绕“推进市域一体化，公共交通要先行”的发展理念，以“建设国内一流公交”为目标，开拓创新，主动作为，各项工作取得新成效。公司拥有市区营运线路59条，线路总长度870公里，营运公交车1279辆，全年完成客运量1.3亿人次，营运里程4260.3万公里，分别比上年增长4.7%和9.5%。

民生实事工程 市政府把购置公交车、开通新线路以及建设智慧公交列为2015年26项民生实事之首，加快城市公交事业发展。投资1.03亿元购置280辆新能源公交车（其中空调车58辆），分别投入环翠区1路、10路、K2路、K3路和文登区4路等公交线路运营，淘汰老旧公交车175辆。市区线路车辆全面更新，城市公交的整体车辆档次、环保标准居全国前列。公司新能源公交车881辆，占公交车辆总数的90%以上。根据市民需求和综合交通枢纽威海站启用的实际，开通由实验中学至威海站的11路公交线和由小庄至江家寨社区3号线，优化调整K2、K3、16、17路等8条公交线路。市区59条线路全部实行智能化调度和手机实时查询。在市区主干道路安装116座公交电子站牌，为市民候车提供实时信息。

文明服务 完善候车设施。在市区新威路、青岛路等主干道路建设61座方钢材质的候车亭，配套安装28座防腐木座椅。对市区59条线路1100多座站牌进行更新，张贴线路牌和公益宣传帖1.3万张。参与文明创建活动。“爱文明家园 做文明市民”活动，制作宣传看板和宣传扇，印制《致市民的一封信》《安全乘车常识》，倡导市民文明乘车；持续开展“排队礼让，文明乘车”志愿服务活动，与媒体联合开展“蓝丝带”活动，引导驾驶人员文明行车，“礼让斑马线”。加大服务监督工作力度。全年检查营运车辆1.38万车次，查处违纪人员15人次；开展车辆“二次进站”专项整治活动，查处不按规定进站、越站甩客等违章车辆150余辆；加大终点站和中途站监票的力度，查处各类违法票证121张。发挥公交热线、网站和微博的桥梁纽带作用，随时接受乘客监督，受理乘客的意见和建议。全年参加行风热线11次，受理乘客咨询、意见建议、投诉以及表扬1.81万件，处结率100%，群众回复满意率98%。积极履行社会职责。扩大惠民范围，把老年人免费乘车范围扩大到65周岁，60～64周岁老年人实行半价乘车。全年为70周岁以上老年人、残疾人、低保家庭学生等特殊群体提供免费乘车1533万人次，为65～69周岁老年人和中小学生提供半价乘车903万人次。

内部管理 重组整合5家企业。根据威海市人民政府第34次专题会议和威海市国有资产监督管理办公室有关文件精神，接收威海鲁东机动车驾驶员培训中心、威海相隆机动车驾驶员培训中心、威海市汇通机动车安全技术检测有限公司3家企业及威海市汽车综合性能检测中心有限公司51%的国有产权。与威海交通运输集团有限公司协商，对威海市城郊公共交通有限公司实行存续分立，将威海市城郊公共交通有限公司的厂企班车、标准化校车运营业务划归威海交通运输集团有限公司经营；公交客运业务及修理、修配业务由分立后的威海市城郊公共交通有限公司经营。威海市城郊公共交通有限公司作为威海公共交通集团有限公司的全资子公司开展客运业务经营。严格安全生产和技术机务管理。坚持红线意识和底线思维，着力强化安全监督管理，安全生产形势总体稳定，全年没有发生重、特大安全事故。深化预算和经营业绩考核管理。将生产经营、股权投资、对外筹资等各类生产要素全部纳入预算，将预算指标层层分解落实。修改完善经营业绩目标考核办法，增加“千车公里成本”“机务”等指标。扎实开展员工教育培训。建立岗前培训、岗中轮训等培训制度。全年开展岗前培训8次，培训175人次；岗位轮训1次，培训人员890人次；违章复训13期，培训156人次。

（刘鹏科）

公交车礼让斑马线　　　　连文杰　摄

公路建设与管理

【概况】 2015年，全市国省道项目建设保持快速发展势头，年初计划实施10项重点工程，实际实施12项，项目总里程359公里，完成建设总投资20亿元。荣文高速公路完成建设，实现在全省同期开工的5条高速公路中率先建成通车的目标要求。至10月底，国道G309、初张路、初张辅路、威石辅路、成龙线等8项大中修工程如期完工通车，香水河大桥完成年度投资计划。项目的实施进一步打通重点区域发展的交通瓶颈，为威海市全域城市化、市域一体化发展提供更加安全、畅通、快捷、高效的公路交通条件。至年底，全市国省干线公路通车里程1389.4公里(国道169.3公里、省道1220.1公里；高速公路164.9公里、一级和二级公路1186.8公里)，二级公路以上比重达97.3%。国省道人口密度5.47公里/万人，面积密度23.97公里/百平方公里，分别位居全省第一位和第二位。

【荣文高速公路通车】 12月29日，荣文高速工程通车仪式在荣成主线收费站举行，工程正式建成通车试运行，结束了荣成市没有高速直通的历史。威海市委常委、副市长汤光运，市交通、公路部门负责人，文登区、荣成市有关领导等参加仪式。荣文高速是国高网荣乌高速公路G18的起始路段，也是山东省规划建设的“五纵四横一环八连”高速公路网中“一横”的重要组成部分。路线东起荣成市崂山街道北省道S301石烟线，终点止于威青高速S24泽头收费站北。主线全长40.40公里，双向4车道，路面宽22.5米，设计车速100公里/小时，全线建有7座大桥、10座中桥、5座互通立交、11座分离立交、4个收费站及1个服务区，同步建设荣成连接线8.27公里、威海南海新区连接线9.92公里。工程于2013年6月开工建设，概算投资21.97亿元。

国道G309乳山收费站拆除现场　　市公路局提供

【国省道立项获重大突破】 2015年，省政府作出公路建设“三年加快”的决策部署，倾斜政策、资金，大力提升公路基础设施建设规模。市公路局立足区域发展需要，强化前瞻意识，推动国省道立项实现新突破。省道S709环山路拓宽改造、省道S203蒲石线北段新建、省道S202文登绕城段改线、省道S207乳山绕城段改线和乳山口特大桥5个新改建项目首批列入全省穿城路、瓶颈路改造项目前期计划，石烟线、初张路、威青线、石泽线、环海路5个前期大中修项目完成规定立项任务目标。全年有37个国省道项目进入全省建设规划，项目总量位居全省前列。年内，落实中央补助资金2亿元、省安全生命防护工程专项资金3.1亿元，到位省级以上资金18.7亿元，再创历史新高。

12月29日，荣文高速开通，首辆车驶过荣成收费站　　市公路局提供

【强化民生服务】 2015年，威海市公路服务民生取得重要突破。围绕提高群众安全出行水平，投入5.9亿元，推动实施23项公路安全生命防护工程，通过加装中央隔离设施、增设防撞护栏和标志标线等措施，对临水、临崖、穿城区、事故易发路段开展定向整治行动；配合市交通安全委员会，投入2000多万元，全面加强道路安全隐患排查整治，完成4座三、四类危桥的维修改造。预计再用两年时间，全面提升全市国省道路网水平。围绕进一步减轻群众出行负担，在前期完成烟威高速北海至双岛区间免费快速通行的基础上，把取消国道G309收费摆上议程，抓住全省高速公路管理体制改革、齐鲁交通发展集团成立的契机，采取买断方式提前终止国道G309文登、乳山段收费。市委、市政府主要领导专门作出批示，给予肯定。

【全市国省公路“十三五”发展规划】 委托东南大学编制全市国省公路“十三五”发展规划。规划着眼于全市经济社会发展的新需要，综合交通运输体系发展的新要求，明确“十三五”期间，全力加快推进安全、畅通、智慧、绿色的现代化公路建设。初步确定将43项国省公路项目列入全省“十三五”公路发展规划，总投资200亿元。重点推动建设威海绕城高速，彻底解决荣乌高速公路在威海市的“断头”问题。计划到2020年，全市国省公路总里程达到 1643 公里，比“十二五”末增加 294 公里，滨海旅游景观公路全面贯通，建成“两纵两横”高速公路网和“八纵六横一环”普通国省干线公路网，公路整体服务能力实现新的跃升。

【行业管理】 推进依法治路，规范梳理市级公路部门行政权力清单，对界定明确的行政许可、处罚、强制等 43 项具体事项全部向社会公开。深化公路养护运行机制改革，在各区市组建 5 个公路养护应急救援保障中心，专门负责干线公路的清障救援、除雪防滑、水毁抢修等应急管理工作。着力加强党建和精神文明建设，实施的“支部建在项目上”做法在“市直机关庆祝建党 94 周年暨总结表彰大会”上作典型发言；3 月，市公路局被中宣部授予全国首批“学雷锋示范点”称号，是全国公路系统中唯一获此荣誉的单位。

（于　涛）

铁路建设与运输

【概况】 2015 年，威海市铁路局以安全管理为基础，以运输组织为重点，以精细化管理为手段，扎实推动铁路各项工作实现新的发展。全年完成客运量 244.2 万人次，完成货运量 56.2 万吨，实现客货运输收入 2.95 亿元。选派 50 多名客运业务骨干参与威海客运中心（威海站）的客运服务和管理工作，开创国地铁合作运营新模式。威海市铁路局被评为 2015 年度全国地方铁路先进单位、全市安全生产工作先进单位、全市政风行风建设优秀单位和全市纳税新星企业。

【铁路安全生产】 2015 年，威海市铁路局投资 1000 多万元，维修加固部分线路、桥梁，开展路基边坡、排水设施等附属工程建设，增强线路防汛抗洪能力，实现安全度汛；实施部分线路清筛捣固工程，更换、加密轨枕 3000 多根，线路设施设备质量明显提升。投资 1400 多万元，购置 1 台东风 4B 内燃机车，分批安排机车、车辆进行大中修，提高行车设备的安全保障能力和机车的整体牵引动力。结合铁路运输季节性特点，先后对客货运输、施工安全、道口管理、汛期防洪、设备管理等方面开展各类专项整治和大检查活动，全面加强安全风险防控，确保铁路运输的绝对安全。至 12 月 31 日，桃威铁路累计实现安全生产 7586 天。

【威海—汉口旅客列车换型升级】 威海市铁路局投资 9000 万元，购置 2 组 38 辆 25G 型空调车底，于 6 月 25 日投入运行，替换威海—汉口原有 25B 型非空调车底，全面提升旅客列车等级，进一步提高桃威铁路在客运市场上的竞争力。

威海—汉口旅客列车换型升级　　市铁路局提供

【威海—菏泽旅客列车开行】 7 月 7 日，威海—菏泽旅客列车开行，途径潍坊、日照、临沂、济宁、菏泽等省内 8 市 18 个县（区市），运力范围辐射山东枣庄、泰安，河南商丘、濮阳等大片区域。

【提升货运服务功能】 7 月，威海市铁路局投资 200 多万元对威海南站货场进行改造，并协调海关等部门，建成威海南站海关临时监管场所，简化货主办理国际铁路货物联运业务时的报关手续；9 月，开通文登站集装箱运输业务，满足文登及周边区域货主办理铁路集装箱运输的需求。

【优化调整“五定”班列运输模式】 威海市铁路局加强与济南铁路局的协调，于 9 月 1 日提高了威海南站至青岛黄岛港集装箱“五定”（定点、定线、定车次、定时、定价）班列的开行密度，由原来的周一至周五隔日开行增加到周一至周六每日开行，在更好地服务广大货主的同时，带动铁路集装箱运输业务增长。2015 年，桃威铁路到发集装箱 1.27 万标准箱，比上年增长 16.2%。

（张　凯）

民用航空

【概况】 2015 年，威海市民航局全面开展“工作落实年”活动，持续优化航线网络，巩固复航工作成果，实现旅客吞吐量稳步增长。机场全年实现安全保障飞行 1.2 万架次，货邮吞吐量 5250 吨，旅客吞吐量 132.1 万人次，比 2013 年增长 15%（2014 年实施机场适应性改造，部分时间停航）。其中，国内旅客 98.2 万人次，增长 13%；国际旅客 33.9 万人次，增长 24%。

【“平安民航”建设】 围绕“平安民航”建设，狠抓安全管理。建立健全安全管理长效机制，加强职工安全教育培训，提高应急防范工作能力。开展“安全大排查大整治专项行动”“安全生产月”“航空货运安保专项整治”等活动，全方位开展安全自查和隐患排查；不断创新举措，利用新技术，完善安全自愿报告系统，建立“微安全”服务平台，让更多职工参与安全管理当中；加强对不停航施工的管理，采取不提前通知的形式，开展各类专项应急演练，全系统应急防范能力显著提高。机场全年安全形势稳定，实现第20个航空安全年。

【旅客吞吐量创新高】 进一步降低停航不利影响，巩固复航工作成果，旅客吞吐量创新高。2015年，市民航局持续加强对航班的动态监控，积极协调各相关航空公司，避免发生减班，确保航班稳定运营；结合预售及收益情况，及时调整销售政策及舱位结构，优化营销模式，丰富营销手段，实现航班运营品质的持续提升。与国航、东航、南航等航空公司及有关机场对接，在做好前期绩效分析的基础上新增航班，旺季新开合肥、重庆、济宁、长春、满洲里等地航班，高峰航班量达到每周155班；适时恢复由于机场适应性改造导致停飞的济州航空公司运营的仁川航班，韩国航班达到每周28班；旺季加班，大连增加23个架次，北京增加94个架次，哈尔滨增加196个架次。

【机场适应性改造】 在财政资金紧张的情况下，威海市民航局多方筹措资金，为机场适应性改造提供保障。四期工程第一阶段项目收尾工作全面完成，第二阶段实施的机场停机坪扩建工程完成项目可行性研究报告编制工作，前期征地、环评、社会稳定分析评估、水土保持方案等工作稳步推进。

【经营体制改革】 按照市委、市政府关于市民航局内部经营体制改革工作的要求，2015年，在市国资部门的指导下，市民航局完成内部经营体制改革方案和实施方案的制定、资产清理及核定、财经纪律及资产质量情况审计、资产评估及核准等工作，调整补充内部经营体制改革领导小组。机场内部经营体制改革的前期准备基本完成。

（于军见）

邮　政

【概况】 2015年，威海市邮政管理局坚持稳中求进的总基调，抢抓战略机遇，把改革创新、转型升级贯穿全市邮政业发展的各方面、各环节，全市邮政业保持持续快速发展的良好态势。全市邮政企业和快递服务企业完成主营业务收入（不包括邮政储蓄银行直接营业收入）7.1亿元，比上年增长19.1%；完成业务总量8.4亿元，增长35.6%。普遍服务全覆盖。至年底，全市邮政营业场所各类网点104处，平均服务面积55.74平方公里，平均服务人口2.7万人；三农服务站547处，便民服务站2511个；通邮村2497个，通邮比例100%。快递服务快速发展。全市快递企业服务网点301处，乡镇快递网点覆盖率提升至98.0%；市内占地面积在1000平方米以上的分拨中心2个，日均处理快件量近9万件；全市快递企业拥有汽车1500余辆，手持终端2380台；快递服务从业人员3000余人。全市快递服务企业完成业务量2754.4万件，居全省第7位，增长43.4%，其中国际及港澳台34.6万件，增长2.7%；完成主营业务收入4.1亿元，居全省第7位，增长22.3%，其中国际及港澳台7572.0万元，增长3.3%。

【优化环境】 积极落实优惠政策，制定《关于促进全市邮政业健康发展的意见》，提出5个方面20条意见。编制完成《威海市邮政业发展“十三五”规划》，配合国家邮政管理局发展研究中心开展多次调研。加快园区建设步伐，与市商务局等部门联合推进中韩国际快递物流产业园建设，入驻EMS、韵达快递等企业。

【助推转型升级】 鼓励企业实施“走出去”战略，帮助邮政企业恢复开通“海上邮路”，助力威海跨境电商和外向型经济发展。强化快递末端网络建设，开展“快递下乡”专项调研，在全市各镇（街道）设立快递网点301个，基本实现快递网点全覆盖。鼓励企业采用多种方式，在部分高校试点建设快递服务网点。推广智能邮（快）件自取设备应用，安装使用智能自取设备小区500余个。深化产业融合，引导快递协会与电商协会开展广泛合作，建立合作交流平台。梳理在威海主办的各类博览活动，及时向企业反馈信息，“快递+”渔具、韩国食品、化妆品、海洋食品产业链初步形成。

【普服监管】 开展邮政营业场所检查，出检人数111人次，日常检查覆盖全市城镇和农村地区，检查覆盖率近40%。开展机要通信全程时限测试，加强机要通信安全保密和服务质量的管理。开展城区信（报）箱检查，全年完成强制验收1269户。制定《威海市邮政特邀监督员管理办法》，召开特邀监督员座谈会，营造全社会齐抓共管的良好监督氛围。出台《威海市邮政管理局普遍服务信息系统管理制度》，提升普服工作信息化水平。

【市场监管】 开展许可备案扫盲工作，对涉嫌无证经营企业进行重点监控，督促帮助4家企业取得经营许可证。做好许可证申请、变更实地核查，核查企业17家，下发行政指导15份。开展“送审上门”活动，到文登区、荣成市、乳山市现场年检办公，年检企业70余家。加大检查执法力度，全年出检人数216人次，检查单位96个，纠正和查处违法违规行为22起，下达整改通知书7份，作出行政处罚2起，罚款2000元。

【提升服务水平】 成立市邮政管理局申诉中心，配备专职申诉人员2名，申诉热线24小时畅通。组织全市邮政、快递企业客服人员开展申诉培训，指导企业妥善处理邮政业消费者投诉、申诉。全年受理消费者申诉2227件，有效申诉413件，经调解全部妥善处理，为消费者挽回经济损失8.06万元，申诉满意率92.8%，约谈企业5家。加强人才队伍建设。举办快递行业技能比武大赛，提升业务操作能力；在威海职业学院建立人才培养基地，定期组织开展业务技能培训，建立职业技能鉴定考试考点，填补威海地区职业鉴定考点空白，组织210名快递从业人员参加考试，合格率90%。开展快递行业“青年文明号”创建活动，创建市级“青年文明号”企业7家、省级1家。连续3年在全市邮政和快递企业中开展“最美快递员”和“邮政服务之星”评选活动，充分发挥先进典型的示范和带动作用。顺丰快递公司威海市文登分公司获评感动山东邮政业十大人物（集体）。

【安全管理】 落实企业主体责任，年初与企业签订安全生产责任书，业务旺季前签订服务保障承诺书。建立台账管理制度，印发《威海市寄递企业安全管理台账》1000本。与市公安局等5部门建立安全监管协调机制，与市综治办等9部门联合成立安全监管领导小组，构建齐抓共管的安全监管格局。开展抗日战争胜利70周年纪念活动专项检查，与公安等部门联合开展专项检查3次。开展收寄验视、危险化学品、“扫黄打非”、信息安全等专项检查10余次，通报批评企业3家。强化旺季服务保障，举办应急处置和消防安全应急演练，提升企业应急处置能力，督促引导企业在人员、物资、设备、安保等方面做好准备，确保全行业安全稳定运行。

（董恩琦）

【中国邮政集团公司威海市分公司】 2015年，中国邮政集团公司威海市分公司认真履行普遍服务义务，积极应用互联网思维，推进服务创新、流程创新、业务创新，服务工作得到各界认可，社会满意度持续提高，获得省级“敬老文明号”等称号。

普遍服务能力不断增强 持续加大投资改造力度，投资2000多万元改造20处邮政网点，营业面积都在300平方米以上。不断优化投递网络和服务，对两轮摩托车进行升级改造，配备34辆燃油三轮车，提升包裹投递能力。邮政综合平台初步形成。继续加快邮政便民服务站建设，打造“十分钟便民服务圈”，全市便民服务站达2816个，其中商超型1138个、农村服务站1012个。与供电公司加强合作，由便民站代收电费。所辖区市公司均开办代开国税普通发票业务，全年代开发票1103张，代征税额171.9万元。

服务三农工作有效开展 加大邮政服务三农网络建设，完善邮政在农村的综合服务平台，完成三农服务站547个，合作社会员2万户。全年建设科技示范田8200公顷，社员使用邮政农资比例30%，实现规模和效益的同步提升。在全市开展苹果种植户套餐肥赠送活动，建设苹果示范田200公顷，全市6000户果农受益，推出赠送果树套餐肥、配备农艺师等惠农利农措施。

邮政服务电商取得新突破 威海高新电子商务创业孵化基地引入聚品商学院的优秀团队参与管理和运营，实现强强联合。基地全年组织客户参加各类培训20余次，为大客户提供免费仓储、包装4万件次，完成寄递总量78万件，服务电商企业660家。12月22日，基地被威海市商务局评为威海市电子商务示范基地，被威海市科技局评为威海市科技企业孵化器。

启动推广“买卖惠”项目 “买卖惠”是山东邮政运用互联网思维模式，整合社会资源搭建的一个网上交易平台。线上通过向供应商招商产品，线下便民站以及商超通过“买卖惠”电商平台订货，实现网上营销、网上订货、网上结算及配送等服务。2015年，中国邮政集团公司威海市分公司大力推广“买卖惠”项目，在各区市全面铺开。全市招商108家，系统产品上传5500种，地推商超965家，交易额30多万元。全市建设县级运营中心5处、精品镇级服务中心25处。

（荣　茜）

编辑　李洪格

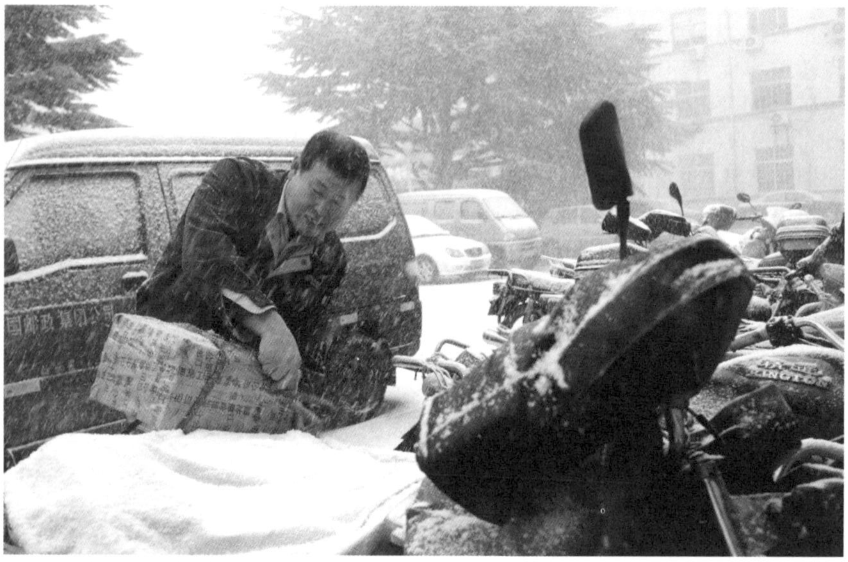

投递员雪中投递　　中国邮政集团公司威海市分公司提供

城乡建设与环境保护

综　述

【概况】　2015年，威海市住房城乡建设系统紧扣“全域城市化、市域一体化”战略，按照“抓重点、破难点、夯基点、创亮点”的思路，一手抓创新，一手抓落实，保持住房和城乡建设事业平稳健康发展。全域城市化工作迈出新步伐。编制《威海市国家新型城镇化综合试点行动计划（2015—2017年）》及分工细则、《威海市新型城市化规划（2015—2020年）》，超前谋划一批具有重大支撑作用的工程项目，组建总投资近1100亿元的全域城市化项目库。建立市级特色村庄名录，张村镇被列为国家建制镇示范试点。城建重点工程建设取得新进展。组织实施7大类42项城建重点工程，完成投资364.3亿元，完成年度计划的90.9%。由市住房城乡建设局牵头实施的49项分项工程，完成投资165.4亿元，完成年度计划的101.1%。东部滨海新城建设实现新突破，牵头与中建集团进行多次对接，双方就东部滨海新城基础设施建设签订战略合作框架协议。房地产业与建筑业转型平稳有序发展，在省内率先建立房地产开发项目风险预警机制，出台《关于合理调整收费政策，促进房地产市场平稳健康发展的意见》等，激发市场活力；制定《威海市建筑产业现代化发展规划》《关于加快推进建筑产业现代化工作的意见》及实施细则，荣成市被认定为第二批省级建筑产业现代化试点城市，5家企业被确定为省级示范基地。承办第八届中国威海国际人居节，举办中国威海国际建筑设计大奖赛及作品展、当代中国建筑设计研讨会、中国威海物业管理高层论坛等系列活动。全市环境保护系统有环境监测站4个，地表水集中式饮用水源保护区12个，面积1406平方公里。全年完成污染减排项目150个，投资额4.02亿元。

（孟德发　李润）

【国家智慧城市案例调研座谈会】　9月8日，住房城乡建设部建筑节能与科技司副司长郭理桥带领专家调研组到威海调研智慧城市建设情况，实地查看威海市云计算中心（含智慧城市展厅）、智慧供热、智慧交通等情况，召开座谈会。威海作为国家第一批试点城市，在智慧城市建设方面作了有益探索和积极创新，取得明显成效，进一步提高城市管理水平，方便市民生活；威海在智慧城市建设中充分调动市民、企业、政府三个主体，推动信息化与民生服务、城市管理、产业培育融合发展，形成特色鲜明的“威海模式”。

【城建集团杯·第八届中国威海国际建筑设计大奖赛】　1—8月，威海市举办城建集团杯·第八届中国威海国际建筑设计大奖赛，主题是“坚持文化自信·筑梦中国建筑”。中国、美国、英国、日本、南非、老挝、哥斯达黎加等7个国家和地区的875件作品参赛。大奖赛评出金奖2项、银奖5项、铜奖10项、特别奖——“城建金牛奖”8项、优秀奖59项。其中，威海市申报的“威海环翠书院”获铜奖。

【威海杯·2015全国大学生建筑设计方案竞赛】　3月12日，“威海杯·2015全国大学生建筑设计方案竞赛”正式启动，主题是“老人与海——海滨度假疗养中心”，建筑用地由学生自选，建筑面积控制在6000～8000平方米，参赛对象是国内外各有关高等院校的在校学生。威尼斯建筑大学、澳门科技大学及清华大学、浙江大学等127所高等院校3580名大学生的978件作品参赛。8月，竞赛评出金奖2项、银奖5项、铜奖15项、特别奖——“城建金牛奖”10项、优秀奖114项、“最佳指导老师奖”22项。

【第八届中国威海国际人居节】　9月11日—13日，第八届中国威海国际人居节在威海国际会议中心举办。中国工程院院士、上海现代建筑设计（集团）有限公司总建筑师、全国建筑设计大师魏敦山，中国工程院院士、第二炮兵后勤科学技术研究所所长侯立安，中国建筑学会副理事长兼秘书长周畅，山东省住房城乡建设厅巡视员万利国，威海市领导张惠、房德阳等出席开幕式。人居节以“幸福·宜居·文明”为主题，其间，举办了城建集团杯·第八届中国威海国际建筑设计大奖赛、威海杯·2015全国大学生建筑设计方案竞赛颁奖仪式及获奖作品展和城建集团杯·当代中国建筑设计研讨会、中国威海物业管理高层论坛等活动。（参见《旅游·会展·会展》第232页）

【城建集团杯·第八届中国威海国际建筑设计大奖赛暨威海杯·2015全国大学生建筑设计方案竞赛获奖作品展】 9月11日—14日，城建集团杯·第八届中国威海国际建筑设计大奖赛暨威海杯·2015全国大学生建筑设计方案竞赛获奖作品展在威海国际展览中心举办，展出大赛中各类获奖作品230件。9月14日，市委书记、市人大常委会主任孙述涛参观作品展，并参观2015威海住宅产业博览会。

【城建集团杯·当代中国建筑设计研讨会】 9月12日，城建集团杯·当代中国建筑设计研讨会在蓝天宾馆举行，主题是“面向新常态下的建筑创作”。全国有关规划、建筑设计企业负责人、规划师、设计师代表等300余人参会。会议围绕如何在新常态下坚持正确的建筑创作方向，实现建筑创作与地域文化、民族特色、时代风貌有机结合等问题进行交流。

【威海市青少年环保科普教育基地】 为推广普及垃圾焚烧处理环保科普教育知识，充分调动社会各方面的参与性，向全市中小学生开展垃圾处理环保科普教育活动，逐步推进环保科普教育工作的社会化、群众化、经常化。10月，威海市青少年环保科普教育基地在市垃圾处理厂内建成，成为一处科学系统的垃圾分类和环保宣传普及场所。

（孟德友　肖俊涛）

城市规划

【概况】 2015年，威海市规划局进一步深化“全域规划、全域统筹”的理念，拓宽视野，创新思维，开展城市空间发展规划研究，完善威海市中心城区控制性详细规划成果，为全域威海的新发展打好基础。重点梳理完善《威海市城市总体规划（2011—2020年）》，报国务院审批；审查《逍遥社区（棚户区改造）概念规划设计》《威海港威海湾港区概念性规划方案》等12项详细规划；指导相关镇编制完成《威海东部滨海新城（泊于镇、桥头镇）总体规划（2013—2030年）》《威海市环翠区温泉镇总体规划（2014—2030年）》等；开发适合自身办公需求的OA系统，提高整体办公效率。

【规划管理】 推进城乡规划管理改革创新，提升城乡规划管理上档升级。制定责任清单和权力清单，明确部门职责边界、事中事后监管制度、公共服务事项及责任追究机制，制定权力运行流程图，在网站公开并将其纳入电子政务大厅，主动接受社会监督，增强审批透明度。全面清理涉规划行政审批中介服务事项，结合政务服务中心“网上中介超市”，将所有中介服务事项和中介服务机构等信息公开，推进市场竞争，杜绝强制、指定中介机构，破除垄断经营。严格落实模块化审批制度。进一步优化权力运行流程，推进模块化审批流程的规范化、标准化管理和公开透明。加强与各部门的协同配合，完善审批前期辅导工作具体规程，辅导建设单位有效完成审批前期工作。2015年，威海市规划局牵头完成规划报建阶段8个建设项目的模块化审批，联合完成其他阶段53个建设项目的模块化审批。依法规划行政许可，全年核发建设项目选址意见书32份，选址面积106.8万平方米，核发建设用地规划许可证122份，用地面积970.5万平方米；核发建设工程规划许可证178件，建筑面积402.7万平方米；核发建设工程竣工规划核实合格证177份，建筑面积535.1万平方米。

【规划督察】 2015年，对经过规划审批的建设项目，威海市规划局进一步强化建设过程的监管，组织执法人员对其建设情况进行检查。全年查纠违反规划的建设行为22起，均下发整改通知，督促其整改，保证规划实施到位。加强与威海市城市管理与行政执法等部门沟通衔接，将重点工程、重要地段、敏感区域等项目纳入重点监控范围，增加检查频度，确认违法建设12起。全力配合住房城乡建设部派驻威海市城乡规划督察员工作，对卫星遥感重点图斑进行核查，及时提出整改措施和处理意见，做好监督执行。威海市本期监测的变化图斑220处，其中疑似违反总规强制性内容的图斑6处，均按程序和要求进行处理。协调处理督察员交办的重点违法建设案件和“督察建议”回复工作。

【城市空间发展规划研究】 2015年，威海市规划局组织开展城市空间发展规划研究，规划研究范围包括环翠区和文登区行政辖区，规划面积2606平方公里。规划根据中韩自贸区地方经济合作示范区建设、威（海）文（登）一体化发展等威海市经济社会发展的新形势，对把握宏观战略、搭建整体框架、整合交通设施、优化用地布局、核定发展规模、探索规划实施等关键问题进行探讨研究，合理确定威海社会经济发展战略、城市发展目标，明确城市发展方向、用地布局结构等重大问题，确定城市性质、人口和用地规模。

【完善中心城区控制性详细规划成果】 根据住房城乡建设部《城市用地分类与规划建设用地标准》（GB 50137—2011）和新版《威海市城市规划管理技术规定》，对中心城区控制性详细规划进行全面梳理完善。将用地分类和代码按照新用地分类标准进行替换，将批复的各项专项规划、修建性详规等规划的相关法定内容统一纳入控制性详细规划，对已经合法程序实施批准的项目如道路与市政基础设施进行动态维护，完成15个片区控制性详细规划的梳理完善工作。

【《威海市城乡规划管理技术规定（土地使用、建筑管理）》发布】 3月19日，威海市人民政府发布《威海市城乡规划管理技术规定（土地使用、建筑管理）》，有9章61条及6个附件，有效期为2015年5月1日至2020年4月30日。规定根据《中华人民共和国城乡规划法》要求和威海市委、市政府“全域城市化”部署，提出城乡一体化规划管理要求，管控范围由城镇用地覆盖到城乡，从城乡用地分类与使用、建筑容量控制指标、规划与建筑设计、建筑间距、建筑退让及建筑高度、停车设计、建设用地的绿地等方面提出明确要求。附件包括常用用地类别兼容与混合使用指引、建筑密度与容积率控制指标表、居住区公共服务设施配置要求、建设工程设计方案内容及要求、建筑间距图示、建筑日照计算方法及要求等。

【规划一张图综合应用平台】 威海市规划局依托新技术，通过整合基础地形、卫星影像、规划控制线、规划成果等空间数据，以及与规划审批、编制研究等业务相关联的非空间数据，研发形成一张卫星影像图、一种坐标体系、一套道路系统、一个信息平台的规划一张图综合应用平台，实现“一本在手、掌握全城”。6月，该系统全面投入使用，为规划管理与决策提供支撑。

【威海市城市地理信息基础数据平台】 文登撤市建区后，为更好地服务“全域城市化、市域一体化”发展，2015年，威海市规划局开展威海市城市地理信息基础数据平台的搭建工作，促进文登城区与中心城区各项基础数据的融合与对接。全年完成文登主城区、文登经济技术开发区、威海机场、米山水库等区域360平方公里的80坐标和2000坐标两个系统的1∶500地形图编辑、1∶2000地形图缩编及1∶1000正射影像图数据制作。

（张艳红）

城市管理

【概况】 2015年，威海市城管执法局以人民群众满意为目标，以城市精细化管理为手段，认真抓好数字城管扩区拓围、环境综合整治、法治城管建设等重点，巩固全国文明城市创建成果，推进城市管理的科学化、长效化和常态化，城市管理水平进一步提升，市容环境秩序进一步优化。

【数字城管全覆盖】 按照“市域一体化、全域城市化”的战略部署和“一次规划、分步实施”的原则，在一期城市综合管理信息系统覆盖99平方公里的基础上，组织实施二期扩区拓围工程，将文登区、威海临港经济技术开发区及中心城区近郊镇（街道）114平方公里区域及29公里道路纳入数字城管覆盖范围，标定城市管理部件80万个，划分城市管理网格5629个。荣成市、乳山市按照市级标准建成数字城管系统，乳山市数字城管于11月通过省住房城乡建设厅组织的验收，城市精细化管理覆盖各区市建成区303平方公里，在全省率先实现数字化城市管理全覆盖。

【巩固全国文明城创建成果】 适应全国文明城市新常态，全方位持续开展容貌环境集中整治。出台《关于维护创城成果，推进容貌环境常态化管理的实施意见》，确定10个大项18个小项的常态化管理标准。针对市容环境秩序的重点难点，开展春季城市容貌环境集中整治、露天烧烤、临时占道审批等10余个专项整治行动，整治各类违规问题2万处次。全面推开“门前三包”，与36条主干道、70条次干道的6800余户沿街店铺经营业户签订“三包”协议，进一步凝聚共建共管合力。威海市城管执法局获市委、市政府创建文明城市“突出贡献单位”称号，在威海市创建全国文明城市总结表彰大会上作典型发言。

【城市精细化管理】 全面实施城市管理综合考核，研究制定《2015年威海市城市精细化管理综合考核办法》，对考核对象、考核内容、考核标准以及系统平台指标进行调整优化。开展“信息采集质量提升年”活动，开展临时占道审批、探头经营、占道经营、露天烧烤等9个专项采集，信息采集质量明显提升，全年采集案件51.6万件，处置率、按期处置率分别为99.2%、98.6%。注重强化结果运用，将考核结果纳入对各区、各部门目标绩效管理考核范围，落实精细化考核月考核、月通报制度，有效促进城市精细化工作的开展。

【三年户外广告清理整治】 年内，市城管执法局充分发挥牵头部门作用，成立专门工作小组，将清理整治列入各区专项考核，每月定期召开专题会议，与交通运输、公安交警等部门共同努力，清理各类大型广告牌、标志2448处（块），其中，单立柱广告牌295处，楼顶、楼体广告牌272块，落地广告牌19处，交通标志背面商业广告429块，公交车体广告683辆。更换新式果皮箱750个。至年末，三年户外广告清理整治工作圆满完成。

【两线环境综合整治重点工程】 积极督导推进两线环境综合整治重点工程。市区沿海岸线环境综合整治工作完成整治337处84.72万平方米，其中拆除113处57.56万平方米，完成容貌整治224处27.16万平方米，得到住房城乡建设部驻威海城乡规划督察员的高度评价，并在《城乡规划工作督察简报》刊文介绍经验。城际铁路沿线环境综合整治工作，调度各区市分层次对城际铁路沿线红线内至旅客视线可及范围内环境进行综合整治，完成整治367项，其中拆除81项12.04万平方米，整治土石方94项286.4万立方米，绿化49项103.4万平方米，其他整治项目143项。

【严防严控违法建设】 强化新增违建管控，建立网格化巡防管理责任制，推行新增违法建设“零报告制”。创新违建派遣督办方法，连接城管信息平台系统，与信息平台互联互通。制定《控

违法建设拆除现场　　市城管执法局提供

制和查处违法建设考核评分标准》，对各环节作出详细规定。完善违法建设案件督查流程和督查工作规程，推行违法建设月通报制度和“派遣—督办—问责制”。开展大规模违法建设专项整治活动，对威海经济技术开发区滨海龙城及占用绿地违法建设等重点督办案件安排专人跟踪督办，依法依规处置。2015年，拆除违法建设232处2.13万平方米。

【《威海市违法建设处置办法》出台】 12月31日，威海市政府出台《威海市违法建设处置办法》。办法规定，凡是企业和个人进行违法建设的，在查处的同时，将其行为纳入社会信用体系；政府机关、基层组织和国有企事业单位进行违法建设的，在查处的同时，监察机关对相关责任人追责。当城管执法部门决定强制拆除违建时，工商等部门要停止为违法建设者办理相关证照，对已办理相关证照的要依法变更或注销；市政公共服务单位对作为生产经营场所的违建暂停供水、供电、供气、供热等服务。办法将于2016年1月1日起实施。

【法治城管建设】 组织开展法制专项调研，形成《关于我市城市管理立法工作的思考》调研成果。研究制定规范性文件，将《威海市城市管理办法》列入2016年立法项目，修订完成《威海市城市责任单位三包管理规定》《威海市户外广告标志设置张挂管理办法》。开展法制宣传教育，编印“早夜市管理”等4种宣传资料，开展城管“六进”（进社区、进学校、进企业、进农村、进店铺、进工地）活动，开展活动38次，宣传1.3万人次。对31种执法文书进行规范修订，加强执法案件审核把关，市城管执法局被评为威海市行政执法案卷评查优秀单位。制定《行政约谈实施细则》等，对《行政处罚自由裁量权规范标准》等进行完善，主动向社会公示。制定《关于进一步加强全市城市管理队伍建设的意见》，分两批对200余名执法人员进行封闭培训，推广“三理”（宣传教育要讲理、纠正违章要有理、执法尺度要合理）等文明执法方式。科学设置50处便民惠农销售点，对户外广告、临时占地两项审批系统进行再造升级，规范“12319”热线服务，加强对执法队伍的监督考核，全年没有发生“城管事件”。

（刘德智）

城市化建设

【城建重点工程建设】 2015年，根据《2015年威海市城建重点工程实施方案》，威海市实施7大类42项城建重点工程，其中新建21项、续建21项，当年计划投资总额400.73亿元，其中市级财政投资17.66亿元、县级财政投资55.77亿元、市场化融资327.30亿元，分别占4.4%、13.9%、81.7%。除道路交通、园林绿化、商务旅游文化等项目外，突出全域城市化建设项目和健康养老服务业项目。其中，全域城市化建设项目包括示范镇建设项目、新型社区建设工程、城镇区域一体化城市道路建设工程3个子项目，计划投资105.8亿元，占投资总额的26.4%；健康养老服务业项目主要包括威海盛德国际医院项目、南竹岛老年公寓项目、威海锦祥智慧享老中心项目、威海海大老年康复中心改造工程和威海临港经济技术开发区上善堂养老服务项目5个

城管执法人员培训　　市城管执法局提供

子项目，计划投资8.4亿元，占投资总额的2.1%。

【城乡基础设施一体化建设】 1月13日，威海市出台《关于加快城乡基础设施一体化建设的实施意见》，着力打造规划全域覆盖、交通全域畅通、产业全域布局、社会公共服务全域均衡的城乡基础设施一体化服务体系，全面提升全域城市化、市域一体化水平。意见明确8个方面的发展目标：市域一体化交通更加便捷，市域一小时生活圈初见雏形，基本实现市域公交全覆盖；供电能力和可靠性明显提升，农村电网供电可靠性达99.98%；农村规模化供水能力显著增强，全市规模化供水受益村1169个，实施单村供水改造工程的村总数1432个；环卫一体化模式进一步巩固，户保洁、村收集、镇运输、县处理的生活垃圾一体化处理模式进一步优化，市域生活垃圾基本实现“日产日清”；镇村污水处理设施实现高效运转，全市所有镇污水集中处理设施全部有效运转，所有新型社区污水处理设施配套到位；管道天然气实现城镇全覆盖，全市所有镇、新型社区通达天然气，具备通气条件的新型社区居民全部用上天然气；城乡供暖条件明显改善，全市90%的镇实现集中供暖，新型社区全部实现供暖；信息基础设施支撑能力明显提升，3G和4G移动电话用户普及率达到65%，固定宽带家庭普及率超过80%，有线电视网络互联互通平台覆盖用户比例达到90%。

【入选中欧低碳生态城市专项试点示范城市】 3月4日，威海市入选中欧低碳生态城市合作项目专项试点示范城市，成为全国10个试点示范城市之一。该项目于2013年11月正式启动，计划于2017年完成。中欧低碳生态城市合作项目是“中欧城镇化伙伴关系”战略合作框架下的重要务实合作项目之一。项目目标是通过产生低碳生态城市工具箱、知识平台、城市试点示范、城市间交流合作、能力建设等内容，建立全方位的中欧低碳生态城市合作与城市间技术经验分享平台，为相关领域从业者提供培训与专业技术支持和综合解决方案，全面深入学习借鉴欧洲城市发展先进理念、技术和经验，为中国建设绿色、低碳、智慧城市，实现城镇可持续发展提供支持。合作项目试点示范城市主要围绕城市紧凑发展规划、清洁能源利用、绿色建筑、绿色交通、水资源与水系统、垃圾处理处置、绿色产业发展、城市更新与历史文化风貌保护等9大领域开展试点。威海市将以东部滨海新城为试点区域，选取清洁能源利用、绿色建筑、绿色交通、水资源与水系统、垃圾处理处置5大领域进行专项试点示范，建设太阳能光伏发电路灯应用、餐厨垃圾收运及处理、现代有轨电车等多个试点项目，通过交流借鉴欧洲先进的发展理念，引进先进的低碳生态技术，提高威海市的城镇化质量和水平，为全国低碳生态城市发展建设作出示范。

【刘公岛客运中心正式运营】 9月25日，刘公岛客运中心正式运营。刘公岛客运中心工程是威海市城建重点工程项目之一，主要包括客运中心主楼及周边配套设施。刘公岛客运中心工程总投资2.2亿元，占地面积13.9公顷，2013年4月开工建设，2015年8月主楼竣工验收。（参见《交通·邮政·综述》第169页）

（孟德发　肖俊涛）

村镇建设

【概况】 2015年，威海市深入开展“百镇建设示范行动”，完成投资48.2亿元，开工项目127个，完工52个。张村镇被列入国家建制镇示范试点，连续3年，每年将获得中央及省财政3000万元转移支付补助。扎实做好传统村落保护，建立市级特色村庄名录，累计有5个村入选中国传统村落，14个村落入选省级传统村落。推进宜居村镇建设，新增省级宜居小镇2个、宜居村庄3个，全市均通过省城乡环卫一体化全覆盖认定。开展“农村新型示范社区”创建活动，创建省级农村新型示范社区3个。开工棚户区改造项目2.96万户，占年度计划任务的100%，落实棚户区改造资金5.9亿元。

【5个村镇入选山东省第二批宜居小镇、宜居村庄】 5月27日，山东省第二批宜居小镇、宜居村庄评选结果公布，威海市5个村镇入选。乳山市冯家镇、海阳所镇入选省级宜居小镇，环翠区羊亭镇贝草夼村、荣成市人和镇南下河村、荣成市成山镇河口村入选省级宜居村庄。至此，威海市有省级宜居小镇3个、宜居村庄4个。

【8个村入选第二批省级传统村落】 7月28日，第二批省级传统村落评选结果公布，威海市8个村入选。其中，荣成市6个，为人和镇院夼村、俚岛镇东崮村、俚岛镇东烟墩社区、寻山街道嘉渔汪村、宁津街道马栏墒村、港西镇小西村；乳山市2个，为诸往镇东尚山村、大孤山镇东林家村。至此，威海市有省级传统村落16个。

【《威海市农村自建低层住宅防震技术要点》发布】 为提高农村自建低层住宅（两层及以下住宅）的抗震能力，6月8日，市住房城乡建设局印发《威海市农村自建低层住宅防震技术要点》，指导农村自建低层住宅防震建设。要点适用于抗震设防烈度为6度（乳山市、荣成市）、7度地区（除乳山市、荣成市外其他地区）的建制镇、集镇规划区内居民自建的两层（含两层）以下，且建筑面积在300平方米以下的住宅，以及村庄建设规划范围内农民自建的两层（含两层）以下的造型简单低层住宅。其设定的抗震设防目标为当遭受低于本地区抗震设防烈度的多遇地震影响时，一般不受损坏或不修理可继续使用；当遭受相当于本地区抗震设防烈度的地震影响时，可能损坏，经一般修理或不需修理仍可继续使用；当遭受高于本地区抗震设防烈度预估的罕遇地震影响时，不致倒塌或发生危及生命的严重破坏。要点对住宅场地选择、地基、基础及建筑结构规则性提出具体指导意见。

（孟德发　肖俊涛）

房地产开发与管理

【概况】 2015年，威海市房地产业坚持“稳”字当头，以“去库存、降风险”为核心，认真贯彻落实国家、省住房消费政策，多措并举，实现探底企稳。率先建立风险预警机制。变资质管理为项目管理，开展企业年度信用评价，“一对一”联系服务开发、建筑企业100家，在省内率先建立房地产开发项目风险预警机制，对全市在建项目进行普查，重点跟进处理已排查出的15个风险项目，系统风险始终可控。主动为开发企业松绑减负。多部门联合出台《关于合理调整收费政策，促进房地产市场平稳健康发展的意见》，通过税费优惠减免政策，降低企业及购房者负担。9月，印发《关于落实〈关于促进全省房地产市场平稳健康发展的意见〉的通知》，进一步放开准入限制，激发市场活力。积极推行棚改货币化安置。开工改造棚户区2.96万户，完成年度计划的100%，基本建成2.5万户；货币化安置1.17万户，占年度改造计划的39.6%，位居全省前列。大力巩固外需市场。发挥协会纽带作用，多次组织当地企业赴外地“抱团营销”，成功举办2015威海住宅产业博览会。进一步完善意见书范本，出具意见书30份。年内，全市房地产开发完成投资153.7亿元，销售411.5万平方米，分别比上年增长9.0%和1.9%，施工面积、竣工面积、新开工面积不同程度下滑。市住房保障房产管理局获共青团省委“青年文明号”，省、市级“档案工作科学化管理先进单位”，市级“文明服务窗口”“优胜服务窗口”等称号。

（孟德发　赵鑫）

【《商品房使用说明书》《商品房质量保证书》】 1月22日，市住房城乡建设局下发《关于进一步加强〈商品房使用说明书〉和〈商品房质量保证书〉使用管理的通知》，要求自2015年3月1日起交付使用的商品住宅，房地产开发企业必须向业主提供《商品房使用说明书》和《商品房质量保证书》。《商品房使用说明书》是房地产开发企业对销售商品房的结构、性能和各部位（部件）的类型、性能等作出的说明并提出使用注意事项，便于业主明白、正确使用。《商品房质量保证书》明确了商品住宅的保修内容、最低保修期限，以及报修、现场查看、维修、争议解决等保修程序。《商品房质量保证书》作为《商品房买卖合同》的补充约定，与合同具有同等法律效力。

【2014年度房地产开发企业资信评价结果】 3月18日，市住房城乡建设局公布2014年威海市房地产开发企业资信评价结果，594家企业参评，180家被评为A级及以上，其中最高级别AAA级17家；346家被评为B级；48家被评为C级，需限期整改；20家被评为D级，被注销房地产开发资质。

【促进房地行业健康发展政策】 自4月13日起，威海市《关于合理调整收费政策 促进房地产市场平稳健康发展的意见》正式实施。意见要求减免部分行政事业性收费，免收城市基础设施配套费中的小区配套押金；暂停征收价格调节基金；散装水泥专项管理资金、新型墙体材料专项基金由办理工程施工许可时预缴，调整为办理竣工验收备案手续时预缴，取得建设工程竣工验收备案证后按照规定据实结算。在收费方式上，对部分项目进行调整。意见对部分监管收费项目实行差异化政策，将房地产开发企业的信用等级作为房地产开发项目开发建设、销售、管理的重要依据，其中，信用等级为AAA的企业，不纳入商品房预售资金监管，免缴农民工工资保障金。

【2015威海住宅产业博览会】 9月11日—14日，2015威海住宅产业博览会在威海国际展览中心举办，主题为“魅力威海、文明城市、绿色人居、幸福生活”，100多家企业参展，设标准展位493个，展出面积4437平方米，购房意向客户672组，现场购房总成交204套。博览会期间，举办广场舞大赛、《星光大道》海选等活动。

（孟德发　肖俊涛）

【住房保障】 2015年，威海市新开工公共租赁住房3742套，基本建成公共租赁住房5281套，新增租赁补贴115户，分别是计划的113.8%、310.6%和143.8%。“十二五”期间，威海市构建起以公共租赁住房为主、经济适用住房保障和廉租住房保障为辅的住房保障体系。全市累计开工建设公共租赁住房1.57万套、经济适用住房1983套（含经济适用住房货币补贴），新增廉租住房补贴898户，分别是计划的125.6%、145.3%和126.5%。2013年，住房城乡建设部提出“公廉并轨、租补分离”的发展方向。2014年，威海市停止经济适用房建设。保障性住房建设以公共租赁住房为主，公共租赁住房取消收入限制，优先满足符合廉租住房保障的家庭和新就业大学生，向在市区有稳定工作的外来务工人员出租。2015年10月26日，柴峰小区公共租赁住房进行公开招租，针对不同群体、不同批次的情况分别采取现场抓阄、公开摇号、报名排序三种方式确定选房顺序，确保配租工作公开、公平、公正，296套公租房全部完成招租。

【房地产市场管理】 2015年，威海市办理房屋初始登记672宗，登记面积363.88万平方米；办理转移登记1.93万宗，交易面积194.21万平方米；办理商品房预（现）售合同备案1.92万套，备案面积183.86万平方米，备案金额118.21亿元。核发商品房预售资金监管证明46个，监管楼盘292个。因地税实施直系亲属过户优惠政策及国家调控政策的影响，房屋登记业务激增，其中二手房过户套数比上年增长98.7%。为此，市住房保障房产管理局推出完善服务细节、继续推行实行延时服务、充实大厅受理一线力量、实行开发企业初始登记及分户办证大宗业务跟踪上门服务等7项措施，提高工作效率。

【物业管理】 建立镇街社区居委会、业主委员会、物业服务企业、建设单位四

4月17日，威海市公共租赁住房快修站成立　市住房保障房产管理局提供

位一体的社区物业管理新机制，实现物业管理工作重心下移。蓝湾怡庭、龙泽府、悦海世家等8个小区被列为四位一体机制试点小区。2015年，建立维修资金住宅小区信息326条，按照专项维修资金规定程序，分别对西海湾花园、天东家园等小区下水设施维修改造工程，贵和花园、海韵华府等小区电梯配套设施维修工程，逸品康城、万泉花园等小区外墙、屋顶漏雨维修工程等80多个共用部位维修项目进行现场勘查、工程监督、验收决算，决算资金70余万元。

【房屋征收】　绿轴市民中心图书馆项目是威海市重点工程。2015年，完成该项目30户房屋的征收与补偿工作，15户签订即墨路28–1号康泰电缆厂职工宿舍楼动迁协议。针对回迁村办证难、回迁房产权登记缓慢、总体办证率偏低的问题，市住房保障房产管理局会同地税局等单位印发《关于拆迁安置房历史遗留问题权属登记实施方案》。市区拆迁范围涉及11个街道和1个镇，有82个城中村基本完成改造，回迁房办证5100户。

【直管公房管理】　威海市直管公房管理以制度规范为前提，在深化改革、转变经营思路、盘活存量房等方面，改变原有的陈旧管理模式，推进直管公房管理体制的改革发展，在保证国有资产保值增值的前提下，建立适应社会主义市场经济的管理新体制和运行新机制。2015年，出台《威海市市属直管公房管理办法》，从直管公房的产权管理、租赁管理、出售管理、征收管理、使用修缮管理等方面明确直管公房管理中各方的权利和义务，有效解决直管公房管理工作中存在的问题。公房租金市场化是非住宅直管公房租金改革的核心，完成市场公开招租的非住宅公房8处，租金由24.7万元提高到68.29万元。清理回收违规转租住宅直管公房8户。在租金缴纳方式和维修服务等方面创新，由管理型向服务型转变，推出上门服务、午间值班、印发便民联系卡等多项便民服务措施，通过热情周到的服务，达到管理单位和租户都满意的效果。

【储藏室综合整治】　2015年，储藏室综合整治工作进入收尾阶段，居住和封闭小区内用于经营的储藏室基本整治完毕。市区（除文登区、威海临港经济技术开发区）用于居住、经营的储藏室5686户（用于居住的3584户、用于经营的2102户）；用于经营的储藏室中有审批手续的1238户，无审批手续的864户。年内整治4831户（用于居住的3584户、用于经营的1247户）。

【中国威海物业管理高层论坛】　9月13日，中国威海物业管理高层论坛在蓝天宾馆举办，主题是“科技助推物业·品牌提升价值”。论坛就互联网时代的物业管理革命、大数据与物业管理新常态等问题进行研讨和交流，全市200多家企业负责人参加。

（赵鑫　丛鑫）

市政基础设施建设

【概况】　2015年末，全市城市实有道路长度2264.42公里，面积4926.91万平方米，人均城市道路面积32.90

6月04日，《威海市市属直管公房管理办法》新闻发布会召开
市住房保障房产管理局提供

平方米；实有桥梁570座、路灯12.08万盏、排水管道长度5357.02公里；全市污水年处理量1.22亿立方米，污水集中处理率96.0%。其中，威海市区道路长度1342.08公里，比上年末增长4.4%；道路面积3104.67万平方米，增长4.1%，人均城市道路面积33.41平方米；实有桥梁385座、路灯7.18万盏、排水管道长度3691.42公里；全年污水处理量8525万立方米，污水集中处理率95.6%。（市区数据含文登区数据）

【市区44条（段）道路改造升级】 2015年，威海市区实施7条（段）主干道、37条（段）城市次干路及支路等共44条(段)道路改造升级。其中,在城市主干道方面，实施7条（段）道路工程建设，主要包括新建环山快速路（统一路立交—即墨路）、续建统一南路（渔港路—四方路、胶州路—仙姑顶路、海峰路—华夏路、凤林路—江家寨立交桥）道路工程、续建金线顶滨海路、改造海滨路（平度路—海峰路）罩面等。城市次干道及支路建设工程方面，环翠区实施11条（段）道路新建改造工程，主要包括大修渔港路（塔山中路—青岛路）、古山五巷（世昌大道—顺河街）、胶州路（塔山中路—城铁交叉口），续建西城路（和平路—世昌大道）、沧口路西延及附路、高家庄西延，改造花园南路（庙墉路—统一路）、西北山路（花园南路—文化路）、海平街（新威附路—海滨路）等；文登区新建、改造文山路（西壕街—工会桥）、宝成路（文昌路—世纪大道）等15条（段）道路；威海经济技术开发区新建青山路、抱虎山路、北山区间路等5条（段）道路以及实施海峰路改造工程；威海临港经济技术开发区重点实施台州路南段和北段、温州路、天宁路等5条（段）道路工程。威海高技术产业开发区道路新建改造工程配合老旧小区改造工程进行。11月17日,环山快速路（统一路立交—崂山路南）道路、桥梁工程和统一南路（渔港路—四方路）道路工程正式通车，2015年度主干道工程全部完工。

【统一南路（仙姑顶路—海峰路）道路工程通车】 1月4日，统一南路（仙姑顶路—海峰路）道路完成人行道、路灯等所有配套工程，全面通车运行。统一南路（仙姑顶—海峰路）路段长1120米，为规划城市次干道，道路主线长1120米，路面宽20米，双向4车道，两侧人行道宽2米。为方便城铁西侧区域车辆连通统一南路，仙姑顶路至北山路设西辅路。

【环山快速路（统一路立交—即墨路）工程通车】 1月5日，环山快速路（统一路立交—即墨路）工程开工，主要实施道路拓宽改造和崂山路立交建设。该路段长1970米，原为二级公路标准，按照快速路标准拓宽为双向6车道，路面宽31米，中央设2米绿化分隔带，两侧设绿化带及路灯设施，无人行道设置。为实现道路快速通行，崂山路路口处建设崂山路立交桥。立交主线桥长150米，为5跨钢筋混凝土箱梁，环山快速路上跨崂山路通行。崂山路与环山快速路通过增设辅路实现互通。11月17日，工程完工通车。

11月17日，环山快速路（道路工程）完工通车　　苑玉锋　摄

【与中建集团签署战略合作框架协议】 7月20日，威海市政府与中国建筑股份有限公司战略合作框架协议签约仪式举行，初步确定双方在威海市东部滨海新城的基础设施领域进行合作，为推进“全域城市化、市域一体化”战略,加快建设现代化幸福威海注入动力。

（孟德发　肖俊涛）

园林绿化

【概况】 2015年末，全市绿化覆盖面积1.49万公顷，比上年末增长3.5%；建成区绿化覆盖率48.7%，提高0.37个百分点；园林绿地面积1.29万公顷，增长3.2%；建成区绿地率43.9%，提高0.22个百分点；公园绿地面积3752.37公顷，增长3.1%，人均公园绿地面积25.05平方米，增长3.6%。其中，市区绿化覆盖面积1.04万公顷，增长1.7%；建成区绿化覆盖率49.2%，提高0.24个百分点；园林绿地面积9005.30公顷，增长2.0%;建成区绿地率44.0%，提高0.16个百分点；公园绿地面积2423.57公顷，增长1.6%，人均公园绿地面积26.08平方米，增长3.0%。

【花园式单位（小区）、园林绿化优质工程评选活动】 9月，威海市启动2015年度花园式单位（小区）、园林绿化优质工程评选活动。威海海洋职业学院、威海市文登技师学院、威海市孙家疃小学等9个单位获评市级花园式单位；保利凯旋公馆、龙泽府花园、伴月湾市景海岸等9个小区获评市级花园式小区。环翠楼公园盆景园景观工程等16项工程获评市级园林绿化优质工程。

【市区建设8段绿道】 2015年，威海市区建设8段59.2公里绿道，主要包括滨海风情线（幸福公园）1.4公里绿道；环翠区完成里口山登山健身步道40公里；威海经济技术开发区完成海上公园1.5公里、体育公园2公里绿道；威海高技术产业开发区完成鞍山路向西（国际海水浴场段）0.7公里绿道；威海临港经济技术开发区完成草庙子河两侧7.6公里、台州路南延路1.4公里、省道S202长4.6公里绿道。绿道将公园、自然保护区、文化特征、历史遗迹以及人口密集地区等连接起来，构成一个具有生态、游憩和文化历史保护功能的自然廊道，为市民提供旅游、运动、休闲、科普、健身的生活休闲场所。

【金线顶滨海路景观绿化工程】 2015年，结合市政道路建设，完成威海市第二中学北侧及抱海大酒店北侧金线顶滨海路两侧及中央绿带景观建设，绿化面积1.3万平方米。

（孟德发　肖俊涛）

公用事业

【概况】 2015年，全市完成发电量165.34亿千瓦小时，比上年增长0.8%。实际用电量104.96亿千瓦小时，增长2.5%，其中工业用电量65.34亿千瓦小时，下降0.9%。全市城市供水总量1.51亿立方米，增长1.3%；天然气用气人口134.87万人，天然气供气量1.26亿立方米，增长7.0%，燃气普及率100%；集中供热面积6201.56万平方米，增长13.0%。

（孟德发　肖俊涛）

【城乡供电】 2015年，全市全社会用电量完成104.96亿千瓦小时，比上年增长2.5%。其中，工业用电量65.34亿千瓦小时，下降0.9%。国家电网威海供电公司获“国网山东省电力公司先进基层党委”等称号。

电网建设　全年投入12.5亿元，建成投产35千伏及以上工程11项，新增变电容量103万千伏安、线路长度159公里，首次实现线路长度、变电容量“双过百”。鲍家、益成、所前三座220千伏智能变电站均一次送电成功，进一步完善了全市网架结构，满足荣成北部、滨海新城等区域日益增长的用电需求。建设改造中低压线路581公里，新装更换变压器573台，改造722个村庄电网，解决7825户的“低电压”问题，城、农网电压合格率分别达到99.99%、99.67%。抓住中央扩大内需新增农网改造升级预算的契机，积极落实资金4.5亿元，进一步加快县域电网建设改造。加快推进电网智能化发展，配电自动化系统正确动作率接近100%，减少客户停电9360时户，达到国际先进水平。在保利公馆建成国内第一个功能最全、验证范围最广、适用性最强的电、水、气、热“四表合一”采集示范工程，实现公用事业抄收服务的自动化和一体化。

电力供应　扎实有序开展电网春秋季检修，检修设备2236台次、线路180条次，消除设备隐患2560处，电网故障比上年下降23%。成立首支电力执法监察队伍，为依法开展电力设施保护、进一步优化电网运行环境提供强有力的组织保障。联合区、镇、村等各级负责单位，开展“反光膜集中整治”“村治村防”等专项活动，回收反光膜100余吨，电网运行环境有效改善。修编完善26项应急预案，举办公司首次地震灾害应急处置桌面推演、临时应急指挥中心搭建等演练活动，全面提升应急处置能力。成功应对强台风“灿鸿”、雾霾等恶劣天气，确保电力可靠供应。

优质服务　深入实施以“敏锐敏捷、高质高效、同心同向”为内涵的“海葵·阳光”服务工程，努力构建客户导向型的“大服务”体系。万户服务量、报修率、投诉率等反映供电服务水平的三项主要指标均排名全省第一。密切跟踪全市307个重点项目，实行一个项目、一个客户经理、一个团队支撑、一条龙服务的“四个一”全过程服务，高压报装接电平均时长缩短为25天，为全省平均水平的1/3。针对农村地区客户屋檐线老化、故障率高的问题，先后投资2000万元，完成6.1万户的改造工作，农村地区客户资产故障报修量比上年下降24%。在全省率先探索开展主动抢修业务，工作人员自动获取停电范围，主动登门抢修，抢修复电平均时长缩短至45分钟，为全省最短。全面推行便民服务十项举措，统一全市46个营业厅的上墙图板、宣传资料和服务设施，“一柜通”和预约服务覆盖率均实现100%。深入推进“互联网+”供电服务模式，推广微信、手机APP、电子积分商城等电子化服务28万户。

（王　旭）

【城市供排水】 2015年，全市城市供水总量1.51亿立方米，比上年增长1.3%。全年生产用水量6578.20万立方米，增长0.7%，生产用水量占全部供水量的比例为43.9%；居民家庭用水量3608.65万立方米，增长4.9%，居民家庭用水量占全部供水量的比例由上年的23.2%上升到24.06%。用水人口149.77万人，用水普及率100%。人均日生活用水量比上年增长3.0%。其中，市区供水总量1.05亿立方米，比上年增长2.0%。全年生产用水量4638.20万立方米，增长1.2%，生产用水量占全部供水量的比例为49.5%，与上年持平；居民家庭用水量2472.85万立方米，增长6.4%，居民家庭用水量占全部供水量的比例由上年的25.1%下降到23.6%。用水人口92.93万人，用水普及率100%。人均日生活用水量增长8.3%。年内，威海市水务集团有限公司供水7852万立方米，增长6.0%；售水6992万立方米，增长6.7%；供水漏失率10.7%，出厂水、管网水水质合格率分别为100%、99.8%。处理污水5965万吨，污水处理率95.0%。完成工程投资15亿元，安装给排水管道414公里，投资额、工程量均创历史新高。

所前泊水库和崮山水库应急调水工程　2015年，受厄尔尼诺气候影响，全市出现持续干旱，各水源地蓄水明显不足。自4月始，威海市水务集团有限公司科学调配水源供给，在米山水库等水源地采取提升取水等临时措施。7月和10月，市政府先后决定建设所前泊水库和崮山水库应急调水工程，从东部水源调水输送到柳林水厂。所前泊水库应急调水工程概算投资7400万元，建设5万立方米／日取水泵站1座，铺设球墨铸铁管道21公里；崮山水库应急调水工程概算投资7100万元，建设8万立方米／日取水泵站1座，铺设球墨铸铁管道10公里。所前泊水库调水工程历时48天、崮山水库调水工程历时30天快速建成，一次性通水成功。两项调水工程的建成，使东西水源实现互联互通，确保市区不断水、不限水。

污水处理扩建工程　年内，威海经济技术开发区污水处理厂搬迁一期工程及配套泵站管网工程通水运行，威海高技术产业开发区污水处理厂4万吨扩建工程投入试运行。威海经济技术开发区污水处理厂搬迁扩建工程总投资6.5亿元，远期规模20万吨，一期工程10万吨，同步建设10万吨／日中水处理设施，出水达到国家一级A排放标准，尾水通过隧道自流排海。威海高技术产业开发区污水处理厂扩建工程采用德国先进的第三代曝气生物滤池工艺，是国内首个采用该工艺的城市污水处理厂，出水达到国家一级A排放标准。

市区供排水一体化　10月26日，文登区政府与威海市水务集团有限公司签订《文登区自来水企业划转框架协议书》，将文登区自来水企业（包括文登区自来水公司和开发区供水中心）无偿划转威海市水务集团有限公司，文登区供水纳入威海城市供排水一体化经营管理范畴，中心城区与文登区供水设施统一规划、建设、管理，实现全面对接、共建共享。

泊于水库工程项目　4月23日，泊于水库工程项目由省发展改革委正式立项，列入全省雨洪资源利用项目，主要建设内容为新建水库大坝、溢洪道（闸）、放水洞、管理设施及水文设施、库盆扩挖及抬田、改建库区交叉建筑物等。6月26日，省水利厅批复同意由威海市水利建设投资有限责任公司作为项目法人。12月26日，工程开工仪式举行，进入实质性施工阶段。该项目的实施对于缓解当地水资源短缺状况、有效利用雨洪水资源、保障供水安全等具有重要意义。

环境综合整治　年内，威海市水务集团有限公司对市区河道开展新一轮全面清淤整修，清挖淤泥12万立方米，城南河水产市场至入海口污泥长期淤积、海峰市场污水乱排等得到有效解决。加强污水泵站运行维护，整治排污口100多个，查处雨污混流等各类污染100余起。中水回用稳步推进，污泥资源化利用取得新突破，用污泥烧制的陶粒产品实现批量生产，在污泥厌氧消化处理方面的研究攻关取得较好进展。

服务能力建设　对业务审批窗口规范书面凭证告知制度，优化办理流程，提高办事效率。对61家房地产企业给排水工程款实行预收40%、余款在验收通水前结清，支持房地产业发展。更新升级营业收费系统，增加代收水费合作银行，推出手机支付、POS机刷卡等付费方式。年内，威海市水务集团有限公司为群众解决问题8万件，满意率100%；数字城管工作按期结案率保持100%；在全市行风评议中，连续11年名列前茅。

节水型企业（单位）、社区评选　4月14日，威海市节水型企业（单位）、社区名单公布，评选出节水型企业（单位）、社区23个（企业12个、社区11个），其中，威海市区节水型企业（单位）10个、节水型社区8个，荣成市节水型企业（单位）2个、节水型社区3个。

城镇供水规范化管理和城市污水绩效考评　5月27日—28日，市住房城乡建设局、水利局、环保局、水务集团有限公司联合组成专家组，对文登区、荣成市、乳山市城镇供水规范化管理和城市污水处理情况进行考评。对照国家、省考评标准，专家组分别检查各区市供水厂、污水处理厂及水质检测机构各1处。

（孟德发　王玉鑫）

【城市供热】　2015年末，全市蒸汽供热能力1620吨／小时，热水供热能力2878兆瓦，集中供热面积6201.56万平方米，比上年增长13.6%；管道长度4689.65公里（不包含外供蒸汽管网）。其中，市区蒸汽供热能力1470吨／小时，热水供热能力1707兆瓦；集中供热面积4876.56万平方米，增长14.8%；管道长度3487.56公里（不包含外供蒸汽管网）。

集中供暖　2014—2015年度威海市区冬季集中供暖自2014年11月16日至2015年4月9日，共144天，比计划延长8天。华能威海发电有限责任公司供热155天，全省最长。市区连续多年推行供热计量改革和既有建筑节能改造，通过既有建筑节能改造，冬季室温在原来的基础上提高3至5摄氏度；通过供热计量改革，实行多退少不补的两部制热价，实现用户自主控温，有效降低用户热费。同时，通过脱硫脱硝和除尘改造等，有效减少污染物的排放，改善城市大气环境。

既有居住建筑供热计量及节能改造　根据住房城乡建设部、财政部《关于推进北方采暖地区既有居住建筑供热计量及节能改造的实施意见》要求，5月15日，市住房城乡建设局印发第二批既有居住建筑供热计量及节能改造工程计划，637.21万平方米老旧楼房纳入改造范围，其中，环翠区160.92万平方米、荣成市280万平方米、乳山市40.47万平方米、威海高技术产业开发区100万平方米、威海临港经济技术开发区55.82万平方米。

【城市供气】　2015年，全市天然气供应量1.26亿立方米，比上年增长7.0%；液化气供应量1.81万吨，与上年持平。其中，市区天然气供应量1.03亿立方米，增长2.3%；液化气供应量9440吨，下降9.7%。至年底，全市管网总长度为3298.88公里，居民用户55.73万户。

燃气安全检查　5月12日—15日，市住房城乡建设局组织市燃热处、燃气行业专家对全市各区市安全检查月活动及燃气安全管理工作进行督查，对存在问题的相关燃气主管部门及燃气企业下达山东省燃气安全隐患督查表13份，涉及限期整改事项43条。

【城市公共交通】　（详见《交通·邮政·城市公共交通》第174页）

【城市环境卫生】 4月13日，市住房城乡建设局印发《关于进一步提高环卫保洁机械化清扫水平的意见》，对各项工作作出明确规范要求。市区主次干道的车行道全部实行机械化清扫、洒水降尘，机械化清扫率95%以上；遇干燥或雾霾等特殊天气增加洒水次数，等等。同时，对车辆配备、作业时间及作业流程等提出具体要求。12月10日，威海市出台《关于进一步加强威海市区餐厨废弃物管理工作的意见》，促进餐厨废弃物规范化收运、无害化处理，保障食品安全，维护环境卫生。

餐厨废弃物处理项目 为做好有机垃圾减容、能源再生利用，8月，威海市启动建设餐厨废弃物处理项目，由市城市开发投资有限公司作为投资主体，由其依法设立的项目公司负责建设及运营，项目计划总投资8500万元，建设处理规模100吨/日，同时建设处理能力200吨/日的污水处理系统。项目确定采用集中式厌氧消化处理工艺，项目选址于环翠区张村镇威海市垃圾处理厂院内，占地面积1.12公顷，总建设面积4100平方米。

城市裸露土地整治 年内，威海市启动城市裸露土地整治工作，对全市城市规划区范围内没有植被覆盖、影响城市景观效果、易起尘露土的土地进行全面整治。市住房城乡建设局组织开展摸底调查，确定闲置土地56块、面积473.27万平方米，存放土堆18处、面积20.34万平方米，临时存放渣土的建筑工地25处、面积35.52万平方米，道路两侧公共区域裸露土地50处、面积229.08万平方米，裸露山体84处、面积138.31万平方米，城区15条河道，城郊18条河道。

建筑工程渣土运输及扬尘治理 8月27日，市住房城乡建设、城管执法、交通运输、公安等部门联合行动，对渣土运输及扬尘治理工作进行暗访检查。重点检查祥云花园二期、理想山二期、世昌华庭等中心城区10处工程施工现场，对部分施工单位存在施工场地裸露土地未全覆盖、运输车辆未密闭运输等问题提出整改要求。

建筑业

【概况】 2015年，全市完成建筑业总产值351亿元，比上年下降5.6%；建筑业增加值162亿元，增长5.2%；实现利税33亿元，下降8.3%。针对行业状况，坚持创新突破，为建筑业转型升级创造条件。优化市场主体结构，完成行业协会社团化改革，扶持新增总承包一级资质1家、装饰装修一级资质2家，淘汰“小劣差”和具有违法违规行为的企业60家，查处无资质施工的家装企业10余家。提升工程招投标管理效能，制定《关于进一步规范房屋建筑和市政工程招标投标的意见》《关于规范建设工程电子招标投标的实施意见》《关于推进建设工程远程异地评标的实施意见》等文件，全面推行施工总承包招标，大力推行电子招投标和远程异地评标，实现全域联网覆盖。制定《威海市建筑产业现代化发展规划》《关于加快推进建筑产业现代化工作的意见》及实施细则。荣成市被认定为第二批省级建筑产业现代化试点城市，5家企业被确定为省级示范基地。

【全省建筑节能与建设科技工作座谈会召开】 3月17日，全省建筑节能与建设科技工作座谈会在威海召开。与会代表参观威海市热电集团智慧化供热、竹岛街道金顶园小区供热计量和节能改造及望海名居小区等建筑节能工程，威海市作典型发言。

【全市工程质量治理两年行动执法检查】 2014年9月1日，住房城乡建设部下发《关于印发〈工程质量治理两年行动方案〉的通知》。2015年4月29日起，威海市住房城乡建设局组织开展全市工程质量治理两年行动执法检查，重点对全市范围内在建的住宅工程、公共建筑工程及市政基础设施工程进行检查，主要检查在建工程执行法定代表人授权书、项目负责人终身责任承诺书、永久性标牌“两书一牌”制度落实情况及工程参建主体市场行为情况等。为配合工程质量治理两年行动深入开展，威海市进一步组织开展建筑材料质量专项治理两年行动，利用两年时间，重点针对新建、扩建、改建的房屋建筑和市政基础设施工程中影响结构安全和使用功能的建筑材料及构配件等进行治理。

【玻璃幕墙安全防护】 5月4日，市住房城乡建设局启动全市既有建筑幕墙工程普查，进一步强化安全管理工作。根据《关于组织开展全市既有玻璃幕墙安全排查工作的通知》要求，新建住宅、党政机关办公楼、医院门诊楼

9月11日，中国建筑学会第十二届八次常务理事会议在威海召开

鞠红旗　摄

和病房楼、中小学校、托儿所、幼儿园、老年人建筑，不得在二层以上采用玻璃幕墙；人员密集流动性大的商业中心、交通枢纽、公共文化体育设施等场所、临近道路广场且下部为人员通道的建筑，严禁采用全隐框玻璃幕墙，等等。同时，对玻璃幕墙的规划、设计、生产、制作、安装、维护等提出明确要求。

【勘察设计市场专项检查和施工图审查机构督查】 5月29日—7月31日，市住房城乡建设局组织开展2015年全市勘察设计市场专项检查和施工图审查机构督查。检查督查对象为威海市行政区域内从事勘察设计业务活动的所有工程勘察、建筑设计企业和施工图审查机构及2014年度在威海市内承担勘察设计项目的市外勘察设计单位。检查重点勘察、设计文件及勘察设计企业的资信场所、技术实力、业绩质量、市场行为、合同备案情况，等等。

【危险性较大的分部分项工程落实施工方案专项行动】 6月15日至11月，市住房城乡建设局在全市房屋工程中开展危险性较大的分部分项工程落实施工方案专项行动，旨在进一步强化施工现场安全管理，全面落实建筑施工企业和从业人员安全生产主体责任，及时消除施工现场安全隐患，等等。整治重点为基坑支护、土方（隧道）开挖、脚手架、模板支撑体系、起重机械安装吊装及拆卸等。

【《关于加快推进建筑产业现代化工作的意见》出台】 8月14日，市政府办公室印发《关于加快推进建筑产业现代化工作的意见》，就推进威海市建筑产业现代化的工作目标、重点工作及实施阶段等提出指导意见。意见对实施预制装配式建筑项目规模化建设、发展产业链完善的产业集群作出规划。

【中国建筑学会常务理事会议在威海召开】 9月11日，中国建筑学会第十二届理事会八次常务理事会议在威海召开。会议研究中国建筑学会BIM学术委员会等学术委员会成立事宜，审议梁思成建筑奖评选办法（国际）等重要事项。中国建筑学会副理事长兼秘书长周畅及60余位建筑设计领域专家学者出席会议。市委副书记、市长张惠到会致辞，副市长房德阳参加会议。

【威海成为省内首个开展远程异地评标城市】 7月，市住房城乡建设局、发展改革委联合印发《关于推行建设工程远程异地评标的实施意见》《关于规范建设工程电子招标投标的实施意见》，在全市范围内推行远程异地评标。远程异地评标依托威海市电子招标投标系统平台的远程异地评标系统，在全市乃至全省范围内随机抽取评标专家，通过共享评标系统、语音和图像实时交互，在不同地点间实现评标专家远程评标，既能解决当地评标专家资源不足的问题，进一步提高评标工作效率，也能有效防止人为因素干扰，减少围标、串标等违法违规行为。9月25日，威海市远程异地评标系统完成威海南海新区昌阳西桥改造工程异地评标，成为省内首个开展远程异地评标的城市；11月6日，与烟台市进行异地评标，全省地级市间远程异地评标正式启帷。

9月11日，中国建筑学会第十二届八次常务理事会议在威海召开

鞠红旗 摄

【安全生产隐患大排查、快整治、严执法集中行动】 11月起，市住房城乡建设局在全市建设系统开展为期半年的安全生产隐患大排查、快整治、严执法集中行动，从隐患排查、隐患整治及社会监督三方面入手，重点对建筑施工、城市燃气、市政公用设施等重点领域的重要隐患部位、违法违规行为、设施设备运行等进行排查整治。同时，对相关领域企业的安全生产制度、隐患自查自纠方案等提出要求。

（孟德发 肖俊涛）

环境保护

【概况】 2015年，全市环保工作以满足人民群众不断增长的生态环境需求为核心，以全面完成“十二五”污染物总量减排任务为主要目标，坚持源头严防、过程严管、后果严惩，标本兼治，多管齐下，持续优化生态环境。在省环保厅通报的山东省大气环境质量七项指标中，威海市全部获得第一：“蓝天白云 繁星闪烁”天数全省最多，为342天，比上年增加16天；重污染天数全省最少；二氧化硫（SO_2）、二氧化氮（NO_2）、细颗粒物（PM2.5）、可吸入颗粒物（PM10）四项主要污染物浓度、环境空气质量综合指数均为全省最好。主要饮用水水源地、主要河流、近岸海域水环境功能区达标率100%，噪声功能区达标率100%，危险废物安全处置率100%。

【大气污染治理】 强化调度督导，完成大气污染防治行动计划一期规定的各项任务。全市14家主要大气污染物排放企业脱硫脱硝除尘设施正常运转，威海热电集团有限公司、华能威海发电有限责任公司2家热电企业率先进行超低排放改造。拆除建成区范围内余下的58台分散燃煤锅炉。发放财政补贴1.19亿元，在全省率先完成“黄标车”治理任务。完成全市330座加油站油气回收治理任务。出台《威海市环境空气质量全面优化行动计划》，提出到2018年全市环境空气中二氧化硫（SO_2）、二氧化氮（NO_2）、细颗粒物（PM2.5）、可吸入颗粒物（PM10）四项指标均稳定达到国家二级标准。

【污染物总量减排】 严把建设项目审批关，坚决杜绝“两高一资”（高耗能、高污染和资源性）、产能过剩和低水平重复建设项目，从源头控制住污染物增量。2015年，全市确定的155个重点减排项目中，有8个工业和生活水减排项目、54个农业减排项目、32个大气减排项目当年建成并发挥效益。减排项目投资11亿元，其中大气污染减排项目投资6.6亿元，占整个“十二五”期间大气污染减排项目总投资的52.1%。全市化学需氧量、氨氮、二氧化硫和氮氧化物四项主要污染物“十二五”累计削减率分别为14.9%、11.7%、18.8%和17.6%，分别完成“十二五”减排任务的128.8%、100.0%、144.4%和113.3%。

【环保规划设计】 编制完成《威海市环境总体规划》，在全国率先通过专家评审；编制完成《威海市“十三五”环境保护规划》，为“十三五”环保工作指明方向；出台《威海市环境空气质量生态补偿办法》，通过经济手段调节区域利益，引导各区市、国家级开发区加大大气污染治理力度。建立对全市254家重点污染企业的环境信用评价机制，每季度发布环境行为“红黑榜”，全面加强环境信用社会化管理。组织重点污染源企业参加环境污染责任保险，在减轻企业污染损害赔偿负担、及时处置污染事故、实现污染治理的社会化等方面进行有益探索。

【环境安全隐患整治】 全市环境安全隐患整治工作除部分历史遗留难点问题外，大部分任务按期完成。分类处理历史遗留55家企业环保审批违规问题，帮助企业解决发展隐患。全面加强环境信访查处力度，2082起环境案件按时办结，进省到京环境信访总数全省最低。严格执行新《中华人民共和国环境保护法》，全市立案查处环境违法案件60件，首次执行按日连续计罚，全年收缴罚款540.87万元，超过历年总和；查封扣押3家违法排污企业的相关设备，督促企业解决环境污染问题。建立行政司法联动、跨行政区域联合执法、气象环保空气质量预测预警等联动机制，移交公安部门查处环境违法案件1件，拘留3人，联合查处跨界排污案件2件。

【环境保护宣传】 发挥媒体作用，加大环境保护宣传力度。利用世界环境日、世界水日、世界地球日等纪念日，组织开展集中宣传教育，提高群众环境意识。将每个月第三个周末定为“环保活动日”，引导开展环保志愿活动。深入开展环境保护“六进”（进社区、进学校、进企业、进农村、进店铺、进工地）活动，加强普法宣传和环保知识宣传。加大绿色学校、绿色社区、环境教育基地创建力度，推出普陀路小学、西北村社区、大乳山风景区等先进典型。大乳山风景区作为生态修复的突出典型，出现在中国政府向第21届联合国气候变化大会提供的专题片《应对气候变化——中国在行动》中；普陀路小学在全市首次获“国际生态学校”称号。

【“智慧环保”建设】 “智慧环保”借助物联网、大数据、云计算等技术，运用“互联网+”的理念提升环保监管水平，以更加精细和动态的方式实现环境管理、服务与决策的实时化、智能化。通过“智慧环保”项目的建设，能够有效解决环境管理中存在的诸多瓶颈问题和管理短板，实现系统内部、政府部门之间环境资源信息共享与交流，促进信息公开并建立监督制约机制，建设廉洁、透明、阳光环保。10月30日，“智慧环保”项目建设方案通过市经信委组织的专家论证会，11月20日，方案通过市经信委的可行性论证。

【威海市城市环境总体规划通过评审】 作为全国第二批环境总规编制试点城市之一，威海市于2014年启动编制威海市城市环境总体规划，采用科学的规划方法和先进的技术手段，从全市域空间布局上，划定生态保护红线、环境资源底线和环境质量基线，确立禁止开发区域、限制发展区域和优化发展区域，为全市经济、社会和环境保护可持续发展奠定基础。2015年5月26日，《威海市环境总体规划（2014—2030年）》评审会召开，规划通过专家评审，威海市成为包括首批试点城市在内的全省第二家通过评审的城市。

【环保大检查行动】 3—11月，市环保局在全市范围内开展环保大检查行动，依法严厉打击环境违法行为。按照属地管理原则，各区市政府制定具体实施方案，重点检查火电、造纸、鱼竿、电镀、化工等行业，检查违规建设、污染防治、安全隐患、环境信访问题。检查企业2334家，发现环境违法违规247起，实施首次按日连续处罚，罚款300万元，对2家违法生产企业实施查封扣押处罚。对发现的问题，列出清单，制定整改方案，明确整改时限，按期完成整治任务。

【跨行政区域联动执法机制】 4月16日，威海市环保局与烟台市环保局签订《威海烟台行政区域边界地区环境执法联动协议书》，首次建立跨行政区域联动执法机制，成立行政边界地区执法联动工作领导小组，通过联席会议、案件移交等形式建立边界地区环境执法信息交流平台，对边界地区的突出环境问题开展追踪溯源和交叉互查，协同做好边界地区重污染天气应急预防、处置。

【环境空气质量生态补偿机制】 8月31日，市政府印发《威海市环境空气质量生态补偿暂行办法》，首次建立环境空气生态补偿机制。按照“将生态环境质量逐年改善作为区域发展的约束性要求”和“谁保护、谁受益，谁污染、谁付费”的原则，以各区市二氧化硫（SO_2）、二氧化氮（NO_2）、细颗粒物（PM2.5）、可吸入颗粒物（PM10）季度平均浓度同比变化情况为考核指标，建立考核奖惩和生态补偿机制。

【空气质量全面优化行动计划】 按照威海市委、市政府在全省“走在前列”中争当“排头兵”的要求，根据威海市空气质量状况及变化趋势，编制《威海市环境空气质量全面优化行动计划》，制定到2018年全市环境空气中二氧化硫（SO_2）、二氧化氮（NO_2）、细颗粒物（PM2.5）、可吸入颗粒物（PM10）四项指标均稳定达到国家二级标准的目标。12月18日，市政府印发《威海市环境空气质量全面优化行动计划》。12月30日，全市环境空气质量全面优化专题会议暨大气污染联控联防工作领导小组第一次联席会议召开，市政府召开《威海市环境空气质量全面优化行动计划》新闻发布会。

【网格化环境监管体系】 12月30日，市政府印发《威海市网格化环境监管体系建设实施方案》，网格化环境监管体系正式建立。网格化环境监管体系将全市域划分为四级网格，按照“谁主管、谁负责，谁审批、谁负责”和“分级管理与属地管理相结合，以属地管理为主”的原则，逐级明确各级网格和有关部门的环境监管职责。通过定区域、定职责、定人员、定任务、定考核，建立全方位、全过程、全事项、全环节的精细化管理模式，构建网格化环境监管体系，着力解决影响科学发展和损害群众健康的突出环境问题，促进生态文明建设。

（李　润）

附：2015年威海市环境质量简报

2015年，全市环境保护工作在坚持生态立市、环境优先的理念，紧紧围绕环境质量改善这一核心，开拓创新，狠抓落实，着力解决人民群众关心的热点、难点环境问题，主要污染物排放量继续下降，环境质量在经济稳定发展和城镇化不断推进的同时继续保持优良状态，重点流域和海域环境质量持续改善。

一、环境空气

威海市区环境空气质量优良率为87.9%，比上年提高8.2个百分点；空气质量为优的天数为111天，增加50天；“蓝天白云　繁星闪烁”天数342天，增加16天，省环保厅通报的7项空气环境质量指标，威海市均居全省第一。大气中主要污染物二氧化硫年平均17微克／立方米，达到《环境空气质量标准》(GB 3095—2012）一级标准（20微克／立方米）；二氧化氮年平均23微克／立方米，达到一级标准（40微克／立方米）；可吸入颗粒物(PM10)年平均65微克／立方米，达到二级标准(70微克／立方米）；细颗粒物(PM2.5)年平均38微克／立方米，没有达到二级标准(35微克／立方米)；一氧化碳24小时平均第95百分位数浓度1.2毫克／立方米，达到一级标准(4毫克／立方米）；臭氧日最大8小时滑动平均值的第90百分位数浓度141微克／立方米，达到二级标准(160微克／立方米）。省环保厅考核的4项主要污染物二氧化硫、二氧化氮、可吸入颗粒物、细颗粒物，比上年改善分别为26.1%、8.0%、9.7%、7.3%。

全市城市降水pH年均值范围在6.20至6.37之间，未出现酸雨。

二、水环境

全市4条主要河流母猪河、乳山河、黄垒河和沽河布设15个监测断面。其中6个断面达到国家地表水环境质量二类标准，7个断面达到国家地表水环境质量三类标准，2个断面达到国家地表水环境质量四类标准。所有断面水质均达到相应功能区标准要求。

全市主要饮用水水源地水质保持优良状态。崮山水库、所前泊水库、郭格庄水库、冶口水库、米山水库、坤龙邢水库、后龙河水库、逍遥水库、湾头水库、八河水库、龙角山水库和武林水库水质均达到地表水环境质量标准三类标准。

全市近岸海域水质继续处于优良状态。其中，达到国家海水水质一类标准的海域占26.1%，达到国家海水水质二类标准的海域占73.9%。近岸海域功能区达标率为100%。

三、声环境

全市各区市城市区域声环境质量昼间平均等效声级范围为52.0～55.0分贝，城市区域声环境质量均为二级，处于较好水平。

城市道路交通噪声平均等效声级范围为65.5～68.7分贝，环翠区、文登区和荣成市城市道路交通噪声强度为一级，处于好的水平；乳山市城市道路交通噪声强度为二级，处于较好水平。

城市〇至四类功能区声环境质量昼、夜平均等效声级范围分别为45.8～38.8分贝、53.4～39.2分贝、55.2～42.4分贝、62.4～41.8分贝、66.2～53.8分贝，均达到相应功能区标准。

四、土壤环境

2015年，全市土壤环境质量例行监测任务为畜禽养殖场周边土壤，所选3个畜禽养殖场周边所采集的15个土壤样品监测结果均达到《土壤环境质量标准》(GB 15618—1995）二级标准，处于清洁（安全）水平。

五、辐射环境

全市辐射环境质量总体保持稳定。其中，威海市区电离辐射剂量率平均值为100.1纳戈瑞／小时，区间范围为66～122纳戈瑞／小时，处于威海市环境天然辐射水平正常范围内；电磁辐射环境质量达到国家规定的公众曝露控制限值标准要求。

六、生态环境

威海市为全省唯一被评为省级生态市的城市，荣成市、原文登市、乳山市均获得“国家生态市”称号。建成国家级生态镇49个、国家级生态村2个、省级生态村51个。

通过卫星遥感测定和实地核查，全市生态环境状况指数为57，处于良好状态，适合人类生活。

（王丽霞）

编辑　李洪格

商　务

综　述

【概况】 2015年，全市社会消费品零售总额1311.66亿元，比上年增长11.0%。其中，城镇消费品零售额1087.63亿元，增长11.1%；乡村消费品零售额224.03亿元，增长10.5%。批发和零售业零售额1179.77亿元，增长10.5%；住宿和餐饮业零售额131.89亿元，增长15.6%。有限额以上批发和零售贸易业、住宿和餐饮业法人企业648家，产业活动单位90个，年末从业人数4.93万人。批发和零售贸易业企业商品销售总额1973亿元，增长9.6%。限额以上批发和零售贸易业企业商品购进总额927.5亿元，商品销售额1105亿元，年末库存总额66.5亿元。全市实现对外及港澳台贸易进出口总额169.38亿美元，增长2.2%。全市电子商务交易额1050亿元，增长40%；网络零售额183亿元，相当于社会消费品零售总额的13.9%。出台《关于促进外贸稳定增长加快培育竞争新优势若干政策措施的通知》等政策，加快培育发展跨境电子商务、外贸综合服务等新兴外贸业态，积极推动贸易便利化，降低企业进出口环节经营成本，解决融资难等问题，促进外贸进出口稳增长。对韩贸易快速发展，对韩进出口总额59.8亿美元，增长14.5%。6月1日，中韩自贸协定正式签署，威海市与仁川自由经济区被选定为中韩自贸区地方经济合作示范区。省委、省政府出台《关于支持威海中韩自贸区地方经济合作示范区建设的若干意见》，威海市与仁川市全面加强地方经济合作，为全省对韩地方经济合作探索新模式。全市新批准外资及港澳台资项目163个，核准设立境外企业（机构）36家，实际到账外资及港澳台资11.20亿美元，增长10.7%。新注册内资项目494个，在建内资到位资金733.86亿元，增长15.0%。

【市场秩序建设】 积极构建企业信用认证和等级评价体系，建立信用"红黑榜"发布制度，加快推进商务诚信建设，35家企业通过信用认证评级。以食品、药品、农资三大领域为重点，开展打击侵犯知识产权和制售假冒伪劣商品专项行动，全市出动执法人员1.52万人次，查处各类侵权假冒案件300余件，查处制假售假窝点67个。推动行政处罚案件信息公开，在中国·威海网公布各类假冒侵权案件132件；登录省级两法衔接平台，录入行政处罚案件172件，录入率居全省第一。加强单用途商业预付卡管理，全市备案企业25家。建立药品零售企业诚信经营考核评价体系，不断深化药品流通行业管理，实行零差率服务，药品经营无序竞争状况得到有效改善，全市医药零售（连锁）企业37家，新建连锁经营药店115家，零售连锁率82.1%。开展肉菜流通追溯体系建设试点城市工作，率先实现追溯链条、流通节点和市域全覆盖。规范商务综合执法工作，围绕拍卖典当、再生资源、酒类流通等重点领域开展专项整治，查处违法违规案件58件。

【市场体系建设】 2015年，威海市不断完善市场体系建设，加强19处在建拟建大项目跟踪指导，提升流通服务功能，9处市场列入肉菜追溯体系建设重要节点，商品市场进一步繁荣稳定。全市3000平方米以上大型商业设施135处，总营业面积433.9万平方米，营业额280.4亿元。着力丰富威高广场、九龙城休闲购物广场等城市综合体的购物餐饮休闲娱乐功能，市级商业中心、区域商业中心的业态更加丰富。全市13个集中连片推进农产品流通和农村市场体系建设项目验收和绩效评价工作全面完成，投入建设改造资金9.94亿元，建设改造农产品流通设施面积27.9万平方米，家家悦集团、泰祥集团等新建改造乡镇商贸中心54处，新建、改造经销鲜活农产品超市、便利店、专卖店475处；购置冷链配送专用运输车、叉车、包装贴标等设备494台（套），年鲜活农产品配送能力超过50亿元；与200多家农民专业合作社建立农产品产销对接，连接农民3万多户，对接项目420个、品种560个、农产品生产基地3.2万公顷，帮助农民年户均增收超过2000元，安全、便利、高效、稳定的农产品流通和农村市场体系基本建成。

【特殊行业健康稳定发展】 2015年，全市15家拍卖企业实施专业化、品牌化经营策略，不断拓展拍品领域，扩大拍卖资源范围，经营效益稳定增长。全年拍卖企业举办拍卖会431场，实现拍卖成交额11.22亿元，比上年增长11.4%。21家典当企业守法自律诚信经营，年末行业资产总额5.53亿元，注册资金4.76亿元，发放贷款和垫款余额3.96亿元；全年实现典当业务1406笔，典当总额13.98亿元，营业收入3215.1万元，利润总额1471万元，缴纳税金635.5万元，行业整体经营状况良好。

【市场运行和消费促进】 优化样本企业结构，完善市场运行监测体系，监测样本企业总数增加到34家。以元旦、春节和"五一""十一"等节日为节点，采取部门联手、媒体合作等形式，开展"迎新春欢乐购物节""激情五月·放飞梦想""2015威海惠民节"等系列促销活动，繁荣市场，扩大消费。与大众网威海频道联合举办"美食山东·威海名吃"现场认定及推广活动。以家家悦集团、市农副产品批发市场等企业为依托，建立完善日用消费品、"菜篮子"商品储备、调拨体系，设立小包装粮油、食用油、方便面、火腿肠、矿泉水等生活必需品应急储备约60万件2480种，保障应急所需。

【第六届威海国际食品博览会暨中韩（威海）品尚生活博览会、中韩商品博览会】 6月26日—29日，第六届威海国际食品博览会暨中韩（威海）品尚生活博览会、中韩商品博览会在威海国际展览中心举行。博览会搭建国际标准展位680个，展出面积3万平方米。同期举办采购对接会、品牌企业推介、特色美食汇、电商平台应用交流会、农产品质量安全放心城市考察、中韩风情文艺汇演、中韩威海旅游季等配套活动。中国、法国、日本、韩国、马来西亚、新西兰、俄罗斯等国家和地区的386家企业参展，接待实地考察团组约200批次，达成贸易意向额13.1亿元。

【园区建设】 2015年，全市省级以上经济开发区注册企业1.39万家，注册资本总额1181.3亿元。实现地区生产总值1791.3亿元，比上年增长9.3%，占全市59.7%。地方财政一般预算收入120.0亿元，增长12.8%，占全市47.9%；税收收入154.0亿元，增长9.8%，占全市的72.9%。规模以上工业企业主营业务总收入6003.4亿元，增长7.1%，占全市的84.9%。固定资产投资完成额1347.7亿元，增长14.8%，占全市的53.0%，其中，基础设施投入304.6亿元，增长13.2%。实际到账资金6.3亿美元，增长15.4%，占全市的56.4%。对外及港澳台贸易进出口总额106.6亿美元，下降1.4%，占全市的63.0%。

（田巍巍）

对外及港澳台贸易

【概况】 2015年，全市实现对外及港澳台贸易进出口总额169.38亿美元，比上年增长2.2%。其中，出口额126.21亿美元，增长11.1%；进口额43.17亿美元，下降17.2%。从企业性质看，内资企业进出口89.94亿美元，增长16.1%，占全市的53.1%；外商及港澳台商投资企业进出口79.44亿美元，下降9.9%，占全市的46.9%。从贸易方式看，一般贸易进出口89.85亿美元，增长16.3%，占全市的53.0%；加工贸易进出口75.02亿美元，下降9.8%，占全市的44.3%；其他贸易进出口4.51亿美元，下降13.8%，占全市的2.7%。从出口商品看，机电产品出口

6月26日—29日，第六届威海国际食品博览会暨中韩（威海）品尚生活博览会、中韩商品博览会在威海国际展览中心举行

市商务局提供

49.29亿美元，增长7.6%，占全市的39.1%；纺织服装出口30.54亿美元，增长20.2%，占全市的24.2%；农产品出口14.80亿美元，下降3.0%，占全市的11.7%。

2015年威海市进出口综合情况表

表7　　　　单位：万美元

项目	进出口总额			出口额			进口额		
	金额	比上年增长(%)	比重(%)	金额	比上年增长(%)	比重(%)	金额	比上年增长(%)	比重(%)
合计	1693780	2.2	100.0	1262087	11.1	100.0	431693	-17.2	100.0
按企业性质划分									
内资企业	899425	16.1	53.1	739059	31.0	58.6	160366	-23.9	37.1
其中：私营企业	608946	37.6	36.0	522951	61.2	41.4	85995	-27.2	19.9
外商投资企业	794355	-9.9	46.9	523028	-8.5	41.4	271327	-12.6	62.9
按贸易方式划分									
一般贸易	898526	16.3	53.0	740439	33.9	58.7	158087	-28.1	36.6
加工贸易	750238	-9.8	44.3	507332	-9.4	40.2	242906	-10.7	56.3
其他贸易	45016	-13.8	2.7	14316	-37.9	1.1	30700	5.3	7.1
按商品构成划分									
初级产品	187918	-4.2	11.1	147846	-3.1	11.7	40072	-8.0	9.3
工业品	1505861	3.1	88.9	1114240	13.3	88.3	391621	-18.0	90.7
按大类商品划分									
纺织服装				305381	20.2	24.2			
农产品				147982	-3.0	11.7			
轮胎				94382	-20.9	7.5			
渔具				43457	1.7	3.4			
机电产品				492922	7.6	39.1			
* 高新技术产品				150185	-11.7	11.9			

2015年威海市进出口企业情况表

表8　　　　单位：万美元

	企业名称	进出口总额		出口额		进口额	
		金额	比上年增长(%)	金额	比上年增长(%)	金额	比上年增长(%)
1	三星电子（山东）数码打印机有限公司	107831	-25.6	91979	-23.4	15852	-36.3
2	三角集团有限公司	96617	-18.8	66267	-23.2	30350	-7.0
3	三星重工业（荣成）有限公司	51916	2.0	33823	14.3	18093	-15.0
4	迪尚集团有限公司	50802	-6.4	44809	-0.1	5993	-36.3
5	威海宣杨数码科技有限公司	40499	-12.0	13450	-27.7	27049	-1.3
6	浦林成山（山东）轮胎有限公司	35340	-9.8	23488	-15.2	11852	3.5
7	威海世一电子有限公司	32329	26.3	16307	12.1	16022	45.0
8	日月光半导体（威海）有限公司	26132	-25.4	10358	-4.9	15774	-34.6
9	文登信亚机电有限公司	21568	16.6	12972	19.0	8596	13.0
10	威海市联桥国际合作集团有限公司	21193	10.9	10728	37.0	10465	-7.3
11	金猴集团有限公司	19960	-20.7	3428	64.7	16532	-28.4
12	华岳集团有限公司	15727	-72.5	0	-100.0	15727	72.5
13	威海怡罗电器装配有限公司	15074	12.7	10304	19.1	4770	1.0
14	山东环球渔具股份有限公司	12025	4.6	11193	4.7	832	3.7

续表8

	企业名称	进出口总额		出口额		进口额	
		金额	比上年增长(%)	金额	比上年增长(%)	金额	比上年增长(%)
15	乳山正洋食品有限公司	11979	−5.5	8308	1.6	3671	−18.4
16	黄海造船有限公司	11071	14.3	8375	10.0	2696	30.4
17	威高集团有限公司	9525	−24.9	4487	−4.7	5038	−36.8
18	文登市森鹿制革有限公司	9523	−39.2	0	−	9523	−39.2
19	泰祥集团	9026	−25.0	8135	−13.6	891	−65.9
20	威海电美世光机电有限公司	8647	22.6	3819	−13.2	4828	81.8
21	开泰体育用品制造（威海）有限公司	8390	170.6	6802	221.6	1588	61.1
22	荣成裕罗电器有限公司	8370	18.5	4275	1.0	4095	44.7
23	好当家集团有限公司	8111	0.5	6282	2.2	1829	−4.9
24	威海倍佳贸易有限公司	7704	0	7693	0.2	11	−59.3
25	威海新凯帝电子有限公司	7442	−15.5	4282	−13.9	3160	−17.5
26	威海金元电线有限公司	7334	−7.3	2173	−12.1	5161	−5.2
27	威海蓝星玻璃股份有限公司	7306	−2.6	7035	−6.2	271	27000.0
28	豪雅光电科技（威海）有限公司	6976	2.0	4550	−5.7	2426	20.5
29	威海中外运保税仓储有限公司	5867	−8.1	4827	16.2	1040	−53.3
30	威海海马地毯集团有限公司	5827	−13.3	3724	−3.4	2103	−26.6
31	文登威力工具集团有限公司	5827	1.4	5813	1.8	14	−56.3
32	威海善邻电子有限公司	5559	5.9	3448	15.7	2111	−6.9
33	威海汉城成镐电子有限公司	5392	−3.7	2576	−6.3	2816	−1.2
34	威海大宇电子有限公司	5302	36.1	3034	−13.1	2268	461.4
35	威海光威集团有限责任公司	5135	6.7	4656	7.1	479	2.4
36	山东新北洋信息技术股份有限公司	5102	14.2	4223	18.9	879	−3.8
37	威海国际经济技术合作股份有限公司	4865	−58.8	4865	−58.8	0	−
38	威海广濑电机有限公司	4777	−30.3	2753	−31.3	2024	−28.9
39	威海三宇电子有限公司	4706	40.9	1189	2665.1	3517	6.7
40	文登大世汽车配件有限公司	4647	44.9	1439	181.1	3208	19.1
41	威海世高光电子有限公司	4406	−1.1	2503	−6.8	1903	7.6
42	威海一熈电子有限公司	4367	113.5	2557	161.7	1810	69.5
43	中航威海船厂有限公司	4330	839.3	3901	−	429	−6.9
44	山东威达机械股份有限公司	4320	31.4	4291	32.0	29	−23.7
45	威海昌星电子有限公司	4248	0.9	2763	−12.4	1485	40.2
46	威海三进船业有限公司	4124	3549.6	4124	412300.0	0	−100.0
47	荣成东亚汽车配件有限公司	4103	−0.9	1245	−21.6	2858	12.0
48	山东蓝润水产有限公司	4086	97.8	3095	135.4	991	32.0
49	荣成嘉美海洋食品有限公司	4056	−13.7	4029	−14.3	27	−
50	荣成浦臣水产有限公司	4041	0.6	3292	2.0	749	−5.2

【服务贸易快速发展】 2015年，全市服务贸易进出口总额21.0亿美元，比上年增长28.9%。其中，出口额8.5亿美元，下降5%；进口额12.5亿美元，增长69.7%。服务贸易主要类别有运输、旅游、建筑服务等传统服务、服

务外包作为新兴产业发展势头迅猛。全市登记离岸服务外包合同739份，增长19.8%；合同金额1.8亿美元，下降17.3%；执行金额1.6亿美元，增长16.8%；离岸执行额在全省位列第五，成为全省5个离岸执行额过1亿美元的地级市之一。

【培育外贸新兴业态】 全省第一批外贸新业态项目中，威海市占8个，全省最多。规划建设跨境电商产业园区，威海跨境电子商务产业基地入选国家电子商务示范基地。搭建“威韩购”跨境电商综合服务平台，为跨境电商企业提供销售渠道和综合服务。引导和支持企业在韩国建立一批公共型海外仓。率先在全国开通中韩海运跨境电商出口业务，开通威海—仁川的中韩海运EMS速递邮路，同时启动海运、邮运、空运三种方式对韩跨境电商直购进口，荣成市在全省县级市中率先获批跨境电商一般出口模式和直购进口业务。至2015年底，验放进出口清单17万票，货值1766万美元。加快培育外贸综合服务企业，重点打造易华通、皇朝马汉两个外贸综合服务平台，带动中小微企业进出口5000万美元。

【优化对外贸易环境】 积极贯彻落实国务院、山东省稳定外贸增长各项政策，制定稳定外贸增长加快培育竞争新优势16条措施等政策性文件。做好外贸政策培训解读，举办跨境电商生态峰会、中韩自贸协定货物贸易解读以及外贸服务平台推广大会等各种培训10余次。推动银企对接，加大资金支持力度，帮助企业解决贸易融资难题。

【境外营销网络快速发展】 全市备案境外营销企业17家，占境外投资企业的47%，威海市投资额1.5亿美元。主要涉及汽车零部件、机械电子、医疗器械、艺术品绘画、食品、水产品、轮胎等产品销售和进出口业务，涵盖柬埔寨、日本、韩国、美国、加拿大、英国、新西兰、塞内加尔等国家和中国香港地区。主要项目有山东思潮投资公司投资1432万美元在中国香港开展电子器件贸易、荣成宝石海洋食品公司投资500万美元在美国开展水产品贸易、荣成思达尔轮胎销售公司在塞内加尔投资200万美元开展轮胎销售等。

（田巍巍）

11月10日，2015威海“互联网+外贸”电商生态峰会举办

市商务局提供

中韩自贸区建设

【概况】 2012年5月，中韩自贸区谈判正式启动，历经14轮谈判，2014年11月，双方完成实质性谈判。12月，威海与仁川自由经济区被中韩两国选定为地方经济合作示范区，威海市成为中国首个写入自贸协定的城市。2015年6月1日，《中华人民共和国政府和大韩民国政府自由贸易协定》正式签署，中国威海和韩国仁川自由经济区正式被两国选定为中韩自贸区地方经济合作示范区，在贸易、服务、投资、产业合作等领域但又不限于以上领域先行先试。省委、省政府出台《关于支持威海中韩自贸区地方经济合作示范区建设的若干意见》，威海市与仁川市全面加强地方经济合作，建设中韩产业合作承载平台，打造对韩最便捷贸易通道，对韩全方位合作更加深入。创新思路，建立中国在韩国的首个综合城市形象展示馆——仁川·威海馆，推动大韩贸易投资振兴公社在威海市设立中韩FTA经济合作支援中心（威海）。2015年，威海口岸实现对韩贸易额225.7亿美元，比上年增长10.5%。积极打造韩国鲜奶第一进口口岸，进口韩国鲜奶1468万美元；进口韩国食品、日用品1.3亿美元，增长42.9%；对韩跨境电商验放清单16.7万票，货值1766万美元，月清单数、件数、货值比运行初期均增长200%以上；全市新批韩国投资项目87个，增长47.5%；实际到账韩资3.59亿美元，增长18.2%。

【中韩双向商品集散地建设】 韩乐坊二期建设韩企中国总部基地，已引进140家韩国厂商。成立威海九利正韩国商品工厂店运营公司，在全国开展连锁经营，在青岛、潍坊和山西运城、四川眉山等地建立大型商超。家家悦集团设立九龙城进口商品直购体验中心，日销售额达20万元。大韩家在威高广场设立山东省第一个保税直购进口体验中心，建设九利正韩国商品工厂店旗舰店、韩企中国（威海）总部基地、环翠电商小镇、威海国际物流园等展示交易平台和电商物流支撑平台，年内在全国150个城市布点分体验中心。仁川代表团到威海实地考察威海·仁川馆选址情况，预计2016年建成运营，集商品展示、保税交易、经贸洽谈、人文文化交流等功能于一体，形成与仁川·威海馆两馆互动。新大东有限公司建设3700平方米的韩品在线O2O综合体验中心开业运营。年内，威海进口韩国食品、日用品1.3亿美元，比上年增长42.9%。

【搭建产业承载平台】 在仁川东北亚贸

易中心设立威海馆，搭建产业承载平台。2015年，仁川·威海馆接待韩国全国经济人联合会、韩国中小企业振兴公团、仁川经营者总协会等200多批次5500多人次参观洽谈，签订协议20个，达成采购意向1.5亿美元。先后举办中韩FTA投资贸易论坛、中韩电商大会、东北亚城市文化旅游交往与中韩自贸区发展研讨会、中韩自贸区标准化与认证认可研讨会、中韩（威海）传统医药高层论坛等经贸促进活动，与仁川自由经济区共同在首尔举办中韩自贸区地方经济合作示范区说明会，与一批韩国企业和机构达成合作意向，对韩招商呈现良好势头。

【中韩跨境电子商务国内领跑】 7月6日，威海市获批国家电子商务示范基地，率先在全国开通中韩海运跨境电商出口业务，开通威海—仁川中韩海运EMS速递邮路，同时启动海运、邮运、空运三种方式对韩跨境电商直购进口。2015年，全市跨境电子商务一般出口验放清单16.7万票，货值1766万美元，月清单数、件数、货值较运行初期均增长200%以上。市政府印发《威海市跨境电子商务发展行动计划》，建设跨境贸易与电商实体综合园区、"威韩购"跨境电商网上综合服务平台以及韩国的一批海外仓，已列入行动计划。

【打造中韩贸易首选通道】 威海市积极打造全国对韩国合作第一口岸。同时获批筹建两个进口肉类指定口岸（威海港、石岛新港），同时拥有3个进口冰鲜水产品指定口岸（威海港、石岛新港和龙眼港），新增19个进口韩国冰鲜水产品品种；打造韩国鲜奶第一进口口岸，2015年进口韩国鲜奶1468万美元；在全国第一家实现对外贸易经营者备案同原产地申请手续备案"信息共享、两证合一"；山东省第一家海关监管的鲜活水产品交易中心落户荣成好运渔乡国际商业中心；被确定为全省第一批先行试点电子口岸；成为全省首个政府承担口岸查验配套服务费改革试点城市。2015年，威海口岸对韩国进出口225.7亿美元，比上年增长10.5%。

【加强中韩服务业深度融合】 推动仁川创造经济革新中心确定在威海高技术产业开发区设立分中心，这是韩国国家级创造经济革新中心在中国设立的第一个分中心。威海南海新区规划建设2万平方米韩国高新技术转移孵化中心，已引进13个韩国高新科技孵化项目。在仁川举办"2015威海（韩国）旅游推介会"，同时举办2015国际铁人三项赛、中韩山地自行车交流活动发布会，达成系列合作协议。推动韩国延世医科大学整形外科威海合作医院正式揭牌，中韩共同建设的欣娃产后修复及美容项目运营顺利，博雅秀岩生物技术项目到账外资约300万美元，开始商业化运作。

（田巍巍）

粮食购销与加工

【概况】 威海市及所辖文登区、荣成市、乳山市均设有粮食局，履行管理和服务全社会粮食流通职能。威海市粮食局设5个职能科室，辖环翠分局（派出机构）和市军粮供应中心、市粮食储备中心（市粮食质量检测中心）、山东威海国家粮食储备库、威海市地方粮食储备库4个直属国有企事业单位。全市粮食系统有国有单位22个、在职职工403人，资产总额9.2亿元。2015年，在确保全市粮食安全的基础上，国有粮食购销企业收购粮食11万吨，加工业完成加工总量142万吨，实现销售收入57亿元。

【市场调控能力建设】 提高粮食收购"惠民保障"能力，掌控当地粮食资源。依托全市5个中心粮库、37个基层购销站和1200多名粮食经纪人，进一步延伸收购网络，在各中心镇街、村设立1200多个收购点，确保98%以上农民出售余粮不出村，杜绝农民"卖粮难"现象的发生。全市国有粮食企业收购当地夏粮和秋粮11万吨。提高"引粮入威"能力，调剂全市产需缺口。不断巩固与黑龙江、安徽、山西等5个省粮源基地的合作成果，主动加强与中储粮的合作，建立多层次"引粮入威"通道，扩大区域内调控粮源规模。年内，全市外采优质大米、杂粮20万吨，新增国家跨省移库玉米指标2.42万吨，年末国有企业粮油库存超过32.4万吨，其中代储各类临储粮16万余吨，仓库平均存粮率70%以上。提高粮食应急保障能力，建立健全市级应急储备。落实《威海市粮食安全预警及保障方案》，完善部门应急规划、预案操作手册和应急响应定期推演机制，启动3个市直粮食应急配送中心的规划布点工作，强化应急企业和供应网点认定。全市发展应急供应网点129个，认定应急企业11家、储运企业4家，应急网点实现威海市全覆盖；采取委托代储的方式，利用市场化手段，进一步完善与家家悦集团、金谷面粉厂等签订的4000吨应急稻谷、2400吨应急食用油和800吨应急小包装面粉代储合同。提高"保供稳价"能力，引导粮食有序流通。开展2015年度全市社会粮油供需平衡、全市涉粮油企业备案、农户专项存粮等各类专项调查10余次，为加强市场调控提供科学依据；加强粮食市场监测，依托全市32个价格监测点和29家骨干粮油企业，定期对全市主要粮油产品价格和库存情况进行调度，引导粮食有序流通，年内发布粮价信息52期；做好春节、中秋、国庆等重大节假日期间"保供稳价"工作，确保全市粮油市场供应充足、价格稳定。

【仓储管理能力建设】 全面落实"粮安工程"建设规划。把握国家实施"粮安工程"重要机遇，通过落实国家专项资金、开展资产置换和企业自筹等方式，扎实推进基层粮食收储库点的建设改造，解决市场化改革后基层国有企业收储设施"欠账"多、危仓老库比重大的问题。全年投资1020万元，完成17万吨仓容的维修改造计划，其中国家县域粮仓维修改造项目4个；筹资3000余万元，新建仓容3.5万吨，推广应用菱镁板控温技术储粮11万吨、空调准低温储粮4万多吨；购置输送机、扒谷机等储粮设备器材100余台（套），37个基层收纳库全面完成仓库外墙粉刷和地坪翻新等工作，基层储粮能力和环境进一步提升。按期完成粮食库存识别代码和数字粮库试点推广工作。加强粮食仓储管理信息化建设。建立健全粮食流转信息和产地质量追溯服务体系，推进“智慧粮食”建设，全市11家国有粮食收储企业库存粮食全面实现二维码“身份证”登记；启动1个粮库智能化升级改造、2处基层收纳企业粮食购销系统安装等试点项目，试点企业全部实现与省粮食局数据互联互通。全面启动粮食物流园区建设。与中储粮山东分公司沟通洽谈，于8月签订投资1亿元、新建6万吨现代化仓库的合作建设协议，项目列入国家发展改革委2015年重大工程建设项目计划，预计2016年10月投入运营；完成三期再建6万吨粮库的粮食储备暨应急配送中心项目规划，预计到2017年末，整个物流园区现代化仓容将达到20万吨。提升粮食仓储规范化管理水平。全市新建库房全部应用“双低”（低氧、低药）、机械通风和微机监测粮情等技术，“四无”（无虫、无霉、无鼠雀、无事故）粮仓保持100%，各类库存粮油账实相符、管理规范；推广应用准低温储藏等绿色、生态储粮先进技术，50%以上非当年入库粮食不再使用药物熏蒸，提升全市仓储规范化、科学化管理整体水平。年内，5个中心粮库继续保持省级“示范粮库”称号。

【民生服务工程】 实施放心粮油工程。按照市委、市政府关于“全域城市化、市域一体化”总体部署，以培育放心品牌为核心，以建设放心粮油生产企业和放心粮店为载体，通过整合城区和各市优势资源，进一步推进放心粮油工程提档升级，服务网络实现对城区、社区、镇（街道）、农村全覆盖。全市累计认定放心粮油“示范企业”18家、放心粮油“示范店”114个、放心早餐店（点）210个、配送中心4个、居民主食厨房7个，全市放心粮油合作单位发展到132家，销售放心粮油4.8万吨，实现销售收入2.1亿元。实施粮食质量安全监管工程。以创建国家食品安全城市为契机，开展爱粮节粮、健康消费等主题宣传活动，逐级签订粮食质量安全责任状，通过运用识别码和物联网技术，建立粮食标识制度和追溯机制，实现粮食来源可追溯、流向可追踪、原因可查明、责任可追究的粮食质量安全保障措施；依托市粮食质量检测中心，扎实推进粮食质检监测能力建设，按期完成总投资230万元的国家粮食质检能力建设项目，通过国家实验室计量认证复审考核，硬件设备全省一流；不定期对全市放心粮油服务网点商品进行抽检，确保居民“舌尖上的安全”。全年检查储粮企业18家，开展放心粮店专项检查42次，抽检样品3560个，合格率100%。实施农户科学储粮工程。年内在全市农村推广农户科学储粮示范仓7000个。全市累计推广、加工、发放示范仓3.55万个，覆盖56个镇（街道）487个村，年减少粮食产后损失1700多吨。实施军粮供应保障工程。指导军粮供应企业严格执行国家政策，不断加强军供设施和平战时期保障能力建设，按时保质保量完成军供任务。

【粮食产业提质增效】 加强产业发展指导和服务。以73家规模以上涉粮企业为重点，建立政企对接服务机制，安排企业联络员，对涉粮企业实行分类指导，引导企业在扩总量的同时提高发展质量，解决粮食产业层次不高、发展方式粗放的问题；指导企业用足用好各类扶持政策，推进企业加快发展。全市市级以上农业产业化龙头企业发展到10家，其中省级以上龙头企业4家。指导国有粮食企业搞活经营。坚持以科技创新引领饲料加工、花生制品等产业实现规模化、集约化发展，提高核心竞争力；指导购销企业打破思维定式，优化购销网络、加工能力和仓储设施等资源配置，企业自我发展能力显著提高。全市推进基础设施和技术改造项目7个，投入资金1189万元。加大自主品牌建设力度。指导企业树立“品牌也是生产力”观念，在抓好自有知名品牌培育的同时，鼓励企业采取多种形式利用名牌，发挥品牌在创新发展中的作用，提高企业经营效益。年内，全行业自主品牌发展到25个。抓好安全生产工作。落实“一岗双责”制度，组织市直相关单位签订安全生产责任状，完善全市粮食行业安全生产网格化监管运行机制；启动全行业安全生产月、国有储粮单位消防安全专项检查等活动，强化对各区市安全生产督查，杜绝各类安全生产事故发生。全年开展安全生产检查6次，检查企业24家，消除各类隐患26处。

【依法管粮】 规范权力运行机制。从全面履行管理和服务全社会粮食流通职责出发，不断加强执法机构和队伍建设，梳理粮食行政权力清单17项，制定落实粮食流通监督检查工作规程、执法公示、过错追究等12项制度，出台行政处罚自由裁量权指导性标准，接入全市行政处罚系统，粮食行政处罚案件全部上网公开。完善粮食收购行政许可措施。依托市政务服务中心代理窗口和网上办理窗口，向社会提供粮食收购行政许可服务，全年审批各类粮食收购主体47家。加强粮食经纪人管理和服务。建立完善经纪人信息管理系统，对全市1200名经纪人进行轮流培训，引导其依法合规参与粮食流通，全市粮食经纪人参与收购数量占国有粮食购销企业收购总量的70%以上。推进执法工作常态化。组织全国粮食清仓查库工作，检查全市国有粮食企业18家，库存各类粮食40万吨。经省政府复查和国家抽查，全市各类粮食库存数量真实，储存安全，账实相符；开展粮食收购资格、夏粮收购、社会粮食统计等各项监督检查活动156次，出动执法人员524人次，检查各类市场主体450个次，现场警告和纠正各类违规收购行为为15人次。

（张 冬）

供销合作

【概况】 2015年，威海市供销社以密切与农民的利益联结为重点，深化综合改革，加快自身机制转换，各项工作取得新进展。全系统完成销售（营业）收入78.7亿元，实现利润6086万元，分别比上年增长15%和8.3%。全国供销合作总社理事会原常务副主任、党组成员周声涛，全国供销合作总社北京商业管理干部学院院长杨谦，山东省供销社党组书记、理事会主任侯成君，威海市委副书记赵熙殿等先后调研威海市供销社系统工作。威海市供销社获全省供销合作社系统2015年综合业绩考核优胜单位一等奖。

【基层组织作用凸显】 将基层供销合作社、专业合作社和企业建设放在突出位置来抓。对于基层社，出台《关于加强基层组织建设的意见》，加强分类指导，扶强带弱促中间，形成“一社两制、多社并存、共同发展”的局面；与市委组织部联合印发《关于加强新形势下农村基层“党建带社建、社村共建”工作的意见》，新增社村共建村80个，总数268个，为村集体增收1100万元。对于专业合作社，文登区供销社在全市率先获批加挂事业单位性质的威海市文登区农民专业合作社联合社，并在6个镇域发起成立农民合作社联合社。2015年，全系统新领办创办农民专业合作社90个，总数307个；新建县级农民合作社联合社2个、镇级农民合作社联合社6个，服务农民合作社达836处；专业协会发展到45处，市级以上合作社示范社34家，其中国家级10家；培训农民3万人次。对于企业，加强系统内外联合合作，推动开放办社，拓展投融资渠道，发展混合所有制，提升为农服务功能。威海市供销社与荣成市供销社联合成立威海绿源农产品物流有限公司，与省供销社农产品公司、文登区供销社联合成立威海市供销社农产品有限公司，与文登区供销社联合成立威海市广丰园农资有限公司，与社会资本合作成立威海阳和园农资有限公司；各区市供销社加大联合合作力度，文登区供销社在与烟台农资公司合资成立威海烟农供销农资有限公司、与社会资本合作成立山东广盛西洋参农业科技发展有限公司的基础上，于2015年与当地企业合资成立花生加工、禽类养殖加工、日用品经营等企业。全系统地市级以上农业产业化重点龙头企业发展到9处，其中省级3处、全国供销总社级4处。

【农村现代流通服务网络建设】 年内，新建仓储物流中心1个、农产品批发市场1个、商贸中心4个，新发展日用品、农资等各类连锁经营服务网点207个，实现镇域和大村全覆盖。加快电子商务发展，成立威海市供销电子商务有限公司、荣成市供销电子商务有限公司、乳山市华润宜家电子商务有限公司及其电子商务服务中心，自建“我爱农产网”“乳山三农网”等电商平台及“昆嵛山樱桃馆”等一批网店、微信营销平台。山东广盛生态农业开发有限公司被中国互联网络信息中心授予“中国西洋参第一品牌”，10月，在淘宝网上举办促销活动，当月网上销售西洋参1200多万元。文登区、荣成市供销社成为全国供销总社首批电子商务示范县供销合作社。

5月6日，中韩FTA投资贸易论坛在威海市举办　　　　　市商务局提供

【农村民生服务平台建设】 结合老设施改造，把日用品超市、农资超市、再生资源回收、文体休闲、餐饮娱乐等融为一体，完成11处商贸服务中心建设改造，盘活资产，搞活经营，方便群众。以大村、强村、中心村和集市村为重点，强力推进3处新的社区综合服务中心建设，有效改善农村生产生活环境。

【农业全程社会化服务】 根据威海市实际情况，从花生、果品、大姜、中药材等大宗特色农产品生产的关键环节入手，形成具有自身特色的规模化服务方式，打造农业全程社会化服务链条。在生产服务环节，以涉农企业为依托，坚持规模适度、半径适宜、功能完备的原则，将农资直供、技术培训、智能配肥、农机服务、农产品购销加工等为农服务功能整合，与农业、农机部门联合出台《关于推进现代农业规模化服务工作的意见》，与青岛农业大学合作社学院建立产学研合作共建机制。2015年，全系统完成15处为农服务中心建设，为全市2.40万公顷土地提供托管服务；新增检测设备13台（套），实行土壤检测2.73万公顷；购置智能配肥机7台、无人植保飞机3架，智能配肥2.33万公顷，飞防服务6666公顷，涵盖果品、花生、紫薯、大姜、西洋参、海洋食品、禽类、生猪等八大产业经营服务链；开通“96621”为农服务热线。全市通过托管、流转等形式服务的作物面积2.4万公顷，比上年增长2倍。在品牌建设方面，通过示范生产，设立荣成花生、文登苹果、乳山大姜等标准化基地9600公顷，26个农产品取得“三品一标”等质量认证，农产品注册商标数量增至15个，省级以上知名品牌、著名商标、名牌产品5个。乳山市大姜协会“乳山大姜”再次成为地理标志商标，品牌价值12亿元；荣成市副食品公司的“圣农”商标被评为全国供销社“百佳标准化农产品品牌”，入选威海市首届“十大名优农产品”；“创新”“圣农”“汇润”3个商标分别被中国农产品流通经纪人协会评为“全国百佳农产品品牌”。在产销对接中，围绕当地特色农产品，按照“一种产品进入多个渠道、一个渠道融入多种产品”的思路，初步形成以山东汇润实业集团公司等为龙头的果品产业服务链，以山东广盛生态农业开发有限公司等为龙头的西洋参产业服务链，以荣成市副食品公司等为龙头的花生产业服务链，以山东泓达集团、威海绿源农产品物流有限公司等为龙头的海洋食品产业服务链，以荣成埠柳地瓜专业合作社为龙头的紫薯产业服务链，以荣成瑞昌食品公司为龙头的生猪产业服务链，以乳山春江源食品公司、乳山大姜协会等为龙头的大姜产业服务链。2015 年，全系统购进农产品 27.8 亿元，比上年增长 13.3%。

【第一届中国(文登)西洋参文化节】（详见《区市概况·文登区》第 308 页）

【文登区供销社获批增挂区农民合作社联合社牌子】 8 月，经威海市文登区机构编制委员会批准，文登区供销社增挂威海市文登区农民合作社联合社牌子。农民合作社联合社为事业单位，与文登区供销社合署办公，实行“一套机构、两块牌子”的管理模式。增挂合作社联合社牌子后，供销社政策性职能和经营性职能进一步凸显，能够更好地吸引各类农民合作社及其他农村合作经济组织加入，有利于形成上下贯通、联结紧密、运行高效、充满活力的新型合作经济组织体系。

（李海东）

烟草专卖

【概况】 2015 年，全市烟草系统销售卷烟 11.04 万箱；完成单箱销售额 2.65 万元；实现利税 6.65 亿元，比上年增长 2.3%；上缴税金 4.50 亿元，增长 17.3%。全市查处各类涉烟违法案件 1156 起，查获违法卷烟 1138 万支，涉案总值 826.88 万元，破获达到公安部、国家烟草专卖局标准网络案件 5 起。

【卷烟营销】 密切关注提税顺价后市场新动态，及时调思路、调状态、调货源，根据市场需求制定营销策略，做到紧俏卷烟精准投放、顺销品牌满足供应。扎实推进市场化取向改革，健全 15 项营销工作配套机制，确保同档位、同级别客户享受一致的营销策略。确定全市信息采集点的最小样本量为 580 个，制定出台《信息点管理办法》，全市终端信息采集合格率达 98%，居全省第 1 位。推进营销队伍职能转型，开展业务技能竞赛、“每季一考”、理论知识培训，优化完善客户经理工作标准和绩效评价体系，使客户经理将工作重心回归到“品牌培育、客户服务、市场分析”上来。开展卷烟消费行为研究，采集分析消费者信息，形成覆盖农村、临海、旅游、商务、大学生市场调研报告，建立消费者卷烟消费档案 8679 份，开展消费行为跟踪，摸清市场潜力所在。完善品牌引入、评价、退出规则，建立品牌上柜“高度 + 宽度”培育机制，强化 40 个重点培育品牌（规格）上柜率、动销率考核，突出抓好细支卷烟和鲁产品牌培育，全力拓展“泰山”一、二类市场份额。

【终端建设】 制定现代终端建设规划，开展终端陈列水平整体提升活动，加快推进现代终端建设。全年为 680 户客户提供统一卷烟柜台 1390 组，引导 100 名客户自主进行店面改造，全市新增现代终端示范户近 700 户。开展“卷烟营销基础工作提升年”活动，促进营销基础工作水平持续提升。至 2015 年底，全市网上订货率、电子结算率、结算成功率、客户网上自主结算率分别为 78%、97%、97%、3.9%，均居全省前两位。开展基层客户服务部建设，确立两种建设模式，在全市设立 7 个客户服务部。加强零售客户培训与指导，全年开展小班制培训 36 期，培训客户 2600 余人次，对 800 余名客户提供“一对一”现场经营指导。开展客户帮扶活动，投入 23.3 万元，对 345 户客户分别实施“助学、济困、扶危”精准帮扶，客户满意度不断提升。在全省卷烟市场零售客户满意度调查中，威海市场总体评价得分 95.8 分，全省最高。推进人物流建设，威海泰山壹伍叁贰物联供应链有限公司全年实现销售收入 5315 万元，其中非烟销售收入 1383 万元，比上年增长 5.1%。

【市场监管】 发挥规范烟草市场秩序联席会议作用，加强与公安网监、技侦等部门的执法协作，优化完善移交协办机制，增强工作合力。保持卷烟打假打私高压态势，开展卷烟市场治理“齐鲁之盾”专项行动，抓好沿边沿海、社会市场、节日市场、重点零售户、涉烟违法犯罪集中整治行动和烟草市场秩序综合整治“天网行动”，全年查获假冒卷烟案件 230 起、数量 123 万支、案值 189 万元，比上年分别增长 105.4%、67.5%、77.2%；查获走私卷烟案件 598 起、数量 684 万支、案值 393 万元，分别占全省的 36.5%、35.8%、35.2%，居全省第一位。深化源头治理和网络终端打击，关注互联网贩卖假烟私烟、物流快递渠道非法贩运卷烟等问题动向，广辟信息来源，深挖案件线索，加大案件查办和抓捕追刑力度，严厉打击涉烟违法犯罪团伙。全年破获各类涉烟违法案件 1165 起，查获违法卷烟 1138 万支，涉案总值 826.88 万元，移交司法机关刑事拘留 66 人，逮捕 25 人，判刑 18 人，破获达到公安部、国家烟草专卖局标准网络案件 5 起。整合一线执法资源，将原 19 个中队、16 个管理所整合为 38 个稽查中队，每个中队标配 3 名稽查员，实施“城区 + 农村”的扇形监管市场划分。开展小订单客户调查分析，摸清全市 268 户小订单客户经营状况，服务与监管双管齐下，综合治理，注销 66 户，停业 18 户，取得良好成效。

【基础管理】 推进办事公开民主管理，年内形成办事公开目录 102 项，完成物资采购项目 34 项，公开招标率达 95.1%，比上年提升 1.83 个百分点。推进“法治烟草建设”主题实践活动，修订《威海市烟草制品零售点布局管理规定》，严格规范行政许可和专卖执法行为，建设法治文化示范基地，年内山东省政协副主席栗甲等先后考察市烟草专卖局（公司）法治文化基地建设情况。开展精益课题攻关，围绕精益营销、精益专卖、精益物流、精益综管、精益队伍 5 大模块，确定创新课题9项，分别在文登区召开精益车辆运行管理现场会、在荣成市召开全面精益管理现场会，推广运行精益工具47项，推动精益管理进岗位、进流程。推进标准化建设，整合质量管理、安全标准化、企业综合标准化三大体系，实行三标合一，制定企业标准371项，年内发布实施。深化创新型企业建设，征集“金点子”126个，确定可实施44个，1项QC成果获得省烟草专卖局（公司）QC成果发布三等奖，1项专利获省烟草专卖局（公司）表彰奖励，3篇论文获评省烟草学会年会交流论文奖。加强财务审计管理监督，推进各环节成本费用定额管理，三项费用总额下降4.9%。开展同级审计、经济责任审计和工程项目全过程跟踪审计，审定经济合同68项，节约项目资金101万元。实施“单人送货”新模式，推进精益物流配送服务，落实安全生产责任制，保障企业和谐稳定发展。

【队伍建设】 完善《干部队伍建设实施细则》，加强员工职业生涯规划管理，建立主办主管晋升机制，推行客户经理、稽查员、电访员分级管理，推进机关“瘦身”、一线“强身”，基层单位管理人员与一线人员比重优化至1∶2.79。全年组织参加各类培训7447人次，参加行业技能鉴定8批次44人，在山东省烟草系统第二届会计知识大赛中，3名参赛选手全部获奖。加强“品”文化宣传，推进“文体养老”，组织参加山东烟草第七届老年文化体育节。强化思想政治建设，开展“党的纪律学习年”活动，持续深化廉政警示教育。扎实推进生态村富民工程，参与新农村建设和社会公益事业，全年投入各类帮扶资金437万元。

（纪　靖）

石油供应

【概况】 威海市成品油供应的主渠道是中国石化销售有限公司山东威海石油分公司（简称中石化威海石油分公司）、中国石油天然气股份有限公司山东威海销售分公司（简称中石油威海销售分公司），社会（单位、集体、民营等）成品油经营企业作为重要补充。2015年末，全市成品油仓储企业2家（威海威洋石油有限公司、威海巨轮石化有限公司），批发企业11家（中石化威海石油分公司4家、中石油威海销售分公司1家、威海威洋石油有限公司以及5家社会企业）；从事成品油零售经营的企业411家，其中，在营加油站392座（中石化威海石油分公司103座、中石油威海销售分公司34座、大威石油10座、其他社会加油站245座），仅销售柴油和船用燃料油的加油站46座。全市成品油日供应量2000吨，其中汽油950吨，柴油1050吨。中石化威海石油分公司和中石油威海销售分公司日均供应成品油1450吨。年内，全市成品油（含汽油、柴油，不含船用燃料油）终端消费量80万吨（零售量＋大客户直供），其中，中石化威海石油分公司45.5万吨，中石油威海销售分公司12.5万吨，其他公司22万吨。

（王力召）

【中石化威海石油分公司】 中石化威海石油分公司作为威海市成品油经营主渠道，担负着全市工、农、渔业生产，交通运输及人民日常生活用油的主要供应任务，下辖文登、荣成、乳山三个县公司和市区、石岛两个片区，在营加油站103座。2015年，销售成品油39.51万吨、天然气77.17万立方米；非油品销售额6715.52万元，实现毛利润843.09万元。

责任企业建设　始终坚持以质量与服务为准绳，恪守“每一滴油都是承诺”的社会责任，做到质优量足、服务规范、客户员工双满意。加强资源调度，保障市场供应，充分发挥主渠道作用，做好三夏、三秋期间的支农、惠农、便农工作。全年执行配送计划2.8万趟次，配送油品32.13万吨，确保成品油市场供应。

安全环保建设　积极完善HSE管理体系（Health Safety and Enviroment Management System）。加强员工安全教育培训和应急预案演练，提升安全意识；加大隐患整改力度，全年开展安全检查16次，查出问题1057项次，整改率100%；强化施工管理，建立施工安全长效机制，开展针对性施工培训，强化施工安全检查，对施工中存在的问题现场开具整改通知单，全年无责任事故发生，被威海市政府评为安全工作先进单位。

数质量管理　加大成品油质量管理，严格执行接卸作业流程与操作规范，把好油品入、出库（站）关口，保证油品从入库到销售全过程受控。加大油品数质量抽检力度，确保油品质量全部合格，汇聚诚信和责任于品质，打造值得信赖的石化品牌。

（赵聚慧）

【中石油威海销售分公司】 中国石油天然气股份有限公司于2000年进入威海市场，先后在荣成市、威海市成立控股公司和销售分公司，实施“一托二”的管理模式。2004年7月，由威海中油油品销售有限公司、荣成中油油品销售有限公司两个控股公司和中国石油山东威海销售分公司、文登分公司、荣成分公司、乳山分公司整合成为中石油威海销售分公司。2015年末，公司拥有油库2座，库容2.44万立方米。公司在营加油站34座，分布全市，成品油销售市场份额约占15%。有员工210人，大专以上学历人员占35%。2015年，公司紧紧围绕建设国际水准销售企业的目标，持续扩大销售规模，推动精细管理，降低成本费用，各项工作稳步发展。全年实现成品油销售量12.5万吨，其中，批发销量4.3万吨，零售销量8.2万吨，质量、安全、环保、责任事故均为零。

（王力召）

投资促进与经济技术合作

【概况】 2015年，威海市实际利用内资733.9亿元，比上年增长15%，引进新材料产业、电子商务、汽车产业、海洋经济、现代农业等产业补链项目。全市新实施总投资3000万元以上内资项目340个，实际利用内资117.35亿元，增长21.6%。新签约总投资3000万元以上内资项目388个，合同总额954.82亿元。新注册内资项目494个，经营范围涉及金融、科研、技术服务等现代服务业。新投产（营业）总投资3000万元以上内资项目277个。全市批准外资及港澳台资项目163个，增长26.4%；合同资金9.76亿美元，增长4.6%；实际到账资金11.20亿美元，增长10.7%。从资金来源看，有18个国家（地区），投资额列前五位的国家（地区）分别是中国香港、韩国、美国、中国台湾、新加坡，合计投资项目149个，签约额9.22亿美元，实际投资额10.76亿美元。从资金投向看，第一产业项目7个，签约额5431万美元，实际投资额3166万美元，占全市的2.9%；第二产业项目65个，签约额5.43亿美元，实际投资额6.51亿美元，占全市的58.1%；第三产业项目91个，签约额3.79亿美元，实际投资额4.37亿美元，占全市的39.0%。威海市新核准境外企业（机构）36家，总投资6.10亿美元，威海市协议投资额5.02亿美元，增长20.1%；实际投资3.08亿美元，增长59.4%；主要投资对象为中国香港、新西兰、乌拉圭等，主要投资项目包括成山集团有限公司、黄海造船有限公司、家家悦集团股份有限公司、山东威高药业股份有限公司等在香港的营销、研发和融资项目等。新签对外承包工程合同额10.20亿美元，增长31.0%；完成营业额8.30亿美元，增长10.8%。威海市派出劳务人员1.10万人，下降10.6%，年末在外2.4万人。主要派遣国家（地区）为日本、韩国、新加坡、中国香港等，其中向中国香港、韩国、新加坡、柬埔寨等国家（地区）外派护士、护理、海员、中餐厨师等各类中高端劳务人员4627人，向德国、日本、新加坡、沙特外派护士和护理人员151人，外派劳务结构不断优化。

2015年威海市对外及港澳台经济合作分市场情况表

（按完成营业额排序）

表9　　　　单位：万美元

国别（地区）	承包工程合同额		承包工程营业额		派出各类劳务人数	
	金额	比上年增长（%）	金额	比上年增长（%）	人	比上年增长（%）
合　计	102478	31.0	82770	10.8	11002	−10.6
刚果（布）	34940	50.8	40939	40.4	266	−77.5
赤道几内亚	22753	−22.2	14062	21.4	296	−42.9
刚果（金）	15549	69.8	12205	−16.5	185	−52.9
苏丹	5000		6176	−28.0		
莫桑比克	12504	876.9	4364	233.4	12	−73.3
博茨瓦纳	3000	498.8	2537	−17.1	15	1400.0
多哥			2244	−63.3	18	−78.3
肯尼亚	268	−14.9	209	3383.3	9	80.0
印度	30		30		7	
加蓬	3260	7309.1	4	−97.5		
日本					5032	−6.2
韩国					1028	−15.7
中国香港					940	39.3
新加坡					754	−42.0
巴拿马					703	17.8
柬埔寨					535	74.8
伯利兹					526	60.9
马绍尔群岛共和国					297	430.4
基里巴斯					186	158.3
塞拉利昂					63	103.2
德国					45	−23.0
安哥拉					16	6.7

续表9

国别（地区）	承包工程合同额		承包工程营业额		派出各类劳务人数	
	金额	比上年增长（%）	金额	比上年增长（%）	人	比上年增长（%）
帕劳共和国					12	
沙特阿拉伯					10	66.7
美国					9	
挪威					8	-27.3
摩纳哥					8	60.0
苏里南					6	
利比里亚					5	400.0
其他国家	5174	-65.6			11	

【赴韩国开展经贸促进活动】 3月23日—27日，副市长刘广华率团赴韩国开展系列经贸促进活动。代表团在釜山举办中韩自贸区地方经济合作示范区暨威海韩国商品集散地推介会；考察大韩贸易投资振兴公社和晓星集团，协商中韩（威海）FTA投资贸易论坛和电商大会有关事宜；推动威海港集团与盼达网跨境电商合作协议签约、威海盛世物流公司与韩国中小企业商品馆等系列合作协议签约、威海港集团与釜山中国商业论坛战略合作协议签约，推动威海市与韩国仁川自由经济区签署加强地方经济合作备忘录，加强在服务、贸易、投资、产业、通关、旅游、电子商务等领域的合作，共同打造具有示范意义的中韩自贸区地方经济合作成功典范。

7月20日—24日，市委副书记、市长张惠率团赴韩国开展系列经贸促进活动。张惠与仁川广域市市长刘正福会谈，就共同推动中韩自贸区地方经济合作示范区建设进行交流；应邀参加仁川创造经济革新中心启动仪式；出席中国威海—韩国仁川加强地方经济合作议定书签署仪式暨韩国仁川·威海馆开馆仪式。代表团在首尔举办中国威海—韩国仁川中韩自贸区地方经济合作示范区说明会；推动斗山集团与泰祥集团的泰斗健康产业园等项目签约；观摩学习松岛新城建设情况及仁川自由经济区宣传馆及智能城市运营中心，调研仁川创造经济革新中心、仁川国际跨境保税仓，考察首尔三星总部、韩国水协中央会，推动合作取得更多实质性进展。

8月23日—27日，市委副书记、市长张惠率团赴韩国开展系列经贸活动。张惠一行拜访中国驻韩国大使馆和釜山市政厅，考察友利银行总部、韩进集团，就打造连通“一带一路”战略和“欧亚计划”东北亚物流节点城市等内容进行交流。代表团在仁川·威海馆举办2015威海（韩国）旅游推介会及威海国际铁三赛、中韩山地自行车交流活动发布会，参加在首尔举办的山东—韩国经贸合作交流会；观摩位于韩国蔚山的山东大韩家海外仓、山东大韩家O2O体验店与釜山海外仓联动业务流程，推动山东大韩家进出口有限公司与璃盱株式会社签约；推动荣成市新能源电动汽车项目、环翠区温泉度假村项目、威海高技术产业开发区韩国东方医疗器械及美容填充物项目、威海经济技术开发区韩国柔性线路板扩产项目、威海临港经济技术开发区韩国品牌化妆品物流贸易基地项目、威海金泓集团贸易采购项目签约。

【赴南非、肯尼亚开展经贸促进活动】 10月11日—18日，市委副书记、市长张惠率团赴南非、肯尼亚开展经贸促进活动，促进威海市企业“走出去”，构建营销网络，推动优势产能向境外转移。在南非期间，代表团在约翰内斯堡举办威海（南非）投资贸易说明会暨华侨华人企业交流会，在开普敦举办威海（开普敦）投资贸易说明会；拜访中国驻南非大使馆，与德班市、开普敦市、密德瓦尔市在投资、贸易、工程、旅游等领域签署多项合作伙伴关系框架协议；考察开普敦海信南非工业园，推动轮胎、医疗器械、机械、电子等优势产业加快“走出去”。在肯尼亚期间，代表团拜访肯尼亚副总统威廉·鲁托和卫生部部长詹姆斯·马查里亚、内罗毕市市长埃文·奇德罗等，推动威海同肯尼亚的经贸合作交流；出席威高集团非洲公司在内罗毕市揭牌仪式。

【赴珠三角地区开展产业合作对接活动】 10月29日—30日，副市长刘广华率团赴深圳等珠三角地区开展产业合作对接活动。刘广华一行赴深圳湾创业广场，考察京东JD+、3W、联想之星、南极圈、中美史克等创客空间，与深圳创客基地科技有限公司、深圳市跨境电商协会、深圳定军山海洋产业有限公司、深圳市华傲数据技术有限公司、广东国垦现代农业投资有限公司等座谈，重点推动科技创新园区、大数据、海洋产品深加工、农产品基地等项目；拜访深圳山东商会和山东籍企业家。

【赴日本开展经贸促进活动】 12月13日—20日，副市长刘广华率团赴日本开展系列经贸活动。代表团考察日本CANDZ公司、富士电机株式会社、泰尔茂株式会社、瑞穗银行总部、日机装株式会社和冷链物流产业及设施，推动泰尔茂株式会社与威高集团合作项目进程；拜访中国驻日本大使馆。

【到账大项目支撑作用明显】 年内，全市到账资金过1000万美元项目26个，到账资金6.10亿美元，占全市到账资金总额的54.5%。主要有威高集团医用高分子项目9836万美元、威高医用制品材料供应项目6051万美元、威海台能精密机械项目4400万美元、高丽钢线荣成有限公司钢线项目3500万美元、文登名富光电科技项目3500万美元、威海经济技术开发区海普模具项目3000万美元、开泰体育用品制造（威海）有限公司制造项目2900万美元、威海海普贸易项目2500万美元。

【外资及港澳台资增资踊跃】 持续开展"双访双促"活动（走访外资和内资企业，促外资企业增资扩股，促内资企业对外合作），外资及港澳台资增资踊跃。企业以利润再投资、技术、境外借款多种方式增资，增资项目86个，增资到账4.34亿美元，占全市到账资金的38.8%。其中，增资到账过1000万美元项目10个，主要有威高集团营销分公司6051万美元、高丽钢线荣成有限公司3500万美元、威能高速动力有限公司2127万美元、山东东鑫电子有限公司2000万美元、开泰体育用品制造（威海）有限公司2900万美元。

【利用外资及港澳台资新方式拓展】 加大业务研究和指导力度，积极拓展利用外资及港澳台资新方式。通过股权并购、跨境人民币投资、外债和利润转增资、融资租赁、融资转投资等创新利用外资方式，实际到账资金2.2亿美元，占全市到账资金的19.6%。威高集团医用高分子股份境外融资9836万美元、威高集团医用高分子制品股份有限公司境外融资到账6051万美元、威海世一电子有限公司利润再投资1931万美元、开泰体育用品制造（威海）有限公司外债转增资2900万美元、文登大世汽车配件有限公司利润再投资1200万美元。

【外资及港澳台资来源多元化】 亚洲仍是威海市主要外资及港澳台资来源地。亚洲国家和地区到账外资及港澳台资10.27亿美元，占全市到账资金的91.7%。其中，中国香港到账5.6亿美元，占比50.4%；韩国到账3.59亿美元，占比32.0%；日本到账3400万美元，占比3.0%。另外，美国到账8321万美元，占比7.4%；欧洲国家到账956万美元，占比0.9%，澳大利亚等其他国家到账18万美元。

【投资境外房地产业趋势明显】 年内，全市备案境外房地产开发项目6个，威海市投资额1.1亿美元。主要有山东望海实业集团有限公司在新西兰投资9500万美元开展住宅项目开发，威海国际经济技术合作公司在莫桑比克、乌干达、纳米比亚投资700万美元从事房地产开发和各类建筑工程规划、设计，威海建设集团股份有限公司在赤道几内亚、印度分别投资500万美元开展房地产开发与市政工程承包。

【境外产能转移有序开展】 年内，全市备案优势产能转移项目5个，威海市投资额8644万美元。主要有山东宝马渔业在乌拉圭投资6000万美元从事渔船修造，威海海思纺织品销售有限公司在埃塞俄比亚投资1000万美元从事服装生产，威海钧源水产品公司在韩国投资850万美元开展鱼粉、鱼油生产。境外农业项目实现新突破，家家悦集团在新西兰投资720万美元开展农业生产，山东威高药业股份有限公司在中国香港投资74万美元从事药品研发生产和销售。

【境外工程项目稳步推进】 年内，全市在建对外承包工程项目145个，其中过1000万美元项目48个，完成营业额6.30亿美元，占全市营业总额的86.5%。威海建设集团股份有限公司在肯尼亚的5.40亿美元爱多综合医院项目、华岳集团有限公司在柬埔寨的公路项目、威海国际经济技术合作股份有限公司在塞内加尔5153万美元的政府办公楼项目，以及在缅甸、孟加拉国、印尼等"一带一路"沿线国家的机场、道路项目进展顺利。

（田巍巍）

国际贸易促进

【概况】 2015年，威海市国际贸易促进委员会充分发挥贸促系统资源优势，围绕威海市主导产业转型升级和企业国际化战略需要，深化对外交流合作，全面提升贸易投资促进工作水平，扎实做好服务企业工作，为推动全市开放型经济又好又快发展作出新的贡献。

【第八届中国威海国际渔具博览会】 10月16日－18日，第八届中国威海国际渔具博览会在威海国际展览中心举办。博览会设标准展位1532个，展出总面积3.3万平方米，境内外776家渔具企业参展。57个国家和地区的1397家公司、2542名采购商参会。渔博会签订国际订单1.1亿美元，比上届增长12.2%；国内订单3.8亿元，增长1.3%。同期举办嘉年华活动和"鱼游四海"杯中国威海国际路亚大师赛启动仪式。

【2015威海·韩国商品展览会】 10月23日－25日，由中国国际商会威海商会、威海报业集团主办的2015威海·韩国商品展览会在威海国际展览中心举办。其定位是把展览会办成突出"韩货特色"、助力打造韩国商品集散中心、体现中韩自贸区地方经济合作示范区特点的贸易型展会。展览会展览面积1万平方米，设标准展位201个，有152家企业参展。其中，韩国本土企业65家，展位数66个；国内韩资及对韩贸易类公司87家，展位数135个。国内50多家贸易公司、电商平台、淘宝店商、微商1000多人到会寻求合作。其间，到会参观的普通市民总流量约2万人次。据统计，现场达成贸易意向约6000万元，韩国商品现场交易额约5000万元。展会期间，韩国首尔市衿川区政府、华城市政厅和华城商工会议所组团参展，同时设形象展位进行

宣传。

【境内外展览工作】 开展第六届中国威海国际食品博览会招展招商工作。向省内外20多个地市贸促会发函，邀请组展观展；与台湾两岸情经贸交流协会合作，在B馆设立“台湾馆”，近70家台湾企业参展，设展位100个。做好境内外展会组展工作。在巩固传统市场的同时，积极拓展新兴市场。精选50个境外展会项目进行推介，组织48家企业参加35个展览会，完成展出净面积883平方米。组织荣成市荣佳动力有限公司、威海泰富西玛电机有限公司等企业参加俄罗斯机床展、科隆五金展、法兰克福家纺展等国际知名展会。同时，围绕威海市重点产业，组织160余家企业参加天津渔具展、北京渔具展、北京国际食品及饮料展等国内重点展会，帮助企业扩大国内市场份额。积极尝试举办中韩FTA（自由贸易区）背景下的新型展会。10月23日－25日，由中国国际商会威海商会、威海报业集团主办的2015威海·韩国商品展览会在威海国际展览中心举办。

【法律服务工作】 市贸促会以服务企业为宗旨，加大宣传推介与服务力度，全面推行电子原产地证明书签证实施工作，提高签证效率，提升服务水平，优化服务环境，助推企业扩大出口。通过强化优质服务，出证认证业务实现小幅增长。全年签发原产地证明书1.6万份，比上年增长0.6%；签证金额7.45亿美元，增长7.8%。其中，签发一般原产地证明书1.1万份，下降8.2%；签发区域优惠原产地证明书5026份，增长28.0%。全年办理国际商事证明书554份，增长3.4%；代办商业单据使领馆认证业务716份，增长5.6%；新增注册企业130家，总数达1000多家。为企业提供代寄证书、延时服务、预约服务等个性化服务，为企业邮寄快递1800余件。严格执行财政部、国家发改委联合下发的《关于取消、停征和免征一批行政事业性收费的通知》规定，为进出口企业节约70多万元。积极推动电子原产地证明书签发工作，促进通关结汇更加便捷。自1月1日起，在贸促系统全面实施电子原产地证明书签证工作，有效促进进出口通关结汇便利化。年内，市贸促会被中国贸促会列为中韩、中澳自贸协定实施重点地区签证机构及实施工作小组成员，12月成功签发威海首份电子版中澳、中韩自贸优惠原产地证明书。组织企业参加有关中韩FTA政策的宣讲与培训，帮助企业用好中韩自贸协定项下的原产地证明书规则。发挥山东调解中心威海分中心职能，为进出口企业提供经贸纠纷的咨询、调解、培训服务。走访10余家企业，提供困难纠纷解决方案、建议等10余条。

【境外招商和贸易促进】 精心组织投资贸易促进活动。充分利用贸促系统对外交流合作的机制性平台，加大同“一带一路”沿线国家贸促机构的合作。4月，随团参加德国汉诺威工业展，到比利时考察，拜访中国贸促会驻比利时代表处、法兰德斯中国商会等机构，与威海经济技术开发区管委、法兰德斯中国商会在根特市共同举办中欧企业座谈会。9月，米兰世博会“山东周”活动期间，随团在意大利和葡萄牙开展一系列经贸促进活动，考察友好城市意大利比拉市，考察葡萄牙博鳌集团商贸中心项目，与葡萄牙中华总商会签订友好合作协议书。10月，参与“威海企业走进非洲”贸易投资促进活动，与南非齐鲁同乡会、南开普省投资贸易促进局建立友好合作关系，推动威高集团有限公司、威海建设集团股份有限公司、威海国际经济技术合作股份有限公司等企业在非洲的项目进展。积极探索构建中韩地方企业间交流合作新平台。多次到韩国考察，拜访中国贸促会驻韩国代表处、仁川商工会议所、富川商工会议所、华城商工会议所等机构，与华城商工会议所签订友好合作协议，将建立双边企业家理事会内容写进协议中。加强跟踪服务，推进在谈项目取得实质性进展。全年接待日本、韩国等国家和中国台湾地区的投资贸易考察团组25批次、200多人次。推动威高集团股份有限公司与日本相关企业和机构洽谈的合作养老、合资医院、医学综合检验中心，上海梅林食品荣成公司与日本蓝色经济控股有限公司合作生产土壤调理剂等重点在谈项目取得实质性进展，协助汇泉集团商场完成大部分场地招商工作。

【国际商会工作】 加大走访调研力度，壮大会员企业队伍。年内，先后对10余家企业进行走访调研，帮其融资、解决进出口环节中遇到的困难。通过介绍合资合作伙伴、组织参加国内外展会等服务，吸引5家企业入会。加大对会员企业的信息服务力度。围绕国际经贸领域的政策解读、国际市场动态、重点市场拓展、投资贸易机会、法律援助等，为企业提供多视角、全方位的信息服务，全年发布信息1000多条，刊印《威海贸促信息》4期。根据企业需求，有针对性地提供相关业务培训。3月26日—27日，组织三角轮胎股份有限公司、荣成金源水产食品有限公司等企业参加中国贸促会在济南举办的经贸摩擦应对培训班。12月8日，邀请美国驻华使馆签证官到威海为企业讲解赴美商务签证规则，同时发布对美贸易投资相关信息，组织14家企业参加座谈。

（邹清晓）

编辑　李洪格

口　　岸

综　述

【概况】 2015年，全市口岸完成货物吞吐量7323.9万吨，比上年增长3.0%。其中，外贸货物吞吐量3082.7万吨，增长7.6%；运输国际集装箱86万标准箱，增长1%；运送出入境旅客98.1万人，增长7.5%。其中，海港口岸出入境旅客64万人次，下降16.3%；威海国际机场运送出入境旅客34万人次，比2013年（2014年5—9月，机场修整跑道停航）增长45.9%。

【口岸开放】 威海市口岸办公室充分发挥职能作用，协调驻威口岸各查验机构帮助企业解决技术难题，多次邀请驻鲁各口岸查验机构到威海指导工作，推动威海口岸不断扩大开放水平。10月27日，威海港三、四期工程及客滚码头10个泊位通过省政府验收，11月3日，经省政府批复同意并正式对外开放；好当家港、张家埠新港等7个码头42个泊位开放准备工作基本完成；完成各港口查验设施建设标准方案，各港口综合配套工程完成95%以上。

【口岸综合管理】 完善口岸查验单位三项例会制度，全年研究解决口岸开放、查验、经营、服务等问题86项。开展“三送”（送信息上门、送服务上门、送政策上门）活动；组织口岸查验单位，落实优惠政策和扶持措施，引导企业规范自律、诚信经营。组织开展电子口岸、加工贸易监管基本政策、企业分类管理制度3次培训，提高业务素质。健全联动机制，明确各查验单位在联合监管中的职责分工，在查验通关现场建立和完善信息共享、互访交流、防控联动、培训协作、应急处置和联动机制等。创建平安口岸，严厉打击口岸各类走私、偷渡等违法犯罪活动，杜绝重大疫情和病毒从口岸传入传出，协调口岸集疏运工作，强化口岸海上交通安全管理，确保口岸高效安全畅通。

【电子口岸建设】 威海成为首批山东电子口岸国际贸易“单一窗口”试点城市。自9月起，威海港口岸试运行一般货物进出口、船舶抵离境和跨境电商综合服务平台3个运用系统，在全省率先实现海港口岸“串联到并联”的通关作业改革创新。

【跨境电商业务】 3月3日，威海口岸正式启动中韩海运跨境电子商务一般出口模式，威海成为国内首个启动中韩海运跨境电商出口业务的城市。6月，青岛海关复函同意威海海关开通跨境电商直购进口业务试点。7月22日，威海—仁川海运邮件业务恢复开通，成为国内首条中韩海运EMS速递邮路、国内第二条对韩海运邮路。8月11日，威海跨境电商直购进口业务正式启动，在全省率先实现直购进口商品通过海运、邮运、空运三种方式在口岸入境通关。10月，荣成获批开通中韩海运跨境电商一般出口和直购进口业务。至年末，全市跨境电商累计审核验放出口物品清单16.68万票，货值1766.08万美元；验放进口清单3699票，货值128.21万元。

【特色口岸建设】 年内，全市三个海港口岸均获批并启用冰鲜水产品口岸和入境食用水生动物特色口岸，可进口韩国冰鲜水产品新增19个品种，总数达到52个。组织口岸查验部门在口岸通关现场开设绿色通道，快速验放进口冰鲜水产品及肉类制品，缩短商品滞港时间。国家质检总局函复省政府批准在威海港和石岛新港建设进口肉类指定口岸，威海成为山东省第一个同时有两个港口获批建设进口肉类指定口岸的城市。

【通关业务改革】 全面推广关检合作“三个一”（一次申报、一次查验、一次放行）口岸通关模式，在威海港、石岛港、龙眼港、威海机场、威海出口加工区等9个监管区12个固定查验区域全面实施，口岸货物整体运转效率提高30%至40%，节省查验费用50%。复制推广上海自贸区监管创新制度，组织海关、检验检疫、出口加工区等单位，找企业需求，复制推广海关监管创新制度10项、检验检疫创新制度7项，实现“电子运抵、自动放行”，通关时间由1小时缩短至3分钟。

【中韩陆海联运业务】 推进中韩陆海联运业务健康发展。在全国率先推动整车运输和中韩自驾游业务，建设陆海联运专用检查场地、通道，进一步简化查验手续，减免各项收费。扩大AEO（经认证的经营者）互认成果，全年新增6家中韩海关AEO认证企业，其中威海关区5家、荣成关区1家。推进威韩检测结果互信互认，威海出入境检验检疫局投入1400万元，完善实验室检测设施配置，新增8类产品34个检测项目，促进双方进出口贸易便利化。推动中韩农产品示范区建设，推荐优秀企业享受通关便利等优惠措施，扩大对韩国的食品农产品出口，向韩国推荐6家对韩出口食品农产品示范生产企业。

【进出口环节收费清理规范】 市口岸办联合市物价局对海关、检验检疫、边检、海事等部门进出口环节行政事业性收费实行目录清单管理，减少海关单证费、出入境检验费等16项口岸行政收费，年可为企业节约成本7000多万元。减少港口收费项目，降低收费标准，减少海运费和出口港杂费等10项收费项目，相关费用比上年下降30%。

（吴昊燕）

海　　关

·威海海关·

【概况】 2015年，中华人民共和国威海海关监管进出境货物544.3万吨，比上年增长20.5%；总值204.6亿美元，增长19.1%；进出境集装箱41.2万标准箱，下降0.3%；进出境船舶3539艘次，增长8.6%；进出境飞机2815架次，增长107.7%；进出境旅客60万人次，增长31%；实现税收入库18.8亿元，下降16.5%。

【海关业务改革】 开展危化品监管核查、监管场所清理核查和创新改革，监管场所硬件设施全部达标。完成三级监控指挥中心建设，通过新舱单系统“物流分流分拨”功能，规范运抵报告管理，加强物流状态跟踪管控、空箱有效监管。落实“双随机”要求，优化分类随机布控参数，提高布控针对性和有效性，随机布控占比达87.5%。深化查验单兵设备应用，查验单兵设备覆盖查验现场。通过自主布控查获走私出口木炭案，当场查获走私木炭22吨；通过分类随机布控查获走私出口稀有金属案，经深挖扩线后，案值扩大到1.1亿元，涉税1500余万元；查获走私进口化妆品案，案值620余万元，涉税120余万元；查获进口固体废物案件2起201吨。深化关检合作“三个一”，“一次申报”系统覆盖全部16家同时具备报关报检资质的企业，关检“一次申报”6966票；改革实施进出口电子放行，取消进口“二放”作业环节，缩短通关时间。加强行邮监管工作，发挥“风险旅客识别系统”作用，通过系统查发旅客超量携带手机等案件29起。其中，查发出境旅客超量携带货币3000万日元，为年内青岛关区最大一起违规携带货币案件；查发建关后首例韩国籍旅客携带毒品出境案。

【海关监管】 *税收征管* 积极开展综合治税。注重以质促量，做好审价、归类、原产地等基础工作，审价补税988.2万元，归类补税1440万元，优惠原产地审核准确率100%，税收入库及时率99.99%。走访主要纳税企业，摸清税源底数，挖掘税收存量，加大保证金清理和保税货物内销力度。打击偷逃税走私，确保税款应收尽收。至年末，实现税收入库18.8亿元。

加工贸易监管 深入推进加工贸易无纸化作业改革，取消备案资料库设立及变更、外发加工、深加工结转、内销征税等8项业务、24类纸质单证，实现无纸化作业，为企业节省大量人力物力成本。解决电子账册历史遗留问题，追补税款271.7万元。推进自贸试验区海关创新制度复制推广工作，首批复制“批次进出、集中申报”“简化报关单随附单证”“统一备案清单”“内销选择性征税”4项创新制度。

打击走私 保持打私高压态势。各业务现场直接查发并移交各类线索496条，其中刑事立案7起，占缉私分局刑事办案数的64%。缉私分局缜密开展线索经营，提高打击精准度和大案攻坚能力，全年办理行政案件465起，案值8894万元，涉税411万元；侦办刑事案件11起，案值4.6亿元，涉税7528万元，其中，一级督办案件1起、二级督办案件3起。开展刑事案件质量督查2次、行政案件质量督查4次，办案质量持续提升。坚持“宽严相济”，扩大“两简”案件适用范围，办理“两简”案件228起，占行政案件总数的75%。

【法治海关建设】 完成“六五”普法各项任务，先后被评为山东省和青岛海关法治文化建设示范基地。维护“中国制造海外形象”，深入落实“清风”行动要求，查获出口涉嫌侵权情事14起，查获关区首例跨境电商涉嫌侵权情事，入选全国知识产权海关保护典型案例。取消报关员资格核准、报关单修改撤销、货物直接退运、加工贸易备案等14项行政审批项目；保留12项行政审批项目，实行“一个窗口”受理，采取职责归口、窗口受理、转办审批的运行方式，统一窗口服务，提高审批效率，全年受理行政审批133次，申请人满意度100%。直接退运、删改单、外发加工、深加工结转、备案资料库设立变更5个岗位变内部三级审批为经办关员责任制，平均办理时间缩短70%。

【服务中韩自贸区地方经济合作示范区建设】 跨境电商“一般出口”“直购进口”相继开通，验放出口清单16.4万票，货值1740万美元；进口清单1446票，货值46万元。成功恢复威海—仁川海运邮路；关区首票“丝路一体化”过境货物在威海顺利通关，与凭祥、二连浩特、霍尔果斯等7个口岸开展过境业务，办理过境业务494票、840个标准箱、6916吨。首次开通威海至阿拉山口的铁路转关业务；支持韩国进口商品集散地发展壮大，进口总值7亿元，高于省内其他地市同类商品进口总和；支持输韩小商品出口，吸引400余家义乌小商品出口企业在威海口岸通关，涵盖箱包、服装、五金制品、玩具等21大类、2000余种商品，对韩出口小商品32.9亿美元，占口岸出口总值的

26.6%。落实中韩海关AEO互认制度安排，辖区AEO认证企业达29家，对韩出口总值3.1亿美元，AEO企业出口韩国的海运、空运货物查验率分别降低98.2%和57.1%。加强外贸形势分析和信息报送，向市委、市政府报送信息专报32期。

【促进外贸转型升级】 支持重点行业企业发展，为远洋渔业、威高集团、三角集团等重点项目和重点企业减免税款1.41亿元，比上年增长75%。对重点造船企业进行“一对一”扶持，帮助广泰空港公司获商务部和海关总署联合发文特批右舵车加工贸易业务，解决政策难题，全年全市右舵车备案进出口总值692.8万美元。引导企业用足用好自贸协定政策，对暂时无法提交原产地证书的优惠贸易货物，允许先提出申请并凭保放行，后补原产地证书，保证企业享受关税优惠。验放优惠贸易货物总值1.2亿美元，涵盖中韩、亚太、东盟、智利、新加坡、新西兰等7个自贸协定、天然橡胶等130余种商品，企业享受税收优惠4079.3万元。

【促进贸易便利化】 开展“双随机”工作，随机布控占比达87.5%，最大程度上减少人为因素影响。推进集中汇总征税改革，实现征管模式由“逐票审核、先税后放”向“先放后税，汇总缴税”的转变，惠及企业7家，货值1.03亿元，为企业缓缴税款2373万元。推进无纸化通关，通关无纸化比例达98%，正常货物当日放行率100%。坚持“5+2”工作制、延时工作制和预约加班制，全年加班7600人次，人均330小时，外地企业进出口货运量占威海口岸的35%。

（宋西林）

·荣成海关·

【概况】 2015年，中华人民共和国荣成海关受理进出口报关单15.36万票，比上年下降6.4%；监管进出口货物162万吨，下降1.7%；监管进出口货物总值116.8亿美元，下降7%；监管进出口集装箱15.3万标准箱，下降2.5%；监管进出境旅客38.4万人次，下降14.9%；监管进出境船舶3213艘次，下降0.1%；征收进出境关税及代征税3.25亿元，增长34%；审批备案加工贸易合同1294份，下降9.9%；备案合同金额3.45亿美元，增长4.3%。

【全省首个县级口岸城市开通中韩海运跨境电商业务】 10月，石岛港中韩海运跨境电商海关监管中心建成并获得青岛海关批复，一般出口和直购进口业务正式启动，成为全省首个开通中韩海运跨境电商业务的县级口岸城市。成立跨境电商工作小组，联合地方政府和商务部门开展企业座谈培训30余次，组织外出学习10余次，制定荣成跨境电商监管模式和启动方案。

【深化海关业务改革】 与检验检疫机构成立关检“一次申报、一次查验、一次放行”联合工作组，联合召开政策宣讲会，跟踪解决企业难题20多个，实现荣成所有报关企业均使用“三个一”平台进行申报，54家企业享受到“一次查验”。行政审批“一个窗口”工作稳步推进，三地审批汇聚一地，全年受理行政审批事项4个。全面开展涉税进出口货物、“属地申报，属地放行”货物和转关货物通关作业无纸化改革，实现通关作业无纸化改革业务类型和业务现场的“全覆盖”；启动电子支付税款无纸化缴库改革试点，年减少签章1万余次、税单从打印到入库核销缩短至2～3天。口岸无纸化比例达99.8%，电子税单支付水平达99.5%以上。

【税收征管】 围绕原产地、归类、价格等指标要素，建立作业现场月度联合分析机制；将进口液晶玻璃面板、部分韩国小食品等4类30多种商品纳入经营审价范围，全年审价补税88.8万元；对口岸重点税源商品实施归类、价格预先审核制度，探索区域海关归类、价格、原产地等专业认定结果及企业电子支付担保文书的互认互通方法，提高征管效率。

【监管通关】 成立监管场所专项核查组，确定危险品储存、视频监控等36项具体检查内容，实施“户籍式”管理和实地巡查，即查即改问题9个。加大预定式布控力度，推进“双随机”工作，预定布控比例由17%提升到55%。挖掘H986系统非侵入式查验模式效能，现场机检集装箱标准箱468箱次，查验效能显著提升。严格查验作业，全面运用查验单兵系统，全年进口查验率9.7%，出口查验率3.2%，进出口查获率21.6%。加强船舶进出境、货物装卸、存储、提取等监控管理，对供船免税品、保税供船物料实施100%监管。严格执行行李物品两个100%和随机抽查比例不低于5%要求，持续强化“水客”综合治理。

【风险防控】 探索实施精准布控和风险抽查布控模式，查发烟台某公司利

11月19日，荣成海关工作人员验放荣成市首笔跨境电商货物

荣成海关提供

用集装箱夹藏走私化妆品案1起，案值137.7万元，涉税27万元。创刊《荣关监控及分析》，覆盖全关业务监控，年内分析数据69万条，查纠不规范业务问题8类32个，补税60多万元。全年上报采用风险信息109条，转处置85条，处置有效率78%。下达预定式指令679条，捕中报关单1050票，其中查验实体有效190票，预定式布控实体有效率为18.1%；预定式布控命中移交缉私案件线索2条。

【稽核查工作】 建立线索共用、作业叠加、结果互认和力量联动的稽核查协作机制，围绕加工贸易服装企业串换料件风险和修造船行业擅自抵押风险开展专项稽查。引入社会中介机构，核查企业实际单损耗、加工工艺以及所产生边角料、残次品等。全年启动稽查作业28家，查发问题企业17家，其中稽查追补税14家，稽查补税入库671.9万元，比上年增长400%。移交缉私部门处理3家，案值1.17亿元，涉税1327.03万元，稽查有效率为60.7%。开展加工贸易常规下厂核查54次，查发问题作业12起，核查有效率22.2%。

【打击走私】 刑事立案11起，案值1.28亿元，涉税2825万元，抓获犯罪嫌疑人16名。立案侦查“1509”崔某走私冻虾案1起，通过深挖扩线，案值和涉税额由618万元、111万元扩大为8672万元、1363万元，被列为海关总署缉私局二级挂牌督办案件。召开监管、缉私风险研判处置联席会2次，强化“风险分析＋情报共享＋联合处置”关警捆绑式业务执法联动机制。行政立案218起，比上年增长16.6%，案值1.82亿元，涉税金额4040.22万元。

【服务地方经济】 聚焦“一带一路”、中韩自贸协定签署等国家开放战略，开展“中韩自贸战略下开放渔业升级路径”等4项课题研究，并着力课题研究成果落地转化。深入辖区27家重点企业，开展国际市场变化、产业升级动态等行业性调研，编报《海关信息》160余条。举办AEO认证、加工贸易无纸化等政策培训班12次，培训企业人员580人次。荣成皇朝马汉外贸综合服务有限公司通过高级认证，山东“海之都”鲜活水产品商贸物流项目获批，设立全省首家鲜活水产品海关监管场所。山东海都公用型保税仓库、山东蓝润公用型保税仓库项目获得青岛海关批复同意。针对辖区减免税主要业务远洋渔业自捕回运数量激增、部分企业被取消远洋资格、自捕鱼集装箱运输等焦点问题，赴19家企业进行调研，落实税收减免政策，远洋渔业自捕回运水产品14.68万吨；指导荣成神飞造船有限公司破产重组后的加工贸易业务。全年审批减免税481票，审批减免税2.8亿元，比上年增长102%。

（邹　浩）

出入境检验检疫

·威海出入境检验检疫局·

【概况】 2015年，中华人民共和国威海出入境检验检疫局检验检疫出入境货物2.98万批，货值16.51亿美元，比上年分别下降0.8%和8.1%。检疫出入境船舶1905艘次，增长4.4%；检疫出入境飞机2784架次，增长110.1%。检疫出入境集装箱25.41万标准箱，增长6.5%。查验出入境人员59.31万人次，增长18.1%。签发各类产地证2.02万份，货值8.23亿美元，分别下降1.0%和5.7%。做好新《中华人民共和国食品安全法》的学习研讨和宣传培训，按照新的要求规范进出口食品检验监管。年内，获得“山东检验检疫系统2015年度先进集体”“全国质检系统先进单位”等称号。

【进出口产品检验检疫】 开展动植物检验检疫规范化建设，提升业务水平。在进口活蟹中两次检出水蛭类寄生虫，为山东口岸首次；对4.3万只进境水貂实施检验检疫，检出阿留申病阳性水貂12只。进出口工业品检出率在全省系统名列第一，根据威海检验检疫局检出的进口工业品不合格问题，国家质检总局发布警示通报4个，山东检验检疫局发布警示通报9个。开展“天平行动”，在进口煤炭夹杂的木块等检疫性杂物中检出小杆线虫，为全国首例；鉴定短重货物126批，上报山东检验检疫局短重案例34个；检出进口煤炭品质不合格171批，为企业挽回损失137.7万美元。开展进出口商品质量分析，在山东检验检疫局评估中列分支局第一位。

【维护口岸卫生安全】 保障国境口岸

3月21日，威海检验检疫局工作人员在入境邮寄物中截获圣诞玫瑰种苗

威海检验检疫局提供

安全，加大出入境人员、交通工具检疫查验力度，严格防控中东呼吸综合征、登革热等疫情，有效避免疫情传入。开展“绿蕾”专项行动，严厉打击非法携带植物种子、种苗进境的行为，首次截获海马、鲸牙制品、玳瑁壳、沉香木等濒危物种及制品，首次截获大量肉毒杆菌毒素等生物制品，检出放射性超标17例。邮检能力进一步提升，截获禁止入境物140批，比上年增长115%。其中，从澳大利亚进境甘菊茶中检出大蘼草等杂草种子及大量发芽的甘菊种子，为全国首次检出；首次截获从韩国进口的生鲜肉类产品；截获从日本进口的圣诞玫瑰种苗、从美国进口的鼠尾草种子，检出多种杂草种子及有害生物。

【检验检疫业务改革】 推动检验检疫事业长远发展。多举措促进通关便利化。实施省内通关业务一体化，实现进口直通、出口直放。全面推进无纸化报检，对在威海口岸实施口岸换证的报检批100%实施无纸化报检。推进关检合作“三个一”，落实与海关“一次申报”“一次查验”的工作要求，建立查验部门负责人联系制度，申请“一次查验、一次放行”信息化平台和山东电子口岸“单一窗口”在威海先行试点。开展检验检疫流程时限核查整顿活动，缩短流程时限。核查电子监管系统内所有出口产品的快速核放设置情况，对379批进口货物放行后查验时间、合格评定时间、证单拟稿时间、样品交接等环节和191批出口货物的拟稿环节进行全面检查，提出电子监管系统维护、缩短拟稿时限等五个方面的整改措施。探索推进风险管理，组织开展风险评估和应对工作，提交风险分析报告23份；探索将风险分析结果应用于检验检疫工作当中，实施差异化监管，有针对性地开展检验检疫监管。

【服务外贸发展】 *促进外贸稳定增长* 山东检验检疫局与威海市政府签署《推动威海开放型经济跨越发展合作备忘录》。助推威海市跨境电子商务发展和韩国食品日用品交易集散中心建设，最大限度地提高验放速度，缩短通关时间，吸引众多进口商从威海口岸进口韩国商品。参与山东省、威海市大型仪器设备共享平台建设，帮助企业享受检测费用补助22.6万元。

支持威海口岸拓展功能、扩大开放 帮促威海港三、四期和客运码头通过开放验收。扶持威海港进口冰鲜水产品指定口岸业务，向上级争取扩大进口韩国水产品种类范围，威海口岸可进口的韩国冰鲜水产品新增19个品种。支持威海港取得进境食用水生动物指定口岸资质，进口量比上年增长112.4%。推动威海港申请进口肉类指定口岸，得到国家质检总局批复。主动服务中韩陆海联运项目发展，组织人员进行专题调研。

落实原产地优惠政策 加大产地证相关政策宣传力度，与商务局签署《自贸区优惠政策宣贯合作备忘录》，开展自贸区优惠政策进万企活动，培训企业700余家。在全省率先实现区域原产地签证一体化，为企业节约出口成本，3000余家出口企业获益。在全国率先实现对外贸易经营者备案与原产地申请人备案“两证合一”，简化程序，方便企业办理产地证。

开展技术性贸易措施研究 积极开展技术性贸易措施影响调查，开展信息服务、通报评议等工作，帮促企业提升应对能力。针对加拿大食品检查署通报某企业出口冻扇贝柱水分超标问题，深入调查，指导企业申请复验，使不合格通报得以撤销。针对韩国KFDA通报某企业出口调味毛扣鱼不合格问题，认真调查分析，指导企业申请复议，使韩方承认误判，企业产品得以放行通关。

提升实验室检测保障能力 拓展检测领域，针对17类产品新开检测项目138项，其中获CNAS认可的9类36项。压缩检测流程时限，总体检测流程缩短1～2天，鲜活产品、进口鲜牛奶等保证在24～48小时内出检测结果。落实经费1200余万元改造实验室。针对威海口岸日益增长的化妆品检测需求，申请建设化妆品实验室，获国家质检总局批准筹建化妆品检测区域性中心实验室。

（周 怡）

·荣成出入境检验检疫局·

【概况】 2015年，中华人民共和国荣成出入境检验检疫局检验检疫出入境货物2.60万批，货值13.87亿美元，比上年分别增长4.8%和10.5%。其中，出境货物2.12万批，货值8.78亿美元，分别减少0.4%和4.7%；进境货物4832批，货值5.09亿美元，分别增长35.7%和52.4%。检出不合格货物3020批，货值6963万美元。签发普惠制产地证书2063份，签证金额8719万美元；签发区域性优惠产地证书1444份，签证金额8830万美元。查验旅客携带物22万多人次，查获违禁入境旅客携带物1568人次。被山东检验检疫局授予“山东检验检疫系统2015年度先进集体”称号，被荣成市委、市政府授予“2015年度诚信示范单位”称号。

【检验检疫业务改革】 落实“三互”（信息互换、监管互认、执法互助）推进大通关工作部署，推进关检合作“三个一”，健全完善荣成口岸关检联动配合机制。全面实施“通报、通签”原产地签证新模式。关检共同查验197批次，有效简化通关手续，提高通关效能，降低企业成本。推行无纸化申报模式改革，强化流程时限管理。充分利用微信公众号、LED屏幕、公告栏等多种方式持续推行无纸化申报模式改革宣传。加强企业信用管理和货物风险分析，对符合条件的货物实施检验检疫全程无纸化，189家出口企业实施无纸化报检，出口无纸化报检率达97%。推行进出口食品评定放行新模式。进口食品采取审单放行、查验放行、监控放行三种放行模式，出口食品采取快速验放、评定验放两种放行模式，水果罐头、海藻制品2大类、6种类产品实现快速核放模式；创新改进韩国进口巴氏鲜奶监管模式，实行“前期认证采信+口岸快速放行+事后严格监管”的新模式。

【口岸检验检疫】 卫生检疫监测，完成出入境传染病监测体检1770人次，艾滋病监测1720人次，检出各类传染病

83 例，检出率 4.7%。针对韩国输入性中东呼吸综合征疫情严峻形势，探索“一个关口、两个支撑、三条防线”口岸传染病防控新模式，得到荣成市政府支持。工业品检验监管，以敏感性商品为重点，检验进出口货物 2012 批，检出不合格 80 批，检出率 4.0%。其中，进口工业品 1669 批，批次检出率 4.7%，退运 9 批；出口工业品 343 批，其中法检 88 批，1 批不合格，检出率 1.4%。入境动植物疫情检疫，首次批量截获中药材贝母、种用板栗、石莲花等多肉植物，检出花生豆象和鼠妇等有害生物。

【检验检疫服务经济发展】 发挥政策信息优势，指导企业用足、用好优惠政策，为辖区 289 家进出口企业的 1.69 万批次货物减免检验检疫费用 340 万元。简化流程，加强关检协作，实行“三个一”业务模式。在 186 家企业中推行无纸化报检，实现出口产品和出口企业全覆盖，出口报检无纸化报检批次约占总批次的 97%。取消原产地备案企业年审，为 419 家企业压缩流程时长 600 个工作日。指导企业用足、用好产地证优惠政策。推行全天候服务和“5 + 2”工作制度，提高通关效率，降低通关成本。推动进口肉类指定口岸建设，协调荣成市政府、口岸办、石岛新港等单位，推荐石岛新港作为国家进口肉类指定口岸，获国家质检总局批复建设。指导石岛新港申请进境肉牛（屠宰用）口岸，帮扶泰祥集团建设配套进境肉牛隔离场及屠宰厂。

【推进“科技兴检”工作】 加大资金投入力度，为实验室配备全自动酶标仪等先进仪器设备，扩充检测项目 34 项，变更检测项目 10 项，技术中心检测能力达到 471 个检测项目。加大科研项目申报力度，与哈尔滨理工大学荣成校区、地方科技部门等建立合作关系，联合申报科研项目 4 项，其中，山东检验检疫局科级立项 1 项，推荐国家局科技立项 1 项。拓宽委托检测市场，根据企业和市场需求，新增甲霜灵、霜脲氰、霜霉威等 24 检测项目。

（王敬祥）

海　事

【概况】 2015 年，中华人民共和国威海海事局办理船舶进出港签证 10.74 万艘次，比上年增长 18.5%；货物吞吐量 2599.7 万吨，增长 15.9%；海上运送旅客 852.9 万人次，增长 16.1%。年内，组织开展营运船舶检验质量监督检查 32 艘次，检查覆盖率 17.1%，查处 2 起船检质量严重缺陷案件。开展船舶建造重要日期确认 2 艘次，确认率达 100%。开展船旗国监督检查 193 艘次，下降 14.9%，检查覆盖率 19.9%，滞留船舶 12 艘次，滞留率 6.2%；开展港口国监督检查 185 艘次，增长 90.7%，累计滞留 16 艘次，滞留率 8.6%。注册船员 1.86 万人，全年组织船员适任考试 2044 人次，签发各类船员证书 5723 本，组织船员实操检查 296 人次，港口建设费征缴累计上缴 2934 万元。VTS（船舶交通管理系统）累计监控过往成山头水道船舶 10.66 万艘次，比上年下降 1.6%，提供安全信息服务 9.73 万次。辖区发生险情 29 起，下降 34.1%，为十年来最低。成功救助 738 人，救助船舶 9 艘，人命救助成功率 97.4%。辖区发生海上交通事故 8 起，比上年减少 3 起；死亡失踪 4 人，减少 1 人；沉船 1 艘，减少 1 艘；直接经济损失 687 万元，减少 58.6%，实现水上交通事故四项指标均下降，海上安全形势持续稳定。

【平安海区创建】 2015 年，威海海事局发挥平安海区创建办公室和搜救中心办公室的平台作用，推进政府主导下的“四联”机制建设。联合市公安局、商务局、港航局开展水上非法运输专项整治活动，查处 1 起非法劳务外派机构诈骗案件，联合市渔业、安监、港航部门开展水上非法运输专项整治，查处过路内河船舶超航区违法从事海上运输行为。联合船级社开展船舶稳性检查，对 4 艘存在严重质量缺陷船舶实施停航。在船舶配员和任解职集中检查中处罚 2 起船员制作假资历换证书案件。增强与天津 VTS、大连 VTS 和秦皇岛 VTS 工作交流，派船参加国家海事局组织的跨辖区联合巡航执法 4 次，与烟台海事局、济南海事局联网、联动，发现并移交违章行为 11 起。推进威海市溢油应急规划编制取得实质进展。扶持威海蓝天救助志愿队发展，增强近岸水域险情救助能力。联合渔业部门开展海上安全警示教育，保障威海辖区海上安全形势持续稳定。

【推动港航经济发展】 年内，威海海事局配合市政府推进荣成 6 个一类口岸作业点验收工作，服务文登张家埠新港和乳山港申请开放工作，配合完成威海港三、四期工程对外开放验收。围绕中韩自贸区示范区建设，梳理海事职能，从通关环节、航运企业管理和船舶注册资质等方面提出服务措施，推动港航经济发展。争取公共航路和避风锚地用海需求，强化海上赛事、滨海旅游巡查联合监管等服务保障措施。严格落实国家简政放权政策，全年减免税费 2300 万多元。

【客船安全监管】 始终把客船安全监管作为重中之重，有效运行威海至大连连航线严把“六关”、威海至刘公岛航线“一心两线”、威海至韩国航线“三定三查”机制，海上客运总体平稳。联合市安监、港航部门召开辖区 21 家涉客企业安全管理会议，落实客运安全十条意见，联合船级社检查客船 38 艘，查处并整改缺陷 223 项。在暑季旅游高峰期，全面加强客运船舶安全监管调度，保障游客安全。加强客船全程动态控制，多次专题协调推进，组织船长提前试航，保障威海刘公岛旅游码头搬迁新址安全运营。

【新版《成山角水域强制性船舶报告制》和《成山角水域船舶定线制》实施】 6 月 1 日，经国际海事组织审议通过新版《成山角水域强制性船舶报告制》和《成山角水域船舶定线制》（以下简称“两制”）并正式实施。针对航运企业、到港船舶及航海院校和船员培训机构、渔民等开展全方位宣传。完成《成山角船舶交通管理系统安全监督管理细则》的修订和发布。新“两制”的运行，规范了船舶交通流，船舶海上碰撞风险降低，安全态势逐步趋好。

【海事“三化”建设】 持续推进海事革命化、正规化、现代化建设（简称“三化”）。以四类窗口“三化”为突破，承办山东海事局海事处“三化”建设现场会，“海巡0592”入选“三化”建设示范点，政务中心连续6年获评市先进办事大厅，VTS中心品牌效应持续发挥，与全国多家兄弟单位、大专院校开展深度交流。推进依法行政。落实简政放权要求，完成执法事权层级调整。全年实施行政处罚103起，比上年减少24.8%；罚款87.64万元，增加54.4%，行政处罚自由裁量权使用更加规范。开展教育培训月活动，开展四类窗口模块化培训和网上教育培训平台，2人被选派参加国际学习交流，7人完成在职硕士学位教育，7人新增为山东海事局拔尖人才，2人通过国家司法考试。全面修订质量体系文件，应对预算管理改革，强化内控，提高预算执行率。基本建设项目稳步推进，成山头船舶溢油应急设备库和威海VTS扩建项目如期推进，VTS综合业务用房通过竣工验收。

（江　婷）

船舶检验

【概况】 2015年，山东省威海船舶检验局检验船舶205艘次（其中建造检验45艘次，营运检验160艘次），审查图纸26套，船用产品检验6批次，船舶修造厂认可9家。

【船舶建造检验】 加强船舶检验部门在船舶建造方面的技术引导和质量把关作用，参与船舶设计的前期工作，帮助辖区设计部门引进世界游艇标准化设计先进理念，提升游艇设计水平。加大船舶建造检验力度，提高检验到位率，严格执行船舶法规及有关技术规范，严格执行船舶建造检验相关控制程序，严把船用产品检验质量关，保证船舶建造质量。落实船厂生产技术条件认可标准，完善船舶建造企业标准和有关工艺文件，提高企业管理水平和技术水平。

【营运船舶检验】 严格执行船舶营运检验过程控序，按照船舶技术法规、规范实施检验，发现问题，及时督促整改。对辖区的老旧船舶、油船及客渡船进行重点检验，全面排查安全隐患。对不具适航条件、不满足规范要求和没按要求完成整改的船舶不签发适航证书。与威海海事局联合对辖区客渡船进行全面检查，针对存在的图纸资料不全，尤其缺少稳性资料等历史遗留问题下达整改通知书，要求于2016年3月底前完成整改。年内，5艘船舶进行倾斜试验，完成审核部分船舶图纸资料和试验报告。

【船舶检验质量管理】 开展船舶检验质量检查活动，全年组织全体验船师进行质量体系检查3次，检查归档检验资料93份，发现问题50多项，对发现的问题进行纠正。加强船检技术档案室管理，对所有船检技术档案进行全面整理，完善船检技术档案交接登记、借阅登记、销毁登记制度。

【支持辖区船舶企业发展】 发挥专业优势，服务辖区企业。制定2015年验船师培训计划，坚持定期业务学习制度，对在船舶审图、实船检验中出现的问题进行专题研讨。采取各种措施，提高服务水平。走访辖区内船舶公司、船厂16家，征求意见，解决企业实际困难。宣传讲解船舶法规规范，开展船厂质检员、航运企业机务人员和企业技术工人培训，引导企业加大技术投入，加快技术设备更新换代。严格落实岗位负责制、服务承诺制、限时办结制，遵循便民原则，提高办事效率。开展客户回访和满意度调查活动，2015年度客户满意度高于95%。

（陈旭波）

边防检查

·威海边防检查站·

【概况】 2015年，中华人民共和国威海边防检查站检查出入境人员51.19万人次，比上年增长8.5%。其中，海港23.84万人次，空港27.35万人次。检查出入境船舶1430艘次、飞机2131架次，查处违法违规人员4人，查获在控对象19人、网上追逃2人。完成抗日战争胜利70周年、世界铁人三项系列赛、“国际帆船周”边防安保等重大勤务。

【口岸管控】 完善“四大”防控体系建设（大指挥、大情报、大联勤、大平台），构建“指挥中心为枢纽，前台检查、后台核查为基点，海空港执勤单元为支撑，机动处突力量为后备，移动警务平台为补充”的处突防控模式。年内，先后开展处突演练50余次。加强口岸管控排查整治，实施对日韩国际航线重点检查，落实一船一哨和巡逻检查制度。整合“十库五平台”，建立“前台检查、后台核查、全面倒查”三级核查制度，重点、嫌疑人员联系核查率100%。

【边检服务机制创新】 抓住中韩自贸区建设机遇，研究提出“建立威海与仁川边检警务联络机制”“实施中韩陆海联运整车运输通关模式”“强化口岸地区警力部署”“争取72小时过境免签”等政策建议。主动服务文登张家埠新港、乳山新港开放和威海新港三、四期扩大开放，推进边检配套设施建设。创新船舶动态管控平台建设，引入“船讯查询系统”，推进海港边检勤务综合指挥系统建设，船舶、人员同步管控能力有效提升。打造“海空国门·阳光边检”服务品牌，被威海市口岸办公室、市精神文明办公室联合表彰为“口岸优秀服务品牌”。

（卜凡章）

·石岛边防检查站·

【概况】 2015年，中华人民共和国石岛边防检查站检查出入境（港）船舶1928艘次，比上年增长2.8%；检查出入境（港）人员30.39万人次，下降8.4%；查获违法违规案件19起34人次，查获在逃、在控人员2起2人次。

【口岸防控】 切实筑牢反恐维稳屏障。始终将反恐维稳和服务地方经济发展作为边检机关主责，深入开展涉外渔船边防治安整治、严打暴恐专项活动，并固化为常态化举措，始终保持严防严控的高压态势。开展口岸安保反恐大排查活动，先后排查重点企业20家、重点部位21个，切实掌握口岸维稳底数。加大巡查力度，建立武装巡查与便装巡查相结合、固定哨与流动哨相结合、实兵巡查与视频巡查相结合的立体化巡查机制，提升巡防效能。建立远洋渔船管理"1+X"联动机制，成立海上应急处置联合指挥中心，全面整合资源信息，提升服务管控效率。制定《远洋渔船边防检查勤务规范》，加强与涉渔主管部门合作，建立标准化远洋渔船检查流程，年内牵头召开远洋渔船管理联席会议2次，确保远洋渔船管理科学规范。

【边检服务】 深化边检服务效能，结合口岸扩大开放新形势，开展边检服务品牌集中宣传和提高边检服务水平"回头看"活动，先后开展外部评价活动2次，召开代理企业和旅行社管理座谈会2次，征求各类意见、建议11条。建立线下线上相结合的民意沟通机制，线上充分发挥边防e信等网络平台作用，线下定期开展警民恳谈会、相约勤务室等活动，拉近与服务对象距离。结合服务对象需求意见，研究出台靠前服务、保障服务、延伸服务等"便民利民十项措施"，并于4月建成启用石岛新港勤务指挥室，推动服务前移。加强与海运公司、120急救、车站沟通协调，推出出境游一站式服务、急救无障碍服务、企业驻点式服务三种服务模式，建立健全预报网络化、通关精准化、查验现场化、手续同步化等快速查验机制，先后为服务对象提供通关便利13次，满足不同业务类型通关需求。

【边检勤务改革】 围绕口岸点多、线长、面广，执勤区域高度分散，警力与任务量矛盾突出等问题，创新推出分区执勤模式，谋划建设4个功能齐备的勤务指挥室，警力使用效能和口岸见警率进一步上升。以"船方自管、港方协管、边检监管"为原则，全力构建以诚信管理为基础的自管体系，推动企业由被动管理向主动管理转变。进一步精简机关充实基层，一线执勤人员比例达73.1%。做好群防组织力量建设，完成边检信息员的选录、培训，建成一支30余人的辅警队伍，有效缓解边检执勤压力。

【边检基层基础建设】 结合口岸扩大开放，落实地方资金75万元，全面建成"海港勤务综合指挥系统"，完成港区107路高清数字监控系统改造升级，提升边检信息化水平。做好船艇配发前相关准备，协调地方政府做好船艇基座选址，对拟培训船艇驾驶员摸底，确保船艇交付后顺利投用。围绕打造实战化指挥中枢，投资170万元全面推进指挥中心改造建设，打造具有应急指挥调度、勤务监控管理和集群通信等功能于一体的实战综合指挥平台。投资20余万元为基层增配警械装备，常态化开展不打招呼式的拉动演练，定期组织"红蓝实战对抗"，有效提升部队应急处置能力。

（戴逢波）

·龙眼港边防检查站·

【概况】 2015年，中华人民共和国龙眼港边防检查站检查出入境船舶793艘次，比上年下降24%；检查出入境人员13.61万人次，下降27%；查获在控人员2人次，救助伤病旅客6人次，获赠锦旗4面。年内，被山东边防总队评为安全工作先进单位，1个基层单位被山东边防总队表彰为基层建设先进单位，26人立功受奖，1人获总队第六届"齐鲁边防风采"大赛书法类二等奖，1人创作的提高边检服务水平文学作品被公安部评为三等奖。

【边检业务工作】 抓住边检工作重点，稳步推进勤务模式"智能化"、用警效能"实战化"、服务管控"一体化"、口岸维稳"协同化"。完成海港勤务综合指挥系统推广应用，全面启用电子登轮证；规划扩建800平方米勤务指挥中心，3G无线巡查车实现全面升级，大幅提升海港勤务智能化运作水平。对执勤岗位进行科学整合，将边检辅警队伍纳入口岸应急处突体系，实行"科—队—边检辅警"实战互补勤务组织模式，用警效能实现最大化。建立健全"信息共享、互访交流、防控联动、联勤协作"四大机制，先后9次、累计派出警力200余人协同济南军区完成"联合管控2015"实战演练，实现服务与管控"双促进"、地方政府和服务对象"双满意"。

【边检服务能力建设】 以部队"四项建设"为抓手，全面强化部队基层基础，建成海港边检勤务综合指挥系统，打造集"数字管理、网上服务、立体监控"多功能于一体的边检勤务信息化平台。编制完善涵盖3类19种突发事件情形的应急预案库，配置警用器械40余套，开展应急实战培训10余次、应急拉动30余次，参训参演官兵累计700余人，官兵应急实战能力明显提升，1人入选第三支赴利比里亚维和警察防暴队。重点围绕执法语言、行为、程序、管理和监督等方面，健全完善执法制度体系，制定出台《执法执勤用语规范》，该规定入选山东边防总队优秀执法制度汇编，较好地发挥示范引领作用，执法工作连续15年保持零过错、零违纪、零投诉。

（郭惠君）

编辑　李传强

旅游·会展

综　述

【概况】 2015年，全市旅游业持续健康发展，实现旅游消费总额455.35亿元，比上年增长14.2%。接待入境游客46.17万人次，增长3.1%；入境游客消费2.51亿美元，增长3.8%。接待国内游客3541.75万人次，增长9.2%；国内游客消费422.03亿元，增长14.4%。全市城乡居民出游消费17.64亿元，增长17.5%。全市AAAA级以上景区完成最大承载量数据核定工作。刘公岛客运中心威海旅游公共服务大厅正式启用。年内，威海入选大陆赴台湾个人游试点城市，“走遍四海 还是威海”获得“好客山东十佳特色旅游品牌”，“威韩连线”旅游产品获省旅游营销创新奖；威海市旅游局获中国旅游“最具推广力旅游局”称号，被评为全省旅游系统先进集体；威海3人获山东省“德耀齐鲁道德公民”称号。2015年，全市举办会展活动146个，会展业直接总收入1.7亿元。

【威海市入选赴台个人游试点开放城市】 3月18日，海峡两岸交流协会公布大陆居民赴台个人游第五批试点城市，威海入列其中。4月15日开始，赴台个人游业务正式启动。威海市民入台旅游更加便利化、多样化，促进威海和台湾更大范围、更高层次、更多领域的交流，拓展两地文化、旅游、经贸合作空间。

【“铭记历史 圆梦中华”红色旅游万里行主题活动】 8月15日—9月30日，根据国家旅游局统一部署，威海市积极响应和配合“铭记历史 圆梦中华”全国红色旅游万里行主题活动，制订活动实施方案，发动辖区内红色旅游景区推出“全国红色旅游万里行”主题活动，引导、鼓励广大游客走进红色旅游景区，接受红色教育，传承红色基因。

【参评国家首批乡村旅游千千万万品牌】 9月22日，省旅游局印发《关于公布获得国家首批乡村旅游千千万万品牌荣誉的单位和个人名单的通知》，荣成市俚岛镇烟墩角村等5个村获评中国乡村旅游模范村；迎海休闲观光有限公司等3家单位获评中国乡村旅游模范户；蔡志科等27人获评中国乡村旅游致富带头人；荣成市烟墩角乡村旅游合作社曲鸿斌等19家经营户获评中国乡村旅游金牌农家乐。

【参评山东省工农业旅游示范单位】 12月，威海市6个镇（街道）被评为山东省旅游强乡镇；15个村被评为山东省旅游特色村；26个单位被评为山东省工农业旅游示范点；17个单位被评为山东省精品采摘园；1个专业合作社被评为山东省开心农场；29个单位被评为山东省好客人家星级农家乐，其中四星级农家乐25个、三星级农家乐2个、二星级农家乐2个。

【高铁旅游市场拓展】 2015年，在《新商旅》《中国旅游报》、威海电视台等10多家媒体开设威海高铁旅游宣传专题；与京沪高铁沿线的北京、上海等7家城市晚报合作，组建高铁旅游晚报联盟，组织四季旅游采风等宣传活动。拓展高铁沿线旅游市场，推出系列高铁旅游优惠活动，邀请省会城市群旅游联盟70家旅游企业到威海推介，组织威海市43家旅游企业到潍坊、济南等地进行高铁旅游专题推介。组织“乘高铁 游威海”旅游大篷车，赴上海、镇江等7个高铁客源城市促销。通过威海旅游官方微博、微信举办高铁游抽奖活动。完善高铁旅游配套服务，在威海高铁北站设立游客服务中心和咨询中心，为游客提供咨询服务。在威海旅游公共服务网开设威海高铁旅游专题，畅通电话、网上等多渠道旅游投诉机制，积极受理游客的投诉。

【季缃绮考察威海旅游工作】 1月21日，山东省副省长季缃绮带领省直有关部门负责人，到威海督导检查调研旅游工作，实地考察刘公岛客运中心运营、市旅游公共服务中心建设、荣成烟墩角村乡村旅游及生态保护、荣成海洋食品博览中心展示等情况。

旅游规划与项目建设

【概况】 2015年，新增A级景区6家。其中，新增威海文登区山泰生态园等5家AAA级景区，中韩边贸城获评AAAA级景区，华夏城景区通过AAAAA级景区景观质量评审。完善A级景区退出机制，取消AAA级景区1家，全市A级以上景区达45家。其中AAAA级以上景区12家，占全市景区比例达31.1%，位居全省第一。大乳山、天鹅湖、香水海3家景区获评省级原生态旅游景区；大乳山、赤山等7家景区获评首批全国旅游价格信得过景区；国家领导人在第21届联合国气候变化大会的发言“应对气候变化——中国在行动”中将大乳山滨海旅游度假区作为中国3个生态修复的突出典型。马石山革命烈士陵园和天福山革命纪念馆申报全国红色旅游基地。推进全市34个重点旅游项目建设，年内完成投资105.59亿元；呼雷汤影视基地项目纳入省级重点文化旅游项目，乳山台依湖、文登呼雷汤入选全国优选旅游项目。环翠北海旅游度假区获批省级旅游度假区，全市省级旅游度假区增至5家。全市14个A级以上景区设置韩文标识。

【旅游厕所建设管理】 12月29日，与市经信委、商务局、住建局联合印发《关于印发威海市旅游厕所建设管理实施方案的通知》，各区市核定景区点、乡村旅游点、乡村旅游经营业户、加油站等旅游厕所建设计划，全市到2016年末完成新建厕所567座、改建3081座的任务，通过厕所建设，实现全市旅游厕所“数量充足、干净无味、实用免费、管理有效”的目标。

【南海福地传奇水上乐园开业】 6月1日，总投资15亿元的南海福地传奇水上乐园开业仪式在威海南海新区举行，邀请国内外20多名明星艺人到场演出。项目占地50公顷，游乐设施30多项，以生态园林景观、戏水文化游乐为主题。乐园内设备精美，有获得国际旅游行业协会“金票奖”的超级大喇叭、巨兽碗、喷射滑道、互动水寨、合家欢滑道等。游客可感受水上运动的动感和刺激，能欣赏500多种国内南北方植物。休闲区设置茶马古道、十二生肖、二十四孝图案等。

旅游宣传与促销

【概况】 2015年，加快推进中韩旅游领域合作，推进中韩自贸区旅游政策落地，推进威海环球国际旅行社与韩国华邦旅行社合作成立中韩合资旅行社项目。推进威海与仁川开通邮轮旅游线路，争取邮轮72小时过境免签、韩国旅游团队15日免签、居民免签等政策。推介韩国登山、医疗旅游产品，启动“中韩文化旅游季”活动，邀请韩国相关部门、旅行商、媒体考察团等10多批次1000多人到威海考察旅游资源。加大与韩国的旅游交流合作，推广“威韩连线”旅游产品，举办威海（韩国）旅游推介会、中韩铁槎山登山大赛等活动，与韩国达成登山、修学、度假、医疗等合作协议30多项，接待韩国登山、休闲垂钓游客2万多人，其中接待300人以上的旅游团队5个。赴韩国参加“山东登山旅游年”宣传促销活动。在俄罗斯赤塔、伊尔库斯克等地设立威海旅游宣传广告牌，拓展俄罗斯客源市场；与满洲里市旅游局合作，旅游旺季开通至满洲里、哈尔滨旅游包机。在台湾45辆观光巴士发布威海旅游车体广告，与台湾重点旅行商合作举办8场威海旅游专场推介会。年内，市旅游局及旅游企业先后参加中国旅游城市新媒体联盟石家庄峰会、2015智慧旅游产业高峰论坛暨品橙旅游峰会、2015威海跨境电商生态峰会、2015北京国际旅游博览会、第二届四川国际旅游交易博览会、天津北方十省市旅游交易会、第十届海峡两岸台北旅展等，宣传推介威海旅游资源和形象，与当地旅游企业进行交流合作。

【台湾旅游团、台北旅游摄影展两岸采风团到威海观光考察】 1月12日，台湾志洋旅行社组织的80人台湾旅游团到威海市韩乐坊、环翠楼、天鹅湖等景点观光游览；旅行社董事长萧志洋获得“2014年威海旅游推广金牌奖”。1月17日—21日，来自台湾的“国家地理杂志社”记者和著名摄影师到威海考察，先后考察成山头、天鹅湖、赤山等旅游景区。与相关承办单位在台湾举办威海旅游摄影展，出版威海旅游专刊，提高威海旅游在台湾的知名度和影响力。

【“乘高铁 游威海”大篷车促销活动】 3月24日—4月1日，市旅游局组织刘公岛景区、华夏城景区、仙姑顶景区等35家旅游企业先后到上海、无锡、常州等8个省外城市开展“乘高铁 游威海”旅游大篷车促销活动。活动举行8场推介会，邀请媒体近60家，与各地310家旅行社进行深入交流洽谈，重点推介滨海度假、休闲养生、“威韩连线”、华夏演艺、登山康体、乡村采摘等旅游产品和优惠奖励政策。

【参加山东旅游O2O泰山会盟】 4月21日，市旅游局组织全市近50家重点旅游企业参加省旅游局主办的“山东旅游O2O泰山会盟”。威海市与会企业与国内知名旅游企业集团及OTA运营商举行结盟签约及洽谈活动，达成产权结盟和营销结盟意向49项。其中，威海广澳旅游投资有限公司（福如东海景区）与山东东宝重工科技有限公司达成产权结盟意向，将投资5000万元合作开发潜艇观光等海上旅游项目。威海市设立4个宣传展位，对威海二日游、三日游产品进行重点推介，有8家景区、2家星级饭店、6家旅行社与相关旅行商、OTA运营商等达成营销结盟意向。

【省内旅游促销活动】 4月22日—28日，市旅游局组织全市20家旅游企业赴省内东营、淄博、聊城等6个重点客源城市开展旅游促销活动。通过现场推介、恳谈交流、发放宣传资料等多种形式，借助威海仁川地方经济合作示范区建设、威海开通高铁、获评全国文明城市等时机，推介威海旅游新景点、新项目，宣传威海优惠奖励政策，与200余家旅行社达成合作意向，促进威海市与省内各重点客源城市资源共享和行业交流。

【“斗美——当台湾遇见威海”摄影展】 5月22日—25日，由市旅游局主办的“斗美——当台湾遇见威海”摄影展在台北国际观光博览会举办。摄影展展出摄影作品230多幅，以“斗美——当台湾遇见威海”为主题，通过展示威海与台湾相近的美景和特有的人文风俗推介威海，让更多人认识威海、了解威海。

【2015“G6共同体”国际研讨会在威海南海新区举行】 5月31日，2015“G6共同体”国际研讨会在威海南海新区举行。会议由发展中国论坛（CDF）、东北亚（G6）城市发展共同体全球联盟组织主办。中、日、韩三国各领域专家及部分优秀旅游城市代表齐聚南海新区，围绕东北亚在“一带一路”战略中的合作与作用、如何开展东北亚文化旅游交往、中韩自贸区对威海乃至全国的影响、中韩自贸区建设中旅游与相关产业如何协同发展等内容进行深入探讨。

【东北亚（G6）国际旅游城市联盟启动】 5月31日，举行东北亚（G6）国际旅游城市联盟启动仪式，并通过“G6+”旅游联盟框架性协议。联盟由发展中国论坛、东北亚（G6）城市发展共同体全球联盟组织、威海市旅游局、威海南海新区管委会等共同发起，在G6共同体框架下建立东北亚（G6）国际旅游城市联盟，促进各联盟城市全面合作，搭建高层次交流、贸易、招商和投资平台，优化整合资源，促进城市旅游业繁荣发展。

【“乘包机游威海”专项旅游推介活动】 7月7日—11日，市旅游局组织全市旅游企业赴哈尔滨、满洲里举办“乘包机游威海”专项旅游推介活动。与当地旅游部门和近80家旅行社负责人进行洽谈交流，推介威海旅游产品和优惠奖励政策。威海至满洲里旅游包机于7月11日开通，至8月20日，每周二、四、六直航，开通20个航班；威海至哈尔滨旅游包机于7月15日正式开通，至8月15日，天天直航，开通30个航班。

【2015威海（韩国）旅游推介会】 8月24日，“2015威海（韩国）旅游推介会”在韩国仁川·威海馆举行。推介会由威海市政府主办，威海市旅游局承办。同期举办威海国际铁三赛、中韩山地自行车交流活动发布会，并进行威海环球国际旅行社与韩国华邦旅行社合资成立中韩合资旅行社、胶东海运与京畿道旅游协会合作、威海东荣国旅与韩国文化交流中心合作、山东七星策划有限公司与韩国互赢传媒机构韩中互赢（山东）文化传媒合作4个项目签约仪式。威海市各区市旅游局、重点旅游企业负责人近30人参会，与韩国近百家重点旅行商进行合作洽谈。中韩双方达成登山、修学、度假、文化交流系列合作协议30多项，协议人数6000人次。威海旅游形象广告在首尔广场、仁川国际机场、仁川至首尔巴士同时亮相。2015年是中韩互办旅游年的第一年，旅游推介会是“中国旅游年”系列活动之一。

【韩国山水园爱国会全国会长团登山大会在赤山景区启动】 10月15日，由省旅游局主办的韩国山水园爱国会全国会长团登山大会在威海赤山景区启动，来自韩国各地的韩国全国会长代表团及中方代表850余人参加开幕式。

【韩国仁川广域市旅游推介会在威海举办】 11月16日，韩国仁川广域市旅游发展局在威海市举办旅游推介会。威海市委副书记、市长张惠和仁川广域市市长刘正福出席会议并分别讲话。威海市旅游行业协会与仁川广域市旅游发展局签署加强两地旅游合作协议，双方约定在文化及旅游商品开发、旅游商品推广和招商引资等方面开展合作。

【山东半岛城市旅游区域合作联盟成立】 11月17日，市旅游局与青岛、烟台等五市旅游部门签署合作协议，成立山东半岛城市旅游区域合作联盟。联盟城市共同分享旅游企业相关信息，建立旅游突发事件应急处理机制，加强旅游执法部门和质监部门的执法联动和信息沟通，推动旅游行业协会、企业之间的交流与合作，加强行业自律和旅游诚信体系建设，打造山东旅游的“仙境海岸”旅游品牌和形象，拓展国内外旅游市场。

旅游行业管理

【概况】 2015年，审批成立12家旅行社，注销1家旅行社，至年末，威海市有123家旅行社，A级以上旅行社44家。开展“十强旅行社、最佳地接旅行”“智慧旅行社”等评选活动，举办“旅游大比武”活动，引导全市旅

11月16日，韩国仁川广域市旅游推介会在威海举办　　市旅游局提供

行社企业内提素质、外塑形象。聘任4名省级星评员，聘任17名旅游服务质量社会监督员，对规范全市旅游市场秩序、提高旅游服务质量、改进旅游公共服务提出意见和建议。市旅游局组织举办新导游员岗前实践技能培训班，提高新导游员的综合素质和服务意识。组织威海市旅游企业学习先进管理模式和成功经验，促进旅游企业转变经营思路，创新转型途径。威海市持续推广地接奖励政策，推动旅行社业务由组团向组团地接并重转变，由线下向线上线下并重转变。举办旅游购物场所评定，“到威海不得不买的20种旅游商品”“礼尚威海”特色旅游商品征集活动，开展第三届“美食休闲季·经典威海菜”系列主题活动，推出具有威海特色的旅游商品，推出“礼尚威海”网上商城，线下同步举办旅游商品百店开创活动，打造“礼尚威海”旅游商品品牌。第四届山东省导游大赛暨“十大文化旅游目的地品牌”旅游线路创新设计大赛中，威海市选送的2名导游员分别获中文组二等奖、网络人气奖和英文组二等奖，威海市旅游局获得大赛优秀组织奖。

【参评“全国旅游价格信得过景区”】 2015年，国家旅游局在全国景区行业开展为期3年的“全国旅游价格信得过景区”创建工作，承诺实行景区一票制、价格无欺诈、特殊人群优惠、预约优惠、分布价格构成、3年不涨价的景区，可评为“全国旅游价格信得过景区”。5月25日，国家旅游局发布首批1801家“全国旅游价格信得过景区”名单，威海市大乳山滨海旅游度假区、石岛赤山风景区、乳山福如东海文化园、多福山景区、毛泽东像章珍藏馆、青龙生态旅游度假区、乳山金牛谷生态农业观光园7家景区获评首批“全国旅游价格信得过景区”。

【星级饭店资质评定】 2015年，威海市旅游饭店星级评定委员会对全市星级饭店进行审核，先后取消凤仪酒店、庆威大厦、伴月山庄大酒店、荣成大酒店、丽湾酒店三星级旅游饭店资格，取消合庆饭店四星级旅游饭店资格，对滨海之星假日酒店作出取消星级的决定；批准银鹏大酒店为三星级旅游饭店。至年末，全市二星级以上饭店61家。

表10

2015年威海市三星级以上饭店一览表

名　称	星　级	地　址	电　话
金海湾国际饭店	五星	威海高技术产业开发区北环海路128号	5688777
威海海悦建国饭店	五星	威海市文化西路177号	5676888
威海卫大厦	四星	威海市海港路82号	5285888
威海蓝天宾馆	四星	威海市环海路1号	5231670
威海海景花园大酒店	四星	威海市连林岛路9号	5262999
威海海都大酒店	四星	威海市环海路9号	5209851
威海阳光大厦	四星	威海市统一路88号	5208999
威海光明花园大酒店	四星	威海市文化东路25号	5286555
威海塔山宾馆	四星	威海市塔山西路10号	5317777
威海抱海大酒店	四星	威海市海滨中路29号	3688888
威海中心大酒店	四星	威海市新威路58号	5222888
荣成石岛宾馆	四星	荣成市石岛管理区迎宾路	7388888
荣成成山友谊宾馆	四星	荣成市成山大道398号	7518888
荣成赤山大酒店	四星	荣成市海景西路89号	7369999
荣成石岛旅游休闲度假村	四星	荣成市石岛管理区西南海村	7358888
文登昆嵛酒店	四星	文登区天福路68号	8456888
乳山国际大酒店	四星	乳山市胜利街东1号	6878888
金海岸大酒店	三星	威海市海滨北路56号	5230088
玉龙湾大酒店	三星	威海市环海路	5128588
白云宾馆	三星	威海市东山路22号	5218888
威胜大酒店	三星	威海市海滨北路47号	5189999
威海电子宾馆	三星	威海市环海路15号	5262500
顺得国际娱乐城有限公司	三星	威海市统一路407号	5278168
国际商务大厦	三星	威海市海滨北路106号	5318888
东山宾馆	三星	威海市东山路26号	5269888
景缘商务酒店	三星	威海市纪念路42号	5198999
天川大酒店	三星	威海市文化中路附58号	3667999
凯瑞假日酒店	三星	威海市海滨北路48号	5858888

续表10

名　称	星　级	地　址	电　话
长威大酒店	三星	威海市文化西路 196 号	5670188
九九大厦	三星	威海市鞍山路 1 号	5626999
金猴集团威海酒店	三星	威海市丹东路 88 号	5666888
威海新闻大厦	三星	威海市文化中路 68 号	3653888
海兴大酒店	三星	威海经济技术开发区皇冠花园 18 号	5985735
时代商务大酒店	三星	威海市青岛中路 132 号	5977188
亨泰宾馆	三星	威海市齐鲁大道 7 号	590266
杨家滩商务酒店	三星	威海市齐鲁大道 77 号	3630888
华夏会馆	三星	威海市华夏路 1 号	5906888
海日大酒店	三星	威海市珠海路 755 号	3678999
东方大酒店	三星	威海市新威路 92 号	5223541
荣成博霞山庄	三星	荣成市西霞口	7838888
荣成华星宾馆二部	三星	荣成市崖头镇成山大道东首	7565888
荣成天都大酒店	三星	荣成市石岛管理区	7326888
荣成山海宾馆	三星	荣成市邱家渔业公司	7438121
荣成荣喜大酒店	三星	荣成市人和山西头	7463666
荣成港湾大酒店	三星	荣成石岛管理区	7388888
荣成桃园居大酒店	三星	荣成石岛管理区	7388888
文登西楼富丽华大酒店	三星	文登区西楼村	8939999
文登西楼喜庆大厦	三星	文登区文山路 93 号	8808888
文登凯德商务酒店	三星	文登区昆嵛路 37–3 号	8458888
文登劳动大厦	三星	文登区米山路 64 号	8251782
文登金滩大酒店	三星	文登区南海区金乡东路	8961777
乳山宾馆	三星	乳山市夏村镇	6624561
乳山银滩大酒店	三星	乳山市银滩管委会	6778888
乳山望海山庄	三星	乳山市海阳所镇工业园	6793088
乳山正华山庄	三星	乳山市市乳山寨镇	6614046
乳山东海宾馆	二星	乳山市青山路 57 号	6622771
乳山金海假日酒店	三星	乳山市长江路 41 号	3603999
乳山香榭丽舍大酒店	三星	乳山市宁波路 19 号	6855555
银鹏大酒店	二星	威海市火炬南路 531 号	5755707

【“十强旅行社、最佳地接旅行社”评选】 2015 年，在全市旅行社行业开展“十强旅行社、最佳地接旅行社”评选活动，进一步规范旅游市场，推动全市旅行社不断提高服务质量和管理水平，树立和宣传素质过硬、管理规范的先进典型。评选出十强旅行社、8 个最佳地接旅行社。

2015年威海市十强旅行社一览表

表 11

名　称	电　话	名　称	电　话
威海中国旅行社有限公司	5271308	中国国旅（威海）国际旅行社有限公司	5352119
威海中国国际旅行社有限公司	5818616	山东东荣国际旅行社有限公司	5287750
山东恒信国际旅行社有限公司	5894666	山东西岸国际旅行社有限公司	6026600
威海和平国际旅行社有限公司	5279881	威海龙威旅行社	5125633
山东中威国际旅行社有限公司	5285235	威海假日国际旅行社有限公司	5305488

表 12

2015年威海市最佳地接旅行社一览表

名　称	电　话	名　称	电　话
威海龙威旅行社	5125633	威海金鸽旅行社有限公司	5285328
威海天马国际旅行社有限公司	5311877	威海新天地旅行社有限公司	5216338
威海北辰国际旅行社有限公司	5166000	威海大地旅行社有限公司	5333177
威海和平国际旅行社有限公司	5279881	威海海洋国际旅行社有限公司	5207878

表 13

2015年威海市AAA级以上旅行社一览表

名　称	A级	地　址	电　话
威海中国旅行社有限公司	AAAAA	威海市海滨北路46号威胜大厦10楼	5271308
威海中国国际旅行社有限公司	AAAA	威海市新威路11号北洋大厦6楼	5818616
山东东荣国际旅行社有限公司	AAAA	威海市海滨北路48号	5287750
山东恒信国际旅行社有限公司	AAAA	威海市钦村路116-6号	5894666
威海航空国际旅行社有限公司	AAA	威海市青岛北路24-1号	5319444
威海市海港大信国际旅行社	AAA	威海市海滨北路53号	5211115
威海赤山国际旅行社有限公司	AAA	荣成石岛管理区法华路	7326555
威海龙威旅行社	AAA	威海市环海路168号	5125633
威海旅行社有限公司	AAA	威海市海港路82-25号	5224318
威海市交通旅行社有限公司	AAA	威海市东城路63号	5301842
威海康辉旅行社有限公司	AAA	威海市渔港路76号	5327018
威海假日国际旅行社有限公司	AAA	威海市戚家夼路3-5号	5305488
威海新天地旅行社有限公司	AAA	威海市戚东夼路11号	5216338
威海乐源国际旅行社有限公司	AAA	威海市海滨北路9号海港大厦706室	5215169
威海北辰国际旅行社有限公司	AAA	威海市塔山中路1-4-101号	5166000
威海海之旅旅行社有限公司	AAA	威海市渔港路79-9号	5336878
威海君悦旅行社有限公司	AAA	威海市统一路405号茂铭大厦501室	5273857
威海开心假期旅行社有限公司	AAA	威海市育华路50-6号	5206366
威海和平国际旅行社有限公司	AAA	环翠区孙家疃东街173号	5279881
威海山水旅行社有限公司	AAA	威海市世昌大道89-2号	5868199
威海飞扬国际旅行社有限公司	AAA	威海市青岛北路2号中信小区C座802室	5331117
威海绿苑商务旅行社有限公司	AAA	威海市海滨中路58号	5338076
威海丽景国际旅行社有限公司	AAA	威海市金线顶路90号204室	5333333
威海金桥国际旅行社有限公司	AAA	威海经济技术开发区海疃路38-5号	5996653
威海环球国际旅行社	AAA	威海市体育路2号	5284320
威海石岛国际旅行社有限公司	AAA	荣成市石岛迎宾路1号	7388888
威海华东国际旅行社有限公司	AAA	荣成市石岛广场兴隆居7号	7375666
荣成春风国际旅行社有限公司	AAA	荣成市成山大道桃园大厦9号	7583388
威海和顺旅行社有限公司	AAA	乳山市胜利街115号	6635119
威海龙之旅国际旅行社有限公司	AAA	文登区昆嵛山路43号	8468886
威海大地旅行社有限公司	AAA	威海市新威附路42-3号	5333177
威海康泰旅行社有限公司	AAA	威海市海滨南路30号418室	5962766
威海华运旅行社有限公司	AAA	威海市统一路109-18号	5236769
乳山春秋旅行社有限公司	AAA	乳山市胜利街54号	6634566
威海万协旅行社有限公司	AAA	文登区文山路161号	8259188

续表13

名　称	A级	地　址	电　话
威海市运通旅行社有限公司	AAA	文登区文山路93号	8454399
山东中威国际旅行社有限公司	AAA	威海市海滨中路5-3-112号	5285235
威海金鸽旅行社有限公司	AAA	威海市世昌大道116号	5285328
威海顺安国际旅行社有限公司	AAA	威海市海港大厦10楼1012	5277998
威海军威旅行社有限公司	AAA	威海市青岛中路204-2号	5182882
山东两岸国际旅行社有限公司	AAA	威海市青岛中路66号-6	5326600
威海凯悦国际旅行社有限公司	AAA	威海市世昌大道298号恒宇星河广场	5217618
威海景祥旅行社有限公司	AAA	文登区米山路9号	8989389
中国国旅（威海）国际旅行社有限公司	AAA	威海市文化东路4号5楼东	5352119

【“礼尚威海”大开仓活动】 威海市旅游局联合威海报业集团、威海市旅游行业协会共同推出“礼尚威海”旅游商品。汇泉集团、金猴集团、九日进出口公司等多家大型企业联合举办“礼尚威海”大开仓活动，活动销售额近2000万元。活动改变传统商业模式，开创逆向营销新方法，为市民及外地游客搭建购物特惠平台，进一步树立“礼尚威海”品牌形象，提升“礼尚威海”的品牌影响力。

【威海旅游大讲堂活动】 5月—7月，市旅游局举办威海旅游大讲堂活动，邀请国内饭店业、旅行社方面的专家学者及在业内具有代表性的饭店管理集团、旅行社负责人到威海授课。旅游大讲堂设7讲，分别对新形势下星级饭店创新发展，全市旅行社在线旅游的发展，地方特色旅游商品的开发提供建议，对餐饮业态创新及菜品研发方向和中外酒店管理文化进行专题授课。

6月24日，市旅游局举办威海旅游大讲堂活动　　市旅游局提供

【山东省旅游购物商店、旅游购物休闲街区评定】 12月30日，山东省旅游局印发《关于公布2015年度全省旅游商品相关范围年审结果的通报》，威海市裕红祥丝绸文化馆、名优特供销购物商城、威海龙汇水产食品有限公司海洋食品展销中心、韩国商品交易中心、威海市海洋时代购物超市、荣成海洋食品博览中心销售区被评为金牌旅游购物商店，威高广场、韩乐坊、中国钓具之都博览城被评为旅游休闲购物街区。

【参评“到山东最想买的100种旅游商品”】 12月，威海市“好当家”刺参、“海芝宝”深海小海带系列、“金猴”皮鞋、“海斯特”系列渔竿、“颐阳”牌颐阳补酒、休闲海产品系列（“宇王”牌即食鱼礼盒、“大洇”休闲即食海产品）7家旅游商品企业的产品获评“到山东最想买的100种旅游商品”。

景区景点

【概况】 威海旅游资源丰富，有国家A级以上旅游景区45家，其中AAAAA级旅游景区1家，AAAA级旅游景区12家，AAA级旅游景区28家，AA级旅游景区4家。省级旅游度假区5处，游览景区（点）80多个。省级以上农业旅游示范点70个，其中国家级5个；省级以上工业旅游示范点30个，其中国家级7个；旅游强镇特色村88个。全市海岸线986公里，沿线海水清澈，滩平浪缓，松林成片，海鸟翔集，有50多处港湾岬角、114个大小岛屿和9处地下温泉。国际海水浴场、乳山银滩、小观金滩都属于中国北方海滩中的“金沙滩”。著名的刘公岛是天然植物王国，被誉为“海上森林公园”。海驴岛有“海鸥王国”之称。境内的成山头有“东方好望角”之称。大乳山山势圆润丰满，顶峰突起，被誉为“东方圣母”。

表 14

2015年威海市国家AA级以上旅游景区一览表

景区名称	级　别	地　址	获得时间
刘公岛景区	AAAAA	威海市刘公岛	2010 年 8 月
成山头景区	AAAA	荣成市成山镇	2002 年 10 月
赤山景区	AAAA	荣成石岛管理区	2005 年 12 月
天沐温泉度假村	AAAA	文登区张家产镇	2009 年 11 月
汤泊温泉度假区	AAAA	文登区开发区大连路 2 号	2010 年 5 月
大乳山滨海旅游度假区	AAAA	乳山市银滩	2002 年 10 月
银滩旅游度假区	AAAA	乳山市海阳所镇	2009 年 11 月
仙姑顶景区	AAAA	环翠区望岛村西	2010 年 5 月
华夏城景区	AAAA	环翠区华夏路 1 号	2010 年 5 月
林海湾旅游区（国际海水浴场、林海公园）	AAAA	威海高技术产业开发区北环海路 178 号	2014 年 6 月
环翠楼公园	AAAA	威海市公园路 13 号	2014 年 6 月
威海海滨生态公园风景带·“侨乡”号游轮（包括幸福门公园、威海公园、悦海公园和海上公园、“侨乡”号游轮）	AAAA	威海市海滨沿线	2014 年 6 月
中韩边贸城	AAAA	荣成市崖头街道凭海西路 88 号	2015 年 12 月
定远舰景区	AAA	威海市刘公岛客运中心码头	2007 年 10 月
槎山风景区	AAA	荣成市人和镇	2007 年 10 月
圣水观景区	AAA	荣成市崖西镇朱埠村	2002 年 7 月
文登青龙生态旅游度假村	AAA	文登区环城路南麦疃后村	2007 年 10 月
岠嵎山景区	AAA	乳山市乳山寨镇	2009 年 11 月
赤山凤凰湖景区	AAA	荣成石岛管理区	2010 年 9 月
老虎山生态旅游园	AAA	威海经济技术开发区城子村	2011 年 12 月
荣成市博物馆	AAA	荣成市成山大道东段 28 号	2012 年 8 月
圣经山景区	AAA	文登区葛家镇西北区	2012 年 8 月
圣水宫景区	AAA	乳山市冯家镇孔家村	2012 年 8 月
多福山景区	AAA	乳山市白沙滩镇	2012 年 8 月
毛泽东像章珍藏馆	AAA	威海临港经济技术开发区苘山镇正气路	2012 年 8 月
天鹅湖景区	AAA	荣成市成山镇	2012 年 8 月
石岛朝阳山旅游区	AAA	荣成石岛管理区	2012 年 12 月
福如东海文化园	AAA	乳山市银滩旅游度假区	2012 年 12 月
小石岛旅游景区	AAA	威海高技术产业开发区小石岛大连路 2–8 号	2012 年 12 月
净雅航海良心食品示范区	AAA	荣成市港西镇环海路 3000 号	2013 年 9 月
荣成金石湾艺术园区	AAA	荣成市成山镇	2013 年 9 月
石佛山休闲观光景区	AAA	乳山市乳山寨镇赤家口村	2013 年 12 月
乳山小汤温泉度假村	AAA	乳山市冯家镇汤上村	2013 年 12 月
康博尔海洋健康博览园	AAA	威海高技术产业开发区初村兴山路 115 号	2013 年 12 月
威海市安然纳米集团文化产业园景区	AAA	威海经济技术开发区环山路 610 号	2014 年 11 月
乳山金牛谷生态农业观光园	AAA	乳山市午极镇午极村北	2014 年 11 月
文登区山泰生态园	AAA	文登区宋村镇下徐村	2015 年 11 月
环翠区伴月湾风景区	AAA	环翠区孙家疃街道	2015 年 11 月
乳山市台依湖国际酒庄生态文化区	AAA	乳山市夏村镇台依湖西岸零零柒酒庄	2015 年 11 月
荣成市那香海景区	AAA	荣成市港西镇那香海国际旅游度假区	2015 年 11 月

续表14

景区名称	级 别	地 址	获得时间
威海里口山风景名胜区	AAA	环翠区张村镇	2015 年 11 月
花斑彩石景区	AA	荣成市俚岛镇	2001 年 12 月
“威海韩国不夜城”——韩乐坊、韩国风情街景区	AA	威海经济技术开发区乐天世纪城 5 号	2014 年 1 月
中国钓具之都·博览城	AA	威海临港经济技术开发区周宁路 1 号	2014 年 11 月
马石山风景区	AA	乳山市诸往镇马石山	2015 年 7 月

（蒙春利）

【刘公岛风景区】 刘公岛位于山东半岛最东端的威海湾内，距威海市区 2.1 海里，东西长 4.08 公里，南北最宽处 1.5 公里，面积 3.15 平方公里，最高点旗顶山海拔 153.5 米，国家 AAAAA 级景区。刘公岛地势北高南低，北部直立陡峭，南部平缓绵延，因地势扼海防之要，素有“东隅屏藩”和“不沉的战舰”之称。自然风光优美，森林覆盖率达 87%，有植物 100 多种、动物 20 多种。受海洋调节作用，岛内气候冬暖夏凉，全年平均气温在 12 摄氏度左右。人文景观丰富，有上溯千年的战国遗址、汉代刘公刘母的美丽传说，有清朝北洋海军提督署、水师学堂、古炮台等甲午战争遗址和众多英租时期遗留下的欧式建筑。2015 年，被评为国家级服务业标准化示范单位，全年接待游客 143.2 万人，比上年增长 10.2%。

2015 年，景区强化行风监督，严格市场管理。印发《威海市实施刘公岛景区管理相对集中行政处罚权规定》，建立行政权力清单制度，完善行政执法监督管理系统和网上行政处罚系统，提高行政管理透明度。制定新版服务标准体系，采取第三方暗访形式督促标准落地，有效提升旅游服务质量和水平。启动智慧景区建设，成立数字信息中心，搭建智慧景区建设总体框架。完善刘公岛客运中心各类服务设施，对景区 40 多处导览图、指示牌进行维护，完成林场老场部及环岛路大修工程，建成东村日间照料中心。开展东泓、日岛、旗顶山 3 处炮台等文物建筑遗址基础性保护工作，启动刘公岛西部历史文物建筑群保护工程。推进文物保护数字管理，完成第一次全国可移动文物普查工作，推进古建筑二维码覆盖，运用现代手段讲述文物故事。完成甲午战争纪念地总体保护规划、北洋海军基地后勤保障设施预防性保护和西摩尔街历史文化街区规划方案编制工作，古建筑安防、防雷系统升级改造方案通过审批，开展海上丝绸之路遗产点申报工作，推进龙王庙和戏楼世界申遗工作，征集甲午战争重要历史文物资料 103 件（套）。年内，中国甲午战争博物院获“山东省十佳博物馆”称号。

年内，做好森林防火工作，重点强化防火指挥体系建设、防火实战能力提升、林区保护屏障建设、防火基础设施完善等工作。完成 20 公顷森林资源和有害生物普查工作，制定《刘公岛景区松材线虫病综合防治方案》，清伐处理病死疫木 1 万多棵。召开刘公岛松材线虫病防控工作专家评估研讨会，组建松材线虫病入侵适应性中国刘公岛监测点。重点推进台湾动物交流，与台北市立动物园签订《梅花鹿与长鬃山羊繁殖合作备忘录》。完成饲料基地整修、接收台湾梅花鹿和长鬃山羊纪念馆维护、长鬃山羊馆舍扩建和熊猫馆升级等工作。加强海岛资源保护，以全国海洋意识教育基地为平台，组织参加“全国美丽海岛”评选，联合共青团中央和国家海洋局信息中心开展“美丽海岛，生态之旅”大学生主题教育实践活动。通过国家级海洋保护区年度监督检查、海岛修复整治工程验收和市级现代渔业园区基地专家评审等工作，完成国家级海洋公园界碑安装工作，编报《刘公岛省级休闲海钓基地建设项目实施方案》，为海域有效管护、科学开发提供保障。强化甲午品牌宣传，先后与山东大学（威海）、山东博物馆等合作举办《马关条约》签订 120 周年图片巡展、《甲午战争专题展》，引进《山东抗日战争主题展》《妈祖信仰历史文化展览》。与山东大学（威海）开展全面战略合作，开展大学生暑期社会实践刘公岛专项调研和“刘公岛杯”营销创意大赛等活动。推进与航海类专业博物馆建立友好馆际关系，与韩国井邑市文化旅游合作交流取得实质进展，签署《威海井邑市历史与观光交流协议》，提升甲午文化品牌影响。科学实施精准营销，加快推进电子商务发展，新增 4 家 OTA 合作网站。针对高铁沿线客源，组织参加旅游大篷车、省外目标城市促销会等各类推介活动。加大广告投放力度，策划开展互动活动 20 多次。

中国甲午战争博物院　原名中国甲午战争博物馆，是国家一级博物馆，前身为成立于 1985 年的“威海市北洋海军提督署文物管理所”，负责管理和保护威海湾南北两岸与刘公岛上 28 处北洋海军和甲午战争遗址。院址位于刘公岛北洋海军提督署及其附属建筑内。2009 年 9 月，经威海市机构编制委员会批准，更名为中国甲午战争博物院。

中国甲午战争博物院陈列馆　于 2008 年建成开放，建筑面积 7622 平方米。以《国殇·1894—1895——甲午战争史实展》为基本陈列，分《甲午战前的中国和日本》《日本打开战争魔盒》《民族屈辱与抗争》《警钟长鸣》4 个部分进行展示，陈展面积 4500 多平方米，展出历史照片 500 余幅、珍贵文物 300 多件，辅助展品 100 多件套，及大量油画、雕塑等艺术展品，是一座全面展示中日甲午战争历史的综合性展馆。

北洋海军提督署　又称水师衙门，建成于清光绪十七年（1891 年），位于刘公岛西部南坡傍海高地，坐北朝南，背山面海，占地面积 1.7 万平方

中国甲午战争博物院陈列馆　　李传强　摄

米，是中国近代第一支正规化海军的指挥机构。作为刘公岛甲午战争纪念地的代表性文物遗址，是国内保存最完整的军事衙门之一。因是海军提督丁汝昌的驻节之地，故民间又称此为“丁公府”。2010年4月，对北洋海军提督署进行复原，于2014年7月25日完工向游客开放。工程投资1200万元，先后对提督署16个厅室按照原有功能进行原貌复原，陈列仿制古典家具300件、历史塑像18尊、各类文物200余件，以及瓷器、字画、楹联、枪械等辅助展品1500余件，展示北洋海军时期的历史风貌。

龙王庙　位于北洋海军提督署西100米处，始建于明朝末年，清末筹建海防，刘公岛成为北洋海军基地，驻岛北洋海军和北洋护军筹资重修。为砖木举架结构，四合院布局，由山门（倒厅）、东西厢房和正殿组成，前后两院，房屋14间，连同庙前戏楼，占地1700平方米，属道教庙观。正殿内正中设有东海龙王塑像，两侧设有夜叉、龟相塑像，东西两侧内山墙上分别绘有《三国演义》和《封神演义》故事壁画。

丁汝昌寓所　辟为丁汝昌纪念馆。建于光绪十五年（1889年），位于刘公岛西端，东距北洋海军提督署约200米，坐北朝南，属砖木举架结构。寓所占地7000平方米，布局与安徽巢县汪郎中村丁汝昌故居相似，分三组，左、中、右三跨院落，西院为内寓，东院为侍从住房，中院为丁汝昌办公、住宿和会客的场所，大门两侧为门房和书房。院内有一株百年紫藤，系丁汝昌亲手栽植，老干已枯死，发出的新枝虬曲，生长茂盛，每年5月花团锦簇，清香四溢。光绪十四年（1888年）北洋海军成军后，丁汝昌携眷在此居住6年多，又称“小丁公府”。

威海水师学堂　是清末继福州船政学堂、天津水师学堂、广东水陆师学堂之后的第4所海军学堂，因校址在刘公岛上，故又称刘公岛水师学堂，是国内唯一一处有迹可循的近代水师学堂。位于丁汝昌寓所西150米处，光绪十五年（1889年）开工，次年建成，当年招收36名驾驶学生授课。花费购地银、工料银合计近1万两，建筑房屋63间，占地面积1.8万平方米。光绪二十年（1894年）甲午战争爆发时，学堂第一届学生毕业，派登各舰参战。次年2月刘公岛失陷，学堂许多建筑毁于战火，学堂停办。

铁码头　位于刘公岛西端南面海中，呈“丁”字形横卧于碧波之中，系北洋海军成军（1888年）后，为其舰船提供停泊，补给煤炭、弹药、军械之所。刘公岛铁码头由道员龚照玙主持设计建造，光绪十五年（1889年）施工，光绪十七年（1891年）竣工，工料总造价15.15万两白银。1915年，上部被改接成长205米、宽6.9米的铁架。1935年，因铁板锈蚀进行修建，可停靠万吨轮船。1953年，将锈蚀的铁板、墩柱和铁框等更新，1971年增建“丁”字形引桥。

北洋海防炮台　刘公岛上有6处清代北洋海军时期海防炮台，分别为黄岛炮台、麻井子（又称“公所后”）炮台、旗顶山炮台、迎门洞炮台、南嘴炮台和东泓炮台。连同日岛炮台与威海湾南北两岸炮台遥相呼应，控扼威海湾南北两个海口。炮台主炮均由德国人汉纳根设计，与炮台配套建有地下通道、兵舍、弹药库等，并相互贯通。炮台及配套建筑使用花岗岩砌筑、水泥灌浆，设计合理，工艺讲究，施工严谨，坚固实用。2015年3月，开工实施日岛炮台修复保护工程；6月，开工实施东泓炮台防水保护工程，12月完工。

刘公岛博览园　占地面积5万平方米，分为6大展区19个展厅，采用高新科技与传统工艺相结合的展示手法，全方位、立体化地讲述刘公文化、甲午战争和英租历史3大主题文化。博览园由6大景观组成。海圣殿，精选30多吨、上千种天然彩色玉石精雕细琢而成的彩玉壁画，讲述汉代皇太子刘民历尽艰辛漂泊至刘公岛，扶危济困、乐善好施的故事。望海楼，始建于唐代，系登州刺史为迎候武则天东巡所建，后毁于战乱。复建的望海楼，高约30米，为博览园最高点，分为春福厅、夏禄厅、秋寿厅、冬禧厅4层，楼内汇集国内20余位工艺美术师的精品杰作。中华海坛，为纪念甲午战争110周年而建，与天坛、地坛并称的中华海坛，是国内唯一的祭海神坛，坛中高16.8米的“定海神针”巍然耸立，古代宝鼎雄浑大气。英租威海卫历史博物馆，展厅面积1290平方米，通过场景复原、影视蜡像、雕塑等展示手段，再现作为“七子”之一的威海卫被英国强租32年、刘公岛被英国强租42年的屈辱历史。鲸馆，建筑面积1600平方米，存放有世界上岸最大抹香鲸（长约19.6米，重50.1吨）的表皮、骨骼以及重要器官的标本，通过模拟海洋生态环境，以展示标本为主体，综合运用图片、展板、多媒体等高科技手段，全面展示抹香鲸及相关鲸类知识，是国内最具规模和特色、档次最高的鲸豚科普教育基地之一。钓鱼岛主权馆，由原甲午海战演示馆改建而成，系国家海洋局宣教中心、市海洋渔业局和刘公岛管委三方共建，于2015年9月7日开放，是国内第一个全面展示钓鱼岛历史与主权的专业场馆。通过近100幅真实的历史图片、翔实的历史资料和珍贵的文物实物，从享有主权、宣誓主权、捍卫主权三个角度，阐述钓鱼岛的沧桑命运。

刘公岛国家森林公园　占地面积266.67公顷，树木19个科目80多种，野生花草50多种，鸟类50多种，树木以黑松为主，梅花鹿等数十种野生动物栖息园中，听涛崖、五花石、刘公泉、板疆石、贝草嘴等多处自然景观遍布园中。其中，为纪念北洋海军成军100周年而建的北洋海军忠魂碑，位于刘公岛国家森林公园西部山顶，碑身为白色，六棱形，高28.5米，上书“北洋海军忠魂碑”金黄大字。碑文下部两侧是表现北洋海军将士英勇杀敌、浴血奋战的群像浮雕。

刘公岛珍稀动物园　位于刘公岛国家森林公园西部避风朝阳、草木繁茂区域，占地面积3万多平方米。国宝大熊猫馆，于2010年9月30日落成，同年11月5日开馆，中国大熊猫保护中心四川雅安碧峰峡基地的一对名为“竹灵”“宁宁”的国宝大熊猫在馆内安居。台湾梅花鹿和长鬃山羊馆，于2011年5月28日开馆。台湾梅花鹿长鬃山羊纪念馆，于2012年6月9日建成开放，全程记录台湾梅花鹿和长鬃山羊从台湾迁居刘公岛国家森林公园的全过程。麋鹿馆，于2011年8月2日开馆，引进江苏大丰国家级麋鹿自然保护区的麋鹿，有两雄两雌4只麋鹿在馆内安居。

中国刻字艺术馆　于2012年4月28日开放，该馆利用修复后的英租时期蒸馏塔改造筹建，陈展面积600多平方米，馆藏200多幅刻字艺术精品，是山东省书法家协会刻字艺术创作基地和曲阜师范大学书法学院刻字教学实践基地。

中国高尔夫博物馆　于2012年5月开馆，分室内展馆和室外遗址两部分。其中，室内展馆展示古董捶丸、国内外各时期仿古高尔夫球及历史文献资料、古董杆具和器具、绘画、报纸、照片等实物，采用声光电、雕塑等艺术手段，全面展示高尔夫运动的起源和发展脉络。展馆主题包括高尔夫的起源、中国高尔夫完整进化史、中国近代高尔夫运动兴起和当代中国高尔夫产业发展概况等内容。室外遗址为原址原状修复后的英租时期刘公岛高尔夫球场，设有国际标准9洞，球道总长3029米，沙坑采用苏格兰桶式深坑，球道草采用原球场使用的结缕草，大部分树木保留原始的森林状态。

苏宝鸿收藏展览馆　由刘公岛管委投资230万元利用英租时期英利商行修复而成，于2013年9月12日建成。陈展面积500多平方米，收藏130余件国宝级文物，涵盖瓷器、玉石、珐琅等文物种类，历史跨越元、明、清三个朝代，具有极高的历史留存、艺术鉴赏和科学研究价值。

刘公岛客运中心　由威海市政府投融资管理中心投资2.2亿元建成。工程于2013年4月开工，2015年9月25日投入试运营。总占地面积13.9公顷，主楼建筑面积2.28万平方米，地下一层、地上三层，建筑高度23.95米。地下一层为人防车库，地上一至三层分别为候船大厅、售票大厅和旅游服务大厅等旅游服务设施以及办公设施。室外景观绿化总面积约12万平方米，建有大小停车位1200余个。码头区域占地约2万平方米，主要停靠海监执法船、刘公岛旅游船、“定远”号纪念舰、航标工作船及“侨乡”号游轮等船舶。

【“定远”号纪念舰景区】　由威海市港务局于2003年投资建设，是国家AAA级旅游景区。舰船主体依据时称“亚洲第一巨舰”的北洋海军“定远”号旗舰，按照长94.5米、宽18米的尺寸1∶1复制，真实再现历史场景。作为展示甲午历史、弘扬海权文化、普及舰船知识的综合景区，“定远”号纪念舰是唯一的19世纪铁甲舰复制舰。为凸显甲午历史文化品牌效应，促进威海文化旅游产业发展，经威海市政府批准，纪念舰于2014年与刘公岛景区实施一体化经营，于2015年12月11日迁至刘公岛客运中心。

（侯恩惠）

【环翠楼公园】　位于威海市区中心地带，占地面积20公顷，包括环翠楼公园和环翠楼广场两部分，是国家AAAA级旅游景区。环翠楼始建于明弘治二年（1489年），楼台建在威海卫城的西北角，登楼可见碧波浩渺于城东，绿翠掩映于四周，因兼沧海山川之胜、水光山色之美，遂得名“环翠楼”。后因年久失修逐渐倒塌，经过多次重建重修。1944年12月，环翠楼被日伪军焚毁，1977年重新修建，1980年竣工。重建的环翠楼，建筑面积800平方米，高16.8米，登上环翠楼放眼远眺，市区景色尽收眼底，东望刘公岛，气象万千。园内有动物区、花卉区、游乐区等。2009年，市政府投资5.22亿元对环翠楼公园进行改造，将环翠楼公园面积由14公顷扩建至53.8

刘公岛客运中心　　李传强　摄

公顷。2013年1月6日，新环翠楼落成开放。新环翠楼由清华大学教授郭黛姮主持设计，坐落于始建环翠楼旧址之上，总建筑面积约7500平方米，建筑主体高度为57.7米。建筑外部均采用黄铜材质装饰，总用铜量达700多吨。建筑功能集观光游览、历史陈列、展览展示、文化交流于一体，以历史文脉贯穿全园，分为一轴、两脉、三核、四区。一轴指刘公岛、环翠楼、山顶会所组成一条景观轴线；两脉指山脉和文脉；三核指入口广场、环翠楼、山顶会所；四区指民俗风情街区、娱乐活动健身区、历史文化展示区、自然体验游赏区。环翠楼建筑主体为明清风格，宏伟壮观、典雅大方，延续了威海历史文脉，成为威海市标志性建筑。

【威海海滨生态公园风景带·“侨乡”号游轮】 位于威海市区海滨沿线，包括幸福公园、威海公园、悦海公园及海上公园、“侨乡”号游轮5部分，是国家AAAA级旅游景区。

幸福公园　北起体育路，南至金线顶，东与刘公岛隔海相望，西接中心商业区，全长1465米，平均宽度137米，占地面积20公顷。是集旅游、休闲、商业、餐饮、娱乐为一体的综合性开放式公园，由北向南沿海岸线依次分为海韵、海阅、海赋、海情、海翔5个景区。

威海公园　位于市中心南部，面向威海湾，总面积67.6公顷，是一道集交通、游览、娱乐、休闲于一体，海滨特色鲜明、艺术内涵丰富、人文与自然有机融合的海滨风景线。公园以碧海蓝天为背景，以海洋文化为主题，由北向南，沿海岸线的带状区域依次布局为海伢景区、海恋景区、中心文化广场、海颂景区和海慧景区。公园由护岸、道路、绿化、灯光等部分组成，其中，护岸全长3265.3米，采用以斜坡为主，圆筒、台阶与之结合的3种结构形式，兼具防护与观光双重功能；绿地面积36.1万平方米；铺装面积7.74万平方米；采用多种光源和高新技术产品，通过路灯照明、泛光照明、轮廓照明、内透光照明等多种形式，形成交相辉映、五彩斑斓的海滨夜景。以威海公园为主体的海滨南路环境绿化美化工程获2001年中国建筑工程鲁班奖。

悦海公园　位于威海公园南、海上公园北、海滨路以东，东与刘公岛隔海相望，地块形状呈陆地向海面延伸的一个半岛状，南北长1.3公里，东西向最宽处150米，占地面积15.4公顷，绿化面积8.84万平方米。公园以休闲、健身、家园为设计主题，体现以人为本、生态环境、节能环保、突出特色的理念和休憩功能。公园分为休闲运动区、主广场中心区、科普游憩区及海上游乐区。休闲运动区在公园最北侧，设逻辑乐园、娱乐空间、休闲广场；主广场中心区设置整个公园的中心——悦海广场，富有“归航”主题意义的灯塔位于中心位置；科普游憩区以增加科普知识及参与趣味活动为主，设有潮汐广场，展现与海洋有关的潮汐现象，以趣味形式提示生物进化过程；海上游乐区位于公园最南端，结合避风港设置游艇码头，考虑远期水上巴士的应用，在靠近避风港处设计观鸟平台，游人可近距离与游艇、渔船、摩托艇、帆船等吸引来的海鸟亲密接触。

海上公园　位于威海经济技术开发区皇冠小区东侧，北与悦海公园相接，总规划面积217公顷，包括游乐园、人工湖、奇石苑、森林生态园、海水浴场、九龙湾旅游度假区6个部分。其中，游乐园、人工湖两大景区占地面积13.4公顷，绿化面积6万平方米，硬化面积2万平方米，湖面面积5.4万平方米。公园规划设计博采国内外众家所长，兼具中国江南水乡特色和日韩海岛风光、中西合璧的独特风格。游乐园区北部绿草鲜花，小径迂回，一派田园风光，中部欧式风格的“创业门”气势宏伟，南部湖区拱桥流水，碧波荡漾，如临江南水乡，成为集游人休闲、儿童娱乐、生态观光、旅游度假、海上文化等多功能于一体的大型海上游乐园区。被《山东园林》杂志列为1999年全省新建三大优秀公园之一。

“侨乡”号游轮　停泊于威海湾区域。游轮汇集海上观光、海鲜养生、高端娱乐、休闲度假等多种功能，推出刘公岛环岛游、公海看日出、青烟威城际游等特色航线，以国内外中高端游客和商务时尚群体为目标游客，打造中国滨海旅游的旗舰品牌。游轮总长95.8米，垂线间长83.8米，宽15.8米，型深（主甲板）5.4米，服务航速不低于15海里，续航力1000海里，载客量500人。游轮有4层游客活动区，包括露天观景甲板、餐饮甲板、娱乐甲板和酒店客房主甲板，设有多功能演艺大厅、观景酒吧、咖啡吧、西餐厅、高尔夫、桑拿休闲等配套设施。

【华夏城景区】 位于环翠区华夏路1号，占地面积20平方公里，是一座集旅游、大型演艺及餐饮、住宿等服务设施配套齐全的现代化旅游新城，是国家AAAA级旅游景区。东方文化区是游乐城的核心景区之一。有华夏第一山门、华夏阁、夏园、圣出观音——大自在、太平寺、龙王庙、龙山瀑布、九曲情人街等景点。神游华夏是由著名导演赵安担纲总导演设计制作的世界首个360°旋转行走式大型山水实景演艺，有近700人的专业演出团队奉献的高难度、高技巧表演，打造豪华文化盛宴。服务中心区占地面积10.67公顷，区内的华夏会馆，有客房230余间，华夏会堂可容纳1500余人就餐或开会。“欢乐华夏”大型游乐项目，占地面积10万公顷，有童话王国、卡通街、欢乐嘉年华、无忧林等部分。

【仙姑顶景区】 是一座集自然风光、神话传说、道家文化于一体的国家AAAA级旅游景区。仙姑顶是巍峰山脉的主峰，海拔375米，位于环翠区望岛村西北部，距威海市中心约5公里。登上山顶，东瞰大海和刘公岛，北眺威海市景，西望青山翠绿，南瞩新城崛起。仙姑庙始建于宋朝建德年间，1992年重修，并根据传说中的仙姑生日，恢复每年农历三月十五日的庙会。庙会持续7天，秧歌、锣鼓、耍狮、舞龙、京剧、吕剧，相互竞技，热闹非凡。2010年4月28日，经过3年重新设计和精心打造，景区以“仙姑顶玉文化旅游区”的新形象对外开放，以仙姑文化、玉文化和福文化作为景区主题。从辽宁鞍山引进2000多吨优质岫玉，依托道家文化和民间传说，制作近千件大型玉雕艺术品，品相丰润，富有文化底蕴和传奇色彩，是全国玉石存量最多、单体玉雕最大的旅游风景区。景区内分布有参悟五行哲理的五行门、天人合一的通灵元玉、祈灵求福的三多桥、品茗养生的如意湖，及万寿广场、仙禄广场、乾坤玉道、通灵玉道等景观。

【半月湾风景区】 位于环翠区孙家疃街道环海路，是国家AAA级旅游景区。景区礁奇岛多，山拥水裹，林秀海碧，滩平沙细，森林覆盖率68%，负氧离子含量高达5万个／立方厘米，空气纯净清新，环境优美宜人。景区内建有一条总投资10亿元、长10公里的环海景观大道，可以欣赏森林、大海、沙滩和奇岩。梭鱼台、铃铛石、蟒眼滩、猫头山、靖子头、龙王庙等传统民俗旅游景点，展示风景区的独特魅力和深厚的文化底蕴。服务驿站、观景台、停车场等配套设施齐全，有帆船基地、游艇等健身项目，绿色骑行、环海健步走、龙王庙会、休闲垂钓、渔家乐等娱乐活动丰富多彩，是休闲、旅游、度假的风景胜地。景区内建有威海市半月湾铁人三项专用赛场，中国铁人三项运动协会将威海铁人三项赛道命名为中国铁人三项运动协会专用赛道，吸引众多的国内外游客游览观光。

【里口山风景名胜区】 里口山风景名胜区是威海“山、海、城”格局的核心，是城市的“绿核”，2004年被省政府批准为省级旅游风景区，是国家AAA级旅游景区。2012年被列为威海市六大重点开发区域之一，是环翠区园区、景区、城区“三区”共融发展战略的重要板块之一。景区定位为“城市中心区的郊野公园”，本着“服务市民、多元休闲”的理念，依托里口山优美的自然风光和地处城区中央的区位优势，打造成为广大市民闲暇之余享受慢生活的首选目的地以及集休闲养生、旅游度假、体育健身于一体的综合性旅游景区。景区内有广福寺、里口山登山健身步道、国际山地自行车赛道、里口山农业休闲观光园、里口山好客人家、休闲垂钓园、里口山鸟类摄影基地、里口山书院、里口山写生基地等景点。

【中央电视台威海影视城】 位于威海环翠省级旅游度假区，是中央电视台在威海投资建设的一处具有海滨特色的少儿影视外景基地。威海影视城规划总面积34公顷，建成的“大风车”“充气动画城”两座景区占地面积8公顷。其中大风车景区占地面积6公顷，主要由正门城堡、演出广场、野外训练营、田园高尔夫、海水浴场、防潮堤石雕群、七巧板电视台、骑士乐园、娃娃天地等18处景点及若干附属设施组成，其中有海上旋转酒吧和先进的动感电影系统。充气动画城占地面积0.7公顷，是与中央电视台动画部合作开发的“动画城”首期工程，城内设有卡通风格的大型充气设施，是开发智力、锻炼体魄、休闲娱乐的好去处。

【锦湖韩亚高尔夫球场】 位于环翠区孙家疃街道远遥村西北。球场依据整个远遥嘴脊梁地形而建，呈狭长半岛探入海中，三面临海，温度、湿度宜人，球场总投资2990万美元，占地面积100公顷，为18洞72杆的国际级球场。球场变化复杂，打球难度较大，是国内颇具特色的海滨山地球场。

【天沐温泉度假村】 由珠海天沐集团投资兴建，是国家AAAA级旅游景区，位于文登区张家产镇。度假村温泉区包括室外森林养生温泉和室内温泉SPA馆，可同时容纳1500人沐浴温泉，日最高接待量可达上万人。室外温泉区包括鼋山五福泉、鼋水六德汤、美芦荟温泉区、森林静泡区等，设有66个室外特色功能温泉浴池。室内温泉水疗区（含9个功能池）通过一系列的机械功能，利用高压作用使温泉水呈现各种放射性的水柱，高强压地冲击人体各处穴位，促进血液循环，加速毛细血管展开，有效吸收温泉矿物质，同时具有按摩的功效，利于润滑皮肤、解除疲劳等。

【汤泊温泉度假区】 位于文登经济开发区，是一处集天然温泉、休闲娱乐、会务接待、健身养生为一体的综合性休闲度假区，是国家AAAA级旅游景区。汤泊温泉水质清新甘美，出水温度高达78℃，水质澄明清澈，具有祛病、保健等功能，被誉为“温泉中的极品”。其中有极深泉水一眼，采出的泉水可以直接饮用，口感甚佳。区内建有各种温泉泡池60余处，室内、室外、深水、浅水、高温、低温皆有，设施完备，品种齐全，适合不同游客不同季节避暑畏寒的需求。建有28幢温泉湖景别墅，小门独院的温泉泡池，推门可一览水光山色，关门可尽情放松浸泡。

【圣经山风景区】 地处昆嵛山主峰泰礴顶东南，海拔385米，是国家AAA级旅游景区。山顶有两块巨石，分别刻有“圣经山”三字和《太上老子道德经》，山因此得名。金元时期，道教全真派开山祖师王重阳在此创教立派，传经布道，盛极一时。圣经山风光旖旎，古迹繁多，有古老的门亭殿阁、清澈的高山湖泊、奇特的天然老子头像等众多人文自然景观，是一处融道教文化、书法艺术以及文物、森林、高山、湖泊等景观于一体的旅游胜地。老子道德经摩崖石刻位于圣经山山顶的巨石上，巨石高5米，长15.5米，石之阳面峭立如切，随其天然凹面阴刻着《太上老子道德经》上下两卷，146行，5000余字。为国内罕见的大型道教摩崖石刻，颜体楷书，古拙苍润，结构严谨，稍带魏风，刻工精湛，作为主要文物古迹载入《中国名胜大辞典》和《中国旅游大全》。

【文登青龙生态旅游度假村】 位于文登区环城路南麦疃后村，占地366.67公顷，2004年正式对外开放。2005年被国家旅游局评为全国农业旅游示范点，是国家AAA级旅游景区。2009年被山东省旅游行业协会评为“好客山东”十佳工农业旅游示范点。度假村按功能划分为纯自然山水观光、奇峰异石、休闲娱乐、果菜种植、动物养殖等。主要景点有民俗婚庆广场、水上乐园、罗曼园、罗汉岛、动物园、香岩寺、恐龙园、生态园等。特有的地形地貌形成了情侣石、石尊羊、仙人洞、仙人床等石景，每处石景中都有一段传说，民间仍流传着“八仙过海，雕顶歇脚”的故事。

【山泰生态园】 位于文登区宋村镇下徐村，是借鉴国际先进生态理念打造的现代化农业产业园区，国家AAA级旅游景区。园区占地面积160公顷，坐拥李龙故里美名，尽享回龙山下灵气，拥有将军墓、神仙脚等多处文化古迹。景区青山绿水、鸟语花香，以生态循环为核心，重点打造5000平方米的园林化酒店、66.67公顷的油桃和草莓采摘园、威海规模最大的户外滑雪场等主题景观，涵盖绿色种植、生态养殖、餐饮旅游、休闲养生、纯净泉水等特色项目，融合四季采摘、特色餐饮、主题婚庆、农家乐园、冬季滑雪等综合服务，倡导回归自然、体味纯正生活。2015年，成功举办全国冬季户外登山挑战赛暨威海首届滑雪文化节。

【成山头景区】 位于荣成市成山镇东端，因地处成山山脉最东端而得名，是国家AAAA级旅游景区。景区内最高点海拔200米，东西宽0.75公里，南北长1公里，占地面积2.5平方公里。景区群峰苍翠连绵，大海浩瀚碧蓝，峭壁陡峻，巨浪滔天，气势恢宏，是理想的避暑胜地。1988年被国务院批准为国家级风景名胜区。2005年10月，在由中国《国家地理》杂志社主办并与全国多家媒体联合评选“中国最美的地方”活动中，成山头风景区被评为“中国最美的八大海岸”之一。区内有海驴岛、花斑彩石、俚岛海滨、成山林场、始皇庙、秦代立石、拜日台、秦桥遗迹、望海亭、观涛阁和镇龙石等景点。

【赤山景区】 位于荣成市石岛港西北，山海相连，占地面积12.8平方公里，因山石颜色发红而得名，以“东方神山”“佛教圣地”“海岛民俗”“森林公园”而著称，是国家AAAA级旅游景区。景区内赤山法华院、极乐菩萨界、赤山禅院、大明圣境、荣成民俗馆、张保皋传记馆、玉雕馆、仙居山庄、高峡湖、法华塔10大景观区，另有摩崖石刻、无字天碑、仰天大佛、坐佛石等系列景观，并与凤凰湖滨海旅游度假区、旅游码头、海水浴场、天后宫、花村、画村、渔村等连点成线，美不胜收。法华院是威海市最早的开放式佛教寺院，是中国唯一传承中日韩三国友谊的佛教圣地，被誉为“一寺连三国”。

【中韩边贸城】 中韩边贸城坐落于荣成市凭海西路与将军路交汇处，是国家AAAA级旅游景区。东邻荣成客运中心，北邻青威城际铁路荣成站，南邻荣乌高速公路出口，是威海市首家拥有“国字号”冠名的专业市场，依托荣成支柱海洋产业基础和“临韩”的区位优势，以及胶东半岛强大的海洋经济实力，打造面向全国、辐射世界的海洋食品物流配送基地和韩国商品集散中心。荣成市中韩边贸城同时是科普教育基地。海洋科技馆建筑面积3400平方米，展馆以“生态海洋，魅力荣成”为主题，通过知识性、互动性、娱乐性的体验方式，展示海洋的形成、变迁、资源以及人类开发利用海洋等一系列科学知识。

中韩边贸城一角　　高伟希　摄

【槎山风景区】 槎山是国家级森林公园、山东最具代表性的省级地质公园、中国原始地迹遗产保护区，1992年被山东省政府批准为省级风景名胜区，是国家AAA级旅游景区。风景区位于荣成南部黄海之滨，总面积45平方公里，海岸线86公里，主峰清凉顶海拔539.8米。槎山的“槎”字，古代作“筏”字解，船的意思。春夏季节，时有海雾随风漫上岸来，翻卷升腾，形成雾海。时有槎山的部分峰顶浮于茫茫雾海之上，宛如叶叶扁舟，“山如海上槎”，故名槎山。因槎山有9座峻美的峰顶，满山的岩石其色似铁，又称“铁槎山”或“九顶铁槎山”。槎山雄伟壮美，道教遗迹众多，自古被称为“大东胜境”。主要景点有云光洞、咸水洞、龙泉井、仙人桥、石雕玟、千真洞、九龙池等。

【圣水观景区】 位于荣成市崖西镇朱埠村，是国家级森林公园，国家AAA级旅游景区，是道教全真派发祥地之一，因观内有一泓“圣水”而得名。圣水观山势坐北朝南，宛如一把太师交椅，30多处自然景观鬼斧神工，有气势磅礴的荣成伟德将军碑廊，记载了150多位荣成籍将军的手迹生平，是山东省爱国主义教育基地、国防教育基地。

【天鹅湖景区】 位于荣成市成山镇南，为天然潟湖，面积约5平方公里，平均水深2米，最深不超过3米，严冬平均水温9℃，是国家AAA级旅游景区。潟湖东有一条长3000米、宽120多米的沙带将其与大海相隔，使湖海各为一方。优美的自然环境，为大天鹅创造了良好的越冬条件。每年11月至次年3月，上万只大天鹅和数十种珍鸟从遥远的西伯利亚、内蒙古等地到此栖息越冬，嬉戏觅食，整个湖面热闹非凡，构成了绚丽壮观的百鸟图，形成中国北方最大的天鹅湖。

【荣成市博物馆】 位于荣成市成山大道东段28号，是国家AAA级旅游景区、山东省农业旅游示范点。馆展面积2100平方米，以荣成的历史变迁为主线，围绕荣成人与海洋的关系，挖掘荣成人与海的深厚文化底蕴，书写荣成人与海共生的历史，彰显荣成儿女创造的历史奇迹。展馆分家园、史事、古港、作舟、业渔、海产、民俗、海魂八大展示板块，陈列文物1000多件，展示老照片1500余幅，复原古场景3处，运用视频及投影技术8处，各种鱼类标本50余件。充分运用文物、图片、场景复原、多媒体等多种手段，展示丰富多彩的渔家文化，以及荣成厚重的文化积淀。

【荣成石岛朝阳山旅游区】 位于荣成石岛管理区朝阳山南麓，由石岛集团有限公司斥资3亿元投资建设，占地面积253.33公顷，是融合四星级多功能会馆、高尔夫练习场、高尔夫别墅、朝阳山森林公园、36洞高尔夫球场、苗木绿化采摘、朝阳山泉等，集高尔夫运动和休闲度假为一体的综合性旅游度假区，是国家AAA级旅游景区。

【威海净雅航海良心食品示范区】 位于荣成市港西镇，是国家AAA级旅游景区。由山东航海创意投资有限公司投资2亿元建设，包括航海食品产品加工观光车间3处，总面积3万平方米，空中观光走廊1500米，供游客从空中参观海产品加工全过程。 海产品展示厅1处，面积5000平方米，主要展示航海食品加工有限公司加工的海参、鲍鱼等名贵海产品以及各种海洋休闲小食品。配套酒店1座，内设餐饮座位1000个，床位200个，提供餐饮食宿服务及承接各类宴会。海产品生产示范基地1处，海域总面积2.46万公顷，为企业生产提供海产品原料，设立海上垂钓、观光等旅游项目。

【荣成金石湾艺术园区】 位于山东半岛最东端的荣成市好运角旅游度假区内，是国家AAA级旅游景区。园区由威海金石湾文化艺术产业发展有限公司投资建设，集艺术家工作室、美术馆群、艺术品交易基地、艺术教育写生基地、艺术主题商业街区及艺术主题旅游度假基地六大功能性区域于一体，是融合各种高品质生活元素的中国当代文化艺术类主题园区。园区规划占地面积50公顷，建筑面积45万平方米。自2008年开工建设，先后投入3亿多元，完成建筑面积5万平方米。其中，4000余平方米的金石湾美术馆、1200余平方米的画廊和1.2万平方米的艺术酒店建成，60余幢艺术家工作室部分建成。

【那香海景区】 位于荣成市港西镇，是国家AAA级旅游景区。由南京明月集团投资建设。景区拥有16公里的黄金海岸线，南侧是素有“天然氧吧林”之称的53.33公顷黑松林。浴场集休闲、娱乐、运动为一体，拥有威海首个超大无边际沙滩泳池，设有欢乐舞台表演、沙滩篝火晚会、烧烤晚会等，2013年亲子户外节目《爸爸去哪儿》栏目组在该地拍摄。黑松林规划建设有国内首个吊床主题公园、西方好运文化体验区、森林寻宝、探险乐园等充满趣味性的活动区。

【花斑彩石景区】 位于荣成市东北海岸，离岸50多米，是一座长方形海蚀柱，长约35米，宽约20米，高约9米，总体积7000立方米，是国家AA级旅游景区。由于体积巨大、造型奇特、色彩艳丽、花纹多变，被誉为大东胜景，清道光年间被列为荣成八大景之一，被誉为“中华海上第一奇石”。

【好当家高尔夫球场】 地处荣成好当家工业园，球场依山傍海，风景秀丽，景色宜人，占地面积80公顷，18洞72标准杆，球道长度7207码。球会练习场占地面积3公顷，长350多码，宽150多码，有30个打位，是山东省最大的室外练习场之一。 球会会所面积5800平方米，有中餐厅、韩餐厅、VIP宴会厅、咖啡厅、康体娱乐中心、网球场、宾馆等配套设施。

【大乳山滨海旅游度假区】 位于乳山市海阳所镇，以景观独特的“大乳山”为中心，景区陆海面积48平方公里，是国家AAAA级旅游景区。景区以乳山口秀丽的海山景观为依托，与营造的大片风景林、生态林、经济林、边缘树种，以及浆果类、观花、观叶、观果植物所形成的丰富林相、季相交相辉映。以“养生文化、康体健身”为主线，根据《黄帝内经》、中医理论以及佛、儒、道博大精深的养生文化建设景区，组织活动，开展福地养生、内海休闲、外海觅踪、登山望远、文体竞技、挑战极限等一系列游客参与性养生健身活动，是颇具特色的游览、休闲胜地。度假区分为大门景观区、荷合双福、东方琉璃世界、耕渔知趣、海天康乐园、香远益清、中华养生园、母爱千年文化苑、东方太阳城、渔歌唱晚、狮角山竞技场、欢乐凤、福星湾、瀛洲仙踪14大功能分区。

【银滩旅游度假区】 位于乳山市境内的东南海滨，在沿海岸线20多公里的带状规划区内，林秀海碧，礁奇滩曲，集山、海、岛、湖、泉、河、林为一体，绵延20多公里长的沙滩，坡缓滩平，沙质细腻松软，洁白如银，“银滩”因此而得名，被誉为“天下第一滩”，是国家AAAA级旅游景区。区内有全国最早的潮汐发电站，拥有蓄水量3000万立方米的潮汐湖，以及珍珠湾、白浪湾、宫家岛、三观亭、仙人桥、万亩海防松林带等自然景观，是天然的旅游度假胜地。

【岠嵎山景区】 位于乳山市区西约18公里处，西面山脉南北走向，分水岭为乳山、海阳两市边界，是国家AAA级旅游景区。景区四周众山险立，区内相对高度极大，两条宽阔幽深的沟夼分别自西北、西南宛然向东，汇成人字形而至于东面山口。特殊的地质条件造就了岠嵎山特异的自然风光，山上奇石林立，千姿百态，如禽似兽，似人如物，堪称一座天然石雕园。主峰玉皇山，海拔589米。

【圣水宫景区】 圣水宫，又名玉虚观，位于乳山市冯家镇孔家村，是国家AAA级旅游景区，省级重点文物保护单位，名列《中国名胜辞典》之中。景区群山绵亘，峰奇谷幽、林岚深邃、清泉奔涌，素有小昆嵛之美誉，自古就以山异水奇闻名遐迩，自然人文景观丰富。据史书和碑碣记载，唐贞观年间在此建庙曰“圣水宫”。其鼎盛时期在金元，曾是全真教三大圣地之一。景区总投资1.2亿元，规划面积1.6平方公里，是以道教养生为主题的养生文化名山。

【多福山景区】 位于乳山市隮崮山，面积10余平方公里，主峰神仙顶海拔395.95米，是《山海经》所述“列姑射日”中的一座海上仙山，是国家AAA级旅游景区。景区以古刹、庙会、圣水、奇石而闻名，山巅天然形成“负阴抱阳”的独特景观令人称绝。山上建有1000余年历史的碧霞宫及近700年历史的青龙禅寺等古庙名刹，有玉液天池、圣水泉、长寿泉等6大名泉“圣水”和玄武献寿、青龙飞天、招财金蟾等72处奇石景观，山顶有一“寿星石”栩栩如生，神仙顶因之得名。传统庙会始于明万历年间，有400多年历史，每年农历四月十五日前后举行盛大庙会。

【乳山福如东海文化园】 位于乳山市银滩旅游度假区，是以“福文化”“东渡文化”及“东夷文化”为主题而打造的大型文化旅游综合开发项目，由一轴——“福如东海”文化旅游主轴，二带——滨海景观带和沿长江路的绿化景观带，三区（3个主题游览区）——“福如东海”书画院区、“福如东海”度假酒店区和“福如东海”游艇俱乐部区组成，是国家AAA级旅游景区。

【石佛山休闲观光园】 位于乳山市乳山寨镇赤家口村西，是国家AAA级旅游景区。景区有正华茶场、正华山庄（三星级酒店），茶园10余公顷、果园20公顷、温室大棚13座、特色动物园1处、垂钓场1处、原生态山谷（情人谷）1处，特色观光园内栽种各种热带植物、沙漠植物、珍奇植物等。正华山庄可同时供100余人住宿、300余人就餐。动物养殖区有梅花鹿、马鹿、孔雀、珍珠鸡、火鸡、野猪等多种观赏及食用动物。

【小汤温泉】 位于乳山市小汤村南，总面积3公顷，规划建设热带雨林区、星级酒店、特色餐厅3个区域，是国家AAA级旅游景区。热带雨林区内种植热带植物数百种，区内完善的配套设施可供1000人同时沐浴，配有先进的按摩冲浪泡池、电脉冲池、煮蛋池、牛奶池、气泡池、儿童滑梯等多种风格的温泉，并配有康体理疗中心、水吧、自助餐及购物超市等各种休闲养生娱乐设施。星级酒店客房可容纳约300人住宿，综合楼内设有20～150人不等的会议室，多功能厅可容纳200多人，配有现代化的会议设施设备，有可供500余人就餐的生态餐厅。

【乳山金牛谷生态农业观光园】 位于乳山市午极镇午极村北，占地面积213.33公顷，以“绿色文化、花园农业”为宗旨，打造赏、玩、吃、购、娱一条龙的生态农业观光园，是国家AAA级旅游景区。设生态农业示范园、观光农业旅游园、有机农业绿色园，普及科普教育，展示农业示范基地建设。景区内主干道长4.5公里，两侧景点依次有生态餐厅、莲花池、寿星景区、民俗村、茶园、小木屋、侏罗纪公园、九九长廊、恋人湖、张拉帆休息区、水上乐园等，并设数个玻璃钢材质的动物模型，形象生动逼真。景区主要以生态农业为主，在种植业、养殖业的基础上发展生态旅游，有茶叶、樱桃、杏、蓝莓、树莓、苹果、梨、桃等采摘项目。景区内餐饮主要集中在烧烤广场，住宿以大、小木屋为主。

【台依湖国际酒庄生态文化区】 位于乳山市夏村镇台依湖西岸，是国家AAA级旅游景区。由台依湖集团投资开发建设，以台依湖水域为中心，投资总额30亿元，规划用地6666.67公顷，拟建设300座大小风格各异的酒庄。打造集葡萄种植与酿造、现代农业、科普文化、采摘体验、休闲旅游与度假为一体的综合项目。已建成对外营业的项目包括007酒庄、私家葡萄园种植区、房车营地、天鹅湖、养殖场—鹿苑—孔雀园区、摸鱼池—钓鱼台、薰衣草花海、希望沙滩（儿童游乐沙滩）、圆雕、绿植景观花架走廊、湖滨木栈道、私家葡萄园园主留念石刻、海盗船餐厅、水上高尔夫、直升机／飞行俱乐部、风车建筑、有机蔬菜种植基地、天鹅堡酒吧、婚庆礼堂、游艇码头等子景点，按照国家AAAA级景区标准规划建设，打造万亩葡萄园、千亩水景、千亩公园、百亩湿地四大生态景观。

【马石山风景区】 位于乳山市西北部马石山上，主峰海拔467米，占地53公顷，是国家AA级旅游景区。系1942年胶东反“扫荡”“马石山十勇士”诞生地、马石山惨案遗址。1943年1月25日，胶东区行政主任公署在陵墓前侧立“马石山殉难军民之墓”，2月18日，立马石山殉难军民纪念碑。1971年始建烈士陵园，修建烈士纪念堂，1972年在马石山主峰修建抗日烈士纪念塔。1985年，上将许世友、少将林浩为陵园题词。1990年6月，被省政府批准为省级烈士纪念建筑物重点保护单位。2005年12月，被批准为山东省爱国主义教育基地。2013年10月，被省政府批准为省级文物保护单位。2014年8月，被国务院列入首批国家级抗战纪念设施、遗址名录。作为

马石山十勇士纪念馆　　李传强 摄

五大抗日英雄群体之一，“马石山十勇士”入选民政部公布的首批300名著名抗日英烈和英雄群体名录。2015年11月4日，被列为国家级爱国主义教育基地。2013年起，乳山市投资5000多万元对马石山风景区整体进行改造，主要包括重建马石山十勇士纪念馆、乳山革命纪念馆和宣传教育中心，并成立威海马石山红色教育基地，占地1.69公顷，建筑面积2927.5平方米。

【林海湾旅游区】 位于威海高技术产业开发区北海岸，冬暖夏凉，四季分明，属于典型的海洋性气候，是国家AAAA级旅游景区。环海旅游路浴场景区与国家AAAAA级风景区刘公岛、中央电视台威海影视城连在一起，形成一道独特的滨海风光。景区陆地面积80.7公顷，海域面积200公顷，由国际海水浴场、林海公园和国际休闲帆船基地3部分组成。

国际海水浴场　东起玛珈山、西至烟墩山，海岸线长2800米，是一个自然天成的半月形海湾。景区景观层次丰富，步移景异，以沙滩、海水为主要基调，突出蓝天、阳光、沙滩、大海、绿树、青草的和谐统一。各项设施精心设置，游人可到海中畅游，可进行运动、休闲、娱乐。浴场内更衣、冲洗等配套服务设施齐全，快艇、摩托艇、海盗船等游乐项目丰富，海上救护、环境保护等管理措施健全。

林海公园　依托环绕国际海水浴场的千亩防护林带，在充分保护松林原始风貌的前提下，利用林间原有的地势地貌，建设集休闲、文化、娱乐、健身等功能于一体的综合性休闲区。公园总占地面积32.7公顷，有幸福大道、雨雾溪流、儿童乐园、婚庆广场、健身广场、咖啡屋、空中脚踏车、大型迷宫、卡通天地等景点。

国际休闲帆船基地　有各种帆船100余艘，利用国际海水浴场自然优势，以海陆一体、协同发展的“蓝色经济”为创新发展模式，打造亚洲最大、最具影响力的休闲帆船基地。基地主要开展帆船帆板驾驶培训、海上运动休闲娱乐、组织各类海上赛事、航海设备特色展览。基地取得国际帆联认证，是国际帆联指定中国培训基地、国际航海组织重点关注发展联动协会成员、国际帆联NOCSP活动指定训练基地。

小石岛旅游景区　　李传强　摄

【小石岛旅游景区】 位于威海高技术产业开发区小石岛（大连路2—8号），由威海西港小石岛旅游服务有限公司开发建设，是国家AAA级旅游景区。陆地面积1000平方米，海域面积186.67公顷。是国家级刺海参种苗培育基地、胶东半岛最大最优质的刺海参养殖基地、省级休闲渔业游示范点。2009年5月投入运营，投资1500多万元。景区内有乘船出海观光、垂钓、特色餐饮三大旅游项目。有游艇码头1个、旅游客船7艘。

【康博尔海洋健康博览园】 位于威海高技术产业开发区初村镇兴山路115号，占地面积9.07公顷，是威海康博尔生物药业有限公司投资开发建设和管理的集海洋健康文化展示、海洋健康品研发加工、旅游观光、休闲健身娱乐于一体的海洋健康主题综合旅游景区，国家AAA级旅游景区。景区主要有海洋健康博物馆（规划在建）、海洋健康品研发加工展厅、海洋微生态药浴疗养中心、3000米海岸线观光体验等功能区，内设有海洋健康产品超市、游客接待中心、停车场、健身器材等配套设施。

【老虎山生态园】 坐落于威海市区东南，南枕老虎山，北望威海湾，规划面积266公顷，是威海经济技术开发区金城实业发展公司打造的现代农业生态旅游园区，是国家AAA级旅游景区。园区融地域文化与生态绿色为一体，有以生态为主题的原生态森林、农业采摘园等16个景点，在挖掘丛氏姓氏文化历史的基础上，新增丛氏宗祠堂等仿古建筑。整个景区生态环境优越，文化底蕴丰富，十步临潭，百步入园，景中有诗，画中藏景。

【安然纳米集团文化产业园】 位于威海经济技术开发区环山路610号，占地面积7.8公顷，是国家AAA级旅游景区。景区由安然集团投资开发建设和管理，是集纳米技术文化展示和体验、纳米级活性多肽保健食品研发加工、纳米微元纺织品研发加工、纳米级生物活性肽化妆品研发加工、功能水机研发加工、旅游观光、休闲健身娱乐于一体的纳米健康主体综合旅游景区。设有纳米科技文化馆及纳米纺织品车间观光长廊、纳米级生物活性肽保健食品车间观光长廊、纳米级生物活性肽化妆品观光长廊、纳米级水机车间观光长廊等功能区；有游客接待中心、餐饮中心、纳米技术研发中心、纳米技术产品体验馆、游客娱乐中心、游客健身广场等功能设施；设有孝爱广场、纳米技术文化墙、感恩泉等主题文化景点，弘扬中华传统孝爱文化和纳米健康文化。

【“威海韩国不夜城”——韩乐坊、韩国风情街景区】 位于威海经济技术开发区乐天世纪城，占地面积约5.6公顷，总建筑面积约10万平方米，是中国首家韩文化主题商业景区，是国家AA级旅游景区。有韩国商业步行街、丽水门、庆会楼、韩国民俗体验馆、韩国茶艺体验馆、精品夜市、韩国文化艺术馆、公寓酒店、各种主题的韩国文化休闲广场及韩国风情街等。成为中韩友谊、文化、艺术、商品、旅游、信息沟通交流中心，韩国品牌、商品在中国的展示中心及贸易集散地，韩国建筑、民俗、旅游、饮食、时尚、非物质文化遗产等韩国文化在中国的体验中心。

【毛泽东像章珍藏馆】 位于威海临港经济技术开发区苘山镇正气路22-1号，建筑面积约3000平方米，国家AAA级旅游景区。馆内收藏各个时期的毛泽东像章、军功章、奖章、勋章、纪念章150余万枚，收藏20世纪60年代毛泽东的塑像及相关的瓷器、书籍、宣传画等藏品。

【中国钓具之都·博览城】 位于威海临港经济技术开发区，规划面积66.67公顷，总投资30亿元，建设商贸城、电子商务中心、钓具孵化器、会展中心、仓储物流中心、科研所、博物馆、海上运动科技体验馆、工业园区、休闲钓场十大功能板块，是国家AA级旅游景区。

（蒙春利）

会　展

【概况】 2015年，全市举办会展活动146个。其中展览64个，规模以上展览24个；会议节庆活动82个，其中省级以上行业专业会议21个，大中型节庆活动10个。会展业直接总收入约1.7亿元，对全市交通、旅游、酒店、通信、物流等相关行业带来直接经济收益约11.3亿元，实现税收约5650万元。会展业市场化、专业化水平不断提高，在第十二届中国会展行业年会上，威海市被评为中国十佳优秀会展城市。

【第八届中国威海国际人居节】 9月11日，由中国建筑学会、山东省住房和城乡建设厅、威海市政府联合举办的第八届中国威海国际人居节开幕。此届人居节以“幸福·宜居·文明”为主题，其间举办威海住宅产业博览会、中国威海国际建筑设计大奖赛暨全国大学生建筑设计方案竞赛获奖作品展、当代中国建筑设计研讨会、中国威海物业管理高层论坛等活动，活动持续至9月13日。中国威海国际人居节成为展示中国人居环境、展示全国建筑设计品牌的重要窗口。（参见《城乡建设与环境保护·综述》第179页）

【对韩会展活动】 以中韩自贸区及中韩（威海）经济合作示范区建设为契机，发挥会展业先行和拉动作用，围绕海洋深加工、新医药及医疗器械、电子商务、文化娱乐等产业，鼓励、扶持本地企业与韩国知名会展机构、品牌展会对接洽谈，结合产业和资源优势，开展多领域的会展合作。年内，举办2015韩国商品展览会、首届韩中自贸（威海）韩国商品贸易交流会、中韩（威海）品尚生活博览会、自贸区跨境电商论坛、中韩FTA投资贸易论坛、2015中韩（威海）电子商务大会、中韩（威海）传统医药高层论坛、中韩影视峰会等会展活动，形成服务于中韩自贸区的信息、技术、投资、贸易交流合作平台。

（张　珲）

【自主品牌展会培育】 继续开展“会展工作提升年”活动，着力培育打造自主品牌展会。先后举办威海春季渔具及配件博览会、对韩贸易博览会、2015威海国际（中韩）美丽产业博览会、健康产业博览会、2015中国（文登）皮草品牌节暨品牌皮草展、威海国际啤酒节、第一届中国（文登）西洋参文化节等10余项会展活动，不断提升展会品质与内涵，打造贴近产业、植根威海、充满活力的自主会展品牌。威海报业集团在威海国际展览中心先后举办第六届威海春季茶博会、第七届威海秋季茶博会等专业展览活动。举办爱车日活动、威海市毕业生供需见面会、JEEP全路况品牌体验日、广告家装特卖会、试乘试驾会、《威海晚报》创刊20周年庆、苹果擂台赛等15项活动。市广播电视台发挥平台优势，与社会各界合作，打造城市会展品牌，全年举办各类会展节庆活动33场次。

（张珲　王磊　邹颖瑜）

【优化会展业发展环境】 对全市产业资源、自然条件、交通环境、区域优势进行调研论证，学习研究会展业最前沿发展理念和发展趋势，起草《威海市会展业“十三五”规划》。发挥会展奖励资金引导作用，对中国·威海首届门球养生健身文化节和2014威海春季渔具及配件博览会等9项活动奖励38万元，提高社会企业招会引展、办会办展的积极性。推进行政权力清单公开，在威海会展网设立“市会展办行政权力公开”专栏，对会展活动备案和会展资金奖励两项权力事项进行公开。完成行政责任清单的编制，明确公共服务事项，制定事中事后监管制度和责任追究机制。强化创新服务，完善会展服务网络平台，简化会展活动备案程序，开展“护航品牌”专项工作，对威海春季渔具及配件博览会和山东省大学生创意文化节等展会进行精准服务。强化会展联动管理，加强展会食品安全工作，印发《关于加强对展销会活动期间食品安全监管的通知》，配合市食药监局开展对展会食品安全的宣传培训和监督检查。加强与专利、商标、版权等部门的联动，引导企业对展会项目进行商标注册，保护自主品牌。加强同公安、城管执法、工商等部门的联动管理，协调处理展会纠纷、档期冲突、场地协调5起，有效维护会展市场秩序。实施展会活动法律援助，会同山东时中律师事务所免费为企业提供法律服务。

（张　珲）

编辑　李传强

财政·税务

财 政

【概况】 2015年，威海市一般公共预算收入249.75亿元，完成预算的100.8%，比上年增长13.1%。一般公共预算收入，加地方政府债券收入、各项税收返还和转移支付补助、上年结余收入等203.61亿元，收入共计453.35亿元。全市一般公共预算支出338.38亿元，完成预算的120.2%，增长20.6%。一般公共预算支出，加上解省级支出及结转下年支出等114.97亿元，支出共计453.35亿元。

市级一般公共预算收入4.58亿元，完成预算的132.4%，增长49.7%。市级一般公共预算收入，加地方政府债券收入、各项税收返还和转移支付补助、各区市上解收入及上年结余收入等96.91亿元，收入共计101.48亿元。市级一般公共预算支出70.93亿元，完成预算的120.3%，增长37.6%。市级一般公共预算支出，加上解省级支出、补助各区市支出及结转下年支出等30.55亿元，支出共计101.48亿元。

【财政支持经济转型发展】 *加大科技研发和自主创新投入力度* 支持“碳纤维产业公共创新服务平台”等11个重大科技计划项目加快推进；将原中小企业科技自主创新基金项目整合到科技应用技术研究与开发资金中，支持113个技术研发项目；支持科技孵化器建设，新增市级科技孵化器8家，在孵企业达到899家；设立机器人产业发展专项资金，对10家企业首次研发生产并经用户单位使用的机器人产品给予补助。

支持企业提高技术水平，加快创新发展 修订完善工业企业技术改造专项扶持资金管理办法，扩大范围，降低门槛，贴息扶持35个重点技改项目；落实鼓励企业创新发展政策，对46家重点纳税企业和10家“3+4”产业骨干龙头企业给予补助，推进重点骨干企业做大做强。

支持区域发展和产业升级 围绕深化蓝色经济区建设，支持省道S301建设等68个重点项目建设；发挥服务业发展引导资金作用，对科技信息、商务服务、文化旅游等十大重点领域47个重点项目给予扶持；引导、支持产业结构调整，对67个传统产业转型升级和战略性新兴产业发展项目给予支持。

【财政扶持企业方式转变】 *设立政府引导基金* 整合专项资金，通过国有资本运营公司平台，设立海通齐东股权投资基金、中泰齐东天使基金、山东省城镇化投资基金等6只基金，总规模达到221亿元，有效带动社会资本为威海市企业发展、产业升级和城镇化建设提供有力支持。

破解企业融资难题 进一步完善科技支行试点政策，增加市区贷款贴息和风险补偿资金规模，发放贷款9.4亿元；借助国有资本运营公司，成立注册资本10亿元的威海齐东融资担保有限公司，为82家企业提供29亿元担保，同时支持公司开展“过桥贷款”业务，帮助91家企业还旧贷新50.9亿元。

支持企业开拓国内外市场 统筹中央、省、市外经贸发展专项资金，支持跨境电子商务、出口品牌扶持、国际市场开拓；增加国内市场开拓资金规模，政策范围扩大到全市，单个企业补贴最高限额提高到30万元，并对企业网上营销进行补助，帮助企业拓展国内市场。

【推进重大战略实施】 *积极拓展筹资渠道* 统筹一般公共预算和政府性基金预算资金，争取上级转移支付资金89.2亿元，争取地方政府债券88.69亿元，积极推广政府与社会资本合作(PPP)，保证市委、市政府重点项目推进和重大发展战略实施。

支持东部滨海新城开发建设 强化建设资金保障，提高资金拨付效率，并通过资产注入等方式，进一步增强城投公司、水投公司融资能力，推进新城规划编制以及威海市中等职业学校新校区、市委党校新校区、经济技术开发区污水厂扩建搬迁配套泵站建设等项目。

实施棚户区改造 把加快推进棚户区改造作为改善城乡人居环境，统筹推进城镇化建设的重要途径，争取政策性贷款83.3亿元，惠及63个村、2.17万户。

支持中韩地方经济合作示范区建设 把握中韩自贸协定签订带来的机遇，对设立仁川·威海馆、编制产业发展规划、动车冠名、跨境电商平台建设等给予大力支持，同时通过积极争取，威海市被列为山东省第一批实施离境退税政策的地区。

完成威海港集团并购重组。安排贴息资金和重组补助，协调国有资本运营公司投入27亿元，完成威海港集团并购重组，全面激活威海港国有资源。

【保障民生事业发展】 *支持农业、农村发展* 加大水利建设投入，支持实施农村规模化供水工程，完成287座病险塘坝除险加固；大力扶持优势产业和生态农业发展，构建现代农业产业体系，支持农产品质量安全提升；为小麦、玉米等7个农业保险险种提供保费补贴，为农户提供72亿元的风险保障；完成威海市规划确定的1921个村的农村环境综合整治，建立起长效管护机制。

加大教育保障力度 提高小学、初中、高中生均公用经费标准，并将公办幼儿园纳入生均公用经费保障范围；提高普通高中和中职学校学生助学金标准，扩大农村家庭经济困难寄宿生资助范围，对残疾幼儿和中小学生就学给予补助；改善学校办学条件，新建、改扩建公办幼儿园10所，完成149所中小学办学条件标准化提升，为38所学校建设塑胶跑道和运动场地。

提高特殊群体生活保障水平 提高农村居民最低生活保障、农村“五保”供养、计划生育特别扶助、低保重度残疾人生活补贴标准，提高优抚对象、新中国成立前老党员的抚恤和生活补助标准，更好地保障特殊群体生活需要。

促进医疗卫生、养老事业发展 制定《威海市公立医院补偿机制实施方案》，提高居民基本医疗保险和基本公共卫生服务经费补助标准，出台《疾病应急救助基金管理办法》，为符合条件的老年乡村医生发放生活补助，支持新建改造142处标准化村卫生室，新建、改造23处农村急救站。加大居民养老保险补助力度，为9万多名老人发放高龄津贴和长寿津贴，支持25家养老服务机构建设改造，对46家养老服务机构给予运营补助。

助力推动文化、体育等公益事业发展 健全公共文化服务体系，推进城乡公共图书馆服务一体化，新配备流动图书服务车5辆，为全市群众免费送戏下乡进社区500场，保障全国帆船锦标赛等重大体育赛事成功举办。大力支持城市公共交通建设，支持购置更新280辆新能源公交车。

支持生态环境保护 及时兑付补贴资金，累计提前淘汰黄标车1.94万辆，完成“黄改绿”3574辆。积极落实大气污染防治规划，全市12家热电企业全部建成除尘脱硫脱硝设施，实现达标排放；出台《威海市环境空气质量生态补偿暂行办法》，鼓励各区市改善环境空气质量。

【财政预算管理体系改革】 *完善预算管理体系* 坚持“四本预算”（一般公共预算、政府性基金预算、国有资本经营预算、社会保险基金预算）统筹安排，各项资金统筹调度，将地方教育附加、残疾人就业保障金等11项基金转列到一般公共预算，制定《关于调整完善社会保险市级统筹制度的意见》，除机关养老保险基金外，其他社会保险基金全部实施市级统筹。

推进预决算信息公开 制定《威海市财政预决算信息公开实施办法》，实行政府预算、部门预算、“三公”经费预算全公开，涵盖二个管理级次、7个区市、500多个主管部门。

深化国库管理改革 在全市开展权责发生制政府综合财务报告试编工作，综合考评政府财务状况。推动国库集中支付改革向乡镇拓展，280个市级国库集中支付单位全部实现网络会计核算，并在全省率先实现财政、人社部门工资系统联网。制定《威海市财政结转结余资金管理办法》，全面清理盘活财政存量资金。

严格支出管理 落实厉行节约反对浪费各项规定，制定《威海市“三公”经费管理办法》，对“三公”经费的管理、公开等做出全面规范。

加强财政监督 在全市开展涉农资金专项整治行动，创新涉农资金使用和监管机制。组织对市直119个单位开展贯彻中央八项规定精神、严格执行财经纪律情况检查和“小金库”专项治理，强化问题整改，促进单位财务管理更加规范。

（付璐玮）

国　税

【概况】 2015年，威海市国税系统完成国内税收收入115.34亿元。年内，获得“全国巾帼文明岗”“山东省工人先锋号”“山东省五四红旗团委”“省档案科学化管理示范级单位”等称号15个。

【国税组织收入】 推行“培育企业纳税额上档次，提高小额纳税户纳税面”的增收思路，优化计划、预测等6类24项指标，加强收入督导，全市1467家企业升级上档，增收税收占全市收入的9.0%；筛选存货扣税比、存货变动、应收账款与营业收入比率等31个指标，加强大企业税收分析；积极研究总分机构企业所得税分享办法、研发机构业务剥离、福利企业优惠政策落实等开源、政策增收举措，增加税款1.93亿元。

【国税征管】 *风险防控* 专门成立风控中心，强化市级风控统筹和规范，并深化外部信息应用，调取外部涉税数据50.1万条，完成纳税评估1880户次，增加税收2.5亿元，比上年增长117%。

征管模式改革 按照“一区一方案”要求，因地制宜推进征管模式改革，突出专业化管理、分权制衡和责任绑定，理顺104个部门、98个岗位851项具体职责，涉及业务指导岗、管理服务岗和风险管理岗683人。

信息管税 开发农产品收购开具、源头管控系统，规范农产品加工行业管理，推行农产品收购企业549户，农产品收购行业增值税税负由1.4%提高至1.5%。

稽查管理 深化应用“体检式”选案法，对1049家企业开展税收检查，查补入库2.02亿元，查补收入贡

献率为1.8%。同时,结合实施税收“黑名单”制度,将7家达到违法标准企业纳入黑名单,信用体系更加完备。

【依法行政】 规范基础资料,倒逼制度、责任落实。通过基础资料来验证、监督、推动制度执行,突出痕迹化管理,梳理文书档案1047卷、业务档案1.65万卷。完善基本制度,强化巡查监督。设立基础制度巡查岗位,整改薄弱环节及漏洞23项,完善双人执法、登记备案等制度12个。整顿个体管理,突出公开规范,累计整顿规范个体户4.42万家,并清理终止23个委托征收单位,个体管理更加规范。

【纳税服务】 提升纳税服务效率 落实纳税服务规范,完善业务指南42项、业务流程61项、表证单书173个;开展便民办税服务行动,打造实体化办税厅,实施审批权力、核实权力、报送资料“三个承转”,前移15类104项业务,72项业务即时办结,18项业务办税时间缩短60%以上,并启动国地税联合办税,实现38项管理服务业务的合作办理。

纳税政策宣传培训 全年举办所得税汇算清缴、增值税政策及发票系统、出口退税境外投资企业税收辅导等7类68期培训班,1.44万人次参训,并实行“纳税人学堂”“税法第一课”等特色服务。

开展“税银互动”活动 面向全市纳税信用等级A级以上企业以及达到B级的小微企业,与银行业开展“银税互动”活动,为65家企业办理“税贷通”“税易贷”产品2.11亿元,助力企业发展。

【国税服务经济发展】 加强经济税收分析 利用税收数据和信息,开展“经济税收变化分析”“结构性减税分析”“从全省税收看威海”等分析,提出经济税源建设的建议,为市委、市政府提供税收经济分析报告32份。其中《营改增对融资租赁企业影响的案例分析》等相关内容,被市政府采用,国办刊发。

落实优惠政策 全市累计兑现各项税收优惠95亿元。其中办理出口退(免)税64.3亿元。为确保应退尽退,多次协调国家税务总局、山东省国税局解决退税指标,申请退税指标44.07亿元,比上年增长26.3%,有力地支持外向经济发展。抵扣固定资产进项税额4.76亿元,积极推动企业升级转型。落实支持资源综合利用、高新技术和小微企业等增值税、所得税、消费税优惠25.94亿元。

(李洪禄)

威海市国税局联合地税局 建设银行威海分行举办“银税互动”合作协议签订仪式及“税易贷”业务推进会 市国税局提供

地 税

【概况】 2015年,威海市地税系统组织各项收入202.53亿元,比上年增收22亿元,增长12.2%。其中,各区市收入完成187.09亿元,增收26.47亿元,增长16.5%。年内,实现内部图书馆与威海市图书馆联网,发挥各社团、《蓝色情怀》内刊等平台作用。组织太极拳培训、工间操比赛、趣味运动会等集体活动,获得“全省地税系统先进集体”称号。与市总工会联合开展“业务技能比武活动”。组织“十佳党建示范窗口”“十佳党员先锋岗”等评选活动。

【地税组织收入】 开展收入分析调度 以建筑、房地产业和城中村改造为重点,开展税源普查,摸清税源底数。按月编发《税收收入月报》电子书,按月、季、半年做好税收分析,按旬、月开展税收收入调度。

重点税种管理 加强营业税管理,制定营业税清理工作方案,重点关注城中村改造、金融业表外收入和城市基础配套费相关税款的清理,补缴营业税5.58亿元。对重点企业开展针对性管理服务,实施实地巡检,入库企业所得税13.42亿元。全面推进全员全额明细申报工作,建立高收入者专项信息库,年所得12万元以上个人所得税自行纳税申报,入库个人所得税12.28亿元,增长17.4%。

社会综合治税 争取市政府支持和相关部门配合,利用第三方信息加强社会综合治税管理。主动与法院建立联系,在法院审理企业破产清算及拍卖等涉税关键环节,实行联动协作;与国土部门联合开展以地控税、以税节地工作,全面采集宗地信息;与公安局建立协作办案机制,采取提前介入、联合办案等方式协同查办涉税违法案件。

大项目税收管理 各区市671个在建重点项目入库税收8.6亿元。

清理欠税 在摸清欠税底数基础

上，采取核查开户银行对账单、约谈、停售发票等方式，清理欠税11.2亿元。

【地税征管改革】 稽查工作模式创新 对电子查账软件进行升级，集成计算机选案、电子查账、流程监控、增值利用四大模块的稽查信息化平台。出台《关于推进市级一级稽查体制改革的实施方案》，印发《关于细化工作流程提升全市一级稽查规范化水平的通知》，实现全市范围的一级稽查，推行集约型选案、审计型检查、监督型审理、督导型执行，开展“一案双查”。组织企业自查、重点检查249家，查补入库税款2.36亿元。

大企业专业化管理模式创新 调整国际税务分局工作职能，增加税源管理和纳税评估职能，利用电子查账系统对大企业税收实行评估，开展纳税评估1437家次，增加税收6710万元；采取政府购买服务的形式，选取8家中介机构，对183家重点税源企业进行纳税评估和检查，查补税款1.7亿元。

日常征管模式创新 规范税收管理员工作职责，明确税收管理员20项基本职责，建立6项税收管理员工作组织制度。推行基层所长联系重点税源企业制度，50名基层所长联系重点税源企业141家，做好日常税收管理和纳税服务，指导监督企业依法纳税。

【地税服务机制创新】 建立“以税资政”工作机制 围绕组织收入、营改增等向山东省地税局、国家地税总局和威海市委、市政府报送政策研究报告，获得表扬性批示8项。结合“中韩自贸区”“一带一路”“走出去”等经济社会发展的新动向、新趋势，邀请市直相关部门和驻威高校专家学者，组织召开专题座谈会，研究制定有针对性的服务措施。

宣传落实优惠政策 搭建“互联网+”服务模式，细化归纳9大类涉税业务内容，生成可自动识别的二维码，缩短办税时间。将优惠政策按行业分类整理成9大类，开展针对性宣传；列出小微企业清单，发放《致小型微利企业的一封信》《小型微利企业所得税新政知识问答》等，减免各类税收10.34亿元，其中为小微企业减免税收8934万元。与商业银行、建设银行等开展“征信互认 银税互动”合作，协助72家企业贷款2.3亿元。

为纳税人解决难题 开展便民办税春风行动，以“局长服务日”为载体，开展征纳之间、干群之间的换位体验，接待429位纳税人，解决问题295个。

全面推进国地税合作 成立国地税联合办税领导小组，建立联席会议制度，在办税服务厅互设窗口，开展38项国地税合作业务。落实简政放权措施，开展“三证合一”工作。

【落实“三个规范”】 规范税收执法 出台《全面推进依法治税工作的意见》，加大对基层执法的指导力度，化解税收执法矛盾。全面推进税务公开，开展一次性告知服务，建立规范、透明、高效运行的税务公开机制。制定税收执法重点管理办法，加强税收执法督察，做好审计疑点的核查。做好规范性文件清理，加强法治文化建设，被省普法办授予“法治文化建设示范基地”。

规范税收征管 对12个大类838个业务事项，逐项、逐岗进行梳理和规范；利用信息化手段，开展数据信息比对，整改征管基础数据，整改税务登记类3.05万条、税种认定类7976条、纳税申报类1182、个体核定类2043条、税款征收类649条。

规范纳税服务 9类76项236条服务事项逐条梳理，落实办税公开制、首问责任制、限时办结制、一次性告知制和预约服务、延时服务、提醒服务等措施。推行涉税事项免填单制度，启用《首问责任制转办单》《纳税服务投诉事项登记表》等，在办税大厅增设咨询辅导区、领导值班岗，给纳税人提供涉税业务帮助。

（孟新华）

编辑 王 瑛

2015年度全市纳税明星企业名单

威高集团有限公司
三角集团有限公司
华能威海发电有限责任公司
威海市商业银行股份有限公司
威海建设集团股份有限公司
家家悦集团股份有限公司
山东威海烟草有限公司
山东荣成农村商业银行股份有限公司
豪顿华工程有限公司
赤山集团有限公司
山东威达集团有限公司
迪沙药业集团有限公司
石岛集团有限公司
山东华夏集团有限公司
中国移动通信集团山东有限公司威海分公司
山东安然纳米实业发展有限公司
威海市山花地毯集团有限公司
天润曲轴股份有限公司
迪尚集团有限公司
文登森鹿制革有限公司
国网山东省电力公司威海供电公司
国网山东省电力公司荣成市供电公司

2015年度全市纳税新星企业名单

威海威东航运有限公司
山东荣城建筑集团有限公司
威海港集团有限公司
西霞口集团有限公司
山东工友集团股份有限公司
文登农村信用合作联社
山东金洲矿业集团有限公司
威海港华燃气有限公司
威海市地方铁路管理局
威海中玻镀膜玻璃股份有限公司
山东鸿洋神水产科技有限公司

摘自《威海日报》

金　　融

综　述

【概况】　2015年，全市金融业实现增加值73.88亿元，比上年增长8.5%，占地方生产总值的比重达2.5%。全市社会融资总量381.65亿元。企业融资需求满足率排名山东省第一，省级备案的拟上市公司数居全省首位。年末，全市有银行业金融机构26家；银行业本外币存款余额2790.42亿元，比年初增加174.05亿元，增长6.7%；本外币贷款余额1842.25亿元，增加106.97亿元，增长6.2%。全市在境内外直接上市14家公司，通过股权转让等方式间接上市12家公司，融资181.1亿元。全市实现场外市场挂牌38家中小企业，累计74家。全市保险机构46家，实现保费收入73.10亿元，比上年增长16.0%。全市有证券分支机构19家，全年各类证券交易额达5710亿元。全市有小额贷款公司24家，注册资本29.4亿元，贷款余额30.62亿元，营业收入4.09亿元。全市有融资性担保公司16家，其中6家为国有控（参）股，2家为国有独资。在保责任余额40.63亿元，实现担保业务收入7936万元，担保业务利润5766万元，上缴税金929万元。融资性担保放大倍数1.66倍，累计发生代偿资金1.26亿元。有民间融资机构36家，其中民间资本管理公司29家，民间融资登记服务公司7家，注册资本15.25亿元，实现各区市全覆盖。

【民间融资机构发展】　2015年，市金融办扎实推进民间资本规范引导试点，稳步发展民间融资机构。全年评估设立民间融资机构8家（民间资本管理公司6家、民间融资登记服务公司2家），累计36家，总注册资本15.25亿元，实现两类机构区市全覆盖。印发《威海市民间融资机构监管实施细则（试行）》《关于加强民间融资机构变更等事项申报备案工作的通知》等，督导民间融资机构规范运营和发展。现场检查2次，对上年开业的23家民间资本管理公司进行分类评级，评为三级（良好）以上的20家，良好率87%；一级（优秀）的7家，优秀率31%。依据《山东省民间融资机构监督管理暂行办法》，选择4家银行作为民间融资机构主办银行。制定《民间融资机构主办银行三方协议》，防范资金业务的操作风险；成立行业协会办事处，督导民间融资机构统一门头、LOGO等行业标识；组织近40名负责人参加省民间融资机构协会举办的培训，培训全市民间融资机构从业人员100余名。

【打击非法集资活动】　召开全市打击非法集资工作会议，调整各成员单位职责分工，进一步明确责任。开展2次以非融资性担保、投融资中介、农民专业合作社等行业为重点排查对象的涉嫌非法集资风险排查活动，排查各类机构3995家，发现各类问题170余个，及时督导相关区市进行应对处置。开展以案件高发行业为重点排查对象的专项整治，发现涉嫌非法集资公司4家，移交公安机关处置。开展涉嫌非法集资广告资讯信息排查清理活动，全市派出工作人员860余人次，检查各类企业700余家，监测各类广告信息8万条次。在主流街道、中心广场等场所开展“3·15”和“5·15”打击非法集资现场宣传教育活动；通过电视台、报纸等媒体对群众提示风险；组织银行、小额贷款公司、融资性担保公司、民间融资机构等通过电子屏幕播放宣传标语、悬挂横幅等方式，提示风险，宣传防范非法集资知识。

（窦永刚）

宏观调控

【概况】　2015年，面对宏观经济增速下降、外需偏弱和支柱产业发展出现调整的复杂形势，中国人民银行威海市中心支行引导全市金融机构落实稳健的货币政策，加大信贷投放力度，持续优化信贷结构，维护辖区金融稳定，履行监管职责，依法严格管理银行机构。继续发挥金融管理职能作用，梳理完善依法行政内控制度，对行政执法的合规性进行自查。

【货币信贷合理增长】 2015年，银行机构稳健经营，货币信贷平稳增长。全市本外币存、贷款增长平稳，银行机构缴纳各项税款14.63亿元，增长12.1%。信贷结构进一步优化，支持实体经济效果更加突出。中长期贷款加快投放，本外币中长期贷款增加80.1亿元，比上年多增13.5亿元，重点支持水利、物流、土地流转和城市供排水等重点项目和基础设施建设。个人住房贷款增加22.2亿元，多增5.2亿元，新建房贷款和再交易房贷款累计发生额分别增长20%和48%。基础设施建设和民生领域贷款大幅增长，基础设施建设行业贷款（主要包括电力、热力、燃气及水的生产和供应业、交通运输五大行业）增加74.5亿元，住宿餐饮业贷款增加2.4亿元，卫生和社会工作贷款增加8.8亿元。小微企业贷款余额405.3亿元，比年初增加54.6亿元，增长15.6%，较各项贷款增速高4.6个百分点；涉农贷款余额659.3亿元，增加67.3亿元，增长11.4%，较各项贷款增速高0.4个百分点。

【创新融资方式】 支持和引导企业、银行创新融资方式，扩充融资渠道。批准威海市商业银行开展全国首批资产证券化业务21.17亿元，增加贷款规模21.17亿元，同步转让全部信贷风险。总行批准威海市商业银行发行二级债30亿元，提高资本充足水平，增加信贷投放。支持威高集团发行20亿元中期票据，首期发行10亿元。推动三角轮胎支用外汇储备转贷款3000万美元，利用建行境外筹资转贷款4200万美元，新借用外债1.34亿美元。

【金融风险管理】 严格管理金融机构业务活动，开展行政执法检查30次，检查金融机构113家，依法对2家金融机构违规办理外汇业务进行处罚。召开4次金融机构座谈会，要求在合理控制风险、优化信贷结构的前提下，加大投放力度。加强资金流动监测，严厉打击地下钱庄。加强对金融机构洗钱风险提示及工作督导，年内根据金融机构报送的重点可疑交易线索，启动重大案件应对机制，与市公安局联合查处地下钱庄2个，涉案金额21.77亿元，是全国开展“利用离岸公司和地下钱庄转移赃款专项行动”山东省破获的首起、涉案金额最大的案件。落实金融改革举措，优化区域金融生态。加强对改革效果的监测和高风险行业的风险排查，加强对存款类金融机构流动性监测和舆情监测，促进存款保险制度顺利实施。创新利率市场化承受力评估机制，督导法人金融机构不断提高存款定价水平。推动农村信用社改革，密切跟踪改革动态。联合市公安局、金融办等部门对全市P2P、投资咨询公司等风险行业进行非法集资排查，查处案件2起，涉案金额1700余万元；开展整治银行卡非法买卖专项行动，查出非法买卖银行卡线索16条。

【金融资源优化配置与定向支持】 发挥政策工具合力，引导金融资源优化配置与定向支持。发挥再贷款、再贴现、差别存款准备金的结构调控作用，金融机构加强对重点行业和领域的支持。全年发放再贷款18.55亿元，办理再贴现22.3亿元。金融机构在使用再贷款资金发放贷款的，最高利率定价较分行规定的上限低0.5个百分点，为企业减少利息820万元。先后两次对符合定向降准条件的法人机构降低存款准备金率，释放资金4.5亿元。首次开展常备借贷便利操作，为乳山农信社提供资金1.5亿元。

【普惠金融发展】 改进金融服务，发展普惠金融。优化支付服务环境，发挥贴近社会、贴近民生、贴近一线的优势，推进支付环境建设工作。至年末，全市布放ATM机571台、各类POS机1.88万台、农民金融自助服务终端491台，建设助农取款服务点2870个，实现农村金融基础设施覆盖率和手机支付业务农村覆盖率100%的目标。提升服务水平，推动威海市商业银行发行全省首个集居民健康卡、城市通卡、金融IC卡三卡合一的“市民卡”。创新现金管理机制，做好纪念币和新版百元钞发行准备和督导工作；推广应收账款融资服务平台，推进诚信威海建设；深化银团合作机制，助力县域经济发展。落实简政放权，改进外汇管理和服务；落实直接投资改革新政，促成全省首笔直投业务落户威海；完善岗位职责，推进外汇主体监管；搭建外汇局“开放式”服务平台，推进跨国公司外汇资金集中管理业务开展，推动三角轮胎、金猴集团等两家企业获得试点资格。

（刘冰杰　孙健飞）

金融监管

【概况】 2015年，威海银监分局全面推动银行业改革和发展转型，强化金

8月13日，召开威海辖区银行业金融机构主要负责人会议

威海银监分局提供

融对实体经济的支持力度，提升监管质效，推动威海银行业平稳运行和健康发展，全年无案件和重大风险事件发生，整体实现稳健运行。

【风险监管】 应对经济波动对银行业的冲击，坚决守住不发生系统性、区域性风险的底线。完善大额授信联合管理机制。下调债权联席会融资总额组建起点至10亿元，扩大管理范围，全市符合条件的22家大型企业全部组建债权人联席会，实现对全市大额授信的整体监控。签署《年度融资总额及成员行额度分配确认书》及《债权人联席会合作公约》，将大额授信风险管理各项审慎要求合约化、明确化。建立工作例会和监测报告机制，推进大额授信风险化解，加大不良贷款核销力度，遏制不良贷款反弹趋势，全年盘活不良贷款14.6亿元，比上年增加9.84亿元；核销不良贷款7.8亿元，增加6.23亿元；核销盘活总量增长254.6%。推动造船业授信风险化解工作，化解不良贷款11亿元，强化重点风险领域分析监测，建立全辖造船、房地产、外贸进出口等6个行业风险监测台账，对有关140余户企业600余亿元贷款实施名单式监控。完善担保圈风险分析系统功能，按季对全辖20余个授信担保圈风险情况进行监测预警。按月调度分析不良贷款、非应计贷款等数据情况，对各机构贷款真实性情况进行跟踪监测。强化案件风险防控，通过年度案防工作会议和各行审慎会议，安排部署案防工作重点。加大检查力度，开展全辖年度安全大检查、业务库专项检查、网点安全评估等工作。提升合规意识，开展全市银行业案防禁止性工作测试，264人参加考试，增强银行从业人员法律合规和案件防控意识。

【助推经济发展】 发挥监管引领作用，引领银行业为实体经济提供优质高效的金融服务，确保银行业发展与实体经济紧密结合。助推地方经济发展，参与制定《全市暂困企业分类帮扶方案》《全市促投资稳增长的措施意见》，指导各行防范风险与提振地方经济发展结合，保持信贷投入连续性，确保重点项目续贷，帮助企业脱困。服务中韩自贸区建设，做好政策研究工作，针对机构引进、开展金融创新、完善监管服务体系等方面提出7项具体政策支持意见。优化完善银行业服务格局，加强市场组织体系建设，完善多层次的银行业服务格局，批准设立光大银行威海分行、威海富民村镇银行。创新方式方法，改善小微和三农金融服务。强化目标导向，加强对各机构小微和涉农金融服务的工作督导，在机构准入、高管考核等方面采取差异化监管等措施，发挥监管压力传导作用，维护消费者合法权益，建立银行业消费者权益保护工作通报机制。

【金融宣传】 强化宣传对接，开展“第四届小微企业金融服务宣传月”活动，结合网点宣传、银企对接等传统宣传方式，发挥互联网平台优势，运用微信公众平台宣传银行业金融机构落实小微企业金融服务监管政策。与大众网合作，创新开展“行长在线”系列访谈活动，利用网络及新媒体宣传银监会小微金融服务政策。开展金融消费者宣传教育工作，开展“金融知识进万家”“打击和防范经济犯罪”等宣传活动，采取“走进社区、校园、农村、商圈”等活动形式，全方位开展金融服务及金融安全知识教育。

【银行业改革】 以体制机制改革为突破口，推动辖内银行业金融机构转变发展方式。推动威海市商业银行改革转型，优化资源配置，升级业务结构，发行全省城商行首期信贷资产证券化项目，拓展资本补充渠道，建立长期稳定的市场化融资机制，发行二级资本债；金融租赁公司筹建申请工作进入银监会审查程序，开展上市筹备工作，进入山东证监局验收阶段；改进管理水平，提升发展实力，逐步实施全面风险管理体系规划项目，强化内审监督防线作用，完善技术手段，开发应用鹰眼审计系统，提升内审工作有效性。强化风险管控，督导开展流动性风险压力测试5次，发行2期合计15亿元人民币同业存单，加入山东省银行间市场金融战略联盟。推动联社银行化改革，争取地方政府在帮扶资金、不良清收、资产确权等方面支持，促成文登区政府拨付帮扶资金4亿元，乳山市政府拨付帮扶资金2.5亿元。完成2家联社增资扩股方案审查，完成对乳山联社股东资格及筹建申请资料的审查。乳山联社改制前期准备工作完成，法人股占比达69%。文登联社政府到位帮扶资金4亿元，资产转让处置不良到位6.5亿元，募集股金到位79%，改革达标工作全部完成。推动民营银行筹建，组织成立山东蓝海银行筹备推进辅导工作小组，推进山东蓝海银行筹备工作，指导民营银行发展定位、业务模式、风控措施等研究和设计。

（蔡建龙）

金融服务

【概况】 2015年，市金融办加强对金融运行的宏观监测，完善金融风险防范和化解机制，密切关注和防范地方融资平台、重点产业及企业担保圈等风险。加大政策制定执行力度，出台《威海市金融业十三五发展规划》《威海市金融人才队伍建设支持计划实施办法（试行）》《威海市民间融资机构监管实施细则（试行）》等文件，优化金融生态环境。加强对金融运行的宏观监测，密切关注荣喜集团、三进船业等造船企业资金链运行状况、破产重整进展，互保联保问题以及地方融资平台和重点行业风险。加大不良贷款核销力度，累计清收、盘活不良贷款20.8亿元，核销不良贷款10.3亿元，核销盘活贷款总量比上年增长247.9%。全市银行业不良贷款率2.3%。强化地方金融组织监管，聘用专业中介机构参与行业监督管理，定期对全市民间融资机构、小额贷款公司、融资性担保公司进行检查。加大对非法集资、票据诈骗等金融犯罪的预警查处力度，在2015年度省社会管理综合治理委员会办公室、省打击和处置非法集资工作领导小组组织的年度综治考评中，威海市被评为优秀等次。

【银行融资稳定增长】 至年末，全市银行业各项本外币贷款余额1842.25亿元，比年初增加106.97亿元。优化信贷结构，新增贷款主要投向租赁和商务服务业、金融业、卫生和社会工作，占全部新增贷款量的54.2%，中长期贷款余额870.32亿元，增加80.14亿元。提升服务三农和小微企业能力，完善小微企业贷款风险补偿基金管理制度，新增邮政储蓄银行作为试点行，全年支持63家企业，发放贷款1.29亿元，放大系数2.86。扩大科技支行试点范围，新增交通银行和兴业银行作为试点行，扶持企业193家，推广硅谷银行“政府+融资+投行+平台”的外延型科技金融服务模式，为104家企业发放贷款近26亿元。全市银行业涉农贷款余额659.33亿元，增加67.32亿；小微企业贷款余额405.3亿元，增加54.56亿元，增长15.6%。政银企对接效果明显，组织召开全市银企对接会议，54家企业与18家银行进行示范性签约，授信总额160余亿元。协调人民银行在环翠区、威海经济技术开发区等区市举行银企对接暨金融产品推介大会，解决信贷资源和信贷周期错配问题。

【直接融资发展】 全市企业上市挂牌势头良好，华鹏玻璃上交所主板上市，首发融资2.3亿元。三角轮胎、家家悦、光威复材3家企业IPO进入审核，威海市商业银行通过辅导验收，威高骨科通过香港交易所聆讯，信悦小贷签约香港上市。12家企业在新三板挂牌，4家企业新三板在审，新三板挂牌企业达22家；26家企业在区域场外市场挂牌，场外市场累计挂牌企业达74家。提升融资质量，全市发行私募债、城投债各2只，非公开发行公司债、中票、短融、金融债、增信集合债各1只，合计融资88.4亿元，其中7亿元中小企业增信集合债是全省第2家。资产证券化取得突破，发行威海市商业银行第一期21.17亿元信贷资产证券化项目，广泰空港增发融资6.2亿元，新三板挂牌企业中有6家开展做市交易，威海威硬工具股份有限公司等企业通过增发再融资1.2亿元，正大环保、易霸科技通过股权质押取得贷款融资。

【上市资源培育】 年内，开展专题培训20场次，组织企业到股转中心、交易所、复旦大学等开展培训，培训企业家2000余人次。全市在省证监局拟上市企业8家，排名全省首位。完善金融要素市场建设，威海国际海洋商品交易中心获批筹建，是全市首个大宗商品交易市场，是山东省首个开展海洋产品交易为主的大宗商品市场试点。齐鲁、蓝海和山东金融资产交易中心均在威海市设立运营中心，搭建威海投融资市场服务平台，发行2只固定收益产品，利用场内小贷、担保等机构帮助小微企业融资近3亿元。

【对韩金融业务创新】 2015年，申请跨境人民币贷款业务，威海金蚂蚁化工有限公司获得跨境人民币贷款400万元，成为全市首单对韩人民币借款业务。推动建设跨境电子商务第三方支付平台，指导迪尚集团与易通支付共同发起设立对韩跨境第三方支付平台达成初步合作意向，与通联支付等省外支付机构对接到威海市设立分支机构。人民币对韩元挂牌交易取得进展，威海市商业银行开办韩元业务系统上线，开办人民币对韩元现汇柜台挂牌业务。“试水”中韩债券市场相互开放，筛选全市36家综合运行情况良好的企业进行专门培训，做好到韩国债券市场发债融资准备。

【增强保险服务能力】 年内，保险业运行质量不断提升。发展农村合作医疗保险、大病互助保险、安全责任保险、养老险等新险种。全市保险业保费收入73.1亿元，比上年增长16.0%；赔付25.8亿元，增长18.5%。保险业创新取得进展，引导保险机构开发扇贝养殖风力指数、海参养殖气温指数等新型保险业务，各类产品承保养殖面积1086.67公顷。小额贷款保证保险在全省率先突破，发放贷款600万元。保险资金运用取得进展，推介项目运用保险资金363亿元，其中华东数控发行股票运营保险资金140.7万元。

【完善金融组织体系】 2015年，新设立保险机构1家、证券机构2家、期货机构1家、银行机构3家、新型地方金融组织11家。日本瑞穗银行与威海市签订战略合作协议，与韩国韩亚银行达成入驻意向。民营银行筹建工作取得突破，威高集团牵头设立民营蓝海银行。提升地方法人银行运行质量，威海市商业银行发展提质增效，资产总额达到1517亿元，全年缴纳各项税金7.5亿元，在2015年地方金融企业绩效评价中，位列全省商业银行行业第一名。推动文登、乳山农信社加快股份制银行化进程，推进新型农村合作金融试点，指导乳山市开展新型农村合作金融试点，至年末，有5家机构开展信用互助业务。完善融资担保服务体系，新增1家融资性担保公司，全市16家融资性担保公司在保责任余额40.63亿元，注册资本24.23亿元，资产总额34.12亿元，负债9.58

3月20日，全市银企对接会议在东山宾馆召开　　市金融办提供

亿元，净资产24.54亿元，平均资产负债率28.1%。小额贷款公司发展提质增效，新增2家小额贷款公司，24家小额贷款公司累计贷款额51.44亿元，支持三农和小微企业2686户，营业收入4.09亿元，上缴税金8182万元。在全省地方金融企业绩效评价中，6家小贷公司获得A级以上评价，其中威海高技术产业开发区融亿通小额贷款有限公司获AAA评价，位列全省小额贷款行业绩效评价第一名。规范民间融资机构，成立山东省民间融资机构协会威海办事处，评估设立民间融资机构8家。29家民间资本管理公司投资41.9亿元，7家民间融资登记服务公司对接成功金额2.82亿元；民间融资登记服务公司登记需求7.04亿元，登记出借4.17亿元，上缴税金1915.06万元。

（窦永刚）

银　行

【概况】 2015年，全市有银行业金融机构26家。其中，政策性银行1家，国有银行5家，城商行3家，股份制银行7家，农村中小金融机构8家，外资银行1家，邮政储蓄银行1家。全市有银行网点512个，从业人员9747名。年末，银行业总资产3976.19亿元，总负债3808.88亿元，实现利润26.64亿元。全市银行业本外币存款余额2790.42亿元，比年初增加174.05亿元，增长6.7%；本外币贷款余额1842.25亿元，增加106.97亿元，增长6.2%。全市银行机构缴纳各项税款14.63亿元，增长12.1%。

2015年末威海市银行业本外币存、贷款情况表

表15　　单位：亿元

银行名称	存款余额	贷款余额
中国工商银行股份有限公司威海分行	232.21	183.55
中国农业银行股份有限公司威海分行	284.73	215.01
中国银行股份有限公司威海分行	277.63	183.98
中国建设银行股份有限公司威海分行	229.44	170.42
交通银行股份有限公司威海分行	127.68	71.92
中国邮政储蓄银行股份有限公司威海分行	184.96	42.75
中国农业发展银行股份有限公司威海分行	24.21	79.15
中信银行威海分行	105.51	76.18
招商银行威海分行	51.08	37.84
上海浦东发展银行威海分行	61.36	33.64
中国民生银行威海分行	46.05	29.67
兴业银行威海分行	49.32	28.72
恒丰银行股份有限公司威海分行	18.93	14.42
中国光大银行威海分行	14.86	9.79
威海市商业银行	437.71	209.39
齐商银行股份有限公司威海分行	11.15	6.04
青岛银行威海分行	32.24	42.09
山东威海农村商业银行股份有限公司	118.92	85.54
山东荣成农村商业银行股份有限公司	197.69	140.54
文登区农村信用合作联社	125.16	83.90
乳山市农村信用合作联社	116.26	75.95
山东荣成汇丰村镇银行有限责任公司	3.11	2.05
文登建信村镇银行有限责任公司	4.65	4.62
乳山天骄村镇银行	6.39	4.35
威海富民村镇银行	3.90	3.51
韩国友利银行威海分行	0.99	7.22

（刘冰杰　孙健飞）

【中国农业发展银行威海市分行】 2015年末，中国农业发展银行（简称农发行）威海市分行各项贷款余额79.2亿元，比年初增加30.8亿元，增长63.6%，增量和增幅分别名列全省农发行第三和第一。各项存款余额28.5亿元，增加16.1亿元，增长130.9%。实现利润9956.7万元，比上年增加1510万元。农业农村基础设施贷款业务快速发展。按照稳增长、调结构、惠民生要求，内外并举加快业务发展。对外，积极宣传推介农发行的信贷政策和优势；对内，通过业务培训、建立联合办贷机制、开辟"绿色通道"等途径，提升办贷效率。全年批复农业开发和农村基础设施建设贷款项目10个、金额58.8亿元。及时足额保证中央、地方储备粮轮换和中央政策性粮油跨省移库等资金需要，累计发放各类粮油购销贷款超过1亿元。推进重点建设基金投资业务，先后对接成功4批8个项目、金额5.36亿元。年末，对符合支付条件的1个项目支付项目资金1亿元，发挥政策性银行的逆周期调节作用。通过资本金项目营销，进一步扩大社会影响，增进社会对农发行的认知和理解。全行加大存款与费用、绩效的挂钩考核力度，在财政性存款、延长资金支付链条、企业货款回笼归行以及鼓励全员营销县域公众存款等方面求突破。大力发展同业业务，累计办理同业存出134亿元，实现手续费补贴收入391万元。积极营销国际业务新客户，增加国际业务占比，业务发展稳中有升。全年办理国际结算业务1.19亿美元，实现国际业务收益101万元，分别比上年增加3791万美元和2万元。加强咨询顾问、保险代理等中间业务，收入452.63万元，增加206.43万元。通过债权转让、保证人代偿等方式现金清收不良贷款1.2亿元本金及所有利息。年末，全行不良贷款全部收回，不良贷款清零。

（陈京文）

【中国工商银行股份有限公司威海分行】 2015年末，中国工商银行股份有限公司威海分行本外币各项存款余额232.21亿元，比年初减少10.08亿元。其中，储蓄存款余额110.16亿元，减少6.6亿元；公司存款余额53.29亿元，减少16.79亿元；机构存款余额68.74亿元，增加13.3亿元。本外币各项贷款余额183.55亿元，比年初减少8.47亿元。其中，公司贷款余额110.81亿元，减少10.19亿元；个人贷款余额70.29亿元，增加3.77亿元；票据贴现余额2.44亿元，减少2.05亿元；项目贷款余额34.31亿元，增加4.17亿元；个人住房贷款余额58.48亿元，增加3.33亿元。年末，实现拨备前利润4.84亿元，实现中间业务收入2.61亿元。不良贷款余额比年初减少2195万元。全年实现不良贷款清收处置8.29亿元，增加4.45亿元。逾期贷款剪刀差余额8446万元，比年初下降4377万元。年内，面对国际国内复杂经济形势带来的经营压力与挑战，威海分行坚持把风险防控工作放在首位，全行认真贯彻金融法规和行内各项制度，组织开展检查监督，查找经营管理的薄弱环节，通过严格落实防案分析会制度，开展安防预案演练、专项检查等工作，加强重要风险点和重点部位的防控，提升业务运行和安全生产水平，有效防范和化解各类风险，继续保持安全稳定无案件事故发生的良好态势。

（李日　景泉）

【中国农业银行股份有限公司威海分行】 2015年，中国农业银行股份有限公司威海分行打造区域经济的"主流银行"、服务三农的"主力银行"、小微企业的"伙伴银行"，不断加大信贷投放，加快发展步伐。年末，各项存款余额285亿元，各项贷款余额215亿元，缴纳税款6412万元。客户维护、产品创新取得新进展，推进"扩户工程"，运用贷款、保函、承兑、信用证等融资工具，加大对电子信息、新材料、生物技术等高新技术产业的支持力度，全年投放法人贷款111亿元。扶持小微企业客户，小微企业贷款较年初增加3.84亿元，户数增加14户，考核位居全省第2位。推广新产品、新业务，满足客户多元化需求，发放"鲁青基准贷"680万元，票据池业务、企业年金业务实现零突破。服务三农实现突破，扶持农业产业化龙头企业，国家级农业产业化龙头企业的金融服务覆盖面达100%。支持新型城镇化建设，在全省农行率先发放威海南海新区新型农村社区工程项目贷款3.75亿元。推进农村支付服务环境建设，新增金穗"惠农通"有效服务点469个，惠农卡总量达38万张，电子机具农村覆盖率89.5%。提升网点服务水平，全年完工5个网点、7个自助银行装修建设，新增超级柜台93个，实现网点全覆盖。组织创建文明服务窗口活动，市分行营业部获"威海市银行业文明规范服务示范窗口"称号。风险管控力度持续加强，抓好信用风险、操作风险和案件的管控。强化内控管理，全行平均考试成绩排名全省首位，市分行持续保持"内控评价一类行"。推进各类创建活动，13个网点被总行评为基础管理"三化三铁"（柜面业务"标准化、规范化、制度化"，实现营业网点"铁账、铁款、铁规章"的目标）网点，1个支行被总行评为基础管理先进支行，支行、网点"三化三铁"达标率100%。开展防诈骗宣传，有效堵截各类柜面案件和风险事件，信息系统全年实现安全生产，全行没有发生案件和责任事故。先后被评为工作优秀单位、山东银行业良好银行、诚信威海 金融行业榜样企业、创建全国文明城市工作先进单位、省级文明单位、山东省内审协会内审机构先进单位等。

（鞠玲玲）

【中国银行股份有限公司威海分行】 2015年，中国银行股份有限公司威海分行践行"担当社会责任、做最好的银行"的战略理念，发挥中国银行多元化服务、海内外一体化优势，实现服务地方与自身发展的良性融合。支持地方经济发展，优先满足居民资金需求，有效促进资产业务良性发展。至年末，全口径授信余额达276亿元，比年初增加7.2亿元，其中表外承兑增加2.23亿元，信用证增加8.89亿元。小微企业贷款增速超全口径贷款，比上年增长5.7%，小微贷款户数增加14户，审贷获得率100%。核心存款保持较快增长，巩固和深挖传统揽存市场，重点突破农村市场和行政事业存款，带动核心存款稳健持续增长。全行本外币存款余额277.6亿元，比年初增加12.4亿元，增长9.0%。其中，人民币存款余额220.1亿元，增加10亿元，增长

4.8%；外币存款余额8.9亿美元，增加1.6亿美元，增长21.4%。资产质量持续保持优良，年内化解不良资产1.88亿元，不良余额1.62亿元，不良率0.9%，低于威海五大行平均不良率2.88个百分点，低于威海金融机构平均不良率1.44个百分点。内控管理机制日趋完善，加强党风廉政建设和反腐倡廉工作，以“两个意识”强化年活动为主线，开展各类检查和全员警示教育工作。发挥“三道防线”的管控作用，把案防隐患消灭在萌芽状态，确保全行连续17年保持“零案件、零事故”，促进各项业务平稳健康发展，被总行评为平安中行建设先进单位。

（于清漪）

【中国建设银行股份有限公司威海分行】 2015年末，中国建设银行股份有限公司威海分行一般性存款余额229亿元，比上年增加13亿元；各项贷款余额170亿元，增加1.8亿元；实现利税5.6亿元。加大对全市重点项目、支柱企业、小企业以及民生领域的信贷支持力度，全年贷款投放213亿元，增加54亿元；年末各项贷款余额170亿元，剔除核销因素，实际增加8.16亿元；签发银行承兑汇票、信用证和保函35亿元。发挥建设银行综合牌照和整体优势，为重点企业和项目办理投行等新型融资业务23亿元，增加11亿多元，超过前两年业务量之和。全年申报大中型客户授信项目60余户，年末大中型客户授信额度190亿元，审批通过处于签约投放阶段金额30亿元。支持小微企业发展，创新推出供应贷、助保贷、信用贷等新业务品种。与文登区政府和荣成、乳山市政府签署助保贷合作协议，助保贷资金池实现全覆盖，到位政府风险补偿金2500万元。年末，小企业贷款余额28.37亿元，增加6.55亿元，增长30%，高于全部贷款增幅28.93个百分点；申贷获得率80.8%，小微企业户数470户，实现“三个不低于”监管要求。 拓展战略性业务，配合市住房公积金中心，在全省率先开通“公积金网上营业厅”业务，办理业务2605笔，缴存公积金2.75亿元。全年发放个人住房贷款13亿元，新增占比达61%，年末贷款余额80亿元。加大国际业务重点产品服务力度，通过国际业务产品创新为出口企业破解难题。年末，外汇存款余额1.87亿美元，外汇贷款余额1.9亿美元，实现国际结算量23亿美元，完成外汇资金交易量9.9亿美元，跨境人民币结算量9.7亿元。办理威海行内保外贷业务、威海分行首笔三方协议方式内保内贷业务、新型融资业务11亿元。强化内控与管理基础，守住系统性风险底线，做实贷后及押品管理，强化关键环节风险防控。将风险管理与不良管控作为全年工作重点，加大核销不良贷款追索力度，全年盘活处置不良贷款4.33亿元，核销资产回收现金697万元。开展非法集资风险“两个排查”专项活动，加强非法集资风险排查和监测预警。开展“一个加强，两个遏制”专项自查，强化关键风险点检查，柜面核算、业务运行等的监督检查和问题整改，促进全行业务经营管理规范合规运行。全年实现安全运营无案件、无事故、无重大违规问题发生，分行蝉联第四届全国文明单位。

（李 莉）

【交通银行股份有限公司威海分行】 2015年末，交通银行股份有限公司威海分行本外币存款余额127.68亿元；本外币各项贷款余额71.92亿元。其中，小微企业贷款余额15.12亿元，比上年增长23.1%，高于各项贷款平均增速；小微企业贷款户数873户，增加15户；小微申贷获得率85.6%，提高21.53个百分点。全年实现经济利润4724万元，完成国际结算量30.5亿美元。不良贷款余额1.75亿元，占比2.4%，不良贷款实现“双降”。被威海市金融消费权益保护协会评为2015年度优秀单位。环翠支行被评为中国银行业文明规范服务四星级营业网点，并获得威海市银行业协会“2013—2014年度威海市银行业文明规范服务示范窗口”称号。强化客户营销，根据省行全视野客户营销名单，确定目标，制定措施。做好同业客户营销和授信名单客户营销，推进小微等监管指标良性发展，做好个金客户的营销维护。强化风险管理，及时处置和化解风险客户。开展全面风险排查工作，加大对重点领域和重点客户的风险管控力度，压缩逾期贷款控制额，清收处置不良贷款。强化内控管理，落实“流程建设年”要求。做好外部真实性核实工作，严格把好授信业务放款审查关口，高度重视法律合规管理，坚守合规经营底线。建立和完善内控制度，加强会计营运风险的管理，加大员工失范行为排查力度。加强体制机制建设，促进转型发展。进行前台板块架构调整，推进经营模式转型和薪酬改革，推进“三位一体”建设，探索建立客户营销团队。强化安全意识，扎实开展社会治安综合治理工作，做好网点服务，提高交通银行社会形象。

（丛正方）

【中国邮政储蓄银行股份有限公司威海市分行】 2015年末，中国邮政储蓄银行股份有限公司威海市分行各项存款余额184.96亿元，比年初减少14.05亿元，下降7.1%。其中，个人储蓄存款余额166.04亿元，减少5.13亿元，下降3%；单位存款余额为18.92亿元，减少8.92亿元，下降32%。各项贷款（含票据）结余金额42.75亿元，增加6.28亿元，增长17.2%。不良贷款率0.5%，比年初上升0.1%。实现营业收入4.08亿元，增加4045万元。普惠金融服务能力持续增强，全年投放各类贷款1万余笔、28.59亿元。其中，投放小微企业贷款5696笔、20.37亿元，小微企业贷款结余15.75亿元；投放小额贷款2341笔、2.92亿元，小额贷款实现净增1.01亿元，居全省邮储银行第2位，为农户、再就业及创业人员等群体提供资金支持。加大对地方经济的支持力度，对3家企业新增授信63亿元，公司贷款结余6亿元。受理包买福费廷业务26笔，发生额9.66亿元。持续拓展结算渠道，健全金融服务体系，布放ATM机219台，实现交易1155万笔，安装POS机具814台，建成助农取款服务点228个，累计实现交易419万元；网上银行用户18.7万户，比年初增加2.8万户，手机银行用户10万元，增加2.6万户；为全市29万户城乡居民代发养老金48.47亿元。优化风控管理。开展“柜面操作无违规 零积分”支行创建活动，开展“两个加强、两个遏制”专项检查，提升合规管理水平。加强消费者权益保护，组织开展“普及金融知识万里行”“金融知识进万家”“金融知识普及月”等宣传活动，宣传受众量17万人次。辖内青岛路支行被威海市创建青年文明号活动领导小组评为市级青年文明号，被山东省精神文明建设委员会评为省级文明单位。

（王远栋）

【山东省农村信用社联合社威海办事处】 2015年末，山东省农村信用社联合社威海办事处各项存款余额558亿元，比年初增加21亿元，增长3.9%；各项贷款余额386亿元，增加13.5亿元，增长3.6%；实现各项收入40亿元，比上年增加1.79亿元，增长4.6%；实现账面利润6.28亿元、经营利润12.38亿元，分别增长10.5%和13.7%；缴纳各项税金3.74亿元。威海办事处将银行化改革作为全市农村信用社中心工作，文登、乳山联社分别于9月末和12月末顺利达标，银行化改革工作目标基本完成。加大涉农、小微贷款投放力度，大力支持现代农业、传统渔业等转型企业发展。全市涉农贷款余额为214.43亿元，较年初增加12.70亿元，增长6.3%。紧跟国家产业政策导向，贷款营销重点为高端装备制造、远洋捕捞、现代仓储物流、海产品养殖及精深加工业、特种养殖业等行业。全市小微企业贷款余额173.47亿元，较年初增长14.73亿元，实体贷款增长6.7%。推行“主办银行”制度，及时向企业提供信贷、结算、现金收付、信息咨询等全方位金融服务，提高市场竞争能力。全市累计签约主办银行关联企业93户，贷款余额12.33亿元。推广“分还续贷”模式，形成企业多笔贷款递延循环的贷款模式，为企业减轻资金周转负担。全市范围内开办9户分还续贷模式客户，贷款余额1.25亿元。与市国有资本运营有限公司进行对接，做好威海市民卡项目代理发行认证工作。“智慧营业厅”、微信申贷、移动办贷、免评估贷款等新业务上线。完成49万户居民养老保险签约，代扣24万笔、1.53亿元；签约网银客户较年初增加2.39万户，增长24.9%；手机银行客户数量比年初增加4.96万户，增长116.3%；年内新增银联POS、ATM、CRS、农金通等自助设备1754台，增长20.6%；电子银行业务替代率达55.8%，比上年提高7.02个百分点。威海农商行被评为市级“银警联动”防范诈骗犯罪活动先进单位；荣成农商行被评为全国农商银行2015—2016年度标杆银行，获“富民兴鲁”劳动奖章，文登、乳山联社分别被评为省级文明单位。

（丛培刚）

【山东威海农村商业银行股份有限公司】 2015年，山东威海农村商业银行股份有限公司融入经济社会建设，各项业务稳步健康发展。至年末，资产总额169亿元，比年初增加35亿元，增长26.1%；各项存款余额119亿元，增加9亿元，增长8.2%；各项贷款余额86亿元，增加7亿元，增长8.9%。全年实现各项收入8.8亿元，比上年增加5734万元，增长7.0%；实现经营利润2.7亿元，增加4175万元，增长18.7%。全口径累计信贷投放84亿元，缴纳各类税金8359万元，位列威海市国税纳税大户排行榜第35位。各项监管指标良好，连续多年被银监会评为二级行。公司着力打造“百姓身边的银行”，按照“驻人式社区银行”“自助式金融便利店”模式，建成社区自助银行5处、农村金融服务便利店7个，布设农金通25台，形成以镇区支行为中心，以分理处为延伸，以农金通和POS为端点，以各类自助机具和电子银行为补充的新型服务体系。坚持“以创新为引领”，开通微信“在线申贷”功能，3个工作日内给予明确答复，受理在线贷款申请62笔，发放贷款281万元。推出最高额授信分、还续贷业务，企业在最高额授信额度内循环使用，解决集中还贷的压力，为企业节省资金600余万元。推进转型发展，上线运行FTP内部资金转移定价系统、绩效考核评价和管理系统，取得威海临港经济技术开发区新农保业务代理资格，与威海水务集团合作开通代收水费业务，新开办国内信用证、国际信用证、进口押汇等国际业务。启动增资扩股工作，面向社会公开募集股金2.2亿元，提升整体资本实力。年内，先后被市委、市政府评为工作先进单位、争创一流工作先进单位、纳税先进单位等。

（兰　旋）

【威海市商业银行】 2015年，威海市商业银行围绕全市“中心崛起，两轴支撑，环海发展，一体化布局”的发展思路，加大对实体经济的支持力度，融入全市经济社会建设，各项业务实现平稳健康较快发展。至年末，资产总额达1517亿元，比年初增加351亿元，增长30.1%，主要发展指标保持平稳较快的增长速度。不良贷款比例为0.9%，保持在较低水平，资本充足率为14.5%，各项监管指标全面达标，在全省2015年度地方金融企业绩效评价中排名银行类第一名。效益稳步提升，全年实现经营利润23.56亿元，比上年增加2.56亿元，增长12.2%，转型增效取得良好成效。缴纳各项税金7.5亿元，增加2.11亿元，增长39.2%；全口径累计信贷投放1760亿元，增加313亿元，增长21.6%。获批设立金融租赁公司，综合化经营取得实质性进展，加快业务创新步伐，强化核心竞争能力，提升全行整体实力。发行二级资本债券30亿元，募集资金用于补充二级资本，提高资本充足水平，拓宽资本补充渠道，优化资产负债结构。在山东省城市商业银行中首家取得资产证券化业务资格，发行第一期信贷资产证券化项目，优化资源配置，升级业务结构，提升服务水平。严格按照上市要求，推进上市进程，完成前期准备工作，通过“快乐上市”提升经营管理水平。被评为全国最佳城市商业银行、最佳特色银行以及山东省小微企业金融服务先进单位等。

（孙艳威）

保　险

【概况】 2015年，全市有1家市级保险公司批准开业，截至年末，全市市级保险公司46家，其中财产险公司24家，寿险公司22家。有90个支公司、132个营销服务部。全市保费收入73.10亿元，比上年增长16% 。其中，财产险公司实现保费22.47亿元，增长7.9%；人身险公司实现保费50.63亿元，增长20.1%。全年为社会承担各类风险责任8054.62亿元，支付各项赔款和给付保险金25.80亿元。其中，财产险公司支出12.68亿元，人身险公司支出13.12亿元。全年威海保险业上缴各类税金4.35亿元，解决就业岗位2万多个。

2015年威海市保险公司经营情况表

表16　　　　单位：万元

公司名称	保费收入	赔款支出
中国人民财产保险股份有限公司威海市分公司	65809.15	38884.72
中国人寿保险股份有限公司威海分公司	162890.74	51977.75
中国太平洋财产保险股份有限公司威海中心支公司	27917.92	17616.85
中国太平洋人寿保险股份有限公司威海中心支公司	25820.72	14778.11
中国平安财产保险股份有限公司威海中心支公司	29472.29	14533.81
中国平安人寿保险股份有限公司威海中心支公司	33136.39	3888.53
新华人寿保险股份有限公司威海中心支公司	49750.74	5687.57
泰康人寿保险股份有限公司威海中心支公司	34181.31	17161
华泰财产保险股份有限公司威海中心支公司	2483.38	936.63
天安保险股份有限公司威海中心支公司	2716.44	1469.34
太平财产保险有限公司威海中心支公司	8203.12	3605.44
太平人寿保险有限公司威海中心支公司	52811.69	15583.58
永安财产保险股份有限公司威海中心支公司	3660.75	2209.97
大地财产保险股份有限公司威海中心支公司	9763.1	5949.64
阳光财产保险股份有限公司威海中心支公司	13654.94	7645.99
华安财产保险股份有限公司威海中心支公司	2353.54	1559.52
中华联合财产保险公司威海中心支公司	20849	11975.68
长城人寿保险股份有限公司威海中心支公司	3359.69	108.27
安邦财产保险股份有限公司威海中心支公司	2507.09	1206.55
民生人寿保险股份有限公司威海中心支公司	7271.2	766.9
平安养老保险股份有限公司威海中心支公司	518.9	210.1
都邦财产保险股份有限公司威海中心支公司	2293.04	1685.37
安华农业保险股份有限公司威海中心支公司	1537.66	587.89
永诚财产保险股份有限公司威海中心支公司	1736.45	2201.05
农银人寿保险股份有限公司威海中心支公司	9064.86	144.38
渤海财产保险股份有限公司威海中心支公司	1665.96	1121.38
中国人民人寿保险股份有限公司威海中心支公司	24717.17	17994.26
中国人民健康保险股份有限公司威海中心支公司	4050.95	224.28
华夏人寿保险股份有限公司威海中心支公司	2723.98	1339.22
恒安标准人寿保险股份有限公司威海中心支公司	1434.62	109.75
富得生命人寿保险股份有限公司威海中心支公司	35883.44	607.41
长安责任保险股份有限公司威海中心支公司	3019.53	1795.97
阳光人寿保险股份有限公司威海中心支公司	2750.8	172.23
信诚人寿保险股份有限公司威海营销服务部	755.64	98.13
中国人寿财产保险股份有限公司威海中心支公司	8882.28	4346.28
中宏人寿保险有限公司威海营销服务部	1288.3	145.16
安盛天平财产保险股份有限公司威海中心支公司	4259.97	2225.33
华泰人寿保险股份有限公司威海中心支公司	599	11.16
国华人寿保险股份有限公司威海中心支公司	42026.99	130.18

续表16

公司名称	保费收入	赔款支出
泰山财产保险股份有限公司威海中心支公司	2426.94	1225
浙商财产保险股份有限公司威海中心支公司	1658.45	986
紫金财产保险股份有限公司威海中心支公司	3485.09	1627
建信人寿保险有限公司威海中心支公司	11039.34	78.3
英大泰和财产保险股份有限公司威海中心支公司	1275.11	365
信达财产保险股份有限公司威海中心支公司	3118.32	1031
百年人寿保险股份有限公司威海中心支公司	217.94	0

（白如和）

【中国人民财产保险股份有限公司威海市分公司】 2015年，中国人民财产保险股份有限公司威海市分公司为全市635家企业、24.8万户家庭、23.52万辆／次机动车，以及进出口贸易行业、工业、运输行业、建筑业、医疗事业、教育事业、农业、渔业等承担风险责任2149.2亿元，实现保费收入6.58亿元，比上年增长9.7%。全年处理各类赔案7.86万件，赔款3.89亿元，案件处理率100%。缴税9696.74万元，比上年增长24.9%。其中代收、代缴车船税5441.76万元，增长35.1%。公司开展客户服务能力建设，全面提升理赔工作效率，推出极速理赔、限时理赔、互碰快赔等理赔政策，取得显著成效。2015年，公司1万元以下车险当年报案当年结案理赔周期6.51天，非车险为7.67天。开展客户服务体系建设，推广免费代审车、酒后代驾、汽车租赁、车主秘书等10余项增值服务；在威海市车管所设立人保之友俱乐部职场，全市范围内城区、各县域分别开通人保客户专用审车线，实现为车主提供一站式免费代审车服务。公司坚持创新驱动，立足区域实际研发新险种，开办个人信用贷款保证保险、蛋（种）鸡养殖保险、汽车贷款保证保险、个人账户资金安全险等险种；强化与政府部门沟通，开办安全生产责任险、养老机构责任险、医疗责任险，启动环境污染责任保险试点工作，提升社会服务能力。完善三农服务体系，在文登、荣成、乳山、石岛等辖区，铺设11个三农保险服务部、33个三农保险服务站，在2028个村设立三农保险服务点，扩大三农服务体系服务范围。筹备开办支农支小贷款业务，全力为农村经济发展提供支持。

（王　永）

【中国人寿保险股份有限公司威海分公司】 中国人寿保险股份有限公司威海分公司内设10个职能部门，下辖4个县（区）支公司、2个专业化营业单位和69个营销服务部。公司面向社会各类团体、企事业单位、个人提供人寿、意外、健康、理财等多类保险产品。2015年，公司实现保费收入16.29亿元，比上年增长7.3%，占威海寿险市场份额32.2%，保持全市寿险保费收入第一位。至年末，公司有效保单数达120.43万份。累计服务长期险客户数100万人次。全年为客户提供各类风险保障金额854.67亿元，受理理赔案件3.44万件，赔款9609.59万元，上缴各项利税1958万元，提供就业岗位4000多个，发挥保险保障功能、加强服务地方经济建设能力。公司先后被评为山东省教育厅、省计划生育协会学生平安保险工作、计生保险工作先进单位，连续5年被威海市委、市政府授予“威海市文明单位”称号。

（赵　林）

【中国太平洋财产保险股份有限公司威海中心支公司】 2015年，中国太平洋财产保险股份有限公司威海中心支公司发挥续保、新增、渠道、新领域的四驱动力，突出客服、理赔队伍建设、渠道协同作战、客户资源积累、创新引领发展的重点，提升竞争能力和服务质量。全年完成保费收入2.79亿元，其中车险保费收入2.07亿元，非车险保费收入7250万元，占威海保险市场份额的12.4%，综合成本率为97.6%。公司被环翠区政府评为2015年度企业纳税先进单位，被威海晚报传媒有限公司、山东大学（威海）营销管理研究中心及威海品牌战略发展研究会联合授予“威海最具影响力金融保险品牌”称号。

（王玲玲）

【中国太平洋人寿保险股份有限公司威海中心支公司】 2015年末，中国太平洋人寿保险股份有限公司威海中心支公司下设5家支公司和1家营销服务部，与众多兼业代理机构建立业务合作关系，为客户提供全方位的保险保障服务。公司围绕“关注客户需求、改善客户界面、提升客户体验”三大转型需求，以价值持续增长为目标，推动公司战略转型体制创新。年内，实现保费收入1.92亿元，比上年增长1.1%；各类理赔案件4.69万件，赔款金额5226万元；缴税306万元。2015年，城乡居民大病保险受理个人赔付人数1万余人，赔付金额7871.91万元，医院即时结算金额1171.51万元。

（刘小菡）

【中国平安财产保险股份有限公司威海中心支公司】 1998年12月成立，以“聪明经营，健康超越，专业创造价值”为经营理念，以服务地方、服务客户为宗旨。公司内设共同资源、个人模块、团体模块三条主线，分设综合管理部、业务管理部、客服理赔部、车商渠道、综合开拓渠道等多个部门渠道。辖文登、荣成、石岛和乳山支公司，前后线员工160余人。经营范围涵盖机动车辆保险、财产保险、船舶保险、信用保险、责任保险、货运险、意外伤害保险等127个主险种、270个附加险种；适应市场需求，推出个人抵押贷款房屋保险、律师责任保险、会计师责任保险、医师责任保险、公司董事及高级职员责任保险等70多个新险种。2015年，实现保费收入2.95亿元，处理赔案2.84万起，赔款1.51亿元，缴税1621.33万元。

（曹丽欣）

【中国平安人寿保险股份有限公司威海中心支公司】 中国平安人寿保险股份有限公司威海中心支公司内设人事行政室、财务室、销售管理部、销售企划部、培训部、运营督导室、业务管理室、客户服务室，下辖环翠、文登、荣成、乳山4个支公司以及青岛路、成山、石岛、苘山4个营销服务部。2015年，公司实现保费收入3.31亿元，缴纳税金843.28万元。其中，缴纳营业税189.47万元，附加税24.63万元，个人所得税627.97万元，其他税金1.21万元，比上年增长47.4%。全年销售平安福产品3293件，保费1144.5万元，占全部业务的11.8%。受理理赔案件4960件，比上年增长21%；理赔2518万元，增长21%；全年客户服务满意度94%，标准案件2日结案率达93.4%；全年为2.4万名客户办理保全业务，受理保全件约6万件，客户满意度98%。重视联系信息准确性，推动平安人寿APP，打造客户服务生态圈，多渠道差异化为客户提供全方位的服务。

（高　森）

【泰康人寿保险股份有限公司威海中心支公司】 成立于2002年5月，辖环翠区、文登区、荣成市、乳山市4个支公司，设有文登区泽库镇和荣成市石岛管理区、俚岛镇、虎山镇、成山镇、人和镇等服务部。公司创新互联网保险业务，整合线上、线下保险服务，提供普惠保险产品，为客户提供寿险、健康险、意外险、投连险、年金险等保险产品。2015年，威海中心支公司实现规模保费3.4亿元。其中，个险完成规模保费3423万元，续期保费1.4亿元，团险完成规模保费358万元，银行保险完成规模保费1.68亿元。支付赔给款1.7亿元，上缴税金292万元。

（曲明涛）

【新华人寿保险股份有限公司威海中心支公司】 2002年4月成立，有分支机构6家，为客户提供各类人寿保险、健康保险、人身意外伤害保险及养老保险服务。2015年，公司实现保险业务收入4.98亿元，实现保费收入连续8年增长。先后获得全国“红梅玉杯支持学雷锋贡献奖”、第十届“消费者满意单位”“市级文明单位”“威海最具影响力金融保险品牌”等称号。

（周明玉）

证　券

【概况】 2015年，新设立证券机构2家，全市有证券分支机构19家，开户数量28.8万户，比上年增长105.7%。全年各类证券交易额5710亿元，增加3607亿元，增长171.5%。

（窦永刚）

【中泰证券股份有限公司威海分公司】 中泰证券股份有限公司注册资本62.7亿元，在全国设有33家分公司、230余家证券营业部。2015年9月，齐鲁证券有限公司威海分公司更名为中泰证券股份有限公司威海分公司，是全市唯一的证券分公司，经营证券经纪、证券投资咨询、与证券投资活动有关的财务顾问、证券承销与保荐、融资融券、证券投资基金代销和代销金融产品等业务。公司下设6个职能部门，辖威海新威路营业部、威海海滨北路营业部、荣成成山大道营业部、文登香山路营业部、乳山胜利街营业部、荣成石岛黄海中路营业部和威海沈阳路营业部7家证券营业部。至12月末，威海分公司有员工120余人，投资者开户人数逾14万户，托管客户资产近150亿元，全年实现证券交易逾3400亿元。

（王　斌）

【海通证券威海高山街营业部】 位于威海市高山街2号，营业部遵循“务实、开拓、稳健、卓越”的经营理念，坚持“稳健乃至保守”的风控品牌，多次被山东省证券业协会评选为优秀证券营业部。营业部代理沪深A股、B股、基金（包括开放式基金和封闭式基金）、权证、债券及回购、全国中小企业股份转让（新三板）、三板确权、券商和期货公司合作（IB）业务、融资融券等多种交易品种，采用自助委托、驻留委托、电话委托、网上委托、手机委托等交易方式。推出“手机掌上开户业务”“网上营业厅”“掌上营业厅”；提供专业咨询服务，客户足不出户就可享受“彩虹俱乐部”特色服务。2015年，海通证券威海高山街营业部沪深A股、基金交易额1361亿元，营业利润8590万元。

（林黎黎）

【中投证券有限责任公司威海公园路证券营业部】 成立于2005年10月，位于威海市公园路22号。中投证券有限责任公司是在深圳注册成立的全国性综合类证券公司，经营范围涵盖证券经纪、证券投资咨询与证券交易、证券承销与保荐、证券自营、证券资产管理、证券投资基金代销、期货公司中介业务、融资融券、股权投资、代销金融产品等。公司秉承“服务、人本、创新”的经营理念，加强营销及服务能力，构建起以客户为中心、以资产增值为目标、以专业服务和产品为桥梁的综合性投资融资金融服务平台，2015年被评为A类AA级券商。2015年，营业部实现交易额796亿元，营业收入6895万元，缴税308万元。

（梁　琰）

【中信证券（山东）有限责任公司威海青岛北路营业部】 中信万通证券威海青岛北路证券营业部成立于2009年8月，2014年4月更名为中信证券（山东）有限责任公司威海青岛北路证券营业部，有员工29人；中信证券（山东）有限责任公司是中信证券股份有限公司的全资子公司，营业部代理A股、B股、各类证券投资基金、融资融券、债券、代办股份转让、各类金融产品和中国保监会批准的财产保险和人身保险等。2015年，实现营业收入2874万元、利润993万元、缴税539万元。至年末，客户总数1.63万户，保证金余额19亿元。

（娄　妤）

编辑　李传强

防范金融诈骗小知识

识别10类常见骗术

1. 电话欠费诈骗：不法分子在互联网电话上安装任意显号软件，然后群拨电话，显示国家公安、电信机关的电话号码，冒充电信公司、公安机关等单位工作人员，以受害人电话欠费、被他人盗用身份涉嫌洗钱犯罪，以没收受害人银行存款进行威胁恫吓，欺骗受害人将自己的银行账户资金转到“公安机关”指定账户。

2. 引诱汇款诈骗：不法分子以群发短信方式，将“请把钱存到××银行，××账号，××先生”等短信内容大量发出。如果碰巧事主正打算汇款，收到此类汇款诈骗信息后，可能未经仔细核实，将钱直接汇到不法分子提供的银行账号上。

3. 刷卡消费诈骗：不法分子通过手机短信提醒手机用户，称该用户银行卡刚刚在某地（如××商店）刷卡消费×××元，如用户有疑问，可致电××××号码咨询，并提供相关的电话号码转接服务。不法分子通过冒充银行、银联工作人员诱骗持卡人将资金转入其指定的银行托管账号以套取资金。

4. 虚假中奖诈骗：预先大批量印刷精美的虚假中奖刮刮卡，通过信件邮寄或雇人投递发送；通过手机发或互联网发送中奖短信。受害人一旦与犯罪分子联系兑奖，即以“需先汇个人所得税”“转账手续费”“公证费”等各种理由要求受害人汇钱，达到诈骗目的。

5. 汇钱救急诈骗：不法分子通过网聊、电话交友等手段掌握受害人的家庭成员信息后，通过反复骚扰或其他手段使受害人手机关机。利用受害人手机关机时间，以医生或警察名义给受害人家属打电话，谎称受害人生病或遭遇车祸住院正在抢救，或谎称遭到绑架，要求汇钱到指定账户救急以实施诈骗。

6.ATM机告示诈骗：犯罪分子预先堵塞ATM机出卡口，并在ATM机上粘贴虚假服务告示，诱使银行卡用户在卡被吞后与其联系，套取密码，待用户离开后到ATM机取出银行卡，盗取用户卡内现金。

7. 低息贷款诈骗：“我公司在本市为资金短缺者提供贷款，月息3%，无须担保，请致电××经理”，此类诈骗短信，是骗子利用一些企业和个人急需周转资金的心理，以低息贷款诱人上钩，然后以预付利息名义骗钱。

8. 骗取话费诈骗：不法分子通过拨打“一声响”电话，诱使您回电，“赚”取高额话费；或以短信形式发送“您的朋友为您点播了一首××歌曲，以此表达他的思念和祝福，请你拨打9×××收听，”一旦回电话听歌，就可能会造成高额话费，或定制某项短信服务，造成手机用户的财产损失。

9. 利用互联网假冒亲友诈骗：利用木马程序盗取对方QQ密码，截取对方聊天视频资料后，冒充QQ账号主人对其亲友或好友以“患重病、出车祸”等紧急事情为名实施诈骗。或下载对方的微信头像，把昵称改成对方的名字，再屏蔽朋友圈不让对方看见，然后完全冒充对方，进行微信诈骗。

10. 互联网金融诈骗：利用金融类钓鱼网站进行宣传，以创业投资为名义，举办理财讲座，以年化收益率远远高于银行存款利率甚至银行理财产品利率，且超低风险为诱饵，并称有高额回报，通过各种途径非法吸收公众存款。

防骗技巧

注意各类电话、短信来源，接到可疑电话和短信时不要轻易相信，要保持镇静并仔细核实情况。遇到可疑情况要多与亲戚、朋友商议，并及时拨打公安机关、金融等部门的多部正规常用电话进行多方查证核实。一定要通过正规渠道核实账户信息，不要相信他人提供的电话，不登陆非法网站，注意了解最新的诈骗骗术，提高防范意识和识别能力。

科学技术

综　述

【概况】　2015年，威海市积极开展科技创新活动，组织实施各级各类科技计划359项，争取省级以上科技项目154项，获得经费1.1亿元。全年促成技术合同1573项，成交金额22.65亿元。全市高新技术产业产值2754.21亿元，比上年增长13.6%，占规模以上工业总产值的38.8%，比年初提高1.1个百分点。全市取得重要科技成果183项，获得国际科学技术合作奖1项，获得国家科技进步一等奖1项，获得山东省科技进步奖二等奖1项、三等奖1项。

3月28日，召开全市科技与创新大会　　　市科技局提供

【高新技术产业】　2015年，新认定国家火炬重点高新技术企业7家，总数达13家。新认定高新技术企业37家，总数达191家，其中产品销售收入过1亿元的66家，利税过1亿元的19家。全市高新技术产品出口额15.8亿美元，占全市外贸出口额的15.9%。

【科技孵化器众创空间扩容】　全市科技孵化空间快速扩容，孵化机构数量增至42家，孵化面积106万平方米，在孵企业899家。其中利用市级孵化器发展专项资金，带动社会资本投入4.67亿元，建设医疗器械、电子信息等专业孵化器4家，孵化面积8.9万平方米。

【科技计划】　2015年，全市组织实施市级以上各类科技计划359项。新获批省级以上科技计划项目154项。其中，省自主创新及成果转化重大专项24项，省重点研发计划22项，省自然科学基金19项，其他项目89项。

【科普宣传】　市委宣传部、市科技局、市卫生计生委、市农业局等部门联合组织在文登区侯家镇开展文化科技卫生"三下乡"服务活动。向农民赠送《创新政策汇编》200余册，《科技参考》500余册，有关养殖技术、栽培技术、病虫害防治技术、农产品加工等方面的书籍2000余册。宣传有关创新创业的科技扶持政策，针对农民咨询的具体科技信息、科技知识、科技政策等予以解答。

科技成果

【概况】　2015年，全市取得重要科技成果183项，获得国家科技进步[illegible]等奖1项，获得山东省科技进步奖二等奖1项、三等奖1项，获得山东省国际科学技术合作奖1项。

表 17

2015年度威海市获得省级以上科技奖项目情况表

项目名称	完成单位
国家科技进步一等奖（1 项）	
建筑结构基于性态的抗震设计理论、方法及应用	哈尔滨工业大学（威海）（第 2 位）
山东省科学技术进步奖二等奖（1 项）	
药物研发科技创新平台（企业科技创新）	迪沙药业集团有限公司
山东省科学技术进步奖三等奖（1 项）	
三氟丙烯及其系列高性能氟硅材料的研发及产业化	威海新元化工有限公司（第 1 位）
山东省国际科学技术合作奖（1 项）	
约翰 · 费阿德里安 · 文（比利时）	威海金太阳光热发电设备有限公司

【科技创新综合服务平台】 拓展市科技创新综合服务平台功能，提升服务能力，各功能子平台成为全市提供创新创业解决方案的有效互联网服务载体。其中，建成储备 1.2 万项优秀成果数据库和 1500 多项技术需求数据库技术交易平台；建立上海技术交易所威海协同创新中心、北方技术市场威海工作站等，加强与外地技术转移机构合作，实现信息互通、数据共享；人才项目云平台建立云端人才库、项目库、专家库、企业需求库，实现海内外人才资源共享，收录国内专家信息 728 条、国际专家信息 329 条、国内技术成果 405 条、国际技术成果 1021 条、技术需求 94 条，搭建国际转移渠道 13 个。与韩国忠清研究院、意大利膜技术研究中心、台湾中卫中心开展多次线上线下结合的对接活动。科技文献平台购置中文期刊、科技报告等 14 个文献数据库，整合 1.3 亿篇大数据资源，累计提供检索文献达 11 万余次，浏览下载文献 6.6 万篇，举办 2 期科技文献应用培训班，培训 100 余人次。大型仪器共享服务平台实现与省大型仪器网的链接，入网仪器数量达 1026 台(套)，仪器原值 7.6 亿元，546 家企事业单位注册为会员单位。落实省“创新券”政策，产生网上预约单 1660 份，预约金额 604 万元，兑现创新券补贴金额 214 万元。孵化器协同工作网络平台为创业者提供人性化情景模拟引导和人工实时在线咨询辅助服务，帮助创业者完成从了解、选择孵化器到申请、入驻孵化器的全过程。

【工程技术研究中心和重点实验室建设】 推进空港地面设备、海产贝类 2 家国家级工程技术研究中心建设。山东省医用高分子材料工程技术研究中心等 7 家被认定为省级示范工程技术研究中心。新认定市级工程技术研究中心 20 家。2015 年，全市国家工程技术研究中心 2 家，省级工程技术研究中心 78 家，市级以上工程技术研究中心 195 家。山东双轮股份有限公司建设的山东省水泵节能关键技术重点实验室列入 2015 年山东省重点实验室项目，全市省级重点实验室达 12 家。举办创新方法推广普及专题报告会及创新方法应用深度培训班。开展创新工程师培训，为企业解决技术研发难题，提高企业创新能力与效率。

表 18

2015年威海市新建市级工程技术研究中心一览表

依托单位名称	技术领域
哈尔滨工业大学（威海）	燃煤燃油节能减排技术
山东大学（威海）	海洋勘探机器人
威海海洋职业学院	船舶运动控制与系统
威海职业学院	海洋食品全程供应链
威海银兴预应力线材有限公司	高性能线材
威海三方橡胶机械有限公司	橡胶机械
威海怡和专用设备制造股份有限公司	应急水处理装备
威海市华塔建筑机械有限公司	工程机械电液控制
威海佳润农业机械有限公司	茎秆植物收割打捆机械
山东金辰机械股份有限公司	锻造工艺及装备
威海市世代海洋生物科技有限公司	海藻生物酶
威海温喜生物科技有限公司	海洋生物源饲料制品
山东贝特智联表计有限公司	智能流量仪表互联服务
威海未来机器人有限公司	水下工程作业机器人
威海捷讯通信技术有限公司	可信云平台安全
威海华东重工有限公司	重型数控机床

续表 18

依托单位名称	技术领域
威海兴达信息科技有限公司	网络与信息系统安全测试与评估
环翠楼红参生物科技股份有限公司	红参食品
威海鲁海精密机械有限公司	精密镗铣磨机床
山东德瑞博新能源车制造有限公司	新能源汽车动力系统

【威海市检验检测服务产业联盟】 12月1日，威海市检验检测服务产业联盟成立大会召开，全市检验检测服务机构、高校、科研院所、企业等50家单位近80人参加会议。成立联盟，旨在有效加强全市检验检测资源的整合，提升检验检测服务能力。

专利工作

【概况】 2015年，全市专利申请量9341件，比上年增长49.7%。其中，发明专利申请量3279件，增长14.4%；实用新型专利申请量4901件，外观设计申请量1161件，分别增长117.0%和4.0%。全市专利授权量3792件，增长33.8%。其中，发明专利授权量573件，增长7.9%；实用新型专利授权量2368件，外观设计专利授权量851件，分别增长34.8%和4.0%。

【知识产权运用】 2015年，威海高技术产业开发区被认定为国家知识产权示范园区，环翠区被认定为国家知识产权强县工程试点县，环翠区、文登区、荣成市、环翠区张村镇通过山东省示范单位复查。推进国家知识产权质押融资试点城市建设，威海市商业银行与山东省知识产权局签订《科技型小微企业知识产权质押融资合作协议》，办理知识产权质押授信1.2亿元。全市4家企业被认定为国家知识产权优势企业，新增省级《企业知识产权管理规范》试点企业21家，总数达45家，19家企业通过现场审核取得认证证书。威海洁瑞医用制品有限公司发明专利“热塑性弹性体复合材料”获中国专利优秀奖，文登区张家产中学张培锦获得第十一届宋庆龄少年儿童发明奖辅导教师奖。

【知识产权保护】 开通全国专利执法平台、山东省打假信息平台系统，将处理完毕的专利纠纷案件及打击假冒专利案件及时公开公示。开展区市联合执法行动，对中心市区国美电器、振华商厦，荣成市家家悦，文登区大润发商场等进行执法检查，检查商品2000余件，对假冒专利产品立即查处。宣传知识产权法律知识，协助商家建立完善知识产权进货备案机制。在第八届威海渔具展上设立知识产权办公室，开展专利法律法规宣传和实务指导，接待参展商专利咨询20余起，发放各类宣传资料300余份，受理25起专利侵权纠纷处理请求，查处16件侵权展品，保护专利权人的合法权益。

【知识产权宣传】 参与山东半岛蓝色经济区知识产权战略联盟工作，参与烟台大学知识产权创新联盟论坛活动，推动区域服务联盟运行。深入企事业单位开展政策宣讲培训和专利实务培训。其中，“专利预警、专利分析和专利导航实务培训班”“知识产权运营及专利管理实务培训班”得到中国知识产权培训中心资助，北京国之专利预警咨询中心、北京合享新创公司等给予专利文献信息检索、专利的挖掘与布局、专利分析实务与企业应用等方面支持。

科技合作与交流

【概况】 2015年，市科技局促成产学研合作项目85项。建设推广威海市技术交易服务平台，录入科技成果8630项、专家信息500多条、企业需求110项，开展“2015威海电子信息专题网上对接会”“中国工程物理研究院威海技术转移中心暨威海表面工程公共技术服务平台2015年产研对接会”等线上线下对接活动。实施“中国科学院—威高集团高技术研究发展计划”，征集项目355项，立项27项，新增产值25亿多元，提高企业的核心竞争力和整体创新能力。

【国内科技合作与交流】 5月，市科技

11月3日，北京化工大学威海技术转移中心揭牌　　威海日报社提供

局与威海临港经济技术开发区合作召开2015威海临港经济技术开发区第二届产学研合作大会，签约组建区内首家院士工作站；与市外侨办联合举办2015年海外华商博士投资创业合作交流会，推动产业强市战略，深化产研结合。组织相关企业分赴德州、菏泽参加山东省装备制造技术创新对接会和山东省—中科院医药技术论坛暨专题技术对接会，开展产学研合作。与北京化工大学签订全面合作框架协议，共建北京化工大学威海技术转移中心，实现研发资源、科技成果与威海市产业发展、企业需求有效衔接。

10月20日，中国—欧盟膜技术研究与应用研讨会在威海召开

市科技局提供

【国际科技交流与合作】 组织技术对接交流活动4次，出访团组2个，推介国际先进技术300多项，促成合作协议30多个。收集、发布国外先进技术300多项、企业技术需求100多项，促成华泰分子筛与德国BF公司“碳分子筛全自动化生产技术”、多晶钨钼与俄罗斯JSC玻玛公司“细晶大直径钨棒坯烧结装备关键技术”等重大合作项目25项。

【威海—韩国技术合作对接会召开】 9月16日，威海市人民政府和韩国中小企业厅联合主办，市科技局和韩国忠清地域情报院共同承办的“威海—韩国技术合作对接会”在威海市东山宾馆举行。威海市副市长徐连新和韩国中小企业厅中国协作官权大洙等与会并致辞，韩国15位代表与威海市100名企业代表进行合作洽谈与对接。威海文隆电池有限公司、山东力久特种电机股份有限公司、威海正大环保设备股份有限公司等企业与韩方签订合作协议13项。

9月16日，威海—韩国技术合作对接会在威海市东山宾馆召开

市科技局提供

【2015年中国—欧盟膜技术研究与应用研讨会在威海召开】 10月20日—21日，中国—欧盟膜技术研究与应用研讨会在威海市举办，并进行中欧膜技术研究院启动仪式。欧洲膜学会名誉主席恩瑞克·德里奥利，意大利国家科学院膜技术研究中心主任利蒂亚·乔诺，威海市政府副市长徐连新，哈尔滨工业大学副校长、哈尔滨工业大学（威海）校长徐晓飞，中国膜工业协会秘书长王继文等出席会议。14位国际膜技术领域知名专家参加会议并作专题演讲，来自中国科学院、哈尔滨工业大学、北京工业大学、浙江大学、南京工业大学等高校科研院所的20多名国内专家参加研讨，市内外160多名企业代表参加会议，双轮集团、恩特水处理公司等20多家企业与国内外专家和企业进行技术交流与合作研讨及洽谈，达成合作意向10项。

（李忠磊）

气象工作

【概况】 2015年，全年制作各类气象服务材料217期，其中重要天气预报147期，召开重要天气新闻发布会和通报会6次，发送决策短信240次，发布预警信号61次，预警提前量达119分钟。“政府主导、部门联动、社会参与”的防灾减灾机制更加完善。完成威海气象事业“十三五”规划编制，气象防灾减灾工作纳入威海市“十三五”发展规划。

【气象现代化建设】 荣成新一代天气雷达于5月末投入业务运行，业务可用性达100%。完成市气象局气溶胶站建设，完成14个观测站点的升级改造和26个区域站的风核查工作，新建1个自动土壤水分站。完善石岛海洋广播电台功能，实现中英文双语播音。石岛气象台建成山东省唯一的短波无源接收站，可为通讯、导航及定位、航天与航空飞行安全、海洋运输及捕捞业等提供服务。

【气象服务】 年内，准确预报服务久旱转雨天气，对7月中旬“灿鸿”台风大暴雨、11月下旬文登暴雪天气过程均提前进行准确预报和服务。对汛期多次强对流天气的临近准确预报，及时预警。市气象台为部队海防集训提供优质气象服务，受到威海军分区和市政府联合通报表彰，完成市“两会”、国际帆船赛、长距离铁人三项赛、市综合应急救援演练等重大活动气象保障服务。各区市气象局为重大活动提供优质气象服务，为渔港监督部门提供出港作业审批专项服务。市专业台新开拓威韩国际海上航线气象服务，拓展引航气象服务内容。与市环保局建立信息共享、技术合作、联合会商和信息发布机制，开展重污染天气监测预警工作。自12月开始，与市环保局联合制作雾霾天气服务专报，每周1期。12月21日，与市环保局联合会商发布空气质量重污染天气预警，发布威海市首个霾黄色预警信号，市政府启动了重污染天气应急响应机制。

【防灾减灾】 为提高气象决策信息覆盖率，市气象局重新收集决策短信用户6000多户，涵盖市县镇村负责人、重点企业、中小学、合作社等。将气象信息手机客户端纳入智慧城市市民网建设。与市环保局联合做好雾霾天气及环境预报服务，与市农业局开展台风“灿鸿”灾后调查评估，与市水利局开展台风“灿鸿”影响气象服务效益评估，与交警部门开展共建交通气象观测站和信息共享，与驻军气象台实现气象资料和预报预警信息实时共享。多次参加市政府抗旱和胶东调水决策讨论会并提出合理化建议，开展人工增雨作业29次，发送火箭弹1039枚，有效缓解旱情，增加了水库蓄水。加强农村预警“大喇叭”、村（社区）电子显示屏等基础设施建设。成立气象为农服务专家团队，将全市农民合作社、种植、养殖大户等均纳入直通式短信服务对象，及时发送预报预警短信。

【气象科普宣传】 为扩大气象科普宣传普及率，在世界气象日、防灾减灾日、全国科普日，全市气象台站向社会开放，开展科普宣传活动。新建威海市中小学综合教育实践基地气象科普观测站，通过威海气象官方网站及官方微博等发布气象预警预报及气象科普知识。

【科技创新】 全年6项自立科研课题通过验收，1项省级科研课题通过验收鉴定。与成都信息工程大学签订合作协议，开展“暴雨诱发的次生灾害预报预警系统项目”研究，完成主要功能开发。研发综合探测资料共享信息服务平台、一键式传真、网站信息自动更新等系统，实现服务产品的快速制作与发布。

【社会管理】 完成所有台站三项强标备案，印发《探测环境保护专项规划》。完成地面气象观测业务标准化整改和气象部门权力清单和责任清单编制，开展防雷综合治理，行政许可案卷获评省优秀案卷。严格按照法定权限、程序和审批时限开展气象行政许可工作。重点开展冷藏业液氨使用、易燃易爆及危化品行业的防雷安全检查；取消1项行政审批事项，清理规范4项行政审批中介服务事项。

【气候评价】 2015年，全市气候特点是：气温较常年偏高0.8摄氏度，属正常；降水较常年偏少21.3%，属正常，但阶段性降水较为明显，时间分布不均；日照时数较常年偏少6.7%，属正常。

气温 全市平均气温为13.0摄氏度，较常年偏高0.8摄氏度，与上年持平。其中，环翠区年平均气温最高，为13.7摄氏度，荣成13.0摄氏度，文登12.8摄氏度，乳山12.6摄氏度。全市年极端最高气温出现在7月13日乳山市，为34.8摄氏度，年极端最低气温出现在2月9日乳山市，为零下12.5摄氏度。

降水量 全市年平均降水量580.7毫米，较常年偏少157.0毫米，较上年偏少135.7毫米。全市年降水量乳山最少，为509.5毫米；荣成最多，为635.6毫米。

日照 全市日照时数平均为2312.9小时，较常年偏少167.1小时，较上年偏少76.7小时。其中，荣成最多，为2364.4小时；文登最少，为2258.0小时。

（周浩亮）

地震工作

【概况】 2015年，市地震局坚持“强化基层、打牢基础”的工作思路，做好震情应对和综合防御工作，处置多次显著有感地震事件。编制防震减灾“十三五”规划，实施省级防震减灾基层基础工作示范县创建、城南河水准观测等重点项目建设。修订《威海市地震应急预案》，市抗震救灾指挥部成员单位由原来的54个调整为69个。增设地震监测台网中心为正科级公益事业单位，完善监测预报、震害防御和应急救援三大工作体系。市地震局被评为2015年度全省市级防震减灾工作目标责任考核先进单位，被评为2015年度威海市市直事业单位绩效考核A级单位。

【市地震监测台网中心成立】 9月，市机构编制委员会批准设立市地震监测台网中心，为市地震局所属公益一类财政拨款事业单位，正科级规格，编制人员3名。主要负责地震监测，24小时不间断值班值守，震情速报及发布，监（观）测数据汇总分析及上报，震情会商及预测；负责全市台站台网、监测设备、宏观观测系统的管理、运行和维护。

【“5·22”地震】 2015年，威海辖区发生2.3级及以上地震事件6次。其中，5月22日0时05分发生在文登、乳山近海（震中位置：北纬36.9度，东经121.9度）的4.6级地震（以下简称“5·22”地震），是新中国成立以来威海境内发生的最大一次地震。文登区、乳山市和威海市区均有震感，地声较大，其中乳山滨海新区震感强烈，部分民房出现裂缝、损毁，个别群众受轻伤。“5·22”地震发生后，市委书记、市人大常委会主任孙述涛就应对工作作

5月23日，市委副书记、市长张惠（左二）到乳山市地震台检查指导工作
市地震局提供

出批示；市政府启动威海市地震应急预案，市委副书记、市长张惠赴乳山地震现场，看望慰问受灾群众。

【重点项目建设】 2015年，乳山市获评省级防震减灾基层基础工作示范县，是威海市第一个省级防震减灾示范县。区市全部建成与市地震应急指挥系统实时联通的县级地震应急指挥系统，文登区和荣成市地震应急指挥系统实现与省地震应急指挥系统音视频互联互通。文登区、荣成市和乳山市地震局均建成县级地震台网中心。鲁17井水位观测点设备用房维修加固工程完工，威海第九中学校园内建成威海市第一个水准观测点，完成文登地震台磁通门和乳山地震台磁通门观测项目，丰富前兆观测手段，完善全市空中、陆地、地下立体的地震前兆观测网络。

【地震监测】 市地震局严格落实24小时监测值班制度，做好震情监视跟踪。利用威海辖区5个专业台站、108台套监测设备和133个宏观观测点，每天调度前兆、宏观信息资料，重点关注乳山震群发展。市地震局协同山东省地震局在乳山银滩召开乳山震群专题研讨会，中国地震局监测预报司、中国地震台网中心、省地震局等单位负责人及专家20多人出席会议，会议就乳山震群活动特征和发展趋势进行研讨。及时排查异常事件。电话排除多起市民上报异常事件；现场排查市区环山路王家村路段发现百余条蛇横穿马路、乳山井水水温升高两起异常事件，确认蛇群系人为放生；井水水温升高是村自来水流入自备水井中导致水位上升，周围土壤富水致地面潮湿，土壤内受富水挤压进入井内产生气泡，不属于地震前兆异常。

10月14日，市地震局工作文员到社区开展防震减灾科普知识宣传
市地震局提供

【震害防御】 抗震设防要求列入基本建设项目立项阶段的联审联批，全市完成建设工程抗震设防审批事项50个，其中重大建设项目7个。推进地震小区划工作和地震安全示范工程建设，新增3个省级地震安全示范社区，总数10个；乳山滨海新区和威海东部滨海新城完成地震小区划工作。乳山滨海新区以小区划带动实施旧村改造工程，乳山市白沙滩镇韩家庄、小滩两处改造工程通过省农村民居安全示范工程验收。

【市地震应急救援队伍建设】 市财政局拨出专款约900万元，为市公安消防支队专业救援队伍增配高科技、集成化大型救援装备。市住建局和共青团市委牵头加强行业性地震救援队伍和志愿者队伍的建设、管理和培训，各区市基本建成县级地震灾害紧急救援队伍。威海市地震局现场工作队参加省政府在潍坊昌邑市举行的地震应急救援综合演练；市政府开展破坏性地震背景下的全市应急救援综合演练，省、市地震局的救援队伍和装备联合参加高新特种装备展示、建筑物倒塌与生命搜救科目的演练。

【地震科普宣传】 开展地震科普宣传“进机关、进企业、进学校、进社区、进农村、进家庭”活动，投资6万元制作面向农村留守人员的防震减灾动漫片，根据农村居住特点，宣传防震避震知识，通过市县两级新闻媒体多次集中播放；防震减灾动漫片获得“山东科协星”杯科普动画公益广告大赛二等奖。与市委宣传部、市公安局和经信委三部门联合印发《威海市地震谣言处置方案》，完善地震谣言应对工作机制，明确部门职责和任务。

（刘英兰）
编辑　李传强

教　　育

综　述

【概况】 2015年，威海市有幼儿园295所，在园幼儿6.44万人；小学89所，在校生11.09万人；初中85所（含九年一贯制学校36所），在校生7.79万人；普通高中17所（含十二年一贯制学校1所），在校生3.44万人；各类中等职业学校25所，其中普通中专学校14所、职业高中学校7所、技工学校4所，在校生3.0万人；高等院校9所，在校全日制大专以上学生7.07万人；特殊教育学校4所，在校生373人。全市学前教育三年幼儿入园率达99%以上，小学和初中适龄人口入学率均为100%，小学和初中在校生巩固率均为100%，初中毕业生升学率为104.7%（含外地市考入威海的学生）。

【义务教育优质均衡发展】 改善学校办学条件，全面完成农村义务教育学校校舍标准化建设工程，近3年累计投入资金7.03亿元，竣工校舍面积40.57万平方米；推进中小学办学条件标准化提升工程，年内投入资金2.74亿元，完成154所学校248个项目的建设任务；为38所学校建设塑胶跑道和运动场地，累计建成比例达76%，比上年提高10个百分点；普通中小学省级规范化学校比例达62%。加快推进教育信息化建设，全面启动“智慧教育”云平台一期建设工程；实现普通中小学远程录播教室、交互式多媒体教室全覆盖；19所学校列为市级“智慧教育”试点、省级教育信息化试点。开展特色学校建设，组织18所首批市级特色学校与85所学校开展孵化共建活动30多次；组织36所市级特色培育学校校长到莱州市、潍坊市开展影子培训；评选出第二批市级特色学校10所。开展“质量下乡百校行”活动，组织58名优秀教师，通过讲授公开课、举办专题报告等方式，培训农村教师8000余人次。

【第二期学前教育三年行动计划】 市教育局、市机构编制委员会等8个部门印发《威海市第二期学前教育三年行动计划（2015—2017年）》，明确提出目标任务。多举措扩增普惠性学前教育资源，加大公办幼儿园建设力度，新建、改扩建幼儿园10所，提供公益普惠性幼儿学位3000多个；扶持普惠性民办幼儿园发展，出台认定管理办法，认定普惠性民办幼儿园32所，投入补助资金1000万元，受惠幼儿近1万人，全市普惠性幼儿园比例达78%，在园幼儿比例达80%。提升幼儿园保教质量，11所幼儿园通过市级示范园评审，16所幼儿园通过省级示范幼儿园复评，省、市级示范幼儿园比例达78%，比上年提高3个百分点。加强幼儿园规范管理，严格落实民办幼儿园年检制度、不定期调度机制，加强对幼儿园办园行为的动态监控，确保市域内无非法办园。

【现代职教体系建设】 提升职业教育基础能力，优化职业教育资源布局，推进3所市属公办中职学校整合新建“威海市职业中等专业学校”项目，完成建筑物基础施工。组建9个专业的专业建设指导委员会，3个专业列为山东省品牌专业建设项目。加大实训教学力度，创建6处市级示范实训基地。加大技能人才培养力度，文登师范学校与齐鲁师范学院“3+4”项目200名学生的转段考试结束，威海工业技术学校与青岛科技大学“3+4”项目招生计划增加到45人；新增“三二连读”专业8个，总数17个；畅通职业教育与技工教育人才培养渠道，印发《关于进一步扩大中等职业教育“双证互通”试点工作的意见》；举办职业技能大赛，组织17个专业、8000余人次参加150场市、校两级技能大赛。

【教师队伍建设】 严格教师职称评审及招聘工作，全市评审中小学高级教师48人，通过41人，通过率为85.4%；评审中小学一级教师266人，通过242人，通过率为90.98%；评审中专讲师15人，通过12人，通过率为80%；全市招聘教师405人；小学、初中和普通高中专任教师学历达标率分别为100%、99.8%、98.6%，其中小学达到专科以上和初中达到本科以上的分别为97.8%、92.9%。推进教师“县管校聘”管理改革、校长教师交流轮岗工作，印发《关于进一步优化配置全市中小学教师资源的指导意见》，设立教师工作科和教育人才服务中心，推进教师资源科学均衡配置；印发《关于推进区市域内义务教育学校校长教师交流轮岗的意见》，年内开展教师交流1000余人次。加强师德师风建设，评选表彰市级师德建设先进集体10个、市级师德标兵98人，组织1人参加全国教书育人楷模推选。加强教师培养培训，出台《威海市中小学教师培养培训工作行动计划（2015—2020年）》，年内培训教师4万余人次。加快“威海教育名家工作室”建设，举办教科研培训活动20多次；全面启动“威海教育名家大讲堂”；组织第二期“四名工程”（名师、名班主任、名课程团队、名校长）人选开展200多人次的培养培训，并进行届中考核；加强高层次教育人才引进力度，印发《威海市高层次教育人才引进管理办法（试行）》。

【教育教学研究】 实施十三大课题研究，做好省市两级课题结题工作。学前教育阶段以“生活化游戏化的幼儿园课程开发与实施”研究为载体，开展教科研培训活动，全面提升全市学前教师的教学水平和教科研能力；小学阶段以“全纳教育理念下小学优质化教育教学研究”为载体，深入城乡小学，开展课程实施水平评估调研和“质量下乡百校行”活动，提升全市小学教师的课程实施水平，初步启动学业质量监测实验工作；初中阶段以“构建生命化课堂”实验研究为载体，开展“学业考试研讨暨质量下乡百校行”活动和“构建生命化课堂课题视导暨质量下乡百校行”活动，通过研训结合，提升全市初中教师课堂教学水平，提高其应对初中学业考试的指导能力；高中阶段继续强化“基于课程标准的教学目标、评价、过程一致性”课题成果在教学实践中的落实，结合“有效教学指导周”活动和“订单教研”活动，加强高中有效教学的研究与指导。推进“市域范围内基于课程标准的翻转课堂实验研究”课题实验工作，实施“一师一优课，一课一名师”活动，完成各区市推荐1125节优课评选工作。评选出市级优课1094节，向省教育厅推荐参评优课1039节。完成329项市级课题和47项省级课题的结题鉴定工作、48项省级课题的立项工作。修改完善“2015年度教育科研创新成果奖评选方案”，从51项成果中评选出46项成果。推进“威海教育名家工作室”建设，完成7名工作室主持人和56名成员的评选工作。制定“威海教育名家工作室”建设（教师系列）管理办法、专家导师选聘与管理办法、专项经费管理办法等文件，为“威海教育名家工作室”建设提供制度上的保障。加强“四名工程”建设，通过集中培训、影子培训、学科式研修等混合式培训，累计培训第二期“四名工程”人选300多人次。

【招生考试】 2015年，组织各类招生、自学考试和社会证书考试29次，参考考生达23.78万人。其中，夏季高考报名1.23万人，录取8853人；春季高考报名1450人，录取1262人；美术统考报名667人，638人取得合格证；海军招飞报名75人，全面检测合格14人，录取1人；民航招飞报名131人，全面检测合格14人，录取7人；研究生初试报名3616人；高中学业水平考试2次，2.3万人报考12.31万科次；初中学业考试报名5.96万人，其中初四学业考试1.90万人（城区7614人、文登区3790人、荣成市5054人、乳山市2551人），初三学业考试1.95万人（城区7858人、文登区3685人、荣成市5174人、乳山市2794人），初二学业考试2.10万人（城区8763人、文登区3870人、荣成市5370人、乳山市2973人）。普通高中录取1.07万人，录取率56.1%。普通中专学校录取5637人，其中“3+4”师范本科320人，“3+4”高职本科45人，五年制高职、三二连读高职、五年制师范专科1746人，普通中专3526人；成人高考报名5792人，其中专科升本科3251人，高中起点本科251人，高中起点专科2290人；高等教育专升本考试报名355人。组织高教自学考试2次，5090人次报考1.33万科次，3298人次取得6764科合格成绩；办理毕业证书256人，其中本科78人、专科178人。组织各类社会证书考试8次，报考人数8.37万人。其中，组织全国英语等级考试2次，1012人报考，699人获得合格证书；组织全国计算机等级考试2次，1.8万人报考；组织初中学业考试信息技术考试1次，报考人数2万人，1.98万人获得C级以上等级；组织大学英语四六级考试2次，报考人数4.46万人；组织中小学教师资格考试1次，报考人数1143人；组织J.TEST日语考试6次，469人参加考试。

【校园安全工作】 修订威海市《中小学幼儿园安全防范工作规范》，开展防溺水、防震、交通、食品安全等内容的专题教育和应急演练；学校安全管理干部进行提升管理能力培训530余人；联合公安、交通等6个部门组成2个督查组，分别开展涵盖幼儿园、中小学、民办教育机构的春季、秋季安全督查，对排查出的449处安全隐患，实行限期整改、销号管理；推进学校食堂量化分级管理，152家中小学食堂全部达到B级以上标准，其中A级53家，占总数的29%；加强中小学校车和幼儿园接送幼儿车辆运营管理，借助现代信息技术，完善全市731辆接送学生车辆的户籍化管理信息库。

【家庭经济困难学生资助】 2015年，发放各项资助资金2899.81万元，受助学生3万人次。其中，学前教育政府助学金728.07万元，受助学生1.21万人次；普通高中国家助学金745.3万元，受助学生7467人次；普通高校助学金1042.8万元，受助学生6952人次；中等职业学校国家助学金383.64万元，受助学生3837人次。全年拨付中职公用经费5850.8万元。以实现“应贷尽贷”为目标，推进高校助学贷款工作，全年为630名贫困大学生办理贷款手续，贷款金额458.1万元。开展教育系统“爱心一日捐”活动，教育系统捐款290万元。拓宽社会资助渠道，联合威高集团设立“威高助学金”，为2015年考入高校的200名本、专科学生发放助学金181.1万元，其中本科生173人，每人资助1万元，专科生27人，每人资助3000元；为565名市直高中贫困学生发放就餐补助113万元，资助标准每人每年2000元。

【教育经费】 2015年，教育经费投入不断增加，威海市地方教育经费总收入81亿元，比上年增加11.27亿元，增长16.2%；地方教育总支出80.32亿元，增加10.89亿元，增长15.7%。地方公共财政预算安排的教育经费71.36亿元，增加11.61亿元，增长19.4%。

生均公共财政预算教育事业费支出　普通高等学校由上年的2.18万元下降到1.13万元，下降48.3%；中等职业学校由2.38万元增加到2.85万元，增长19.6%；普通高中由2.46万元增加到2.90万元，增长18.2%；普通初中由2.39万元增加到3.02万元，增长26.6%；普通小学由1.22万元增加到1.52万元，增长25.1%。

生均公共财政预算公用经费支出　普通高等学校由上年的1.70万元下降到4438元，下降73.9%；中等职业学校由1.68万元下降到1.49万元，下降11.5%；普通高中由1.19万元下降到1.11万元，下降6.9%；普通初中由1.24万元增加到1.32万元，增长6.9%；普通小学由4970元增加到5340元，增长7.4%。

生均公共财政预算日常公用经费　普通高等学校由上年的665元增加到1263元，增长89.9%；普通中等职业学校由3085元增加到3195元，增长3.6%；普通高中由720元增加到985元，增长36.8%；普通初中由1723元增加到1725元，增长0.1%；普通小学由1320元增加到1323元，增长0.2%。

公共财政教育事业费支出　2015年，威海市教育部门及其他部门公共财政教育事业费拨款支出62.95亿元，其中人员经费支出36.07亿元，占总支出的57.3%，比上年提高10.83个百分点；公用经费支出26.88亿元，占总支出的42.7%，下降10.83个百分点。

【依法治教和教育督导】　全面启动中小学"一校一章程"建设工程，完成章程草案的制定工作。开展学校法制教育示范基地建设、创建依法治校示范学校、法人治理结构改革试点等工作；按照"法无授权不可为、法定职责必须为"的原则，梳理36条"责任"清单、25条"权力"清单，确保教育行政部门各项行政行为于法有据，提升依法行政水平。实施责任督学挂牌督导，发挥135名责任督学及督导员职能，围绕规范办学行为、校园安全、校园体育设施开放、教育收费等热点问题，以及塑胶跑道和运动场地建设、推进校长职级制改革、实施基础教育综合改革等重点任务和改革事项，开展教育督导16次，制发督导通报16期，推动重大教育政策的实施。

基础教育

【学前教育】　2015年，全市有幼儿园295所，比上年增加11所，有教学班2057个，在园幼儿6.44万人，比上年增加3132人，其中女幼儿3.11万人；教职工6300人，其中园长395人，专任幼儿教师3743人；园长中具有高中段以上学历的393人，占总数的99.5%，增加0.8%；专任教师中具有高中段以上学历的3677人，占幼儿教师总数的98.2%，增加0.7%。全市学前教育三年幼儿入园率达99%以上。

增强学前教育经费保障　建立学前教育生均公用经费标准，其中公办幼儿园不低于1200元、公办性质幼儿园不低于800元、普惠性民办幼儿园不低于500元。自2015年起，市级财政对市直幼儿园按幼儿园规模、标准班额核定的幼儿数，以600元／年的标准拨付生均公用经费，将全额拨款事业单位幼儿园编内人员经费纳入财政全额保障，对公办性质幼儿园按幼儿园规模核定的班数、标准班额核定的教师配备数量的50%和城镇职工最低工资标准的1.9倍给予补助。

扩增普惠性学前教育资源　加大公办幼儿园建设力度，新建、改扩建幼儿园10所，提供公益普惠性幼儿学位3000多个。扶持普惠性民办幼儿园发展，印发《威海市普惠性民办幼儿园认定管理办法》，认定普惠性民办幼儿园32所，投入补助资金1000万元，受惠幼儿近1万人；全市普惠性幼儿园比例达到78%，在园幼儿比例达80%。

加强幼儿园规范管理　提升幼儿园保教质量，指导幼儿园加强内部管理、提升办园内涵。年内，11所幼儿园通过市级示范园评审，16所幼儿园通过省级示范幼儿园复评，省、市级示范幼儿园比例达78%，比上年提高3个百分点。

【普通中小学教育】　2015年，全市有普通中小学195所，其中高中17所（含十二年一贯制学校1所），普通初中85所（含九年一贯制学校36所；农村初中60所），小学89所（其中农村小学49所）；特殊教育学校4所，在校生373人。

小学招生2.26万人，比上年减少233人，其中女生1.07万人，减少190人，女生比重为47.3%。在校生11.10万人（其中农村5.92万人），增加4048人，在校女生5.25万人，比重为47.3%。全市小学学龄儿童入学率100%，与上年持平。全市小学毕业生1.93万人，增加1517人，小学毕业生升学率100%。小学在校生辍学率（退学人数／上学年在校生数）为0。小学教职工8168人，其中专任教师7651人，增加200人。专任教师中高中及以上学历的7651人，学历达标率100%，提高0.03个百分点。其中，专科及以上7485人，比例为97.8%，提高0.82个百分点；中学高级教师304人，小学高级教师3271人，小学一级教师3559人，小学二级教师105人，小学三级教师1人；研究生学历118人，本科6086人，专科1281人，高中阶段166人，高中以下0人。小学生师比为14.51：1，高于上学年的14.35：1。

初中招生1.94万人，比上年增加1556人，其中女生9328人，比重为48.1%。在校生7.79万人（其中农村4.13万人），减少1099人，其中女生3.71万人，比重为47.6%。毕业生1.97万人，减少518人，普通初中毕业生升入普通高中的升学率为54.3%，下降0.20个百分点。初中在校生辍学率（退学人数／上年在校生数）为0。全市初中教职工9709人，其中专任教师8775人，比上年减少118人。专任教师中专科及以上学历的8757人，学历达标率为99.8%，提高0.13个百分点；本科及以上8153人，比例为92.9%，提高0.80个百分点。其中，高级教师1496人，一级教师3959人，二级教师3137

人，三级教师7人；研究生148人，本科8005人，专科604人，高中及以下18人。普通初中生师比为8.87∶1,低于上学年的8.88∶1。

普通高中招生1.07万人，比上年减少322人，其中女生7535人，比重为68.4%。在校生3.44万人，减少1763人，其中女生1.83万人，比重为53.3%。全市普通高中教职工4382人，其中专任教师3830人，减少120人。普通高中专任教师中本科及以上学历3778人，学历达标率98.6%，提高0.03个百分点。其中，高级教师907人，一级教师1494人，二级教师1398人，三级教师1人；研究生130人，本科3648人，专科51人，高中及以下1人。普通高中生师比为8.99∶1，低于上年的9.16∶1。

普通中小学（不含特校）平均在校生规模为小学881人、初中916人、高中2025人，小学、初中、高中平均班数为28、21、41，平均班额分别为43人、44人、49人。小学班额中46人以上的超员班有1031个，占全市小学总班数的40.3%。其中，城市小学班额中46人以上超员班有470个，占城市总班数的比例为40.3%，比上年下降2.05个百分点；56人以上的超员班有56个，占城市总班数的4.8%,提高0.63个百分点。全市25人以下的小班有67个，占全市小学总班数2.62%，主要分布在农村。全市初中56人以上的超员班有61个,占总班数的3.4%,提高0.34个百分点，主要分布在镇区。

特殊教育学校招生38人，比上年增加32人；在校生373人，减少19人。全市特殊教育学校教职工174人,其中专任教师134人，增加5人。专任教师中高中及以上学历134人，学历达标率为100%，与上年持平。生师比为2.87∶1，低于上学年的3.04∶1。

【基础教育综合改革】 印发《关于推进基础教育综合改革的实施意见》，比省委、省政府《关于推进基础教育综合改革的意见》新增加快学前教育与特殊教育改革发展、深化教育公平与教育质量改革、推进教育治理体系和治理能力改革3个方面。确定从推动课程改革和教学方法创新、改革考试招生制度、完善教育评价制度、分步推进中小学校长职级制改革等10个方面、17个试验项目，整体推进基础教育综合改革工作。在中小学校长职级制改革、义务教育学校管理标准化、初中学生学业考试改革、体卫艺教育改革等方面取得初步成效。威海市的经验做法，被省教育厅、省委全面深化体制改革领导小组和国家教育体制改革领导小组予以推广，被列为向中央改革办推荐的全省2个基础教育综合改革典型案例地市之一。

【国家和省级教育改革】 实施“市域义务教育优质均衡发展”国家试点，系统推进中小学办学条件标准化提升工程、市级特色学校建设、建立“县管校聘”教师管理制度、教育信息化“智慧教育”项目等，促进全市义务教育从基本均衡向优质均衡发展。推进“义务教育学校管理标准化”国家实验区建设工作，组织全市176所学校依据国家和威海市标准，编制《学校管理标准化操作手册》；印发《威海市实施〈义务教育学校管理标准（试行）〉督导评估细则》，评估认定市级义务教育管理标准示范校63所，提升全市中小学校学校管理法治化、规范化、制度化水平。实施“新模式校车运营管理”国家试点，为571辆义务教育阶段中小学校车、160辆民办幼儿园接送幼儿车辆发放校车标牌，并将民办幼儿园接送幼儿车辆全部纳入农村中小学校车统一监管，改善学生上下学交通条件，保障车辆运营安全。实施中小学校长职级制改革省级试点，联合有关部门出台校长选拔聘任管理办法等7个配套文件，建立较为完善的政策体系，指导乳山市、威海高技术产业开发区开展试点工作，两个区市均取消所有中小学校和校长行政级别，完成校长选聘交流和首次职级评定，17名校长、副校长落聘，新选聘校长、副校长21名,24名校长、副校长交流任职。

【素质教育】 加强未成年人思想道德建设，培育和践行社会主义核心价值观，威海市《“五个着力”引领未成年人践行社会主义核心价值观》被评为全国优秀案例，并在教育部召开的全国中小学社会主义核心价值观教育暨德育工作会议上作为7个代表单位之一进行经验交流。印发《关于进一步加强中小学心理健康教育工作的意见》，评选出首批12所市级心理健康教育特色校，5所学校被评为山东省心理健康教育特色校，2所学校被评为首批全国中小学心理健康教育特色校。开展学校体卫艺教育，中小学生参加乒乓球、排球等项目的“六大联赛”和游泳联谊赛、帆船赛3300余人次，开展足球、游泳、帆船运动进校园等活动免费培训9400余名学生；10所学校被教育部评为全国学校体育工作示范学校，8所学校被教育部评为全国青少年校园足球特色学校，评选出市级体育传统项目学校17所、优秀文化艺术传承学校17所、校园足球特色学校23所；在市直学校率先由卫生计生部门选派14名人员到校担任专业卫生技术人员。开展综合实践教育，完成市中小学生综合实践教育中心农业科技生态园、山体覆绿工程建设，新增重走长征路、3D打印、光电舞等课程，组织8940余名中小学生开展各类综合实践教育活动。

职业教育和民办教育

【中等职业教育】 2015年，全市有各类中等职业学校25所（5所职业学校与技工学校合署办公），其中普通中等专业学校14所、职业高中学校7所、技工学校4所，有在校生2.99万人。年内，全市普通中专、职业高中、技工学校招生9929人，与上年持平；全市高中段学校（含普通高中、普通中专、职业高中、技工学校）招生2.06万人，减少322人。初中毕业生升学率为104.7%(含外地市考入威海的学生)。高中段学校有在校生6.44万人，减少5584人。普通高中、普通中专、职业高中、技工学校占高中阶段在校学生总数的比例分别为53.5%、27.6%、6.7%和12.2%。普通中专招生5906人，比上年减少160人，在校生1.78万人，减少2709人。职业高中招生1521人，增加176人，在校生4292人，减少529人。技工学校招生2502人，减少16人，在校生7879人，减少583人。全市普通中专、职业高中有教职工2451人，其中专任教师1854人，减少51人。专任教师中本科及以上学历1741人，学历达标率93.9%，提高0.68个百分点。

提升职业教育基础能力 优化职业教育资源布局，加快推进威海工业技术学校、威海市交通学校、威海会计学校3所市属公办中职学校整合新建威海市职业中等专业学校项目，按照省级示范性学校标准建设，规划用地40公顷，建筑面积24.5万平方米，容纳在校生1万人，年内完成各建筑物的基础施工。加大专业建设力度，组建建筑、交通运输、文化艺术、卫生、旅游等9个专业建设指导委员会，成员由高校教授、中职学校校长和骨干教师、企事业单位人员组成，有效地促进学校人才培养与市场人才需求的对接。加大实训教学力度，创建威海工业技术学校焊接技术应用、威海艺术学校学前教育等市级示范实训基地6处，"十二五"期间创建市级示范实训基地49处。

职业学校技能比赛 组织、举办17个专业，超过8000人次参加的150场市、校两级技能大赛。其中，市级比赛8场、13个专业；学生项目52个，比上年增加了2项；教师项目28个，翻了一番。市教育局会同市财政局印发《威海市中等职业学校技能大赛专项资金管理暂行办法》，进一步规范技能大赛专项资金的使用和管理，提高技能大赛专项资金的使用效益。

【民办教育】 2015年，全市有民办教育学校、幼儿园122处，招生8410人，在校生2.99万人。其中，民办幼儿园109处，招生5800人，在园幼儿2.12万人；民办小学1处，招生257人，在校生1351人；民办初中1处，招生381人，在校生1537人；12年一贯制1处，含小学招生158人、在校生706人，初中招生114人，在校生481人，高中招生314人、在校生901人；普通中等专业学校4处、职业高中6处，招生1386人，在校生3689人。

民办教育规范发展 以民办学校的常规管理为重点，依据《威海市民办教育办学评估方案》，按照学校自查、区市审查、市级抽查、汇总、公告5个步骤，对全市254所民办教育机构进行年检，并在市教育局网站进行公示，其中合格224所、限期整改21所、停办9所，进一步规范和促进全市民办教育发展。

（刘宝富）

技工教育

【技工教育改革发展】 印发《关于进一步扩大中等职业教育"双证互通"试点工作的意见》，将"双证互通"试点扩大到所有合格学校。提升技工院校办学层次，文登区高级技工学校获批技师学院，全市建成技师学院2所，威海技术学院入选首批职业技能竞赛省级集训基地。通过开展订单培养、校企共建校内实训基地等方式开展校企合作，全市技工院校与274家企业签订校企合作协议，开展各类短期培训2万多人次。

【技工学生资助政策】 加强全市技工院校学生资助管理基础工作，指导各学校做好学生资助管理工作，及时上报和完善新学期免学费、助学金学生的信息，确保资助政策落实。

（朱复刚　刘元娇）

高等教育

【概况】 2015年，全市有山东大学（威海）、哈尔滨工业大学（威海）、威海职业学院（市技术学院）、山东药品食品职业学院、山东交通学院海运学院、山东外事翻译职业学院、哈尔滨理工大学荣成校区、威海海洋职业学院和北京交通大学（威海）9所高等院校，全日制本专科招生2.38万人，在校学生7.07万人。

【山东大学（威海）】 山东大学创建于1901年，是国家"211工程"和"985工程"重点建设大学之一。山东大学（威海）创建于1984年，是山东大学与威海市政府联合共建的多学科、开放式、综合性大学校区。学校位于威海高技术产业开发区玛珈山南麓，占地面积108.5公顷。设有10个本科学院、2个教学部，另设继续教育学院和国际教育学院。2012年，山东大学威海分校更名为山东大学（威海）(Shandong University，Weihai)。2015年，学校设有44个本科专业、61个硕士专业、20个博士专业，涵盖七大学科门类，形成培养博士生、硕士生、本科生、留学生等多层次的教育体系，同时可在14个一级学科招收博士后。有全日制统招本科生1.39万人，博、硕士研究生1070人，留学生1245人，成人教育及网络教育学生1656人。有教职工1218人，其中专任教师800人，教授119人、副教授222人，博士、硕士生导师240人。

教育教学改革 深化人才培养模式改革，推进天文与空间科学菁英班、国际法务特色班，与台湾中原大学签署数学与金融实验班合作协议，3名学生入选山东大学"泰山学堂"拔尖人才培养项目。加强本科教学工程建设，5个项目获评山东省本科高校教学改革研究项目。完善培养方案和课程介绍，新建58门课程试题库。提高学生创新创业能力，在首届"互联网+"大学生创新创业大赛中获国家银奖1项、铜奖1项；在"挑战杯"、数学建模等赛事中获得国家级奖项20个、省级奖项92个；有20个项目获评国家级大学生创新项目。2个在校学生创业项目获得600万元天使投资。

招生和就业 2015年，生源质量稳步提高，普通文史类有19个省份录取线高出当地一本线40分以上，理工类有23个省份录取线高出当地一本线50分以上。毕业生就业竞争力显著增强，2015届毕业生就业率达90.5%。

学科建设和科学研究 特色学科发展势头强劲，空间学科入选山东大学

"学科高峰计划"；学校教师带领的科研团队在国际学术期刊《自然—通讯》发表研究成果，受到美国《华盛顿邮报》等媒体关注；海洋学科完成"海洋牧场综合实验平台"功能设计工作。韩国学科项目获得国家社科基金重大项目立项资助1项，举办第一届中韩关系论坛、首届中韩青年学者论坛等高水平学术会议。增强科学研究能力，全年获得各类项目立项178项，其中国家级项目28项、省部级项目65项，立项总经费超过3500万元。参与重大军工项目的研究能力实现突破，获得2015年山东省军民融合科技创新项目专项立项，以及军工"863"计划项目2项、国防科工委项目1项。与地方企事业单位签订多项校地、校企合作协议，搭建刘公岛历史文化研究中心等多个合作平台。智库作用日益彰显，《"一带一路"战略与山东对外开放研究》等多篇政策咨询报告被政府及有关机构采纳。

师资队伍建设　2015年，引进青年教师22人，其中齐鲁青年学者特聘教授1人。外籍专家考夫曼通过"外专千人"项目评审，1人入选"万人计划"青年拔尖人才项目，2人进入长江学者特聘教授和国家杰出青年基金项目答辩环节，2人入选"泰山产业领军人才"。加大师资队伍培养力度，实施"青年学者未来计划"，15名优秀青年教师成为首批培养人选。鼓励教师到国内外重点高校、科研院所攻读学位、访学交流。全校具有博士学位和在读博士的教师占专任教师的65.5%。

对外合作交流　拓展校际合作项目。年内新开辟合作院校9所，签署合作协议13项。与澳大利亚斯威本科技大学签署《先进制造业联合研究中心合作备忘录》，共同建设的3D联合实验室揭牌。引进开发以英文授课为重点的国际化专业课程，实现校际优势专业的强强联合，实施金融学专业合作办学项目，提高生源质量。继续实施"名校访学计划"，有78名学生赴加州大学伯克利分校等世界名校学习。全年向美、英等11个国家和地区的47所高校外派学生500余人。有281名本科毕业生赴美国哥伦比亚大学等海外高校攻读研究生，占毕业生的8.1%。国际学生教育工作稳步发展，年内有13个国家、近1000人次的长期国际学生到校学习，400名国际学生到校参加"国际课堂"短期学习交流项目。

（顾炜　赵林林　司献英）

【哈尔滨工业大学（威海）】　哈尔滨工业大学创建于1920年，隶属于工业和信息化部，是国家首批"985工程"和"211工程"高校之一，学校在哈尔滨、威海、深圳设有3个校区。哈尔滨工业大学（威海）校区占地面积125.13公顷，教学科研用房面积17.9万平方米。校区设有10个院（系），2个教学部，38个本科专业，30个二级学科硕士学位授权点。校区教职工852人，其中专任教师531人，教授85人，副教授208人，教师队伍博士化率为62%。在册学生1.09万人，其中全日制在校本科生1.04万人，研究生542人。在职工程硕士468人，成人教育及远程教育在册学生9348人。本科毕业生初次就业率93.9%，硕士研究生初次就业率93.6%。2015年，25个省招生录取分数分别超过一本线70分以上；黑龙江省录取线高出一本线128分，录取线首次高出一本线100分以上；山东省录取最低分排名比上年提高300多名。

教育教学工作　校区多项措施深化教育教学改革，立项建设36门创新研修课和创新实验课、33门专业导论课；推动MOOC等网络课程的使用和建设，引入两个网络平台的26门MOOC课程。首次实行大一年级项目计划，推行基于项目学习和课程学习相结合的学习方式改革，立项500余项，创新创业项目456项；在5个专业试点推行卓越工程师培养计划，组织150余家企业参与校企联合论坛，推动校区校企联合办学。年内，校区将国际化作为深化教育综合改革两翼驱动之一，聘请英国斯特莱斯克莱德大学教授担任船舶与海洋工程学院院长，加强船海学科的顶层设计。举办2015海洋科学与船舶工程国际学术研讨会（IWOST），同近60所国外一流高校建立联系。推进国际联合人才培养计划，签订合作协议18项，129名学生赴美、英、韩等国际知名高校留学，接纳留学生89人。实施大学生国际化能力提升计划，强化外语教学。

科研工作　2015年，科研到账经费1.24亿元。获国家自然科学基金资助32项、山东省自然科学基金资助16项、航天支撑基金资助4项。授权发明专利23项，受理27项；软件著作权1项；发表学术论文270篇。1个教授团队获2014年度国家技术发明二等奖、1项科研任务获国防科技进步特等奖。校区获得威海市第十二届自然科学奖优秀成果一等奖、二等奖各2项，三等奖1项；获得威海市人文社科优秀奖一等奖1项、二等奖4项、三等奖2项；组织申报山东省技术市场金桥奖集体奖、项目奖各1项。

师资建设　围绕"人才强校"的战略目标，加强师资队伍建设，优化师资队伍结构，全年引进专任教师8人，引进海外高层次人才3人，9名教师在职取得博士学位，10名教师获国家公派资助出国留学。继续开展"弘扬工大精神追逐中国梦想"主题教育活动，组织30余位青年博士赴校本部参观学习，选派6名青年干部赴校本部挂职。校区通过产学研合作模式，以企业为依托，推动校区教师参与各类人才计划申报。

学生工作　加强学生创新培养，学生参加各类创新创业竞赛获得省级以上奖励510项。其中，国家级奖励311项，国际奖励40项。发表SCI、EI、核心论文16篇，专利授权2项。组建四大类13个专题300余支实践团队，获2015年"三下乡"社会实践活动"全国优秀团队"和"全国百强实践团队"称号，有6支团队、8名指导教师、25名学生获省级社会实践表彰。建立校内志愿服务信息共享平台，组织校内外志愿服务活动200余项次；3名学生志愿捐献造血干细胞；"天梦湖缘"志愿服务项目获山东省首届青年志愿服务项目大赛银奖；选拔培训指导5名研究生，组成支教团赴四川和西藏开展支教工作，组织实施西部计划，选派1人赴西藏开展工作。成立哈尔滨工业大学第一个书院——丁香书院，实施书院导师制，开展科技人文活动。

（谷　静）

【威海职业学院（市技术学院）】　威海职业学院是一所全日制普通高等职业院校，是在威海广播电视大学、威海教育学院和威海市工业学校的基础上合并组建而成，2000年10月经山东省人民政府批准、教育部备案成立。2004年5月，威海职业学院和威海市技术学院合并。至2015年末，学院固定资产8.88亿元，实验实训室150个，校内实训基地15个，生产性教学工厂8个，校外实习基地273个。仪器设备总值1.8亿元，计算机5300台，语音室9个，多媒体教室72个，馆藏纸质图书128.7万册，数字资源折合电子图书100万册。南区学生公寓、学生食堂、船舶教学楼和行政楼视频会议室完成装修改造并投入使用，新增1个卫生信誉A级学生餐厅；推进数字化校园一期建设项目。设置59个普通高职专业、18个技工教育专业、48个成人函授教育专业、95个远程教育专业、70个开放教育专业。全院有教职工818人；全日制在校生1.66万人，其中高职教育在校生1.5万人、技工教育在校生1523人；成人教育在校生5303人。

专业和课程建设 对接国家和地方发展战略，适应产业转型升级对技能人才的需求调整专业布局，新增工业机器人技术专业，撤销、停招汉语言文学等8个专业。10门国家级精品资源共享课程通过总结验收。推动行动导向课程教学改革，课程实施行动导向教学模式的占55%以上。

技能竞赛 2015年，学生参加院外竞赛获奖137项。其中，国家级一类竞赛团体二等奖2项、三等奖2项，个人一等奖2项、二等奖1项、三等奖1项；省级一类竞赛团体一等奖1项、二等奖8项、三等奖8项。学院获得省工业机器人赛项承办权。

校企合作 新增合作企业73家，开设53个订单班，与26家企业合作开展招生，校企合作招生458人。评选出5个校级校企合作示范基地。

产学研与社会服务 全年立项科研项目27个，获威海市自然科学优秀学术成果奖4项、山东高等学校优秀科研成果奖1项。学院职业技能实训中心被批准成为威海市综合性公共实训中心。全年组织“金蓝领”等社会培训5400人次，完成技能鉴定1.5万人次。承办威海高技术产业开发区2015年职工职业技能大赛。

招生和就业 2015年，高职教育招收新生5916人，成人学历教育招生1734人。高职毕业生4917人，初次平均就业率为99.5%；技工毕业生629人，初次平均就业率99.5%；毕业生用人单位满意度92.6%。2015届自主创业学生17人。

教师队伍和平安校园建设 引进教师25人，组织教师参加国内外各级各类培训825人次。2名教师被评为山东省教学名师，2个教学团队被评为省级教学团队。制定《威海职业学院章程》，选举产生第二届教职工代表大会暨工会会员代表大会。开展“法在威职”教育活动、“2015安全制度落实年”和“安全生产月”活动，做好治安、消防、交通、生产、食品卫生、校舍等安全管理，实现校园安全稳定。

学生管理 坚持“立德树人”根本任务，做好学生思想政治教育和日常管理服务工作，学院获“全省高校思想政治教育工作先进集体”称号，学院团委获评威海市五四红旗团委。开展第二届“文化宣传月”活动，学院网站被新浪网评为2015年度山东高校优秀官方网站；学院办学成果展板在高职高专校长联席会议现场展示，1个案例获优秀奖励。

（姚宏建）

【山东药品食品职业学院】 山东药品食品职业学院始建于1958年，为山东省食品药品监督管理局直属事业单位，总占地面积60.5公顷，校舍面积16.4万平方米，固定资产总值2.04亿元，有教职工558人，高职在校生8861人。2015年，完成2栋实验实训楼建设，新增实训场所面积1.18万平方米；建筑面积1.68万平方米的3号教学楼竣工。推进名校建设，争取地方支持，加强校企合作。至年末，完成名校建设资金投入4473万元，整体预算资金完成率95.2%。

招生和就业 2015年，学院药品经营与管理专业与山东中医药大学市场营销专业开展“3+2”专本对口贯通分段培养工作，与青岛经济职业学校联合申报药物制剂技术专业“3+2”中高职贯通培养。招收新生3540人，其中普通高职2869人，“3+2”专本贯通50人。文、理科录取最低分比上年分别提高22分和48分。学院开设药物制剂技术等20个专业，年内与30多家药品食品企业签署校企合作协议，实施订单培养，合作开展函授教育、技能考评等。与企业共同设立奖学金，促进学生成长。举办2016届毕业生校园供需见面会，258家省内外药品食品企业提供就业岗位1.6万个，2517名参会毕业生落实就业单位，一次性就业率达99.7%。

科研工作 年内，获批全国学校共青团研究课题立项1项，省高校科技计划项目立项1项、省职业教育教学改革研究项目2项、省职业教育与成人教育科研“十二五”规划2015年度课题2项、省企业培训与职工教育重点课题立项4项、省教育科学研究2015年度立项课题13项、2015年度山东省学校德育研究课题3项、2016年省青年教师教育教学研究课题10项。获第一届山东省职业技术教育科学研究成果奖二等奖1项、三等奖2项。学院“中药文化体验区”被确定为“二星级山东省科普教育基地”；加强与威海市科技局、市科协等联系，与威海高技术产业开发区管委签署战略合作协议。

成教培训 组织专家精心确定培训内容，编写培训材料，制作教学视频，协助完成2万多人的继续教育。推行双证书制度，完成2800多人次的技能鉴定工作，为药品食品企业开展400余人次员工技能鉴定工作。为监管系统开展培训工作，协助相关部门完成监管业务培训、新版食品安全法业务知识、执业药师注册系统升级和网络信息中心统计员培训。

教学改革和队伍建设 出台《教育教学改革实施方案》《教学模式改革指导意见》等，推动“虚实结合、学训交替”培养模式，推进“教、学、做”一体化等教学改革，推行以过程考核和能力考核为核心的考试改革。科学设计核心课程、专业课程、实训和公共必修课程模块，构建“平台—模块”课程体系。重视学生专业技能培养，制定《技能大赛管理暂行办法》，奖励获奖师生。年内，获得12个省级以上奖项。把药品食品行业特色融入学生工作，结合院系二级管理，实现学生工作院系二级

管理的平稳过渡。提升班主任和辅导员队伍业务能力，1 名辅导员获得省辅导员职业能力大赛二等奖，3 名班主任获得高校辅导员论坛二、三等奖。加强干部和师资队伍建设，举办“中层干部执行力培训班”和“暑期领导干部培训班”提升领导干部的素质和能力。制定《专业技术岗位聘用工作实施办法》和《绩效工资分配方案》，推进“专业带头人和骨干教师培养工程”，开展与先进高职院校交流。制定《柔性引进高层次人才暂行办法》，多种渠道引进优秀人才。

（侯翠微）

【山东交通学院海运学院】 山东交通学院海运学院位于威海市环翠区新威路 115 号，占地面积 5.06 公顷。2015 年，学院招生 549 人，在校生 1657 人。学院有教职工 151 人，其中教授 2 人、副教授 40 人，博士 6 人、硕士 59 人。开设航海技术、轮机工程、船舶电子电气工程、海事管理 4 个本科专业和航海技术、轮机工程技术、港口机械应用技术 3 个专科专业。建有船舶与海洋运输山东省高校重点实验室及大型航海模拟器、轮机模拟器等 30 多个专业实验室，实习实验设备总值 4000 余万元。

师资建设和教学工作 年内，引进博士 1 人、硕士 2 人，人事代理 4 人；1 人考取在职博士；外派 7 名专业教师上船实习，5 人参加并通过海事局组织的师资考试；选聘 1 名校外研究生导师、2 名校内研究生导师，新增 4 名副导师。通过校企联合办学，学院在中航威海船厂有限公司和渤海轮渡股份有限公司等 7 家企业设立实习基地和基本技能水上训练站，提高学生的实操技能和综合动手能力。成立人才培养改革小组和专业教学团队，完成学校人才培养方式改革前期工作。完成航海技术“3+2”贯通培养及新增海事管理、港口机械应用技术两个专业的人才培养方案制定，并进行专家评审；开展“微课教学比赛”“MOOC 课程建设比赛”等。新增“油船和化学品船货物操作基本培训”“油船货物操作高级培训”和“化学品船货物操作高级培训”3 个培训项目，拓宽培训领域。开展渔业船员培训过渡期补差、船载危险货物申报员、船员安全等特种培训，全年开展各类培训 167 期次，培训学员 4500 人次，创收 598 万元。

科研与学科建设 获批海事管理和港口机械应用技术两个新增专业并招生，学院本科专业增加到 4 个，专科专业增加为 3 个。承办第 26 届全国航海模拟器教学研究会年会，完成省交通运输厅和市交通运输局指派的各项安全生产标准化考评任务。发表论文 17 篇，出版教材 3 部；教研教改项目立项省级课题 2 项，科研立项市厅级 8 项、校级 10 项；横向课题 15 项。教科研成果获市厅级奖 7 项，其中一等奖 2 项、二等奖 1 项、三等奖 4 项。

实验室建设 筹建船舶防污染实验室、计算机实验室；扩建液货模拟器实验室、PLC 实验室；新购拱顶储油罐、测氧测爆仪、空气呼吸器、船桨等 30 余套航海技术专业设备，充实到相关专业评估、考试实验场地，通过国家海事局船员培训机构资质中期核查和现场核验。

学生工作 深化半军事管理，狠抓学风建设。1 人获省政府奖学金，2 人获校长奖学金，45 人获国家励志奖学金，9 人获省政府励志奖学金，470 余人获山东交通学院综合奖学金，44 人获得春安航海奖学金，7 人获中国航海学会张荣发助学金，4 人获得“铁拓”奖学金。学生科技创新获得国家级一等奖 1 项、二等奖 3 项、三等奖 1 项，省级二等奖 2 项、三等奖 1 项、优秀奖 1 项，申请实用新型专利 2 项。举办第九届科技文化艺术节和第二届大学生社团文化艺术节，加强“滨城志愿服务队”建设，派出志愿服务工作人员 500 人次。轮机系志愿服务团队被全民道德教育示范基地（威海）授予“长城爱心大本营优秀志愿服务队”称号，4 名志愿者获得“2015 年度优秀志愿者”称号。

学生就业 邀请省内及北京、上海、广州、大连等地的 68 家知名大型航运企事业单位参加学院 2016 届毕业生就业双选会。其中，中国台湾台塑、新加坡 ISM、日本神户海运等船东，为学院 476 名毕业生提供 1900 多个就业岗位，供需比达 1 ：4。

（朱保华）

【山东外事翻译职业学院】 山东外事翻译职业学院是经教育部审核、山东省人民政府批准设立的全日制普通高校，地处国家 AAAA 级风景区乳山银滩，占地面积 106.67 公顷。2015 年，招生 3782 人，在校生 1.01 万人，专任教师 500 余人。学院设有外国语学院、管理学院、商学院、工程学院、继续教育学院、综合学院 6 个二级学院和 1 个基础教学部，开设商务英语、商务日语、国际贸易实务等 37 个专业。年内，开展“十三五”发展规划论证工作。加大基本建设投资力度，建设图书馆、科技楼、3 号教学楼、风雨体育馆、两栋学生公寓，建设面积 8.2 万平方米。

教学工作 学院集中优势教学资源，建立以商务英语、商务日语和应用韩语为龙头，阿拉伯语、西班牙语等 7 个语种共同发展的应用外语类专业群。2014 年与山东师范大学开展商务英语专业“3+2”对口贯通分段培养，围绕学生成长，在人才培养模式对接、课程体系和课程内容对接、师资及教学资源共享等方面进行探索，实现多样化人才培养。2015 年，学院国际经济与贸易专业被省教育厅批准为“3+2”对口贯通分段培养试点专业，开始招生。学院建设 1 个财政支持的山东省品牌专业群建设项目——应用外国语专业群。获省级教学成果奖 2 项，有省级品牌专业群 1 个、省级特色专业 2 个、省级精品课程 4 门、省级教学团队 1 个、省级优秀教师 1 名、院级精品课程 45 门、院级教学能手 30 人。应用外国语实验实训中心被评为威海市职业教育市级示范实训基地。商务英语专业学生在山东省职业技能大赛中获得英语口语比赛团体一等奖，并获代表山东省参加全国总决赛的资格。

人才培养和科研工作 学院结合区域和地方经济转型、产业升级、对外开放和半岛蓝色经济区发展对人力智力资源的需求，围绕服务区域经济和产业发展，以外语为基础、翻译为特色，坚持“外语 + 专业 + 技能 + 素质”的人才培养理念，强化外语、外经、外贸和管理类专业，逐步增加社会需要的工程类专业。以教学为中心，根据区域经济和产业发展需求及时调整人才培养方案，为区域经济社会发展培养高素质技术技能型人才。举行以“科学规划 稳

步推进 全面提升科技工作水平”为主题的2015年科技工作大会，总结学院5年的科技工作。学院承担国家级科研课题2项、省级科研课题18项、市厅级科研课题13项、协会重点课题1项，获得省市及协会科研成果奖励28项。教职工3年发表论文285篇，出版学术著作5部。

学生工作　加强学生工作队伍建设，组织辅导员培训和学生管理工作研讨及培训会，提高辅导员队伍素质，加强相互之间的交流。组织辅导员参加山东省高校工委组织的培训，有7名辅导员参加省培项目，促进学院学生工作队伍建设。注重学生的安全教育与管理，进行“文明交通、平安出行”主题宣传活动，开展以“珍爱生命 远离毒品 争做健康文明大学生”主题宣传活动，举办消防知识讲座等。

（刘忠伟）

【哈尔滨理工大学荣成校区】　2006年，经黑龙江省人民政府和山东省人民政府批准，哈尔滨理工大学与山东省荣成市政府签订协议，组建哈尔滨理工大学荣成校区。校区占地面积51.33公顷，建筑面积25万平方米，建有图书馆、各类多媒体教室、实验室、语音室等教学设施，有教职工504人，其中教授21人、副教授32人，博士12人、在读攻读博士学位的52人。在校生8135人，2015年毕业生1836人。校区坚持以工为主，理、经、管、文、艺相结合的多科性学科特点，开设24个本科专业。有12个教学系（部），与75家企业建立实训基地。

教育教学　新本科专业商务英语于2014年开始招生，申请开办双学位新专业——英语（商务英语方向）专业。获批2015年度创新创业训练计划项目校级18项、省级指导项目2项、省级一般项目2项。开展数学建模比赛、沙盘模拟经营大赛、全国机器人锦标赛等各类学习与科技竞赛。获得国际级一等奖5项、二等奖3项，国家级一等奖2项、二等奖4项、三等奖5项，省级一等奖6项、二等奖16项、三等奖16项，地区一等奖12项、二等奖4项，73人次获奖。

师资队伍建设　制定《关于荣成校区教职工攻读学历学位及出国进修的说明》，全年招收19名硕士研究生到校工作。组织新进教职工到校教师岗前培训，完成荣成校区首个聘期岗位设置与聘用，校区首次申报评聘293人。青年教师讲课比赛分别获得哈尔滨理工大学青年教师教学技能大赛人文社会科学组一等奖、自然科学应用组二等奖，黑龙江省青年教师教课比赛三等奖。

科研建设　2015年度获批国家自然科学基金申报项目1项、省级其他项目6项。发表学术论文18篇；申报发明专利3项，专利授权11项；参与出版著作1部。成立荣成科技园慧谷技术转移中心，获得2014年山东省信息公共服务平台和“两化”融合奖励。参加各类培训教师15人次，校区将SIYB创业培训作为选修课纳入本专科教学体系，621人获得山东省提高创业能力培训项目合格证书，合格率95%。建立大学生创业孵化基地“创客空间”，免费为在校和毕业5年内大学生及青年创业者提供场地、办公设备等，基地注册企业94家，在孵学生创业团队17个，在孵大学生创业企业8家，获批威海市首批10家创业孵化示范基地之一。

产学研合作　与地方政府深入开展产学研合作，与当地企事业单位签订产学研合作协议5项、合作意向10项。截至10月，“海易网”注册企业8.64万家，会员18.76万个，日均点击量超过5万次，发布荣成海产品信息30余万条，实现海产品B2B电子交易6.9亿元。利用“海易网”将海洋食品产业链企业集聚与推广“中国海洋食品名城——山东荣成”项目作为一期核心目标，提升海产品企业互联网品牌和海产品电子商务的融合。与西霞口集团等多家海产品企业合作，策划秋参专题等系列网络推广和电子商务活动。

学生工作　在“挑战杯”全国大学生课外学术科技作品竞赛中，校区有11支队伍入围校级比赛，获黑龙江省一、二等奖各1项；其中作品《主从式高危作业机器人》获第十四届“挑战杯”全国大学生课外学术科技作品竞赛国家二等奖。组织暑期社会实践活动30余次，3000余人参与。评选出优秀社会实践小分队12支，社会实践先进个人24人。

招生和就业　2015年，校区招生2105人，山东省普通本科录取分数线文理科分别高出二批最低控制线25分和49分，黑龙江省普通本科录取分数线文理科分别高出二批最低控制线48分和62分；校区首次在河北省、四川省投入本科理科招生计划，录取分数线分别高出省控制线71分和75分。举办2015届毕业生春季双选会和2016届毕业生秋季双选会，省内外200多个用人单位，为毕业生提供近6000个就业岗位。校区2015届毕业生1836人，1661人落实就业去向（其中升学人数为314人），就业率达88%。

（谭　畅）

【威海海洋职业学院】　于2011年12月31日由山东省教育厅批准筹建，2013年12月30日，经山东省人民政府批准正式建立，2014年4月，通过教育部备案并获批正式招生，属全日制公办普通高等职业院校。学院规划占地面积53.33公顷，总建筑面积26万平方米，总投资8.6亿元，分两期建设。一期工程于2013年10月竣工并投入使用，二期工程于年内至2017年建设。

专业设置和招生工作　2015年，学院科学制定专业建设五年发展规划，新增船舶检验、机电一体化技术等5个专业；新批2016年港口物流管理、工业机器人技术等5个专业，专业数达到16个。招生1447人，在校生2168人，首次实行省内外招生，超额完成1600人的招生计划。

师资建设和教学改革　引进工作人员52名，引进博士生、博士生导师各1名，组织教师积极参加省级和国家级暑期培训以及各级各类专业培训，累计培训300人次。探索“工学结合、学做循环、能力提升”“岗位化、方向化、个性化‘三化’”和“分层双轨”模式，推行“翻转课堂”“微课教学”。注重学历教育与职业资格教育并举，580名学生考取相应的职业资格证书。注重教改项目培育，省级教学改革立项4项，院级教学改革立项9项。

技能培养和社会培训　建立学院、系部二级大赛制度，承办全省水产、电子商务技能大赛。在各级各类技能大赛中获山东省特等奖1个、一等奖2个、二等奖4个。设立山东省服务外包人才培训机构、山东省省级现代渔业技术培训基地、威海市职业技能鉴定所，面向社会举办各级各类培训班18期，培训人员约3600人次。

校企合作　引入泰祥集团电商部，成立泰祥集团CBO电商海职院园区。与华三通讯科技有限公司合作成立威海海洋职业学院H3C网络学院，与无锡中顺生物技术公司合作完成订单培养方案，与荣成市鸿远化工有限公司合作进行机械结构整体和局部的力学分析等项目研究，与山东志诚会计师事务所、山东东方海洋科技股份有限公司、山东海之宝海洋科技有限公司等企业合作实施工学交替教学，与哈尔滨工程大学、黄海造船有限公司合作建立船舶运动控制与系统技术工程中心。

学生管理　引领学生树立社会主义核心价值观，建设素质优良、精干高效的学生工作队伍。实施好阳光关爱行动，为新生进行心理测评并建立心理档案，畅通绿色通道，累计发放奖助金90.9万元。注重传统文化教育，开设国学必修课。丰富校园文化生活，组织学生1.2万人次参加各类文体活动。加强团队建设工作，成立社团32个，会员600名；组建学院志愿者协会，会员1200名。被评为2015年度最具网民口碑高职院校，学院网站被评为2015年度山东高校优秀官方网站。

（张　涛）

【北京交通大学（威海）】　北京交通大学是教育部直属，教育部、中国铁路总公司、北京市人民政府共建的全国重点大学，是国家“211工程”“985工程优势学科创新平台”项目建设高校和具有研究生院的全国首批博士、硕士学位授予高校。学校连续3年入围QS金砖五国大学排名前100名，6个学科先后进入QS世界大学学科排名前400名。位于山东省威海市的北京交通大学（威海）于2015年9月正式投入使用，北京交通大学形成“一校多区”办学格局。

9月7日，北京交通大学威海校区举行揭牌仪式暨开学典礼

北京交通大学（威海）提供

合作协议签订　为适应国家蓝色经济区的发展及进一步构建威海市完善的区域内国民教育体系需求，威海市人民政府与北京交通大学于2013年11月26日签订《威海市人民政府与北京交通大学战略合作协议》。2014年4月17日，北京交通大学决定在威海设立北京交通大学威海国际学院校区，于9月28日与威海市人民政府签订关于设立并共建北京交通大学威海国际学院的协议。2015年4月19日，教育部正式批复北京交通大学建设威海校区。

基础设施建设　北京交通大学（威海）由威海市政府整体规划和建设，并配备基础办学设备。威海市提供用地74.1公顷，校园建设一期工程于2014年8月底完工，建筑面积10.6万平方米，包括综合楼、教学楼、图书馆、学术交流中心、宿舍楼、餐厅和校医室等。二期工程计划于2017年9月完成，总建筑面积约12万平方米，包括实验楼、学生活动中心、体育馆、专家公寓等。校区预留发展用地20公顷用于科技成果孵化、技术研发、重点实验室等建设。

校区揭牌仪式　9月7日，北京交通大学（威海）揭牌仪式暨2015级学生开学典礼在威海校区学术交流中心报告厅举行。北京交通大学校长宁滨，威海市委副书记、市长张惠为校区揭牌并致辞。北京交通大学副校长刘军、威海市副市长傅广照出席典礼并为11个企业实习基地揭牌。

中外合作特色　威海校区拟办学规模为全日制学生5500人，其中留学生占各类学生数量15%以上，本科生每年招生1000人，研究生每年招生500人。计划教职工总数为680人，其中专任教师460人，由国外合作院校提供的国际师资占1/3以上。1月，北京交通大学与美国罗彻斯特理工学院合作举办的信息管理与信息系统专业本科教育项目获得教育部批准，每届招生120人。8月28日，威海校区迎来首批就读该专业的111名学生，及来自4个国家接受语言培训的26名国际学生，校区各类设施投入使用。9月17日，北京交通大学与英国兰卡斯特大学签署关于共建北京交通大学兰卡斯特大学学院协议，该项目纳入中英高级别人文交流机制成果，学院办学地点设在威海校区，学院包含多个本科及硕士专业，计划于2016年9月正式招生。

（潘　悦）

编辑　李传强

文　　化

综　述

【概况】　2015年，全市拥有各类艺术表演团体4个，艺术表演场馆2个，文化馆6个，公共图书馆5个，博物馆6个，电影公司5个，电影院17座，广播电台4座，电视台4座。有线数字电视用户89.77万户。广播人口综合覆盖率和电视人口综合覆盖率均达100%。年内，认真学习贯彻习近平总书记在文艺座谈会上的重要讲话精神，坚持抓规划促进文艺精品创作生产，抓创新弘扬优秀传统文化，抓标准提升公共文化服务供给能力，文化事业发展迈上新水平。

【公共文化服务场馆标准化建设】　引入ISO 9001国际质量管理体系规范公共文化服务场馆的管理和运行。5月，威海市公共文化服务标准化被国家标准委确定为社会管理和公共服务综合标准化试点，是全国首个公共文化服务类型的国家级标准化试点。制定《威海市公共文化服务标准体系明细表》，梳理法律法规110个小项、服务通用基础标准体系4个大项43个小项标准、服务保障标准体系11个大项143个小项标准、服务提供标准5个大项146个小项标准，形成拥有知识产权的系列标准化成果。11月，威海市在全国率先实现市级公共文化场馆标准化服务，市群众艺术馆、图书馆、博物馆、美术馆全部通过ISO 9001国际质量标准体系认证。

【公共文化服务数字化平台建设】　结合"智慧威海"建设，打造智慧文化。通过"互联网+文化"，利用现代化的网络技术手段，整合市图书馆、文化馆、博物馆、美术馆、大剧院等公共文化服务场馆的各类文化资源，把演出节目、文艺培训、阅览图书、文博展览、美术欣赏、非物质文化遗产等内容在网络上展示，实现公共文化资源数字化、服务网络化，让群众能够通过电脑、手机等数字终端享受全天候的实时公共文化服务。完成《威海公共文化服务数字化平台项目建设方案》，11月，完成项目招标，进行数字资源库及平台的基础服务功能建设。

【"十三五"文化发展规划编制工作】　成立由山东大学专家参与的规划编制工作小组。围绕全市公共文化服务体系、文化产业、文化艺术创作等方面工作到各区市文化场馆、基层文化大院、文化企业、文艺院团等实地调研，召开座谈会，与各个层面的代表进行交流沟通，征求各方面的意见和建议。9月，完成《威海市"十三五"文化发展规划》初稿。为提高规划的科学性、前瞻性、指导性和可行性，广泛征求上级部门、相关专家及社会各界的意见，对规划初稿进行多次修改后正式印发。

【传承弘扬传统文化】　坚持把弘扬君子之风作为推动社会主义核心价值观与优秀传统文化对接融通的探索创新，深入实施"五个一"行动，原创推出的一首歌《君子之风》广泛传唱；编排推广的一支广场舞《君子之风》成为城乡广场主要健身舞；编辑出版的一本书《君子之道格言》免费发放2万余册；组织举办的100余场次"君子之道·幸福人生"公益讲座受到群众欢迎，与光明日报社等联合举办"君子之风·美德威海"与社会主义核心价值观研讨会，国内20余所知名院校的100余名专家学者参加座谈研讨，引起广泛关注和强烈反响。实施"社区儒学"和"乡村儒学"推进计划，推动威海市图书馆及环翠区、文登区、荣成市和乳山市图书馆高标准建成"尼山书院"并对外开放。推进县级及县级以下历史文化展示工程，文登区、荣成市、乳山市完成县级历史文化展馆建设，镇、村结合综合文化站、文化大院、家庙宗祠等场地，开展镇史村史、民俗、爱国主义、道德教育展示，全市建有镇村级历史文化展室28处。组织开展传统文化进社区、进校园、进机关、进企业系列活动，涌现一批优秀民间文化传播组织。依托市文明礼仪协会、市民文化活动中心等载体，举办传统礼仪培训班、"孝道"故事会、祭孔典礼、文博书友会，以及雅乐、剪纸、绘画、书法等公益培训活动，提升市民传统文化素养。持续开展"书香威海"全民阅读活动，策划推出各类读书活动210余项，吸引50余万人次参与。

【文艺精品创作】 全市新创作文艺精品30件，其中大型戏剧3件、歌曲12件、舞蹈11件、小品3件、长篇小说1件。大型音乐史诗《甲午祭》公演2次，受到好评。文登区排演的大型历史舞台剧《烽火》于9月进行公演。歌伴舞《我家就在中华》、群舞《梦·童趣》《战争中的女人》《渔家傲》、戏剧小品《排练》、快板书《兄弟》6件作品入围第十一届中国艺术节“群星奖”山东省新创作品初选，在山东省艺术节上进行展演。其中，快板书《兄弟》代表山东省参加第十一届中国艺术节初赛。新创美术作品12件，其中国画9件、油画2件、水彩画1件。国画作品《国槐飘香》、油画作品《渔归》入选第十届山东文化艺术节·全省优秀美术作品大展。油画作品《渔港印象》在第二届全国美术教育学术展评中获优秀奖。

【文化惠民工程】 为农村（社区）群众免费放映公益电影3.21万场次，超额完成放映任务。新配备流动图书服务车5辆，在市区公共场所设立电子图书借阅机40台，完善提升400个农村文化大院和30个社区图书室。对439个农家书屋进行图书更新，对152个农家书屋进行数字化升级改造。市级通过政府购买服务的方式，为全市群众免费送戏下乡进社区500场次，各区市为基层群众送戏近2000场次，初步实现一年一村一场戏的目标。印发《威海大剧院经营管理指标考核办法》，定期对演出节目进行审查，督导威海大剧院以低票价面向群众演出40场次。继续推进“四馆一站”免费开放，全年接待市民100余万人次。

（林一龙　龙国栋）

文学艺术

【概况】 2015年，全市出版文学艺术专著46部。其中，文学类26部，音乐舞蹈类12部，书画类8部。在山东省第八届“泰山文艺奖”评选中，威海市8件作品获奖。其中，李富胜、曲波等主创的大型音乐史诗《甲午祭》获山东省“泰山文艺奖”荣誉奖，歌曲《君子之风》、书法《论贵粟疏》、丝棉画《狼》和水粉画《海色斑斓系列之四》获二等奖，公益广告《乡村文明行》、篆刻《篆刻印屏》获三等奖，舞蹈《追风》获编导作品奖。袁学强的电影剧本《美丽小渔村》获国家“夏衍电影文学奖”二等奖，微电影《老蔡的婚事》获省委宣传部“文明乡村”微纪录一等奖。史怀宝的大型报告文学《丰碑——记党的好干部谷文昌》在《中国报告文学》头题发表。

【小说】 年内，出版的长篇小说有史怀宝的《忠诚》、曲磊的《兰若辞Ⅲ雷火无妄》、红薇的《新娘祭》和荣海鸿的《单身女人街》。山东省作家协会将周海亮长篇小说《流年》列入2015年度重点作品扶持项目。中篇小说中，王春波的《回家》和嘉男的《卡西娅》在全省纪念中国人民抗日战争暨世界反法西斯战争胜利70周年文学征文活动中获二等奖，嘉男的《新冷空气》获《时代文学》优秀小说奖，王福海的《王福海中篇小说集》、宋潇凌的《笑相逢》《我为谁守身如玉》、于燕新的《琴声》出版发行。纪小北、岛子、荣凤伦、梁俊军等的短篇小说在《山东文学》《时代文学》《山花》《齐鲁文学作品年展》上发表。

【纪实文学】 史怀宝长篇纪实文学《百姓心中的不朽丰碑》和大型报告文学《丰碑——记党的好干部谷文昌》《激浊扬清剔“蛀虫”》在《中国报告文学》《人民公仆》《中国审计》等期刊发表或转载。梁善勇的纪实文学集《威海梁氏纪事》，毕庶杰、王江炜、王德松、梁善勇的纪实作品《梁氏庄园》出版发行。

【诗歌散文】 阿华的诗歌获“中国·红豆绒”杯当代爱情诗大奖赛优秀奖。于燕新的散文《天鹅》获齐鲁文学作品年展2014年度最佳散文奖。东涯、阿华的诗歌在全省纪念中国人民抗日战争暨世界反法西斯战争胜利70周年文学征文活动中获诗歌一等奖、二等奖。王艳秋的散文《山水之间有清音》获第四届全国人文地理散文大赛二等奖。东涯的诗集《侧面的海》获新世纪山东优秀诗集奖。于月奎的《如楚集》、高明光的《此去经年》、刘建文的《花开三月》、刘方计的《刘方计文集》、徐旌仁的《寻根路上》、李喜华的《唱着情歌走向彼岸花开——仓央嘉措的诗与情》和梁仁军的《唐突的你》出版发行。北野、东涯、阿华、张燕、史怀宝等的诗歌作品相继在《诗刊》《星星》《山东文学》《青年文学》《贵州文学》《芒种》上发表。

【文学评论】 全市出版的论著有李自雄的《当代文艺学问题研究与探索》、朱新林的《〈淮南子〉征引先秦诸子文献研究》、张红军的《文艺缀思录》、孙基林的《现代诗：讲述与评论》、江志全的《比较文学视域中的王小波》。刘倩、高万元、姜建政、崔春、韩宋涛、于京一、江志全、王瑞华、刘北野在《文学评论》《中国人文科学》《当代作家评论》《新文学史料》《诗刊》《广东社会科学》等中文期刊发表学术论文80余篇。张锐、张雅妮、吴静寅、曹春燕等在《中国美术家》《黄河之声》《美术研究》上发表书画、音乐、舞蹈论文71篇。

【音乐创作】 曲波作词大合唱《好样的》参加中共中央、国务院2015年春节团拜会文艺演出，作词歌曲《茶香中国》参加中国政府为到中国参加阅兵式的多国元首举办的国宴演出，作词组歌《沂蒙红崖》入选山东省舞台艺术精品工程剧目。孙思源作曲，孙思源、林红作词的歌曲《帮助别人快乐自己》获全国“最美的日记最美的歌——雷锋日记”歌曲创作大赛金奖。于静琳作词《那年梨花开》在央视三套播出。威海邹树君合唱团在“中国合唱独唱音乐周”活动中获得7个奖项，团体总分第1名。年内，出版的音乐专辑有张铁成的《星空——张铁成小号独奏专辑》《律动——张铁成小号重奏专辑》、张锐的《弦乐四重奏专辑》《张锐小提琴独奏专辑》、徐德雷的《电子音乐创作的审美追求》、张平的《张平音乐文集》《竹笛无词歌——张平笛子演奏专辑》。出版发行姚桂丽《那就是我——姚桂丽中国艺术歌曲独唱专辑》《一首桃花——姚桂丽中国歌剧选段独唱专辑》《为你歌唱——姚桂丽独唱专辑》《醉了千古爱——姚桂丽新民歌独唱专辑》4张音乐专辑。

【书法】 年内，市书法家协会完成换届选举工作。举办威海市纪念中国人民抗日战争暨世界反法西斯战争胜利70周年书法作品展，参与省委宣传部、省文联主办的山东省第八届国际大众艺术节活动，承办“君子之风·翰墨齐鲁”—山东省优秀书法作品展。台依湖全国名家刻字邀请展暨龙江—乳山中国梦刻字交流展研讨会在乳山市召开。“单国防、单永进书画作品展”“刘家相书法作品展”“郭子良书法展”在市区展出。李宝安榜书长卷《唐诗三百首》被世界纪录协会认证为世界最长的书法单卷，总长2699.92米，获全国第十五届“庐山杯”书画大赛铜奖。郑德东获纪念中日甲午战争120周年全国书法大赛三等奖。丛培波作品入展“文化的红旗渠”十三经书写艺术展（北京时代美术馆）、意大利世博会中国书写艺术展（意大利米兰中意馆）。袁小娟、于旭升书法作品入展山东省颜真卿奖书法展。

【绘画】 王斐的《冬晨》获“泰山之尊”全国中国画、油画作品展优秀奖（最高奖），《踏雪觅春》获“多彩贵州”全国中国画展优秀奖，《雾染春晨》获“写意中国”首届中国画水墨大展优秀奖。于向志的《海草房》获第二届青年美术大展优秀奖，《渔港青年》入选第五届全国青年美术作品展，《小渔港》入选2015吴冠中艺术馆全国油画作品展。于华的《月色宏村》《徽乡情怀》等入选首届八大山人全国山水画作品展和“泰山之尊”全国中国画·油画作品展，《故乡月》获全国山水画作品展优秀奖。于丽波的《岁月静好之二》获纪念潘絜兹100周年诞辰全国中国画作品展优秀奖。于树权的《天福小延安》获全国第十五届“庐山杯”书画大赛金奖，其他作品获第三届“中国梦想杯”书画大赛双项铜奖。王卓玉的《塬上春秋》获纪念潘絜兹100周年诞辰全国中国画作品展优秀奖，《瑞雪迎春》入选“丝绸之路 绚丽甘肃”第九届中国西部大地情中国画、油画作品展，《陕北农院》入选“翰墨齐鲁”全国中国画展。王智赋的《煦日暖阳》获第二届“朝圣敦煌”全国美术作品展优秀奖，《幸福起航》获“南田风韵”第二届恽南田全国花鸟画作品展优秀奖。刘晓华的《晴日》获山东省第七届齐鲁风情油画展二等奖，《停泊》入选“朝圣敦煌”全国美术作品展。刘坤的《渔歌唱晚》获“2015翰墨定西行”全国中国画、油画展优秀奖，《三月海风》获“多彩贵州”全国中国画展优秀奖，《吉祥赛事》入选2015“水墨彭城”全国中国画展。孙宗龙的《暖春》《吉祥人家》入选2015“水墨彭城”全国中国画展和第三届“吉祥草原 丹青鹿城”全国中国画展。赵旭东的《山乡之恋一》获“中国梦黄山魂”全国画展优秀奖，《深秋暮归》《乡情》入选万年浦江全国画展和“丹青扬州”全国中国画展。于仁祝的《风骨千秋》入选丹青扬州全国中国画展，于海苏的《韩林傲雪竞芳春》入选第二届全国少儿美术教育学术展，路志香的《此处冰雪最无忧》《追逐蓝天》入选“高洁品性 兰蕙人生”全国中国画作品展和第三届全国中国画作品展。年内，出版的美术学术专著有张剑的《基于传统聚落景观分析的低碳城市景观设计理论与实践》、杨在斑的《杨在斑漆画集》、郑阳的《21世纪中国当代画家作品集郑阳国画作品》、汪明强的《海印象——中国当代实力派油画家汪明强》、李善杰的《花鸟传薪国画作品展》《春之恋——李善杰国画作品集》。

【摄影】 在第十七届全国艺术摄影大赛中，白淑珍的《风雪归来》获花卉动物摄影类银奖，王士波的《彝族母亲》获人像摄影类银奖，王敏的《大剧院》获工业建筑摄影类银奖。姜波的《祥光》获全国卫生摄影大赛生活风光人文类三等奖。王祖良的《铿锵玫瑰》、杨杰的《和乐平安》在“好客山东贺年会”摄影大赛中均获三等奖。王祖良的《回家过年》获“孔子故乡 中国山东”国际网络摄影大赛二等奖，《渔家年味浓》获山东春节民俗文化摄影大赛三等奖。在第十一届山东省摄影艺术展中，王士波《雪中守拍》获纪录类铜奖，马世民的《非洲印象》（组照）、刘静平的《月上东山》获艺术类优秀奖。刘明的《众星捧月》在中国百名摄影家走进思南全国摄影大赛中获铜奖。2015年，市摄影家协会相继举办“春夏秋冬山海岛泉”威海风光摄影大赛、纪念抗日战争暨世界反法西斯战争胜利70周年书画摄影展、中韩（群山）摄影交流展、“银兴杯”羊亭河摄影比赛、“在路上”威海公路微摄影比赛、“刘公岛杯”蓝色威海全国摄影比赛展览，以及“走进文登驻军军营，送去威海风光”摄影展等活动。年内，两次组织80余名会员到湖南省和江西省采风。

【影视】 袁学强电影剧本《美丽小渔村》获2015年度国家“夏衍电影文学奖”二等奖。微电影《老蔡的婚事》和《上楼》，分别获省委宣传部“文明乡村·美丽家园”微纪录片评选展映活动一等奖和二等奖。刘军伍拍摄的纪录片《雅鲁藏布江边的通灵者》参加在卡塔尔半岛国际纪录片电影节展映，被中国民族博物馆收藏。宋潇凌的36集电视剧脚本《西域花开》在《中国作家》杂志发表。环翠区文联举办“幸福环翠我的梦”微电影大赛活动，征集微电影13部。梁俊军编剧的微电影《真心忏悔》获首届京华奖全国微电影剧本大赛优秀奖。

【舞蹈】 中国文联出版社出版张琳仙的舞蹈专著《舞文论道》。郭敏、张琳仙编导的民族民间舞《追风》获第八届山东省“泰山文艺奖”。海梦少儿舞蹈团参赛舞蹈《马蹄声碎喜洋洋》获全国第十届青少年文艺大奖赛金奖，市舞蹈家协会获得优秀组织奖。市舞蹈家协会承办中国威海第四届国际舞蹈公开赛，全省30支代表队参赛。市舞蹈家协会舞蹈《小红帽》在全国青少年舞蹈比赛上获一等奖。在山东省第六届高校音乐舞蹈专业师生基本功比赛中，姜超的《逼上梁山》、陈国亮的《李斯特〈匈牙利狂想曲第十二首〉》，张娅妮、张琳仙的《待嫁》《女儿梦》和赵青的《封箱》均获一等奖，姚桂丽的《问云儿》《醉了千古爱》、郭瑾的《伟大的精神》《高贵的心灵》获二等奖。赵青的《噶傣》

在第十届青少年舞蹈比赛中获一等奖。

【戏剧】 东方剧社编排的京剧《打金枝》等剧目常年活跃于社区村镇和广场演出，在2015“幸福威海”广场文艺演出中，编排演出红色经典剧目《红灯记》《智取威虎山》《沙家浜》等。威海聚缘吕剧社编排的大型古装吕剧《分家记》赴山东省演出后，在全市开展送戏下乡演出10余场次。为纪念中国人民抗日战争暨世界反法西斯战争胜利70周年，文登区创作推出了大型历史舞台剧《烽火》。荣成市剧团改编的原京剧小戏《争婆婆》，演出50余场次。环翠区持续举办以广场演出为主的公益文化活动，连续4年举办“多米利杯”京剧广场演出，演出300余场次。市区剧协、曲艺家协会在威高民俗邨搭建固定演出舞台，演出98场次。

【剪纸篆刻漫画】 于永强获“‘爱国·和谐’朵云轩杯”首届全国青年篆刻展一等奖，入展省“琅琊刻石奖”书法展和“百年西泠 乐石吉金”全国篆刻展，作品《篆刻印屏》获山东省第八届“泰山文艺奖”三等奖。年内，市文学艺术界联合会与中国书法家协会刻字艺术委员会，在乳山举办全国刻字作品邀请展。《宫本森诗词剪纸作品集》出版发行。于昌伟的漫画《好孩子》《常回家看看》入选“三毛杯”漫画展和“子恺杯”全国漫画展。刘金锋的漫画《谁说火车不是推的》《慰问专车》《天下粮仓视而不见》入选山东省漫画家协会成立十周年漫画展。

（史怀宝）

群众文化

【概况】 2015年，市文化广电新闻出版局举办“幸福威海”广场文化活动、全市农村（社区）文艺汇演、全市广场舞大赛等群众文化活动。“幸福威海”广场文化活动全年演出60场次，完成省文化厅送戏下乡演出任务1场次，参演节目900多个。“欢乐乡村——威海市农村（社区）文艺汇演”举办镇级初赛73场次、市级决赛7场次。对环翠楼街道等14个单位、35名优秀辅导教师和106个优秀节目进行表彰。印发《“幸福威海舞起来”威海市广场舞大赛实施方案》，举办全市广场舞大赛决赛，向5000余支广场舞队伍推广文明舞曲，引导全市广场舞健康文明发展。

【非物质文化遗产】 全市8个非物质文化遗产项目入选省级保护名录。6月13日，第十个“文化遗产日”期间，在威海市城里中学举办非物质文化遗产进校园活动，展出非物质文化遗产展品45项，邀请威海剪纸、威海锡镶技艺、传统锔艺、鲁绣、荣成渔家蛋雕技艺、芦烙画制作技艺传承人现场展演，参观师生2000余人。下发省级非物质文化遗产保护资金18万元，资助“牛郎棍”等9个省级项目开展传承保护活动。在省文化厅举办的“传承中华文明·延绵齐鲁文脉——我眼中的非遗”全省摄影大赛中，隋桂光的《乳山柳编》之京华柳编厂获三等奖，丛盛的《修缮海草房》、隋桂光的《乳山秧歌闹新春》、宫兆兴的《乳山大秧歌》作品入围。荣成市完成“荣成海洋文化生态保护实验区”总体规划编制。

（相卫刚）

【农家书屋】 2015年，印发《威海市关于建立长效管理机制 推动农家书屋建设的意见》，启动“文化威海 书香润农家”基层阅读工程，发挥农家书屋作用。推出典型宣传、读书月、主题征文、关爱特殊群体、最美乡村读书人、“四个一百”评选等系列群众性读书活动，引导基层百姓参与读书活动。开展“齐鲁农家沁书香”活动，6人被评为山东省优秀农家书屋工作者，5个农家书屋被评为山东省示范农家书屋，5个村被评为山东省书香之村，6个家庭被评为山东省书香农家。

（付城荣）

文 博

【概况】 2015年，市文化广电新闻出版局配合省文物局开展山东沿海水下文物线索调查，威海英式建筑保护规划通过省级论证。与山东大学（威海）文化遗产研究院合作，对新权秦汉墓群与史前遗址进行考古勘探。全市6家博物馆全部免费开放，全年有固定陈列56个，举办临时展览76个，年接待观众280万人次。市博物馆先后与16所中小学校共建素质教育基地，打造“幸福使者·共享文化”服务品牌。征集具有威海地域特色的民俗物品、抗日战争纪念品等藏品1176件（套）。中国

1月20日，省政府副省长季湘绮（右三）一行到威海市调研文物保护工作
市文化广电新闻出版局提供

甲午战争博物院完成北洋海军提督署建筑群复原陈列改造、《刘公岛甲午战争纪念地总体保护规划》初稿编制、北洋海军后勤保障设施维修方案的修改完善，获全省“十佳博物馆”称号。文登区博物馆在全省24家三级博物馆运行评估中获第一名，列优秀等次，获优先晋升二级馆定级评估资格。文登区天福山革命遗址入选第二批国家级抗战纪念设施、遗址，天福山起义纪念馆被市文明办、教育局评为威海市青少年校外实践教育基地。冯德英文学馆举办纪念胡絜然先生100周年诞辰研讨会，编辑出版《中国近现代名家画集·胡絜然》。1月20日，省政府副省长季湘绮一行到威海市调研文物保护工作，对威海市利用文物建筑举办展览、发挥文物独特作用，以及“乡村记忆”工程等工作给予充分肯定。

【可移动文物普查】 2015年，全市文物系统国有文物收藏单位认定工作在全省率先完成。经省普查办专家组的审核与认定，全市国有文物收藏单位26家，其中非文物系统国有单位13家；预估收藏文物总数3.11万件（套），其中非文物系统符合登录条件的文物172件（套）。至年底，国有文物收藏单位全部完成基本信息的登录，填报文物信息5.62万件（套），占总数的180.4%，完成可移动文物普查第二阶段数据在线登录、上传、审核及上报工作。

【“乡村记忆”工程】 全市登录“乡村记忆”工程文化遗产49处，其中17处文化遗产列入全省首批300个“乡村记忆”工程文化遗产名单。完成国家传统村落东楮岛49个海草房院落的8900平方米房屋维修和4480平方米的路面铺设工作，东楮岛乡村记忆馆布展完毕并对外开放。文登区万家村梁氏庄园建筑群保护工程总体方案获省文物局审核批准，报国家文物局备案。与威海日报社合作开辟专栏，开展“乡村记忆”普查成果系列报道，年内刊出25期。

【威海历史文化展】 5月16日，市博物馆“夷风古韵 威震海疆——威海历史文化展”对外开放，市委常委、宣传部部长王亮，副市长张波，国家博物馆藏品部主任杨军出席开展仪式。该展厅面积3760平方米，展出历史文物近1000件，分为“夷风古韵”“秦汉华章”“海象万盛”“道教圣地”“威震海疆”“甲午风云”“游离之痛”“一战华工”“烽火岁月”“魅力威海”十大板块。展览采用实物展示、雕塑场景复原、影像及现代信息等综合手段，全面反映威海7000年文明史。至年底，接待观众20余万人次，其中青少年观众10万人次。

【新增18处省级文物保护单位】 2014年10月，第五批省级文物保护单位申报专家论证会，确定将已列入市、县级文物保护单位的成山卫古城等9处不可移动文物和文登天福山中学建筑群等9处“乡村记忆”工程普查新认定遗产推荐上报。2015年6月23日，省政府公布第五批省级文物保护单位418处，其中威海有18处。至此，全市省级文物保护单位达到69处。11月1日，第五批省级文物保护单位老集丛氏宗祠举行保护标志揭幕仪式。老集丛氏宗祠位于威海经济技术开发区凤林街道老集村，为小型四合院建筑，始建于清光绪年间，是保存比较完整的宗族祠堂。第五批省级文物保护单位申报首次将抗战遗址、纪念设施作为单独文物类别予以公布，乳山市胶东军区卫生四所旧址名列其中。

【毕克官艺术研究中心成立】 市博物馆加快“威海名人馆”建设，先后建成开放毕克官艺术馆和萧桐柏艺术馆，出版《毕克官艺术馆捐赠品集》《萧桐柏艺术馆捐赠品集》等漫画作品集。7月22日，毕克官艺术研究中心成立仪式举行，毕克官之子毕为民向市博物馆捐赠藏品，中国美术家协会漫画委员会主任徐鹏飞、山东省漫画家协会主席陈黎青为毕克官艺术研究中心成立题词。

【天福山起义纪念馆改造】 为迎接中国人民抗日战争暨世界反法西斯战争胜利70周年，文登区对天福山起义纪念馆进行改造升级，于8月31日开馆，为300余名中小学生上了一堂特殊的“开学第一课”。该次改造将原来天福山起义纪念馆和文登党史馆两个独立展馆合二为一，展线由100米增加至300米，展览内容扩展为整个胶东革命史，分为“胶东半岛撒火种”“天福山上举义旗”“抗战胜利奠根基”“天福铁军展雄风”“人民群众是靠山”五大板块，展陈形式上增加了声电光、雕塑、场景还原、互动区域等现代科技手段，生动再现天福山起义及其前后的重要历史事件。

【马石山烈士陵园获“全国爱国主义教育示范基地”称号】 （详见《区市概况·乳山市 第312页》）

【中国威海·韩国华城文化交流座谈会】 12月24日，中国威海·韩国华城文化交流座谈会在市博物馆学术报告厅举行。韩国华城市副市长李花顺、威海市人民对外友好协会副会长孙成功及文化广电新闻出版局有关负责人出席座谈会。中方介绍威海海上丝绸之路及与韩国相关文化遗存情况，韩方表示华城计划成立唐朝兴盛时期历史学术研究会并打造旅游景点，希望威海能够配合找到这一时期的历史痕迹和与韩方相关的研究点，共享历史资料，共同追寻历史足迹。

（张云涛）

图 书

【概况】 2015年，全市公共图书馆加大“文化惠民”力度，增加免费服务项目，开展2015威海全民阅读活动，读者流通人次、图书借阅册次持续增长。开通短信平台，读者可通过短信办理图书续借、预约等业务，营造全民阅读的良好氛围。市图书馆被中国图书馆学会授予2014年全民阅读优秀组织奖。11月，市图书馆通过ISO 9000国际标准化体系认证。组织选手参加2015全省第十届读书朗诵大赛，1人获大赛一等奖，3人获三等奖，市图书馆获优秀组织奖。在中国图书馆学会第

11 月 17 日—18 日，全国“边疆万里数字文化长廊”2015 年建设经验交流会在威海市召开　　市文化广电新闻出版局提供

五届百县馆长论坛上，文登区图书馆提交的《文登区建设尼山书院促进图书馆发展》案例获二等奖并作交流发言；乳山市图书馆创新服务管理模式案例《推行图书馆集群网络服务体系实现图书资源城乡服务均等》获三等奖。年内，文登区图书馆被评为第六届全国服务农民、服务基层文化建设先进集体，被授予“2014 年度山东省古籍保护工作先进单位”称号。至年底，威海市图书馆全年书刊文献外借 40 万册次，总流通 80 万人次，馆藏总量 68 万册（件）；文登区图书馆全年书刊文献外借 33.7 万册次，总流通 26.5 万人次，馆藏总量 77.1 万册（件）；荣成市图书馆全年书刊文献外借 30.5 万册次，总流通 26.2 万人次，馆藏总量 35 万册（件）；乳山市图书馆全年书刊文献外借 17.2 万册次，总流通 18.5 万人次，馆藏总量 23.8 万册（件）。

【“边疆万里数字文化长廊”建设】 2013 年 9 月 26 日，全省“边疆万里数字文化长廊”启动仪式在威海市刘公岛举行，威海市被选为试点城市。2015 年，市图书馆发挥全市图书馆联盟作用，持续推动威海“千里海疆数字文化长廊”建设，在边防派出所、海陆空军营、边防检查站、镇（街道）、村庄（社区）、港口、海岛等，实行统一建设标准、统一服务规范。针对海警支队、大型渔业捕捞公司和客运船只的特点实行流动服务。在保证纸质图书的同时，加强电子资源的配送，送去移动硬盘、数字 E 播宝、“读书郎”等适合网络盲区使用的海量数字资源，包括 5000 小时以上的视频资源和 2 万小时以上的音频资源。11 月 17 日—18 日，全国“边疆万里数字文化长廊”2015 年建设经验交流会在威海市召开。文化部公共文化司副司长陈彬斌、文化部全国公共文化发展中心主任李宏、公安部边防管理局政治部宣传文化处副处长卢敏、省文化厅副厅长李国琳、副市长张波和边疆 19 省文化厅、海疆 11 省边防总队相关负责人参加会议。

【全民阅读活动】 5 月—10 月，开展 2015 威海市全民阅读活动。活动由市委宣传部、市文化广电新闻出版局主办，市图书馆承办。设全市读书朗诵大赛、传统文化专题讲座、《君子之道》全民阅读比赛、全民阅读行走计划、欢乐童年阅读工程、书香润农家基层阅读工程、“阅读阅美”系列读书知识竞赛、“书香满校园”读书教育活动、“我爱威海”读书征文大赛、“书香家庭”评选十大主题活动，推出 210 余项系列活动，推荐书目 300 余册。12 月，市委宣传部对在全民阅读活动中的优秀组织单位、优秀创新项目、优秀阅读推广人等进行表彰。

【百姓课堂】 3 月—11 月，市图书馆继续举办百姓课堂活动，邀请冷成金、杨昌炽等国内知名学者紧跟时代热点，重点加强国学、亲子教育等热点领域授课。百姓课堂每个月举办 2 场，暑假期间每月举办 3 场，全年举办讲座 24 场，为学校送讲座 3 场，有 5000 名市民参与活动。

【流动图书馆】 年内，市图书馆新增流动图书车 1 辆，于 7 月 1 日开始运行，主要为边防派出所服务。至年底，全市有 7 辆流动图书馆在全市设有 19 个流动服务点，分布在市区商业中心、大中型企业、偏远社区以及政府办公区、边防派出所等，满足市民读书需求。

【尼山书院】 2015 年，尼山书院加大对传统文化的弘扬传承力度，开设古

市图书馆尼山书院开展经典诵读活动　　市文化广电新闻出版局提供

琴、古筝、经典诵读、书法、剪纸、烘焙、茶艺等公益性免费培训班，市民可根据爱好自由报名。全年举办古琴课40期、成人软笔书法课50余期，开展国学读书沙龙20期，参与人数4000余人次。尼山书院加强同民间阅读机构及培训机构合作，搭建公众平台，向社会公开聘请公益志愿老师，公益培训班老师均来自社会力量。6月20日，在威高民俗文化邨举办“我们的节日·端午诗会”，以祭屈原、庆端午、弘扬传统文化为主题，用声音传播经典，欢度中华传统节日端午节。6月21日晚，由市图书馆、尼山书院、威海大剧院等单位联合承办的“天音·瑜杉之夜”古琴音乐会在威海保利大剧院举行。

（史春秋）

文化产业

【概况】 2015年，市政府印发《威海市关于加快发展文化产业的实施意见》，明确全市文化产业的发展目标、重点和方向，细化奖励措施和支持政策。聘请清华大学文化产业研究院制定《威海市文化创意产业发展规划（2015—2020）》，明确全市文化产业的产业空间布局、产业链建设、重点工程项目以及政策保障体系。开展居民文化消费调查，全面了解居民的文化消费状况、文化消费需求和意向、文化消费热点及对文化产业发展的意见和建议。山东华夏集团被命名为第六批国家文化产业示范基地，文登芸祥绣品有限公司被评选为2015年度国家特色文化产业项目，并参与申报财政部2015年度文化产业发展专项资金。推荐光远影视动画有限公司申报2015年弘扬社会主义核心价值观动漫扶持计划。帮助福如东海展览馆、大爱坊民俗艺术馆等单位申请贷款贴息141.05万元。组织企业申报山东省第三批文化产业示范园区、第五批文化产业示范基地。

（陈 琳）

【加快发展文化产业】 优化发展环境 制定《威海市深化文化体制机制改革实施方案（2014—2020）》，全面完成22项重点改革任务。深化威海报业集团内部改革，提升报业发展活力。编制《威海市文化创意产业发展规划（2015—2020）》，确定44个重点发展项目，对规划进行解读培训。制定《关于加快发展文化产业的实施意见》《关于打造油画艺术原创基地的实施意见》《文化产业发展专项资金管理办法》等系列政策措施，创办威海市文化创意产业综合信息服务平台，为文化产业发展提供良好政策支持。威海市及荣成、乳山市通过山东省文化强省建设先进市、县复查，文登区入选第二届山东省文化强省建设先进县。

培育市场主体 综合采用扶持重点文化企业、鼓励发展小微文化企业、引导传统产业发展文化产业等途径，不断扩大文化市场主体规模，文化产业法人单位覆盖文化产业120多个行业分类中的95个行业，覆盖率达到79.2%，华夏文化旅游集团、芸祥绣品2家企业进入全省“文化企业30强”行列。筛选确定27个文化产业重点项目，实行“一项一人一策”跟踪服务、季度报告等制度措施予以调度推进，实际完成投资32.27亿元。实施文化产业发展“金种子”计划，推动建成漫游世纪e谷孵化器等文化创意产业基地，为小微文化企业和文化创业搭建发展平台。协调组建威海天和国际艺术品交易公司、天和拍卖行等项目。组织20多家文化企业参加“筑巢新三板”挂牌实战培训，引导其积极对接资本市场。

发展油画艺术产业 以打造油画艺术原创基地为目标，引导社会资本重点投资建设半岛艺术空间、知新书画艺术城等8个书画产业项目，成立威海画廊协会、威海油画产业联盟、威海海洋油画研究院、中国（威海）海洋绘画研究中心，举办中国美协油画艺委会威海写生创作活动等重要创作交流展览活动30多场次，吸引国内知名画家到威海写生创作、建立创作室。推动威高民俗邨文化等一批艺术商区相继建成并投入使用，威海书画美术展示交易平台规模不断扩大。

开展对外文化交流合作 全面深化对韩文化交流合作，在韩国举办文化产业项目推介会，与韩国大邱、仁川、群山等地开展互动文化交流，中韩合拍电影《我的新野蛮女友》。组织文化企业通过积极参加深圳、北京文博会，加强对外交流合作和项目对接洽谈，有14个项目实现签约。

（林一龙）

【对韩文化产业合作】 争取政策下放，允许韩资企业在威海自贸区内从事游戏游艺设备的生产和销售。组织动漫企业代表到韩国富川、首尔衿川区考察，参加第18届富川国际漫画节开幕活动、全球漫画城市研讨会。光远动漫影视公司与韩国两家公司签署合作意向，并合作成立威海市第一家中韩合资动漫企业。举办中韩影视（荣成）峰会，探讨中韩电影、电视领域的营销模式和流通经验，寻求新的合作方式。在韩国仁川威海馆举行文化产业项目推介会，中韩国际珠宝城、威高民俗文化邨等文化企业代表和韩国仁川80余家企业代表参加会议。

【影视制作】 金螺文化传媒等3家公司申办广播电视节目制作经营许可证，全市广播电视制作经营机构达到10家。制作《中小学生生命安全教育》《盗贼克星》《旧貌换新颜》《大森林》《威海之窗》等公益广告、宣传片、专题片和动画片55部。金马影视摄制的电影《海岛之恋》在全国院线公映并被腾讯、优酷、乐视和爱奇艺等网络收购播出，收益1200万元。2015年，全市有影城17家、银幕89块，全年实现电影票房总收入6970.14万元，比上年增长59.5%。

【文化金融融合发展】 引导文化企业与金融机构开展银企合作，示范性签约文化产业项目2个，总金额3.5亿元。利用资本市场融资，推介文化产业融资项目3个，到位资金6700余万元。推动符合条件的优质文化企业利用资本市场直接融资，幸福门旅游文化经营管理有限公司在上海股权托管交易中心挂牌，大乳山集团、光远影视动画有限公司启动新三板挂牌程序。

（陈 琳）

【电影发行与放映】 农村公益电影放映 2015年，威海农村公益电影放映工作自4月开始，11月结束。发行科教片1.01万部、故事片3.26万部，放映3.21万场次，超额完成放映任务，观众近1000万人次。年内，农村公益电影放映工作得到业务上级肯定并在全省推广。威海农村数字电影院线公司研制为农村公益放映队配套的便携式幕架，因其携带方便、支放灵活、一人可以轻松操作、抗风力强等特点受到关注和推广。威海数字电影院线公司在全省首家为辖区内所有的放映队配置观影座椅。

优秀影片进校园活动 3月—12月，开展2015年度优秀影片进校园活动，放映适合中小学生观看的故事片12部，放映608场次，观众20万人次。

（孙 颖）

【图书发行】 2015年，市新华书店图书销售总额1.06亿元。其中，教材教辅销售总额7906万元，一般书和音像制品销售总额2723万元。加大重点电子产品营销力度，走出店堂，到机关、企事业单位、学校进行图书上门直销，对重点单位送货上门。抓好重点书和文教类图书的发行工作。年内，征订公报2955册、建议2695册、文件汇编6788册、辅导读本9805册，合计码洋40万元。电子文具馆面向全市中小学生、学者销售学习用具和办公用品，全年销售总额80万元，成为图书发行新的经济增长点。12月19日，举办百新文具馆店庆大展销活动，全场6.8折，通过微信、手机短信和电话通知等方式做好宣传推广工作，当天销售额3.8万元，占门店图书销售比例138%，位列全省第一。

（刘雪峰）

出版管理

【概况】 2015年，市文化市场综合执法部门履行监管职能，完成规范性文件《威海市实施文化市场管理相对集中行政处罚权规定》的修订，组织开展网吧、娱乐、演出、出版物、卫星电视等9类文化市场专项整治行动，出动执法人员2.27万人次，检查各类经营单位1.24万家次，立案调查、办结各类案件29件，取缔违法违规经营单位2家，吊销网络文化经营许可证1家，责令停业整顿1家，警告127家次，解决软件侵权纠纷13起，查处和取缔私设电台6处，收缴各类非法出版物11万余件。印发《关于开展打击网络侵权盗版“剑网2015”专项行动的通知》，开展“剑网2015”专项行动，检查当地网站13家，责令2家问题网站进行整改。在4月18日举行的全市创建全国文明城市总结表彰大会上，市文化市场综合执法局获威海市创城工作突出贡献单位奖。

【实施网吧转型升级工程】 加强理念引导。召开全市文化市场安全生产暨暑期市场集中整治工作会议，对网吧转型升级工程进行专题部署。通过会议宣传引导、会下交流沟通、协会组织取经、典型引领带动等形式，在行业内倡导助推网吧转型升级工程。强化诚信机制建设。畅通举报途径，建立举报、监管动态管理机制，实行一家一档信用档案与管理台账。全面推广建立网吧分级管理制度，对有群众举报、违法查处记录网吧，列入监管的“黑名单”，定期约谈，强化监管。年内，给予1家网吧吊销许可证、14家网吧罚款并处停业整顿、80余家网吧警告处罚。典型引领带动。文登区的微米网络会所、E度网咖，市直的莎颖网络会所、遇见网咖等成为网吧转型升级工程的排头兵。全市网吧实有510家，比上年减少110家。全市完成转型升级网吧101家，威海网吧行业整体形象得到提升。8月25日，副市长张波调研网吧转型升级工作，对全市各级文化综合执法机构发挥政策引领作用、力促网吧提档升级工作给予充分肯定。

【侵权盗版及非法出版物集中销毁活动】 4月20日，2015年侵权盗版及非法出版物集中销毁活动举行，销毁各类非法出版物5.77万件。其中，非法书刊3.69万册；非法音像制品、电子出版物、计算机软件2.08万盘。销毁赌博游戏机13台，卫星电视地面接收设施150套。

【信息网络非法传播视听节目清理整治】 对省新闻出版广电局通报的威海209家违规从事视听节目服务的网站进行梳理和排查。对擅自开办视听节目的网站，依法限期整改。建立健全当地视听节目网站监测数据库，对128家违规网站逐一登记，并将视听节目网站的监管纳入常态化管理。在对市区户外大屏幕摸底排查中，对1家户外大屏幕违规链接中央体育和新闻频道播放视听节目，责令其删除链接。对全市公共交通工具广告发布平台进行检查。对市区、市郊及长途客运汽车存在采用人工更换硬盘（CF卡、DVD）方式，利用广告发布平台，播放影视剧及其他类视听节目的情况，下达限期整改通知书，责令整改。

【卫星电视传播秩序整治行动】 对卫星地面接收设施用户较多的社区，采取张贴通告、发放宣传单等方式，教育引导使用业户限期自行拆除，对拒不拆除者，依法强制拆除。探索推进“无小耳朵”社区创建活动。根据“无小耳朵”社区建设的标准和要求，在掌握全市每个小区卫星地面接收设施的安装使用情况的基础上，由各区市筛选2个小区作为“无小耳朵”社区创建重点，制定工作措施，实行重点突破，抓点带面，通过聚集效应和宣传发动，带动周边小区及时整改。与市广电网络公司协调沟通，给予“无小耳朵”创建社区部分优惠政策，鼓励社区居民拆除非法卫星地面接收设施。至年底，全市有12个社区达到创建标准。对辖区36家三星级以上酒店安装使用卫星地面接收设施情况进行登记造册，建立管理台账，定期抽查，实行常态化管理。

【“扫黄打非”工作】 按照《威海市“扫黄打非”工作领导小组2015年全市“扫黄打非”行动方案》要求，制定和组织开展“清源2015”“净网2015”“秋风2015”“固边2015”“护苗2015”5个贯穿全年的专项行动，协调小组成员

4 月 20 日，市文化市场综合执法局销毁非法出版物　市文化市场综合执法局提供

单位严厉打击各类违禁出版物，保证不印制、发行和传播中央明令查禁的违禁出版物及信息；打击网络淫秽色情等文化垃圾，为人民群众特别是青少年营造文明健康的网络文化环境；维护新闻出版及其市场良好秩序；打击非法宗教出版物、宣传品及有害信息；打击有害和非法少儿出版物及信息。全市检查各类经营单位 1.24 万家次，删除网络不健康影像、图片、文章等信息 46 条，收缴非法出版物 1.02 万盘册，取缔非法经营出版物游商地摊 19 处，联合查处和取缔私设电台 6 处。

【文化市场安全检查】 按照“管行业必须管安全”的要求，结合日常监管，深入排查治理文化市场安全生产隐患，查处、消除文化市场安全隐患，确保全市文化市场经营单位证照齐全、消防达标、卫生合格、管理到位、安全运转。起草《娱乐场所（互联网上网服务营业场所）安全生产责任书》，结合暑期文化市场专项整治工作部署，召开安全生产会议并统一签订。组织全市文化市场安全生产交叉执法检查，实地抽查各区市文化经营单位安全生产及暑期市场整治工作成效。加强影院人员密集场所安全检查。组织全市电影院负责人消防安全及法律法规培训，与全市 7 家影院的法定代表人签订《威海市电影院消防安全责任书》，每季度对辖区影院进行安全检查。安排印刷企业和出版物经营单位落实安全生产工作，指导经营单位备足消防器材、制定应急预案、掌握消防技能、熟悉急情处置。年内，检查印刷企业 116 家，对 18 家网吧和 1 家影院下达安全生产整改通知书。

【演出市场监管】 围绕重大节日演出节点，加强对演出市场的日常巡查。落实南海新区福地传奇水上乐园“六一”开业文艺演出的监管职责，委托文登区文化市场综合执法局实地监管。强化对九龙城购物广场大型马戏表演活动的事前、事中管理，并于 5 月 30 日首场演出进行实地现场监管。6 月 15 日，实地取证，紧急取缔威高广场涉及恐怖题材的演出活动。

【出版物市场检查】 定期对汽车站、火车站、客运码头和集贸市场出版物经营情况开展检查，重点打击游商、地摊等非法从事出版物经营活动，检查出版物经营单位进货渠道，规范出版物经营秩序，收缴非法出版物 278 册，盗版音像制品 1500 余盘。“六一”儿童节期间，文化市场综合执法局开展校园周边出版物市场专项检查行动，执法人员在小商品批发市场取缔 3 家非法出版物批发窝点，没收擅自经营的出版物 2400 余册，依据群众举报，联合辖区公安派出所，对 3 处城郊大集非法经营音像制品的 6 个摊点进行取缔，没收非法音像制品 4200 余盘。加强出版物发行前审读工作，各出版物经营单位对玄幻小说、成人漫画等出版物在发行前必须送市文化市场综合执法局进行审读把关，遏制含有恐怖、残酷等不健康内容的出版物在威海市发行。

【印刷企业监管】 督导企业建立健全印刷品承印五项制度，重点对具有印刷出版物能力的印刷企业进行检查，检查印刷企业 286 家次。对 10 家印刷企业的轻微违规行为，责令限期整改，并采取“回头看”的方式，进行督导验收。对 1 家公司擅自从事出版物印刷经营活动进行行政处罚。

【流动演出市场监管】 与市文化广电新闻出版局演出登记备案信息、市公安局指挥中心的“出租车、环卫工人、数字化城管、交巡警、住宿登记”5 种协查信息发布渠道及时交流互通，建立外来民间流动演出专项工作协作、协查机制，以城乡接合部、农村集镇为重点，加强对外来民间流动演出团体的监管，严厉打击违法违规演出活动。年内，查处外地团体流动演出 3 起，杜绝无证演出和淫秽色情表演等现象发生。

【打击非法广播电台】 根据群众举报，市文化市场综合执法局联合市无线电管理处、公安局共同打击非法广播电台。行动中，依托无线电管理处的装备优势，确定非法广播电台位置；依托公安部门行政强制优势，查找行政相对人并对出租屋进行检查。全年开展联合行动 7 次，取缔私设广播电台 7 处。

（玄华青）

【新闻出版行业管理】 2015 年，市文化广电新闻出版局细化新闻出版审批服务流程，采取一站式服务的方式，完成 331 家印刷企业、3 家驻威记者站、4 份全国统一刊号报纸、16 份省级连续性内部资料出版物的年度核验工作。

【版权保护与利用】 在全市范围内开展“创造 继承 尊重——2015 威海版权保护月”系列主题活动。贯彻落实《威海市党政机关使用正版软件管理办法》，印发《关于对党政机关开展软件正版化工作情况进行检查的通知》，对有关单位进行检查和通报。电子科大（威海）数字出版有限公司获得“全国版权示范单位”称号，3家企业被评为山东省版权示范单位，评选出全市首批9家版权工作服务站。举办“中韩自贸区背景下的版权保护与创新”专题讲座，邀请国家版权局版权管理司司长于慈珂系统阐述如何进行版权保护、管理、运用及避免国际版权争端。开展作品集中登记月活动，作品登记量突破1000份。

（付城荣）

报刊·网络

【概况】 2015年，报业集团以转型发展为目标，以“改革、创新、转型”为主线，推动事业产业持续平稳发展。

推进媒体融合转型 按照全业态布局、全功能建设的总体思路，加快全媒体集群建设，在媒体融合转型上取得实效。加强平面媒体建设。《威海日报》以权威、深度为特色进行改版，重点打造《一线报道》《新视界》等品牌栏目，提升影响力；《威海晚报》以服务民生为特色进行改版，重点打造《民生会客厅》《第一视角》《爱尚周末》等新闻和副刊栏目，提升阅读性。加强微媒群建设。立足微信平台，加快微媒体集群建设步伐，新媒体快速提升影响力，逐步形成主流品牌。加强全媒体机制建设。整合全媒体资源，成立全媒体新闻中心，建立全媒体运行指挥协调机构，形成协同运行、融合发展的全媒体机制，为媒体融合转型提供制度保障。

推进体制机制转型 以依法规范运营为目标，健全架构、理顺体制、完善机制，全面深化体制机制改革。推进公司体制改革。按照市委、市政府的改革部署，以打造合格的市场主体为目标，整合子公司改制，组建威海报业集团有限公司。转换子公司经营机制。在集团公司层面，全面下放权力、下沉责任，转换经营管理机制，建立管控服务体系。在子公司层面，加强内部制度建设，打造自主经营、自负盈亏、自我发展、自我约束的独立市场主体。实施子公司改制。按照市委批准的改革总体方案，5月，启动子公司改制工作，国际会展公司完成改制工作。

推进产业经营转型 按照主业做精、跨业做强的思路，推进产业转型升级。集团公司以打造重点产业项目为核心，推动结构升级，构建产业发展的新格局。蓝色海洋和聚韩电商项目在优化团队结构、提升内部管理的基础上，确定了转型方向和目标。产业公司以培植主营业务和主导产品为核心，全力推动业务转型，构建经营发展的新格局。各产业公司按照转型发展的要求，结合各自实际，大力培植主营业务和主导产品，形成以主营业务为增长主体的发展格局。

【《威海日报》】 《威海日报》是威海市委机关报，由威海报业集团主办。2015年，《威海日报》设新闻和专刊2个板块，每周出版6期，周一至周五12个版，周六8个版。新闻板块常设版面有《要闻》《要闻综合》《一线报道》《图说威海》《城市新闻／区域报道》《锐评》《中国新闻》《世界新闻》《文体新闻》等。专刊板块每周轮流出版《智道》《休闲》《人居》《尚品》《车世界》《海岬》6个周刊，每个周刊4个版。

重点报道和活动策划 “作风建设在路上”宣传活动。以全市总结表彰大会为契机，推出系列评论，刊发《作风建设永远在路上》《奋力争当全省“走在前列”的排头兵》《强化执行力 全面抓落实》3篇评论员文章；推出“作风建设看实效”系列探访活动，刊发《竞相“跳起来摘桃子”》《“威海探索”要顶天立地》《干不出成绩 再忙也是瞎忙》《实打实营造“春天般的气候”》《政治生态必须风清气正》5期系列报道，累计15个版；深入挖掘报道作风建设的典型，推出亮点报道，刊发《主动拼得好开局》《要的就是这股精气神》《一本台账晒出干部新作风》等12篇报道。开设《作风建设看标兵专栏》，采访作风建设标兵10位。全域城市化新突破宣传活动。围绕东部滨海新城、文登区同城化建设，南海新区、乳山市产业结构调整等主题，推出4个“三年突破”系列报道，刊发专版16个，稿件50余篇；以东部滨海新城、双岛湾科技城、南海新区、好运角旅游度假区、里口山城市山地公园、乳山滨海新区的基础设施建设亮点和城市化进程为重点，推出“全域城市化看融合”系列报道，刊发专版30个；开展“小城镇新作为”专题报道，开设《镇街有约》专版，刊发相关报道近20个。创新驱动新常态宣传活动。在全市产业发展大会的时间节点，组织深度分析报道，推出《产业强市新突破》专栏，刊发相关报道30余篇；围绕创新榜样企业，开设《创新（业）好故事》专题，聚焦企业创新典型，对国有企业创新突破的经验进行深度报道，推出12个版，报道30余篇；发起“创业帮”活动，开设《威海创客》专栏，开展众筹活动助力创业，推出相关报道20余篇；创建“威海创客”微信公众号，为创业者提供平台。“中韩自贸行”宣传活动。开设《中韩自贸行》专栏和专版，刊发“思想的边界决定自贸区的边界”等报道，推出专版40个，报道100余篇；借威海举办中韩FTA高层论坛和电商大会等时机，推出权威访谈，对韩国及国内10余名FTA领域的高层次专家进行采访，推出报道10余篇；推出采风活动，组织采访团赴韩国和国内上海、珠海、深圳、横琴、平潭等地采访，刊发专版20个、报道30余篇。“食安威海”宣传活动。开展新闻调查，全国创建国家食品安全城市和农产品质量安全城市现场会在威海市召开之际，策划推出深度报道3篇，全面展示双创工作亮点；实施纪行体验，对被列入全国双创现场会观摩点的家家悦配送中心、荣成华峰果业、临港区打铁豆腐坊等16个食品安全典型基地、企业进行探访，推出相关报道5个专版；组织食品安全知识进社区活动3次，10余家企业参与活动，推出相关报道20余篇。“君子之风”宣传活动。开设《君子之风 凡人故事》专栏，对发生在百姓身边的感人故事进行报道，同时开展“慈孝人物评选”活动，推出专题报道50余期、200余篇；实施文明威海巡礼报道，策划制作文明城市创建特刊《文明印记》，32个版，稿件100余篇；组织美德先进人物展示，对全国、全省及威海道德模范进行重点报道，推出相关报道20余篇；开展本土传统文化宣传，推出《乡村记忆工程》

专栏，对海草房、老洋房、民间糖瓜等老手艺、老典故、老习俗进行展示，推出专版稿件20余篇。启动“六大战役性”宣传活动，编发稿件900余篇，开设专栏、专题专版250余个，实现宣传方式和报道形式全面创新突破。

特色版面和品牌栏目　以权威、深度为特色进行改版，重点打造《中韩自贸行》《图说威海》《威海观察》3个品牌栏目。《中韩自贸行》对中韩自贸相关政策、威海机遇、各方行动等及时跟进，主动策划，全面报道，成为了解中韩自贸最权威的媒体平台，推出60余个专版。《图说威海》每周一期，以“威海人的一天”为主题，将镜头聚焦“幸福威海”的普通建设者，用图片展示建设者的业绩，被新华网、大众网等关注转发。《威海观察》紧扣政经热点，突出深度报道，推出重点报道50余篇。同时，还开设《大兴学习之风　推动创新突破　深入学习市委十四届六次全会精神》《创新突破　建设现代化幸福威海》《学习贯彻十八届五中全会精神》《回眸“十二五”　争当全省走在前列排头兵》《提前全面建成小康社会　实现现代化幸福威海新跨越》等专版专栏。

媒体融合和全媒体宣传　打造以《威海日报》官方微信公众号、中韩自贸行微信公众号为重点的微媒体集群。其中，《威海日报》微信公众号每天推出一期，每期6～8条内容，粉丝3万人，日均阅读量2万余人次；中韩自贸行微信公众号，重点服务于中韩自贸区地方经济合作区建设，每周推出3期，每期3～5条，粉丝3000余人，日均阅读量1万余人次。

（车　亭）

【《威海晚报》】　《威海晚报》由威海报业集团主办，是威海市唯一的综合性都市生活类平面媒体，4开版，每周7期。2015年，《威海晚报》以时效性、原创性、贴近性和服务性赢得读者喜爱，城市人均占有率居全国晚报前列。品牌栏目《第一视角》，解读与市民利益密切相关的热点问题，关注给公众带来启示和思考的突发新闻事件，推广身边具有典型社会意义的凡人善举。先后推出《“裸捐”保安马勇》《“仗义哥”宁青》《威海首例公开“变性者”的情感历程》《顾客一件价值6000元的大衣丢失后……》等100余篇报道，在全国范围内产生反响。通过《威海晚报》微博、微信的推广，“裸捐保安”马勇、“仗义哥”宁青等新闻人物被《人民日报》和央视新闻等数百家官方微博关注转发。马勇获山东省“五四青年奖章”和第五届道德模范候选人等荣誉。《民生会客厅》栏目，创新互动形式，广开互动渠道，推出的“消费者维权”等民生互动报道，取得较高的社会关注度。在中高考前夕推出的“‘非常6+1’中高考直通车”专题，设置“晒高考标语”“你给考生送祝福，我们给你派红包”和“高考+U，我在大学等你”3个互动活动，阅读量超过100万人次，讨论数1514条。《新视界》栏目，做强视觉新闻，用镜头讲述身边故事，用图片擦亮报纸眼睛。先后推出《10岁“坚强弟”带奶奶千里求医》《7岁娃的“二次”人生》《87岁老兵千里报恩》等专题报道，通过新华网、人民网、腾讯网、新浪网等数百家网站和《人民日报》、央视新闻等上百家媒体官方微博传遍全国。《10岁“坚强弟”带奶奶千里求医》的故事先后登上央视《新闻周刊》《朝闻天下》和《道德观察》三大品牌栏目。“坚强弟”上官熙沐被评为中央电视台“最美孝心少年”。《生活帮》栏目，传递实用生活信息，提升晚报的贴近性和服务性。该栏目每天以4～5个版的规模推出，受到读者和商家的好评，其中《生活帮》易客联盟QQ群数次“扩容”，群成员超过2000人。

重点报道　关于市委、市政府重要决策新闻宣传和舆论引导工作。围绕市委十四届六次全体会议，重点做好相关典型报道、深度报道，设计制作“思想大解放　发展大突破　深入学习贯彻市委十四届六次全会精神”和“大兴学习之风　推动创新突破　深入学习贯彻市委十四届六次全会精神”的报眉、栏牌；通过《头条》《读威海》《今日播报》《权威发布》等重点板块和栏目，以消息、解读、互动报道等形式，推出系列报道。关于威海市创建全国文明城市工作。7月，策划发起“晚报文明劝导团”公益行动，坚持每周组织不同年龄、不同阶层的人员到街头引导市民参与“礼让斑马线”“不乱扔垃圾”“排队上下车”等行动，在2015年全省“最美志愿服务先进典型”评选中，晚报文明劝导行动获“全省最佳志愿服务项目”称号，受到省文明办的通报表彰。

品牌策划　组织庆祝《威海晚报》创刊20周年系列活动。6月，启动“品牌的力量·晚报创刊20周年系列品牌主题宣传活动”，吸引500余家企业参与，在“百万感恩　品牌盛点”媒企联动答谢活动中，每周由一家企业冠名，推出一款手机游戏，采取“玩手机游戏，赢百万大奖”的形式，开启线上互动、线下回馈的全媒体活动。10月，在国际展览中心广场启动“威海晚报城市嘉年华”活动，现场设置三大互动区，展示威海报业集团的整体实力和未来所能提供的全方位服务，5万余名市民到现场参与。

融媒体发展　打造新媒体，延展纸媒影响力。3月9日，《威海晚报》微信公众号正式上线。至年底，粉丝达到5万余人，多条微信阅读量达10万人次，单条最高阅读量超过20万人次。9月，《威海晚报》微信公众号跨入腾讯“流量主”行列。3月9日，《威海晚报》官方微博改版，每天推送新闻、天气、娱乐和服务等信息20余条。至年底，粉丝由3万人增至10万人，微博单条最高阅读量超过50万人次。晚报官方微博跨入威海地区网友的首选互动平台行列。“晚报+”模式基本成型，纸媒掌媒实现互融互动。以《威海晚报》为核心产品、以官方微信为助力神器、以官方微博为互动平台，经过10个月的转型、磨合，初步形成“威海晚报+”模式。一些有价值的新闻，在纸媒、微信、微博一体化的联动下，达到良好的传播效果。其中，新设立的新闻版面《嗨，威海晚报》是晚报依托微信和微博搭建的融媒体互动平台。在具体操作过程中，该平台综合晚报新闻热线、官方微博、微信公众号反馈的新闻线索和求助信息，依托全市各有关部门，发挥“晚报哥”“晚报姐”的协调与服务作用，为读者、粉丝和网友提供服务，帮助解决实际问题，对500余条市民和网友的求助信息进行公开答复，赢得市民的关注和信任。

（朱凯辉　颜潇）

【《威海广播电视报》】 2015年，市广播电视台根据整体纸媒形势和市场需求，《威海广播电视报》在做好每周三刊，每周一、三、五出版发行的《最天下》《最威海》《最传播》的同时，按照市委、市政府的要求，抽调采编力量，于11月20日起，发行艺术类刊物——《艺海》，全铜版纸印刷，16版。内容涵盖名家访谈、名作赏析、展览报道、活动预告、基地介绍、艺术教育、收藏品鉴等，范围涵盖油画、国画、书法、摄影等艺术领域。《艺海》发行以来，立足威海，面向世界，以最新的版面、最佳的设计，搭建威海文艺发展的时代舞台。《最威海》网站建设完成，实现报网融合，互相促进。电子报通过资源互换的形式，投放到“爱威海”“威海信息港”和“威海传媒网”网站，方便网民通过网络阅读报纸。《威海广播电视报》“最威海”微信公众平台通过内容和活动继续吸纳粉丝关注度，成为报纸和活动的重要宣传窗口。年内，举办品牌相亲会、“最威海好声音”、爱在纹石宝滩等活动。

（邹颖瑜）

【“中国·威海”政府网】 2015年，“中国·威海”政府网围绕信息公开、办事服务和公众参与三大板块，整合信息资源，规范栏目设置，完善服务功能，打造便民利民的服务型政府网。至年底，网站日平均访问量1.8万人次，总访问量2373万人次。在中国软件测评中心组织的2015年度中国政府网站绩效评估中，排名全国地级市政府网站第17名、全省第2名。做好政府信息公开。全市各部门单位主动公开信息3.63万条，发布政府公报12期。优化调整《重点领域信息公开》《行政权力公开》和《规范性文件》等10余个大栏目。为全市140个部门、单位提供信息公开技术服务和技术咨询工作。其中，栏目维护240余次，节点维护近300次，技术咨询60余次，迁移数据300余条。强化网上办事。政府网站整合办事事项1018条，表格下载387项，设有《百件实事网上办》栏目和就业、工商税务、创办企业、职业资格、投资招商、婚育收养、住房保障等专题信息和政策查询。同时，按用户对象、应用主题、服务专题分析用户需求，为用户提供全面的服务。强化政民互动。设有《市长信箱》《市长公开电话“12345”》《在线访谈》《意见征集》《网上调查》《威海发布》等栏目，公众参与途径多样，咨询投诉回复及时。2015年，制作发布《在线访谈》栏目12期、意见征集19次。年内，以“中国·威海”政府网站为主线，对全市政府网站进行普查整改，解决不及时、不准确、不回应、不实用等问题，永久关停网站24个，例外申请业务网站2个，处理网站错链3000余个，纠正错别字274个，归并更新空栏目49个，彻底消除政府网站“僵尸”“睡眠”等现象。

（李春燕）

【威海市民网】 威海市民网由神州数码和北洋集团共同出资建设，于2014年10月18日上线试运行。2015年，完成与56个市直部门、单位的对接开发，实现面向市民的服务整合，通过统一的服务入口，提供面向不同对象的流程化服务。提供证照、社保、住房、就业、婚育、行车等14个大类1596项服务。项目建设主要包括4项任务。搭建技术平台，包括12个基础平台（统一认证、服务评价、建议投诉、业务日志、系统消息、短信、邮件、订阅、文件、图片、支付、开放）、6个业务平台（资源聚集、服务治理、融合应用、渠道管理、运维管理、运营管理）和5个数据库（基础、管理、渠道、生产、城市影像）。服务建设渠道，包括7个物理服务渠道（PC、智能手机、平板电脑、自助终端、智能电视、服务热线、社区服务站）和3个网上虚拟服务频道（我的声音、我的空间、我的服务），共享利用社保、电信和街道、社区等已有自助服务终端资源。市民网开发完成接入婴幼儿乳品追溯系统的公众端（网站+APP）、威海市气象服务手机客户端、市民卡服务网（网站+APP）和智慧交通平台路况信息等公众服务。信息资源整合。开发若干系统数据接口，与相关部门系统实现互联互通、信息共享、协同运行。市场推广运营。建立服务体系，开展应用培训，组织市民开展应用，建立健全项目运行维护机制，持续拓展服务领域，开展商业运营。对于市政务服务中心及其他部门建立的系统资源，市民网将通过网络链接、数据接口、定制开发等手段进行对接和整合。对于新建服务项目，市民网项目中标企业将会同相关部门、单位共同研发和上线，逐步实现能上网的政务服务事项全上网。

（王慧博）

【威海网】 威海网由威海报业集团主办。2015年，威海网秉持“主流传媒威海门户”的办网理念，突出新闻发布、政务服务、城市形象推介、生活服务信息发布等功能，依托当地新闻资源，与国内重要知名网站媒体进行友好合作，发展成为威海地区最大的网上新闻发布中心、网上资讯服务中心和全市对外宣传工作的主要窗口。

内容建设　威海网专注于当地新闻宣传，设有《威海要闻》《威海社会》《威海时政》《全媒体报道》《本网原创》等栏目，以及房产、汽车、理财、旅游、美食等频道，下设威海人才网及东方视角网两个服务类二级网站，各频道访问量及影响力在威海地区均位居前列。威海网日均独立IP访问20万人次，日均浏览量60万人次。

策划报道　威海网在全市重点工作宣传方面，推出作风建设在路上、全域城市化新突破、创新驱动新常态、中韩自贸行、食安威海、美德人物六大新闻行动专题，服务威海经济社会发展。策划组织3场6期“爱文明家园 做文明市民”主题微公益活动，线上线下10余万人次参与，联合多个媒体平台全网推广，提升威海文明城市的形象。在创建全国文明城市、2015威海长距离铁人三项世界系列赛等重要事件中，威海网发挥网络媒体优势，将信息即时汇总并全面展示，扩大主流媒体影响力。

【“掌上威海”】 “掌上威海”是威海报业集团的官方微信公众平台。2015年，“掌上威海”以建设威海最接地气的微信公众平台为目标，通过全媒体策划和多媒体呈现，以微信互动传播吸引用户阅读，提供本地全方位的信息服务，打造及时、专业、有用的主流媒体公众号。至年底，“掌上威海”覆盖本地活跃用户20余万人。年内，“掌上威海”在创建全国文明城市、中韩自贸协定签署、青荣城铁威海站建设运行、铁人三项世界系列赛等方面进行全媒体互动报道。面对威海的城市发展，“掌上威海”致力于实时传递最新最权威的信息咨询，发挥移动端主流媒体的优势和作用，积极回应社会热点，与网友良性互动，形成权威而接地气的风格。结合市场对新媒体的需求，“掌上威海”与网络、微博等各媒体联动，组织互动评选、品牌推广、公益、亲子类各项活动40余场次，线上线下超过100万人次参与。其中，“威海最美闺蜜大赛”“威海四世同堂全家福”“评论有礼”等活动受到商家和用户的认可。

【“威海通”】 “威海通”是由威海新闻网有限公司设计开发的集新闻信息发布、共享、互动等多种功能于一体的手机新闻客户端，可供安卓和苹果手机用户使用。2015年，“威海通”整合《威海日报》《威海晚报》和威海网等各类媒体资源，发挥融媒体优势，通过全媒体平台动态发布消息，是威海本地新闻的首发平台。威海本地新闻事件、突发事件、重大策划报道等均由“威海通”首发，重大事件和重要通知可向手机用户即时推送。

【“威海播报”】 “威海播报”是威海报业集团的官方微博，即时发布威海当地官方新闻，同时聚焦网友关注的热点问题，为网友服务。2015年，发布微博9000余条，粉丝数超过25万人，日均浏览量近30万人次。由“威海播报”发起的“爱文明家园 做文明市民”话题，阅读量达400万人次，网友互动转评达30万人次。中韩自贸行、2015威海铁人三项世界系列赛等多个本地热门话题阅读量超过100万人次。“威海播报”发挥微博互动平台特色，开办《民生会客厅》访谈类栏目，全年进行30余期微博直播，为网友解决实际问题，阅读总量近800万人次，受到网友好评。

（王磊 韩剑 郑艳）

【威海信息港】 创建于1997年，是由中国联合网络通信有限公司威海市分公司投资建设，面向威海地区服务的综合性门户网站，设社区、资讯、房产、汽车、健康、美食、旅游、婚恋交友、便民查询、分类信息、网上购物等22个频道。2015年，威海信息港整合线上线下资源，举办“城建华庭助力冬奥千人约跑”“冬日暖阳理想山慈善募捐”“‘招商银行杯’全民健身健康骑行”“智慧盟主宝宝评选”等10场大型活动，组织30余场小型网友互动活动，受到网友的认可和好评。继续拓宽信息渠道，实现信息多元化、社会化，通过《草根谭》栏目发动网友参与威海当地新闻、新鲜事儿的报道分享，发布新闻贴1235篇。年内，对招聘、房产、分类信息频道进行改版升级和优化，开通信息港文登、荣成分站。开发人才、房产、供求、财经频道的手机版，丰富威海信息港微信公众号内容。

（刘霄飞）

广播电视

【概况】 2015年，市广播电视台持续聚焦“建设现代化幸福威海”主题，坚持“春风化雨、润物无声”的传播理念，着力改进宣传形式，强化市委、市政府中心工作的报道，工作亮点频现。正确把握处理好舆论导向与群众需求、正面宣传与舆论监督、社会效益与经济效益之间的关系，稳步推进节目栏目创新。继续开展“惠农、惠企、惠民”大型公益行动，提升市民的文明素质，受到省广电新闻出版总局的通报表扬，连续多年保持“省级文明单位”称号。

【阵地宣传】 围绕全域城市化、市域一体化，产业强市、工业带动及蓝色经济区发展，中韩自贸区威海先行先试示范区，文明市民培育工程等工作，广播电视各新闻栏目、广播电视报、传媒网站在舆论引导的最前沿，开设专栏、专题、专刊，报道新成绩、新经验和新亮点。电视节目《威海新闻》的中韩自贸区大型主题宣传活动，时间跨度超过1年，推出“中韩自贸 威海先行”系列报道50余篇，在中央电视台和山东台相继播发多篇反映威海探索、创新发展经验的报道，提升城市知名度。开设《精彩“十二五”》专栏，推出10篇重点策划报道，全面回顾威海经济社会发展的新成就，讲述威海故事。两台新闻、《直播威海》等节目相继推出《文明城市 · 凡人故事》《君子之风 · 美德威海》《文明建设长效机制系列访谈》《爱文明家园 做文明市民》《我是文明志愿者》《我们身边的楷模》等近20个专栏，播发400余篇报道，为文明市民培育工程提供舆论支撑。《直播威海》等栏目融合威海工作的重点和百姓群众关注的焦点，采取大宣传小切口的报道模式，更加重视把握好时、度、效，及时跟踪群众关注的教育、就业、住房、医疗、食品安全、社会保障和环境保护等问题，确保正面引导。

【对上宣传】 修订《对上发稿考核奖励办法》，对上对外发稿的数量和质量同步提高，一批反映威海改革发展新成就的优秀稿件在中央电视台、中央人民广播电台、山东卫视、山东人民广播电台等媒体播出，展示宣传威海市“蓝色休闲之都、世界宜居城市”的城市品牌，被省人民广播电台和电视台评为对上发稿集体一等奖。年内，在中央电视台发稿62条。其中，《新闻联播》发稿12条，头条1条。在山东电视台发稿1713条。其中，《山东新闻联播》发稿206条，头条12条。在中央人民广播电台《新闻与报纸摘要》发稿12条，其中头条1条。在山东广播电台上稿达1万分，在重点栏目《山东新闻》发稿突破100条。完成“蓝色威海、扬帆威海”宣传片、威海常备外宣片、全国文明城市汇报片、“铁人三项”专题片等制作任务。

【创新创优】 电视海洋频道深耕蓝色经济、人居生活、休闲旅游、特色运动等领域，呈现出专业频道的特色，配合威海蓝色经济战略的实施，得到省海洋与渔业厅的肯定。电视精彩威海频道，主动策划，在展现威海自然风光的同时，融入更多人文历史元素，受到威海市民和外地游客好评。《乡风海韵》节目更名为《希望的田野》，在节目形态内容上更加“接地气”，继续在农村赢得稳定收视群体，并逐渐受到城市受众的关注，实现经济效益和社会效益的兼顾统一。创业励志节目《创业秀场》以现场访谈的方式展示创业项目和创业者风采，宣传百姓身边的创业人物，为创业者提供自我展示平台，引起良好社会反响。广播中心围绕听众需求办节目，新闻综合频道新增《新闻早报》《资讯威海圈》《新闻直播室》3档新闻资讯节目，凸显频道特色；交通频道开设“公益‘益+1’道路救援公益行动”“礼让斑马线”“发现最美的你”等主题活动，受到听众欢迎。精品创作继续位于全省城市台第一梯队，《希望的田野》栏目获得全国艺术家协会组织的全国对农电视优秀作品奖三等奖。在省级评奖中，2件作品获一等奖，10件作品获二等奖，18件作品获三等奖，《威海新闻》获电视新闻十佳栏目。

【大型活动】 联合中央电视台举办“君子之风·慈善威海”活动，开设电视文化节目《中华经典》，传播君子文化，倡树君子之风，陶冶市民道德情操。举办“君子之风 好人365”“威海人的抗战故事”等大型公益宣传活动。继续开展“惠农、惠企、惠民”大型公益行动，在广播、电视、报纸、网络四大媒体上每天安排刊播60余个版本的公益广告，每天刊播近300次，累计近30万次。

【技术事业】 制定《威海市广播电视台电视节目安全播出管理规定》，明确细化节目生产部门、技术保障部门的职责任务，严格节目播出纪律，为确保电视节目安全优质播出提供制度保障。开发完成新的城域直播综合传输平台，将演播室搬到直播现场，实现“同城咫尺”功能，完成“铁人三项”直播任务。广播频率增强覆盖，威海临港经济技术开发区完成90.7兆赫的同频覆盖，在仙姑顶山上安装启用发射机，解决部分中心城区收听效果差的问题。

【打造城市会展品牌】 市广播电视台发挥平台优势，与社会各界合作，打造城市会展品牌。2015年，举办各类会展节庆活动33场。其中，举办威海广电媒体汽车展2场、汽车文化节1场。承办2015NBA发展联盟明星队和山东高速男篮对抗赛，让威海球迷一睹NBA球星风采，近距离感受职业篮球的魅力。年内，举办家居建材团购会8场、红木展6场、家装消费节1场、服装品牌开仓会6场、手机团购2场，在方便市民的同时，扩大广电媒体的社会影响力。

（邹颖瑜）

11月15日，威海市广播电视台联合中央电视台举办“君子之风·慈善威海”活动　　王晓光　摄

史志工作

【概况】 2015年，全市史志系统立足史志工作服务文化强市战略，加大国务院《全国地方志事业发展规划纲要(2015—2020年)》的贯彻落实力度，围绕市委、市政府的中心工作，推动志书、年鉴、地情资料库、地情网站、方志馆建设和史志资源开发利用工作全面发展。印发《关于开展史志成果“六进”活动的通知》，组织全市开展史志成果进机关、社区、乡镇、学校、企业、军营活动，普及威海市情知识，发挥史志存史、资政、育人的作用。至年底，向全市2116个单位赠送志类书籍8000余册。在2015年度山东省优秀史志成果评选活动中，《威海年鉴(2015)》《乳山年鉴(2015)》获“优秀综合年鉴奖”，威海市情网、文登区情网获优秀信息化建设成果奖，《威海市国土资源志》获优秀基层志奖，《威海卫抗日纪实》获优秀地情研究成果奖。

【二轮修志】 《威海市志》编修　2015年，市史志办开展对《威海市志》终审稿的审校工作，重点在资料的准确性、框架的科学性、行文的规范性等方面进行审校。坚持开门修志，通过新闻媒体发布启事，征集社会力量审核志稿。加强与中国地方志指导小组办公室和方志出版社的协调沟通，推动审核进度。10月，《威海市志》终审稿通过省史志办公室的审查验收，并报送方志出版社，进入出版程序。同时，省史志办将《威海市志》志稿报送中国地方志指导小组办公室，推荐申报中国精品志书工程。年内，完成《威海市志》终审稿第一次审校工作，形成审校稿441万字，比终审稿压缩25万字。

区市二轮修志　市史志办印发《关于做好第二轮修志自查工作的通知》，建立全市二轮修志定期调度制度，对各区市二轮修志工作进行两轮专题调研督导。各区市修志工作推进有力，文登区增聘修志编辑6名，完成4编20余万字的初稿编纂。荣成市落实编辑选聘和撰稿人培训，督导承编单位撰稿进度，完成荣成大事记的整理。乳山市聘请修志编辑12名，召开培训会议3次，对编辑和撰稿人进行培训，完成《乳山市志》框架设计。高技术产业开发区重新调整志书篇目设置，对62个承编单位上报的基础资料进行审核，下发修改意见卡，完成43个单位的基础资料审核反馈。

基层志编修　加强对基层志编修的引导和指导。年内，市县两级史志部门对《威海市教育志》《远遥村志》《陶家夼村志》《南桥村志》《马家庄村志》《奥文电机厂志》《文登职业教育志》《文登人民公安志》《荣成粮食志》《荣成中医院志》《西火塘寨村志》等基层志的编修进行指导，对修志人员加强培训，全市出版志类书籍20余部。其中，《威海市国土资源志》的编纂出版，带动全市系统内6部县级国土资源志的编修，行业志编修工作呈现新气象。

【年鉴编纂】　坚持打造精品、常编常新的理念，提升资料内涵，加快编纂速度。10月，完成《威海年鉴（2015）》编纂出版工作。全书118.6万字，图片60幅，表格74张，编校质量达到国家优秀等级，继续保持全国、全省先进行列。加强对各区市地方综合年鉴和行业、部门年鉴编纂工作的指导。至年底，《环翠年鉴（2015）》《文登年鉴（2015）》《乳山年鉴（2015）》《威海经济技术开发区年鉴（2015）》出版发行，均实现“一年一鉴，逐年出版”的目标，且全部彩印，增强了可读性。其中，《文登年鉴（2015）》《乳山年鉴（2015）》全新改版，改为大16开版本，达到通行出版规范。组织全市史志部门参加全省优秀年鉴学习活动，上报论文8篇，居全省第2位。其中，文登区选报的论文在全省学习优秀年鉴总结表彰会上进行交流。

【地情资料库建设】　史志资料年报工作　年内，下发关于做好史志资料年报工作的督导函，推动市直各部门、各单位继续做好年报工作。严格把好年报资料的审查验收环节，对65个单位上报的史志资料进行归档整理。

信息化建设工作　注重打造以威海市情网、威海史志官方微博和微信为主体的互联网宣传平台，提升网络媒体的宣传效应。加强市情网日常更新管理，申请增挂党政机关网站标识。年内，威海市情网录入上网资料100余万字，总文字量2800万字，总点击率64万人次，威海史志官方微博发布信息238条。7月20日，开通威海市地方史志办公室官方微信平台“威海史志”。平台设市情网站、史志动态、志鉴书库等栏目，定期推送威海历史知识，回复公众咨询，至年底，微信平台发布信息25条。

地情资料开发利用工作　12月，市地方史志办公室调研组撰写的《关于加强威海市地名命名管理工作的调研报告》上报市政府，市委副书记、市长张惠，副市长张波分别作出批示，为市领导决策提供参考，并在2015年度全市政府系统优秀调研成果评选活动中获二等奖。年内，继续开展香港威海卫警察史课题研发，完成口述专辑首轮语言文字和篇章结构的调整，累计编写稿件28万字，商请当事人及香港警政史专家完成46篇稿件的细节校正与史实把关，编辑整理口述录音及访谈手记12.6万字。各区市采取不同形式，利用地情资料，面向社会，编纂出版《环翠区大事记（1993—2013）》《文登文献集（一）》《威海经区民间文化图文集萃》等史志成果。

【方志馆筹建工作】　威海市方志馆开工建设，建筑面积3600平方米。在做好方志馆的功能定位、结构布局，建立健全管理制度的同时，广泛征集史志资料，扩大志书交换范围，丰富馆藏资料。至年底，馆藏各种文献资料2385种4697册，影像资料4万张。

【纪念抗日战争胜利70周年专项工作】　为纪念抗日战争胜利70周年，做好《山东抗战纪念设施和遗址名录》《山东抗战将士传略》《山东抗战将士记忆》《山东抗战战事史料汇编》《山东抗日根据地图志》的威海市抗战资料的搜集、补充和整理上报工作，全市补增抗战遗址和纪念设施5处，总数15处；整理上报文字资料6万字、图片260幅；征集报送图书20种67册及视频光盘资料。各区市结合实际，开拓抗战资料的开发应用，编纂出版《口述：我们的抗战》《向阳山抗战史》《威海卫抗日纪实》等书籍。

（陶晓红）

档案工作

【概况】　2015年，全市档案工作围绕市委、市政府中心工作，开拓进取，服务社会，推动档案工作全面发展。全市指导接收730项重大活动文件352件、照片3.2万幅、录音1351分钟、实物466件。市档案局和文登区档案局、乳山市档案局被评为全省档案系统先进集体，市档案局和环翠区档案局、文登区档案局被评为全省档案宣传工作先进集体。

【档案法制体系建设】　开展档案宣传培训活动。5月19日，市档案局局长耿涛到市委党校为中青年干部培训班作了题为“新形势下档案工作的发展趋势”专题课。6月9日，全市各级档案部门开展“国际档案日”系列宣传服务活动。市档案局联合环翠区档案局在威海市人民广场集中开展宣传活动，市委常委、秘书长王学文，副市长张波等市、区有关领导出席启动仪式。开展档案执法检查，市档案局等联合印发《关于开展2015年度行政执法案卷评查工作的通知》，对市直单位2014年度档案整理工作进行检查，对发现问题的单位下发整改建议书。10月，对行政执法档案案卷进行检查，检查结果在全市范围内予以通报。组织开展全省档案工作科学化管理测评工作。全市8个单位通过“示范级单位”测评，23个单位通过“先进单位”测评，数量和质量均列全省之首。

【档案资源体系建设】　开展重大活动档案征集工作。市档案局印发《2015年威海长距离铁人三项世界系列赛事档案资料收集、整理工作方案》，强化赛前周密部署、过程跟踪指导、赛后督导催交，收集“铁三”、横渡刘公岛比赛、全国帆板冠军赛等专项文件65件、照片120幅、录像60分钟、实物25件。开展社会征集活动。征集王言昌、刘长城、殷树山等个人档案2000余卷。开展域外征集活动。市档案局到辽宁省档案馆以及沈阳、大连等档案馆征集历史档案100余页、照片200余幅、图书资料30册、《勿忘甲午——纪念中日甲午战争爆发120周年档案图片展》电子版1套；文登区档案馆开展“红色档案征集万里行”活动，到全国20个城市采访天福山起义老红军、老干部40余人，抢救性征集照片100余幅、名人档案62件、图书28册、录音163G、电子文稿340兆。开展“社会记忆”工程，搜集乡村记忆照片9989幅。开展口述访谈活动。10月28日，市委办公室印发《关于继续深入开展口述访谈活动的通知》，市档案局按照访谈方案，采访口述当事人6人。开展电子文件征集活动。市档案局指导62家市直机关和企事业单位完成上年度电子文件移交入馆工作，接收电子目录3875条、原文3708条。

【档案中心建设】 1月6日，市委书记、市人大常委会主任孙述涛到市档案馆调研，对档案工作提出要求。为整合档案信息资源，将专业档案纳入档案馆进行集中统一管理与服务，威海市确定建设档案中心。档案中心位于东部滨海新城成大路与金鸡大道交汇处，由市档案馆和民生档案服务中心两部分组成，包括档案保管功能区、对外服务功能区、业务技术功能区、行政办公功能区和辅助功能区。档案中心占地1.87公顷，建筑总面积3.11万平方米。其中，档案馆建筑面积1.91万平方米，民生档案服务中心建筑面积5118平方米，总投资2.4亿元，被列为市政府重点工程项目，计划于2017年底建成并投入使用。3月21日，档案中心建设项目奠基，市委书记、市人大常委会主任孙述涛等市领导出席奠基仪式。同月26日，设计方案开标，中国航空设计院的“城市之印，文化之礁”设计方案中标。9月3日，档案中心建设工程正式破土动工。至年底，完成地下基础设施建设。探索建设现代化智慧档案馆。根据市委、市政府建设现代化、高标准档案馆的要求，市档案局积极探索应用物联网、云计算、大数据技术，建设完整统一的档案管理平台，打造档案、社会、自然和谐统一的现代化智慧档案馆。至年底，完成智慧档案馆建设整体方案设计工作。

【档案利用体系建设】 组织全市各级档案部门开展纪念抗日战争胜利70周年宣传活动。市档案局与《威海日报》联合向社会公布抗战档案，并编辑出版《东海抗日英烈与名士》，于9月28日举行发行仪式，该书获全省优秀编研成果三等奖。开展档案编研工作。完成《山东档案精品集·威海卷》的撰稿工作，编辑出版《蓟与竹——詹姆斯·斯图尔持·骆克哈特爵士传记》，获全省优秀编研成果一等奖。编辑出版《威海足迹》第四期、第五期和一至四期的合订本。市档案局与市邮政局合作发行《印象威海》邮资明信片，向英国、法国、美国、加拿大和中国香港、台湾地区的威海卫历史专家、学者推介。5月22日—25日，市档案局与市旅游局合作举办的“斗美——当台湾遇见威海”摄影展，在台北举办的海峡两岸旅游博览会上展出。制作《发现威海——米字旗下的威海卫》宣传图板，参与“城市大篷车”宣传推介活动。开展档案查阅利用工作。全市各级档案馆充分发挥服务窗口作用，通过接待、电函、网站查询等方式，为党和政府中心工作及社会各界提供档案利用服务，全年接待查档利用8305人次、调档1.77万卷次。

【档案安全体系建设】 市档案局将部分专业档案纳入档案馆集中统一管理与服务，在全省率先采用“整合信息资源，集中管理和提供利用档案”新模式，开展数据备份工作。7月31日，市档案馆到新疆维吾尔自治区克拉玛依市档案馆开展重要档案数据第二次异地备份。9月15日，克拉玛依市到威海市开展第二次备份。7月27日，文登区档案馆与青海省海北州门源县档案馆重要档案数据首次异地备份交接仪式在门源县档案馆举行。9月15日，环翠区档案馆与克拉玛依市乌尔禾区档案馆互相签署异地备份协议。完成可移动文物网上登录工作。根据《国务院关于开展第一次全国可移动文物普查的通知》要求，市档案馆对馆藏的1949年以前各个历史时期的重要档案资料、实物进行排查摸底，完成经省、市两级文物专家鉴定的46件馆藏可移动文物网上登录工作。

（林永茂）

编辑　陶晓红

3月21日，档案中心建设项目奠基，市领导出席奠基仪式　　林永茂　摄

卫生·计划生育

综　述

【概况】　2015年，全市卫生和计划生育系统全面深化改革，强化公共卫生服务和医疗质量管理，实施“单独两孩”政策，提升卫生计生服务能力，提高人民群众健康水平和出生人口素质。至年末，全市有医疗机构2626个，比上年增长1.5%；卫生技术人员达1.97万人，其中执业（助理）医师7188人，注册护士8704人，千人口医师、护士数分别达2.6人和3.1人；病床数1.74万张，千人口床位数达6.2张。全市人均期望寿命达到81.1岁，孕产妇以及5周岁以下儿童死亡率分别为0和5.0‰，主要健康指标位居全省前列。全年开展诊疗服务1394万人次，人均就诊次数5次以上。全市合法生育率为96.5%，出生人口性别比为104.46，人口均衡发展水平持续提高。

【医药卫生体制改革】　威海市纳入国家城市公立医院综合改革试点城市，市政府印发《关于印发威海市公立医院综合改革试点实施方案的通知》，自2015年10月9日起，全市13所城市公立医院全部取消药品加成政策，同步调整医疗服务价格。全市27处县级以上公立医院药品全部实行零差率销售，降低群众看病就医负担。同步推进管理体制、运行机制、人事分配制度等综合改革，在6处市级、4处县级公立医院开展法人治理结构改革试点。建立公立医院运行绩效考核机制，全面提高公立医院监管水平。落实国家低价药品政策，去乙酰毛花苷注射液等4个品种国家基本药物定点生产药品网上采购，保障群众基本用药需求。对县级以上公立医院参照4处二级以上综合医院的采购价格，临床常用的122个品种规格的检验试剂和272个品种规格的医用耗材价格进行谈判。实施市直医疗卫生单位同类医疗器械合并集中采购，首批对市直医院冠状动脉血管内超声诊断仪、彩超、麻醉机、脱水机4类10台医疗设备由政府同类合并，集中采购，统一招标，成交价格1359.78万元，预算价格节省近150万元。社会办医的设置审批与公立医院相同，年内批准设置盛丁莲华医院和美辰口腔医院2家二级以上社会办医院、1处独立医学检验所、5处独立血液净化中心、3处护理院。建立养老机构医疗巡诊服务制度，为全市94%的养老机构提供医疗服务。

【公共卫生服务】　规范实施基本和重大公共卫生服务项目，人均基本公共卫生服务补助经费提高到40元，拓展项目内涵与覆盖面。建立城乡居民健康档案188.81万份，高血压、糖尿病、重性精神疾病规范管理人数13.54万人，孕产妇、儿童和老年人等重点人群管理人数29.67万人。继续实施艾滋病、梅毒和乙肝母婴阻断项目，农村妇女增补叶酸预防神经管缺陷项目，新生

9月9日，市委副书记、市长张惠（左一），副市长傅广照（左二）调研医改工作　　市卫生计生委提供

儿四种遗传代谢性疾病筛查，孕妇产前血清学筛查和农村妇女“两癌”检查等重大项目。年内，农村妇女“两癌”筛查9万人，新生儿遗传代谢性疾病筛查1.38万人，产前血清学筛查1.23万人。全市基本公共卫生服务群众满意度位列全省首位。

【卫生应急】 防控中东呼吸综合征(MERS)，与出入境检验检疫局建立联防联控工作机制，制定医疗救治工作预案，组织开展应急演练，储备应急物资。严格疫区归国（到华）人员健康监测，全年监测自韩国入境2.64万人次，排查体温在37～38℃之间101人，发现11例可疑病例并开展现场流行病学调查，采集标本12份进行MERS冠状病毒核酸检测，结果均为阴性。参与“5·22”地震、“群体性癔症”等突发事件的报告、救援和处置工作。完成威海国际食品博览会、铁人三项世界系列赛等医疗保障任务。在全市组织的综合应急救援演练、海防演练等大型演练中，派出卫生应急人员300余人次，出动救护车、防疫车等特种车辆90多辆次。培训卫生应急队员和急救人员400多人，提升卫生应急队员的应急处置能力。出台《威海市院前医疗急救网络建设规划（2015—2020年）》，联合财政局印发《关于加强农村急救站建设和管理的通知》和《威海市农村急救考核奖补办法》。启动新建5处、改造18处农村急救站工作，至10月末，23处农村急救站新建、改造全部按期完成。投资580多万元，更新淘汰救护车18部，新增急救设备50多台件。启动“12320”卫生热线戒烟干预项目，开展媒体宣传，征集戒烟志愿者60多名。

【卫生和计划生育依法治理】 编制行政权力清单、责任清单、行政审批事项目录清单以及行政许可事项业务手册和服务指南、行政审批事项事中事后监管制度等，规范权力运行，通过网站、官方微博等向社会全面公开，主动接受群众监督。开展计划生育乱收费乱罚款专项整治行动，建立计划生育收费相关规定长效机制。严格落实计划生育收费罚款主管部门主体责任、领导责任、监管责任和过错责任追究制，计生办证“零收费”制度得到全面落实。完善计划生育有奖实名举报制度，提高管理服务及行政执法工作透明度，规范社会抚养费征收管理。

【卫生和计划生育宣传】 强化与媒体合作，联合开展“健康威海·人人共享”全媒体宣传，聚焦深化医改、“全面两孩”政策、健康城市建设等群众关注的热点问题，展示相关重点工作。与大众网联合开办“健康在线”访谈，各相关单位、二级以上医院主要负责人与网民线上互动。建立官方微信“健康威海”，打造公开透明、及时准确的政务信息发布及公众互动平台。把婚育文化宣传融入新农村、新社区建设，打造宣传街1500多条、文化广场1个，在公交车候车亭设置婚育新风和卫生城公益广告200多块。制作发放“计生服务礼包”，服务新婚家庭近3万户。开展健康促进示范区市创建活动，引导公众养成健康生活、科学就医、理性就医、文明就医的良好风尚。建设青少年健康教育基地，全年为1万多名初二学生提供健康培训。年内，在媒体发布新闻1626条，其中省级以上媒体发布628条，被评为2015年度山东省卫生和计划生育新闻宣传优秀工作奖。

【爱国卫生】 召开迎接第七次国家卫生城市复审工作动员大会和新闻发布会；开展督导巡查，发现问题8000多个，实行台账管理、销号督查，并召开3次专题会议进行督促整改；通过国家卫生城市及苘山镇国家卫生乡镇复审。开展卫生单位创建活动，新创建1个省级卫生单位、2个省级卫生镇、25个省级卫生村、25个健康学校、52个市级卫生单位。印发《关于加快推进农村改厕工作的意见》，年内新建无害化卫生厕所4万多户。探索健康城市建设，8月29日，国家健康城市建设研讨会在威海召开。

【智慧医疗】 编制《威海市人口健康信息化建设项目可行性研究报告》，通过国家、省、市级卫生信息化专家评审论证，7月市政府予以立项，一期预算投资约1932万元，由威高（山东）信息科技股份有限公司投资捐建。启动实施威海市人口健康信息化项目。推进“互联网＋医疗”建设，在解放军四〇四医院、威海市立医院召开全市医院信息化观摩现场会议。开通“威海市掌上医院平台”，患者使用手机端可进行预约挂号、支付、检查检验报告查询等，改善患者的就医体验。与市民卡公司配合，申领居民健康密钥全国统一密钥，通过国家卫生和计划生育委员会功能性检测，年内实现试发卡。承办中国医院协会医院信息化发展规划会议，成立中国医院协会医院信息统计专业委员会威海分会。

【行风建设】 召开全市卫生计生系统党风廉政建设暨纠正医药购销和办医行医中不正之风专项整治视频会议，落实医疗卫生行风建设“九不准”（1.不准将医疗卫生人员个人收入与药品和医学检查收入挂钩；2.不准开单提成；3.不准违规收费；4.不准违规接受社会捐赠资助；5.不准参与推销活动和违规发布医疗广告；6.不准为商业目的统方；7.不准违规私自采购使用医药产品；8.不准收受回扣；9.不准收受患者“红包”）。开展医疗门诊“三增一禁”（全年增设无假日门诊，增设错时门诊，增设夏季夜间门诊，严禁医院工作人员带熟人插队加塞、挂人情号）便民正风活动，推进行业作风明显转变。设置医疗机构门诊“院长特设岗”，签订《党风廉政建设责任书》，医患双方互签不收不送“红包”承诺书，开通“健康威海”公众号和服务监督热线，受理群众诉求126人次，解答咨询4886人次，听取意见、建议100多条。

医疗服务

【概况】 落实《山东省医疗机构设置规划2013—2015)》《威海市医疗机构设置规划(2011—2015)》，明确功能定位，优化资源布局，推动医疗机构有序、健康发展。

【便民惠民服务】 继续实施县及县以下

医疗机构开展先诊疗后结算服务。全市各级各类医疗机构推行门急诊病历“一本通”，全市有28家医疗机构、10个临床检验项目，获得全省、全市临床检验结果“一单通”认可资格。威海市立医院等17家医院列入2014—2015年度全市医学影像检查结果“一片通”实施范围。与市残联联合组织实施贫困白内障患者复明项目，年内全市7家手术定点医院完成手术1000例。开展2015年度“服务百姓健康行动”大型义诊活动，发放健康宣传资料1.9万份，义诊和健康咨询1200余人次，免费测量血压、血脂、血糖280余人次。

【医疗质量管理】 完善医疗质量控制体系，新成立5个市级医疗质量控制中心，总数达26个。加强县级质控中心建设，建成县级质控中心37个（环翠区10个、文登区11个、荣成市11个、乳山市5个）。市级质控中心全年开展各类质控督导检查30余次，召开质控会议、举办培训班68次。市护理质控中心启动专科护士培训项目，全年完成培训50名二级以上医院急诊急救、重症监护、手术室、肿瘤、糖尿病5个专业的专科护士。与市总工会联合举办全市卫生和计划生育系统护理岗位女职工技能大赛，评选出急救护理、外科护理、妇科护理3个专业获奖选手18名，授予“威海市女职工建功立业标兵”称号。组织3名选手参加全省技能竞赛，2人获一等奖，获团体二等奖。强化城乡医院对口支援，5处三级医院对口支援14处县级医院、8处镇卫生院，14处二级医院对口支援61处基层医疗卫生机构。累计派驻医务人员290人次，诊疗8.94万人次，开展住院手术4000余例，提升基层医疗水平。

【医疗机构标准化建设】 按照《威海市医疗机构标准化建设实施方案（2014—2015年）》，从组织管理、人力资源管理、临床技术管理和质量控制等7个方面抓好医疗机构标准化建设。威海市经区医院通过三级专科医院评审，被省卫计委确定为精神科三级专科医院。开展二级综合医院复核评审工作，文登区人民医院通过二级甲等综合医院评估。继续实施村卫生室标准化建设项目，年内完成142处标准化村卫生室建设，总数539处，3年标准化改造建设任务全部完成。

【医疗服务监管】 加强医疗服务要素（机构、人员、技术）准入管理，印发《威海市医疗机构行政许可管理规程及办理程序》等，召开威海市行政许可管理规程培训会议，年内办理各类医疗机构审批件174件。组织召开2015年国家执业医师资格审核工作会议、国家医师资格考试威海考点实践技能考试考务与考官培训会议，1234人通过报名审核，经实践技能考试后，880余人参加医学综合笔试，637人参加护士执业资格考试。加强“平安医院”建设，举办卫生系统安全保卫知识培训班，提高医务人员维护医院安全的应急能力。

【血液管理】 开展无偿献血公益性宣传，扩大志愿者队伍，做好血源招募采集工作。2015年，采血3.44万人，总采血量14.8吨，无偿献血完全满足临床用血需求。加强血液质量管理，实现核酸检测全覆盖，保证临床用血安全。加强临床用血培训与监管，开展临床合理用血宣传，医疗机构推广输血新技术，自体输血率大幅提高。

【卫生教育】 加强卫生人才培训工作。完成2014年度70名基层医疗卫生机构全科医生转岗培训结业统考，启动2015年威海市基层医疗卫生机构全科医师转岗培训报名工作，理论培训61人，进入临床培训阶段。开展2015年住院医师规范化培训招录工作，录取学员111人。加强继续医学教育，明确全市2015年度继续医学教育项目，其中，国家级1项、省级5项、市级78项。开设2015年度省级继续医学教育公共课程4门，全市卫生专业技术人员参加继续医学教育学习4.66万人次。

中医药事业

【概况】 2015年，全市有中医院4所，其中三级甲等中医院3所，二级甲等中医院1所。坚持以全面提升基层中医药服务能力和充分发挥中医药特色优势为核心，拓展中医药服务领域，将中医药事业发展与深化医改同步推进、同步发展，强化中医药内涵和特色项目建设，全市中医药工作发展势头良好，重点专科验收成效显著，基层国医堂建设进展顺利，中医药服务水平全面提升，威海市被确定为全国中医药综合改革试验区。

【基层中医药服务能力提升工程】 按照“保基本、强基层、建机制”的原则，市卫生计生委、中医药管理局、财政局联合印发《关于开展全市基层医疗机构国医堂项目建设工作的通知》，出台配套文件，并给予每个市级项目10万元的资金支持。至年末，全市65%以上的中心卫生院、32%以上的镇卫生院、25%以上的社区卫生服务中心建成达标国医堂。100%的社区卫生服务中心和镇卫生院、95.6%的社区卫生服务站、96.5%的村卫生室能够提供中医药服务，基层医疗卫生机构中医药服务量达到总服务量的37.4%，较工程初期提升5.94个百分点。12月，威海市通过全国基层中医药工作先进单位的复审验收。

【中医优势病种支付方式改革】 自2015年1月1日起，将省级先期试点的7个中医优势病种纳入基本医疗保险定额结算范围，多方共赢的改革预期初步实现，群众切实得到实惠。减轻患者痛苦、缩短治疗和康复时间，降低费用负担，全市城镇职工医保病人实现零负担，其他患者平均节约费用支出9000余元，节省住院天数20余天。减轻医保基金负担，医疗机构靠中医技术实现利润增加，中医优势得到发挥。中医技术应用率大幅提升，至年末，全市7个试点病种应用中医诊疗技术治疗病例2500余例，比上年增加37%。适时推出盖氏骨折等6个省级和23个市级中医优势病种，并制定相应的临床路径和诊疗方案。

【“三名工程”】 遴选省级第四批五级师承指导老师13名，继承人26名，评选“威海市名中医药专家”15名。启动中医类别住院医师规范化培训和中医类别全科医生规范化培养工作，培训学员145人。5个重点专科通过国家中医重点专科“十二五”中期评估，6个省级第四批中医重点专科通过省级验收，公布10个市级中医重点专科。荣成市中医院和乳山市中医院获评山东中医药高等专科学校非隶属附属医院，荣成市人民医院被确定为全国综合医院中医药工作示范单位。

【中医药科普宣传】 投入中医药专项宣传资金40万元，与威海电视台合作开办《中医·养生》栏目、与威海报业集团合作开办《威海日报·健康养生》版，刊登各类文章120余篇，威海电视台播放中医节目50余次。出版《威海中医》4期，面向全市机关、企事业单位及广大群众发放12万册，开展科普讲座及中医义诊活动500余次，受益群众40万余人次。社区居民对中医药常识知晓率和对社区卫生服务机构中医药服务满意率均达90%以上。

【中医药对外交流】 年内，利用中韩自贸区地方合作示范区建设契机，发挥对韩交流桥头堡作用，赴韩国仁川和首尔就医药管理、保健政策、医疗旅游等方面进行考察交流。举办以“传统医药的传承与创新”为主题的首届中韩（威海）传统医药高层论坛，签署《威海市中医药学会与仁川广域市韩医师协会建立长期战略合作框架协议》，促进双方交流合作。

疾病预防控制

【概况】 2015年，全市报告法定传染病21种，1.55万例，传染病发病率548.9/10万，比上年下降24.6%，其中乙类传染病报告发病率下降0.3%，丙类传染病下降31.2%。

【疫情报告管理】 进一步完善疫情监测网络，加强疫情报告质量的控制，疫情报告及时率和准确率均达99%以上，漏报率始终控制在2%以内，处于全省前列。

【霍乱、手足口病防控】 调整霍乱、手足口病等肠道传染病疫情处置专家组，组织开展肠道门诊开诊工作专项督导，加强霍乱、手足口病等肠道传染病的预警预测、流行病学调查和实验室检测工作，加强业务人员培训，最大限度减少危重症病例和死亡病例的出现。5—10月，腹泻病门诊开诊期间，全市登记腹泻病人1.03万例，快检霍乱弧菌1401例，快检率13.6%。其中快检阳性3例，霍乱弧菌培养为阴性。全年报告手足口病3252例，重症病例7例，无死亡病例。

12月9日，中韩（威海）传统医药高层论坛在威海举办，威海市中医药学会与韩国仁川广域市韩医师协会签署合作框架协议　　李晓娟　摄

【人感染H7N9禽流感防控】 做好流感、人感染H7N9禽流感等传染病的防控工作，全市19所二级以上医疗卫生机构开展人感染H7N9禽流感监测病例和不明原因肺炎病例的监测，突出对学校、托幼机构等重点场所防控措施的落实，广泛宣传普及人感染H7N9禽流感防治知识，发放各类宣传材料10万余份，监测流感人群49.6万例，采集标本552份，分离出47株流感病毒。

【艾滋病防控】 健全防控体系，完成《中国遏制与防治艾滋病“十二五”行动计划》终期评估，通过省级考核。健全检测服务网络，全市建有27个艾滋病筛查实验室、86个艾滋病快速检测点，实现艾滋病病毒检测的全覆盖，进一步提高艾滋病检测的可及性。规范开展重点人群宣传干预和咨询检测，全年监测、筛查各类目标人群24.8万人次，比上年增长18%。规范感染者病人随访管理，落实国家关怀救助政策。为社会组织参与艾滋病防治工作提供技术支持，全市3家社会组织中标山东省及国家艾滋病防治项目3个，中标金额约2.9万元，实现威海市社会组织参与艾滋病防治项目零的突破。

【结核病防治】 加强医防合作，强化督导管理，做好肺结核病患者的发现、报告和治疗管理工作，全年登记结核病患者814例，涂阳患者328例，患者总体到位率为95.9%，新涂阳患者治愈率88%。组织开展全市结核病防治核心信息知晓率专题调查，知晓率为76.0%。完成全市结核病防治“十二五”规划终期评估，除知晓率外，其余16个指标均达到或超过目标要求。拓展耐多药结核病的防控工作，推广使用快速诊断技术，全年筛查可疑者161例，确诊耐多药肺结核患者9例、广泛耐多药患者1例，9例纳入规范治疗管理。强化TB/HIV双感防控措施，对确诊的肺结核病人进行免费艾滋病病毒检测，艾滋病病毒筛查率达95.2%；艾滋病病毒感染者（病人）进行结核病筛查，筛查率为100%，发现2例双重感染者，给予抗结核规范治疗和艾滋病随访管理。

【免疫规划】 推进数字化预防接种门诊建设，全市新建、改建预防接种门诊49处，数字化门诊覆盖率达57.6%。全年报告出生儿童1.71万人，儿童建卡建证率达100%。全年接种57.8万人次，单苗报告接种率均在99%以上，2～3周岁儿童“五苗”全程接种率达97.5%，“八苗”全程接种率达96.7%。AFP、麻疹等疫苗相关传染病的监测率、调查及标本采集率、规范化处理率等各项指标均处于全省前列。

【慢性病防控】 加强死因监测、肿瘤监测、脑卒中、冠心病监测的管理，完成各类慢病报告卡4.58万张。全市完成消化道肿瘤筛查1900人、脑卒中筛查5200人次。全面实施重点行业和人群减盐干预，组织完成“小手拉大手”中小学生减盐防控高血压专项行动和成效评估。慢病综合防控示范区动态管理成效良好，各示范区修缮或更新宣传看板，对近两年的示范单位进行督导验收。乳山市启动心脑血管疾病高危人群筛查和干预项目，推进文登区、荣成市和乳山市减盐示范镇创建工作。在全省慢性非传染性疾病预防控制工作岗位技能竞赛中获团体二等奖、基层医疗机构个人第一名。

【地方病防控】 全市开展碘盐监测，在文登区、荣成市开展碘缺乏病健康教育项目，提高群众碘缺乏病防治知识知晓率。完成地方病防治“十二五”规划的县级自评和市级复评，9月，省卫生和计划生育委员会组织专家对威海市地方病防治“十二五”规划实施情况进行省级考评。在文登区大水泊、米山、文登营、龙山等镇（街道），实地调查8～12周岁儿童氟斑牙、8～10周岁儿童甲状腺肿患病率、儿童及孕妇碘营养状况，各指标均达到规划要求。

【寄生虫病防控】 以消除疟疾为核心，强化流动人口管理为切入点，全面落实疟疾病例的疫情报告、规范治疗、疫点处置及休止期治疗等综合性防治措施，有效避免输入性疟疾传播。全年完成“三热病人”（临床诊断疟疾、疑似疟疾、不明发热病人）血检5936人，复检率14.6%，检出输入性疟疾病人29人，疟疾病人疫情报告、规范治疗、疫点处置等指标均达100%。全市消除疟疾通过省级验收，提前5年实现消除疟疾目标。在乳山市开展肠道寄生虫病调查，肠道寄生虫总检出率为8.6%，与2010年的总检出率11.5%相比呈下降趋势。

【健康教育】 开展形式多样的宣传教育活动18次、各类讲座98次，接受健康知识咨询1.3万人次，市级以上新闻报道30次，发放各类宣传品4.6万份。与威海市中小学生综合实践教育中心合作，创建一处面积约350平方米的青少年健康教育基地。创建24所省级健康示范学校、6所省级健康促进医院。与《威海晚报》合办《健康驿站》专栏，开展“健康威海，人人共享”主题宣传活动。制定《重点慢性病运动处方》手册，面向社区慢性病人发放，提高目标人群的自我保健意识。

卫生监督

【概况】 2015年，全市卫生监督系统推进“卫生计生服务监督年”活动，解决人民群众健康密切相关的突出问题，加强法制稽查、学校卫生监管和传染病防控，强化监督协管，保障群众健康权益。获全省执法能力大赛团体二等奖和个人一等奖。

【卫生法治建设】 创新工作规范，加快流程再造，通过简化申请材料、压缩承诺时限、规范审批流程，加强法治稽查，推进电子政务建设，提高工作效能。全年办理各类审批事项5803件，接受咨询5000多人次，未发生群众不满意投诉事件，市卫生和计划生育委员会驻市政务服务中心窗口被评为“优胜服务窗口”。高度重视上级移交投诉案件和群众举报投诉案件查处工作，及时调查处理举报投诉案件216起。

【全市卫生计生服务监督年活动】 全市卫生监督系统推进“卫生计生服务监督”年活动，开展深化打击非法行医专项治理行动、打击两非专项治理行动、生活饮用水卫生安全放心行动、消毒隔离强化治理行动等活动，取得明显成效。全市出动执法人员3832人次，出动执法车辆1180多台次，取缔“黑诊所”和“假医”52家，责令当事人拆除违法医疗广告牌匾53个，没收医疗器械102箱、药品240多公斤；监督检查各类医疗机构1588户次、药品零售企业435家次、计划生育技术服务机构122家次；查处违法违规案件88件、群众举报投诉属实案件49起，罚没款52.9万元。

【执法检查】 加强法治稽查，强化监督协管，开展案卷评审，组织业务培训，提高执法文书质量，做好申请法院强制执行和执法约谈工作。加强公共场所卫生监管，办理许可审批898件，年审598家，查处案件14起，罚款3.15万元。核查国家卫生计生监督信息平台数据8477条，修正信息1128条，填报日常监督信息3517条，监督覆盖率提升到98.9%。推进“职业性放射性疾病监测与职业健康风险评估项目”相关工作，开展职业健康检查机构资质认定、放射诊疗建设项目职业病危害评价审核及竣工验收工作。加强放射诊疗机构和放射诊疗设备监管，检查20家医疗机构，提出监督意见70余条，监测放射诊疗设备53台。组织全市上千名医学放射工作人员进行职业查体、放射防护培训及考试工作。加强学校卫生监管和传染病防控，检查学校73所，公共场所单位43户次，下发卫生监督文书100余份，及时提出监督意见，确保饮水和卫生安全。

【省级下放事项审批监管】 全面开展食品安全企业标准备案、消毒产品、涉水产品等省级下放事项的审批监管工作。受理食品安全企业标准（咨询、备案）589份。新备和修订448份，变更141份；备案481份，其中新备和修订376份，变更105份。排查消毒产品生产企业21家，摸清产品底数，完成7个消毒产品生产企业20个产品的卫生安全评价备案。开展涉水产品专项检查，检查涉水产品生产企业16家、经营单位24家，下达《卫生监督意见书》57份。

医学科研

【概况】 2015年，全市医学科研项目获得市科技一等奖5项、二等奖18项、三等奖6项。组织申报2015年度山东省医药卫生科技发展计划项目、威海市科技计划项目，获得省卫生计生委立项8项、市科技局立项36项。组织参加德中医疗交流项目医师选拔，选拔7名医师赴德国研修。

【医疗新技术应用】 威海市立医院消化内科开展隧道内镜技术，是利用内镜下黏膜剥离术在黏膜层与肌层之间建立通道，在隧道空间进行内镜下治疗的一种新技术。威海市中心医院率先与清华大学合作，成立威海市首家帕金森病专科门诊，并将继续深化合作，成立清华品驰神经调控技术中心；开展威海市首例脑深部电刺激手术；威海市中心医院显微外科专业团队连续16个小时，完成高难度、超强度的游离组合组织移植修复重建手术。威海市中医院疼痛科成功开展以微创方法进行“椎间盘突出射频消融＋椎间盘造影＋臭氧注射＋玻璃酸钠注射＋利多卡因注射”五法联合的腰椎间盘突出序贯五法，该方法具有定性、定量、疗效确切等特点，全年成功开展127例。

计划生育

【概况】 2015年，全市各级卫生和计划生育部门推进卫生计生资源整合，实施“单独两孩”政策，加大综合治理出生人口性别比力度，不断提高出生人口素质，改进生育服务办证制度，加强基层管理服务。全市孕产妇以及5岁周以下儿童死亡率分别为0和5.0‰，合法生育率96.5%，出生人口性别比为104.46，全市计划生育工作健康稳定有序发展。

【统筹解决人口问题】 全市坚持计划生育基本国策地位不动摇，在机构改革、生育政策调整的新形势下，树立“三个不变”（坚持计划生育基本国策不变，党政一把手负责的制度不变，计生的一票否决制不变）理念，继续强化领导机制。充实调整后的市人口与计划生育领导小组成员单位增加至51个，并根据新时期计生工作特点对领导小组成员单位职责进行适当调整。各责任部门按照签订的人口目标管理责任书要求，发挥部门职能作用，健全合力机制，计生任务与部门业务同研究、同部署、同落实，形成计划生育工作新常态。

【促进人口均衡发展】 实施“单独两孩”政策，强化宣传，引导群众理性生育。做好预警监控工作，对目标人群进行调查摸底，建立预警机制，健全统计数据月报告、预警信息季分析和年（半年）报告制度。全市“单独两孩”政策实施平稳，未出现群众扎堆申请办证和再生育高峰。至年末，全市受理单独夫妇再生育申请6256例，审批6055例，办结率达96.8%；全市合法生育率为96.5%。开展出生人口性别比重点治理活动，调整充实出生人口性别比综合治理协调领导机构，明确各部门职责及联席会议、联合执法工作制度。联合市工商局、食品药品监管局、妇联、威海军分区计划生育领导小组办公室开展全市整治“两非”专项行动，严厉打击防控采血鉴定胎儿性别行为，进一步规范医疗机构B超检查、孕14周以上终止妊娠、住院分娩实名登记、个案直报、计划生育孕情跟踪服务包保及孕情消失责任倒查等制度。推进婚－孕前优生健康检查项目，实现城乡全覆盖，年内为1.67万对服务对象提供一站式婚孕检服务。

【计生基层服务管理】 至4月末，全市卫生计生机构改革全部完成，各区市卫生计生局机构编制方案落实到位，运行规范有序。4个县级计生技术服务站分别与妇幼保健院合并组建妇幼保健计划生育服务中心，55个镇级计生技术服务站分别与镇卫生院合并，承担计划生育技术服务职责。原镇（街道）计划生育服务中心和工作人员全部保留，承担计划生育服务管理工作。进一步规范生育证办理流程，简化办证手续，启用“生育证件网上申办和登记”“生育证网上预约申办”两个系统，方便群众预约办证。办证过程中实行承诺和代办制度，进一步压缩办证时限，最大限度方便群众。推动流动人口卫生计生基本公共服务均等化，落实流动人口服务优惠政策，强化流动人口、农民工便民维权十项服务措施，建立流动人口信访受理制度，保障流动人口对计生工作的知情权、参与权和监督权。加强流动人口动态监测，从10个监测点抽取200名流入人口进行动态监测调查。利用省流动人口平台及国家人口宏观管理与决策信息系统平台，做好流动人口信息的采集、更新和交流共享，全市流动人口服务管理落实率达96%以上。

【计划生育利益导向机制建设】 严格落实各项计划生育奖励、扶助、救助制度，按程序开展政策宣传、对象资格确认、相关数据审核录入、资金发放等工作，将符合政策要求的群众及时纳入奖励扶助范围，做到程序合法、信息准确、文案齐全。全年确认奖励扶助救助对象32.4万多人，下发各项资金1.83亿元。市卫生计生委、财政局联合印发《关于提高计划生育特殊家庭特别扶助标准及开展计划生育特殊家庭一次性临时救助工作的通知》，加大对计划生育特殊家庭的扶助力度。扩大计划生育家庭意外伤害保险覆盖范围，提升计划生育家庭抵御风险的能力。积极募集人口关爱基金，为计划生育特殊家庭提供帮扶救助。2015年，投保计划生育家庭意外伤害保险241万元，募集人口关爱基金18.14万元。全面落实国家规定的免费计划生育技术服务项目，在城区新增30处自助免费避孕药具发放点，威海市被确定为国家首批15个药具自助服务发放机试点市之一。

（王增伟 尹洪顺 蒋锐）

编辑 李传强

体　　育

综　述

【概况】　2015 年，威海市建设县级全民健身中心 7 处，占地面积 51 万平方米，总投资 1.77 亿元，为全市所有村配发健身音响。全民健身活动持续深入开展，举办全市性大中型健身活动 70 余项，全市所有镇（街道）均设立文化体育服务中心。组队参加山东省锦标赛，获得金牌 50.5 枚；向省级以上专业运动队推荐、输送优秀运动员 40 余名，向高等院校输送优秀人才 46 名；承办省级以上锦标赛和冠军赛 9 项；举办市级锦标赛 9 项、市中小学生体育联赛 6 项。举办 2015 年威海长距离铁人三项世界系列赛等 5 项品牌赛事，铁人三项世界系列赛被评为 2015 年中国体育旅游精品赛事。体彩实体渠道销量达 4.55 亿元。威海乒羽健身中心、威海市儿童游泳馆投入运营，市体校教学训练综合楼全面竣工。

（刘　洁）

【山东省威海体育训练中心】　2015 年，中心各项目运动队在全国锦标赛取得 4 金 2 银 1 铜，全运备战扎实推进。8 月 22 日—30 日，国际田联世界田径锦标赛在北京举行，跳高运动员张国伟在男子跳高决赛中以 2.33 米的高度获 1 枚银牌，成为全省参赛本届世锦赛的最好成绩，是中国田径队在世锦赛跳高历史上最好成绩，成绩达到参赛 2016 年里约奥运会的标准。中心青年女子手球队代表济南市以 35 ∶ 31 的比分战胜江苏队代表的南通市，夺得中华人民共和国第一届青年运动会女子手球项目冠军。

（赵　斐）

群众体育

【概况】　2015 年，利用各级体彩公益金 932 万元，为 7 处县级全民健身中心和职业学院、中小学生教育实践基地等 3 所院校配备运动器材；建设国家级、省级笼式足球示范工程 6 处。资助建设荣成市成山镇省级示范镇工程，建设 4 处新型农村社区健身工程。全市各镇（街道）文化服务中心更名为文化体育服务中心。成立市级自行车、徒步、棒垒球、轮滑、尹式宫派八卦拳 5 个单项体育协会，成立振兴乒羽俱乐部和威海市翱游儿童游泳培训中心 2 个体育俱乐部，市级体育协会 30 个、体育俱乐部 53 个。各区市成立铁人三项、篮球、网球等单项体育协会 16 个，全市单项体育协会达 87 个，覆盖城乡的晨晚练站点 2049 个、健身气功站点 353 个。与市总工会、老年体协、游泳协会等单位联合培训二级以上社会体育指导员 347 名。承办全国门球锦标赛、全国冬季山地户外挑战赛、“钓竿钓力”全国钓鱼巡回赛总决赛和体育舞蹈公开赛、沿海自行车骑行大奖赛等省级以上比赛。组队参加山东省第五届全民健身运动会国际象棋、健身球、毽球、围棋、健身秧歌等 14 个项目的比赛。举办威海市第五届全民健身运动会乒乓球、羽毛球、篮球、中国象棋等 18 个项目比赛，各区市组织本级全民健身运动会项目 58 个。以全民健身月、全民健身日为节点，举办“威高广场杯”威海市首届篮球联赛、“环翠楼红参杯”2015 年横渡刘公岛海湾全国游泳邀请赛威海选拔赛等大型活动，会同有关部门举办市级机关羽毛球比赛、全市职工拔河跳绳工间操比赛、全市广场舞比赛等活动。市武术协会、棒垒球协会、环翠区网球协会等分别与英国、韩国等国家开展交流活动。全市组织开展大中型全民健身活动 202 项，活动直接带动人数超过 50 万人次。威海市体育局被授予山东省第五届全民健身运动会优秀组织奖，环翠区、文登区、荣成市体育局被评为山东省第五届全民健身运动会先进单位。

【第 12 届山东省速度轮滑锦标赛】　4 月 25 日—26 日，由山东省轮滑运动协会主办，威海市立强轮滑俱乐部、威海市逸扬轮滑俱乐部承办的 2015“宝狮莱杯”第 12 届山东省速度轮滑锦标赛在威海市文化广场举行，是威海市首次承办省级轮滑锦标赛。比赛设幼儿组、小学组、中学组、青年组和成人组5个组别，全省200多名选手参加比赛。威海代表队队员获小学组女子300米、500米、1000米冠军，获得幼儿组500米亚军、300米季军。

【威海市首届篮球联赛】 5月16日，由威海市体育总会主办，威海市篮球协会承办的威海市首届篮球联赛在威海体育馆开幕，是威海市首届主客场篮球联赛。比赛于7月4日结束，比赛时间主要集中在周六、周日上午。各区市7支代表队进行40多场比赛。环翠天长地久队、荣成通泰队、文登东海塑胶队分获前3名。

【2015全国群众登山健身大会（文登站）】 5月23日，由中国登山协会主办，威海市体育局、文登区人民政府承办的2015年全国群众登山健身大会(文登站）在文登区界石镇新庄村举行，活动路线全程7公里，全国各地100余名专业运动员和3000余名登山爱好者参加登山活动。

【山东省第五届全民健身运动会门球赛】 7月23日—24日，由山东省体育局主办，山东省老年人体育活动管理服务中心、威海市体育局、文登区人民政府承办，文登区体育局、文登区门球协会协办的山东省第五届全民健身运动会门球赛在文登区体育公园举行。全省22支代表队192名运动员参加比赛，威海市代表队获得第3名。

【"11+11"持杖健步走】 11月1日，威海市体育局、威海市直机关工委和威海市工商业联合会联合主办2015"鲁滨逊杯""11+11"持杖健步走交流活动，1500余名市民参加活动。活动距离分为25公里和10公里两种。

【安利纽崔莱威海全民健康跑】 10月11日，由威海市体育局、共青团威海市委等单位主办，安利（中国）日用品有限公司威海分公司承办的2015安利纽崔莱威海全民健康跑在威海公园文化广场举行，全程约6公里，近3000名市民参加活动。活动主会场设有"纽崔莱健康跑炫动嘉年华"主题活动，市民可进行"高尔夫球体验""健康最强音""打地鼠"等体育游戏项目。

【环海健步骑行活动】 2015年，市体育局主办春季、秋季两次环海健步骑行活动。5月9日，"威海·雨润城"2015威海市春季环海健步走及骑行活动在市人民广场举行，全程约13.7公里，4000多名市民参加活动。10月25日上午，2015威海市秋季环海健步走及骑行活动在市人民广场起跑，5000余人参加。

（司雨浓）

竞技体育

【概况】 2015年，组队参加山东省锦标赛，获得金牌50.5枚、银牌25枚、铜牌51枚。选拔10所中小学校参加山东省篮球、排球、乒乓球、田径、足球、游泳6项中小学生联赛。承办全国沙滩手球巡回赛，"中国体育彩票杯"山东省柔道（乙组）、手球（甲组）、男子篮球（甲乙组）、乒乓球（乙组）、公开水域游泳锦标赛等9项省级以上赛事。举办威海市举重、摔跤、柔道、羽毛球等9项锦标赛。与教育部门联合举办威海市中小学生乒乓球、排球、田径、足球、篮球、健美操联赛。举办乒乓球、足球二级裁判员和教练员培训班，培养国家二级裁判员197人。组织47名优秀体育工作者参加全省各项目基层教练员和裁判员培训。制定《威海市校园足球活动实施方案》，评选市级校园足球特色学校23所，组织校园足球培训，培训体育教师300余人。组织全市中小学生开展健康夏令营活动和游泳普及活动，联合市教育部门对全市中小学体育教师进行游泳救生培训。与教育部门联合印发《关于开展威海市体育传统项目学校评选活动的通知》，评选出威海市第七中学、威海市城里中学、文登区第一中学等17所市级体育传统项目学校。新增威海市第三中学、威海市北竹岛小学、文登区第二中学等12所学校体育设施向社会开放单位。全年审核二级运动员106人，申报一级运动员11人、运动健将1人。对全市8328名运动员进行第24届省运会资格审查注册工作（其中甲组注册1287人，乙组注册7041人），审查560名甲组运动员。向省级以上专业运动队推荐、输送优秀运动员40余名，向高等院校输送优秀人才46名。

【威海市中小学生体育联赛】 3月—7月，与市教育局联合举办威海市中小学生乒乓球、排球、田径、足球、篮球、健美操6项体育联赛，全市2700名学生参赛。

【山东省手球甲组锦标赛】 6月22日—28日，由山东省体育局主办，山东省威海训练中心、威海市体育局、淄博市体育局承办的2015年"中国体育彩票杯"山东省手球锦标赛在威海体育馆举行。全省10个地市的男女甲组20支队伍356名运动员参加比赛，威海代表队在男子甲组和女子甲组比赛中获得第6名。

【山东省柔道乙组锦标赛】 7月6日—8日，2015年"中国体育彩票杯"山东省柔道乙组锦标赛在威海市体育馆举行，全省16个地市的341名运动员参赛。威海市体校柔道队获得4枚铜牌，女子团体获得第3名，男子团体获得第5名。

【威海中小学超体重学生健康夏令营】 7月10日—19日，市体育局、教育局、共青团市委等部门联合主办2015年"运动快乐、享瘦人生"威海市中小学超体重学生健康夏令营活动，全市300名超体重学生在市中小学生综合实践教育中心进行健康训练。

【中小学生普及游泳运动】 7月10日—8月30日，进行2015年度中小学生普及游泳运动试点培训，全市15所学校4800名中小学生参加训练。

【山东省男子篮球锦标赛】 8月10日—16日，由省篮球运动管理中心主办、文登区体育局承办的"中国体育彩票杯"2015年山东省篮球锦标赛（男子甲组、男子乙组）在文登体育馆举行，全省16支代表队、432名运动员参加比赛。威海市代表队获男子甲组比赛3名、男子乙组比赛第6名。

【全国沙滩排球巡回赛】 8月27日—30日，全国沙滩排球巡回赛在威海南海新区举行，比赛设男子组和女子组2个组别。全国67支代表队、134名运动员参加比赛。

【山东省BMX小轮车冠军赛】 8月28日—9月1日，2015年“中国体育彩票杯”山东省BMX小轮车冠军赛在威海市场馆管理中心小轮车训练场举行，比赛设男子甲组、女子甲组、男子乙组和女子乙组4个组别，全省7支代表队、51名运动员参加比赛。威海市小轮车队派出16名队员参赛，获男子甲组个人比赛、女子甲组个人比赛2枚金牌，获男子乙组个人比赛、男子乙组团体比赛2枚铜牌。

【山东省沙滩排球冠军赛】 9月7日—18日，山东省沙滩排球冠军赛在威海市大众健身室外场地举行，比赛设男子甲组、女子甲组、男子乙组和女子乙组4个组别，全省8支代表队、66名运动员参加比赛。

2015年威海市运动员获全国以上比赛冠军情况表

表19

姓　名	项　目	比赛名称
王军尧	柔道	全国锦标赛
袁　媛	50米蝶泳	全国少儿冠军赛
林燕群	手球	全国第一届青年运动会女子手球锦标赛
宫　蕾	手球	全国第一届青年运动会女子手球锦标赛
李燕妮	手球	全国第一届青年运动会女子手球锦标赛
苗润鹏	小轮车	全国青年锦标赛
张　迪	赛艇	全国锦标赛八人艇
	赛艇	全国锦标赛双人单桨
	赛艇	亚洲锦标赛八人艇
周玉波	皮划艇	全国锦标赛单人1000米
		全国锦标赛四人1000米
孔江静	柔道	全国第一届青运会
李文震	橄榄球	全国橄榄球锦标赛总决赛
潘永强	橄榄球	全国橄榄球锦标赛总决赛

2015年威海市运动员获省级锦标赛冠军情况表

表20

姓　名	项　目	比赛名称
王　雯 王佳楠	沙滩排球女子乙组	山东省沙滩排球锦标赛
乔元启	散打男乙60公斤	山东省散打锦标赛
袁　媛	女甲B100米蝶泳	山东省游泳锦标赛
袁　媛	女甲B200米蝶泳	山东省游泳锦标赛
杨一凡	女甲A100米仰泳	山东省游泳锦标赛
杨一凡	女甲A200米仰泳	山东省游泳锦标赛
王　毅	男乙B100米自由泳	山东省游泳锦标赛
李伯彤	女甲A200米自由泳	山东省游泳锦标赛
黄禹嘉	小轮车男甲个人	山东省自行车锦标赛
王雅婷	女乙个人计时	山东省自行车锦标赛
	女乙个人赛	山东省自行车锦标赛
孙庆伟 腾振润	男乙2000米双人单桨	山东省赛艇锦标赛
张瀚文	女乙2000米四人双桨	山东省赛艇锦标赛

续表20

姓　名	项　目	比赛名称
孙庆伟 腾振润 郭安然 叶澄坤	男乙2000米双人单桨	山东省赛艇锦标赛
孙庆伟 腾振润 王　宁 刘　一 肖君杰 于岳斌 林炳宇 王　鹏 丁伟豪	男甲2000米八人单桨	山东省赛艇锦标赛
张瀚文	女甲2000米八人单桨	山东省赛艇锦标赛
姜智彬	皮划艇男甲500米单人	山东省皮划艇锦标赛
于奇正 王毅鑫	皮划艇男甲500米双人	山东省皮划艇锦标赛
来庆华	武术套路女乙刀术	山东省武术锦标赛
李凌慧	田径女甲800米 女甲1500米	山东省田径锦标赛 山东省田径锦标赛
刘新勇	男甲1500米	山东省田径锦标赛
邓涵韬	男乙200米、400米	山东省田径锦标赛 山东省田径锦标赛
史　杰	男乙3000米	山东省田径锦标赛

（王增国）

品牌赛事

【概况】 2015年，全市举办“华发股份杯”2015年威海长距离铁人三项世界系列赛、2015年威海铁人三项裁判员培训班、2015年威海铁人三项赛主题系列活动、2015年威海市小铁人夏令营、2015年全国校园铁人三项赛、2015年威海国际帆船赛、2015年威海市帆船进校园活动、山东省公开水域游泳锦标赛暨第十届横渡刘公岛全国游泳邀请赛。承办铁人三项国际二级裁判员培训班和“好客山东，仙境海岸”“智美杯”山东省首届沿海骑行大奖赛威海站等比赛。

【2015年中国女子职业高尔夫球巡回赛暨锦湖轮胎女子高尔夫公开赛】 7月3日—5日，由国家体育总局小球运动管理中心、中国高尔夫球运动协会主办，威海锦湖韩亚高尔夫俱乐部承办的2015年中国女子职业高尔夫球巡回赛暨锦湖轮胎女子高尔夫公开赛在威海锦湖韩亚高尔夫俱乐部举行，比赛采取3轮54洞比杆赛制，中韩两国126名女子高尔夫球运动员参赛。

【2015威海国际帆船赛】 8月15日—16日，由威海市重大体育赛事组委会主办的2015威海国际帆船赛在幸福门海域举行，美国、英国、德国、阿根廷、澳大利亚、加拿大、韩国等10多个国家和地区的200多位运动员参加比赛。大赛设飞虎级帆船、激光雷迪尔级帆船、HOBIE级帆船和OP帆船4个级别的比赛，分场地赛和环岛赛2种竞赛项目，有12艘26英尺飞虎级大帆船、20艘激光雷迪尔级帆船、10艘HOBIE帆船、100艘OP帆船参赛。威海常春藤队获得HOBIE18级别帆船赛冠军，哈工大（威海）队获得HOBIE16级别帆船赛冠军。

【山东省公开水域游泳锦标赛暨第十届横渡刘公岛全国游泳邀请赛】 8月30日，山东省公开水域游泳锦标赛暨第十届横渡刘公岛全国游泳邀请赛在威海刘公岛海域举行，比赛从刘公岛铁码头沙滩开始，至幸福公园海岸结束，全程约5公里，中韩两国661名游泳爱好者参加比赛。威海代表队获第十届横渡刘公岛全国游泳邀请赛团体冠军。

【2015年威海长距离铁人三项世界系列赛】 9月12日—13日，经国际铁人三项联盟批准，由国家体育总局自行车击剑运动管理中心、中国铁人三项运动协会、山东省体育局、威海市人民政府主

办，山东省游泳运动管理中心、威海市体育局承办的2015年威海长距离铁人三项世界系列赛（含全国冠军杯赛、全国业余积分赛）在威海市半月湾铁人三项专用赛场举行。有36个国家和地区的1511名运动员报名参加比赛，其中外籍运动员近200人，威海籍运动员485人，刷新全国铁人三项赛参赛人数纪录。大赛设6个专业组别和32个业余组别。长距离比赛包括游泳3千米、骑行80千米、跑步20千米，总距离103千米。长距离分龄组的比赛终点设置冲刺通道，参赛运动员可与亲人朋友携手冲刺。中央电视台多个频道、省市各类媒体对赛事进行深入报道。10月26日，2015中国体育文化·体育旅游博览会组委会授予威海铁人三项赛“2015中国体育旅游精品赛事”证书。

【山东省首届沿海骑行大奖赛威海站比赛】 10月24日，山东省首届沿海骑行大奖赛威海站比赛在火炬大厦广场开赛，全省13个地市65名运动员参加比赛，吸引威海市200余名骑行爱好者参加陪骑活动。山东省首届沿海骑行大奖赛由山东省体育总会主办、各地市体育总会承办，设日照、青岛、威海、烟台、潍坊、滨州、东营7个分站赛，赛事设团体奖和分站赛名次奖。威海站比赛由威海市自行车运动协会承办，比赛路线为从火炬大厦广场出发，沿文化西路向西，右拐至环海路，经小石岛一路向东，至半月湾黑顶子后原路折返，全程43公里。11月7日上午，山东省首届沿海骑行大奖赛在滨州收官，威海队以总分722的成绩获得团体冠军。

（田三生）

体育设施

【概况】 2015年，组织各区市新建、续建、改建7处县级全民健身中心工程。完成里口山国际山地自行车赛道和国家级登山健身步道一期工程建设。建设国家级、省级笼式足球示范工程6处。其中，文登及乳山各2处国家级笼式足球示范工程，威海市全民健身中心2处省级笼式足球示范工程。资助建设荣成市成山镇省级示范镇工程，文登区龙山街道西楼社区、乳山市白沙滩镇太湖社区、荣成市寻山社区4处新型农村社区健身工程；对各区市农村和公园、广场、社区破损健身器材进行维修，完成550余处约3500余件健身器材。为7处县级全民健身中心和职业学院、体校、市中小学实践教育中心3所院校配备运动器材。采购2637套农村广场舞音响，配合社会体育指导员培训工作发放至所有村。威海乒羽健身中心、威海市儿童游泳馆投入运营。

【威海体育场】 位于威海市文化中路90号，是市政府投资兴建的一座综合性的体育场，总建筑面积3.8万平方米，可容纳观众3.1万人。该工程于1999年10月1日正式动工建设，2003年7月8日通过市建委组织的综合验收。体育场的主体结构为桩基础现浇框架结构，看台罩篷采用全张拉空间索膜结构。体育场工程设计被评为优秀设计二等奖和山东省“泰山杯”奖；塑胶场地是国际标准的400米环行跑道，被国家体育总局评定为国家一类比赛场地。

【威海体育馆】 建于1997年9月，位于威海市文化中路92号，建筑面积1.75万平方米，一层为商贸展厅，二层为比赛活动场地，场地内有4580个座位，主席台有113个座位，可容纳观众4600人。馆内设有中央空调、灯光、音响、电子屏幕等设备，是集体育活动、贸易洽谈、商贸展销、文艺演出、大型集会、健身娱乐等为一体的多功能综合性场馆。体育馆成立青少年体育俱乐部、珍奥乒乓球俱乐部、锋铭羽毛球俱乐部、体育舞蹈推广站，可进行篮球、羽毛球、乒乓球、排球、手球、健美操、体育舞蹈等活动。

【威海乒羽健身中心】 位于市体育中心区域西南角，福山路与文化路交会处，是威海市最大的专业化乒羽健身场所，总建筑面积2.9万平方米，2015年4月11日正式启用。地下一层车库建筑面积约6600平方米，设计车位103个。一层建筑面积约5220平方米，为体育用品专卖。二层建筑面积约5230平方米，为综合健身场馆。三层建筑面积约5150平方米，为乒乓球场地，有40副国际比赛指定球台，拥有4间独立带空调、卫生间、淋浴间和休息室等功能的VIP乒乓球室。四层为羽毛球场地和看台，有29片符合国家专业比赛的羽毛球场地，面积约为4000平方米，其中包括2片VIP羽毛球场地，配有4个带空调、卫生间、淋浴间和休息室等独立功能的包间，看台座席数600余个。

【威海市儿童游泳馆】 位于市体育中心区域东南角，是威海市首家儿童游泳馆，建筑面积约800平方米，5月31日正式启用。馆内建有适合0～8周岁以内不同年龄儿童的游泳池，主要用于婴幼儿早期游泳训练和推广普及少儿游泳运动。游泳项目主要有游泳拓展训练课、戏水游泳课、普通游泳训练课，其中游泳拓展训练课为特色项目，由专业游泳教练指导，根据儿童的能力和年龄的不同，整个课程分为九级标准。

【里口山国际山地自行车赛道】 赛道位于张村里口山风景名胜区，7月28日开工。国际山地自行车赛道系统由美国IMBA（国际山地自行车联盟）中国代表处按照国际赛事标准设计，规划休闲绿道100公里、中高级赛道4处、技巧公园4个、驿站6个。2015年完成一期工程建设，重点修建姜南庄大桥至姜家疃南夼区域内赛道，主要包括休闲绿道9公里、中高级赛道5公里、技巧公园1处、驿站2处。其中，5公里的中高级越野赛道位于姜家疃南夼，4000平方米的技巧公园位于光威山庄南地块，2个自行车驿站和绿道的修建分布在光威山庄南至姜家疃南夼。

【里口山国家级登山健身步道】 里口山国家级登山健身步道位于张村里口山风景名胜区，总规划里程200公里，突出“青山向海”主题，是山东省首条国家级登山健身步道，分三期建设，分别为40公里、40公里、120公里，2015年完成一期工程建设。一期工程南北两条横贯线贯通里口山东西区，是核心主线，有三条不同规模的环线，设佛顶路游客集散中心、塔山公园、南竹岛、北葛拉水库4个主出入口和凉水湾、桃花苑、桥头堡、里口山水库、抱山泉5个辅出入口，与塔山、南竹岛、华夏城相通。南北两条横贯线主线，一条为福德庄—佛顶—福顶—大青顶—石门—塔山公园，以宗教文化、山海景观为主，突出里口山“青山向海”独树一帜的至美景观；另一条主线为福德庄—邓家寨—北葛水库，路线整体形态为线状，以里口山的青山林海景观为主，适宜青年人群、户外运动爱好者、较常锻炼人群进行登山运动和野外休闲。

【文登体育公园】 位于文登区文山路东首城市文化商务区，占地面积30公顷，一期工程投资5亿元。规划建设体育馆、体育场、训练馆、训练场、体校教学楼、体校办公楼、学生宿舍及附属设施等。体校建筑面积1.07万平方米，投资2000余万元，可容纳500余名学生就读、食宿和训练。2009年11月，体校校舍建成并投入使用。2011年9月，体育场建成并投入使用，建筑面积4.03万平方米，可容纳观众2.75万名，可承接国内外各级各类田径比赛。2012年9月，体育馆建成并投入使用，建筑面积为2.65万平方米，可容纳观众5450名，承接篮球、排球、乒乓球、手球、摔跤、柔道等比赛项目。

【荣成市文化体育中心】 位于荣成市桑沟湾畔，主要由体育场、体育馆和市民健身中心组成。2008年被国家体育总局命名为山东荣成国家队夏训转训基地，被山东省体育局命名为山东省优秀运动队训练基地、山东省体育后备人才训练基地。

荣成市体育场　2007年竣工，位于桑沟湾畔，总投资3.2亿元，建筑面积5.82万平方米，可容纳观众3万人。场内设400米标准橡胶跑道、体育运动学校、运动员公寓及文化设施。体育运动学校主要设施有教室、实验室、餐厅，及举重、摔跤、柔道、跆拳道、武术、体操训练房等设施，总面积为7430平方米。运动员公寓面积3780平方米，配备客房105间，多功能厅1200多平方米，设有宴会厅、接待室及休闲娱乐设施等。

荣成市体育馆　2007年竣工，位于桑沟湾畔，总投资2.4亿元，建筑面积3.04万平方米，建筑高度45米，可容纳6548人。

荣成市民健身中心　2008年竣工，位于桑沟湾畔，体育场西侧，投资1800万元，占地面积6万多平方米，设田径、网球、篮球、手球、排球、羽毛球和链球等标准场地。

【威海经济技术开发区全民健身中心】 位于开发区乐天体育公园内，2015年改建，面积约1万平方米。对原有场地改造后，建有笼式足球场2个、篮球场4个、网球场6个、羽毛球场6个、排球场2个、门球场4个。

【威海临港经济技术开发区全民健身中心】 位于威海临港经济技术开发区江苏东路以南，占地面积约7.8万平方米，总投资1800万元，2015年竣工。建设标准足球场2个、网球场4个、篮球场4个、排球场2个、棒球场1个、门球场1个和乒乓球场4个，配套建设健身路径、淋浴房、公厕、商店、停车场、漫步道等。

（刘　洁）

体育产业

【概况】 2015年，印发《威海市人民政府关于加快发展体育产业促进体育消费的实施意见》，增设威海市体育产业发展中心，与山东大学（威海）联合成立威海市体育产业研究中心。

【《威海市人民政府关于加快发展体育产业促进体育消费的实施意见》出台】 12月，出台《威海市人民政府关于加快发展体育产业促进体育消费的实施意见》，明确威海市发展体育产业的总体目标、主要任务和政策措施。以增强人民体质、提高健康水平为根本目标，创新体育产业管理运行机制，构建以体育竞赛表演业为龙头，体育用品制造业为支柱，体育培训、体育旅游、体育场馆运营等多业并举的体育产业体系，扩大体育产品和服务供给，规范体育市场发展，满足人民群众日益增长的体育需求。明确大力发展体育竞赛表演业，突出发展体育用品制造业，创新发展体育资产经营业，着力培育健身消费市场，促进体育与相关产业融合发展五大重要任务，到2025年，初步建立布局合理、功能完善、门类齐全、特色突出、产业链完整的体育产业体系，形成规范有序、繁荣发展的体育市场，打造一批具有威海特色、全国知名的体育产品品牌，体育产业产值总规模超过200亿元。

【体彩实体销量】 体彩实体渠道销量达4.55亿元，超额完成全年目标任务，其中电脑型彩票销售3.95亿元，即开型彩票销售6000万元。全市体彩销售站点427个，建成商超店11个。

【市体育产业发展中心成立】 9月20日，威海市体育产业发展中心成立，挂靠威海市体育竞赛管理中心，为正科级全额拨款事业单位，主管全市体育产业工作。主要负责体育产业、重大体育赛事组织及帆船运动进校园等工作。

（刘　洁）

编辑　李传强

社会生活

人力资源和社会保障

·人才队伍建设·

【专业技术人才队伍建设】 2015年，人社部"万名专家服务基层行动计划"走进威海，中国工程院院士和重点高校、科研院所等20名知名专家学者，支持全市重点产业项目、解决技术难题，为19家企业解决技术难题36项，16名专家与企业达成合作意向。开展关爱专家行动，组织专家休假考察、医疗保健查体、走访慰问等，首次将首席技师、文化名家、乡村之星等纳入医疗保健体检范围。新增国务院特贴专家3人、省突出贡献专家2人，新北洋信息技术股份有限公司董事长丛强滋获得"百千万人才工程"国家级人选称号，实现威海市零的突破。完善博士后工作激励和管理机制，新增国家级博士后科研工作站4家，新引进博士后科研人员13名，评选设站单位科研资助项目8个、博士后创新项目启动资金10项、博士后创新项目资金奖励12项、合作导师科研资助项目3个，拨付经费171万元。首次对全市设站满三年的19家博士后工作站集中考核评估，确定威高集团、威海市商业银行2家博士后工作站为"优秀"等次。推进高等学校教师职称制度改革，组织4000多名专业技术人员申报职称资格评审，3341人取得相应资格。完善继续教育基地管理、学分登记、项目备案及评估管理办法，推进专业技术人员知识更新工程，培训专业技术人员7万人次。组织参加3个国家级高级研修项目，举办2个省级高级研修项目，培训重点领域高端人才100多人。

【高技能人才队伍建设】 开展职业能力建设工作，组织职业技能鉴定4.8万人，发证3.9万人。全市新增高技能人才9163人，完成全年计划的153%，高技能人才总量达7.9万人。推荐7人获省首席技师，10人入选省职业能力建设项目评审专家库成员，选拔市首席技师20人，市有突出贡献技师29人。修订《威海市"金蓝领"培训项目管理办法》，提高"金蓝领"培训项目要求，加强培训过程监管，引导基地培训向社会紧缺急需职业领域倾斜，全年开展金蓝领培训9142人。推进企业设立技师工作站，开展传授技艺、技术攻关、高技能人才培养等活动，新建技师工作站15家，总计41家，评选威海市示范技师工作站4家，推荐威海广泰空港设备有限公司获评山东省技师工作站。举办威海市首届"银商杯"商业服务业收银员职业技能竞赛等10项竞赛活动，组织参加全国、全省职业技能竞赛，10人获"省技术能手称号"，金猴集团参加全国首届皮具设计制作职业技能竞赛，7名选手全部跻身前20强，1名选手获亚军。组织三角集团、广泰空港等技能人才缺口较大企业与山西等地职业技术院校进行对接，建立长期校企合作关系，搭建威海市企业与省外技术院校交流平台，引进紧缺急需技能人才107人，有效缓解企业技能人才需求压力。

【引进国外智力】 全年组织实施引智项目68个，落实各级引智经费440万元，有12个项目列入国家和省引智项目计划。其中，"菲涅尔式光热发电太阳能吸收膜技术研发"项目列入国家外专局高端外国专家项目，"耐腐蚀性光谱选择吸收膜的研发"列入省外专局"引领齐鲁"高端外国专家项目，"直接转矩控制策略变频器"等2个项目列入省外专局高端外国专家项目，"矮砧苹果繁育与栽培技术示范推广"等2个项目列入省外专局重点引智推广项目。全年开展引智成果推广项目11个，其中2个列入省重点资助计划，9个列入市引智项目资助计划。全年引进外国专家585人次，办理外国专家到华工作证件278件，审批2家单位的聘请外国文教专家资格，全市聘教资格单位达40家。三角集团罗马尼亚专家阿迪获得"齐鲁友谊奖"，并作为山东省3位优秀外国专家代表之一，出席在北京举行的外国专家新春座谈会，受到国务院总理李克强接见。威海金太阳光热发电设备有限公司比利时专家约翰文作为山东省4位优秀外国专家代表之一，出席抗日战争胜利70周年阅兵仪式，并参加全省首届外国专家建言会。严格出国（境）培训管理，按照省外专局下达的出国（境）培训计划，认真审核并办理畜牧、养老、环保等领域13人随省团出国培训的相关手续。联合市农业局，邀请意大利、美国、法国等专家到威海市开展现代果业技术培训，培训技术人员1100多人次。

【人才引进】 留学人员创新创业 印发《威海市引进海外高层次人才服务绿色通道暂行办法》《威海市高层次人才服务窗口运行管理暂行办法》，为吸引海外留学人员到威海创新创业打造良好的政策环境。举办第四届“海外博士威海行”暨“英创杯”国际创新创业大赛活动，21名海外博士与全市33家企业代表现场洽谈交流，签订重点项目合作协议3个，达成合作意向8个。争取上级支持，实现省政府与人社部共建威海留学人员创业园。拓宽海外高层次人才引进渠道，新建海外引才工作站3个、总数达6家。全年认定留学人员创业企业7家，发放留学人员企业一次性创业资助资金110万元，推荐4名回国创业留学人员获“泰山产业领军人才工程科技创业类（海外）”称号。

人才引进 落实威海市“英才计划”，牵头制定《威海市企业博士聚集计划实施办法（试行）》《威海市万名大学生聚威创业计划实施办法（试行）》等5个配套文件，健全引才育才用才政策体系。举办“第四届威海市人才引进校企合作恳谈会”，组织40多家企业参加“山东—名校人才直通车”等活动，达成人才引进意向3200多人。组织实施山东半岛蓝色经济区人才发展项目，引进高端人才16人，落实扶持资金140万元。全年引进各类人才2.5万人，其中博士58人，硕士1081人。

人力资源服务 出台《关于加快发展人力资源服务业的实施意见》，联合市财政局印发《威海市市级人力资源服务业发展资金管理办法》，每年设立200万元的专项资金，大力扶持人力资源服务业发展。加强人力资源事务代理工作，新增托管档案7430份，委托管理代理单位964家，档案总量达5.09万份。

【人事考试】 全市组织实施的人事考试工作由8项增加到16项，参考人数由3.4万人次增加到6.5万人次。全年考试任务有31项，组织考务培训32次，动用监考人员3090人次，巡视人员1300多人次，考场1545个。升级建设基础设施，开展安全和保密警示教育，经常性地组织考试风险排查，确保试卷安全，连续7年实现“零事故，零差错，零投诉”。

·就业创业工作·

【就业工作】 全市新增城镇就业4.3万人，农村劳动力转移就业1.7万人，“3545”等大龄就业困难群体实现就业再就业2300人，就业转失业人员实现再就业1万人，城镇登记失业率1.5%，保持全省最低水平。

就业政策落实 为953家企业的2225名大龄就业困难人员发放社会保险补贴和岗位补贴4684.2万元，为20家企业的211名农村新成长劳动力发放一次性就业岗位补贴40万元，为1.01万名“4050”灵活就业人员发放社会保险补贴2495万元。

公共就业服务 组织开展“春风行动”“就业援助月”“农民工恳谈日”等就业促进活动，举办各类大型招聘活动67场，开办市场招聘日活动350场，进场单位7164家次，现场达成招聘意向4.06万人。实施就业创业培训5年规划，开展各类就业创业培训4.2万人。组织走访就业困难人员家庭370户，132名登记认定的就业困难人员全部实现就业再就业。

就业社区创建 加快“数字就业社区”建设，开展“威海市充分就业星级社区”评估认定工作，评定“威海市充分就业星级社区”52家，全市被认定的国家级充分就业示范社区1家，省级充分就业星级社区14家，市级充分就业和谐社区196家。

高校毕业生就业 举办第19届高校毕业生供需见面会，360家企业提供就业岗位1.12万个，省内外1.3万名高校毕业生参会，现场初步达成就业意向8000多个。按照“小规模、多批次、专业化、网络化”原则，组织开展高校毕业生就业服务月、就业服务周、春季毕业生招聘会等各类招聘活动60多场次，提供就业岗位2.8万个。继续组织实施“三支一扶”计划，招募大学生117人。将离校未就业毕业生纳入就业失业全员登记管理服务范围，广泛开展未就业毕业生就业服务工作。鼓励小微企业吸纳高校毕业生就业，为10家小微企业吸纳的74名高校毕业生发放社会保险补贴63.4万元。推进高校毕业生就业见习工作，新增毕业生就业见习基地13家，组织641名毕业生上岗见习，发放2014年度见习补贴43.6万元。全年各类用人单位接收毕业生8644人，高校毕业生登记就业率99.3%。

农村劳动力转移就业 围绕市委、市政府提出的“农村居民市民化”目标，结合实施农民工技能提升等3年行动计划，创新农村劳动力转移就业培训机制，在国家级开发区、六大重点区域建设7个培训基地和12个中心镇培训点。组织“就业大篷车”送岗下乡14场次，开展“实用技术培训进镇村”“就业培训进园区”“三项技能培训进拆迁村”等就业创业培训下基层活动，免费为2.8万名农村居民开展“点餐式”培训。

破解招工难题 以150家代表性企业为监测点，准确获取企业用工信息，形成2015年企业用工形势分析报告。组织60多家企业赴河北、山西、甘肃等劳动力密集地区和产能过剩地区举办15场招聘会，争取邯郸市就业服务局在威海市设立联络处，建立长期用工合作机制，全年引进外来劳动力2.3万人，保障企业生产经营需要。

【创业工作】 促进大众创业 市委、市政府首次专门召开全市创业大会，印发《关于进一步促进大众创业的意见》等一系列政策文件，将个体工商户、小微企业一次性创业补贴分别提高到5000元和2万元，一次性创业实训补贴提高到2000元，自主创办小微企业担保贷款提高到30万元，推动大众创业、万众创新工作体制机制和政策体系更加完善。

创业政策落实 优化创业政策，全市发放创业补贴1752笔，581.35万元；发放创业担保贷款3.3亿元，比上年增长43.5%，直接扶持2950人实现自主创业，吸纳带动就业9250人，其中为劳动密集型小企业发放贷款14笔3190万元，实现零突破。

创业服务　深入推进67个省市两级创业型镇（街道）和社区建设，高标准建成覆盖全市的32处创业孵化基地（园区），其中认定市级创业孵化示范基地17家，拨付奖补资金850万元。新增乳山市创业孵化基地、威海南海新区蓝色创业谷、山东巨蟹云大学生电商创业园区等省级创业孵化示范基地（园区）3家，总数达7家，全省最多，累计获省级奖补资金2900万元。联合市中小企业局和金融、科技、银行、担保机构等部门在市政务服务中心设立“一站式”创业服务大厅，与电视台联合打造《创业秀场》专题栏目，成立创业指导专家委员会，充实创业培训师资库，创新创业大学“一点多校”办学模式，在各区市、孵化基地、社区和高校设立分校12处，全年完成创业实训近4000人，创业成功率超过10%，1人入选全省“双创之星”。

·社会保险工作·

【养老保险】　企业职工基本养老保险　全市企业职工基本养老保险参保78.8万人，基金收入179.6亿元，发放养老金50.8亿元。连续第11年提高企业离退休人员养老金水平，涉及18.9万人，人均月调增240.32元。

机关事业单位养老保险　全市机关事业单位参保7.3万人，基金收入25.8亿元。9月，市政府印发《关于机关事业单位工作人员养老保险制度改革的实施意见》，全市机关事业单位养老保险制度改革正式启动。

居民基本养老保险　完善政策制度，做好居民与职工养老保险制度相互衔接。全市居民基础养老金标准统一提高到每人每月95～110元，全市参保居民88.8万人，参保率达99%，44.7万名老年居民领取养老金6.5亿元。

被征地农民养老保险　做好新老被征地农民保障制度的衔接、待遇计发、账户资金管理等工作，完善被征地农民信息网络管理系统，较好地解决被征地农民历史遗留问题。组织开展全市逐镇村摸底调查统计工作，摸清被征地农民有关情况，指导各区市制定保障方案，落实保障资金，办理新参保人员1600人，落实个人账户保障资金2263.9万元。

【医疗保险】　职工基本医疗保险　全市职工医疗保险参保91.6万人，基金收入26.4亿元，为14.2万名参保职工支付医疗费17.6亿元。新增市级定点医疗机构6家，新增市级门诊慢病定点医疗机构16家，申请慢性病定点医疗机构的参保职工不受参保地限制，可在全市范围内就近选择并申请门诊慢病待遇资格。

居民基本医疗保险　全市居民基本医疗保险参保159.6万人，参保率达99%，政府补助标准提高到390元，基金收入8.03亿元，为18.9万名居民支付医疗费9.2亿元。市政府修订《威海市居民基本医疗保险规定》，将在威海市长期居住的外来人口纳入保障范围，实现居民“同城同待遇”。取消参保居民市内转诊转院限制，城乡参保人员实现市域范围内自由选择就医。

居民大病保险　推行居民大病保险与居民基本医疗保险一并即时结算机制，提高居民大病保险报销的时效性，有效缓解重大疾病群体经济负担。居民大病保险人均筹资标准为32元，均从居民基本医疗保险基金中划拨，参保居民个人不缴费。最高补偿额提高到30万元，全年为3.1万名居民补偿医疗费7451万元。

医疗费用结算　探索总额预付、按病种结算、定额结算为主体的医疗保险结算制度，全市范围内全部实现直接结算，减轻个人垫付压力，方便群众报销。扩大定额结算病种范围，新增胆系结石手术治疗、主动脉夹层支架置入术、先天性心脏病手术治疗等定额结算病种50个，总数达81个，定额结算标准内，参保职工个人零负担，参保居民只负担20%～40%，全年为4.6万名参保人员减轻负担3.5亿元。

【工伤保险】　全市工伤保险参保71.4万人，基金收入3.2亿元，为8326名工伤职工和989名供养亲属发放工伤保险费用3.58亿元。调整工伤保险基准费率，将全市8个类别行业的基准费率调整为0.3%、0.6%、1.1%、1.4%、1.8%、2.1%、2.6%、3.0%，优化工伤保险基金管理。调增一级至四级工伤职工伤残津贴、生活护理费和工亡职工供养亲属抚恤金标准，有效保障工伤职工合法权益。会同城建、安监、工会等部门制定《威海市开展建筑业“同舟计划”工作方案》，做好建筑业农民工参保工作。工伤认定与劳动能力鉴定实行网上申报，劳动能力鉴定部分标准被人社部采用为国家标准。全年认定工伤案件5382起，组织劳动能力鉴定3590人次，为166名工伤职工进行工伤康复。

【失业保险】　全市失业保险参保56.03万人，失业保险金发放标准提高到950元，基金收入3.88亿元，为2.5万名失业人员发放失业保险金及支付医疗保险费2.11亿元。做好失业保险稳岗补贴发放和扩大支出试点工作，为全市符合条件的546户化解产能严重落后、节能减排、兼并重组等五类企业和其他类企业发放稳岗补贴2110万元。

【生育保险】　全市职工生育保险参保60.4万人，基金收入2亿元，为1.66万名女职工支付生育医疗费2.1亿元。建立机关事业单位生育保险制度，生育保险实现城乡各类群体全覆盖和生育、孕检费用零负担。适当下调生育保险缴费费率，企业缴费费率由在职职工工资总额的1%下调至0.5%，灵活就业人员为本人缴费基数的0.5%缴纳。

【市级统筹】　印发《关于完善社会保险市级统筹制度的意见》，将职工养老保险、职工医疗保险、失业保险、工伤保险、生育保险和居民养老保险、居民医疗保险纳入市级统筹范围，在全省率先实行全市“统收统支”的社保基金管理模式，建立扩面征缴责任分担和基金支出风险控制机制，有效提高基金共济水平和抗风险能力。

【社保基金监督】　创新社保长期待遇领取资格“大认证”和医保反欺诈机制，将66万名领取长期社保待遇人员全部纳入认证范围，认证率达96%。完成社保基金安全评估国家级试点，按省厅要求实施养老保险基金委托运营工作，开展社保基金账户管理及保值增值情况专项检查、居民医疗保险基金专项检查等工作，建立基金违规违纪网上举报平台，加大基金监督检查力度，基金运行保持安全稳健。市人社局被评为全省社会保险基金监督工作先进单位。

·劳动关系协调和权益维护·

【劳动关系管理】　印发《深入开展和谐劳动关系创建工作三年规划（2015—2017）》，制定2015年工作计划，开展和谐劳动关系创建工作。将全市最低工资标准由每月1500元调整为1600元，确定企业工资指导线，发布284个职位（工种）的人力资源市场工资指导价位，新增旅游业、家政服务业等16个岗位的指导价位，监督指导企业落实工资收入分配政策，保障职工工资合理增长。做好企业工资收入分配“三项制度”备案工作，备案率达90%以上。开展企业薪酬调查工作，完成全市638家样本企业的薪酬调查任务。拟定《威海市市管企业负责人薪酬制度改革实施意见》，开展国有企业负责人薪酬制度改革工作。组织开展以非公企业、小微企业提高农民工劳动合同签订率和履约质量为重点的“春暖行动”，补签农民工劳动合同5000多份，全市企业劳动合同签订率达95%以上。

【劳动保障执法监察】　完善日常巡查、书面审查、专项检查、举报专查、部门联动的劳动保障监察机制，联合有关部门在全市组织开展农民工工资支付情况、清理整顿人力资源市场秩序、用人单位遵守劳动用工和社会保险法律法规情况等专项整治行动，全年检查用人单位5041户，书面审查用人单位6231户，受理举报投诉案件1136起，预警处置突发性群体案件45起，追讨工资待遇及社会保险费3229.65万元。依法申请法院强制执行案件12起，移交公安机关涉嫌拒不支付劳动报酬犯罪案件3起，涉及金额104万元。推进劳动保障“两网化”（网格化和网络化）管理，建立一级网格1个、二级网格7个、三级网格73个，配备专兼职监察员、协管员440人，采集2.63万户用人单位信息，涉及劳动者61.82万人，协调解决劳资纠纷497起，及时上报群体性突发事件15起，发挥基层网格作用，维护劳动者的合法权益。

【劳动人事争议处理】　在全省创新建立人民调解、司法调解、仲裁调解“三调联动”工作机制，形成协调配合的多层次预防调解网络，调解纠纷127起，调解率达54%，发挥化解争议的第一道防线作用。完善“调、裁、审”相衔接的办案模式，全市立案受理劳动人事争议案件1961起，当期审结1955起，结案率为99%，为企业和职工挽回经济损失8706.05万元。威海市劳动人事争议仲裁院被人社部确定为全国五家劳动人事争议处理效能建设示范点之一，威海市、文登区、乳山市劳动人事争议仲裁院分别被评为全省示范劳动人事争议仲裁院。全市建立基层调解组织3103个。其中，镇（街道）调解组织74个，企业劳调会2335个，区域性、行业性调解组织12个，事业单位调解组织682个。基本实现城乡社区和企业全覆盖，近30%的简单劳动争议化解在基层。

【信访咨询】　全年接待群众信访人访1927件，涉及3723人次。其中，收到群众信访271件、群众人访1644件，到市信访部门协助接访12次。全年参加行风热线节目2次，解答和处理群众反映各类问题49件，回复和处理网上行风热线群众反映的各类问题228件，群众满意度为100%。全年接听群众电话4.8万个，网上客服对话3839次，办理市长信箱信件430件、局长信箱信件156件，回复局网站留言7761条、政务微博留言358次。

【普法宣传】　结合人社工作职能，深入开展送法进企业、进机关、进高校等“法律六进”活动，向城乡群众发放政策“明白纸”、小册子等宣传材料近1万份。围绕“就业之路·法律同行”主题，开展“普法宣传月”活动，组织业务骨干到各大高校、技校举办专题讲座15场，为参加讲座的1万多名大学生提供就业创业、劳动保障等方面的政策帮助。在《威海日报》《威海晚报》、市广播电视台等开设《社保时空》《就业时空》《人事考试》《劳动监察》等宣传专栏，全年开展政策解读宣传650期。利用中心城区公交车的600多块电子显示屏，滚动播放社会保险政策，日覆盖人群40多万人次。综合运用自助终端机、手机、部门网站、官方微博、微信，搭建五位一体的“互联网+”普法宣传平台，定期发布最新政策、工作动态、业务知识，及时回应和解答群众关注的热点、难点问题，确保职工群众随时、随地、便捷地了解人社政策和法律法规，市人社局通过全省“六五”普法依法治理检查验收。

·人社公共服务一体化·

【人社公共服务一体化】　探索创新公共服务理念和服务模式，在全国首创“人社公共服务一体化信息便民工程”，通过“互联网+”，率先将社保业务与信息技术高度融合，打破原有业务布局和行政区划限制，统一全市的经办服务标准和服务规范，制定出台社保费征缴、基金管理等20个政策文件，梳理再造236项业务流程和近1000个业务环节流程图。完成260万参保人员数据质量整理，率先开发建设电子档案和电子签章系统，在城乡基层和大医院、银行网点等公共场所布设1250台自助终端机，80多项业务下沉到城乡基层。拓宽“窗口+网上+自助+掌上”四位一体便民服务渠道，经办人员通过“市—县—镇—村”四级一体化平台按“流程驱动”办理业务，实现社保业务“同城通办”和“同城同质同效”。10月28日，一体化系统正式上线，经过2个月的运行，80%的用人单位通过网上办事大厅完成社保业务办理，10.6万名档案托管人员通过自助终端缴纳社保费8.1亿元，市级经办窗口工作量由每天收费800～1000笔减少至每天20多笔。威海市人社公共服务一体化建设经验被新华社内参、《中国劳动保障报》、山东电视台等媒体进行专题介绍和报道。威海市被人社部确定为电子社保示范城市。

（朱复刚　刘元娇）

住房公积金管理

【概况】 2015年，市住房公积金管理中心加大对职工住房消费的支持力度，调整放宽资金使用政策，发挥住房公积金制度的住房保障作用，促进全市房地产市场健康发展。至年末，全市开立住房公积金账户并正常办理业务的单位6087个，缴存职工47.99万人。其中，市区30.07万人，文登区5.33万人，荣成市8.94万人，乳山市3.65万人。全市住房公积金覆盖率84.6%。全年完成住房公积金归集额24.65亿元，比上年增加4.01亿元，增长19.4%；全市累计归集总额为159.19亿元，比上年末增长19%。全市向6345户职工家庭发放住房公积金个人购房贷款17.55亿元，占全年归集额的71.2%。其中，市区13.58亿元，文登区1.29亿元，荣成市1.9亿元，乳山市7735万元；全市累计向5.78万户职工发放住房公积金个人购房贷款116.76亿元。全市6.84万人次提取使用住房公积金12.91亿元，比上年增加1.21亿元，占全年归集额的52.3%。其中，市区7.99亿元，文登区1.38亿元，荣成市2.52亿元，乳山市1.02亿元。全市累计50.72万人次提取住房公积金68.37亿元，占归集额的42.9%。威海市被住房城乡建设部选为全国公积金公众服务系统建设5个试点城市之一，市中心服务大厅获得“全国青年文明号”称号。

【调整放宽贷款政策】 5月4日，印发《关于调整部分住房公积金贷款政策的通知》，于5月11日起施行。提高最高贷款额度，借款人及配偶均符合住房公积金贷款条件，最高贷款额度由40万元提高到50万元。降低首付款比例，缴存职工家庭使用住房公积金贷款购买首套普通自住房，最低首付款比例由30%调整为20%；对拥有1套住房并已结清相应购房贷款（含商业住房贷款和住房公积金贷款）的缴存职工家庭，为改善居住条件再次申请住房公积金贷款购买普通自住房，最低首付款比例为30%，贷款利率按基准利率1.1倍执行。调整二手房贷款额度及期限，将二手房贷款的最高额度及年限调整到与新房一致，最高贷款额度为50万元，最长贷款年限为30年，但贷款年限不得超过土地使用权的剩余使用年限。

【调整住房公积金管理政策】 10月12日，印发《关于调整部分住房公积金管理政策的通知》。

放宽公积金贷款条件　职工连续足额缴存（以上年月工资总额确定的缴存基数和规定比例计算的应缴存额，由单位代扣，逐月缴存）住房公积金6个月（含）以上，可申请住房公积金个人住房贷款。对曾经在异地缴存住房公积金、在威海市缴存至少1个月以上的，缴存时间可根据原缴存地住房公积金管理中心出具的连续缴存证明合并计算，与本地职工政策一致。缴存职工家庭使用住房公积金贷款购买首套普通自住房，最低首付款比例为20%；购买第二套自住住房并已结清公积金贷款和商业贷款购房的缴存职工家庭，再次申请贷款购房的，最低首付款比例降低至20%。

提高贷款额度和年限　个人住房贷款最高额度，夫妻双方均符合贷款条件的职工家庭，环翠区、高技术产业开发区、经济技术开发区、临港经济技术开发区为60万元；其他区市为50万元；只有一方符合公积金贷款条件的视为单职工，最高额度为40万元。暂停执行贷款额度与职工账户缴存余额20倍挂钩的规定。为提高办事效率，取消提供收入证明环节，借款人还款能力按不高于借款人和共同还款人月缴存工资基数的70%核定。住房公积金贷款年限放宽至借款申请人法定退休年龄后10年，最高贷款年限延长至40年，贷款职工及其配偶的销户提取相应延长至贷款还清日。

异地贷款业务　在省内其他城市缴存住房公积金的职工，不论户籍属地，在威海市范围内购买自住住房，可以申请住房公积金贷款。提供申请人及配偶的户籍或就业地居住证明，缴存地住房公积金管理中心出具的缴存、贷款等相关证明材料。其他贷款条件与本地职工相同。在省外城市工作、缴存公积金的本地户籍职工，在威海市范围内购买自住住房的，可比照前述规定申请住房公积金贷款。

商业贷款转公积金贷款业务　缴存职工已办理商业住房贷款不超过3年的，且所购普通自住住房符合现行公积金贷款条件的，可提前一次性还清商业贷款后1个月内，申请发放住房公积金贷款，贷款额不超过一次性还清商业贷款的金额。

放宽住房公积金提取条件　对新发生的购房、贷款等住房消费行为，放宽住房公积金提取条件。房租提取，职工连续足额缴存住房公积金满3个月，在缴存地无自有住房且租赁住房的，提供本人及家庭成员名下无房产的证明、租赁合同、缴费票据，可提取家庭成员名下住房公积金支付房租，每年1次，年提取额每名缴存职工最高不超过6000元。租住公共租赁住房的，凭缴费单据按照实际支出全额提取。购房提取，缴存职工（产权登记人）不使用住房公积金贷款的，购买普通自住住房后，可在取得有效购房凭证1年内，一次性同时提取职工本人及配偶、父母、子女的住房公积金，其中有未还清住房公积金贷款的除外。提取总额不超过购房款总额。办理此类提取后，该套房屋不能再申请公积金贷款。首付款提取，申请使用住房公积金个人贷款后，可在1年内一次性提取职工本人及配偶的住房公积金，用于支付购房首付款。提取总额不超过首付款金额。偿还公积金贷款提取，为提高服务效率，新发放的个人公积金贷款全部采用逐月冲抵还贷方式，即先从个人公积金账户自动扣划，个人账户余额不足以偿还当月贷款本息的，转为从银行账户还款。老贷款从2016年1月起逐步采用逐月冲抵还贷方式，即按每年提取一次方式办理提取后，从2017年1月转为逐月冲抵还贷方式，同时停止柜面和网上一次性提取方式。

归集扩面和风险防范　加强和规范行政执法工作，对屡催无效、不为职工缴存住房公积金的企业，建立企业“黑名单”制度，上报央行征信系统，加大归集扩面力度，确保职工正常使用。对逾期偿还住房公积金贷款的个人，每月21日起，按天计收罚息，同时按月将逾期信息上报央行个人信用信息基础数据库，将偿还公积金贷款情况纳入个人信用信息体系。防范资金风险和骗提骗贷行为，加强对政策执行效果的监督与分析预警，当资金使用率达到相应预警级别时，将适时调整住房公积金使用政策，确保住房公积金业务持续健康发展。对伪造合同、出具虚假证明、编造虚假材料等欺骗手段提取或套取贷款的，责令其退回骗取的住房公积金或违规贷款，并取消其5年内住房公积金提取及贷款的资格，对协助造假的机构和人员，严肃处理，违法犯罪的，依法追究法律责任。

（毕崇征　王漓江）

民　政

【概况】　2015年，全市民政系统围绕创建“阳光、亲情、创新、高效”四个民政服务品牌，创先争优，提速提效，在省民政厅年度重点工作综合评估中被评为优秀等次。威海市居民家庭经济核对工作在民政部有关会议上作典型发言，优抚对象精神抚慰工作经验被民政部简报予以刊发推广，社区治理创新、社会组织管理、信访稳定等工作在省有关会议上作典型发言。完成海防管控演练任务，第七次高标准争创全国双拥模范城。推进养老服务业发展，千名老人床位数、养老机构社会化程度等指标均居全省首位，威海“12349”居家服务呼叫中心成为全省唯一的国家级服务业标准化试点单位。社会救助工作成效显著，低保、五保各项标准均居全省前列。壮大社工人才队伍，社工师报名和通过率均创新高。军休、安置工作依法行政，成为全省没有遗留问题的地级市。福彩慈善事业快速发展，慈善人均捐款额位居全省第一位。市民政局被评为全国、全省民政宣传工作先进单位。老年人权益保障、儿童福利、社会事务、党建等工作整体推进，协调发展。

（史明辉）

【双拥工作】　全年走访慰问驻军单位156个次，企业、社区及社会组织走访驻军部队3400余次，赠送慰问金、慰问品1200多万元。结合纪念抗日战争暨世界反法西斯战争胜利70周年，举办拥军联欢会、参观爱国主义教育基地等活动16场次。开展“双拥法规宣传月”活动，全方位、多角度地宣传双拥国防理念，全年开展国防教育活动72次。召开2015年度军地联席会议，军地双方就26个具体事项进行深入研究解决，市领导和驻军部队官兵同过“军事生活日”，组织市区团以上单位主官观摩市重点项目建设情况，市双拥创城工作通过国家、省验收。《关于威海市军民融合发展的调研报告》获得省民政厅民政政策理论研究“优秀奖”，获全市政府系统优秀调研成果一等奖。全年在国家、省、市级媒体发表文章通讯125篇。

（卢桂洋）

【优待抚恤】　全年发放抚恤补助资金1.1亿元，向全市义务兵家庭发放优待金3925万元。完成全市3626份烈士证书、38份警察伤残证的换发工作。组织500名优抚对象参加短期疗养，3000名优抚对象参加健康查体，51名重点优抚对象到青州疗养2个月，录入3.4万名优抚对象电子档案。全市投资108万元为145户优抚对象进行危房改造，与市财政、住建、房管等8个部门联合印发《关于加强抚恤定补优抚对象住房优待的意见》。全年举行各种烈士纪念活动1100多场次，参加人数达85万多人次。各区市开展抗日战争胜利70周年纪念活动，完成835名抗战老战士纪念章及补助金发放工作。

（李　淦）

【退伍安置】　推动退役士兵自主就业创业，在全省率先完成1059名退役士兵自主就业，发放一次性经济补助金2588.3万元。加强退役士兵职业教育和技能培训，全市投入经费270多万元，培训759人，参训率达90%以上，职业资格证、毕业证获取率达95%以上。举办第三届退役士兵专场招聘会，500多名退役士兵与招聘单位达成初步用工意向。在全省率先完成符合政府安排工作条件的退役士兵安置任务，市政府印发《威海市退役士兵安置办法》，为各区市依法安置退役士兵提供依据。完成30名军休干部、退休士官、军休职工和伤病残军人接收安置任务，为全市796名军队离退休干部、258名军休遗属调整生活待遇，发放补助金1675万元，全年落实军休人员各项生活待遇经费1.03亿元。

（陈　平）

【基层政权和社区建设】　完成社区（村）“两委”换届选举收尾工作，全

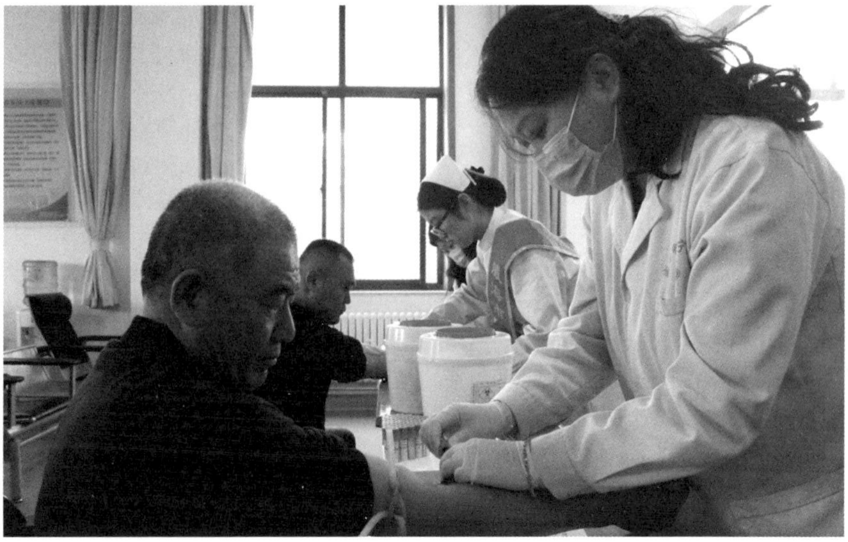

5月19日，市复退军人康宁医院为优抚对象查体　　　李晓娟　摄

市212个城市社区全部完成，有2634个村完成换届任务。加强社区治理和服务创新工作，印发《关于规范社区职能推进减负增效的意见》《关于推进“四社联动”创新社区治理和服务的实施意见》等文件，明确社区工作职责，推动社区、社区社会组织、社会工作专业人才、社区志愿者之间互惠融合协调发展。召开全市社区治理和服务创新工作会议，推动社区共驻共建、社区居民自治、社区为民服务深入开展。举办城市示范社区和优秀社区工作者评选活动，评选出24个城市示范社区、50名优秀社区工作者，引导带动社会各界关注、支持和参与社区建设工作。

（刘朋日）

【社会救助】 2015年，城市低保标准为每人每月500元；农村低保标准为每人每年3240元。自10月1日起，将农村低保标准提高到每人每年3500元，比上年增长8%。自1月1日起，农村五保集中、分散供养标准分别由每人每年5000元和3200元提高到5500元和3600元，分别增长10%和12.5%。自10月1日起，将农村五保集中、分散供养标准提高到6000元和4000元，分别增长9%和11%。全市城乡低保保障2.53万户、3.44万人，发放低保金7197.1万元。其中，城市低保保障2173户、3450人，发放低保金1403.7万元；农村低保保障2.31万户、3.09万人，发放低保金5793.4万元。保障农村五保对象1.03万人，发放供养金5396.9万元。其中，集中供养对象5298人，发放供养金3781.3万元；分散供养4982人，发放供养金1615.6万元。全年投入医疗救助资金1448.8万元，救助困难对象2817名，资助4.14万名困难群众参加城镇居民医疗保险。救助城乡低保和低保边缘家庭学生471人，发放教育救助资金88.85万元。

（姜春丽）

【社会福利】 拓宽“12349”信息平台覆盖面，全市财政补贴话费老年人数达17万余人，增加8.8万人，比上年增长105%。试水OTO（线上到线下）运作模式，整合服务机构3123家，服务群众27万余人。提升社区养老设施建设和服务水平，新建城市社区日间照料中心67处、农村幸福院164处，累计建成373处和376处，分别覆盖94%的城市社区和63%的农村社区。养老机构不断向社会化方向发展。全年落实省级补助金1亿元，吸引社会资本12亿元，建设南竹岛老年公寓、武汉老来乐老年公寓等6项政府重点工程，全年新增养老床位5387张，千名老人拥有养老床位38张。探索公私合营、公建民营等运作模式，全市民营养老机构占比达76%。探索“养老＋医疗”发展模式，落地海大老年康复中心、光华老年康复医院等7个大型医养结合项目。探索“养老＋保险”模式，全市养老机构老年人参保率达62%。探索“养老＋旅游”模式，为异地老人提供养老床位1.3万余张。探索“养老＋地产”模式，先后建设威高天伦苑高端养老社区、东方国际养生园等4家养老社区。

强化儿童基本生活保障，按照集中和分散供养每人每月1200元和720元的标准，保障孤残儿童285名。按照困境儿童基本生活费每人每月500元标准，保障困境儿童410名。深化特色儿童关爱服务，对全市18周岁以下40名社会散居孤儿免费查体，查体费标准每人400元。“六一”儿童节期间，集中开展民政干部联系孤儿活动，按照每名孤儿不低于500元的标准进行走访。市儿童福利院开设孤残儿童特殊教育课程，招聘2名专业资质老师，招生14名。荣成市开展儿童福利试点工作，全面建立困难儿童在生活、教育、医疗、就业、住房等方面的保障制度，对159名符合适度普惠型儿童福利制度的儿童，发放生活保障金58.5万元。全面落实城镇“三无”对象生活保障、高龄津贴、失能老人护理补贴制度。其中，城镇“三无”集中和分散供养标准为每人每月840元和750元，保障对象148人；为全市近9万名80周岁以上老年人发放长寿补贴和高龄津贴1400万元；为城乡低保家庭，特困对象中失能、半失能老年人发放护理补贴，标准为每人每月60元，保障1977人。全市73家福利企业安置3243名残疾人就业。全年销售彩票6.37亿元，筹集市级福彩公益金6164万元，人均购票量位居全省第二。

（曲桂贤）

【社会组织管理】 承接异地商会和非公募基金会登记管理业务，指导成立威海南海爱心基金会和威海市文登仁济基金会。其中威海市文登仁济基金会原始基金1亿元，为全省原始基金数额最大的非公募基金会。全市登记备案社会组织总数达3480个。其中，登记社会组织1880个，备案社区社会组织1600个。环翠区、文登区获评首批省级社会组织建设创新示范区。开展网上年检，为社会组织年检提供便利。开展第三批市管社会组织等级评估，获得AAA以上等级社会组织18个。举办全市政府购买社会组织服务和公益创投项目设计培训班，培训120余人。审核2015年度承接政府职能转移和购买服务市管社会组织资质，62个社会组织取得资质。社会组织孵化园实现全区域覆盖，总面积3600多平方米，入驻社会组织86个。

（房振华）

【社会事务管理】 2015年，各婚姻和收养机关依法登记，规范管理，办理结婚登记2.05万对、离婚登记5360对、补发婚姻登记证5617件，收养登记19件，登记合格率100%。全市殡仪馆火化尸体2.31万具，火化率达100%。全年救助流浪乞讨人员3525人次，护送返乡278人，基本实现街面无流浪乞讨人员。对市区规划区域内7个住宅小区进行命名，对市区187条街道进行命名、更名、调整和注销。对环翠—荣成线和文登—乳山线两条行政区域界线进行联合检查。

（王书清）

【居民家庭经济核对】 在全省率先建立居民家庭经济状况核对系统，覆盖各区市（开发区）、72个镇（街道）、457个社区（村），涵盖15个部门。会同18个部门印发《威海市居民家庭经济状况信息核对操作规程》，培训全市专职核对人员641名，保障平台依法规范运行。复核低保人员4.5万人次，清退问题人员1370名，确保社会救助资金落到实处。

（鲍大伟）

慈善事业

【概况】 2015年，威海市各级慈善组织募集善款1.07亿元，居全省第七位。其中，接收“慈心一日捐”捐款8230万元，企业认捐慈善基金利息1174.4万元，冠名慈善基金396.17万元，定项捐赠894.25万元，日常捐款6.09万元。全市人均捐款38.1元，居全省首位。市慈善总会募集善款1670.63万元。全市支出善款6778万元，惠及8万余人次，发挥慈善事业在社会保障体系中的重要补充作用。市慈善总会办公室被市委、市政府授予“威海市十佳助残先进集体”称号；1名个人获山东省慈善总会表彰。

【慈善助医】 全市支出慈善大病救助款2338.18万元，惠及遇困群众4587人。市慈善总会支出200万元，救助大病患者176人；支出日常助医款188.98万元，救助大病患者148人。

【慈善助学】 开展“慈善·福彩”特困高考新生救助活动，全市发放助学款281.6万元，惠及特困学生729人，其中市慈善总会支出80万元，救助遇困学生202人。“威高爱心助学”活动支出助学款500万元，对1000余名市直高中贫困生开展“爱心助学”“就餐补助”“学费补助”。市慈善总会教育分会支出助学款290万元，救助遇困学生。开展冠名慈善基金助学、定项助学等救助活动，支出助学款230万余元，惠及遇困学生2000余人。开展“慈善义工爱心助教”项目，对市区300多名困难家庭的在校学生实施22个科目的免费辅导培训。

【定项救助】 开展建筑业困难农民工“关爱行动”，支出救助款70万元，救助建筑业遇困农民工629人。开展“夕阳扶老”“情暖万家”等救助活动，全市支出善款2687.4万元，资助遇困老年人、遇困贫困户6.58万人。开展慈善助残活动，支出善款147.8万元，开展光明行动、帮扶贫困残疾人等救助活动。开展赈灾活动，支出善款38.28万元，修复威海市过火山林植被。开展冠名慈善基金救助活动，引导与联合冠名慈善基金设立人，对困难学生及零售商户、血友病患者等实施救助，支出152.94万元，惠及困难群众2090人。

【中华慈善总会免费药品援助项目】 中华慈善总会药品援助项目旨在帮助符合援助条件的肿瘤、血液类等重病患者获得德国拜耳、瑞士诺华等企业的药品免费援助。市慈善总会向中华慈善总会争取获批在威海市设立发药点，发药点设在市慈善总会办公室。10月29日，发药点开始发药，年内发放药品价值332万元。

（褚艾君）

红十字事业

【概况】 2015年，威海市红十字会积极服务社会民生，全年投入各类帮扶资金30.3万元，帮扶物资价值80余万元，被评为全省红十字系统2015年度应急救护培训、造血干细胞捐献和基层组织建设先进单位。

【红十字宣传】 在“5·8”世界红十字日、“5·12”防灾减灾日期间，举办红十字运动知识走进中世韩国国际学校、防灾减灾广场宣传等活动。联合威海电视台录制播出防止踩踏、逃生自救的新闻宣传短片和纪念“世界急救日”应急救护特别节目。深入挖掘典型素材，对宁青、王慧胜等造血干细胞捐献志愿者的先进事迹进行持续报道。5月16日晚，中央电视台《道德观察》栏目播放志愿者宁青的事迹，宁青获威海市第四届“市级道德模范提名奖”，并入选“中国好人榜”；红十字志愿者王慧胜获“威海市第十二届十大杰出青年”称号。

【救援队伍建设】 拨付资金3万元重点扶持威海红十字蓝天救援队和水上救援队的发展，两支队伍全年参与应急救援、安保服务、救援技能普及等志愿服务活动120多次。11月2日，组织红十字蓝天救援队和红十字威帜救援队参加威海市应急救援综合演练，分别参与应急装备展示、生命搜救、分列式方队等三项科目展示活动，出动救援队员50余人，展示各类应急救援车、救护车、越野车6辆，救援装备30多套，锻炼红十字志愿者基本功和处置突发事件的实战能力。

11月2日，威海红十字蓝天救援队参加全市应急救援综合演练

市红十字会提供

【红十字社会救助】 开展春节送温暖活动，发送温暖箱100个、大米1350袋，给予23户困难家庭帮扶救助款5.8万元。拨款3万元帮扶文登区葛家镇敬老院完善设施，为2名白血病儿童申请小天使基金救助金总计8万元。为乳山市老年养护中心、荣成石岛福利中心落实关爱失能、半失能老人救助项目器材资金40万元。为文登、荣成、乳山3所小学分别争取“六个核桃读书慧”价值3万元的书籍及书桌。

【红十字救护培训】 普及群众性救护知识，全年举办公益性培训170余场，培训红十字救护员886人。在教育系统内选拔12名教师参加全省学校健康安全辅导员培训班，派出4名水上救援队队员赴福建宁德参加全国第一期急流救生培训班，并全部通过考核。参与举办威海市游泳进校园救护员培训班，邀请台湾红十字组织教练担任教练员，全市15所学校50名学员参加培训活动。

【造血干细胞采集、捐献】 年内，完成干细胞血样采集732人（份），先后有佘彦荣、宁青、宋晶晶、孟川博、赵永、于继凤、徐建杰7名志愿者成功捐献造血干细胞，全市累计捐献45例。在威海市创建全国文明城市总结表彰大会上，造血干细胞志愿者吕明玉、王璇、杜燕君、许修彬、孙翠芝、杨毅6人被表彰为“美德威海”建设先模人物。

【遗体、器官捐献】 年内，实现遗体捐献4例、眼角膜捐献6例、器官捐献1例。至年末，全市累计实现遗体捐献13例、眼角膜21例、器官3例。

【红十字志愿服务】 文登区供电公司吕明玉党员服务队获得“威海市优秀志愿服务组织”称号，环翠区红十字会应急救护学雷锋志愿服务进社区项目、威海红十字蓝天志愿救援队应急救援服务项目、荣成市红十字会博爱助学——救助贫困学子项目获得“威海市优秀志愿服务项目”称号，2名志愿者获得“威海市优秀志愿者”称号。

【尼泊尔地震救灾】 接收尼泊尔地震救灾专项捐款5000元。4月26日—5月3日，威海红十字蓝天救援队队员张鸿福和国内其他地区20名蓝天救援队队员一起赴尼泊尔开展地震救援工作，成为山东省第一位到达尼泊尔进行救援的红十字蓝天救援队员。

（苗延颂）

老龄工作

【概况】 截至2015年末，全市有60周岁以上户籍老年人口64.55万人，老龄化比例为25.3%。其中，60～69周岁37.29万人，占老年人口的57.77%，占总人口的14.6%；70～79周岁17.59万人，占老年人口的27.23%，占总人口的6.9%；80～89周岁8.39万人，占老年人口的13.0%，占总人口的3.3%；90～99周岁1.25万人，占老年人口的1.94%，占总人口的0.5%；100周岁以上383人占老年人口的0.06%，占总人口的0.02%。年内，威海市祥福家老年人日间照料中心、山东望岛集团公司董事长分别获得山东省十佳敬老企业提名奖和山东省十佳敬老企业家提名奖。组织11家单位和企业参加第七届中国（山东）国际老龄产业博览会；组织有关专家学者和各市老龄办报送8篇论文参加第四届老年健康与长寿理论研讨会，其中有6篇获奖，市老龄办获得优秀组织奖。在人民广场举办全省银龄风采艺术大赛（威海赛区），威海市选送的吕剧《我为亲人细熬鸡汤》被选调到济南在老年节表彰大会汇报演出，市老龄办获优秀组织奖，威海市老龄办选派的代表队获得山东省“银龄杯”中老年广场舞大赛三等奖。完成第四次中国城乡老年人生活状况抽样调查，威海市环翠区、威海高技术产业开发区、荣成市8个镇（街道）、32个村，960位老人被抽中作为调查样本，送交的960份问卷全部通过。

【老年人权益保障】 落实《山东省老年人权益保障条例》，从1月1日起，将免费和半价乘坐城市公交的优惠范围分别扩大到65和60周岁以上老年人，调查论证文登撤市设区后城市公交与市区对接过程中会出现的问题，推动优惠政策的落实。落实扶持资金，全市3家养老机构被省老龄办确定为2015年省重点扶持单位，每家扶持额度为20万元。敬老月期间，为全市近9万名80周岁以上老年人发放长寿补贴和高龄津贴1400余万元。

【“慈孝文化”大型公益宣传】 根据“君子之风·美德威海”建设的总体部署，在全社会大力倡导尊老敬老良好风尚，推出传承弘扬“慈孝文化”大型公益宣传活动。选出孝老爱亲家庭10个、十大孝星及提名奖各10人、敬老文明号10个、慈孝文化传承基地9个。

（田莘桦）

残疾人事业

【概况】 2015年，全市残联系统加快推进残疾人社会保障和服务体系建设，促进残疾人事业持续协调发展。市委、市政府召开全市自强模范暨助残先进表彰大会，表彰“十佳自强模范”“十佳助残先进集体”“十佳助残先进个人”。制定《威海市残疾人“整体赶平均、共同奔小康”行动方案（2015—2017年）》，完善25项残疾人政策、73项帮扶措施，增加制度性保障经费1167万元，推进残疾人奔小康进程。率先完成全省残疾人服务状况和需求专项调查，调查持证残疾人及0～15周岁未持证残疾儿童4.59万名，做到底数清、数据实。社会各界持续开展扶残帮残工作，市助残志愿者组织“长城爱心大本营”被全国道德主题教育组织委员会授予山东省首个“全民道德教育示范基地”称号，全省青年志愿者助残“阳光行动”推进会在威海市召开。全省科学发展综合考核，威海市“残疾人权益保障”定性考核被评定为最高等级“好”。全市残联系统5篇调查报告参加全省残疾人事业优秀论文评选，2

篇获二等奖，2 篇获三等奖。

【康复服务】 推进康复中心建设，落实 5000 万元建设资金，9000 平方米的荣成市康复中心投入使用；1.4 万平方米的市级康复中心部分投入使用；环翠区、文登区、乳山市康复中心工程开工建设。培育 3 处残疾儿童脑瘫康复机构和 3 处残疾儿童孤独症康复机构；新建 50 处示范性残疾人社区康复站，为残疾人提供便利社区康复服务。加大康复救助力度，在全省率先实施定点康复机构在训残疾儿童交通、生活补助政策，每人每年 4000 元，减轻家庭负担。在全省率先实现残疾儿童省内异地康复训练救助，异地康复训练享受政府补贴；残疾儿童救助年龄由 0 ~ 9 周岁扩大到 12 周岁，比省救助范围扩大 2 倍；残疾儿童康复治疗项目纳入医疗保险支付范围，减轻康复治疗负担。全面拓展康复项目，组织脑瘫、智障、孤独症、听障儿童康复训练，白内障免费施手术、精神病患者免费服药和住院 7 个康复项目。为不同类别的残疾人配发助视器、配戴助听器、安装假肢矫形器和适配轮椅、助行器、座便椅、防褥疮垫 4 类别辅助器具；投入资金 547.92 万元，免费配用 3133 件各类型辅助器具，5100 名残疾人得到不同程度康复。

【残疾人社会保障】 残疾人兜底保障更加有力，惠及 7.3 万名残疾人，残疾人基本生活、社会保险、社会救助等标准均高于全省平均水平。贫困残疾人享受最低生活保障达到应保尽保，残疾人低保 5581 人，占全市低保人数的 15.9%，高于全国 7 个百分点，高于全省 8 个百分点。低保重度残疾人享受增加 10% 低保金待遇，低收入家庭成年未婚重度残疾人纳入最低保障范围。提高低保重度残疾人生活补贴标准，由每人每月最低 50 元提升到 80 ~ 100 元，环翠区、威海高技术产业开发区、威海经济技术开发区补贴标准为 100 元。扩大护理补贴范围，由一级扩大到所有二级以上精神、智力和肢体残疾人。重度残疾人参加居民养老保险享受 300 元政府补贴政策，参加居民医疗保险享受 100 元的政府补贴，享受提前 5 年领取养老金待遇，将低保家庭中的重度残疾人纳入医疗救助范围。优先给予残疾人住房救助，全市优先完成 355 户农村贫困残疾人危房改造任务；重度残疾人居家托养补贴由最低每人每年 600 元提高到 800 ~ 1200 元；孤残独居残疾人家政服务补贴由每人每年 1500 元提高到 3000 元。

【残疾人就业扶贫】 全年征收残疾人就业保障金 4998.6 万元，比计划增收 1671 万元。安置 501 名残疾人就业，帮助 106 名残疾人实现自主创业，扶持 1338 名残疾人就近就地从业。免费为 2291 名残疾人提供职业技能和农村实用技术培训，为 100 名残疾人提供外语、会计、计算机、建筑工程等方面远程教育培训。培育建设 5 个残疾人文化从业创业基地，“圆残障朋友油画创作梦”等 2 个基地被评为首批省级示范基地。与市委组织部、市财政局联合开展“基层党组织结对助残扶贫”活动，投入资金 220 万元，扶持全市 1100 户农村贫困残疾人家庭，发展生产，增加收入。发挥残疾人就业扶贫基地作用，投入 160 万元，新建成 6 个市级扶贫基地、7 个县级扶贫基地，安置残疾人就近从业，辐射带动残疾人开发生产项目。给予残疾学生每人每年 4000 元交通、特殊学习用品和生活补贴，为 12 名重度残疾儿童送教上门，8 名新升入高等院校的残疾大学生均享受省、市政府补贴。

【残疾人权益维护】 开展残疾人家庭无障碍智能化改造工程，在全省率先实施《残疾人家庭无障碍三年行动方案（2015—2017 年）》，投入资金 700 万元，对 5050 户残疾人家庭实施无障碍改造，重度残疾人不需要家人亲属全天候看护，提高家庭生活质量，得到省残联推广。认真办理残疾人信访人访，通过行风热线、市长信箱、理事长信箱、微博、微信和维权热线解答等途径，处理群众反映问题 65 件，接待残疾人人访 75 批 129 人次，处结率达 100%；通过走访排查，解决残疾人利益诉求 48 件，将矛盾化解在当地和基层，维护残疾人权益。

【残疾人文体活动】 丰富残疾人文化生活，环翠区残联制作的《我要为你写首歌》微电影，获得“讲好残疾人就业创业故事”微电影大赛全国一等奖；市特教学校 5 个节目获得省第七届特教学校艺术汇演奖项；成立威海市“向日葵爱心主播团”，为盲人朋友专场讲电影 20 场次，刻录电影光盘 5000 余份，免费发放；成立残疾人艺术团，举办威海市残疾人夏季纳凉晚会等大型文艺演出活动 10 余次；投入资金 50 多万元，增加盲人有声读物图书。推广残疾人体育健身，环翠区、荣成市获评残疾人文化体育建设示范县（市、区）。全市体育健身指导员队伍达 360 人，建设体育活动示范点 2 个，在 2 所大学和多家医院建立残疾人运动康复基地 11 个，在村（居）设立残疾人体育健身活动站点 2303 个，累计指导残疾人运动康复 2640 人次，1 万多名残疾人参加体育健身活动，运动康复和体育健身活动逐步普及。威海市 4 名残疾人运动员参加第九届全国残疾人运动会，获得 1 枚铜牌和第 7 名的成绩，实现零参赛、零奖牌突破。

【残疾人事业宣传】 开展“主流媒体走基层”活动，组织 8 家媒体 24 名记者宣传报道孔淑珍、阎君、“长城爱心大本营”等自强模范、扶残助残事迹，市级以上媒体播发稿件 87 篇。拓宽宣传渠道，以开设残联微信公众号、在《威海日报》《威海晚报》开辟残疾人专栏、发送公益短信等方式，及时报道解读残疾人政策，适时跟踪残疾人活动开展情况。中央电视台、山东电视台、香港凤凰卫视、新华社等媒体专题报道威海残疾人事业发展及各界助残事迹，中央电视台《向幸福出发》栏目播出“长城爱心大本营”长期资助 2 名脑瘫儿童成长事迹。

【协会活动】 活跃残疾人协会工作，丰富“一会一品牌”活动，开展聋人“书画特长赛”、智障人“清馨缘”趣味运动会、肢残人“畅游威海——旅游无障碍”活动、盲人“今天——我是你的眼睛”志愿服务等，残疾人走出家门融入社会逐步成为常态。

（吴　溪）

民族·宗教

【概况】 2015年，市民族宗教局以维护民族团结，宗教和谐为第一责任，围绕中心，服务大局，抓管理，保稳定，求创新，促发展，加大民族宗教事务的管理力度，全市呈现出民族团结、宗教和顺的良好局面。8月，省委民族工作会议暨省政府第七次全省民族团结进步表彰大会上，文登区民族宗教局、乳山市民族宗教局、威海经济技术开发区皇冠街道3个集体和3人被评为全省民族团结进步模范典型，文登兴和食品有限公司董事长李进军在省委民族工作会议上进行交流发言。

【农村少数民族困难帮扶】 通过举办实用技术培训班、组织民促会会员帮扶的方式，帮助解决少数民族农民专业合作社在运营管理、生产销售等方面存在的问题，发放专项帮扶资金30万元，带动少数民族困难群众脱贫致富。

【民族团结进步宣传】 编印2000册《穆斯林必读》和2000份涵盖民族知识、民族政策、法律法规等内容的试卷，发放到民族工作部门及有关社区、企业、学校、少数民族农民专业合作社和广大穆斯林群众手中，促进各族群众和谐共融。

【教风提升年活动】 对全市非宗教活动场所违法违规设立功德箱借教敛财情况进行全面调研和排查，各区市对依法登记的功德箱进行网上公示，并设立举报电话，遏制“假僧假道”行为、借教敛财、烧高香等情况。

【宗教政策法规学习】 指导各区市、各宗教团体围绕“国法与教规”主题开展广泛的学习宣传，举办全市宗教界人士培训班，全市爱国宗教团体常委（常务理事）以上成员和宗教活动场所主要负责人100余人参加培训。

【宗教慈善】 组织宗教界捐助智障儿童、孤寡老人、困难家庭及肿瘤医院专项救助基金15.2万元。帮助协调解决市基督教两会托老院办理中的困难，托老院入住50多位老人。

【宗教界纪念抗日战争胜利70周年演唱会】 9月1日，举办宗教界纪念抗日战争胜利70周年演唱会，展示宗教界的良好形象，激发宗教界人士和广大信教群众的爱国情怀。

（林　蓉）

人民生活

【城乡居民收入持续增加】 2015年，全体居民人均可支配收入2.85万元，比上年增长9.0%，其中，城镇居民人均可支配收入3.63万元，增长8.6%；农村居民人均可支配收入1.63万元，增长8.8%（居民收支从2015年开始使用常住居民新口径数据）。城镇居民人均可支配收入中，工资性收入2.19万元，增长8.1%；经营净收入6522元，增长7.1%；财产净收入2860元，增长11.5%；转移净收入5014元，增长11.3%。城镇居民收入稳步增长主要是最低工资及失业、工伤保险待遇标准提高，对家庭总收入增长的贡献率较大；居民兼职劳动收入增加；企业退休人员基本养老金标准提高、居民医保范围扩大、低收入群体基本生活费用补贴与物价上涨挂钩联动机制等转移性收入增长；房屋出租价格上涨及居民投资理财渠道增多，城镇居民财产性收入快速增长；增值税起征点上调及政府对自主创业扶持力度加大，小微企业经营负担有所减缓，家庭式企业经营效益增加。农村居民人均可支配收入中，工资性收入8399元，增长9.2%；经营净收入5038元，增长7.0%；财产净收入249元，增长4.0%；转移净收入2626元，增长11.6%。农民收入较快增长主要是随着最低工资制度、劳动保障等相关细则的深入实施，农民工的工资收益得到保障，工资性收入增长较快；受多种经营、多元化创收渠道的增多，农民家庭经营净收入增长较快，成为居民增收的重要途径之一；由国家政策所支持的全面覆盖农村的新型农村合作医疗、农村最低生活保障制度以及补贴等政策和措施很大程度上减轻了农民的生活负担，同时提高了农村居民的收入水平；随着城镇化和工业化进程的不断推进，农村居民的土地收益也增长较快。

【城乡居民生活品质提升】 2015年，全市居民生活消费水平进一步提高。全体居民人均消费支出1.82万元，增长10.2%。其中，城镇居民人均消费性支出2.35万元，增长9.5%；农村居民人均消费支出9938元，增长10.7%。从城镇居民消费结构看，食品烟酒消费支出7410元，增长9.7%，占消费总支出的比重为31.5%；衣着消费支出2894元，增长9.3%，占消费总支出的比重为12.3%；居住消费支出3740元，增长6.8%，占消费总支出的比重为15.9%；生活用品及服务消费支出1710元，增长6.4%；交通通信消费支出3242元，增长11.4%；教育文化娱乐消费支出2023元，增长11.4%，占消费总支出的比重为8.6%；医疗保健消费支出1659元，增长12.2%；其他商品和服务消费支出847元，增长11.4%。从农村居民消费结构看，食品烟酒消费支出3262元，增长11.8%，食品消费支出占消费总支出的比重为32.8%；衣着消费支出995元，增长2.6%；居住消费支出1739元，增长10.8%；生活用品及服务消费支出643元，增长10.1%；交通通信消费支出1350元，增长12.3%；教育文化娱乐消费支出799元，增长15.5%；医疗保健消费支出1000元，增长10.3%；其他用品和服务消费支出150元，增长11.5%。

【完善社会保障体系】 2015年，全日制就业劳动者月最低工资标准为1600元，非全日制就业劳动者小时最低工资标准为16元。全市有86.2万人参加城镇职工基本养老保险，有28.7万名离退休职工享受养老保险。城乡居民养老保险参保人数达88.8万人，有

41.1万城乡居民每月领取养老金。有91.6万人参加城镇职工基本医疗保险，159.6万人参加居民医疗保险。有2.5万人领取失业保险金。有8326名职工享受工伤保险待遇，1.66万名女职工享受生育津贴待遇。城镇职工基本养老、医疗、失业、工伤和生育保险参保人数分别比上年末增长7.5%、0.7%、2.5%、2.0%和4.2%。

【提高社会福利标准】 2015年末，全市各类收养性社会福利单位145家，拥有床位2.84万张，收养人员1.38万人。全市投入资金7197.1万元，将3.44万名低保对象纳入保障范围；投入资金5396.9万元，保障全市五保老人1.03万人，敬老院86所。城市居民低保标准每人每月500元，农村居民低保标准提高至每人每年3500元，五保对象集中供养标准提高至每人每年6000元，分散供养标准提高至每人每年4000元。

（臧钧菁）

社会风尚

【见义勇为】 丛毅 乳山市大孤山镇水井村村民。2015年8月起，东林家村连续发生多起入室盗窃案，当地派出所民警经过调查，锁定几起入室盗窃案犯罪嫌疑人为张某，并向辖区重点村庄群众通报犯罪嫌疑人的体貌特征。10月7日9时许，丛毅遇到犯罪嫌疑人张某，感觉其外貌特征与派出所通报相符。当张某翻墙进入村一居民家中准备盗窃时，丛毅及时报警，并与村干部取得联系。张某盗窃完毕准备跳墙离开，丛毅阻止其离开。张某威胁丛毅并从路旁捡起一块石头殴打丛毅，边打边逃，丛毅不顾个人安危，一直跟随张某，使其无法脱身，直至村干部和派出所民警赶到现场，众人合力将张某抓获。

于志强 荣成赤山大酒店安保部负责人。2015年6月28日23时，于志强骑着摩托车巡逻至大酒店西侧海水浴场时，遇到路边有一名青年男子推着一辆电动车急促前行。仔细查看时，该男子突然骑上电动车逃窜，于志强驾车追赶，行至一处小区时，该男子将电动车扔在路边逃跑。于志强向当地派出所报警，经过现场分析和勘察，民警初步断定电动车系被盗车辆。

邢海龙、丛刚 “侨乡”号游轮工作人员。2015年1月18日8时许，游轮工作人员进行轮船巡视、分货装货，一名身穿环卫工人服装的中年妇女在船附近纵身跳进海水中。正在附近工作的船长邢海龙见状跳到海里，游到落水妇女的身后，推着她向前游动。中年妇女在水中用力挣脱，一心想要结束自己的生命，游轮三副丛刚闻讯赶到，跳入海水中，与邢海龙合力将绳子系在落水妇女的腰间，并将救生圈套在这名妇女的身上。两人在海水里用力托着，与岸上的工作人员一起将落水的妇女救上岸。

孙海洋 威海经济技术开发区创业孵化大楼保安。2015年7月22日上午，市民高女士因公到开发区政务服务中心西侧工商银行提取4万元现金后徒步返回单位，行至创业孵化大楼西北角时，突遇1名歹徒持刀抢劫，高女士在与歹徒争扯中，大声呼救。孙海洋在值班室值班，见到高女士手里用力拽着一个黑白相间的皮包，一男子则快速向南跑去。孙海洋拔腿就追，跨过护栏时大腿被栅栏扎破了，但依然咬紧牙关追向歹徒，并呼喊附近自己的同事一起追赶，将犯罪嫌疑人制伏，带回保安室并报警。

（摘自威海网）

【威海好人】 张晓东 荣成市港湾街道玄镇社区居民，经营机电维修部。张晓东的哥哥因做生意失败负债而离家出走，面对哥哥欠下的债务，张晓东承担起替兄还债的义务。张晓东省吃俭用，辛苦劳作，诚实守信，在15年的时间里，还清18万元的债务。2015年8月，张晓东登上“中国好人榜”。

宁青 威海经济技术开发区皇冠街道居民。2014年10月，宁青的妻子查出患有白血病。2015年元旦，其父亲又被诊断为肺癌。在厄运面前，宁青仍然履行诺言，为一位陌生人捐髓。2015年3月，宁青成功捐献造血干细胞，成为全国第4796例造血干细胞捐献者。

宋爱玲 文登区宋村镇周格村普通妇女。从22岁到65岁，作为长嫂，在伺候公婆去世后的30多年间，担起照料夫家5个重病弟妹的重担，用朴素、无私的大爱撑起了一个家庭。

隋玉群 乳山市海阳所镇小青岛村小学教师。1984年，隋玉群主动从镇中心小学回到远离陆地的小青岛上任教。隋玉群除了教师的身份外，还担当起母亲的责任，照顾渔民的孩子。30年的坚持，使她落下了一身的病痛，仍不离不弃，坚守讲台。在其努力付出下，全村先后有11名学生考上大学。

刘厚江 威海临港经济技术开发区草庙子镇泉东村村民，是一位班车司机。2014年12月22日晚，刘厚江的叔叔刘忠山在骑自行车回家途中与一辆小轿车相撞，车祸使刘忠山脑部神经三分之一死亡，几乎变成植物人。刘厚江为了给叔叔治病，花光了家里所有积蓄，并利用休息时间，长时间悉心照料、陪护叔叔。

宋忠法 荣成市虎山镇庵里村党支部书记、村委会主任。宋忠法带头捐款4万元，成立荣成市首家村级慈善机构——虎山镇庵里村爱心基金会，并发动全村党员、村民及在外经商、工作人员为基金会奉献爱心，募集捐款近十万元。爱心基金会对有困难的村民进行救助，组织“爱心专车”4辆，为村民的出外就医和大病急诊提供方便。宋忠法心系群众，为民谋福，自掏腰包为老百姓发放鱼、肉、米、鸡蛋等食物，工作之余悉心照顾全村孤贫老人。

（市文明办提供）

编辑 李传强

区市概况

环翠区

【概况】 环翠区辖3个镇、5个街道，67个村、109个社区，总面积275.66平方公里，海岸线长88公里。2015年末，全区总人口30.47万人。2015年，全区实现生产总值307.85亿元，比上年增长9.4%。其中，第一产业增加值22.73亿元，增长6.3%；第二产业增加值125.05亿元，增长8.6%；第三产业增加值160.07亿元，增长10.4%。三次产业占生产总值的比重分别为7.4%、40.6%和52.0%。全年完成固定资产投资375.35亿元，增长15%。实现社会消费品零售总额217.9亿元，增长10.9%。实际到账外资1.52亿美元、利用内资141亿元。外贸进出口总值28.84亿美元，增长0.7%。其中，进口总额5.24亿美元，出口总额23.6亿美元。完成公共财政预算收入44.13亿元，增长12.2%。

农业　全年实现农林牧渔业增加值23.95亿元，比上年增长6.9%。全年粮食总产量11898吨。其中，夏粮3570吨、秋粮8328吨。花生总产量2467吨，果品总产量1.3万吨，蔬菜总产量2.42万吨。肉类总产量3333吨，奶类总产量726吨，禽蛋总产量2798吨。水产品总产量36.73万吨。全年造林1267公顷，林木覆盖率41.9%。年末，农业机械总动力8.79万千瓦，农用拖拉机5072台。全年农作物播种面积3730公顷，化肥施用量（折纯）1099吨，地膜覆盖面积475公顷。

工业　全区规模以上工业企业91家，全年实现产品销售收入438.7亿元，比上年增长4.4%；实现利税总额28.98亿元，下降8%；实现利润总额20.77亿元，下降9.4%。高新技术产业产值占规模以上工业总产值比重56.9%，提高1.16个百分点。产品销售率97.8%，下降0.35个百分点。

国内贸易　全年实现社会消费品零售总额217.89亿元，比上年增长10.9%。其中，批发业零售额6.25亿元，增长22.6%；零售业零售额191.09亿元，增长9.2%；住宿业零售额7.24亿元，增长25.5%；餐饮业零售额13.31亿元，增长26.9%。

城乡建设　全区有国家建制镇示范试点1个（全省5个），全国美丽宜居小镇1个，全国重点镇、省级百镇建设示范行动示范镇、省级宜居小镇、省级宜居村庄各2个，省级传统村落1个。其中，张村镇被评为全国重点镇，获“全国美丽宜居小镇”称号，并成为国家建制镇示范试点；温泉镇被评为全国重点镇和山东省首批宜居小镇；羊亭镇贝草夼村被评为省级宜居村庄；张村镇士家疃村被评为省级宜居村庄和全省首批传统村落。全区自来水普及率100%，燃气普及率100%，集中供热覆盖率95%，生活污水集中处理率94%，绿化覆盖率46%，生活垃圾无害化处理率100%。

社会事业　全区拥有义务教育阶段学校31所，其中省级规范化学校27所，在校学生4.3万人；有幼儿园50所，在园幼儿1.26万人。学前三年入园率和小学、初中入学率均为100%。2015年，取得重要科技成果20项。获得省级奖励1项、市级奖励8项，颁发区级科技进步奖16项。受理专利申请量896件，专利授权量691件，比上年增长30%。新增市级孵化器1家，实现零的突破。新认定省重点实验室1家、省级企业技术中心3家、省级“一企一技术”研发中心2家、市工程技术研究中心3家、区工程技术研究中心5家。至年底，拥有国家工程技术研究中心1家、省工程技术研究中心10家、省重点实验室3家、院士工作站1家、市工程技术研究中心20家、区工程技术研究中心20家。年末，全区拥有高新技术企业29家、市科技型中小企业129家。有电视台1座，电视入村率和入户率分别达到100%和98%。有各类电影放映单位14个，全年组织放映1.29万场次。有医疗卫生机构14个，拥有床位769张、卫生技术人员1512人。年内，举办区级以上体育活动28次。在市级以上体育比赛中，获团体第1名7个，获金牌104枚、银牌90枚、铜牌67枚。年内，全区保障城乡低保对象8357人次，发放低保金263.6万元。保障农村“五保”对象95人，发放经费47.69万元。建立生活不能自理经济困难老人护理补贴制度，为28名符合条件老人发放补贴1.9万元。全年发放抚恤补助资金1293.7万元。提高义务兵优待标准，发放总额464万元。为优抚对象补助、补贴医疗费用137.66万元。全年接收退役士兵89人，发放退役士兵补助金172.48万元。

人民生活　2015年，城镇居民人均可支配收入3.7万元，比上年增长8.5%；人均生活消费支出2.7万元，增长9.5%。农村居民人均可支配收入1.6万元，增长8.7%；人均生活消费支出1.03万元，增长10.2%。全区有8.11万名职工参加基本养老保险，有10.45万人参加基本医疗保险，有1200人领取失业保险金，有2609名女职工享受生育保险待遇。全区居民养老保险参保1.45万人，有9966名居民领取养老金。全区最低生活保障救助654人。其中，城镇居民最低生活保障367人，农村居民最低生活保障287人。收养性社会福利单位13个，床位2046张，收养676人。社会福利企业8家，安置残疾人员211人。

【非物质文化遗产项目进校园展演】 1月12日，环翠区"美丽非遗迎新春·欢欢喜喜过大年"非物质文化遗产项目进校园展演活动在古寨中学举行。展演活动由环翠区文化广电新闻出版局和威海市群众艺术馆共同主办，展示威海传统锡镶、锡瓷、漆贝工艺、刻瓷等非物质文化遗产项目，演示剪纸、编织、面塑等民间工艺。

【威海富民村镇银行开业】 4月28日，环翠区首家村镇银行——威海富民村镇银行开业。龙口农商银行为威海富民村镇银行发起行，威海富民村镇银行是由民营企业出资入股的具有独立法人资格的新型银行业金融机构。

【第三届中国海参产业发展高峰论坛】 10月29日，第三届中国海参产业发展高峰论坛在环翠区举行。全国沿海省份渔业主管部门领导，国内主要海参养殖、加工、销售企业、行业协会及相关科研院所代表200人与会。论坛以"海参产业转型升级的转折点"为主题，对海参产业形势进行研判，就建立健康海参产业，海参产品推广、品牌设计，以及如何利用互联网平台展开研讨。

【威海孔庙落成暨祭孔大典】 10月29日，威海孔庙落成暨祭孔大典在威高民俗文化邨举行。孔子七十五代孙、中国孔子基金会理事、孔子研究院原副院长、世界儒学大会秘书处秘书长孔祥林，中国孔庙保护协会会长、曲阜市孔子博物院院长孔德平，威海市领导董天祥、王亮、张波参加落成仪式和祭孔大典。威海孔庙参照历史上的孔庙建设标准，由大成殿、大成门、圣贤馆、圣迹馆、六艺馆、儒学馆组成，供奉孔子及部分先贤，将孔子六艺、五德、五常通过浮雕壁画形式呈现。

【微电影大赛颁奖】 11月20日，环翠区"幸福环翠　我的梦"微电影大赛颁奖仪式在环翠区竹岛街道陶家夼社区服务中心举行。由兄弟文化传媒选送的《我要为你写首歌》获一等奖，唐人文化传媒选送的《梦·想·爱》和温泉镇政府选送的《泉眼》获二等奖，《月夜静悄悄》《演出之前》《爱……》获三等奖。

【环翠区首届创业大赛】 12月22日，环翠区首届创业大赛决赛举行。18位经初赛选拔出来的选手，采取"模拟企业经营竞赛＋现场陈述答辩"的方式进行角逐。孙朋磊获一等奖，徐伟伟、邵智飞获二等奖，马春毅、卜晓萱、刘一凡获三等奖。

【非洲投资贸易环境推介说明会】 12月23日，市商务局、环翠区政府联合举办非洲投资贸易环境推介说明会，邀请海信南非工业园、肯尼亚蒙巴萨经济特区、非洲中国生产资料展销中心和中国出口信用保险公司山东分公司的代表讲解和推介非洲投资贸易环境，威海企业代表300人参加会议。

2015年环翠区各镇（街道）基本情况

表21

名称	村（社区）（个）		总面积（平方公里）	常住人口（万人）	生产总值（亿元）	公共财政预算收入（万元）	名优特产
	村	社区					
张村镇	8	12	49.04	3.1	31.7	51000	蟠桃、海参、海带、扇贝
羊亭镇	28	5	76.54	2.4	41.8	19000	樱桃 杏子、西瓜、无纺布
温泉镇	22	10	66.59	2.5	18.09	33000	鱼酿酱油、"工友"牌木机
环翠楼街道		18	4.39	4.4		47000	
鲸园街道		17	6.45	7.6		39000	海王旋流器、锡镶工艺品
竹岛街道		22	19.16	7.8		77000	
孙家疃街道		14	17.91	1.5		20000	海参、海带、扇贝、鲍鱼
嵩山街道	9	11	31.79	1.2		14000	华夏塔机、特色蔬菜

（王海峰）

文登区

【概况】 文登区辖12个镇、3个街道，683个村、80个社区，总面积1615平方公里，海岸线长155.88公里。2015年末，全区总人口58.1万人。2015年，全区实现生产总值715.89亿元，比上年增长9%。其中，第一产业增加值58.05亿元，增长4.5%;第二产业增加值332.97亿元，增长7.5%；第三产业增加值324.87亿元，增长11.8%。三次产业占生产总值的比重为8.1%、46.5%和45.4%，第三产业对经济的贡献率达52.7%。完成公共财政预算收入49.25亿元，增长12.2%。全社会完成固定资产投资588.99亿元，增长14.1%。外贸进出口总值17.66亿美元，增长8.9%。其中，进口总额4.89亿美元，出口总额12.77亿美元。全区实际利用外资1.38亿美元，增长28%；实际引进内资141.88亿元，增长15.2%。

农业 全区农林牧渔业总产值129.89亿元。粮食总产量25.5万吨,农业实现增加值15.55亿元，增长5%;林业增加值1300万元，增长5.5%；牧业增加值17.63亿元，增长4.6%；渔业增加值24.75亿元，增长4.1%；农林牧渔服务业增加值3.2亿元，增长3.3%。肉类总产量4.83万吨，禽蛋总产量3.87万吨，奶类总产量9.96万吨，大牲畜年末存栏3.45万头，全年水产品总产量33.5万吨。全区水果种植面积9560公顷，下降3.1%。全年造林面积1933.3公顷。

工业 全区规模以上工业企业实现总产值1883.47亿元，比上年增长8.3%。其中，轻工业产值592.15亿元，增长5.1%；重工业产值1291.32亿元，增长9.9%。大中型工业总产值1526.35亿元，增长7.1%。按经济类型分，国有企业产值11.43亿元，下降16.9%；集体企业产值13.56亿元，增长17.9%；股份制企业产值1057.63亿元，增长7.2%；外商及港澳台商投资企业产值567.34亿元，增长12.2%；其他经济类型企业产值230.87亿元，增长8.5%。全区拥有国家级企业技术中心2家、国家级高新技术企业18家、省级工程技术研究中心20家、省级工程实验室1家、省级企业技术中心14家、市级工程实验室及工程技术研究中心18家、院士工作站4家、博士后工作站3家。实现工业高新技术产业产值613.02亿元，增长13.1%，占规模以上工业总产值的32.6%。

贸易 旅游 社会消费品零售总额310.16亿元，比上年增长11%。其中，城镇实现社会消费品零售额228.34亿元，增长10.8%，占社会消费品零售总额的比重为73.6%；乡村实现社会消费品零售额81.82亿元，增长11.4%。全年限额以上企业实现社会消费品零售额119.12亿元，增长11.8%，占社会消费品零售总额的37.8%，拉动社会消费品零售总额增长4.5个百分点；限额以下贸易企业实现零售额63.25亿元，增长10.1%，限额以上贸易企业增速快于限额以下企业增速1.68个百分点。全年旅游总收入71.43亿元，增长8.6%。接待国内外游客990.12万人次，增长4.8%。

金融 年末，全区金融机构本外币各项存款余额430.72亿元，比年初增长10.3%；居民储蓄存款余额421.13亿元，增长10.1%。本外币各项贷款余额288.44亿元，增长8.8%。

建筑 房地产 全年房屋施工面积140.55万平方米,比上年增长5%;房屋建筑竣工面积60.85万平方米，下降28.6%。实现建筑业总产值17.10亿元，下降7.5%。全年建筑企业签订工程合同额26亿元，增长3.3%。

社会生活 全区有小学23所、普通中学20所、中等职业学校2所、特殊教育学校1所，在校生4.35万人，教职工5238人。全年申请专利3734件,授权专利782件。有艺术表演团体1个,全年演出123场次，观众12万人次；有艺术表演场馆2个，演出36场次；有综合文化站17个。城镇居民人均可支配收入3.45万元，人均消费支出2.16万元。农村居民人均可支配收入1.74万元，人均消费支出9773元。全区有17.13万名职工参加基本养老保险，有14.52万人参加基本医疗保险，有4103人领取失业保险金，有1618名女职工享受生育保险待遇。全区参保农村居民25.2万人，有11.2万名农村居民领取养老金。参加工伤保险11.93万人。城市居民最低生活保障人数493人，最低生活保障家庭332户，支付保障金200.3万元。农村居民最低生活保障人数8692人，最低生活保障家庭6719户，支付保障金1559万元。

【定制公交】 为优化公交运行网络，为群众提供便捷的出行服务，文登区在完成城乡公交一体化改造的基础上，开通城铁专线、机场大巴、汤泊温泉定制公交3条定制公交线路，并新开辟城区10路、11路公交，城乡公交运营车辆总数159辆，改善了群众的出行条件，构建起互联互通、快速便捷的同城交通网络。

【威海市文登技师学院成立】 4月10日，经山东省人民政府批准，同意将威海市文登区高级技工学校改建为威海市文登技师学院。改建后，学院隶属关系、建制级别、领导职数等机构编制事项不变，设技师部、高级技工部和中级技工部，办学规模达到6000人。技师部设置汽车维修、数控加工、烹饪、电气化自动设备安装与维修等专业。技师学院以培养技师（预备技师）和高级工为主要目标，并承担企业在职职工高技能人才和各类职业教育培训机构师资培训任务。招生对象主要为高中阶段学校毕业生,学制2～4年。

【文登区供销社被评为首批电子商务示范县供销合作社】 文登区供销社在成立威海市供销社系统第一家全资控股的电商公司——威海市供销电子商务有限公司的基础上，建设1200平方米的供销电子商务服务中心，吸纳供销社系统合作社及其他电商公司等10余家企业进驻。同时，发挥电商平台的导引、聚合功能，开设文登特色产品专区，开展网上农产品直销和时令农产品预订，拓宽产销对接渠道，提高行业集约化发展程度。6月，文登区供销社被中华全国供销合作总社评为首批电子商务示范县供销合作社。

【文登区政务服务中心通过国家级标准化验收】 8月14日，经国家级标准化试点评估专家组现场考核评估，文登区政务服务中心通过国家级服务标准化试点验收。文登区政务服务中心自开展创建国家级服务标准化试点工作以来，对原有各项规章制度进行全面梳理，率先在全市、全省搭建联审联批、便民服务、中介服务等4个平台，实现行政审批服务无缝隙、全覆盖，群众满意度达99.9%。

【第一届中国（文登）西洋参文化节】 9月22日，第一届中国（文登）西洋参文化节在中国（文登）名优特农产品供销购物商城开幕，文登西洋参文化馆同期揭牌开馆。该届西洋参文化节由文登区政府和威海市供销合作社联合社主办，主题是“打造百亿产业 发展现代农业”，目的是突出“互联网+”的网络优势，发挥电子商务平台的聚合功能，提高文登西洋参的知名度，提高市场占有率。文登区拥有全国最大的西洋参种植基地，种植面积3000公顷，年总产量5500吨，其中绿色西洋参基地认证533公顷。文化节期间，推出基地采参体验、西洋参农家宴品尝、西洋参高峰论坛、养生旅游项目推介会暨签约仪式等主题活动。

【昆嵛山抽水蓄能电站开工】 9月23日，国家电网公司召开抽水蓄能电站工程开工动员视频会议，标志着昆嵛山抽水蓄能电站工程正式开工。工程总投资85.67亿元，总装机容量180万千瓦，设计年发电量27亿千瓦小时，首台机组将于2019年投产发电。该项目是全省重大基础设施建设计划和威海市级重点项目，也是文登区有史以来投资最大的单体建设项目。

（隋沐杉）

2015年文登区各镇（街道）基本情况

表22

名称	村（社区）（个）		总面积（平方公里）	常住人口（万人）	生产总值（亿元）	公共财政预算收入（万元）	名优特产
	村	社区					
大水泊镇	89	1	123.4	3.63	27.16	3293	花香菇、西洋参、梨、苹果
张家产镇	56		106.3	2.2	75.4	3044	西洋参、黄芪、汤村粉条
高村镇	46		96.67	2.93	112.25	2253	脉田糖瓜、沙柳西红柿、西山蜜桃、万家草莓、鲈鱼
泽库镇	23		91.2	2.4	84.1	3450	刺参、牡蛎、梭子蟹、爬虾、安康鱼、虾酱、南海大饽饽
侯家镇	38		86.3	2.3	67.29	2008	对虾、海参、海蜇皮、蜢子虾酱、水貂、狐狸、西洋参
宋村镇	53		161.9	3.7	168.3	6023	“昌阳”牌无公害蔬菜、姚米
泽头镇	48		115	3.56	61.8	4995	大姜、西洋参、苹果、草莓、海参、对虾、河豚
小观镇	47	1	126.3	3.66	98.05	704.2	黄瓢蛤、毛蛤、文蛤、海参、桃花虾、大菱鲆、河豚、牛舌鱼、虎头蟹、梭子蟹
葛家镇	68		185.3	5.3	198	8670	大樱桃、蟠桃、苹果、葡萄、梨、花生
米山镇	44		85.2	2.35	94	3615	大银鱼、鲈鱼、鲢鱼、草莓、蓝莓
界石镇	65		187.8	2.9	76.9	2439	小樱桃、大樱桃、昆嵛山绿茶、苹果、梨
文登营镇	70		110	3.02	90.5	1226	猕猴桃、梅花鹿、苹果、桑葚
龙山街道	12	14	32.8	4.62	108.6	2531	苹果、葡萄、草莓
环山街道	7	19	39.44	6.6	57	4062	苹果、桃子、梨
天福街道	9	19	30.2	6.1	24.8	15000	西洋参、苹果、桃子
开发区金山管委	1	21	148.7	2.39			桑葚、苹果
埠口港管委	8	1	28.99	1.29	23.7	2593	对虾、缢蛏、海参、海蜇、牡蛎、河豚、西洋参

（王淑君）

荣成市

【概况】 荣成市辖12个镇、10个街道，825个村、118个社区，总面积1526平方公里，耕地面积5.59万公顷，海岸线长491.9公里。2015年末，全市总人口66.78万人。2015年，全市实现生产总值1022.26亿元，比上年增长9.5%。其中，第一产业增加值83.13亿元，增长4.1%；第二产业增加值474.74亿元，增长8.2%；第三产业增加值464.39亿元，增长11.9%。三次产业占生产总值的比重分别为8.1%、46.5%和45.4%。全社会完成固定资产投资额733.6亿元，增长14.1%。公共财政预算收入67.3亿元，增长12.1%；公共财政预算支出100.6亿元，增长23.6%。社会消费品零售总额326.5亿元，增长11.1%。进出口总额29.8亿美元，下降1.1%。

农业　全年完成农林牧渔业增加值85亿元，比上年增长4.3%。全年粮食总产量23.8万吨，下降1.9%。花生总产量6.3万吨，下降5.8%。果品总产量15.9万吨，下降1.4%。肉类总产量3.8万吨，增长2%。禽蛋总产量4.1万吨，增长2%。奶牛存栏量1.9万头。水产品总产量122.3万吨，增长1.7%。渔业经济总收入719.2亿元，增长7%。年末，全市拥有农业机械总动力203.8万千瓦，农用拖拉机9.83万台。

工业　全市规模以上工业企业实现工业总产值2899.8亿元，比上年增长7.4%；完成主营业务收入2802.7亿元，增长7.9%；实现利润151.1亿元，增长9%。全社会用电量25.1亿千瓦小时，增长6.9%。其中，工业用电量13.4亿千瓦小时，下降1.5%。全年完成工业高新技术产业产值993亿元，占工业总产值的比重为34.3%，提高1.09个百分点。资质以上建筑企业78家，完成建筑业总产值增加值28.8亿元。

金融 保险　年末，金融机构本外币各项存款余额610.6亿元，比年初增长8.1%。其中，城乡居民储蓄余额380.3亿元，增长0.6%。本外币各项贷款余额416.12亿元，增长5.1%。全年实现保险费收入13.6亿元，增长8.1%。

交通 邮政　全年完成海运货运量652.5万吨，比上年增长2%。港口旅客发送人数62万人次，下降28%。港口货物吞吐量2360万吨，增长2%。港口集装箱吞吐量36.5万标准箱，增长2%。完成邮政业务总量8066.8万元，增长11.4%。

社会事业　年末，全市拥有各类学校64所，在校学生8.4万人。全年获批省级以上科技项目13个。发明专利申请量645件，比上年增长12.3%。有各类艺术表演团体2个、文化馆1个、公共图书馆1个、博物馆1个、电影公司1个、电影院3个、广播电台1座、电视台1座。有全国重点文物保护单位1处、省级14处、地级8处、市（县）级28处。有国家级非物质文化遗产项目1个、省级12个、地级29个、县级35个。有各类卫生机构41个，拥有床位5391张、卫生技术人员4396人。全年举办群体类活动43场次，组织850人参加威海市锦标赛暨威海市中小学生体育联赛，获金牌114枚、团体冠军11项，输送运动员获得国家级金牌5枚。发放健身器材750件，培训各级社会体育指导员400人。

城建 环保　年末，城市建成区绿化覆盖率49.5%，人均绿地面积26平方米。全年实施城建重点工程69项，铺设地下管网148公里。其中，供热管网55公里，供热覆盖率由79%提升至80%；燃气管网44公里，燃气普及率由54.5%提升至57%；污水管网49公里，污水日处理能力增至16.5万吨。购置压缩式垃圾清运车27辆、配套专用垃圾桶1万余个，新增175个村实行“户集村收”模式。全市垃圾密闭化收运率100%。年末，全市环境保护系统有环境监测站1个，环境监测人员10人。地表水集中式饮用水源保护区4个，面积360平方公里。全市空气质量优良率和饮用水源地水质达标率保持100%。

贸易 旅游　全年引进国内项目225个，实际利用内资194.9亿元，比上年增长15%。新批外资项目43个，实际利用外资1.6亿美元，增长24.1%。完成外贸进出口总额29.8亿美元，下降1.1%。其中，出口总额22.9亿美元，与上年持平；进口总额6.9亿美元，下降4.6%。拥有国家AAAA级景区3处、AAA级景区10处，国家级农业示范点1个，省级休闲农业旅游示范点25个、旅游强镇8个、旅游特色村17个、乡村旅游示范点5家。

人民生活　全市城镇居民人均可支配收入3.52万元，比上年增长8.7%。农村居民人均可支配收入1.79万元，增长9.0%。全市有22.1万人参加城镇基本养老保险，增加1.29万人；有63.9万人参加基本医疗保险；参加工伤保险人数14.2万人，增加2300人；参加失业保险人数10.4万人，增加1787人；居民基本养老保险投保人数28万人。全市有低保对象8163人，发放低保金1944万元；有“五保”对象4011人，发放低保金2636万元。城市居民低保标准由每人每月500元提高到550元，农村居民低保标准由每人每年2800元提高到3300元。农村“五保”集中供养标准由每人每年5500元提高到6500元，分散供养标准由每人每年3200元提高到4000元。

【获“全省生态文明乡村建设工作先进市”称号】 在生态文明乡村建设中，荣成市坚持生态、生活、生产“三生共融”的原则，按照“生产发展、生活宽裕、村容整洁、乡风文明、管理民主”的标准要求，全方位推进农村政治、经济、文化、生态建设。1月，荣成市获“全省生态文明乡村建设工作先进市”称号。

【获山东省“国土资源节约集约模范市”称号】 荣成市建立政府全面抓、国土部门牵头抓、相关部门配合抓、镇街具体抓的工作机制，实行耕地保护、项目批后监管等8项管理制度，通过报纸、电视、网络等媒体，对国土资源节约集约利用进行全方位宣传，使保护耕地、节约集约用地的理念深入人心，将城乡建设用地增减挂钩，与新型城镇化、旧村改造、新农村建设等工作紧密结合，统筹规划实施，在保民生、保发展等方面实现多赢。1月，荣成市获山东省“国土资源节约集约模范市”称号。

【荣成启用形象标识】 城市形象标识是最浓缩的城市视觉符号，以最简洁的方式诠释城市文化、精神气质和品牌形象，是城市品牌形象塑造和提升工程的重要组成部分。9月16日，荣成市召开城市形象标识新闻发布会，公布启用城市形象标识。标识由图案和标识用语两部分构成，图案主要由红、蓝、黄、绿4种色块经曲线和色彩的渐变而组成，标识用语为“太阳大海 荣成人”和“自由呼吸 自在荣成”；以“山海相连”为核心创意理念，将青山与大海和谐相融。标识整体造型既像一只飞翔的天鹅，又像一座沐浴着七彩阳光、依山傍海的小城，体现了荣成市滨海生态人文的城市特征。

【被评为全省建筑产业化县级试点城市】 11月，荣成市被省住房和城乡建设厅评为全省建筑产业化县级试点城市，成为全省首批4家县级试点城市之一，获省住房和城乡建设厅的500万元专项资金用于建筑产业现代化发展。

【荣文高速通车】 12月29日，荣成至文登高速公路全线通车。荣成至文登高速公路工程是国家高速公路网荣成至乌海线的起始路段，也是山东省高速公路网的重要组成部分。路线东起荣成市崂山街道北省道S301石烟线，终点止于威青高速S24泽头收费站北。线路主线全长40.40公里，同步建设荣成、文登两条连接线。其中，荣成市境内长12.27公里，连接线长8.3公里。工程自2013年6月启动建设，历时30个月。主线按照高速公路标准进行规划建设，设计车速为每小时100公里，路基宽度26米，双向四车道，全封闭全立交。

2015年荣成市各镇（街道）基本情况

表23

名称	村（社区）（个）		总面积（平方公里）	常住人口（万人）	生产总值（亿元）	财政收入（万元）	名优特产
	村	社区					
港西镇	21	1	47.86	1.4	44.7	19387.58	无花果、石英砂、海参、中华绒螯蟹
崖西镇	49	1	103	1.8	12.9	1000	苹果、葡萄、核桃、草莓
俚岛镇	60	12	108	5.2	56.1	16000	海带、海参、海胆、牡蛎、鲍鱼
大疃镇	53	0	70.28	1.6	13.1	1081	西洋参、草莓、葡萄、红富士苹果
成山镇	52	12	100	5	93.1	12929	深海鱼油、昆布、皱纹盘鲍、海参
上庄镇	45	0	83	2.6	21.4	1242	高丽参、西洋参、“三优”富士苹果
滕家镇	41	0	88	2.8	22.8	1401	“三优”富士苹果、西洋参、草莓
夏庄镇	33	1	47.7	1.2	15.6	1280	红豆杉、“三优”富士苹果、板栗、猕猴桃
荫子镇	43	1	44.7	1.3	12.9	759	茶叶、草莓、蓝莓、西洋参
虎山镇	46	5	110	4.4	50.8	6357	刺身、鲍鱼、中国对虾
埠柳镇	37	1	98	2.1	13.3	843	红富士苹果、小国光苹果、无花果
人和镇	85	4	109.98	7.5	63.5	9549.4	海米、虾皮、鱿鱼、大理石、特种动物皮毛
崖头街道	26	23	79	15.2	94.6	63100	牡蛎、海带、扇贝、鹰爪虾、海参
东山街道	31	0	42	1.7	38.9	3311	牡蛎、海带、扇贝、鹰爪虾、海参、草莓、甜瓜、西瓜
城西街道	40	1	44	1.85	25.4	1092	苹果、梨、樱桃、小麦、花生
港湾街道	17	4	30.03	7.5	80.02	14300	海产品、特种动物皮毛、花卉苗木
桃园街道	15	1	19.78	2.2	46.8	12900	海参、牡蛎、猕猴桃、无花果
寻山街道	37	4	55	3.5	70.25	4806	海带、黄宝山矿泉水、铜矿
斥山街道	22	7	58	3.2	98.2	20500	盛家火烧、牡蛎、海带、苹果、草莓
宁津街道	45	5	67.17	2.33	46.24	6009	对虾、海参、鲍鱼、贝类、藻类、金、铁、铜、锌、石英砂
王连街道	32	1	64.13	1.68	37	2729	苹果、葡萄、猕猴桃、茶叶
崂山街道	29	1	45.5	1.9	50.8	2566	牡蛎、草莓、樱桃、杂色蛤

（姜 潇）

乳山市

【**概况**】 乳山市辖14个镇、1个街道，601个村、159个社区，总面积1665平方公里，耕地面积5.85万公顷，海岸线长199.27公里。2015年末，全市总人口55.83万人。2015年，全市实现生产总值477.19亿元，比上年增长8.4%。其中，第一产业增加值39.55亿元，第二产业增加值226.66亿元，第三产业增加值210.98亿元，分别增长3.9%、8.5%和9.1%。三次产业占生产总值的比重分别为8.3%、47.5%和44.2%。全年完成固定资产总投资475亿元，增长13.6%。社会消费品零售总额214.23亿元，增长11%。外贸进出口总值7.95亿美元，增长12.6%。其中，进口总额1.23亿美元，增长5.1%；出口总额6.72亿美元，增长14.1%。新批外资项目8个，增资项目3个，实际到账外资8706万美元；全年实际利用内资127.5亿元，增长15%。全年完成公共财政预算收入31.04亿元，增长12.2%，其中税收26.45亿元，增长12.6%。公共财政预算支出40.6亿元，增长15.9%。

农业　全年农林牧渔业总产值88.3亿元，比上年增长4.2%。其中，农业总产值45.95亿元，增长4%；林业总产值0.12亿元，增长9.5%；畜牧业总产值15.39亿元，增长4.6%；渔业总产值25.2亿元，增长3.9%。农林牧渔服务业总产值1.64亿元，增长8.8%。粮食总产量30.19万吨，水果总产量49.68万吨，蔬菜总产量38.66万吨，肉类总产量8.63万吨。全年造林2333.33公顷，森林覆盖率34%。全年水产品总产量42.5万吨，增长4.7%。

工业　全市规模以上工业企业362家，实现主营业务收入758亿元，增长9.6%；实现利润32.66亿元，增长8.5%；实现利税66.52亿元，增长9.5%；工业产品产销率99.1%。全市金属采选及冶炼、食品饮料加工和制造、机械电子、纺织服装、化工建材五大支柱产业拥有企业251家，实现主营业务收入630亿元，增长10.6%。

第三产业　全年实现消费品零售总额214.23亿元，比上年增长11%。城乡消费同步增长，城市消费品零售总额124.38亿元，增长11.4%；乡村消费品零售总额89.85亿元，增长10.5%。年末，公路通车里程1776.15公里，拥有营运载货汽车3111辆，吨位1.75万吨。城市公交营运线路78条，总长966公里，公共汽车267辆，客运量1188.5万人次，运营里程1817.4万公里。拥有出租车运营企业1家，出租车270辆，年载客量972万人次，运营里程3856.6万公里。全年接待国内外游客900万人次，增长10.6%；实现旅游总收入54.2亿元，增长13%。

城乡建设　年末，建成区面积58.34平方公里。其中，城区33.34平方公里，银滩旅游度假区25平方公里。城区道路面积616.54万平方米，排水管道总长度673.23公里，自来水供水总量1522万立方米，集中供热总建筑面积475万平方米，燃气普及率100%。建成区绿化覆盖率45.7%，人均公共绿地面积18.92平方米，生活垃圾无害化处理率100%，污水处理率98.5%。

社会事业　全市有高等学校1所，在校生1.01万人；中小学校41所，在校生3.07万人；特殊教育学校1所，在校生74人。拥有各类技术贸易机构16个，从事技术贸易活动人员170人。全年受理专利申请700件，其中发明专利申请300件。全年专利授权252件，其中，发明专利授权36件。全年实施专利210件。有艺术表演团体1个、公共图书馆1个、文化馆1个、档案馆1个、文学馆1个、文物管理机构1个、广播电视台1座。有各类卫生机构45个，拥有床位2173张、卫生技术人员2607人。有体育场1座，全年在威海市级以上体育比赛中获奖牌146枚，其中省级奖牌27枚、国家级奖牌9枚。

人民生活　城镇居民人均可支配收入3.04万元，比上年增长8.4%。农村居民人均可支配收入1.38万元，增长8.9%。年末，有1584家企业的9.13万名职工参加基本养老保险，有1.2万名机关事业单位在职职工参保，有5万名离退休职工享受基本养老保险，全年为离退休职工发放离退休费14.7亿元。职工医疗保险参保人数12.07万人，参保率99.5%。城乡居民养老保险参保人数26.39万人，参保率99.2%。

【**乳山市人民医院入选首批县级医院综合能力试点**】 根据《全面提升县级医院综合能力工作方案》，2014年至2017年，国家卫生计生委在全国县级公立医院综合改革试点县中，遴选具备一定基础和较高医疗服务能力、医疗技术水平的500家县级医院开展提升能力建设，通过启动、评估、实施3个环节，到2017年10月，全面达到要求。1月4日，乳山市人民医院入选由国家卫生计生委公布的全面提升县级医院综合能力建设第一阶段500家医院名单。对入围的首批500家医院，政府将通过基础设施建设、人员培训、对口支援等方式，加强县级医院以人才、技术、重点专科为核心的能力建设。

【**入选“齐鲁美丽海岸”**】 为宣传推介山东省海岸景观资源，保护海岸的自然、人文和生态环境，省海洋与渔业厅、省旅游局联合举办“齐鲁美丽海岸”评选活动。1月22日，在威海幸福广场举行的“齐鲁美丽海岸”新闻发布会暨威海市区中心海岸标志碑揭幕活动中，乳山市“银滩—大乳山”海岸线入选山东省首批“齐鲁美丽海岸”。

【**乳山市启动“五城联创”工作**】 3月19日，乳山市召开“五城联创”工作动员会，对创建全国文明城市、国家卫生城市、国家健康城市、国家智慧城市、国家食品安全城市工作进行部署，统筹推进各项创建工作。年内，乳山市成为全国县级文明城市提名城市，通过省级病媒生物防治达标复核验收。乳山口镇、海阳所镇被命名为2012—2014周期山东省卫生乡镇（县城）。

【**获“2015中国避暑休闲百佳县”称号**】 7月21日，第十二届（2015）中外避暑旅游口碑金榜名单揭晓，乳山市以“银滩挽潮”入选中国避暑休闲百佳县榜，列第57位。2015中国避暑休闲百佳县榜是根据有关旅游者和专家建议，于该届首次发布的避暑旅游目的地细分化研究评价榜单。评价范围包括中国不同区域适合开展夏季避暑休闲旅游的行政县、县级市、县级以上城区和农业产业园区、经济新区等。入选项目评价指标采用避暑旅游城市研究评价8项基本指标。

【中韩健康养老产业园】 8月，乳山市组织有关部门对照中韩自贸区、“威海—仁川地方经济合作示范区”产业对接的重点方向，立足乳山资源环境、产业基础、园区布局等要素，规划设立中韩健康养老产业园，承接韩国产业转移和对韩经贸合作。产业园规划面积200平方公里，乳山市相继投入资金30亿元，形成城区、滨海新区、经济开发区“三区十园”的园区布局，完成水、电、气等基础设施的高标配套。中韩健康养老产业园按产业布局设置旅游休闲度假板块、海洋文化体验板块、养生养老产业板块、生物科技产业板块、健康医疗产业板块、健康服务产业板块、健康食品产业板块、临港仓储物流板块、海上牧场板块9个功能板块。

【获“全国县级防震减灾工作综合考核先进单位”称号】 12月14日，中国地震局印发《关于2015年度全国市县防震减灾工作考核结果情况的通报》。乳山市以加强防震减灾体系建设，提高地震灾害的综合防御能力为目标，强化忧患意识、责任意识，围绕监测预报、震害预防、应急救援三大体系，在地震监测台网建设、地震应急救援、防震减灾宣传和建设项目抗震设防监管等方面工作成效显著，获得“2015年度全国县级防震减灾工作综合考核先进单位”称号。同时，乳山市被山东省地震局评为全省防震减灾基础工作示范县（市）。

【威海马石山红色教育基地开放】 自2013年8月起，乳山市投资5000万元对威海马石山红色教育基地进行修缮改陈。基地布展面积2900平方米，由马石山十勇士纪念馆、乳山革命纪念馆和宣传教育中心组成。2015年8月15日，威海市纪念抗日战争胜利70周年大会暨威海马石山红色教育基地揭牌仪式举行，同日正式对外开放。马石山是胶东重要抗日根据地和英雄群体聚集地，1942年11月发生的“马石山惨案”震惊中外，在马石山突围战中涌现出胶东军区“马石山十勇士”、胶东区公安局“十八勇士”、五旅英雄七连等英雄群体。2014年，“马石山十勇士”英雄群体被中共中央、国务院批准为中国五大著名抗战英雄群体之一。2015年9月3日，中国人民抗日战争胜利70周年纪念日，“马石山十勇士”英雄群体荣誉旗帜亮相阅兵式。11月26日，威海马石山烈士陵园获“全国爱国主义教育示范基地”称号。12月23日，威海马石山红色教育基地获“山东省党史教育基地”称号。

2015年乳山市各镇（街道）基本情况

表24

名称	村（社区）（个）		总面积（平方公里）	常住人口（万人）	生产总值（亿元）	名优特产
	村	社区				
夏村镇	45	12	108.7	3.18	37	蓝莓、草莓、苹果
乳山口镇	41	14	87.2	6.3	260	秦米、寨虾、对虾、鲅鱼、牡蛎、黄花鱼、梭子蟹
海阳所镇	39	14	91.4	2.99	46	牡蛎、生姜、茶叶、海参、鲍鱼、对虾
白沙滩镇	47	11	104.1	4.5	40	牡蛎、生姜、茶叶、花岗石材、海参、鲍鱼、对虾、蓝莓
大孤山镇	36	10	95.9	2.35	46.2	大姜、巴梨、茶叶、苹果、蓝莓
徐家镇	23	7	68	1.72	15.23	果蔬汁、花生、海鲜罐头、牡蛎、茶叶、无花果
南黄镇	33	9	88.9	2.37	18	大菱鲆、海参、对虾、梭子蟹、草莓、韩国梨、茶叶、苹果
冯家镇	53	7	136	2.7	53	苹果、板栗、大姜、芦笋
下初镇	37	6	127.2	3.06	8.4	苹果、大姜、茶叶、花生、高丽参、桑葚、蓝莓
午极镇	35	8	110	2.42	23.5	苹果、蓝莓、大姜、黄金、大理石
崖子镇	58	14	187.4	3.87	30.4	苹果、樱桃、板栗、梨
诸往镇	49	11	160.1	3.74	31.47	苹果、葡萄、樱桃、板栗、大姜
育黎镇	42	8	110.2	3.29	16.7	葡萄、苹果、大姜、草莓
乳山寨镇	44	11	136.4	2.88	47	草莓、茶叶
城区街道	19	17	28.6	15	134.83	蓝莓、苹果、花生

（陈宗坚）

编辑　陶晓红

开发区建设

威海火炬高技术产业开发区

【概况】 威海火炬高技术产业开发区是1991年3月6日经国务院批准成立的国家级高新技术产业开发区，由科技部、山东省政府和威海市政府共同创办，是全国三个火炬高技术产业开发区之一。全区总面积140平方公里，海岸线长46.5公里。下辖1个镇、2个街道和双岛街道筹建处，43个村、36个社区。2015年底，全区总人口28.4万人。全年完成生产总值213.9亿元，比上年增长9.2%。实现财政收入42.3亿元，实现公共财政预算收入23.9亿元，增长13.5%。完成固定资产投资147亿元，增长15.2%。实现社会消费品零售总额118亿元。实现工业总产值557.3亿元，高新技术产业产值占规模以上工业总产值的比重达到79.6%。实现服务业增加值93.7亿元，增长11.7%。11月，北京化工大学威海技术转移中心揭牌仪式在区内创新创业基地举行。

农业　全区实现农村经济总收入152亿元，农村居民人均可支配收入1.78万元。24个村农村经济总收入超1亿元，5个村超8亿元。全年粮食总产量1.14万吨，水产品产量1.7万吨，渔业经济总产值4.7亿元，比上年增长7%。水果总产量3017吨，蔬菜总产量5071吨，完成造林70公顷。现代农业发展良好，完成现代苹果和干杂果农业示范区工程133.33公顷、农民专业合作社28家、家庭农场9家。市级龙头企业4家，新增2家。完成产权制度改革15个村、土地确权13个村。新增海洋牧场33.33公顷，投石造礁10万立方米。实行农产品定期检测制度，全年完成定量检测5次107个样品、省级抽检4次44个样品、自检58次640个样品，合格率100%。

工业　实现工业总产值557.3亿元，比上年增长6.6%；实现工业销售收入677.4亿元，增长4.8%；实现工业利税80.6亿元、利润61.2亿元。13个市级重点工业技改项目完成投资15亿元，达到计划的101.4%。新增规模以上企业18家，投资项目企业1家，其中工业企业10家。实现工业用电量4.9亿千瓦小时，增长1.7%。全区有工业企业1417家，其中重点纳税企业60家，认定高新技术企业5家，总数64家，占全市的33.5%；国家火炬重点高新技术企业6家，占全市的66.7%；新认定科技型中小企业58家，总数122家。全区高新技术产业产值占规模以上工业总产值的比重达79.6%。打造5大产业基地，形成产业集聚式发展：生物医药及医疗器械产业实现销售收入293亿元、利润36亿元，分别增长17.9%、14.3%；电子信息产业实现销售收入151亿元、利润14亿元；新材料及制品产业实现销售收入31亿元、利润3亿元，分别增长14.9%、57%；智能制造产业实现销售收入25亿元，增长10.1%；时尚设计制造产业实现销售收入165亿元，增长1.9%。拥有中国驰名商标5个、中国名牌5个、山东省著名商标12个、山东省名牌产品41个、山东省服务名牌4个。区内企业主持或参与制定国家标准31项、行业标准44项。

服务业　实现服务业增加值93.7亿元，比上年增长11.7%。限额以上商贸企业42家。社会消费品零售额116.8亿元，增长10.7%。新引入金融分支机构2家，设立新型金融机构3家，金融机构总数66家。年末，金融机构存款余额236.8亿元，增长7%，贷款余额154.9亿元。区内有国际海水浴场、林海公园、小石岛、北海浴场、金海滩浴场等旅游景点。实现旅游消费总额36.76亿元，增长11.6%。全区8家星级宾馆、19家旅行社、3家A级景区实现智慧营销、管理、服务。总投资3000余万元的小石岛客船项目投入运营，小石岛旅游景区获评省级休闲海钓基地。51号乡村旅游项目栽植优质苹果33.33公顷。新增年交易额500万元以上的电商企业4家，总数19家，其中省级电商企业6家；107家工业企业开展电子商务。电信业务收入3.5亿元，邮政业务收入2725万元。

招商引资　强化精准招商，总投资1.5亿美元的韩国东方医疗器械、总投资15亿元的北化欧亚碳纤维航天及医疗器械等大项目签约落地，2个过1亿美元外资项目签约落地，内资项目中80%以上是高科技项目。规划建设两大专业园区，总面积11.8平方公里的医疗器械及生物医药产业园，完成100公顷土地的平整和配套建设，与美国GE、中信集团、新加坡百盛等合作，打造国家级特色产业基地；总面积3.3平方公里的电子信息和智能制造产业园完成造地66.67公顷，成为工信部“中国制造2025”国家试点基地。探索实施竞赛招商模式，举办“威高杯”“北洋杯”全球创新创业大赛，18个海内外高端项目落户。全年批准外资项目18个，合同外资2.07亿美元，比上年增长104%；实际利用外资1.63亿美元，增长10%。新注册内资项目67个，注册资本5.39亿元；实际利用内资63亿元，增长15%。

对外经贸　实现外贸进出口总额34.6亿美元，其中出口26亿美元，比上年增长5.9%；高新技术产品出口6.8亿美元，占全市的46%。完成对外投资项目8个，中方投资额2081万美元；完成对外承包工程营业额6176万美元；6家外派劳动企业外派劳务人员2373人；服务外包注册企业达60多家，完成离岸外包执行额5364.8万美元，增长9%。形成电子信息、医疗器械、渔具钓具、纺织服装4大出口主导产业。建成山东省科技兴贸（渔具）出口创新基地、山东省首批机电产品（计算机外围设备）出口基地、山东科技兴贸（生物医学材料）出口创新基地3个省级出口基地。

科学技术　全面建立校企地合作机制，驻区高校毕业生留区创业就业人数比上年增长3倍；北京化工大学威海技术转移中心、韩国创造经济革新中心落户，全区产学研合作项目达到20个。创建“高校育苗、政府孵化加速、企业产业化”机制，与山东大学（威海）、哈尔滨工业大学（威海）、威海职业技术学院等驻区高校规划建设35万平方米高校创新创业园；在创业基地设立2.5万平方米高校加速区，20多个科研成果得到加速转化；新建2.5万平方米华田智能装备加速器，5个机器人产业项目入驻，北洋电气2万多平方米电子信息专业孵化器申报国家级孵化器。新建孵化器5处，新增孵化面积近5万平方米，引进孵化企业50多家，全区各类孵化器、加速器面积25万平方米，在孵企业超过300家。全市首支总规模1亿元的基金——天使基金成立。国家知识产权示范园区、国家留学人员创业园区、工信部电子信息综合研究中心等一批“国字号”平台落户区内。全区新增省级研发平台5家，总数52家，高新技术企业61家，高新技术产业产值占规模以上工业总产值比重达到79.6%。全年引进各类高层次人才450多名，10人获评市级荣誉、9人获评省级以上荣誉。全年申请专利1194件。威高股份等3家企业被认定为山东省首批知识产权示范企业。全年完成技术交易总额3.5亿元。

城乡建设　2015年，双岛湾科技城完成投资7.5亿元，累计完成20亿元；新增融资6亿元，累计融资26亿元。道路工程完成投资2.34亿元，核心景观初具规模。25万平方米的科技金融中心项目海域指标获批，占地面积66.67公顷的智能制造产业园完成场地填方，10万平方米的山东交通学院威海校区一期工程完成投资2.8亿元，7000平方米的创新梦工场年底前投入使用。初村科技新城全年完成基础设施投资8310万元。建成区累计投入5.2亿元，新建和改造道路16条段，铺设污水管网15公里、供水管道12公里、热力燃气管网39公里、电力管道17公里。全区新增和改造绿化面积8.8万平方米，完成老旧生活小区整治12个、外墙保温改造305万平方米、液化气改造9600多户，在全市率先完成2049户农村厕改，投资1000多万元新上环卫设备，城乡环卫一体化工作群众满意率由75.2%提升到97.4%。万家疃三期8栋回迁房开工建设，7553户回迁房完成综合验收备案。41个村环境整治和31个村产权制度改革任务顺利完成。房地产开工104.8万平方米，竣工147.6万平方米。

社会事业　把教育列为民生“一号工程”，投资2亿多元，启动恒山实验学校和沈阳路小学建设，对2万多平方米老旧校舍改造。新增城镇就业4656人，转移农村剩余劳动力647人，职工五险扩面5.5万人，征缴社保基金11.6亿元。居民基本养老保险参保1.38万人；医疗保险参保6.9万人，适龄人口参保率99%以上。全面落实计划生育利益导向制度，开展残疾人帮扶救助工作，举办“阳光温情”“社会妈妈”等活动，发放各类奖励扶助金1587.18万元，救助3万多人。新建11处社区室外活动广场，完成3个社区文化中心建设，对20个村（社区）文化大院和5个社区书屋进行完善提升。投入203.5万元，完成初村镇卫生院标准化改造，新建农村急救站1处。全年建立城乡居民电子健康档案13.89万人，为9300名65岁以上老年人免费查体，家庭医生服务签约2.67万户。新建农村幸福院2家、城市社区日间照料中心11家、医养结合型养老机构2家。全区养老总床位1446张，千名老人拥有养老床位60.25张。将全区居家养老和便民服务全部纳入“12349”服务平台，实现入网1.21万户、2.18万人，入网率90.8%。打造东涝台、黄家夼、西钦村为重点的核心价值观主题社区和广场，在45个社区、学校、企业建立“善行义举四德榜”，建成17个村史文化长廊，在全区41个村建立农村红白理事会。推进“平安高区”建设，化解信访积案11起，进京非访起数和人次均下降80%以上。

【“北洋杯”电子信息及机器人创新创业项目大赛】　7月10日，“北洋杯”电子信息及机器人创新创业项目大赛正式启动。至9月底，大赛报名处收到有效报名项目103个，其中，来自北美地区的海外项目43个、国内项目60个，涵盖电子信息及机器人等相关行业领域。参赛者有海外科研人员、国内著名大学教授以及创业多年的创业者、在校大学生。最终有30个项目进入决赛。10月29日，“北洋杯”电子信息及机器人创新创业项目大赛决赛正式开赛，评出一等奖2名、二等奖4名、三等奖8名，分别颁发5万元、3万元和1万元奖金。大赛承办方北洋电气集团为优秀创业项目准备最高500万元的创业基金，获奖项目入驻北洋电子信息孵化器注册成立公司的可享受北洋孵化器所有优惠政策和全面的孵化服务。

【被评为国家知识产权示范园区】　4月8日，威海火炬高技术产业开发区被认定为国家知识产权示范园区，同批入选的园区有7家。2010—2015年，开发区以推进知识产权与产业发展紧密结合为目标，积极实施知识产权兴区战略，开展知识产权培育工程，不断优化园区知识产权保护环境，专利申请数量和质量逐年提高。其中，国内授权发明专利数量以年均41.2%的比例递增；在美日等国家获得授权的发明专利达32件；累计获得中国专利优秀奖1项，山东省专利二等奖2项、三等奖6项。辖区企业知识产权管理逐步规范。威高股份、新北洋等6家企业顺利通过贯彻《企业知识产权管理规范》现场认证审核。知识产权质押授信过1亿元，有效缓解科技型小微企业融资难题。

【“威高杯”全球医疗器械创新创业大赛】 由威海高技术产业开发区管委主办，威高集团承办的“威高杯”全球医疗器械创新创业大赛于7月启动，受到海内外广泛关注，先后与欧美科技产业联盟、美中高层次人才交流协会、全英学联、全日本中国博士协会等多个海外社团建立联系，项目征集范围远涉北美、西欧、日韩等地，吸引海内外众多有梦想的创业者参赛，收到有效报名项目近200个，涵盖医用高分子材料、骨科材料、医疗设备、生物医药等多个领域。经过路演评选，最终从30个入围决赛的项目中评选出15个优胜项目，其中特等奖1项、一等奖3项、二等奖6项、三等奖5项，10个项目成功签订合作意向书。通过此次大赛，搭建国际先进医疗领域技术、人才与威海创业环境和雄厚资本间的新渠道。

【中国威海留学人员创业园】 5月，人力资源和社会保障部同意与山东省人民政府共建中国威海留学人员创业园。中国威海留学人员创业园原名威海海外学人高科技创新园，成立于1999年12月，由威海高技术产业开发区管委会与中国留日同学总会共同创建。2001年4月，与26个国家的32个留学生团体创建威海留学人员创业创新示范基地，同年12月由人事部批准设立博士后科研工作站，2009年11月，被认定为山东省人力资源和社会保障厅与威海市政府共建的留学人员创业园。创业园基础设施投资近4亿元，建有1.5万平方米的创业大厦、1.6万平方米的创新大厦、4000平方米的科技公寓和12.8万平方米的火炬创新创业基地，配套建设会议室、报告厅、健身房、商务中心、餐厅等服务设施。至2015年底，园内有留学人员企业40多家，年技工贸收入9.7亿元，吸纳社会就业人员2100余人，2人入选“千人计划”专家，4人入选“泰山学者海外特聘专家”。

2015年威海高技术产业开发区各镇（街道）基本情况表

表25

名称	村（社区）（个）		总面积（平方公里）	海岸线长（公里）	总人口（万人）		公共财政预算收入（亿元）	居民可支配收入（万元）		名优特产
	村	社区			户籍	常住		农村	城镇	
怡园街道		19	26	10.5	11	13.2	0.7	1.8	2.8	苹果、梨、石材、砂、矿泉水
田和街道	2	16	13		7.7	7.8	0.3	1.8	1.6	鱼竿
双岛街道	10		41	22	0.8	3.8	0.1	1.8	1.3	海参、蛤
初村镇	31	1	60	14	2	3.6	0.3	1.4	0.7	苹果、蘑菇、无花果

（姜　玲）

威海经济技术开发区

【概况】 威海经济技术开发区是1992年10月21日经国务院批准成立的国家级经济技术开发区。2000年4月，国务院批准在区内设立威海出口加工区，实行“两区合一”的管理体制。2015年，全区总面积277.62平方公里，建成区面积42.02平方公里，辖3个镇、3个街道，108个村、35个社区，人口16.23万人。全区实现生产总值209.9亿元，比上年增长9.1%；固定资产投资149.74亿元，增长15.4%；财政总收入42.62亿元，增长8.1%；城镇居民人均可支配收入3.71万元，增长8.5%；农村居民人均可支配收入1.61万元，增长8.7%。

农业　提升扩建3个规模以上农业观光园、示范园。其中，崮山壹点绿现代农业生态园流转土地6.67公顷，扩大农业休闲观光功能建设，打造全市现代农业新典范。以华峰三优富士现代果园为中心，所前泊水库周边新流转土地26.67公顷，打造现代果园标准示范园。强化农产品质量安全监管，推进农业规模化和产业化，全年新认证绿色农产品1个、无公害农产品2个，面积1333.33公顷。农业龙头企业11家，辐射带动农户2000多户从事苹果、花生等优势农产品生产。严格落实各项支农惠农政策措施。落实小麦、玉米良种补贴和政策性保险、苹果保险、小麦“一喷三防”（混配剂喷雾，防病虫害、干热风、倒伏）补助和农机购置补贴等6个支农惠农补贴项目，补贴资金200多万元，2万多户农户受益。8个村集体资产股份制改革、17个村土地承包经营权确权登记在全市率先完成，13个特色农业项目带动农民增收3000多万元。制定《关于进一步扶持现代农业发展的意见》，对符合条件的现代农业项目给予一定的奖励和扶持。

工业　全区规模以上工业企业124个，完成产值343.03亿元，比上年下降4.2%；实现主营业务收入334.64亿元，增长1.9%。落实扶持企业发展各项政策，实施35个工业项目、28个技改项目和255个技术创新项目建设，和祥泰数码科技等13个项目竣工投产，翔宇环保科技登陆“新三板”，润泽矿山机械在股权市场挂牌，紫光科技园获批直销经营许可，三进船业重整复工，5家省级节能重点企业超额完成“十二五”节能目标。威海经济技术开发区被评为山东省装备制造产业示范基地。新认定市级以上企业研发平台7个，总数59个。在营孵化器5个，在孵企业105个，科技创业服务中心被认定为山东省青年创业孵化基地，瑞欣科技孵化器被认定为省级小企业创业基地。新批中国驰名商标和省著名商标各1个，省级以上著名商标和名牌达36个。实现高新技术产业产值191亿元，占规模以上工业产值比重达54.7%，提高1.13个百分点。

服务业　全年社会消费品零售额118.21亿元，比上年增长11.2%。其中，批发业11.17亿元，增长4.1%；零售业103.08亿元，增长11.6%；住宿业7238万元，增长26.2%；餐饮业3.23亿元，增长20.5%。全年实现服务业增加值96亿元，增长10.1%；占GDP比重达到45.7%，提高1.1个百分点。年内，出台《加快服务业发展的若干意见》《加快推进企业主辅业分离工作实施方案》等政策措施，大力发展现代商贸、现代物流、休闲旅游、韩式消费、现代商务五大板块，重点实施九龙湾商业中心、银座商城等总投资107.3亿元的18个服务业大项目建设，初步构建起以高端为引领、高中低端相结合、特色品牌鲜明的服务业发展新格局。

对外开放　中韩地方经济合作率先突破。韩国商品交易中心、九龙城进口商品直购体验中心、韩国商品保税展示交易中心经营良好，“上韩网”“全韩购”等韩货电商平台上线运营，“懒猫购”被评为省级跨境电商综合服务平台，中韩产业园完成产业规划编制和基础设施提档升级，出口加工区智能信息化升级改造加快推进，韩国商品集散地建设示范效应初显。招商引资取得新成果。东华软件总部基地等89个项目签约落地，世一电子等17个项目增资到账8515万美元。全年实际利用外资1.71亿美元，比上年增长9.4%；引进内资61.9亿元，增长15.27%。对外贸易在调整中发展壮大。与178个国家和地区保持经贸往来，新增进出口过1000万美元企业10家、过1亿美元3家，总数分别达到54和8家。全年完成进出口总额39.26亿美元，增长2.1%。

城乡建设　投资6亿元，新建改造城乡道路21条，安装路灯1324基，敷设雨污水管网11.6公里，新增绿化27万平方米，加固病险水库塘坝15座，完成108个村环境综合整治和3000户农厕改造，城乡环卫一体化考核成绩位列全省163个县市区第五。

民生保障　优先保障民生支出10.6亿元，占公共预算支出比重为73.1%。3所中小学和648套公租房加快建设，20处农村文化大院、5处社区图书室提档升级、10处农村幸福院工程完工，70多场次群众性文化活动成功举办，《经区民间文化图文集粹》整理出版，7618名企业职工完成养老保险补缴，332户农村（居）民获得购房补助，420户贫困群众脱贫，3258人实现就业，群众满意度不断提升。

社会管理　强化平安经区建设，投入3800万元完善公共安全视频监控系统，为7279户居民和单位更换安全锁芯，刑事警情比上年下降17%。加强源头预防和非访整治，区级以上信访量下降14.2%。全面落实安全生产责任，分类整治安全隐患2160项。开展国家食品安全城市和国家农产品质量安全市“双城联创”活动，农产品质量安全抽检合格率100%，食品安全管理经验在全国推广。扎实推进“德善经区”建设，涌现“仗义哥”宁青、仁德公益组织等一批先进典型。

【东部滨海新城建设】　完成泊于水库、市委党校等土地征收及地上附着物清表900公顷，拆迁建筑物56万平方米。出台东部滨海新城建设村庄搬迁安置和居民社会保障方案，启动3处生活区建设。其中，五渚河生活区进行基础施工，订购率达到70%；三滩生活区启动基础施工，3个村774户850套房屋拆迁补偿安置协议签订率达到98.4%；逍遥河生活区完成征地清表、场地平整等。快速推进重点工程建设，56公里道路路基、91万平方米道路硬化、240万平方米绿化工程完工，逍遥湖、五渚河公园、沿海岸线整治修复、市委党校新校区、市中等职业学校、市档案中心、泊于水库等工程加快推进，全年完成投资53.2亿元。

【打造中韩自贸区地方经济合作开放试验区】　10月24日，省委办公厅、省政府办公厅印发《关于支持威海中韩自贸区地方经济合作示范区建设的若干意见》。意见指出，依托威海经济技术开发区、威海临港经济技术开发区和威海出口加工区，规划建设中韩自贸区地方经济合作开放试验区。“十三五”期间，省级安排资金支持开放试验区基础设施建设。

【韩国商品集散地品牌建设】　重点抓好韩国商品交易中心、保税展示交易中心、富城国际韩国企业总部基地、九龙城跨境商品直购体验中心等总建筑面积23万平方米的涉韩商业设施建设运营，推进“上韩网”“懒猫购”等韩货电商平台上线运营，打响韩国商品集散地品牌。韩国商品交易中心自2014年6月开业后，发展外地连锁工厂店4家，吸引各地代理商1800家，开通国内首家专业韩货销售网站“上韩网”，累计实现销售额2.5亿元。韩国商品保税展示交易中心利用“前店后库”模式进行保税展示交易，吸引72家韩国本土企业签约入驻，于2015年12月初进行试运营。九龙城跨境商品直购体验中心引入“线下体验、线上下单”交易新模式，在家家悦门店进行“百城千家”复制推广。威海世贸通国际贸易公司获批山东省首批跨境电商资格企业，被评为省级跨境电商综合服务平台。

【威海出口加工区】　2015年，威海出口加工区实现外贸进出口总值9.7亿美元，比上年下降7.8%；产品销售收入21.4亿元，下降23.6%；固定资产投资40.4亿元，下降1.1%；完成税收4566万元，下降46.4%；保税物流进出区货值6.4亿美元，下降11.6%。至年底，出口加工区累计入区项目81

个，总投资7.96亿美元，其中外资企业项目67个，实际到账外资4.66亿美元。年内，出口加工区投产企业37家，其中电子企业16家、食品企业4家、汽车零部件企业4家、物流企业7家、其他企业6家，就业8385人。新引进项目3个，批准增资项目2个，在谈项目3个，到位外资2245万美元。指导企业增资扩股，威海世一电子有限公司增资2000万美元获得批准；引导企业更新设备，扩大规模，打造园区新的经济增长点，威海仁昌电子有限公司自筹资金30万美元更新设备，威海新韩精工有限公司租用2500平方米厂房扩大生产。

2015年威海经济技术开发区各镇（街道）基本情况表

表26

名称	村（社区）（个）		总面积（平方公里）	海岸线长（公里）	户籍人口（万人）	农村经济总收入（经济总收入）（亿元）	公共财政预算、收入（亿元）	名优特产
	村	社区						
崮山镇	24		50.4	18	1.8	9.76	1.4	无花果
泊于镇	33		73.5	14	2.5	17.27	0.5	无花果、草莓
桥头镇	51	1	111		3	27.92	0.3	苹果、花生
皇冠街道		13	19.3	12	4.4	20.43	9.8	
凤林街道		10	11.6		2.4	12.33	4.6	
西苑街道		11	11.8		2.1	11.7	4.6	

（徐敬侠）

威海临港经济技术开发区

【概况】 威海临港经济技术开发区起步于2005年初，2006年3月成立省级开发区，2008年4月成立威海工业新区，2013年11月20日，经国务院批准升级为国家级经济技术开发区。全区总面积297平方公里，辖3个镇、1个办事处，169个村、13个社区，人口13万人。2015年，全区完成生产总值67.51亿元，比上年增长9.1%。其中，工业增加值49.38亿元，增长8.9%，三次产业比重为6.65∶76.32∶17.03；固定资产投资74.05亿元，增长15.3%；财政总收入9.7亿元，其中一般公共财政预算收入突破6亿元，增长20%。

农业　全区实现农林牧渔业总产值8.52亿元。种植业产值6.05亿元，牧业产值2.21亿元。粮食总产量稳定在5.3万吨，果品总产量4.06万吨，蔬菜总产量2.2万吨，肉类总产量4332吨。农业机械总动力16.9万千瓦。造林面积166公顷，森林覆盖率41%。大力发展现代农业，对103个涉农村1.51万户农民的家庭承包土地进行确权登记颁证；新增市级农业龙头企业4个、省级合作社示范社1个、省级家庭农场示范场1个，新发展家庭农场16个。加强农业标准化基地建设，总投资1.5亿元，重点打造上善堂农业大棚、文峰生态博览园等项目，全区新增“三品一标”认证企业5家，新增现代苹果园133.33公顷，现代葡萄栽培基地超过166.67公顷。大力推进农林水利基础建设，实施中央投资森林抚育项目733.33公顷、沿海防护林项目166.67公顷；投入1000多万元，实施病险塘坝及水库除险加固、大中型水库移民及河道治理等工程。

工业　全区工业企业512家，其中规模以上企业72家，三角轮胎、威达集团、中玻股份3家企业销售收入超过10亿元；工业用电量达到4.96亿千瓦小时，比上年增长16.2%。工业效益平稳增长，规模以上工业主营业务收入138亿元，增长10.7%；利税10.1亿元，利润6.5亿元，分别增长9.3%和8.1%。全区50家重点纳税企业，其中纳税在1000万元以上的21家，增加8家。全区拥有市级以上品牌商标28个、中国驰名商标1个、山东名牌产品12个、威海市市长质量奖2个；拥有市级以上“守合同重信用”企业30家；区内3家企业主持或参与行业标准制（修）订，1家企业参与国家标准制订。

服务业　全区实现服务业增加值11.49亿元，比上年增长9%，占GDP的比重提高0.83个百分点；社会消费品零售总额7.88亿元，增长10.6%；新增规模以上服务业企业5家，增长16%；服务业税收收入增长52.6%。突出新兴电子商务产业，中韩（威海）跨境贸易电子商务产业园正式运营，吸纳各类服务型企业50家；颐高·之信国际电子商务产业园，规划可培育1200名网商创业就业，已签约入驻电商190户。突出培育和壮大韩国日用商品、休闲体育、五金机电、家居建材、汽车交易等特色专业市场，五金机电、汽车交易、钓具博览城等市场投入运营。重点打造温泉度假、红色文化旅游、红酒花卉、生态观光等服务产业，举办西瓜品尝、葡萄采摘等一系列农业旅游观光活动，吸引游客15万人。

项目建设　全年调度80个市、区级重点项目，通过科学实施“促、保、调、控”分类推进法，实现项目新开续建稳步接续、达产奏效效果显著。全年完成投资56亿元，多晶钨钼、金威科技等20个项目投产，威能高速动力、碳纤维产业研究院等24个项目竣工，或完成主体建设。其中，调度的17个市级重点项目，全年完成投资13.76亿元，威信光纤等8个项目投产，特种设备检测院等5个项目完成主体建设。

对外经贸　实现外贸进出口总额11.3亿美元，比上年增长12.1%。其中，出口完成8.9亿美元，增长13.3%；进口完成2.4亿美元，增长7.5%；完成离岸服务外包执行额1018万美元，增长24.1%。抢抓中韩自贸区建设机遇，依托威海国际物流园独有平台优势，打造中韩（威海）跨境贸易电子商务产业园，引入海关邮政办事处和进出口检验检疫中心，引进威海大农、威海卓创等外贸企业50家，实现外贸进出口总额3亿美元，占全区外贸进出口总额的26.5%。中韩（威海）跨境贸易电子商务产业园和威海国际物流园发展有限公司韩国平泽海外仓被认定为山东省跨境电商产业聚集区和山东省跨境电商公共海外仓。

科学技术和金融 成立院士工作站2家、省工程技术研究中心1家、市级工程技术研究中心2家，建立威海中国传统食品标准化研究中心、先进高分子材料产业技术创新战略联盟，新认定高新技术企业4家、科技型中小企业13家。全区获批省、市各类科技计划34项，申请发明专利36件，授权发明专利34件，新增钓具之都和绿创2家市级科技企业孵化器。举办第二届产学研大会，签订研究生实践基地等合作协议19个，达成校企战略合作协议4项。新引进各类金融机构4家，发放科技业务贷款1.73亿元，比上年增长169%，小微企业开展贷款风险补偿业务1750万元。海创模具、鸣惠生物成功在区域股权市场挂牌。

城乡建设 高标准实施道路综合改造、镇区拆迁开发、滨河湿地一期、新型社区建设、环境综合整治等6大类30项城建重点工程。新型社区建设进展顺利。投入6.3亿元，建设面积33.6万平方米，涉及8个村、1725户居民的嘉和花园社区棚户区改造项目土建工程完工；总面积3万平方米的祥和花园社区进入主体施工阶段。新建台州路、天宁路等路段部分道路4.8公里；实施草庙子立交省道S202、江苏东路等5条道路绿化、亮化工程，新增绿化面积72万平方米；完成省道S303至开元路和专家公寓给水工程等4个给排水工程，铺设管道8.5公里。推行城市精细化、社区网格化管理，完成数字城管信息平台软硬件建设工作，与市级数字城管平台系统联网调试运行；设立13个社区居民委员会，高标准打造8个社区管理服务中心；投入1450万元，建成2个标准化垃圾转运站，建设2个生活垃圾无害化填埋场，城乡环卫一体化建设全面达标。

社会事业 推进社会公共服务均等化，重点实施7大类29项民生实事。民生支出5.3亿元，占公共财政支出的比重达68.2%。投资3000万元的汪疃中小学建成启用，7所中小学校全部达到市级规范化标准。基本养老、医疗按区市标准补助，帮助5800多名群众落实企业职工社会保险补缴政策。提高城乡低保、农村五保标准，城乡低保覆盖率2.1%，全年发放各类保障及救助金1896万元。建立3.4万人的劳动力信息资源库，为企业招工2300多人，培训、转移农村劳动力和新增城镇就业人数2650多人。开展以食品、农产品为重点的“双城联创”活动，全域实行“四级五化”和“3C绿色新城”网格化监管，“打铁豆腐工坊”成为“城联双创”全国经验。新开通6条公交线路，增加公交车60辆，“五纵、三循环、六延伸”的公交网络初步形成。草庙子、黄岚卫生院，10个社区服务中心和农村标准化卫生室建成启用；探索观澜、上善堂、文峰等社会化养老模式，新建社区日间照料中心3所和农村幸福院6处，新增养老床位1000张。实施既有建筑供热计量和外墙节能改造32.8万平方米。开展文化惠民工程，投资2000多元建成区全民健身中心，建立47个农家书屋，改造140个农村文化大院，举办文体活动100余场次。

社会治理 全年排查化解矛盾纠纷2098起、信访积案3起，有效维护社会和谐稳定。加大基层综治网络延伸，建立各类调解组织247个，矛盾纠纷信息员1000多名，调处化解各类民间纠纷1200余起（不含法庭调解600多起），调处率100%，成功率96%以上。组织开展各类安全检查140次，发现整改隐患19处，开展各类应急演练3场次、安全防范培训7场次。

【国家碳纤维及其复合材料产业基地】 2015年，威海临港经济技术开发区依托拓展纤维的行业领军优势，积极谋划推进碳纤维产业化、集群化发展，规划建设国家级碳纤维及复合材料产业基地。基地一期规划占地面积160.33公顷，分为碳纤维生产、综合功能服务配套、复合材料生产三大功能区。4月15日，基地建设正式破土动工。5月21日，工信部授予威海市建设的首个“国家碳纤维及其复合材料产业基地”正式落户。综合功能服务配套区内产业研究院已封顶，职工公寓进行主体12层建设。产业研究院与北京化工大学、山东大学等12家科研院所达成合作意向，引进聚乳酸纤维、上浆剂等优质产业项目。12月25日，由威海拓展纤维有限公司发起成立山东省碳纤维产业联盟。

2015年威海临港经济技术开发区各镇（办）基本情况表

表27

名称	村（社区）（个）		总面积（平方公里）	总人口（万人）		生产总值（亿元）	公共财政预算收入（亿元）	农村居民可支配收入（万元）	名优特产
	村	社区		户籍	常住				
汪疃镇	58	1	103.4	2.8	2.68	4.9	0.38	1.68	葡萄、樱桃、桑葚、草莓、苹果、葡萄酒、黑猪、花饽饽、大花生
苘山镇	30	5	50.62	2.17	3.5	14.6	1.30	1.7	玫瑰花茶、玫瑰花精油、玫瑰花饼、薰衣草制品
草庙子镇	46	6	82.6	2	3	42.9	3.95	1.76	打铁豆腐、苹果
黄岚办事处	35	1	60.57	1.29	1.31	5	0.65	1.6	山马于西瓜、新白玉草莓、佃里大米、山马埠猕猴桃、玫瑰

（丛　琳）

威海南海新区

【概况】 威海南海新区于2007年3月启动开发，是国家战略山东半岛蓝色经济区重点建设的海洋经济新区，核心起步区位于环海路以南、黄垒河以东、圣海路以西，规划控制面积160平方公里，规划建设面积90平方公里，海岸线156公里。在规划布局上设置三大功能区：东部依托南海新港，建设临港产业区，重点发展以海洋工程、汽车产业、智能装备、民用飞机航天、节能环保、新能源装备为主的先进装备制造业集群，以新型功能材料、高性能结构材料、先进复合材料为主的新材料产业集群，以电子元器件、信息通讯为主的电子信息产业集群，以海洋食品研发、生物技术、化学药品、医药装备为主的生物医药产业集群，以化工新材料、生物化工、石油化工为主的生态化工产业集群；西部依托万米金色沙滩、万亩翠绿松林以及岛礁等资源，建设旅游度假区，重点发展滨海旅游、康疗养生等高端旅游业；中部建设综合商务区，重点发展行政办公、金融商务、科教创新等现代服务业。通过三区联动，实现互促共融发展。贯彻落实市委、市政府《关于三年突破南海新区发展的意见》，确定3年突破发展总体思路目标，全力培植以海洋战略性新兴产业和现代服务业为主导的产业体系，建设生态良好、生产发达、生活幸福的现代化海洋经济新区。

工业 工业带动，产业强区。以高端高质高效为引领，大力推进新型工业化建设，努力做大总量、做优增量。以百亿企业为目标，突出培植三角轮胎、德瑞博新能源汽车、天润曲轴、蓝岛新材发展。三角轮胎南海产业园已经进入设备调试安装阶段，在滨海路北、龙泰路西建设三角轮胎南海产业园专用的110千伏华阳变电站，项目达产后年生产能力800万条，年产值过100亿元，将进一步巩固三角轮胎在国内同行业的领先地位。至年底，蓝瑞汽配产业园开工建筑面积8.93万平方米，部分车间具备使用条件，通过牵线搭桥，成功帮助嘉和车桥、明池汽车安全玻璃为德瑞博新能源汽车配套汽车部件；明池安全玻璃有限公司加大技改投入，扩大生产规模，建设7条生产线，产能提高到200万台套/年，规划3年内实现为主流主机厂上海通用、一汽大众配套，5年内将企业在同行业地位由现在山东省首位上升到国内民营企业前5名，打造“明池”品牌。10月20日，德瑞博新能源汽车制造有限公司举行正式开业庆典，一期项目全自动化生产线正式投入使用，年产能15万辆；二期工程厂房主体完工，年底设备到位，年产能30万辆，产值150亿元。天润动力装备产业园大曲轴加工、曲轴锻造、精密铸件铸造项目于2014年4月设备安装调试完毕并进行试生产，5月全线投产，二期工程建设1条高水平船用曲轴锻造生产线，引进韩国现代重工工艺，采用世界先进的TR锻造方式，为轮船、高铁发动机生产全纤维大曲轴，可年产船用曲轴2000支。威海金太阳光热发电设备有限公司拥有太阳能槽式发电关键部件核心技术，生产出国内第一支高温真空集热管，打入国际高端市场，10月，第三车间建成投产，年产量提高到10万支。威力节能环保产业园主要从事新型罗茨风机、轴流机以及花生联合收获机研发生产，由威力工具集团有限公司和韩国东洋物产企业株式会社共同出资成立的威海威力东洋机械有限公司，历时4年研发、制造的花生联合收获机，10月在南海新区试机成功，正式批量生产，威力节能环保产业园项目全部达产后，年可生产新型罗茨风机1500台、轴流机500台、花生联合收获机3000台套，年销售收入6亿元。威海南海新区在蓝色产业孵化器内设立2万平方米韩国高新技术产业园区，承接韩国高端技术、高端产业转移孵化，与韩中文化协会、韩国京畿道高新企业协会、韩国忠清北道中小企业厅、韩国板桥科技谷等建立战略合作关系，加大引进优质韩国科技项目力度，已有韩国信厚生物科技、日光医疗科技、阿玛格医疗器械、松油保健品、生物有机肥、再生洗发水等10多个韩国科技型项目进驻蓝色产业孵化器。蓝色产业孵化器推进科技金融融合发展，与德邦证券等达成战略合作协议，通过引进产业基金与风险投资机构，为加快推动科研成果孵化和转化提供金融支撑。10月，威海南海新区蓝色产业孵化器入选省级创业示范园区。

旅游业 5月1日，以“世界影视文化”为主题的第八届中国威海沙雕文化艺术节在威海南海新区开幕，中央电视台晚间新闻进行播报。4月19日，南海新区首届七彩风筝文化节在南海新区万米金滩举办。5月16日，央视《乡村大世界》栏目组在南海新区南海公园圆满完成现场录制。节目以“威海之南·海纳百川”为主题，围绕“海”文化，向全国观众推介南海新区的海鲜美食、长寿之乡、创业福地等元素。6月1日，由威海福地园林工程有限公司投资15亿元建设的福地传奇水上乐园开园运营。6月20日，南海新区首届龙舟赛在蓝湖举行，威海南海新区企业组成7支代表队参加，参赛队员来自浙江、福建、湖南等17个省份。8月10日，由中华国际文化舞蹈艺术联合会主办的威海国际舞蹈文化艺术节在南海新区福地传奇水上乐园拉开帷幕。国庆节期间举办第二届新南海人趣味运动会、乐游南海自行车骑行赛、第四届香水海螃蟹品鉴艺术节、“德瑞博杯”民间休闲钓鱼大赛等一系列休闲活动。

招商引资 重点推进基础设施、能源、新材料、海洋工程、生物医药及投融资平台的引进建设，天印汽奶生物制品、巨宏镁合金2个项目签约；新引进3D打印装备制造、东昀石墨科技、巨宏镁业、中锐制药等20多个项目。年内，对14个市级、68个区级项目跟踪调度、靠前服务。积极融入中韩自贸区建设，与韩中文化协会北京分会联合成立南海高新技术产业发展公司，实行代理招商服务，引入韩国13家高新技术企业。

基础设施建设 建成10余条道路，总长约32公里。全力打造御蓝广场、香水河西岸、昌阳河东岸、南海公园、观海广场5处景观公园，完成金花河湿地公园规划方案设计。全年新增

景观绿化160万平方米，铺设雨水、污水、给水等管网81公里，铺设燃气管道3公里，对全球候鸟度假地小区、南海半岛小区、蔚蓝水岸小区、清岛湾小区、星海澜湾小区、北京交通大学威海校区、南海高中、蓝色创业谷铺设供热管道65公里。建设110千伏变电站2座。与中国广核集团签订天然气热电联产项目，与中环能源集团建立10亿立方米的燃气指标储备合作。启动投资3.9亿元的香水河拦潮闸建设，增强供水保障和防洪防潮能力。

城市化建设　对环海路以南21个村进行旧村改造，涉及搬迁户数6000多户。至2015年底，社区规划设计全部完成，3个社区交付使用，5个社区主体完工，2个社区完成规划，准备开工。3月，启动南海公墓建设。开通从威海南海新区汽车站发往威海和文登的公交快线。3月28日，威海南海新区与北京印刷学院举行共建北京印刷学院威海研究院签约仪式。总投资3.5亿元的金融商务中心，建筑面积7.13万平方米，2015年底封顶，将为南海新区发展金融、保险、证券等金融业和总部经济、国际国内商贸等高端商务提供服务平台。北京交通大学威海校区一期工程于2014年9月竣工，二期工程计划于2017年9月完成。4月19日，教育部正式下发文件批复成立北京交通大学威海校区。9月7日，在北京交通大学威海校区国际学术交流中心报告厅举行北京交通大学威海校区揭牌仪式暨2015级学生开学典礼。9月12日，北京交通大学威海校区首批留学生入校。11月，南海新区艺术馆正式进入打桩施工阶段，建成后将成为南海新区文化新地标。

【南海新港】　南海新港已获国务院对外开放口岸批复，建成2个万吨级泊位，基本具备运营条件。2015年，开工建设5万吨级通用泊位和5万吨级航道工程，进行港口试运行审批手续办理。

【2015年全国沙滩排球巡回赛（威海南海站）】　8月27日—30日，2015年全国沙滩排球巡回赛（威海南海站）在南海公园举行。威海南海站是2015年全国沙滩排球巡回赛的第五站，来自国内14个省、自治区、直辖市的66支代表队、132名运动员角力南海。

（田汶鑫）

各区市开发区建设

【威海环翠省级旅游度假区】　初创于1992年，1993年11月，经山东省政府批准正式成立。威海环翠省级旅游度假区管委会与张村镇合署办公，驻新柳社区，辖8个村、12个社区，人口3.1万人，面积49.04平方公里，海岸线长7公里。2015年，完成生产总值31.7亿元，实现公共财政预算收入5.1亿元，农民人均纯收入2.03万元。有义务教育阶段学校4所，其中初中1所、小学3所，在校生6742人。特色物产有里口山蟠桃、双岛海参等。围绕打造“经济发达的现代化新城区、全区工业经济核心区、高端产业聚集区”，充分依托区位优势，规划建设银海项目区、机械电子产业园区、自主创新园区3个专业、特色园区，先后引进魏桥纺织、威高骨科、新北洋科技、海鑫新材料等企业680家，其中规模以上企业39家，形成以电子信息、机械制造、医疗器械、科技新材料4大优势产业为主体的工业经济发展板块。大力发展现代服务业，依托山海资源规划电商孵化园区、里口山旅游度假区、中心休闲商务区、影视城高档商住区4大服务业聚集区，推进里口山休闲观光农业、九日中韩创业园、鹰翔电商产业园、银鹏商务酒店等一批服务业项目。2015年，被评为省级旅游强乡镇，入选全国建制镇示范试点镇，在全省“百镇建设示范行动”绩效评价中综合排名第七。

【环翠北海省级旅游度假区】　2015年9月17日，经山东省政府批复成立。位于威海市区北部、孙家疃街道境内，东临刘公岛，西连威海高技术产业开发区，南与市区连为一体，呈弧状散布于海岸线上，森林覆盖率68%。辖区总面积17.91平方公里，海岸线长31.5公里，辖14个社区，人口1.5万人。2015年，实现公共财政预算收入2亿元。区域内旅游资源丰富，礁奇岛多，山拥水绕，林秀海碧，滩平沙细，穿境而过的环海路沿线，分布着七星楼、望夫石、龙王庙等15个历史遗迹和传统民俗旅游景点以及半月湾、葡萄滩、远遥湾等多处天然海水浴场。沿路景点串连成线，突出滨海风光、历史遗迹、海蚀风貌、渔家文化、民俗体验等旅游主题，形成环海路旅游度假长廊（自半月湾海水浴场至靖子龙王庙段环海路沿线，2015年11月24日被批准为国家AAA级景区）。辖区内聚集280多家特色餐饮企业，形成“山后海鲜、特色美味”餐饮品牌。区域内及周边拥有三星级以上中高档酒店17家，接待床位2400余个，可满足不同游客需求。依托得天独厚的旅游资源，不断优化生态环境，完善基础配套设施，加快发展滨海旅游业，初步形成以生命健康、医疗美容为主的科研型、总部型经济，打造“一线五点”（黑岛、三连岛、猫头山、望夫石、龙王庙）休闲观光游、“一带四场”（半月湾浴场、铁人三项赛场、葡萄滩浴场、高尔夫球场）娱乐健身游、“一环四湾”（合庆湾、山东湾、靖子湾、远遥湾）海上垂钓游，打造“北海港湾、度假天堂”旅游品牌。孙家疃街道先后被授予“全国环境优美乡镇”“最具竞争力旅游强镇”等称号。

（王海峰）

【文登经济开发区】　文登经济开发区1992年经山东省政府批准设立，管委会驻广州路46号。2015年，建成区面积30平方公里。辖1个村、21个社区，常住人口2.39万人。人均可支配收入2.01万元。5月25日，金山管委正式挂牌办公，负责22个村（社区）的日常事务管理工作。全区规模以上工业企业实现销售收入252亿元，完成固定资产投资82亿元，地方财政收入2.9亿元，外贸进出口总额8.79亿美元，比上年增长8.4%；实际利用外资2439.7万美元，增长324.29%。基础设施建设投资1.05亿元，在东部拓展区完成福海路、杭州路、漳州路等路基建设及福海路桥涵、蓝海产业园污水处理池、天福山片区供水主管道、高新材料产业区南线污水管道安装工程；在西部建成区修建深圳路人行桥，12月主体工程完工。全区绿地一级管护面积170万平方米。实施旧村改造工程，重点做好福惠家园、营南花园、文源华都、隆昌兴城、汤泊温泉等6个安置小区建设工作，在建面积18万平方米，拟安置营南庄、东耩、林家岭等13个村（社区）。柳家庄、文登营、止马岭3个社区列入山东省棚改计划。年末，福惠家园一期3.6万平方米安置房基本完工，二期4万平方米场地平整等前期工程完工。加大招商引资力度，重点引进高新材料、生物医药、装备制造、现代海洋生物、现代服务业、电子商务等项目，新签约产业项目37个，其中投资过1亿元的项目10个，合同投资额46亿元。年内，新建和续建项目49个，其中新开工项目26个，新开工面积14.4万平方米；续建复工项目23个，有12个项目建成投产，4个项目达到投产条件。经济开发区形成汽车及零部件、机电工具、家纺服装、电子信息、高新材料、休闲旅游六大支柱产业。

（王淑君）

【荣成经济开发区】 成立于1991年，1992年12月经山东省人民政府批准为省级经济开发区。辖4个街道，131个村、31个社区，总面积227平方公里，人口18万人。海岸线长42公里。全区有各类电机生产、经营企业19家，其中生产企业14家，配套企业5家，形成以华力电机、天科电机为龙头，以荣佳电机为创新重点，以大兴电机、众泰电机等中小电机企业为依托的发展格局，通过龙头带动、主动创新、靠大联强等方式，抓住国家实施“电机节能工程”的机遇，加强与北京航空航天大学、哈尔滨理工大学等高校院所的合作，完善企业技术创新体系。抓住国家把房车产业纳入鼓励类产业目录、省政府制定《加快新能源汽车推广应用实施意见》的政策机遇，扶持房车和低速电动车发展，重点推进康派斯车辆、龙河车业、名骏房车、恒力车业等骨干企业扩大规模、提高产能，年内新开工的名骏房车、自由人户外用品等项目实现当年投产。鼓励区内关联企业抢抓市场空白期增上配套项目，先后引进德马斯制冷设备、阿卡迪亚户外用品、天明车业等一批配套项目。重点实施海森药业、达因制药技术交流中心、森淼超高压生物提取项目，其中海森药业完成设备安装并进行试生产，达因制药技术交流中心项目已主体完工，森淼超高压生物提取项目车间及冷藏部分主体施工基本完成。规划建设新材料产业园，主要承接科技含量高、附加值高的精细化工项目，引进青木新材料、科盛光电新材料等项目。重点推进华东锻压、威顺海工设备等项目建设，其中华东锻压完工投产，威海蓝冠工程机械基本完工。抓住城际铁路和荣乌高速开通的机遇，规划建设冷链物流园，重点建设好西海冷链物流、和丰时代、永达仓储物流中心、恒信物流等项目。大力发展旅游、养老、商贸等生活性服务业项目，佳华财富广场、好当家商城等商贸项目开工建设，万福苑老年公寓主体完工，金地种植园建设完成。重点推进荣成电子商务总部基地及科创中心电子商务基地建设，引进云商网络科技、黄海电子商务等32家电子商务企业。结合征信体系建设，将区内所有电子商务企业全部纳入征信管理，重点从货品质量、服务态度、纳税情况等方面入手，规范电子商务企业运营，营造诚信营销良好氛围。2015年，累计批准进区项目1501个，项目总投资2198亿元，实际投资额913.7亿元。完成基础设施投资5.8亿元。引进内资56.8万元，外资3027万美元。完成工业总产值597.5亿元，实现销售收入576.8亿元，利税49.7万元，出口交货值9.41亿美元。

【荣成石岛湾省级旅游度假区】 成立于1992年8月，1994年10月，经山东省人民政府批准为省级旅游度假区。2005年撤销石岛镇，成立石岛管理区，石岛湾省级旅游度假区与石岛管理区合署办公。辖6个街道，144个村、41个社区，总面积260平方公里，人口16.9万人。2015年，投资26亿元扶持培植泰祥皇朝马汉、新港电商中心等10家跨境电商企业，新增企业主体366个、规模企业14家，“个转企”111户，纳税过1亿元企业3家，过1000万元11家；申报威海市科技企业55家，获批国家级高新企业3家、省级创新平台5处、名牌商标4家；引进青岛银行等4家融资机构，3家企业挂牌上市，其中华鹏玻璃在主板上市。实施8.5公里路网管网、2万吨污水处理厂等16项配套提升工程，慧谷孵化器获批威海市级孵化器，入驻研发机构21家，热电联产项目跻身财政部PPP试点项目，海洋高新园继获批省级园区后，进一步升级为国家级农业科技园区。实施37项城市化和“六个一体化”工程，19项驻地和4项村庄改造工程拆旧9.3万平方米，新建商住设施面积20.7万平方米；成立三维丝昊阳供热公司，铺设改造管网29公里，城乡供热面积310万平方米；完成2.5万户天然气置换，关停城区液化气站27处，整治涉氨企业278家；新建改造道路12条、23公里，新增绿化66万平方米，120公里主干路网实现硬化绿化亮化全覆盖。至年底，累计批准进区项目1640个，项目总投资3378.6亿元，实际投资额1411.1亿元。完成基础设施投资28.3亿元。年内引进内资56.81亿元、外资4268万美元。完成规模以上工业主营业务收入886.1亿元，比上年增长10.9%，利润总额53.1亿元，增长12.7%，出口交货值8.12亿美元。区内生产总值406.7亿元，增长10.2%；一般公共财政预算收入18.9亿元，增长13%。

【好运角旅游度假区】 2011年1月，国务院批复的《山东半岛蓝色经济区发展规划》提出，发展海洋文化旅游业、建设好运角旅游度假区。2012年12月，好运角旅游度假区设立，辖成山、港西和埠柳3个镇，110个村、11个社区，人口9.69万人。陆地面积280平方公里，海岸线长112公里。度假区围绕区域发展定位，主攻滨海旅游、中韩跨境商贸物流、海洋生物、健康养生、影视文化五大产业。2015年，有旅游度假设施35处，接待游客260万人次、旅游收入7亿元。实施北环海岸线修复、白龙河生态景观带、岚河公园等景观工程，环境进一步优化。引进国内唯一的灯具博物馆、美中美海草房部落、中韩园艺博览园等项目，那香海加快由单一房地产向旅游度假全产业链转型，新建五星级酒店、室内水上乐园、青少年帆船基地、游艇码头、温泉理疗、海水浴场东扩等项目，争创AAAA景区。好运角参评国家级慢生活休闲体验示范区通过专家组评审。百合生物、鸿海生物、元盛生物科技上市挂牌顺利推进。百合生物口服液生产车间被评为国家知识产权优势企业，"百合康"品牌获评中国驰名商标。世代生物加快产品推广和产学研合作，与北京林业大学就"海藻生物肥应用于荒漠化防治"等课题开展深度合作。味岛食品被新希望集团收购，在产能和销售上得到很大提升。主攻中韩跨境商品贸易，实施好运渔乡国际商业中心、韩国商品城、韩国精品展销中心等载体建设，杭州湾云计算跨境电商基地签约入驻。以打造面向国内和韩国的高端养生养老基地为目标，引进全球500强企业恒大集团养老地产、天津博爱养生养老等项目。新建大开文化传播中心、鲁信影视文化中心，维纳斯影视基地投入运营。至年底，累计批准进区项目68个，项目总投资441亿元，实际投资额87.5亿元。区内基础设施投资4.9亿元，批准进区项目25个，开工建设25个，总投资18.6亿元。年内引进内资28.75亿元、外资3335.5万美元。完成工业总产值474亿元，实现销售收入456亿元、利税40.25亿元、出口交货值3.8亿美元。

（张洪波）

【乳山经济开发区】 于1992年12月经山东省人民政府批准成立，辖41个村，总面积107平方公里，海岸线长35公里，拥有国家一类开放港口——乳山口港，乳山长途汽车站坐落区内。2015年12月28日，山东省环保厅、商务厅、科技厅鲁环函〔2015〕972号文批复，同意乳山经济开发区建设省级生态工业园区。开发区按照《山东省省级生态工业园区管理办法（试行）》要求，实施《乳山经济开发区省级生态工业园建设规划》。构建生态产业体系，优化产业结构，转变发展方式，加强园区与周边地区的协作互动与辐射带动，实现区域可持续发展。推进项目开工建设。华信产业园、远深新能源、博诺制衣等新引进项目开工，推进力牌石油、科大孵化中心、海洋机械等重点续建项目，促成海洋机械、力牌石油、瑞华达机械汽车座椅等项目建成投产。引导企业走出去融资，形成"以项目引资金，以资金促项目"，利用国家金融政策，为困难企业提供资金贷款，促进企业持续发展。与160家重点企业签订安全生产责任状，对涉及涉氨制冷、涉爆粉尘、危化品及一般工商贸企业实施综合检查180家次，被评为威海市安全生产工作先进单位。完成威海市级以上创新平台6家，其中省级1家。10月9日，区内华邦科技登陆新三板挂牌交易，总股本2500.00万股。投资3428万元，完成区内路段绿化带整理及路边石、路面修补工作，新增绿化面积11.3万平方米。完成滨河路、三亚路道路建设工程等15项便民利民实事工程。扩大规模招商，引进总投资5亿元的华信产业园海产品深加工项目、总投资1.2亿元的华邦精冲汽车调角器项目、总投资1亿元的高档针织服装制造博诺制衣项目；发挥区位和环境优势，引进总投资2.5亿元的远深新能源项目，主营海水、污水及地表水源热泵系统成套技术及关键设备生产；开展信息招商活动，设立在外能人数据库，引进投资1.1亿元的东典智能农业项目和投资8000万元的福如东海韩国城项目。全年引进新项目10个，其中过1亿元5个，总投资达到13.2亿元。全区实现工业总产值348亿元、财政收入1.65亿元。

【乳山市滨海新区】 成立于2012年12月26日，是"一体化"大威海新格局和乳山"南部提升"战略的重要组成部分，区域规划总面积348.94平方公里。按照产业布局规划和打造特色园区的长远目标，规划银滩旅游度假区、大乳山滨海旅游度假区、海湾新城、新兴产业园、塔岛湾海洋生态国家级海洋特别保护区、食品与生物科技产业园、科技产业园7个功能片区，规划定位为打造高端产业聚集区、幸福宜居养生区、休闲旅游样板区、城市发展中心区和中日韩合作先导区。2015年，实现公共财政预算收入7655万元。全区拥有银滩旅游度假区、大乳山滨海旅游度假区2个AAAA级景区，夏季高峰期入住人口15万人。1月22日，"银滩—大乳山"海岸线入选山东省首批"齐鲁美丽海岸"。推进招商引资，外出招商100批次，引导50家中外企业、协会、金融机构到区考察，达成合作协议30项。引进总投资1亿元的威海海若食品、总投资3亿元的元辰能源、总投资约1.3亿元的老来乐康复医院等项目。加快产业培育步伐，借鉴外地先进经验做法，做大做强健康养生、休闲度假、海洋科技、新兴产业4大优势产业。加快建设温喜生物、骏翔科技、帕斯砜新材料等21个过1亿元项目，新开工大学生创业基地、靖翔家具、元辰热力等5个规模以上项目。以建设"高端产业聚集区、幸福宜居养生区、休闲旅游样板区、城市发展中心区和中日韩合作先导区"为目标，完善设施配套。年内，投资15.7亿元建设路网桥涵、园林绿化、海岸线修复、便民服务、供水供电供气等5大类42项基础设施工程，进一步提升基础设施对经济发展的承载力。规划建设观海苑、益天、碧海苑三个城市日间照料中心，落实上级专项补助资金65万元，新设一处观海苑社区应急救援中心，完成5个社区办公场所与服务用房面积2∶8的标准配备，提高城市社区服务精细化水平。加快新型城市化建设，推进总投资9.4亿元、涵盖5大类31项具体内容的便民利民实事项目。银滩第二污水厂竣工，新建银滩一污、二污配套管网150公里。以市场化运作方式进行银滩岸线景观和绿化带建设。抓好农村示范社区建设，实施6个农村新型社区建设；投资500万元，集中清理村庄存量垃圾，改善农村环境；实施6个村的旧村改造、4个村的棚户区改造工程。投资14亿元的20项威海蓝区重大事项以及年度投资16.7亿元的15个威海市级重点项目基本完工。

（陈宗坚）

编辑 王 瑛

人　物

市领导简介

·中国共产党威海市委员会·

孙述涛　中共威海市委书记、党校校长，市人大常委会主任、党组书记。山东高密人。1965年1月出生。1987年7月参加工作。1985年11月加入中国共产党。1983年9月至1987年7月，在山东农业大学林学专业学习。1987年7月至1990年1月，任山东农业大学林学系辅导员。1990年1月至1991年9月，任山东农业大学林学系团总支副书记。1991年9月至1994年7月，为南京林业大学资源与环境学院森林经理专业硕士研究生。1994年7月至1997年7月，为南京林业大学森林资源与环境学院造林学专业博士研究生。1997年7月至10月，任山东农业大学林学院教师。1997年10月至2000年6月，任山东农业大学林学院院长。2000年6月至2001年1月，任山东农业大学林学院院长，挂职任菏泽地区行署专员助理。2001年1月至2月，任菏泽市副市长。2001年2月至2007年7月，任省委组织部副部长。2007年7月至2008年2月，任省委组织部副部长兼省干部学院院长。2008年2月至7月，任威海市委副书记，威海市政府副市长、代市长、党组书记。2008年7月至2011年12月，任威海市委副书记，威海市政府市长、党组书记。2011年12月至2012年4月，任威海市委书记、党校校长。2012年4月起，任中共威海市委书记、党校校长，市人大常委会主任、党组书记。

张　惠（女）　中共威海市委副书记，威海市人民政府市长、党组书记。山东烟台人。1967年4月出生。1989年7月参加工作。1988年6月加入中国共产党。在职研究生文化程度，1985年9月至1989年7月，在青岛海洋大学海洋生物系海洋生物专业学习。1989年7月至1992年4月，任青岛海洋大学工程系团总支代理书记、学生党总支书记。1992年4月至1994年9月，任青岛海洋大学麦岛校区团委副书记。1994年9月至1995年11月，任青岛海洋大学团委副书记。1995年11月至1997年2月，任共青团青岛市委副书记。1997年2月至2001年4月，任共青团青岛市委副书记、市青联主席。2001年4月至2001年12月，任共青团青岛市委书记、党组书记，市青联主席（1997年9月至2001年6月，在青岛海洋大学海洋生物专业攻读硕士研究生，获理学硕士学位）。2001年12月至2003年4月，任共青团青岛市委书记、党组书记。2003年4月至2006年4月，任青岛市委常委，共青团青岛市委书记、党组书记（2004年7月至2005年1月，在山东省中青年干部赴美国马里兰大学培训班学习）。2006年4月至2007年11月，任青岛市委常委、统战部部长。2007年11月至2008年1月，任青岛市委常委、统战部部长，市委青岛高新技术产业开发区工委书记。2008年1月至6月，任青岛市委常委、副市长，市委青岛高新技术产业开发区工委书记。2008年6月至2011年12月，任青岛市委常委、副市长，省委高校工委副书记，市委青岛高新技术产业开发区工委书记。2011年12月至2012年4月，任威海市委副书记，威海市政府代市长、党组书记。2012年4月起，任中共威海市委副书记，威海市人民政府市长、党组书记。

赵熙殿　中共威海市委副书记。山东荣成人。1957年8月出生。1976年7月参加工作。1982年1月加入中国共产党。1976年7月至1977年2月，任荣成县黄山公社联中教师。1977年2月至1980年12月，任荣成县黄山公社教育组会计、团支部书记。1980年12月至1984年4月，任荣成县王连公社团委干事、党委秘书。1984年4月至1985年9月，任荣成县王连乡党委宣传委员。1985年9月至1987年7月，在山东大学干部专修科党政基础专业学习。1987年7月至12月，任荣成县王连乡党委干部。1987年12月至1988年6月，任荣成县斥山镇副镇长。1988年6月至11月，任荣成县斥山镇党委副书记、副镇长。1988年11月至1991年1月，任荣成市斥山镇党委副书记、镇长。1991年1月至1992年8月，任荣成市崂山镇党委书记。1992年8月至1993年1月，任荣成市经济技术开发区管委主任、党委书记（副县级）。1993年1月至3月，任荣成市委常委，市经济技术开发区管委主任、党委书记。1993年3月至1995年3月，任荣成市委常委，市政府副市长、党组副书记，市经济技术开发区管委主任、党委书记。1995年3月至1997年12月，任荣成市委常委，市政府副市长、党组副书记。1997年12月至1998年2月，任乳山市委副书记、代市长。1998年2月至2001年1月，任乳山市委副书记、市长（1996年7月至1999年6月，在省青年管理干部学院经济管理专业学习）。2001年1月至2003年2月，任乳山市委书记、党校校长（1999年9月至2002年6月，在省委党校在职干部研究生班经济管理专业学习；2002年9月至2003年1月，在中央党校县委书记进修班学习）。2003年2月至2006年12月，任威海市委常委，乳山市委书记、党校校长，乳山市人大常委会主任。2006年12月至2007年1月，任威海市委常委、市政府副市长。2007年1月至2012年4月，任威海市委常委，威海市政府副市长、党组副书记。2012年4月起，任中共威海市委副书记。

汤光运　中共威海市委常委，威海市人民政府副市长、党组副书记。山东荣成人。1955年12月出生。1973年2月参加工作。1982年11月加入中国共产党。1973年2月至1976年12月，任荣成县大疃小学、联中民办教师。1976年12月至1977年5月，任荣成县第二造船厂工人。1977年5月至1979年6月，任荣成县荫子乡政府文书。1979年6月至1980年6月，任荣成县标准计量局文书。1980年6月至1981年2月，任荣成县沼气办公室文书。1981年2月至1984年6月，任荣成县上庄镇政府生产助理。1984年6月至1985年11月，任荣成县上庄镇党委秘书。1985年11月至1987年2月，任荣成县上庄镇党委宣传委员。1987年2月至1988年11月，任荣成县上庄镇党委副书记。1988年11月至1989年12月，任荣成市上庄镇党委副书记、镇长。1989年12月至1991年7月，任荣成市崖头镇党委副书记、镇长。1991年7月到1994年11月，任荣成市俚岛镇党委书记（1993年9月至12月，在威海市委党校中青年干部培训班学习）。1994年11月至1996年12月，任荣成市石岛镇党委书记（1994年9月至1996年4月，在省高等教育自学考试文秘专业大专学习）。1996年12月至1998年1月，任荣成市委常委、石岛镇党委书记。1998年1月至1999年2月，任荣成市委常委、副市长。1999年2月至6月，任荣成市委副书记、副市长。1999年6月至2000年2月，任荣成市委副书记、代市长。2000年2月至2003年1月，任荣成市委副书记、市长（2000年9月至2002年6月，在山东农业大学农经管理专业研究生课程进修班学习）。2003年1月至3月，任荣成市委书记。2003年3月至2004年11月，任荣成市委书记、党校校长。2004年11月至2006年2月，任荣成市委书记（副市地级）、党校校长（2003年9月至2005年12月，在省委党校业余本科班法律专业学习）。2006年2月至2008年11月，任威海市委常委，荣成市委书记、党校校长。2008年11月至12月，任威海市委常委。2008年12月起，任中共威海市委常委，威海市人民政府副市长、党组副书记。

王学文　中共威海市委常委、秘书长。山东乳山人。1963年4月出生。1984年7月参加工作。1984年5月加入中国共产党。1980年9月至1984年7月，在莱阳农学院园艺系果树专业学习。1984年7月至1985年4月，任乳山县马石店乡团委干事。1985年4月至11月，任乳山县委老干部局干事。1985年11月至1989年2月，任乳山县委组织部干事。1989年2月至12月，任乳山县委组织部干部科副科长。1989年12月至1991年1月，任乳山县委办公室行政科科长。1991年1月至1992年6月，任乳山县委办公室副主任。1992年6月至1994年7月，任乳山县（市）冯家镇党委书记。1994年7月至1995年8月，任乳山市地税局局长、财政局副局长。1995年8月至1996年12月，任乳山市委办公室主任、市直机关工委书记。1996年12月至1997年12月，任乳山市委常委、办公室主任，市直机关工委书记。1997年12月至2001年1月，任乳山市委副书记（2000年9月至12月，在省委党校县委书记进修班学习）。2001年1月至3月，任乳山市委副书记、代市长。2001年3月至2002年12月，任乳山市委副书记、市长。2002年12月至2003年1月，任荣成市委副书记、代市长。2003年1月至2005年11月，任荣成市委副书记、市长。2005年11月至2007年5月，任威海市环翠区委书记、党校校长。2007年5月至2008年11月，任威海市委常委，环翠区委书记、党校校长。2008年11月至2011年11月，任威海市委常委，荣成市委书记、党校校长。2011年11月至2012年1月，任威海市委常委。2012年1月起，任中共威海市委常委、秘书长。

刘茂德　中共威海市委常委、政法委书记。山东威海人。1958年12月出生。1978年11月参加工作。1982年8月加入中国共产党。1977年10月至1978年11月，任荣成县桥头公社党委交通员（计算连续工龄）。1978年11月至1986年1月，任烟台地委（市委）办公室科员（1982年8月至1985年8月，在烟台广播电视大学汉语言文学专业学习）。1986年1月至1987年8月，任烟台市交通局办公室科员。1987年8月至11月，任烟台市交通局汽修行管处副主任。1987年11月至1991年5月，任威海市交通委办公室主任。1991年5月至7月，任威海市政府办公室正科级秘书。1991年7月至1992年8月，任威海市政府办公室副县级秘书。1992年8月至1998年3月，任威海市公路局局长、党委书记（1994年9月至1997年6月，在南京大学中文系中国现当代文学专业学习，获文学硕士学位）。1998年3月至1999年1月，任威海市建委主任、党委书记。1999年1月至2003年1月，任威海市建委主任、党委书记，市委建设工委书记。2003年1月至2月，任威海市政府党组成员。2003年2月至2012年1月，任威海市政府副市长、党组成员（2006年

2月至2006年5月，在山东省委党校市厅级领导干部进修班学习）。2012年1月至4月，任威海市政府副市长、市委政法委书记。2012年4月起，任中共威海市委常委、政法委书记。

霍高原　中共威海市委常委、组织部部长。山东武城人。1965年3月出生。1981年12月参加工作。1986年12月加入中国共产党。1981年12月至1982年8月，任夏津县外贸局干事。1982年8月至1985年7月，在山东省广播电视大学汉语言文学专业学习。1985年9月至1989年6月，任夏津县政府办公室干事。1989年6月至1990年6月，任夏津县政府办公室秘书科副科长。1990年6月至1991年6月，任夏津县政府办公室信访处科长。1991年6月至1992年12月，任夏津县苏留庄镇党委副书记（1989年8月至1992年6月，在中央党校函授学院本科班经济管理专业学习）。1992年12月至1993年9月，任夏津县左王庄乡党委副书记、乡长。1993年9月至1995年9月，任夏津县李楼乡党委书记。1995年9月至1997年7月，在省委党校党政干部研究生班学习。1997年7月至2001年5月，任省纪委党风室正科级检查员。2001年5月至2003年1月，任省纪委党风室副处级检查员（2000年6月至2001年8月，挂职任邹城市副市长；2001年8月至2003年1月，挂职任邹城市委副书记）。2003年1月至2008年2月，任东阿县委副书记、县长（2005年2月至2005年12月，在省委党校第十五期中青年干部培训班学习）。2008年2月至2011年11月，任高唐县委书记（2008年8月至2010年6月，在南开大学商学院高级管理人员工商管理硕士专业学习，获高级管理人员工商管理硕士学位）。2011年12月至2013年6月，任枣庄市副市长。2013年6月至2015年9月，任枣庄市副市长、市中区委书记。2015年9月至2015年11月，任枣庄市副市长。2015年11月起，任中共威海市委常委、组织部部长。

王　亮　中共威海市委常委、宣传部部长。山东荣成人。1963年1月出生。1981年7月参加工作。1984年4月加入中国共产党。1979年9月至1981年7月，在荣成师范学校史地专业学习。1981年7月至1983年5月，任荣成县第十五中学教师。1983年5月至1984年7月，任荣成县政协办公室秘书。1984年7月至1987年9月，任荣成县委办公室秘书。1987年9月至1988年10月，任威海市政府办公室秘书。1988年10月至1990年1月，任威海市政府办公室副科级秘书。1990年1月至1991年9月，任威海市政府办公室正科级秘书（1987年10月至1990年12月，在山东省高等教育自学考试汉语言文学专业大专学习）。1991年9月至1992年2月，任威海市政府办公室秘书科科长。1992年2月至1992年8月，任威海市政府办公室调研科科长。1992年8月至1994年4月，任威海市政府办公室副县级秘书、调研科科长。1994年4月至1997年6月，任威海市政府办公室副主任、党组成员。1997年6月至1999年6月，任威海市政府副秘书长、办公室党组成员。1999年6月至2001年6月，任威海市政府副秘书长、办公室党组成员，调查研究室主任（1998年9月至2001年6月，在吉林大学经济学院国民经济学专业学习，2001年6月获经济学硕士学位）。2001年6月至2002年12月，任威海市政府副秘书长、办公室党组成员，调查研究室主任，信息产业局局长。2002年12月至2003年1月，任威海市环翠区委副书记、代区长。2003年1月至2005年2月，任威海市环翠区委副书记、区长。2005年2月至3月，任文登市委副书记、代市长。2005年3月至2006年2月，任文登市委副书记、市长。2006年2月至3月，任文登市委副书记、市长，市政协主席。2006年3月至5月，任文登市委书记、市政协主席。2006年5月至2007年11月，任文登市委书记、党校校长。2007年11月至2011年12月，任文登市委书记、党校校长，市人大常委会主任。2011年12月至2012年4月，任威海市委宣传部部长。2012年4月起，任中共威海市委常委、宣传部部长。

曹元怀　中共威海市委常委，军分区政治委员、党委书记。山东青州人。1962年12月出生。1981年10月参加工作。1984年10月加入中国共产党。1981年10月至1985年12月，任济南军区某守备团战士。1985年12月至1986年8月，任济南军区新闻队学员。1986年8月至1987年10月，任济南军区某守备团排长。1987年10月至1990年2月，任济南军区某守备团政治处正排职干事。1990年2月至1990年7月，任济南军区某守备团政治处副连职干事。1990年7月至1990年11月，任青岛警备区政治部副连职干事。1990年11月，任青岛警备区某艇政治指导员、党支部书记。1990年11月至1993年12月，任山东省军分区政治部干部处正连职干事。1993年12月至1996年12月，任山东省军分区政治部干部处副营职干事。1996年12月至1999年12月，任山东省军分区政治部干部处正营职干事。1999年12月至2000年1月，任山东省军分区政治部干部处副团职干事。2000年1月至2002年2月，任山东省军分区政治部干部处副处长。2002年2月至2006年3月，任山东省军分区政治部干部处处长、政治部党委委员（2001年9月至2003年7月，在山东大学马克思主义原理专业学习）。2006年3月至2010年10月，任潍坊军分区政治部主任、党委常委。2010年10月至2010年12月，任枣庄军分区政治委员、党委书记。2010年12月至2012年10月，任枣庄市委常委，军分区政治委员、党委书记。2012年10月至2012年11月，任威海军分区政治委员、党委书记。2012年11月起，任中共威海市委常委，军分区政治委员、党委书记。

傅　逊　中共威海市委常委、市纪委书记。山东嘉祥人。1967年1月出生。1990年7月参加工作。1986年4月加入中国共产党。1986年9月至1990年7月，在山东师范大学中文系汉语言文学专业学习。1990年7月至1996年4月，任省纪委信访室干事（1990年9月至1991年10月，在滕州市纪委下派锻炼；1994年3月至1995年9月，挂职任博兴县委办公室副主任）。1996年4月至1996年12月，任省纪委信访室副科级检查员。1996年12月至1997

年12月，任省纪委办公厅副科级检查员。1997年12月至2004年6月，任省纪委办公厅正科级检查员。2004年6月至2009年6月，任省委巡视工作办公室副处级检查员〔2006年9月至2008年7月在中国石油大学（华东）人文社会科学学院马克思主义理论与思想政治教育专业学习〕。2009年6月至2014年2月，任省纪委监察综合室副主任(2011年6月至2013年12月,任省援疆指挥部党委委员、纪委书记兼机关党委副书记）。2014年2月至2015年4月，任省委第三巡视组副组长（巡视专员)。2015年4月起，任中共威海市委常委、市纪委书记。

侯世超　中共威海市委常委、统战部部长，市社会主义学院院长。山东乳山人。1963年4月出生。1980年10月参加工作。1986年12月加入中国共产党。1980年10月至1983年7月，任乳山县水产供销公司和尚洞水产站职工、团支书。1983年7月至1985年7月，任乳山县水产良种场会计。1985年7月至1989年3月，任乳山县玻璃厂财务科长、办公室主任、副厂长。1989年3月至1990年9月，任乳山县水产研究所干部。1990年9月至1992年11月，任乳山县水产局企业管理股副股长（1989年8月至1992年6月，在中央党校函授学院大专班经济管理专业学习)。1992年11月至1994年12月，任乳山县（市）海阳所镇副镇长。1994年12月至1995年12月，任乳山市海阳所镇党委副书记、副镇长。1995年12月至1998年1月,任乳山市冯家镇党委副书记、镇长。1998年1月至2000年3月，任乳山市冯家镇党委书记(1999年4月至1999年7月，在威海市委党校第九期中青年干部培训班学习；1997年9月至2000年1月，在山东省委党校业余本科班经济管理专业学习)。2000年3月至2001年1月，任乳山市政府党组成员、办公室主任。2001年1月至2005年2月，任乳山市委常委、办公室主任兼市直机关工委书记。2005年2月至2006年12月，任乳山市委副书记、办公室主任兼市直机关工委书记（2006年2月至2006年5月，在山东省委党校第十八期县委书记培训班学习）。2006年12月至2007年12月，任威海市林业局副局长、党委副书记（正县级）。2007年12月至2009年1月，任威海市林业局局长、党委书记。2009年1月至2010年2月，任荣成市委副书记（正县级)。2010年2月至2011年11月,任荣成市委副书记、市长。2011年11月至2015年6月，任荣成市委书记、党校校长。(2009年9月至2012年6月,在山东省委党校在职干部研究生班经济管理专业学习)。2015年6月至2015年7月，任威海市委常委，荣成市委书记、党校校长。2015年7月至2015年8月，任威海市委常委、统战部部长，市社会主义学院院长，荣成市委书记、党校校长。2015年8月起，任中共威海市委常委、统战部部长，市社会主义学院院长。

·威海市人民代表大会常务委员会·

孙述涛　中共威海市委书记、党校校长，威海市人大常委会主任、党组书记。(参见《人物·市领导简介·中国共产党威海市委员会》第323页)

董进友　威海市人大常委会第一副主任（正厅级）、党组书记。山东威海人。1956年7月出生。1975年10月参加工作。1982年8月加入中国共产党。1975年10月至1979年9月，任威海市链条厂会计。1979年9月至1984年6月,任威海市链条厂财务科、经营科科长。1984年6月至1985年3月,任威海市链条厂副厂长。1985年3月至1987年3月，任威海市瓷厂厂长、党总支书记。1987年3月至1988年12月，任威海市轮胎厂副厂长。1988年12月至1989年8月，任威海市环翠区蒿泊镇党委副书记、镇长。1989年8月至1992年3月，任威海市环翠区蒿泊镇党委书记。1992年3月至1992年6月，任威海市环翠区委组织部部长。1992年6月至8月，任威海市环翠区委常委、组织部部长。1992年8月至1996年12月，任威海市环翠区委常委、副区长（1992年8月至1994年12月，在中央党校函授学院本科班经济管理专业学习)。1996年12月至1997年12月，任威海市环翠区委副书记、副区长。1997年12月至1998年3月，任威海市环翠区委书记。1998年3月至2001年1月，任威海市环翠区委书记、党校校长。2001年1月至3月，任威海市政府党组成员。2001年3月至2007年7月，任威海市政府副市长、党组成员。2007年7月至2008年1月，任威海市政府副市长、党组副书记。2008年1月至2012年1月，任威海市委常委，威海市政府副市长、党组副书记。2012年1月至4月，任威海市委常委、市政府副市长、市人大常委会党组书记。2012年4月起，任威海市人大常委会第一副主任（正厅级)、党组书记。

张建军　威海市人大常委会副主任、党组副书记。山东荣成人。1957年7月出生。1976年8月参加工作。1977年12月加入中国共产党。1976年8月至1977年12月，任荣成县东山公社青山前大队知青。1977年12月至1980年9月，任威海平板玻璃厂文书。1980年9月至1982年2月，任威海市第二轻工业局秘书。1982年2月至1984年11月，任威海市经济委员会秘书(1982年9月至1983年7月，在烟台师范专科学校干部培训班学习)。1984年11月至1987年11月，任威海（县级）市委组织部办公室主任(1984年4月至1986年12月，在山东省高教自学考试汉语言文学专业大专学习)。1987年11月至1989年3月，任威海市委组织部办公室副主任。1989年3月至1991年7月，任威海市委组织部办公室主任。1991年7月至1992年3月，任威海市委组织部副县级巡视员、办公室主任。1992年3月至1993年3月，任威海市委组织部副县级巡视员、企业干部科科长。1993年3月至1998年3月，任威海市委组织部副部长(1993年9月至1996年7月，在山东省经济管理干部学院业余本科班经济管理专业学习)。1998年3月至2001年2月,任威海市委组织部副部长、老干部局局长(1997年9月至2000年6月，在山东省委党校在职干部研究生班政治学专业学习)。2001年2月至2005年10月,任威海市委组织部常务副部长(正县级)。2005年10月至2012年1月,任威海经济技术开发区(出口加工区)管委会主任(副市地级)、工委书记。2012年1月至4月,任威海市人大常委会党组副书记,经济技术开发区(出口加工区)管委主任、工委书记。2012年4月至9月,任威海市人大常委会副主任、党组副书记,威海经济技术开发区(出口加工区)管委主任、工委书记。2012年9月起,任威海市人大常委会副主任、党组副书记。

毕礼伟 威海市人大常委会副主任、民建威海市委主委。山东威海人。1966年12月出生。1988年7月参加工作。2005年10月加入中国民主建国会。1985年9月至1988年7月,在烟台大学中文系汉语言文学专业学习。1988年7月至1990年5月,任威海市纺织工业公司技改科干部(1989年3月至7月,在北京达美集团培训中心外贸英语培训班学习)。1990年5月至1991年9月,任威海市纺织器材厂供销科长。1991年9月至1992年1月,任威海市纺织器材厂副厂长。1992年1月至1993年3月,任威海市环翠区经委技改科副科长。1993年3月至1995年2月,任威海环翠省级旅游度假区招商公司经理(1994年7月至10月,在环翠区委党校中青年干部班学习)。1995年2月至1996年1月,任威海环翠省级旅游度假区招商局副局长。1996年1月至1997年7月,任威海环翠省级旅游度假区招商局副局长、张村镇副镇长。1997年7月至1998年2月,任威海环翠省级旅游度假区管委会副主任、经济发展局副局长,张村镇副镇长。1998年2月至2006年2月,任威海市环翠区政府副区长(1997年8月至1999年12月,在中央党校函授学院涉外经济管理专业学习;2000年9月至2003年6月,在省委党校在职干部研究生班经济管理专业学习)。2006年2月至7月,任威海市政协副主席、环翠区政府副区长。2006年7月至2007年12月,任威海市政协副主席、环翠区政府副区长、民建威海支部主任(2006年9月至12月,在省委党校人大政协进修班学习)。2007年12月至2008年1月,任威海市政协副主席、民建威海支部主任委员。2008年1月至2010年4月,任威海市人大常委会副主任、民建威海支部主任委员(2007年9月至2009年11月,在北京师范大学政治学与国际关系学院公共管理专业学习;2009年9月至11月,在山东省委党校市人大政协领导干部进修班学习)。2010年4月起,任威海市人大常委会副主任、民建威海市委主委。

季恩远 威海市人大常委会副主任、党组成员。山东蓬莱人。1958年12月出生。1980年7月参加工作。1989年4月加入中国共产党。1978年9月至1980年7月,在山东省烟台财政学校财税专业学习。1980年7月至1987年6月,任烟台县(市)财政局科员。1987年6月至1987年11月,任烟台市财政局行政事业财务科副科长。1987年11月至1990年10月,任威海市财政局预算科科长。1990年10月至1993年10月,任威海市财政局副局长(1989年8月至1992年6月,在山东大学威海分校夜大经济管理专业学习;1991年9月至1991年11月,在威海市委党校党政领导干部进修班学习)。1993年10月至1994年11月,任威海市财政局副局长、华威(香港)有限公司董事。1994年11月至1997年8月,任威海市财政局局长、党组书记,华威(香港)有限公司董事(1995年9月至1997年5月,在山东经济学院政治经济学专业硕士课程进修班学习)。1997年8月至1998年9月,任威海市财政局局长、党组书记,华威(香港)有限公司董事,威海城市合作银行副董事长。1998年9月至1999年6月,任威海市财政局局长、党组书记,华威(香港)有限公司董事。1999年6月至2001年2月,任威海市外经贸委主任、党委书记,华威(香港)有限公司董事。2001年2月至2003年1月,任威海市外经贸局局长、党委书记。2003年1月至2010年12月,任威海市政府市长助理、党组成员(2000年9月至2003年6月,在山东省委党校在职干部研究生班经济管理专业学习)。2010年12月至2012年1月,任威海市政府党组成员(2007年8月至2011年1月,挂职任湖南省株洲市政府副市长)。2012年1月至4月,任威海市人大常委会党组成员。2012年4月起,任威海市人大常委会副主任、党组成员。

丛培卿(女) 威海市人大常委会副主任、党组成员。山东威海人。1961年10月出生。1981年7月参加工作。1982年11月加入中国共产党。1979年9月至1981年7月,在烟台师范专科学校政治系政治专业学习。1981年7月至1984年6月,任文登县汪疃公社、初村公社妇联干事。1984年6月至1985年2月,任文登县妇联干事。1985年2月至1986年11月,任文登县妇联妇女儿童权益部副部长。1986年11月至1987年8月,任威海市(县级)计生委文书。1987年8月至1989年12月,任威海市妇联干事。1989年12月至1992年12月,任威海市妇联办公室副主任(1992年9月至1992年11月,在威海市委党校领导干部进修班学习)。1992年12月至1996年6月,任威海市妇联研究室主任(1995年5月至1995年8月,在威海市委党校中青年女干部培训班学习)。1996年6月至1998年11月,任威海市妇联副主席、党组成员(1993年9月至1996年7月,在山东省经济管理干部学院本科班经济管理专业学习)。1998年11月至2003年4月,任威海市妇联副主席、纪检组组长、党组成员。2003年4月至2007年12月,任威海市妇联副主席、党组成员(2003年9月至2004年7月,在山东大学威海分校继续教育学院韩语班学习)。2007年12月至2012年1月,任威海市妇联主席、党组书记。2012年1月至4月,任威海市妇联主席、党组书记,市人大常委会党组成员。2012年4月起,任威海市人大常委会副主任、党组成员。

·威海市人民政府·

张 惠(女) 中共威海市委副书记,威海市人民政府市长、党组书记。(参见《人物·市领导简介·中国共产党

威海市委员会》 第 323 页）

汤光运 中共威海市委常委，威海市人民政府副市长、党组副书记。（参见《人物 · 市领导简介 · 中国共产党威海市委员会》 第 324 页）

房德阳 威海市人民政府副市长、党组副书记。山东荣成人。1957 年 3 月出生。1976 年 9 月参加工作。1975 年 3 月加入中国共产党。1975 年 9 月至 1976 年 9 月，任荣成县上庄公社改造后进队工作组成员（计算连续工龄）。1976 年 9 月至 1984 年 4 月，任荣成县大疃乡党委组织干事、党委秘书。1984 年 4 月至 9 月，任荣成县大疃乡党委宣传委员。1984 年 9 月至 1987 年 6 月，在烟台市委党校八四级理论班学习。1987 年 6 月至 12 月，在荣成县大疃乡党委工作。1987 年 12 月至 1989 年 12 月，任荣成县（市）大疃乡党委副书记。1989 年 12 月至 1991 年 7 月，任荣成市大疃镇党委副书记、镇长。1991 年 7 月至 11 月，任荣成市大疃镇党委书记。1991 年 11 月至 1997 年 12 月，任荣成市宁津镇党委书记（1993 年 9 月至 1996 年 7 月，在山东经济学院本科班国际贸易专业学习；1995 年 9 月至 1996 年 1 月，在威海市委党校中青年干部培训班学习）。1997 年 12 月至 1998 年 1 月，任荣成市委常委、宁津镇党委书记。1998 年 1 月至 11 月，任荣成市委常委、石岛镇党委书记。1998 年 11 月至 1999 年 6 月，任荣成市委常委、石岛镇党委书记、石岛湾省级旅游度假区管委主任、石岛国际渔货贸易区党委书记。1999 年 6 月至 7 月，任荣成市委常委、副市长，石岛镇党委书记，石岛湾省级旅游度假区管委主任，石岛国际渔货贸易区党委书记。1999 年 7 月至 2000 年 1 月，任荣成市委常委、副市长，石岛湾省级旅游度假区管委主任，石岛国际渔货贸易区党委书记。2000 年 1 月至 2001 年 1 月，任荣成市委常委、副市长。2001 年 1 月至 2003 年 1 月，任荣成市委副书记、副市长。2003 年 1 月至 2008 年 1 月，任威海市建委主任、党委书记，市委建设工委书记。2008 年 1 月至 4 月，任威海市政府副市长、党组成员，市建委主任、党委书记，市委建设工委书记。2008 年 4 月至 2011 年 12 月，任威海市政府副市长、党组成员（2009 年 2 月至 2009 年 4 月，在山东省委党校市厅级领导干部进修班学习）。2011 年 12 月起，任威海市人民政府副市长、党组副书记。

张 波（女） 威海市人民政府副市长。山东威海人。无党派人士。1969 年 1 月出生。1991 年 8 月参加工作。1987 年 9 月至 1991 年 7 月，在沈阳农业大学园艺系蔬菜专业学习。1991 年 8 月至 1992 年 12 月，任文登市宋村镇农技站技术员。1992 年 12 月至 1998 年 3 月，任文登市宋村镇副镇长（1995 年 9 月至 1996 年 1 月，在威海市委党校中青年干部培训班学习）。1998 年 3 月至 2000 年 3 月，任威海市政协常务委员、文登市宋村镇副镇长。2000 年 3 月至 2002 年 1 月，任威海市政协常务委员，文登市政协副主席、宋村镇副镇长。2002 年 1 月至 2003 年 1 月，任威海市政协常务委员，文登市政协副主席、工商联会长。2003 年 1 月至 3 月，任威海市政协常务委员，文登市政府副市长、政协副主席、工商联主委。2003 年 3 月至 2007 年 12 月，任威海市政协常务委员，文登市政府副市长、政协副主席（2003 年 9 月至 2004 年 6 月，在清华大学国际继续教育学院国际经贸与公共管理高级研修班学习；2005 年 4 月至 2007 年 7 月，在中国社会科学院研究生院 MPA 教育中心公共管理专业学习，获公共管理硕士学位）。2007 年 12 月至 2008 年 1 月，任威海市政协常务委员。2008 年 1 月起，任威海市人民政府副市长。

傅广照 威海市人民政府副市长、党组成员。山东龙口人。1963 年 2 月出生。1984 年 7 月参加工作，1985 年 5 月加入中国共产党。1980 年 9 月至 1984 年 7 月，在莱阳农学院农学专业学习。1984 年 7 月至 1986 年 5 月，任蓬莱县北沟镇团委书记。1986 年 5 月至 1987 年 1 月，任蓬莱县委组织部干事。1987 年 1 月至 12 月，任龙口市直关党委干事。1987 年 12 月至 1992 年 12 月，历任龙口市委组织部组织科、企干科干事，办公室副主任、主任。1992 年 12 月至 1993 年 9 月，任共青团龙口市委副书记（主持工作）。1993 年 9 月至 1995 年 12 月，任龙口市黄山馆镇党委书记。1995 年 12 月至 1997 年 12 月，任龙口市黄山馆镇党委书记、人大常委会主任（1995 年 9 月至 1997 年 12 月，在山东省委党校研究生班经济管理专业学习）。1997 年 12 月至 2001 年 1 月，任蓬莱市副市长。2001 年 1 月至 2002 年 12 月，任莱阳市委副书记、副市长。2002 年 12 月至 2003 年 1 月，任烟台市牟平区委副书记、代区长。2003 年 1 月至 2006 年 12 月，任烟台市牟平区委副书记、区长（2006 年 2 月至 12 月，在山东省委党校中青年干部培训班学习）。2006 年 12 月至 2007 年 3 月，任乳山市委书记、党校校长。2007 年 3 月至 2011 年 11 月，任乳山市委书记、党校校长，市人大常委会主任（2005 年 10 月至 2007 年 7 月，在大连理工大学 EMBA 专业学习，获工商管理硕士学位）。2011 年 11 月至 12 月，任乳山市人大常委会主任。2011 年 12 月至 2012 年 4 月，任威海市政府党组成员。2012 年 4 月起，任威海市人民政府副市长、党组成员。

徐连新 威海市人民政府副市长、党组成员。山东威海人。1961 年 11 月出生。1988 年 12 月参加工作。1983 年 12 月加入中国共产党。1988 年 4 月至 1988 年 12 月，任文登市泽头镇政府工业助理员、工交办公室副主任（计算连续工龄）。1988 年 12 月至 1991 年 5 月，任文登市泽头镇政府工业助理员、工交办公室副主任。1991 年 5 月至 1991 年 9 月，任文登市苘山镇科协主任（1988 年 8 月至 1991 年 7 月，在文登市农业广播电视分校乡镇企业经营管理专业学习）。1991 年 9 月至 1992 年 12 月，任文登市苘山镇政府副镇长。1992 年 12 月至 1995 年 4 月，任文登市苘山镇党委副书记、镇长。1995 年 4 月至 1998 年 2 月，任文登市苘山镇党委书记（1994 年 9 月至 1997 年 6 月，在山东农业大学本科班经济管理专业学习；1997 年 3 月至 1997 年 9 月，在威海市委党校中青年培训班学习）。1998 年 2 月至

2001年1月，任威海市环翠区副区长、党组成员。2001年1月至2003年1月，任威海市环翠区委常委、副区长。2003年1月至2005年3月，任威海市环翠区委副书记、副区长。2005年3月至12月，任威海市政府副秘书长、环翠区委副书记。2005年12月至2006年12月，任威海市政府副秘书长，市工业园管委主任、党委书记，环翠区委副书记。2006年12月至2008年5月，任威海市政府副秘书长，市工业园管委主任、党委书记。2008年5月至2009年9月，任威海市政府副秘书长，威海工业新区管委主任、工委书记。2009年9月至2011年12月，任威海工业新区管委主任、工委书记。2011年12月至2012年4月，任威海市政府党组成员。2012年4月起，任威海市人民政府副市长、党组成员。

刘广华 威海市人民政府副市长、党组成员。山东烟台人。1962年9月生。1983年12月参加工作。1985年12月加入中国共产党。1980年9月至1983年12月，在山东广播电视大学烟台分校机械专业学习。1983年12月至1986年5月，任烟台市芝罘区物价局物价员。1986年5月至1987年4月，任烟台市芝罘区委组织部干部科干事。1987年4月至1989年5月，任烟台市芝罘团区委副书记。1989年5月至1990年4月，任烟台市芝罘团区委书记。1990年4月至1993年2月，任烟台市芝罘区黄务镇党委副书记、镇长。1993年2月至1995年9月，任烟台市芝罘区黄务镇党委书记。1995年9月至1998年1月，任招远市委常委、宣传部部长(1993年9月至1996年7月，在山东农业大学经济管理专业在职学习)。1998年1月至1998年12月，任招远市副市长。1998年12月至2000年1月，任招远市委副书记、副市长。2000年1月至2002年12月，任烟台市莱山区委副书记，高新区工委副书记，中俄基地工委副书记、管委副主任。2002年12月至2006年12月，任烟台市莱山区委副书记，高新区工委副书记、管委主任，中俄基地工委副书记，管委主任，亚太综合园区管委主任。2006年12月至2007年1月，任烟台市国资委党委副书记。2007年1月至2008年2月，任烟台市国资委主任、党委副书记(2004年9月至2007年6月，在山东省委党校在职干部研究生班经济管理专业在职学习)。2008年2月至2011年11月，任栖霞市委书记、党校校长，市人大常委会主任。2011年11月至2012年4月，任烟台市政府党组成员。2012年4月至2012年5月，任烟台高新技术产业开发区管委会主任（副厅级）、市政府党组成员。2012年5月至2013年2月，任烟台高新技术产业开发区管委会主任（副厅级），市政府党组成员，烟台东部高技术海洋经济新区建设指挥部副总指挥兼办公室主任，市城市建设发展有限公司董事长、党支部书记。2013年2月至2013年7月，任烟台高新技术产业开发区管委会主任（副厅级）、市政府党组成员、烟台东部海洋经济新区建设指挥部副总指挥。2013年7月至2013年8月，任威海市政府党组成员。2013年8月起，任威海市人民政府副市长、党组成员。

·中国人民政治协商会议威海市委员会·

董天祥 政协威海市委员会主席、党组书记。四川邛崃人。1957年1月出生。1972年12月参加工作。1983年1月加入中国共产党。1972年12月至1978年6月，任西藏拉萨市七一农机厂工人、政工干部。1978年6月至1980年8月，在辽宁熊岳农机学校学习。1980年8月至1984年9月，任西藏拉萨市农牧局政治处人事干部、局团委副书记。1984年9月至1986年8月，在中国青年政治学院政治教育专业学习。1986年8月至1989年5月，任共青团西藏自治区委区直机关团委书记。1989年5月至1991年11月，任共青团西藏自治区委农牧青年工作部副部长。1991年11月至1992年12月，任共青团西藏自治区委农牧青年工作部部长。1992年12月至1994年10月，任西藏自治区那曲地委委员、秘书长。1994年10月至1997年12月，任西藏自治区那曲地委副书记。1997年12月至2004年5月，任威海市政府副市长、党组成员(1999年8月至2001年12月，在中央党校函授学院法律专业学习)。2004年5月至2006年2月，任威海市委常委、宣传部部长（2002年6月至2004年6月，在山东大学经济学院产业经济学专业研究生课程进修班学习)。2006年2月至2007年5月，任威海市委常委。2007年5月至2015年2月，任威海市委常委、市纪委书记(2008年3月至6月，在山东省委党校市厅级领导干部进修班学习)。2015年2月至2015年4月，任政协威海市委员会主席、党组书记，市委常委、市纪委书记。2015年4月起，任政协威海市委员会主席、党组书记。

张　剑 政协威海市委员会副主席、党组副书记。山东荣成人。1956年3月出生。1975年8月参加工作。1976年12月加入中国共产党。1975年8月至10月，任荣成县港西公社龙家联中教师。1975年10月至1976年9月，为荣成县港西、埠柳粮管所职工。1976年9月至1980年11月，任荣成县粮食局秘书。1980年11月至1984年7月，任荣成县委办公室秘书。1984年7月至1986年8月，任荣成县委办公室秘书科科长（副科级，1983年9月至1986年7月，在山东广播电视大学经济类专科班学习)。1986年8月至1987年9月，任荣成县委办公室副主任。1987年9月至1989年9月，任威海市委办公室秘书科科长。1989年9月至1992年8月，任威海市委办公室副主任。1992年8月至1996年3月，任威海市委副秘书长，市档案局局长、党组书记。1996年3月至1998年5月，任威海市委副秘书长，市档案局（馆）局长（馆长)、党组书记。1998年5月至1999年1月，任威海市委副秘书长，市档案局局长、党组书记（1996年9月至1998年12月，在省委党校业余本科班经济管理专业学习)。1999年1月至2001年1月，任威海市委副秘书长、办公室主任。2001年1月至3月，任威海市环翠区委书记。2001年3月至2002年12月，任威海市环翠区委书记，党校校长（1999年9月至2002年6月，在省委党校在职干部研究生班经济管理专业学习)。2002年

12月至2003年2月，任威海市委政法委书记。2003年2月至2006年2月，任威海市委常委、政法委书记。2006年2月至2007年5月，任威海市委常委、宣传部部长。2007年5月至2009年1月，任威海市委常委、秘书长。2009年1月至2011年12月，任威海市委常委、秘书长、宣传部部长。2011年12月至2012年1月，任威海市委常委、秘书长。2012年1月至4月，任威海市委常委，市政协党组副书记。2012年4月起，任政协威海市委员会副主席、党组副书记。

任怀平　政协威海市委员会副主席、民革威海市委主任委员、山大威海分校翻译学院院长。山东高密人。1955年2月出生。1975年8月参加工作。1997年8月加入中国国民党革命委员会。1975年8月至1978年2月，任高密县土庄乡朱汉联中民办教师。1978年2月至1982年1月，在山东大学外语系外语专业学习。1982年1月至1987年1月，任山东农机学院基础部教师、助教。1987年1月至1992年10月，任山东工程学院基础部讲师。1992年10月至1994年11月，任山东工程学院经贸系副教授。1994年11月至1996年6月，任山东工程学院经贸系教授。1996年6月至1997年12月，任山东大学威海分校外语系主任、教授。1997年12月至1998年2月，任民革威海市委主委，山大威海分校外语系主任、教授。1998年2月至2004年7月，任威海市政协副主席，民革威海市委主委，山大威海分校外语系主任、教授。2004年7月至2008年7月，任威海市政协副主席、民革威海市委主任委员、山大威海分校翻译学院教授。2008年7月，任政协威海市委员会副主席、民革威海市委主任委员、山大威海分校翻译学院院长。

李淑芳（女）　政协威海市委员会副主席、民革威海市委副主任委员。山东栖霞人。1958年7月出生。1975年5月参加工作。1989年4月加入中国国民党革命委员会。1975年5月至1978年9月，为甘肃省嘉峪关市新城公社知青。1978年9月至1982年7月，在山东化工学院橡胶系橡胶制品专业学习。1982年7月至1983年5月，任威海轮胎厂成型车间技术员。1983年5月至1987年12月，任威海轮胎厂技术开发室副主任（主持工作）。1987年12月至1992年8月，任山东轮胎厂技术处工程师。1992年8月至1995年1月，任山东轮胎厂技术处副处长（主持工作）、高级工程师。1995年1月至1999年4月，任三角集团有限公司技术处处长。1999年4月至2001年3月，任三角集团有限公司斜交胎管理部副部长兼技术处处长。2001年3月至2001年12月，任威海市政府副市长。2001年12月至2008年1月，任威海市政府副市长、民革威海市委副主任委员。2008年1月起，任政协威海市委员会副主席、民革威海市委副主任委员。

戚建波　政协威海市委员会副主席、山东省文联副主席、威海市第一中学副校长。山东威海人。无党派人士。1959年10月出生。1980年2月参加工作。1978年2月至1980年2月，在蓬莱师范学校音乐专业学习。1980年2月至9月，任威海第七中学音乐教师。1980年9月至1995年1月，先后任威海市第一中学教师、政教处副主任、办公室副主任。1995年1月至1997年1月，任威海市第一中学办公室主任。1997年1月至9月，任威海市第一中学副校长、办公室主任。1997年9月至1998年2月，任威海市第一中学副校长。1998年2月至2001年3月，任威海市环翠区政协副主席、市第一中学副校长。2001年3月至2002年9月，任威海市政协副主席、市第一中学副校长(1998年9月至2001年7月,在省委党校业余大专班行政管理专业学习)。2002年9月起，任政协威海市委员会副主席、山东省文联副主席、威海市第一中学副校长（2002年9月至12月，在省委党校人大政协班学习）。

刘亚东（女）　政协威海市委员会副主席、威海市体育局副局长。山东蓬莱人。无党派人士。1958年7月出生。1976年7月参加工作。1976年7月至1978年9月，为蓬莱县于家庄知青。1978年9月至1982年7月，在山东师范大学生物系生物学专业学习。1982年7月至1983年4月，任蓬莱一中教师。1983年4月至1991年9月，任文登二中教师。1991年9月至1994年7月，任文登一中教导处副主任。1994年7月至1995年4月，任文登市政府市长助理。1995年4月至2001年3月，任文登市政府副市长。2001年3月至2003年1月，任威海市政协副主席、文登市政府副市长。2003年1月至2004年12月，任威海市政协副主席、威海职业学院副院长。2004年12月起，任威海市政协委员会副主席、威海市体育局副局长。

李　丹　政协威海市委员会副主席、党组成员。山东威海人。1957年1月出生。1984年7月参加工作。1988年9月加入中国共产党。1980年9月至1984年7月，在北京师范大学教育系学校教育专业学习。1984年7月至1985年7月，任烟台师范学院教师。1985年7月至1987年9月，任烟台市政府办公室秘书。1987年9月至11月，任威海市政府办公室秘书。1987年11月至1988年10月，任威海市政府办公室副科级秘书。1988年10月至1990年1月，任威海市政府办公室信息联络科副科长。1990年1月至1991年12月，任威海市政府办公室调研科科长。1991年12月至1992年8月，任威海市经济研究中心副主任。1992年8月至1996年7月，任威海市政府办公室副主任。1996年7月至1997年6月，任威海市政府副秘书长(1994年6月至1996年12月，在山东省委党校业余研究生班党政管理专业学习)。1997年6月至1998年11月，任威海市政府副秘书长、市地方史志编纂委员会办公室主任。1998年11月至1999年7月，任威海市政府副秘书长、市地方史志办公室主任。1999年7月至2000年10月，任威海市政府副秘书长（正县级)。2000年10月至2001年6月,任威海市政府副秘书长，政府办公室主任、纪检组组长、党组成员。2001年6月至2003年4月，任威海市政府副秘书长，政府办公室主任、党组副书记、纪检组组长。2003年4月至2012年1月，任威海市政府秘书长、党组成员，政府办公室党组书记。2012年1月至4月，任威海市政协党组成员。2012年4月起，任政协威海市委员会副主席、党组成员。

王汝壮　政协威海市委员会副主席、党组成员。山东威海人。1957年9月出生。1980年12月参加工作。1983年12月加入中国共产党。1980年12月至1981年8月，任文登县蔄山公社经管员。1981年8月至1983年8月，任文登县农业局经管员（1981年9月至1981年11月，在山东省农村人民公社经营管理干部训练班学习；1982年9月至1983年7月，在烟台师范专科学校中文系干部培训班学习）。1983年8月至1984年6月，任文登县统计局干事。1984年6月至1988年3月，任文登县委组织部干事。1988年3月至11月，任文登县委组织部干部科副科长。1988年11月至1990年7月，任文登县委组织部干部科科长、组织员办公室副科级组织员（1985年12月至1988年12月，在中央农业广播电视学校山东省会计分校乡镇工业会计专业学习；1989年9月至1990年6月，在山东省委党校干部大专专业证书班党政管理专业学习）。1990年7月至1991年5月，任文登市人事局副局长、党组成员。1991年5月至1995年5月，任文登市宋村镇党委书记。1995年5月至1997年12月，任文登市检察院检察长、党组书记（1993年9月至1996年7月，在山东行政学院业余本科班行政管理专业学习；1996年3月至6月，在中央检察官管理学院学习；1995年8月至1997年12月，在中央党校函授学院本科班政法专业学习）。1997年12月至1999年6月，任荣成市委常委、组织部部长。1999年6月至2001年1月，任荣成市委常委、组织部部长，市纪委书记。2001年1月至2002年12月，任荣成市委副书记、组织部部长（2002年3月至2002年6月，在山东省委党校县委书记进修班学习）。2002年12月至2005年11月，任荣成市委副书记（正县级）、组织部部长。2005年11月至2006年2月，任荣成市委副书记，市政府代市长、党组书记。2006年2月至12月，任荣成市委副书记、市政府市长。2006年12月至2008年2月，任威海市委组织部副部长（正县级）。2008年2月至2012年1月，任威海市委组织部常务副部长（正县级）。2012年1月至4月，任威海市政协党组成员。2012年4月起，任政协威海市委员会副主席、党组成员。

任慧春　政协威海市委员会副主席、党组成员，市总工会主席、党组书记。山东海阳人。1960年5月出生。1980年7月参加工作。1985年6月加入中国共产党。1978年9月至1980年7月，在山东省烟台粮食学校会计统计专业学习。1980年7月至1984年1月，任烟台市芝罘区计委、统计局办事员。1984年1月至1986年1月，任烟台市统计局科员。1986年1月至1992年1月，任烟台市统计局副科长（1986年6月至1987年12月，挂职任莱阳县河洛乡副乡长；1989年9月至1991年7月，在烟台大学干部专修科经济管理系企业管理专业学习）。1992年1月至11月，任威海市第一轻工业局财务科科长。1992年11月至1994年6月，任威海市经济技术开发投资公司副经理。1994年6月至1996年6月，任威海市预算外资金征收管理处主任。1996年6月至1998年6月，任威海市预算外资金征收管理处主任（机构升格）(1995年9月至1997年12月，在山东省委党校业余本科班经济管理专业学习）。1998年6月至11月，任威海市财政局副局长、党组成员，预算外资金征收管理处主任。1998年11月至2000年10月，任威海市财政局副局长、党组成员。2000年10月至2001年6月，任威海市财政局副局长、党组成员，市国有资产管理局（公有资产管理委员会办公室）副局长（副主任）。2001年6月至2003年1月，任威海市财政局副局长、党委委员，市国有资产管理局（公有资产管理委员会办公室）副局长（副主任）。2003年1月至4月，任威海市民用航空管理局（民航站）副局长（副站长）、党委副书记（主持工作）。2003年4月至2006年12月，任威海市民用航空管理局（民航站）局长（站长）、党委书记。2006年12月至2010年1月，任威海市劳动和社会保障局局长、党委书记。2010年1月至8月，任威海市人力资源和社会保障局局长、党委副书记（机构改革）。2010年8月至2012年1月，任威海市发展和改革委员会主任、党组书记。2012年1月至4月，任威海市政协党组成员，市总工会主席、党组书记。2012年4月起，任政协威海市委员会副主席、党组成员，市总工会主席、党组书记。

（市委组织部提供）

先进人物

·全国劳动模范·

（按姓氏笔画排列）

丁乐赴　威海极北茶业有限公司总经理。山东乳山人。1964年3月出生。1984年5月参加工作。无党派人士。2015年6月被中国科协、国家财政部授予“全国科普带头人”称号。

孙建恩　三角轮胎股份有限公司电气副总工程师。山东五莲人。1967年11月出生。1990年7月参加工作。孙建恩是从普通电工成长起来的电气工程师，积极探索推进信息化在生产制造系统的应用，使轮胎制造装备以信息化带动从单机自动化过渡到系统自动化，达到国内同行业领先水平。大力推进工艺装备自动化与信息化系统的两化融合，通过对工艺生产数据的自动采集，使得生产过程各个环节真实、准确、及时得到反馈，降低各环节人为因素干扰，实现车间规范化管理，许多项目达到国际一流水平。积极推动工程装备的创新升级，提出密炼机采用中压变频驱动技术替代直流驱动系统，节电15%；改进开炼式连续自动低温混炼工艺技术的电气控制，实现橡胶行业炼胶工序关键性技术突破，节能27%，生产效率提高50%以上。孙建恩先后获得“山东省富民兴鲁劳动奖章”“山东省劳动模范”等荣誉称号。2015年4月被中华全国总工会授予“全国劳动模范”称号。

许云川　靖海集团有限公司董事长、党委书记。山东荣成人。1963年4月出生。1978年9月参加工作。1985年12月加入中国共产党。许云川带领靖海集团取得较快发展，形成远近洋海上捕捞、水产品精深加工、船舶修造、渔港服务、海水养殖、国际国内海上运输等捕、加、运并举的经营格局，总资产36亿元，职工3800人。公司成为农业产业化国家重点龙头企业、农业部健康养殖示范单位、山东省远洋渔业重点企业、山东省渔船建造重点企业、山东省远洋渔业产品精深加工及冷链物流基地，沙窝岛中心渔港被评为全国文明渔港，公司党委被中组部授予“全国先进基层党组织”称号。许云川先后获得“威海市劳动模范”“山东省劳动模范”等荣誉称号。2015年4月被中华全国总工会授予“全国劳动模范”称号。

杨茂清　山东省文登整骨医院副院长、骨伤科主任。山东威海人。1958年10月出生。1976年8月参加工作。1998年7月加入中国共产党。杨茂清从事骨伤科临床工作30余年，在各种骨伤科疾病的诊断与治疗方面积累了丰富的临床经验。致力于四肢骨与关节损伤手法及微创内、外固定的研究，在传统正骨八法的基础上，结合现代生物力学理论，将其发展为正骨十二法，并在临床应用中取得良好的疗效。潜心研究中医整骨理论，开展新技术、新疗法40多项，先后主持或参与省级以上科研课题8项，获省部级一等奖、二等奖6项次，在国家级专业学术刊物上发表论文40余篇，主编或参编著作5部。杨茂清先后获得“全国百名杰出青年中医”“全国中青年医学科技之星”“山东省专业技术拔尖人才”“山东省青年科技奖”“山东省劳动模范”“威海市有突出贡献中青年专家”“国务院政府特殊津贴”等荣誉称号。2015年4月被中华全国总工会授予“全国劳动模范”称号。

周淑华（女）　威高集团有限公司副总裁。山东威海人。1956年10月出生。1978年7月参加工作。1985年10月加入中国共产党。周淑华为威高集团健康快速发展做出了突出贡献。在向高科技领域进军建设威高初村工业园等重大项目中，勇挑重担，全程参与，保证了公司2013年整体迁入园区，当年销售收入突破200亿元。在承担旧村改造任务中，高度负责，狠抓工程质量，高标准建成威高广场、威高花园等全市经典项目，将威高地产打造成为全市房地产的引领者。在财务管理上，积极筹措资金，扩大融资渠道，推动威高股份在香港上市，累计融资120多亿元。致力于推动威高的慈善和公益事业，开展威高光明行动、校舍改造和贫困村扶助等工程，公司累计捐款捐物3亿多元，打造了负责任企业形象。周淑华先后获得“威海市热心慈善事业先进个人”“威海市劳动模范”“威海市三八红旗手”“山东省劳动模范”等荣誉称号。2015年4月被中华全国总工会授予“全国劳动模范”称号。

林　宁　威海建设集团股份有限公司第五建筑分公司经理。山东荣成人。1971年3月出生。1988年1月参加工作。1998年7月加入中国共产党。林宁从一线木工开始，历经木工、木工班长、施工员、项目经理、分公司经理多个岗位。先后承接施工10余项重点工程，荣获鲁班奖1项、国家优质银奖1项，泰山杯奖多项。开创了威海建筑业的多项先河，率先提出标准化、精细化管理理念，率先推行“两型五化”和“安全生产工具式”管理模式，率先推行“安全文明样板工地”标准化创建模式，安全文明施工水准达到国家领先水平，先后创出国家、省、市安全文明工地60多项。林宁先后获得“威海十大杰出青年”“全国工程建设优秀项目经理”“威海市劳动模范”“山东省富民兴鲁劳动奖章”“山东省劳动模范”等荣誉。2015年4月被中华全国总工会授予“全国劳动模范”称号。

谭先国　威海市商业银行股份有限公司董事长、党委书记。山东威海人。1966年10月出生。1993年8月参加工作。1993年9月加入中国共产党。谭先国带领威海市商业银行，在全国城市商业银行中创造了多项突破，已发展成为区域性股份制商业银行，下辖济南、天津、青岛等80多家分支机构。银行总资产由80亿元增加到1170亿元，累计实现利税由1亿元增加到86亿元，累计信贷投放由120亿元增加到7300亿元。银行连续多年被评为二级行，在山东省城市商业银行中综合排名第一位。谭先国先后获得“山东省十大杰出青年企业家”“威海市劳动模范”“山东省劳动模范”“全国五一劳动奖章”等荣誉。2015年4月被中华全国总工会授予“全国劳动模范”称号。

·省部级先进个人·

（按姓氏笔画排列）

于富波　中国致公党威海市委员会主任委员、威海福成房地产开发有限公司董事长。山东威海人。1963年10月出生。1985年6月参加工作。2001年3月加入中国致公党。2015年6月被致公党中央委员会授予“致公党扶贫开发先进个人”称号。

包颖明　威海市民族宗教局科员。内蒙古通辽人。1971年2月出生。1993年7月参加工作。2015年5月被山东省政府授予“全省民族团结进步模范个人”称号。

张英秋（女）　威海市中级人民法院民事审判第四庭庭长。山东荣成人。1968年10月出生。1991年8月参加工作。1999年6月加入中国共产党。2015年1月被山东省委、省政府授予“全省人民满意政法干警”称号，记一等功奖励。

杨　静（女）　九三学社威海市委员会委员、威海市地税局副主任科员。山东荣成人。1973年4月出生，1995年7月参加工作。2005年12月加入九三学社。2015年12月被九三学社中央委员会授予“九三学社创建70周年全国优秀社员”称号。

林卫平　威海市质量技术监督局党组成员、特种设备安全监察科科长。山东龙口人。1962年9月出生。1983年7月参加工作。1983年9月加入中国共产党。2015年6月被国家质量监督检验检疫总局授予“全国质量监督检验检疫工作先进个人”称号。

贾国哲　九三学社威海市委员会主任委员。陕西省武功县人。1959年4月出生。1982年7月参加工作。1992年7月加入九三学社。2015年12月入选九三学社中央委员会第二批“九三楷模”候选人，并被九三学社中央委员会授予“九三学社创建70周年全国优秀社员”称号。

单志勇　九三学社威海市委员会环翠支社主任委员、威海宝威教育集团总裁。山东威海人。1971年1月出生。1990年7月参加工作。2009年7月加入九三学社。2015年7月被九三学社中央委员会授予“2011—2015年全国社会服务工作先进个人”称号。

夏钰涵（女）　威海经济技术开发区长寿康农民专业合作社理事长。山东威海人。1970年6月出生。1993年11月参加工作。2015年1月被共青团中央、农业部表彰为第九届“全国农村青年致富带头人”。

阎　勇　乳山顺泰果蔬专业合作社法人，威海市司法局人民监督员、乳山市工商联执委。山东乳山人。1983年6月出生。2009年3月参加工作。2015年1月被共青团中央、农业部表彰为第九届“全国农村青年致富带头人”。

（各相关单位提供）

编辑　王　瑛

第十二届“威海市十大杰出青年”事迹展示

王慧胜　威海临港经济技术开发区汪疃中学教师，4个月捐献2次造血干细胞。

在教育教学工作中，处处以身作则，遵循教育规律，尊重学生人格，面向全体，通过班会、思想品德课、队活动、家访等途径，进行正面教育，抓好学生良好品质的养成工作。在日常生活中规范自己的言行，以良好的道德风范，对学生实施教育，以身作则，言传身教，时时处处起到表率作用。2009年6月报名成为造血干细胞捐献志愿者。2011年8月11日和12日，在济南省立医院为一名白血病患者成功捐献150毫升造血干细胞，成为威海临港经济技术开发区、市教育系统首例骨髓捐献者。时隔3个多月，那名白血病患者免疫力突然下降，情况紧急，急需淋巴细胞。3个月的时间身体能恢复过来吗？关键时刻，王慧胜想到的是病人的安危，12月1日，他再次奔赴济南，成功捐献64毫升淋巴细胞悬液，挽救了患者的生命。

获奖感言：“很高兴获奖，有些意想不到的惊喜。因为我觉得自己做得还远远不够好，我想在今后的工作中踏踏实实把自己的本职工作做好，我会带着对未来的信心，满怀激情，一路向前。”

毕卫伟　文登整骨医院骨手显微外科（三）副主任、副主任医师，病人需要，随叫随到。

从医17年，始终坚守医者仁心的道德情操，尊重生命，履行自己的神圣职责。一直保持着高度的责任心、良好的职业道德、严谨的工作态度。只要病人需要，随叫随到。自1999年开始，开展以骨显微外科、手外科以及整形外科为主的临床研究，擅长断肢、断指再植手术，各种皮瓣移植手术，骨关节损伤的修复手术，显微外科修复神经、肌腱及晚期神经损伤后功能重建手术等。近几年，共完成断肢、断指再植及血管修复手术300余例，成功率达98%，达国内领先水平；完成吻合血管的游离皮瓣、足趾、骨移植，组合组织移植等手术60余例，成功率达100%，达国际领先水平。对复杂颅面部骨折的治疗，取得良好疗效，将显微外科技术与整形外科相结合，多例耳离断、鼻离断等面部特殊器官离断病人再植成功。先后在国家级、省级以上专业杂志发表学术论文20余篇，参编著作2部，获威海市科学技术奖一等奖2项，获国家实用新型专利2项。

获奖感言：“我没有惊人的壮举和过人的学术成就，只是尽职尽责地完成了一名外科医生的普通工作。感谢各位领导、各位同事长期以来对我的关心、理解、帮助和支持。我会继续以荣誉为责任，凭着对生命的尊重，履行还病人以健康的神圣职责。”

李先永　威海市文登区蒲公英公益中心负责人，一心一意为弱势群体着想。

从2014年初，组建蒲公英公益（威海）志愿组织，不断学习各项志愿服务技能，开通微信和网络宣传通道，让更多的人了解志愿服务，走进志愿服务。随着团队内志愿者人数增加，根据志愿者注册时登记的特长及意向服务领域，不断整合团队内志愿者资源，合理策划和组织活动。公益活动涉及范围包括爱老敬老、戏曲下乡（“威海市百佳票房”）、助力贫困家庭梦想、协管交通（“威海市优秀志愿服务项目”）、社区服务、环保宣传、亲子教育、世界纪念日主题活动等领域，累计组织、参与各项活动400余次。先后被授予“威海市优秀志愿者”“创全国文明城市工作先进个人”等称号。

获奖感言：“非常荣幸也非常自豪能荣获‘威海市十大杰出青年’这一荣誉，但是，距离一个真正的公益人，我现在做的还有一定差距。以后我将继续坚持‘利他’的价值观，围绕‘助人自助’的核心持续开展志愿服务活动，让更多人感受到爱，并在行动中奉献爱。

李猛进　威海多晶钨钼科技有限公司总经理，追逐中国“钨钼梦”

“铸就钨钼材料行业民族品牌”，这是李猛进作为一个钨钼人的职业梦想。奋战于钨钼材料一线的研发与生产工作，一干就是12年，把职业做成了事业，把事业做成了神圣的使命。自2004年博士毕业开始带领研发团队承担国家及省、市级课题近10项，其中“大尺寸均匀细晶钨材料的研究与开发”等项目产品达到国际先进水平，完全替代进口；主持开发的多项技术突破钨钼行业现有技术瓶颈，形成自主知识产权，获得授权国家发明专利4项。2008年，创建威海多晶钨钼科技有限公司，带领团队历经8年艰苦创业，公司销售收入迅猛增长，成为中国钨材料行业照明领域领军企业。先后获“威海市青年科技奖”“威海市十大杰出青年企业家”等荣誉。

获奖感言：“感谢各位对我以及多晶钨钼的支持，这份荣誉给予了我莫大的鼓舞。在钨钼事业的道路上，我甘愿做一直行走在路上的人，拼尽全力。”

汪志坚　威海热电集团有限公司炉修班长，自学锅炉知识造福万家的热电人

“咱热电人肩上的担子很重”，从学徒工到炉修班长，汪志坚始终记得老师傅们的这句话。他谨记身为热电人的担当与责任，在工作岗位上恪尽职守，在业务上精益求精。利用业余时间自学锅炉维护，总结出一套完备的锅炉检修、检验程序，在为企业节约费用的同时，保障锅炉正常运行。在一次抢修锅炉风机过程中，连续30多小时高强度作业，期间只有吃饭时休息一小会儿。2014年12月，他和工友在第一届全省热力行业供热管道工（供热抢修）职业技能竞赛中获得团体和个人的双项冠军，个人被评为山东省富民兴鲁劳动奖章获得者。

获奖感言：“荣誉是对我的肯定，更是对我日后的鞭策，我将牢记使命、勇于担责、积极作为、勤奋工作、持续发力、再创佳绩，为实现创新、绿色、智慧、和谐的热电梦而努力奋斗。”

张大田　威海市环翠区银信民间融资登记服务有限公司董事长，打造百姓放心的金融服务平台

带着责任感、使命感，张大田致力于打造百姓心中认可的金融服务平台，让金融真正惠及普通大众。2014年6月，威海市环翠区银信民间融资登记服务有限公司成立，帮助拥有闲散资金的市民和有融资需求的企业发布相应信息，撮合资金和项目快速对接。经过2年的辛勤与付出，银信民间融资从无到有，从小到大，成交量不断攀升，创造了行业神话。在发展自身业务的同时，不忘服务社会、回馈社会，威海的大街小巷都留下银信志愿者的身影。

获奖感言：“相信是成功的起点，坚持是成功的终点。我认为人生可以有过错，但不可以错过。以后我将用自强不息的态度，厚德载物的胸怀，继续挥洒智慧的汗水，放飞青春的梦鸽，用生命捍卫银信事业。”

姚　庭　威海新北洋正棋机器人股份有限公司总经理，为机器人铸造“中国芯”

作为公司的领路者，姚庭时常有一种危机感和紧迫感。虽然国内工业机器人市场前景广阔，但同国外的技术差距还很大，尤其是机器人产业链上游关键零部件、关键配套的单元部件和器件始终处于进口状态。自主制造机器人“中国芯”成为他创业的初衷与动力。3年多来，公司申请专利20余项，获得发明专利1项、实用新型11项，软件著作权3项，购置国内外先进设备50台（套）。至2015年底，公司机器人产品销售近1000万元。成功实现标准品的小批量生产，在生物医学检测、电子精密装配、数控加工配套、金属加工制造、线缆加工制造等行业为客户提供多项定制化集成解决方案。

获奖感言：“荣誉值得珍惜，但它属于过去。我将把十杰青年的殊荣作为新起点，将领导与同事们的信任作为对我的鼓励和鞭策，谦虚谨慎、努力拼搏，为我所钟爱的事业和梦想，奉献自己全部的青春年华，让自己的人生之路更加辉煌。”

唐　凯　威海广播电视台新闻综合频道副主任，新闻战线的一枚“螺丝钉”

把自己当作新闻战线的一枚“螺丝钉”。从1998年开始，在威海广播电台、威海电视台、威海广播电视台相继从事过新闻播音员、新闻记者、新闻值班主任、电视主持人及其他相关工作。从2003年“非典”防控、2005年威海大雪直至2014年里口山山火，他和同事们总是战斗在新闻采访一线，将第一线的消息送上荧屏，奉献给观众朋友。从业以来，共获得省级新闻奖22个，其中系列报道《好人杨正权》获得山东省五个一精品工程奖；多次获得山东电视台优秀通讯员表彰，在中央电视台、山东电视台各频道、网站发表稿件1000多条，向全省全国乃至世界推介威海。

获奖感言：“我是一名普通的新闻工作者，一个电视人。新闻工作的基础是团队，个人成果只有在团队中才能展现。荣誉归于我，更应归于所有的威海新闻人，我们这些年轻的新闻人，必将继续努力前行，为建设现代化幸福威海贡献力量。”

唐金喜　威海恒科精工有限公司董事长，用环保产品回馈社会

“优秀是一种习惯，更是一份责任”。对于创业，他充满激情去参与；对于员工，他充满爱心去关注；对于社会责任，他勇于承担。到威海5年来，通过不断努力，唐金喜得到社会的认可。自2010年到威海，用5年时间使公司总资产从1.6亿达到5亿元；公司先后成立党支部、团委和工会组织，使公司在上级组织的关怀下健康成长；“企业是树，职工是根”，“先职工之忧而忧，后职工之乐而乐”，在给职工提供保障和发展空间的同时，注重推动产品环保、健康安全认证等的完善，不断回馈社会。主动承担社会责任，设立困难职工救助基金、恒科奖学金等公益项目，2016年出资600万元成立省级医学科教基金会，助力山东医学科教事业的发展。

获奖感言：“十大杰出青年，对我而言是莫大的肯定和奖励，这份荣誉，属于陪伴我一起走过来的每一个人。我深信一份耕耘一份收获，我将一如既往，努力工作，去争取更大的成绩。”

阎　勇　乳山顺泰果蔬农民专业合作社社长，带领农民种出“放心果”

打破传统农业只注重量化的追求，走绿色可持续发展路线，为胶东半岛农业提供可借鉴的模式，带动养殖业、畜牧业、种植业等多个行业均走上绿色可持续循环发展之路。自2009年开始，阎勇带领团队成立“胶东伯瑞蓝莓”品牌，创建合作社，组建一支由“专业团队＋农户”的从种植到销售的队伍。至2015年底，吸纳农村闲置劳动力300余人，改造板结土壤200余公顷，为周边百姓修路7000余米，灌溉水利设施管道2万余米。

获奖感言：“展望未来，我还有很长的路要走，我将继续坚持有机种植，不断创新，吸纳更多的农村闲置劳动力，用自己的耕耘与奉献建设我们美丽的家乡，让我们的食品更加安全，我们的家乡更加繁荣。”

附　　录

统计公报

2015 年威海市国民经济和社会发展统计公报

2015 年，面对错综复杂的国内外形势和不断加大的经济下行压力，全市人民在威海市委、市政府的坚强领导下，全面贯彻落实党中央、国务院和省委、省政府的决策部署，坚持生态立市、科教兴市、产业强市，主动适应经济发展新常态，妥善应对各种风险挑战，以改革创新的精神扎实做好各项工作，现代化幸福威海建设迈出坚实步伐。

一、综合

初步核算，全年地区生产总值 3001.57 亿元，按可比价格计算，比上年增长 8.5%，其中，第一产业增加值 217.14 亿元，增长 4.3%；第二产业增加值 1422.22 亿元，增长 8.2%；第三产业增加值 1362.21 亿元，增长 9.5%。三次产业结构由上年的 7.4：48.6：44.0 调整为 7.2：47.4：45.4。

全市城镇新增就业 4.3 万人，其中，失业人员实现再就业 1.1 万人，新增农村劳动力转移就业 1.7 万人。高校毕业生登记就业率为 99.3%。城镇登记失业率为 1.53%。

全年居民消费价格上涨 1.0%，在消费八大项中，食品类价格上涨 1.8%，衣着类上涨 2.9%，娱乐教育文化用品及服务上涨 0.4%，居住类上涨 0.3%，家庭设备用品及维修上涨 0.8%，医疗保健和个人用品类上涨 2.5%，交通和通信类下降 2.7%，烟酒类下降 0.1%。全年工业生产者出厂价格下降 1.5%，工业生产者购进价格下降 5.2%。

年末实有市场主体 196650 户，增长 17.8%，其中，新登记市场主体 46685 户，增长 17.5%。实有注册资本 3228.71 亿元，增长 35.0%，其中，新登记注册资本 681.81 亿元，增长 18.4%。

二、农林牧渔业

全年农业增加值 56.76 亿元，增长 4.3%；林业增加值 0.53 亿元，增长 7.4%；畜牧业增加值 33.58 亿元，增长 4.5%；渔业增加值 126.27 亿元，增长 4.4%；农林牧渔服务业增加值 7.55 亿元，增长 8.4%。

根据粮食产量抽样调查数据显示，全年粮食总产量 81.26 万吨，下降 6.5%，其中，夏粮产量 31.30 万吨，下降 7.3%；秋粮产量 49.96 万吨，下降 6.0%。

全年水果总产量 100.99 万吨，增长 1.9%，其中，苹果 90.99 万吨，增长 2.3%。

全年肉类总产量 18.60 万吨，增长 2.1%，其中，猪肉 11.04 万吨，增长 0.9%；禽蛋类总产量 14.36 万吨，增长 1.4%；奶类总产量 15.81 万吨，下降 10.5%。

全年水产品总产量 248.45 万吨，增长 3.3%。水产养殖面积 8.08 万公顷，增长 3.9%；养殖产量 162.96 万吨，增长 1.9%。全年投产专业远洋渔船 288 艘，远洋渔业产量 28.05 万吨，增长 40.0%。

年末农业机械总动力 555.50 万千瓦，增长 0.7%；农用排灌机械动力 41222 台，增长 0.7%；农用拖拉机 284734 台，增长 0.3%；全年机耕作业面积 13.22 万公顷，机播面积 19.17 万公顷，机收面积 18.13 万公顷。有效灌溉面积 12.06 万公顷，其中，节水灌溉面积 8.15 万公顷。

年末规模以上农业产业化龙头企业发展到350家，其中，国家级农业产业化重点龙头企业10家，省级农业产业化重点龙头企业44家，市级农业产业化重点龙头企业162家。新注册农民专业合作社488家，总数达2922家，入社成员15.96万户，辐射带动农户21.56万户。

三、工业和建筑业

年末规模以上工业企业1658家。全年规模以上工业增加值增长8.6%,其中，股份制企业增加值增长8.6%，外商及港澳台商投资企业增加值增长7.9%；轻工业增加值增长8.3%，重工业增加值增长8.9%，重工业生产快于轻工业0.6个百分点。在37个行业大类中，有33个行业实现增长，增幅较高的行业是：医药制造业增长19.0%，纺织服装、服饰业增长10.4%。大中型工业企业增加值增长7.0%。

规模以上工业企业主营业务收入7072.98亿元，增长6.3%；利税606.67亿元，增长5.1%；利润380.77亿元，增长3.9%。产销衔接良好，产品销售率为98.2%。

全年建筑业增加值161.70亿元,增长5.2%。

四、固定资产投资

全年固定资产投资2543.72亿元，增长14.1%。第一产业投资42.38亿元，增长484.1%；第二产业投资1357.29亿元，下降1.9%，其中，工业投资1277.13亿元，增长0.5%；第三产业投资1144.06亿元，增长36.4%。一、二、三产业投资结构为1.7：53.3：45.0。

全年房地产开发投资313.19亿元，下降12.3%。从房屋建设用途看，住宅投资256.62亿元，下降12.3%，占全部房地产开发投资的81.9%；商业营业用房投资31.59亿元，下降28.9%，占全部房地产开发投资的10.1%。全年房屋施工面积3815.92万平方米，下降4.3%；竣工面积673.73万平方米，下降7.6%；商品房销售面积866.49万平方米，增长2.3%，其中，住宅销售面积占87.0%。

五、国内贸易

全年社会消费品零售总额1311.66亿元，增长11.0%。从城乡领域看，城镇消费品零售额1087.63亿元，增长11.1%；乡村消费品零售额224.03亿元，增长10.5%。从行业分类看，批发和零售业零售额1179.77亿元，增长10.5%；住宿和餐饮业零售额131.89亿元，增长15.6%。从经济成分看，非公有经济零售额1039.79亿元，增长11.8%；公有经济零售额271.87亿元，增长7.9%。从商品类别看，与人们日常生活密切相关的商品以及消费升级类商品全面增长，其中，日用品类增长17.5%，化妆品类增长14.2%，中西药品类增长11.7%，电子出版物及音像制品类增长27.0%，通信器材类增长18.1%。

六、对外经济

全年对外贸易进出口总额169.38亿美元，增长2.2%，其中，出口126.21亿美元，增长11.1%；进口43.17亿美元，下降17.2%。从企业性质看，内资企业进出口89.94亿美元，增长16.1%，占全市的53.1%；外商投资企业进出口79.44亿美元，下降9.9%，占全市的46.9%。从贸易方式看，一般贸易进出口89.85亿美元，增长16.3%，占全市的53.0%；加工贸易进出口75.02亿美元，下降9.8%，占全市的44.3%；其他贸易进出口4.50亿美元，下降13.8%，占全市的2.7%。从出口商品看，机电产品出口49.29亿美元，增长7.6%，占全市的39.1%；纺织服装出口30.54亿美元，增长20.2%，占全市的24.2%；农产品出口14.80亿美元，下降3.0%，占全市的11.7%。

全年新批准外资项目163个；合同外资9.76亿美元，增长4.6%；实际到账外资11.20亿美元，增长10.7%。从实际到账外资来源看，主要来自16个国家（地区），其中，香港到账外资5.65亿美元，占全市的50.4%；韩国到账外资3.59亿美元，占全市的32.0%；美国到账外资0.83亿美元，占全市的7.4%；欧洲到账外资956万美元，占全市的0.9%。从实际到账外资投向看，第一、二、三产业到账外资分别为0.32亿美元、6.51亿美元和4.37亿美元，分别占全市到账外资的2.9%、58.1%和39.0%。

全年新核准设立境外企业（机构）36家，完成中方投资额5.0亿美元，增长20.1%；对外承包工程完成营业额8.3亿美元，增长10.8%；外派各类劳务人员11002人，下降10.6%。

全年利用国内资金733.86亿元，增长15.0%。

七、交通和邮电

年末公路通车里程7146.8公里(含农村公路、国省道)。全年铁路（不含城际铁路，下同）、公路、海运共完成客运量3904.9万人次，下降3.1%；货运量8424.0万吨，增长6.2%。全年铁路、公路、海运共完成客运周转量36.7亿人公里，下降0.4%，其中，铁路2.5亿人公里，下降35.8%；公路30.0亿人公里，增长5.7%；海运4.2亿人公里，下降7.8%。全年铁路、公路、海运完成货运周转量354.6亿吨公里，增长5.2%，其中，铁路0.6亿吨公里，下降0.5%；公路142.3亿吨公里，增长0.5%；海运211.7亿吨公里，增长8.8%。全年港口货物吞吐量7323.9万吨，增长3.0%；集装箱吞吐量106.0万标箱，增长3.2%；港口旅客发送人数188.0万人，下降5.4%。全年新增机动车7.4万辆，保有量达77.4万辆，其中，新增小型汽车6.3万辆，保有量达53.4万辆。

全年邮电业务总量47.7亿元，其中，邮政业务总量8.4亿元，电信业务总量39.3亿元。年末固定电话交换机总容量75.2万门，用户总数50.3万户；移动电话交换机总容量613.0万门，用户总数324.6万户，其中，3G及以上移动电话用户211.0万户。年末城市出口带宽525.0G，宽带用户总数89.0万户。

八、财政税收、金融和保险

全年地方一般公共预算收入249.75亿元，增长13.1%，其中，税收收入211.17亿元，增长11.0%。全年地方一般公共预算支出338.38亿元，增长20.6%，其中，节能环保支出增长53.5%，城乡社区支出增长35.0%，农林水支出增长31.4%，科学技术支出增长26.1%，公共安全支出增长24.5%，医疗卫生与计划生育支出增长20.9%，教育支出增长17.2%。

年末金融机构本外币存款余额

2790.42亿元，比年初增加174.05亿元，其中，城乡居民储蓄存款余额1325.39亿元，比年初减少26.99亿元。年末金融机构本外币贷款余额1842.25亿元，比年初增加106.97亿元，其中，中长期贷款870.32亿元，比年初增加80.13亿元。

全年保险机构保费收入73.10亿元，增长16.0%，其中，财产险保费收入22.47亿元，增长7.9%；人身险保费收入50.63亿元，增长20.1%。共支付各项赔款和给付25.80亿元，增长18.5%，其中，财产险支付赔款和给付12.68亿元，增长2.1%；人身险支付赔款和给付13.12亿元，增长40.3%。

九、科学技术

全年累计取得重要科技成果225项，获得国家奖励1项，省级奖励3项。全年促成技术合同1573项，成交金额22.65亿元。全年专利申请量9341件，增长49.7%，其中，发明专利申请量3279件，占总申请量的35.1%。全年专利授权量3792件，增长33.9%，其中，发明专利授权量573件，占总授权量的15.1%。

全年新建科技企业孵化器25家，总数达42家；新增孵化面积55万平方米，总孵化面积达106万平方米；新增在孵企业476家，在孵企业总数达899家。大型科学仪器平台入网仪器新增539台，总数达1026台。全市产业技术创新战略联盟累计达17家，其中，国家级2家，省级5家。

全年新认定高新技术企业28家，总数达191家；新认定科技型中小企业595家，总数达923家。全年高新技术产业产值2754.21亿元，占规模以上工业总产值比重为38.83%。

全市拥有中国驰名商标33件；地理标志商标12件；山东省著名商标123件，其中，新增13件；威海市知名商标177件。拥有中国名牌产品19个，山东名牌产品227个，山东省服务名牌65个，山东省省长质量奖获奖企业4家，获奖个人1人。

十、教育、文化、卫生和体育

年末共有普通高等院校9所，在校学生70678人；普通中等专业学校14所，在校学生17785人；职业中专（高中）7所，在校学生4292人；普通高中17所，在校学生34425人；普通初中85所，在校学生77874人；小学89所，在校学生110992人，小学学龄儿童入学率为100%；特殊教育招生38人，在校生373人；幼儿园295所，幼儿园在园幼儿64445人，全市学前教育三年幼儿入园率达99%以上。

全市现有各类艺术表演团体4个，艺术表演场馆2个，文化馆6个，公共图书馆5个，博物馆6个，电影公司5个，电影院17座，广播电台4座，电视台4座。有线数字电视用户89.77万户。广播人口综合覆盖率和电视人口综合覆盖率均达100%。

年末全市拥有卫生机构1144所，其中，医院30所，卫生院63所，门诊部31所，采血机构1所，专科疾病防治院1所，疾病防控中心（防疫站）4所，妇幼保健机构5所，诊所、卫生所、医务室839所。各类卫生机构拥有床位17489张，其中，医院拥有床位12033张。卫生技术人员19710人，其中，执业医师及执业助理医师7209人。

全年共举办群众性体育活动79次，参加活动人数达50万余人次。新建32处社区、乡镇街道等体育工程设施。我市共有780名运动员参加了田径、游泳等23个项目的山东省锦标赛，共获得金牌50.5枚。

十一、城市建设、环境保护和安全生产

全市城镇化率63.16%，比上年提高1.85个百分点。年末全市城市建成区面积277.06平方公里，建成区绿化覆盖率48.72%，人均公园绿地面积25.05平方米。年末市区城市建成区面积192.57平方公里，建成区绿化覆盖率49.15%，人均公园绿地面积26.08平方米。

全年发电165.34亿千瓦时，增长0.8%。实际用电量104.96亿千瓦时，增长2.5%，其中，工业用电量65.34亿千瓦时，下降0.9%。

全年全市供水总量15081.2万立方米，增长1.3%；天然气用气人口134.87万人，天然气供气量12552.50万立方米，增长6.98%，燃气普及率100%；集中供热面积6201.56万平方米，增长13%。全年市区供水总量10577万立方米，增长2.0%；天然气用气人口90.18万人，天然气供气量10333万立方米，增长2.3%，燃气普及率100%；集中供热面积4876.56万平方米，增长14.8%。

年末市区公共汽车运营线路112条，线路网长度1440公里，运营线路总长度2959公里；公共汽车1374辆，全年公共汽车客运总量18357.3万人次，平均日客运量50.28万人次。市区出租汽车1864辆。

年末全市环境保护系统共有环境监测站4个，环境监测人员101人。地表水集中式饮用水源保护区12个，面积1406平方公里。

全年完成污染减排项目150个，投资额4.02亿元。市区空气质量指数类别为优和良的天数321天，优良率为87.9%（AQI6项指标），其中，空气质量指数类别为优的天数111天。

全年各类生产安全事故发生29起，死亡人数29人，造成直接经济损失203.27万元。

十二、人口和人民生活

年末全市常住人口280.53万人，其中，城镇人口177.18万人，比上年末增加4.95万人。

全年全体居民人均可支配收入28491元，增长9.0%，其中，城镇居民人均可支配收入36336元，增长8.6%；农村居民人均可支配收入16313元，增长8.8%。全体居民人均消费支出18202元，增长10.2%，其中，城镇居民人均消费性支出23525元，增长9.5%；农村居民人均消费支出9938元，增长10.7%。全体居民食品消费支出占消费总支出的比重为31.78%，其中，城镇居民食品消费支出占消费总支出的比重为31.50%，农村居民食品消费支出占消费总支出的比重为32.82%。

十三、社会保障和社会福利事业

2015年全日制就业劳动者月最低工资标准为1600元，非全日制就业劳动者小时最低工资标准为16元。全市有86.2万人参加城镇职工基本养老保险，有28.7万名离退休职工享受养老保险。城乡居民养老保险参保人数达88.8万人，有41.1万城乡居民每月领取养老金。有91.6万人参加城镇职工基本医疗保险，159.6万人参加居民医疗保险。有2.5万人领取失业保险金。有8326名职工享受工伤保险待遇，16566名女职工享受生育津贴待遇。城镇职工基本养老、医疗、失业、工伤和生育保险参保人数分别比上年末增长7.5%、0.7%、2.5%、2.0%和4.2%。

年末全市各类收养性社会福利单位145家，拥有床位28429张，收养人员13779人。全市共投入资金7197.1万元，将34390名低保对象纳入保障范围；投入资金5396.9万元，保障全市“五保”老人10280人，敬老院86所。城市居民低保标准每人每月500元，农村居民低保标准提高至每人每年3500元，“五保”对象集中供养标准提高至每人每年6000元，分散供养标准提高至每人每年4000元。

注释：

1．本公报数据为初步统计数，最终数据以《威海统计年鉴—2016》为准。

2．地区生产总值、各产业增加值、有关行业增加值绝对数按现价计算，增长速度按可比价格计算。

3．本文“增长”未经特殊说明，均为同比口径。

4．部分数据因四舍五入的原因，存在总计与分项合计不等的情况。

资料来源：

本公报中城镇新增就业、城镇登记失业率、最低工资标准、社会保障数据来自市人力资源和社会保障局；市场主体、驰名商标数据来自市工商局；农业产业化龙头企业数据来自市农业局；水产品数据来自市海洋与渔业局；农业机械数据来自市农机局；灌溉面积数据来自市水利局；进出口、利用外资、内资数据来自市商务局；公路通车里程数据来自市公路局；铁路运输数据来自市铁路局；公路运输、海运、港口货物吞吐量数据来自市交通运输局；机动车数据来自市公安局；邮电业务数据来自市邮政管理局；固定电话、移动网络数据来自市经济和信息化委；财政数据来自市财政局；金融数据来自人民银行；保险业数据来自市保险行业协会；科技、专利数据来自市科技局；名牌产品数据来自市质监局；教育数据来自市教育局；艺术表演团体、博物馆、有线电视等数据来自市文化广电新闻出版局；卫生数据来自市卫生计生委；体育数据来自市体育局；建成区面积、建成区绿化覆盖率、人均公园绿地面积、供热、供水、燃气、公交数据来自市住房城乡建设局；电力数据来自威海供电公司；环保数据来自市环保局；安全生产数据来自安监局；社会福利数据来自市民政局；粮食总产量、城乡收支数据来自威海调查队；其他数据均来自市统计局。

规范性文件

·文件目录·

2015年威海市政府规范性文件一览表

表28

序号	文件名称	文号
1	威海市市属直管公房管理办法	威政办发〔2015〕4号
2	威海市城乡规划管理技术规定（土地使用、建筑管理）	威政发〔2015〕7号
3	威海市环境空气质量生态补偿暂行办法	威政办发〔2015〕9号
4	威海市食品安全举报奖励办法	威政办发〔2015〕10号
5	威海市企业住所和经营场所登记管理办法	威政发〔2015〕15号
6	威海市人民政府关于修改《威海市区停车场管理办法》的决定	威政发〔2015〕19号
7	威海市居民户口迁移管理办法	威政发〔2015〕20号
8	威海市电梯安全监督管理办法	威政发〔2015〕22号
9	威海市实施刘公岛景区管理相对集中行政处罚权规定	威政发〔2015〕23号
10	威海市休闲渔业船舶管理办法	威政发〔2015〕25号
11	威海市违法建设处置办法	威政发〔2015〕26号
12	威海市退役士兵安置实施办法	威政发〔2015〕28号
13	威海市企事业单位内部治安保卫管理办法	威政发〔2015〕30号

·文件选编·

威海市企业住所和经营场所登记管理办法

（2015 年 7 月 29 日　威政发〔2015〕15 号）

第一条　为了规范企业住所和经营场所登记管理，推动工商注册制度便利化，优化营商环境，促进大众创业、万众创新，根据法律、法规、规章和有关规定，结合我市实际，制定本办法。

第二条　本市行政区域内企业住所和经营场所的登记管理适用本办法。

第三条　工商行政管理机关是企业住所和经营场所的登记机关。

第四条　本办法所称企业住所，是指企业的主要办事机构所在地。企业只能有一个住所，且应当在登记机关辖区内。本办法所称企业经营场所，是指企业从事经营活动的场所。企业根据经营需要可以设立多个经营场所。

第五条　企业的住所和经营场所可以在同一地址，也可以在不同地址。

第六条　同一地址可以作为多家企业的住所或者经营场所。允许商务秘书企业为电子商务企业提供住所托管服务及其他配套服务。

第七条　企业住所和经营场所在不同地址，但在同一区市、国家级开发区范围内的，可以选择办理经营场所备案或者分支机构登记。企业住所和经营场所不在同一区市、国家级开发区范围内的，应当办理分支机构登记。

第八条　实行企业住所和经营场所申报制。申请人应当申报住所和经营场所的合法使用证明，并对申报材料的真实性、合法性负责。工商行政管理机关仅对申报材料进行形式审查，不再对住所和经营场所的产权权属、使用功能以及法定用途等进行实质审查。

第九条　申请人使用自有房屋作为住所或者经营场所，已取得房屋所有权证的，应当提交房屋所有权证明；未取得房屋所有权证的，应当提交商品房预售合同、房屋购买协议、建设工程规划许可证、建设工程竣工规划核实合格证等任何一种证明场所可以合法使用的材料。申请人租赁或者借用他人房屋作为住所或者经营场所，已取得房屋所有权证的，应当提交房屋所有权证明和租赁合同或者借用合同等合法使用证明材料；未取得房屋所有权证的，应当提交商品房预售合同、房屋购买协议、建设工程规划许可证、建设工程竣工规划核实合格证等任何一种证明场所可以合法使用的材料和租赁合同或者借用合同。

第十条　企业不得违反法律、法规、规章以及管理规约，将住宅改变为经营性用房作为住所或者经营场所。企业将住宅改变为经营性用房作为住所或者经营场所的，除遵守法律、法规、规章以及管理规约外，应当经有利害关系的业主同意。

第十一条　企业住所和经营场所应当与经营范围相适应，不得存在安全隐患。

第十二条　依照有关法律、法规、规章规定，企业住所和经营场所应当具备特定条件的，经有关部门审批后方可开展相关经营活动。

第十三条　工商行政管理机关应当根据抽查、投诉举报等情况，依法处理企业登记的住所或者经营场所与实际状况不符的问题。公安、国土资源、住房城乡建设、规划、城管执法、环保、安监、住房保障房产管理、消防等有关部门，按照各自职责，依法对企业住所和经营场所进行监督管理，发现企业登记的住所或者经营场所与实际状况不符的，应当告知登记机关。

第十四条　本办法所适用的企业包括有限责任公司、股份有限公司、非公司企业法人、合伙企业、个人独资企业及其分支机构，从事经营活动的外国（地区）企业，以及其他经济组织。个体工商户、农民专业合作社住所和经营场所的登记管理，参照本办法执行。

第十五条　本办法由市工商行政管理局负责组织实施。

第十六条　本办法自 2015 年 9 月 1 日起施行，有效期至 2020 年 8 月 31 日。

威海市居民户口迁移管理办法

（2015 年 9 月 29 日　威政发〔2015〕20 号）

第一章　总　则

第一条　为加强我市居民户口管理，促进人口合理流动，加快推进城市化进程，推动经济社会持续健康发展，根据《中华人民共和国户口登记条例》及国家、省有关规定，结合我市实际，制定本办法。

第二条　本市行政区域内农村居民向城镇迁移户口和市域外居民向本市城镇迁移户口的，适用本办法。本市城镇居民在本市行政区域内迁移户口的，按照现行迁入地户口迁移管理规定执行。

第三条　严格控制城镇居民向农村

迁移户口。

第四条 公安机关是居民户口管理的行政主管部门，负责居民户口迁移管理工作。

第二章 市域内农村居民向城镇迁移户口

第五条 本市农村居民在威海市城区工作生活，符合下列条件之一的，本人及其共同生活的配偶、未婚子女、父母，可以在当地申请登记常住户口。

（一）经组织、人力资源社会保障部门批准考录、招聘和调动的；

（二）通过合法途径获得住房，并取得房产证书的；

（三）投资经商、兴办实业，有合法稳定经营场所、取得工商营业执照且依法经营满1年，依法申报年报并公示的；

（四）有合法稳定职业，且在当地依法连续缴纳社会保险费1年以上的；

（五）大中专院校和技工院校毕业生有合法稳定职业，并在当地依法缴纳社会保险费的。

第六条 本市农村居民在县级市城区工作生活，符合本办法第五条第（一）、（二）、（五）项规定条件或下列条件之一的，本人及其共同生活的配偶、未婚子女、父母，可以在当地申请登记常住户口。

（一）投资经商、兴办实业，有合法稳定经营场所、取得工商营业执照，且依法申报年报并公示的；

（二）有合法稳定职业，且在当地依法缴纳社会保险费的。

第七条 本市农村居民自愿到重点区域及建制镇镇区落户，有合法稳定住所的，本人及其共同生活的配偶、未婚子女、父母，可以在当地申请登记常住户口。

第八条 本市农村居民符合下列投靠落户条件之一的，本人可以在被投靠人户口所在地申请登记常住户口。

（一）夫妻一方投靠有当地户口及合法稳定住所的另一方；

（二）子女投靠有当地户口及合法稳定住所的父母；

（三）夫妻一方服兵役，另一方投靠其中一方父母；

（四）父母投靠有当地户口及合法稳定住所的子女。

第三章 市域外居民向本市城镇迁移户口

第九条 市域外居民在威海市城区工作生活，符合下列条件之一的，本人可以在当地申请登记常住户口。有合法稳定住所的，其共同生活的配偶、未婚子女，可以在当地申请登记常住户口。

（一）经组织、人力资源社会保障部门批准考录、招聘和调动的；

（二）取得《威海市引进高层次人才资格证书》的；

（三）男不满50周岁、女不满40周岁，具有中级以上专业技术职务任职资格、中级工以上职业资格证书的；

（四）大中专院校毕业生有合法稳定职业，并在当地依法缴纳社会保险费的；

（五）根据国家有关规定，安置在本市的转业复员退伍军人和离退休人员及驻威部队现役军人随军家属；

（六）符合国家和省有关规定来本市定居的华侨、港澳同胞、台湾同胞、外国人和无国籍人；

（七）本市大中专院校和技工院校按国家计划统一招收的新生或经省级高等教育主管部门批准转到本市学习的学生；

（八）经民政部门批准由本市居民收养并办理收养登记的；

（九）通过合法途径获得住房，并取得房产证书的；

（十）投资经商、兴办实业，有合法稳定经营场所，年纳税3万元或连续2年累计纳税5万元以上的；

（十一）男不满50周岁、女不满40周岁，有合法稳定职业，且在当地依法连续缴纳社会保险费3年以上的。

第十条 市域外居民在县级市城区、重点区域及建制镇镇区工作生活，符合本办法第九条第（一）至（九）项规定条件或下列条件之一的，本人可以在当地申请登记常住户口。有合法稳定住所的，其共同生活的配偶、未婚子女，可以在当地申请登记常住户口。

（一）投资经商、兴办实业，有合法稳定经营场所，年纳税2万元或连续2年累计纳税3万元以上的；

（二）男不满50周岁、女不满40周岁，有合法稳定职业，且在当地依法连续缴纳社会保险费1年以上的。

第十一条 市域外居民符合下列投靠落户条件之一的，本人可以在被投靠人户口所在地申请登记常住户口。

（一）夫妻一方投靠有当地户口及合法稳定住所的另一方；

（二）未婚子女投靠有当地户口及合法稳定住所的父母；

（三）父母投靠有当地户口及合法稳定住所的子女。

第四章 附 则

第十二条 本办法所称威海市城区，是指环翠区、文登区政府和高技术产业开发区、经济技术开发区、临港经济技术开发区管委会驻地的实际建设连接到的居民委员会所辖区域和其他区域。

本办法所称县级市城区，是指荣成市、乳山市政府驻地的实际建设连接到的居民委员会所辖区域和其他区域。

本办法所称重点区域，是指双岛湾科技城、东部滨海新城、威海南海新区、好运角旅游度假区和乳山滨海新区。

本办法所称建制镇镇区，是指在城区以外的建制镇政府驻地的实际建设连接到的居民委员会所辖区域和其他区域。与政府驻地的实际建设不连接，且常住人口在3000人以上的独立的工矿区、开发区、科研单位、大专院校等特殊区域及农场、林场的场部驻地视为镇区。

第十三条 本办法所称合法稳定住所，既包括具有合法所有权的房屋，也包括租住的住房保障房产管理部门直管公房、政府公共租赁房、廉租房。

第十四条 本办法由市公安局负责组织实施。

第十五条 本办法自2015年10月1日起施行，有效期至2020年9月30日。市政府以往发布的有关规定与本办法不符的，以本办法为准。

威海市电梯安全监督管理办法

（2015 年 10 月 29 日　威政发〔2015〕22 号）

第一章　总　则

第一条　为加强电梯安全监督管理，预防和减少电梯事故，保障人身和财产安全，根据《中华人民共和国特种设备安全法》、《特种设备安全监察条例》和《山东省特种设备安全监察条例》等有关规定，结合我市实际，制定本办法。

第二条　在本市行政区域内从事电梯设置、采购、生产（含制造、安装、改造、修理）、经营、使用、检验检测以及相关管理活动，适用本办法。个人和单个家庭自用电梯的安全管理，不适用本办法。

第三条　市政府和各区市（含国家级开发区，下同）政府（管委）应当加强对电梯安全监督管理工作的组织领导，督促、支持有关部门依法履行电梯安全监督管理职责，及时协调解决电梯安全监督管理中的重大问题。镇政府（街道办事处）应当协助有关部门做好电梯安全监督管理工作。

第四条　质量技术监督主管部门负责电梯安全监督管理工作。经济和信息化、公安、财政、住房城乡建设、规划、城管执法、工商、安监、物价、住房保障房产管理等部门应当按照各自职责，共同做好电梯安全监督管理工作。

第五条　电梯生产、经营、使用单位应当加强电梯安全管理，建立健全安全管理制度，落实安全主体责任。电梯生产、经营、使用单位的主要负责人对本单位生产、经营、使用的电梯安全负责。

第六条　鼓励电梯生产、经营、使用单位投保电梯安全责任相关保险。

第七条　任何单位和个人有权向电梯安全监督管理部门和有关部门举报涉及电梯安全的违法行为，接到举报的部门应当及时处理。

第二章　设置和采购

第八条　电梯设置应当执行国家、省有关规定和标准，保证电梯选型、配置等与建筑结构、使用需求相适应，满足安全、无障碍通行等要求。12 层以上的住宅，每栋楼设置的电梯数量不得少于 2 台，其中应当设置 1 台可容纳担架的电梯。

第九条　电梯的数量、布局、功能、容积等设置不符合国家、省有关规定和标准的，规划部门不予核发建设工程规划许可证，住房城乡建设部门不予办理施工图设计审查备案手续。

第十条　改变建筑物使用用途，导致现有电梯数量、功能不能满足使用要求的，电梯所有权人或者使用单位应当按照有关规定对电梯进行改造、更换或者增设。

第十一条　鼓励电梯特别是学校、幼儿园、医院、车站、客运码头、商场、体育场馆、影剧院、展览馆、公园等人员密集场所的电梯配置电梯安全运行监控系统。电梯安全运行监控系统应当满足记录事故故障、检验维修、维护保养和应急救援需要。

第十二条　工程建设项目采购电梯需要招标的，应当按照国家、省有关规定进行招标。

第三章　生产和经营

第十三条　电梯制造单位应当取得相应许可，按照国家、行业相关标准和安全技术规范组织生产，并对电梯安全性能负责。

第十四条　电梯制造单位应当向使用单位提供电梯安全运行的技术指导和服务，及时供应电梯改造或者维修所需要的零部件。

第十五条　电梯经营单位应当建立并实施电梯检查验收和经营记录制度，验明电梯制造许可证、型式试验证书、产品质量合格证、使用说明书等，并对其所经营的电梯合法性负责，不得经营证件不齐全以及国家明令淘汰、禁止制造、强制报废的电梯。

第十六条　电梯的安装、改造和修理，必须由电梯制造单位或者其委托的取得相应许可的单位进行。电梯制造单位委托其他单位进行电梯安装、改造、修理的，应当对其安装、改造、修理活动进行安全指导和监控，并按照安全技术规范的要求进行校验和调试。

第十七条　电梯安装、改造、修理施工前，施工单位应当书面告知所在地电梯安全监督管理部门。电梯安装、改造、修理竣工后，施工单位应当在验收合格后 30 日内，将质量合格证明文件等有关技术资料移交电梯使用单位。电梯使用单位应当将其存入电梯安全技术档案。

第十八条　电梯的安装、改造、重大修理过程，应当经核准的检验检测机构按照安全技术规范的要求进行监督检验；未经监督检验或者监督检验不合格的，不得交付使用。

第十九条　电梯安装、改造、修理的施工单位应当遵守施工现场的安全生产要求，落实安全防护措施，保证施工安全。电梯安装施工现场的安全生产监督，由住房城乡建设部门依照有关法律法规的规定执行。电梯改造、修理施工现场的安全生产监督，由安监部门依照有关法律法规的规定执行。

第二十条　对电梯未经监督检验或者监督检验不合格的工程建设项目，住房城乡建设部门不予办理竣工验收备案手续。

第四章　使用管理

第二十一条　电梯使用单位应当加强对电梯的安全管理，严格执行安全技术规范，对电梯的使用安全负责。

第二十二条　电梯在投入使用前或者使用后 30 日内，电梯使用单位应当到所在地电梯安全监督管理部门办理使用登记。电梯登记信息发生变化的，电梯使用单位应当及时到登记机关办理变更登记。

第二十三条　电梯使用单位应当按照安全技术规范的要求，在电梯检验合格有效期届满前1个月向检验检测机构申请定期检验。未经定期检验或者检验不合格的电梯，不得继续使用。

第二十四条　电梯使用单位应当履行下列安全管理职责：

（一）设置电梯安全管理机构或者配备专职电梯安全管理人员，具体负责电梯使用安全管理和维护保养工作监督；

（二）建立并长期保存电梯安全技术档案；

（三）在电梯轿厢内或者出入口的显著位置张贴安全注意事项、应急指南、警示标志和有效的电梯使用标志；标明使用单位名称、应急救援电话，维护保养单位名称、维护保养负责人、应急救援和投诉电话；

（四）保持电梯紧急报警装置与使用单位安全管理机构或者值班人员能够随时联通；

（五）在电梯出现故障或者发生异常情况时，组织对其进行全面检查，消除电梯事故隐患；

（六）医院提供患者使用的电梯、直接用于旅游观光的速度大于2.5米/秒的乘客电梯、轿厢最大有效面积大于额定载重量对应值的载货电梯以及需要司机操作的其他电梯，应当配备持证电梯司机；

（七）及时办理电梯使用登记和定期检验申请；

（八）制定电梯突发事件应急救援预案，人员密集场所的电梯使用单位每年至少组织1次应急救援演练；

（九）发生电梯困人故障时，及时采取措施对被困人员进行安抚，并联系电梯维护保养单位实施救援；电梯发生事故时，按照电梯突发事件应急救援预案组织排险、救援，保护事故现场，并立即报告事故所在地电梯安全监督管理部门，积极配合事故调查，同时做好事故善后处理工作；

（十）监督并配合电梯安装、改造、修理和日常维护保养工作；

（十一）对电梯安全管理人员、作业人员进行电梯安全教育和培训；

（十二）按照安全技术规范的要求，及时采用新的安全与节能技术，对在用电梯进行必要的改造或者更新，提高在用电梯的安全与节能水平；

（十三）法律法规和安全技术规范规定的其他职责。

第二十五条　电梯安全管理人员应当取得电梯安全监督管理部门核发的特种设备作业人员证。

第二十六条　电梯安全管理人员应当履行下列职责：

（一）定期检查电梯运行情况，加强日常巡视，记录电梯使用状况；

（二）制定并落实电梯定期检验计划；

（三）检查电梯安全注意事项、应急指南、警示标志和电梯使用标志，确保齐全、清晰、有效；

（四）妥善保管电梯钥匙及安全提示牌；

（五）发现电梯事故隐患需要停止使用的，有权作出停止使用的决定，并立即报告本单位负责人；

（六）接到电梯故障报警后，立即赶赴现场，组织实施救援；

（七）对电梯安装、改造、修理和维护保养工作实施监督，对维护保养记录签字确认；

（八）在电梯检验检测时做好现场配合工作；

（九）法律法规和安全技术规范规定的其他职责。

第二十七条　电梯安全技术档案应当包括以下内容：

（一）电梯的设计文件、产品质量合格证、安装及使用维护保养说明、监督检验证明等相关技术资料和文件；

（二）电梯的定期检验和定期自行检查记录；

（三）电梯的日常使用状况记录；

（四）电梯及其附属仪器仪表的维护保养记录；

（五）电梯的运行故障和事故记录。

第二十八条　电梯使用单位应当选择具有相应资质的电梯维护保养单位，并签订维护保养合同，明确双方的权利、义务。电梯使用单位不得因维护保养单位的变更，致使电梯的日常维护保养间断。

第二十九条　有下列情形之一的，电梯使用单位应当向核准的检验机构申请检验：

（一）发生自然灾害或者设备事故，影响电梯安全性能的；

（二）1个检验周期内电梯安全监督管理部门接到电梯故障实名举报投诉3次以上，且经确认上述故障的存在影响电梯安全运行的；

（三）电梯停用1年以上或者停用期跨过下一次定期检验日期需要重新启用的；

（四）可能影响电梯安全技术性能的其他情形。

第三十条　电梯停用1年以上或者停用期跨过下一次定期检验日期的，使用单位应当自电梯停用之日起30日内到登记机关办理停用手续。电梯使用单位停用电梯的，应当张贴停用标识，并采取相应安全措施。

第三十一条　电梯存在严重事故隐患，无改造、修理价值或者超过安全技术规范规定使用年限的，电梯所有权人或者使用单位应当及时予以报废，并自报废之日起30日内，到登记机关办理注销登记。电梯所有权人或者使用单位应当及时对报废电梯采取有效措施，防止电梯再次投入使用。

第三十二条　已经建立住宅专项维修资金的物业项目，电梯保修期满后的更新、改造和重大修理，由电梯使用单位提出住宅专项维修资金使用方案，并按照有关规定向住房保障房产管理部门申请列支。

第三十三条　乘客应当按照电梯安全注意事项和警示标志的要求乘坐电梯，并遵守下列规定：

（一）不得乘坐明示处于非正常状态的电梯；

（二）不得采用非安全手段开启电梯层门、轿门；

（三）不得拆除、破坏电梯的部件及其附属设施；

（四）不得乘坐超过额定载重量的电梯；

（五）不得有其他危及电梯安全运行的行为。

第五章　维护保养

第三十四条　电梯维护保养单位应当取得相应许可。电梯维护保养单位应当按照安全技术规范和有关标准的要求进行维护保养，建立日常维护保养档案，至少保存4年。

第三十五条　电梯维护保养单位应

当建立24小时值班制度。接到电梯困人故障、事故报告后，维修人员应当及时实施现场救援和处置。

第三十六条 电梯维护保养单位应当制定电梯安全应急救援预案，针对不同类别（类型）的电梯，至少每半年进行1次应急演练，并指导和协助电梯使用单位制定电梯安全管理制度和突发事件应急救援预案。

第三十七条 电梯维护保养单位对其维护保养的电梯安全性能负责。电梯维护保养单位应当根据相关安全技术规范和电梯使用维护说明书的要求，制定电梯维护保养计划，至少每15日对电梯进行1次维护保养，并做好记录。

第三十八条 电梯维护保养单位应当详细记录电梯发生的故障等情况。发现电梯不符合安全技术规范要求、存在事故隐患的，应当及时书面告知电梯使用单位。发现电梯使用单位有下列情形之一的，应当及时向所在地电梯安全监督管理部门报告：

（一）使用非法生产电梯的；

（二）超过电梯的规定参数范围使用的；

（三）电梯缺少安全保护装置，或者安全保护装置失灵而继续使用的；

（四）使用应当报废或者经检验检测不合格的电梯的；

（五）使用有明显故障、异常情况的电梯，或者使用经责令改正而未予改正的电梯的。

第六章 检验检测

第三十九条 电梯检验检测机构应当在核准的范围内按照有关安全技术规范的要求开展监督检验、定期检验和型式试验工作，并对检验检测结果、鉴定结论负责。

第四十条 电梯使用单位申请定期检验的，检验机构应当自收到申请之日起5个工作日内与申请者约定现场检验时间。现场检验结束后，检验机构应当与电梯使用单位办理检验结束告知手续。检验合格的，发给电梯使用标志。

第四十一条 检验检测机构在检验检测中发现电梯存在不合格项目的，应当书面告知电梯生产单位、使用单位和维护保养单位及时采取相应措施，消除事故隐患；存在严重事故隐患的，应当通知电梯使用单位暂停使用。

第四十二条 检验检测机构发现下列情形之一的，应当立即报告所在地电梯安全监督管理部门：

（一）未经许可从事电梯安装、改造、修理活动的；

（二）安装、改造、修理单位不再符合许可条件的；

（三）安装、改造、重大修理过程拒绝监督检验的；

（四）使用非法生产电梯的；

（五）超过电梯的规定参数范围使用的；

（六）使用应当予以报废的电梯的；

（七）使用超过规定期限未检验检测，经检验检测不合格且限期未整改或者复检不合格电梯的。

第四十三条 电梯使用单位对电梯的检验检测结果有异议的，可以自收到检验检测结果之日起7个工作日内以书面形式向检验检测机构提出。检验检测机构应当自收到异议之日起3个工作日内以书面形式予以答复。电梯使用单位对检验检测机构的书面答复仍有异议的，可以自收到书面答复之日起15个工作日内以书面形式向办理电梯登记的电梯安全监督管理部门提出。电梯安全监督管理部门应当自收到异议之日起10个工作日内，委托另外的检验检测机构重新检验检测或者组织专家对原检验检测结果进行鉴定。重新检验检测结果与专家鉴定的结论应当作为电梯安全监督管理部门处理异议的依据。重新检验检测与专家鉴定所需费用，由提出异议的一方先行支付。重新检验检测结果或者专家鉴定结论确认原检验检测结果、鉴定结论成立的，所需费用由提出异议的一方承担；原检验检测结果或者鉴定结论不成立的，所需费用由原检验检测机构承担。

第七章 监督管理

第四十四条 电梯安全监督管理部门应当依照法律法规等有关规定，对电梯生产、经营、使用单位和检验检测机构实施监督检查，对人员密集场所的电梯实施重点监督检查。

第四十五条 电梯安全监督管理部门应当建立电梯安全监察投诉举报制度，公布举报电话、信箱或者电子邮箱，受理对电梯生产、经营、使用、检验检测等方面违法行为和事故隐患的投诉举报，并及时予以处理。

第四十六条 建立有关部门参加的电梯安全联席会议制度，分析解决电梯安全运行问题，共同做好电梯安全监督管理工作。

（一）经济和信息化部门负责协调电信运营商做好电梯井道内无线通信基础设施建设，保障电梯轿厢内通信畅通。

（二）公安机关负责依法查处破坏电梯设施、危害公共安全等违法行为，维护电梯事故现场的秩序和公共安全。公安消防机关负责消防员电梯的验收，配合电梯突发事件应急救援。

（三）住房城乡建设部门负责电梯机房、井道、底坑等设计、土建、配套工程的审核及竣工验收。

（四）城管执法部门负责查处涉及电梯的违法建设行为。

（五）工商部门负责依法对侵犯电梯注册商标专用权、虚假电梯广告违法行为进行查处。

（六）物价部门对电梯服务收费行为进行监督检查，依法查处有关价格违法行为。

（七）住房保障房产管理部门负责指导物业服务企业根据物业服务合同约定，委托专业服务单位做好电梯的维护保养。旅游、教育、卫生计生、交通运输、商务等行业主管部门应当将电梯安全检查纳入对本行业的日常安全生产检查范围，协助电梯安全监督管理部门做好电梯使用安全监督管理工作。

第四十七条 各区市应当制定电梯突发事件应急救援预案，每年至少组织1次应急救援演练。

第四十八条 电梯安全监督管理部门在监督检查过程中发现电梯生产、经营、使用单位和检验检测机构存在违法行为或者在用电梯存在事故隐患的，应当以书面形式发出特种设备安全监察指令，责令有关单位及时采取措施予以改正。紧急情况下要求有关单位采取紧急处置措施的，应当随后补发特种设备安全监察指令。

第四十九条 电梯安全监督管理部门在依法履行职责过程中，发现重大违法行为或者电梯存在严重事故隐患时，应当责令有关单位立即停止违法行为、采取措施消除事故隐患，并及时报告同级政府和上级电梯安全监督管理部门；需要有关部门支持、配合的，还应当通知其他有关部门。

第八章　法律责任

第五十条　未经许可从事电梯生产活动的，责令停止生产，没收违法制造的电梯，处10万元以上50万元以下罚款；有违法所得的，没收违法所得；已经实施安装、改造、修理的，责令恢复原状或者责令限期由取得许可的单位重新安装、改造、修理。

第五十一条　未经许可，擅自从事电梯维护保养的，责令停止违法行为，处1万元以上10万元以下罚款；有违法所得的，没收违法所得。电梯维护保养单位未按照安全技术规范和有关标准要求，进行电梯维护保养的，依照前款规定处罚。

第五十二条　电梯安装、改造、修理的施工单位在施工前未书面告知电梯安全监督管理部门即行施工的，或者在验收后30日内未将相关技术资料移交电梯使用单位的，责令限期改正；逾期未改正的，处1　万元以上10万元以下罚款。

第五十三条　电梯的安装、改造、重大修理过程，未经监督检验的，责令限期改正；逾期未改正的，处5万元以上20万元以下罚款；有违法所得的，没收违法所得；情节严重的，吊销生产许可证。

第五十四条　电梯经营单位有下列行为之一的，责令停止经营，没收违法经营的电梯，处3万元以上30万元以下罚款；有违法所得的，没收违法所得：

（一）销售、出租未取得许可生产，未经检验或者检验不合格的电梯的；

（二）销售、出租国家明令淘汰、已经报废的电梯，或者未按照安全技术规范的要求进行维护保养的电梯的。违反《中华人民共和国特种设备安全法》的规定，电梯经营单位未建立检查验收和经营记录制度，责令改正，处1万元以上10万元以下罚款。电梯生产单位销售、交付未经检验或者检验不合格的电梯的，依照本条第一款规定处罚；情节严重的，吊销生产许可证。

第五十五条　电梯使用单位有下列行为之一的，责令限期改正；逾期未改正的，责令停止使用有关电梯，处1万元以上10万元以下罚款：

（一）使用电梯未按照规定办理使用登记的；

（二）未建立电梯安全技术档案或者安全技术档案不符合规定要求，或者未依法设置电梯使用标志的；

（三）未对其使用的电梯进行经常性维护保养和定期自行检查，或者未对其使用的电梯的安全附件、安全保护装置进行定期校验、检修，并作出记录的；

（四）未按照安全技术规范的要求及时申报并接受检验的；

（五）未制定电梯突发事件应急救援预案的。

第五十六条　电梯使用单位有下列行为之一的，责令停止使用有关电梯，处3万元以上30万元以下罚款：

（一）使用未取得许可生产，未经检验或者检验不合格的电梯，或者国家明令淘汰、已经报废的电梯的；

（二）电梯出现故障或者发生异常情况，未对其进行全面检查、消除事故隐患，继续使用的；

（三）电梯存在严重事故隐患，无改造、修理价值，或者达到安全技术规范规定的其他报废条件，未依法履行报废义务，并办理使用注销登记的。

第五十七条　电梯生产、经营、使用单位有下列情形之一的，责令限期改正；逾期未改正的，责令停止使用有关电梯或者停产停业整顿，处1万元以上5万元以下罚款：

（一）未配备具有相应资格的电梯安全管理人员和作业人员的；

（二）使用未取得相应资格的人员从事电梯安全管理和作业的；

（三）未对电梯安全管理人员和作业人员进行安全教育和技能培训的。

第五十八条　电梯使用单位有下列情形之一的，责令限期改正；逾期未改正的，责令停止使用有关电梯或者停产停业整顿，处2万元以上10万元以下罚款：

（一）未设置电梯安全管理机构或者配备专职的电梯安全管理人员的；

（二）未将电梯的安全注意事项和警示标志置于易于为乘客注意的显著位置的。

第九章　附　则

第五十九条　本办法由市质量技术监督局负责组织实施。

第六十条　本办法自2015年11月1日起施行，有效期至2020年10月31日。

威海市违法建设处置办法

（2015年12月31日　威政发〔2015〕26号）

第一条　为加强违法建设的防控和治理工作，保障城乡规划有效实施，提高人居环境质量，根据《中华人民共和国城乡规划法》、《山东省城乡规划条例》等法律、法规、规章的规定，结合我市实际，制定本办法。

第二条　本办法适用于威海市城市规划区内违反规划法律、法规、规章的建设行为及建筑物、构筑物的处置工作。违反国土资源、林业、水利、海洋等法律、法规、规章的建设行为及建筑物、构筑物的处置工作，依照有关规定执行。

第三条　各区（含国家级开发区，下同）政府（管委）按照属地管理原则，负责本辖区违法建设处置工作，组织协调有关部门及时制止和查处违法建设。镇政府、街道办事处负责巡查、制止本辖区违法建设，及时报告有关部门，协助做好处置工作。规划、城管执法部门按照各自职责，具体负责违法建设处置工作。

第四条　任何单位和个人有权举报违法建设。规划、城管执法部门应当建立举报制度，对举报内容及时调查、处理，并为举报人保密。违法建设经查证属实的，应当对举报人予以奖励。

第五条　规划、城管执法部门对违法建设进行调查时，可以查阅、调取、复制有关证据材料，有关单位应当予以配合。

第六条　规划、城管执法部门查处违法建设过程中，发现不属于本部门管辖的，应当移送有管辖权的部门；接受移送的部门认为移送不当的，不得再行移送，应当报请同级政府确定管辖部门。

第七条　城管执法部门依法查处违法建设，难以认定对规划实施影响程度的，应当书面征询规划部门的意见，规划部门应当在10个工作日内书面答复，情况复杂的可延长至15个工作日。规划部门出具的书面答复应当载明认定违法建设对规划实施影响程度的事实和法律依据。

第八条　下列情形属于尚可采取改正措施消除对规划实施影响的行为：

（一）取得建设工程规划许可证，但未按照规划许可证规定进行建设，在限期内采取局部拆除等整改措施，能够使建设工程符合规划许可证规定的；

（二）未取得建设工程规划许可证即开工建设，但已取得规划部门建设工程设计方案审查文件，且建设内容符合审查文件要求或者采取局部拆除等整改措施后能够符合要求的；

（三）法律、法规、规章规定的其他情形。除前款规定的情形外，均属于无法采取改正措施消除对规划实施影响的行为。

第九条　对违法建设，规划、城管执法部门应当以书面形式责令停止建设、限期改正或者限期拆除。

第十条　违法建设当事人收到责令停止建设决定后，仍不停止建设的，区政府（管委）可以依法责成城管执法部门查封施工现场。查封施工现场应当在现场公告查封决定。城管执法部门可以对继续建设部分采取必要措施。

第十一条　违法建设当事人收到限期拆除决定后，应当在决定载明的期限内自行拆除；自行拆除确有困难的，可以在决定载明的期限内申请城管执法部门按照职权依法拆除。

第十二条　违法建设当事人逾期不拆除违法建筑物、构筑物，符合法定代履行条件的，城管执法部门可以依法实施代履行；不符合法定代履行条件的，城管执法部门应当在期限届满后10个工作日内，将限期拆除决定及逾期未拆除的情况报告违法建筑物、构筑物所在地的区政府（管委），由其责成有关部门实施强制拆除，并将违法建设行为纳入社会信用体系管理。

第十三条　城管执法部门实施强制拆除前应当制定工作方案、应急预案，确定公安机关、镇政府（街道办事处）、市政公用服务单位等职责，报同级政府同意后组织实施。

第十四条　以违法建筑物、构筑物作为生产、经营场所申请或者已经办理相关证照、登记、备案等手续的，城管执法部门作出强制拆除决定后，应当书面告知工商、卫生计生、食品药品监管等部门依法作出处理，并函告市政公用服务单位暂停供水、供电、供气、供热等服务。

第十五条　尚可采取改正措施消除对规划实施影响的，规划部门应当以书面形式责令限期改正；尚未取得建设工程规划许可证即开工建设的，责令其及时取得规划许可证；对按期改正的，处建设工程造价5%以上10%以下的罚款；对逾期不改正的，依法采取强制拆除等措施，并处建设工程造价10%以下的罚款。违法行为轻微并及时自行纠正，没有造成危害后果的，不予行政处罚。

第十六条　无法采取改正措施消除对规划实施影响的，城管执法部门应当责令限期拆除违法建筑物、构筑物；按期拆除的，不予罚款；逾期不予拆除的，依法强制拆除，可以并处建设工程造价10%以下的罚款。无法采取改正措施消除对规划实施影响，且不能拆除违法建筑物、构筑物的，规划部门应当没收实物或者违法收入，可以并处建设工程造价10%以下的罚款。

第十七条　公民、法人或者其他组织不得擅自占用物业管理区域内业主共有的道路、绿地或者其他场地进行建设；不得擅自在建筑物顶部、底层或者退层平台进行建设。物业服务企业应当对其管理区域内的违法建设予以劝阻和制止，并及时报告有关部门，协助做好处置工作。

第十八条　对以暴力、威胁或者其他方法阻碍查封施工现场、强制拆除违法建筑物和构筑物的，公安部门应当依法进行查处，构成治安违法的，依法予以行政处罚；构成犯罪的，依法追究刑事责任。

第十九条　规划、城管执法部门查处违法建设过程中，发现有玩忽职守、滥用职权、失职渎职、徇私舞弊行为的，在作出行政处罚决定或者其他处理决定后，应当将有关案件材料移送任免机关或者监察机关。由任免机关和监察机关依纪依规对有关人员进行责任追究；构成犯罪的，移交司法机关处理。

第二十条　荣成市、乳山市违法建设处置工作参照本办法执行。

第二十一条　本办法自2016年1月1日起施行，有效期至2020年12月31日。

外地传媒中的威海

·专题报道目录·

2015年有关威海中韩自贸区的报道一览表

表29

媒体名称	日期	题　目
新华网	2 月 27 日	山东威海和韩国仁川成中韩自贸区合作示范区
大众网	3 月 20 日	威海：中韩自贸区地方经济合作锁定七大领域
中国新闻网	5 月 29 日	中韩自贸区建设为威海南海新区带来发展机遇
齐鲁网	5 月 31 日	威海成中韩自贸区合作示范区 一图看带来的机遇
中国山东网	7 月 16 日	威海——站在中韩自贸区新的起点上远航
齐鲁网	8 月 22 日	中韩媒体走进威海南海新区探讨中韩自贸区下新区发展
人民网	10 月 14 日	中韩自贸促发展 威海打造经济“韩旋风”
凤凰卫视	12 月 21 日	庆祝中韩自贸协定正式生效 中韩自贸区从威海开启新航向

2015年有关威海文明城市创建的报道一览表

表30

媒体名称	日期	题　目
中国文明网	3 月 16 日	十年圆梦 威海成功创建全国文明城市六大原因探析
中国文明网	3 月 10 日	威海召开深化文明城市建设“三项行动”推进工作会
凤凰资讯	3 月 22 日	文明威海“让每个梦想都开花”
光明网	4 月 12 日	威海成功创建全国文明城市：文明奖牌贵在长效常态

2015年有关威海智慧城市的报道一览表

表31

媒体名称	日期	题　目
新华网	8 月 10 日	“威海模式”智慧城市建设初见成效
中国文明网	9 月 9 日	智慧城市建设有了“威海模式”
《齐鲁晚报》	9 月 9 日	智慧城市建设，全省“看”威海
城市中国网	9 月 22 日	山东威海：智慧城市建设经验总结
大众网	9 月 23 日	威海成功入选“2015 中国十大智慧城市”
搜狐网	9 月 23 日	威海入选 2015 中国十大智慧城市

·典型报道荟萃·

文明威海“让每个梦想都开花”

已经拥有众多荣誉称号的山东省威海，如今又增添了一顶沉甸甸、金灿灿的桂冠——“全国文明城市”。

2月28日，在全国精神文明建设工作表彰暨学雷锋志愿服务大会上，威海市荣获第四届全国文明城市称号，测评成绩列全国新参评地级市榜首。

历史上，威海因威震海疆而得名；今天，威海因文明创建而扬名。全国文明城市这块沉甸甸的奖牌，承载着280多万威海人的夙愿，凝结着全市人民“十年磨一剑”的不懈追求。

爱心点亮梦想

羊年正月初一，威海7岁脑瘫女孩铭铭登上了央视少儿频道春晚的舞台，圆了她的舞蹈梦。

铭铭这个梦想的实现，与威海长城爱心大本营志愿者的关爱密不可分。

2012年5月份，长城爱心大本营发起人刘长城在一次爱心活动中认识了单亲妈妈孙现蕾和她的双胞胎女儿。当时患有先天性痉挛型脑瘫的源源4岁了，还不会走路。铭铭的情况稍微好一点，会走路，但眼睛有些斜视。

“之前看不到一点希望，多次想过放弃。”孙现蕾说，刘长城得知这一情况后，自掏腰包购置一副下肢扭转矫形器送给源源，帮助孩子实现了独立行走的愿望。当源源会走路了，孙现蕾有了更“大”的愿望：中度脑瘫的小女儿铭铭性格开朗，她想学舞蹈。但仅靠低保生活的孙现蕾把这个想法一直埋在心底。

“让每个梦想都开花，用爱心点亮的梦格外美。”刘长城说，志愿者们猜中了她们的心思，分头行动寻找合适的舞蹈班。央视大风车少儿艺术团舞蹈班通过志愿者得知这个情况后，免费接收了铭铭这位特殊的小学员。学费是免了，但孩子的接送却成了问题。当天晚上，长城爱心大本营的志愿者QQ群里，大家积极报名接送铭铭学舞蹈，如今，这个接送表已经排到了今年“五一”。

在威海，广大市民既是志愿服务的参与者，也是志愿服务的受益者，更是文明威海城市形象的代言人。据不完全统计，目前威海市各类志愿服务队就有1200多家，注册志愿者多达25万名，3万多名志愿者与5300余名帮扶对象实现长期定向帮扶，形成了一批以长城爱心大本营、助力社区志愿者服务中心等为代表的志愿服务组织品牌。

通过建设“君子之风·美德威海”，引导全体市民从自身做起，从点滴小事做起，讲文明树新风，开展志愿服务，凡人善举由一个个“盆景”变成了一道道亮丽的“风景”。全市涌现出“厚德环翠”“仁孝文登”“诚信荣成”“仁爱乳山”等具有鲜明特点的道德建设品牌。

成功创建全国文明城市，奖牌赢在价值引领。心怀“让城市更文明，人民更幸福”的梦想，威海市在文明创建中始终牢牢抓住社会主义核心价值观这一精神根本，既注重教育引导、营造氛围，又注重实践和习惯的养成，让城市内外兼修，外在美与内在美完美融合，文明内涵更加丰盈。

在威海，城市主干道、商业大街、广场公园……核心价值观宣传随处可见。街坊居民以爱、信、孝、善为主要内容的“四德工程”建设深入人心。在道德讲堂、道德模范事迹巡讲等活动的开展下，广大市民参与道德建设的自觉性被全面地激发出来。

在社会主义核心价值观的引领下，威海人骨子里流淌的诚实守信、勤俭朴实、仁爱善良等内在道德品质，通过文明创建被更深层次地发扬光大，成为建设“美德威海”“诚信威海”的中流砥柱。

文明威海有善行义举的君子之风，也有诚信企业的一诺千金。今年出台的《关于推进诚信建设制度化的实施意见》，更是将威海的诚信建设推向了新高度。威海市中级人民法院、质监局等12个单位建立了“红黑榜”发布平台，实现了网络平台实时可查，并坚持每两个月组织一次“红黑榜”情况发布会，营造出“诚信者一路绿灯、失信者寸步难行”的社会诚信氛围。

如果说志愿服务，为城市文明树起人文精神的丰碑，那么诚信威海，则铸就城市文明百年不朽的根基。干净的环境、文明的行为、动人的事迹、美德的力量……威海整个城市的内涵被不断丰富。通过内外兼修，文明创建犹如一场“幸福风暴”，将文明内化为城市发展的基因，具化为每个市民的行动，让城市的内在更有味道，外在更加迷人。

如今，“十年磨一剑”，280多万威海人终圆“创城梦”。而在圆梦的过程中，威海人得到了实实在在的好处。

为民惠民利民

家门口的那条背街小巷，对于居民来说，不是一条简单的路，更像是一座连接着居民心意的桥。

“以前坑坑洼洼、凹凸不平，一下雨污水横流，垫上砖还得跳着脚走路，一不小心就一裤腿泥。”环翠区环翠楼街道前进社区居民李前进说，创城时这里下水道改造、路面翻新，出门顺畅多了，还加装了漂亮的路灯，晚上经过小巷子，再也不担心崴脚了。

该街道大桥社区居民陈建华深有同感，“路翻新了以后，出门顺畅多了，心里别提有多熨帖了。”

创城行动开展以来，威海市重点对市区30多条主干道、90条非主干道、5条商业大街、80多条背街小巷上档升级，维修破损沥青路面1.2万平方米，维修破损人行道1.8万平方米，一项项创城工作从细节着手，给老百姓的出行带来了便利。

柴火堆成山、臭水塘无人管、草厦子和居民楼间满是杂物……卫生死角一直是困扰城市管理、影响居民生活的“老大难”问题。在创城行动中，威海市下大力气整治这一问题，共清理乱堆乱放18900余处，清理卫生死角13800余处，同时新增、更换垃圾桶2800多个，有效改善了居民小区的卫生环境。

“瞧瞧现在多清亮，哪里还有‘蜘蛛网’的影子！”在统一路50号楼下，看到有人拍照，环翠区鲸园街道北门外社区的几位居民围拢过来，自豪地说着小区的新变化。

“原来电线在空中飘摇不定，有时遇到雷雨天，还会放出电火花。”居民王淑芹指给我们看“蜘蛛网”去哪儿了：从住户拉到草厦子的管线全部实现落地，针对楼外凌乱的管线，定做了“合身”的扣板，无法落地或扣板处理的管线也都进行了捆扎、贴墙处理。

在威海市区部分老旧小区，草厦子用途杂乱、电线管线混乱是影响居民生活环境的两大“顽疾”。在去年的创城工作中，全市130多个生活小区乱拉管线的问题得到有效治理，小区变得清亮了，居民的生活环境更美了。

新鲜的瓜果，嫩绿的蔬菜，肥美的螃蟹……步入经济开发区威峰市场和长峰市场，一派繁荣景象映入眼帘。地上洁净，架上整齐，与以前杂乱的环境大不一样。这一切，都得益于新一轮创城工作开展以来对市场环境进行的综合整治。市场的变化，让市场里的商户和周围居民感到由衷满意。

去年，威海市区7个集贸市场实现上档升级，清理占道经营3800多处，33个早夜市经营秩序得到了进一步规范。

“每个家庭把卫生收拾好了，不是给谁看的，而是给自己住的。文明城市建设搞好了，不是做样子给谁看的，常年工作、生活在这里的每一位市民，才是真正的受益者。”威海市委书记、市人大常委会主任孙述涛曾这样阐释创建全国文明城市的目的。

市委副书记、市长张惠强调，“要把创城作为一项惠民工程，通过创城全面提升市民文明素质、提高城市文明水平，让全市人民感受到创城带来的实实在在的好处。”

创建全国文明城市，并不是为了争荣誉、拿奖牌。创建为民，为民创建，既是威海创建文明城市的出发点和落脚点，也是市委、市政府向广大市民作出的郑重承诺。

以惠民为动力，与文明创建相伴而来的，是一场为群众解难事、办实事的攻坚战。创城工作热潮涌动，硕果累累：三年来，威海市共投入4.5亿元，完成了市区66个老旧生活小区的综合整治、7处集贸市场的升级改造，完成了15条干道、30条非主干道、5条商业大街、60条街巷综合整治，新建公交候车亭50多座，清理探头经营3300多处，拆除违法建筑370多处。

文明创建尤其是新一轮的文明创建以来，威海始终牢牢抓住“为民、惠民、利民”这一主线，办群众想办的事、办群众身边的事、办群众认可的事，用“民字当头”赢得市民支持，用“以人为本”赢得全民参与，最终以地级市第一名的成绩，成功创建“全国文明城市”。

创建全国文明城市的过程，就是为民谋福祉的过程。福民无止境，创建不停歇。威海文明城市创建的成功，绝不是文明提升与发展的句号，而是向更高文明出发的新起点。

贵在长效常态

站在新起点，威海不忘“为民惠民利民”这一创城初衷，持续对照全国文明城市这把“标尺”，时刻丈量城市每个文明细节，以常态化考评促整改，以长效化机制促提升，使文明创建长久造福全市群众。

“创城工作要坚定不移地进行多次检查整改，不断发现问题，将文明行为形成习惯，将发现的问题解决好、规范好，并制定好长效的管理制度和办法。”在文明城市的创建中，孙述涛在有关部门内部情况通报材料上作如是批示。

从开展新一轮创城活动伊始，威海市就健全完善了组织领导、层级负责、区域管理、宣传教育、资金保障、测评考核、责任奖惩等七项工作推进机制和督导检查、问题反馈、测评通报、专项调度等行之有效的工作制度，确保创城各项工作时时有人管、事事有人办、件件有着落，使创城切切实实成为一项常态性工作。

威海市委、市政府深刻认识到创建文明城市不是面子工程，更不是突击工程，而是一项民生工程和民心工程，必须有效维护整治成果，才能让居民受益，让群众满意。

“以往社区工作人员轮流转，巡查问题、解决问题都靠这么几个人，不仅累，还容易疏忽问题。创城有了网格化管理，我们的担子轻多了，问题发现得更多，解决得也更好了。”环翠楼街道办事处西北村社区居委会主任王燕说。

威海以社区为最小单元，将市区划分为52个大的网格，实行市级领导包区、区领导包街道、街道领导包社区、社区领导包小区的“四级联动”工作机制。每个网格区配备一长三员（即网格长、协管员、监督员、联络员），实现网格管理数字化，快捷高效地解决市民反映的问题。

“我们全部沉到一线，采取徒步或骑车等方式，深入每个社区、每个网格，对照测评标准全面、细致地逐一进行检查打分，并反馈给每个网格。”威海市文明办负责人介绍，对52个大的网格，他们每半个月开展一次检查测评，督促各区、各单位边查边改、即知即改、深耕细作。

通过城市综合管理信息系统，目前，威海城市管理实现了主动巡查机制和统一受理、统一指挥管理，解决了各职能部门盲目巡查、重复检查的问题，使过去突击式、运动式的城市管理变得精细化、常态化。

新一轮创城活动以来，威海市对建成区城管体制探索进行了全面改革，将原本由市城管执法局集中行使的城市管理职能全部下放到各区，较好地理顺和解决了城市管理中条块分割、职责不清等问题。

文明奖牌，贵在长效常态。“大到城市综合管理，小到市民言行举止，凡事有人干、有人管、有人监督，有章可循。”威海文明办负责人介绍，威海先后制定了一系列规范性文件，将城市精细化管理变成持之以恒的长效化机制，力求解决一类问题，固化一个制度，规范一类行为。威海通过制度化创城，许多年年解决又年年反弹的问题得到有效治理。

针对市区养犬、小餐饮店证照不全、早夜市、草厦子出租、违规燃放烟花爆竹等难点问题，威海相继制定出台了市区养犬、小餐饮店食品安全、早夜市、房屋附属储藏室、烟花爆竹燃放管理等一系列规范性文件，相关工作已纳入各职能部门的日常工作中，走上规范化、制度化、常态化的轨道。

与此同时，一系列关乎提升城市人文和公民思想道德内涵的长效常态机制也在逐步建立：

在志愿服务方面，建立健全了志愿者招募注册、培训管理、服务记录、服务激励制度，完善志愿服务需求对接机制，形成了涵盖 5300 余名帮扶对象和 3 万多名志愿者的《威海市志愿服务对接台账》；

在诚信方面，扎实推进“诚信威海”建设，建立“红黑榜”发布平台，发布诚信企业“红名单”和失信企业“黑名单”，用制度为企业加上了道德“紧箍咒”；

在勤俭节约教育方面，制定了《威海市宾馆饭店餐馆等餐饮单位剩菜剩饭行为暂行管理办法》，规范宾馆、饭店、餐馆等餐饮服务单位的经营行为，健全完善行业自律机制……创建文明城市是得民心、顺民意、提高人民群众幸福指数的民心工程。手握来之不易的文明创建成果，随着一条条长效机制的建立健全和不断完善，威海城市将更加文明，群众生活将更加美好。

（《人民日报》刊载
孙东辉）

威海——站在中韩自贸区新的起点上远航

在胶东半岛最东端的威海市街头，扑面而来海上的凉风和街头满眼韩国商品城、韩文店铺、韩国烧烤的热热“韩风”，你心中顿时痒痒的，不免有了购买正宗韩国货和品尝韩国美食的冲动！

6 月 1 日，中韩自贸协定正式签订，山东省威海市和韩国仁川市被选为中韩自贸区地方经济合作示范区。毫无疑问，威海又站在中韩自贸区新的起点上开始了对外开放的新远航！

“将地方经济合作引入国家间自由贸易区协议这是首次，这必将给威海带来更多的发展机遇，威海要在更高层次上做中韩合作的样板！”威海市市长张惠说。

中韩自贸区给威海带来了什么？

《中韩自贸区协定》是迄今为止开放水平最高、贸易额最大、涉及领域最多的自贸协定，范围涵盖货物贸易、服务贸易、投资等 17 个领域。在未来 20 年内，中国将实现零关税的产品达到税目的 91%、进口额的 85%，韩国零关税产品达到税目的 92%、进口额的 91%。

专家分析，伴随着这一自贸区协议的实施，中韩之间将形成一个 GDP 高达 11 万亿美元的共同市场。

的确，中韩两国在国际贸易的版图中举足轻重。目前，韩国是中国第三大贸易伙伴、第三大出口目的地；中国则是韩国第一大贸易伙伴、第一大出口目的地、第一大进口来源地以及最大的海外投资对象国。2015 年，双边贸易额将跃升至 3000 亿美元，在过去 10 年间年均增速达到 22.3%。

威海是中国大陆距离韩国最近的城市，海上直线距离只有 93 海里，占尽两国贸易的天时、地利。20 多年来，威海对韩进出口额保持了年均 17% 的增长速度。来自威海市商务局的统计显示：2014 年，韩国在威海进出口贸易中位列第一大伙伴地位，全市有 1764 家企业与韩国有贸易往来，进出口总额 52.27 亿美元，占全市进出口的 31.5%。其中，出口 29.27 亿美元，占全市出口的 25.7%；进口 22.99 亿美元，占全市进口的 44.2%。截至 2014 年底，威海的韩资存量为 16.3 亿美元，占山东韩资存量的 17%。2015 年 1—4 月，威海市对韩进出口贸易达到 16.1 亿美元，其中出口达 9.2 亿美元。

在自贸区“地方合作示范区”这一金字招牌的背后是说不尽的发展“红利”和商机！

中国社会科学院学部委员、国际研究学部主任张蕴岭说：“威海要用好这一开放的新平台，尽快建立国际化的公共服务体系，使这里成为贸易和投资的重要通道和聚集地。”

打造中韩经贸的新“金桥”

1990 年 9 月 16 日，经中韩两国政府批准，连接威海至韩国仁川的“金桥”号班轮正式通航，为两年以后的两国建交架起了信任之桥和民间贸易之桥。

如今，当年威海通往韩国的一条船、一条航线，变成了通至韩国三个港口、三条航线，每周有 16 个海上航班，空中航线每周则有 30 个航班。当年的背包客乘船做着小额贸易，如今变成了集装箱班轮。威海市的 5 个韩国商品城，聚集着 5000 多个韩国商铺，宜居海滨城市居住着 5 万多韩国侨民，贸易的增长带来文化的交融，韩国的长鼓舞每每被作为当地文化演出的必备节目。

“威海同韩国地缘相近、经济互补，要借助中韩自贸区平台，打造中韩经贸共赢的‘新金桥’。”威海市市长张惠说。

自贸区为威海与韩国交流与合作刮起了新的“东风”，协议签署一个多月来，威海市多批商贸代表团赶赴韩国招商推介，韩国客商则争相涌入威海展销韩货。

6 月 26 日，第六届威海国际食品博览会暨中韩商品博览会在威海举行，参加最多的是韩国企业，会展吸引国内外重要代表团 30 多个，专业采购商 1500 名，达成贸易意向额 13.1 亿元。7 月 15 日开幕的威海韩国商品交易展韩国客商依然踊跃参与。

据威海市商务局统计，2015 年 1—5 月，该市新批准韩国项目 28 个，比上年增长 47.4%，合同外资 1.79 亿美元，增长 30.1%，占全市合同外资总额的 43.5%。

财政部关税司司长王伟在一次研讨会上为威海支招说：“面对中韩自贸区的新机遇，打造中韩经贸主干道的‘升级版’，威海必将是自贸区的受益者。”

5 个不同特色的韩国商品展示交易中心正在建设之中。投资 5 亿元的中国首家韩式商业文化主题园区——韩乐坊，今年入住的韩国企业越来越多。截至 6 月底，已有 140 多家韩国生产企业入驻韩乐坊韩国商品保税展示交易中心并设立中国销售总部，经营范围涵盖韩国化妆品、食品、日用品、小家电、母婴用品等。威海正在成为辐射全国的韩国食品、服装、化妆品、饰品、小家电等商品集散地。

开辟中韩合作的“试验田”

专家分析，韩国企业在威海赚取低工资差价和倾销低端廉价韩国货的时代已经过去。

威海韩国商会会长金宗献说：“由于工资上涨，低端加工贸易企业在威海很难生存，越是高技术企业在这里发展越快！”

经济转型使威海的对韩经贸必须走新的路径，开辟新的“试验田”。

3月16日，威海出台了《加快推动中韩自贸区地方经济合作第一批实施方案》，围绕贸易、投资、服务、产业合作等领域进行先行先试。

两国率先降税的800多种商品催生这里的韩国商品集散地规模迅速扩张，一直是中韩合作短板的服务业开始深度开放，旨在发展新兴产业的中韩产业园区建设加快，推进贸易便利化措施依次展开。

中国社科院亚太与全球战略研究院新兴经济体研究室主任沈铭辉说：“威海抓住这一难得机遇，要全面开展负面清单管理，政府充分放权，营造更加国际化的发展环境，从而最大化释放制度红利，为威海经济腾飞注入新动力。”

一批与韩国合作的新园区加紧推进，包括中韩信息技术产业园、中韩机电装备产业园、中韩现代物流产业园、韩国商品保税仓储中心等园区项目相继启动建设。

威海出口加工区转型升级为综合保税区的国家审核程序已经启动，将成为层次更高、功能更全的开放平台。

威海作为全国首个通关便利化试点口岸，率先开通了威海—仁川中韩陆海联运通道，在全省已开通的6个口岸通道中，威海占3个。按照通关新办法，威海将实现全天候办理证件，实施出入境证件自助化办理、无纸化审批。

威海正在与仁川市合作打通韩国—威海—中亚—欧洲货运线路，使威海由原来的交通末梢变为物流中心和贸易枢纽城市，架起韩国、中国与亚欧之间的贸易大通道。

中韩银行间韩元对人民币直接交易于上年12月1日在韩国外换银行总行正式启动。韩国政府计划在中韩贸易中人民币结算比重从目前的1.2%提高至20%，这一政策的出台可以让进出口企业节省1%的成本。友利银行威海分行开业以来，中韩货币直接交易结算业务不断增多，未来将有更多韩国银行在威海落地。

对韩跨境电子商务也将成为新的服务平台。4月15日，总部位于威海的山东最大超市集团——家家悦集团与韩国大象集团签署战略合作协议，将共同发展跨境电子商务，在600家门店设立韩国商品专柜的同时，还将构建“中韩自贸”双语营销电子商务销售平台，利用400万会员发展网络韩国商品销售。

（中国日报驻山东记者站站长
鞠传江）

威海行政审批“瘦身”，“节省”近3万工作日

山东威海望海房地产公司的孙平，日前来到威海环翠区政务服务中心，为公司的22栋商品楼办理竣工验收手续。临行前，公司领导让孙平集中全力，务必在两三个月内完成任务。可仅用了4天，孙平就拿到了验收相关证件。

孙平切身感受到的便利，得益于山东省威海市政务服务中心对建设工程审批手续的“瘦身”。

企业厂房楼宇、重大基础设施、农林水利工程、房地产建设等，是经济发展的重要引擎。但建设工程审批前置条件多，程序复杂，光合法有据的审批事项就涉及26个部门、60多个科室。再加上审批流程设置不科学，增加了审批的难度。不少群众反映：行政审批要“看脸色、找关系、跑断腿”。

为啃下这一块“硬骨头”，山东威海将建设工程审批的42道环节整合为立项、用地审批、规划报建、施工许可、竣工验收备案5个模块，每个模块设立一个牵头部门。申请企业只要将本模块审批事项需要的所有材料交给牵头部门，即可由牵头部门组织相关部门按照“一门受理、联审联批、信息共享、限时办结”的模式同步办理审批手续。

孙平对建设工程审批的“威海速度”赞不绝口。他说，拿立项来说，过去要依次跑发改、规划、土地、环保等4个部门，每个部门至少去两趟。“现在，我把所有材料交给发改委，然后等电话就行了。最多5个工作日，4项审批就能同步完成。”

记者在威海市政务服务中心看到，三层楼高的中心专门拿出一整层，用来进行建设工程审批。大厅里有50多名工作人员，5个牵头部门坐在中间，其他部门围绕在周围，形成高效、开放的审批环境。以一个大中型工业项目为例，如所需部门审批事项都涉及，需要42道环节，审批时间分别约需281个工作日。“瘦身”成功后，审批时限大幅度压缩至28个工作日，压缩幅度达90%。

自2014年1月正式运行至今，威海市区两级办理审批项目435个，实际用时1640个工作日，节省近3万个工作日，减幅94.7%。

威海市政务服务中心管理办公室副主任孔祥极说：“这一改革不仅大幅简化审批流程，还规范了审批行为。审批流程全部纳入电子监察系统，杜绝了人情债、潜规则，让老百姓不用再看脸色办事。”

（新华社《新华每日电讯》
滕军伟）

交通时刻表

威海国际国内客运旅客时刻表

表32

船号	开航时间	到达时间	到港
生生1	每日22:30	次日5:30	威海—大连
生生2	每日21:30	次日4:00	威海—大连
生生1	每日13:50	当日21:00	大连—威海
生生2	每日10:30	当日16:30	大连—威海
新金桥Ⅱ	每周二、四、日当日19:30	次日11:00	威海—韩国仁川
新金桥Ⅱ	每周一、三、六当日19:30	次日9:30	韩国仁川—威海
中达永安	每周一、三、五当日19:30	次日10:30	威海—韩国平泽
中达永安	每周二、日当日16:00 周四当日17:00	次日9:00	韩国平泽—威海

说明：开航与到达时间均为当地时间

威海汽车站始发班次发车时间

表33

线路	发车时间	车型
威海—北京	11:00、17:00	高卧
威海—上海	16:00	高级大客、高卧
威海—天津	14:00	高卧
威海—濮阳	5:45	高级大客
威海—安阳	15:30	高级大客
威海—许昌	9:00	高级大客
威海—商丘	7:45	高级大客
威海—沈丘	9:00	高级大客
威海—南阳	8:00	高卧
威海—唐河	9:30	高级大客
威海—鹿邑	10:00	高级大客
威海—郑州	8:30	高卧
威海—洛阳	7:00	高卧
威海—平顶山	9:45	高卧
威海—新乡	10:45	高级大客
威海—鹤壁	17:00	高级大客
威海—保定	9:30	高卧
威海—邯郸	9:15	高级大客

线路	发车时间	车型
威海—青岛	6:15—18:00约20分钟一班	高级大客
威海—青岛	下午约半小时一班	高级中客
威海—平度	7:30、12:45	高级中客
威海—黄岛	8:30、12:15	高级大客
威海—莱西	11:30	高级中客
威海—即墨	13:45	高级中客
威海—胶南	13:00	高级大客
威海—胶州	7:30、13:30	高级中客
威海—潍坊	8:15、9:45、10:45、12:30、14:00、15:30、16:30	高级大客、中客
威海—青州	7:45	高级中客

续表33

线路	发车时间	车型
威海—临泉	7:30	高级大客
威海—亳州	6:30	高级大客
威海—合肥	9:15、17:45	高级大客、高卧
威海—南京	8:00、17:30	高卧
威海—南通	8:15	高卧
威海—扬州	9:00	高级大客
威海—淮安	6:45	高级大客
威海—新浦	7:30、8:15、12:30	高级大客
威海—杭州	17:00	高卧
威海—盐城	9:15	高级大客
威海—宁波	10:00	高卧
威海—诸暨	14:00	高卧
威海—水头	13:00	高卧
威海—瑞安	10:45	高卧
威海—福州	7:45	高卧
威海—哈尔滨	9:30	高卧
威海—太原	16:00	高卧
威海—内黄	16:30	高级大客
威海—石家庄	12:30	高级大客
威海—西安	11:30	高卧
威海—延吉	10:30	高卧
威海—深圳	9:00	高卧
威海—无锡	17:45	高卧
威海—常州	16:30	高卧
威海—厦门	11:30	高卧
威海—漯河	10:00	高级大客
威海—太康	12:30	高级大客
威海—滨州	6:30、8:15、15:15	高级中客
威海—日照	6:30、8:15	高级中客
威海—五莲	7:30	高级中客
威海—莒县	6:45	高级中客
威海—济宁	7:15、8:45	高级大客
威海—泗水	8:15	高级大客
威海—邹城	8:30	高级大客
威海—金乡	7:45	高级大客
威海—菏泽	7:00	高级大客
威海—曹县	7:30	高级大客
威海—鄄城	11:15	高级大客
威海—成武	8:45	高级大客
威海—郓城	8:00	高级大客
威海—诸城	6:30	高级中客
威海—临朐	8:15	高级大客
威海—高密	7:45	高级中客
威海—昌邑	12:00	高级中客
威海—寿光	8:45	高级中客
威海—烟台（高速）	5:50—18:00 约12分钟一班	高级大客
威海—莱阳	6:30、7:15、8:00、9:10、11:15、11:45、12:30、13:15、14:15	高级中客
威海—牟平	6:45、7:45、9:30、10:30、11:15、12:45、14:15、15:00、16:10、16:25、17:30	中级中客
威海—海阳	5:45、6:30、8:00、10:00、11:05、12:00、12:30、13:30、15:15、16:00、16:50	高级中客
威海—大山	7:00、10:15	高级中客
威海—郭城	8:30、14:00	中级中客
威海—黄崖	6:45、12:15、13:00	高级、中级中客
威海—蓬莱	8:00、13:40、15:00	高级中客、大客
威海—莱州	6:45、10:55、12:30、13:20	高级中客
威海—桃村	13:00	中级中客
威海—司马	10:30	中级中客
威海—行村	8:50、9:30、14:00、17:10	高级中客
威海—修家	8:20	高级中客
威海—招远	6:45、7:45、11:30、13:00、14:00	高级大客、中客
威海—中荆	7:45	中级中客
威海—穴坊	6:00	中级中客
威海—龙口	7:30、8:30、12:00、13:00、14:00	高级中客

续表33

线路	发车时间	车型
威海—单县	8:00	高级大客
威海—莱芜	7:30	高级中客
威海—泰安	5:45	高级大客
威海—楼德	8:00	高级中客
威海—州城	6:15	高级大客、中客
威海—宁阳	6:45	高级大客、中客
威海—肥城	5:45	高级大客、中客
威海—枣庄	5:45、7:30	高级大客
威海—山亭	8:00	高级中客
威海—滕州	8:30	高级大客
威海—济南	6:00、7:15、8:30、9:00、10:00、10:30、11:00、12:00、13:00、13:30、14:00、15:00	高级大客
威海—东营	8:15、10:00、14:45	高级大客、中客
威海—聊城	7:45、8:45、9:45、10:45	高级大客、中客
威海—樱桃园	11:00	高级大客
威海—临清	5:45	高级中客
威海—寿张	8:15	高级大客
威海—临沂	6:00、7:30、8:30、9:15、10:00、12:30、14:00、16:00	高级大客
威海—沂水	6:15、9:30	高级大客
威海—临沭	8:15	高级中客
威海—平邑	8:00	高级大客
威海—沂南	8:45	高级大客
威海—德州	8:15	高级大客
威海—淄博	8:30、10:15、13:45	高级大客、中客
威海—博山	15:00	高级中客
威海—淄川	11:00	高级中客
威海—沂源	8:00	高级大客

文登汽车站始发班次发车时间

线路	发车时间	车型
文登—常熟	12:00	高卧
文登—滨州	6:00	高级中客
文登—义乌	11:00	高卧
文登—东营	7:00、8:00	高级大客
文登—济南	7:00、8:30、10:40、13:00	高级大客、中客
文登—临沂	7:15、7:30、8:45、14:00	高级中客
文登—青岛	5:30—17:00每30分钟一班	高级大客
文登—潍坊	14:30	高级中客
文登—烟台	5:30—17:30每25分钟一班	高级中客
文登—龙口	6:48、11:55、12:30	高级大客、中客
文登—新汶	7:30	高级中客
文登—定陶	8:20	高级大客
文登—牟平	6:20、8:40、13:20、15:30	中级中客
文登—莱阳	6:50、13:30	中级中客

说明：发车时间如有变动，请以票面为准　咨询电话：威海汽车站：(0631)5969369　文登汽车站：(0631)8451581

威海机场夏秋季航班时刻表

表34

航线	航班号	机型	进港时刻	出港时刻	班期							周班次
北京	CA1827/8	B73K	北京06:45—08:10威海	威海09:00—10:25北京	1	2	3	4	5	6	7	7
	SC4881/2	B738	北京13:10—14:40威海	威海21:00—22:30北京	1	2	3	4	5	6	7	7
	CA1597/8	A320	北京20:15—21:45威海	威海23:00—00:30北京	1	2	3	4	5	6	7	7
上海	MU2285/6	A320	虹桥08:15—10:05威海	威海15:20—17:25虹桥	1	2	3	4	5	6	7	7
	FM9353/4	B738	浦东08:45—10:30威海	威海16:35—18:20浦东	1	2	3	4	5	6	7	7
	GS6429/30	EMB190	浦东12:35—14:20威海	威海09:40—11:20浦东	1	2	3	4	5	6	7	7
	MU5581/2	A320	虹桥18:20—20:10威海	威海20:55—22:45虹桥	1	2	3	4	5	6	7	7
	SC4889/90	B738	虹桥18:25—20:15威海	威海15:25—17:20虹桥	1	2	3	4	5	6	7	7
广州	CZ3843/4	A319	广州09:05—13:45威海	威海14:45—19:20广州	1	2	3	4	5	6	7	7
南京	CZ3843/4	A319	南京12:25—13:45威海	威海14:45—16:05南京	1	2	3	4	5	6	7	7
武汉	CZ6263/4	A320	武汉15:10—16:40威海	威海12:00—13:25武汉	1		3		5			3
哈尔滨	CZ6263/4	A320	哈市08:55—10:45威海	威海17:40—19:30哈市	1		3		5			3
	CA1787/8	A320	哈市13:15—15:05威海	威海10:35—12:25哈市	1	2	3	4	5	6	7	7
杭州	CA1787/8	A320	杭州07:55—09:45威海	威海16:00—17:45杭州	1	2		4		6		7
			杭州07:55—09:45威海	威海16:00—18:00杭州			3		5		7	
济南	SC1182/89	B738	济南14:35—15:40威海	威海16:15—17:25济南	1	2	3	4	5	6	7	7
深圳	SC1182/89	B738	深圳11:05—15:40威海	威海16:15—20:50深圳	1	2	3	4	5	6	7	7
长春	FM9353/4	B738	长春14:00—15:40威海	威海11:20—13:00长春	1	2	3	4	5	6	7	7
大连	GS6429/0	EMB190	大连08:20—09:00威海	威海15:20—16:05大连	1	2	3	4	5	6	7	7
	G52643/4	CRJ9	大连18:15—18:55威海	威海13:50—14:30大连		2		4		6		3
重庆	G52643/4	CRJ9	重庆09:15—13:10威海	威海19:35—23:40重庆		2		4		6		3
济宁	G52643/4	CRJ9	济宁11:45—13:10威海	威海19:35—20:55济宁		2		4		6		3
沈阳	DZ6239/40	B738	沈阳11:45—13:05威海	威海09:50—11:00沈阳	1	2	3	4	5	6	7	7
郑州	DZ6239/40	B738	郑州07:20—09:00威海	威海14:05—16:00郑州	1	2	3	4	5	6	7	7
天津	CA1663/4	B738	天津08:35—09:40威海	威海10:30—11:35天津			3		5			5
			天津09:00—10:15威海	威海11:30—12:45天津		2		4			7	
首尔	OZ309/10	A321	仁川09:00—09:10威海	威海10:10—12:20仁川	1	2	3	4	5	6		7
			仁川16:20—16:30威海	威海17:30—19:40仁川							7	
	MU2017/8	A320	仁川14:15—14:30威海	威海11:00—13:15仁川	1	2	3	4	5	6	7	7
	KE839/40	73H	仁川14:10—14:25威海	威海15:25—17:40仁川	1	2	3	4	5	6		7
			仁川16:10—16:25威海	威海17:50—20:05仁川							7	
	7C8503/4	B737	仁川15:35—15:45威海	威海16:45—18:55仁川	1	2	3	4	5	6	7	7
	7C8561/2	B737	仁川10:40—10:50威海	威海11:50—13:35仁川	1	2	3	4	5	6	7	7
台北	CI539/40	B738	桃园07:15—09:50威海	威海10:55—13:25桃园		2						1

威海站、威海北站、济南站列车时刻表

表35

上行列车	始发时间	威海 到	威海 开	威海北 到	威海北 开	济南 到	济南 开	终到时间
D6092	荣成 6:20	6:40	6:41	6:49	6:50			烟台 7:33
D6072	荣成 7:10	7:31	7:35			11:27	11:29	济南西 11:45
G476	荣成 8:40	9:06	9:08			13:19	13:21	北京南 15:18
K1066	威海 9:38	始发	9:38					汉口 5:00
D6094	威海 9:25	9:51	9:52	10:00	10:01			即墨北 11:50
D6074	荣成 9:45	10:11	10:12	10:20	10:21	14:20		济南 14:20
G4218	荣成 11:30	11:56	11:57			16:38	16:42	北京南 19:38
G4112	荣成 12:10	12:36	12:37			16:50	17:02	武汉 22:41
G458	荣成 13:20	13:41	13:44			17:49	17:51	上海虹桥 22:18
D6076	荣成 14:00	14:21	14:22	14:30	14:31	18:33		济南 18:33
D6096	荣成 14:10	14:36	14:37	14:45	14:46			即墨北 16:35
D6078	荣成 15:00	15:26	15:27	15:35	15:36	19:31		济南 19:31
D6088	荣成 15:30	15:51	15:53	16:01	16:02	20:11	20:14	枣庄 21:56
D9458	荣成 17:10	17:36	17:38			21:53	21:55	济南西 22:11
5042	威海 19:40	始发	19:40					菏泽 8:28
D6080	荣成 17:55	18:16	18:18	18:26	18:28	22:51	22:53	济南西 23:10
K412	威海 20:50	始发	20:50			济南东 5:34	济南东 5:57	北京 12:50
K8262	威海 22:16	始发	22:16			7:25		济南 7:25

下行列车	始发时间	济南 到	济南 开	威海北 到	威海北 开	威海 到	威海 开	终到时间
K1065	汉口 11:39					8:02	终到	威海 8:02
K8261	济南 0:50		0:50			8:39	终到	威海 8:39
D6093	烟台 7:55			8:44	8:45	8:53	8:54	荣成 9:20
D9455	济南 5:51		5:51	9:57	9:58	10:06	10:08	荣成 10:35
D9457	济南 6:11		6:11	10:27	10:28	10:36	10:38	荣成 11:05
D6087	枣庄 7:05	8:21	8:23	12:22	12:23	12:31	12:33	荣成 12:55
D6071	济南 8:55		8:55			12:42	12:43	荣成 13:05
D6073	济南西 8:47	9:03	9:06	13:06	13:08	13:16	13:18	荣成 13:40
D6095	即墨北 12:15			14:03	14:04	14:12	14:13	荣成 14:40
K411	北京 23:47	济南东 6:04	济南东 6:20			14:42	终到	威海 14:42
G457	上海虹桥 6:14	10:37	10:45			14:47	14:48	荣成 15:10
G4111	武汉 6:11	11:43	11:45			15:41	15:43	荣成 16:10
D6075	济南 13:05		13:05	16:54	16:55	17:03	17:05	荣成 17:32
D6097	即墨北 16:55			18:43	18:44	18:52	18:53	荣成 19:20
D6099	烟台 18:50			19:39	19:40	19:48	19:49	荣成 20:15
D6077	济南 16:36		16:36	20:32	20:33	20:41	20:43	荣成 21:05
G475	北京南 15:36	17:47	17:51			21:50	21:52	荣成 22:20
D6079	济南西 17:50	18:07	18:10	22:02	22:03	22:11	22:13	荣成 22:40
5041	菏泽 9:18					22:58	终到	威海 22:58

说明：D9455、D9457/8、G4111/2、G4218 次为高峰线，具体加开日期以车站公告为准

旅客列车办理客运营业站名及时刻表

表36

威海	始发站	汉口
汉口	终到站	威海
快速 K1066/7	车次／车站	快速 K1068/5
9:38	威海	—— 8:02
10:17 20	文登	22 7:18
11:16 18	乳山	22 6:19
12:17 29	桃村	23 5:08
12:44 47	海阳	
14:15 29	蓝村	
14:47 50	胶州	
15:32 34	诸城	
16:00 02	五莲	
16:29 31	莒县	
16:53 59	沂南	
17:31 34	临沂北	14 0:06
18:14 20	郯城	28 23:21
18:51 19:11	新沂	57 22:37
19:35 38	邳州	06 22:02
20:30 45	徐州	13 21:00
21:54 57	淮北	21 19:18
23:00 03	涡阳	16 18:13
0:29 44	阜阳	20 17:05
	阜南	34 16:31
2:14 17	潢川	37 15:34
3:34 45	麻城	14:10 13:52
5:02 ——	汉口	12:03

北京	始发站	威海
威海	终到站	北京
快速 K411	车次／车站	快速 K412
23:47	北京	—— 12:48
	黄村	15 12:13
	廊坊北	45 11:43
1:46 56	天津西	49 10:46
	静海	07 10:04
3:08 11	沧州	22 9:17
3:35 37	泊头	53 8:42
	东光	28 8:26
	吴桥	05 8:02
4:32 34	德州	47 7:42
	禹城	49 6:46
	晏城	33 6:28
6:03 18	济南东	57 5:39
7:20 26	淄博	
	青州市	07 4:03
8:21 45	潍坊	31 3:25
9:46 49	胶州	10 2:05
11:20 23	海阳	14 0:11
11:38 56	桃村	55 23:43
13:02 04	乳山	44 22:40
14:00 02	文登	35 21:29
14:42 ——	威海	20:50

菏泽	始发站	威海
威海	终到站	菏泽
普快 5040/1	车次／车站	普快 5042/39
9:19	菏泽	—— 8:28
9:59 10:02	巨野	
10:33 40	济宁	17 7:15
11:09 24	兖州	52 6:43
11:49 51	曲阜	12 6:09
12:34 37	平邑	
13:04 06	费县	
13:37 40	临沂	34 4:31
14:50 56	莒县	
16:01 07	诸城	
16:59 17:02	胶州	05 1:03
17:20 28	蓝村	47 0:32
18:10 18	莱西	
18:57 19:05	海阳	56 22:54
19:20 50	桃村	38 22:23
20:46 52	乳山	24 21:21
22:14 18	文登	25 20:19
22:58 ——	威海	19:40

济南	始发站	威海
威海	终到站	济南
快速 K8261	车次／车站	快速 K8262
0:50	济南	—— 7:25
	章丘	51 6:47
	淄博	07 6:00
	潍坊	5:03 4:57
5:38 6:00	桃村	30 1:12
6:56 7:00	乳山	13 0:09
7:56 59	文登	13 23:09
8:39 ——	威海	22:16

编辑　王　瑛

索　　引

说明：

一、本索引各主题词按汉语拼音字母顺序排列。同音字按声调排列，首字相同者按第二字音序排列，依次类推。

二、索引名称后的数字表示内容所在的页码，数字后用拉丁字母 a、b、c 分别表示该页的左栏、中栏、右栏。

三、类目、分目和子目用黑体字标明；插图及特载、大事记、人物、附录的具体内容及随文图片不做索引。

四、索引词一般采用中心词和简称。

D

E

F

G

H

X

Y

Z

远眺城区　　李传强 摄

威海市文登区张家产镇

张家产镇位于文登区南部，总面积106.3平方公里，辖56个村9631户2.2万人，先后获"国家级生态乡镇""省级文明镇""山东省旅游强镇"等称号。该镇坚持以打造富裕文明、宜居宜业现代化城镇为目标，以小城镇建设为龙头，以产业发展为支撑，以改善民生为根本，突出抓基层基础，不断夯实发展根基，全力推动镇域经济社会又好又快发展。突出民生建设，不断提升群众幸福指数。对镇中学进行改扩建，新建1处省级标准化幼儿园；对镇敬老院进行搬迁改造，引进投资5000万元建设瑞云祥康疗中心；新建3万多平方米的群众文化广场，建设1处室内文化活动中心。投入5400万元对辖区道路进行改造，采取上级拨付与自筹相结合的方式，在全区率先实现农村环境综合整治全覆盖。突出产业培植，加快产业转调步伐。泰富西玛电机投资3000万元引进5条全自动矽钢片冲压生产流水线，全年实现销售收入3.5亿元、纳税6300多万元；威力风机厂与清华大学建立产学研合作关系，引进电厂脱硝除硫设备生产线，签订销售合同1亿元。西洋参种植面积533.33公顷，占全区的20%，被认定为全国"一村一品"示范镇。立足温泉资源优势发展服务业，国家AAAA级旅游景区天沐温泉度假村年接待游客30多万人。2015年，全镇实现工农业总产值76.14亿元、地方级税收4451万元、农民人均纯收入1.84万元。

2015年6月5日，文登区委书记张竞（右一）陪同全国人大常委、法律委副主任、九三学社中央副主席、中国工程院院士丛斌（左三）到张家产镇调研农村养老工作

2015年9月30日，文登区委副书记、区长吴宏飞（左）到张家产镇督导食品药品监督工作

天沐温泉度假村

西洋参

威海火炬高技术产业开发区

威海火炬高技术产业开发区是1991年3月6日经国务院批准成立的国家级高新技术产业开发区，由科技部、山东省政府和威海市政府共同创办，是全国三个火炬高技术产业开发区之一。开发区位于威海市区西北部的文教科研区。全区总面积140平方公里，海岸线长46.5公里。下辖1个镇、2个街道和双岛街道筹建处，43个村、36个社区，全区总人口28.4万人。2015年，实现地区生产总值213.9亿元，固定资产投资147亿元，一般公共预算收入23.9亿元，工业销售收入677.4亿元，工业利税80.6亿元，工业利润61.2亿元。开发区先后获得全国“先进高新技术产业开发区”“ISO 14000国家示范区”“实施国家科技（火炬计划）先进管理单位”“国家知识产权示范园区”“国家留学人员创业园区”等称号。

2016年2月19日，开发区党工委书记、管委主任刘伟（右一）陪同威海市委书记、市人大常委会主任孙述涛（中）到金猴集团调研

2015年3月23日，市委副书记、市长张惠（左二）到区调研

国际海水浴场

林海公园

威高集团初村工业园

威海经济技术开发区

2015年，海马地毯集团投资6900万元从国外引进新型智能化数字喷射印花机、簇绒织机、筒纱染线、阿克明织机和碳酸钙自动上料等设备

威海和祥泰数码科技项目总投资1.5亿美元，占地约4公顷，建筑面积4万平方米，项目全部建成投产后，年产值可达2.5亿元，实现税收500万元

威海经济技术开发区是1992年10月21日经国务院批准成立的国家级经济技术开发区。2000年4月，国务院批准在区内设立威海出口加工区，实行“两区合一”的管理体制。2015年，全区总面积277.62平方公里，建成区面积42.02平方公里，辖3个镇、3个街道，108个村、35个社区，人口16.24万人。全区实现生产总值209.9亿元，比上年增长9.1%；固定资产投资149.74亿元，增长15.4%；财政总收入42.62亿元，增长8.1%；城镇居民人均可支配收入3.71万元，增长8.5%；农村居民人均可支配收入1.61万元，增长8.7%。

东部滨海新城锦绣花海

永崮耐磨材料项目由威海力通通用机械有限公司总资1亿元兴建，位于崮山张家滩村工业园，规划建设房7000平方米、研发中心3800平方米。项目建成达后，年产值可达3000万元，实现税收300万元

桥头镇千亩杜鹃花竞相开放

荣成市石岛管理区

石岛管理区位于荣成市南端，总面积 260 平方公里，海岸线长 125 公里，地理位置优越，气候适宜，年平均气温 12.2 摄氏度。管理区辖 6 个街道，144 个村、41 个社区，人口 16.9 万人。2015 年，完成生产总值 406.7 亿元、公共财政预算收入 18.9 亿元，城乡居民人均可支配收入分别达到 3.52 万元、1.79 万元；完成规模以上工业主营业务收入 886.1 亿元、利润总额 53.1 亿元；实际利用外资 3571.4 万美元，内资 56.8 亿元，外贸进出口总值 9.2 亿美元。培植海洋渔业、海洋食品、修造船、港口物流等主导产业，三次产业比重 4 ：52.6 ：43.4。拥有北方最大的群众性渔港——石岛渔港，海上养殖面积 5866.67 公顷，各类渔船 2799 艘，其中远洋渔船 177 艘，占全省 39.3%，水产品产量 37.7 万吨。拥有国家 AAAA 级旅游景区赤山风景区、中国历史文化名村东楮岛村、省级党史教育基地谷牧旧居等 40 多处人文、自然景点，以及 25 处休闲农渔业观光园、3 处全国休闲渔业示范基地和省级海钓基地，全年接待中外游客 183.3 万人次，旅游总收入 12.4 亿元。拥有国家级一类开放港口——石岛港，全年完成口岸吞吐量 1077 万吨，内外贸集装箱 20.5 万标准箱，出入境旅客 25.4 万人次。设有海洋高新园、石岛工业园、核电配套园三大特色园区，累计进园项目 287 个，拥有规模以上工业企业 147 家，园区总产值 830 亿元。其中，海洋高新园规划总面积 37 平方公里，年内获批国家级现代农业科技园区；石岛工业园占地面积 20 平方公里，累计完成投资 387 亿元，进园企业 220 家，获批山东省重点服务业园区、现代海洋服务业特色产业园。

全区城市化水平不断提高，城控区面积达 102 平方公里，率先实现城乡通气、通暖等“六个一体化”全覆盖。科技创新水平不断提升，拥有 15 大类 73 个创新平台，获批国家及省级科技项目 38 个、品牌商标 44 个；上市挂牌企业 6 家，各类金融机构 24 家。公共基础配套不断完善，设有省、市级规范化学校 13 处，各类医疗机构 172 处。

2016 年 5 月 5 日，威海市委副书记、市长张惠（左三）到管理区调研

2015 年 9 月 17 日，山东省旅游局局长于凤贵（中）到管理区调研滨海旅游和乡村旅游发展情况

荣成市大疃镇

大疃镇辖53个村，人口1.6万人，有耕地3200公顷，威石公路纵贯南北，国道G309、隆高公路横穿东西，南有荣乌高速穿过，交通便利。按照“立足环城，对接市区”的发展思路，以贯彻落实“诚信建设深化年”为统揽，着力抓好农业产业、工业项目、镇村改造、农村环境等，重点抓好“两园两改”和民生改善工作。进一步挖掘交通便利、土地资源丰富的区位和产业优势，不断完善休闲采摘园区建设，推进物流集散地建设；依托村庄改造和环卫一体化建设，进一步改善农村居住环境；依托驻地改造和休闲采摘园开发，与荣成市区对接，融入市区经济圈。

按照“统筹规划建设、统一规范管理”的操作模式，沿隆高线、威石路、国道G309和荣乌高速形成“伞”形布局，打造环城休闲采摘带，发展现代休闲农业；结合大疃镇富有历史底蕴的地域特色，规划打造传说游项目，大力发展乡村旅游；完善农业园基础设施建设，提升园区档次和接待能力。隆高路葡萄园继续引进葡萄新品种，拉开采摘销售时间段，弥补草莓采摘后淡季问题；祥泰庄园项目加大新品种桃子的栽植，打造休闲娱乐基地，吸引游客；推进威海蔬果佳农业科技园项目，充分利用临近高速路出口便利优势，打造独具特色的农业休闲基地。结合新开发的传说游、民间工艺体验等项目，进一步扩大发展旅游的知名度，同时探索农业多样化的发展模式，引导园区种植业向食品深加工方向发展，拉长产业链条，提高产品附加值，带动镇域经济增长。加大基础设施建设，壮大镇区规模。加大招商引资力度，通过项目带动市场，通过市场推动物流中心区的快速形成，促进商贸业的快速发展，提升城镇化水平。以增加人流聚集地为目的，探索空闲门市无偿出租的方式，吸引客户投资经营；加大永欣精铸老厂区等镇驻地闲置厂房的招商力度，通过增加就业吸引人流，提高镇区人口密集度；支持威海机动车驾驶人考试中心建设，通过中心建设，带动周边村庄土地流转，吸引百姓创业，打造园区综合体，提升整个镇域产出、消费能力，推进全镇向城市化迈进；探索镇区供气供暖方式，提升驻地配套水平，对接城区发展。

威海市烟草专卖局（公司）

威海市烟草专卖局（公司）组建于1988年7月，中央直属企业，下辖市区、文登、荣成、乳山4个县级烟草专卖局（营销部、分公司），主要负责维护全市烟草市场经营秩序和为1.11万个卷烟零售户提供卷烟经营服务。

2015年，市烟草专卖局（公司）紧紧围绕省烟草专卖局（公司）确定的“三大战略”和“两个一步到位”工作布局，以“勇做实真细精企业管理深耕者、争当全省系统改革发展排头兵”的工作目标为动力，发扬“实、真、细、精”工作作风，着力严规范、推改革，抓基层、打基础，挖潜力、提质效，全面完成年度各项目标任务，为“十二五”画上圆满句号。全年销售卷烟11.04万箱，实现利税6.65亿元，上缴税金4.5亿元，居全市商贸流通企业第一位；查获涉烟违法案件1165起，查获违法卷烟1138万支，涉案价值826.88万元，破获达到公安部、国家烟草专卖局标准网络案件5起。积极投身社会帮扶和慈善公益事业。年内，投入104万元用于新农村建设、捐资助学和社会帮扶活动；为全市9个生态村投入帮扶资金397万元，启动实施“生态村富民工程”建设项目14个，为促进地方经济蓬勃发展、农民致富增收和建设现代化幸福威海作出突出贡献。威海市委书记、市人大常委会主任孙述涛，市委副书记、市长张惠，副市长刘广华多次对全市烟草工作作出批示。市烟草专卖局（公司）被山东省公安厅、山东省烟草专卖局（公司）授予全省卷烟打假工作特殊贡献奖，被市委、市政府授予“2015年度工作优秀单位”“2015年度纳税明星企业”“2015年创建全国文明城市工作先进单位”称号，被环翠区委、环翠区政府评为2015年度企业纳税先进单位和2015年度包村居工作突出贡献奖，连续8年保持“省级文明单位”殊荣。

2015年4月1日，省政协副主席栗甲（前中）带领驻鲁全国政协委员视察组和省政协法制委员会专题调研组到市烟草专卖局（公司）调研

2015年5月18日—19日，省烟草专卖局（公司）党组书记、局长、总经理吴洪田（左二）到市烟草专卖局（公司）调研

2015年12月1日，市烟草专卖局（公司）召开全面精益管理现场会

2015年8月5日，山东省司法厅副厅长迟丽华（前左）一行到市烟草专卖局（公司）调研

华能威海发电有限责任公司

华能威海发电有限责任公司（华能威海电厂）始建于1991年4月，是国家“九五”重点建设项目。一期工程为两台12.5万千瓦机组，分别于1993年和1994年投产发电，按照国家“上大压小”的政策，于2008年12月全部关停；二期工程为两台30万千瓦机组，分别于1998年3月和11月投产，后增容为32万千瓦机组；三期工程为两台68万千瓦机组，于2010年底实现双投；风电为38台1500千瓦机组，总装机容量为205.7万千瓦，年发电能力120亿千瓦小时，投产以来累计发电超过1100亿千瓦小时。

公司于2003年通过ISO 9001、ISO 14001及OHSAS 18001管理体系审核认证。公司牢记国有企业担负的社会责任，以建设环保电厂、提供绿色能源为己任，致力于建设“资源节约型、环境友好型”企业，系统实施高品质“绿色发电计划”，通过科技创新加快推进超低排放“提速扩围”，不断用行业最先进发电技术淘汰落后产能，投入巨资综合治理各种污染物，实施环保节能改造，在役4台火电机组全部达到国家规定的超低排放标准。2015年，投资2亿多元，对六号机组进行节能环保一体化改造，实施13项先进节能技术和四大减排改造项目，达到国家最新环保政策要求——燃气机组超净排放标准。公司先后获得“全国一流火力发电厂”“国家环境保护百佳工程”“全国‘安康杯’竞赛优胜单位”“全国电力行业‘AAA级信用企业’”“中国美丽电厂”“电力安全生产标准化一级企业”“华能集团先进企业”“节能先进企业”“华能燃料管理标杆电厂”“省级文明单位”“山东省富民兴鲁劳动奖状”“山东省职业卫生示范企业”“山东省环保先进单位”“山东省电力安全生产标准化建设先进单位”“省电力行业培训先进单位”“山东火力发电厂环保监督先进企业”“山东省优秀风电企业”等荣誉。公司努力践行华能集团“红绿蓝”三色公司的企业理念，面对新常态，展现新作为，努力打造管理一流、技术领先、高效环保的行业新标杆，为地方经济建设和社会发展贡献力量。

2015年2月4日，华能集团副总经理张廷克（右三）到电厂调研

2015年2月13日，华能山东公司总经理王文宗（中排左二）一行到电厂考察

2015年5月20日，华能集团副总经理寇伟（中）一行到电厂调研

2015年7月20日，华能山东公司资产财务管理一体化系统技能竞赛在电厂举办

保护班进行#6D磨煤机开关保护校验

威海热电集团有限公司

2015年，威海热电集团有限公司在市委、市政府的坚强领导下，深入开展党的“三严三实”专题教育，强化党的政治核心作用、党风廉政工作和企业文化建设，带领广大干部职工引领新常态，贯彻新理念，突出“全面建成绿色智慧热电”这一目标，准确把握产业发展脉络，凝心聚力，精准发力，攻坚克难，开拓创新，各项生产指标亮点纷呈，圆满完成“十二五”收官年的各项工作任务，为“十三五”起好步奠定坚实基础，赢得热电事业持续健康发展的新局面。公司获得省重大节能成果奖、省青年安全生产示范岗、省职工职业道德建设标兵单位、市创建全国文明城市先进单位等32项荣誉，47名职工获全国优秀工会工作者、省富民兴鲁劳动奖章、市金牌职工等荣誉。

封闭煤场建设工程进展顺利，10月底前完成建设任务

万宁街供热主管道供热工程全面展开

建设中的环保超低排放改造工程

2016 年 7 月 1 日，集团公司召开庆祝中国共产党成立 95 周年暨上半年工作总结大会

2016 年 6 月 27 日，集团公司党委获“威海市先进基层党组织”称号

老旧综合整改小区管网改造及二门改造工程全面展开

2016 年 6 月 15 日，集团公司在市属国企工委“两学一做”学习教育知识竞赛中荣获第一名

威海市水务集团有限公司

诚信水务　情润万家

威海市水务集团有限公司成立于2003年10月，主要负责市区供水、污水处理等涉水事务的一体化经营管理以及市区主要河道的管理保洁。公司先后获得“全国五一劳动奖状”“全国模范劳动关系和谐企业”“全国模范职工之家”“省级文明企业”“省级服务名牌”等300余项荣誉。

2015年，面对经济新常态和水源危机的挑战，公司坚持真抓实干、攻坚克难，主业发展稳中有进，辅业经营蓬勃向上，企业规模与效益同步提升，实现新常态下的新发展。公司总资产达到41.77亿元，净资产13.10亿元，经营收入4.64亿元，分别比上年增长21.2%、5.1%和18.1%。面对十几年来最大的缺水危机，以最快速度建成所前泊水库和崮山水库应急调水工程，确保城市不断水、不限水。威海经济技术开发区污水处理厂扩建搬迁及配套泵站管网工程、威海高技术产业开发区污水处理厂扩建工程建成投运，实现城市所有污水处理达到一级A排放标准的目标。贯彻市委、市政府关于文登区同城化发展的战略部署，完成文登区自来水企业成建制的整合归并。城市河道治理纵深推进，治污力度不断加大，城市环境质量持续优化。在发展循环经济方面，中水回用稳步推进，污泥资源化利用取得新突破，污泥陶粒实现批量生产。服务工作既重规范又提效能，推出系列创新举措，满足大众化需求和差异化需求，赢得广泛好评，连续12年在全市行风评议中名列前茅。

市委副书记、市长张惠（前排左）到水源地调研

集团董事长徐承峰（前排中）到施工现场检查工

企业荣誉

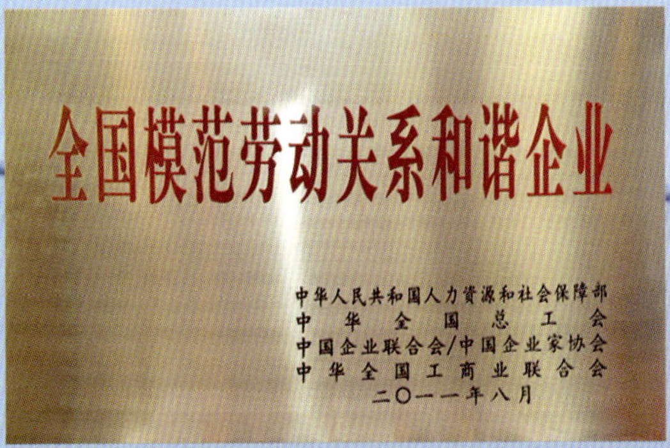

供排水调度中心

崮山净水厂

应急调水工程管道铺设现场

新建老集污水泵站

威海弘理集团

威海弘理集团成立于2012年，是威海中介服务最全的综合性公司之一，包含14家公司、1个研究所、1所培训学校、1个生态农场，主要从事工程审计、工程监理、招标代理、资产评估、房产估价、财务审计、税务代理、所得税汇算清缴、代理记账、会计证会计职称考前辅导、会计实务培训、法律咨询、代理诉讼、货物及技术进出口、农副产品的种植和销售、劳务派遣等业务，公司业务覆盖威海全境以及省内德州、莱芜、淄博等地。

弘理集团旨在为中小企业打造一个从最开始的公司核名、章程起草、直到拿到工商营业执照等各个环节进行一条龙服务的综合公司；之后在企业日常经营过程当中遇到涉税问题、账务处理、财务咨询、出口退税、资产评估、法律援助等方面问题，都可以及时从客户利益出发，寻找最优化的解决办法，为其进行专业性指导的一站式中介服务机构。

威海弘理集团是一支专业的服务团队，同时又是一个强大的业务对接联盟，形成资源共享，利益互惠，共同发展的优势产业链条，能够为中小微企业的发展提供不竭的动力。

诚实做人，诚信做事，为客户提供最优质服务，是弘理人不变的追求。为客户提供更为优质的服务，恪守以质量求信誉，以信誉谋发展的经营理念，成为中小企业创业路上的最好伙伴。

山东弘理建设项目管理有限公司（德州、莱芜等地有分公司）
威海弘理联合会计师事务所
威海弘理税务师事务所有限公司
威海弘理代理记账有限公司
威海弘理兴信代理记账有限公司
威海弘理诚信代理记账有限公司
文登弘理代理记账有限公司
荣成弘理代理记账有限公司
威海弘理资产评估有限公司
威海弘理生态农场孵化器有限公司
威海威泓进出口有限公司
威海达众人力资源服务有限公司
荣成市恒兴代理记账有限公司
威海昊正会计事务有限公司
威海水木佳土壤环境研究所
威海弘理会计职业培训学校
合作电话：0631−5620040
0631−5620066
0631−5620026

弘理生态农场

山东鲁酱酒业有限公司

山海名酿　生态酱香

山东鲁酱酒业有限公司位于山东半岛南端的乳山市，温暖、湿润的自然环境为鲁酱酒的酿造创造了优越条件。鲁酱酒业传承古法酿酒技术，获得国家发明专利，酿造的低度酱香型白酒具有醇厚饱满、优雅细腻的风格特点。鲁酱酒业以品质为基石，以市场为导向，实施“双赢”战略，遵循“责任至上，信用为先，立足传统，开拓创新”的宗旨，本着对职工、对消费者、对经销商、对社会高度负责的态度，不断提升产品质量，完善管理手段，塑造高端品牌风范，造就中国低度酱香型白酒的龙头企业形象。

鲁酱酒业旗下的复合香型白酒——圣仙酒，“顺、和、爽、净”，口感绵柔、回甜、顺口，五粮风格突出。圣仙复合香型白酒采用完全传统的酿酒工艺，以粮食为原料，经粉碎后加入曲药自然发酵一定时间，经高温蒸馏后得到。圣仙纯粮白酒是中国白酒产业独有的传统工艺，有上千年历史，以粮食为原料，经自然发酵和高温蒸馏，有浓、清、酱、米四大香型，受到消费者的喜爱。

聖仙　山東魯醬酒業有限公司

和润·品乐坊项目

和润·品乐坊项目由威海和润置业有限公司开发建设，位于威海市青岛北路原万发装饰材料市场，地处海滨路、青岛路两条城市主干道之间，沿途20余条公交线路，交通便利。项目地处竹岛街道，是威海人口密度高、消费能力强的区域，威海三大成熟商业圈之一；项目毗邻大润发成熟商圈，周边住宅区密集，生活、教育、金融、医疗等配套齐全。

项目是集商业、住宅、办公于一体的综合型商业项目。项目占地面积1.5万平方米，建筑面积6万平方米，其中商业面积1.2万平方米，包含外铺、内铺及地下一整层商业区。外铺商业区有纯一楼和一托二两种，面积从37平方米到300平方米不等，一楼层高4.5米，二楼层高4.2米；内铺商业区是负一层到地上三层，面积从40平方米到300平方米不等。项目负一层是乐游广场，将打造成胶东半岛最大的儿童休闲娱乐及主题餐饮体验平台，携全球知名的动漫品牌、世界美食、属地体验主题文化进驻，引领儿童体验世界各地不同的文化生活。五星级“乐智中心”写字楼是和润·品乐坊的一大亮点，为使每户拥有绝佳的采光效果，建筑内部采用桶中桶结构设计，外观则是时尚大气的玻璃幕墙，4～6层3.6米层高，7层以上3.4米的层高使得空气循环通风效果更佳。

写字楼楼高20层，1.6万平方米，面积由60平方米到80平方米左右，一层14户，单层面积980平方米，层高3.6米。

住宅建筑面积9200平方米，楼高18层，两个单元，一层六户，面积从89平方米到147平方米，层高2.9米，从首次买房到改善性换房要求都能满足。

项目容积率2.5，绿化率25%。整个小区是一个围合型全封闭小区，24小时的智能化全封闭管理，无论投资、置业、办公都能满足需求。项目计划2016年年末全部竣工。

威海市凤林建筑工程有限公司

WEIHAI FENGLIN CONSTRUCTION ENGINEERING CO.,LTD.

凤林建筑 基业长青

威海市凤林建筑工程有限公司成立于 1988 年 8 月，2011 年 3 月，由集体所有制改为股份制，企业步入一个新的发展轨道。2011 年 4 月，公司与凤林混凝土公司、凤林运输公司共同注册 2000 万元成立威海凤林房地产开发有限公司。经过 20 多年的发展，公司拥有员工 3000 多人，专业技术及管理人员 150 多人，固定资产 3000 多万元。公司下辖房地产开发、基础公司、安装公司、铝塑门窗厂等企业，是集建筑安装、房地产开发于一体的综合性建筑施工总承包二级企业、房地产开发二级企业。

在各级政府和行业主管部门的领导下，在广大员工的共同努力下，企业规模不断壮大，实力持续增强，经济效益、社会效益逐年增长，各项建设取得丰硕成果，跻身全省优秀施工企业行列。公司始终恪守“诚信经营、持续改进”的经营理念，遵循“控制过程、精心施工、奉献精品、竭诚服务”的质量方针，围绕“打造百年企业，永立行业之林”的战略目标，坚持“团结奋进、努力拼搏、务实创新、追求卓越”的企业精神，保持平稳较快的发展态势，创出“泰山杯”和省优、市优工程 100 多项，受到省、市 80 多项表彰和奖励。1996 年起连续被评为威海建筑业“综合效益十强”企业，并多次获得威海市建筑施工“诚信企业”等荣誉。

威海正华工程咨询有限公司

威海正华工程咨询有限公司成立于 1999 年 12 月，主要从事建设工程预结算的编制与审查、全过程造价控制、建设项目建议书及可行性研究报告编制、建设工程项目管理、招投标代理、政府采购代理等业务。具有住房和城乡建设部颁发的工程造价甲级资质、山东省住房和城乡建设厅颁发的招标代理资质及山东省财政厅颁发的政府采购代理乙级资质。公司技术力量雄厚，拥有一支文化素质高、职业道德好、专业技能精、工作能力强且经验丰富的专业技术人才队伍，为公司做好造价咨询和招标代理工作提供可靠的技术支撑。专业结构配置合理、齐全，有专业技术人员 27 人，均持证上岗。其中注册造价师 12 人、招标师 3 人，高级职称 6 人、中级职称 14 人，涉及建筑、安装、市政、公路、电力、园林、水利、人防、港口等各类专业。公司拥有宽敞明亮的商务办公场所，配有完善的现代化办公设施，应用现代化信息技术，各类工程造价软件及其他相关软件先进齐全，勘察现场所用各类仪器设备等精准实用，可同时满足 5 ~ 10 个大中型建设项目的工程造价全过程控制及审价咨询业务的需要。

公司以“竭尽所能为客户服务”为宗旨，建立包括各类业务工作流程规则、三级审核制度、业务保密制度、档案管理制度、反商业贿赂制度等一整套科学、完善的内部管理制度，为客户提供高水平、高质量的专业服务，全面履行公司对客户的合同承诺。公司在激烈的市场竞争中不断拼搏进取，争创一流，全面开展工程项目的咨询服务，承接过各类工程项目跟踪审价编审业务及招标代理业务。公司先后承接各类建设工程项目 1500 多个，建筑面积 900 万平方米，总投资额近 200 多亿元，为国家及业主节约投资近 5 亿元，连续多年被评为市财政局、建设系统优秀单位。

威海正华工程咨询有限公司总经理隋振华

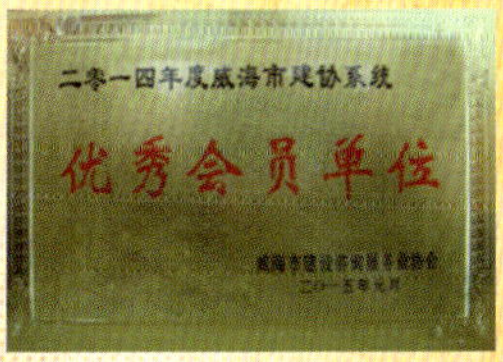

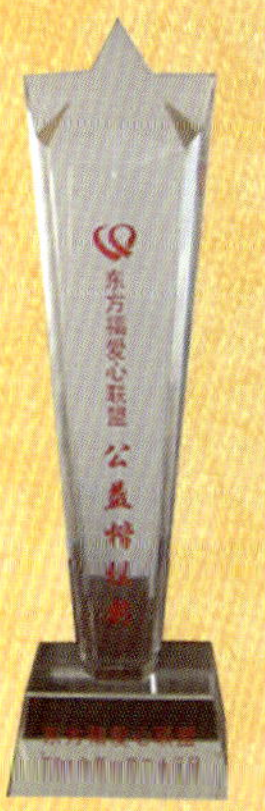

山东泓达集团有限公司

山东泓达集团有限公司成立于 1998 年，占地面积 33 万平方米，建筑面积 11 万平方米，资产总额 3 亿多元，董事长、总经理王黎明。集团下设上海梅林（荣成）食品、创新食品、恒远食品、三兴食品、包装制品、友邦印刷、冷风库、泓达果品专业合作社、20 公顷桃园、33.33 公顷梨园等生产经营单位，有员工 2000 人，其中大中专和工程技术人员 350 人。各个厂区为园林式工厂。集团地处荣乌高速公路和国道 G309 起点，是青荣城际铁路始发站，距荣成市长途汽车站 1 公里、威海港和龙眼港各 45 公里、威海火车站 40 公里、威海国际机场 15 公里，交通便利。集团以产品质量为生命，以诚信经营为根本，以科技创新为先导，实现做强做大目标。2008 年被山东省农业厅等 11 个部门评为山东省农业产业化龙头企业，2008 年被威海市委、市政府评为外贸百强企业，2008 年被荣成市评为创业功臣企业等，被《名牌时报》誉为“江北罐头食品企业第一强”。2012 年至 2013 年被荣成市委、市政府评为创业明星企业。

公司主要生产设备从国外引进，达到标准化一流水平，生产始终坚持质量第一宗旨，以 B2、H55、H98、H80 为产品代号，注册“泓达、创新、秦桥、鲜果山庄、滨海渔村、8° 鲜”等商标。产品质量优异，通过 ISO 9001、CIQ、BRC、HACCP、QS 等国际国内注册和认证。糖水阳梨、酥炸鱼、烟熏牡蛎罐头为“山东名牌”。2009 年，“创新牌”商标被评为山东省著名商标。旗下的上海梅林（荣成）食品有限公司，是中国名牌“梅林 B2”罐头食品生产基地之一。

公司生产各种罐头食品 200 余个品种。水果罐头有糖水苹果、糖水白桃和黄桃、糖水阳梨、糖水樱桃、糖水杏、什锦水果、苹果堆、苹果碎、果酱等，海产品罐头有香辣黄花鱼、鲅鱼、茄汁鲭鱼、烟熏鲅鱼、烟熏和水煮牡蛎、烟熏贻贝、烟熏和水煮小贝、原汁鲍鱼、休闲海产食品等，肉类罐头有鱼午餐肉等，海产冷冻调理食品有白身鱼排、竹荚鱼排、沙丁鱼排、马步鱼片、鱿鱼饼、鱿鱼圈、鱿鱼排、鱿鱼寿司、烧烤鱿鱼和烧烤鱼类系列、烤鱿鱼串等，面食类有有机挂面、各种月饼、馒头等。

冷冻食品金缕虾

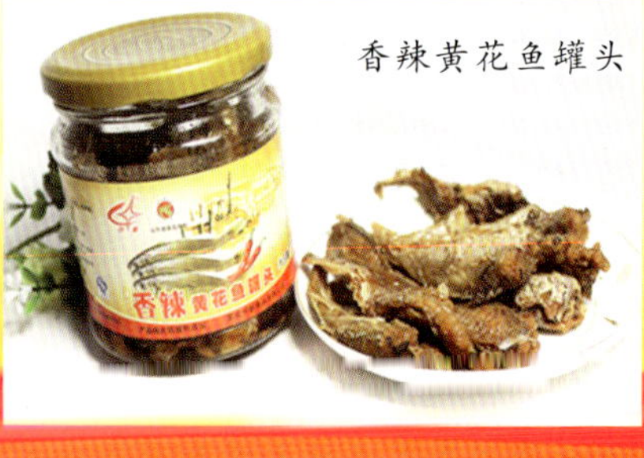
香辣黄花鱼罐头